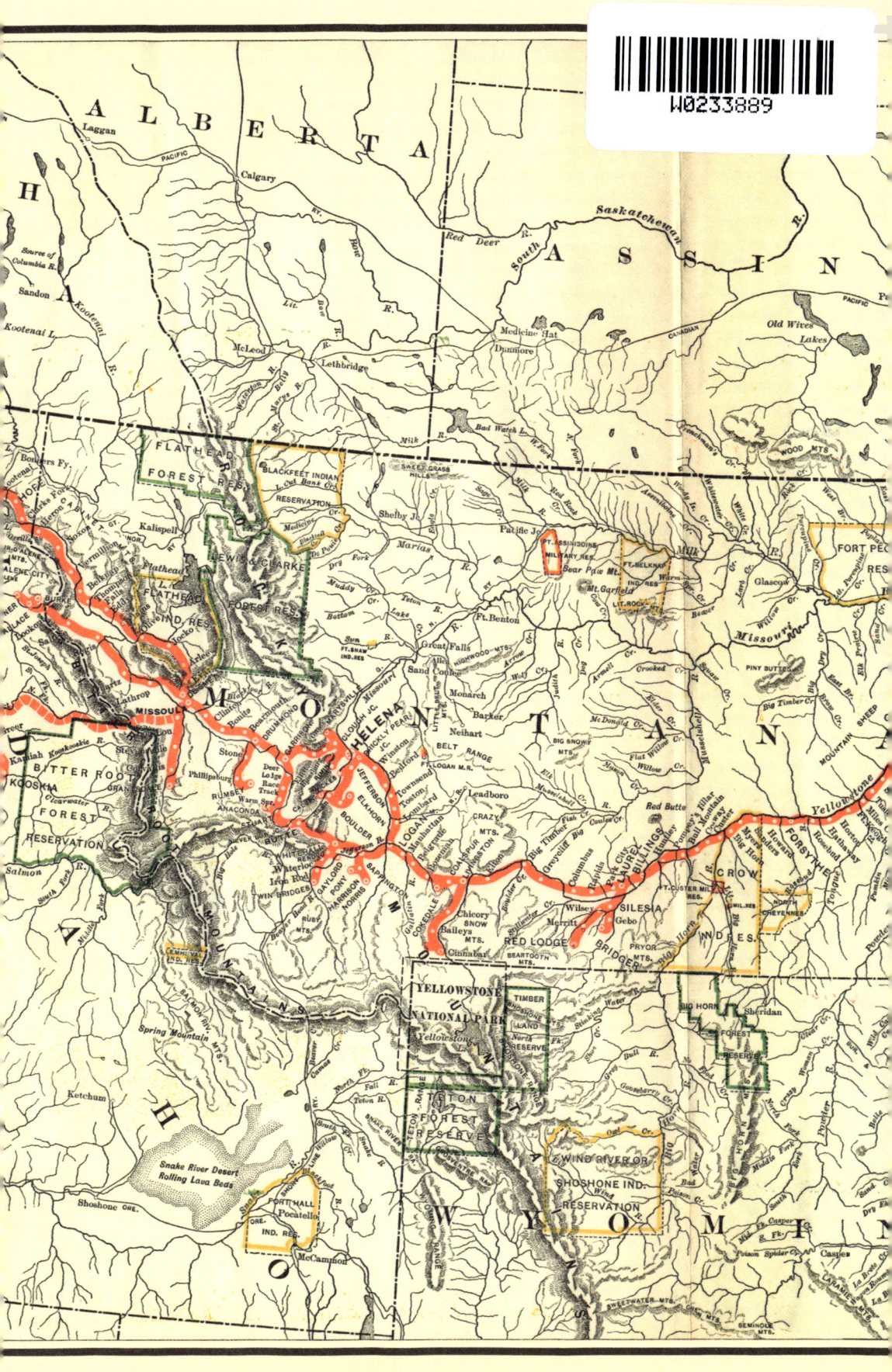

Christopher Kobrak

Die Deutsche Bank und die USA

Christopher Kobrak

Die Deutsche Bank
und die USA

Geschäft und Politik von 1870 bis heute

Aus dem Englischen übersetzt von
Heidrun Homburg und Thorsten Schmidt

C.H.Beck

Bildnachweis

S. 58: Baker Library, Villard Collection; S. 62: Frank Jay Haynes (Minnesota Historical Society); S. 65, 141, 161: Library of Congress; S. 81: Louis Figuier, Le téléphone, Paris [1885]; S. 112: Edward D. Adams, Niagara Power. History of Niagara Falls Power Company, 1886–1918, Niagara Falls 1927; S. 115: Albro Martin, James J. Hill and the Opening of the Northwest, New York 1976; S. 180: Walter F. Peterson, An Industrial Heritage. Allis-Chalmers Corporation, Milwaukee 1978; S. 213: Privatbesitz; S. 247: The War of the Nations, New York 1919; S. 289: Plutus-Briefe, November 1925; S. 396: Archiv der Hansestadt Lübeck; S. 411: Abisag Tüllmann; S. 426, 428: Wolf D. Prange; S. 435: Privatbesitz Klaus Jacobs; S. 438: Privatbesitz Michael Rassmann; S. 446: H. R. Schulze; S. 467: Ted Kappler (Institutional Investor); alle anderen: Deutsche Bank AG, Historisches Institut.

© Verlag C. H. Beck oHG, München 2008
Umschlaggestaltung: Atelier 59, Eutin
Gesetzt aus der Centennial LT und der Neuen Helvetica
bei ottomedien, Darmstadt
Druck und Bindung: Kösel, Krugzell
Gedruckt auf säurefreiem, alterungsbeständigem Papier
(hergestellt aus chlorfrei gebleichtem Zellstoff)
Printed in Germany
ISBN 978 3 406 57068 1

www.beck.de

Widmung

*Den vielen jungen Menschen, denen ich begegnet bin
und die zu meinem Vorhaben beigetragen und mich ermutigt haben:
Pierre, Stéphane und François Chapelle, Mark und Caitlin
Farewell, Owen und Milena Hanenberg, Max, Rowena, Ben, Jake
und Kai Kobrak, Julius und Moritz von Rohrscheidt,
Nora und Sina Schecker, Sammy Schoenberg und all meinen
Cousinen und Cousins in Irland und England widme ich dieses Buch
in der Hoffnung, dass sie die Bande zwischen Europa und Amerika
festigen.*

    *Einschließen in diese Widmung möchte ich den verstorbenen
Gerald D. Feldman, dessen Lebenswerk ein leuchtendes Beispiel für
junge Menschen ist, die das Beste sind, was Europa und Amerika
einander zu bieten haben.*

Inhaltsverzeichnis

Vorwort und Danksagungen   9

KAPITEL 1:   Thema und Forschungsfeld – ein Überblick   17

Teil I   *Auf goldenem Wagen: Das US-Geschäft der*
             Deutschen Bank, 1870 bis 1914
             Einleitung.   41
KAPITEL 2:   Erste Schritte: Handelsfinanzierung und Henry Villard . . .   50
KAPITEL 3:   Die Deutsche Bank und die Elektrifizierung in den USA . .   78
KAPITEL 4:   Der Konkurs der Northern Pacific: Ein Drama
             in vielen Akten   100
KAPITEL 5:   Nachwirkungen   140
KAPITEL 6:   Andere Transport- und kommerzielle Anlagegeschäfte . . .   156
KAPITEL 7:   Geschmack am Neuen: Die Deutsche Bank als
             Wagniskapitalgeber in den USA   185
KAPITEL 8:   Übergänge: Amerikanisches Bankwesen,
             die Deutsche Bank und die Politik Deutschlands
             und Amerikas am Vorabend des Ersten Weltkrieges   210

Teil II   *Die Deutsche Bank und die USA in der Zeit*
             der «Großen Unordnung», 1914 bis 1957
             Einleitung.   241
KAPITEL 9:   Zusammenbrüche: Personalausfälle, gestörte
             Kommunikation und erschütterte Finanzen –
             Vom Bankier zum Blockadebrecher   245
KAPITEL 10: Kriegslieferungen, Spionage und Enteignung.   263
KAPITEL 11: Die Rettung von Vermögenswerten und
             Geschäftsaussichten unmittelbar nach Kriegsende   285
KAPITEL 12: Die Deutsche Bank und die Wiederherstellung
             grenzüberschreitender Finanzströme   307
KAPITEL 13: Die Deutsche Bank und der Zerfall einer brüchigen
             Weltwirtschaftsordnung   323
KAPITEL 14: Ein zweiter Phoenix: Der Krieg und der Wiederaufbau
             der Deutschen Bank.   351

Teil III   *Erneuerung und Wiedereintritt, 1957 bis 2000*
Einleitung. 383
KAPITEL 15: Streitpunkte und die Entstehung einer neuen Währungs-
und Finanzordnung 390
KAPITEL 16: Von Abs zu Kopper und von Gemeinschaftsunternehmen
zu Niederlassungen: Die Struktur des US-Geschäfts
der Deutschen Bank. 421
KAPITEL 17: Die Übernahme von Bankers Trust – Die Deutsche Bank
erfüllt sich ihren amerikanischen Traum 460
KAPITEL 18: Nachwort: Die Deutsche Bank in den USA und die
Zukunft multinationaler Banken 486

Anmerkungen. 507
Anhang I: Erträge der Aktionäre der Deutschen Bank in drei
verschiedenen Zeiträumen und Erträge im Bankenvergleich
seit 2002. 611
Anhang II: Deutsche Bank im Vergleich zu anderen Banken 615
Abkürzungsverzeichnis. 624
Literaturverzeichnis 625
Register. 646

Vorwort und Danksagungen

*Was soll's, die Chancen stehen tausend zu eins, dass irgendeine Beziehung
zwischen Ihrem sogenannten Beweismaterial besteht – einem kümmerlichen
Stapel von Büchern, Briefen, Musik und Mobiliar – und jener Wirklichkeit, die
Sie zu rekonstruieren vorgeben. Was die Kultur dem Historiker hinterlässt,
sind nur die Spuren der Taten einiger weniger. Je deutlicher Ihre Quellen
sind, umso unwahrscheinlicher ist es, dass sie repräsentativ sind. Sie füllen
sie auf und deuten sie zu einem Ganzen aus mit Ihrer Vorstellungskraft
und im Lichte Ihrer heutigen Anliegen.*
Jacques Barzun, 1954[1]

*Deutsche siedelten sich erstmals 1683 in Germantown, Pennsylvania, dauer-
haft an. Seit dieser Zeit ist der politische, moralische, soziale und erziehe-
rische Einfluss des deutschen Elements in den USA immer wieder anerkannt
und gewürdigt worden.*
Edward D. Adams, Vertreter der Deutschen Bank in den USA, November 1913[2]

Je länger ich unternehmens- und finanzgeschichtliche Studien betreibe, umso mehr gelange ich zu der Überzeugung, dass glückliche Zufälle nicht nur
im eigenen persönlichen und beruflich-wissenschaftlichen Werdegang eine
Rolle spielen, sondern dass sie auch Einfluss haben auf das, was man über
die Vergangenheit in Erfahrung bringt. Das Projekt zur Deutschen Bank fiel
mir zu einem persönlich wie beruflich denkbar günstigen Zeitpunkt in den
Schoß. Beruflich hatte sich der Wunsch eingestellt, einigen Themen detaillierter nachzugehen, für die eine Untersuchung der Deutschen Bank äußerst
aufschlussreich zu sein versprach. Dazu gehörten die folgenden Fragen: Inwieweit und warum unterschieden sich die deutsche und die amerikanische
Unternehmenskultur und Unternehmensverfassung? Lässt sich aus der Vergangenheit etwas darüber lernen, wie Volkswirtschaften vom «aufstrebenden» zum entwickelten Zustand reifen? Was unterscheidet die sogenannte
Globalisierung der Märkte in unserer Zeit von der in der Vergangenheit oder
welche Ähnlichkeiten weisen sie auf? Schließlich, inwieweit war der deutlich
gestiegene Bedarf an ausländischen Direktinvestitionen durch den Wandel
der volkswirtschaftlichen und politischen Bedingungen nach dem Ersten
Weltkrieg beeinflusst? Für eine Untersuchung dieser Fragen erwies es sich
als ein Glücksfall, dass ich Zugang zum Archiv der Deutschen Bank erhielt

und diese mich bei meinen Recherchen unterstützte. Als eines der wichtigsten Wirtschaftsunternehmen Deutschlands bot sie reiches Material, um die facettenreiche Geschichte der Beziehungen zwischen Deutschland und den USA wie auch die Rolle von Finanzinstituten in der modernen Welt besser zu verstehen.

Diese Voraussetzungen erlaubten, den seit langem gehegten Wunsch einer mehrdimensionalen Unternehmens- und Finanzgeschichte weiter zu verfolgen, die sich auf Primärquellen stützt, zugleich aber das Unternehmen in den weiteren politischen und wirtschaftlichen Kontext stellt. In diesem Buch habe ich – wie schon in früheren Untersuchungen – die kulturellen, beruflichen und persönlichen Momente in den Blick genommen, die sowohl das Urteil des Managements über diesen Komplex als auch dessen Versuche beeinflussen, wirksame ökonomische Strategien für die Zukunft zu entwickeln. Kurz, mein Bestreben ging dahin, das, was in der Unternehmensgeschichte manchmal als institutioneller und sozialer Ansatz bezeichnet wird, miteinander zu verbinden.

Ich hoffe, dass ich bei dieser Aufgabe Marc Blochs Aufforderung an die Historiker nachgekommen bin, Quellen kritisch zu befragen und Rechenschaft darüber abzulegen: «Wie kann ich das wissen, was ich jetzt sagen werde?»[3] Dies führt möglicherweise zu einem ausgedehnteren Fußnotenapparat und einer umfänglicheren Erörterung der Verlässlichkeit des Quellenmaterials als gewöhnlich. Dank der Deutschen Bank stand mir reichlich «Rohstoff» zur Verfügung. Anders als manche Unternehmenshistoriker hatte ich nicht nur Zugang zu den veröffentlichten Primärquellen, sondern auch zu unveröffentlichten Dokumenten. Jede Quelle sorgt für andere Schwierigkeiten und Möglichkeiten, die angesprochen werden müssen. Darüber hinaus wollte ich nicht nur über Tatbestände berichten, sondern auch vermitteln, wie Geschäftsleute und Wirtschaftsakteure ihre Tätigkeit und das gesellschaftlich-politische Umfeld wahrgenommen haben.

Je mehr ich mich der Geschichte zuwende, umso stärker wird mir darüber hinaus bewusst, dass Geschichtsschreibung ebenso eine Frage der Quellen wie der Gegenstände ist. Ein Wort zu meinen Quellen ist demnach angebracht. Angesichts deren Bedeutung umfasst das Buch gewissermaßen zwei Studien, nicht nur eine. Das Quellenmaterial stammt überwiegend aus dem Amerika-Bestand der Deutschen Bank, der 1400 Akten über Geschäfte der Bank in Nordamerika zwischen 1870 und 1941 umfasst. Mit Hilfe eines Schlagwortkatalogs habe ich fast ein Drittel dieser Akten ausgewählt und – sehr zum Leidwesen der Deutschen Bank – daraus eine große Zahl von Dokumenten (nach letztem Stand waren es annähernd 19000) kopieren lassen.[4] Ich kann nicht mit letzter Gewissheit sagen, dass ich alles für den Zeitraum und mein Thema relevante Material gesehen habe, das derzeit bei der Deutschen Bank vorhanden ist, aber ich war keiner Beschränkung unterworfen. Mir wurde nichts, wonach ich fragte, verweigert, und es besteht kein Grund zu der Annahme, dass irgendetwas vor mir verborgen wurde – das genaue Gegenteil ist der Fall. Die Dokumente, wenngleich sie manches Mal eigenen Zwecken dienten, sind höchstwahrscheinlich nicht in der Absicht geschrieben worden, einen Historiker im 21. Jahrhundert zu beeinflussen. In ihrer Gesamtheit erlauben sie einen außergewöhnlichen Blick auf die Männer und Haltungen, die das internationale Geschäft formten und prägten, bevor Telefon, E-Mail und die Folgen von Fusionen unsere Möglichkeit erheblich beschnitten, die Geschäfte vergangener Jahre nachzuzeichnen.

Aus vielen Gründen war es notwendig, die Zeit nach dem Zweiten Weltkrieg anders als die Jahrzehnte davor zu betrachten. Zum einen ist das Archiv nicht im Besitz aller einschlägigen Unterlagen. Einige sind bei verschiedenen Abteilungen der Deutschen Bank verblieben. Zum anderen ist die Überlieferung zu umfangreich. Ich hätte niemals alle Dokumente der 1980er und 1990er Jahre in der Weise sichten können, wie dies für die 1880er und 1890er Jahre noch möglich war. Es sind schlicht und einfach zu viele. Schließlich war zu bedenken, dass einige Transaktionen Dinge zum Gegenstand haben, die für die Deutsche Bank Rechtsstreitigkeiten nach sich ziehen könnten, wenngleich ich auf dergleichen Vorgänge nicht gestoßen bin.

Für diesen Zeitraum habe ich mich für ein anderes Vorgehen entschieden. In erheblichem Umfang stütze ich mich auf die Akten von Hermann Josef Abs, einer Schlüsselfigur der Deutschen Bank und der deutschen Finanzgeschichte der Nachkriegszeit. Ich habe diejenigen Akten in seinem umfangreichen Nachlass, welche die USA betreffen, in der Annahme ausgewertet, dass seiner Aufmerksamkeit nichts entgangen sein wird, das für die Geschichte der Deutschen Bank in den USA von Bedeutung ist. Um die Entwicklungen der späteren Jahre zu schildern, arbeite ich darüber hinaus mit *oral history* und stärker als in der Zeit vor 1945 mit Zeitungsberichten, um das abzustützen, was ich aus öffentlich zugänglichen Primärquellen wie etwa Geschäftsberichten entnommen habe. Manche Forscher haben auf die Vor- und Nachteile der einen oder anderen dieser Quellengruppen hingewiesen. Festzuhalten ist jedenfalls, dass keine dieser drei Gruppen ganz unergiebig oder völlig ohne Fallstricke ist.[5] Jeder Historiker sieht sich bei diesen wie auch anderen Quellen vor der Herausforderung, die Informationen, die sie bieten, zu vergleichen und gegeneinanderzustellen. Er muss versuchen, systematische Fehler, Verzerrungen oder Voreingenommenheiten abzuschätzen und sich über die Plausibilität der Angaben ein kritisches Urteil zu bilden.[6] So wird selbstverständlich auch von Transaktionen und Vorfällen die Rede sein, die der Deutschen Bank unangenehm sein könnten.

Für die gesamte Arbeit bin ich auch mehreren anderen Archiven und Bibliotheken zu Dank verpflichtet: der Federal Reserve Bank of New York, den

National Archives in Washington, dem Bundesarchiv in Berlin, dem Historischen Archiv der Deutschen Bundesbank, Frankfurt, dem Deutschen Tech-
nikmuseum, Berlin, der Morgan Library, New York, den Harvard University
Archives, der Baker Library der Harvard Business School (Henry Villard Collection), beide Cambridge, Massachusetts, und der Rutgers University (Nachlass Edison).

Dieses Buch steht in der Schuld verschiedener Institutionen und Persönlichkeiten. Zuallererst ist hier die Deutsche Bank selbst zu nennen. Diejenigen, die mit der Materie vertraut sind, erkennen in der Regel bereitwillig an,
dass die Deutsche Bank sehr viel getan hat, Mittel bereitzustellen, um unsere
Kenntnis von der Entwicklung wirtschaftlicher Institutionen zu erweitern.
Die vorliegende Arbeit ist die jüngste in einer langen Reihe von Büchern und
Aufsätzen, zu deren Veröffentlichung die Bank den Anstoß gegeben hat. Dazu
zählen wichtige Beiträge zu einer allgemeinen Unternehmensgeschichte wie
etwa Lothar Gall et al., Die Deutsche Bank 1870–1995 (München 1995) und
Spezialuntersuchungen zur Geschichte des Nationalsozialismus. Im Laufe
meiner Forschungen für dieses Buch lernte ich, dass diese Tradition der
Deutschen Bank, Forschungsarbeiten zu fördern, bis in das Jahr 1913 zu-
rückreicht, als sie maßgeblich dazu beitrug, in den Vereinigten Staaten eine
englischsprachige Ausgabe des Buches von Karl Helfferich *Deutschlands
Volkswohlstand* zu publizieren.[7]

Im Gegenzug für die mir gewährte Unterstützung machte die Deutsche
Bank hinsichtlich des Inhalts der Studie nur zwei Auflagen. Zum einen, dass
sich das Buch in der Hauptsache auf ihre Aktivität in den Vereinigten Staaten
konzentrieren und somit eine ins Einzelne gehende Geschichte derjenigen
Unternehmen ausgespart bleiben solle, welche die Bank im Laufe der Jahre
erworben hat. Zweitens, dass die Aktivitäten der Bank in den USA in den
letzten zwanzig Jahren zwar durchaus behandelt werden sollten, allerdings
ohne Zugang zu den Primärquellen zu diesen Vorgängen bei der Bank. Für
diese Zeitspanne stütze ich mich, wie bereits erwähnt, auf Sekundärquellen
und auf Interviews mit dienstälteren leitenden Angestellten. Für alle anderen
Zeitabschnitte erhielt ich großzügig Zugang zum Archivmaterial der Bank
und wurde darüber hinaus ermuntert, diese Unterlagen durch Forschungen
in anderen Archiven zu vervollständigen. Je mehr ich mich in die Arbeit vertiefte, desto nachvollziehbarer schienen mir diese Auflagen, zumal die Geschichte der Deutschen Bank in den USA für sich genommen umfangreich
genug war, um das Interesse eines jeden Historikers zu fesseln. Im Übrigen
ist seit den Ereignissen der jüngsten Vergangenheit zu wenig Zeit verstri-
chen, um schon jetzt ein seriöses historisches Urteil zu erlauben.

Zu den Gründen, welche die Deutsche Bank zu diesem Engagement veranlassten, zählen wichtige Aspekte der deutschen Geschichte insgesamt und
der Entwicklung der Deutschen Bank im Besonderen. Die Deutsche Bank

wurde, im Guten wie im Schlechten, immer mit der modernen deutschen Geschichte identifiziert. Seit nunmehr mindestens zweihundert Jahren haben die Deutschen eine besondere Beziehung zur Geschichte gepflegt. Historische Überlegungen bilden in Deutschland mehr als in irgendeinem anderen Land, das ich kenne, den ersten Schritt auf dem Weg zur Selbstvergewisserung und zum Handeln – und das trotz der leidvollen Vergangenheit des Landes. Mehr als in den meisten Ländern fühlen Firmen in Deutschland eine besondere Verantwortung, das Bewusstsein für die soziale Rolle von Unternehmen wachzuhalten. Der Betriebswirt Michael Jensen hat einmal dargelegt, dass die Industrie gleichsam wie ein Gärtner in der Lage sein müsse, abgestorbene Pflanzen zu entfernen, damit neue nachwachsen können.[8] Hierfür ist die amerikanische Industrie zu Recht gepriesen worden. Freilich ist es gleichfalls wichtig, den Garten als ökologisches System zu begreifen und zu pflegen, und dabei haben sich deutsche Firmen hervorgetan. Es versteht sich von selbst, dass die Deutsche Bank als ein deutsches Spitzenunternehmen ihre Rolle als Gärtner sehr ernst genommen hat.

Eine derartige (Selbst-)Verpflichtung erfordert nicht nur viel Mut, sondern auch eine damit im Einklang stehende organisatorische Umsetzung auf verschiedenen Ebenen, zumal und zuerst an der Spitze. Die Deutsche Bank hat zu keinem Zeitpunkt versucht, über das, was ich schreibe, Kontrolle auszuüben. Vielmehr habe ich selbst das Urheberrecht und auch die Verantwortung für Fehler behalten. Bei ihrer Bereitschaft, diese Risiken hinzunehmen, konnte und kann sich die Deutsche Bank glücklich schätzen, Manager zu haben, für die eine Verpflichtung gegenüber der Vergangenheit ebenso selbstverständlich ist wie das Gewinnmotiv. Die gegenwärtige Managergeneration ist nur die jüngste in einer langen Reihe, die nicht zuließ, dass die Angestellten der Bank ihre Geschichte und ihren kulturellen Hintergrund vergessen. Ein Ausdruck dieser stark ausgeprägten Unternehmenskultur ist das Interesse und die Aufgeschlossenheit von pensionierten Managern gegenüber der Geschichte ihrer Unternehmen. Zu denjenigen, die einstmals für die Deutsche Bank oder Bankers Trust gearbeitet haben und wichtige Beiträge zu diesem Buch geliefert haben, zählen (wobei die meisten, aber nicht alle der nachfolgend Genannten pensioniert sind): Michael Rassmann, Detlev Staecker, John Ross, Charles Sanford, Klaus Jacobs, Mark Yallop, Rolf-E. Breuer, Hilmar Kopper und Otto Steinmetz. Auch haben mir einige Manager, die jetzt noch bei der Bank sind – Seth Waugh, Donna Milrod, Frank Fehrenbach, Gary Hattem und Gene Guill – freundlicherweise Zeit geopfert und Dokumente zur Verfügung gestellt.

Ein weiterer Ausdruck des historischen Engagements und Schlüssel zum Geschichtsbewusstsein der Bank ist das hervorragende Archiv der Deutschen Bank, gleichermaßen intellektuelles Schaltzentrum und historischer Datenspeicher. Ohne die Hilfe von Angelika Raab-Rebentisch, Martin Müller,

Reinhard Frost und insbesondere Bernd Kulla, deren Kenntnis, akribischer Blick und allgemeines Wissen über die Amerika-Bestände und den Abs-Nachlass mir zahllose Stunden erspart haben, wäre diese Arbeit weder in Angriff genommen noch zum Abschluss gebracht worden. Sie alle haben viele nützliche Überlegungen zu dieser Arbeit beigesteuert und sind zudem selbst ausgezeichnete, eigenständige Historiker.

Ich genieße den Vorzug, mehreren Ausschüssen von Wissenschaftlern anzugehören, die mein wissenschaftliches Denken befruchtet und in vielfältiger Weise zu diesem Buch beigetragen haben. Zu den Historikern, die aktiv an den wichtigsten europäischen Historikerverbänden beteiligt sind, in denen ich mitarbeite, zählen als Kollegen und Freunde die – wie einer von ihnen die Gruppe liebevoll zu bezeichnen pflegt – «üblichen Verdächtigen»: Gerald Feldman, Harold James, Alice Teichová und Mikuláš Teich, Hubert Bonin, Margarita Dritsas, Jeff Fear, Youssef Cassis, Duncan Ross, Per Hansen, Peter Hayes, Andrea Schneider, Peter Hertner, John Wilson, Gabriele Teichmann, Phil Scranton und Christopher McKenna. Diese Gruppe hat mich in meiner Überzeugung bestärkt, dass ökonomische Institutionen ohne ihr politisches Umfeld nicht angemessen verstanden werden können. Einige Mitglieder der Gruppe ließen mir sogar die Ehre zuteil werden, weite Teile des Manuskripts gegenzulesen. Mein besonderer Dank in diesem Zusammenhang geht an Mira Wilkins, die zierliche Frau, die für die meisten auf diesem Gebiet Tätigen die *grande dame* der Geschichtsschreibung der multinationalen Unternehmen und der internationalen Investitionen ist. Seit mittlerweile zwei Jahrzehnten bilden ihre Arbeiten den Ausgangs- und Bezugspunkt für historische und theoretische Untersuchungen von grenzüberschreitenden Investitionen, zumal solcher in und von den USA. Auch dieses Buch bildet da keine Ausnahme. Zu den bereits Genannten muss ich noch einige Wirtschaftswissenschaftler und Historiker hinzufügen, darunter Geoffrey Jones, Lou Galambos, Jean-François Hennart, John Dunning, Michèle Saboly, Catherine Schenk, Ray Stokes, Jana Wüstenhagen, Krys Obloj, Carl-Ludwig Holtfrerich und Don Brean, die mir nützliche Anregungen zukommen ließen oder den Fortgang der Arbeit in anderer Weise beeinflussten. Einige Nicht-Historiker-Freunde hatten meine schier endlosen Geschichten über das Projekt anzuhören. Mit reichlich gutem Essen und Wein versuchten sie, mich auf andere Gedanken zu bringen oder mich aufzubauen. Einige, besonders Bonnie Hoffmann, waren darüber hinaus so freundlich, das Manuskript durchzugehen und mir bei der Redaktion der Endfassung zu helfen. Zu dieser Freundesgruppe zählen: Johannes und Karin Costa (deren Mutter eine geborene Gwinner ist, ein Name, der in diesem Buch eine große Rolle spielen wird), Robert und Bonnie Hoffmann, Hans-Wilfried Kuhlen, Heike Baumgart, Christian und Petra von Rohrscheidt, Udo und Beate Schecker, Kevin und Gale Farewell sowie Barbara Lindheim und Michael Capek. Ausdrücklich danken möchte ich auch Jeanne Weckler und Marie-Claude Howard. Ohne ihre Tipparbeiten und ihr Korrekturlesen hätte dieses Buch nicht Gestalt angenommen.

Das Zentrum für Europäische Studien (Center for the Study of Europe) an der Columbia-Universität, New York, beherbergte mich in einem frühen Stadium dieser Arbeit. Sein Direktor, Volker Berghahn, ist mir, seit ich ihn das erste Mal vor zehn Jahren getroffen habe, stets ein treuer Freund und geschätzter Ratgeber gewesen. Er ließ mich teilhaben an seinen wohlerwogenen Überlegungen zu den amerikanisch-deutschen Beziehungen. In einem Maße, wie es sich in den Fußnoten nur schwer wiedergeben lässt, ist dieses Buch durchzogen von Einsichten in das Schreiben von Geschichte und in diese Beziehungen, die sich auf seine vielen einschlägigen Beiträge stützen und von morgendlichen Spaziergängen im Riverside Park profitieren. Im Geiste war auch immer Fritz Stern mit von der Partie, die Verkörperung des Gewissens und der schöpferischen Phantasie eines Historikers. Um die deutsche Ausgabe haben sich in erster Linie die Übersetzer Heidrun Homburg (Vorwort, Teile I und II) und Thorsten Schmidt (Teil III) verdient gemacht, sodann Claudia Althaus und ihre Kollegen vom Verlag C.H.Beck, denen allen ich herzlich danke.

Mein Dank gilt auch der École Supérieure de Commerce de Paris – École Européenne des Affaires (ESCP-EAP), European School of Management, die mir zwei Freisemester gewährte, und dem International Club für zusätzliche Finanzmittel. ESCP-EAP trug darüber hinaus zu diesem Buch durch die Finanzierung einer Schar von internationalen Studenten bei, die verschiedene Arbeiten zu diesem Buch beisteuerten und das ganze Unternehmen für mich angenehmer werden ließen. Zu diesem Kreis gehören: Sushmita Banerjee (Inderin), Rajiv Gupta (Inder), Chandi Neubauer (Amerikanerin), Christian zu Sayn-Wittgenstein (Deutscher), Valerie Spiegelfeld (Österreicherin), Patricia Szerszenowicz (Polin), Erin Patten (Amerikanerin), Greylen Erlachen (Amerikanerin) und David Tabet (Libanese und Franzose). Schließlich möchte ich auch noch einigen meiner Kollegen im Fachbereich Finanzen der ESCP-EAP – Cécile Kharoubi, Alain Chevalier, Franck Bancel, Christophe Moussu, Michael Troege, Bruno Thiry und Jyoti Gupta – danken, die sich bei einem internen Seminar im Mai 2006 die Zeit nahmen, mir wertvolle Anregungen zukommen zu lassen.

Paris, im November 2007   Christopher Kobrak

KAPITEL I

Thema und Forschungsfeld – ein Überblick

Ein Vertreter der Deutschen Bank: «Wissen Sie überhaupt, woher ich komme? Ich weiß, dass hier gespielt wird.»

Rick (Humphrey Bogart): «Ja, ich weiß. Sie können sich glücklich schätzen, dass Ihr Geld an der Bar angenommen wird.»
«Casablanca», 1942

Ich glaube, daß wir in Berlin auch an die amerikanischen Sachen heranmüssen. Schließlich liegt uns Amerika näher als Italien, trotz des Gotthard.
Georg Siemens, Vorstandssprecher der Deutschen Bank, 1883[1]

Kooperation und Konflikt, Männer und Märkte

Im Zeitalter des Internet erscheint Globalisierung manchmal als linearer, unvermeidlicher Prozess. Tatsächlich haben sich jedoch in den letzten 150 Jahren die Integration der Weltmärkte und die Homogenisierung der Weltkultur sprungweise entwickelt. Angesichts technischer und politischer Hürden erforderte der Schritt von internationalen Beziehungen zu multinationaler Integration einen enormen persönlichen Einsatz und institutionelle Verpflichtung auf den Wert eines Kulturgrenzen überschreitenden Austausches. Das ist im Kern bereits ein großer Teil der Geschichte der Verflechtung des deutschen und amerikanischen Kapitalmarkts und der besonderen Rolle, die die Deutsche Bank dabei spielte. Es ist die Geschichte der nahezu 140-jährigen Beziehung dieser Bank mit den Vereinigten Staaten von Amerika. Gleichgültig ob man diese Veränderungen für bedauerlich oder für erfreulich hält, lässt sich schwerlich von der Hand weisen, dass die Deutsche Bank eines der Hauptverbindungsglieder war, das Gelder und Ideen zwischen den USA und Deutschland vermittelte. Bereits bei ihrer Gründung wurde die Bank als ein Vorhaben verstanden, das die wirtschaftlichen Verbindungen Deutschlands mit dem Rest der Welt vertiefen sollte.

Die Geschichte spielt sich in sehr verschiedenen wirtschaftlichen und politischen Umgebungen ab. Zuvorderst steht der Kontrast zwischen Zeiten, in denen die Deutsche Bank im Umfeld eines relativ friedvollen Wettbewerbs zwischen Unternehmen und Staaten nach Gewinnen strebte, und solchen Zeiten, die durch weit heftigere nationale Konflikte, die in die Geschäftsbeziehungen einflossen, gekennzeichnet waren. Es waren Zeiten, die bestimmt waren von Kooperation und Goldstandard und solche, in denen ungezügelte Konkurrenz und hitziger Streit zwischen den Nationen herrschte. Der politische Unsicherheitsfaktor, insbesondere die Ungewissheit, ob die USA den Wert ihrer eigenen Währung stützen würden, wie auch nationale Ambitionen waren dem Denken der deutschen Manager in nahezu jeder Phase des Zeitraums, den diese Untersuchung behandelt, nie völlig fern, aber der Kontrast zwischen den Jahrzehnten, die dem Ersten Weltkrieg vorausgingen, und jenen, die ihm folgen sollten, ist trotz allem sehr ausgeprägt. Die relative Stabilität der Wechselkurse in den meisten Ländern und die vollständige Konvertibilität vieler Währungen wurden 1914 in nur wenigen Monaten ersetzt durch eine früher unvorstellbare Unbeständigkeit und durch eingefrorene Finanzmittel.[2] Selbst in der zweiten Hälfte des 20. Jahrhunderts war das wirtschaftliche und politische Umfeld des Geschäfts vielfach noch durch Ereignisse bestimmt, die mit dem Ersten Weltkrieg in Zusammenhang standen. In der Geschichte der Deutschen Bank waren nationale Konflikte und wirtschaftliche Instabilität eher die Regel als die Ausnahme. Obgleich viele hofften, die Welt habe in den 1990er Jahren eine Wende zum Besseren genommen, haben jüngste Ereignisse und deren Schatten diesen Optimismus gedämpft.

Parallel zu diesen Entwicklungen vollzog sich eine andere Wandlung. Sie zeigt den Gegensatz von Finanztransaktionen, die bestimmt waren von persönlichen Kontakten, und jenen, die auf den großen Kapitalmärkten getätigt werden.[3] Zwar ist es schwer, «Markt» zu definieren, aber ein Bestandteil des Begriffs ist die Institutionalisierung von Transaktionen mit relativ offenem Zugang, der durch Regeln und nicht durch Individuen bestimmt wird. Kapitalmärkte sind heute nicht nur erheblich größer als im 19. Jahrhundert, sie sind auch stärker standardisiert und einer umfassenderen Aufsicht unterworfen, die darauf angelegt ist, die Bedeutung privater Informationen für die Preisbewegungen zurückzudrängen. In den meisten Ländern Europas und in Nordamerika sind Ausgabe und Absatz von Staatsschuldpapieren, die einen bedeutenden Teil der Schuldenmärkte ausmachen, zur Routine, ja – im Vergleich zum 19. Jahrhundert – zu quasi automatisch abgewickelten Geschäften geworden. Die Technik und die Entwicklung der Finanztheorie haben dazu beigetragen, die Finanzmärkte und ihre Preisbildung durchsichtiger zu machen, und für viele Akteure und Theoretiker sind Finanztransaktionen mittlerweile eine Übung in stochastischer Modellierung. In der Tat basiert das heute für die Marktanalyse verwandte wissenschaftliche Instrumentarium größtenteils auf zufälligen Preisbewegungen nach Verlaufsmustern entsprechend den Annahmen der ökonomischen Theorie, die von starker Informationsstreuung und einer extrem schnellen Übermittlung neuer Daten ausgehen. Spätestens seit den 1930er Jahren, wenn nicht sogar schon früher, neigten amerikanische Regulatoren dazu, Transparenz, Abschlüsse zu Marktbedingungen und Diversifikation bei der Regulierung des Marktes und der Unternehmensführung zu betonen, anstatt auf wichtige Interessenten, etwa den Firmen nahestehende Bankiers, abzuheben.

Die Öffentlichkeit ist heute verständlicherweise durch das Ausmaß schockiert, in dem einzelne Akteure noch immer Preise und Verteilung von Vermögenswerten manipulieren können. Die Geschichte der Deutschen Bank in den USA ist jedoch ein nützliches Lehrbeispiel für den Grad, in dem Finanzregulatoren die Bankiers aus dem Management und dem engsten, gut informierten Beraterkreis von Unternehmen herauskatapultiert haben. Diese bankenaufsichtsrechtliche Entscheidung hat ihren Preis und ihre Vorteile. Wenngleich Risikokapitalgeber und manche Finanzboutiquen noch engen Kontakt mit denen halten, die ihr Kapital nutzen, steht die überwiegende Mehrheit der Banker längst nicht mehr im Zentrum der Gründung von neuen Unternehmen und der Finanzierung von etablierten Unternehmen in der Weise, wie dies vor hundert Jahren der Fall war. Aus bankenaufsichtsrechtlichen und anderen Gründen halten sie Distanz. Neue Marktakteure haben ihnen den Platz als Kapitallieferanten streitig gemacht. Diese Vermittler wie zum Beispiel Pensionskassen und Investmentfonds – mit anderen Interessen an den Unternehmen und anderen Einschränkungen für ihren Einbezug in die Unternehmensführung – leiten institutionelle Anlagegelder in die Unternehmen. In den meisten Fällen haben Regierungen, die Unternehmen selbst und die Investoren einen derart einfachen Zugang zueinander, dass es nicht der Bemühungen von Bankiers bedarf, um Finanzmittel zu erhalten oder Kredite zu vergeben. In den meisten Fällen reicht der Zugang zweifellos, um keine großen Beträge für viele Dienstleistungen bezahlen zu müssen, die vor hundert Jahren üblich waren und damals zum alltäglichen Bankgeschäft gehörten. Damit soll nicht gesagt sein, dass moderne Banker keine enorm hohen Provisionen für von Einzelnen vorangetriebene Geschäftsabschlüsse einnehmen, wie dies im Buch und im Film *Barbarians at the Gate*[4] dargestellt wird. Allerdings hat sich in der Skala der Bankgeschäfte das Gesamtgewicht verschoben hin zu stärker ‹standardisierten› (warenähnlichen) Transaktionen, die mathematisch beschrieben werden können wie zum Beispiel Devisenhandel (auf den allein täglich die kaum vorstellbare Summe von 2,2 Billionen Dollar entfällt), Vermögensverwaltung und Handel mit festverzinslichen Wertpapieren in großen Mengen, aber mit eher kleinen Renditen, die sich für stochastische Modelle anbieten. Ron Chernow hat in seinem hervorragenden Buch zu ebendiesem Thema dargelegt: «Die wirkliche Macht der traditionellen Bankiers gründete letzten Endes auf ihrem Informationsmonopol und damit auf einer Ware, die seinerzeit noch seltener war als Kapital.»[5] Mit der Entstehung moderner Kapitalmärkte hat sich der Bereich derjenigen Transaktionen verengt, für die ein «Informationsmonopol» erlangt werden kann, das sich dann von Menschen und Institutionen ausnutzen lässt. Nur wer wendig, rasch und innovativ agiert, kann überdurchschnittliche Renditen erzielen.

In einer frühen Phase des beschriebenen Zeitraums herrschten sowohl in der amerikanischen wie auch in der deutschen Finanzszene Verhandlungen hinter verschlossenen Türen über Preise und Kosten zwischen den Beteiligten vor. Dabei konnte es sich um Eliten mit unterschiedlicher Nationalität handeln, sie alle teilten jedoch eine gemeinsame Kultur. Gegen Ende des 20. Jahrhunderts hat die amerikanische Entscheidung, Finanzgeschäfte in öffentliche Märkte mit vergleichsweise transparenten, standardisierten Transaktionen zu zwingen, bestimmenden Einfluss auf die Finanzwelt gewonnen. Dies läutete einen Wandel ein, mit dem die Deutsche Bank zunächst Schwierigkeiten hatte. Dies ist die Geschichte, wie die internationalen Kapitalmärkte und deren Regulierung aus den Kinderschuhen herauswuchsen und eine schwierige Phase der Adoleszenz durchmachten. Zugleich ist es die Geschichte, wie sich das Bankgeschäft von einer ziemlich breit definierten Tätigkeit, wozu im 19. Jahrhundert auch die aktive Führung von Unternehmen gehörte, zu einer weit engeren, technisch bestimmten Aufgabe im späten 20. Jahrhundert entwickelte.

Im Verlauf dieser strukturellen Wandlungen mag die Führung der Deutschen Bank ihre Strategien und Taktiken bei Geschäften mit der restlichen Welt verändert haben, aber ihre grundsätzliche Überzeugung, dass das internationale Geschäft gesellschaftlich wie auch wirtschaftlich sinnvoll war, geriet darüber nicht ins Wanken. Angesichts extremer Herausforderungen blieben die Leiter der Bank standhaft bei ihrer Überzeugung, dass vermehrter Austausch über Kulturgrenzen hinweg schließlich für alle von Vorteil sein würde, die sich daran beteiligten.

Dieses Buch wählt einen noch recht neuartigen Ansatz in der Unternehmens- und Finanzgeschichte. Es will zum Verständnis dieser Umbrüche in den Finanzinstitutionen und in den Kapitalmärkten beitragen, indem es sich auf eine Bank und deren Beziehung zu einem Land konzentriert. Diese Verbindung eines Unternehmens mit einer Nation, zumal wenn es sich dabei um die stärkste Wirtschafts- und Militärmacht der Welt handelt, und deren «Gleichbehandlung» im Titel, wo beide Untersuchungsgegenstände nur durch ein «und» verbunden sind, mag einigen Lesern als ein weiteres Beispiel für Anmaßung und Arroganz von Unternehmen erscheinen, die nach Meinung vieler Kritiker die moderne Globalisierung beflecken.

Aus zwei Gründen behandle ich dieses Land und dieses Unternehmen gemeinsam. Zum einen sind die Größe der nach US-Stil funktionierenden Kapi-

talmärkte und deren Regulierung von überragender Bedeutung für das Verständnis der gesamten Geschichte der Deutschen Bank. Zum anderen war
die Deutsche Bank über weite Strecken der Zeit, die Gegenstand dieser Darstellung ist, nicht selbst *in* den USA im eigentlichen Wortsinne tätig. In den
ersten fünfzig Jahren verkaufte die Deutsche Bank in erheblichem Umfang
amerikanische Wertpapiere in Europa und betrieb Geschäfte mit amerikanischen Institutionen und Persönlichkeiten in großem Stil, ohne dort eine
Tochtergesellschaft oder Filiale zu haben, ja nicht einmal ein Gemeinschaftsunternehmen. In der Zwischenkriegszeit und nach dem Zweiten Weltkrieg
waren die Deutsche Bank und Deutschland insgesamt stark von amerikanischem Kapital und der dortigen Bankenregulierung abhängig, auch jetzt
wiederum ohne in den USA ein rechtlich eigenständiges Unternehmen zu betreiben.[6] Auch war die Deutsche Bank nahezu während des gesamten hier
betrachteten Zeitraums die wichtigste deutsche institutionelle Finanzverbin-
dung zu den USA, und sie ist dies möglicherweise noch heute. Dieser Umstand mag eine ausgreifende Darstellung rechtfertigen.

Die Verbindung von Land und Bank unterstreicht darüber hinaus die
Rolle der nationalen und internationalen Politik wie auch der Regulierung
für die Geschäfte und folglich für die Unternehmensgeschichte. Nahezu über
den gesamten Zeitraum, von dem hier die Rede ist, machten die Größe und
die Regulierung der amerikanischen Märkte dieses Land zu einem Spezial-
fall für die meisten Geschäfte. Der politische Konflikt half rasch, Amerikas
großen Bedarf an Kapital umzuwandeln in eine Überfülle an Mitteln. Allerdings erst in der Zeit des *New Deal* gelang es den Vereinigten Staaten, ihren
Kapitalmarkt umfassend zu regulieren, was sie in einer neuen und spezifisch
amerikanischen Weise taten. Obwohl für den Rest der Welt kaum passend,
gewann dieses System, zum Teil aufgrund politischer Ereignisse, außerordentlichen Einfluss auf die internationalen Kapitalmärkte. Die amerikanische
Verbindung von jähen Änderungen in den Kapitalströmen und der Regulierung hat sich selbst für US-Unternehmen – ganz zu schweigen von ihren
ausländischen Rivalen – als extrem verlockend und große Herausforderung
erwiesen.[7] Trotz des hohen Grads der Internationalisierung von Unternehmen und vieler neuer Beschränkungen der Fähigkeit von Staaten, ihre Souveränität über die Unternehmen zu behaupten, ist das politische Umfeld
nach wie vor wichtig bei der Festlegung von Strategie, Struktur und Zeitpunkt von Auslandsinvestitionen. Unternehmen mögen global oder regional
sein, Politik ist noch immer weitgehend national. Die Beziehungen zwischen
den USA und Deutschland gehörten zu jeder Zeit zu den maßgeblichen Faktoren, die über Erfolg oder Misserfolg der Deutschen Bank insgesamt entschieden. Das Geschäft war zwar nie einfach, aber es gab Zeiten, in denen
die Gegensätze so groß waren, dass der Fortbestand der Deutschen Bank
selbst bedroht war.

Wenn diese Gründe nicht hinreichend sind, um die Untersuchung darauf zu konzentrieren, wie ein Unternehmen mit einem Land «umging», muss man sich einmal vor Augen halten, wie anders die Geschichte aussähe, würde ich über eine britische Bank schreiben, die in den USA Investitionen tätigt, oder umgekehrt über die Deutsche Bank, die in Russland investiert.

In der jüngsten Vergangenheit haben Historiker und Wirtschaftswissenschaftler den Wert vergleichender Geschichtsbetrachtung stärker anerkannt und sich die Grenzen eng definierter Nationalgeschichten bewusst gemacht, welche die internationale Dimension vieler Ereignisse und Entwicklungen vernachlässigen. Aber selbst einige der ausgezeichneten Studien jüngeren Datums vernachlässigen das geschäftliche Element in diesen Beziehungen. Wenngleich es fraglos zutrifft, dass – wie ein Autor feststellte – Länder «in die Geschichte des jeweils anderen verstrickt» sind, so ist bisher das Verständnis eher unzulänglich, wie Unternehmen beigetragen haben, die kaum durchlässigen Grenzlinien zu überqueren, welche die Nationen voneinander trennen.[8] Kulturell übergreifende Geschichte ist ein lobenswertes Unterfangen, aber sie ist schwierig zu schreiben. Sie erfordert eine Beherrschung der politischen, wirtschaftlichen und sozialen Geschichte(n) verschiedener Länder und läuft Gefahr, das Thema aus dem Blick zu verlieren. Meine Hoffnung ist, dass die Geschichte der Deutschen Bank in den USA einen institutionellen Blickwinkel bietet, die vielfältigen Arten des wirtschaftlichen Austausches zwischen Staaten zu betrachten und so zu klären, welche Rolle internationale Unternehmen beim Zusammenbringen verschiedener Kulturen haben.

Die Deutsche Bank und die deutsch-amerikanischen Beziehungen im Umriss

In der Öffentlichkeit, in Fachkreisen und der akademischen Welt wird vermutlich keine Institution oder Firma so sehr mit den Leistungen und Fehlleistungen des deutschen Geschäftslebens in Verbindung gebracht wie die Deutsche Bank. Obwohl sie in manchen Bewertungen zu Beginn des neuen Jahrhunderts noch immer zu den führenden zehn Banken der Welt gerechnet wird, hat die Bank auf den Welt-, den europäischen, ja selbst den deutschen Finanzmärkten gegenüber früheren Zeiten einiges an Einfluss eingebüßt.[9] Aber die Bedeutung der Deutschen Bank lässt sich mit finanziellen Messgrößen nur unzulänglich fassen. Über weite Strecken der vergangenen 138 Jahre stand sie für Deutschlands besondere Ausprägung des Finanzkapitalismus. Mit ihren engen Langzeitbeziehungen von Anlegern zu Unternehmen, ihrer Konsensbildung, ihrer Innovationskraft, ihrer Belastbarkeit bei Katastrophen und ihrem Elan, internationale Märkte aufzubauen, trug sie nach der gängigen Interpretation dazu bei, dass die deutsche Wirtschaft von Nachahmern verehrt und von Konkurrenten gefürchtet wurde. Bis vor kurzem galt die Deutsche Bank schlechthin als Inbegriff einer Universalbank mit einem breiten Angebot von Finanzdienstleistungen: Sie nahm Einlagen von Einzelkunden und Institutionen entgegen; sie nutzte diese Kundenbeziehungen, um Wertpapiere auf den Markt zu bringen und selbst langfristig Positionen in befreundeten Unternehmen zu halten, an deren Führung die Bank oftmals aktiv Anteil nahm. Bedauerlicherweise war die Deutsche Bank, wie der eingangs zitierte Wortwechsel aus einem amerikanischen Film andeutet, auch verwickelt in die Mittäterschaft deutscher Unternehmen an einigen der schrecklichsten Verbrechen in der Geschichte.[10] In jüngerer Zeit ist die Bank zusammen mit anderen Flaggschiffen des deutschen Kapitalismus wie etwa Daimler-Benz und Hoechst auf beiden Seiten des Atlantiks paradoxerweise sowohl kritisiert worden, dass sie den deutschen Widerstand gegen Veränderungen befördere, wie umgekehrt auch wegen ihrer Bemühungen, sklavisch dem amerikanischen «Cowboy»-Kapitalismus nachzueifern.[11] Kurz, im Guten wie im Schlechten ist die Geschichte der Deutschen Bank mit der Geschichte des Landes verbunden, in dem sie gegründet wurde, und ihre Aktivitäten in den Vereinigten Staaten sind eingebunden in die Beziehungen zwischen den beiden Ländern.

Mit der umsichtigen Unterstützung der preußischen Regierung wurde die Deutsche Bank 1870 von einer Gruppe kleiner Banken und Anleger zu dem Zweck gegründet, die deutschen Finanzinteressen auf den internationalen Märkten wahrzunehmen. Als eine der ersten Banken wurde sie als Aktiengesellschaft organisiert und dank ausgezeichneter politischer Verbindungen war sie in der Lage, die Finanzkrise der 1870er Jahre zu überstehen und sogar durch Übernahmen und Erweiterung ihrer Bankdienstleistungen zu expandieren. Schon bald zählten zu diesen Aktivitäten nicht nur die Finanzierung internationaler Handelsgeschäfte, sondern auch grenzüberschreitende Kredit- und Investitionsgeschäfte unter ein und demselben Dach. Unter der Führung von Georg Siemens, einem Cousin zweiten Grades des Gründers des Elektroriesen Siemens & Halske, gehörte die Deutsche Bank zu den ersten Banken, die eine Universalbank-Strategie verfolgten – ein Geschäftsmodell, das die Bank seither beibehalten hat und das eines der Kennzeichen des deutschen Finanzsystems geblieben ist.[12]

Wenngleich die Deutsche Bank einige Monate vor dem Reich entstand, dessen Namen sie trug, war ihre Gründung ein wahrlich nationales Projekt. Ihr vorrangiges Anliegen war es, die Bemühungen der bei ihr beteiligten Banken zu vereinen, die Vorherrschaft der britischen Banken bei der Finanzierung internationaler Handelsgeschäfte abzuschütteln. Schon bald drängte jedoch die Deutsche Bank über ihre Gründungsstatuten hinaus. Sie spielte eine bedeutende Rolle nicht nur bei der beispiellosen Steigerung des deutschen Geschäftslebens, bei neuen Handelsformen und Technologien, sondern auch bei den öffentlichen und privaten Versuchen, mit den weitreichenden wirtschaftlichen und sozialen Umwälzungen fertig zu werden. Ihre Förderer und Aktionäre sahen sie bewusst als eine Kombination der «Nationalstaatsidee mit einem Grundgedanken des 1834 gegründeten Deutschen Zollvereins [...], nämlich Deutschland im Handel und in der industriellen Produktion möglichst unabhängig zu machen».[13] Die deutsche Finanzwelt verstand ihre Aufgabe. Otto Jeidels von der Berliner Handels-Gesellschaft, ein hervorragender Bankier, notierte am Anfang seiner Laufbahn, ein Land, das ein dynamischer Exporteur sein wolle, müsse ein internationales Bankennetz haben, um Transaktionen zu verrechnen, Auslandsschulden an sich zu ziehen und Positionen in ausländischen Unternehmen zu besetzen.[14]

Wenngleich die Deutsche Bank gegründet worden war, um die internationale Entwicklung voranzubringen, ereigneten sich ihre größten Erfolge und Fehlschläge in Deutschland, oftmals gerade wegen ihrer engen Beziehung zur deutschen Regierung. Ironischerweise und vermutlich unabsichtlich trugen diejenigen Banken, die an ihrer Gründung beteiligt waren, dazu bei, einen mächtigen neuen heimischen Konkurrenten aufzubauen. Die Bereitschaft der Deutschen Bank, von der Zustimmung zur Mark bis zur Förderung des deutschen Handels eine Vielzahl von Projekten zu unterstützen, verschaffte ihr eine privilegierte Stellung auf dem Inlandsmarkt. Ihre Verschmelzung mit angeschlagenen Instituten nach der Krise von 1873 ließ die Deutsche Bank in Deutschland zu einem der großen Akteure werden, was ihr Zugang zu weit größeren Summen des inländischen Kapitals verschaffte. Zwischen 1876 und 1899 wandelte sich die Deutsche Bank von einer Bank, die in dem Konsortium für die Ausgabe von staatlichen Wertpapieren nur einen kleinen Anteil hielt, zu einem Institut, das einige Emissionen in vollem Umfang selbst auf den Markt brachte. Sie weitete ihr inländisches Kreditgeschäft wie auch andere Dienstleistungen für die Industrie aus und vergrößerte ihr Filialnetz in Deutschland beträchtlich.[15] Ihre Größe und ihre ausgezeichneten politischen Verbindungen machten die Deutsche Bank gleichermaßen zum Gegenstand von politischen Angriffen innerhalb Deutschlands wie auch zu einer der bevorzugten Banken bei der behördlichen Überwachung des Kapitalmarkts. In allen Fällen, in denen die Regierung sich privater Institute bediente, um «die Märkte zu lenken» – dies reichte von der Bagdadbahn vor dem Ersten Weltkrieg bis hin zur Kontrolle von Devisengeschäften –, spielte die Deutsche Bank eine Hauptrolle. 1913 war die Deutsche Bank zwar nicht die älteste, aber die führende Bank in Deutschlands sogenannter Revolution im Bankwesen – sie verband die Vorteile ihrer Unternehmensform als Aktiengesellschaft mit einem Filialnetz zum Sammeln von Einlagen und auch für das Investmentbanking. In jenem Jahr hatte die Deutsche Bank ungefähr die doppelte Größe der größten amerikanischen Aktienbank und war gemessen an der Bilanzsumme um mehr als 30 Prozent größer als ihr nächster deutscher Rivale.[16]

Trotz dieser weit ausgreifenden internationalen Aktivitäten, vielleicht auch gerade ihretwegen, spielte, vom Heimatland abgesehen, kein anderes Land in der Welt in der Geschichte der Deutschen Bank eine größere Rolle als die Vereinigten Staaten. Im Unterschied zu anderen großen Finanzinstituten des 19. Jahrhunderts erkannte die Deutsche Bank rasch Amerikas Potential und dessen Schlüsselrolle.[17] Das eingangs angeführte Zitat von Siemens, das nahezu jede Arbeit über die Beziehung der Deutschen Bank zu den Vereinigten Staaten einleitet, bringt in treffender Weise die vom Management nachdrücklich geteilte Ansicht und das geschäftspolitische Engagement gegenüber jenem Teil der Welt zum Ausdruck.

Das verblüffende Wirtschaftswachstum Amerikas, als sich das Land von den Nachwirkungen des Bürgerkrieges erholte, festigte seine wirtschaftliche und politische Vormachtstellung in der Region und machte das Land bis zum Ende des Jahrhunderts zur größten Volkswirtschaft der Welt.[18] Amerika und Deutschland gelangten gleichzeitig zur industriellen Reife, und dies gerade in der Zeit, als die Deutsche Bank Gestalt annahm. Tatsächlich wurden gewissermaßen beide Länder durch «Blut und Eisen» in dem Jahrzehnt zu «geeinten» Nationen, das auf die Beschießung von Fort Sumter folgte. Ganz wie Fritz Stern in einem anderen Zusammenhang schrieb:

> In den drei Jahrzehnten, die dem Großen Krieg vorausgingen, war Deutschland ein aufsteigendes Land, seine physische Kraft mitsamt dem starken militaristischen Geist schien durch kulturelle und insbesondere wissenschaftliche Leistungen einen Ausgleich zu erfahren. [...] Das einzige andere Land, das damals mit ähnlich geballter Kraft wuchs, waren die USA, auch sie begaben sich, unter dem Vorzeichen riesiger materieller Ressourcen, auf einen imperialen Kurs und leisteten zugleich Vorbildliches bei der Förderung der wissenschaftlich-technischen Innovation.[19]

Den deutschen Theologen und gelehrten Staatsmann Adolf von Harnack zitierend, fügte Stern hinzu, es habe den Anschein gehabt, als sei Amerika die Nation, die von den «Kulturländern» Deutschland «geistig [...] das nächste und verwandteste» war.[20] Die Frage, wie diese beiden Länder, die gegen Ende des 19. Jahrhunderts sich anscheinend auf ähnlichen Bahnen bewegten, derart unterschiedliche Erfahrungen im 20. Jahrhundert durchlaufen konnten, bildet unvermeidlich den Hintergrund für die hier entfaltete Darstellung.

Unterschiedliche Arbeitskosten und Ansichten über Stabilität trugen dazu bei, dass sich gegensätzliche Aufsichtsbehörden und Haltungen gegenüber Produktion, Vertrieb und Wettbewerb entwickelten. In der wirtschaftshistorischen Literatur wird allerdings nicht genügend berücksichtigt, dass beide Wirtschaftssysteme vor dem Ersten Weltkrieg viele gemeinsame Merkmale aufwiesen. Zu diesen Ähnlichkeiten und Gemeinsamkeiten zählten: Vertrauen auf Banken bei der Kontrolle von Unternehmen, ein föderales politisches System, das die Bankenaufsicht erschwerte, und eine beunruhigende Abhängigkeit von ausländischen Vorbildern und Auslandsmärkten. Trotz eines Kapitalismus mit sehr unterschiedlichen Wurzeln und Ausrichtungen reichten die intellektuellen, kulturellen und geschäftlichen Verbindungen zwischen den beiden Ländern weit zurück. Viele nach der Revolution von 1848 politisch verfolgte und in die Emigration getriebene Deutsche landeten schließlich in den USA und spielten eine wichtige Rolle in der geistigen und geschäftlichen Entwicklung Amerikas; dies galt auch für die Geschäfte der Deutschen Bank. Im letzten Viertel des 19. Jahrhunderts erreichte die deutsche Einwanderung in die USA neunmal höhere Zahlen als der gesamte Zustrom aus den Niederlanden, Belgien, Luxemburg, der Schweiz und Frankreich.[21] Viele dieser Zugewanderten kehrten nach Hause zurück, um andere zur Übersiedlung zu ermuntern oder zumindest dafür zu gewinnen, in der «Neuen Welt» zu investieren. Generationen von amerikanischen Professoren unzähliger Fachrichtungen machten sich auf, um ihre Studien an deutschen Universitäten zu «validieren», deren Organisation und Forschungsorientierung zum Vorbild für einige von Amerikas wichtigsten Hochschuleinrichtungen wurden. Deutsch-jüdische Bankiers und Kaufleute spielten eine bedeutende Rolle auf den amerikanischen Kapitalmärkten. Kapitalanlagen aus Deutschland in den USA wuchsen rasch und kamen in vielerlei Gestalt daher. Langfristige Anlagen in Wertpapieren stiegen von 0,2 Milliarden Dollar im Jahr 1899 auf 1 Milliarde Dollar im Jahr 1914, das waren etwa 15 Prozent der gesamten deutschen Auslandsinvestitionen.[22] Amerikanische Patente an deutsche Staatsangehörige stiegen von 218 im Jahr 1885 auf 1475 im Jahr 1914 und übertrafen damit die Zahl der Patente, die im gleichen Jahr an englische Staatsbürger vergeben wurden.[23] Bereits 1900 hielten US-Versicherungsgesellschaften, Sparkassen und Wertpapierbanken annähernd 34 Millionen Dollar an ausländischen Wertpapieren, darunter schätzungsweise 10 Millionen Dollar, die an die Regierungen Österreichs und Deutschlands gegangen waren.[24]

Aber Deutschlands und Amerikas führende Finanzplätze – Berlin und New York – waren relative Neulinge in der internationalen Finanzwelt, die noch immer von London beherrscht wurde. Der Kampf beider Städte, ihre neue Rolle zu untermauern, bildet einen wichtigen Hintergrund dieser Darstellung.[25]

Trotz ihres ursprünglichen Programms scheint die Deutsche Bank bemerkenswerterweise bei ihren frühen internationalen Aktivitäten nur geringe direkte Gewinne gemacht zu haben. Wenngleich die Auslandsgeschäfte als solche ihr oftmals wenig Anlass zur Freude gaben und schwierig abzuwickeln waren, halfen sie doch, die Deutsche Bank von anderen deutschen Banken abzusetzen, die nur wenige oder überhaupt keine finanziellen Verbindungen zur restlichen Welt unterhielten. Die ersten internationalen Anstrengungen der Deutschen Bank zielten darauf, die Handelstätigkeit von deutschen Firmen im Ausland zu unterstützen. Hierzu bedurfte es des Aufbaus eines Filialnetzes, um die internationalen Geschäfte abzuwickeln. Als aber Deutschlands Bestand an ausleihbaren Kapitalien mit der Reife mancher Branchen und der Verstaatlichung der deutschen Eisenbahnen anwuchs, waren Anleger und Behörden interessiert, das Spektrum für deutsche Kapitalanlagen zu verbreitern. Die Deutsche Bank weitete ihre Tätigkeit auf die Zeichnung von internationalen Anleihen und Aktien aus, die sie ihrem Wertpapierbestand als Alternativen für heimische Kunden hinzufügen konnte. Mitte der 1880er Jahre stieg sie in das Geschäft mit Auslandsanleihen ein, zuerst in Südamerika, dann in den USA. Nur wenige Jahre später übernahm sie die Führung bei der Finanzierung von Bauvorhaben in den Balkanländern und im Nahen Osten. Viele ihrer anfänglichen Investitionen hatten wenig oder nichts mit Deutschlands Kolonialbegeisterung und -politik zu tun. Mitte der 1890er Jahre wurde dann jedoch Deutschlands «Geflecht von Einflüssen der […] Diplomatie, Militärhilfe und Privatwirtschaft» schon eher ein Faktor bei den Investitionsentscheidungen, besonders in der Türkei, in China und in Marokko.[26]

Trotz mancher Hindernisse zeigen sich in den Unternehmensstrukturen des 19. Jahrhunderts wirtschaftliche und politische Gegebenheiten, die dem freien Fluss von Gütern, Dienstleistungen und Kapitalien sehr günstig waren. Wenngleich das Auslandsgeschäft keinesfalls einfach war, so benötigte die Bank damals doch weit weniger Direktinvestitionen. In dieser Zeit waren viele der modernen Abläufe im Bankwesen noch nicht Allgemeingut. Eine Folge war, dass denjenigen Instituten potentiell noch größere Entgelte zuwuchsen, die sich Zugang zu den neuen Möglichkeiten verschaffen konnten und einen Gewinn aus der Verwaltung von Ungewissheit zu ziehen wussten. Natürlich waren viele Kapitalanlagen etwa durch Hypotheken auf Grundbesitz oder Hinterlegung von Wertpapieren gesichert, allerdings war der Rückgriff auf Rechtstitel selbst im günstigsten Fall oftmals beschwerlich. Über lange Strecken ihrer Geschichte in den USA musste sich die Deutsche Bank mit unterschiedlichem Erfolg auf persönliche Beziehungen und wechselseitiges Vertrauen als Grundlage für die Verwaltung dieser Kapitalanlagen verlassen.

Selbst in Zeiten, als Politik bei Geschäftsentscheidungen keine oder nur eine geringe Rolle spielte, war es für die Führung der Deutschen Bank schwierig, Risiken zu beurteilen und Erträge abzuschätzen, was abrupte Veränderungen in der Struktur nach sich ziehen konnte. Schon bald nach seinem Eintritt in die Bank betonte Hermann Wallich (Vorstandsmitglied von 1870 bis 1894) in einer Denkschrift an seine Vorstandskollegen die Notwendigkeit, sobald wie möglich ein Netz von Filialen in den wichtigsten Handelszentren

Deutschlands zu errichten. Den Filialen in London, Bremen und Hamburg folgten schon bald Beteiligungen an ausländischen Banken in New York und Paris sowie zwei Filialen in Asien. Der asiatische Markt war für deutsche Handelshäuser besonders interessant, zum Teil auch deshalb, weil diese Region erst vor kurzem für Fremde geöffnet worden war. Deutschlands Übergang zum Goldstandard 1873 setzte die Silberreserven des Reichs frei für den Verkauf nach China, das weiterhin beim Silberstandard blieb. Die Deutsche Bank war an dieser Transaktion beteiligt. Im Gefolge der Finanzkrise von 1873 wurden allerdings einige dieser Kapitalanlagen aufgelöst. 1875 fiel die Entscheidung, die Filialen in Shanghai und Yokohama zu schließen. Es ermangelt nicht einer gewissen Ironie, dass danach englische Banken eine Zeitlang die Interessen der Deutschen Bank in Asien vertraten. In den späten 1880er Jahren zeigte sich die Deutsche Bank, die darin der Reichsregierung und dem deutschen Handel folgte, freilich weit stärker an Südamerika interessiert. Die meisten ihrer lateinamerikanischen Geschäfte wurden allerdings durch eine neue deutsche Tochtergesellschaft abgewickelt, die Deutsche Ueberseeische Bank.[27] Kapitalanlagen in anderen Regionen wurden oftmals als Beteiligungsgeschäft in Gemeinschaft mit anderen deutschen Firmen und selbst mit englischen Banken durchgeführt.

Auch als die deutsche Politik bei den Entscheidungen der Bank eine geringe Rolle spielte, zählte Amerika zu den vielen Ländern, in denen die frühen Kapitalanlagen der Deutschen Bank mit großen Schwierigkeiten behaftet waren. Das Fehlen einer ausreichenden Regulierung in Finanzdingen war für die Deutsche Bank die größte Herausforderung, sich bei den ersten bietenden Geschäftsmöglichkeiten in den USA einen Überblick zu verschaffen, aber dies erhöhte auch die Belohnung für kluge Ausdauer. Bedeutende Kapitalströme flossen zwischen den beiden Ländern ohne Computer, ohne sofortige Preisinformation und – meistens – auch ohne geprüfte Jahresabschlüsse sowie andere, heute geläufige Mittel der Kapitalmarktregulierung. Kapitalanlagen in den USA konnten höhere Nominalzinsen als in Deutschland oder England einbringen. Das ganze Geschäft ging jedoch – wie die Deutsche Bank zu ihrem Leidwesen feststellen musste – mit vielfachem und jähem Auf und Ab von Vermögen und Glück einher. Im Allgemeinen konnten sich die Anleger vor dem Ersten Weltkrieg mehr regierungsseitiger Garantien bei Bewegungen der Wechselkurse erfreuen, als dies heute der Fall ist. Ohne Zentralbank waren die USA jedoch eines der schwächsten Glieder in dem Wechselkursregime jener Zeit, und das amerikanische Bankensystem war stärker für Paniken anfällig. Darüber hinaus hinderte die vielschichtige Bankenaufsicht die Deutsche Bank daran, eine eigene Filiale in den USA zu eröffnen, um ihre wichtigsten Geschäftsinteressen dort zu vertreten. Die Strategie der Deutschen Bank, sich auf unabhängige Agenten und Korrespondenzbanken zu verlassen, hatte zwar erhebliche Nachteile, dennoch war die Bank in den Vorkriegs-

jahren in der Lage, einen großen Teil des deutsch-amerikanischen Kapitalverkehrs abzuwickeln.

Vor dem Ersten Weltkrieg war der Misserfolg der Deutschen Bank beim
Absatz deutscher Wertpapiere in den USA entmutigend. Trotz vieler Hindernisse half es der Eintrittsstrategie der Deutschen Bank mehr, amerikanische
Wertpapiere ausfindig zu machen und diese in Europa anzubieten als europäische Wertpapiere in den USA zu verkaufen. Die Leitung der Bank hatte erwartet, dass die Geldströme zwischen Europa und den USA hin und her fließen würden. Dies war auch der Fall, aber auf unwillkommene Weise. Die
Deutsche Bank klagte über die mangelnde Werbung für deutsche Wertpapiere, die von der Bank und ihren Freunden in den USA angeboten wurden.
Anleihen der Stadt Frankfurt und des Staates Sachsen wurden nur spärlich
abgesetzt. Selbst der Absatz von Reichsanleihen lief schlecht. Viele Anleihen
wurden durch Arbitragefirmen nach Deutschland zurückverkauft, was für
die deutschen Firmen mit größtmöglichen Kosten und kleinstmöglichen Gewinnen einherging.[28]

Es gab ernstliche Belastungen der wirtschaftlichen und politischen Beziehungen zwischen Deutschland und den USA, die auch die Deutsche Bank in
Mitleidenschaft zogen. Trotz der wirtschaftlichen und kulturellen Bande zwischen Amerika und Deutschland waren die Geschäfte zwischen den USA und
anderen Teilen der Welt, selbst vor dem Krieg, vor allem durch England bestimmt, Deutschlands europäischen Wirtschaftsrivalen. Dies ärgerte manche
Deutsche, die meinten, die deutsche Kultur verdiene größeres Gewicht in diplomatischen, kolonialen und Geschäftsangelegenheiten.[29] Um die Jahrhundertwende, als die Welt von einer Zeit, in der die Gefühle von Nationalismus
und Internationalismus unschwer nebeneinander existieren konnten und
sich sogar wechselseitig ergänzten, in eine Zeit des leidenschaftlichen Anta-
gonismus überwechselte, brachte Englands Rolle als Nachrichtenbörse und
Informationskanal für Deutschland vielfältige strategische Nachteile mit
sich.[30]

Darüber hinaus behinderten einige wirtschaftspolitische Maßnahmen
engere Beziehungen zwischen Deutschland und den USA. Die amerikanischen Schutzzölle, die im Aufbau befindliche «junge» Branchen abschirmen
sollten, versperrten vielen deutschen Industrieerzeugnissen den Zugang zum
US-Markt. Deutschland seinerseits begann im späten 19. Jahrhundert die
Zölle auf landwirtschaftliche und andere Produkte zu erhöhen, die für amerikanische Exporteure von besonderem Interesse waren. Im gleichen Zeitraum
zeigte man sich in Deutschland beunruhigt über die ungeregelten volkswirtschaftlichen und rechtlichen Rahmenbedingungen in Amerika, wie umgekehrt Deutschlands Vorgehen in Fragen der Wettbewerbsbeschränkung die
Amerikaner mit Sorge erfüllte. Kurz, Amerika und Deutschland waren Ende
des 19. Jahrhunderts zwei der wichtigsten «aufstrebenden» Märkte mit allen

Möglichkeiten und Gefährdungen, Geschäft zu treiben, die Märkte in Schwellenländern auch heute mit sich bringen, wozu die Möglichkeit gegenseitiger nationaler Feindschaft gehört.

In den ersten vierzig Jahren, von denen hier die Rede ist, brachten das Wirtschaftswachstum Amerikas und dessen Bedarf an Auslandskapital die beiden Nationen in eine engere Verbindung. Zwischen 1870 und 1914 wuchs die Wirtschaft der USA jährlich um 4,3 Prozent und damit gut einen Prozentpunkt mehr als die Deutschlands, das ebenfalls ein dynamisches Wachstum aufwies. Zu einem erheblichen Teil speiste sich das Wachstum in beiden Ländern aus Exporten in den Rest der Welt und aus dem wechselseitigen Außenhandel. 1914 lag das gesamte ausländische Investitionsvolumen in den USA bei 7 Milliarden Dollar, was etwa 20 Prozent des amerikanischen Bruttosozialprodukts entsprach. Deutsche Investoren gaben sich alle Mühe, die chaotischen und unpersönlichen Muster des amerikanischen Anlageverhaltens zu ergründen und damit zu Rande zu kommen. Einige zeigten sich freilich eher ängstlich und verwundert.

Der Umstand, dass im 20. Jahrhundert die deutschen und die amerikanischen Beziehungen auf den Kopf gestellt wurden, hatte starken Einfluss auf die Art der Geschäfte der Deutschen Bank und deren Erfolg. In den Zwischenkriegsjahren erschienen die Finanzmärkte denjenigen, die ihre Ausbildung vor 1914 erhalten hatten, wie eine verkehrte Welt à la «Alice im Wunderland». Zu den Veränderungen zählte auch, dass Deutschland – in den Augen vieler Amerikaner – sich von einem disziplinierten Kreditgeber in einen skrupellosen Schuldner wandelte. Amerikaner, einst zu Recht verschrien wegen ihrer nachlässigen Bankenaufsicht und unsoliden Finanzpraktiken, predigten jetzt den Deutschen über gesunde Währung, übersichtliches Rechnungswesen und redliche Bankgeschäfte.

Aber selbst die Weltkriege, wirtschaftlicher Zusammenbruch und diese bizarre Umkehrung der Rollen konnten das Interesse der Deutschen Bank an dem Amerikageschäft nicht wesentlich verändern. Während allerdings vor dem Ersten Weltkrieg die Hauptbeschäftigung der Bank mit Nordamerika darin bestand, für ihre deutschen Kunden passende Kapitalanlagen ausfindig zu machen und diese zu überwachen, bestand ihre Haupttätigkeit nach 1918 darin, die Anlage von Kapitalien in Deutschland zu fördern und zu beobachten. Das wirtschaftliche und politische Chaos nach dem Ersten Weltkrieg verwandelte Deutschland in ein Land, das dringend Kapital benötigte. Im Verlauf eines Jahrzehnts wandelten sich deutsche Geschäftsleute von willkommenen ausländischen Investoren zu Besitzern von «Feindvermögen» und Zielscheiben zur Abschöpfung «außerordentlicher» Gewinne von amerikanischen Unternehmen. Amerika beschlagnahmte mehr ausländische Vermögenswerte als je ein anderes Land in der Geschichte, und die Geschäftstätigkeit der Deutschen Bank in den USA war von dem Bemühen beherrscht, diese Werte zurückzubekommen. Zur Zeit der Weimarer Republik wurden deutsche Unternehmen für einige Jahre zu wahren «Lieblingen» amerikanischer Spekulanten, aber auch ernsthafter Unternehmen, die nach bedeutenden Kapitalanlagemöglichkeiten im Ausland Ausschau hielten. In den 1930er Jahren war es damit vorbei. Die deutschen Kreditnehmer galten als unzuverlässige säumige Schuldner und bald darauf – für viele Amerikaner – sogar als schändliche Antisemiten und Gegner im kommenden Krieg, die sich nicht scheuten, harmlose Zivilisten zu vergasen. In den ersten siebzig Jahren der hier vorgestellten Geschichte durchlief die Verbindung der Deutschen Bank mit Amerika mehrere Phasen: vertrauensvolles Zusammenwirken mit aus Deutschland stammenden Amerikanern; Zusammenarbeit mit Amerikanern, die zuvor nur wenig mit Deutschland zu tun gehabt hatten; Arbeit mit eigenen Angestellten und schließlich hilfloser Zuschauer beim nahezu völligen Zusammenbruch ihrer Geschäftsbeziehungen mit Amerika. Die genannten Phasen verliefen parallel zu den Veränderungen des weltwirtschaftlichen und weltpolitischen Rahmens. Trotz des Verlustes eines erheblichen Anteils ihres Besitzes und trotz gewisser Einbußen an Prestige in der Welt und in den Vereinigten Staaten (zwischen 1914 und 1957) ist die Deutsche Bank jedoch am Ende dieser Darstellung bemerkenswerterweise nicht nur weiterhin Deutschlands größte Bank, sondern auch eine gewichtige Kraft auf den Finanzmärkten Amerikas und der Welt.

Personelle, institutionelle und technische Dimensionen

Die Geschichte der Deutschen Bank in den Vereinigten Staaten ist auch die Geschichte von Menschen und von anderen Institutionen. Obgleich die Mitarbeiter in einem erheblichen Ausmaß den Wert von Finanzdienstleistungsfirmen bestimmen, wissen wir von den Bankmanagern weniger als wir sollten.[31] Über die Jahre hinweg konnte die Deutsche Bank sich glücklich schätzen, eine Reihe von unternehmerisch denkenden Managern zu haben, die politisch engagierte Staatsbürger waren, zugleich aber ausgeprägt liberale Grundüberzeugungen hatten und sich auch außerhalb Deutschlands sehr gut zurechtfanden. Georg Siemens, der die ersten drei Jahrzehnte Vorstandssprecher der Deutschen Bank und einige Jahre als Nationalliberaler Mitglied des Reichstags war, hatte vor Gründung der Bank in London und Teheran für das Unternehmen Siemens & Halske gearbeitet, das der Cousin seines Vaters gegründet hatte. Vielen Berichten nach war Siemens ein Visionär, der immer das große Bild und die langfristige Entwicklung im Blick behielt. Siemens war in vielerlei Hinsicht Inspirator und Wegweiser, dessen Glaube an das internationale und amerikanische Geschäft so groß war, dass er manchmal seine Urteilskraft trübte.

Neben Siemens hatten Männer wie etwa Arthur Gwinner, der für das amerikanische Geschäft mitverantwortlich war, internationale Erfahrung und beherrschten mehrere Sprachen. Gwinner (Jahrgang 1856) stammte aus einer Familie Frankfurter Juristen und brachte zehn Jahre Bankpraxis in England und Spanien mit.[32] Er trat 1894 in den Vorstand der Deutschen Bank ein und fungierte von 1910 bis 1919 als Vorstandssprecher – eben in jener Periode, als die Tätigkeit der Bank in den Vereinigten Staaten in ein kritisches Stadium trat. Seine Bekanntschaft mit verschiedenen wichtigen Investoren und Bankiers in anderen Ländern und seine hervorragende Arbeitsbeziehung mit dem Vertreter der Deutschen Bank in New York waren von entscheidender Bedeutung für die Erfolge der Bank, bevor die politischen Konflikte Internationalismus als eine Art atavistisches Überbleibsel aus der Vergangenheit erscheinen ließen. Obwohl auch Gwinner ein glühender Internationalist war und sehr ehrgeizige Ziele für die Deutsche Bank in den USA hatte, scheint er doch mehr Realist und vorsichtiger als Siemens gewesen zu sein.

Diese Geschichte handelt also auch von menschlichen Gefühlen, von Ehrgeiz, Professionalität, Kreativität, Verrat und Loyalität und davon, wie diese zusammen mit neuen technischen Möglichkeiten und kolossalen gesellschaftlichen Umbrüchen die Hochfinanz beeinflussten. Henry Villard und Edward Adams, die beiden amerikanischen Vertreter der Deutschen Bank während der dreißig Jahre vor dem Ersten Weltkrieg, bieten in diesen Beziehungen ein Bild scharfer Gegensätze. Beide brachten der Deutschen Bank dank ihrer Kontakte und ihres Geschäftssinns zahlreiche Geschäftsabschlüsse ein, aber damit haben die Parallelen auch schon ein Ende. In gewisser Weise ähnelte ihre Rolle für die Deutsche Bank in den Vereinigten Staaten derjenigen von Siemens und Gwinner in Deutschland.

Villard (1835–1900) plante immer im großen Stil, darüber gewann und verlor er mehr als einmal sein Vermögen. Spitzbube und Visionär in einem, konnte er nüchterne Geschäftsleute in seinen Bann ziehen und selbst die waghalsigsten Unternehmer vor den Kopf stoßen. Nur selten verlor er seinen Optimismus, seine Neigung, in großem Stil zu planen, und seine Gabe zur Selbstdarstellung. Villard sah sich verschiedentlich aus der Fassung gebracht, weil die Deutsche Bank keinerlei Neigung zeigte, weiter in seine grandiosen Pläne zu investieren, und durch ihre Empörung über seine – gelinde gesagt – schlampige Verwaltung von einigen ihrer Kapitalanlagen.

Adams (1846–1931) wiederum kam aus einer alten, konservativen Neu-England-Familie. Entfernt verwandt mit Helden der Amerikanischen Revolution, gab es für ihn kaum einen Grund, sich selbst oder der Welt etwas beweisen zu müssen. Zwar gründete Adams gleich mehrere Unternehmen, aber er ging immer vorsichtig und methodisch vor. Obwohl er nicht fließend deutsch sprach, flößte Adams seinen Berliner Kollegen Vertrauen ein. An einer kri-

tischen Gabelung in der Geschichte der Deutschen Bank in den USA – einem
Punkt, als die Bank sogar erwog, dort alle Anlagetätigkeit zu beenden – gestanden sie ihm mehr Spielraum zu, als sie ihrem Landsmann Villard eingeräumt hatten. In den zwei Jahrzehnten vor dem Ersten Weltkrieg legte Adams
Kapital der Bank und anderer deutscher Geldgeber an, verwaltete ihren Besitz und diente als eines der wichtigsten Verbindungsglieder zwischen den
Vereinigten Staaten und dem deutschen Kapitalmarkt. Ähnlich wie die Kontakte, die über Morgan und andere Banken liefen, basierten auch diese Verbindungen auf persönlichen Beziehungen zwischen einzelnen Männern.

Adams führte viele Aufgaben für die Deutsche Bank aus. Wie bereits zuvor Villard hielt er nach neuen Investitionsmöglichkeiten Ausschau, wachte
über die Kapitalanlagen, die die Bank bereits hielt, und unterrichtete die Berliner Zentrale über politische und wirtschaftliche Vorkommnisse in Amerika.[33] Seine Korrespondenz mit Managern der Deutschen Bank kreiste oft
um den Charakter und die Beurteilung der Unternehmensführung bei potentiellen Anlageobjekten.[34] Die Arbeitsweise der amerikanischen Banken und
ihrer Leiter war aus naheliegenden Gründen von besonderem Interesse.[35]
Adams' Beziehung zur Deutschen Bank war eigenartig: Er war weder ihr Angestellter noch ein völlig unabhängiger Agent. Adams scheute sich nicht,
seine persönlichen Interessen zusammen mit denen der Deutschen Bank zu
verfolgen.[36] Seine Bemühungen waren von zentraler Bedeutung für die funk-
tionsfähige Lösung des schwerwiegenden wirtschaftlichen Problems der
Deutschen Bank in den USA; seine Begabungen und sein Yankee-Charakter
kamen ihm zugute bei der Lösung einiger Konflikte, schufen dafür aber andere, die aus seiner lukrativen und ungewöhnlichen Stellung resultierten.

Außer den Angestellten und Vertretern der Deutschen Bank übernahmen
einige führende Persönlichkeiten der letzten zweihundert Jahre Nebenrollen,
darunter unter anderem Edison, die Rockefellers, Westinghouse, J. P. Morgan
und Benjamin Strong.

Dieses Buch erzählt auch die Geschichte von vielen weiteren Institutionen
und Märkten. Es bliebe unverständlich ohne einige Hintergrundinformati-
onen über andere Banken wie etwa Morgan, Speyer und Warburg, mit denen
die Deutsche Bank arbeitete, und ohne erklärende Worte zu den Veränderungen in der Bankenaufsicht und den Finanzinstrumenten. Im Verlauf des
Untersuchungszeitraums beeinflussten sich die deutschen und amerikanischen Auffassungen über Wirtschaftsfragen und Institutionen in hohem
Maß wechselseitig – manchmal subtil, manchmal auf aggressive Weise.

Die Darstellung enthält auch einiges zur Entwicklung des Rechnungswesens in den beiden Ländern. Der private Besitz der amerikanischen Eisenbahnen war ein Anreiz für deutsche Kapitalanleger, deren Anteile an den
deutschen Eisenbahnen durch den Staat aufgekauft worden waren. Dieser
Umstand, Regulierungsversuche und Finanznöte führten im Verbund dazu,

die Entwicklung zur Professionalisierung des amerikanischen Rechnungswesens und von Rechnungslegungsstandards voranzutreiben. Wenngleich deutsche Ökonomen die Professionalisierung der amerikanischen Buchhaltung beeinflussten, förderte der Handel mit Eisenbahnaktien und -anleihen auf dem amerikanischen Kapitalmarkt den Einsatz von Rechnungslegungsverfahren als Kontrollinstrument in den USA. Die gleichen Streitfragen führten in Deutschland zu einer völlig anderen Reaktion.[37] Die Finanzkrisen der amerikanischen Märkte und die Notlage vieler amerikanischer Firmen, insbesondere von Eisenbahngesellschaften, führten zur Umwandlung der Deutsch-Amerikanischen Treuhand-Gesellschaft (Treuhand), ein Unternehmen, das sich dem Schutz und der Förderung von deutschen Vermögenswerten in den USA verschrieben hatte. In den 1890er Jahren verlagerte die Gesellschaft ihre Tätigkeit auf die Bilanzprüfung von amerikanischen und deutschen Firmen. Der Deutschen Bank eng verbunden, setzte die Treuhand Maßstäbe für die deutsche Bilanzprüfung und Unternehmenskontrolle, die bis auf den heutigen Tag starken Einfluss auf das deutsche Rechnungswesen haben.[38]

Die US-Geschäfte der Deutschen Bank wurden, was die Technik angeht, in grundverschiedenen Umfeldern abgewickelt. Zu Beginn des hier untersuchten Zeitraums gab es keine direkten Fernschreiberverbindungen zwischen Deutschland und den USA und erst recht keine Telefone. Die Überquerung des Atlantik dauerte in beide Richtungen annähernd zwei Wochen. Geschäftsbriefe wurden von Hand geschrieben, und Büroangestellte prüften die Zahlen von Hand. Nachrichten über einen amerikanischen Konkurs benötigten zum Beispiel Wochen, um nach Deutschland zu gelangen. Am Ende sind Kommunikation und Geldüberweisungen beinahe ohne Zeitdifferenz möglich geworden, und um Geschäftsinformationen zu erhalten, muss man nur einen Computer oder einen Fernseher einschalten. Diese Veränderungen haben eine gewichtige Rolle im Gang dieser Geschichte gespielt; sie ereigneten sich nicht über Nacht.

Die Anlage des Buchs

Der Hauptteil dieses Buches ist untergliedert in drei Teile: Gründung der Deutschen Bank, 1870 bis 1914, 1914 bis 1957, 1957 bis zum heutigen Tag. Die Teile werden durch zwei große politische Ereignisse getrennt, die das Geschäftsumfeld der Deutschen Bank grundlegend veränderten. Jeder Teil beginnt mit einer kurzen Einleitung, die die Aktivitäten der Deutschen Bank in den USA in den größeren politischen und wirtschaftlichen Rahmen einordnen soll.

Die erste Zäsur ist der Ausbruch des Ersten Weltkrieges, der bekanntlich den internationalen Konsens der ersten Epoche industrieller Globalisierung zerstörte. Während vor dem Ersten Weltkrieg die nationalen und internationalen Aktivitäten bestens nebeneinander bestanden, erschwerte die wirtschaftliche und politische «Unordnung», die der August 1914 entfesselte, diese beiden Pole der Tätigkeit der Deutschen Bank zu integrieren. Im Gefolge des Krieges wurde die Deutsche Bank abhängiger von den Geschäften der deutschen Regierung, der chaotischen Regulierung und von ihrer Fähigkeit, feindselige Kritik abzuwehren, die sich an der Rolle der Banken während der Jahre der Weimarer Republik entzündete. Als viele Einlagen durch die Inflation ausgelöscht waren und viele Unternehmen sich selbst unmittelbar Zugang zu den internationalen Kapitalmärkten verschaffen konnten, verlor die Deutsche Bank einen Großteil ihrer Macht über ihre Geschäftskunden und wurde stärker davon abhängig, Einlagen von Ausländern, insbesondere Amerikanern einzuwerben, deren Erwartungen freilich schwerer zu bedienen waren als diejenigen ihrer traditionellen Kapitalanleger. Das gesamte Bankensystem verlor darüber hinaus in der Zwischenkriegszeit erheblich an öffentlicher Glaubwürdigkeit. Spitzenmanager der Deutschen Bank waren beteiligt an den Reparationsverhandlungen, sie waren beteiligt an ökonomisch fragwürdigen Finanztransaktionen zur Finanzierung der deutschen Regierung und von privaten Unternehmen in den 1920er Jahren wie auch an der finanziellen «Gleichschaltung» im «Dritten Reich». Für ihre Sichtbarkeit als Ikone des deutschen Finanzkapitals zahlte die Bank einen hohen Preis. Sie war ein Angriffsziel der alliierten Besatzungsmächte, die überzeugt waren, die Konzentration im Bankwesen habe zu Hitlers Machtergreifung beigetragen. Dementsprechend wurde die Deutsche Bank nach dem Zweiten Weltkrieg zunächst erst einmal in viele kleinere Einheiten zerschlagen. Dennoch begann die Deutsche Bank – noch vor der Wiederzusammenführung des Unternehmens in den 1950er Jahren – bei der Einspeisung amerikanischer Gelder in das westdeutsche «Wirtschaftswunder» eine wichtige Rolle zu spielen.

Die zweite Zäsur, 1957, war weniger dramatisch. Sie hing zusammen mit der fast zur selben Zeit stattfindenden Wiedervereinigung der Deutschen Bank und dem Abschluss der Römischen Verträge. Beide Vorgänge ereigneten sich im gleichen Monat und beide fielen ungefähr in die Zeit der deutschen Wiederherstellung der Währungskonvertibilität und des ersten Aufscheinens beträchtlicher Risse im Währungssystem von Bretton Woods. Beide Ereignisse trugen erheblich zu unserem derzeitigen Finanzsystem bei. Die Deutsche Bank ist eine der größten Banken der Welt. Gleichwohl hat sie sich in dieser Weltwirtschaftsordnung schwergetan, in gewisse Teile und Regionen der Welt vorzudringen. Über weite Strecken ihrer Geschichte verließ sie sich auf die Vertretung durch Dritte oder ihr zum Teil gehörende Banken, um ihre Geschäfte in den Vereinigten Staaten zu tätigen. 1979 besaß sie jedoch mehrere Kapitalbeteiligungen an amerikanischen Banken und eine Filiale in

New York. Zwanzig Jahre später wurde ihre Übernahme des hundert Jahre alten US-Instituts Bankers Trust für viele zu einer *cause célèbre*. Die Transaktion fachte Diskussionen an über den Verlust der inländischen Kontrolle über Vermögenswerte, über die Macht des globalen Kapitalismus und über Verbrechen gegen die Menschlichkeit, die mehr als fünf Jahrzehnte vor dem Kauf begangen worden waren. Zwar hat die Deutsche Bank in den letzten zwanzig Jahren Marktanteile und Gewinne in einigen Segmenten eingebüßt, aber zur Jahrtausendwende verfügte sie immerhin noch über annähernd 1 Billion Euro an Vermögenswerten und beschäftigte mehr als 65 000 Vollzeitangestellte (davon rund 40 000 außerhalb Deutschlands). Annähernd ein Viertel ihrer Vermögenswerte und ihrer Gesamteinkünfte kamen im Jahr 2002 aus Nordamerika.[39]

Ich schließe ab mit einem Kapitel über die Zukunft des multinationalen Bankgeschäfts und erläutere, wie die Geschichte der Deutschen Bank zu unserem Verständnis der herausragenden Merkmale von Finanzinstituten im 21. Jahrhundert beitragen kann.

Dieses Buch wendet sich insbesondere an Geschäftsleute, Wirtschaftswissenschaftler und Historiker aus mindestens zwei Kulturkreisen. Ich habe deshalb versucht, mehr auf Zusammenhänge hinzudeuten, als es normalerweise angemessen erscheinen könnte. Dies mag manchmal diejenigen irritieren, die bereits mit der einen oder anderen Dimension der Thematik vertraut sind. Dafür bitte ich um Verständnis. Ich habe absichtlich auch mehr Einzelheiten über einige Ereignisse geliefert, als es gemeinhin üblich ist, um dem Leser einen besseren Eindruck zu vermitteln, wie die Personen handelten und miteinander kommunizierten. Wo immer dies möglich ist, werde ich die finanziellen Auswirkungen von Strategien und Transaktionen der Deutschen Bank sowie die Modalitäten ihres Geschäfts beschreiben und dazu einen Vergleichsmaßstab bringen, um so die Größenordnung zu verdeutlichen, in der sie sich bewegten. Zusätzlich zu dem im Text selbst präsentierten Material habe ich verschiedene Anhänge mit vergleichenden Finanzdaten beigefügt.

Leser, die weitere Einzelheiten über die Verstrickung der Deutschen Bank mit dem Nationalsozialismus erwarten, werden sich enttäuscht sehen. Dieses Gebiet ist von Harold James und anderen sachkundig ausgeleuchtet worden. Darauf wird hier nur insoweit eingegangen, als die nationalsozialistische Machtergreifung die Geschäfte der Deutschen Bank in den USA, die Schuldenverhandlungen und die Möglichkeit der Bank tangierte, nach dem Zweiten Weltkrieg ihre Geschäfte wieder aufzunehmen. Dabei gilt es Folgendes in Erinnerung zu rufen. Bekanntlich war eine Folge der Autarkiepolitik jenes Regimes, dass normale internationale Bankgeschäfte so gut wie unmöglich wurden. Eingekeilt in die Krisen auf den Finanzmärkten und die Anstrengungen der Nationalsozialisten, die deutschen Kapitalströme ins Ausland zu kontrollieren, war 1938 von dem Geschäft der Deutschen Bank mit den USA nur wenig übrig geblieben.

Das Buch ist nicht als betriebswirtschaftliches Handbuch angelegt. Gleichwohl hoffe ich, dass es dazu beiträgt, die unglückselige und seit langer Zeit bestehende Kluft zwischen historischen und betriebswirtschaftlichen Studien zu überbrücken, und dabei zugleich auch dem vertieften Verständnis von kommerziellen Phänomenen dient. Dies ist freilich aus vielen Gründen keine einfache Aufgabe. Größtenteils haben diejenigen, die sich für Unternehmen interessieren, und diejenigen, die sich für Geschichte interessieren, gegensätzliche Orientierungen und ein unterschiedliches Vokabular. Selbst unter Akademikern ist die Aufgabe eine große Herausforderung. Vor mehr als zwanzig Jahren schrieb Gertrude Himmelfarb: «Aller schönen Reden von interdisziplinären Studien zum Trotz ist die Forschung nie zuvor so zersplittert und eng beschränkt gewesen wie heute.»[40] Vermutlich ist ihr Diktum heute noch zutreffender als in den späten 1980er Jahren. In erheblichem Umfang gehören zum Geschäft der Deutschen Bank Transaktionen, die selbst für diejenigen kompliziert sind, die über eine Ausbildung im betrieblichen Rechnungswesen und im Finanzwesen verfügen und geschult sind in den Grundzügen der historischen Strukturen der beiden Länder. Die richtige Balance zwischen dem finanzwissenschaftlichen und dem historischen Rahmen zu finden war, gelinde gesagt, ein beängstigendes Unterfangen. Ich kann nur hoffen, dass ich der Herausforderung gerecht geworden bin.

TEIL I

Auf goldenem Wagen:
Das US-Geschäft der Deutschen Bank, 1870 bis 1914

Jeden Tag fährt Helios in einem mit vier schneeweißen Rossen bespannten goldenen Gefährt über den Himmel.
Daedalus legte die Flügel an, die er aus Federn und Wachs geformt hatte, und floh so zusammen mit seinem Sohn Ikarus vor Minos (dem König der Kreter), der die beiden gefangen gehalten hatte. Aber Ikarus wurde übermütig und stieg so hoch zur Sonne hinauf, dass er ins Meer stürzte.
Herbert S. Robinson u. Knox Wilson, Myths and Legends of all Nations, Totowa 1976, S. 66, 186.

Diese Stadt, deren Einwohner zum dritten Teile Deutsche waren, liegt in einer culturell sehr reichen Gegend und hatte sich durch die Emigrantenzüge sehr gehoben. Sie besaß damals, glaube ich, fünf Kirchen, darunter zwei Deutsche. Die Deutschen befanden sich in den besten Verhältnissen und hatten mehrere Vereine, sogar eine Jägercompagnie gegründet.
Karl May, «Weihnacht!», 1897

Einleitung

Tatsache ist, dass es in der Welt nur zwei große fortschrittliche Länder gibt:
die Vereinigten Staaten und Deutschland.
Arthur Gwinner, Juni 1909.[1]

Zu der Zeit, mit der meine Darstellung beginnt, war Großbritannien wirtschaftlich und politisch die führende Macht in der Welt; sein Vorsprung erschöpfte sich nicht in der relativen Größe seines Sozialprodukts.[2] 1873 wurden an der Londoner Börse bereits Wertpapiere im Gesamtwert von 2,3 Milliarden Pfund gehandelt (er lag damit nahezu bei dem Wert, den Deutschland 1913 erreichte), und mehr als 60 Prozent davon waren private Aktienemissionen.[3] Großbritannien hatte freilich nicht nur den lebhaftesten Kapitalmarkt der Welt, sondern – und dies ist für die hier zu entfaltende Geschichte von allergrößter Bedeutung – das Land war auch der größte Kapitalexporteur der Welt. 1870 belief sich der Gesamtwert der Kapitalexporte auf 770 Millionen Pfund. Davon gingen 25 Prozent in die USA, wobei sich das Volumen zwischen 1830 und 1870 verachtfacht hatte.[4] 1910 beliefen sich die Kapitalanlagen in anderen Ländern auf 7 Prozent des britischen Bruttosozialprodukts.[5] Die Banken des Landes gingen bei der Globalisierung der Finanzdienstleistungen voran.[6] Der Welthandel wurde in der Masse durch Handelswechsel finanziert, die größtenteils auf Londoner Banken gezogen waren.[7] Vergleichsweise niedrige Transaktionskosten und ein robuster Geldmarkt veranlassten deutsche und andere ausländische Banken, Niederlassungen in London einzurichten.[8]

Großbritannien war Zentrum und Drehscheibe einer nahezu weltweiten globalen Wirtschaftsordnung, von Freihandel und Kapitalströmen, die – wenn überhaupt – erst in den letzten Jahrzehnten des 20. Jahrhunderts übertroffen wurden.[9] Der Beitritt zum Goldstandard galt als Gütesiegel eines geordneten Finanzwesens, es wurde großzügig verteilt und dann durch die Bank von England aufrechterhalten. Zwar funktionierte das System weder automatisch noch war es so einfach, wie manche glaubten, auch war es anfällig für periodisch wiederkehrende Paniken und Depressionen, aber die fiskalische Disziplin der nationalen Regierungen begründete eine Ära mit außergewöhnlichen, dauerhaft niedrigen Inflationsraten, niedrigen Zinssätzen und hohem realen Wirtschaftswachstum, zumal im Vergleich zu vorangegangenen und nachfolgenden Zeiten.[10] In Deutschland, den USA und Großbritannien sanken zwischen 1872 und 1913 sogar die Großhandelspreise.[11] Zwar fielen einige Länder wieder vom Goldstandard ab – oder kamen dem, wie die USA, sehr nahe –, nichtsdestoweniger erfreute sich der Westen über weite Strecken dieser Periode einer beispiellosen Wechselkursstabilität.[12] Zur Weltordnung gehörte auch eine weitgehende, wenngleich unvollständige Festlegung auf Freihandel, für den Großbritannien mit Wort und Tat kämpferisch eintrat. Nach einigen Schätzungen stieg der Welthandel zwischen 1850 und 1913 auf das Zehnfache.[13] Selbst 1913, als protektionistische Leidenschaften erneut die Gemüter erhitzten, gab es in England keine Zölle auf Industrieerzeugnisse, und in Deutschland lagen sie bei nur 13 Prozent.[14] Mit seiner großen Flotte und seinem ausgedehnten Kolonialreich sicherte Großbritannien eine «globale (Vor-)Herrschaft» der Europäer und fungierte als Schutzschild gegen «politisches Abenteurertum», wie dieses von den Großmächten definiert wurde.[15] Unter britischer Führung erlebte die «europäische Welt» ihre zweite – wenn man so will, sogar dritte – Globalisierungsperiode mit deutlich mehr Konsens, als dies in früheren und selbst in nachfolgenden Perioden der Fall war.

Als sich diese Ära dem Ende zuneigte, hatte sich freilich viel geändert. Während die englische Wirtschaft auch weiterhin stark wuchs, das britische Empire nach wie vor den Globus überzog und London weiterhin das Finanzzentrum der Welt war, hatte Großbritannien gleichwohl bis 1913 im wirtschaftlichen Kräftemessen gegenüber den USA und Deutschland relative Verluste hinzunehmen. Die Wirtschaft der Vereinigten Staaten hatte eine phänomenale Entwicklung genommen. Starkes Bevölkerungswachstum, Beilegung vieler innerer politischer Schwierigkeiten, Kapitalanlagen in der Industrie, eine Revolution im Management von Unternehmen und die Erschließung der westlichen Landesteile trieben diese Entwicklung voran. 1913 standen die USA ökonomisch an der Spitze der westlichen Welt. Die Messzahl für den Pro-Kopf-Ausstoß lag dort mehr als 10 Prozent höher als in Großbritannien und annähernd 50 Prozent höher als in Deutschland.[16] Großbritanniens Wirtschaft wuchs zwischen 1870 und 1913 pro Jahr real um 1,9 Prozent, das Bruttosozialprodukt pro Kopf stieg um 1,0 Prozent; seine Rivalen auf dem europäischen Festland und in der Neuen Welt übertrafen es im gleichen Zeitraum um 50 bzw. 100 Prozent.[17] 1913 waren die Volkswirtschaften Englands und Deutschlands annähernd gleich groß, die der USA überflügelte jede der beiden um 30 Prozent.[18] Mehr noch, von den meisten weitestgehend unbemerkt, war die europäische Vorherrschaft, soweit dafür wirtschaftliche Stärke und Reichweite der kolonialen Beherrschung standen, auf einem bedenklichen Höhepunkt angelangt.

Die Deutsche Bank prosperierte in diesem politisch-wirtschaftlichen Umfeld. In den ersten 45 Jahren ihres Bestehens wuchsen ihre Geschäfte in einem erstaunlichen Tempo. Einen detaillierten veröffentlichten Finanzbericht oder interne Aufstellungen, in welchem Umfang das Geschäft mit Nordamerika die Entwicklung beeinflusste, sucht man für diesen Zeitraum vergeblich. Einige Indizien sprechen jedoch dafür, dass Nordamerika eine beachtliche Rolle zukam, wenngleich diese bis zu einem gewissen Grad eher mittelbarer Natur war. In den ersten vierzig Jahren ihres Bestehens kletterten die Vermögenswerte (Aktiva) der Bank von Null auf 2,2 Milliarden Mark, der Gewinn auf 68,3 Millionen Mark und das eingezahlte Aktienkapital auf 200 Millionen Mark, das war 1 Prozent des Nennwertes aller an den Börsen in Deutschland gehandelten Aktien. 1913 wurden die Aktien der Deutschen Bank zum 2½-fachen ihres Nennwertes gehandelt. Ihr Marktwert lag damit bei satten 500 Millionen Mark, und diese Summe entsprach 1913 annähernd 1 Prozent des Bruttoinlandsprodukts.[19] Zwischen 1870 und 1913 wuchsen die Umsätze von 239 Millionen Mark auf 129,2 Milliarden Mark.[20]

Im Verlauf dieser Jahre entwickelten sich die Beziehungen zu den USA von einem unerheblichen Teil des Geschäfts der Deutschen Bank zu einem ihrer Schwerpunkte. Noch im Geschäftsbericht für 1880 erwähnte der Vorstand die USA mit keinem Wort.[21] Das sollte sich in den nächsten zwanzig Jahren stark ändern. Wenn auch die geschäftspolitischen Entscheidungen in den überlieferten Dokumenten weder einzeln noch in Serien, weder in Vermerken noch in Ausarbeitungen belegt sind, steht fest: Die Führung der Deutschen Bank zeigte sich schon bald nach deren Gründung vom Wirtschaftspotential der USA überzeugt und suchte nach Wegen, um an dem kräftigen Wachstum des Landes und den damit einhergehenden Chancen (und Risiken) teilzuhaben.[22] Dass die USA für das Geschäft der Bank wichtig waren, ist bekannt, allerdings ist es schwierig, sich ein genaues Bild davon zu machen, wie und mit welchen Summen sich die Bank dort engagierte, auch wie hoch ihre Gewinne oder Verluste in den USA waren. In Deutschland gab es in jener Zeit keine Vorschrift, die den Unternehmen auferlegte, in den Jahresabschlüssen die Geschäftätigkeit regional und nach Geschäftsbereichen aufzuschlüsseln. So widmete der Geschäftsbericht für das Jahr 1900 dem Ausgang der amerikanischen Präsidentschaftswahl, den wirtschaftlichen Gegebenheiten des Landes und deren Auswirkungen auf die Aussichten der Bank einen ganzen Satz mit der Feststellung, dass durch Abstoßung großer Summen amerikanischer Eisenbahnpapiere Deutschland erhebliche Erträge zugefallen seien. 1914 wurde dann bereits ein ganzer Absatz dem Geschäftsgang in den USA gewidmet, wobei freilich nichts Genaues darüber mitgeteilt wurde, was die Deutsche Bank dort eigentlich tat. Zu dieser Zeit hielt sie Beteiligungen an einer Reihe von Unternehmen und hatte in vielen Fällen auch eine wichtige Rolle bei deren Entwicklung gespielt. Zu den Unternehmen, an denen sie sich beteiligte, zählten General Electric (Edison General Electric), mehrere Eisenbahngesellschaften (Northern Pacific, Baltimore & Ohio, Atchison, Topeka and

Santa Fe, Missouri Pacific und die Chicago Rock Island Pacific), ferner Allis-Chalmers, Anaconda Copper, Lehigh Coke und Niagara Power sowie verschiedene Vorhaben der Regierung, von Versorgungsbetrieben, der Bauindustrie und von Handelsgesellschaften. Kapitalanlagen hatten vielerlei Gestalt: Schuldverschreibungen, Termingelder, Vorzugsaktien und Stammaktien. Bei einigen handelte es sich um kurzfristige Anlagen, die oftmals ausschließlich unter europäischen Kunden abgesetzt wurden. Gelegentlich wurden aus kurzfristigen Anlagen bedauerlicherweise langfristige. Bei einigen Beteiligungen setzte die Deutsche Bank Einfluss auf die Unternehmensführung durch, bei anderen versuchte sie dies, bei wieder anderen handelte es sich lediglich um passive Portfolioinvestitionen. Sie übernahm auch andere Bankdienstleistungen wie etwa Handelsfinanzierungen, die für gewöhnlich allerdings eher durch Korrespondenzbanken in den USA oder durch die Londoner Filiale abgewickelt wurden. Die vorrangige Aktivität der Deutschen Bank in diesem Zeitraum war die Zeichnung und der Absatz amerikanischer Wertpapiere in Europa. Aus diesem Geschäft zog die Bank letzten Endes viel Prestige und wohl auch Gewinn, aber selbst nach heutigen Berichtsstandards würden die Geschäftsberichte nicht alle indirekten Kosten und Erträge offenlegen.

Die erste Phase der Geschichte in den USA von 1870 bis 1914 schließt einiges an Dramen und Turbulenzen ein, aber in einem Maß, das schwerlich mit dem der folgenden Phase zu vergleichen ist. Zum Hintergrund gehörten widersprüchliche Anläufe seitens der USA, von einem unregulierten aufstrebenden Markt mit enormem Potential, aber noch ohne Zentralbank, wegzukommen. Unterbrochen von einer scharfen Wirtschaftskrise und durchsetzt mit aggressivem Nationalismus spielten die Geschäfte der Deutschen Bank in den USA eine gewichtige, bislang kaum angemessen gewürdigte Rolle in den ersten 45 Jahren ihrer Geschichte.

Das internationale Bankgeschäft in diesem Zeitraum unterschied sich von dem modernen multinationalen Bankgeschäft[23] der Gegenwart in mancher Hinsicht, ähnelte ihm aber in anderer. Nur wenige Banken hatten ein festes Netz von Tochtergesellschaften oder Filialen in mehr als einem Land. Einige nicht-amerikanische Banken, darunter die Berliner Handels-Gesellschaft, erwarben und unterhielten für viele Jahre eine Kapitalbeteiligung an einer US-Bank, aber dies war eher selten der Fall. Andere Banken waren durch Familienbeziehungen mit einer Bank im Ausland verbunden. Sie alle waren jedoch, unabhängig von ihrer Markteintrittsstrategie, gierig auf Geschäftsabschlüsse, hatten einen großen Wissensdurst und waren darauf bedacht, Opportunitätskosten zu vermeiden, die damit einhergehen konnten, dass sie nicht den richtigen Partner zum richtigen Moment hatten. Eine Folge davon war, dass Inlands- und Auslandsbanken unablässig neue informelle Bündnisse schmiedeten. Jedenfalls war das internationale Bankgeschäft vor 1914 zwar sehr wettbewerbsbetont, zugleich war es aber auch und vermutlich notwendigerweise überaus kooperativ und nahezu eine Gemeinschaftsunternehmung.[24]

Die Art der Kapitalanlage in den USA hing wesentlich davon ab, welche Art von Geschäft eine Auslandsbank zu verfolgen gedachte. Bei einigen Aspekten des Bankgeschäfts bereitete die örtliche Regulierung Schwierigkeiten, bei anderen hingegen nicht. Die Auslandsbanken übernahmen Einlagen (größtenteils von vermögenden Persönlichkeiten und von Unternehmen), lösten Handelswechsel ein (oder verrechneten diese), stellten Kreditbriefe aus, finanzierten Unternehmen direkt mit Krediten, handelten Wertpapiere für ihre Kunden und übernahmen Emissionen von Schuldverschreibungen und Aktien für Firmenkunden. Einige hatten sogar das Recht, ihr eigenes Geld (Banknoten) auszugeben – was heute nur noch wenigen Banken vorbehalten ist.

Meistens – und das galt selbst für solche Banken wie die Deutsche Bank, die es sich angelegen sein ließ, die internationalen Bedürfnisse ihrer Kundschaft zu bedienen – stützten sich Institute auf ein enges Netz von Beziehungen zu Korrespondenzbanken als hauptsächliches Mittel, um ihre internationale Reichweite auszudehnen. Vieles von dem, was Banken heutzutage durch eigene Tochtergesellschaften erledigen – die Abrechnung von Geschäften, das Sammeln von Informationen, Kauf und Verkauf von Wertpapieren –, wurde vor dem Ersten Weltkrieg mittels Konten bei den Korrespondenzbanken und wechselseitiger Verrechnung der Posten beim Inlandssitz der beteiligten Banken abgewickelt. Nicht nur die europäischen Banken in den USA verfuhren auf diese Weise, Gleiches galt auch für die amerikanischen Banken in Europa.[25]

Örtliche Publikumsbanken hatten nur wenige Wettbewerbs- oder aufsichtsrechtliche Vorteile, denn auch ihrer Arbeit waren in den USA und in einer Vielzahl von Einzelstaaten Grenzen gesetzt. Bis 1914 konnten zum Beispiel US-amerikanische Banken mit Statuten, die bundesweit (national) zugelassen waren, keine Wechsel akzeptieren. Die Ausstellung und Abwicklung von Kreditbriefen – damals ein wichtiger Zweig des internationalen Bankgeschäfts und eine Tätigkeit, welche die Deutsche Bank den britischen Banken streitig machen sollte – blieb ein Geschäft, das weitgehend in London konzentriert war und auf amerikanischer Seite in der Regel von New Yorker Privatbanken gehandhabt wurde. Selbst die meisten deutschen Handelsgeschäfte mit den USA wurden über London abgewickelt. Unter Inanspruchnahme eines Akkreditivs, das auf eine Londoner Korrespondenzbank gezogen war, ließ eine US-Bank bei einem Importeur die Beträge einziehen, in Pfund Sterling einwechseln und den Transfer nach Großbritannien vornehmen, wo eine Bank dann die Zahlung an den Exporteur leistete. Inlandsbanken bedienten auch Reisende, ein Wachstumsmarkt. Das hauptsächliche Mittel, auf Reisen Zahlungen in Fremdwährungen zu leisten, waren Kreditbriefe. Sie waren auf die jeweilige Heimatbank ausgestellt, die gemeinhin eine Korrespondenzbank der US-Banken war.[26]

Noch im ersten Jahrzehnt des 20. Jahrhunderts war das internationale Kapitalanlagegeschäft der Banken äußerst einseitig. Die Kapitalanlagen der USA in Deutschland erreichten nur ein Viertel des gesamten deutschen Engagements auf amerikanischen Kapitalmärkten. Die deutschen Kapitalmärkte waren zwar im Vergleich zu den USA gut beaufsichtigt und verlangten nach ausländischen Investitionen, aber sie hielten sich von einigen Handelsarten zurück, wie das Verbot von Terminverkäufen verdeutlicht. Manche Deutsche fürchteten einen Einfluss des ausländischen Kapitals auf ihren Märkten, und diese Abwehrhaltung sah sich durch die wiederholten amerikanischen Finanzkrisen nur noch bestätigt.[27]

In unterschiedlichem Maße war das gesamte Geschäft der Deutschen Bank, also auch in den USA, von nationalem Sendungsbewusstsein durchzogen. Bereits die ersten Versuche, einschließlich der Geschäftskontakte in den USA und in Südamerika, waren darauf angelegt, deutschen Handelshäusern in diesen Weltregionen eine deutsche Finanzeinrichtung zur Seite zu stellen. Wie die amerikanischen, so traten auch die deutschen Banken als eine Art Botschafter ihres Staates auf[28] und wurden damit von den Wechselfällen der Politik, dem Auf und Ab in den Beziehungen zwischen den jeweiligen Heimatländern abhängig.[29]

Amerika war eines der vielen Länder, wo die frühen Kapitalanlagen der Deutschen Bank von Schwierigkeiten heimgesucht waren. Wie viele andere ausländische Banken hatte das Institut bereits eine Beteiligung an einer US-amerikanischen Privatbank erworben.[30] Die Insolvenz jener Bank und eine Neubewertung der eigenen Bedürfnisse veranlassten die Berliner Geschäftsleitung zu einer strategischen Kombination von Korrespondenzbeziehungen, Repräsentanz durch Dritte (also Nicht-Banken) und wechselnden Arrangements von Verbindungen mit starken amerikanischen Geschäftsbanken für Konsortialgeschäfte, die sich nach persönlichen Kontakten und Marktgegebenheiten richteten.

Dieser Ansatz war nicht die einzige Option und keineswegs eine Garantie für Erfolg. Die Disconto-Gesellschaft, mit der die Deutsche Bank 1929 fusionierte, arbeitete nahezu ausschließlich mit den Bankhäusern Warburg und Kuhn, Loeb & Co. zusammen. Einige Banken, die eher an routinemäßigen Handels- und Transfergeschäften interessiert waren, errichteten Tochtergesellschaften oder Filialen. Der Crédit Lyonnais, 1913 – nach den Vermögenswerten – die größte Bank der Welt, hatte zum Beispiel 1879 eine Filiale in New York eröffnet, schloss sie allerdings bereits nach zwei Jahren wieder. In den folgenden fünfzig Jahren wurde das Geschäft der französischen Bank über weite Strecken durch einen Vertreter wahrgenommen, allerdings war das Institut trotz seiner Größe weniger erfolgreich als einige andere europäische Banken. Da der Crédit Lyonnais, dessen Verbindlichkeiten sich zu einem erheblichen Teil aus Einlagen von Privaten zusammensetzten, sich rechtlich oder moralisch verpflichtet fühlte, keine Beteiligungen zu halten, war sein Konsortialgeschäft weniger effektiv als das der Deutschen Bank.[31]

Das bankrechtliche Regelwerk in den Vereinigten Staaten war kompliziert, aber nicht übermäßig restriktiv, was sie unter den «entwickelten» Ländern ziemlich einzigartig machte. Aber nahezu im gesamten Verlauf ihrer Geschichte hinderte das Bankensystem der USA die Deutsche Bank, dort einen Ableger als Universalbank mit einem breiten Angebot an Dienstleistungen zu betreiben und maßgeblich zu beherrschen, wie sie dies in Deutschland und vielen anderen Ländern praktizierte.

In den Vereinigten Staaten gab es viele verschiedene Arten von Banken, einige mit starken internationalen Verbindungen. Bankgeschäfte wurden sowohl durch Einzelstaaten mit unterschiedlichen Auflagen reguliert wie auch durch die Bundesregierung. Agenturen ausländischer Banken wurden in den meisten Einzelstaaten, so auch in New York, durch deren Bankenbehörden zugelassen, allerdings konnten sie bis 1911 keine Einlagen annehmen oder andere Banktätigkeiten ausführen.[32] 1914 unterhielten nur zwanzig ausländische Banken Agenturen, die in New York zugelassen waren. Die Deutsche Bank war nicht mit von der Partie.[33]

Vor 1914 tendierten drei Arten von Banken dazu, Publikumsgesellschaften zu sein, und waren in den USA irgendeiner Form der staatlichen Bankenaufsicht unterworfen. Nationale, also bundesweit agierende Banken erhielten ihre Statuten von der Bundesregierung. Diese sahen Kapitalmindestanforderungen vor und beschränkten Einlagen und Ausleihungen über weite Strecken der Jahrzehnte vor dem Ersten Weltkrieg.[34] Banken von Einzelstaaten (*state banks*) – in diesem Zusammenhang wurde das New Yorker Recht besonders wichtig, da die meisten ausländischen Banken hier geschäftlich tätig werden wollten – konnten Einlagen entgegennehmen und mehrere Niederlassungen innerhalb eines Bundesstaates haben, waren aber in ihrem Wirkungsbereich auf diesen Bundesstaat beschränkt. Mehrere dieser Banken verlegten sich auf enge Beziehungen mit Privatbanken und reichen Persönlichkeiten, um diesen Begrenzungen zu entgehen. Um die Jahrhundertwende entstand mit den Wertpapier- oder Treuhandbanken (*trust companies*) noch ein dritter Banktypus, der sich rasch verbreitete und die Lücke gegenüber dem Universalbankmodell füllte. Hierauf wird im Folgenden noch ausführlich eingegangen. Die große Wettbewerbsstärke aller dieser Publikumsgesellschaften basierte auf ihrer Fähigkeit, zu günstigen Bedingungen private Einlagen an sich zu ziehen. Dieser Vorteil gewann an Bedeutung, als die Zahl der Personen mit Ersparnissen erheblich zunahm und sich die Bankenaufsicht lockerte. Würde die Deutsche Bank eine Banklizenz beantragen, würde sie – wie die anderen – mit diesen Beschränkungen zu leben haben.

Die amerikanische Bankgesetzgebung erließ zwei weitere Auflagen, die insbesondere Tochtergesellschaften in ausländischem Besitz trafen. Keiner von deren Direktoren durfte fremder Nationalität sein; der Beherrschung durch Ausländer wurde so ein Riegel vorgeschoben. Darüber hinaus schränkte die amerikanische Bundesregierung geographisch den Wirkungsbereich der im ausländischen Besitz befindlichen Banken ein.[35]

Trotz des unwirtlichen Umfelds fand die Deutsche Bank eine stattliche Schar möglicher Partnerbanken vor, aus der sie wählen konnte. Eine jede wartete mit unterschiedlichen Stärken und Schwächen auf, vielleicht gerade aufgrund des New Yorker/US-amerikanischen Bankensystems. Einige Arten von Finanzinstituten und selbst von internationalen Bankgeschäften ließen sich in den USA vergleichsweise problemlos errichten. Anders als in Kontinentaleuropa benötigten Privatbanken keine besondere Konzession.[36] Wie bereits erwähnt, entschieden einige Auslandsbanken, darunter auch die Deutsche Bank, sich an einer US-Privatbank zu beteiligen. Zwar bedienten einige Privatbanken ländliche Interessen, die wichtigsten waren jedoch Geschäftsbanken, die mit vielen der von ihnen angebotenen Finanzdienstleistungen den Staats- und Nationalbanken Konkurrenz machten. Besonders zwischen 1870 und 1914 füllten sie eine Lücke im Banksektor.[37] Sie dominierten das internationale Bankgeschäft in den US- und anderen Märkten. Ihre Stärke beruhte auf dem Vertrauen, das vermögende Kunden aus aller Welt in sie setzten, sowie auf dem guten internen Informationsfluss. Das machte sie zum Anziehungspunkt für internationale Kapitalanlagen wie auch viele grenzüberschreitende Bankgeschäfte für Privat- und institutionelle Kunden. Einige dieser Banken mit Sitz in New York hatten gleichsam einen multinationalen Status. Als amerikanische Einrichtungen entgingen sie einigen Auflagen, denen ausländische Firmen unterworfen waren, und sie konzentrierten sich auf solche Tätigkeiten, bei denen sie gegenüber örtlichen Banken über einen enormen Wettbewerbsvorteil verfügten. Einige der größeren und interessanteren Institute – etwa Drexel, Morgan & Co. (J. P. Morgan nach 1893), Kuhn, Loeb & Co. – standen seit langer Zeit mit europäischen Finanzinstituten und Familien durch verwandtschaftliche oder sonstige Beziehungen in Verbindung, wie etwa August Belmont mit den Rothschilds.[38] Sie nutzten ihr eigenes Kapital und das Geld vermögender Geschäfts- oder Privatkunden als Makler, Investmentbanker, als risikobereiter Investor in Unternehmen und Anlagefonds und als Wertpapieranalyst, wobei alle Funktionen in einer Institution zusammenliefen.

Kurz, die Deutsche Bank tätigte Geschäfte mit den USA wie viele ihrer internationalen Konkurrenten auch. Freilich war sie nicht in einem so starken Maß an einer Banktätigkeit dort oder an der Internationalisierung der Verrechnung von Handelswechseln in New York interessiert, um sich mit den Bankgesetzen von Bund und Einzelstaaten herumzuschlagen. Schließlich hätten diese Gesetze mit ihren Auflagen die Tätigkeit der Deutschen Bank begrenzt oder das Risiko mit sich gebracht, dass die Bank bei Transaktionen, die möglicherweise eine Filiale an sich gezogen hätte, den bestimmenden Einfluss verloren hätte. Die meisten der zehn größten Banken in der Welt nach Maßgabe der Einlagen im Jahr 1913 – unter ihnen nahm die Deutsche Bank mit 79 Millionen Pfund den sechsten Rang ein – waren auf den amerikanischen Märkten aktiv, doch nur eine Minderheit unterhielt dort Vertreter in einem festen Anstellungsverhältnis, Geschäftsstellen oder Tochtergesellschaften.[39] Mangel an Informationen setzte der Geschäftsleitung der Deutschen Bank zwar wiederholt zu, und verschiedentlich erwog sie, einen deutschen Vertreter in die USA zu entsenden. Insgesamt machte sie in diesem Zeitabschnitt jedoch die Erfahrung, dass die Emission amerikanischer Wertpapiere und deren Unterbringung in Europa auch ohne eine eigene Tochtergesellschaft oder Agentur in den USA bewerkstelligt werden konnten. Erst als nach der Jahrhundertwende die Deutsche Bank sich vermehrt dafür interessierte, amerikanische Wertpapiere in Deutschland auf den Markt zu bringen und die Auflagen des Bundesstaates New York für konzessionierte Agenturen gelockert wurden,[40] erschien eine stärkere Präsenz in den USA als wünschenswert und auch realisierbar. Schließlich gab es darüber hinaus, wie das Folgende zeigen wird, viele Wege, in einen Finanzmarkt «einzutreten».

KAPITEL 2

Erste Schritte: Handelsfinanzierung und Henry Villard

*Die Reise war indessen außerordentlich interessant. Das Land kommt eben
aus dem Zustand der Wüste heraus und tritt sofort in die höchste Kultur über.
[...] Neben dem Indianer, einem elenden, häßlichen, schmutzigen Geschöpf,
gehen Damen in Sammet und Seide spazieren; neben dem feingebildeten
Mann, der in den höchsten Salons Europas erscheinen könnte, bewegen sich
[...] cowboys (Viehtreiber), die mit dem Revolver zu operieren gewohnt sind.*
Georg Siemens an seine Frau, Portland, 12. September 1883[1]

*Georg Siemens um 1890. Als
Vorstandssprecher der Deutschen Bank von ihrer Gründung bis 1900 teilte Siemens
Villards Begeisterung für
Amerikas wirtschaftliche
Möglichkeiten, politische Aussichten und Tatendrang
ebenso wie dessen Unternehmungsgeist. Er war nicht nur
eine wesentliche Antriebs-
kraft für das amerikanische
Engagement der Deutschen
Bank, sondern verwirklichte
auch seine Vorstellung einer
Universalbank, die Unternehmen, Personen und Staaten
mit einem breiten Angebot
von Dienstleistungen zur Verfügung steht, wie etwa der
Annahme von Einlagen, der
Gewährung von Krediten und
der Begebung von Wertpapieren. Wenn er auch ein besse-
rer Organisator als Villard war, waren seine Jahre an der Spitze der Deutschen Bank
nicht ohne Kontroversen über seine Entscheidungen und voller Konflikte mit den
Gründern der Bank über Machtfragen und die Bandbreite ihrer Tätigkeit.*

Der Köder

Von den Managern der Deutschen Bank war vermutlich Georg Siemens am stärksten von den Vereinigten Staaten fasziniert. Auf dem US-Markt Fuß zu fassen, war für ihn wesentlicher Bestandteil der internationalen Strategie der Bank. Amerikas Größe und Wachstumspotential in den 1870er Jahren waren für die Deutsche Bank von unwiderstehlicher Anziehungskraft, und New York wurde als Sprungbrett zu dem lukrativen südamerikanischen Markt angesehen.[2] Die Gründe für dieses Engagement gingen freilich, Siemens' Biograph und Schwiegersohn Karl Helfferich zufolge, über ein rein wirtschaftliches Interesse hinaus: Zugrunde lag eine politische und intellektuelle Leidenschaft. Den Verlockungen Amerikas zu widerstehen, war nahezu unmöglich. Amerika, das war damals gleichbedeutend mit Bevölkerungswachstum, das sich aus dem Zustrom europäischer Massen speiste, und mit geradezu unvorstellbar ausgedehnten Bodenflächen «von jungfräulicher Fruchtbarkeit».[3] Siemens' Biograph fand hierfür die Worte: «Die Entwicklung der Vereinigten Staaten im 19. Jahrhundert ist das Wunder der Menschheitsgeschichte.»[4] Helfferich zufolge entsprang Siemens' Wunsch nach engeren transatlantischen Beziehungen nicht nur dessen Wahrnehmung des wirtschaftlichen Potentials Amerikas, sondern auch der Vorstellung, Amerika könne auf das «alte Europa» mit dessen «ständig bedrohenden politischen Gegensätzen und Reibungen» einen positiven Einfluss ausüben.[5] Für Siemens stand nicht nur an, Zugriff auf die künftigen Gewinne zu erhalten, die aus der Beziehung zwischen amerikanischem und deutschem Kapital hervorgehen mochten, vielmehr war er bestrebt, «durch die aktive Mitwirkung an der Finanzierung großer amerikanischer Unternehmungen die wirtschaftlichen Beziehungen zwischen Deutschland und der Union zu fördern und zu festigen».[6] Obwohl die amerikanische Unternehmens- und Wirtschaftsstruktur sich von der deutschen sehr stark unterschied, zeigte sich in allen guten wie auch schwierigen Zeiten, wie sehr die beiden Länder miteinander verbunden waren.

Freilich waren nicht alle Deutschen von Amerikas positivem Einfluss ebenso überzeugt wie Siemens. Selbst vor dem Ersten Weltkrieg grollten einflussreiche deutsche Kreise über die Ausfuhr von deutschem Kapital und haderten mit der Notierung ausländischer Wertpapiere an deutschen Börsen, wobei sie vor allem auf die amerikanische «Gefahr» angesichts der unzulänglichen Regulierung amerikanischer Märkte und der protektionistischen Einstellung der dortigen Bevölkerung verwiesen.[7] Der Gedanke grenzüberschreitender Kapitalanlagen erforderte, besonders wenn der Partner die USA waren, einen starken Fürsprecher wie die Deutsche Bank, um ihn an den Mann zu bringen.

Von der Handelsfinanzierung zum Wertpapierhandel

Entgegen manchen natürlichen und künstlichen Hindernissen entwickelte sich zwischen 1870 und 1914 ein lebhafter wirtschaftlicher Austausch zwischen den USA und Deutschland. In diesem Zeitraum nahmen sowohl die deutschen Importe wie auch Exporte um den Faktor fünf zu. 1913 war Deutschland der zweitgrößte und die Vereinigten Staaten waren der drittgrößte Exporteur von Industrieerzeugnissen, und auch Agrarprodukte wurden mit den Fortschritten im Verkehrswesen über weitere Entfernungen gehandelt.[8] Trotz hoher amerikanischer Zölle nach dem Bürgerkrieg und trotz der großen Entfernung wurden die beiden Länder zu bedeutenden Handelspartnern.[9] Auch Deutschlands Interesse am amerikanischen Kapitalmarkt wurde damit bestärkt. Wenngleich der Handel zwischen Deutschland und den USA zwischen 1896 und 1913 um jährlich 5 Prozent wuchs,[10] hemmten die Entfernung und restriktive handelspolitische Maßnahmen beider Länder gegen Güter, bei denen der andere Teil eine starke Wettbewerbsposition hatte, den Handel zwischen den beiden Nationen. In dieser Periode blieb der Austausch von Menschen und Kapital der hauptsächliche ökonomische Kontakt, und selbst der war überaus einseitig.

Bald nach ihrer Gründung entschied sich die Deutsche Bank, eine amerikanische Präsenz durch Erwerb einer Beteiligung an einer Privatbank aufzubauen. Das deutsche Institut traf die Vorbereitungen, betreute und finanzierte die Gründung einer neuen amerikanischen Privatbank, Knoblauch & Lichtenstein (K&L).[11] Einige der wichtigsten Aktionäre der Deutschen Bank und Männer an deren Spitze trieben die Gründung von K&L voran und förderten die weitere Entwicklung. Wie bei vielen deutschen Unternehmen und Privatbanken wurden die ersten Beziehungen der Deutschen Bank zu den Vereinigten Staaten durch enge persönliche Bande verstärkt. Paul Lichtenstein zum Beispiel, einer der beiden Geschäftsführer der neuen Firma in New York, war ein Neffe von Herman Marcuse, dem drittgrößten Zeichner von Aktien der Deutschen Bank im Jahre 1870, und Schwiegersohn von Friedrich Kapp. Kapp seinerseits war mit vielen Kapitalgebern der Deutschen Bank und mit ihren führenden Managern eng befreundet und zwischen 1871 und 1884 auch Mitglied im Verwaltungsrat der Bank. Vermutlich trug Kapp zur Kenntnis des amerikanischen Marktes und zur Ausarbeitung der Strategie auf Seiten der Deutschen Bank einiges bei. Kapp, ein linksliberaler Intellektueller, war nach der gescheiterten 1848er Revolution nach Amerika geflohen. Er arbeitete dort über zwei Jahrzehnte als Rechtsanwalt, Journalist und Schriftsteller, bis er 1870 nach Deutschland zurückkehrte.[12] Wie unter den frühen Führungspersönlichkeiten der Deutschen Bank üblich, engagierte auch er sich aktiv als Liberaler in der Politik.

Deutsche Bank.

Eingezahltes Capital: 15 Millionen Thaler.

FILIALEN:

Bremen, Hamburg, London, Shanghai, Yokohama

Commandite: **NEW-YORK.**

Briefkopf der Deutschen Bank um 1873. Bremen, Hamburg, London, Shanghai und Yokohama sind als Filialen aufgeführt, ebenso die Kommandite in New York.

Sein besonderes Interesse galt der Tätigkeit der Bank in den Vereinigten Staaten.

Wie es zu dem Plan einer Partnerschaft kam, ist nicht bekannt. Jedenfalls hielt sich Lichtenstein im Sommer 1872 in den USA auf. Die endgültigen Abmachungen wurden erst bei seiner Rückkehr nach Deutschland im Juli getroffen.[13] Kurz nach seiner Eheschließung mit Kapps Tochter brach Lichtenstein im Oktober 1872 erneut in die Vereinigten Staaten auf, und das Bankhaus K&L nahm seine Geschäfte auf. Über seinen Partner, Charles Knoblauch, ist nur wenig bekannt, anscheinend war er bereits als Devisenmakler in New York etabliert.[14] Die Deutsche Bank brachte den größten Teil des Gesellschaftskapitals ein (500000 von insgesamt 600000 Dollar). Der Hauptzweck der amerikanischen Bank war das Interesse ihres Hauptteilhabers, alle Arten von Bankgeschäften, insbesondere auf dem Gebiet des Handelsaustauschs zwischen Nordamerika, Europa und Ostasien, zu fördern, wobei allerdings die Besitz- und Leitungsverhältnisse etwas undeutlich blieben.[15] Die Deutsche Bank wünschte eigentlich, ihre Teilhaberschaft uneingeschränkt anerkannt zu sehen und sich auch an der Unternehmensführung aktiv zu beteiligen. Nach der damaligen amerikanischen Rechtslage waren allerdings nur Eigentümer zur Geschäftsführung berechtigt, die unbeschränkt hafteten.[16] Marcuse schaltete sich in diese Erörterungen ein. Aus den Quellen geht nicht deutlich hervor, welcher Kompromiss schließlich gefunden wurde, um zwischen dem Wunsch der Deutschen Bank, sich aktiv an der Geschäftsführung zu beteiligen, und den einschränkenden amerikanischen Regelungen für «stille Teilhaber» zu vermitteln.

Die Beteiligung war Teil eines langen und enttäuschenden Prozesses von Versuch und Irrtum. Die Geduld der deutschen Kapitalanleger und Manager, die nach einem Weg suchten, wie sie aus dem Kontakt mit dem amerikanischen Markt Nutzen ziehen könnten, wurde dabei arg auf die Probe gestellt. K&L, mit Sitz in der Broad Street 37, später William Street 29, wurde in New York als Kommanditgesellschaft gegründet. Dies schien ein verhältnismäßig sicherer Weg, in den Markt einzusteigen.[17] Ungeachtet der persönlichen Bande versuchte die Leitung der Deutschen Bank von Berlin aus, auf die Geschäfte Einfluss zu nehmen, allerdings mit zweifelhaftem Erfolg. Sie schrieb K&L vor, dass deren Transaktionen insgesamt 500 000 Dollar nicht überschreiten und Kreditlinien nur angesehenen Banken eingeräumt werden sollten, wobei die Höhe des Kreditrahmens für eine jede Bank in Absprache mit Berlin festgelegt und die Kredite möglichst durch Waren besichert sein sollten. Vorschüsse durften die Laufzeit von sechs Monaten nicht überschreiten. Einige andere Arten von Sicherheiten waren zugelassen, so etwa voll eingezahlte Wertpapiere, nicht jedoch Ländereien, Häuser, Schiffe und leicht verderbliche Waren. Der Kommanditvertrag sah auch vor, dass Berlin regelmäßig über alle Geschäfte, die in New York getätigt wurden, zu unterrichten sei. Dazu gehörte die Übersendung von Zusammenstellungen der Transaktionen und von Jahresabschlüssen und Auskünften über den Finanzstatus.[18] Dank dieses recht konservativen Vorgehens überlebte K&L die Krise des Jahres 1873, die deutsche und amerikanische Märkte besonders stark getroffen hatte. Aber trotz ihres anfänglich begrenzten Handlungsspielraums weitete die New Yorker Bank bis 1877 ihre Tätigkeit in das Geschäft mit anderen Krediten aus.[19] Und ebendiese Tätigkeit sollte sie in Schwierigkeiten bringen.

Anfangs war die Firma in den USA Teil einer umfassenderen, globalen Vision, wie die Deutsche Bank sich in die Finanzierung des deutschen Handels einbringen könne.[20] Siemens schwebte vor, in den USA eine Bank zu gründen, die auch zum Austausch von deutschen Industrieerzeugnissen gegen Importgüter aus Nord- und Südamerika beitragen würde. Filialen schienen hierfür in den meisten anderen Teilen der Welt der vernünftigste Weg. Siemens meinte allerdings, die Deutsche Bank solle letztlich eine deutsche Tochtergesellschaft (der ins Auge gefasste Name lautete: Germanische Transatlantische Bank) mit vielen Filialen in Nord- und Südamerika gründen, die in Zusammenarbeit mit anderen deutschen Banken die Handelsgeschäfte betreuen sollten. Die Umsetzung dieses Plans verzögerte sich jedoch, und darüber wandelte sich auch das Projekt selbst. In ihrer endgültigen Gestalt und unter neuem Namen bediente die Deutsche Ueberseeische Bank vor allem Südamerika. Zugleich versuchte die Deutsche Bank zwar weiterhin, das Geschäft in Lateinamerika und Spanien von New York aus zu pflegen, aber die restriktiven Auflagen der USA für ausländische Banken hinsichtlich der Annahme von Einlagen sowie der Ausgabe und Diskontierung von Bankakzepten machten es unmöglich, eine in den USA domizilierende Tochtergesellschaft als Zentrale für die Tätigkeiten in der westlichen Hemisphäre heranzuziehen.[21]

Die Verbindung mit K&L brachte die Deutsche Bank mit der Zeit auch dazu, auf anderen Geschäftsfeldern aktiv zu werden: Sie verlegte sich auf den Handel mit in Wertpapiere umgewandelten Schuldtiteln aus dem Bürgerkrieg und begann in Eisenbahnwerte zu investieren.[22] Aber diese Geschäfte wie auch die Beteiligung an K&L nahmen keinen guten Verlauf. In den späten 1870er Jahren begann die New Yorker Bank, große Verluste bei einigen ihrer Bankakzepte und bei Krediten für den Erdölsektor einzufahren.[23] 1882 führten die Verluste von K&L bei spekulativen Anlagen dazu, dass die Deutsche Bank ihre Beteiligung abschrieb und schließlich die New Yorker Bank ihr Geschäft liquidierte.

Als die Schwierigkeiten der amerikanischen Gesellschaft zunahmen, büßten die persönlichen Beziehungen für die deutschen Manager vermutlich etwas von ihrem Glanz ein. 1885 hatte Lichtenstein einen neuen Teilhaber (Baltzer). Siemens musste Marcuse gegenüber bestätigen, dass die New Yorker Beteiligung wieder um Kredite nachsuchte. Zu deren Ausweitung sei die Deutsche Bank jedoch nicht bereit, selbst wenn sich dies auf den Ruf der amerikanischen Bank höchstwahrscheinlich nachteilig auswirken würde. Siemens vermochte keinen Grund zu erkennen, warum irgendjemand in Deutschland, Marcuse als wichtiger Anteilseigner der Deutschen Bank eingeschlossen, weitere Verluste infolge der Fehler der amerikanischen Partner hätte hinnehmen sollen.[24] Die Verluste der Gesellschaft in diesem Jahr, die mit einer unbedeutenden amerikanischen Eisenbahnlinie in Zusammenhang standen, trafen sogar andere deutsche Banken. Marcuse glaubte zwar, die Deutsche Bank und andere in Mitleidenschaft gezogene Parteien könnten ernsthafte Verluste vermeiden, gab aber dann doch nach und konzedierte, dass die Deutsche Bank die Liquidation der amerikanischen Privatbank betreiben solle.[25]

Ebenso wie andere deutsche Banken, etwa die Darmstädter Bank, begann die Deutsche Bank, sich jetzt stärker auf engere Beziehungen mit starken US-Banken zu verlassen, ohne sich an deren Gesellschaftskapital zu beteiligen.[26] Möglicherweise war das Volumen des Handelsgeschäfts mit den USA nicht bedeutend genug, um eine Beteiligung zu rechtfertigen. Vielleicht entschied sich die Deutsche Bank auch deshalb, keine eigene Filiale in New York zu unterhalten, weil London weiterhin das Handelsgeschäft beherrschte und sie dort bereits eine Filiale hatte. Trotz der Misserfolge von K&L stürzte sich die Deutsche Bank frohen Muts in das Wertpapiergeschäft und investierte in Werte amerikanischer gewerblicher Unternehmen. Die Deutsche Bank verlagerte damit ihr Hauptengagement in den USA von der Handelsfinanzierung, für die sie sich ihrer Korrespondenzbanken bediente, auf die Emission von Wertpapieren.

Mit der wachsenden Bedeutung der amerikanischen Wirtschaft und dem Kapitalhunger ihrer Firmen wurden langfristige Anlagen ein interessanteres Geschäft als kurzfristige Transaktionen, wie sie bei der Handelsfinanzierung anfielen. Freilich waren Austausch und Wissen erforderlich, um das erhebliche Risiko einzuhegen, und beide Güter ließen sich nicht ohne weiteres beschaffen. Der Austausch von Ansichten und Meinungen war – gemessen an den Standards des 21. Jahrhunderts – langsam und schwerfällig. Erst 1882 waren die Vereinigten Staaten und Deutschland durch ein Unterseekabel verbunden, allerdings liefen die Telegramme anfangs über ein englisches Unternehmen.[27]

Eisenbahnwerte

Verständlicherweise erschienen die amerikanischen Eisenbahnen den deutschen (wie zuvor den englischen) Kapitalanlegern als ideales Objekt für grenzüberschreitende Finanzierung. Helfferich erkannte bereits lange vor Unternehmenshistorikern, dass Eisenbahnen in der amerikanischen Entwicklung eine besondere Rolle spielten. Dieser Sektor hatte hier eben nicht nur die gleichen Ausstrahlungseffekte – etwa auf Eisenerzeugung, Telegraphenwesen, Bahnhofsanlagen, Lokomotiv- und Waggonbau etc. – wie in allen anderen Weltgegenden, darüber hinaus öffnete er in den USA umfängliche neue Märkte, die bisher vom Handel abgeschnitten gewesen waren. Bereits 1840 verfügten die Vereinigten Staaten über ein mehr als dreimal so großes Eisenbahnnetz wie Großbritannien, und in Eisenbahnkilometern waren sie allen Gebieten zusammen, die später das Deutsche Reich bilden sollten, um das Siebenfache voraus. Der Ausbau des Netzes war atemberaubend. 1890 waren annähernd 163 000 Meilen Gleise verlegt, das war mehr als in Europa insgesamt und fast sieben Mal so viel wie in Deutschland.[28] Amerikanischer Einfallsreichtum ließ neue Dienstleistungsindustrien entstehen, die sich die schnellere und verlässlichere Beförderungsweise zunutze zu machen versuchten. Amerikanische Firmen gingen voran bei der Entwicklung neuer Management- und Buchhaltungstechniken, mit denen es möglich wurde, die nunmehr rasch aufkommenden Großunternehmen zu meistern.[29]

Der Markt für Eisenbahnwerte war groß und international. Selbst weit entfernte, konservative Kapitalanleger verstanden, wie Eisenbahnen funktionierten und welche Sicherheit sie bieten konnten. Besonders begehrt waren festverzinsliche Obligationen und Vorzugsaktien dieser Gesellschaften.[30] Anfang der 1890er Jahre galt für viele amerikanische Eisenbahngesellschaften, dass sich die Mehrheitsbeteiligung (und damit der bestimmende Einfluss) außerhalb der Vereinigten Staaten befand. Insgesamt besaßen Nicht-Amerikaner ein Drittel des Aktienkapitals aller US-Eisenbahngesellschaften.[31]

Wie viele andere Wirtschaftszweige in den USA war auch das Verkehrswesen im letzten Viertel des 19. Jahrhunderts stark zersplittert. (1880 gab es allein 43 Gesellschaften mit einem Schienennetz von je über 500 Meilen.)[32] Die Eisenbahngesellschaften litten unter paralleler Linienführung, unter mangelnder Abstimmung, Anbindung und Kompatibilität zwischen den Linien, unter Wettbewerb beim Bau und in den Tarifen, unter hohen Fixkosten und allerlei Druck von Seiten der Kunden. Dies alles führte zu zyklischen Hochs und Tiefs und bewirkte ein starkes Konsolidierungsbedürfnis – für kluge Bankiers hielt diese Situation viele Chancen bereit.

Zudem ging Deutschland in den 1880er Jahren dazu über, seine Eisenbahnen zu verstaatlichen, was große Summen Geldes in die Hände derjenigen Unternehmen und Einzelpersonen fließen ließ, die einst die Eisenbahnwerte besessen hatten. 1899 beliefen sich allein die deutschen Kapitalanlagen in diesem Wirtschaftszweig der USA auf 103 Millionen Dollar. Fünfzehn Jahre später hatte sich der Betrag verdreifacht.[33] Die Deutsche Bank hatte bereits 1881 von «befreundeten Häusern» in London langfristige Schuldverschreibungen (Bonds) in drei amerikanischen Eisenbahngesellschaften erworben und handelte in London mit konvertierbaren amerikanischen Bürgerkriegsanleihen.[34] Darüber hinaus übernahm die Deutsche Bank im Zuge der Auflösung von K&L Anfang der achtziger Jahre ihre ersten Northern-Pacific-Wertpapiere, eine durch eine erststellige Hypothek gesicherte 6-prozentige Schuldverschreibung, die in der Zeit ausgegeben worden war, als die Eisenbahnlinie noch von ihrem berühmt-berüchtigten Gründer Jay Cooke geleitet worden war. Diese Kapitalanlage fiel in die Zeit, als Siemens und seine Kollegen vor einer neuen Frage standen: Wer sollte K&L als Repräsentanten der Deutschen Bank in den USA ersetzen?[35] Diesmal winkte der Zufall, genauer, das Glück lachte die Deutsche Bank an in Gestalt eines deutsch-amerikanischen Einwanderers, eines der außergewöhnlichsten Finanziers, man könnte auch sagen Spitzbuben, des 19. Jahrhunderts.

Henry Villard

Etwa ein Jahrzehnt wurden die Geschäfte der Deutschen Bank in den USA durch Henry Villard abgewickelt, eine der bemerkenswertesten Gestalten in der Finanzgeschichte der Vereinigten Staaten. Er war deutscher Emigrant und einst auf den Namen Heinrich Hilgard getauft worden. In seiner Abneigung gegenüber Preußen, seinem Antimilitarismus, seiner ausgeprägt liberalen Gesinnung, schließlich wohl auch in seinen jugendlichen Karriereträumen überwarf sich der Spross einer begüterten bürgerlichen Familie mit seinem konservativen Elternhaus und floh mit 18 Jahren in die Vereinigten Staaten.[36] Seine deutschen Wurzeln und unermüdliche Selbstanpreisung halfen ihm über weite Strecken seines Lebens bestens voran. Er war mit einer Vielzahl unterschiedlicher und bedeutender Persönlichkeiten befreundet, darunter Carl Schurz, dem in Deutschland geborenen amerikanischen Staatsmann. Sein Leben veranschaulicht beispielhaft die Chancen und Risiken von unternehmerischen, tatkräftigen, internationalen Visionären in Wachstumsökonomien, denen es an solidem Geschäftssinn mangelt. Villard spielt nicht

Henry Villard um 1890.

nur in dieser Darstellung eine Hauptrolle, er ist auch eine Quelle, er liefert Material und Daten zu den Finanz- und Eisenbahngeschäften im gesamten Zeitraum.

Villard gelangte auf verschlungenen Wegen zu seiner Beziehung mit der Deutschen Bank. Nachdem er 1853 in die USA eingewandert war, wurde er zunächst ein erfolgreicher Journalist. Als glühender Anhänger von Lincolns Amerika-Vision und Befürworter der Abschaffung der Sklaverei knüpfte Villard einige gute politische Kontakte. Mit seiner Frau machte er, so scheint es, in jeder Hinsicht eine gute Partie und trat mit diesem Fundus in die Finanzwelt ein. Anpassungsfähig und am guten Leben Gefallen findend, nutzte er in den 1860er Jahren seine engen Beziehungen zu liberalen Reformgruppen in den USA als Sprungbrett für eine lukrative Karriere. Villard betrat die amerikanische Finanzszene unmittelbar nach dem Bürgerkrieg, als die Beziehungen Amerikas mit der restlichen Welt auf einem Tiefpunkt angelangt waren. Amerika musste sein Hinterland ausbauen. Das erforderte viel Arbeit und Kapital – ein Umstand, der erheblich zum deutschen Einfluss auf geschäftliche Angelegenheiten in Amerika beitrug. In einer Vielzahl von Rollen – Berater, Repräsentant von Anleiheinhabern, Unternehmer, Manager und Finanzier, was selbst ihn bei aller beachtlichen Vielseitigkeit und Energie stark strapazierte – fungierte Villard als eine der Hauptschaltstellen im deutsch-amerikanischen Wirtschaftsaustausch.[37]

Vorstöße auf das neue Terrain unternahm Villard in den späten 1860er Jahren. Damals reiste er nach Deutschland, um dort Geschäfte mit US-Wertpapieren zu vermitteln. 1873, als die Finanzkrise die Vereinigten Staaten – ebenso Deutschland – erschütterte, weilte Villard gerade zur Genesung in Heidelberg. Ein Frankfurter Konsortium unter Führung der bedeutenden Privatbank Jacob S. H. Stern hatte ein Jahr zuvor langfristige Schuldverschreibungen der Eisenbahngesellschaft Wisconsin Central erworben. Im Krisenjahr 1873 mit dem Zahlungsverzug der amerikanischen Seite konfrontiert, wählten die deutschen Anleiheinhaber Villard aus, um ihre Forderungen in den Verhandlungen mit der insolventen Gesellschaft zu vertreten. Unter vier Augen vereinbarte Villard mit Stern darüber hinaus, unter den vielen in Mitleidenschaft gezogenen Vermögen Ausschau nach möglicherweise unterbewerteten Kapitalanlagen zu halten. Entzückt vom amerikanischen Nordwesten und überzeugt, dass Reiseverkehr und Einwanderung hohe Gewinne versprachen, gewann Villard Stern dafür, ein Konsortium zum Aufkauf der Eisenbahngesellschaft Oregon and California zu führen.[38] Aus dieser Zufallsgelegenheit, die ihn mit den Frankfurter Bankiers in Kontakt brachte, erwuchs ein völlig neues Berufsleben. Bereits Mitte der siebziger Jahre vertraute Villard seiner Frau Fanny an, welch prickelndes Gefühl es ihm bereite, große Summen zu verdienen und dabei am Aufbau des Nordwestens teilzuhaben.[39]

Von Eisenbahnen fasziniert, brachte Villard die erste feindliche Übernahme Amerikas und einen der größten Zusammenschlüsse der Goldrauschära zuwege. Bei der Oregon-Eisenbahngesellschaft deckte er reichlich betrügerische Machenschaften und Managementfehler auf, gleichwohl geriet sein Vertrauen in das Entwicklungspotential der Region und des Unternehmens nie ins Wanken. Das deutsche Konsortium billigte seine Umbaupläne und erzwang die Zustimmung der anderen Anleger. Villard konnte eine neue Eisenbahngesellschaft, die Oregon Railway and Navigation Company, aufziehen, die tatsächlich die Verkehrsinfrastruktur zwischen Oregon und San Francisco unter ihre Kontrolle brachte. Als Präsident der neuen Gesellschaft wuchs sein Ansehen in der Branche und bei deutschen Kapitalanlegern, nur brachte ihn sein Traum, das Transportwesen im gesamten Nordwesten zu beherrschen, in Konflikt mit anderen Eisenbahnlinien – vor allem mit der Union Pacific, der Northern Pacific und der Great Northern –, die alle bei der Tätigkeit der Deutschen Bank in den Vereinigten Staaten eine bedeutende Rolle spielen sollten.[40]

Villards Vorstellung, wie die Eisenbahnen der Region Gewinne machen könnten, veränderte sich in den kommenden Jahrzehnten nicht grundlegend. Wie viele seiner Konkurrenten, darunter Jay Gould, träumte Villard davon, das Transportwesen der gesamten Region zu kontrollieren und ein Dienstleistungsmonopol aufzubauen. Dieses neue Gebilde sollte frühere Anläufe zu Interessengemeinschaften oder andere lose Zusammenschlüsse autonomer

Gesellschaften weit hinter sich lassen, mit denen bereits verschiedentlich experimentiert worden war, um einen ruinösen Wettbewerb abzuwenden.[41] Vermutlich war dies der einzig gangbare Weg, um mit den strukturellen Schwierigkeiten in diesem Sektor fertig zu werden. Rechtliche Auflagen und seine eigenen Unzulänglichkeiten als Unternehmer verhinderten allerdings die Realisierung seines Traums.

Der erste Schritt seines Plans ging dahin, den beherrschenden Einfluss seiner überwiegend ausländischen Aktionäre abzuschütteln. Villard setzte das Vermögen der Eisenbahngesellschaft als Sicherheit ein und fädelte so eine der ersten Übernahmen durch das Management ein, zu deren Finanzierung eine zusätzliche, durch die Unternehmensaktiva gedeckte Verschuldung diente (management [leveraged] buyout). Er beschwatzte das Frankfurter Konsortium so lange, bis es ihm seine Anteile mit Verlust verkaufte: 1881 überließ die zermürbte Gruppe Villard alles, was er einst in ihrem Auftrag hatte schützen sollen. Er war nun Eigentümer und Leiter eines großen, hochverschuldeten Transportunternehmens, zugleich hatte er jedoch, zumindest zeitweise, eine Überwachung abgeschüttelt, die ihm anscheinend immer ein Dorn im Auge gewesen war.[42]

Seinen Traum von einer den ganzen Westen erschließenden Eisenbahnlinie in die Tat umzusetzen war kostspielig. Das Projekt erforderte zum Beispiel den Übergang zu genormten Gleisen, eine höhere Verschuldung und einen bestimmenden Einfluss bei anderen Eisenbahnlinien. Zu letzterem Zweck nahm Villard Verhandlungen mit der Northern Pacific auf, da er befürchtete, diese würde schon bald ihre eigene Linie zum Pazifik haben und so das von ihm mit aller Macht angestrebte Monopol untergraben.[43]

Die Northern Pacific Eisenbahngesellschaft

1864 gegründet, besaß die Northern Pacific die Rechte für den Bau und den Betrieb der Eisenbahn- und Telegraphenverbindungen vom Lake Superior (Minnesota) bis Puget Sound (Oregon) sowie weitere Rechte in der Region, auch hielt sie Rechte auf umfangreiche staatliche Landzuweisungen als Vermögensgut und beleihbare Sicherheit im Umkreis der Eisenbahnstrecke (insgesamt 190000 km²). Im Jahr, als die Deutsche Bank gegründet wurde, begann die Northern Pacific den Bau von Amerikas zweiter Transkontinentalstrecke, allerdings hemmte die Finanzkrise des Jahres 1873 den Fortgang der Arbeiten. Mit der Sanierung, die auf den ersten Konkurs folgte, verfügte die Northern Pacific über die Mittel, die Vollendung dieser Strecke voranzutreiben und sogar ihre Tätigkeit in andere Bereiche auszuweiten, was die Gesellschaft in unmittelbare Konkurrenz mit dem von Villard geleiteten Unternehmen brachte.

Knapp an Mitteln, verständigte sich Villard mit der Leitung der Northern Pacific zunächst auf ein Abkommen über die Nutzung der Strecken seiner Oregon-Eisenbahngesellschaft. Der Northern Pacific gelang es dann jedoch, sich über Drexel, Morgan & Co. und Belmont & Co. (den Vertreter Rothschilds in New York) eine langfristige Finanzierung über 40 Millionen Dollar zu sichern. Das entfachte den Ehrgeiz des Unternehmens aufs Neue, das eigene Netz zu erweitern und eine eigene Strecke den gesamten Weg bis zur Westküste zu führen, die den Anschluss mit ihren Linien im Osten bringen würde. Das Vorhaben lief für die Oregon Railway and Navigation Company auf eine schier unerträgliche Konkurrenz hinaus.

Villard erkannte 1883 – und das zeugt von seiner Kühnheit –, dass der einzige Weg, seine Linie zu retten, der Erwerb der Mehrheit an der Northern Pacific war, und plante, diese Anteile zusammen mit den Aktien der Oregon Railway and Navigation Company in eine Holdinggesellschaft einzubringen, um später vielleicht die beiden Eisenbahnlinien zu fusionieren.[44] Die Northern Pacific verdiente jedoch nicht gut genug, um noch weitere Schulden aufnehmen zu können. Villards früherer Plan, Gelder auf die Aktiva des Unternehmens zu leihen, war also nicht durchführbar. Trotz seines doppelten Spiels mit den deutschen Kapitalanlegern war sein Ruf an der Wall Street so gut, dass es Villard gelang, innerhalb von 24 Stunden nach seiner vertraulichen Ankündigung 53 Anleger zum Beitritt zu einem «blinden» Konsortium zu bewegen – sie kannten also weder das genaue Objekt noch die Bedingungen der Kapitalanlage – und insgesamt 8 Millionen Dollar in den Fonds einzubringen gegen das vage Versprechen einer Beteiligung an den Gewinnen, die die konsolidierten Eisenbahnlinien unter Villards Leitung abwerfen würden. Von Villard selbst hieß es, er habe 900 000 Dollar aus eigener Tasche beigesteuert. Selbst das Bankhaus Jacob S. H. Stern beteiligte sich – es hatte früher an Villards Abwicklung notleidender Schulden in Kansas gutes Geld verdient und gehörte nicht zu der Frankfurter Gruppe, die Villard noch vor kurzem hereingelegt hatte.[45]

Schon bald darauf kontrollierte Villard das Kapital der beiden Gesellschaften, brachte diese gemeinsam in die neu gegründete Holdinggesellschaft Oregon & Transcontinental Company ein und schuf so ein annähernd konsolidiertes Unternehmen mit einer Streckenlänge von 2700 Meilen. Der nächste Schritt, die Strecken der beiden Unternehmen im Westen und Mittelwesten zu verbinden, war kaum aufzuhalten. Drei Meilen Gleis am Tag zu verlegen erforderte 25 000 Arbeiter (darunter 15 000 Chinesen) und monatliche Aufwendungen von 4 Millionen Dollar – eine riesige Überziehung des Budgets –, aber nur so vermochte Villard, die selbst gesetzte Frist für die Eröffnung im September 1883 einzuhalten. Als die Bauarbeiten voranschritten, erreicht man die Gegend, wo sieben Jahre zuvor ein anderer, der sich (zu) viel vorgenommen hatte, niedergemetzelt worden war.[46]

Feier der Vollendung der transkontinentalen Strecke der Northern Pacific am 8. September 1883. Villard steht auf der Lokomotive.

Villards Schöpfung, die in den frühen 1880er Jahren ein Liebling der Börse war, konnte nun vom Mississippi bis zum Pazifik den Betrieb aufnehmen. Das Unternehmen betrieb die zweite Transkontinentalstrecke über eine Entfernung, die der Strecke Paris – Moskau entsprach. Der Bau erforderte eine Menge neuer Finanzmittel. Mit Charme und Charisma sorgte Villard dafür, dass die konsolidierten Gesellschaften weitere 10 Millionen Dollar Kapital in verwässerten Aktien aufnahmen (das eingezahlte Kapital entsprach nicht seinem Nennwert) und sich weitere 40 Millionen Dollar liehen. Im Verlauf von nur einem Jahr hatte Villard eine riesige neue Eisenbahngesellschaft geschaffen, eine Transkontinentalstrecke fertig gestellt, sich selbst zu einem kurzlebigen Vermögen verholfen und wurde dann Zeuge, wie alles, oder doch nahezu alles, verloren ging, als im Spätjahr 1883 der Aktienkurs des Unternehmens absackte und sich die Gesellschaft in einer finanziellen Notlage wiederfand.[47]

Wie bei nahezu allen seinen Unternehmungen hatte der Glaube an seine Träume Villard blind gemacht für den Wert einer Kosten-Nutzen-Analyse. Bereits am Anfang seiner Laufbahn war Villards Mangel an straffer Führung einigen aufgestoßen. Seine fehlende Bereitschaft, sich mit Details zu befassen, seine Geringschätzung von Buchhaltung und Betriebsregeln ließen ihn allzu abhängig werden von Untergebenen und machten ihn noch empfänglicher für seinen eigenen, übertriebenen Enthusiasmus.[48] Seine ansteckende Begeisterung und seine lebenslange Abneigung gegenüber Etatbegrenzungen waren geradezu greifbar bei den Feierlichkeiten aus Anlass der Fertigstellung der Transkontinentalstrecke im September 1883. Eingeladen waren Georg Siemens, viele renommierte Geschäftsleute und Wissenschaftler, ferner Bundesbeamte und Vertreter von sieben anderen Regierungen, ein ehemaliger Präsident der Vereinigten Staaten und weitere angesehene Persönlichkeiten des öffentlichen Lebens.[49] Insgesamt waren es 300 Gäste, darunter 25 Deutsche. Alle Kosten übernahm die Firma. Das Fest versammelte alle, die Rang und Namen hatten, eine Art Aufmarsch aus dem *Who's Who* für Amerika und Europa. Wein floss in Strömen.[50] Die Reise nach Montana entpuppte sich – wie Villards Biograph später formulierte – als «Präludium des Scheiterns».[51]

Für Siemens brachte die Einladung die Erfüllung des brennenden Wunsches, die Vereinigten Staaten und deren führende Geschäftsleute selbst kennenzulernen. Er traf im August 1883 in New York ein. Bevor er gen Westen aufbrach, verbrachte er dort zwei Wochen als geehrter Gast und machte die Bekanntschaft der führenden New Yorker Bankiers – Morgan, Belmont, Lanier, Drexel – wie auch der führenden Industriellen besonders im Eisenbahnwesen und in der elektrotechnischen Industrie. Zwei Sonderzüge brachten die Manager der Northern Pacific und die Gäste an den Ort des Geschehens, die Fahrt glich – wie Helfferich festhielt – einem «wahren Triumphmarsch». Helfferich berichtet auch, dass Siemens überwältigt war von den Aussichten, die sich ihm darboten, von dem Reichtum, vor allem aber von den Möglichkeiten künftiger Entwicklung, die er zu erkennen glaubte. In allen größeren Städten gab es Kundgebungen zu Ehren Villards und seiner Gäste. Sechs Tage nach ihrem Aufbruch von New York erreichte die Gruppe die Berggegend, wo die Verbindung der Strecken und die Feier stattfanden.

Siemens nutzte seinen Aufenthalt in den Vereinigten Staaten, um die Westküste bis hin nach Los Angeles im Süden zu erkunden. Die Reise dauerte insgesamt bis Oktober und gab Siemens' Leidenschaft für die USA und seiner Überzeugung neue Nahrung, dass die Deutsche Bank ein bedeutender Akteur in diesem dynamischen Markt werden müsse.[52] Die Briefe, die er an seine Frau nach Hause schrieb, berichteten in zahlreichen Details, wen er traf und was er sah, und hielten seine ersten Eindrücke und seine Begeisterung für die Vereinigten Staaten fest. Für Siemens war dieses Amerika ein Land von unvorstellbarer Größe, voller Verheißung und Widersprüche.

Aber die unvermeidliche Katerstimmung machte sich bei den Teilnehmern schon bald nach dem Fest breit. Bereits Ende September meldete die *New York Times*, die Finanzlage der Firma sei wacklig.[53] Die Kurse von

Northern-Pacific-Anleihen fielen. Trotz des offensichtlichen Mangels an Vertrauen emittierte die Gesellschaft eine weitere 18 Millionen Dollar-Anleihe, von der die Hälfte durch das Bankhaus Stern und die Deutsche Bank in Deutschland auf den Markt gebracht wurde. Der Ausbau der Hauptstrecke der Northern Pacific erforderte mindestens weitere 14 Millionen Dollar an neuen Finanzmitteln. Der weitere Bedarf der Oregon & Transcontinental Company ging über die 40 Millionen Dollar hinaus, die sich mit Hilfe des erstrangigen Pfandrechts aufbringen ließen. Das Unternehmen sah sich somit gezwungen, auf kurzfristige Kredite zurückzugreifen. Einige deutsche Zeitungen zeigten sich mittlerweile hinsichtlich neuer Kapitalanlagen in den Vereinigten Staaten eher zurückhaltend. Dessen ungeachtet übernahm die Deutsche Bank einen großen Teil der nachrangigen, durch Hypotheken gesicherten Anleihe (20 Millionen Dollar) zu einem Ausgabekurs von 82½ Prozent des Nominalbetrags für den Absatz in Deutschland und handelte sich damit den Protest anderer Anleihegläubiger ein. Im Oktober berichtete die deutsche Presse, dass der Markt für Vorzugsaktien der Northern Pacific schwächelte. Bis zum 25. Oktober 1883 war der Kurs der Stamm- und der Vorzugsaktien, der noch 1881 bei 51 bzw. 88 gelegen hatte, auf 27 bzw. 62 gefallen.[54]

Als der Aktienkurs fiel, erhielt Villard vom Direktorium die Erlaubnis, eigene Aktien als Abwehrmaßnahme gegen eine feindliche Übernahme aufzukaufen, was das Verhältnis zwischen Fremd- und Eigenkapital weiter verschlechterte und den Verschuldungsgrad der Gesellschaft weiter ansteigen ließ. Die Hoffnung, dass die Kursentwicklung an der Börse das belagerte Unternehmen retten würde, machte die allgemeine Krise auf dem Aktienmarkt im Herbst 1883 zunichte. Bis Oktober fiel der Kurs für Villards Holdinggesellschaft, Oregon & Transcontinental, von 83 Prozent des Nennwertes auf 34 Prozent. Die Ausgaben der Gesellschaften schienen jedoch außer Kontrolle geraten zu sein, Villards persönliche Lage wurde kritisch. Der Kursverfall bei den Aktien der beiden Gesellschaften ließ Anleger das Vertrauen verlieren, das sie Villard entgegengebracht hatten, auch setzten ihm seine persönlichen Verluste aus dem Eisenbahngeschäft und anderen Anlagen stark zu. Im Dezember 1883 wurde seine Lage so verzweifelt, dass er schließlich einem engen Freundeskreis seine missliche Lage eröffnete. Bilanzprüfungen zogen Villards persönlichen Konkurs nach sich und zeigten weitere Gefahren für die Oregon & Transcontinental Company.[55]

Voller Selbstmitleid und unglückliche Zufälle beklagend, weigerte sich Villard, seine eigenen Unzulänglichkeiten als Unternehmensleiter als einen Grund für das schlechte Betriebsergebnis des Jahres 1883 zu erkennen. Einige teilten seine Auffassung, dennoch trat er als Präsident zurück. Sein Nachfolger wurde ein erfahrener Eisenbahnmann, Robert Harris, dem man an der Wall Street mehr Vertrauen entgegenbrachte. Ohnehin waren es nun

Villards New Yorker Anwesen an der Madison Avenue in den späten 1880er Jahren.
Villard verbrachte nur einige Wochen in diesem herrschaftlichen Haus, das er vor der
Krise der Northern Pacific hatte bauen lassen.

die Bankiers, die sich in den Betrieb der Linie und deren Management stär-
ker einschalteten.[56] Geführt von J. Pierpont Morgan, der im September in das
Direktorium der Northern Pacific eingetreten war, wurde ein Bankenkonsortium gebildet, um Villards persönliche wie auch die Finanzprobleme der
Gesellschaften zu regeln, was mit der Bedingung einherging, dass Villard
seine Posten bei den Bahnen aufgab.[57] Morgans Sanierungsplan rettete die
Northern Pacific vor einem zweiten Konkurs innerhalb von zehn Jahren.[58]
Die Rettungsaktion ließ sich ohne Villard zunächst gut an, verschob aber unglücklicherweise den Tag der großen Abrechnung nur in die Zukunft – was
noch zu zeigen sein wird. 1885 wurden hypothekarisch besicherte Schuldverschreibungen der Northern Pacific über ihrem Nennwert gehandelt.[59]

Gleichwohl brachten die Finanzspritze und Villards Rücktritt den Unternehmen kaum eine langfristige Erholung. Unter dem neuen Präsidenten schritten die Bauarbeiten voran, jedoch bestanden weiterhin ernste Spannungen
zwischen der Unternehmensführung und ihren Geldgebern, zu denen nunmehr auch die Deutsche Bank gehörte. Die Deutsche Bank erhöhte ihre Kredite und nahm auch andere Geschäfte mit der Gesellschaft auf. 1886 arrangierte sie zusammen mit Belmont die Ausgabe einer weiteren Tranche einer
durch erststellige Hypotheken besicherten Anleihe auf europäischen Märkten.

Villard als Vermittler deutschen Kapitals

1884 kehrte Villard, angeblich um wieder in Deutschland zu leben, in sein Geburtsland zurück. Eigentümlicherweise waren es auch diesmal seine deutschen Wurzeln, die seinen finanziellen Umständen aufhalfen.[60] Zwei Männer hatten den Glauben an ihn nicht verloren: seine Freunde Thomas Alva Edison und Georg Siemens. Edison beauftragte ihn, deutsche Kapitalgeber für sein neues Unternehmen zu finden, das in den Vereinigten Staaten die Elektrizität einführen sollte, und einen Geschäftspartner in Deutschland für seine Unternehmungen ausfindig zu machen (siehe das folgende Kapitel). Während sich Villard in Deutschland aufhielt, traf er auch mit Siemens zusammen, und der deutsche Bankier warb ihn dafür an, die Interessen der Deutschen Bank in den Vereinigten Staaten wahrzunehmen.

Villards intensivere Beziehung mit der Deutschen Bank fiel zeitlich etwa zusammen mit der Auflösung der Nachfolgefirma von K&L und mit den erfolgreichen Versuchen von Siemens, für den Vorstand der Deutschen Bank größere Unabhängigkeit von den Anteilseignern zu gewinnen. In Deutschland vereinheitlichte ein Reichsgesetz das Aktien- und Gesellschaftsrecht und änderte die früheren Bestimmungen dahingehend, dass die Zuständigkeiten von Vorstand und Aufsichtsrat klarer getrennt wurden. Während seines Aufenthalts in Berlin im Jahre 1884 erneuerte Villard seinen Kontakt mit einem weiteren Deutsch-Amerikaner, den er bereits in den USA gekannt hatte, mit Friedrich Kapp.[61] Kapp, Mitglied im Aufsichtsrat der Deutschen Bank und ein guter Freund von Siemens, war vierzehn Jahre zuvor aus den USA, wo er mit Villard bekannt geworden war, nach Deutschland zurückgekehrt. In Villards beschämender finanzieller Zwangslage scheint Kapp maßgeblich beigetragen zu haben, bei Siemens die Bereitschaft wieder aufleben zu lassen, mit Villard Geschäfte zu machen. Die drei Männer teilten ähnliche politische Auffassungen und eine leidenschaftliche Begeisterung für das Potential Amerikas. Möglicherweise hat auch Kapps Tod kurz nach der Ankunft Villards in Berlin die Verbindung zwischen dessen beiden überlebenden Freunden noch gefestigt. Einmal von der Finanzwelt abgesehen, ließe sich spekulieren, dass eine Mischung verschiedenster Gefühle die beiden Männer zusammenbrachte: Siemens' Erinnerungen an sein amerikanisches Abenteuer; etwas Neid, dass sein Landsmann Villard das Leben führte, das Siemens für sich selbst erträumt hatte, oder auch Villards angeborener Charme. Freilich, die genauen Beweggründe werden wir vermutlich nie in Erfahrung bringen. Siemens jedenfalls setzte auf Villard und schenkte ihm Vertrauen. 1886 brach Villard als nahezu rehabilitierter Mann nach New York auf.[62] Zu dieser Zeit bestand zwischen Siemens und Villard anscheinend eine sehr enge Beziehung.[63]

Trotz des Zusammenbruchs von Villards erstem Imperium war die Deutsche Bank weiterhin bereit, kopfüber ins amerikanische Wasser zu springen. Im Guten wie im Schlechten bot sich Villard als ihr «Schwimmlehrer» an. Verständlicherweise wünschte die Bank Informationen über ihre Kapitalanlagen in den Vereinigten Staaten und über wirtschaftlich-politische Ereignisse allgemeiner Natur aus Quellen zu erhalten, die sie kannte und verstehen konnte.[64] Bereits 1885 zeigte sich die Bank ungehalten über das Management der Northern Pacific, dem es widerstrebte, Informationen über den amerikanischen Markt im Allgemeinen und die Eisenbahnlinien selbst zu liefern.[65] Angeregt von seiner eigenen Reise in die Vereinigten Staaten und von Villards plötzlichen finanziellen Schwierigkeiten nicht abgeschreckt, beschloss Siemens, seine Kollegen für bedeutendere Kapitalanlagen in den USA zu gewinnen. Manche sagten Siemens nach, er habe Villards ungezügelte Leidenschaft für große Pläne und dessen Ungeduld gegenüber Details geteilt.[66]

Die Tätigkeit der Deutschen Bank im amerikanischen Wertpapiergeschäft hatte bislang vor allem im Kauf amerikanischer Schuldtitel bestanden, die sie selbst für kurze Zeit hielt, um sie dann auf dem deutschen Markt abzusetzen. Es hatte lange gedauert, aber nun war die Bank zu einem größeren Engagement bereit. Falls Villard sich erneut mit der Northern Pacific befassen wollte, wäre diese ein ideales Objekt für den Einstieg in das amerikanische Beteiligungsgeschäft. Mit einer starken Kapitalbeteiligung würde die Bank, so argumentierte Siemens, besser in der Lage sein, Obligationsinhaber vor «‹zufälligen› Unglücken» zu bewahren.[67]

Im September 1886 unterzeichneten die Deutsche Bank und Villard einen förmlichen Vertrag über Villards Dienste. In Anbetracht seiner Aufgaben erscheinen die Anstellungsbedingungen sehr großzügig. Villard sollte die Deutsche Bank wie auch das Bankhaus Jacob S. H. Stern vertreten. Die zwei deutschen Banken räumten Villard ein, selbst die Wahl zu treffen zwischen 25 Prozent von jeder Kapitalanlage, die er ihnen vermittelte, oder 10 Prozent von den Gewinnen, die sie erzielte. Unter bestimmten Umständen konnte er sogar eine Vergütung von den Unternehmen annehmen, in welche die Banken investierten. Für seine Auslagen kamen größtenteils die Banken auf, und er erhielt ein Entgelt in den Fällen zugesagt, wo er in der Leitung der Unternehmen mit tätig wurde, an denen sich die Deutsche Bank beteiligte.[68] Villard unterhielt bei der Deutschen Bank in Berlin ansehnliche Konten in seinem und im Namen seiner Frau Fanny.[69] Über die Größe seines Mitarbeiterstabs wissen wir wenig. Nur die Arbeit eines seiner Mitarbeiter, Arnold Marcus, schlug sich in den Akten der Deutschen Bank nieder.[70] Villard delegierte einige Verantwortung und nahezu alle (lästige) Schreibarbeit an Marcus, der in vielen Unternehmen Villards als Sekretär fungierte. Mit der Deutschen Bank und Stern korrespondierte Marcus fast nur in deutscher Sprache.[71]

Villards neue Tätigkeit versorgte die Bank rasch und reichlich mit Geschäftsgelegenheiten. Villard war anscheinend bestens befähigt, deutsche Anleger für Investitionen in den Vereinigten Staaten zu gewinnen; als Anlageberater der Deutschen Bank hat er Berichten zufolge 64,3 Millionen Dollar an US-Wertpapieren, überwiegend Eisenbahnwerte, an deutsche Anleger verkauft. Einige der Geschäfte hatten mit Sanierungen zu tun, andere waren Versuche, eine Mehrheitsbeteiligung zu erwerben. In den späten 1880er Jahren beteiligte sich die Deutsche Bank an der Gründung der Rocky-Fork Eisenbahngesellschaft, der Sanierung der Southern Pacific, der Denver and Rio Grande Railroad sowie an der Sanierung der Chesapeake and Ohio Railroad, was später umfangreiche Verhandlungen der Bank mit der amerikanischen Regierung wegen einer 28-Millionen-Dollar-Stützungsaktion für die Gesellschaft nach sich ziehen sollte.[72]

Nur wenige Wochen nach seiner Ernennung ließ Villard sich mit einem verführerischen Angebot vernehmen. Die Oregon & Transcontinental war wieder einmal in Schwierigkeiten. Die Geschäftsleitung bot Villard den Vorsitz sowohl im Direktorium der Oregon & Transcontinental wie auch der Northern Pacific an und dazu noch das ausschlaggebende Stimmrecht im Direktorium der Northern Pacific im Austausch für eine Beteiligung von 5 Millionen Dollar. 36 Stunden, nachdem Villard das Telegramm aufgegeben hatte, erhielt er das Geld aus Deutschland. Der Vorgang erregte Aufsehen an der Wall Street, ein solches Tempo bei transatlantischen Entscheidungen war bislang unbekannt.[73]

Wie die Region, welche sie mit ihren Linien erschloss, erfreute sich die Eisenbahn eines enormen, aber schwankenden Wachstums. Allein im Jahr 1887 kamen 100000 Zuzügler nach Washington und Oregon. Um mit dem Zustrom mitzuhalten, hatte die Northern Pacific ihr Streckennetz erheblich ausgebaut; es umfasste nun 2800 Meilen. Davon waren 2300 Meilen in ihrem Besitz, der Rest war gepachtet. Die Summe investierten Kapitals stieg freilich auch. Neues Kapital war erforderlich, um einige der bislang nur gepachteten Strecken zu kaufen und neue Nebenstrecken zu pachten. Die Ausdehnung hatte der Northern Pacific auch weitere Streitigkeiten mit Konkurrenten eingebracht, insbesondere mit der Union Pacific. Verständlicherweise stieg auch ihr Bedarf an Aufnahme von Fremdmitteln erheblich. 1887 legte die Gesellschaft schließlich eine durch drittstellige Hypotheken gesicherte Anleihe (12 Millionen Dollar) auf. Einen großen Teil übernahmen die Deutsche Bank, Jacob S. H. Stern und Belmont für die Zulassung an der Berliner und Frankfurter Börse 1888. Die finanziellen Schwierigkeiten der Bahngesellschaft und die neue Anleihe riefen reichlich kritische Stimmen auf den Plan, selbst innerhalb der Deutschen Bank, wo jedoch Siemens mit seiner Zuversicht die Oberhand behielt. Dessen ungeachtet hielt sich die Bank jedoch für verpflichtet, Anleger auf die geringere Sicherheit des Papiers aufmerksam zu machen. Die beiden ersten Anleihen waren mit einem Agio (also über Nennwert) begeben worden; die dritte Anleihe kam dagegen mit einem Disagio (Abschlag) von mehr als 10 Prozent auf den Markt, warf also eine Rendite von 7 Prozent ab. Zwei kleinere Tranchen wurden auf den Markt gebracht, aber die Bank – so Helfferich – ließ ihre Kunden wissen, dass nur diejenigen, die bereit seien, das höhere Risiko hinzunehmen, auch diese höhere Rendite erwarten könnten.[74]

Die Schuldverschreibungen der 1880er Jahre brachten der Eisenbahngesellschaft nur eine kurzfristige Entlastung. Weitere Investitionen in neue Streckenabschnitte, in Fahrzeuge und sonstige Verbesserungen brauchten die 12 Millionen Dollar rasch auf. Siemens argumentierte, dass die Ausbauperiode irgendwann an ihr Ende gelangen würde. Es war jedoch offenkundig, dass die Northern Pacific nicht um eine Umschuldung herumkommen würde. Eine Anleihe über 160 Millionen Dollar, die alle bisherigen hypothekarisch gesicherten Anleihen konsolidieren und die finanziellen Verpflichtungen der Gesellschaft reduzieren sollte, konnte auf dem Markt nicht untergebracht werden. Anfang der 1890er Jahre verringerte ein allgemeiner Abschwung den Appetit des Marktes auf Schuldtitel, bedauerlicherweise aber nicht die ehrgeizigen Ausbaupläne der Northern Pacific.[75]

Die North American Company

Warum die Deutsche Bank Villard so viel Spielraum ließ, ist nicht ohne weiteres zu verstehen. Oft zirkulierten Gerüchte, sie habe Villard aufgegeben.[76] Die neuen Sorgen der Bank mit ihm hätten in den späten 1880er Jahren einsetzen müssen, als selbst Villard einen Großteil der Probleme erkannte. Aber wie so oft hatte er eine großartige Lösung aller Schwierigkeiten im Auge: Er war überzeugt, dass die Eisenbahnen im Westen unter die Kontrolle einer Gruppe gebracht werden müssten, damit sie gewinnträchtig blieben. Angesichts der Entwicklung bei der Northern Pacific und mancher anderen Bahn war dieser Plan – zumindest in der Theorie – keinesfalls völlig abwegig. Nur stieß er, wie Villard und andere bald merken sollten, in der Praxis auf viele Hindernisse.

Villard wollte eine Holdinggesellschaft gründen, welche die Aktien der Northern Pacific, der Wisconsin Central, der St. Paul, Minneapolis & Manitoba und anderer Eisenbahngesellschaften übernehmen würde; die gesamten Kosten dafür veranschlagte er auf 24 Millionen Dollar. In Anbetracht ihrer eigenen Mittel ließ diese Summe selbst die Deutsche Bank zurückschrecken, schließlich bezifferte sich 1890 das Grundkapital der Bank nur auf annähernd 20 Millionen Dollar, ihre Einlagen auf 50 Millionen Dollar und ausstehende Kredite auf 14 Millionen Dollar.[77]

Bei seinem Aufenthalt in Berlin 1889 hat Villard vermutlich seinen Plan verteidigt. In einer undatierten, nicht unterschriebenen umfänglichen Denkschrift mit dem Titel «Projekt» findet sich das Argument, dass die Spannungen zwischen den Gesellschaften und deren Spitzen nur bei Überführung aller in eine gemeinsame Eigentümerschaft überwunden werden könnten. Für dieses Projekt forderte Villard 12 Millionen Dollar für die Oregon Railway & Navigation, 10 Millionen Dollar für die Anteile der St. Paul, Minneapolis & Manitoba, 2 Millionen Dollar für die Anteile der St. Paul & Northern Pacific sowie eine nicht weiter spezifizierte Summe für das Vorhaben eines Bahnhofs in Chicago, das der Deutschen Bank bereits bekannt war. Die gesamte Investition würde sich anlagern um Villards Beteiligung an der Oregon & Transcontinental Company, die als Grundpfeiler der Konstruktion dienen sollte. Selbstverständlich würden die Übernahmen auch die Verantwortung für die unbeglichenen Schulden jener Gesellschaften nach sich ziehen. Villard betonte jedoch voller Zuversicht, dass «niemals ein besseres amerikanisches Geschaeft nach Europa gekommen ist».[78]

Dem Plan nach zu urteilen, war dies die Geburtsstunde der North American Company (NAC), die nie die volle Unterstützung der Deutschen Bank erhielt und auch nicht die beabsichtigten Ziele zu erreichen vermochte. Das «Projekt» wurde später noch dahin gehend erweitert, zusätzliche Wertpapiere und -anlagen einzuschließen, darunter auch diejenigen der Edison General Electric (hierzu mehr im nächsten Kapitel). Trotz allem investierten jedoch die Deutsche Bank sowie andere angesehene Finanzinstitute und Persönlichkeiten in Villards Plan. Zwar ist über die North American Company und darüber, wie viel und in welcher Form Anleger zu der Gesellschaft beitrugen, insgesamt wenig bekannt, immerhin erlauben jedoch die überlieferten Dokumente über deren Zweck und Tätigkeit zumindest in groben Linien einiges in Erfahrung zu bringen.

Das Zögern der Deutschen Bank gegenüber dem Projekt ging zu einem Großteil auf die Höhe des veranschlagten Kapitalbetrags zurück, der die intern festgelegte Grenze für amerikanische Investitionen sprengte, nicht jedoch auf den Plan als solchen. Villard hatte eine Summe gefordert, die das gesamte einbezahlte Kapital der Deutschen Bank übertraf. Bei diesem Projekt und auch anderen Kapitalanlagen mussten die Vertreter der Deutschen Bank Villard in Erinnerung rufen, dass sie sich für ihr amerikanisches Engagement Grenzen gesetzt hatten. Viele der von Villard vermittelten Geschäfte erforderten, dass die Deutsche Bank und andere deutsche Firmen, welche die Papiere gekauft hatten, die Werte lange Zeit hielten.[79] Im Frühjahr 1890 hielt die Deutsche Bank einen Bestand an amerikanischen Werten, der sich den für dieses Geschäft intern festgelegten Grenzen näherte: 2,4 Millionen Dollar in Wertpapieren der Northern Pacific, 0,8 Millionen Dollar bei der Edison Electric, 0,6 Millionen Dollar in Aktien der Oregon & Transcontinental und weitere 0,5 Millionen Dollar bei anderen Eisenbahngesellschaften, also insgesamt etwa 4,3 Millionen Dollar. Villards Methode, Syndikate aufzubauen, hinderte die Deutsche Bank faktisch daran, diese Wertpapiere weiterzuverkaufen und durch neue Anlagepapiere zu ersetzen. Villard erhielt insofern nicht freie Hand, die Bank zu irgendetwas Neuem zu verpflichten. Sein Vorschlag traf zu einem Zeitpunkt ein, als die Führung der Bank so stark mit Kapitalanlagen in den Vereinigten Staaten eingedeckt war, dass es ihr unmöglich war, positiv auf seine weiteren Initiativen zu reagieren, und dies völlig unabhängig davon, wie sehr sie möglicherweise an einer Beteiligung interessiert war. Bei diesen Anweisungen sollte es bleiben, bis das Engagement der Deutschen Bank in den Vereinigten Staaten wieder zurückgefahren sein würde. Siemens fügte im Nachsatz zu einem Brief an Marcus erläuternd hinzu, dass die Bank für sich keine Schwierigkeiten sehe, zum Beispiel ihre gesamte Beteiligung an der Northern Pacific aufzugeben, wenn sie hiervon nicht durch Verpflichtungen, die Villard selbst eingegangen war, abgehalten würde.[80]

Villard war über die Weigerung der Deutschen Bank, mehr zu investieren, schwer enttäuscht. Mehr noch, er war verbittert. Er hatte den Eindruck, die Bank zweifele an seiner Fähigkeit, sie auch in Zukunft zu vertreten. Auch befürchtete er, zwei Jahre seines Lebens und seiner Energie vergeblich darauf verwandt zu haben, ein Geschäft zu Wege zu bringen, das doch im Interesse der Deutschen Bank war. Er wolle und könne nicht zulassen, dass diese Anstrengungen mit der Ablehnung seiner Pläne nutzlos wurden.[81] Zwar erreichte Villard viel von dem, was ihm vorschwebte, über Pachtverträge, aber andere Aspekte seines Plans trieb er angesichts sich verschlechternder Geschäfts- und finanzieller Rahmenbedingungen mit aller Energie selbst voran. Die schlimmsten Tage lagen freilich noch vor ihm.

Villard erhielt schließlich eine begrenzte Unterstützung von der Deutschen Bank, allerdings blieb sie weit hinter dem anfänglich geforderten Betrag zurück. Die restlichen Mittel steuerten andere bei, die dabei halfen, die North American Company zu bilden. Das Problem war offenbar nicht nur die interne Marschroute der Deutschen Bank im Hinblick auf ihr amerikanisches Engagement. Grenzen waren auch durch den Umstand bedingt, wie viele amerikanische Papiere die Bank – unter Aufrechterhaltung eines einigermaßen marktgängigen, auch realisierbaren und stabilen Kurses – an den deutschen und anderen europäischen Börsen unterbringen konnte.[82]

Marcus kleidete seine Verteidigung Villards in die Worte, dass sein Chef immer «das Richtige» tun wolle, was ihn Hindernisse großzügig überspringen lasse, die sich ihm unmittelbar entgegenstellten. Marcus war zuversichtlich, dass Siemens und Villard ihre Meinungsverschiedenheiten beilegen würden, ließ aber durchblicken, dass Villard sich bemühte, Londoner Geld in die Vereinigten Staaten zu holen, um die deutschen Quellen, die versiegt waren, zu ersetzen – eine kaum verhüllte Drohung, die vermutlich in Berlin nicht besonders goutiert wurde.[83] Im Sommer 1890 nannte Villard das Bankhaus Morgan in London als seine europäische Anschrift, möglicherweise um so herauszustreichen, dass es noch andere Wege zu europäischen Anlegern gab, die sich für den amerikanischen Markt interessierten.[84] Marcus fügte vorsorglich hinzu, Villards Pläne seien in jüngster Zeit ziemlich gigantisch geworden, er hoffe aber, dass sich die Dinge mit der Zeit wieder bessern würden. Eine Abwesenheit von New York würde ihm und seinen Nerven, die offensichtlich überreizt seien, durchaus gut tun.[85]

Als die North American Company schließlich im Juni 1890 gegründet wurde, waren deren einzige Aktiva die Wertpapiere anderer Gesellschaften, darunter überwiegend Aktien und Schuldtitel der Northern Pacific, aber doch auch von einigen benachbarten Eisenbahnlinien, und von Edison General Electric. Der Zweck dieser Holdinggesellschaft bestand anscheinend darin, einige Eigentümerinteressen zusammenzubringen sowie einen Markt für die Wertpapiere der verbundenen Gesellschaften bereitzustellen, insbesondere im Bereich Eisenbahn und Elektrifizierung. Die Gesellschaft wurde nach dem Gesetz des Bundesstaates New Jersey konstituiert. 40 Millionen ihres insgesamt auf 50 Millionen Dollar lautenden neuen Kapitals kamen aus einem schlichten Austausch des alten Oregon & Transcontinental-Kapitals gegen Aktien der NAC. Mit Villard als Präsidenten hatte die neue Holdinggesellschaft viele bedeutende Geldgeber, darunter ein Konsortium, in dem die Deutsche Bank, Morgan, Kuhn Loeb und Speyer vertreten waren.[86] Die Finanzierung scheint zum Teil über Kredite von wichtigen Persönlichkeiten und Finanzinstituten erfolgt zu sein, unter anderem sowohl von John D. wie auch William Rockefeller, von der Deutschen Bank und von Drexel, Morgan & Co., wobei die Kredite durch Wertpapiere anderer Gesellschaften gedeckt waren. Die Deutsche Bank und Stern hielten auch Vorkaufsrechte auf einige von der North American Company gehaltene Wertpapiere. Selbst im Dezember, als die Märkte noch ziemlich fest waren, war die Hälfte des Buchwertes der North American Company in Form von kurzfristigen Krediten finanziert. In der Tat sammelte das Unternehmen Wertpapiere von rivalisierenden Gesellschaften. Indem es neues Beteiligungskapital einbrachte und gegen seine Aktiva Kredite aufnahm, konnte es einen Markt für die Werte bilden, die es in seinem Portfolio hielt, und das Risiko verteilen. Trotz neuer Kredite, die von der Deutschen Bank und anderen bereitgestellt wurden, begann jedoch die Aktie der North American bereits relativ frühzeitig nachzugeben. Teilweise war dies eine Folge von Villards offensichtlichem Versuch, ihre Geschäfte selbst gegenüber den Hauptinvestoren so undurchsichtig wie nur irgend möglich zu halten.[87]

Die innere Schwäche der Gesellschaft war bereits im Herbst kurz nach der Gründung offenkundig, aber es lässt sich schwer ausmachen, in welchem

Ausmaß die Parteien die Gefahren erkannten. Die Finanzstruktur und der allgemeine Unternehmenszweck der NAC erforderten regelmäßige Zufuhr von neuem Kapital. Schon bald nach der Gründung begann der Zufluss zu versiegen. Unter dem Druck populistischer agrarischer Interessengruppen hatte der Kongress das Sherman-Silbergesetz verabschiedet, welches das Finanzministerium verpflichtete, monatlich 4,5 Millionen Unzen Silber anzukaufen. Es ließ die Bindung der Vereinigten Staaten an den Goldstandard fraglich erscheinen. Bei den ausländischen Investoren, die in ihrer Gesamtheit amerikanische Wertpapiere in Höhe des zehnfachen Betrags des jährlichen Bundeshaushalts hielten, löste das Gesetz eine Panik aus. Der Fast-Zusammenbruch des Londoner Bankhauses Baring Brothers im November 1890 jagte den Kapitalmärkten einen weiteren Schrecken ein.[88]

Die Krise stellte Villards Magie auf eine harte Probe. Mitte November fielen die Aktien der NAC steil im Wert. Die Deutsche Bank verkaufte einige ihrer Anteile, um dafür Aktien der Northern Pacific zu kaufen.[89] Nahezu alle kurzfristigen Mittel der NAC waren durch Wertpapiere in ihrem Besitz und ihr eigenes Kapital besichert. Villard setzte auf ein anhaltendes europäisches Interesse an den von seiner Gesellschaft gehaltenen Wertpapieren, um deren Finanzlage gesund zu erhalten, während er selbst nur ungern in Vorlage treten wollte.[90] Die NAC konnte die Zahlungsfrist für Schuldverschreibungen in Höhe von 2 Millionen Dollar nicht einhalten. In dieser Zeit musste Villard zwei Mal die Reise nach Frankfurt antreten, um eine weitere Finanzierung auszuhandeln bzw. zu erbetteln. Die anfänglichen 2 Millionen Dollar hatten sich bald erschöpft. Weitere 3 Millionen Dollar wurden locker gemacht. Sein Erfolg kam ihn vermutlich teuer zu stehen. Selbst Villard musste einsehen, dass er bei den Deutschen erheblich an Glaubwürdigkeit eingebüßt hatte, und zugeben, dass viele fundamentale Finanzierungsfragen noch nicht gelöst waren.[91] Einige der US-Wertpapiere wurden in Deutschland zwar als preiswert eingestuft, dennoch reduzierte die Deutsche Bank jetzt ihre Kredite an die NAC, was offensichtlich dem bereits schlingernden Unternehmen einen weiteren Stoß versetzte. Zum Teil baute die Deutsche Bank ihr Engagement ab, weil sie offenbar das Vertrauen in Villards Fähigkeit verloren hatte, in den USA mit der Vielzahl von finanziellen Angelegenheiten zurechtzukommen.[92]

Ein Jahr später machte Villard noch immer die amerikanische Währungspolitik für die Turbulenzen verantwortlich, in die «seine» Unternehmen geraten waren. Die niedrigen Kurse des Beteiligungsbesitzes machten den Verkauf der Wertpapiere als gangbares Mittel, Gelder für die Bezahlung der Schulden der NAC aufzutreiben, hinfällig. Villard empfahl, Kurs zu halten, freilich bei einer merklich reduzierten Bandbreite der Investitionen. Weiterhin verdiene die Northern Pacific Aufmerksamkeit; fraglos sei sie auch weiterhin stark von guten Ernten abhängig, aber dank Kostenabbau, erfolgreicher Integration neuer Nebenstrecken und anderer Verkehrsformen sei die Gesellschaft in einer soliden finanziellen Verfassung.[93] Im Dezember 1891 hatte sich die Lage beruhigt. Allerdings lag der Wert der Papiere der NAC noch immer unter 8 Millionen Dollar. Die kurzfristigen Schuldtitel machten ein Drittel der gesamten Kapitalschuld der Gesellschaft aus.[94]

1892 waren die Kapitalmärkte zwar noch immer nervös mit Blick auf Amerikas Festhalten am Goldstandard, gleichwohl aber fast in Höchststimmung. Die Aktie der NAC erreichte in diesem Jahr einen Kurs von 7,50 Dollar. Viele Aktionäre klagten über weiterhin fehlende aussagekräftige Finanzausweise und über ein Direktorium, das aus einer Clique von Insidern bestand. Manche beschuldigten die Direktoren, sich an spekulativen Handelsgeschäften zu beteiligten. Villard verteidigte sein Handeln und bot detaillierte Finanzauskünfte an. Von seinen Ausflüchten, sein Gesundheitszustand habe sich wegen seiner Bemühungen zum Besten der North American Company verschlechtert, und seinen Versprechungen, in Zukunft mit besseren Ergebnissen aufzuwarten, zeigten sich die Minderheitsaktionäre wenig beeindruckt.[95] Villard hatte zu dieser Zeit nicht nur mit dem Management verschiedener Unternehmen zu kämpfen, auch Krankheit und ein persönlicher Unglücksfall setzten ihm zu.[96]

Noch in den frühen 1890er Jahren erhielt Villard dank der Fürsprache von Siemens ziemlich freie Hand, als Agent der Deutschen Bank deren Interessen wahrzunehmen, insbesondere bei der Beilegung der internen Streitigkeiten, die bei der Northern Pacific aufgebrochen waren. Die Deutsche Bank war sich offenbar zunehmend einiger Risiken bewusst, aber sie schien kaum eine Alternative zu sehen, als an ihrem Mann am Ort des Geschehens festzuhalten. Ihr Langmut sollte sie teuer zu stehen kommen. 1890 konnte sich Villard offenbar nicht durchringen, weitere Expansionsvorhaben für die Linie aufzugeben, und suchte hierfür bei der Deutschen Bank um Unterstützung nach, die er sporadisch auch erhielt. Trotz der wackligen Märkte hielt das Management der Northern Pacific an einem Teil der Ausbaupläne fest. Viele betrafen Investitionen in neue Strecken und Stationen, um mit dem Hauptrivalen, der Union Pacific, und deren eigenem übertriebenen Ausbau Schritt halten zu können. Statt wie vereinbart für die Konsolidierung des Streckennetzes verwandte die Northern Pacific die zusätzlichen Finanzmittel zum Ausbau ihrer Kapazität. Später behauptete Villard, dass er die Direktoren der Gesellschaft nicht habe steuern können, da er schließlich nur eine von insgesamt dreizehn Stimmen im Direktorium gehabt habe. Und schließlich zeigten die Einkünfte und der Betriebsgewinn das ganze Jahr 1892 hindurch eine steigende Tendenz.[97]

Obwohl es verschiedentlich zu ernsthaften Kabbeleien gekommen war, schienen Villard und Siemens im Sommer 1891 doch zwischenzeitlich einige ihrer strittigen Punkte beigelegt zu haben. Eine Gesamteinschätzung der Beziehung fällt schwer, da sie viele Hochs und Tiefs durchmachte und sich auf verschiedenen Achsen bewegte. Ihre Korrespondenz behandelte eine Vielzahl von Gegenständen: die Bedeutung der Silberfrage für die generelle Gesundheit der amerikanischen Wirtschaft, Villards Versicherungen zur gediegenen Finanzlage der Northern Pacific, die Entwicklung der Edison-Gesellschaft (vgl. hierzu das nächste Kapitel) und Villards Anläufe, sich in neue Eisenbahnabenteuer zu stürzen.[98] In jenem Winter hatte Villard für die Deutsche Bank in erheblichem Umfang US-Wertpapiere gekauft.[99] Gleichwohl hielten sich seit Frühjahr 1891 am Markt Gerüchte, dass die Deutsche Bank Villard ihre Unterstützung entziehen würde.[100] Fraglos waren die Deutsche Bank und deren Partner besorgt über Villards Abneigung, eigene Mittel für Vorhaben zu verwenden, die er ihnen empfahl, und über seine Unfähigkeit, mit den weiter anhaltenden Schwierigkeiten bei Northern Pacific zurande zu kommen,[101] deren Wertpapiere erneut Verluste erlitten. Villard erkannte offenbar, wie wesentlich die Unterstützung der Deutschen Bank für das Kapital der Northern Pacific und deren finanzielle Gesundheit insgesamt wie auch für die Ausführung dessen war, was er als die «vorteilhaften Folgen» des Unternehmens bezeichnete.[102]

Just in dem Moment, als die Lage im März 1893 schwieriger zu werden drohte, wollte Villard von Bord gehen – es müsste wohl heißen: «vom fahrenden Zug abspringen».[103] Erst auf inständige Bitten, seinen Rücktritt als Präsident des Direktoriums der Northern Pacific so lange zurückzustellen, bis die gegenwärtigen finanziellen Schwierigkeiten vorbei seien,[104] ließ er sich von seinem Vorhaben abhalten. Seine Zusage, alles in seiner Möglichkeit Stehende zu tun, um bei der Umschuldung zu helfen, verband er freilich mit einem Dämpfer für allzu große Erwartungen: Da er das Widerstreben der Deutschen Bank kenne, sei er hinsichtlich der Sanierung der Eisenbahnlinie mit neuen Mitteln pessimistisch geworden.[105] Ein paar Monate später machte Villard seinen Abgang zu einem *fait accompli*. Dieses Mal kündigte er ihn öffentlich an, ganz so als wolle er ihn unumstößlich machen. In einem veröffentlichten Bericht rechtfertigte er seine Entscheidung mit dem Argument, es sei nie seine Absicht gewesen, in die «Geschäftsleitung» der Northern Pacific einzutreten. Seine Wahl in das Direktorium auf der Hauptversammlung 1887 sei gewissermaßen ein Zufall gewesen, eine Folge seines Bestrebens, die Unterstützung «deutscher» Freunde zu benützen, um ein «grosses und lohnendes Finanzgeschaeft» aufzubauen.[106] Von Anbeginn wissend, dass Missverständnisse und falsche Erwartungen ihm Schwierigkeiten bereiten würden, habe er – geradeso als bereite er seine spätere Verteidigung vor – als Vorsitzender des Direktoriums eine Politik des «Hände weg» praktiziert. Insoweit er an Entscheidungen beteiligt gewesen sei, habe er, behauptete Villard, dafür gesorgt, dass die anderen Mitglieder des Gremiums Kenntnis von seinem Engagement bei anderen Gesellschaften und von der Natur dieser Unternehmungen erhielten. Trotz seiner Versicherung einer geübten Distanz von der Unternehmensleitung und seiner «Unbelastetheit» von irgendwelcher Schuld für die Schwierigkeiten der Eisenbahngesellschaft wurde Villard jedoch bereits von einem großen Teil der Presse für die finanziellen Schwierigkeiten des Unternehmens verantwortlich gemacht. Obwohl er sich selbstlos bemüht habe, klagte Villard, sei er bereits für die Presse und einige Spekulanten der Sündenbock. Ohne Vertrauen könne er jedoch nichts erreichen. Der Rücktritt sei insofern der einzig vernünftige Schritt.[107] Wenige Tage darauf besiegelten die Kapitalmärkte das Schicksal der Northern Pacific.

In vieler Hinsicht waren jedoch selbst in diesem Zeitraum die Geschäfte, die Villard vermittelte, für die Deutsche Bank sehr lukrativ. Im Alleingang oder zusammen mit Partnern in einem Konsortium räumte die Bank der Northern Pacific viele Kredite mit hohen effektiven Zinsen ein, wobei Aktien der Eisenbahngesellschaft als Sicherheit dienten.[108] Die neuen Vereinbarungen gaben den Banken offenkundig mehr Sicherheit, indem Wertpapiere von höherem Nominalwert ausgegeben wurden, setzten sie jedoch auch stärker den Launen des Marktes und der Fähigkeit des Managements bei der Northern Pacific aus, die Geschäfte der Gesellschaft zu führen.[109] Die Bereitschaft der Deutschen Bank, der Northern Pacific unter die Arme zu greifen, straft die spätere selbstgerechte Empörung der Bank Lügen. Wie einige dem Verfahren anlasten sollten, konnte es den Anschein haben, als ob die Gesellschaft am Leben erhalten wurde, um einen schier unerschöpflichen Nachschub von neuen Wertpapieren zu liefern, die die Banken dann auf den Markt bringen konnten. Insgesamt galten die geäußerten Besorgnisse allerdings offenbar mehr den Verhältnissen auf den Finanzmärkten im Allgemeinen und nicht den betrieblichen und Investitionsentscheidungen der Eisenbahngesellschaft.

Trotz Villards Rücktritt, des scharfen Einbruchs der Aktienmärkte und anderer warnender Zeichen im Juni 1893 scheint Siemens naiv weiterhin gehofft zu haben, dass die neue Kapitalmarktfinanzierung und neue Anleger die Situation stabilisieren könnten. Noch hatte Villard nicht die Erlaubnis erhalten, seinen Schlüsselposten als Repräsentant der Deutschen Bank aufzugeben, als Siemens ihn bereits dafür beglückwünschte, Rockefeller in das Direktorium der Northern Pacific gebracht zu haben. Er betonte allerdings, Rockefeller sei kein Ersatz für Villard, falls Letzterer sich den Wunsch erfüllen wolle, nach Deutschland zurückzukehren. Aber noch wichtiger war, dass Siemens Villard scharf wegen der Veröffentlichung von dessen Rücktrittserklärung aus dem Direktorium tadelte. Zurückzutreten sei eine Sache, dies jedoch derartig öffentlich zu tun, eine andere, zumal wenn dies mit subjektiven Pessimismusbekundungen verbunden sei, auf deren angemessene Einschätzung das Publikum nur unzulänglich vorbereitet sei, denn «es geht über Leichen, um Geld zu verdienen».[110] Offenbar kannten Siemens und die Deutsche

Bank schon seit einiger Zeit die Probleme der Northern Pacific, vielleicht wussten sie jedoch nicht, wie gravierend diese inmitten der Finanzpanik geworden waren, die im Frühling 1893 die Vereinigten Staaten überfiel. Der Zusammenbruch der Kapitalmärkte und Villards öffentliche Verlautbarungen hatten wirkungsvoll neue Geldspritzen von den Kapitalmärkten ausgeschlossen. Siemens, zum Beispiel, vermutete überdies, Villard habe selbst zu den Problemen beigetragen, womöglich sogar diese zu seinem persönlichen Vorteil genutzt.

Weder die Beteiligung wichtiger neuer Investoren noch komplizierte neue Finanzstrukturen hatten die Lage retten können. Angesichts der weiteren Expansion bei Eisenbahn- und damit zusammenhängenden Werten erwiesen sich die konzertierte Aktion aller Investoren, Androhungen gerichtlicher Schritte und die erfindungsreichen neuen Finanzinstrumente als unzulänglich, die Finanzprobleme der Northern Pacific zu beheben. Wenn die Deutsche Bank hierbei nicht immer den Überblick hatte, stand sie nicht allein. Viele erfahrene Anleger hatten Aktien der Northern Pacific aufgekauft. Auch die meisten Regulatoren überblickten die Situation nicht. Für viele war die Entschlüsselung der Beteiligungs- und Machtverhältnisse und die rechnerische Ermittlung der Eisenbahnwerte ein Buch mit sieben Siegeln.[111] Einigen kam es wie ein Verwirrspiel vor, eine Art Bauernfängerei. Selbst Villard gestand, dass er 1882, als er erstmals den beherrschenden Einfluss bei der Northern Pacific an sich brachte, das Stimmrecht für 365 799 Aktien bei einer Gesamtzahl von 754 193 Stück ausgegebenen Aktien ausgeübt habe, ohne selbst auch nur eine einzige besessen zu haben. Die ausufernden Schulden, die er in der einen Gesellschaft aufnahm, wurden zu einem Großteil eingesetzt, um andere Unternehmen zu finanzieren, die er kontrollierte. Dabei hat es ganz den Anschein, dass sich seine erste Liebe auf dem Eisenbahngebiet, die ihm gehörige Oregon-Gesellschaft, immer aus dem Kampfgetümmel heraushielt, anderen Gesellschaften als Führungskraft diente und die Hauptdurchfahrtsrechte kontrollierte, so dass, gleichgültig welche weitere Linie andere Kämpfe ums Geschäft gewinnen würde, Villards persönlicher Anteilsbesitz immer prosperieren würde.[112]

Freilich waren diese Eisenbahnwerte nicht die einzigen größeren finanziellen Beteiligungen, die ein aktives Management durch Villard und die Deutsche Bank erforderten, und der Transportsektor war nicht der alleinige Wachstumssektor im Bereich hoch entwickelter Technik, auf den die Bank ihr Augenmerk richtete. Zusätzlich zur Handhabung der geschäftlichen Angelegenheiten der Deutschen Bank und im Verfolg seiner eigenen persönlichen Interessen versuchte sich Villard offenbar auch noch bei der Führung eines der wichtigsten Unternehmen der Zweiten Industriellen Revolution. Die Spannweite seiner Aktivitäten war riesig, nur das Ausmaß und die Intensität seines Ehrgeizes hielten damit Schritt.

KAPITEL 3

Die Deutsche Bank und die Elektrifizierung in den USA

Wie ich Ihnen andeutete, wird die Consolidation der beiden Gesellschaften eine riesige Combination bilden und sich aus derselben sofort das groesste industrielle Unternehmen in der Welt entwickeln.
Villard an Deutsche Bank, 7. März 1890, zu den Aussichten eines Zusammenschlusses zwischen der Edison-Gesellschaft und Thomson-Houston, aus dem schließlich die General Electric Company hervorgehen sollte.[1]

Einleitung

Die Elektrifizierung der entwickelten Welt ist eine der großen technischen und wirtschaftlichen Revolutionen der Moderne und von gleicher Bedeutung wie die Einführung der Eisenbahn und des Telegraphen. Die riesige Investition in die Erzeugung und Verteilung elektrischer Energie in den beiden letzten Jahrzehnten des 19. und den ersten drei Jahrzehnten des 20. Jahrhunderts bereitete das Feld für die Erfindung und den Absatz einer Reihe von Produkten, ohne die die Großereignisse und der Lebensstil unserer Zeit nicht denkbar wären. Von der Glühbirne bis zum Fernsehgerät – wir leben im elektrischen Zeitalter.

Bevor die neuen, mit Strom arbeitenden Geräte in ausreichender Zahl auf den Markt gebracht werden konnten, um ihre anfänglichen Entwicklungskosten wieder hereinzuholen und ihre Stückkosten zu senken, mussten zunächst Anlagen zur Stromerzeugung und -verteilung mit riesiger Kapazität aufgebaut werden. Bescheidene innerstädtische Beleuchtungsprojekte der 1880er Jahre entwickelten sich in den 1920er Jahren zu ausgedehnten regionalen Netzen. Dem Prozess wohnte eine Eigendynamik inne. Mit steigenden Anwendungsmöglichkeiten elektrischer Energie musste zum Beispiel über örtlich zersplitterte Erzeugung versus größere Zentralen entschieden werden. Die Entscheidung für die Konzentration machte weitere Investitionen erforderlich, um Elektrizität über größere Entfernungen zu übertragen.[2] Zwischen 1882 und 1920 stieg zum Beispiel in den USA die Erzeugung elektrischer Energie von einer kWh auf 44 Milliarden kWh.[3] Einer ihrer bedeutendsten Chronisten schrieb hierzu: «Von den großen Konstruktionsprojekten des letzten Jahrhunderts [19. Jahrhundert, C.K.] ist keines in seinen sozialen Wirkungen einflussreicher gewesen und keines hat unsere konstruktiven Instinkte und Fähigkeiten so stark beansprucht wie das System der elektrischen Kraft.»[4]

Es handelte sich um ein internationales Unterfangen von außergewöhnlichen Ausmaßen und zwar nicht nur aufgrund der spezifischen Dynamik der Entwicklung, sondern auch wegen des internationalen Austausches von Ausrüstungen, Know-how und Kapital. Über viele der neuen Verwendungen elektrischer Kraft wie auch über die Einwirkung der Elektrifizierung auf Gesellschaft und Architektur ist schon manches berichtet worden, vergleichsweise weit weniger Aufmerksamkeit haben dagegen Finanzierungsfragen gefunden.[5]

Die Deutsche Bank kam auf vielen Wegen zu einem besonderen Interesse an der Elektroindustrie. Georg Siemens stand nicht nur in verwandtschaftlicher Beziehung mit einem der großen deutschen Familienunternehmen in diesem Bereich, darüber hinaus hatte Villard den Kontakt zwischen der Bank und dem «Zauberer von Menlo Park» hergestellt. Villard und Edison hatten eine symbiotische, wenngleich konfliktreiche Beziehung, die sich auch für ihre Bankiers als sehr fruchtbar erwies. Edisons Zielstrebigkeit, die ihm als Erfinder womöglich zupasskam, brachte ihn als Geschäftsmann manchmal in Schwierigkeiten. Villard gab den Ausschlag dafür, dass Edison in der Lage war, viele der Schwierigkeiten des Erfinders in den USA und Europa zu bereinigen. 1886 überzeugte Villard Edison, dass er, Villard, genau die richtigen Kontakte und Erfahrung in Europa habe, um Geld aufzutreiben, bereits aufgeflackerte Streitigkeiten unter den europäischen Partnern beizulegen, die schon abgeschlossenen Verträge zwischen Edison und Siemens & Halske und überhaupt die Einnahmen aus Edisons Unternehmungen in Europa zu verbessern. Ein Jahr nach Villards Rückkehr in die Vereinigten Staaten wurde die Deutsche Edison Gesellschaft in die Allgemeine Elektricitäts-Gesellschaft (AEG) umgegründet. Bis 1887 hatte Villard es gleichermaßen geschafft, Edisons Pariser Partnern für die Aufhebung ihres Vertrags mit Edison eine beträchtliche Zahlung abzuringen, den Vertrag mit Siemens zu revidieren und das Kapital der AEG von 5 auf 12 Millionen Mark zu erhöhen, um die Entwicklung des Kraftwerkbaus zu finanzieren. Zwar büßte Edison viel Macht ein, aber er soll doch erfreut gewesen sein. Villard hatte es auch fertiggebracht, die Deutsche Bank zu interessieren, und kehrte in die Vereinigten Staaten mit der Vollmacht zurück, mit Morgan über deutsche Investitionen beim Bau von amerikanischen Kraftwerken zu verhandeln und die Edison-Gesellschaften mit beträchtlicher finanzieller Unterstützung von deutschen Unternehmen und Bankiers zu sanieren.[6]

Viele Unternehmungen folgten, die Investitionen in die und von den Vereinigten Staaten nach sich zogen. 1914 konnte die Deutsche Bank stolz darauf zurückblicken, dass sie Siemens & Halske bei dem Eintritt in die Vereinigten Staaten behilflich gewesen war, viele amerikanische Patente nach Deutschland gebracht hatte und zum Bau des weltgrößten Kraftwerks, der Niagara Falls Power Company, sowie zum Wachstum einer Reihe anderer Unternehmen beigetragen hatte, deren Aufstieg mit der Revolution bei der Erzeugung elektrischer Energie im Zusammenhang stand. Dazu gehörte auch eine Firma, die sich zu einem der weltweit größten Unternehmen entwickeln sollte, die General Electric Company (GE).

Zwar war die Deutsche Bank nicht beteiligt an der Bildung der Deutschen Edison Gesellschaft, die Edison 1883 mit Emil Rathenau gegründet hatte, um seine Erfindungen in Deutschland heimisch zu machen. Gleichwohl gelangte Georg Siemens 1887 in den Aufsichtsrat des Unternehmens und fungierte bis 1896 als dessen Vorsitzender, als er mit Rücksicht auf die gravierenden Interessenkonflikte zwischen AEG und Siemens & Halske entschied, sein Mandat aufzugeben.[7] Siemens und die Deutsche Bank spielten über viele Jahre eine zentrale Rolle bei der Koordination der wechselseitigen Beziehungen zwischen deutschen und amerikanischen Firmen, die einen grenzüberschreitenden Austausch von Kapital und Know-how betrieben. Für viele Jahre war die Deutsche Bank im Zentrum eines Netzes von Organisationen, die gemeinsam Elektrizität in weite Teile der Welt brachten.[8]

Die Beteiligung der Deutschen Bank an den Vorgängen, die zur Gründung der GE führten, ist in den groben Zügen durchaus bekannt, die Details dagegen weniger. Sie vermitteln jedoch mancherlei Einblick in die Risiken ausländischer Direktinvestitionen, besonders in neuen Branchen mit unerfahrenem Management, die vorab große Investitionen erfordern, ohne dabei auch nur annähernd über die Auskunftsmittel nach Art des modernen Rechnungswesens zu verfügen.

Die Gründung der Edison General Electric

Villard erfreute sich einer langen und intensiven Beteiligung an den Projekten Edisons.[9] Er arrangierte die erste Vorführung von Edisons Dynamo und von dessen Lampen für Züge, als er noch an der Spitze der Oregon Railway & Navigation Company stand. Als einer der ersten Aktionäre von Edisons Unternehmen für elektrisches Licht bat Villard Edison, die Dampfschiffe seines Unternehmens mit Licht auszurüsten. Villard gab Edison umfangreiche Finanzhilfen. Bereits 1880 hatte Villard versucht, deutsche Anleger für das US-Unternehmen Edisons zu gewinnen und dessen Patente nach Deutschland wie auch in das restliche Europa zu bringen.[10] Trotz der üblichen Rückschläge behielt Villard seinen Optimismus.[11] Auf seiner Reise im Jahr 1884, die der Vermarktung von Edisons Blockkraftwerken in Deutschland galt, erneuerte Villard seine frühere Bekanntschaft mit Georg Siemens.

Edison um 1880, ungefähr um die Zeit, als er zum ersten Mal mit Villard zusammentraf. Trotz gegensätzlicher Ansichten über Finanzfragen teilten Edison und Villard zielstrebigen Ehrgeiz und eine gemeinsame Vision, wie die Elektrifizierung die Welt verändern könnte. Sie blieben jahrelang in enger Verbindung, Edison war unter den Trauergästen bei Villards Beisetzung.

Aufgrund ihrer unterschiedlichen Interessen und Managementauffassungen gab es jedoch immer ein Spannungsmoment zwischen Edison und Villard. Edison war eine Abhängigkeit von Banken zuwider. Er zog es vor, sich auf persönliche Aufsicht durch Eigentümer, Partnerschaften oder Gesellschaften mit beschränkter Gesellschafterzahl oder begrenztem Aktionärskreis zu stützen, also Gesellschaftsformen, in denen Eigentümer und Direktion zusammengingen und die Eigentümer persönlich in der Leitung vertreten und miteinander verbunden waren. Villard plante von seinem Naturell her immer im großen Stil, was nicht ohne Banken und Kapitalmärkte abging.[12] Ironischerweise war es Edisons eigene Vision, wie Elektrizität bereitgestellt werden sollte, die die beiden Männer zusammenkommen ließ und eine wechselseitige Abhängigkeit begründete. Auch Edison, der als Erfinder besser bekannt ist, glaubte, seine Erfindungen sollten nur in einer Welt zur Anwendung gelangen, in der riesige elektrische Systeme Elektrizität erzeugten und effizient verteilten. Einzelne Generatoren würden dafür niemals ausreichen. Licht ohne ein Beleuchtungssystem, das gewaltige Ausgaben erforderte, eine riesige technische, rechtliche, finanzielle und sogar gesetzgeberische Unternehmung, war für Edison überhaupt nicht vorstellbar. 1878 gelang die technische Innovation, Elektrizität in Großstädten zu verteilen, und sofort begann Edison, sein Augenmerk auf die Schaffung der notwendigen Infrastruktur zu richten.[13]

Um diese Infrastruktur zu schaffen, musste Edison sein Misstrauen gegenüber den Bankiers im Zaum halten. Bereits die Eröffnung des Blockkraftwerks in der Pearl Street im Jahre 1882, der ersten Zentrale für die Stromversorgung einer Fläche von nicht mehr als einer Quadratmeile im Süden von Manhattan, zeigte die Dynamik der Sache. Es war kein Zufall, dass die ersten Lampen in den Geschäftsräumen von Morgan angeknipst wurden. Trotz finanzieller Schwierigkeiten seit Mitte der 1880er Jahre hatte Edison bereits 1888 große Anlagen in Detroit, Philadelphia, Chicago, Brooklyn (damals eine selbständige Stadt), New Orleans und St. Paul mit zusammen 1698 Kunden und 64 174 Glühlampen allein in den USA eingerichtet sowie weitere im Ausland in Berlin und Mailand.[14]

Das Engagement Villards und der Deutschen Bank bei Edisons Vorhaben fiel zusammen mit einem relativen Rückgang des Interesses bei Morgan. Edison stand zwar auch weiterhin der Bank Morgan nahe, aber die Firma (nicht deren Teilhaber) lehnte 1886 sein Angebot von 1000 Elektro-Aktien ab, das dem Erfinder aus einem finanziellen Engpass helfen sollte. Morgan verwaltete noch einen Großteil von Edisons Finanzen und beteiligte sich sowohl an dessen internationalen wie einheimischen Geschäftsverbindungen, aber Morgan widerstrebte es anscheinend in den späten 1880er Jahren, noch mehr als bisher in eine Technik zu investieren, die noch nicht ausgereift und deren Wirtschaftlichkeit noch nicht erwiesen war.[15]

Dank seiner engen Beziehungen sowohl zu Edison wie auch zur Deutschen Bank war Villard wieder der lachende Dritte.[16] Er war die treibende Kraft bei Edisons Vordringen nach Europa, indem er Kapitalanlagen aus Europa für die amerikanischen Edison-Gesellschaften an Land zog, wie auch bei der Restrukturierung und Sanierung der Edison-Gesellschaften in den Vereinigten Staaten vermittelte.[17] Edison hatte zwar bereits 1880 in Frankreich über George Barker die Tätigkeit aufgenommen, als Edison dann jedoch in andere Länder vorstieß, mischte Villard stärker mit und beteiligte sich gleichermaßen an der Gründung wie auch an der Leitung der neuen europäischen Unternehmen.[18] Villard assistierte bei den Verhandlungen, die zur Umwandlung der Deutschen Edison Gesellschaft in die AEG führten, zugleich vertrat er in den USA die Deutsche Bank wie auch die Firma Siemens & Halske, die für ihre Patente in den USA einen besseren Preis erreichen wollte.[19]

Neben seinen Aufgaben für die Deutsche Bank war Villard auch bevollmächtigt, sich um die Herstellungslizenzen für Siemens & Halskes armierte Kabel und Stecker zu kümmern. Seine Aktivitäten waren immer breit gestreut. Tatsächlich fiel die Phase seiner intensivsten Beschäftigung mit Edison zeitlich zusammen mit dem geschäftlichen Niedergang der Northern Pacific und seinem Einsatz im Präsidentschaftswahlkampf für Cleveland. Zur Umgehung der hohen US-Zölle regte Villard an, Siemens & Halske solle die Ferti-

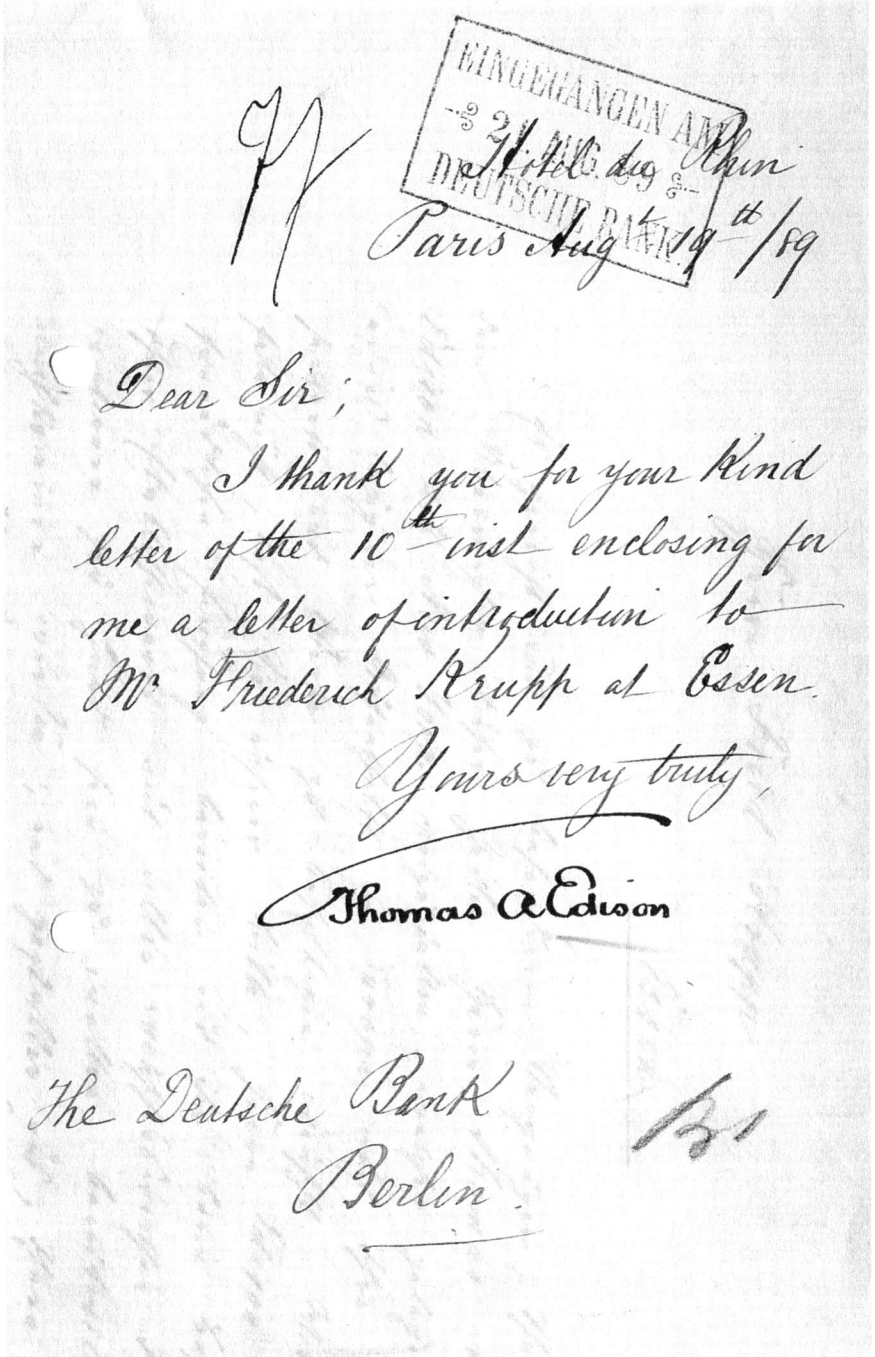

Dankschreiben von Edison an die Deutsche Bank wegen der Vermittlung eines Besuchs bei der Firma Krupp, 19. August 1889.

gung in den Vereinigten Staaten aufnehmen. Vergebens bemühte er sich, ein Unternehmen Edisons für die Herstellung auf der Basis eines Lizenzabkommens zu gewinnen. Als diese Bemühung 1888 scheiterte, versuchte er, der sich niemals mit kleinen Lösungen zufrieden geben mochte, Siemens & Halske dafür zu gewinnen, das gesamte Edison-Geschäft in den USA zu kaufen. Bei einer Besprechung mit der Deutschen Bank, Siemens & Halske und der AEG gewann er anscheinend die Unterstützung aller deutschen Partner, obgleich die beiden elektrotechnischen Unternehmen bei einigen Produkten scharf konkurrierten. Auch Edison, der mit argen Betriebsmittel-Engpässen zu kämpfen hatte, reagierte positiv.

Die Edison General Electric Company (EGE) wurde im April 1889 mit bedeutenden Zuschüssen an deutschem Kapital gegründet, allerdings herrscht über den Zeitpunkt und die genauen Summen etwas Unklarheit. Zwar stellen einige Quellen die Bildung der Edison General Electric als Morgans Werk dar, tatsächlich kam sie jedoch mit Hilfe Villards und der Deutschen Bank zustande, wobei Morgan Aktien im Nennwert von 312 000 Dollar zu einem Preis von 215 000 Dollar übernahm, das waren nur 3 125 Stück der insgesamt 30 000 ausgegebenen Aktien.[20] Die Berichte über die deutschen Beteiligungen und deren jeweilige Höhe gehen weit auseinander. Alle stimmen freilich darin überein, dass die Deutsche Bank, das Bankhaus Stern, Siemens & Halske und AEG sehr stark beteiligt waren, wobei die Gesamthöhe zwischen 3 und 8,3 Millionen Dollar schwankt. Für die abweichenden Angaben lassen sich viele Gründe finden. Einige Quellen sind nicht datiert. Wir wissen, dass die Höhe des Aktienkapitals im Zeitverlauf verändert wurde, als der Finanzbedarf der Edison General Electric zunahm. Einige der Investoren liehen Geld, was mit einem Vorkaufsrecht auf Stammaktien einherging. Die Verwirrung mag zum Teil auch von dem Unterschied zwischen dem Nominalwert und dem Preis bzw. Marktwert herrühren, der oftmals nicht bestimmt werden konnte.[21] Es steht außer Frage, dass es sich hierbei für die Zeit um riesige Summen an direkten Auslandsinvestitionen handelte und dass die Deutschen stark beteiligt waren, nicht nur mit Geld, sondern auch mit wertvollen Lizenzen, die Siemens & Halske der Edison General Electric überließ.[22]

Das deutsche Kapital bewirkte mancherlei. Es erlaubte die Konsolidierung und Expansion der Edison-Gesellschaften. Mit dem ansehnlichen Batzen neuer Barmittel der fernen Investoren fühlte sich Edison von dem finanziellen Druck befreit, der ihn angeblich von seiner technischen Arbeit abhielt. Darüber hinaus ließ sich so vermeiden, die Kontrolle Drexel, Morgan & Co. zu überlassen, von denen Edison befürchtete, sie würden ihn mehr als die Anleger in weiter Ferne unter Druck setzen. Freilich hatte Edison nicht nur in erheblichem Umfang die Kontrolle über sein Auslandsgeschäft verloren, sondern auch sein amerikanisches Unternehmen war nun in den Händen deutscher Anteilseigner. Mit ihnen teilte Edison zwar manche technischen

Ansichten, Überzeugungen und Vorlieben, aber von Zeit zu Zeit kam es mit ihnen auch zu Reibereien in Organisationsfragen.[23]

Als Vertreter der Deutschen wurde Villard der erste und einzige Präsident des Unternehmens. Im Gegensatz zu dem, was viele Darstellungen behaupten, gibt es reichlich Belege dafür, dass Villard schon bald nach Gründung der Edison General Electric ein Zusammengehen mit Thomson-Houston, einem der US-Konkurrenten, anstrebte (vgl. das Eingangszitat dieses Kapitels). Wie gewöhnlich konzentrierte sich Villard in seiner Rolle als Präsident mehr auf Geschäfte in großem Stil als auf die Wirtschaftlichkeit des Unternehmens. Der Zusammenschluss von EGE und Thomson, aus dem die General Electric Company hervorgehen sollte, führte zum Ausscheiden Villards, der Deutschen und Edisons selbst aus der Gesellschaft, die bis dahin Edisons Namen getragen hatte.

Das Geschäftsmodell

Soweit die Edison-Seite in Betracht kommt, waren die Anfänge der GE – vorsichtig ausgedrückt – recht stürmisch. Es handelte sich noch immer um ein sehr spekulatives Geschäft. Die Geschichte der Beteiligung der Deutschen Bank an Edison verdeutlicht, wie wichtig Finanzplanung und ausreichende Finanzierung für den Erfolg von neu gegründeten Unternehmen waren – und sind.

Die Führungsmannschaft und die Geschäftskonstruktion der neuen Gesellschaft leuchteten durchaus ein. Der erste Jahresbericht der Edison General Electric Company enthielt viele Namen, die für den Gang der Geschichte wichtig sind. Neben Villard als Präsident fungierte Marcus als sein erster Sekretär. Edison selbst und ein Vertreter von Morgan, Charles Coster, der bei der Entwicklung der Northern Pacific sehr wichtig wurde, saßen gleichfalls im Direktorium (vgl. hierzu das nächste Kapitel). Edward D. Adams gehörte dem Direktorium einer der Tochtergesellschaften an. Der ausgewiesene Zweck der Gesellschaft war es, die Edison Electric Light Company mit drei produzierenden Edison-Unternehmen zusammenzuführen: Edison Machine Works, Edison Electric Illuminating Company und Bergmann & Company. Das neue konsolidierte Unternehmen sollte von der schrittweisen Integration und engeren Zusammenarbeit der verschiedenen Tätigkeitsbereiche profitieren. Die für Siemens & Halske interessante Kabelfertigung war nur eine dieser Tätigkeiten. Villard schrieb an die Aktionäre: «Die Bildung Ihrer Gesellschaft verdankt sich im Wesentlichen dem Glauben der Hauptaktionäre der verschiedenen Unternehmen, dass der Schutz und die Entwicklung ihrer jeweiligen Interessen durch eine zweckmäßige Konsolidierung der Interessen von Patenteignern und Fabrikation besser gewährleistet würden.» Darüber

TWENTY-SIXTH STREET STATION.

Gebäude der Edison Electric Illuminating Company in den 1880er Jahren, 26. Straße in New York.

hinaus würde die neue Struktur den Unternehmen besseren Zugang zu Kapital verschaffen, das für den Ausbau der elektrischen Beleuchtungsanlagen und der Kraftwerke dringend benötigt würde. Kraftwerke für Metropolen wie New York, Boston, Chicago und Milwaukee mussten erst noch gebaut werden.[24]

Das Geschäftsmodell für die Edison General Electric Company war – gelinde gesagt – ehrgeizig. Wohl wissend, dass die Elektrifizierung riesige Investitionen für die Stromerzeugung und -übertragung erforderte, bot die Firma ihre Hilfe bei der Gründung örtlicher Energieerzeuger an. Sie verkaufte diesen die Anlagen zur Stromerzeugung und die Kabel. Als Gegenleistung für die technische Unterstützung und die Ausrüstung forderte EGE neben einigen Mitteln in bar Anteile an dem örtlichen Unternehmen.

Die Edison Electric Illuminating Company ging anders vor. Sie kaufte die Anlagen der örtlichen Kraftwerke mit ihren eigenen Aktien, errichtete dann eine Beleuchtungsanlage zu einem Festpreis und für einen festgelegten Zeitraum und zahlte der örtlichen Gesellschaft eine Abgabe (in San Francisco waren das 30 Prozent oder 1500 Aktien). Ihre Muttergesellschaft, die Edison General Electric Company, willigte ein, Stammaktien an dem neuen Unternehmen zu kaufen. Die Erträge aus der Aktienübernahme wurden für die Baukosten der Gesellschaft verwandt. Weitere Aktien wurden in der Folge an die verschiedenen Förderer des Projekts ausgegeben, wobei einige auch an mögliche örtliche Partnergesellschaften verkauft wurden.[25]

Durch die Einnahmen aus den Patentgebühren beabsichtigte die Edison General Electric darüber hinaus, ihren Beteiligungsbesitz an örtlichen Gesellschaften zu verdoppeln, was den Auftragseingang für ihre Fertigungsbetriebe sichern würde. Einen weiteren viel versprechenden Faktor für die Entwicklung des Unternehmens sah man in dem erwarteten Wachstum bei elektrischen Bahnen.

Bei seiner Bildung hatte das neue Unternehmen EGE 11,1 Millionen Dollar an Aktiva (die börsennotierten Tochtergesellschaften wurden zum Anschaffungspreis ausgewiesen) und eigentlich keine Außenstände. Das Verhältnis von Eigen- zu Fremdkapital sollte sich schon bald ändern. Zur Umsetzung des Geschäftsmodells wurden in den nächsten Jahren erhebliche Aufstockungen beim Eigenkapital und bei den Fremdmitteln erforderlich. Bis 1892 gehörte die Deutsche Bank zu den Hauptlieferanten neuer Mittel.[26] Die Hauptverwaltung der EGE gestattete, dass die Tochtergesellschaften ihrerseits eigene Tochtergesellschaften gründeten und besaßen.[27] Alle Seiten schienen jedoch einzusehen, dass weiteres Wachstum und Rentabilitätsgesichtspunkte die Konsolidierung der operativen Einheiten erforderten. Zeitweilig musste sich die Edison General Electric bei ihrer Entwicklung sogar auf die Infrastruktur von anderen Unternehmen verlassen, die von Villard kontrolliert wurden.[28]

Finanzielle und andere Schwierigkeiten

Wie üblich war Villard optimistisch, was das Ergebnis anging. Er sagte voraus, dass das konsolidierte Unternehmen 1889 eine Million Dollar verdienen würde.[29] Aber noch bevor die Verträge unterschrieben waren, zeigten sich bei den Partnern sehr unterschiedliche Interessen und ein Widerwillen, viel Geld bei der Firma stehen zu lassen. Die Beteiligung von Siemens & Halske hing von einem Auftrag ab, Kabel für das konsolidierte Unternehmen zu fertigen. Seltsam genug gab es jedoch keine Zusage, die Kabel für die eigenen Bedürfnisse der US-Gesellschaft zu kaufen. Siemens & Halske forderte überraschend 20 Prozent der Gewinne bei Verkäufen der US-Gesellschaft an Außenstehende. Das neue Unternehmen sollte auch die Produkte (Patente) von

Siemens in den Vereinigten Staaten repräsentieren und einen Prozentsatz der Gewinne abführen, die es aus deren Vergabe bezog. Nach Aussage der Deutschen Bank war Emil Rathenau von der AEG bereit, diese Auflage zu akzeptieren.[30] Allerdings war anzunehmen, dass ihm eine besondere Beziehung zwischen Siemens und Edison in den Vereinigten Staaten Verdruss bereiten würde. Eine Sonderdividende von 8 Prozent auf Vorzugsaktien sollte von Anfang an ausgewiesen, aber so lange nicht ausgezahlt werden, bis weitere Gewinne gemacht worden waren. Das Geld würde also in der Firma bleiben, das Unternehmen sich aber zugleich in der Pflicht sehen, die Dividende schon relativ bald den Aktionären auszuzahlen.[31] Technische Fragen kamen auf. Einige Teilhaber bezweifelten die Sicherheit von Gleichstrom im Vergleich zu Wechselstrom[32] – ein technisches Problem, das der Edison-Gesellschaft noch viele Jahre zusetzen sollte.

Der Konflikt brach im Februar 1889 in aller Schärfe aus. Villard schrieb aus Deutschland an Marcus, es gebe gegen das Abkommen so viele Einwände, dass es unmöglich sei, alle in einem Telegramm aufzuführen. Der Haupteinwand betraf die Einbeziehung der Patente auf elektrische Bahnen in die neue Gesellschaft, obwohl der ursprüngliche Vorschlag vorgesehen hatte, für deren Verwertung später andere Unternehmen zu gründen. Die Beilegung all dieser strittigen Punkte erfordere umfängliche Verhandlungen, die das Geschäft insgesamt gefährden könnten. Villard befürchtete, die amerikanischen Partner könnten ungeduldig werden und sich zurückziehen. Siemens & Halske gehörte vermutlich zur Gruppe derjenigen, die Einsprüche geltend gemacht hatten, aber Villard glaubte, als Ersatz lasse sich möglicherweise ein anderer deutscher Partner finden. Davon gebe es, wie er behauptete, gleich mehrere – vermutlich dachte er dabei unter anderem an die AEG.[33] Alle diese Anfangsschwierigkeiten fanden schließlich eine Lösung.[34] Freilich, noch bevor die Tinte auf den Anteilsscheinen der Edison General Electric trocken war, hatte Villard bereits neue und bezeichnenderweise höchst ambitiöse Pläne ausgeheckt. Er empfahl, das neue Unternehmen solle zwei Motorenfirmen kaufen.[35] Wie immer war Villard ganz tugendhafter Streiter, als er im Frühjahr 1889 Georg Siemens, noch immer sein «geehrter Freund», von seinem Erfolg bei einem Kampf, welchen er für die Northern Pacific ausgefochten hatte, berichtete und sich über die großartigen Aussichten für die förmliche Emission der Edison-Aktien im Juli ausließ. Völlig zutreffend sagte er voraus, dass das Elektrogeschäft ein großer Erfolg sein würde, wie üblich sollten ihm jedoch seine überzogene Zuversicht und besonders seine Unterschätzung der Kosten und Schwierigkeiten Scherereien mit seinen Investoren bereiten.[36]

Bereits nach wenigen Monaten musste Villard zu seinem großen Bedauern schlechte Neuigkeiten übermitteln. Die Aktien waren an der New Yorker Börse noch nicht eingeführt worden. Nicht einmal private Kursangebote lagen vor, die der Deutschen Bank zumindest einen Anhaltspunkt an die Hand gegeben hätten, welchen Preis sie erzielen würde, falls sie einige ihrer Anteile zu verkaufen wünschte. Die Deutsche Bank verlangte dringend weitere Informationen, aber Villard behauptete, es gebe nichts zu berichten – ein Umstand, der dazu beitragen musste, das Vertrauen zu untergraben. Einige wenige Abschlüsse waren zu 95 Prozent des Nennwertes zustande gekommen, aber nur in geringem Umfang. Villard konnte der Bank nur einen Preis von 92 versprechen, und dieser werde sich nicht für den gesamten Besitz der Bank realisieren lassen. Derzeit seien nur Verkäufe dieser Anteile zwischen den Mitgliedern des Konsortiums zugelassen. Villard versuchte seine deutschen Kollegen zu beschwichtigen, dass die notierten Kurse nichts mit dem wirklichen Wert der Aktien gemein hätten, der, seiner Meinung nach, mit der Zeit weit höher liegen werde. Schließlich würden sich die Betriebsergebnisse ganz nach Plan entwickeln.[37]

Das Geschäft expandierte in viele Richtungen, darunter waren auch neue deutsche Produkte, die in den Vereinigten Staaten gefertigt werden sollten. Aber selbst zwischen den Amerikanern flackerten jetzt Konflikte auf. Villard und Edison waren Freunde, aber ihre Freundschaft war unbeständig. Sie teilten nicht die gleiche Einstellung zum Geld. Villard hatte Edison persönlich im Laufe der Jahre Geld geliehen und einen Bahnhof der Northern Pacific nach ihm benannt. Der Erfinder lebte jedoch in dem Gefühl, dass die Finanzgeschäfte Villards sein Leben erschwerten und überflüssigen Druck schufen, da sie Edison gegenüber den Banken rechenschaftspflichtig machten.[38] Es ist nicht klar, ob «seine deutschen Freunde» zu dieser Zeit ihr Vertrauen in Villard verloren. Jedenfalls schrieb Jacob S. H. Stern im September 1889 an die Deutsche Bank und regte an, sie sollten ihre amerikanischen Effekten aus Villards Obhut abziehen und sie bei Speyer Brothers in London deponieren.[39]

Im Herbst schließlich, angesichts kräftiger Unternehmenserträge, hoffte Villard, dass die Edison-Aktien an der New Yorker Börse notiert würden.[40] Er sagte eine Dividende von 2 Prozent auf Vorzugsaktien voraus, basierend auf erwarteten Einkünften von annähernd 1 Million Dollar an Gewinnen der Tochtergesellschaften und etwa gleichen Einkünften der Muttergesellschaft. Villard zufolge hielt das Direktorium eine Dividende von 8 Prozent auf Stammaktien für wahrscheinlich, diese Rate solle für Investoren «auf Dauer» gestellt werden, selbst bei einem Kursrückgang. «Das ganze Geschäft ist, wie frueher bemerkt, in sehr bluehendem Zustande und scheint sich sehr bedeutend entwickeln zu wollen.»[41] Aber selbst diese Expansion war nicht schnell genug. Er erwähnte auch, dass Edison General Electric kurz davor stehe, die Sprague Company für 520000 Dollar in eigenen Vorzugs- und Stammaktien zu erwerben.

Allerdings zogen einige «operative» Wolken am Horizont auf. Anfang Dezember warnte Villard, dass die beiden bedeutendsten Konkurrenten

Edisons, Westinghouse und Thomson-Houston, neue Unternehmen gründeten, um sich Kapital zu beschaffen. Ihr Erfolg könnte einen Preiswettbewerb nach sich ziehen.[42] Weitere schlechte Nachrichten trafen Mitte Dezember ein. Villard teilte der Deutschen Bank mit, das Edison General Electric-Konsortium habe seinen Mitgliedern zur Auflage gemacht, ihre Anteile über das ursprünglich angesetzte Datum 1. Januar 1890 hinaus bis zum 1. April zu halten.[43] Wenige Wochen später kam der Deutschen Bank zu Ohren, dass die Edison-Gesellschaft 0,7 Millionen Dollar in Aktien der New Yorker Beleuchtungsgesellschaft (New York Illuminating Company) angelegt hatte, deren Kraftwerk kurz zuvor abgebrannt war. Angeblich war die Anlage versichert und sollte in Kürze wieder den Betrieb aufnehmen.[44] Vier Tage später erfuhr die Deutsche Bank, dass die 0,7 Millionen Dollar auf 1,4 Millionen Dollar angewachsen waren, allerdings sollte ein Großteil des zusätzlichen Betrags wieder verkauft werden, um bei der Sanierung dieser befreundeten Gesellschaft zu helfen. Villard zufolge brachte die Beleuchtungsgesellschaft der Edison General Electric Aufträge im Wert von etwa 2 Millionen Dollar ein. EGE hatte sich auch verpflichtet, 20 Prozent des neuen Kapitals (120 000 Dollar) der Bostoner Beleuchtungsgesellschaft (Boston Illuminating Company) zu übernehmen, aber dieser Kapitalbeitrag kam nur in Gestalt eines Lizenzabkommens für die Produkte der EGE daher, wovon weitere 0,5 Millionen Dollar Umsatz erwartet wurden. In Philadelphia stand die EGE im Begriff, ein ähnliches Abkommen auszuhandeln. Diese und weitere neue Aufträge führten zu zusätzlichen 3,5 Millionen Dollar an neuen Umsätzen. Die Motoren-Umsätze von Sprague entwickelten sich auch schneller als erwartet. Kurz nach der Jahreswende prognostizierte Villard, dass die endgültigen Umsatzzahlen um 40 bis 50 Prozent höher ausfallen dürften als im vorigen Jahr.[45] Wie Mira Wilkins über EGE geschrieben hat, machten dem jungen Unternehmen wie vielen schnell wachsenden Firmen Engpässe beim Betriebskapital zu schaffen. In diesem Fall wurde das Problem allerdings noch durch den verhängnisvollen Umstand erschwert, dass die Außenstände von befreundeten bzw. verbundenen Unternehmen stammten.

Mit diesen Ausgaben kamen Nachfragen nach mehr Kapital. Villard schlug vor, das Konsortium solle sein Vorkaufsrecht auf weitere 2 Millionen Dollar ausüben und noch weitere 2 Millionen Dollar zum gleichen Preis übernehmen. Noch bevor die Einzelheiten der Finanzierung ausgearbeitet waren, schrieb Villard als gewiefter Verkäufer, angesichts der lebhaften Nachfrage nach den neuen Aktien könne er nur versprechen, dass er zumindest versuchen wolle, für die Deutsche Bank 1 Million Dollar und damit ein Drittel der neuen Emission zu reservieren. Falls sich aber die Bank umgehend zur Abnahme von 0,5 Millionen Dollar verpflichte – ein Schritt, den er ihr wärmstens empfahl –, dann könne er ihr mindestens diesen Betrag zusichern. In kurzer Zeit würden die Aktien – so seine Sicht der Dinge – in den USA börsennotiert sein, und dann würde die Deutsche Bank, wenn der Markt erst einmal flüssiger sein würde, kaum Schwierigkeiten haben, sich aller Aktien, welche sie nicht behalten wolle, zu einem deutlich über ihrem Einstands-preis liegenden Kurs zu entledigen. Er versicherte der Bank, dass der Ruf (und damit die Kreditwürdigkeit) von Edison General Electric weiterhin gut sei, was die weitere Entwicklung des Geschäfts um vieles leichter mache.[46] Es lässt sich nicht eindeutig sagen, wie Villard die Deutsche Bank überzeugte. Nach einer langen, schwierigen Sitzung mit Stern berichtete die Bank jedoch, beide Banken seien geneigt, sich an der neuen Emission des Konsortiums mit einem Betrag von mindestens einer Million Dollar zu beteiligen, aller-dings sei die Zulassung von 3 Millionen Dollar zum Börsenhandel in Berlin angesichts der vielen Formalitäten vor Ablauf von einigen Monaten eher un-wahrscheinlich.[47]

Die Schwierigkeiten hielten den Winter und das Frühjahr über an. Im Februar 1890 teilte Villard mit, der Bedarf an Betriebskapital des Unterneh-mens wachse so schnell, dass er und Drexel, Morgan & Co. den Betrag des neuen Kapitals, das vom Konsortium erwartet werde, von 3 auf 4 Millionen Dollar erhöht hätten als eine Kombination von neuem Stammkapital und Schulden. Von dem aufgestockten Betrag hätten die Deutsche Bank und ihre Gruppe gemäß der Bestimmungen des Abkommens 10 Prozent als ihren An-teil aufzubringen.[48] Wenn die Teilhaber eine Kapitalbeteiligung an dieser rasch wachsenden Firma wünschten, mussten sie allerdings auch einen Teil der Schuldverschreibung übernehmen – eine Auflage, gegen die sie sich auch dann noch sträubten, als die Aktien um 10 Prozent unter Nennwert zum Ver-kauf standen und die Schuldverschreibung eine Verzinsung von 8 Prozent brachte.[49] Die Wachstumsrate bei Umsätzen und Gewinnen war phänome-nal. Gegenüber dem Stand von 1887 der damals formell noch unabhängigen Gesellschaften beliefen sich die Schätzungen für das fusionierte Unterneh-men 1890 bei den Umsätzen auf das Fünffache und bei den Gewinnen auf mehr als das Achtfache. Zwischen 1887 und 1889 stieg die Anzahl der ört-lichen Gesellschaften von 303 auf 587 und die Bestellungen auf Lampen von 84 500 auf 318 000 Stück. Nur, mit der Zunahme an Kapital- und Finanzie-rungserfordernissen fiel das Ergebnis pro Aktie tatsächlich von 25 Dollar im Jahr 1887 auf geschätzte 23 Dollar im Jahr 1890.[50] Dessen ungeachtet erwog Rathenau Anfang März, mehr in das Unternehmen zu investieren,[51] und nach Aussage Villards kaufte Morgan Aktien für wichtige Kunden auf, darunter Vanderbilt.[52]

Das Zögern der Deutschen Bank ging zum Teil auf interne Vorgänge bei der Bank zurück. Wie bereits erwähnt, hatte ihre Leitung für eigene Anlagen in den Vereinigten Staaten eine Obergrenze von 20 Millionen Mark (4,8 Milli-onen Dollar) festgelegt. Ihre Eisenbahnanteile erreichten einen Wert von an-nähernd 3,4 Millionen Dollar, und die Edison-Beteiligung bezifferte sich bereits auf 0,8 Millionen Dollar, so dass sich die Investitionen der Bank in den USA insgesamt auf 18 Millionen Mark und damit auf einen Betrag beliefen, der nur knapp unter der Obergrenze blieb und 1890 etwas über 25 Prozent ihres eingezahlten Grundkapitals ausmachte. Zudem stieß sich die Deutsche Bank daran, dass sie – wie im Fall ihres Engagements bei Edison – gehalten war, auf lange Zeit viele dieser Beteiligungen selbst zu halten, wobei Villard die Fristen immer aufs Neue ausdehnte.[53] Der Bank schien auch der Umstand Sorge zu bereiten, dass in den USA nicht Inhaber-, sondern Namensaktien gebräuchlich waren[54] – eine rechtliche Besonderheit, die den Deutschen dreißig Jahre später erneut zu schaffen machen sollte.

Villard hielt nach Fusionsmöglichkeiten Ausschau, um zumindest einige Probleme des Unternehmens zu lösen. Sich rechtfertigend, drängte er brieflich gleichwohl auf den Erwerb anderer Unternehmen, insbesondere der Thomson-Houston. Villard behauptete, er habe einen Vorvertrag für den Erwerb aller Aktien des Unternehmens zu einem bestimmten Marktpreis an einem bestimmten Tag für einen Betrag von annähernd 24 Millionen Dollar – eine Zahl, die der Leser bei der Deutschen Bank in Berlin unterstrich und mit einem Fragezeichen versah. Positiv zu vermerken sei, wie Villard betonte, dass nur die Hälfte der Summe sofort einbezahlt werden müsse. Vereint würden die beiden Gesellschaften einen gigantischen Konzern darstellen – das größte Unternehmen der Branche –, dessen Stärke bei elektrischen Bahnen und der Beleuchtung von Bahnhöfen läge. Aus dem Brief wird deutlich, dass Villard bis zu diesem Zeitpunkt die Einzelheiten über das Unternehmen noch nicht nach Berlin berichtet hatte, wenngleich der Preis bereits ausgehandelt war.[55] Angeblich sollte durch die Fusion eine Konkurrenz auf dem Gebiet elektrischer Bahnen vermieden werden.[56] Offen bleiben muss freilich, wie freudig Siemens & Halske und AEG das Auftauchen eines neuen Riesen in dem Bereich begrüßten.

Nicht einmal zwei Wochen nach Eröffnung seiner Absichten berichtete Villard wieder einmal optimistisch, dass die Umsätze überraschend lebhaft seien, dass allerdings der Bedarf an Betriebskapital neuerlich die Kreditlinien des Unternehmens sprenge. Das Direktorium empfahl die Ausgabe von annähernd 2 Millionen Dollar neuer Anteile unter Rückgriff auf die verbliebenen 12 Millionen Dollar noch nicht genehmigter Aktien sowie die Aufnahme von weiteren 2 Millionen Dollar. Für die Übernahme der Aktien und die Bereitstellung des Kredits sollte ein zusätzlicher Bonus von 363 000 Dollar in Aktien an das Konsortium gehen.[57] Die Deutsche Bank scheint sich auch dieses Mal wieder etwas gesträubt zu haben, denn sie zögerte die Bereitstellung ihres Anteils an dem Kredit heraus.[58]

Im Mai 1890 lief das Unternehmen, wie Villard verlauten ließ, sogar noch besser, es würde eine Dividende von 8 Prozent auf die 9,3 Millionen Dollar ausgegebener Stammaktien zahlen.[59] Ungeachtet der Hemmungen auf Seiten der Investoren verlangte Villard mehr Kapital. In Anbetracht der Bedenken der Deutschen Bank und angetan von der Ertragskraft seines Unternehmens bis zu diesem Zeitpunkt, war Villard zur Erfüllung seiner Träume offenbar bereit, die Deutsche Bank zu umgehen und sich direkt an London und andere Kapitalmärkte zu wenden.[60] Seine Drohungen schienen sich bezahlt zu machen. Im Juni erhielt er eine neue Kapitalspritze. Die Aktien waren noch immer nicht veräußerbar, und einige Anleger wünschten, ihr Engagement zu verringern. Morgan drohte sogar, das Konsortium zu verlassen, das zu diesem Zeitpunkt Kuhn, Loeb & Co. und weitere fünf New Yorker Privatbanken umfasste, aber selbst Morgan willigte am Ende ein, zu dem zusätzlichen Kapital von 3,6 Millionen Dollar beizutragen.[61]

Die Lage wurde im Juli noch angespannter. Es wurde beschlossen, dass die Aktien der Edison General Electric «unter den gegenwärtigen Bedingungen» nicht in Deutschland eingeführt werden sollten. Es dauerte fast ein Jahr, bevor Georg Siemens erfuhr, dass Villard die Beteiligungsgesellschaft der Deutschen Bank für die Börsennotierung zu umgehen versuchte. Nach der Ankündigung beschlossen Drexel, Morgan & Co. und andere US-Parteien des Konsortiums, dieses sofort aufzulösen. Die Aktie schloss in New York bei 111½. Aus Sorge, einzelne Aktionäre könnten die Nachricht über die Verzögerung der deutschen Börsenzulassung erhalten, was vermutlich den Kurs zeitweilig gedrückt hätte,[62] lösten sie das Konsortium auf und entließen so die Deutsche Bank und deren deutsche Mitinvestoren, etwa Jacob S. H. Stern und Siemens & Halske, aus der Pflicht, an ihren Aktien festzuhalten, mit anderen Worten: Sie ermöglichten den Mitgliedern des Konsortiums, ihre Werte abzustoßen, bevor die Nachricht von den deutschen Problemen in die Presse gelangte. In der Tat fiel die Aktie in den nächsten Wochen. Marcus zufolge versuchte jedoch keiner der größeren amerikanischen Aktionäre, seine Anteile auf den Markt zu werfen, nur einige unbedeutendere Teilnehmer scherten aus.[63]

Im Unterschied zu den amerikanischen Mitgliedern des Konsortiums war die Deutsche Bank zu dieser Zeit stärker daran interessiert, ihre Anteile zu verkaufen als neue Aktien zu erwerben. Vielleicht glaubten die Deutschen, die Amerikaner trieben ein doppeltes Spiel. Im Verlauf der nächsten Tage versuchte die Deutsche Bank, ihre Aktien loszuwerden, allerdings mit wenig Erfolg. Nach der Darstellung von Marcus war der Markt einfach zu begrenzt, d.h. es gab zu wenige Transaktionen, um einen Paketverkauf aufzunehmen. Marcus beschrieb den Aktienpreis als «rein nominell».[64] Im September kaufte Villard selbst 1000 Aktien von der Deutschen Bank zu 105. Insgesamt war der Markt für die Aktien weiterhin «geschaeftslos». Marcus entschuldigte sich, dass er nicht zu 107 verkaufen könne. «Es liegt kein Grund zu dem Rueckgang vor, denn das Geschaeft der Compagnie ist sehr gut.»[65] Einige Wochen später gelang es ihm, kleinere Pakete zu 100 abzusetzen. Diese Art von «Anlagekapital» habe ein sehr begrenztes Publikum, erläuterte Marcus. Ein Rückgang des Kurses zeitige folglich kaum Wirkung.[66]

Im Herbst 1890 war schließlich die lang erwartete Sanierung der «Subgesellschaften» weit gehend abgeschlossen. Diese waren zwar 1889 in die Muttergesellschaft eingebracht worden, und Edison General Electric plante, eine konsolidierte Bilanz für das Vorjahr herauszubringen (eine vollständige Konsolidierung hätte vermutlich die Gewinne zwischen den Gesellschaften eliminiert), aber die Einzelgesellschaften hatten bislang noch nicht viele ihrer Geschäftstätigkeiten zusammengeführt. Obgleich die Effizienz des Betriebs gegenüber dem Plan noch im Rückstand war, traf die Muttergesellschaft Anstalten, auf ihre 12 Millionen Dollar Kapital in Stammaktien eine beachtliche Dividende von 8 Prozent auszuschütten, die weit gehend durch neues Kapital aufgebracht werden sollte. Gleichwohl und ungeachtet des zusätzlichen Kapitalbedarfs für Bauten behauptete Marcus, dass die Nettozugänge des Unternehmens an flüssigen Mitteln (*cash flow*) recht gut waren. Einige der Tochtergesellschaften nahmen bereits Lizenzgebühren ein.[67] Aber der Kurs der Aktie war auf 88 gefallen, sofern es überhaupt zu Publikumsverkäufen gekommen war.[68] Einige Anleger durchschauten anscheinend die Scharade «außerordentlicher» Erträge auf dem Wege der Bilanzkosmetik für das mit dem 31. Oktober endende Geschäftsjahr: Die Bilanz wies 2 Millionen Dollar Reingewinn aus, von denen 0,8 Millionen Dollar als Dividende ausbezahlt wurden. Nicht enthalten in dieser Gewinnziffer waren angeblich weitere 1,5 Millionen Dollar an Gewinnen der Edison Light Company, die nicht für die Dividende herangezogen wurden.[69]

Das Unternehmen benötigte dringend Barmittel. Zusammen mit dieser buchhalterisch erzeugten Prosperität kam die Nachricht, dass die geplante Ausgabe von 2 Millionen Dollar neuem Stammkapital – die dritte Erhöhung in zwölf Monaten – vermutlich nicht gelingen würde, eine Million mehr wäre besser. Die Muttergesellschaft hatte in Brooklyn, Boston, Philadelphia, Washington und Chicago Unternehmen eingerichtet und die Arbeit aufgenommen. Mit Ausnahme der Light Company waren angeblich alle neuen Gesellschaften mit den Ergebnissen der Muttergesellschaft konsolidiert – was es leichter machte, einen Überblick über die Gesamtunternehmung zu gewinnen.[70] Trotzdem hatte die Deutsche Bank offenbar noch viele Fragen zu dem Bericht. Verständlicherweise herrschte erhebliche Verwirrung insbesondere über den Ausweis der Verbindlichkeiten und Forderungen zwischen den Teilgesellschaften und zur Beschaffenheit der Kundenverbindlichkeiten. Villard glaubte persönlich antworten zu müssen, doch seine Anmerkungen sind nicht überliefert.[71]

Die Kapitalerhöhung des Unternehmens wurde von den Anteilseignern bewilligt, und im Februar 1891 kletterten die Aktien ein wenig und notierten bei Werten um die 90. Das Unternehmen zog das Interesse einflussreicher

Investoren auf sich. Die Vanderbilts wollten eine starke Position bei der Edison General Electric erwerben. Drexel, Morgan & Co., Villard und auch Edison selbst hatten ihnen jeweils 1000, 2000 und 1000 Aktien aus ihrem eigenen Besitz angeboten. Marcus hoffte, die Neuigkeiten über den Kauf würden den Aktien einen Ruck geben und sie aus der Flaute herausführen, was tatsächlich eintrat. Innerhalb weniger Tage stieg der Kurs auf 102.[72]

Im Frühjahr war die Notierung der Aktien in Deutschland erneut ein heißes Thema. Siemens nahm an, die Hindernisse seien rein technischer Art und könnten leicht überwunden werden. Er schlug vor, ein Beamter der Treuhand, einer Tochtergesellschaft der Deutschen Bank, die eigens dafür gegründet worden war, die Börsenzulassung ausländischer Wertpapiere zu verwalten, solle als besonderer Transferagent fungieren.[73] Obwohl die Treuhand einst Villards Idee gewesen war, sträubte er sich nun gegen deren Beteiligung. Sein Widerstand dagegen, dass die Deutsche Bank die deutsche Börsenzulassung in die Hand nahm, verstieß gegen alle ihre früheren gemeinsamen geschäftspolitischen Absichten und erschütterte Siemens' Vertrauen in Villards Rechtschaffenheit. Siemens sah keinen Grund, diese Pläne aufzugeben. Wenn eine Börseneinführung erfolgreich war, dann könnten auch die Aktien der Northern Pacific und anderer Unternehmen in Deutschland abgesetzt werden. Dergleichen Schwierigkeiten waren bereits früher bei anderen Unternehmen aufgetreten, ohne dass dies zu irgendwelchen gravierenden Folgen für die Deutsche Bank geführt hatte. Nun bedrohte Villards Reaktion die Verbindung der Deutschen Bank zum New Yorker Kapitalmarkt und damit gerade die Bande, für deren Aufbau und Pflege er angestellt worden war.[74] Siemens ließ durchblicken, er fürchte, Villard habe sich vom Vertreter der Deutschen Bank zu deren Feind gewandelt.[75]

Andere Rechtsstreitigkeiten setzten dem Edison-Unternehmen gleichfalls zu. Selbst richterliche Urteile zugunsten der Firma vermochten nicht, den Aktien merklich Auftrieb zu geben. Die Expansion brachte Edison in Konflikt mit anderen Unternehmen wegen Patentfragen und mit zahlreichen örtlichen Interessen. Erfolgreiche Entscheidungen warfen für das Unternehmen darüber hinaus schwierige Fragen auf, wie es reagieren sollte, zum Beispiel, ob es sofort die Produktion von Erzeugnissen mit anfechtbaren Patenten aufnehmen und umgehend andere Patentverletzer verfolgen oder abwarten sollte, bis die Berufungsprozesse erledigt waren. Marcus zufolge lieferten selbst günstige Gerichtsentscheide nur einen weiteren Beweis, dass der Handel mit den Aktien wirklich völlig zum Erliegen gekommen war. Das Publikum verstand einfach nicht die Bedeutung des Unternehmens oder der richterlichen Entscheidungen.[76] Die Deutsche Bank wurde auch weiterhin ihre Aktien nur schleppend los, Ende Oktober 1891 waren es 2220 Stück etwa zu 99 und das, obwohl in der Woche zuvor nur insgesamt 1100 Aktien auf dem Markt gehandelt worden waren.[77]

Im Oktober wurden auch andere Anleger allmählich nervös. Rathenau schrieb direkt an Villard, der den Teil der Korrespondenz, der Auskünfte über den Fortgang der Edison-Gesellschaften erbat, an Marcus weiterreichte. Marcus bekundete zwar seine Bereitschaft weiterzuhelfen, soweit er dies könne, unglückseligerweise schien er jedoch über die Materie nicht genau unterrichtet. Zumindest schrieb Marcus, dass die Dividenden und Gewinne 1891 mindestens so gut ausfallen würden wie im Vorjahr, wenngleich die Gesellschaft wie alle anderen Unternehmen auch unter einem allgemeinen Geschäftseinbruch litt. Er übersandte eine lange Aufstellung über Einnahmen aus Lizenzgebühren, die gegenüber dem Vorjahr einen Anstieg von 22 Prozent auswies, und Einkünfte von neun amerikanischen Städten außer New York enthielt.[78] Freilich, obwohl die Ergebnisse 1891 ausreichend, wenngleich nicht außergewöhnlich waren, dümpelte der Kurs der Edison-Aktie noch für den Rest des Jahres dahin, und der Markt blieb dünn und wechselhaft.

Trotz eines gewissen Fortschritts verschlechterte sich die Kassenlage des Unternehmens noch weiter. Im September wurde 1 Million Dollar als Wandelschuldverschreibung (fällig im März 1892) ausgegeben. Drexel, Morgan & Co. übernahm die Hälfte, wobei J. P. Morgan und Villard jeweils 100000 Dollar persönlich zeichneten.[79] Zwei Monate später bot das Unternehmen neuerlich 1 Million Dollar Stammaktien an und erhöhte damit sein ausgegebenes Aktienkapital auf 15 Millionen Dollar.[80] Ein Zeichen seines größeren Interesses und vermehrten Engagements bei den Finanzen der EGE war gegen Ende des Jahres 1891, dass Morgan 90000 Dollar der neuen Emission zeichnete. Diese 9-Prozent-Order war freilich nur der Auftakt. Morgan machte erneut seinen Anspruch auf die finanzielle Kontrolle im Elektrosektor und in anderen Bereichen geltend.

Die Fusion

Wie bei den Eisenbahnen drängte Villards Büro in New York auf weitere Konsolidierung im Elektrizitätssektor als ein Mittel, der Probleme des Unternehmens Herr zu werden. Im Winter 1892 schrieb Marcus der Deutschen Bank, dass nun endlich die Fusion der Edison General Electric Company mit der Thomson-Houston Electric Company unmittelbar bevorstehe, die Villard seit mindestens zwei Jahren betrieben habe.[81] Sollte sich dies bestätigen, verspreche auch dieser «Zusammenschluss kolossale Gewinne».[82]

Die Thomson-Houston Electric Company war zum Teil von Elihu Thomson gegründet worden, dem dritten äußerst produktiven Erfinder in der amerikanischen Geschichte, der allen Unternehmen, an deren Gründung er mitgewirkt hatte, in der Forschung eng verbunden blieb. Thomson-Houston verband wissenschaftliches und technisches Können mit gutem Geschäfts-

sinn und war schlicht besser geführt als die Edison Company. Hervorgegangen aus einer Reihe früher Gründungsunternehmen, erfreute sich Thomson-Houston seit seiner Umsiedlung und Sanierung im Jahr 1883 solider
finanzieller Unterstützung. Es weitete sein Produktangebot so aus, dass dies
Gleich- und Wechselstrom einschloss, ferner Glühlampen-Beleuchtungssys-
teme, Elektromotoren, elektrische Straßenbahnen und Stromzähler. Anders
als Edison gewann das Unternehmen viele fähige Manager, darunter Charles
Coffin, ehemals Leiter einer Schuhfabrik; zu seinen offensichtlichen Begabungen gehörte es, Strategie, Absatz, Unternehmensorganisation und technische
Innovation zu verknüpfen. Unter der Leitung Coffins entwickelte Thomson-
Houston eine funktionale Struktur um die Bereiche Konstruktion, Produktion,
Marketing und Finanzen. Anders als Edison akzeptierte Thomson-Houston
bei neuen Versorgungsbetrieben keine Kapitalanteile, sondern nahm nur
Schuldverschreibungen an. Bis 1891 hatte sich die Firma als führender Lie-
ferant von Zentralstationen für elektrische Beleuchtung etabliert.[83]

Der Zusammenschluss mit Thomson-Houston bedeutete für die Edison
General Electric einen wichtigen Schritt. Von Westinghouse abgesehen, würde
das neue Unternehmen keine ernsthaften Konkurrenten haben. Marcus sah
persönlich gleichwohl «ein wenig Schwarz in der Sache».[84] In der Vergangenheit habe die sorgfältige Prüfung der Bilanzen der beiden Unternehmen
interessante Informationen zu Tage gefördert. Dieser Schritt sei anscheinend
übergangen worden. Das neue Unternehmen würde weitere 17 Millionen
Dollar Reserve an nicht ausgegebenen Stammaktien für künftige Erwerbungen haben, was Gefahren im Hinblick auf die künftige Kontrolle und die
Möglichkeit der Kapitalverwässerung mit sich bringe. Der hohe Schulden-
stand der beiden zusammengeschlossenen Unternehmen sei ein weiterer Ri-
sikofaktor.[85] Ein großer Teil der Belegschaft der Edison-Gesellschaft müsste
das konsolidierte Unternehmen verlassen. Da die Beteiligung der Deutschen
Bank über die Jahre geschrumpft war, waren diese Veränderungen für die
Bank von geringerer Bedeutung, Marcus zufolge war damit zu rechnen, dass
sich auch die Beziehung von Thomas Alva Edison zu dem neuen Unternehmen ändern würde, wie stark, lasse sich allerdings noch nicht sagen. Trotz
dessen Eigensinn in technischen Fragen, etwa beim Gleichstrom, waren der
Deutschen Bank die Beziehungen zu Edison offenbar wichtig.[86] Zusammen
mit anderen Faktoren mag dieser Bedeutungsverlust Edisons die Begeisterung der Deutschen Bank gedämpft haben. Diese Sanierung war – im Unterschied zu anderen – das Werk Morgans. Er hatte maßgeblichen Einfluss auf
die Finanz- und Managementbeschlüsse.[87]

Wie gewöhnlich, war Villard ganz Feuer und Flamme, zumindest anfänglich.[88] Villard, der das Verdienst für die Gründung der Edison General Electric Company und den neuen Zusammenschluss für sich in Anspruch nahm,
bezeichnete das neue Unternehmen als Gelegenheit, das technische Können

und die Erfahrung von zwei der wichtigsten Firmen in dem Bereich zusammenzubringen, ein Projekt, von dem sich die Öffentlichkeit für die Zukunft viel versprechen dürfe.[89] Die Branche wuchs mit außerordentlichem Tempo. Zwischen 1887 und 1889 hatten sich die Umsätze und Gewinne von Thomson-Houston nahezu vervierfacht.[90] Aber die Elektroindustrie musste noch mehr Kapital anziehen, den Wettbewerb verringern und in der Organisation die Austauschbarkeit verbessern.[91] Bald nach Genehmigung der Fusion erinnerte Villard die Teilnehmer an seine frühe Unterstützung des Zusammenschlusses und kündigte seine Absicht an, als Präsident zurückzutreten. Zwar hatten alle Mitglieder des Direktoriums formell ihren Rücktritt angeboten, aber Villard scheint es ernst gewesen zu sein. Morgan wollte ihn draußen haben. Die Tatsache, dass Thomson-Houston doppelt so gewinnbringend war wie Edison General Electric, und Villards persönliche Verantwortung für die Unzulänglichkeiten bei EGE waren offenbar niemandem entgangen.[92]

Drexel, Morgan & Co. fragte über Marcus an, ob die Deutsche Bank und deren Freunde bei dem fusionierten Unternehmen sich eventuell stärker beteiligen wollten, aber anscheinend bestand kaum Interesse. Die Bedingungen des Zusammenschlusses gaben der US-Bank freie Hand bei der neuen Gesellschaft. Dieser Umstand scheint den Reiz einer Beteiligung vermindert zu haben.[93] Marcus konnte den starken Verdacht nicht loswerden, dass die Insider für Thomson-Houston einen zu hohen Preis gezahlt hatten, wodurch sich der Wert der Edison-Aktien minderte. Freilich konnte die Deutsche Bank kaum etwas tun, um den Zusammenschluss zu vereiteln, selbst wenn sie es gewollt hätte. Angesichts des als besonders hoch wahrgenommenen Preises war dies vielleicht der beste Zeitpunkt auszusteigen. Drexel, Morgan & Co. konnte die neuen Aktien zu einem hohen Nominalpreis anbieten, aber selbst dieses Bankhaus würde den Kurs nicht lange auf diesem Niveau halten können, wenn hinter der Bewertung kein reales ökonomisches Potential stand.[94]

Vermutlich gab es für den deutschen Sinneswandel andere Gründe. Villard benötigte mehr Kapital, und seine deutschen «Freunde» wurden allmählich seiner Verwaltung – genauer: seiner fehlenden Verwaltung – ihrer Eisenbahn- und anderen Beteiligungen überdrüssig. Für die deutschen elektrotechnischen Unternehmen hatte die endgültige Unternehmensstruktur von GE anscheinend wenige betriebliche Vorteile. Nur das Kabelwerk der AEG wurde Teil von GE und bewahrte seine enge Beziehung zu den deutschen Interessen. Dagegen blieb Siemens & Halske als letzter Ausweg nur, das Heil in der Entsendung von Familienmitgliedern in die Vereinigten Staaten zu suchen, damit diese dort nach neuen amerikanischen Verwendungen für die Patente des Unternehmens Ausschau hielten.[95]

Es lässt sich nicht mit Bestimmtheit sagen, ob die Deutschen einen erheblichen Gewinn machten. Die Aktionäre der EGE erhielten nur 15 Millionen Dollar der Aktien des neuen Unternehmens, das mit einem Stammkapital von insgesamt 50 Millionen Dollar ausgestattet war. Die deutschen Anleger überließen Morgan das Feld, der alles oder nichts wollte.[96] Manche Quellen deuten darauf hin, dass sie 200 Prozent auf ihre Anteile erzielten. Vielleicht waren die Deutschen angesichts der überbewerteten Aktie und erster Schwächenzeichen der amerikanischen Wirtschaft auch erpicht auszusteigen.[97]

Edison zog sich aus einer aktiven Beteiligung an dem neuen Unternehmen, General Electric, zurück. Hinzu kam, dass die Verabschiedung des Sherman-Anti-Trust-Gesetzes (1890) die Aussichten verschlechtert hatte, jemals ein internationales Elektrifizierungskartell bilden zu können, falls das eine deutsche Hoffnung gewesen sein sollte. Vielleicht war die Deutsche Bank es auch leid geworden, einen so erheblichen Teil ihres Kapitals zu binden und soviel Zeit ihrer Führungskräfte darauf zu verwenden, den unbändigen Geist ihres Vertreters zu domestizieren.

Während des größeren Teils der nächsten zwölf Monate richtete Villard diese Geisteskräfte auf die amerikanische Politik, vor allem auf den Versuch, seinem Freund Grover Cleveland zur Präsidentschaft zu verhelfen, wie auch darauf, die Holdinggesellschaft seiner anderen Beteiligungen zu retten. Nach etwas über einem Jahr sollte sich die Deutsche Bank allerdings in ihren schlimmsten Befürchtungen über Villard und die amerikanische Wirtschaft bestätigt sehen.

Dem Elektro- und dem Eisenbahnsektor war der große Bedarf an Gründungskapital und erstklassigem Management gemeinsam, beide waren in den USA ein knappes Gut. In den immer wiederkehrenden Perioden der Prosperität waren Manager auf der schwierigen Gratwanderung zwischen Investitionen in eine aussichtsreiche Zukunft und der Vorsorge für das Schlimmste. Selbst General Electric entging in der Depression von 1893 nur knapp dem Konkurs. In dieser Zeit war die Deutsche Bank vermutlich über jedes Geschäft froh, das ihr Engagement und das damit einhergehende Verlustrisiko in den Vereinigten Staaten minderte. Die Geschichte der Edison General Electric Company zeigt, dass der US-Markt mehr erforderte als nur eine gute Geschäftsidee. Es ließe sich argumentieren, dass die Deutsche Bank ihre Investitionen in den USA bis Anfang der 1890er Jahre recht naiv anging. Obwohl die deutschen Bankiers über fehlende Informationen betreffend den Zugang an flüssigen Mitteln und künftige Aussichten klagten, nahmen sie offenbar an, in den Vereinigten Staaten den gleichen regulatorischen Schutz zu genießen, mit dem sie in Europa rechnen konnten. Der Deutschen Bank und vielen ihrer Bankkonsorten ging nicht nur das tiefere Verständnis für Villards Schwächen ab, sondern sie unterschätzten auch die Anfälligkeit amerikanischer Märkte und einiger ihrer Einrichtungen. Wie in den folgenden Kapiteln dargestellt werden soll, änderten diese Erfahrungen die Art, nicht jedoch die Intensität der grundsätzlichen Begeisterung der Deutschen Bank für die amerikanische Elektrifizierung.

KAPITEL 4

Der Konkurs der Northern Pacific:
Ein Drama in vielen Akten

«Kennen Sie die Geschichte von dem Franzosen, der wollte, dass sein Hund
über einen Wassergraben springt? Der Graben war zu breit, also sagte er
seinem Hund, dann solle er eben zwei Sprünge machen.»
Ein Witz, den James Hill Arthur Gwinner erzählte, um seine Entschlossenheit
und Ungeduld herauszustellen.[1]

Einleitung

Die Geschichte der Northern Pacific Eisenbahngesellschaft gehört zu den
stürmischsten in einer Branche, wo es ähnliche Geschichten zuhauf gab. Die
Geschichte ist schon oft erzählt worden, in den Biographien der Hauptak-
teure, darunter Siemens und Morgan, und in Studien über einander bekämp-
fende Unternehmen. Hier soll sie nun erstmals von jemandem erzählt werden, der nicht in den Diensten der Deutschen Bank steht und sich dabei auf
das reichhaltige Material aus dem Archiv der Bank stützt. Unter den Mitwir-
kenden finden sich viele der wichtigsten Gestalten des internationalen Bankwesens und des Eisenbahnsektors im 19. Jahrhundert. In den ersten dreißig
Jahren ihres Bestehens ging die Northern Pacific zwei Mal pleite, verlegte
drei Mal den Sitz ihrer Hauptverwaltung in verschiedene Städte und erlebte,
wie ein großer Teil ihrer Schulden in Eigenkapitalmittel umgewandelt wurde.
Als sie das dritte Mal in eine finanzielle Schieflage geriet, ging sie, von der
Deutschen Bank und anderen Finanzinstituten unterstützt, aus dem Gefecht
mit niedrigeren finanziellen Fixkosten und sonstigen Belastungen hervor,
ohne dass jedoch ihre grundlegenden Probleme wirklich gelöst waren. Die
Geschichte verdeutlicht, in welchem Umfang Banken im späten 19. Jahrhundert auf Einzelheiten des geschäftlichen Tuns von wankenden Unternehmen
Einfluss nahmen. Sie zeigt aber auch, im welchem Ausmaß Investmentbanker die Verantwortung für das übernahmen, was sie ihren Kunden verkauft
hatten.

Die nahezu zwei Jahrzehnte umspannende Erfahrung der Deutschen
Bank mit der Northern Pacific gehört nicht zu den schönsten Seiten ihrer Be-

ziehung mit den Vereinigten Staaten, doch lernte die Bank dabei vieles, was sich dort und andernorts als nützlich erweisen sollte. Die Lektionen, die der Deutschen Bank bei der Northern Pacific erteilt wurden, räumten bei den Bankgewaltigen gründlich mit der Vorstellung auf, dass nur deutsch sprechenden Gewährsleuten vertraut werden könne und dass Eisenbahnwerte quasi risikofreie Anlagen seien.[2] Die Schwierigkeiten und der schließliche Erfolg erhöhten die Aufnahmefähigkeit der Bank für langfristige Projekte. Vor allem aber schälte sich aus den Erfahrungen die Fähigkeit heraus, mit Unternehmen in Notlagen umzugehen, deren Schwierigkeiten – wie die Bank lernte – manchmal außergewöhnliche Gewinne hervorbringen konnten. Die Sanierung rief Konflikte hervor, nicht nur zwischen Aktionären und Gläubigern (wobei viele Anleger beide Arten von Wertpapieren hielten), sondern auch zwischen den verschiedenen anderen Parteien, die an der Firma interessiert waren. Das waren die Öffentlichkeit, die Anwohner der Bahn, die Regierungen von Einzelstaaten und die Kommunen, die Lieferanten, das Management, alte und neue Investoren und im weitesten Sinne auch die Konkurrenten. Die finanzielle Notlage der Northern Pacific brachte die Deutsche Bank gegenüber ihren Kunden in Verlegenheit, ihre Abwicklung der Krise trug jedoch am Ende vermutlich dazu bei, ihr Ansehen im Inland wie auch außerhalb Deutschlands zu stärken.

Die Northern Pacific Eisenbahngesellschaft war in vielerlei Hinsicht ein beeindruckendes Gebilde. 1883, noch vor ihrem möglicherweise zu überhasteten Ausbau, betrieb sie ein Schienennetz von rund 1500 Meilen, nach der Streckenlänge war sie damit die zehntgrößte Eisenbahngesellschaft in den Vereinigten Staaten.[3] Dreizehn Jahre später und nach zwei Konkursen verfügte sie 1896 über 4706 Meilen Eisenbahngleise (annähernd 3 Prozent des gesamten Streckennetzes der Vereinigten Staaten[4]), 174 000 km² Land (ein Gebiet etwa halb so groß wie das heutige Deutschland) und verschiedene Verlade-, Transport-, Kohlenbergbau- und Schifffahrtsgesellschaften. Darüber hinaus hielt sie Schuldverschreibungen, Aktien und Forderungen an verschiedene Unternehmen. Das Land, das ihr im Rahmen der einschlägigen Gesetzgebung von den Vereinigten Staaten überschrieben worden war, gelangte zum Verkauf und machte einen bedeutenden Teil der Einkünfte der Gesellschaft aus. Das Unternehmen bestand aus insgesamt 44 unabhängigen Firmen mit insgesamt 380 Millionen Dollar an verschiedenen noch fällig werdenden Schuldtiteln.[5]

Eben hier lag der Grund für viele Schwierigkeiten. 1893 hatte allein die Muttergesellschaft jährlich 10,9 Millionen Dollar für Zinsen und Tilgung aufzubringen. Bei jährlichen Gesamteinkünften von rund 24,5 Millionen Dollar im Durchschnitt der letzten drei Jahre und einem Betriebsergebnis von annähernd 9,8 Millionen Dollar hätte bereits weit früher Anlass zur Sorge bestehen müssen. Obgleich die Umsatzrendite der Gesellschaft offenbar sehr stattlich war, betrug die betriebliche Rendite auf das Anlagevermögen selbst in den besten Jahren weniger als 2 Prozent, was darauf schließen lässt, dass der Geschäftsumfang nicht groß genug war, um die riesigen Investitionen und deren Folgekosten zu rechtfertigen. Zwar stellte die Gesellschaft 1893 einen Vergleichsantrag, aber wirklich in die Klemme geriet sie erst 1894 und 1895, als die Einkünfte und das Betriebsergebnis auf 16,5 und 4,7 Millionen Dollar (1894) bzw. 17,4 und 6,1 Millionen Dollar (1895) fielen.[6] Nicht nur die Betriebseinnahmen waren gesunken, darüber hinaus war auch der Verkauf von Land durch die Northern Pacific rückläufig, was die Tilgung unter Druck setzte. Wie bei vielen Eisenbahngesellschaften im Westen waren die Einnahmen der Northern Pacific in hohem Grade abhängig von zyklischen Rohstoffpreisen und Märkten. Diese betrieblichen Probleme wurden durch periodische Liquiditätsengpässe und Vertrauenskrisen am Kapitalmarkt weiter verstärkt.

Noch zu Beginn des Frühjahrs 1893 beunruhigte die Führung der Deutschen Bank anscheinend der Einbruch bei den Vorzugsaktien stärker als ein Konkurs.[7] Bis zum 11. Mai 1893 hatte sich dann jedoch vieles verändert. Die Northern Pacific musste den Anlegern öffentlich versichern, dass sie ihren Verpflichtungen nachkommen werde. Zu dieser Zeit hielt auch die Deutsche Bank vertraulich nach Mitteln und Wegen Ausschau, um ihre Position zu reduzieren, nur war es hierzu bereits zu spät.[8]

Anfang Mai 1893 ergriff eine Panik den US-Kapitalmarkt. Ein Rückgang der Kurse veranlasste Geldgeber, kurzfristige Kredite zu kündigen, und zog eine Reihe von Bankzusammenbrüchen nach sich. Die Panik erfasste das ganze Land.[9] Die Wirtschaft erlebte einen Einbruch, der zu den schlimmsten der amerikanischen Geschichte zählte und sich über zwei Jahre hinzog. Im Juli hatte der Dow-Jones-Index ein Drittel seines Wertes eingebüßt. Viele Banken, Industrieunternehmen und natürlich auch Eisenbahngesellschaften machten Konkurs. Tausende wurden arbeitslos, und die Preise für Agrarprodukte, die bereits rückläufig gewesen waren, fielen weiter. Nach Meinung vieler Beobachter war die Panik eine verzögerte Reaktion auf das Sherman-Silbergesetz, das einen Vertrauensverlust in den Dollar und einen allgemeinen Verlust an Zuversicht auslöste.[10] Der dem Goldstandard zuneigende Präsidentschaftskandidat der Demokratischen Partei, Cleveland, an dessen Wahlkampf Villard erfolgreich mitgewirkt hatte, hatte zwar den Sieg davongetragen, zugleich kamen mit den Demokraten aber viele populistische Befürworter des Silberstandards in beide Kammern des Kongresses.

Anfang Juni 1893 wurde sogar in einem vertraulichen Briefwechsel die Frage aufgeworfen, ob die Northern Pacific einen weiteren Rückgang ihrer Einkünfte verkraften könne. Die Diskussion über die Position der Deutschen Bank drehte sich zum großen Teil um ihre Kredite an die North American Company (NAC). Auch Villard beschäftigte sich anscheinend überwiegend mit den Schwierigkeiten, in denen sich die NAC befand. Als die Lage auf dem Kapitalmarkt sich weiter verschlechterte, setzte der amerikanische Repräsentant der Deutschen Bank seine Hoffnung auf ein «bilanzneutrales» Finanzierungsschema, selbst wenn dadurch auch die NAC in Mitleidenschaft gezogen werden könnte. Deren eigentliches Risiko resultierte aus der sich verschlechternden Wechselkurslage, welche die Geldmärkte austrocknen ließ. Wenn die NAC plötzlich ihre Finanzierung durch Schulden einstellte, würde sie keine Roll-over-Kredite bereitstellen und Nachfrage für diejenigen ihrer Wertpapiere hervorrufen können, für die es keinen Marktpreis gab.[11] Gegen Ende Juni hatte dann freilich die Unzufriedenheit der Deutschen Bank mit dem Umfang und der Güte der ihr aus New York zugehenden Informationen so zugenommen, dass sie sich weigerte, die NAC weiter zu finanzieren.[12] Unvorhersehbare Probleme konnten die Northern Pacific in den Ruin treiben – etwa wenn es nicht gelang, ein Abkommen mit den konkurrierenden Eisenbahnlinien über die Preisgestaltung zu erzielen oder neue Finanzmittel zu erhalten.[13] Zu diesem Zeitpunkt schien es so, dass viele der bedrohlichen Szenarien nicht mehr vom Management kontrolliert werden konnten. Eine Verständigung mit der Konkurrenz war von entscheidender Bedeutung, und dies war vermutlich derjenige Faktor, auf den das Management selbst den größten Einfluss hatte.

Der Preiswettbewerb mit den anderen Eisenbahnlinien tobte unvermindert weiter. Die Stammaktien der Northern Pacific wurden zu 7½ Prozent ihres Nennwertes gehandelt, worin sich die finanzielle Notlage des Unternehmens widerspiegelte. Zu diesem Preis wollte die Deutsche Bank nicht verkaufen. Unverzagt fasste die Bank noch im Sommer sogar neue Anlagen in den Vereinigten Staaten ins Auge, und zwar sowohl in Anleihen wie auch Aktien der General Electric.[14] Mitte Juli erreichten dann jedoch Gerüchte über die unmittelbar bevorstehende Insolvenzverwaltung der Northern Pacific den Markt.[15] Höhere Zinssätze hätten Northern Pacific und NAC nur allzu bereitwillig gezahlt. Aber das interessierte nicht mehr. Niemand war bereit, zu welchen Konditionen auch immer, den Unternehmen noch Kredit zu geben.[16]

Vielleicht noch immer im Banne Villards vermochte Marcus bei aller Düsternis einige Gründe für einen gewissen Optimismus auszumachen. Selbst wenn die schlechte Wirtschaftslage noch eine Weile unverändert anhielt, garantierten, seiner Meinung nach, die Ländereien und kurzlaufenden Schuldtitel im Besitz der Northern Pacific, welche den Vorzugsaktionären als Sicherheit verpfändet waren, zumindest den Nominalwert ihrer Anteile. Eine letzte Gewissheit gebe es zwar nie, fügte er hinzu, die Zeit schien ihm jedoch günstig, sich auf dem Markt einzudecken.[17] Noch vor Monatsfrist kam der Schock.

Erste Nachrichten

Die erste offizielle Nachricht von dem Konkurs erhielt die Deutsche Bank am 13. August 1893. Seltsamerweise telegraphierte sie an Marcus, Villard habe an die Bank Farmer's Loan & Trust als Treuhänder aller Hypotheken und Sicherheiten geschrieben, dass er (Villard) darauf bestehe, einen Zwangsverwalter zu bestellen. Natürlich war die Leitung der Deutschen Bank verstimmt, dass es offensichtlich keine vorherige Konsultation über die genauen Konditionen der Zwangsverwaltung mit denjenigen Gläubigern gegeben hatte, deren Interessen Villard zu vertreten vorgab. Die Deutsche Bank und Stern teilten mit, sie hätten keine Einwände gegen die bereits vorgeschlagenen Konkursverwalter, da diese aber mit der gegenwärtigen Geschäftsführung eng verknüpft seien, wünschte die Deutsche Bank, dass einige neue und unabhängige Personen hinzugezogen würden.[18] Marcus verpflichtete sich, die Interessen der Bank wahrzunehmen. Zugleich erklärte er jedoch, die Konkursverwalter auszutauschen sei so lange unmöglich, wie die Obligationsinhaber sich nicht zusammenschlössen und auf ein gemeinsames Vorgehen verständigten, und regte an, die Deutsche Bank solle hierzu europaweit die Initiative ergreifen.[19]

Anders als die Deutsche Bank behauptete, hatte es vorher eine Konsultation gegeben. Am 3. August 1893 telegraphierte Villard, er sei, wenn auch widerstrebend, zu dem Schluss gelangt, dass eine Sanierung der Gesellschaft unumgänglich sei, und er riet Siemens, umgehend zu kommen.[20] Bereits am 5. August legte Villard erste Vorschläge vor, wie die in Schieflage geratene Eisenbahngesellschaft saniert werden könne.[21] Bei wohlwollender Interpretation hieße das, dass die Deutsche Bank nie ihre formelle Genehmigung erteilt hat, die Gerichte anzurufen.

Am 15. August 1893 schrieb Villard selbst schließlich an Siemens, wobei er den Brief adressierte «an meinen ehrwürdigen Freund». Die «lange gefürchtete» Katastrophe sei eingetreten, Northern Pacific sei einem vom Gericht bestellten Zwangsverwalter unterstellt worden. Er betonte, wie schwer es ihm falle zu schreiben, da er sich dermaßen verantwortlich fühle. Im nächsten Atemzug verteidigte er freilich seine Handlungsweise und versicherte, dass ihn selbst der Konkurs mehr als sonst jemanden treffe. Villard wies darauf hin, dass seine persönliche Investition in die Gesellschaft gegenwärtig größer sei als je zuvor. (Was nicht weiter überrascht, denn früher hatte er damit geprahlt, er habe die Gesellschaft ursprünglich gekauft, ohne eine einzige Aktie besessen zu haben.) Der Brief triefte von Ergriffenheit und Selbstmitleid. Villard erging sich darin, wie viel er selbst geopfert habe, um die vielen, großen Ziele der Gesellschaft zu erreichen. Er stellte seine Sicht der Dinge dar, was das Scheitern verursacht habe. Seine Erklärung enthielt kaum Überraschungen: zuviel Konkurrenz, schwache Rohstoffpreise und hohe Investitionen in neue Strecken. Er gebe jedoch noch nicht alle Hoffnung verloren, denn das Potential für eine Erholung sei groß. Viele andere Eisenbahnlinien hätten es geschafft.[22] In einiger Hinsicht war seine Vorhersage der weiteren Zukunft zutreffend.[23] In der Tat hatten die Investoren viele operative und strukturelle Warnsignale und auch die launischen Kapitalmärkten innewohnenden Risiken nicht zur Kenntnis nehmen wollen.[24] Nach Darstellung seiner Urenkelin und im Widerspruch zu seinen eigenen Bekundungen war Villard, auf dessen Kappe ein gewisser Teil der Außenstände der Northern Pacific ging, auf die Krise gut vorbereitet und büßte nur wenig von seinem Privatvermögen ein.[25]

Die Deutsche Bank war nicht der einzige Akteur, der die Schwierigkeiten und die Komplexität der Eisenbahninvestitionen unterschätzte. Das Konkursrecht war selbst für Amerikaner eine schwer durchschaubare, vielschichtige Materie, die weitgehend von den Einzelstaaten und von Erfahrung, von Versuch und Irrtum, bestimmt war. Ideologie statt Ökonomie bestimmte die Struktur der Insolvenzverwaltungen und die Auswahl derer, die sie zu übernehmen hatten. Die Rechte von nachrangigen Gläubigern waren oftmals nicht geschützt. Nicht anders als heute war der Transportsektor besonders stark betroffen. Vielleicht erkannte die Deutsche Bank auch nicht, wie stark die amerikanische Währungs- und Antitrustpolitik die Ausführbarkeit von Villards Plänen beeinträchtigen würde.

Die Zwangsverwaltung der Northern Pacific im Jahr 1893 war Teil der dritten großen Konkurswelle bei amerikanischen Eisenbahnen im 19. Jahrhundert. In jeweils zehnjährigem Intervall, aber bei unterschiedlicher Dauer, fielen die Höhepunkte in die Jahre 1873, 1884 und 1893. Allein 1893 meldeten immerhin 74 Eisenbahngesellschaften mit einem Gesamtkapital von 1,8 Milliarden Dollar und 30 000 Meilen Streckenlänge Konkurs an. Betroffen war damit annähernd ein Sechstel des gesamten Eisenbahnnetzes des Jahres 1890, und in nur einem Jahr gerieten nahezu ebenso viele Meilen Strecke unter Zwangsverwaltung wie in den neun Jahren zuvor insgesamt.[26] Im Verbund mit ihrer Schwestergesellschaft, der Oregon Railway & Navigation Company, die im Herbst gleichfalls Konkurs anmeldete, entfielen auf die Northern Pacific 5500 Meilen Eisenbahnstrecke. Selbst zusammengenommen waren die beiden Gesellschaften nicht die größten Unternehmen, die Konkurs anmelden mussten. Wie viele amerikanische Eisenbahngesellschaften litten auch sie unter der kaum weiter kontrollierten Praxis, den Anteilseignern zuzugestehen, Aktien zu besitzen, ohne dass sie deren Nennbetrag voll in die Gesellschaft einbezahlt hatten. Wegen dieser fehlerhaften Finanzpolitik und unzulänglicher Buchführung waren die Gesellschaften unterkapitalisiert und im Übermaß von einer Finanzierung durch Schulden abhängig, was zugleich den Inhabern von Anleihen ein größeres Risiko zuschob.[27] 1896 standen

20 Prozent des gesamten Eisenbahnnetzes in den Vereinigten Staaten unter der Kontrolle von Zwangsverwaltern. Erst 1900 fiel diese Quote unter 10 Prozent. Das gesamte Geschehen hinterließ seine Spuren, und in der Folge verlagerte sich die Finanzierung weg von Schuldtiteln mit festen Verbindlichkeiten.[28]

Siemens' Biograph und Schwiegersohn zufolge traf die Neuigkeit der Sanierung die Berliner Bankleitung «wie ein Blitz». Aufgrund der Anfang August ausgetauschten Telegramme wusste freilich die Deutsche Bank von der finanziellen Notlage der Gesellschaft. Die Empörung darüber, dass die Bank nicht unterrichtet worden sei, war etwas unaufrichtig. Die Öffentlichkeit wiederum war zweifellos weniger gut informiert. Für Siemens war allerdings der Konkurs der Northern Pacific vermutlich die ihn am stärksten enttäuschende Erfahrung seines Berufslebens. Nicht nur seine Hoffnungen hinsichtlich der Zukunft der amerikanischen Eisenbahnen waren erschüttert, auch sein persönliches Vertrauen in Villard war vollends zerstört. Nicht völlig zu Unrecht fühlte sich Siemens verantwortlich für die Verluste, denen das dank seiner Förderung den amerikanischen Eisenbahnen zugeflossene deutsche Kapital ausgesetzt war.

Die deutsche Öffentlichkeit reagierte sehr feindlich auf die Rolle der Deutschen Bank und von Siemens bei dem Debakel der Northern Pacific. Die Deutsche Bank wurde mit Kritik bombardiert. Alte Freunde richteten beleidigende Briefe an Siemens, die ihm so zusetzten, dass er einen Großteil seines eigenen Vermögens einsetzte, um deren Verluste zu decken. Seinem Biographen zufolge verlor Siemens allerdings nicht die Nerven, sondern machte sich sofort daran, einen Plan auszuarbeiten, um so viel wie nur irgend möglich zu retten.[29]

Der erste Schritt bestand darin, die Inhaber von Schuldverschreibungen der Gesellschaft in Deutschland zu organisieren, ein Schritt, den die Deutsche Bank nach nahezu einhelliger Meinung durchaus wirkungsvoll anführte, wenngleich es dabei zu einigen Zusammenstößen kam. Bereits 24 Stunden nach der Ankündigung brachte die Deutsche Bank eine öffentliche Aufforderung heraus, die alle Anleger aufrief, ihre Schuldverschreibungen bei den Niederlassungen der Deutschen Bank in Berlin und Frankfurt am Main zu deponieren. Die Bank berief für den 8. September eine Versammlung der Anleger ein. Bei diesem Anlass lagen die Vorarbeiten für eine Verständigung auf dem Tisch, wie weiter zu verfahren sei. Siemens verfasste einen Überblick über die Geschichte der Eisenbahngesellschaft und fügte dem Schriftstück eine Erklärung bei, was die Zwangsverwaltung für die Investoren bedeutete.[30]

In der Anfangsphase gab die Zwangsverwaltung für die deutschen Anleger besonderen Anlass zur Besorgnis. Siemens erklärte, dass es sich dabei um eine Einrichtung handele, die den Deutschen sehr fremd sei. Die zeitweilige Verwaltung sei darauf angelegt, so viel Eigentum wie irgend möglich zusammenzuhalten, damit die Verpflichtungen der Firma erfüllt werden könnten. Das Gericht bestelle Verwalter und Aufseher. Deren Aufgabe sei es, darüber zu wachen, dass das Management der Northern Pacific seinen Pflichten nachkomme, und die Gesellschaft für die Zwangsvollstreckung vorzubereiten, d.h. für den Verkauf von Eigentum, um auf diese Weise so viele Gläubiger wie möglich nach Maßgabe der gesetzlich vorgegebenen Rangfolge ihrer Ansprüche zu befriedigen. Diese vom Gericht bestellten Amtsträger standen vorrangig in der Pflicht, die Auflagen des Gesetzes zu respektieren, nicht wirtschaftlichen Überlegungen zu folgen. Deshalb widerstrebte es ihnen, Nebenlinien abzustoßen, die unwirtschaftlich waren, und manchmal führte dies auch dazu, dass sie den Erwerb neuer Anlagen vorschlugen.[31]

Obwohl nicht erwiesen war, dass die Gesellschaft in Zahlungsverzug geraten war, und unklar war, wer das Verfahren losgetreten hatte, wurden von dem Unternehmen Zwangsverwalter bestellt und vom Gericht bestätigt. Villard, der erst vor kurzem der Deutschen Bank geraten hatte, die Zwangsverwaltung sei der einzig vernünftige Weg, behauptete nun, dass er erst im letzten Moment von dem Schritt erfahren habe. Die Bank war nicht sonderlich begeistert von der Auswahl der Verwalter. Ein jeder der drei würde etwas zu dem Prozess beisteuern. Thomas Oakes, zum Beispiel, ein ehemaliger Präsident der Eisenbahnlinie und langjähriger Partner Villards, hatte Erfahrung mit dem Betrieb der Bahn. Er kannte die wichtigsten Verbindungen (und Kunden), aber es gab keinen, der die Interessen der deutschen Obligationsinhaber vertreten hätte. Die beiden anderen, Henry Payne und Henry Rouse, galten als unabhängig vom früheren Management, aber sie standen stark unter dem Einfluss der Familie Rockefeller, die maßgeblich an der Gesellschaft beteiligt war.[32]

Während Siemens und andere sich noch mühten, skeptische Obligationsinhaber in Deutschland zu organisieren, traf Ludwig Roland-Lücke, später Vorstandsmitglied der Deutschen Bank, zwei Tage nachdem die Northern Pacific unter Zwangsverwaltung gestellt worden war, in New York ein. Er war Anfang August, als sich die Krise zuspitzte, aus Deutschland abgereist. Vermutlich reagierte man damit auf Villards Telegramm vom 3. August, in dem er um Siemens' Anwesenheit gebeten hatte – ein weiterer Beleg dafür, dass die Bank Vorabinformationen hatte, dass die Dinge Spitze auf Knopf standen. Roland-Lücke war der erste Manager der Deutschen Bank am Ort des Geschehens und die Schlüsselfigur bei der frühen Einschätzung der Krise durch die Bank. Sein vorrangiges Anliegen bestand darin, die finanziellen Interessen der Kunden der Deutschen Bank zu schützen. Von Anfang an erkannte Siemens, dass die Northern Pacific für die künftige Glaubwürdigkeit der Bank eine große Bedrohung darstellte. Die Bank betrachtete den Schutz ihres eigenen Wertpapierbesitzes im Zusammenhang mit der Northern Pacific – eine nicht unbedeutende Summe von annähernd 10 Millionen Mark – als zweitrangig. Roland-Lücke wurde für die vor ihm liegende Aufgabe dahingehend instruiert, im Falle eines Konflikts zwischen Ruf und Geld müsse der Ruf unbedingte Priorität haben.[33]

Vor der Abreise Roland-Lückes hatte Siemens den Eindruck, dass Villards Ausbau der Eisenbahngesellschaft bis zu dem Zeitpunkt gut gelaufen war, als das Unternehmen in Aufträge eingestiegen war, welche es über die Wisconsin Central nach Chicago brachten, eine Bahnlinie, an der Villard stark interessiert war. Für Siemens bestand die Lösung der aktuellen Schwierigkeiten darin, diese Verbindung loszuwerden. Das Unternehmen hatte schlechterdings zuviel bezahlt und sich dadurch zu viele Schulden aufgeladen. Es war kein Zuwachs bei den Einnahmen absehbar, der diese Fixkosten hätte decken können, selbst wenn sich die allgemeine Wirtschaftslage erheblich verbessere. Villard hatte diese neuen Investitionen nicht nur aus Anmaßung vorangetrieben, sondern auch um andere persönliche Investitionen zu schützen, die mit dem Kauf in Zusammenhang standen, offenkundig ein klarer Fall eines Interessenkonflikts. Der Ruf der Deutschen Bank als Wertpapieremittent hing an der erfolgreichen Sanierung der Northern Pacific, die ihrerseits wiederum davon abhing, dass die Angelegenheit zumindest zeitweilig nicht zusammen mit Villard angegangen wurde, selbst wenn dieser – insbesondere bei der Wahl der Zwangsverwalter – noch über Einfluss verfügte.[34] Auch wenn Siemens der Ansicht sein mochte, der Markt habe auf die schlechten Nachrichten überreagiert, wusste er nur allzu gut, dass die Bank in einer heiklen Position war.[35]

Die dringlichste Aufgabe war, Informationen über strittige finanzielle Fragen, Abkommen und einschlägige gesetzliche Regelungen zu bekommen. Die zusammengetragenen Nachrichten waren nicht dazu angetan, die Deutschen zu erfreuen.[36] Den restlichen August waren Marcus und Roland-Lücke überwiegend damit beschäftigt, die Zwangsverwalter davon abzuhalten, über die Barmittel der Eisenbahngesellschaft in einer Weise zu verfügen, die den Obligationsinhabern zum Nachteil gereicht hätte. Die Zwangsverwalter hatten vom Gericht die Genehmigung erhalten, 5 Millionen Dollar Schuldscheine zugunsten des Insolvenzverwalters (*receiver certificates*) auszugeben (anfangs waren nur 4 Millionen Dollar angesetzt), eine Art Versprechen, die Lieferanten, andere Auftragnehmer und Löhne zu bezahlen, die allesamt vorrangig gegenüber den anderen Schulden des Unternehmen hätten befriedigt werden müssen. Die Schuldscheine hätten der Eisenbahngesellschaft erlaubt, den Betrieb aufrechtzuerhalten, aber ohne rasches Einschreiten der Obligationsinhaber hätte diese Transaktion eine erhebliche Reduktion des Nettobetrags der verpfändeten Aktiva nach sich gezogen.[37]

Während sich Villard gewissermaßen auf seinem Landsitz verbarg, verbrachte Roland-Lücke seine ersten Tage damit, sich von Marcus über den

Stand der Dinge aufklären zu lassen. Zu dieser Zeit war nicht klar, wie viele Verbindlichkeiten der Northern Pacific noch nicht bezahlt waren.[38] Einen Monat später kündigte Villard an, er plane das Land zu verlassen. Seine anfängliche Reiseroute sparte Deutschland aus. Bei einem Aufenthalt in München wurde ihm geraten, Berlin zu meiden.[39]

Siemens' Ankunft in New York

Überzeugt, einem Umschwung bei der Northern Pacific komme allergrößte Bedeutung zu, nahm Siemens die frühen Phasen der Untersuchung und Verhandlungen selbst in die Hand. Von einer Gruppe angesehener deutscher Geschäftsleute begleitet, schiffte er sich Ende September nach New York ein. Unmittelbar nach seiner Ankunft nahm er sich Villard vor. Wie Helfferich berichtet, verteidigte Siemens Villard zwar in der Öffentlichkeit, privat hielt er seinen Ärger hingegen nicht zurück. Er warf Villard vor, dieser habe die Schwierigkeiten gesehen und seine Pflicht gegenüber der Deutschen Bank vernachlässigt, denn er habe versäumt, über die Anfälligkeit der Eisenbahngesellschaft aufzuklären. Villard verteidigte sich nur schwach. Er habe alles in seiner Kraft Stehende für die Obligationsinhaber getan und seinen Rücktritt angeboten. Damit ließ sich Siemens nicht besänftigen. Er hielt dem entgegen, im Rücktrittsschreiben habe Villard betont, dass er müde sei und nach Europa zurückkehren wolle, in seinem Brief sei jedoch mit keiner Silbe gewarnt worden, dass das Unternehmen kurz davor stehe, vor die Hunde zu gehen.

Zwar blieb Siemens optimistisch, dass die Anleger letztlich alles, bis auf die nicht ausgezahlten Zinsen, zurückerhalten würden, aber die Krise setzte ihm sehr zu. Briefe von ihm und über ihn aus Kreisen der Familie lassen erkennen, wie besorgt er vor und während seines zweiten Aufenthaltes in den Vereinigten Staaten war. Er fühlte sich zutiefst denjenigen gegenüber verantwortlich, die er beraten hatte, und sah sich in der Pflicht, alles in seinen Kräften Stehende zu tun, um deren Investitionen wiederzuerlangen;[40] eine schwere Belastung, immerhin sollen über 15 Millionen Dollar allein an konsolidierten Hypothekenschuldverschreibungen in Deutschland gehalten worden sein.[41] Da die Einkünfte rasch sanken, verlangte die Situation ein schnelles Eingreifen. Es lässt sich nicht eindeutig sagen, ob Siemens mehr aufgebracht war über Villards Unfähigkeit und Unaufrichtigkeit oder über dessen Versäumnis, die Deutsche Bank rechtzeitig über die Zwangslage der Northern Pacific zu informieren.[42]

Die deutschen Obligationsinhaber waren keineswegs gewillt, der Bank blindlings zu folgen. Viele waren besorgt, sie könnten zu sehr auf Informationen von der Deutschen Bank angewiesen sein und dadurch in Abhängigkeit geraten. Klagen wurden laut über die an die Bank zu zahlende Vergütung für deren laufende Kosten und Gebühren. Man kann sich vorstellen, dass in dieser Situation die Bankprovisionen besonders aufreizten. Mit Blick auf die jüngste Vergangenheit kamen Zweifel und Fragen auf, ob die Deutsche Bank überhaupt fähig sei, deutsche Anleger vor den Amerikanern zu schützen, und ob es nicht einfach zu viele widerstreitende Interessen zwischen den deutschen Obligationsinhabern und der Deutschen Bank gebe. Diese Spannungen zu reduzieren bzw. auszuräumen zählte zu den Hauptaufgaben, denen sich Siemens und die Deutsche Bank während des gesamten Prozesses gegenübersahen.[43]

Zwei wichtige Entscheidungen musste der Ausschuss der Obligationsinhaber umgehend treffen: eine gemeinsame Strategie festlegen und einen verantwortlichen Sprecher bestimmen. Als Nächstes standen zwei Dinge an, die Frage, was mit Villard und seinen Kumpanen geschehen solle, und die Finanzierung des kurzfristigen Geldbedarfs der Eisenbahngesellschaft. Nach diesen Entscheidungen konnte sich dann die Arbeit auf die eigentliche Sanierung richten. Alle diese Überlegungen fielen mit einem weiteren Fehlbetrag im August von 800 000 Dollar zusammen, was das Ganze ziemlich dringlich machte.[44] Dazu kam, dass selbst noch am 13. September 1893 1,5 Millionen Dollar Zeichnungen auf Northern-Pacific-Werte von den Anlegern nicht einbezahlt waren. Oakes versprach sogar, die Einwilligung der anderen Zwangsverwalter einzuholen, dass die Deutsche Bank über die Einzelheiten unterrichtet würde, noch bevor diese dem Gericht präsentiert würden. Bis dahin hatte auch Roland-Lücke bestätigt, dass die jüngsten Pachtabkommen der Northern Pacific eine ungebührlich harte Last auferlegten. Der Gesamtbetrag der von ihr an die Verpächter zu leistenden Zahlungen entsprach dem Bruttogewinn der Eisenbahn. Der Konkurs bot jetzt eine Möglichkeit, die Abkommen neu zu verhandeln.[45]

Bereits früh zeichnete sich ab, dass es nicht einfach sein würde, Anleger mit unterschiedlichen Interessen zu einigen. Die Deutschen hatten es mit Umständen zu tun, die ihnen sehr «fremd» waren. Daraus resultierte ein diffiziler Interessenkonflikt. Die Deutsche Bank erkannte, dass das unmittelbare Interesse der Anteilseigner dahin ging, den raschen Verkauf von Aktiva zu blockieren und eine Begutachtung der Schadensersatzpflicht der Stammaktionäre zu erzwingen, die in manchen Staaten unbeschränkt war. Dagegen bestand das kurzfristige Interesse der Obligationsinhaber darin, einige Aktiva zu verkaufen, um Mittel für Zins- und Tilgungszahlungen zu beschaffen. Selbst zu diesem frühen Zeitpunkt scheint jedoch die Deutsche Bank zu dem Schluss gelangt zu sein, dass ihren eigenen langfristigen Interessen und den Anliegen der anderen Obligationsinhaber dadurch am besten gedient sei, wenn sie den Zwangsverwaltungsprozess ausreichend kontrollierte, so dass eine überstürzte Abstoßung von Aktiva vermieden wurde, während zugleich die Aktionäre daran gehindert wurden, diese in ihrem eigenen Interesse zu benutzen. Mit etwas Geduld konnte vielleicht ein Sanierungsplan erarbeitet werden, der den Obligationsinhabern zu einem merklich größeren Ertrag verhalf, als sie bei einem sofortigen Verkauf des verpfändeten Eigentums erwarten konnten. Freilich erforderte das, zunächst zwischen den vertretenen mächtigen Gruppen einen Konsens zu erzielen.[46]

Argwohn und Unsicherheit machten sich breit, wer was wem hinterbrachte und ob jeder die gleiche Information erhielt. Roland-Lücke trieb auch um, welche Rolle zum Beispiel August Belmont, der die Rothschilds vertrat, spielen würde, d. h. ob er mit der Deutschen Bank zusammenarbeiten oder aber direkt mit Brayton Ives und dessen Gruppe von Aktionären handelseinig werden würde. Ives versuchte bereits, einen Ausschuss der Aktionäre mit der Treuhandverwaltung der Vereinigten Staaten in Kontakt zu bringen, darunter waren John D. Probst, ein Teilhaber von Jacob S. H. Stern, der die deutschen Interessen vertrat; ein Repräsentant von John D. Rockefeller; der Präsident von Mercantile Trust sowie ein Repräsentant des Cromwell-Ausschusses, einer Gruppe, die, nach verschiedenen Briefen zu urteilen, eng mit Villard und Oakes verbunden war. Dafür spricht auch, dass Marcus zu deren Sekretär bestellt wurde, was wiederum die Frage seiner Loyalität gegenüber der Deutschen Bank aufwarf. Wie Roland-Lücke in vielen seiner Briefe berichtete, war die Kommunikation zwischen den Parteien alles andere als perfekt. In einer Atmosphäre, die aufgeladen war durch öffentliche Rügen, sinkende Einnahmen, Ungewissheit, Forderungen und Gegenforderungen in der Presse und weitere Eisenbahnkonkurse – darunter befand sich auch die Chicago & Northern Pacific, der Speyer, Probst und die Deutsche Bank geraten hatten, die Zwangsverwaltung zu beantragen –, blieben die Anleger den ganzen September und auch noch die ersten Oktobertage hindurch untereinander wie auch gegenüber der Firmenleitung und den Zwangsverwaltern äußerst misstrauisch. Diese Gruppen konkurrierten untereinander um die Stimmen der Anleger und versuchten, Einfluss auf die größtmögliche Zahl von Investoren zu gewinnen. In diesem Wettlauf schnitt die Deutsche Bank recht gut ab.[47]

Im Oktober setzten die Aktionäre ein neues Direktorium ein. Einige seiner Mitglieder waren bereits im September bestätigt worden oder hatten der früheren Geschäftsleitung angehört. In dem neuen Direktorium saßen: Belmont, Brayton Ives, Robert Harris, der frühere Präsident der Linie, Wilbur S. Sanders, ein Großaktionär aus dem Westen und – auf persönliche Empfehlung von Siemens hin – August Ruetten. Ives wurde als Präsident, Harris als Vizepräsident bestimmt. Einige ehemalige Angestellte blieben auf ihren Posten, darunter auch der Sekretär der Gesellschaft, der Buchprüfer und der Leiter der Finanzabteilung. Die laufenden Geschäfte der Gesellschaft zu führen blieb weiterhin Sache der Zwangsverwalter, die sogar die Zahlungen an das Direktorium kontrollierten.[48]

Edward D. Adams um 1895.

Angesichts der Unwägbarkeiten, wie sich das neue Direktorium verhalten würde, sowie mit Blick auf die schwierigen und ungewissen wirtschaftlichen und finanziellen Umstände empfahl Roland-Lücke, möglichst umgehend einen fähigen Repräsentanten der deutschen Obligationsinhaber zu ernennen. Am gleichen Tag, als Marcus über die Wahl des neuen Direktoriums berichtete, schrieb Roland-Lücke an die Direktoren daheim in Berlin, dass Edward D. Adams bereits zum Vertreter der Inhaber der 5-prozentigen Obligationen bestellt worden sei. Seine Erfahrung, Energie, Kontakte und seine Finanzkenntnisse ließen ihn für die Aufgabe bestens geeignet erscheinen. Im Oktober 1893 bot die Deutsche Bank Adams, der Villard ersetzen sollte, förmlich einen Vertrag an. Verständlicherweise galt eine wesentliche Sorge der Bank Adams' finanziellem Interesse an der Northern Pacific oder verbundenen Gesellschaften. Adams konnte sie in dieser Hinsicht beruhigen, ein solches bestehe nicht.[49]

Adams, ein erfahrener Bankier und Industrieller, fungierte die nächsten zwei Jahrzehnte als Vertreter der Deutschen Bank in den Vereinigten Staaten. Gebürtig aus Boston, hatte er für verschiedene Banken und Brokerhäuser gearbeitet. Als Teilhaber bei Winslow, Lanier & Company machte er sich national als Finanzfachmann einen Namen. Auch J. Pierpont Morgan wurde auf ihn aufmerksam und war – zumindest nach den ersten gemeinsamen Geschäften – überzeugt, Adams habe eine außergewöhnliche Begabung in Organisationsdingen. Villard muss Adams bereits seit einigen Jahren gekannt haben. Vor dem Konkurs der Northern Pacific saßen sie sogar gemeinsam im Direktorium einer Gesellschaft. Über die Art ihrer Beziehung ist nichts bekannt, obgleich sich Villard rühmte, Adams für die Sanierung gewonnen zu haben. Adams war der Bank vermutlich bereits über Projekte bekannt, an denen die Deutsche Bank ein langfristiges Interesse hatte. Er war begeisterter Anhänger der Elektrifizierung und an Edisons Projekt beteiligt, elektrisches Licht in die Straßen New Yorks zu bringen. Er hielt Beteiligungen an Edisons Unternehmungen und arbeitete mit an der Finanzierung der Northern Pacific Terminal Company in Portland, Oregon, sowie an der Finanzierung von anderen Eisenbahnlinien.[50] Seine Tätigkeit während der Zeit seiner Zusammenarbeit mit der Deutschen Bank beschränkte sich nicht darauf, die Geschäfte der Bank zu handhaben. Selbst nach Beendigung der offiziellen Verbindung fungierte er weiterhin als Vertrauter und Agent der Geschäftsleitung in Deutschland.[51] Er schien sich der Unterstützung sowohl der deutschen wie der amerikanischen Obligationsinhaber zu erfreuen.[52]

Adams, der sich auf Finanzierungen spezialisiert hatte, arbeitete selbständig und auch auf Kommissionsbasis. Hierfür nutzte er seine Büroräume und erhielt von der Deutschen Bank eine feste Summe von jährlich 12 000 Dollar (nach heutigem Wert 300 000 Dollar). Aber anders als sein deutscher Vorgänger hatte er ein gutes Gespür für Verwaltungsfragen und für die Notwendigkeit, Dinge beharrlich weiterzuverfolgen. Adams' Rolle bei der Sanierung der Northern Pacific und gegenüber der Deutschen Bank gewann rasch an Bedeutung.

Trotz aller Vorarbeiten der Deutschen Bank war die Aufgabe, einen Sanierungsplan auszuarbeiten, in der Tat gewaltig. Sie nahm fast drei Jahre in Anspruch. Trotz der 49 Millionen Dollar an Stammaktien und der 36 Millionen Dollar an Vorzugsaktien waren die Aktieninhaber nicht so gut organisiert wie die Obligationsinhaber, wobei allerdings beide Seiten keineswegs homogen waren. Unter den Stamm- und Vorzugsaktionären gab es zahlreiche Kleinaktionäre – nur 60 Anteilseigner besaßen mehr als 1000 Aktien, die größten Aktionäre hielten 13 000 Stück.[53] Einigen der Obligationsinhaber waren Vermögenswerte verpfändet, andere hatten relativ wenig Sicherheiten und rangierten in der Rangfolge der Gläubiger niedrig. Einige Anleger kamen erst nach dem Zusammenbruch dazu, andere waren schon die ganze Zeit dabei gewesen. Als sich die Ergebnisse der Eisenbahnlinie zwischen 1893 und 1895 verschlechterten, verschoben sich die Bündnisse. Einige waren der Ansicht, die sich dahinziehenden Verhandlungen dienten den Interessen der Deutschen Bank. Viele der Beteiligten mussten darauf achten, ihre eigene

Kreditwürdigkeit zu wahren.[54] Die weiterlaufenden, leidvollen Versuche, die Investoren zu einen, war eine Quelle vieler Schwierigkeiten der Northern Pacific und möglicherweise auch die beste Hoffnung, diese in den Griff zu bekommen.

Die Great Northern und James J. Hill

Eine Lösung der Probleme der Northern Pacific war nicht ohne eine Konsolidierung aller Eisenbahnlinien in der Region denkbar, aber dies zu erreichen, erwies sich als überaus problematisch. Die Eigentümer der anderen Linien waren bereit, finanziell die Muskeln spielen zu lassen, um die Zerschlagung der Northern Pacific zu erzwingen, was ihnen ermöglichen würde, selbst diese Werte zu kaufen. Zum Verständnis, wie das Schicksal der Northern Pacific von der Lösung der Konflikte zwischen alten und neuen Investoren und Konkurrenten der Linie abhing, ist es in diesem kritischen Moment nötig, die Great Northern Railroad, James J. Hill, ihren Eigentümer-Unternehmer, und dessen Anlegergruppe einzuführen. Die Beziehung zwischen Hill und der Deutschen Bank sollte sich im Verlauf des Konkurses erheblich wandeln. Zeitweilig brachte ihn sein Verlangen, die Vermögenswerte der Northern Pacific an sich zu bringen oder zu zerstören, in Konflikte mit der Deutschen Bank. Nach einiger Zeit gelangte jedoch die Bank zu der Auffassung, dass die finanziellen Interessen ihrer Beteiligungen unter Hills Führung am besten aufgehoben seien, wenngleich möglicherweise nicht zu seinen Bedingungen.

Hill, Jahrgang 1838 und gebürtiger Kanadier, kam 1856 in die USA und zog von New York weiter nach St. Paul, Minnesota. Dort sammelte er Erfahrungen im Transportsektor. 1871 begann er von St. Paul aus, eine Dampfschifffahrtsgesellschaft zu betreiben.[55] In gesetzterem Alter hatte Hill, dunkelhaarig und mit Vollbart, eine gewisse Ähnlichkeit mit Karl Marx, mit der man vermutlich beide Männer hätte aufziehen können. Das Transportwesen war für die längste Zeit seines Lebens – Hill starb 77-jährig im Jahr 1916 – seine große Leidenschaft. 1877 brachte er mit der Hilfe von Donald Smith und George Stephen 5,5 Millionen Dollar «Geld anderer Leute» auf, um die Schuldtitel einer bankrotten Eisenbahnlinie aufzukaufen, deren Wert Hill auf 20 Millionen Dollar veranschlagte. Wenn dieser meisterhafte Verkehrsstratege, besonders in Sachen Tarifermäßigungen, richtig lag, dann würden die Konsorten reich werden. Wie sich herausstellte, hatte Hill den Wert der Liegenschaften unterschätzt. Die Canadian Pacific Railroad, mit Stephen als Präsident, wurde aus der Taufe gehoben, und die Gruppe machte ein kleines Vermögen.[56] Zwar zog sich Hill 1883 aus der Canadian Pacific zurück, um eine neue Gründung aufzuziehen, eine transkontinentale amerikanische Eisenbahnlinie, die Manitoba mit St. Paul verbinden sollte. Gleichwohl unter-

James J. Hill 1910, nach sei-
nen vielen Kämpfen um die
Herrschaft über die Northern
Pacific.

hielt er weiterhin enge Beziehungen mit seinen kanadischen Partnern und
der Canadian Pacific Railroad. Diese verband eine Art Interessengemeinschaft mit Hills neuem Unternehmen, der Great Northern, die schließlich
1889 gegründet wurde.[57]

Von Anfang an brachten Hills Ehrgeiz und die Geschäfte der Great
Northern diese in Konflikt mit der Northern Pacific wie auch mit weiteren
Bahnen in der Region. Die Great Northern war zum Beispiel für ihren Zugang zum Pazifik völlig abhängig von der Oregon Railway & Navigation Company.[58] Bereits 1889 gelangte Hill zu dem Schluss, die beste Strategie für die
Great Northern bestehe darin, die Northern Pacific unter ihre Kontrolle zu
bringen. Die Verwaltung der Bahn aus der Ferne durch die Deutsche Bank
und deren (abwesenden) Repräsentanten flößte ihm wenig Respekt ein, zumal Villard sich in New York mit Edisons Angelegenheiten befasste. Hill vermutete schon bald, dass Villards Selbstgefälligkeit zu Zerwürfnissen führen
würde, und später dann, dass Adams, dessen Fähigkeit als Finanzmann er
durchaus schätzte, nur ein Vorposten «derjenigen Interessen war, denen
durch eine langwierige Zwangsverwaltung gedient sein würde». Hills Biograph behauptet, dass Hill kurzerhand einen Informanten in die Verwaltung

der Northern Pacific einschleuste, um mehr über deren Tarifpolitik und geplante Tarifsenkungen in Erfahrung zu bringen.[59] Der Konkurs der Northern Pacific und der mit ihr verbundenen Unternehmen war zwar unter dem Konkurrenzaspekt eine Gefahr, bot aber Hill eine willkommene Gelegenheit, seinem Ziel näher zu kommen, das Transportwesen im Nordwesten zu beherrschen. Hill war überzeugt, dass weder die oftmals angestrebte freiwillige Abkehr von Rabatten und diskriminierenden Tarifen noch staatliche Intervention oder selbst das Diktat eines J. P. Morgan in New York dem ruinösen Wettbewerb ein Ende setzen könnten. Nur die Konsolidierung der Linien würde die zugrunde liegenden Zwangslagen im Eisenbahngeschäft beseitigen. Hill war somit derjenige, der von einer raschen Versteigerung der Vermögenswerte der Northern Pacific am meisten profitieren würde.

Hill erkannte, dass viele Schwierigkeiten der Northern Pacific wenig mit der Eisenbahnlinie als solcher zu tun hatten. Vielmehr waren sie Villards befremdlicher Fähigkeit geschuldet, Investoren zu gewinnen, gutes Geld schlechtem hinterherzuwerfen, im Verbund mit Villards Neigung, die Augen vor Interessenkonflikten zwischen der Eisenbahn und deren Managern zu verschließen. Über Jahre hatte die Linie Schulden aufgenommen, um Zinsen und Dividenden zu zahlen, und darüber notwendige Investitionen in Verbesserungen unterlassen.[60]

Ganz wie Villard war auch Hill von dem Traum getrieben, ein riesiges Eisenbahnnetz im Westen zusammenzubringen. Anders als Villard ließ Hill jedoch nie locker, er war unnachgiebig, zielstrebig und in vieler Hinsicht nahe daran, sein Ziel zu erreichen. Hartnäckig und gekonnt setzte er auf Kostensenkung. Überdies war sich Hill nicht zu fein, politische Mittel und Politiker einzusetzen, um seinen Willen durchzusetzen.[61]

In seinen Auseinandersetzungen mit vielen Investoren und Konkurrenten bewahrte sich Hill das Vertrauen einer Gruppe von namhaften und kenntnisreichen Investoren. In den Vereinigten Staaten war die herausragende Gestalt in diesem Kreis Jacob H. Schiff von Kuhn, Loeb & Co., der seine Arbeit als Direktor der Great Northern sehr ernst nahm. Über Schiff erhielt Hill Zugang zu vielen kontinentaleuropäischen Finanzquellen.[62]

Hill brachte eine Gruppe namhafter Investoren vor allem aus seinem Geburtsland Kanada zusammen. Die Hauptgestalt unter seinen Investoren und Beratern war sein Freund und Vertrauter George Stephen.[63] Der aus Schottland eingewanderte Stephen zählte zu den erfolgreichsten Geschäftsleuten Kanadas. Zunächst war er im Textilsektor tätig, wo er ein Vermögen machte, dann im Bank- und im Eisenbahnwesen. Wie einige Führungspersönlichkeiten der Deutschen Bank in Deutschland (darunter Siemens und Gwinner) wurde auch Stephen in Großbritannien durch Königin Victoria 1890 als Lord Mount Stephen in den Adelsstand erhoben. Nach seinem Rückzug aus der kanadischen Wirtschaft und Politik ließ er sich in England nieder. Zusammen mit seinem langjährigen Partner, Donald Smith (der als Lord Strathcona ebenfalls in den Adelsstand erhoben wurde), eilte er zwischen seinem Landsitz und seiner Stadtresidenz hin und her und gefiel sich in der Rolle eines der in Finanzdingen bewandertsten Mitglieder des britischen Oberhauses.[64] Obwohl er die letzten dreißig Jahre seines Lebens überwiegend in England verbrachte, blieb er auch weiterhin Kanada, der Canadian Pacific Railroad, deren Präsident er fast zehn Jahre lang war, und der kanadischen Politik eng verbunden.[65]

Als sich die Schwierigkeiten der Northern Pacific 1892 zuspitzten, rieten sowohl Mount Stephen wie auch Schiff Hill, sich bei der eventuell anstehenden Sanierung der Gesellschaft zu engagieren. Hill hatte den Eindruck gewonnen, dass einige der Entscheidungen der Geschäftsleitung – vor allem Oakes' Beharren auf dem Kauf der Wisconsin Central Railroad – unzulänglich und selbstsüchtig, ja schon fast verbrecherisch waren. Hill stimmte mit nahezu allen Ausführungen in den – bereits erwähnten – Berichten über die Lage der Northern Pacific überein, die Siemens in Auftrag gegeben und die ihm von Schiff heimlich in Abschriften zugespielt worden waren, nur in einem Punkt, der dort unterstellten Schwäche der Great Northern, war er verständlicherweise anderer Meinung. Tatsächlich stellte der Konkurs der Northern Pacific für Hill Chance und Bedrohung zugleich dar. Gelänge es ihm, alle oder einige Vermögenswerte unter seine Kontrolle zu bringen, könnte er seine eigenen Kosten reduzieren und die Konkurrenz ausschalten. Andererseits konnte die Northern Pacific, die während der Zeit der Zwangsverwaltung von den Zinslasten befreit war, ihre Tarife senken.[66] Eines war auf jeden Fall klar, Hill musste handeln.

Angesichts der Fortschritte der Gesellschaft – oder besser deren Ausbleiben – prophezeite Hill im Frühjahr 1893 in einem Brief an Mount Stephen, die Northern Pacific stehe kurz vor dem Konkurs – das war drei Monate, bevor sie ihre Insolvenz erklärte – und müsse vollständig umgekrempelt werden, was die gegenwärtigen Inhaber der Stamm- und Vorzugsaktien hinwegfegen würde. Er sagte voraus, dass seine Gruppe, selbst ohne jede Beteiligung, in allen Tariffragen konsultiert werden müsse, um Konflikte zu vermeiden. Würde die Northern Pacific so geführt wie Hills eigene Besitzungen, könnte sie eine bedeutende Eisenbahnlinie sein, gegenwärtig sei sie jedoch nur damit beschäftigt, sich neue Finanzmittel zu beschaffen, anstatt Geld zu verdienen. Zutreffend sah er voraus, dass die Great Northern dem Wettbewerbsdruck würde standhalten können, dem sie durch die finanzielle Schieflage zunächst der Northern Pacific und später der Union Pacific ausgesetzt war.[67]

Zwischen 1893 und 1896 kam die Sanierung nur langsam voran, zu langsam für Hill, der schließlich Adams mitsamt der Gruppe um Ives als wesentliches Hindernis für seine Pläne sah. Aus der Wahrnehmung eines Mannes des Grenzlandes fällt das Urteil von Hills Biographen über Adams vernichtend aus. Er sei überzogen stolz auf seine entfernte Verbindung zu den berühmten Adams der Revolutionszeit, kultiviert in einer Weise, die fast schon als zimperlich gelte, dünnhäutig und überheblich. Das einzig Gute, das sich über ihn sagen lasse, sei, dass er ein gutes Gespür in Finanzdingen und etwas Erfahrung im Eisenbahnwesen habe.[68] Nicht jedermann in Hills Investorengruppe teilte allerdings dessen Meinung über Adams. Zumindest Jacob Schiff von Kuhn, Loeb & Co., der den Plan, die beiden Eisenbahnlinien zu verschmelzen, sehr stark unterstützte, schrieb 1894 über Adams: «[Er] ist, wie Sie wissen, sehr fähig, aber er hat eine Herkulesaufgabe vor sich. Meiner Meinung nach könnten Ihre Freunde von der Deutschen Bank nichts Besseres tun, als Mr. James J. Hill dazu zu bewegen, sich selbst für die Geschäfte der Northern Pacific Company zu interessieren.»[69]

Schiff drängte zusammen mit anderen Bankiers auf eine faktische Konsolidierung der beiden Linien mit frischem Kapital. Zum Plan gehörten eine Verpachtung der sanierten Northern Pacific an die Great Northern und eine anteilige Aufteilung der gemeinsamen Einkünfte.[70] Stephens Biograph zufolge hatte Hill zu dieser Zeit, obgleich er an nichts anderes denken konnte als an die Northern Pacific, selbst noch keine konkreten Pläne entwickelt und sträubte sich, die Verantwortung für den ehrgeizigen Konsolidierungsplan der Bankiers zu übernehmen, den er unter betrieblichen und finanziellen Gesichtspunkten als fehlerhaft erachtete.[71] Zu viele besorgte Obligationsinhaber warteten auf die nächste Erholung des Marktes, um dann ihre Papiere abzustoßen, was den Markt schwächen und die Finanzen beider Eisenbahnen zusätzlich unter Druck setzen würde.[72]

Zu Hills Entsetzen legte Adams im Frühjahr 1895 einen Alternativplan vor. Alle Parteien schienen anzuerkennen, dass irgendeine Form des Zusammenschlusses erforderlich sei. Adams legte nun jedoch der Deutschen Bank einen Sanierungsplan vor, der vorsah, dass die Great Northern die Schulden der Northern Pacific garantieren würde. Die Reaktion der Hill-Gruppe war vorhersehbar und lautstark.

In jenem Frühjahr steigerte ein leichter Aufschwung bei den Einkünften der Great Northern und bei den Kursen der Schuldverschreibungen Hills Zuversicht, dass die beiden Eisenbahnlinien nur unter seinen fähigen Händen gewinnbringend betrieben werden könnten; eine Ansicht, die von der Schar seiner finanziellen Unterstützer geteilt wurde. Obwohl die Deutsche Bank und Hill viele gemeinsame Interessen und Ansichten teilten, war die Zusammenführung der Linien ein langfristiges Projekt – und die Zeit war nur ein Faktor unter vielen. 1895 machte sich Hill daran, Adams und dessen deutsche Geldgeber zu überzeugen, dass die Vereinigung der beiden Gesellschaften unter seiner Kontrolle die einzig gangbare Lösung für die Schwierigkeiten der Northern Pacific darstellte.

Die Londoner Vereinbarungen

Zentrum einer Reihe von Gesprächen, die darauf angelegt waren, den Stillstand aufzubrechen, war London. Zunächst mit Mount Stephen, später mit Morgan als Gastgeber wurden dort zwei Besprechungen abgehalten, um diese Vereinigung der beiden Linien zu erreichen. Sie führten zu zwei unterschiedlichen Plänen (der ersten und der zweiten Londoner Vereinbarung). Der erste und einfachere Plan sah vor, dass die Northern Pacific in der Great Northern aufgehen würde – er scheiterte an der öffentlichen Reaktion und den Behörden; der zweite Plan war komplizierter und vermutlich gleichfalls illegal – er hatte jedoch unter großem Aufruhr über nahezu fünf Jahre Bestand.

Um überhaupt bis zu diesem Punkt zu gelangen, waren zahlreiche quälende Verhandlungen erforderlich. Im April 1895 schifften sich Hill und Adams zusammen nach Europa ein, wo sie sich mit Siemens trafen, um einen Sanierungsplan auszuarbeiten, der die Northern Pacific in Hills Hände bringen würde. Diese Lösung wurde nach einigen Angaben von beiden Gesellschaften bevorzugt, wohingegen Hill in diesem Stadium nur wenig begeistert schien.[73] In London trafen sie mit Mount Stephen und J. Pierpont Morgan zusammen, der entgegen seiner Gewohnheit diesmal anscheinend die Sanierung anderen überlassen wollte. Verbesserungen im Markt für Northern-Pacific-Werte machten vermutlich die Verhandlungen schwieriger, und Hill war über die Ablehnung seiner geradewegs aufs Ziel zusteuernden Pläne enttäuscht. Wie verlautete, bot er den Inhabern der Ersten Hypothekenanleihe an, deren Obligationen zum Nennwert und mit Zinsen zu übernehmen. Mit den Schuldverschreibungen in der Hand konnte Hill einfach die Hypotheken gerichtlich für verfallen erklären, die Pfänder in Besitz nehmen und auf diese Weise eine Fusion der Gesellschaften vermeiden – eine saubere Lösung für ihn und gewiss auch ein Vorgehen, das die Sanierung auf Kosten einiger Investoren abgekürzt hätte.[74] Das Angebot war weniger reizvoll für Inhaber anderer Schuld- und Eigenkapitalinstrumente und mag noch durch den Umstand vereitelt worden sein, dass viele Einzelne und Institutionen mehrere verschiedene Klassen von Wertpapieren hielten.

Nach der Ablehnung seines Angebots führten eingehende Verhandlungen zu einer weit komplizierteren Vereinbarung darüber, wie die Stärken einer jeden Linie am besten zum gemeinsamen Vorteil genutzt werden könnten und wie ihre finanziellen Interessen zu verbinden waren.[75] Auf eine Übernahme hinauslaufend, zog die erste Londoner Vereinbarung viele Schritte nach sich, die schwierig in die Tat umzusetzen waren. Um sicherzustellen, dass die finanzielle Sanierung ein Erfolg sein würde, kamen die Teilnehmer überein, in gemeinschaftlicher Bemühung so viele der neuen Schuldverschreibungen wie erforderlich und bis zu 25 Prozent des neuen Aktienkapitals zu kaufen. Die Bankiers würden eine Kommission von 1 Million Dollar erhalten, um sie für die Sanierung zu entschädigen, und das Konsortium sollte 3 Millionen Dollar für die Übernahme der neuen Papiere erhalten. Siemens zufolge ging die größte Gefahr für den ungeteilten Fortbestand der Eisenbahn weiterhin von den sofort fälligen Forderungen an die Gesellschaft aus. Er schlug vor, ein Konsortium zu bilden, das die größten amerikanischen und deutschen Beteiligungen einschließen sollte, um die von den Insolvenzverwaltern zur Mittelbeschaffung emittierten Schuldscheine aufzukaufen.[76]

Opposition gegen die «Fusion» kam aus vielen Quellen. Einige Investoren fürchteten, die Deutschen begünstigten diejenigen Schuldverschreibungen, die in Deutschland untergebracht waren; das betraf hauptsächlich nachrangige Hypotheken-Schuldverschreibungen. Sogar einige von Hills eigenen Aktionären in der Great Northern protestierten gegen Teile der Vereinbarung. Mount Stephen fürchtete, der Streit würde die Kreditwürdigkeit der Great Northern schwächen.[77] Obwohl Hill den Wert des Zusammenschlusses für die Gemeinden betonte, lehnten viele in dem Gebiet Ansässige die Übernahme durch die Great Northern ab, da diese damit nahezu ein Monopol für den Eisenbahnbetrieb in der Region erhielt und sich die Macht von den Nutzern auf die Anbieter von Transportleistungen verschieben würde. Einige der alten Aktionäre und verschiedene Klassen von Obligationsinhabern waren besorgt, sie würden gegenüber denjenigen ins Hintertreffen geraten, die Wertpapiere zu gedrückten Preisen erstanden, und gaben zu verstehen, dass sie ohne ausreichende Entschädigung nicht bereit seien, weitere Risiken auf sich zu nehmen.[78] Die zahlreichen Obligationsinhaber in Deutschland und bei ihrer Niederlassung in London gaben der Deutschen Bank bei diesen Vorgängen große Macht, allerdings fürchteten einige der von ihnen vertretenen Anleger, sie würden durch mächtige Interessen verraten.[79] Das Gesellschaftsrecht im Bundesstaat Minnesota untersagte einer Eisenbahngesellschaft den Besitz von Wertpapieren einer anderen, im Staat parallel laufenden Linie.[80] Sogar der Kongress der Vereinigten Staaten wurde in der Sache aktiv, indem er den Erwerb von Vermögenswerten der Northern Pacific durch eine Parallellinie verbot und dies zur Voraussetzung seiner Zustimmung zu dem Sanierungsabkommen machte.[81] Anziehende Gewinne der Northern Pacific und eine anschwellende lokale Agitation gegen die Fusion, die eine Reihe von Gerichtsprozessen lostrat, ließen Morgan und die Deutsche Bank schließlich zur Überzeugung gelangen, dass Hills Plan mit dem Makel eines «Monopols» behaftet war und möglicherweise der Sache nicht dienlich sei.[82] Das erste Abkommen war damit de facto gestorben, eine andere Lösung musste gefunden werden.

Im Januar 1896 nahm der Druck von Seiten der Banken und Investoren zu. Hill lebte jetzt in der Furcht, die Deutsche Bank versuche via Adams mehr

Einfluss zu erlangen als er selbst ausüben konnte. Für Hill war dies ein schier
unerträglicher Gedanke. Um seinen Einfluss zu sichern, schlug er einen
neuen Plan für die Sanierung der Northern Pacific vor.[83] Noch bevor das Urteil des Obersten Gerichtshofs erging, das in der Tat Ende März den ursprünglichen Plan für illegal erklären sollte, schrieb Hill im Februar 1896 an
Mount Stephen über eine Sanierung, die das Gesetz umgehen und vielleicht
auch einen Teil der Kritik zum Verstummen bringen würde. Der Plan basierte
weitgehend auf der ersten Vereinbarung, aber statt der Unternehmen sollten
einzelne Persönlichkeiten oder Konsortien die Anteile halten. Dieses Mal
sollte Morgan stärker beteiligt sein. Die Finanzierung würde von einem Konsortium, bestehend aus Morgan und der Deutschen Bank, übernommen werden und umfasste die Zeichnung von 45 Millionen Dollar an Wertpapieren
für die Sanierung und 5 Millionen Dollar für die Verbesserung des Besitzes.
Hill würde nicht Mitglied des Konsortiums sein. Er stimmte jedoch mit Morgan und den anderen Mitgliedern des Konsortiums darin überein, dass er
diejenigen Wertpapiere übernehmen würde, welche die alten Investoren ablehnten. Der Plan sah auch vor, dass alle Klassen des Gesellschaftskapitals
auf die Dauer von fünf Jahren von den Mitgliedern des Konsortiums treuhänderisch verwaltet würden.[84]

Im Februar stellte sich Morgan hinter die Abänderungen der ersten Londoner Vereinbarung und willigte ein, sich selbst an der Sanierung unmittelbar zu beteiligen. Das verärgerte Hill, den noch immer schmerzte, dass die
Great Northern nicht einfach zumindest einen Teil der Vermögenswerte der
bankrotten Linie an sich gebracht hatte. Zum Teil legte Hill dieses Versäumnis Morgan zur Last,[85] der die Sanierung nach dem Muster aufziehen wollte,
das er für die Erie und Reading Eisenbahngesellschaften entwickelt hatte.[86]
Als Morgan im März mit dem Entwurf einer Vereinbarung in Europa eintraf,
ging seine Absicht dahin, mit den anderen Teilnehmern die Pläne endgültig
zu beschließen.[87] Zu diesem Zeitpunkt hielten freilich einige Anleger Northern-
Pacific-Werte auch für einen günstigen Kauf.[88]

Bezeichnenderweise weigerten sich die Finanziers um Hill, obzwar sie
sich an der ersten Vereinbarung beteiligt hatten, zunächst und zumindest
fürs Erste, dem neuen Konsortium beizutreten, ungeachtet des ihnen von
Morgan unterbreiteten Angebots, der Gruppe Anteile in beträchtlicher Zahl
käuflich zu überlassen. Obwohl sie sich ein Vorkaufsrecht vorbehielten, Aktien zu einem späteren Zeitpunkt zu erwerben, ließ ihr anfängliches Zögern,
Verantwortung für die neue Finanzierung zu übernehmen, für die Zukunft
nichts Gutes erwarten.[89]

Um die gleiche Zeit mochte den Finanziers um Hill auch vorgeschwebt
haben, dass sie bei der Northern Pacific auf dem Weg von betrieblichen Vereinbarungen ohne den geringsten zusätzlichen finanziellen Aufwand wesentlichen Einfluss gewinnen könnten. Die Deutsche Bank war von den Bestim-

mungen der Vereinbarung offensichtlich auch nicht angetan. Diese verlangte von der Bank, weiterhin Kapitalanteile an der Northern Pacific zu halten, eine Verpflichtung, für die sich die Bank zu dieser Zeit wenig zu begeistern vermochte.[90] Nichtsdestoweniger stimmte die Bank zu, eine Drittelbeteiligung zu übernehmen und das Konsortium gemeinsam mit Morgan zu führen.

Die potentiellen Gewinne waren durchaus beachtlich. Die Mitglieder des Konsortiums verpflichteten sich, rund 8,9 Millionen Dollar an alten Schuldverschreibungen, 18,7 Millionen Dollar an Vorzugsaktien und 77,5 Millionen Dollar an Stammaktien für einen Preis von 19,9 Millionen Dollar zu kaufen zuzüglich etwaiger auf die Schuldverschreibungen aufgelaufenen Zinsen. Sie sahen sich auch aufgefordert, 3,6 Millionen Dollar einer neuen vierprozentigen, durch erstrangige Grundpfandrechte gesicherten Anleihe und 9,7 Millionen Dollar einer weiteren dreiprozentigen Anleihe zum Zeitpunkt der Ausgabe zu einem Preis von 8,9 Millionen Dollar zu kaufen. Darüber hinaus verpflichteten sich die Mitglieder, im Bedarfsfall weitere Finanzmittel bis zu einer Gesamthöhe von 15 Millionen Dollar gegen einen Zinssatz von 6 Prozent für neue Käufe des Unternehmens vorzuschießen. In der Gesamtheit war freilich den Verpflichtungen des Konsortiums mit 45 Millionen Dollar eine Obergrenze gesetzt. Für ihre Dienste verlangten die Konsortialführer eine Kommission von 6,66 Prozent der Zeichnungssumme.[91] Diese belief sich, Anleihen und Gesellschaftskapital zusammengenommen, auf rund 18 Millionen Dollar (deutlich über 400 Millionen in heutigen Dollar), aufgeteilt auf drei Parteien. Am 1. Januar 1896 waren allein an verschiedenen Schuldverschreibungen der Northern Pacific noch 169 Millionen Dollar in Händen des Publikums.[92]

Der endgültige Plan behielt eine Reihe grundlegender Ziele der Teilnehmer an den Londoner Besprechungen bei. Vorrangiges Ziel war, möglichst viele Werte für die Obligationsinhaber zu erhalten – also mussten Versuche unterbunden werden, Vermögenswerte rasch und unsystematisch zu verkaufen – und den alten Anteilseignern die Kontrolle über das Unternehmen zu entwinden. Zweites Ziel war, neues Kapital anzuziehen. Das erforderte eine Organisationsstruktur, von der sich berechtigterweise annehmen ließ, dass sie Reibungen mit konkurrierenden Strecken in der Region vermied. Zusätzlich zu den finanziellen und sonstigen Bestimmungen änderte das Unternehmen seinen Namen von Northern Pacific Railroad in Northern Pacific Railway.

Im März 1896 schienen schließlich alle Interessenten, die Unternehmensleitung und Zwangsverwalter eingeschlossen, sich mit dem Plan angefreundet zu haben – nur Hill scherte, wie nicht anders zu erwarten, weiterhin aus, da er in dem Plan nur eine flüchtige Zwischenstation auf dem Weg zur völligen Beherrschung der Linie sah. Um die finanziellen und betrieblichen Aussichten der Eisenbahnlinien zu verbessern, setzte der Plan mit seinen Reorganisationsvorschlägen auf vier Ebenen an. Die beiden ersten waren auf betrieblicher und Unternehmensebene angesiedelt, die beiden letzteren waren finanzieller Natur. Erstens würde die Bahn Chicago als ihren östlichen Endpunkt aufgeben, was sie in ihrer Reichweite nach Osten auf den Mississippi und die Großen Seen beschränkte. Damit einher ginge der Verkauf derjenigen Vermögenswerte, die mit diesem Endpunkt zusammenhingen. Zweitens würden die Hauptlinie, die Nebenlinien und die Endstationen mitsamt deren Besitzungen soweit möglich in das Eigentum einer einzigen Gesellschaft überführt und durch deren neue Hypotheken gedeckt werden.[93] Die Kosten sollten gesenkt und größere Aufmerksamkeit darauf gerichtet werden, den finanziellen Verpflichtungen der Gesellschaft nachzukommen.

Das Konsortium stellte eine Reihe von Vorschlägen für die Umschuldung zusammen. Diese umfassten verschiedene Verfahren, alte Schulden in neue zinstragende Instrumente und in Stammkapital umzuwandeln, und die Verheißung von neuem Kapital. Alles zielte darauf ab, die jährlichen Finanzierungsfixkosten der Gesellschaften zu senken und die künftige Kreditwürdigkeit in Zeiten finanzieller Engpässe und für anstehende Verbesserungen zu sichern, deren Gesamtvolumen, verteilt über den Zeitraum der nächsten fünf Jahre, auf 9 Millionen Dollar geschätzt wurde. Bei einem «für Fixkosten verwendbaren Reingewinn» – in etwa vergleichbar mit unserem Betriebsgewinn vor Abschreibung –, der in den vergangenen fünf Jahren zwischen 10,1 Millionen und 4,4 Millionen Dollar geschwankt und einen Durchschnittswert von 7,8 Millionen Dollar erreicht hatte, hielt das Sanierungskomitee feste Finanzierungskosten umsichtigerweise für angebracht.[94]

Die Vereinbarung enthielt viele Vorteile nicht nur für die Investoren, sondern auch für das Unternehmen. Dieses würde seine Ausgaben für den Zinsendienst merklich abbauen können, annähernd 2 Millionen Dollar an neuem Kapital zugeführt und eine Kreditlinie für den Fall eingeräumt erhalten, dass zusätzliche Liquiditätsprobleme auftraten und eine Überbrückung erforderten. Die Obligationsinhaber, die sich dazu entschlossen, bei den Wertpapieren des Unternehmens zu bleiben, erhielten neue Schuldverschreibungen mit einer niedrigeren Nominalverzinsung, aber sie erhielten höhere Nominalwerte für den Schuldposten, in den meisten Fällen auch Vorzugsaktien und in einigen Fällen Stammaktien als Entgelt für die ihnen aufgebürdeten Lasten. Diejenigen Anteilseigner, die bereit waren, zusätzliche Mittel einzuzahlen, hatten eine gewisse Verwässerung ihrer Anteile durch Ausgabe neuen Stammkapitals hinzunehmen, aber sie konnten sich in der schönen Hoffnung wiegen, dass der Umschwung gelingen würde und ihre Aktien in naher Zukunft zumindest wieder ihren Nennwert erreichten. In gewisser Weise blieb keiner Investorengruppe eine große Wahl.

Die Bedingungen der finanziellen Sanierung der Northern Pacific waren kompliziert und verschafften den Obligationsinhabern einige Vorteile. Über-

raschenderweise hatten die Gläubiger aber geringere wirtschaftliche Einbußen hinzunehmen, als erwartet werden konnte. Alle Schuldtitel sollten in
Form einer Erstpfandrechtsanleihe und einer gesamthypothekarisch besicherten Anleihe konsolidiert werden, die 105 bzw. 56 Millionen Dollar umfassten.[95] Die Obligationsinhaber würden sowohl Geld als auch Wertpapiere erhalten, wobei die neuen Schuldtitel 3 Prozent und 4 Prozent brachten, und
dazu noch Vorzugsaktien. Inhaber von Titeln der gesamthypothekarisch besicherten Anleihe würden zum Beispiel 4 Prozent in Geld, 118½ Prozent an
Erstpfandrechtsanleihe und 50 Prozent an Vorzugsaktien für den Nennwert
der von ihnen zurückgegebenen Schuldverschreibungen erhalten. Diejenigen, die sich entschieden, keine neuen Wertpapiere zu nehmen, würden zwingend zu den Bedingungen der alten Anleihe ausgelöst werden, vermutlich
zum Marktpreis und nicht zum Nennwert.[96] Die neuen Schuldverschreibungen würden durch sämtliche Vermögenswerte der Bahn gesichert sein –
Hauptstrecke, Land, Fahrzeuge usw. –, wobei die Inhaber der Erstpfandrechtsanleihe ihren Vorrang behielten. Die neuen Schuldverschreibungen
hatten den weiteren Vorteil, dass sie 100-jährige, unkündbare Instrumente
waren.

Kurz, der rein finanzielle Teil der Sanierung umfasste einen Eintausch
von Schuldtiteln für Schuldtitel, Schuldtiteln für Aktienkapital und Aktienkapital für neues Aktienkapital. Alte Aktionäre würden neues Geld einschießen
müssen, wenn sie ihre Anteile gegen solche an der neuen Gesellschaft eintauschen wollten, während ihr anteiliger prozentualer Besitz halbiert wurde.
Der Plan verdoppelte das in das Unternehmen einbezahlte Kapital, baute
dessen Schuldenlast erheblich ab und führte ihm darüber hinaus über 11 Millionen Dollar an neuen Barmitteln von den alten Anteilseignern zu.

Morgan und die Deutsche Bank vereinbarten, die Wertpapiere der Northern Pacific auf zehn Jahre zu garantieren (d.h. für einen liquiden Markt zu
sorgen) als Gegenleistung für eine Provision und vollständige Information
über die Aktivitäten der Gesellschaften und eine privilegierte Stellung bei
Ausgabe etwaiger neuer Wertpapiere durch die Konvertierung.[97] Für die
Deutsche Bank ging der Sanierungsplan mit erheblichen Kosten und Risiken
einher. Ihre Führungskräfte sahen sich mit vergleichsweise trivialen Entscheidungen der neuen Gesellschaft befasst.[98] Letzten Endes würde die Bank
die meisten der Wertpapiere, die sie gekauft hatte, losschlagen müssen. Das
war nicht immer einfach. Wollte die Bank vermeiden, zum Jahresende über
einen großen Bestand an Schuldverschreibungen zu verfügen, musste sie im
November 1896 ihre Käufe einstellen.[99]

Verständlicherweise konzentrierten sich die Autoren des Plans auf den
Zinsendienst und die voraussichtliche Dividende bei Vorzugsaktien – 6,1 Millionen und 2,9 Millionen Dollar – als Bemessungsgrundlage der Finanzierungsfixkosten, welche die sanierte Firma zu decken haben würde. Des Wei-

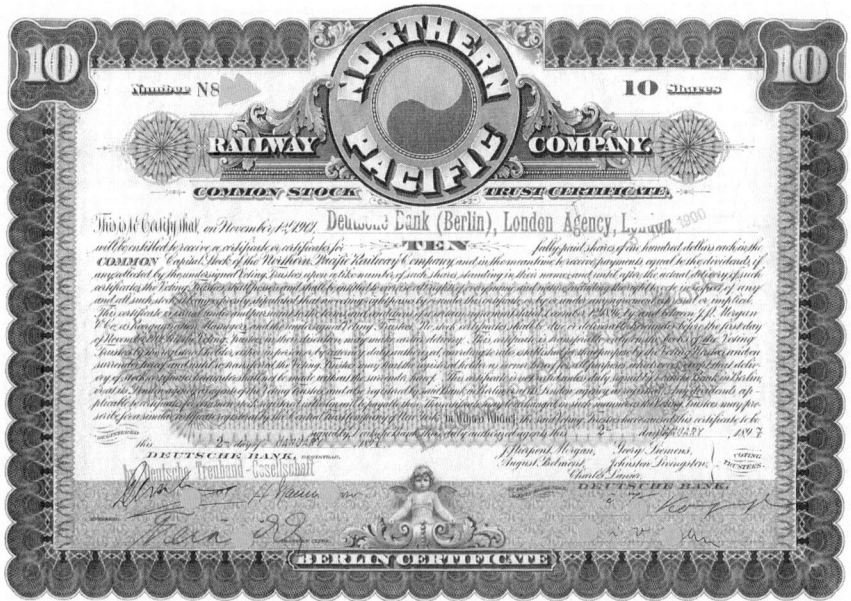

Stammaktien-Treuhandzertifikat der Northern Pacific vom November 1901. Dieses Wertpapier deutet auf interessante Aspekte der Sanierung hin. Nicht nur, dass es einmal der Deutsche Bank Filiale London gehörte, sondern zudem bescheinigte die Deutsche Treuhand-Gesellschaft die Übertragung von Aktien, die daraufhin nach New York gesandt werden mussten. Es war ein Treuhandzertifikat, das dem Inhaber das Recht auf Dividenden und letztlich auf normale Stammaktien gab, gemäß den Bedingungen der Vereinbarungen von 1896, speziell der Abstimmungsgemeinschaft. Es trägt die Namen der Treuhänder: J. Pierpont Morgan, Georg Siemens, August Belmont, Johnston Livingston und Charles Lanier.

teren bedienten sie sich einer interessanten Größe, um Zumutbarkeit und Risiko des Plans abzuschätzen. Alle Schulden, das Gesellschaftskapital, Zinsendienst und Vorzugsdividenden wurden umgerechnet auf ihre Werte pro Meile Bahnstrecke. Die gesamten Bruttokosten wurden durch 4706 Meilen dividiert. In anderen Worten: Jede Meile Bahnstrecke musste einen Betriebsgewinn für die Finanzierungskosten nach folgender Aufschlüsselung abwerfen: 1286 Dollar an Zinsendienst, 616 Dollar an Vorzugsdividenden und 1902 Dollar für Stammaktionäre.[100] Die Teilnehmer schöpften etwas Trost aus dem Umstand, dass der Plan am Ende die jährlichen Finanzierungsfixkosten um nahezu 35 Prozent reduzieren würde.

Die Abstimmungsgemeinschaft

Die Bankiers trafen Vorkehrungen, um Konflikte zu vermeiden, die die Wiedergeburt der Northern Pacific stören könnten. Zusammen mit dem Sanierungsplan bildeten sie eine Abstimmungsgemeinschaft (*voting trust*), in die alle Vorzugs- und Stammaktien (mit Ausnahme derjenigen, die die Direktoren in Händen hatten) eingebracht wurden. Abstimmungsgemeinschaften waren während dieser Periode ein beliebtes Aushilfsmittel, das oft von Morgan eingesetzt wurde, um Unternehmen aus dem Konkurs herauszubringen. Die Aktionäre überließen den Direktoren der Abstimmungsgemeinschaft ihre Stimmrechte im Austausch gegen Treuhandzertifikate, um so Strafzahlungen zu entgehen, die Obligationsinhaber und andere Gläubiger von ihnen möglicherweise in dem Fall erwirken konnten, wenn ein Unternehmen in Konkurs ging. Anders als bei den heutigen Gesellschaften mit beschränkter Haftung bestand damals eine reale Gefahr, dass die Anteilseigner für Schäden haftbar gemacht würden. Die «Morganisierung» der Unternehmen wurde von vielen Aktionären begrüßt, die wünschten, dass ein bankrottes Unternehmen von fähigen Bankiers und einem starken Verwaltungsrat geführt würde, wobei Letzterer, unter Leitung des Bankhauses, weit mehr Kontrolle über die Manager hatte, als dies heute gemeinhin der Fall ist.[101] In den nächsten fünf Jahren wechselten die Geschäfte der Northern Pacific von einer Krise zur nächsten, unterbrochen von zwischenzeitlichen Phasen der Prosperität, Ruhe und Hoffnung, dass eine dauerhafte Lösung gefunden werden könne.

Morgan, Siemens, Belmont, Johnston Livingston und Charles Lanier wurden zu den fünf Stimmrechtstreuhändern ernannt. Um die unabhängige Sanierung und Verwaltung der Besitzung voranzubringen, war vorgesehen, dass ihnen die Anteile übertragen und sie das Stimmrecht auf maximal fünf Jahre ausüben würden. Die Kapitalanteile konnten zu einem früheren Zeitpunkt an die Anteilseigner zurückgegeben werden, wenn die Treuhänder nach eigenem Ermessen zu der Überzeugung gelangten, dass die Rückgabe anstand. Bis zu dem Zeitpunkt, zu dem die vorgesehene Anzahl Aktien des Unternehmens durch die Treuhänder ausgegeben wurde, sollten die Anteilseigner Treuhandzertifikate erhalten, die in New York und Berlin transferierbar waren.[102]

Die Bankiers unternahmen einen weiteren Schritt, um den Erfolg des umstrukturierten Unternehmens sicherzustellen, der geheim gehalten wurde und vor amerikanischen Gerichten keinen Bestand gehabt hätte. Die Übereinkunft, Wettbewerb zu vermeiden, war im April des Jahres von den Parteien in London unterzeichnet worden. Sie wurde auf die Dauer der kommenden fünf Jahre zu einem bedeutenden Streitobjekt und illustriert vielleicht einige der Gefahren einer Kartellbildung im Vergleich zu einer Fusion. Nach

dem Zusammenbruch der ersten Vereinbarung mit der Great Northern infolge öffentlichen Drucks und rechtlicher Auflagen hielten die Teilnehmer
nach anderen Mitteln und Wegen Ausschau, den nachteiligen Effekten eines
mörderischen Konkurrenzkampfes und der Überkapazität einen Riegel vor-
zuschieben. Schließlich stimmten Hill und Mount Stephen zu, alles in ihren
Kräften Stehende zu tun, um die unabhängige Sanierung der Northern Pacific
(d. h. ohne die Great Northern) nicht zu behindern, ja sogar die Obligationsinhaber der Nebenlinien der Northern Pacific davon abzubringen, auf bessere Bedingungen zu drängen. Hierfür würden die beiden «konkurrierenden»
Linien ein dauerhaftes Abwehrbündnis (Kartell) bilden mit dem Ziel, «Wettbewerb» und «aggressive Maßnahmen» zu unterlassen, die geeignet sein
könnten, den «gemeinschaftlichen Interessen der beiden Gesellschaften» zu-
widerzulaufen. Alle Konkurrenzgeschäfte sollten zwischen den beiden Gesellschaften gerecht verteilt werden. Tarifkriege und Frachtratenunterbie-
tung waren grundsätzlich untersagt. Beide Gesellschaften verständigten sich
darauf, im «Hoheitsgebiet» der jeweils anderen keine Geschäfte zu verfolgen.
Sie kamen auch überein, gemeinsam zu verhindern, dass irgendjemand anderes die Kontrolle der Oregon Railway & Navigation Company an sich risse,
und jede andere Linie, etwa die Union Pacific, an der Nutzung der Strecke zu
hindern. Die Vereinbarung sah auch einen gewissen Kapitalbesitz der Great-
Northern-Gruppe an der Northern Pacific vor. Kurz, es handelte sich um eine
Fusion nicht im technischen, betriebswirtschaftlichen Sinn, wohl aber der
Wirkung nach, da einige der wichtigsten Anteilseigner in beiden Gesellschaften identisch sein würden. Die Bankiers boten Hill und Mount Stephen
Anteile an der neuen Northern Pacific zu einem Preis an, der dem besten entsprach, den irgendeiner ihrer Kunden erzielt hatte. Alle Parteien kamen
überein, von ihren Stimmrechten und ihren Stimmrechtsvollmachten nur
nach Abstimmung mit den anderen Parteien und einvernehmlich Gebrauch
zu machen:[103]

> Die vier unterzeichnenden Parteien versprechen, sich nach besten Kräften um
> eine loyale Vertragserfüllung mit der Absicht freundschaftlicher und harmo-
> nischer Arbeit der beiden Systeme zu bemühen, insbesondere mit Beharren
> auf Treu und Glauben auf Seiten der Betriebsbeamten die *von den jeweiligen
> leitenden Beamten und Direktionsgremien festgelegten Vorgaben und Raten
> einzuhalten* [Hervorhebung, C.K.].[104]

Die Vereinbarung schloss mit dem Versprechen, den Inhalt des Dokuments
nicht ohne die Zustimmung der anderen Unterzeichner weiterer Parteien
zur Kenntnis zu bringen.[105]

Wenngleich die Deutsche Bank mit der Sanierung insgesamt ganz zufrieden war, schien sie doch Hills ursprünglichen Ansatz und dessen spätere Versuche, die beiden Linien zusammenzuführen, vorzuziehen. Aber die Bank

Arthur Gwinner um 1896. Gwinner kam in der Mitte der 1890er Jahre mit Bankerfahrung und familiären Verbindungen zur Deutschen Bank, die besonders nützlich waren, um das Stigma des Zusammenbruchs der Northern Pacific zu überwinden und die Glaubwürdigkeit der Bank als Vertreter deutschen Kapitals in den Vereinigten Staaten wiederherzustellen. Seine Beziehung zu Adams half einen – für die meiste Zeit – stetigen Fluss von Geschäften zwischen Deutschland und den USA zu vermitteln, mit weniger «Sturm und Drang» als zu Zeiten Villards. Ähnlich wie Adams hatte auch Gwinner ein breites Spektrum wissenschaftlicher Interessen.

musste Morgans Furcht vor behördlichen Eingriffen respektieren und sah sich gehemmt durch die prekäre Position ihres Repräsentanten bei den anderen Parteien. Im Laufe der nächsten Jahre stießen die Deutschen behutsam einige ihrer Wertpapiere ab, umgekehrt bauten Hill und Morgan ihre eigenen Positionen aus.[106]

Im November 1896 war die Deutsche Bank mit der Wertentwicklung der ihr verbliebenen Northern-Pacific-Anteile recht zufrieden. Der Kurs der Vorzugsaktien lag zwischen 33–34 und 54 und der Preis der Erstpfandrechtsanleihe (*prior liens*) zwischen 83 und 85, wenngleich die europäischen Märkte gegenüber dem amerikanischen Kursanstieg einen gewissen Widerstand zeigten. Die Bank selbst hielt noch bzw. war verantwortlich für 400 000 Stück der Erstpfandrechtsanleihe (40 Millionen Dollar Nominalwert), 250 000 Stück der gesamthypothekarisch besicherten Anleihe (*general liens*) (25 Millionen Dollar Nominalwert) und 72 000 Stück Vorzugsaktien (7,2 Millionen Dollar Nominalwert), bei denen Hill ein Vorkaufsrecht auf 6250 Stück hatte.[107] Aber die Probleme waren noch nicht vorbei.

Als der Plan Gestalt annahm, entsprachen die Herangehensweisen von einigen der Partner bemerkenswerterweise nicht den Stereotypen ihrer nationalen Geschäftskulturen. Die Deutschen waren anscheinend eher bereit, eine wirkliche vollständige Fusion hinzunehmen; Morgan, der jetzt wesentlich stärker beteiligt war, bestand darauf, es beim Kartell und der Abstimmungsgemeinschaft zu belassen, bei der die beiden Linien unabhängig blieben. Weniger als ein Jahr nach Zustimmung zu den Auflagen des Sanierungsplans und dem geheimen Londoner Protokoll begann Hill, seinen direkten Einfluss auf die Northern Pacific auszuweiten, und die Spannungen mehrten sich. Womöglich wegen der Entfernung zu den amerikanischen Behörden unterstützte die Deutsche Bank Versuche, die beiden Linien zu fusionieren, solange gewisse Grundsätze aus früheren Abkommen gewahrt blieben.

Einige Tage nach der ersten Generalversammlung der umorganisierten Gesellschaft fühlte Mount Stephen bei Gwinner vor, ob die Deutsche Bank weiterhin letztlich die Fusion der beiden Vermögensmassen favorisiere. Gwinner erwiderte, die Deutsche Bank habe nichts dagegen, dass Hill einen größeren Brocken des Kapitals der Northern Pacific übernehme, um mehr Einfluss zu gewinnen, allerdings gebe es Beweise, dass Hill die Abmachung verletze und die Gewinne der Northern Pacific untergrabe. Er erkannte Hills geschäftliche Fähigkeiten an und sah eine Vergrößerung seines Anteils an der Northern Pacific als die beste Möglichkeit, sowohl Konflikte als auch das Risiko der Bank zu verringern.[108]

Aber verständlicherweise bewegten zwei Sorgenpunkte die Führung der Deutschen Bank. Sie fürchtete, Hill entziehe sich der Verpflichtung, den Wettbewerb zu drosseln, und sie fürchtete die öffentliche Bekanntgabe der Klauseln der Londoner Vereinbarung, die zu einem Großteil angebahnt worden war, um die öffentlichen und rechtlichen Hindernisse zu umgehen, die einer Fusion entgegenstanden. Gwinner bat Mount Stephen inständig, dieser möge seinen Einfluss geltend machen, dass Hill seine «Prahlerei» über die Verständigung einstelle wie auch neue Erweiterungsprojekte der Great Northern ohne vorherige Rücksprache mit Adams unterlasse. Mount Stephen war anscheinend gleicher Meinung wie sein deutscher Kollege und billigte sogar dessen Wunsch, dass alle Aktientransaktionen in Europa und damit fernab von neugierigen Journalisten getätigt werden sollten, die herausposaunen könnten, dass die Great-Northern-Gruppe im Begriff stehe, Anteile an der Northern Pacific von dem Konsortium zu kaufen.[109] Hill die Kontrolle der beiden Linien zu übergeben, würde die Bank gleichermaßen von dem finanziellen Risiko befreien wie auch die Gefahr einer Bloßstellung und eines Antitrust-Verfahrens ausräumen, falls die Einzelheiten der Zusammenarbeit der beiden Linien publik würden.

Hills Erwartung, endlich bestimmenden Einfluss bei der Northern Pacific zu erhalten, nahm im nächsten Jahr zu. Dies war seit mindestens zwei Jahren sein vorrangiges geschäftliches Ziel. Selbst der Londoner Markt, der sich für die Great Northern nicht gerade hatte begeistern können, zeigte vorsichtiges Interesse, die Eigentümerschaft der beiden Eisenbahnen zu verbinden. Adams, der im Unterschied zu Gwinner anscheinend von der Zweckmäßigkeit, Hills Einfluss zu steigern, nicht überzeugt war, empfahl, einige Northern-Pacific-Anteile der Deutschen Bank Morgan, James Stillman von der National City Bank of New York oder William Rockefeller, dem jüngeren Bruder von John D. Rockefeller, als Gegengewicht gegen Hill anzubieten. Nichtsdestoweniger erwarb Ende Januar die Hill-Gruppe 26 Prozent des Nominalkapitals der Gesellschaft für insgesamt 7,5 Millionen Dollar und hielt nunmehr 41,3 Prozent der Stammaktien der Northern Pacific.[110]

Mount Stephen, zurück in London, beteuerte, über die genauen Pläne seines Freundes nicht informiert zu sein, und bekundete, er glaube an dessen Fähigkeiten. Allerdings wurde er verständlicherweise allmählich doch nervös. Er schrieb, er befinde sich in grundsätzlicher Übereinstimmung mit Gwinner und Siemens, dass die Zusammenlegung der Aktivitäten beider Gesellschaften die beste Aussicht biete, die beiden Linien rentabel zu machen. Hill hatte versichert, er könne aus der Northern Pacific zusätzliche 2 Millionen Dollar und weitere 1 Million Dollar aus der Great Northern an betrieblichem Gewinn herauspressen.[111]

Aber die Bestellung der Geschäftsführung brachte die Investoren schon bald in einen offenen Konflikt. Edwin Winter, der erste Präsident der sanierten Linie, schied aus; offensichtlich hatte Hill nachgeholfen. Mit Rückendeckung der europäischen Investoren wollte Hill Winter Anweisungen erteilen.[112] Monatelang stritten sich die Teilhaber, wer Winter nachfolgen solle. Hill legte sich für Daniel Lamont, damals Kriegsminister, ins Zeug, Morgan für Charles Mellen, einen erfahrenen Eisenbahner, allerdings ohne eigenen Besitz und nicht allgemein gelitten.[113] Morgan setzte sich durch, und Lamont übernahm den Posten des Vizepräsidenten. Morgan war auf Hill wütend, weil dieser Winter ausgebootet hatte, den Morgan sehr schätzte. Auch vergab er Adams nicht, der angeblich etwas zu Winter hatte durchsickern lassen, was diesem stolzen erfahrenen Eisenbahner den Rest gegeben hatte. Die Briefe enthalten keinen Hinweis, was Adams sagte. Seine Indiskretion trug jedoch zu Morgans Entscheidung bei, Adams im Herbst als Vorsitzenden des Direktoriums zu entfernen, worauf noch eingegangen wird.[114] Adams selbst beschuldigte Ives, seine Beziehung zu Morgan vergiftet zu haben.[115] Im Mai 1897 gab Ives örtlichen Zeitungen Interviews, die für seine Sicht der Lage bei der Northern Pacific warben. Die Atmosphäre wechselseitiger Schuldzuweisungen muss die Nerven aller Beteiligten strapaziert haben.[116]

Aufgrund der Vorbehalte Hills kam Mellen erst zum Ende des Sommers auf seinen neuen Posten. Vermutlich hat diese Verzögerung in der Führung des Unternehmens ein Chaos angerichtet.[117] Mellen, Jahrgang 1851, stammte aus Lowell, Massachusetts. Zur Northern Pacific kam er, nachdem er 28 Jahre lang in einer Vielzahl anderer Unternehmen und Funktionen gearbeitet und

Erfahrungen gesammelt hatte, zuletzt als Vizepräsident der New York-New Haven Eisenbahngesellschaft. Im Westen hatte er allerdings noch nie zuvor gearbeitet.[118] Nach einem Brief an Adams zu urteilen, erkannte Mellen bald, dass er in eine Schlangengrube gefallen war und kein Seil hatte, um wieder herauszukommen. Er wandte sich an Adams und fragte ihn um Rat. Diese Praxis sollte er über viele Jahre beibehalten, wenngleich Charles Coster, die rechte Hand von Morgan, sein engster Vertrauter war.[119]

Im Sommer 1897 waren Gwinner, dem die unzulängliche Rentabilität Sorgen machte, und seine Kollegen in Berlin noch stärker darauf aus, dass die Eisenbahnen im Westen, an denen sie Beteiligungen hielten, enger zusammenarbeiteten. Trotz größerer Bevölkerungsdichte und einer besseren Frachtklasse war die Rentabilität bei der Northern Pacific geringer als bei der Great Northern, wobei allerdings eingeräumt wurde, dass diese Differenz zum Teil durch unterschiedliche Buchhaltungssysteme zustande gekommen sein mochte. Gwinner machte sich große Hoffnungen, dass dies richtiggestellt werden könne. Die Linie war in bester Verfassung. Die Zwangsverwalter hatten riesige Investitionen getätigt, um den Zustand des Gleiskörpers zu verbessern. Gwinner war der Auffassung, dass einheitliche Standards bei der Ausstattung, den Gerätschaften und in den Methoden erheblich beitragen könnten, die Rentabilität weiter zu verbessern, und er riet, das Unternehmen solle die gleichen Verfahren wie die Great Northern anwenden, die als Branchenführer galt.[120]

Selbst innerhalb der Abstimmungsgemeinschaft ließen sich jedoch viele neue und alte persönliche Antagonismen nicht überwinden. Gwinner hatte den Eindruck, dass Ives Zwietracht zu säen versuchte, aber Morgan teilte diese Besorgnis nicht. Um die früheren Direktoren und Eigentümer der Northern Pacific zur Zusammenarbeit zu bewegen und ihr Einverständnis zur Sanierung zu erlangen, hatte Morgan ihnen im Vorfeld viele Zugeständnisse gemacht, ihnen auch zugesichert, die Eisenbahnlinie würde von Hills Interessen unabhängig bleiben. Allerdings kannten einige Partner Morgans dieses Versprechen anscheinend nicht. Andererseits sorgte der Weggang von einigen Managern der Northern Pacific, der offenbar infolge von Konflikten mit der Hill-Gruppe erfolgt war, bei der Morgan-Gruppe für Verstimmung.[121]

Im Juni 1897 hielt Hill es für dringlich, sich an Mount Stephen mit dem Vorwurf zu wenden, Morgans Unnachgiebigkeit überfordere seine Geduld und verursache dem Objekt jährlich Kosten von 2,5 Millionen Dollar infolge nicht eingehaltener Zusagen.[122] Mount Stephen und Gwinner versuchten zu vermitteln und Hill dafür zu gewinnen, die Ruhe zu bewahren und etwas Verständnis für Morgans Haltung aufzubringen. Andernfalls würde dies die Spannungen nur noch weiter anheizen und das sei für keine Seite von Vorteil.[123] In Hills Augen agierten Morgans Leute befremdlich. Sie ließen zu, dass Gefühle und Versprechungen an Ives und die alten Aktionäre ein gutes Geschäft trübten, d.h. den Plan in Mitleidenschaft zogen, zur Reorganisation der Northern Pacific die Finanzinteressen der Investoren beider Eisenbahngesellschaften durch einen Aktientausch oder ein Dividendenabkommen zusammenzuschließen.[124] Hill zufolge hatte Morgan trotz seines Vertrauens in Hills Kompetenz «gefühlsmäßige Vorbehalte» gegenüber einer – wie Morgan es nannte – «unabhängigen Reorganisation», selbst wenn das Objekt dadurch eine große Last zu tragen haben würde.[125]

Vieles war letzten Endes eine Frage der Persönlichkeiten und der geographischen Entfernung. Da die meisten Beteiligten vom umkämpften Objekt weit entfernt waren – Hill war der einzige Aktionär, der selbst im Mittleren Westen ansässig war –, kam der Auswahl des Präsidenten und Direktoriums der Eisenbahngesellschaft offenkundig überragende Bedeutung zu. Ungeachtet ihrer langen Verbindung und früheren Vertrautheit hatten Morgan und seine Leute am Ende für Adams nur Verachtung übrig, ein Problem, das viele der Beteiligten beunruhigte. Morgan konnte geteilte Loyalitäten nicht ertragen. Auch missfiel ihm die Vorstellung einer starken Persönlichkeit im Direktorium, die mit seinem eigenen Machtanspruch auf Kollisionskurs gehen könnte. Die Deutsche Bank hätte es vermutlich gern gesehen, wenn Hill den Posten übernommen hätte; Morgan hatte jedoch in der Abstimmungsgemeinschaft die beherrschende Position und wollte davon nicht abgehen. Adams stand zwischen seinem Dienstherrn und dem mächtigsten Bankier Amerikas, der darauf bestand, unabhängig von irgendeinem äußeren Einfluss seinen Weg zu verfolgen. Adams zufolge war Morgan über Hill, die Deutsche Bank und Adams aufgebracht, da sie alle seine beherrschende Position und seinen Ruf zu untergraben versuchten. Zwar hielt Adams auch weiterhin zu seinen deutschen Dienstherren eine enge Beziehung aufrecht, aber sein Durchsetzungsvermögen und seine Effizienz bei der Regelung der Schwierigkeiten des Unternehmens waren eingeschränkt.[126] Morgan, der abstritt, jemals Hill oder sonst jemandem die Kontrolle versprochen zu haben, machte sich nun erneut daran, die Abstimmungsgemeinschaft beisammenzuhalten und sich mit der gesamten Situation zu befassen.[127]

In welchem Ausmaß Hill dazu beitrug, die Position von Adams zu schwächen, ist unklar. Hill versicherte zwar, er schätze Adams als einen «hart arbeitenden, hellsichtigen Geschäftsmann», aber seine Konflikte mit den Leuten Morgans hatten für die Gesellschaft anscheinend zu viele Reibungsverluste zur Folge, so dass sich die Hoffnungen der Investoren nicht realisierten. Zutreffend sagte Hill voraus, Morgan werde versuchen, Adams so rasch wie möglich aus dem Direktorium herauszudrängen, womöglich bereits bei der nächsten Generalversammlung, und dies ohne Rücksicht auf den Erfolg der Sanierungsmaßnahmen und ungeachtet der Unterstützung von Adams durch Berlin.[128] Mount Stephen gegenüber gestand Hill ein, dass die Ablösung Adams' ein Fehler und eine Ungerechtigkeit sein würde. Spätestens im August 1897 war Hill dann jedoch zu der Überzeugung gelangt, dass Adams' Beziehung zu Morgan für Northern Pacific und für seine eigenen Pläne zu einer erheblichen Belastung geworden war. Wenngleich Hill persönlich den von Morgan und dessen Verbündeten Adams nunmehr unterstellten Mangel an geschäftlicher Integrität nicht hatte ausmachen können, glaubte er, dass die fehlende Harmonie zwischen Adams und der Morgan-Gruppe viel Unheil anrichte.[129] Es mag sich hierbei für Hill um einen willkommenen Vorwand gehandelt haben, jemanden loszuwerden, der sich seinen Plänen widersetzt hatte. Mount Stephen versicherte gleichwohl, zumindest in seiner Mitteilung an die Deutsche Bank, dass er sich an dem Hinausdrängen von Adams so lange nicht beteiligen werde, wie dieser Repräsentant der Deutschen Bank sei. Er werde Adams selbst dann unterstützen, wenn Hill einen Wechsel empfehle.[130]

Für die Deutsche Bank warfen diese Kontroversen besondere Schwierigkeiten auf. Zwar waren die meisten Beteiligten weit weg, aber am weitesten vom Kampfplatz entfernt waren die deutschen Manager. Gegen Ende des 19. Jahrhunderts durchlief die Bank selbst eine Expansion ihres Kapitalstocks und absorbierte eine Reihe von Provinzbanken, was den Einsatz eines erheblichen Teils ihrer Reserven für diesen Zweck erforderlich machte.[131] Der Druck, Adams zu entfernen, nahm im Frühling und Sommer 1897 zu. Schließlich gab die Deutsche Bank klein bei. Angesichts der abgeschlossenen Reorganisation und Wiedererlangung eines Großteils der von deutschen Anlegern investierten Mittel stimmte die Bank im Oktober 1897 dem Plan zu, dass Adams zunächst (zur Wahrung des Gesichts) als Vorsitzender wiedergewählt werden, dann jedoch die Wahl ablehnen sollte.[132]

Aus rechtlichen und anderen Gründen war es zweifellos notwendig, die Unabhängigkeit der Gesellschaft zu bewahren, aber auch Reibungen zu vermeiden war äußerst wichtig. Adams war nur ein Teil des Problems. Gwinners Bemerkungen nach zu schließen, war Morgan zwar grundsätzlich und auf lange Sicht mit einer Fusion einverstanden, ihm widerstrebte jedoch, den Gang der Dinge zu überstürzen, d. h. mehr Integration zwischen den beiden Gesellschaften zuzulassen.

Anders dachten die deutschen Anteilseigner, unter denen 1897 Ungeduld aufkam. Wenngleich mit Rücksicht auf die behördlichen Hindernisse vorsichtig, teilte die Deutsche Bank doch Hills Sichtweise, dass die gegenwärtige Geschäftsleitung ein fortwährendes Hemmnis darstellte, da sie sich weigerte, alles in ihren Kräften Stehende zu tun, um enger mit Hill zusammenzuarbeiten – eine Sichtweise, die Mount Stephen durchaus teilte. Der Wunsch aller Parteien, die betriebliche Leistungsfähigkeit zu steigern und Preiskriege zu vermeiden, erforderte vermehrte Zusammenarbeit. Die Kontrolle der Vermögenswerte beider Gesellschaften lief zwar zweifellos auf eine Wettbewerbsbeschränkung hinaus, würde aber möglicherweise nicht mit dem Sherman-

Anti-Trust-Gesetz in Konflikt kommen und annähernd das gleiche Ergebnis bringen. In zunehmendem Maße sah Hill in der Abstimmungsgemeinschaft und dem amtierenden Management die eigentliche Wurzel des Problems.[133] Freilich, selbst unter der Konstruktion der Abstimmungsgemeinschaft war die Gefahr behördlicher Eingriffe für das Management nicht beseitigt.[134]

Kampf der Titanen

Trotz eines großen Aktienpakets und der stillschweigenden Unterstützung seitens der Deutschen Bank gelang es Hill einige Jahre nicht, Morgans Willen zu brechen. Hills Taktik wechselte. Zunächst drohte er, dann setzte er seine Drohungen in die Tat um, mehr Aktien der Northern Pacific zu erwerben oder umgekehrt sein Paket abzustoßen. Konflikte mit anderen Eisenbahngesellschaften und eine florierende Wirtschaft lenkten die Beteiligten ab oder ließen das Gefühl der Dringlichkeit schwinden. Obgleich die Abstimmungsgemeinschaft offenkundig kein Allheilmittel war, um Konflikte aus der Welt zu schaffen, manche sogar erst veranlasst hat, lehnte Morgan es bis zum Ende des Jahrhunderts ab, rechtliche Mittel zu finden, um sie auszurangieren. Sie führte tatsächlich zu einer gewissen Koordination des Geschäfts und zu Verbesserungen im Betrieb. Ungeachtet der scheinbar endlosen internationalen Kämpfe um Personalfragen, Verfahren, Preistarife und Finanzierungsmodalitäten standen beide Eisenbahngesellschaften und deren Aktionäre 1899 weit besser da als zuvor.

Anders als viele Berichte nahelegen, die eine Zusammenarbeit zwischen Hill und Morgan sehen, war die Beziehung zwischen beiden, solange die Abstimmungsgemeinschaft bestand, überwiegend äußerst angespannt. Von Charles Coster, dem Partner und großen Spezialisten für Sanierungen, Anweisungen zu erhalten war für Hill anscheinend besonders unerträglich. Er ärgerte sich über die Absicht der Northern Pacific, Strecken zu bauen, die mit seinen eigenen konkurrieren würden, was offenkundig gegen die Absicht der Londoner Vereinbarung und die Interessen aller beteiligten Parteien verstieß, und er war des Wartens müde. Er begann zu drohen. Wenn die Lage keine Bereinigung erführe, würde er seine Aktien zu dem gegenwärtig aufgeblähten Preis auf den Markt werfen.[135]

Binnen einer Woche ließ Morgan Hill eine ausführliche Erwiderung zukommen (30 Seiten, vielleicht von Coster verfasst). In dieser Management-Abhandlung erscheint Morgan wie eine Kreuzung zwischen dem «Schrecken der Wall Street» und einem schimpfenden Volksschullehrer. Er kanzelte Hill für eine Fülle von «Sünden» ab, die von salopper Buchführung bis zu einem fehlerhaften Gedächtnis reichten. Zwar erkannte auch Morgan an, dass eine größere Änderung notwendig sei, aber er fand weder Hills Vorschläge aus-

Die Stellung der Northern Pacific gegenüber ihren Konkurrenten hing stark von ihrem Zugang zum Pazifik und zu den Großen Seen ab. Die rivalisierenden Gesell- schaften bekämpften sich wegen des Baus oder der Pacht von Zweigstrecken und der kürzesten Strecke zum Meer. Villard wie auch Hill träumten von einem Transport- Imperium, das Bahnen und Schifffahrt umfasste. Die Aufnahme entstand 1885 am Willamette River nahe Portland, Oregon, und zeigt die Elemente dieses möglichen Verbundes.

reichend, noch hatte er selbst einen Plan. Er bemühte sich, Hills Gedächtnis aufzufrischen. Tatsächlich sei das Vorhaben, dass die Great Northern eine Mehrheitsbeteiligung an den Stammaktien der Northern Pacific erwerben solle, im Juni 1895 die Grundlage der ursprünglichen Londoner Vereinba- rung gewesen. Nur habe sich das als undurchführbar erwiesen, und darauf- hin sei 1896 die unabhängige Sanierung in Angriff genommen worden. Diese erforderte die Bildung einer Abstimmungsgemeinschaft, in die beide Gruppen von Wertpapieren eingebracht werden sollten, um so sicherzustellen, dass die Northern Pacific unabhängig von der Einflussnahme der Great Northern bleibe. Die zweite Londoner Vereinbarung vom April 1896, die von allen Be- teiligten unterschrieben worden sei, beginne mit einem Passus, der aner- kenne, dass die erste Vereinbarung hinfällig sei und dass die Sanierung so durchgeführt werden solle, dass die Northern Pacific unabhängig von der Great Northern und sonstigen möglichen Interessenten bleiben solle.[136]

Morgan unterstrich, Hill sei bei verschiedenen Gelegenheiten darauf hin- gewiesen worden, dass ihm während der Dauer der Abstimmungsgemein- schaft nicht gestattet werden könne, den bestimmenden Einfluss bei Northern Pacific zu übernehmen. Dessen ungeachtet hätten alle Parteien allerdings ausdrücklich ihren Wunsch bekundet, dass die Northern Pacific und die Great

Northern «in Harmonie arbeiten» sollten. «Harmonie» bedeute jedoch nicht, dass Hill die führenden Manager der Gesellschaft auswähle. Die Gesellschaft habe bereits eine Dividende auf Vorzugsaktien ausgeschüttet und werde in Kürze auch eine kleine Dividende auf Stammaktien auszahlen. Morgan wies den Vorwurf Hills rundweg zurück, die Northern Pacific baue Strecken, die dessen Interessen verletzten.[137] Obwohl jedermann im Prinzip zustimmte, dass Zusammenarbeit unerlässlich sei, zogen sich die Kabbeleien, welche Linien gebaut werden sollten, wer wen auszubooten versuchte und wie lange die Abstimmungsgemeinschaft Bestand haben sollte, noch länger als ein Jahr hin.

Als sich die von ihm angestrebte Kontrolle nicht durchsetzen ließ, verschlechterten sich im Spätherbst des Jahres 1898 Hills Beziehungen zu den Managern der Northern Pacific und anderen merklich. Mittlerweile war es ein offenes Geheimnis, dass zwischen Morgans Leuten, insbesondere Coster, und Hill «große Verbitterung» herrschte. Während Adams noch hoffte, nicht in den Streit hineingezogen zu werden, so dass er die ihm von der Deutschen Bank gestellten Aufgaben erfüllen könne, fürchtete er doch zugleich, dass ein Kampf zwischen dem Bankhaus Morgan und Hill, den beiden am stärksten involvierten Interessenten, unvermeidlich sei. Coster erhob den Vorwurf, dass seitens der Great Northern die Zeitungen benutzt würden, um ihre Angriffe zu unterstützen. Von Informanten, die er für zuverlässig hielt, wurde Adams zugetragen, dass Hill derzeit noch weniger «kontrollierbar» sei als je zuvor und nicht davor zurückscheue, selbst Politiker heranzuziehen, um seinen Vorstellungen von der sogenannten Überkapitalisierung und Reduktion der Dividenden bei der Northern Pacific mehr Nachdruck zu verleihen. Abschließend hielt Adams fest: «Mr. Hill wird nicht Ruhe geben und sich seinen eigenen Geschäften zuwenden, sondern wird seine Angriffe solange fortsetzen, bis er sich die Kontrolle bei der Northern Pacific gesichert hat, oder – wie einige es ausdrücken – ‹in die Irrenanstalt geht›».[138] Die Atmosphäre von Missgunst, Argwohn und Verdächtigungen, die zwischen den Managern der beiden Eisenbahngesellschaften herrsche, würde, wenn niemand gegensteuere, beide Seiten schließlich ins Verderben stürzen.[139] Mount Stephen verteidigte Hill zwar weiterhin, aber für viele Hauptbeteiligte, darunter die Deutsche Bank, muss der Versuch, die Lage zu verstehen und aus großer Entfernung die Dinge ins Gleis zu bringen, sehr enttäuschend ausgefallen sein.[140]

In Verteidigung der Abstimmungsgemeinschaft brachte Adams, der auch nach seinem «Rückzug» als Vorsitzender des Northern-Pacific-Direktoriums weiterhin die Interessen der Deutschen Bank vertrat, vor, die amerikanische öffentliche Meinung wünsche diese als Mittel, um in Einklang mit der Entscheidung des Obersten Gerichts die Unabhängigkeit der Eisenbahngesellschaften aufrechtzuerhalten – ein befremdliches Argument angesichts der

Art und Weise, wie die beiden Gesellschaften «den Wettbewerb beschränkten». Die Abschaffung der Abstimmungsgemeinschaft käme einem Vertrauensbruch gleich, insbesondere gegenüber den Wertpapierinhabern der Northern Pacific, die darauf setzten, dass sie mindestens die vorgeschriebenen fünf Jahre (bis zum 1. Dezember 1901) Bestand habe als Puffer gegen konkurrierende Eisenbahngesellschaften, die durch eine aggressive Preispolitik Einfluss auf die Ertragslage der Northern Pacific nähmen. Adams berichtete, vermutlich durchaus zutreffend, dass Hill dies niemals akzeptiert habe und Adams gegenüber daraus auch keinen Hehl gemacht habe. Hill sei unermüdlich und willens zu prozessieren oder auf Änderungen des Gesetzgebers zu drängen, um eine Korrektur des Arrangements herbeizuführen. Allerdings glaubte Adams, dies würde nicht nur keinen Erfolg haben, sondern die Atmosphäre weiter vergiften und den Gesellschaften jegliche Möglichkeit rauben, in freundschaftlicher Weise zusammenzuarbeiten. Adams zufolge hatte Hill sich sogar auf eine neue, skrupellose Taktik verlegt, durch feindliche Presse und Manipulation der Northern-Pacific-Aktien Druck auf Morgan in der Hoffnung auszuüben, so seinen Willen durchzusetzen. Dies alles habe zwischen den Parteien die Gefühle in Wallung gebracht, welche gemäß dem Rat der Londoner Investoren, die Freunde Hills seien, nur dadurch besänftigt werden könnten, dass die Parteien sich darauf verständigten, Hill die Kontrolle einzuräumen; eine Lösung, die Adams freilich für undurchführbar hielt. Zu dieser Zeit scheinen die persönlichen Beziehungen zwischen Hill und Adams sehr angespannt gewesen zu sein. Hill hatte seine Besuche bei Adams eingestellt. Überdies hatten die beiden großen Magnaten, Hill und Morgan, ihre grundsätzliche Position in der Sache festgelegt. Die Angelegenheit war ins Persönliche umgeschlagen, es ging nicht mehr ums Geschäft.[141]

Adams bemühte sich in Fragen der personellen Situation, eine ausgewogene Darstellung beizubehalten. Er fand Mellen zuweilen überaus ehrgeizig und etwas halsstarrig, aber insgesamt recht fähig. Dessen Unruhe, über die sich Adams verschiedentlich ausließ, resultierte aus dem Wunsch, die Northern Pacific auszubauen. Mellen, der sich, ganz wie Hill, längere Zeit mit Eisenbahnen befasst und deren Entwicklung verfolgt hatte, war davon überzeugt, dass in den nächsten Jahren größere Eisenbahnnetze entwickelt werden müssten. Gesellschaften mit 15 000 Meilen oder weniger würden sich nicht länger behaupten können, da die Fixkosten zu hoch waren und nicht verkraftet werden konnten. Die Northern Pacific würde nicht nur ihre Linien zu straffen und sich ein westliches Wirkungsfeld zu erschließen haben, sie würde auch mit Eisenbahnlinien im Osten zusammengehen müssen, etwa mit der St. Paul Gesellschaft, die von William Rockefeller und dessen Familie kontrolliert wurde. Mellen hatte einen schweren Stand. Er war von Morgan mit Hills Zustimmung eingestellt worden. Wie Adams berichtete, hatte Hills Bruder noch vor dem Ablauf von zwei Wochen öffentlich seine Geringschätzung Mellens bekundet, und dies geschah nur kurze Zeit, nachdem er der Morgan-Gruppe versichert hatte, die Hill-Gruppe bringe Mellen Vertrauen entgegen.[142] Mellen, der seine Familie in New Haven, Connecticut, verlassen hatte, um die Arbeit auf dem neuen Posten in St. Paul anzutreten, schlug sein Quartier zunächst im Hotel auf und lebte dort ohne viele soziale Kontakte. Die Unterstützung seitens seiner Direktoren war nicht einhellig, was Hills Einfluss widerspiegelte. Insbesondere die Unterstützung durch Morgan, von dem Mellen wegen künftiger Aufgabenzuweisungen ebenfalls abhängig war, war für ihn entscheidend. In vieler Hinsicht waren ihm die Hände gebunden. Nichts konnte er ohne vorherige Zustimmung Costers ins Direktorium bringen, und manche der üblichen Verwaltungsaufgaben wie etwa das Finanzwesen hatte Coster seiner Kontrolle entzogen.[143]

Im Winter 1898/99 ließ dann jedoch der Druck etwas nach. Zu der Überzeugung gelangt, dass die Vereinigung der Northern Pacific mit der Great Northern keine gangbare Alternative mehr war, verkauften Hills Freunde ihre Northern-Pacific-Stammaktien, behielten allerdings ihre Vorzugsaktien. Adams' Beziehung zu Morgan verbesserte sich. Dessen ungeachtet entschied Gwinner jedoch, sich bei wichtigen Angelegenheiten direkt an die Leute Morgans zu wenden – in der Hoffnung, so ihrem Argwohn zuvorzukommen, der der tiefere Grund für Morgans Feindseligkeit gegenüber Adams gewesen sein mag.[144] Adams war mit dieser Entscheidung anscheinend unter der Bedingung einverstanden, dass Coster in Angelegenheiten von beiderseitigem Interesse, auch bei Problemen mit Hill, ihm die Sachfragen zur Begutachtung und Beratung unterbreiten würde.[145]

Eine Zeitlang unterwarf sich Hill den Präferenzen der Bankiers. Zu dieser Zeit war es jedoch sogar noch wichtiger als zuvor, die in der Londoner Vereinbarung festgehaltene Strategie weiterzuverfolgen. Die beiden Gesellschaften kontrollierten de facto alle Eisenbahnlinien in den sieben großen nordwestlichen Staaten der USA. In einem Schreiben an Coster betonte Hill: «Es gibt nirgendwo sonst eine solche Gelegenheit, den dauernden Schutz, die Sicherheit und die Vorteile zu erlangen, die sich hier bieten.»[146]

1899 schnitt die Northern Pacific in ihrem Wettbewerb mit der Great Northern in einigen Regionen sehr gut ab.[147] Nur einen Monat nachdem Adams die guten Neuigkeiten über das Transportvolumen berichtet hatte, brach jedoch ein neuer Tarifkrieg aus, der wieder einmal das Gedeihen und die Gewinne der Great Northern und der Northern Pacific gefährdete.[148] Mellen zufolge hatte Hill seit dem 1. Januar seine Frachttarife gesenkt in der Absicht, so Postaufträge von der Northern Pacific abzuziehen und auf die Great Northern umzulenken. Obwohl, wie Mellen feststellte, die Tarifsenkungen eigentlich unnötig waren, hätten sie den Personenreiseverkehr effektiv vermehrt und die stärkere Nutzung der Eisenbahn hätte die Preisreduktionen ausgeglichen.[149]

Hills Begeisterung und Einsatz für die Vereinigung der beiden Gesellschaften war zeitweilig auch noch durch andere Faktoren gedämpft. Günstige staatliche Tariffestlegungen, höhere Gewinne und der Anstieg bei den Aktienkursen der Gesellschaften trugen das ihre bei, die Entscheidung über die Fusion bis nach der Jahrhundertwende auszusetzen. Trotz höherer Kapitalaufwendungen zahlte die Northern Pacific höhere Dividenden. Gleichwohl fürchtete Gwinner, die Hill-Gruppe würde immer wieder versuchen, ihre Anteile an der Northern Pacific unterzubewerten, egal welche neue Struktur für die Umwandlung von Schulden in Beteiligungen vorgeschlagen würde.[150] Aber unter der Oberfläche rumorte es, neue Auseinandersetzungen standen ins Haus.

Die Geschichte der Versuche, die westlichen Eisenbahnlinien zusammenzuschließen, und der Beteiligung der Deutschen Bank daran war noch nicht beendet. Zwar ging es beiden Eisenbahngesellschaften merklich besser, aber nahezu ein jeder hoffte, beide Unternehmen könnten noch viel bessere Ergebnisse einfahren. Mount Stephen berichtete Gwinner, dass Hill, der Eisenbahnmagnat, während einer zwölfstündigen Wanderung über nichts anderes habe sprechen können. Er sei geradezu «randvoll» mit Zukunftshoffnungen. Die Bewertung der Pläne setzte solide Kenntnisse des Terrains voraus, die vielen Investoren abging. Mount Stephen glaubte, «andauernder Friede und Harmonie» ließen sich «solange nicht erreichen, wie die beiden Objekte nicht tatsächlich in der Hand eines und desselben Eigentümers» seien, wie dies bereits Siemens als Erster fünf Jahre zuvor angesprochen hatte. Mount Stephen war der festen Überzeugung, Hills Ruf als überragender Eisenbahnadministrator sei wohlverdient und er werde die Gesellschaft dauerhaft auf eine solide Basis stellen.[151] Im Dezember 1900 hielt Mount Stephen, dessen Glaube an Hills administrative Fähigkeiten ungebrochen war, persönlich 6000 Stamm- und 1000 Vorzugsaktien der Northern Pacific, und er beabsichtigte, wie er Gwinner wissen ließ, seinen Anteilsbesitz noch auszuweiten, sobald er mehr über den Personalwechsel im Hause Morgan und Morgans neue Bereitschaft in Erfahrung gebracht habe, eine Auflösung der Abstimmungsgemeinschaft hinzunehmen.[152]

Etwa um diese Zeit verlor offenbar die Deutsche Bank zunehmend die Geduld mit den Persönlichkeiten im Nordwesten und mit einigen Aspekten der für Amerika spezifischen Form der Regulierung. Zumindest sah sich die Bank zu anderen Beteiligungen hingezogen. 1901 wurde die Northern Pacific neuerlich Gegenstand eines Übernahmekampfs, diesmal zwischen der Union Pacific und überraschenderweise einer Hill-Morgan-Gruppe. Am Ende war die Bank glücklich, sich mit der Rolle eines Zuschauers begnügen zu können, als sich die Giganten der amerikanischen Finanzwelt mit amerikanischen Behörden herumschlugen, um das Dilemma der Northern Pacific zu lösen.

KAPITEL 5

Nachwirkungen

Wir haben in Deutschland nicht die Zeit, alle Entwicklungsphasen zu wiederholen, die in England und den Vereinigten Staaten durchlaufen worden sind. Wir könnten uns manche Schwierigkeiten ersparen, wenn wir aufmerksam die Entwicklung in den Vereinigten Staaten verfolgten ...
Fritz Mezger, in: Der Wirtschaftsprüfer, Mai 1932[1]

Einleitung

Die weiterhin bestehenden Management- und Organisationsstreitigkeiten und die Unfähigkeit der Parteien, eine langfristige Lösung zu finden, die sie mit ihren finanziellen Interessen für vereinbar hielten und die zugleich für die Behörden annehmbar war, gingen an vielen Beteiligten nicht spurlos vorüber. Viele Anleger waren enttäuscht über die Unfähigkeit der Eisenbahngesellschaften, mit ihren zentralen Problemen fertig zu werden. Bis 1901 hatten die Deutsche Bank und ihre Kunden ihr Engagement erheblich zurückgefahren.[2] Zeitweilig war es nur die Loyalität der Deutschen Bank gegenüber Morgan, die auf dessen Einsatz für seine Partner beruhte, welche die Deutschen noch bei der Stange hielt.[3]

Die Erfahrung mit der Northern Pacific war für die Beziehung der Deutschen Bank zu den amerikanischen Märkten zentral. Zwar verlor sie nicht das Interesse an Kapitalanlagen in den Vereinigten Staaten, aber sie und die Deutschen insgesamt näherten sich neuen Geschäften seither mit mehr Vorsicht. Noch nach Beendigung des Engagements der Bank bei der Eisenbahngesellschaft hatte ihre Tätigkeit im Zusammenhang mit den Auswirkungen des Konkurses erheblichen Einfluss sowohl auf die amerikanische wie auch auf die deutsche Geschäftspraxis.

Die Verlustliste

Die Sanierung stellte an die Beteiligten enorme Anforderungen. Charles Coster, Morgans getreuer Statthalter und fähiger Eisenbahnfachmann, der bei

Die Wall Street Ende des 19. Jahrhunderts. Links steht das Bankhaus Morgan, rechts an der Straßenecke wurde später das Hochhaus von Bankers Trust errichtet, für das der dort stehende Bau schon nach 14 Jahren abgerissen wurde.

der Northern Pacific den Vorsitz des Direktoriums übernommen hatte, starb im März 1900 mit 47 Jahren. Einige sagten, er habe sich zu Tode gearbeitet. Bestimmt gehörte die Northern Pacific zu den schwierigeren Fällen, die er für das Haus Morgan abwickelte, infolge von Morgans System der Abstimmungsgemeinschaften war er daneben jedoch zugleich in weiteren 48 Unternehmensvorständen tätig.[4] Adams, dessen Büro nur ein paar Türen vom Sitz des Bankhauses Morgan entfernt war und der dort häufige, wenngleich nicht immer angenehme Besuche abgestattet hatte, glaubte, dass Costers Gegenwart dort schmerzlich vermisst werde. Morgan war von Costers unablässigen Bemühungen, dessen sorgfältig recherchiertem und intuitivem Urteil völlig abhängig geworden. Morgan konnte die Trauer über den Verlust des Mitarbeiters, dem er am meisten vertraut hatte, nicht verbergen.[5]

Costers Nachfolger Robert Bacon erging es nicht viel besser. Schon bald nachdem er Costers Aufgaben übernommen hatte, war er nervlich so angegriffen, dass er seine Arbeit nicht fortsetzen konnte. Auf Anweisung des Arztes zog er sich aus dem Bankgeschäft zurück, später machte er im Staatsdienst Karriere, unter anderem wirkte er als Außenminister und Botschafter in Frankreich.[6] Offenbar war es weniger strapaziös, für den Präsidenten der Vereinigten Staaten zu arbeiten, als einen Posten bei Morgan zu versehen. Der große Tribut, den die Arbeit abverlangte, verweist vielleicht auch auf einen Mangel an Spitzenmanagern.

Villard folgte Coster sieben Monate später in den Tod, er starb im Bett an einem Schlaganfall nach einer langen Reihe von Krankheiten.[7] Die Beziehung der Deutschen Bank zu Villard war bereits seit vielen Jahren zum Erliegen gekommen, wenngleich er noch gelegentlich in geschäftlichem Kontakt mit der Bank stand.[8] Bescheiden wie stets nahm Villard in seiner Autobiographie für sich in Anspruch, durch nüchtern-sachliche Handhabung des Konkurses und seine Empfehlung, Adams heranzuziehen, das gesamte Geld aller Anleger, die bis 1900 durchgehalten hätten, gerettet zu haben.[9] Klar ist, dass er sich selbst gegen den Konkurs abgesichert hatte und von der Sanierung profitierte. Einen großen Teil ihrer Außenstände schuldete die Northern Pacific Villard und dessen Unternehmungen. Seiner Urenkelin zufolge hatte Villard nach dem Silber-Gesetz aus Furcht vor einem Zusammenbruch Schritte unternommen, um seine Finanzen abzusichern, ein Umstand, der Siemens empört hatte.[10] Zuerst wurde Villard wegen Betrugs der Prozess gemacht, dann wurde er wegen rechtswidriger Handlungen gerichtlich belangt, schließlich kam er ohne jegliche gerichtliche Strafe davon.[11]

Die ihm verbleibende Lebenszeit widmete Villard vor allem der Abfassung seiner Memoiren. Das zweibändige Werk wurde nie abgeschlossen. Neun Zehntel des Textes beziehen sich auf sein frühes Leben als Journalist, bevor er sich dem Finanzierungsgeschäft zuwandte. Sein Leben à la Horatio Alger hinterließ auf vielen Gebieten Spuren. Eine Zeitlang genoss er Ansehen und Vertrauen in zwei Gesellschaften (und Kulturen). Er war eine der wichtigsten Verbindungen zwischen der deutschen und der amerikanischen Finanzwelt, er stand für Hoffnungen und Bestrebungen, die von beiden Ländern geteilt wurden. Als er starb, war er zum Symbol für Amerikas unzulängliche Finanzaufsicht und Unternehmensführung geworden sowie für Deutschlands Schwierigkeit, wirtschaftliche Chancen aus der Ferne angemessen einzuschätzen.

Sein öffentliches Dasein war voller Widersprüche. Viele Zeitgenossen würdigten seinen Beitrag zur Entwicklung des Nordwestens und solcher Institutionen wie Harvard. Er vermachte auch anderen Universitäten, etwa Washington, Oregon und Columbia, sowie deutschen Wohlfahrtseinrichtungen große Stiftungen. Mit seinem Freund Edison teilte er die Taubheit gegenüber gewissen Arten der Kritik mitsamt den für gewöhnlich eintretenden Folgen sowie einen hartnäckigen Glauben an den Fortschritt. Seine Ideen lebten weiter in der *Evening Post*, die er kaufte und die von seinem Sohn weitergeführt wurde. Empört über die «Kriegshysterie», die die Vereinigten Staaten 1898 in den spanisch-amerikanischen Krieg trieb, zogen er und seine Frau es vor, sich bis nach Unterzeichnung des Friedensvertrags in Europa aufzuhalten.[12] Siemens fühlte sich durch einen Charakterzug Villards persönlich betrogen; er hatte dem «Freund» von einst gegenüber bestimmte Zusagen nicht eingehalten. Seine Vorliebe für private und öffentliche Selbstdarstellung war Villard anscheinend weit wichtiger als die Verpflichtung gegenüber seinen Kunden.

Siemens starb ein Jahr darauf, wenige Tage nach seinem 62. Geburtstag. Einige meinten, dass weder er noch Villard sich jemals ganz von dem Zusammenbruch der Northern Pacific und der damit einhergehenden Schädigung ihres Rufs erholt hätten. Schon lange vorher hatte Siemens erkannt, dass sein Vermächtnis im hohen Maße durch die Northern Pacific, andere Kapitalanlagen in den USA und vor allem seine Unfähigkeit, Villard zu kontrollieren, bestimmt werden würde. Aber sein Glaube an das Potential Amerikas und das Geld, das sich dort machen ließ, war unvermindert. Als die Krise bei der Northern Pacific ihren Lauf nahm, schrieb er: «Man braucht hier kein Geld zu verlieren und in den nächsten 3 Jahren liegen hier Millionen auf der Straße: aber dieselben werden nicht von selbst kommen: man braucht dazu Leute.»[13] Er riet seinen Kollegen, sich nicht vor der Zukunft zu fürchten, allerdings gelte es, sich Rechenschaft zu geben, wie die Bank in der Vergangenheit auf Abwege geraten sei. Für die verlorenen Mittel finde sich möglicherweise Ersatz, aber Villard bleibe «ein gemeiner Kerl!».[14] Angesichts der Fehler, die er und die Deutsche Bank in der Zeit von Villards Beschäftigung gemacht hatten, war der beste Trost für Siemens möglicherweise die Erkenntnis, dass Villard viele andere hereingelegt hatte, die besser als Siemens selbst in der Lage waren, sich über Geschäfte in den USA ein Urteil zu bilden.[15] Wie dem auch sei, jedenfalls waren auch bei der Deutschen Bank personelle Veränderungen angesagt. 1894 trat Arthur Gwinner in die Bank ein und übernahm einen großen Teil der Verantwortung für das Geschäft in den USA, die er 1896 bereiste. Für einige in der Bank war Gwinners Beachtung der Details ein ebenso notwendiger Wechsel wie der von Villard zu Adams.

Neue Eigentümerverhältnisse und Bündnisse

Zu der Zeit, als die Konflikte zwischen Hill und dem Management der Northern Pacific besonders heftig waren, wandten sich die Anleger radikaleren – oder besser abenteuerlichen – Eigentumskonstruktionen zu. Einige verfielen sogar auf den Gedanken, durch Gründung einer britischen Holdinggesellschaft für die beiden Eisenbahngesellschaften das Eigentum außer Landes zu bringen, um so Einsprüchen gegen die Verbindung der beiden Linien zu entgehen. Adams und Gwinner waren anscheinend der Ansicht, dass die vielen einer solchen Verlagerung entgegenstehenden rechtlichen und sonstigen Hürden unüberwindbar sein würden.[16] Ende April 1900 beschloss Morgan endlich, vielleicht infolge von Costers Tod, die Abstimmungsgemeinschaft aufzulösen. Gwinner seinerseits vermochte seine Enttäuschung nicht zu verbergen, dass er keine gangbare Lösung für die Konflikte der Northern Pacific zu bieten hatte.[17] Mellen und die anderen Manager fürchteten, durch die Auflösung der Abstimmungsgemeinschaft würde der letzte Prellbock entfernt, der Hill noch im Weg stand.[18]

In einer Reihe von Treffen im Verlauf des Januar 1900 brüteten die Partner einen neuen Plan mit einer neuen Organisationseinheit aus, die als Northern Securities firmierte. Der neue Plan brachte keine Lösung für alle regulatorischen und personellen Fragen, tatsächlich schuf er einige neue. Aber er stellte doch einen Versuch dar, die Anreize zum übermäßigen Ausbau und zur Preisunterbietung zu beseitigen, während er beiden Gesellschaften einen besseren Zugang zum Pazifik eröffnete. Um dieses Ziel zu erreichen, benutzten sie Villards alte Gesellschaft, die Oregon Railway & Navigation Company, deren unübersichtliche Eigentumsverhältnisse und widersprüchliche Abkommen die Transportverhältnisse in der gesamten Region belasteten. Unglücklicherweise erforderte das Vorhaben allerdings weiterhin eine enge Zusammenarbeit mit Hills langjährigem Rivalen E. H. Harriman wie auch die Zustimmung der US-Behörden.[19]

Selbst wenn die Hauptbeteiligten zu einer Verständigung gelangten, gab es daneben noch einige mächtige Akteure, die gewonnen werden mussten. Zum Beispiel hielten William Rockefeller und die Familie Vanderbilt große Aktienpakete der Gesellschaften. Nur eine Konsolidierung der Objekte vermittels individueller Besitztitel, also im Gegensatz zu einer Unternehmenskonsolidierung – wie Morgan sie bei der Pennsylvania-Eisenbahngesellschaft durchgeführt hatte –, würde greifen. Jeder Versuch seitens der Great Northern, die Northern Pacific zu übernehmen, würde zum Beispiel nur dazu führen, dass der Gesetzgeber jeglichen Gewinn, der dadurch möglich wurde, an sich bringen würde. Morgan war überzeugt, dass die Lösung des Problems der Oregon-Gesellschaft den Schlüssel zu einer Gesamtlösung darstellte, und er betonte, Hill müsse einen Weg finden, den anderen Beteiligten Anteile an der Great Northern zukommen zu lassen.[20]

Die «Vereinigung» geschah im Dezember 1901 in einer Weise, die 1894, als Siemens erstmals den Gedanken in die Welt gesetzt hatte, nicht in Betracht gezogen worden war. Die Northern Securities Company war eine Holdinggesellschaft für die Aktien der vier größten Eisenbahngesellschaften im Westen. Die Absicht war dabei nicht nur, die Konflikte zwischen der Great Northern und der Northern Pacific zu beenden und alle transkontinentalen Eisenbahnlinien zu verbinden, zugleich sollte darüber hinaus auch ein weltumspannendes Transportnetz aufgebaut werden. Unter den Investoren fanden sich Bankiers und viele der bedeutendsten Eisenbahnmagnaten der Zeit wie etwa Hill und Harriman, die um die Jahrhundertwende die Reorganisation der Eisenbahnen im Westen beherrschten.[21] Die Northern Securities wurde zwei Monate nach dem Tod von US-Präsident McKinley gegründet und kam umgehend mit den einzel- und bundesstaatlichen Behörden in Konflikt.

Die Deutsche Bank hielt sich fern. Obgleich sie unmittelbar kaum betroffen war, machten sich Gwinner wie auch Adams Insider-Informationen zunutze – wobei Gwinner versprochen hatte, diese Informationen niemand anders zukommen zu lassen – und kauften Aktien.[22] Die Deutsche Bank lehnte allerdings ab, sich mit 10 Millionen Dollar an der neuen Gesellschaft zu beteiligen, und bestand insbesondere darauf, keinen Betrag auf lange Sicht zu binden.[23] Die deutsche Gruppe war recht beunruhigt. Adams machte sich Sorgen über die Behandlung der Minderheitsaktionäre und befürchtete, nicht vollständig informiert zu werden. Er hoffte, Morgan würde zumindest Gwinner besser auf dem Laufenden halten.[24] Gwinner schrieb hellsichtig und mit ironischem Unterton an Adams: «Das Direktorium der Northern Pacific funktioniert anscheinend nach dem Prinzip der glücklichen Familie. Fragt sich nur, ob sie eines Tages übereinander herfallen werden.»[25] Nach Jahren der Ranküne mit Hill sprangen viele Manager der Northern Pacific im Verlauf des Sommers 1901 ab.[26]

In dem allgemeinen Klima großer Zusammenschlüsse wurde allerdings auch Adams schließlich im Hinblick auf die Zusammenführung der Interessen der drei Hauptkonkurrenten etwas optimistischer und entwickelte eigene Ideen, wie dies bewerkstelligt werden könnte, etwa durch Kauf nicht-rivalisierender, aber verwandter Linien.[27] All dies geschah vor dem Hintergrund «phänomenaler» Einnahmen der Northern Pacific im Sommer 1901 und der Bekräftigung von Hills bestimmendem Einfluss auf die Linie. Harriman, Morgan und Hill hatten sich anscheinend auf Bedingungen verständigt, die Morgan gestatteten, das gegenwärtige Direktorium zu ernennen und die Vorzugs- durch Stammaktien abzulösen.[28] Gwinner zufolge waren zu dieser Zeit die Beziehungen zur Hill-Gruppe bereits eingestellt.[29] Er ließ eine positive Beurteilung Hills folgen, die durch eine entsprechend negative von Morgan in der Balance gehalten wurde:

> Ich sollte hinzufügen, dass wir uns über das Verhalten von Mr. Hill uns gegenüber kaum beschweren können. Hätten wir die zahlreichen Angebote für ein Bündnis, die er uns im Laufe der letzten Jahre gemacht hat, angenommen, wären wir in der Tat besser gefahren als so, wo wir Mr. Morgan die Treue hielten, der uns bei allen Gelegenheiten abblitzen ließ. Sie werden vermutlich von einem der jüngsten deutschen Philosophen, Friedrich Nietzsche, gehört haben, der letztes Jahr in einer Irrenanstalt gestorben ist und meiner Meinung nach sein ganzes Leben verrückt war. In einem seiner vielgelesenen und vielzitierten Bücher stellt er die Entwicklung des Menschen zu einem «Übermenschen», der jenseits von Gut und Böse steht, als höchst erstrebenswertes Ziel dar. Mr. Morgan hat sich anscheinend Nietzsches Ideal schon weitgehend angenähert.[30]

Bis zu diesem Zeitpunkt hatte sich zwar die finanzielle Beteiligung an der Northern Pacific stark verringert, aber noch im Oktober 1901 hielt die Bank 45 501 Vorzugsaktien und 20 Stammaktien der Northern Pacific auf ihren eigenen Namen.[31] Das Misstrauen zwischen den Banken war offenkundig. Berichte machten die Runde, die Deutsche Bank habe Morgan der Treulosigkeit bezichtigt anlässlich dessen Verkaufs von Aktien an die Anteilseigner der Union Pacific (Harriman).[32] Adams konnte nicht länger auf seine gute Beziehung mit Mellen oder dessen Beziehung mit Coster setzen, um sicherzustellen, dass die Deutsche Bank immer gut unterrichtet war.

Die Größenordnung des Geschäfts, das im Herbst 1901 Gestalt annahm, zog großes öffentliches Interesse auf sich und belegte Morgans Doppelspiel. Die Verkäufe wurden zu über den Marktkursen liegenden Konditionen von Morgan abgeschlossen, der Adams und die Deutsche Bank benutzt hatte, um mit Hill Kämpfe auszufechten, und andere Banken heranzog, um Hills Schöpfung der Northern Securities zu unterstützen. Selbst Harriman sollte persönliche Gewinne von rund 20 Millionen Dollar für seine Konzession machen, welche die Rechte bis zur internationalen Grenze sicherte – allerdings erst, nachdem sich ein Markt für Northern Securities gebildet hatte, eine Entwicklung, die nicht ohne weiteres einsetzte. Hill wurde so reich und so selbstsicher, dass er sogar nach New York umzog. Morgan, dessen finanzielle Beteiligung reduziert war, setzte sich als Schlichter divergierender Interessen in Positur, um in dem von ihm geschaffenen Direktorium die Harmonie zu bewahren. Adams glaubte, das ausgehandelte Geschäft würde umgehend einen gewichtigen Rechtsstreit auslösen, seine Vorhersage erwies sich als zutreffend. Er war noch immer überzeugt, Hill habe dem Besitzstand der Northern Pacific Schaden zugefügt und werde dies weiterhin tun. Diejenigen, die deren Unabhängigkeit verteidigt hatten, würden am stärksten geschädigt sein.[33] Morgan und Hill zählten fraglos nicht zu den Geschädigten. Morgans Gewinne beliefen sich mit Hilfe der Northern Pacific auf 22 Millionen Dollar, das waren 12 Millionen Dollar mehr als im Vorjahr. Hills Sohn ließ wissen, sein Vater habe soeben 25 Millionen Dollar unter seinen vier Kindern aufgeteilt.[34]

Bedenken gegenüber Morgan, selbst unter den Aktionären, hielten auch im neuen Jahrhundert an. 1903 berichtete Adams, viele Anleger in New York glaubten, wohl nur allzu begründet, dass der ehrenwerte Bankier mit Bedacht versuche, vergleichsweise wertlose Aktien zu hohen Preisen beim nichtsahnenden Publikum loszuwerden, was den Ruf der sogenannten Morgan-Wertpapiere weiter verschlechterte. Er führte aus: «Viele derer, die für die Tatkraft, den Mut, die Fähigkeit und die Weitsicht Morgans große Bewunderung hatten, sehen diese Entwicklung mit aufrichtigem Bedauern, da sie vermutlich den Einfluss mindern wird, der in so vielfältiger Weise oftmals zum höchsten nationalen Vorteil ausgeübt worden ist.»[35]

Behördliche Reaktionen

Die Feststimmung hielt nicht lange vor. Präsident Theodore Roosevelt entschied, an der Northern Securities ein Exempel zu statuieren, und drängte darauf, den Fall im Eilverfahren direkt vor das Oberste Gericht zu bringen. Im März 1904 entschied das Gericht mit der knappen Mehrheit von fünf zu vier Stimmen, dass die neue Holdinggesellschaft gegen das Gesetz verstoßen habe und aufgeteilt werden solle.[36] Das Verfahren der Auflösung war kompliziert und erforderte umfängliche Verhandlungen, hierauf im Einzelnen einzugehen, würde den Rahmen dieses Buches sprengen.[37]

Gwinner verstand, warum das Oberste Gericht die Northern Securities Company verworfen hatte. Die Entscheidung habe zwar befremdliche Züge, aber – so Gwinner – Amerika «wird die Konzentration von nach Meinung des Volks übertriebener Macht in den Händen einiger Weniger nicht hinnehmen, und eine Nation kann ihre eigenen Gesetze verletzen und ausspielen, besonders in einer Republik».[38] Nichtsdestoweniger war der Fall der Northern Securities einer der ersten, in denen der Oberste Gerichtshof darüber stritt, welche Arten von Unternehmenszusammenschlüssen, die die industrielle Entwicklung anscheinend erforderte, am besten wirtschaftliche Effizienz mit gesellschaftlichem Nutzen verbanden. Amerika fing gerade an, ein Problem anzugehen, das den Kern von zwei grundlegenden amerikanischen Werten traf: relativ unbeschränkter Wettbewerb und industrielle Effizienz. Während die Koordinationsbedürfnisse großer Handels- und Transportunternehmen eine größere Internalisierung von Aktivitäten zu erfordern schienen, hatten die Gesetzgebung und die Gerichtshöfe noch keine akzeptablen Grundsätze für deren Beurteilung bestimmt. Weder Kartelle noch Trusts oder selbst riesige konsolidierte Unternehmen passten in Amerikas Bild eines gesellschaftlich nützlichen Wettbewerbs. Die Ambivalenz der amerikanischen Aufseher und ihrer Wählerschaft verstärkte bei der Deutschen Bank den Eindruck eines politischen Risikos in den USA. Anders verhielt es sich bei den Organisatoren der Northern Securities. Sie kümmerten sich nicht um die öffentliche Besorgnis. Sie verstanden das Geschäft besser als die Politik. Anders als ihre deutschen Kollegen schienen sie der gesellschaftlichen Rolle von Unternehmen wenig Respekt zu zollen.

Das Scheitern der Reorganisation, mehr noch das Versäumnis, viele weiterhin drängende betriebliche und regulatorische Fragen anzugehen, verstärkte in Europa die Ängste, Amerikas Kontrolle seines Wirtschaftssystems könnte noch nicht ausreichend ausgereift sein. Vielen Amerikanern mangelte es nicht nur an Verständnis für die Vorteile einer straffen Regierungsplanung für den Ausbau des Eisenbahnbetriebs, wie Colleen Dunlavy für einen früheren Zeitabschnitt dargelegt hat,[39] zudem waren sie auch unschlüssig, welcher Regierungsebene Entscheidungen über das Regelwerk hinsichtlich Insolvenzen, Rechnungswesen und Fusionen zufallen sollten. Diese Unschlüssigkeit kam in der größten Volkswirtschaft der Welt zu dem politischen Risiko noch hinzu. Über viele Jahrzehnte stritten Amerikaner nicht nur darüber, welche Kontrollen notwendig seien, sondern auch, wer dazu ermächtigt sein sollte. Ungeachtet des bereits gegebenen starken Wachstums verzögerte diese regulatorische Lähmung die Schaffung eines wirklichen nationalen Marktes und brachte höhere Risikoprämien für Anleger mit sich.[40] Die Erfahrungen in den 1890er Jahren trieben dann jedoch Reformen an, Anstrengungen in Richtung auf eine straffere Regulierung in den USA zu unternehmen. Eine erste dauerhafte unabhängige Bundesbehörde zur Regelung zwischenstaatlichen Verkehrs, die Interstate Commerce Commission, wurde zwar bereits 1887 eingerichtet, aber erst eine Reihe von Gerichtsentscheidungen klärte ihre Rolle und gab ihr mehr Biss. Dies kam den Kunden der Eisenbahnen zugute, trug allerdings zu einer Verschlechterung bei der Qualität des Rollmaterials bei. Die Behörde fand sogar Unterstützung durch Eigentümer von Eisenbahngesellschaften, denen daran gelegen war, ruinösen Wettbewerb zu unterbinden. Die Vorteile einer vernünftigen Regulierung gewannen nun in vielen Bereichen deutlichere Konturen.[41] Der Sieg der Republikaner 1896 führte unmittelbar zu einer Gesetzgebung, die der Debatte über Silber und Gold ein Ende setzte. Darüber hinaus erkannten viele Republikaner und Demokraten die Nützlichkeit einer Zentralbank.

Die Krise bei der Northern Pacific hatte die Deutsche Bank gezwungen, ihr Engagement bei US-Anlagen zu erhöhen und auch ihre Anstrengungen zur Risikominderung zu vermehren. Mitte der 1890er Jahre, im Zuge der Sanierung der Northern Pacific und der Finanzkrise der amerikanischen Regierung, muss das regulatorische Umfeld in den USA den Führungskräften der Deutschen Bank wie ein blinder Fleck im Auge vorgekommen sein. In diesem Zusammenhang ist daran zu erinnern, dass der rasche Niedergang der Northern Pacific zum Teil durch die Illiquidität der amerikanischen Kapitalmärkte bewirkt wurde. Einige Entscheidungen der Eisenbahngesellschaft beruhten auf der Zuversicht der Manager, starke Kapitalmärkte anzapfen zu können, um die Gesellschaft durch schwierige Zeiten zu bringen. Die abrupten Übergänge von hoch liquiden zu hoch illiquiden Märkten zogen die Eisenbahngesellschaft in Mitleidenschaft, indem sie ein wirtschaftliches Umfeld schufen, das mal zu ängstlich, mal zu knauserig war, um Kapital bereitzustellen. Die Frage der amerikanischen geldpolitischen Disziplin war für deutsche Anlagen in den USA so wichtig, dass sich Villard selbst 1892 an dem Präsidentschaftswahlkampf Grover Clevelands beteiligte, Millionen Dollar aufbrachte und damit den Versuch unternahm, die 12,5 Millionen zählende Gruppe der Deutsch-Amerikaner zur Stimmabgabe für den Demokraten Cleveland zu gewinnen, der sich nachdrücklich für den Goldstandard einsetzte.

Die Mitte der 1890er Jahre erscheint in regulatorischer Hinsicht als ein Wendepunkt in der Geschichte der Vereinigten Staaten. Die Reihe von Krisen machte viele auf den Widerspruch zwischen Amerikas wirtschaftlicher Reife und der aufsichtsrechtlichen Unreife aufmerksam. Unter den Reformern gewann die Idee an Boden, irgendeine Form des Ausgleichs zu finden, der zwischen den amerikanischen Ängsten vor einer Konzentration von Macht zum einen und vor einer öffentlichen Kontrolle privaten Machtmissbrauchs zum anderen vermittelte; ein widersprüchliches Gefühlsgemenge, das Deutschen, darunter auch Siemens, ein Rätsel aufgab.

Mitte der 1890er Jahre wandte die Deutsche Bank ihre Aufmerksamkeit dem Absatz von Goldanleihen der amerikanischen Regierung in Europa zu, die den doppelten Vorteil hatten, dass sie zum einen das amerikanische Finanzsystem stützten und zum anderen leichter an die plötzlich vorsichtiger gewordenen europäischen Anleger zu verkaufen waren.[42] Ein von Morgan geführtes Konsortium versuchte 1896, 100 Millionen Dollar in Schuldverschreibungen der amerikanischen Regierung privat unterzubringen, um Amerikas schwindende Goldreserven zu stärken, wie dies Morgan ein Jahr zuvor bereits gemeinsam mit Rothschild getan hatte. Obgleich die 1896er Emission kleiner als ursprünglich geplant ausfiel und in öffentlicher Versteigerung verkauft wurde, übernahm die Deutsche Bank ein großes Paket der Wertpapiere, wodurch sie gewissermaßen Rothschild als Weiterverkäufer in Europa ablöste. Die Mitte der neunziger Jahre markierte auch das Ende dessen, was einige, vor allem Zeitgenossen, als die Große Depression beschrieben haben, gemeint war damit ein Zeitraum von zwanzig Jahren, der hauptsächlich durch fallende Warenpreise, Unternehmenssanierungen und allgemeine Instabilität gekennzeichnet war. Die Lösung einiger Währungs- und aufsichtsrechtlicher Probleme wie bedauerlicherweise auch Zölle trugen dazu bei, den Weg zu ebnen für Wachstum und steigende Preise in vielen dynamischen, jungen Wirtschaftszweigen.[43]

Die Anstrengungen der Deutschen Bank, die Transparenz wie auch ihre eigene Kontrolle über amerikanische Finanzinformationen zu verbessern, zeitigte nachhaltige Wirkungen auf die Entwicklung des deutschen betrieblichen Rechnungswesens. Paradoxerweise gehörte die Treuhand – eine Tochtergesellschaft der Deutschen Bank, die nach 1893 die Firmenbilanzen prüfte und half, in Schwierigkeiten geratene Unternehmen zu sanieren – nicht nur zu den ersten Begünstigten, sondern auch zu den frühen Opfern der Eisenbahnkrise. Die 1890 gegründete Gesellschaft sollte bei der Einführung amerikanischer Aktien in Europa helfen, indem sie rechtliche Hürden in Deutschland (zum Beispiel Auflagen über den Mindestnennwert von Aktien) nahm und Sorgen deutscher Anleger über Schwächen des Kapitalmarkts in den USA entgegenwirkte.[44] Ursprünglich war die Treuhand als eine Art Vermögensverwaltungsgesellschaft konzipiert, die ihre eigenen Schuldtitel verkaufen und die daraus fließenden Einnahmen in amerikanische Wertpapiere investieren sollte. Die Geschäftsführung erkannte allerdings rasch, dass die Risiken einer künftigen Kapitalanlage in diese Art von Investmentfonds zu hoch waren. Der erste Name der Treuhand, Deutsch-Amerikanische Treuhand-Gesellschaft, brachte die ursprüngliche Aufgabe zum Ausdruck. Gestützt auf Informationen, die zum Teil Villard beigebracht hatte, übernahm sie ihre anfängliche Organisation von der London & New York Investment Corporation. Diese Gesellschaft half, Unternehmen an den Kapitalmarkt zu bringen, indem sie für deren Wertpapiere an den Börsen einen Preis garantierte, ganz in der Weise wie dies heute Konsortien bei einer Gesamteinführung von Wertpapieren tun. Die britische Gesellschaft verdiente kräftige Provisionen und Aufwandsentschädigungen für angefallene Kosten, was zeitweilig sehr hohe Dividenden gestattete.[45] Von Villard kam auch die Idee zu einem der ersten Projekte und Streitfälle der Treuhand, und zwar zum Kauf von 5 Millionen Dollar Aktien und Schuldverschreibungen der Edison General Electric, der durch eine Treuhand-Anleihe finanziert wurde.[46]

Die Beziehung der Treuhand zur Deutschen Bank war offenkundig sehr eng. In der Tat war es zeitweise schwierig, die beiden auseinanderzuhalten, ein Umstand, der bei der Entwicklung des Berufsstands der Wirtschaftsprüfer in Deutschland eine bedeutende Rolle spielen sollte.[47] Als die Northern Pacific in Schwierigkeiten geriet, formte die Deutsche Bank die Treuhand in ein Unternehmen um, das die Finanzberichte, besonders von in Not geratenen ausländischen Firmen, prüfen sollte. Um die Jahrhundertwende spielte die Treuhand in der in Deutschland aufkommenden Wirtschaftsprüfungsbranche eine gewichtige Rolle. Anders als in den USA, wo es Banken verboten war, diese Dienstleistung anzubieten, wurden deutsche Banken ermuntert, sich dieser Aufgabe als nahezu selbstverständlicher Ergänzung ihrer Aufsichtsratspflichten anzunehmen. Die besondere Rolle der Banken in einer Fülle von Aufgaben der Unternehmensführung und -kontrolle wurde in den nächsten hundert Jahren zu einem wesentlichen Kennzeichen des deutschen Wirtschaftssystems. Im Gegensatz zu den USA setzte Deutschland zunehmend auf Bankleute, um Unternehmen wie auch Kapitalmärkte zu beaufsichtigen, wobei Letzteres vielleicht noch mehr ins Gewicht fiel.[48]

Der Nachhall bei den Anlegern

Es lässt sich nicht genau sagen, wie viel Geld die Deutsche Bank bei ihrem Northern-Pacific-Abenteuer verdient oder verloren hat, aber eine undatierte Aufzeichnung vermittelt zumindest eine grobe Vorstellung. Nach diesen Berechnungen hatte ihr Anteilsbesitz an den verschiedenen Wertpapieren der Northern Pacific einen Marktwert von 10,3 Millionen Dollar, für die sie

7,2 Millionen Dollar bezahlt hatte, was einen buchmäßigen Gewinn von 3,1 Millionen Dollar bedeutete. Die Aufstellung lässt erkennen, dass der Buchgewinn für den Fall, dass Hill und andere ihr Vorkaufsrecht ausübten, größtenteils in Barmittel überführt worden wäre, was darauf schließen lässt, dass gewisse Bedenken über die Marktgängigkeit der gehaltenen Titel bestanden.[49] Fraglos ergab sich der Gewinn für das Konsortium zum Teil aus dem Aufkauf der ausstehenden alten Wertpapiere (im Wert von bis zu 45 Millionen Dollar) und deren Eintausch in neue Wertpapiere mit einem höheren Wert. Adams war zuversichtlich, dass sich die neuen Wertpapiere gut verkaufen lassen würden.

1901, nachdem Adams aus dem Direktorium der Northern Pacific ausgeschieden war, verfügte die Bank über keinen starken Verbindungsmann mehr, der sie mit direkten Informationen über Gewinne und andere Angelegenheiten versorgte.[50] Zu dieser Zeit war jedoch das direkte finanzielle Engagement der Bank zurückgefahren und somit deutlich geringer. Bereits im Frühjahr 1897 hatte die Deutsche Bank, um die Übernahme der Kontrolle durch Hill zu erleichtern, einen Teil ihres eigenen Besitzes an Vorzugsaktien der Northern Pacific diesem zu einem Preis verkauft, von dem Siemens auch jetzt noch annahm, er liege unter dem Substanzwert.[51] Diejenigen Anleger, die bis 1901 bei der Stange blieben, machten riesige Gewinne. Nach dem Geschäftsbericht der Deutschen Bank für dieses Jahr hatten deutsche Anleger aus ihrer Investition bei der Northern Pacific seit deren Reorganisation über 60 Millionen Mark erwirtschaftet, wobei allerdings der Hinweis fehlt, wie und von welchem Ausgangspunkt aus diese Berechnung vorgenommen wurde.[52] Zwar bereitete die Northern Pacific der Deutschen Bank weiterhin Probleme, doch bot sie ihr zugleich Geschäftschancen bis weit in die Zwischenkriegszeit hinein.

Trotz aller Streitereien scheint die Sanierung für das Unternehmen selbst ein durchschlagender Erfolg gewesen zu sein. Zwischen 1896 und 1900 hatte die Eisenbahngesellschaft ihr Streckennetz um 33 Prozent und den Lok- und Waggonbestand um 38 Prozent vergrößert. In der gleichen Zeitspanne hatte sie etwa 48000 km² Land verkauft. Die Gewinne waren um die Hälfte gestiegen, das Betriebskapital hatte sich vervierfacht, und das Barvermögen erreichte 35 Millionen Dollar. Alle betrieblichen Messgrößen – etwa transportierte Fracht je Meile oder Einnahmen pro Meile – hatten sich erheblich verbessert.[53] Mit merklichem Stolz ließen die Zwangsverwalter den Fortschritt, den die Gesellschaft gemacht hatte, Revue passieren. Das Unternehmen hatte bereits dreizehn Dividenden auf Vorzugsaktien bewilligt. Sogar eine Dividende von 4 Prozent auf die Stammaktien war in Aussicht genommen. Bedeutende Verbesserungen waren im Hinblick auf die Güte der Eisenbahnstrecken geschehen. Die Ausnutzung der Kapazität hatte sich dramatisch verbessert. Die Landverkäufe und die Preise waren gestiegen, was insbesondere für die Obligationsinhaber wichtig war, deren Zahlungen durch Grundbesitz abgesichert waren und die durch den schwachen Immobilienmarkt Mitte der 1890er Jahre besonders bedroht waren.[54]

Im Zusammenhang dieser Untersuchung ist freilich von noch größerer Bedeutung, dass die Erfahrung mit der Northern Pacific für die Deutsche Bank einen Wendepunkt ihrer Investitionsstrategie in den Vereinigten Staaten markierte. 1901 hatte die Deutsche Bank nur noch wenige amerikanische Wertpapiere in ihrem Portefeuille zurückbehalten. Doch scheint bei der Bank das Ergebnis der Sanierung am Ende ausreichend positiv bewertet worden zu sein, sodass sie und Deutschland Appetit auf mehr bekamen. Gwinner berichtete, die Bank selbst habe in den vergangenen Jahren 12 Millionen Mark bei ihren amerikanischen Aktivitäten verdient. Allerdings unterließ auch er es, den Betrag aufzuschlüsseln, und lieferte keine detaillierteren Angaben darüber, wie diese Summe berechnet war, ob darin Geschäfte enthalten waren, die an befreundete Gesellschaften weitergereicht worden waren, und wie viel eigenes Kapital der Bank gebunden gewesen war.[55] Zwei Dinge lagen allerdings auf der Hand. Die Ergebnisse würden zweifellos sehr anders ausgefallen sein, wenn sie 1894 berechnet worden wären, und die Deutsche Bank beabsichtigte auf absehbare Zeiten nicht, künftig selbst ähnliche Summen in den USA zu binden.[56]

Im Großen und Ganzen – vielleicht mit Ausnahme von Morgan und der Deutschen Bank – blieben die beteiligten Parteien auf gutem Fuß. 1909 schrieb Hill an Gwinner voll des Lobes über die deutsche Wirtschaft und deren Regeln und kündigte an, ihn während seines bevorstehenden Besuchs in Europa in Berlin besuchen zu wollen.[57] Gwinner war in vieler Hinsicht weiterhin von Amerika und von Hill gleichermaßen begeistert. 1910 erwiderte er als Mitglied des Preußischen Herrenhauses die Komplimente in einer Weise, die viele damalige wie auch heutige Beobachter, Hill inbegriffen, erstaunen musste, trat er doch dafür ein, dass Organisation und Führung der amerikanischen Eisenbahnen das Vorbild für Deutschland abgeben sollten.[58]

1905 erzielten diejenigen Investoren, die bis dahin geduldig bei der Stange geblieben waren, einen hübschen Gewinn. Die Stammaktien der Northern Pacific wurden zum Doppelten ihres Nennwertes gehandelt und die Schuldverschreibungen der Gesellschaft liefen gut. Gwinner bedauerte, dass er persönlich seine Aktien der Northern Pacific nicht behalten hatte. Freilich war die ganze Geschichte noch nicht zu Ende.[59] Die Deutsche Bank hielt sich weiterhin auf dem Laufenden und verfolgte die inneren und äußeren Konflikte noch bis zum Ende des Jahrzehnts mit.[60]

1906 wartete Hill mit einem neuen Plan auf, um die Probleme in der Prärie zu lösen. Die Great Northern würde zwischen 40 und 50 Millionen Dollar für die Beteiligung der Northern Pacific an der Chicago-Burlington-Eisenbahnlinie zahlen. Dieser Besitz sollte in die Great Northern eingebracht werden. Hill versprach den Aktionären der Great Northern und Northern Pacific Gewinne in Höhe von an die 400 Prozent, wenn sich die Great Northern ein Abkommen mit der United States Steel für den Transport von Eisenerz aus Minnesota zunutze machen könne.[61]

In Wirklichkeit hatte sich freilich an den grundsätzlichen Problemen der Northern Pacific wenig geändert. 1912 gelangte Moody's zu dem Schluss, dass die Northern Pacific wieder einmal überinvestiert hatte und schlecht darauf eingerichtet war, den wirtschaftlichen Abschwung in der Region durchzustehen. Zudem glaubten die meisten Beobachter, so Moody's, dass Hill das Geschäft zwischen der Great Northern und der Northern Pacific weiterhin nach eigenem Belieben aufteilte. Da Hill mit ersterer Gesellschaft seinen Ruf begründet habe, sei er dieser persönlich weit stärker verbunden. Die Great Northern werde wahrscheinlich noch immer den besseren Teil des Geschäfts zugeschlagen erhalten.[62]

Anlagestrategien der Deutschen Bank

Die Northern Pacific war für die Deutsche Bank eine grundlegende Erfahrung. Der betrüblichste Aspekt der ganzen Geschichte besteht womöglich darin, was sie über den Charakter vieler daran beteiligter Personen offenbarte. Gewiss gab es einige Beispiele von ehrenhaftem Verhalten. Dahin gehört, dass Siemens, als Adams als Vorsitzender des Direktoriums unhaltbar geworden war, darauf bestand, er solle zunächst wiedergewählt und ihm danach ermöglicht werden, seinen Rücktritt zu erklären.[63] Aber die Regel waren doch weit eher heftige Auseinandersetzungen zwischen vielen der Beteiligten sowohl vor wie nach dem endgültigen Sanierungsabkommen, und diese Konflikte offenbarten hochgradige Feindseligkeit und ungezügelten Ehrgeiz.[64] Nach der Northern-Pacific-Geschichte spielten in den Investitionsanalysen der Führungskräfte der Deutschen Bank die Verlässlichkeit und guten Charaktereigenschaften derer, mit denen sie zusammenarbeitete, eine noch größere Rolle. Der Brief von Adams, mit dem er seine Bestellung seitens der Deutschen Bank annimmt, ist aufschlussreich. Obgleich er viele unabhängige finanzielle Beteiligungen hielt, versicherte Adams, er mache es sich zur obersten Pflicht, die Deutsche Bank über jegliche seiner Geschäfte zu unterrichten, die mit denen der Bank in Konflikt geraten könnten.[65]

Die Geschichte vermittelt auch einen bedrückenden Einblick, wie schlecht es um das Aufsichtssystem in Amerika um die Wende zum 20. Jahrhundert bestellt war. Manches ist zugunsten der engen Arbeitsbeziehungen gesagt worden, die zwischen den Banken und ihren Kunden bestanden. Wenn aber auch nur die Hälfte der Vorwürfe stimmte, die nach dem Zusammenbruch der Gesellschaft erhoben wurden, dann sahen viele Banken ihre «besondere

Beziehung» als eine Art Grabbelsack, aus dem sie Provisionen für sich her-
ausholten. Es hat den Anschein, dass alle Beteiligten, einschließlich Ives, der
aus den Landverkäufen für sich selbst Gewinne schlug, das Fehlen von Kontrollen bei den Besitzungen der Gesellschaft bedauerten. Villards «Geständ-
nis», was seinen eigenen Fall betrifft, enthält manches Beispiel, wie die Ban-
kenvertreter sich in ihrer Großzügigkeit bei der Verteilung von Geschäften
und Provisionen geradezu überboten und miteinander wetteiferten. Villard
zufolge machten die Banken bei einigen neuen Emissionen zehn Prozent Gewinn, bezogen auf den Wert der Schuldverschreibungen.[66] Sofern die Deutsche Bank solchen Neigungen gegenüber einem ihrer Kunden nachgegeben
hatte, brachte der Konkurs die Deutschen auf lange Zeit von dergleichen Ver-
wegenheiten ab.

Undurchschaubar bleibt die Rolle Villards in der North American Company, einer Holding, die er gründete und bei deren Finanzierung die Deutsche Bank half. Villard blieb lange Jahre deren Präsident. Wie bereits oben
gezeigt, waren die Aktien der Oregon Railway & Navigation Company eingetauscht worden für solche der North American Company. Diese nahm Schulden auf, um in andere Gesellschaften zu investieren, und nutzte die Vermögenswerte derjenigen Unternehmen, in denen sie die Mehrheitsbeteiligung
hielt, als Sicherheit für die Aufnahme weiterer Kredite. Bei zwei Gelegenheiten konnte sie selbst die Rückzahlungen nicht leisten und wandte sich an die
Deutsche Bank um weitere Finanzmittel. Zu ihren Beteiligungen gehörte ein
großes Paket an Stammaktien der Northern Pacific.[67] Es ist unklar, was damit
passierte. Vermutlich wurde es bei der Sanierung von 1896 neu geordnet.
Bald nach Villards Tod haben dann jedoch einige der Beteiligten anscheinend
ihre Besitzanteile vergrößert. Diese Holding umfasste den Hauptteil von
Villards persönlichen Anlagen und bildete das Kernelement in seiner Strategie zur Konsolidierung des Eisenbahnsektors, ihr Fortbestand wurde allerdings durch das Sherman-Anti-Trust-Gesetz bedroht.[68] Die Holding muss
auch bei der Reorganisation von 1901 mit beteiligt gewesen sein.[69] Einer
Quelle zufolge hielt sie 1901 bei der Northern Pacific noch ein Drittel und bei
der Oregon Railway & Navigation Company noch über die Hälfte des Stammkapitals.[70]

Die Erfahrung mit der Northern Pacific gab der Haltung der Deutschen
Bank gegenüber den Risiken und Chancen eines Engagements in den USA
eine neue Form und übte einen grundlegenden Einfluss auf die Struktur ihrer künftigen Aktivitäten aus. In Zukunft würde sie zwei Dinge unterlassen.
Sie würde vermeiden, große Kapitalbeträge zu binden, wie dies mit Villard
der Fall gewesen war, und sie würde einen Bogen um große US-Holding-
gesellschaften wie die North American Company machen, die vorgeblich ihre
Anlagen streuten, während sie mit Fremdmitteln in Wertpapieren handelten.
Die Bank arbeitete mit zahlreichen Unternehmen zusammen, statt sich auf

nur eines oder wenige, miteinander verbundene Unternehmen zu konzentrieren, während sie zugleich ihr Angebot von Kundendienstleistungen breiter fächerte.

Die Deutsche Bank hatte auch gelernt, dass derartige Großgebilde Gefahr
liefen, dass niemand «auf den Laden aufpasst», wie der Fall Villard umfassend gezeigt hatte. Kontrolle, d.h. Beteiligungsbesitz, erforderte einen Kon-
trolleur. In Zukunft würde die Deutsche Bank ihre Anstrengungen darauf
richten, eine Gruppe von Anlegern zusammenzubringen, um bedeutende Investitionen in Unternehmen oder Branchen (Interessengemeinschaften und
Zusammenschlüsse) zu tätigen, meistens aber ohne Mehrheitsbeteiligungen
zu erwerben. Während die Bank und ihre Manager einige dieser Wertpapiere
selbst halten würden, würde ihr vorrangiges Geschäft darin bestehen, diese
in Europa und insbesondere in Deutschland auf den Markt zu bringen und
beratend tätig zu werden wie eine moderne Investmentbank. Der Erfolg bei
ihrem Engagement, der Northern Pacific über ihre Schwierigkeiten hinweg-
zuhelfen, zusammen mit dem Aufschwung in der amerikanischen und in der
Weltwirtschaft, bestärkte sie in ihrem Glauben an den Nutzen grenzüberschreitender geschäftlicher Transaktionen. Trotz der Schwierigkeiten blieb
ihre Begeisterung für amerikanische Wertpapiere – wie das nächste Kapitel
zeigen wird – auch weiterhin ausgeprägt.

Die Bank fand, dass einige Aspekte dieser Erfahrung und deren Nachwir-
kung sie bestärkten. Trotz widersprüchlicher und abweichender Ansichten
über Firmenfusionen in Amerika sprachen Anzeichen dafür, dass sich ein
weltweiter Konsens über regulatorische Reformen herausbildete. Seit den
1890er Jahren schienen sich die Auffassungen anzunähern. Reformkräfte
und Geschäftsleute in den Vereinigten Staaten bewegten sich wie ihre konservativen und liberalen Pendants in Deutschland auf eine Politik zu, die darauf zielte, einen gangbaren und befriedigenden Mittelweg zu finden zwischen
einem Kapitalismus des *laissez faire* und einem antimodernen Populismus.
Die wiederholten wirtschaftlichen Krisen trugen dazu bei, dass der Widerstand, der sich gegen staatliche Interventionen in den Märkten und die Interessen der Großunternehmen richtete, an Boden gewann.[71] Anders als in dem
Zitat, das dieses Kapitel einleitet, galt vielen in den Vereinigten Staaten und
in Deutschland vor dem Ersten Weltkrieg der «Rheinische Kapitalismus» als
Ausbund regulatorischer Tugend und der amerikanische Kapitalismus als ein
verschwenderischer Vetter und Tunichtgut. Ganz wie die Kapitalströme flossen auch Reformideen vorläufig noch weit mehr von Osten nach Westen als
umgekehrt.

KAPITEL 6

Andere Transport- und kommerzielle Anlagegeschäfte

In Gedanken bin ich Ihnen oft über Ihren Kontinent nachgereist,
auf der Strecke, an die ich mich so gut erinnere.
Gwinner an Adams, 1. Juli 1898[1]

Einleitung

Wenngleich die Deutsche Bank ihre Strategie beim Kauf, beim Verkauf und
bei der Kontrolle amerikanischer Anlagewerte weitgehend änderte, so richtete sich ihr Augenmerk doch weiterhin auf die Bereiche Verkehr und Elektrifizierung. Die Möglichkeiten, die sich hier boten, waren zu verlockend. Zwischen 1900 und 1913 wuchs das Realeinkommen pro Kopf in den Vereinigten
Staaten um knapp 30 Prozent und damit annähernd 50 Prozent rascher als
in Deutschland. Der Eisenbahnbau und der Produktivitätszuwachs verlangsamten sich, blieben aber weiterhin beachtlich. Andere Industriezweige,
etwa Maschinenbau und die chemische Industrie, kamen umso schneller
voran.[2] Adams und die Deutsche Bank übernahmen zwar manches Mal eine
aktive Rolle bei der Leitung dieser Unternehmen, keine dieser Investitionen
erforderte aber auch nur annähernd einen ähnlichen Aufwand an Zeit und
Kapital wie im Fall der Northern Pacific.

Die Northern Pacific mit ihrem wechselhaften Schicksal dämpfte nur zeitweise die Begeisterung der Deutschen Bank und deutscher Anleger für amerikanische Eisenbahnen. Auf lange Zeit schien ihr Appetit auf Eisenbahnwerte unstillbar. Als deutsche Anleger um die Jahrhundertwende schließlich
nahezu jeder Möglichkeit beraubt waren, in Deutschland in die Papiere
privater Eisenbahnen zu investieren, verlegten sie sich auf ausländische
«Dampfross»-Projekte. Zwischen 1876 und 1890 hatte Bismarcks Verstaat-
lichungspolitik 2,8 Milliarden Mark in die Hände der früheren Anteilseigner
von deutschen Eisenbahnen gespült,[3] einen Betrag, der mehr als 20 Prozent
des Nominalwertes aller im Jahr 1902 in Deutschland gehandelten Aktien
entsprach. Zwar griffen die Eisenbahninvestitionen der Deutschen Bank von
ihrem Sitz in Berlin sowohl weit nach Osten wie auch weit nach Westen aus,
aber im Vergleich zur restlichen Welt war Amerikas Kapitalbedarf in diesem

Sektor schlichtweg riesig.[4] Angesichts der weiten Räume, des Potentials von Landwirtschaft und Bergbau sowie des großen Zustroms von Zuwanderern, die aus den Städten im Osten in den Westen drängten, hatten Eisenbahnen in den Vereinigten Staaten eine weit größere gesellschaftliche, wirtschaftliche und politische Bedeutung als in irgendeinem anderen Land der Welt.[5]

Das Interesse der Deutschen Bank an Eisenbahnwerten verlagerte sich. Statt sich unmittelbar selbst zu engagieren, ging sie dazu über, Wertpapiere zu vermitteln, Interessenten zu beraten oder besicherte Kredite zu vergeben. Nach den Schwierigkeiten mit der Northern Pacific erschien die Bank zumindest in Bezug auf die überwiegende Mehrheit ihrer Werte an amerikanischen Eisenbahnen und Kraftwerken eher als Investmentbank im modernen, angloamerikanischen Sinn. Meistens war es ihre Praxis, Wertpapiere zu zeichnen, d.h. die Bank kaufte sie für eine kurze Zeit in der Absicht, diese dann anderen Anlegern weiterzuverkaufen. Nur selten versuchte sie, selbst Einfluss auf die Unternehmensführung zu nehmen.

Glücklicherweise waren die meisten dieser Eisenbahngeschäfte bei weitem weniger kompliziert und dramatisch als bei der Northern Pacific, zumindest soweit die Deutsche Bank beteiligt war. Während der zwanzig Jahre, die auf die Sanierung der Northern Pacific folgten, kaufte die Bank auf eigene oder auf Rechnung der Kunden Wertpapiere von vielen bekannten amerikanischen Eisenbahngesellschaften. Dabei konzentrierte sie sich auf Gesellschaften, die geringe Gemeinkosten aufwiesen und bei denen die Zusammensetzung der Anteilseigner keine Interessenkonflikte erwarten ließ.[6] Fest steht, dass die Finanzierung von Eisenbahnen ein lukratives Geschäft voller Fallstricke war, möglicherweise vermitteln jedoch die Akten der Deutschen Bank über diese Anlagen ein verzerrtes Bild der Risiken und Erträge. Unternehmen in schwieriger finanzieller Lage erfordern mehr Zeit und Anstrengung.

Am Ende waren die Schwierigkeiten der Deutschen Bank bei diesen Investitionen nicht so sehr unzulänglichem Management oder belastendem Wettbewerb, sondern der Politik zuzuschreiben. Die fehlgehende Regulierung behinderte Zusammenschlüsse und erschwerte effiziente Kontrolle, worunter die betrieblichen Einnahmen und die Wartung litten. Die Eisenbahnmagnaten – die Harrimans, Vanderbilts, Goulds und Hills – waren anscheinend nur allzu geneigt, der Bereitschaft der Banken zur Kreditvergabe entgegenzukommen, indem sie mehr Strecken bauten, was dann eine zunehmende Zahl von Sanierungen zur Folge hatte. Die Strömungen in der amerikanischen Eisenbahnregulierung verstärkten die Abhängigkeiten der Gesellschaften von den Kapitalmärkten. Als die Branche und das Land von einem «Wirbelsturm» nach dem anderen überzogen wurden, hinterließ das einen «beachtlichen Trümmerhaufen, der weggeräumt werden musste».[7] Die einzige Möglichkeit, die Fundamente zu sichern, bestand darin, gefährdete Aufbauten abzureißen (also aufzulösen und zu konsolidieren)[8] – ein Schritt, auf den die Amerikaner schlecht vorbereitet waren. Trotz ihrer anhaltenden Investitionsbereitschaft war die Deutsche Bank sich der erdrückenden Probleme im Eisenbahnsektor durchaus bewusst. Die Kombination eines immer größer werdenden Bedarfs an Finanzmitteln, Unternehmensführung und Sanierungsmaßnahmen, auf die sie hier stießen, war für die Bankiers eine gefährliche Goldgrube.

Die Deutsche Bank hatte jedoch aus der Erfahrung mit der Northern Pacific eine Menge wertvoller Lehren gezogen. Wie ein Bericht über die New York Central Eisenbahngesellschaft verdeutlicht, war für die Deutsche Bank die Führung des Unternehmens der Schlüssel zu allem Weiteren:

> Diese Gesellschaft vermittelt weiterhin den Eindruck einer mangelnden Führung durch die Direktoren und einer Anhäufung von Schwierigkeiten, deren komplexe Beschaffenheit und Größe sie eher für Lösungen eines Harriman oder Hill denn eines Vanderbilt prädestiniert. Die Gesellschaft braucht Geld, eine große Menge, und zwar bald. [...]
>
> Durch die mangelnde Bereitschaft der Vanderbilt-Gruppe, die Lage des Unternehmens, dessen Bedürfnisse und die Marktlage zur Kenntnis zu nehmen, sowie infolge ihrer ungenügenden Aufmerksamkeit gegenüber einzelnen Aspekten, die sie in die Lage versetzt hätte, diese Gegebenheiten bereits vor zwei oder drei Jahren zu erfassen, hat sie die Gesellschaft dahintreiben lassen mit Schaden für ihren Kredit, Verfall ihrer Wertpapiere und nunmehr der Notwendigkeit, einen höheren Zinssatz zu zahlen und ihre Vermögenswerte als Sicherheit für neue Kredite einzusetzen.[9]

Die Deutsche Bank hielt es daraufhin für ratsam, von der New York Central Abstand zu halten.

Diese Vorfälle beleuchten die Vielfalt der Aktivitäten der Deutschen Bank in den Vereinigten Staaten und dass die Bank gelernt hatte, den amerikanischen Kuchen in kleineren, besser verdaulichen Bissen zu sich zu nehmen. Schon vor dem Zusammenbruch der Northern Pacific hatte sich Deutschlands Fähigkeit, riesige Batzen amerikanischer Anleihen aufzunehmen, allmählich verringert. Dies hatte die Deutsche Bank und das Bankhaus Stern veranlasst, nach anderen europäischen Märkten für den Absatz von amerikanischen Wertpapieren Ausschau zu halten in dem Bestreben, diese weiterzureichen und nicht auf eigene Rechnung zu halten.[10] Die Deutsche Bank wollte die Erfahrung, die sie mit der Northern Pacific gemacht hatte, nicht wiederholen. Trotz bester Absichten und Bemühungen war allerdings in diesem unbeständigen Sektor eine gewisse Wiederholung wohl unvermeidbar.

Die Baltimore und Ohio Eisenbahngesellschaft

Im Fall der Baltimore und Ohio Eisenbahngesellschaft (B&O) datierte die bedeutende Beteiligung der Deutschen Bank anscheinend aus der Zeit, als die

Gesellschaft gerade den Konkurs überwunden hatte, und nicht aus der Zeit, als sie auf ihn zusteuerte. Im Vergleich zur Northern Pacific handelte es sich um ein bescheidenes Unternehmen. Wie bei vielen amerikanischen Eisenbahnen waren Bankkonsortien und Zahlungsverzug wesentlicher Teil der Geschichte der B&O.[11] Da jedoch die Nachfrage nach ihren Wertpapieren hoch war, brachte die Gesellschaft gegen Ende des 19. Jahrhunderts und über die ersten vier Jahrzehnte des 20. Jahrhunderts viele neue Emissionen heraus, was sie zu einem guten und beständigen Abnehmer von Bankdienstleistungen machte.

In dem von Speyer geführten Konsortium, das die Sanierung der B&O im Jahr 1898 betrieb, spielte die Deutsche Bank nur eine Nebenrolle.[12] Trotz finanzieller Schwierigkeiten und ihrer Last mit der Interstate Commerce Commission hatte die B&O ihre Streckenlänge und Einnahmen bis 1910 mehr als verdoppelt.[13] Bereits 1903 hielt sie jedoch nach neuen Finanzierungen Ausschau.

Viele deutsche Anleger, die heil aus ihrem Engagement bei der Northern Pacific herausgekommen waren, schienen zu einem weiteren Wagnis bereit. Zu den vielen wichtigen Aspekten der Emission von 1903 zählte, dass es sich dabei um Stammaktien handelte und nicht die weniger riskanten Vorzugsaktien oder Schuldverschreibungen.[14] Allerdings übernahm die Deutsche Bank nur 10000 Stück davon, das war nicht einmal ein Prozent der gesamten Emission.[15] Die Aktien sollten an der Berliner Börse notiert werden. Im Herbst 1903 schickte die Deutsche Bank einen ihrer aufgeweckten jungen Beamten in die Vereinigten Staaten, der die Einzelheiten der Börsenzulassung ausarbeiten sollte.[16] Da der deutsche Aktienmarkt zu dieser Zeit zur Aufnahme selbst spekulativer Risiken bereit schien, rechnete die Bank zuversichtlich mit einer erfolgreichen Markteinführung.[17]

Die B&O war das erste von vielen anderen Unternehmen, die die Deutsche Bank mit Hilfe von Speyer in New York auf europäische Märkte bringen wollte.[18] Wenngleich der tatsächliche Betrag der Beteiligung der Deutschen Bank gering war, kam der Emission große symbolische Bedeutung zu. Die B&O war nach den Schwierigkeiten mit der Northern Pacific die erste amerikanische Eisenbahngesellschaft überhaupt, die an der Berliner Börse eingeführt werden sollte. Das Unternehmen erschien dafür als bestens geeigneter Kandidat. Es kam zu einer günstigen Zeit an den Markt und konnte mit Rückenwind rechnen.[19]

Die Emission war wichtig für den deutschen Kapitalmarkt und für die deutsch-amerikanischen Beziehungen. Der deutsche Kapitalmarkt hatte im Vergleich zu anderen Märkten etwas an internationalem Format eingebüßt. Einige deutsche Zeitungen berichteten, die Emission fülle an der Berliner Börse die Lücke, die dort bisher für amerikanische Eisenbahnaktien bestanden habe. Deren fehlende Notierung führte zu einem Einbruch der Geschäfte mit anderen europäischen, insbesondere mit der Londoner Börse.[20] Profitable Arbitragegeschäfte, die nötig waren, um die Kurse zu halten, wanderten von Berlin ab, wodurch der dortige Markt gegenüber Konkurrenten, vor allem in London, in eine ungünstigere Situation geriet. Die Börsennotierung galt als ausgezeichnetes Indiz dafür, wie wichtig Kapitalvermittler wie die Deutsche Bank für die Märkte um die Jahrhundertwende waren. Seit dem Rückzug der Vorzugsaktien der Northern Pacific im Jahr 1902 wurde nur noch eine nordamerikanische Eisenbahngesellschaft, die Canadian Pacific Railroad, in Berlin notiert. Die neue Börsennotierung würde deutschen Anlegern vermehrt Gelegenheit geben, am wirtschaftlichen Aufschwung in Amerika teilzuhaben, der auf den spanisch-amerikanischen Krieg folgte. Der Preisverfall bei Eisenbahnwerten in den 1890er Jahren bot nun eine Kaufgelegenheit. Die Börsennotierung würde – wie die Deutsche Bank das Vorhaben anpries – sogar dazu beitragen, den Handel mit den Vereinigten Staaten zu beleben, indem sie das deutsche Interesse und Engagement gegenüber jenem Land belege sowie Vertrauen und «eine freundschaftliche Gesinnung» zum Ausdruck bringe.[21] Darüber hinaus machten sich die amerikanischen Banken die Strenge der europäischen Kapitalmarktkontrollen und den dortigen Erfolg der Emission zunutze, um anschließend die B&O-Wertpapiere in den Vereinigten Staaten auf den Markt zu bringen.[22]

Das Bankhaus Speyer war über die Teilnahme seines deutschen Geschäftspartners an der Einführung der B&O-Aktien an der Berliner Börse anscheinend besonders erfreut. Die Deutsche Bank hatte mehr Aktien verkauft, als ihr ursprünglich zugewiesen worden waren. Der Kurs hielt sich recht stabil ungeachtet der Ankündigung generell schwächelnder Einnahmen der Eisenbahnen und insgesamt flauer Eisenbahnaktien. Allerdings gingen einige Käufe von B&O-Aktien auf Arbitragegeschäfte zurück oder dienten dazu, kurzfristige Positionen aufzubauen.[23] Die Deutsche Bank ihrerseits gab sich etwas weniger begeistert als Speyer. Paul Mankiewitz, seit 1898 Mitglied im Vorstand der Deutschen Bank und später, von 1919 bis 1923, dessen Sprecher, schrieb aus London, er sei besorgt, der anfängliche Kursanstieg sei womöglich durch Konkurrenten der Deutschen Bank verursacht, die das Papier hochgetrieben hätten, um sich «ein Stück vom Ganzen» zu sichern. Selbst die Käufe der Deutschen Bank seien zum Teil von der Absicht bestimmt, dem Markt einen Mindestkurs vorzugeben, wobei Mankiewitz fürchtete, Speyer könne dieser Operation durch mangelnde Verschwiegenheit schaden. Speyer, das die Wertpapiere zu nahezu jedem beliebigen Kurs kaufe, scheine über viele noch ungelöste geschäftliche Fragen bei der B&O hinwegzusehen.[24]

Gleichwohl fuhr die Deutsche Bank für mehrere Jahre fort, ihren Kunden B&O-Werte zu empfehlen, wobei sie die strikte Kostenkontrolle und guten Gewinnspannen herausstrich, die reichlich Deckung für die Auszahlung der Vorzugsdividenden und die Bedienung anderer finanzieller Verpflichtungen

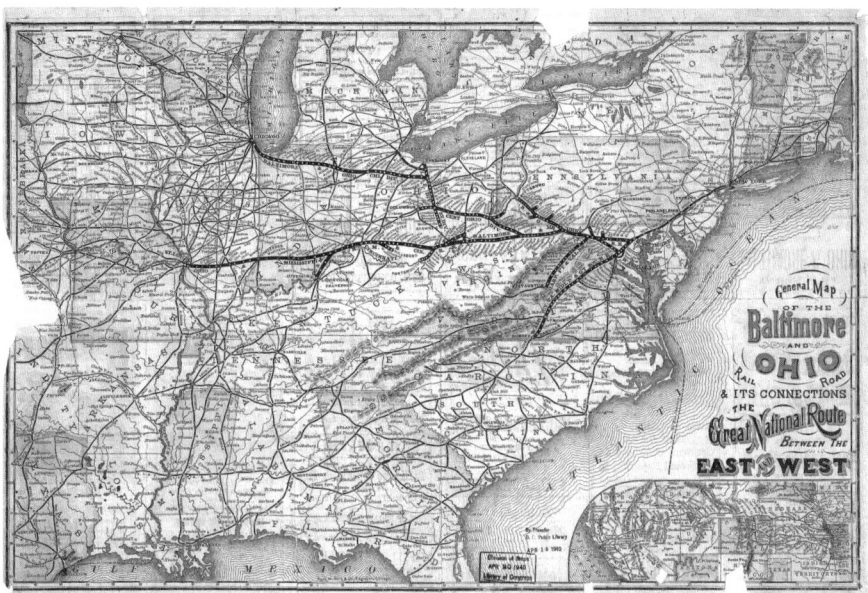

Karte der Baltimore & Ohio Eisenbahn (1876).

böten.[25] Unter manchen Gesichtspunkten verliefen die Bemühungen der Bank erfolgreich. 1910 gab es in Deutschland etwa 6500 Stammaktionäre der B&O mit einem durchschnittlichen Aktienbesitz von 36 Stück pro Kopf. Den Markt für die B&O-Werte zu pflegen, hatte allerdings seinen Preis. Der eigene Besitz der Deutschen Bank an Stammaktien der B&O war von 38 000 Stück im März 1904 auf 234 000 Stück im September 1910 geklettert.[26] Zu dieser Zeit war der deutsche Markt anscheinend mit B&O-Werten gesättigt.[27] Trotz mancher exotischer Besonderheiten und günstiger Bedingungen für die Zeichner stießen spätere Versuche der B&O, Kapital in Europa aufzunehmen, bei der Deutschen Bank und europäischen Anlegern auf geringes Interesse.[28] Sowohl die aktive Nutzung der Kapitalmärkte durch die B&O wie auch deren finanzielle Nöte setzten sich bis in die Zeit nach dem Ersten Weltkrieg fort. 1932 schließlich, auf dem Höhepunkt der Weltwirtschaftskrise, bat der Präsident des Unternehmens Investoren und Behörden um Hilfe.[29]

Die Western Maryland Eisenbahngesellschaft

Das Engagement der Deutschen Bank bei der Western Maryland Railroad Company (WMR) begann völlig anders. Am Anfang stand ein kurzfristiges Darlehen von 3 Millionen Dollar (zahlbar am 1. April 1907, in Partnerschaft mit einigen anderen europäischen Banken), besichert durch 4 Millionen Dollar von ersthypothekarischen vierprozentigen Obligationen der Gesellschaft, die 1952 fällig wurden. Wenngleich sie sich in der Form unterschied, zeigte die Erfahrung der Bank mit der WMR erneut die Löcher in Amerikas regulatorischem Auffangnetz. Die Deutsche Bank besaß die Option, die Schuldverschreibungen zu 85 Prozent ihres Nennwertes und abzüglich der vereinbarten Provisionen für sie selbst (1½ Prozent) und für Adams (½ Prozent) zu kaufen. Im Winter 1907 ersuchte die WMR um Verlängerung und Aufstockung des Kredits, was die Deutsche Bank bewilligte, wobei einige zusätzliche Bedingungen gelten sollten.[30] Das Darlehen schien mit allem ausgestattet: hoher Realzins, Besicherung und ein möglicher Zusatzgewinn bei der Option. Abermals sollte der Schein trügen.

Die WMR wurde vom Sohn eines weiteren schurkischen Eisenbahnmagnaten jener Zeit beherrscht und war bis 1906 als ein Konglomerat von nicht miteinander verbundenen Eisenbahnlinien betrieben worden. George Jay Gould fehlte anscheinend die Disziplin seines skrupellosen Vaters Jay Gould, des «meistgehassten Mannes in Amerika», der mit dem Aufkauf und der Sanierung von Eisenbahnen ein Vermögen gemacht hatte.[31] Nach einigen Jahren, in denen der Sohn mehrere schwierige Projekte für seinen Vater abgewickelt hatte, der glaubte, sein verzogener und verhätschelter Erstgeborener habe einen guten Geschäftssinn, übernahm George die Zügel in der Familiengruppe. Er war zu empfänglich für Schmeicheleien und ohne das Genie und die Arbeitswut seines Vaters; es erwies sich rasch, dass George als Erbe des Familienvermögens ungeeignet war. Auch war er, anders als sein Vater, in Detailfragen nachlässig und überwarf sich mit anderen wichtigen Finanz- und Eisenbahngruppen wie etwa der Harrimans.[32]

WMR hatte einige mächtige Anteilseigner. Adams' Rat und ihre eigene schlechte Erfahrung mit mächtigen Anlegern beiseiteschiebend, erschien der Deutschen Bank das Geschäft ohne größeres Risiko. Neben der Familie Gould besaßen die Rockefellers ein bedeutendes Paket WMR-Aktien. Diejenigen, die Gould unterstützten, verfügten über 178 000 der insgesamt 313 708 ausgegebenen Aktien.[33] Die WMR, von der es hieß, sie habe in erheblicher Weise in gute Objekte und Ausrüstung investiert, war im Vergleich zu den anderen Eisenbahngesellschaften, bei denen die Deutsche Bank eingestiegen war, eher ein kleines Unternehmen. In anderer Hinsicht wies sie jedoch Ähnlichkeiten auf. Die Gesellschaft benötigte zusätzliche Mittel, um einige ihrer Strecken zu verbessern und mehr Güterwaggons zu erwerben. Was diese Gesellschaft für Anleger attraktiv machte, war anscheinend der Umstand, dass sie nicht nur Gleisstrecken und Material, sondern auch Kohlenbergwerke besaß. Auch dieser etwas zweifelhafte Wettbewerbsvorteil stützte sich jedoch einer Quelle zufolge offenbar auf eine wenig stringente Bilanzierungspraxis, um die Einnahmen der Gesellschaft in besserem Licht erscheinen zu lassen. In Zeiten industrieller Flaute konnte die WMR die Förderung ihrer Bergwerke steigern und so für sich selbst Frachtgeschäft erzeugen. Darüber hinaus war ein großer Teil ihrer 8 Millionen Dollar Schulden kurzfristig – ein Risiko, das der Führung des Unternehmens nicht entging.[34]

Die gravierendste Schwäche des Unternehmens ergab sich allerdings aus dem Ehrgeiz des Hauptanteilseigners. George Gould war der Faszination des Traums vieler Eisenbahnmagnaten erlegen. Auch im ersten Jahrzehnt des 20. Jahrhunderts hatte noch keiner eine Verbindung von Küste zu Küste hergestellt. Harriman und Goulds Vater waren nahe daran gewesen, aber beide scheiterten schließlich. Gould versuchte, seinen Vater zu übertreffen. Er besaß bereits die Missouri-Pacific-Linie von St. Louis nach Pueblo in New Mexico, kurz vor der Westküste. Von Missouri erreichte er Toledo und Detroit mit einer anderen Linie. 1900 kaufte er die Wheeling und Lake-Erie-Linie, die Toledo mit Wheeling, West Virginia, verband. Wenn es ihm gelang, eine Linie an der Ostküste zu erwerben, hätte er zweifellos einen mächtigen Verbund zusammengebracht. 1902 brachte er die Western-Maryland-Linie unter seine Kontrolle und überlistete eine darob völlig verblüffte Pennsylvania Railroad, die – einschließlich gerichtlicher Verbote – nichts unversucht gelassen hatte, um Gould zu stoppen.[35]

Zusätzlich zur Pennsylvania-Linie handelte sich die WMR mit ihren Aktivitäten die Gegnerschaft anderer großer Linien ein, darunter auch der B&O. Diese Konflikte führten zu langwierigen Verhandlungen zwischen Goulds Interessen und denjenigen der anderen «Großmächte» im Eisenbahnsektor wie etwa der New York Central. Die Führung der WMR war sich anscheinend ihrer Isolation und des Aufstiegs neuer Konkurrenten bewusst. Zwar hatte sich die Deutsche Bank nur relativ geringfügig an dem Kredit für die WMR beteiligt, aber die Tatsache, dass erfolgreiche Verhandlungen mit einer größeren Linie möglich schienen, bescherte der Bank für ihre Position bei der WMR-Schuld – wie auch für andere unterentwickelte Vermögenswerte der Gesellschaft – interessante Aussichten.[36]

Im Juni 1907 gab es dann allerdings manche beunruhigende Zeichen bei der WMR. Noch vor der Finanzkrise von 1907 fielen die Einnahmen für das Geschäftsjahr 1906/07 schlechter als erwartet aus. Im Folgejahr überstiegen die laufenden festen Verpflichtungen die Nettoeinnahmen. Adams und andere hielten nach Wegen Ausschau, wie sich die Lage für die Aktionäre verbessern ließe.[37] Da die WMR dem Einbruch nichts entgegenzusetzen hatte, fand sie sich in den Händen eines Zwangsverwalters wieder. Letzten Endes war jedoch die finanzielle Gesundheit der WMR in hohem Maße an die Nachfrage nach Kohle in den Vereinigten Staaten gekoppelt, und diese war zum Glück für die Eisenbahnlinie zur damaligen Zeit im Verhältnis zum Angebot hoch – ein Umstand, der der Deutschen Bank nicht entgangen war.

Die Bank versuchte, 100 km² Kohlefelder von der WMR zu kaufen. Eigenartigerweise und vermutlich illegal ging dieser Besitztitel jedoch in die Hände einiger Goulds über, die Mehrheitsaktionäre der WMR waren. Der Verkauf hätte für die WMR vorteilhaft ausfallen müssen, er wurde jedoch nicht zu Marktpreisen abgewickelt.[38] Kurz, die Bahngesellschaft hatte einen dauerhaften Vermögenswert besessen, dessen durch die langfristige Nachfrage nach Kohle anscheinend gesicherter Nutzen für sie und andere Investoren nun verloren war.

Die Deutsche Bank war umworben worden, den Kredit auszuweiten. Man lockte sie mit dem Angebot einer Beteiligung an der komplexen Restrukturierung der Schulden der WMR und an dem Verkauf von Vermögenswerten, eine Art außerbilanzieller Transaktion, die durch den Enron-Skandal unserer Tage in Verruf geraten ist. Gould bot an, einen Teil seiner nunmehr persönlichen Anteile an dem Grund und Boden im Gegenzug für die Aufstockung des Kredits durch die Bank an die WMR zu verkaufen. Auf der Grundlage dieses Angebots empfahl Adams, das Darlehen zu erneuern.[39] Gwinner selbst hatte eigene Mittel in das ursprüngliche Konsortium eingebracht, jetzt bat er Adams sogar, ihn zu informieren, wenn für ihn und seine Freunde und Partner der Zeitpunkt günstig sei, ihr Portefeuille zu einem günstigeren Preis aufzustocken.[40] Als die Gesellschaft nunmehr unter Zwangsverwaltung gestellt war und die Preise insgesamt darniederlagen, hatte der Abgang durch Verkauf an eine dritte Partei die anderen Anteilseigner der WMR geschädigt. Angesichts des schwierigen Marktes mag freilich selbst Gould den Handel bedauert haben. Er hatte Schwierigkeiten, die Kohlefelder zum Einstandspreis (3,2 Millionen Dollar) zu verkaufen. Die Angebote waren ins Stocken geraten.[41]

Der ursprüngliche hypothekarisch besicherte Schuldtitel der Deutschen Bank hatte an Wert verloren, und sie setzte neue Mittel auf einen Wert, den anscheinend niemand abzustoßen vermochte – auch andere waren zum Narren gehalten worden. Für einige galt, dass sie den allgemeinen wirtschaftlichen Niedergang und die spezifischen Schwierigkeiten der Eisenbahn als eine Kaufgelegenheit gesehen hatten. Im Sommer 1907 hatte sich James Speyer sehr interessiert gezeigt, die Expansion von George Gould zu finanzieren. Damit einher ging eine Annäherung an die Chicago, Rock Island & Pacific Eisenbahngesellschaft. Sechs Monate später bot Speyer seine Dienste an, um die Zwangsverwaltung von WMR und Western Pacific abzuwickeln, die, wie es schien, auf einige Zeit finanziellen Beistand und Beratung erforderlich machte.[42] Die Ambitionen der Deutschen Bank waren begrenzt. Zum Leidwesen der Bank waren zu jener Zeit weder die Verwertung der Pfänder noch die Beschaffung von neuen Pfändern möglich. Adams hoffte allerdings, dass die Verhandlungen mit Gould und John D. Rockefeller, der groß in die Schuldtitel der WMR investiert hatte, zu einer Finanzierungsgesellschaft führen könnten. Mit Blair & Co. und Speyer als Beteiligten könnten so neue Wertpapiere bei einer Gesellschaft geschaffen werden, die viele Linien zu einem größeren Eisenbahnverbund zusammenschlösse.[43] Ein vertrautes Dilemma ohne einfache Lösung.

Die Deutsche Bank, die sich schon einmal die Finger verbrannt hatte, schien in diesem Fall ganz darauf konzentriert zu sein, ihr Geld sofort zurückzubekommen statt irgendeine neue Position in der finanziell angeschlagenen, wenngleich demnächst sanierten Gesellschaft aufzubauen. In nur wenigen Tagen gemeinsamer Verhandlungen zwischen Gould, Rockefeller und Adams versuchte die Gruppe, eine Vereinbarung aus dem Boden zu stampfen. Die Deutsche Bank wollte einem weiteren Engagement bei der Eisenbahnlinie nur unter der Bedingung zustimmen, dass Gould persönlich der Bank eine Sicherheit bot in Höhe des Betrags, der ihr nach dem ursprünglich herausgelegten Kredit geschuldet war.[44] Wie kaum anders zu erwarten, fand sich Gould hierzu nicht bereit.[45] Die Bank verübelte es der Gesellschaft zutiefst, dass sie den Weg in die Zwangsverwaltung genommen hatte.[46] Besonders empörte sie sich über Goulds doppeltes Spiel und über Vorgänge, die sie als Verrat ansah. Zur Zeit des ursprünglichen Kredits hatte Gould versichert, er würde die Deutsche Bank über die finanziellen Angelegenheiten der Eisenbahn auf dem Laufenden halten und sie bereits im Vorfeld informieren, sofern sich irgendeine dramatische Verschlechterung in den Geschicken der Gesellschaft abzeichnen sollte. Zusätzlich zu diesem Verstoß gegen eine vertrauensvolle Zusammenarbeit entdeckte Adams, dass eine von den Goulds kontrollierte Gesellschaft für hypothekarisch belastete Grundstücke der Bahngesellschaft die Zwangsvollstreckung betrieben hatte, was darauf hinauslief, dass die Familie vorrangige Forderungen auf die Vermögenswerte würde geltend machen können, welche eigentlich die Obligationsinhaber hätten absichern sollen.[47] Angesichts dieses außerordentlichen Verstoßes gegen die gebotene Sorgfaltspflicht stimmten die Deutsche Bank und Adams überein, dass die einzige Möglichkeit, die ihnen noch verblieb, Regress zu nehmen, darin bestand, gegen die Eisenbahngesellschaft nach Verkauf der Schuldverschreibungen durch die Bank wegen der noch ausstehenden Zahlungen an Zinsen und Hauptforderung einen Prozess anzustrengen.

Im April 1908 berichtete Adams dann, J. D. Rockefeller besitze 51 Prozent der WMR-Aktien, einschließlich der Anteile von Gould. Letztere waren bei dem Ölbaron hinterlegt worden, verbunden mit der Vollmacht, sie an die B&O zu verkaufen.[48] 1909 soll die Deutsche Bank ihre erststellige Hypothek, die sie als Sicherheit für ihren Drei-Millionen-Kredit an WMR hielt, an Blair & Co. verkauft haben. Der Erlös, den sie aus der Transaktion erhielt, war ausreichend, um den Kursen der Schuldtitel Auftrieb zu geben; ferner half er, die Bank davon zu überzeugen, ihre Klage gegen die WMR fallen zu lassen, und er beförderte die Aussichten auf eine Sanierung der Eisenbahngesellschaft.[49]

Trotzdem ging die Reorganisation nicht ohne zahlreiche Zusammenstöße ab. Gould war anscheinend bereit, seinen Besitz in eine bessere Ordnung zu bringen, solange dies nicht seine vitalen finanziellen Interessen berührte oder sein Ego, seinen «*amour propre*», verletzte.[50] Die Sanierung gab wie immer Anlass zu Animositäten zwischen verschiedenen Gruppen von Anlegern und sonstigen Interessenten.[51] Weitere Schwierigkeiten mit der Eisenbahngesellschaft sorgten für eine starke Spannung zwischen Adams und dem Vorstand der Deutschen Bank. Und auch die WMR selbst wurde noch bis mindestens 1912 von Personalproblemen heimgesucht.

Zwar liebäugelte die Deutsche Bank noch mit der Bildung weiterer Konsortien, um andere Transportwerte, insbesondere die New Yorker Untergrundbahn und Anleihen der Tunnelbaugesellschaft von New Jersey und New York, in Europa auf den Markt zu bringen, aber am Ende schreckte die Bank vor der Anlage in und dem Handel mit Papieren von Projekten zurück, deren Wert noch nicht erwiesen war.

Im Jahr 1912 sah sich die Deutsche Bank auch veranlasst, sich systematischer mit dem gesamten Transportsektor zu befassen. Adams war aus vielen Gründen zu der Auffassung gelangt, dass Industriewerte lukrativer seien. Die Bruttoeinnahmen der Eisenbahnen waren zwar gestiegen, aber die Nettoeinnahmen sanken. Eine straffere Aufsicht sowie höhere Arbeits- und sonstige Kosten führten zu niedrigeren Dividenden und Aktienkursen. Dagegen hatten sich industrielle Unternehmen aufgrund ihrer Aktivitäten und Möglichkeiten, in Tätigkeitsgebiete zu diversifizieren, die nur in geringerem Maße öffentlicher Aufsicht unterworfen waren, einer äußerst günstigen Aufnahme beim Publikum erfreut. Nachvollziehbarerweise sah Adams Projekte für den Bau von Wasserkraftwerken als einen Bereich an, der das Vertrauen des Publikums gewinnen und vermutlich durch Amerikas Bevölkerungs- und Wirtschaftswachstum Auftrieb erhalten würde. Der Sektor wies steigende Dividenden bei Vorzugs- wie bei Stammaktien aus. Eine ernste Herausforderung im Eisenbahnsektor war demgegenüber die Masse kurzfristiger Verbindlichkeiten, die in naher Zukunft fällig wurden.[52] Über viele Jahre brachte die Deutsche Bank amerikanische Eisenbahnwerte auf den Markt und handelte mit ihnen, doch markierten das WMR-Darlehen und -Konsortium anscheinend das Ende des strategischen Interesses der Bank an Investitionen in amerikanischen Eisenbahnen.[53]

Gleichwohl setzte sich die Deutsche Bank weiter für die Börsenzulassung amerikanischer Eisenbahnaktien in Deutschland ein.[54] Selbst auf der Höhe der WMR-Krise hatte sie ein wachsames Auge auf den Transportsektor und hielt weiterhin nach Kaufgelegenheiten Ausschau.[55] 1903 brachte sie zwar eine Gruppe von Anlegern zusammen, um Geld in verschiedenen Bergbaugesellschaften in Nordamerika zu investieren,[56] jenseits des Transportwesens galt ihr Hauptinteresse jedoch einem anderen bedeutenden Wachstumssektor der Zweiten Industriellen Revolution: der Elektroindustrie.

Die amerikanischen Geschäfte von Siemens & Halske

Trotz Gründung der GE und obwohl die Deutsche Bank ihre Beteiligung an dem neuen Unternehmen verkauft hatte, bot die Bank weiterhin amerikanischen und europäischen Unternehmen Dienste und Finanzierungen an, die an der amerikanischen Elektrifizierung beteiligt waren. Als die Krise, die Mitte der 1890er Jahre den Sektor erfasst hatte, abgeklungen war, sorgten sich die Bank und ihre deutschen Kunden angesichts der Finanzstärke der GE und deren Ambitionen in Europa. Ihr Interesse an der GE war nun vor allem defensiver Natur. Aus diesem Grund setzte Adams seine Berichte über deren Pläne in Europa bis weit in das neue Jahrhundert hinein fort.[57] Das Wachstum und die Verbindungen dieses neuen amerikanischen Riesen in dem Bereich erschwerten die Pläne deutscher Unternehmen, den US-Markt auszubauen.

Aus vielen Gründen nutzte die Deutsche Bank ihre Beziehungen, um die Interessen der Firma Siemens & Halske (S&H) zu fördern. Familienbande spielten eine Rolle. Hinzu kam, dass die Deutsche Bank 1897 S&H bei der Umwandlung von einer Personengesellschaft in eine Aktiengesellschaft zur Seite gestanden hatte. Obwohl die Mehrheit des Kapitals Familienmitgliedern gehörte, wurden die Aktien 1899 zum Doppelten ihres Nennwertes gehandelt.[58] Als das Unternehmen den ungewöhnlichen Schritt ins Auge fasste, einige der Aktien seiner englischen Tochtergesellschaft an der Londoner Börse auf den Markt zu bringen – ein Großteil sollte von Morgan und der Deutschen Bank übernommen werden –, fragte die Deutsche Bank ihren langjährigen Partner Mount Stephen um Rat, wer das Direktorium ergänzen könnte.[59]

Die Bemühungen der Deutschen Bank, deutschen Unternehmen in den USA behilflich zu sein, führten manchmal zu Interessen- und Loyalitätskonflikten, was auf gewisse Schwächen in ihrem Geschäftsgefüge verweist. Ein markantes Beispiel hierfür liefern die Versuche von S&H, mit Hilfe des US-Repräsentanten ihres langjährigen Verbündeten in Bankdingen für die Herstellung von Dampfturbinen in den Vereinigten Staaten eine Lösung zu finden. Der Vorgang zeigt, dass die Wahrung von Eigentumsrechten sowie die Verwaltung und Führung von Tochtergesellschaften, Interessengemeinschaften und Vertretern zu Beginn des 20. Jahrhunderts in den USA mit Schwierigkeiten verbunden waren, die denjenigen nicht unähnlich waren, die sich hundert Jahre später in aufstrebenden Märkten zeigten. Für alle Beteiligten wuchs sich die ganze Angelegenheit unglückseligerweise zu einer langen und komplizierten Geschichte aus.

Nach Gründung einer amerikanischen Tochtergesellschaft (1892 unter dem Namen Siemens & Halske Electric Company of America, mit Sitz in Chicago), verließ sich S&H auf amerikanische Führungskräfte und verlor schon bald darauf die Kontrolle über das Unternehmen. S&H versuchte, sich aus den Verpflichtungen gegenüber der Tochtergesellschaft zu befreien. Eine Zeitlang verlor die Berliner Firma in den USA sogar die Rechte an ihren eigenen Patenten, und es war ihr untersagt, dort unter eigenem oder irgendeinem anderen Namen zu produzieren. 1904 hatte sie sich endlich wieder das Recht gesichert, unter anderem Namen in den USA zu produzieren und unter eigenem Namen aus Deutschland zu importieren.[60] Das ganze Geschehen gehört nicht zu den ruhmvollsten Seiten in den Annalen der Geschichte von Siemens.

Im Juli 1903 bat S&H die Deutsche Bank zu klären, ob Edward Adams gegebenenfalls bereit wäre, Verhandlungen für das Unternehmen in den Vereinigten Staaten zu führen, um eine Reihe von Schwierigkeiten im Zusammenhang mit den amerikanischen Tochtergesellschaften und der General Electric zu lösen. Als Vergütung für diese Arbeit stellte ihm die Firma einige der Anteile in Aussicht, die S&H an Allis-Chalmers hielt (es handelte sich genau genommen um 338 Aktien mit einem Gesamtwert von 28 413 Dollar, entsprechend etwa 650 000 heutigen Dollar), und bot ihm eine Aufwandsentschädigung sowie eine Option auf den künftigen Kauf der gesamten S&H-Beteiligung an Allis-Chalmers (annähernd 7000 Aktien zu einem Stückpreis von 200 Dollar) an.[61] Allis-Chalmers, ein elektrotechnisches Unternehmen, stand im Wettbewerb mit General Electric und Westinghouse und war ein großer Kunde der Deutschen Bank, die vermutlich die Allis-Chalmers-Aktien an S&H vermittelt hatte. Adams und die Deutsche Bank willigten ein, und die Berliner Bankleitung war bereit, Adams für den Zweck der Verhandlungsführung auszuleihen.[62]

Die Schwierigkeiten hatten ihren Ursprung anscheinend in Schritten, die S&H nach der Fusion von EGE und Thomson unternommen hatte, um für die Herstellung und den Absatz ihrer Produkte in den USA einen Ersatz zu finden. Im März 1892 war S&H mit ihrer amerikanischen Niederlassung zu einer Verständigung gelangt, in der die deutsche Seite ihre Rechte (Eigentum und Nutzung) an nahezu allen ihren Erfindungen und Patenten im Elektrizitätsbereich an die amerikanische Tochtergesellschaft abgetreten hatte. Die Vereinbarung enthielt auch einen Passus, der festlegte, dass das deutsche Unternehmen alle seine Rechte auf europäischen Märkte behielt. Der Vereinbarung entsprechend hatten die beiden Unternehmen, ganz wie in anderen Industriezweigen, über eine Reihe von Jahren ihre Erfindungen und Patente ausgetauscht. Nach Auffassung von S&H hatte das amerikanische Unternehmen gegen die Vereinbarung verstoßen, indem es seinen Angestellten erlaubte, eigene Patente zu erwerben, die dann in Europa für das amerikanische Unternehmen angemeldet wurden. Ferner behauptete S&H, dass das amerikanische Unternehmen seine Produktion in den USA 1903 eingestellt und seit der letzten Hauptversammlung keinen arbeitsfähigen Vorstand mehr habe.

Überdies hatte General Electric seit 1900 in erheblichem Umfang Aktien des amerikanischen Unternehmens erworben, das zu dieser Zeit nicht (mehr) von S&H kontrolliert wurde. Im Besitz eines großen Teils der Aktien des anscheinend bankrotten Unternehmens begann GE, über einige von dessen Vermögenswerten zu verfügen. GE agierte dabei unter der unzutreffenden Annahme, dass sie nunmehr Nachfolger der amerikanischen S&H Electric Company sei, und verlangte, dass die deutsche S&H ihren Verpflichtungen nach dem Vertrag von 1892 nachkomme. Für S&H hätte das bedeutet, ihre wertvollsten Vermögenswerte in den Vereinigten Staaten in die Hände eines amerikanischen Konkurrenten zu geben, der enge Beziehungen mit der AEG, dem stärksten deutschen Rivalen von S&H, unterhielt. S&H war entschieden der Meinung, dass es unter diesen Umständen für GE, selbst als Mehrheitsaktionär der amerikanischen S&H Electric Company, nicht zulässig sei, die deutsche Firma auf ihre frühere Vereinbarung festzulegen.[63]

Die amerikanische Tochtergesellschaft schien, zumindest in der Wahrnehmung der deutschen Muttergesellschaft, von Anfang an mit Problemen behaftet. Im Juli 1894 brannte das Werk in Chicago ab. Trotz zusätzlichen Aktienkapitals aus Deutschland schien die Familie Siemens das Interesse an der amerikanischen Tochtergesellschaft zu verlieren, was den Amerikanern die Übernahme der Kontrolle ermöglichte. Die Tochtergesellschaft schien sich den deutschen Händen geradewegs zu entziehen. 1897 stand eine neuerliche Aufstockung des Kapitals der amerikanischen Firma zur Debatte, dieses Mal wurde sie mit dem Kauf der Pennsylvania Iron Works begründet. Das Vorhaben, das mit dem ursprünglichen Zweck der Tochtergesellschaft in keinem Zusammenhang stand, veranlasste S&H, sich völlig zurückzuziehen.[64]

Der Präsident der GE, Charles Coffin, besuchte Deutschland und erörterte die Angelegenheit mit Wilhelm von Siemens in Berlin. Beide Seiten äußerten den Wunsch, zu einer Verständigung zwischen den Unternehmen zu gelangen. Coffin schlug anfänglich vor, die deutsche Seite solle sich verpflichten, dass weder S&H selbst noch irgendjemand anders mit ihrer Zustimmung eine neue amerikanische Firma unter ihrem Namen aufziehen würde. Wilhelm von Siemens lehnte es jedoch ab, sich und das Unternehmen für unbestimmte Zeit derart festzulegen. Eine solche Verpflichtung komme für ihn nur für eine bestimmte Zeit, etwa für die Dauer von fünf Jahren, in Betracht. Coffin schlug daraufhin zehn Jahre vor. Man schien zu einem Kompromiss bereit. Sobald eine Verständigung über die Frist der ausgesetzten Konkurrenz erfolgt sei, sollte S&H aus ihren Pflichten aus der Vereinbarung von 1892 entlassen und die amerikanische Tochtergesellschaft aufgelöst werden.[65]

Bis zum Herbst 1903 hatte Adams die Bestimmungen für eine Vereinbarung zwischen GE und S&H nach Maßgabe der Berliner Unterredungen im

Frühjahr des Jahres im Entwurf ausgearbeitet. Der Entwurf sah vor, dass alle Eigentumsrechte, welche die amerikanische S&H Electric Company aufgrund der Bestimmungen der ursprünglichen Vereinbarung von 1892 vor dem Stichtag 30. März 1900 erworben hatte, an GE abgetreten würden. Falls GE diese Rechte in ein Patentabkommen mit der AEG einbrächte, sollte der Ertrag an S&H in Deutschland gehen. Alle europäischen Patente sollten jedoch an S&H rückübertragen werden. Im Gegenzug akzeptierte das deutsche Unternehmen eine zehn- statt nur fünfjährige Frist bis zu einem neuerlichen Eintritt in den amerikanischen Markt. Diese Festlegung erwies sich als ein nicht unerhebliches Zugeständnis, da der Erste Weltkrieg den Eintritt in die USA de facto auf Jahrzehnte hinaus quasi unmöglich machte. Adams schlug vor, die Regelung aller sonstigen Fragen auf einen späteren Zeitpunkt zu verschieben; das betraf Streitfragen im Zusammenhang mit der Stromerzeugung für Eisenbahnen und hinsichtlich neuer Generatorennormen, die sich aus dem Niagarafall-Kraftwerk ergaben – einem Bauprojekt, an dem Adams, wie noch zu zeigen sein wird, unmittelbar beteiligt war. Auch diese Fragen zu regeln, sollte eine Unterzeichnung der Vereinbarung über die ursprünglichen, weit dringenderen Streitpunkte verzögern.[66] Zwar waren beide Seiten mit dem vorgelegten Entwurf der Vereinbarung grundsätzlich zufrieden, aber misslicherweise entstand zwischen ihnen schon bald neuer Streit.

Coffin unterzeichnete das Abkommen, er war jedoch verpflichtet, es einem Kontrollausschuss zur Kenntnis zu bringen, der für die Überwachung von Patenten zuständig war, die General Electric und Westinghouse Electric besaßen. In dem Gremium waren Patentsachverständige sowohl von GE wie auch Westinghouse vertreten und entschieden gemeinsam in Angelegenheiten, die die Patentrechte des einen wie des anderen Unternehmens berührten. Nach dem Grundsatz «Aufgegeben wird nichts» lehnte George Westinghouse ab, der Vereinbarung seine Zustimmung zu geben.[67] Coffin versprach, die Sache durchzusetzen. Adams war überzeugt, dass es sich nunmehr im Wesentlichen um eine Auseinandersetzung zwischen GE und Westinghouse handelte. Angesichts ihrer gespannten Beziehung war Westinghouse vermutlich pikiert, dass er nicht bereits im Vorfeld von GE kontaktiert worden war. Adams gab sich zuversichtlich: Westinghouse wünsche, zumal mit Blick auf Deutschland und England, wo er infolge der starken Partner der GE isoliert war, die bestehenden freundschaftlichen Beziehungen mit S&H beizubehalten. Dieser Wunsch würde letzten Endes möglicherweise doch seine Zustimmung zu der Vereinbarung sichern.[68]

Innerhalb von zwei Wochen gelangte Adams jedoch zu der Erkenntnis, dass die Sache nicht so einfach war. Die amerikanische Siemensgesellschaft, wenngleich derzeit ruhend, war weiterhin ein rechtsfähiges Unternehmen, folglich musste jegliches Abkommen mit ihr abgeschlossen werden. Deshalb und aus anderen Gründen würde jede irgendwie bedeutendere Abänderung der Bestimmungen der Vereinbarung die Gefahr heraufbeschwören, den Einfluss auf die anderen Parteien zu verlieren, und vermutlich zu einem Rechtsstreit führen. Das Problem, die Zustimmung von Westinghouse zu gewinnen, war komplexerer Natur. GE hatte die Aktien der amerikanischen Siemensgesellschaft mit Zustimmung des Patentkonsortiums gekauft und Westinghouse gebeten, bei dem Kauf behilflich zu sein. Die Behörden wären entsetzt gewesen, hätten sie davon Kenntnis gehabt, dass Westinghouse es zwar abgelehnt hatte, sich an dem angetragenen Deal zu beteiligen, aber GE einen größeren Anteil an der Patentgemeinschaft als Entschädigungsleistung für die «Ausschaltung eines konkurrierenden Unternehmens» zugestanden hatte.[69] Kurz, während die beiden Unternehmen (GE und Westinghouse) eifrig bemüht waren, die Bestimmungen der zwischen ihnen bestehenden Abkommen geheim zu halten, hatte Adams entdeckt, dass die ursprüngliche Absicht darin bestanden hatte, die Konkurrenz durch Siemens-Erzeugnisse auszuschalten. Westinghouse forderte eine Entschädigung dafür, dass er auf die Vorteile verzichtete, die ihm selbst aus der Kontrolle über einen Teil der Vermögenswerte der amerikanischen Siemensgesellschaft zustanden, während GE allem Anschein nach jetzt für einen Zeitraum von zehn Jahren Vorteile und Gewinne aus den von Westinghouse abgetretenen Rechten würde einheimsen können. Coffin bestritt jedoch die Zulässigkeit dieser Forderung von Westinghouse, da die Angestellten der amerikanischen Siemenstochter ihre Vollmachten missbraucht hätten. Zudem glaubte S&H, dass die Erfindungen der Amerikaner nur geringen Wert hätten.[70] Allem Flehen und den Angeboten von Adams zum Trotz, zwischen den beiden rivalisierenden Elektroriesen zu vermitteln, rührte sich Westinghouse nicht vom Fleck. Adams begann unter diesen Umständen zu fürchten, dass ein Rechtsstreit nicht mehr abgewendet werden könne, noch aber hoffte er, dass es Wilhelm von Siemens und Gwinner gelingen könnte, Westinghouse umzustimmen, wenn dieser im Januar auf der Suche nach Bündnispartnern Europa bereisen würde.[71]

Die Sache zog sich bis 1904 hin. Solange Westinghouse sich der Übertragung entgegenstellte, hatten GE und S&H zwei weitere Möglichkeiten, und zwar die vollständige Liquidation der amerikanischen Siemensgesellschaft oder den Rückzug des Namens Siemens von der Firma, verbunden mit dem Versprechen der Berliner, dass S&H keinem anderen gestatten würde, den Namen Siemens auf die Dauer von zehn Jahren zu benutzen. S&H würde ihre ehemalige amerikanische Beteiligungsgesellschaft von jeder Verpflichtung gegenüber dem deutschen Unternehmen entbinden.[72] Die einzige Tugend, die die Manager der amerikanischen Siemensgesellschaft auszeichnete, scheint ihre Unfähigkeit gewesen zu sein. Bei den Patenten, die sie auf ihren eigenen Namen zu registrieren versucht hatten, waren nach der Erstanmeldung die erforderlichen Folgeschritte unterblieben.[73] S&H bedauerte die Kompromisslosigkeit von Westinghouse, glaubte jedoch, dass von Seiten des deutschen Unternehmens wenig unternommen werden könne, da die Sache ausschließlich zwischen GE und der Firma Westinghouse abzumachen sei.[74]

Einen gütlichen Ausgleich zu finden wurde durch die Beziehungen eines anderen Unternehmens, Allis-Chalmers, zu einer Reihe der Beteiligten noch schwieriger (darauf wird noch eingegangen). Adams war Mitglied des Direktoriums von Allis-Chalmers. Die Firma mit Sitz in Chicago hatte vor kurzem Westinghouse eine Führungskraft abgeworben. Der Betreffende, der bei Westinghouse knapp zwei Jahre die Produktion geleitet hatte, war zum Präsidenten von Allis-Chalmers ernannt worden. Er wiederum sprach dann ehemalige Kollegen von Westinghouse an, mit ihm bei Allis-Chalmers zu arbeiten. Adams fürchtete, die Abwerbungen könnten bei Westinghouse einen Stimmungswechsel vor seinem für den März geplanten Besuch in Berlin auslösen. Mit etwas Glück würde er allerdings erst nach seiner Rückkehr in die Vereinigten Staaten von den Abwerbungen und von Adams' Verbindung zu Allis-Chalmers erfahren.[75]

Was immer auch der Grund war – das erste Gespräch in Deutschland zwischen Westinghouse, Wilhelm von Siemens und Gwinner im März 1904 verlief nicht gut. Trotz wiederholter inständiger Bitten von Siemens und Gwinner, die Unterzeichnung der Vereinbarung zwischen GE und S&H zu genehmigen, blieb Westinghouse bei der Auffassung, dass die Vereinbarung grundlegende Teile der Verständigung zwischen GE und Westinghouse über die Aufteilung des amerikanischen Elektromarktes verletze. Er habe kein Problem mit S&H in Deutschland, wohl aber mit Coffin und General Electric.[76]

Bei einem zweiten Mittagessen mit Siemens, dem sich eine Besichtigung der Berliner Hoch- und Untergrundbahn anschloss, scheinen bei Westinghouse und Siemens dann glücklicherweise «freundliche Gefühle» aufgeblüht zu sein. Westinghouse vermittelte den Eindruck, dass er bei seiner Rückkehr dem Vertrag zwischen GE und S&H keine großen Schwierigkeiten machen werde. Die Deutsche Bank warnte Adams vor der Kontaktaufnahme mit Westinghouse, da dieser, wenn er erst einmal von den Personalabwerbungen seitens Allis-Chalmers erfahren habe, sich Adams gegenüber möglicherweise weniger freundlich gesonnen zeigen werde, und das, obwohl Westinghouse Allis-Chalmers als Konkurrenten eher abgetan hatte.[77] Selbst mit vielen Neueinstellungen würde Allis-Chalmers – so Westinghouse – nie zu einem starken Akteur im Energiesektor werden, ein vernichtendes, aber wie sich herausstellen sollte, durchaus kenntnisreiches Urteil über ein Unternehmen, in das die Deutsche Bank viel Geld steckte.[78]

Anscheinend hatten Siemens und Gwinner nicht nur ihren Charme, sondern unglücklicherweise auch Westinghouses Temperament falsch eingeschätzt. In seiner Dankeskarte für die Gastfreundschaft in Berlin deutete Westinghouse an, er werde seine Zustimmung zu dem GE-S&H Abkommen noch vor seiner Abfahrt in die USA geben. Nachdem er von den Personalabgängen erfahren hatte, vertagte er jedoch die Entscheidung. Wie Adams befürchtet hatte, stellte Westinghouse seine Entscheidung erst einmal zurück. Ungeachtet seiner geringschätzigen Bemerkungen über Allis-Chalmers schrieb Westinghouse an Gwinner, die ganze Lage habe sich aufgrund von Adams erheblich kompliziert. Westinghouse gab Adams persönlich die Schuld für die Aussetzung jeglicher Beschlussfassung, bis er wieder in die Vereinigten Staaten zurückgekehrt sei.[79]

In seiner Antwort entschied sich Gwinner, das Positive hervorzuheben. Den Meinungswandel von Westinghouse übergehend, gratulierte er ihm zu der raschen und vernünftigen Entscheidung, sich nicht länger querzustellen. Um die Beziehung von Adams zu Allis-Chalmers musste er einige Haken schlagen. Zwar bestätigte Gwinner Adams' Beziehung zu Allis-Chalmers, hob jedoch hervor, dass Adams «nicht das geringste Interesse an dem Anliegen von S&H» habe. Gwinner setzte die Verteidigung fort, indem er betonte, Adams habe die Verhandlungen «ohne Vergütung oder persönliches Interesse» aus reinem Entgegenkommen gegenüber der Deutschen Bank geführt. Wenn Adams' Beteiligung an den Verhandlungen und an Allis-Chalmers Schwierigkeiten bereitete, würden die Parteien sich glücklich schätzen, einen Anwalt mit der endgültigen Fassung der Vereinbarung zu betrauen. Gwinner selbst glaubte allerdings nicht, dass Adams' Gegenwart ein Hindernis darstellen müsse, da zwischen allen Parteien auf amerikanischer Seite, Westinghouse eingeschlossen (dabei überging er dessen scheinbaren Sinneswandel), nunmehr Einvernehmen herrsche.[80]

Trotz der berechtigten Sorge, Adams' Beteiligung an Allis-Chalmers und den Verhandlungen könne alles vermasseln, war Gwinners Taktik erfolgreich. Westinghouse schrieb aus Amerika, er habe nicht andeuten wollen, dass Adams' Verbindung mit Allis-Chalmers tatsächlich ein Problem darstelle. Sein Mitarbeiterstab habe ihm empfohlen, wegen der Beziehung von Adams zu Allis-Chalmers mit der Entscheidung bis zu seiner Rückkehr zu warten.[81] Letzten Endes wünschte Westinghouse vermutlich nicht, dass diese Angelegenheit künftige Chancen, mit S&H ins Geschäft zu kommen, belastete. Die Deutsche Bank neigte dazu, Adams die Entscheidung zu überlassen, ob dessen Interessenkonflikt einen Ausstieg aus den weiteren Verhandlungen mit Coffin und Westinghouse unumgänglich machte. Die Bank scheint sich durchgesetzt zu haben. Im Juni telegraphierte Adams, dass der Vertrag (weitgehend deckungsgleich mit dem Entwurf vom November 1903) trotz weiterer Spannungen im Verhältnis zwischen GE und Westinghouse unterzeichnet worden sei. Obwohl noch viele verwaltungstechnische Details auszuarbeiten waren, schienen in Deutschland alle Parteien über den klugen Schachzug, mit dem Adams die Sache zu einem erfolgreichen Abschluss gebracht hatte, sehr zufrieden. Adams erhielt seine Vergütung.[82]

Das Niagara-Kraftwerk

Einige Investitionen der Deutschen Bank im Elektrizitätssektor gingen unmittelbar auf Adams' eigene Aktivitäten zurück. Auch das Projekt des Niagara-Wasserkraftwerks gehörte dazu. Adams hatte sich seit langem und anhaltend für Elektrifizierungsfragen interessiert. Trotz seiner vielen Pflichten für die Deutsche Bank galt sein wichtigstes geschäftliches Engagement bemerkenswerterweise dem Niagara-Wasserkraftwerk und den damit in Zusammenhang stehenden Unternehmen. Zwanzig Jahre war er als Präsident der Kraftwerksgesellschaft tätig, und in den 1920er Jahren widmete er ihr eine zweibändige Studie. Die Niagara-Gesellschaft ging aus einem Unternehmen in New Jersey hervor, der Cataract Construction Company. Diese Gesellschaft war 1898 gegründet und vom Staate New York für Nutzung und Ausbau der Wasserkraft konzessioniert worden. Sie vermochte allerdings nicht, ausreichende finanzielle Unterstützung für das Vorhaben aufzutreiben. Daraufhin wurde sie von Lynde Stetson, einem New Yorker Anwalt, mit Hilfe eines Konsortiums, das er zusammengebracht hatte, aufgekauft. Für 2,4 Millionen Dollar in bar und in Aktien verkaufte die Gesellschaft ihre Entwicklungsrechte an die Niagara-Kraftwerksgesellschaft.

Mit diesen Finanzmitteln war die Cataract Construction Company in der Lage, als Bauunternehmer für das Kraftwerk aufzutreten. Die Verträge sahen vor, dass die Gesellschaft das Kraftwerk entwerfen, finanzieren und bauen würde. Für diese Leistungen würde sie Honorare erhalten. Letztlich sollte sie in der Niagara-Kraftwerksgesellschaft aufgehen, die gegründet wurde, um als Eigentümer und Betreiber der Anlage zu fungieren. Bereits bei den allerersten Versuchen im frühen 19. Jahrhundert, die Niagarafälle für die Erzeugung elektrischer Energie zu nutzen, wurde das Projekt, die Naturkräfte nutzbar zu machen, als bedeutsam für die Industrialisierung der Region und als ein Vorhaben von internationaler Bedeutung gesehen. Auch deshalb fand es die finanzielle Unterstützung durch Adams' alte Firma, Winslow, Lanier & Co., durch Drexel, Morgan & Co., Brown Brothers und die Deutsche Bank. Seltsamerweise erwähnt allerdings Adams in seiner 1927 veröffentlichten Geschichte der Gesellschaft die Deutsche Bank, seinen Freund Gwinner und Siemens mit keinem Wort. 1927 waren die Niagara-Kraftwerke das größte Wasserkraftwerk der Welt.[83]

Die ganze Zeit über, als Adams für die Deutsche Bank arbeitete, stand er mit der Entwicklung der Wasserkraftwerke im Niagara-Gebiet in Verbindung. Sein dortiges Engagement ging zeitlich seiner Beziehung mit der Deutschen Bank voraus. Fraglos spiegelt sich hierin auch das lang anhaltende strategische Interesse von Adams und der Deutschen Bank an diesem Sektor. Wie bereits erwähnt, war Adams Direktor bei der New Yorker Edison Electric

Georg Zwilgmeyer (links), Leiter der Londoner Filiale der Deutschen Bank,
zusammen mit Baron Seidlitz auf einer Geschäftsreise in den Vereinigten Staaten.
Das Bild wurde 1903 vor der Kulisse der Niagarafälle aufgenommen.

Illuminating Company. Er blieb mehrere Jahre auf diesem Posten, bis er 1890 zurücktrat, um Präsident der Cataract Construction Company zu werden,[84] die bereits mit dem Vorhaben zur Nutzung der Niagarafälle für die Erzeugung elektrischer Energie begonnen hatte. Als Präsident der Cataract Construction Company im Jahre 1890 führte er das neue Projekt an, dessen Kosten mit 1,2 Millionen Dollar veranschlagt waren. Der Plan war verwegen und risikoreich, wie das Zeichnungsabkommen vom 17. Januar 1890 belegt:

> Die Direktoren sind der Auffassung, dass es bei einem Unterfangen dieses neuartigen Charakters, das vermutlich häufig eine Abänderung des Plans erforderlich machen wird, nicht angebracht ist, die Einzelposten der veranschlagten Kosten mit allzu großer Detailliertheit vorherzusagen. Sie sind willens und bereit, diese Summe einzusetzen für die Weiterführung des Stollens über den ersten Abschnitt hinaus, für die Fertigstellung der Wehranlagen, für den zusätzlichen Ausbau von Wasserkraft und elektrischer Energie, für den Bau eines Kraftwerks mitsamt Ausrüstung und für den Bau einer Übertragungsleitung für Industriewerke auf dem Gelände der Gesellschaft sowie für weitere rund achtzehn Meilen bis nach Buffalo, wo für den Niagara-Strom bereits reichlich Einsatzmöglichkeiten und Nachfrage bestehen.[85]

Bis 1897 umfasste die Liste der Zeichner renommierte internationale Investoren, darunter Lord Rothschild aus London, August Belmont, John Jacob Astor, J. Pierpont Morgan, Kuhn Loeb, James Speyer und William K. Vanderbilt. Weder die Deutsche Bank noch eines ihrer Vorstandsmitglieder ist namentlich aufgeführt,[86] aber Adams hatte bereits für die Deutsche Bank ein beträchtliches Paket Anteilsscheine (400 000 Dollar) erworben.[87] Im Juni 1898 kaufte Adams anscheinend weitere Anteile über nominal 25 000 Dollar an der Niagara-Kraftwerksgesellschaft für die Konsortialanteile der Deutschen Bank zum Preis von 23 415 Dollar.[88] Nach der Jahrhundertwende, als die Niagara-Kraftwerksgesellschaft hoch im Kurs stand und mit kräftigem operativen Gewinn arbeitete, teilten sich die Deutsche Bank, die Treuhand und verschiedene Vorstandsmitglieder der Bank Niagara-Schuldverschreibungen über 300 000 Dollar. Eigentlich hatten sie für 500 000 Dollar kaufen wollen, aber selbst Adams vermochte nicht, seinen deutschen Freunden so viel zuzuweisen.[89] Trotz der soliden Basis des Projekts und der bereits engen Beziehung von Adams zu dem Unternehmen blieb die Niagara-Kraftwerksgesellschaft ein eher persönliches Interesse von Adams, über das die Deutsche Bank informiert zu sein wünschte. Vielleicht wollte Adams hier jeden Anschein eines Interessenkonflikts vermeiden. Wenngleich die Deutsche Bank Wertpapiere in diesem Bereich dringend wünschte, war Adams offensichtlich zurückhaltend, mit seiner eigenen Gesellschaft hausieren zu gehen.[90] Er war hingegen nicht abgeneigt, seine Erfahrungen mit dem Projekt zu nutzen, um Informationen über andere Unternehmen zu erlangen.[91]

Allis-Chalmers

Obgleich die Deutsche Bank in andere Elektro-, Transport- und Lebensmittel-unternehmen investierte, war in den zwanzig Jahren vor dem Ersten Welt-krieg eine der wichtigsten Beteiligungen von Adams und der Deutschen Bank eine Maschinenfabrik, die bereits erwähnte Allis-Chalmers, die aus einer kurzlebigen, atypischen britischen Direktinvestition in den Vereinigten Staa-ten hervorging.

Allis-Chalmers war das Ergebnis einer Auslandsinvestition und der Fu-sion von zwei Unternehmen. Eines davon war die Reliance Works of Edward P. Allis & Co., ein Unternehmen mit Sitz in Wisconsin, das, allerdings unter anderer Führung, seit dem Bürgerkrieg bestand und dessen Hauptgeschäft die Herstellung von Apparaturen für Getreidemühlen und Walzwerke war. Nachdem das Unternehmen 1873 in finanzielle Schwierigkeiten geraten war, wurde es 1876 von Allis, einem ortsansässigen Unternehmer, übernommen.[92]

Das andere Unternehmen war englischer Herkunft. Im Januar 1890 wurde Fraser & Chalmers, Ltd. in London ins Handelsregister eingetragen, um ein amerikanisches Unternehmen gleichen Namens zu kaufen und eine Fabrik in England zu errichten. Die Chicagoer Firma war vierzig Jahre zuvor von zwei schottischen Auswanderern gegründet worden und stellte Maschi-nen für den Bergbau her. Sie lieferte an amerikanische Bergwerke und expor-tierte ihre Maschinen. Für die Belieferung von Diamantminen in Südafrika beschlossen die britischen Rothschilds und Wernher, Beit & Co., die Herstel-lung von Bergbaumaschinen nach Großbritannien zu bringen. Ihr Vorhaben führte zur Gründung der Firma Fraser & Chalmers unter Beteiligung einer Reihe angesehener britischer Investoren sowie der Gründer der amerikani-schen Firma, die wie Chalmers' Sohn, William J. Chalmers, ins Direktorium eintraten. Die britische Firma agierte als Verkaufsagent für die Chicagoer Fabrik. Sobald das britische Werk errichtet war und die Arbeit aufgenommen hatte, teilte es sich das internationale Geschäft mit dem Werk in Chicago.[93]

1901 wurde die amerikanische Fraser & Chalmers mit der Edward P. Allis Company in Milwaukee und zwei weiteren kleinen Firmen verschmolzen. Die Fusion sollte die schlechten Geschäftsaussichten der Chicagoer Firma aus-gleichen, deren Finanzen auf wackligen Füßen standen. Die britische Mutter-gesellschaft erhielt mit der Fusion eine beachtliche Beteiligung an der neuen Firma, aber keinen beherrschenden Einfluss. Allis-Chalmers bestand, genau besehen, eigentlich aus vier getrennten Unternehmen und hatte ehrgeizige Ausbaupläne, um an dem Optimismus und der Prosperität der Jahrhundert-wende mitzuverdienen. Allis-Chalmers schien immer knapp bei Kasse.[94] Un-glückseligerweise erforderte die Investition weit mehr Managementzeit, als der Deutschen Bank vermutlich lieb war.

Zum ersten Mal wurde Adams 1901 bei Allis-Chalmers eingesetzt. Damals kam er in das Direktorium, vermutlich da die Deutsche Bank einen großen Teil der Mittel für die Sanierung des Unternehmens aufgebracht hatte, die in jenem Jahr stattfand. Zur gleichen Zeit versuchte Adams, einen «sicheren Hafen für die Pennsylvania Iron Works» ausfindig zu machen, in die er selbst oder die Deutsche Bank anscheinend über die bereits behandelte amerikanische Siemensgesellschaft investiert hatte.[95] Um das Unternehmen in Pennsylvania zur Annahme eines Kaufangebots von Allis-Chalmers zu bewegen, übernahm er selbst eine erhebliche persönliche Beteiligung an dem erstgenannten Unternehmen, indem er 1 Million Dollar in das Konsortium einbrachte sowie 0,5 Millionen Dollar für die Deutsche Bank und weiteres Geld aus anderen Quellen dort anlegte. All dies geschah in der Absicht, die Pennsylvania Iron Works zu einem Barvermögen zu machen. Das spätere Problem von S&H war also nicht der erste Interessenkonflikt, der Adams und Allis-Chalmers involvierte. Adams hatte die Verhandlungen für die Eisenwerke geführt, während er zugleich bei Allis-Chalmers Mitglied des Finanz- und Direktionsausschusses war.[96]

Wenngleich die Deutsche Bank sich massiv an der Finanzierung der Sanierung von Allis-Chalmers beteiligte, war ihr nicht daran gelegen, auf Dauer eine große Beteiligung an dem Unternehmen zu halten. Als 1901 die Fusion mit 25 Millionen Dollar an neuen Stamm- und Vorzugsaktien stattfand, bildete die Bank ein Konsortium für die Anlage bei Allis-Chalmers, das 13 Millionen Dollar an Stamm- und 8,4 Millionen Dollar an Vorzugsaktien übernahm.[97] Die Bank selbst, die Treuhand und einzelne Führungskräfte erwarben Anteile. Allerdings wurde Gwinner bereits gegen Ende des Jahres 1902 wegen der Beteiligung der Bank nervös. Die Bank war zu keiner Zeit mit der Führung von Allis-Chalmers und den Erträgen ihrer Beteiligung an dem Unternehmen völlig zufrieden. Doch hat es den Anschein, als ob sie an den finanziellen und sonstigen Schwächen des Unternehmens auch Geld verdiente. Gwinner hoffte, die Allis-Chalmers-Aktien könnten vermarktet werden, denn er erwartete spätestens im Herbst 1903 eine Finanzkrise in Amerika. Sollte es der Bank nicht gelingen, ihre Beteiligung vorher abzustoßen, würde sie bis zum nächsten Aufschwung, der möglicherweise noch Jahre auf sich warten ließ, auf ihrer Anlage sitzen bleiben.[98] Hinsichtlich des bevorstehenden Umschwungs war Adams mit Gwinner einer Meinung, und Gwinner hoffte, Adams würde einen Weg finden, Verluste zu vermeiden.[99]

Adams plante offensichtlich, eine aktivere Rolle in der Führung von Allis-Chalmers zu übernehmen. Obwohl er sich kritisch über die technische Entwicklung des Unternehmens äußerte, sah sich die Deutsche Bank schon bald noch stärker in die Finanzierung und Führung des Unternehmens eingebunden.[100] 1904 war Adams zum Direktionsvorsitzenden aufgerückt. Dem Vernehmen nach half er energisch nach, dass Allis-Chalmers in Ergänzung ihres Dampfturbinengeschäfts die Produktion elektrischer Generatoren aufnahm.[101] Parallel zur Expansion in den USA trat Allis-Chalmers dem englischen Dampfturbinensyndikat bei und betrieb nachdrücklich die Verbreitung ihrer sonstigen Patente in Europa.[102]

Der Konkurrenzdruck von anderen Unternehmen veranlasste Allis-Chalmers, den Einstieg in die Dampftechnik zu erwägen. Zwischen Westinghouse und General Electric hatte ein stillschweigendes Abkommen bestanden, sich auf den jeweiligen Arbeitsgebieten keine direkte Konkurrenz zu machen. Adams war überzeugt, Dampfturbinen hätten die Versuchsphase hinter sich. Sie seien mittlerweile ausgereift und könnten auf den Markt gebracht werden. Seiner Meinung nach stellten sie eine Revolution in der Nutzung des Dampfes und in der Elektrotechnik dar. Adams versuchte, Rathenau, der die USA bereiste, dafür zu gewinnen, die Stumpf-Turbine in den USA zusammen mit Allis-Chalmers zu bauen. Rathenau gab ihm jedoch zu verstehen, dass sein Unternehmen, die AEG, dazu derzeit nicht bereit sei.[103]

Adams und die Deutsche Bank fungierten als Vermittler für eine engere Verbindung zwischen Allis-Chalmers und europäischen Geschäftspartnern. Als andere Unternehmen, darunter auch General Electric, mit neuen Turbinen herauskamen, erinnerte Adams die Deutsche Bank an die Bemühungen von Allis-Chalmers in diesem Bereich. Er drängte auf ein Gemeinschaftsunternehmen zwischen Allis-Chalmers und S&H für den Bau von Turbinen. Für den Fall, dass S&H sich nicht interessiert zeigen sollte, brachte Adams eine andere europäische Firma als anderen möglichen Partner ins Gespräch. Westinghouse hatte kein allzu großes Interesse bekundet, seine bereits funktionstüchtige Turbine zu verbessern, zudem hatte Westinghouse in Europa zu viele Probleme, um massiv in diesen Bereich zu investieren.[104] Dass die Deutsche Bank zwischen ihren konkurrierenden Kunden um einen durchaus heiklen Ausgleich bemüht sein musste, belegt Gwinners Antwort. Er ließ Adams wissen, dass alle diese Informationen von großem Interesse seien und er sie an Siemens weitergegeben habe, «da dies ohne Schaden für die A.E.G. möglich gewesen» sei.[105]

Im April 1904 teilte Adams Gwinner mit, dass er endlich einen Vorvertrag für Allis-Chalmers unter Dach und Fach gebracht habe, die Zoelly-Dampfturbine herzustellen, die zu den besten neuen Dampfturbinen in den USA zählte. Adams' Wunsch ging dahin, dass der Chefingenieur von Allis-Chalmers, der auf Deutschlandbesuch war, um die letzten Probeläufe der Turbine vorzunehmen, mit Siemens-Ingenieuren zusammentreffen solle, die seiner Ansicht nach an der Sache interessiert waren. Vielleicht könnte ja das Zoelly-Turbinen-Syndikat in einen «Bereich wechselseitiger Geschäftsinteressen» eingebracht werden. Adams regte an, dass diese Treffen ebenso wie ein Besuch bei Borsig und ein Gespräch über die Westinghouse-Angelegenheit bei dem Aufenthalt in Berlin auf dem Terminplan des Ingenieurs stehen sollten.[106]

Allis-Chalmers-Dampfmaschinen bei den New Yorker Verkehrsbetrieben kurz nach der Jahrhundertwende. Die 17 Manhattan Engines gehörten zu den stärksten Maschinen dieser Art, die jemals gebaut wurden; die größte leistete 12 000 Pferdestärken.

Sechs Monate war Adams mit den Angelegenheiten von Allis-Chalmers stark in Beschlag genommen und verschaffte sich ein Bild von deren Führungs- und Organisationsproblemen. Nach dem allgemeinen wirtschaftlichen Einbruch 1903 stufte Adams Allis-Chalmers als hoffnungsvollen Fall ein, das Unternehmen könne die Trendwende schaffen. Er gab sich zuversichtlich, Allis-Chalmers werde «zu seiner früheren Stellung des geschäftlichen Erfolgs und eines ausgezeichneten Rufs seiner Ingenieurleistung für die Produkte, die zu ihrem Arbeitsgebiet gehören», zurückfinden, was ihm selbst erlauben würde, seine Aufmerksamkeit wieder anderen, die Bank interessierenden Angelegenheiten zuzuwenden.[107] Gwinner schien erleichtert, allerdings nahm sich das Tempo der Besserung für Adams wie auch Gwinner enttäuschend aus.[108] Zu dieser Zeit war Adams über die technischen Resultate und die Absatzergebnisse sehr optimistisch gestimmt, die, wie er glaubte, dem Unternehmen gegenüber Konkurrenten wie GE und Westinghouse einen Vorteil verschafften. Gute Beziehungen zur Regierung hielt er für überaus wichtig: «Ich bin weiterhin sehr zufrieden, dass ich die Dienste von Mr. Mattice für Allis-Chalmers Co. gesichert habe.» Mattice zeichnete sich dadurch aus, dass er in engem Kontakt zum US-Marineministerium stand, sein Mittelsmann war ein Klassenkamerad aus Annapolis, einer der inzwischen wichtigsten Marineberater im Bereich Dampfantriebe. Sollten die Tests erfolgreich verlaufen, wollte Adams umgehend im nächsten Schritt eine englisch-amerikanische Turbinengesellschaft gründen, die die Zoelly-Dampfturbine erwerben sollte. Sie könnten mit dem englischen Fachausschuss für Turbinen (Fullagar) zusammenarbeiten und dazu Aktienkapital und Patente wie in Deutschland aufteilen. Als Nächstes könnte zwischen dem neuen Gebilde und der vergleichbaren deutschen Organisation eine enge Verbindung mit Erfahrungsaustausch und wechselseitiger Entsendung von Vertretern hergestellt werden.[109]

Unglücklicherweise waren die Ziele von Allis-Chalmers vermutlich zu hoch gesteckt. Die Vorbereitung für die Turbinenproduktion erforderte zum Beispiel einen beachtlichen Kapitalaufwand. Die Ausweitung der Produktionsanlagen war teuer und kostete Adams viel Zeit.[110] Die Probleme bei der Firma waren noch immer so gravierend, dass Adams erwog, seine für das Frühjahr 1906 geplante Abreise nach Europa hinauszuschieben. Wie bei anderen Unternehmen der Branche verursachten das wachsende Maschinengeschäft und der Übergang zur Absatzfinanzierung über Teilzahlungsverkauf bei Allis-Chalmers erhebliche Schwierigkeiten beim Umlaufvermögen. Einige ihrer Konkurrenten nahmen sogar im Ausland Geld auf, um sich die Mittel für den laufenden Kapitalbedarf zu beschaffen.[111] Die Firma brauchte dringend einen Finanzplan in Ergänzung zu ihrer Absatzstrategie, und diese Situation ließ viele Finanzleute ziemlich nervös werden. Während andere Anleger, wie Adams berichtete, seine Rolle bei Allis-Chalmers als entscheidenden Faktor ansahen,[112] zeigte sich die Deutsche Bank unwillig, mehr zu investieren.[113] Selbst Adams wurde zunehmend besorgt. Die Manager der Firma versicherten ihm dauernd, das «Ende des Tunnels» sei erreicht, aber immer wieder enttäuschten sie Adams und die Deutsche Bank. Jetzt bereitete es Adams Mühe, noch irgendetwas zu glauben, was sie sagten, ganz gleich wie begründet es sein mochte, zum Beispiel die Ankündigung steigender Einnahmen. Selbst erhöhte Umsätze und betriebliche Gewinne galten Adams nur als weiterer Beleg dafür, dass die kurzfristige Kreditaufnahme noch ausgeweitet werden müsste, um Warenbestände und Außenstände zu finanzieren. Kreditaufnahmen zur Betriebsmittelfinanzierung im Verbund mit einem Abschwung in der Wirtschaft, der sich im Frühjahr 1907 bedrohlich am Horizont abzeichnete, erschienen für Allis-Chalmers – und auch für viele andere Unternehmen – als eine nahezu tödliche Kombination.[114]

Als die Kapitalmärkte 1907 in den Vereinigten Staaten ins Schlingern gerieten, machten Gerüchte über den möglichen Zusammenbruch von Allis-Chalmers die Runde. Der Markt für die Werte der Firma war klein. Die Deutsche Bank kaufte schließlich weitere Vorzugsaktien zu rückläufigen Kursen. Das Direktorium plante, mehr Macht bei einem neu gewählten Vorsitzenden zu konzentrieren, der Adams ersetzen sollte. Dieser hatte angekündigt, er wolle sein Engagement reduzieren, und meinte, er könne wenig beitragen, der Krise Einhalt zu gebieten.[115] Unter der neuen Führung hielt Adams die Vorzugsaktien von Allis-Chalmers für ein vertretbares Geschäft. Im neuen Jahr würden diejenigen, die reichlich Barmittel in Händen hielten, auf viele unwiderstehliche Schnäppchen stoßen. Auch Gwinner war im Dezember wieder optimistischer. Zwar müssten die kurzfristigen Verbindlichkeiten im Auge behalten werden, aber er war zuversichtlich, dass Adams, mit Hilfe der Deutschen Bank, die Schwierigkeiten überwinden würde. Neue Finanzmittel würden dem Unternehmen helfen, die Klippe zu umschiffen, und eine neue Führung würde sicherstellen, dass das Unternehmen die Früchte der gewiss kommenden Erholung würde ernten können.[116] Im Januar erholte sich das Geschäftsvolumen bei Allis-Chalmers, was seinerseits half, den Kredit der Firma zu verbessern.[117] Obwohl Adams selbst noch etwas zauderte, war Gwinner bereit, mehr eigene Mittel auf dem Markt zu investieren.[118]

Aber 1911 befand sich Allis-Chalmers erneut in Schwierigkeiten. Ein Geschäftsabschwung ließ die Zins- und Tilgungszahlungen des Unternehmens unter Druck geraten. Die Firma hatte viele grundlegende Probleme nicht gelöst, aber sie hatte doch ein gewisses Standvermögen, wenn auch nicht gerade in den Bereichen, für die Adams und die Deutsche Bank sich dies einst vorgestellt hatten. Als Vorsitzender des Direktionsausschusses und trotz heftiger Opposition drängte Adams auf hohe Bonus-Zahlungen für Angestellte des Unternehmens, um sie zu größeren Anstrengungen zu ermuntern. Selbst mit diesen Maßnahmen entfielen auf Allis-Chalmers weiterhin nur 2 Prozent des amerikanischen Elektromaschinengeschäfts, dessen Jahresumsatz sich auf insgesamt 130 Millionen Dollar bezifferte, und die Firma belegte einen kläglichen dritten Platz nach GE und Westinghouse, die ihr mit 54 und 44 Prozent vorausgingen.[119] Banken aus dem Westen der USA wollten helfen, da sie das Unternehmen für die Industrie in den Weststaaten für wichtig hielten. Sie hatten großzügig Kredite gegeben, und man erwartete, sie würden eine Restrukturierung angehen, nach deren Abschluss das Bankhaus Speyer und die Deutsche Bank zu vorteilhaften Bedingungen einem Konsortium beitreten könnten.[120] Im März 1912 wurde das Unternehmen reorganisiert, ungeachtet der lebhaften Opposition der britischen Aktionäre, die den Rest ihrer Beteiligung 1911 verkauften. Aber selbst danach blieben noch viele Führungsprobleme, und die Gewinnmargen waren sehr schmal.[121] 1913 organisierte die Deutsche Bank die Beschaffung von neuem Kapital, die dem finanziell angeschlagenen Unternehmen weitere 5,2 Millionen Dollar in bar von alten Stamm- wie auch Vorzugsaktionären einbrachte.[122] Wie viele andere Unternehmen hat sich Allis-Chalmers in seinem früheren Bestand nicht bis heute erhalten können. Einige Bereiche wurden in den 1980er und 1990er Jahren an andere amerikanische und europäische Unternehmen verkauft. Obgleich das Unternehmen geschäftlich nicht mehr aktiv ist, besteht der Name Allis-Chalmers als Handelsmarke in einigen Bereichen, etwa Traktoren, noch heute.[123]

Mangels detaillierter Aufzeichnungen über Käufe und Verkäufe von Allis-Chalmers-Wertpapieren lässt sich nicht rekonstruieren, wie viel die Deutsche Bank bei dieser Anlage gewonnen oder verloren hat. Die Börse war recht turbulent, so dass die Bank bei einigen kurzfristigen Bewegungen Geld verdient haben könnte, wenngleich die strategischen Ziele des Unternehmens bis 1914 nicht erreicht wurden. Die Bank hielt Allis-Chalmers-Wertpapiere bis in die 1920er Jahre hinein, ein Umstand, der bei ihrem Ringen, sich von den Auswirkungen des Ersten Weltkrieges zu erholen, eine Rolle spielen sollte.

Vor allem belegen jedoch Allis-Chalmers und die anderen hier vorgestellten Fälle, in welcher Breite sich die Deutsche Bank um die Jahrhundertwende am amerikanischen Markt beteiligte. Die Bank fungierte als Beschaffer von Festzinskrediten (ungesicherten Darlehen), als Zeichner von internationalen Anleihen, als Broker von Unternehmen und Verfahren und als Unternehmensberater. Ihre hauptsächliche Rolle als Vermittler von europäischem Geld in amerikanische Unternehmen hatte noch zugenommen, allerdings in kleineren Raten, mit besserem Informationsfluss und effizienterer Ausführung. In dem Jahrzehnt, das auf den Schock der Northern Pacific folgte, trug die Deutsche Bank wesentlich dazu bei, die deutschen Ängste vor neuen amerikanischen Anlagen zu beschwichtigen und weitere Panikstimmung zu vermeiden, und zwar auf beiden Seiten des Atlantiks. Wie viele ihrer amerikanischen und deutschen Konkurrenten übernahm sie eine wesentliche Rolle, indem sie daran mitwirkte, regulatorische Lücken zu füllen und Informationsasymmetrien zu reduzieren. Ohne diese Bemühungen – damals und vielleicht selbst noch heute – wären grenzüberschreitende Kapitalanlagen schlichtweg unvorstellbar.

Obwohl die Deutsche Bank über Adams in beachtlichem Umfang über viele Jahre Einfluss auf Allis-Chalmers nahm, hat dieses Industrieunternehmen nie in einem Ausmaß Management- und andere Ressourcen der Deutschen Bank beansprucht, wie dies bei deren Beziehung mit den USA während Villards Northern-Pacific-Zeit der Fall gewesen war. Nur eine andere Kapitalanlage in den Vereinigten Staaten vor 1914 kam in der Intensität jenem Einsatz der Deutschen Bank und deren Inanspruchnahme nahe. Es vergingen nahezu zwei Jahrzehnte nach Errichtung der Zwangsverwaltung für die Northern Pacific und nach Gründung der General Electric, bevor die

Deutsche Bank ein weiteres Mal bedeutende Managementverantwortung für ein amerikanisches Unternehmen übernahm. In diesem Fall waren es höchstwahrscheinlich die hohen amerikanischen Schutzzölle, nicht etwa eine chaotische Regulierung, die hierzu Herausforderung und Anreiz lieferten.

KAPITEL 7

Geschmack am Neuen: Die Deutsche Bank als Wagniskapitalgeber in den USA

Alle glücklichen Familien ähneln einander; jede unglückliche Familie ist auf ihre eigene Art unglücklich.
Leo Tolstoi, Anna Karenina, 1878

Die biologische Analogie, so geläufig in einer Zeit, da Biologie und Biotechnologie sich beeindruckender Triumphe erfreuen, würde dazu führen, misslungene Projekte und erloschene Firmen als trivial anzusehen.
Patrick Fridenson, 2004[1]

Betrachtet man die Gesamtstrategie der Deutschen Bank bei Kapitalanlagen in den Vereinigten Staaten in den zwanzig Jahren vor dem Ersten Weltkrieg, sticht ein Beispiel hervor. Die Gründung der Lehigh Coke war für die Bank in den Vereinigten Staaten ein neuartiges Unterfangen. Als eine Investition in verheißungsvolles Neuland steht sie jedoch in den Annalen der bankgeführten Direktinvestitionen keinesfalls einzigartig dar. Zwar nicht als gewaltiges «Geschäftsfeld» wie heutzutage, aber der Sache nach ist Wagniskapital so alt wie riskante Kapitalanlagen mit bedeutenden Vorausleistungen und länger-fristig negativen Einnahmen. Wie die Geschichte von General Electric im 19. Jahrhundert und unmittelbar nach der Jahrhundertwende zeigt, spielten Banken eine wichtige Rolle bei der Auswahl von Projekten, bei der Samm-lung von Kapital und bei der Betreuung von Neugründungen.[2] Anders als nahezu alle anderen Kapitalanlagen der Deutschen Bank nach 1896 ging Wagniskapitalfinanzierung einher mit sehr aktiver und intensiver direkter Einflussnahme auf das Management. Dies fiel zusammen mit dem Interesse der Deutschen Bank an anderen neuen Energiequellen außerhalb Deutsch-lands.[3] Im Unterschied zu den europäischen Projekten stützte sich diese In-vestition nicht ausschließlich auf deutsche Kapitalaufbringung. Auch beruhte sie nicht auf Deutschlands Bestreben, die amerikanische Beherrschung neuer, chaotischer Energiemärkte zu verhindern wie im Fall der russischen Erdöl-unternehmung, bei der sich die Deutsche Bank zusammen mit den Familien Rothschild und Nobel exponierte. Vielmehr handelte es sich um einen Versuch, das in Deutschland vorhandene technische Können in Sachen der Verkokung beim Bau von Koksöfen gewinnbringend einzusetzen. Kurz, das Engagement war darauf angelegt, bereits bestehende deutsche Unternehmen und vorhandene Technik durch internationale Ausweitung ihrer Märkte zu diversifizieren. Trotz des technischen Vorsprungs und der Partnerschaft mit einem der wichtigsten Anbieter und Kunden setzten dem Projekt technische Schwierigkeiten, personelle Zerwürfnisse und zuletzt politische Konflikte zu.

Die Deutsche Bank führte ein Konsortium zum Bau einer Anlage für Verkokung und dabei anfallende Nebenprodukte im Osten des Bundesstaates Pennsylvania, in der deutsche Öfen und Verkokungstechnik eingesetzt werden sollten. Koks wird gewonnen, indem Rohkohle in Hochöfen erhitzt und unter Druck gesetzt wird, wodurch sie eingeschmolzen wird und sich verbindet. Das führt zu einer Substanz, die homogener, langsamer und gleichmäßiger verbrennt als Kohle und daher für die Eisenverhüttung in Stahlwerken sehr nützlich ist. Bei der Verkokung fallen Nebenprodukte wie Schwefelsäure, Ammoniak und Benzol an, aus deren Vermarktung Kokereien einen Großteil ihrer Gewinne beziehen.

Eine Schlüsselrolle bei der Investition kam zwei deutschen Unternehmen zu, der Berlin-Anhaltischen Maschinenbau-AG (Bamag) mit Sitz in Berlin und der Stettiner Chamotte-Fabrik AG vorm. Didier (Didier). Beide Unternehmen waren Mitglieder des Konsortiums und verpflichteten sich vertraglich zu folgenden Leistungen: Bau einer kompletten Werksanlage, einschließlich Straßen, Gebäuden, Hafenanlagen, Kohleförderanlagen, Lagerplätzen, elektrischer Ausrüstung sowie der Kokereiöfen und Gasverflüssigungsanlagen mit einer Tageskapazität zur Verkokung von rund 4300 Tonnen und Gewinnung der dabei anfallenden Nebenprodukte – alles zu einem Preis von nicht mehr als 3 250 000 Dollar und einem Anteil am Stammkapital des neuen Unternehmens. Der Bau, beginnend am 1. Mai 1910, sollte nicht länger als zwei Jahre dauern. Darüber hinaus übernahmen die beiden Unternehmen die Verantwortung für die Unterhaltung der gesamten Fabrikanlage, bis zu deren Übergabe an den künftigen Eigentümer, die Bethlehem Steel Company.[4]

Im Prinzip waren alle nur erdenklichen Erfolgsmomente bei der Kapitalanlage versammelt: die Partnerschaft mit einem wichtigen Anbieter-Kunden, deutsches technisches Können, erfahrene heimische Geschäftsleute am Ort sowie bereits seit langem bestehende Beziehungen zwischen den hauptsächlichen Parteien. Die Reaktionen in der amerikanischen Presse waren positiv. Die *New York Times* stellte 1910 in einem Bericht fest, das Vorhaben biete anscheinend riesige Vorteile. Es würde die Verkokung und die dabei anfallende Gaserzeugung nach Pennsylvania bringen, der Bundesstaat werde so Indiana als Kokereizentrum den Rang streitig machen können. Zusätzlich zur Bereitstellung von Koks und den anfallenden Nebenprodukten an chemischen Gasen für die Unternehmen der Region würde das Projekt hochentwickelte, ausgereifte deutsche Verfahren nach Amerika bringen und dazu noch 1000 neue Arbeitsplätze.[5] Am Ende geriet es zu einem Albtraum.

Das Konzept

Die Ursprünge des Projekts bleiben etwas undurchsichtig. Grundsätzlich ging der Plan auf den Wunsch von Bethlehem Steel zurück, dass die beiden deutschen Firmen für die Amerikaner eine Kokereianlage bauen sollten. Das amerikanische Unternehmen würde das Grundstück zur Verfügung stellen und die Abnahme von Koks garantieren. Für die Kokerei war in Aussicht genommen, dass sie eventuell an Bethlehem verkauft werden sollte, wobei das Stahlunternehmen auf zwanzig Jahre das Recht, nicht die Verpflichtung hatte, die Anlage (ohne Patentrechte) nach zehn Jahren mit einem Aufschlag von 10 Prozent oder nach zwanzig Jahren mit einem Aufschlag von 50 Prozent auf die Baukosten zu kaufen. Wie bei den meisten Kokereien sollten die Kosten für die Kohle durch den Verkauf von Koks gedeckt werden. Die Deckung der sonstigen Kosten und die Gewinne waren abhängig von dem Verkauf der Nebenprodukte, besonders der Gase. Der Plan sah die Gründung eines neuen Unternehmens vor, das die Anlage betreiben sollte. Bei den deutschen Unternehmen lag die technische Fachkenntnis und die Verantwortung, die Anlage zu errichten und anfangs zu betreiben, dafür erhielten sie einen gewissen Prozentsatz am Aktienkapital der Neugründung zugesprochen.[6] Die Deutsche Bank sollte für die Finanzierung und die Geschäftsführung des Unternehmens in den Vereinigten Staaten – in Gestalt von Adams – sorgen, dafür würden sie und ihr Vertreter Aktien erhalten.[7]

Zunächst war die Deutsche Bank recht optimistisch. Der feste Glaube in die letztliche Rentabilität des Projekts, den die deutschen Unternehmen demonstrierten, schien die Berliner Bankleute mitzureißen. Angesichts der hohen Nachfrage in den Vereinigten Staaten nach Koks und dessen Nebenprodukten erschien das Projekt solide. Die Hauptbedenken der Bank galten der auf lange Sicht gegebenen Abhängigkeit von einem Industriekonzern wie Bethlehem.[8]

Nichtsdestoweniger verraten die ursprünglichen Konditionen, die den deutschen Unternehmen eingeräumt wurden, einen guten Schuss Vorsicht. Die Bank machte ihre Beteiligung davon abhängig, dass die Partner Adams von der Machbarkeit des Projekts würden überzeugen können, und räumte diesem «uneingeschränkten Einfluss auf die Fassung der Vertragsbestimmungen – insbesondere soweit diese die Patente betrafen – ein sowie bei allen Schritten und Handlungen, die zur Gründung der neuen Gesellschaft erforderlich sein würden. Seine Umsicht und umfassende Erfahrung werden von größtem Vorteil sein».[9] Aber selbst im Anfangsstadium rebellierten die deutschen Partner gegen die Versuche der Deutschen Bank, die Kontrolle an sich zu bringen. Sie forderten, Adams solle kein Recht haben, sich in technische Belange einzumischen.[10] Einer der technischen Direktoren, der in New York arbeitete, drohte, für die Finanzierung andere Berliner Banken heranzuziehen. Die Deutsche Bank tat dies als leere Drohung ab, und in der Tat wurde die Ankündigung rasch zurückgenommen.[11] Bereits im Winter 1910 wies Adams die Deutsche Bank warnend auf die mangelnde Bereitschaft der deutschen Ingenieure hin, sich mit Amerikanern auszutauschen, die ihnen Informationen über bedeutsame, das Projekt betreffende örtliche Umstände zukommen lassen könnten.[12]

Noch bevor das neue Unternehmen einen Namen hatte, lag ein Finanzierungsplan mit einer kräftigen Gewinnerwartung vor. Das Gesellschaftskapital war zu gleichen Teilen in Vorzugs- und Stammaktien (jeweils 16,8 Millionen Dollar) aufgeteilt, die jeweils 12 Prozent abwerfen sollten, obgleich die Deutsche Bank in einem früheren Brief noch von 6 Prozent gesprochen hatte. (Der höher angesetzte Gewinn mag Ausdruck eines gesteigerten Risikobewusstseins gewesen sein.)[13] Bei einem Gaspreis von acht Cent veranschlagten die Planer einen Tagesgewinn von 16 870 Mark. Auf das Jahr berechnet würden sich die Einkünfte auf 6,2 Millionen Mark belaufen oder – wie sie es nannten – einen Ertrag von 14,6 Prozent auf das angelegte Vorzugs- und Stammaktienkapital abwerfen. Dies hatten sie so berechnet, dass sie von den Einkünften 1,3 Millionen Mark als Rücklage abzogen und diesen Betrag korrekterweise zu dem Beteiligungskapital im Nenner hinzurechneten.[14]

Zu dem Gesamtabkommen gehörte ein ungewöhnlicher Versorgungs-, Liefer- und Kaufvertrag mit Bethlehem Steel. Dieses Unternehmen stand unter der Leitung von Charles M. Schwab, den Adams als feindlich gesonnen beschrieb und dessen Führungsstil er für nicht vertrauenswürdig hielt.[15] Von Anfang an war dieser Vertrag, der de facto Bethlehem zu einem Partner bei der neuen Werksanlage machte, fester Bestandteil des ausgehandelten Geschäfts. Praktisch lief das Ganze also darauf hinaus, dass das Konsortium eine Kokereianlage baute und diese so lange für Bethlehem Steel betrieb, bis diese Firma glaubte, hierzu selbst in der Lage zu sein. Viele Fragen waren noch offen. Sie betrafen die Größe des verfügbaren Grundstücks, die Wasserrechte, die Güte und Menge des zu erzeugenden Kokses und den Verkauf der Nebenprodukte.[16] Die Vertragsparteien waren bemüht, Anwalts- und Gerichtskosten zu vermeiden, indem sie Streitigkeiten einem Schiedsgericht unterwarfen und sich in das politische Risiko teilten, falls die gesetzlichen Bestimmungen des Staates Pennsylvania oder der Vereinigten Staaten sich nachteilig auf eine der Parteien auswirken sollten.[17] Trotz Adams' Vorbehalt gegenüber Schwab schienen beide Seiten mit den letzten Verhandlungsrunden ziemlich zufrieden zu sein.

Zusätzliche deutsche Unterstützung

Die Deutschen waren von dem Abkommen begeistert. Freilich erhielten sie den Rat, sie sollten versuchen, die amerikanische Tochtergesellschaft einer deutschen Firma, der Oberschlesischen Kokswerke & Chemische Fabriken (Kokswerke), in das Projekt einzubeziehen, wobei allerdings die genaue Art dieser Zusammenarbeit nicht ganz deutlich gemacht wurde. Die Kokswerke waren damals überwiegend eine Handelsgesellschaft, höchstwahrscheinlich wurde deren Hilfe somit für den Verkauf von Koks und der anfallenden Nebenprodukte in den USA gesucht. Der Produktion, die dem neuesten Stand der Technik zu entsprechen schien, einen tüchtigen Vertriebspartner beizugeben, um das neue Unternehmen aus einer zu starken Abhängigkeit von einem Kunden zu lösen, schien durchaus sinnvoll zu sein. Niemand zog anscheinend die Möglichkeit in Betracht, dass die Existenz der neuen Anlage den Interessen der Kokswerke zuwiderlaufen könnte, die Koks und Kokereinebenprodukte aus Deutschland lieferten und im Begriff standen, ein eigenes Werk zu bauen. Wie bei zahlreichen anderen Aspekten des Projekts verkannten die Beteiligten das Ausmaß des Problems.[18] Die Frage, ob und wie die fertige Anlage mit der Firma Kokswerke arbeiten würde, blieb vorerst ausgespart, und man überließ deren spätere Aufnahme und Klärung der Direktion des neuen Unternehmens (Lehigh Coke).[19] Man war jedoch zuversichtlich, dass irgendeine Verständigung schon zustande kommen würde, und erwog bereits, die Kokswerke in die Gruppe aufzunehmen und die ursprüngliche hälftige Aufteilung zwischen der Deutschen Bank (zusammen mit dem Konsortium, das amerikanische Banken einschloss) und Bamag-Didier zugunsten einer ein Drittel-Lösung für jede beteiligte Partei abzuändern.[20]

Die Kokswerke waren 1890 von jüdischen Unternehmern mit finanzieller Unterstützung aus Bankkreisen gegründet worden. Seither hatte das Unternehmen ein weitverzweigtes, in Schlesien beheimatetes Geschäft aufgebaut mit den Sparten Kohlenbergbau, Herstellung und Vertrieb von Koks und dessen Nebenprodukten.[21] Aufgrund des starken Wettbewerbs in Europa bauten sie eine Vertriebsgemeinschaft in den Vereinigten Staaten auf. Mankiewitz, der sich für die Deutsche Bank um das Lehigh-Projekt kümmerte, setzte sich mit Emil Berve vom Schlesischen Bankverein, einem der wichtigsten Partner seiner Bank in Schlesien, in Verbindung, der seinerseits versprach, die Information über das Konsortium an die Führung der Kokswerke weiterzuleiten.[22] Einige Monate später konnte Berve berichten, dass die Kokswerke grundsätzlich interessiert seien, er bezweifle jedoch, dass die Firma in den Vertrag mit Bethlehem Steel einsteigen wolle. Gründe nannte er nicht, allerdings hatten die Kokswerke bereits eine gute Beziehung zu US Steel aufgebaut. Berve regte eine Art Interessengemeinschaft an, um überschießende Konkurrenz zu vermeiden.[23]

Die Kokswerke fürchteten, dass das Projekt mit ihren eigenen Plänen in den USA kollidieren würde. Die Firma besaß 60 Prozent der American Coke and Gas Company, die ihren Sitz in New York hatte und sich auch mit dem Bau von Koksöfen in den Vereinigten Staaten befasste. Das 1909 gegründete Unternehmen verfolgte zwei Bauprojekte und hatte darüber hinaus Beteiligungen an Firmen erworben, die Koks-Nebenprodukte wie Teer und Ammoniak vertrieben.[24] Eine dieser Firmen, die American Coal Products Company, war in New Jersey mit 15 Millionen Dollar im Handelsregister eingetragen. Sie benutzte Otto-Hoffmann-Öfen, die auf einem anderen Verfahren aufbauten als demjenigen, das Bamag und Didier verwendeten.[25] Berve, dem dies geläufig war, ging umsichtigerweise davon aus, dass die Wahl zwischen zwei unterschiedlichen Techniken die erheblichen Risiken eines Vordringens auf den amerikanischen Markt verringern würde.[26]

Von ihrem eigenen Verfahren angetan, waren allerdings die beiden deutschen mit dem Bau beauftragten Unternehmen von der Idee, enger mit den amerikanischen Beteiligungsunternehmen der Kokswerke bei dem Anlagenbau zusammenzuarbeiten, nur mäßig begeistert. Anders verhielt es sich bei der Deutschen Bank, die dieser Gedanke zunehmend umtrieb. Bereits vergleichsweise früh reagierte die Bank mit Ungeduld auf die Unfähigkeit ihrer Partner, gewisse wichtige administrative Verfahrensfragen abschließend zu klären. Die Bank war zwar bereit, die Wahl des ausführenden amerikanischen Bauunternehmens Bamag zu überlassen, sie wollte jedoch wissen, wie dieses verfasst sein würde.[27] Wie würden Zahlungen getätigt werden und wer würde die letzte Verantwortung für die Freigabe von Geldern haben? Die Deutsche Bank schätzte sich glücklich, den gründlichen Adams am Ort des Geschehens zu haben, aber die deutschen Unterhändler hielten Adams nicht korrekt auf dem Laufenden, und das selbst dann noch, als dieser zum Vorsitzenden des Direktoriums und zum Präsidenten des neuen Unternehmens bestellt worden war. Bamag und Didier zeigten einen Mangel an Transparenz. Selbst wenn alle noch ausstehenden Fragen erledigt worden wären, war das Projekt noch immer mit einem erheblichen Geschäftsrisiko belastet. Die beiden Firmen sträubten sich jedoch, dies ernsthaft anzugehen. Die Deutsche Bank mochte die Verletzung einiger Planungseckpunkte, die im September 1909 aufgestellt worden waren, zwar noch durchgehen lassen, aber ihr Langmut war begrenzt. Binnen weniger Monate spitzte sich die Lage so zu, dass die Bank wünschte, sie hätte das Projekt nie gebilligt. Immer mehr Zweifel an den veranschlagten Gewinnen machten sich breit, und schon bald sollte die Bank die Auswahl derjenigen bedauern, die Bamag und Didier als ihre Vertreter bestimmten und für die Verhandlungen in die USA entsandten.[28] Bereits in diesem frühen Stadium schienen die Ausgewählten für die Aufgabe schlecht gewappnet.

«*Unvorhergesehene Beteiligte*»

Zunehmend wurde klar, dass trotz der Beteiligungen, die Bamag und Didier am Kapital von Lehigh Coke hielten, erhebliche Interessenkonflikte bestanden. Im Sommer 1910 rang sich die Deutsche Bank dazu durch, einen unabhängigen Kokerei-Ingenieur anzustellen, der sich mit dem obersten Werksmanager abstimmen sollte, jemanden der «ausreichend kompetent sei, um die Voranschläge zu prüfen und als Vertrauensmann der Lehigh Coke Company die Bauarbeiten zu überprüfen und zu überwachen». Adams berichtete daraufhin einen Monat später nach Berlin, er habe für diesen Zweck Thomas Clarke engagiert.[29]

Die technischen Schwierigkeiten führten zu widersprüchlichen Analysen. Die Kohleart richtig festzulegen, die für die Verkokung in Frage kam, war unerlässlich. Nikodem Caro, ein bekannter technischer Chemiker, wurde im Herbst 1909 in die Vereinigten Staaten entsandt. Er fand im Wesentlichen heraus, dass die amerikanische Kohle, die Bamag und Didier einsetzen wollten, gewisse, für das Verfahren benötigte Eigenschaften nicht aufwies – sie war zum Beispiel zu feucht, was die Verkokung verlangsamen würde und sogar die Öfen beschädigen könne. Bamag und Didier hielten in allem dagegen, ihre Position war eindeutig und optimistisch: Caros Berechnungen seien falsch, und die passende Kohle sei ohne Weiteres aufzutreiben, oder die Öfen könnten problemlos angepasst werden. Keine dieser Annahmen erwies sich als zutreffend.[30]

Einige der Beteiligten behaupteten jedoch, die Meinungsdifferenz habe wenig mit der Sachkenntnis von Caro oder seinen Kritikern zu tun, sondern sei eher das Ergebnis persönlicher Animosität und unterschiedlicher wirtschaftlicher Interessen. Außerdem hatten andere Fragen nicht-technischer Art große Bedeutung. In den Vereinigten Staaten trugen viele der Kokerei-Nebenprodukte in wirtschaftlicher Hinsicht weniger zur Rentabilität des Kokereibetriebs bei als in Deutschland, so war es zum Beispiel in den USA weit schwerer, Benzol und Ammoniak abzusetzen.[31]

Im Juni zeichneten die Bamag-Leute erneut ein rosiges Bild der Lage. Bamag versicherte, der letzte Testlauf mit dem Didier-Ofen unter ungünstigen Bedingungen habe gezeigt, dass Verfahren und Anlage sowie die beteiligten Herren völlig der Aufgabe gewachsen seien. Etwaige Schwierigkeiten würden sich auf die anfängliche Bauphase und Inbetriebnahme begrenzen. Die Festlegung des Feuchtigkeitsgehalts der Kohle könne problemlos mit Bethlehem geklärt werden. Vertreter von Bamag und Didier hätten die Absicht, im Herbst in die USA zu reisen, um bei möglichen Kunden für die Abnahme der Nebenprodukte vorzufühlen. Auf diese Weise würde es sich auch erübrigen, die Kokswerke heranzuziehen.[32]

Paul Mankiewitz (hier etwa 1920 aufgenommen) kümmerte sich um eine der ungewöhnlichsten Unternehmungen der Deutschen Bank in den Vereinigten Staaten. Trotz des enttäuschenden und zeitraubenden Projekts der Lehigh Coke Company wurde er der erste jüdische Vorstandssprecher der Bank, nachdem Arthur von Gwinner 1919 aus dem Vorstand ausgeschieden war.

Schon in einem frühen Stadium des Projekts war Paul Mankiewitz in den USA. Er war die leitende Persönlichkeit der Deutschen Bank bei diesem Projekt; Gwinner ist zum Beispiel nicht erwähnt. Viele der strittigen Punkte betrafen Personalfragen und andere Angelegenheiten, etwa die Vergütung der Beteiligten, und wurden für gewöhnlich eher in Deutschland als in den USA beigelegt. Wie bei vielen anderen Geschäftsabschlüssen wurden Adams und andere Beteiligte zu einem großen Teil mit Aktien oder einer prozentualen Beteiligung an den Gewinnen entlohnt. 1910 stellte sich Mankiewitz auf den Standpunkt, die Baugesellschaft solle Bares erst nach Fertigstellung und Inbetriebnahme der Anlage erhalten, und lehnte es kategorisch ab zuzulassen, dass die Deutsche Bank irgendeine Verpflichtung im Zusammenhang mit der Finanzberatung übernahm, bevor der Erfolg der Anlage erwiesen war.[33]

Die Garantie

Noch bevor das Kohlenproblem aufkam und als bei der Deutschen Bank Verärgerung und Zweifel zunahmen, gaben Bamag und Didier den anderen Parteien eine förmliche Garantie. Sie sah für den Fall Vertragsstrafen vor, dass
eine betriebsfertige Anlage an Lehigh Coke nicht zum vereinbarten Preis und
zum festgelegten Termin übergeben würde. Im Gegenzug stimmten die anderen Parteien zu, sich nicht in den Bau der Anlage einzumischen.[34] Es hat den
Anschein, dass keine Seite die Bedingungen der Übereinkunft vollständig
einhielt. Sie zu respektieren stellte die Entschlossenheit der Deutschen Bank
auf eine harte Probe.

Zuversichtlich, die Bedingungen der Garantie einhalten zu können, lieferten Bamag und Didier der Deutschen Bank mit Bezug auf eine Tagesleistung
von 4300 Tonnen Trockenkohle ein noch rosigeres Bild der Gewinne. Nach
Abzug von Lohnkosten, Kohleeinkauf, Reparaturen, Unterhalt und Steuern
würde die Anlage vor Abschreibung eine Rendite von 16 Prozent abwerfen,
wobei annähernd 20 Prozent der Einkünfte von den Nebenprodukten herrühren würden.[35]

Strittige technische Fragen setzten dem Projekt jahrelang zu, was kaum
überraschen kann. Der Prozess, verschiedene Sorten von Kohle auszuprobie-
ren und einen verlässlichen Lieferanten ausfindig zu machen, zog sich bis
1914 hin. Viele der Ersatzquellen für Kohle warfen neue Schwierigkeiten auf.
Sehr zum Leidwesen von Bamag und Didier sah sich Caro mit seinen Analysen anscheinend völlig bestätigt. Die einzige gangbare Lösung bestand offenbar in der Mischung verschiedener Kohlen, aber einer der Ingenieure glaubte,
dass selbst diese Lösung eine Reihe anderer technischer und logistischer
Probleme nach sich ziehen würde, die die Gewinne der Firma schmälern
würden.[36] Die Auseinandersetzungen kosteten ein Mitglied der Gruppe den
Job. Über die nächsten vier Jahre herrschten heillose Verwirrung und Misstrauen in der Frage, wer die Tests ausführen und auf Richtigkeit prüfen sollte.
Mehr noch, während sich die Deutsche Bank eine Zeit lang auf die Fertigstel-
lungsgarantie verließ, sorgten sich Adams und andere, dass bei dem Abkommen die Qualität der zu übergebenden Anlage nicht genug Aufmerksamkeit
gefunden habe. Adams' tiefe Beunruhigung, noch verstärkt durch die Bemerkungen einiger New Yorker Konsorten, die seine Reaktion auf das Verhalten
der deutschen Geschäftsleute teilten und mit Geschichten über das Scheitern
vieler ähnlicher Abkommen über den Bau von Kokerei-Anlagen nährten, war
so stark, dass er sich weigerte, die Garantie im Namen von Lehigh Coke zu
unterschreiben.[37]

Bedauerlicherweise bot die Garantie kein Allheilmittel zur Beilegung von
Streitigkeiten. Wie bereits erwähnt, beschloss Lehigh Coke, um Adams' Be-

fürchtungen zu zerstreuen, einen erfahrenen amerikanischen Bausachverständigen heranzuziehen, der das Unternehmen und die Deutsche Bank beraten sollte. Allerdings sorgte diese Vorsichtsmaßnahme bei dem Bauunternehmen und anderen, wie es scheint, für Verärgerung. Sogar August Putsch, der von England gekommen war, um die Produktionsoberleitung der neuen Anlage anzutreten, sobald diese errichtet und betriebsbereit war, protestierte gegen die Einmischung. Während der Bauzeit sollte Putsch für Lehigh Coke arbeiten, die Arbeit des Chefingenieurs des Unternehmens überprüfen und den Ingenieur in die Koksöfen einweisen. Er hatte eine befremdliche doppelte Berichtspflicht, denn er sollte sowohl dem Chefingenieur wie auch dem Verwaltungsrat von Lehigh Coke berichten.[38] Die Einstellung eines weiteren Ingenieurs würde – so Putsch – Probleme schaffen. Sie beschwöre noch mehr Konflikte mit den Leuten der Baufirma herauf, darüber hinaus untergrabe sie die Autorität von Putsch und dessen Möglichkeit, seinen vertraglichen Verpflichtungen nachzukommen. Nur wenn der neue Ingenieur ihm berichtete, und dabei davon ausgegangen werden könne, dass sie beide im Interesse von Lehigh Coke arbeiteten, sei zu hoffen, dass sich diese Konflikte vermeiden ließen.[39] Die Vertreter von Bamag und Didier teilten diese Meinung nicht. Sie vertraten die Auffassung, der neue Ingenieur solle nur für Inspektionen eingesetzt werden, und weder er noch sonst jemand solle unter Putsch arbeiten. Wenn die Anlage ihren Betrieb aufnehme, werde Putsch als deren Manager eingesetzt, sofern Bamag und Didier mit seiner Arbeit zufrieden seien. Zu dieser Zeit könne der amerikanische Ingenieur dann zum Assistenten von Putsch bestimmt werden, nicht jedoch bereits vorher.[40] Des lieben Friedens halber willigte die Deutsche Bank ein, Bamag und Didier bei der Auswahl der technischen Unterstützung ein Vetorecht einzuräumen.[41]

Allein die Statuten für das amerikanische Unternehmen aufzusetzen, brachte Konflikte mit sich. Das Fass drohte überzulaufen, als die Vertreter von Bamag und Didier im Herbst 1910 erneut in die Vereinigten Staaten kamen. Ihre Ankunft führte zu einem Sturm wütender Besprechungen und verärgerter Briefe. Erst nach Monaten war die Ruhe wieder hergestellt. Bei der ersten Besprechung gab Adams der Hoffnung Ausdruck, der *Octava* möge es gelingen, die Einzelheiten der Statuten des neuen Unternehmens gestützt auf die Grundsätze auszufeilen, die bereits in Berlin festgelegt worden seien. Mit *Octava* bezeichnete er die versammelte Gruppe von acht Männern. Das waren er selbst, Bruno Axhausen, ein Angestellter der Deutschen Bank, der zur Unterstützung von Adams befristet nach New York abgestellt worden war, Edmund Hohmann und Fritz Grumbacher, der Erstere Vorstandsmitglied bei Didier, der Letztere bei Bamag, zwei Vertreter der Baufirma, der Syndikus und der geschäftsführende Sekretär von Lehigh.

Hohmann und Grumbacher glaubten jedoch, dass das Zusatzversprechen ihrer Unternehmen ihnen das Recht auf weitere Forderungen in den Verei-

nigten Staaten gebe. Sie brachten Adams auf, indem sie ihn, seine Anordnungen und andere Mitglieder ignorierten und darauf bestanden, dass ihre
Rechtsanwälte bei allen Verhandlungen zugegen sein sollten. Für Adams bestand der Auftrag der *Octava* schlicht und einfach darin, das in die Tat umzusetzen, was in den Berliner Besprechungen am 8. und 9. Juni 1910 vereinbart worden war, bei denen er selbst zwar nicht zugegen gewesen war,
worüber er jedoch von der Deutschen Bank eindeutige Instruktionen erhalten hatte. Hohmann und Grumbacher pochten dagegen darauf, dass ihre Unternehmen mit der Garantie und anderen Zusagen alles nur irgend Mögliche
getan hätten, um das Interesse der Deutschen Bank zu wahren. Als ihre Aufgabe in New York sahen sie an, darauf hinzuwirken, dass in den Vereinigten
Staaten ein Unternehmen gegründet wurde, das die langfristigen Interessen
von Bamag und Didier vertrat, wozu auch die Wahrung ihres guten Rufs in
den USA und Europa zählte. Die Einmischung von Amerikanern, besonders
solchen, die wie Adams keine oder nur geringe technische Kenntnisse hatten, war höchst unwillkommen. Die deutschen Unternehmensvertreter schienen für amerikanische Gewohnheiten und Gesetze wenig übrigzuhaben.[42]
Sie lehnten es auch ab, sich bei ihrem Vorgehen von den Protokollen der
Berliner Besprechungen und deren Auslegungen leiten zu lassen, da sie
selbst keine Abschrift hatten.

Verständlicherweise waren die widersprüchlichen Interessen der Parteien Teil des Problems. Die Deutsche Bank war bestrebt, das Unternehmen
so zu organisieren und zu führen, dass es möglichst bald an der New Yorker
Börse zugelassen und verkauft werden konnte.[43] Hohmanns und Grumbachers Interesse zielte dahin, die Rechte ihrer Unternehmen zu wahren, und
zwar nicht nur während der Bauphase, sondern auch danach bei einem
Wechsel in der Unternehmensführung oder einem neuen amerikanischen Eigentümer. Sie bemühten sich um Rechtsbeistand. Obwohl die Stimmrechte
ihrer Unternehmen im Verwaltungsrat ihren Aktienbesitz um den Faktor 12
überstiegen, bestanden sie auf eine weitere Absicherung ihres Stimmrechts
in dem neuen Unternehmen sowie auf andere Änderungen in der Satzung.
Mankiewitz vertrat demgegenüber die einsichtige Position, dass es zu diesem
frühen Zeitpunkt nicht angehen könne, Vorkehrungen in den Statuten bezüglich solcher Fragen zu treffen, wie hoch die Bargeldreserve beschaffen sein
oder welche Rücklagen erfolgen sollten.[44]

Gegen Anfang November 1910 scheinen Hohmann und Grumbacher
schließlich ihre anfänglichen Versuche aufgegeben zu haben, die Statuten zu
ändern, zumindest soweit sich jene Änderungen auf die Berechnung und Verteilung der Gewinne bezogen. Viele Punkte wurden allerdings nur fürs Erste
zurückgestellt; Grumbacher zumindest hielt fest, «die gesamte Frage der Satzung stehe weiterhin zur Diskussion», allerdings verlor anscheinend selbst
sein eigener Anwalt die Geduld mit seinem Klienten.[45] Hohmann nahm das

Schiff zurück nach Deutschland, um seinen Vorstandskollegen die Lage zu erläutern.[46] In seiner Zusammenfassung an die Deutsche Bank wiederholte Adams, den Direktoren die Verantwortlichkeit für die Verteilung der Gewinne zu nehmen, sei eine unkluge und beschämende Bestimmung, mit der er lieber nichts zu tun haben wolle. Zum gesetzlichen Verantwortungsbereich des Direktoriums gehöre nun einmal, Rückstellungen für Gewinne, Betriebsmittel, Reparaturen und andere Erfordernisse des Unternehmens zu machen, doch müsse irgendein Kompromiss gefunden werden, um das Interesse von Bamag und Didier gegenüber den künftigen Handlungen des Direktoriums zu wahren. Adams wurde anscheinend in dieser Hinsicht nachgiebiger. Die Zustimmung der Anteilseigner vorausgesetzt, könne zum Beispiel eine Bestimmung in die Statuten aufgenommen werden, wonach Zahlungen auf Vorzugsaktien so lange mit einer Obergrenze belegt wurden, bis das Stammkapital eine Dividende erhielt. Darüber hinaus könnten die Statuten auch Grenzen für die Prämien der Direktoren vorsehen, bis Zahlungen an den Amortisationsfonds und Dividenden erfolgt waren.[47] Das seien ungewöhnliche Auflagen, aber sie seien erfüllbar, wenn alle Parteien ihre Wünsche unmissverständlich äußerten.[48] Am Ende war den Konflikten zwischen amerikanischen und deutschen Interessenten beschieden, eine völlig andere Gestalt anzunehmen.

Trotz dieser Kompromisse schien sich die Feindseligkeit zu vertiefen. Adams kündigte warnend an, so Mankiewitz, dass die Annahme der Forderungen von Hohmann und Grumbacher wie auch deren Verhalten seine eigene Mitwirkung im Direktorium unmöglich mache. Mankiewitz, der hinter seinem Mann in New York stand, drohte Bamag und Didier, ein Weggang von Adams würde die finanzielle Beteiligung der Deutschen Bank unmöglich machen.[49] Mankiewitz hielt den Firmen vor, ihre Forderungen liefen den früheren Vereinbarungen zuwider und der Besuch von Hohmann und Grumbacher habe die Spannungen nur noch verschärft. Mitte November knöpfte er sich die deutschen Manager wegen der Art und Weise vor, in der Adams wie auch Axhausen von den Abgesandten von Bamag und Didier behandelt worden waren, die ihrerseits behauptet hätten, den Anweisungen ihrer Unternehmen nachzukommen. Mit oder ohne Garantie müssten Adams und der Verwaltungsrat gemäß den Vereinbarungen umfassend informiert werden, wie dies auch angesichts der Position von Adams als Vorsitzender von Lehigh Coke und Repräsentant der Deutschen Bank in den Vereinigten Staaten zwingend anstehe.[50] Mankiewitz wiederholte seine Drohung, die Deutsche Bank werde sich aus der Leitung des Konsortiums zurückziehen. Während Bamag und Didier die Vorwürfe zurückwiesen und ihrerseits eine Gegenrechnung aufmachten – so etwa, dass alles dies nur aufgekocht sei, weil die Deutsche Bank wegen des Projekts überhaupt «kalte Füße» bekommen habe –, ließ Axhausens Eintreten für Adams die Deutsche Bank zur Überzeugung gelangen, dass die deutschen Partner ihrem amerikanischen Vertreter das Leben äußerst schwer machten. Bamag und Didier hatten aus vielen Gründen an Glaubwürdigkeit verloren.

Doch als Ergebnis einer von Mankiewitz Mitte November geforderten Besprechung kam es zu einem zeitweiligen Waffenstillstand. Trotz seiner engen Beziehung zu Schwab wurde Grumbacher nach Berlin beordert. Hohmann wurde angewiesen, Adams besser zu unterrichten. Alle technischen Pläne und Verträge, insbesondere Einstellungsverträge seien Adams vorzulegen.[51]

Freilich, einen Monat später klagte Adams, dass die Baufirma ihm wichtige Informationen vorenthalte. In einem persönlichen Brief an Mankiewitz erhob er darüber hinaus den Vorwurf, Bamag und Didier führten Geheimverhandlungen mit Hallgarten & Co., einem den Kokswerken nahestehenden New Yorker Bankhaus, das einen Großteil der Interessen der schlesischen Firma in den Vereinigten Staaten vertrat. Ironischerweise geschah dies in der Hoffnung, diese Firma, deren Beteiligung sie sich einst widersetzt hatten, dafür zu gewinnen, die Deutsche Bank bei der US-Gründung zu ersetzen. Er vermutete, dass diese Verhandlungen möglicherweise hinter den jüngsten Drohungen von Bamag und Didier stehen könnten. Dieser Versuch, einen neuen Partner aufzutun, füge sich in Grumbachers ursprüngliche Absicht, ein größeres Konsortium zu bilden. Den verschiedenen, mit den Kokswerken verbundenen Firmen in den USA sei anscheinend sehr an einer engeren Beziehung mit Bethlehem Steel gelegen, und dieses Projekt könne hierfür als Mittel dienen. Sie würden sogar in Erwägung ziehen, selbst das Kokerei-Geschäft bei Bethlehem zu übernehmen.[52]

Obwohl viele strittige Punkte unter den Teppich gekehrt worden waren, hielt der brüchige Frieden doch gut genug, um mit der Arbeit an der – unter schlechtem Vorzeichen stehenden – Anlage weiterzumachen. Welch heilloses Durcheinander herrschte, belegt, dass Adams, nur vier Tage nachdem er Bamag und Didier beschuldigt hatte, das Konsortium zu hintergehen, in dem Garantie-Abkommen einen gewissen Trost sah, das, wie er einräumte, das Konsortium immerhin einiger Sorgen über gewisse technische Details und Bedenken über die Freigabe von Geldmitteln enthob.[53]

Weiterhin ungelöst war jedoch ein anderer Punkt, der den sorgfältigen Adams umtrieb – die Patentfrage. Nach Auskunft einiger seiner Berater waren die von Bamag und Didier benutzten Patente nicht ausreichend geschützt. Zudem behielten gemäß den Abkommen mit der Baufirma und des Einstellungsvertrags von Putsch alle Ingenieure die Patentrechte auf Vorrichtungen, die sie während der Arbeit für das Projekt und später für Lehigh entwickelt hatten.[54] Adams stieß auf viele offene Flanken und wusste nicht, wo anfangen.[55] Noch im Februar 1913 stritt man über die Frage, in wessen Verantwortlichkeit es falle, die Rechte für verschiedene grundlegende Prozesse zu erwerben.[56]

Informationsfluss und Personal

Personal für die neue Firma auszuwählen war keine einfache Sache. Es ging ja nicht nur darum, Angestellte mit technischen Fähigkeiten zu finden, darüber hinaus waren reichlich Geduld und Menschenkenntnis erforderlich, um in dem stark aufgeladenen internen politischen Klima zu überleben und nicht den einen oder anderen der sich bekriegenden Beteiligten vor den Kopf zu stoßen und dessen Gunst verlustig zu gehen. Die gleichermaßen kulturelle wie auch geographische Distanz erschwerte die Lösung vieler Probleme nur noch.

Im fernen Berlin hielten die Parteien Ende Dezember und Anfang Januar Besprechungen ab, um verschiedene Sachfragen zu erörtern. Dazu zählte auch die letzte Analyse von Caro, die zum Komplex der in der Anlage verwandten Schamottesteine einige gute Nachrichten enthielt. Ein amerikanischer Ingenieur, Thomas Clarke, wurde von Bamag und Didier formal als Adams' technischer Assistent akzeptiert. Trotz des Zusammenbruchs einiger örtlicher Kohlezechen schien die Belieferung mit Kohlen gesichert, obzwar Bethlehem selbst nicht bereit war, den Bedarf der Anlage zu liefern. Trotz bohrender Zweifel über die Beschaffenheit der Kohle – nicht zuletzt über die Kosten von Ersatz sowie von anderen Umstellungen und Anpassungen – kamen die Parteien überein, auf die Dauer von zwanzig Jahren dem Projekt verbunden zu bleiben. Auch verständigten sie sich darauf, ihr Stimmrecht und ihren Einfluss im Direktorium dafür einzusetzen, dass von dessen insgesamt zwölf Mitgliedern acht von der Deutschen Bank und vier von Bamag und Didier bestimmt werden sollten.[57] Die Kontakte zu den Partnerfirmen der Kokswerke wurden weiter gepflegt. Nach Adams' Aussage zeigten sie immer noch Interesse, mit Lehigh wegen der anfallenden Nebenprodukte ins Geschäft zu kommen.

Der Kontakt zeitigte zwei nicht vorhergesehene Folgen. United States Steel hatte mit American Coal Products gearbeitet, einer der Partnerfirmen der Kokswerke. Obgleich Adams vor «ruinösem Wettbewerb» warnte, sah er doch eine Möglichkeit, einen neuen Kunden zu gewinnen. Schließlich bestand zwischen den beiden Unternehmen kein Langzeitvertrag, was für Lehigh mit der Chance einhergehen mochte, dem Kokswerke-Partnerunternehmen die Aufträge abzujagen.[58] Mehr noch, infolge der Besprechungen mit dem Kokswerke-Partner gewann Adams bald den Eindruck, dass er einen geeigneten Kandidaten als Präsidenten für die neue Firma Lehigh Coke ausfindig gemacht habe. Edward McIlvain hatte als Assistent von W. H. Childs bei American Coal Products die Verhandlungen für letztere Firma geführt und Adams beeindruckt.

Trotz aller Schwierigkeiten über weite Strecken der Jahre 1910 und 1911 engagierte sich die Deutsche Bank stark, um Aktien der neuen Kokereigesellschaft an Kunden und andere Banken abzusetzen.[59] In einem Brief findet sich die Behauptung, dass die Vorzugsaktien auf dem amerikanischen Markt zu 140 Prozent ihres Ausgabewertes gehandelt würden. Die Stammaktien wurden zusammen mit vergleichsweise präzisen finanziellen Zielvorgaben und Planungsdaten auf den Markt gebracht.[60] Nach einer anderen undatierten Aufzeichnung, die vermutlich im Spätwinter 1910 aufgesetzt worden war, verfügte die Deutsche Bank über 2 334 000 Dollar des Aktienkapitals, Bamag und Didier über 1 116 000 Dollar, wovon Kuhn, Loeb & Co. 500 000 Dollar übernehmen würde. Die Deutsche Bank hatte bereits 1 100 000 Dollar ihres Aktienbesitzes verkauft. Die Dresdner Bank, der Schlesische Bankverein und die Schweizerische Kreditanstalt zählten zu den weiteren europäischen institutionellen Anteilseignern. Gwinner und Mankiewitz hielten persönlich beträchtliche Mengen an Aktien. Zusammen mit Adams, Blair & Co. sowie Winslow Pierce gehörte der Vorsitzende des Direktoriums der Western Maryland Railroad zu den Anteilseignern.[61]

Das Vorhaben erfreute sich noch zahlreicher anderer Arten der Unterstützung. Zusätzlich zur Garantie des Unternehmens versicherte Hohmann, seine persönliche Verantwortlichkeit sehr ernst zu nehmen. Er stehe gegenüber seiner Firma in der Pflicht, das Projekt fristgerecht zu den veranschlagten Kosten abzuschließen. Er verpflichtete sich sogar, es noch unter den vereinbarten 3 250 000 Dollar zum Abschluss zu bringen. Verhängnisvollerweise für das Projekt und für die involvierten Personen bewegten sich allerdings einige, die persönlich dessen erfolgreiche Fertigstellung garantiert hatten, außerhalb ihrer früheren Erfahrungen und Zuständigkeiten.[62]

Es war nicht einfach, sich auf einen Präsidenten für das neue Unternehmen zu verständigen, mit dem alle Parteien zufrieden waren und der sich seinerseits der Aufgabe stellen wollte. Viele der Beteiligten meinten, es müsse jemand mit engen Verbindungen zu Schwab sein. Einige Kandidaten stellten zu viele Anforderungen; andere stießen bei einem oder mehreren der Partner auf Ablehnung. Die Partner mussten Einvernehmen erzielen.[63] Wie Adams erwartet hatte, lehnte der erste Kandidat den Posten ab.[64] 1911 verständigten sich die Parteien schließlich auf Edward McIlvain, einen Manager, der für Schwab und für die Partnerfirma der Kokswerke gearbeitet hatte, bei einem Jahresgehalt von 18 000 Dollar und einer Mindestprämie von 7000 Dollar (etwa 400 000 und 150 000 Dollar nach heutigem Wert).[65] Angesichts der technischen und sonstigen Herausforderungen war McIlvains Gehalt kein leicht verdientes Geld.

Die Mannschaft bei Lehigh war in zwei verfeindete Lager gespalten, eine pro- und eine Anti-Bamag-Didier-Gruppe. Einige der strittigen Punkte waren Fragen des Stils, andere waren grundlegender Art. Nahezu alle Sachverständigen gelangten zur Erkenntnis, dass sich die Fertigstellung um mindestens einige Monate verzögern würde. Vorwürfe, die Bamag-Didier-Gruppe würde sich gegenüber Kritik verschließen und keine Informationen austauschen, wurden erneut laut.

Obwohl die Deutsche Bank Bamags Garantie hatte, meinte Axhausen, Mankiewitz müsse, in Anbetracht des vielen Kapitals, das die Bank in das Projekt gesteckt hatte, von diesen Schwierigkeiten Kenntnis erhalten. Axhausen befürchtete, die Berichte an Bamag und Didier würden wie gewöhnlich voller Optimismus und Zuversicht sein.[66] Mankiewitz hatte sich aber anscheinend mit den Schwierigkeiten abgefunden, aus Furcht, nur noch mehr Öl ins Feuer zu gießen, zögerte er jedoch, Bamag und Didier mitzuteilen, dass die Deutsche Bank über die mögliche Verzögerung Bescheid wusste. Es sei schon schlimm genug für sie alle, dass Caro von vornherein recht gehabt habe: Nur bestimmte Sorten von Kohle würden sich verwenden lassen, genau genommen nur diejenigen aus dem westlichen Maryland.[67]

Andere Interessenten

Ein anderer zusätzlicher Kostenfaktor des Projekts, der ursprünglich nicht ins Auge gefasst worden war, waren Arbeiterwohnungen. Die Kosten für den Kauf von Bauland und die Errichtung von Siedlungshäusern für 50 bis 75 Arbeiter wurden auf annähernd 100 000 Dollar geschätzt. Selbstredend erhob sich die Frage: Handelte es sich dabei um «notwendige Bauten» nach den Bestimmungen des Vertrags? Wenn sie nach Ansicht der «mit den Bauarbeiten beauftragten Herren» notwendig waren, dann waren diese zu deren Bezahlung verpflichtet.[68] Falls die Arbeiterhäuser nicht notwendig waren, warum wurden sie dann gebaut?

Adams bemühte sich, einen anderen Erfolgsfaktor aufzubauen – die Zusammenarbeit mit einflussreichen Bürgern am Ort. Aus diesem Grund empfahl er W. A. Wilbur für das Direktorium von Lehigh. Wilbur, ein ortsansässiger Bankier, der als Investor an dem Konsortium beteiligt war, war auch Mitglied des Direktoriums der Western Maryland Railway. Er und seine Familie, die seit Generationen in der Gegend angesehene Geschäftsleute waren und sich aktiv für kommunale Angelegenheiten wie etwa die Lehigh-Universität einsetzten, besaßen zudem eine bedeutende Beteiligung an einem Anthrazitkohle-Vorkommen bester Güte, rund 400 km² in West Virginia. Wilbur interessierte sich sehr für Kokereien und womöglich sogar für die Errichtung einer eigenen Anlage für seine Kohlebesitzungen. Da Lehigh Coke verpflichtet war, das Direktorium zu einem Drittel mit Männern zu besetzen, die ihren ständigen Wohnsitz in Pennsylvania hatten, vertrat Adams nachdrücklich die Auffassung, dass das Konsortium keinen besseren einheimischen Direktor wählen könne. Er war zuversichtlich, Axhausen, der Wilburs «kluge und freundliche Art» zu schätzen wisse, werde dem beipflichten.[69]

Unvermittelt tat sich ein neuer Konfliktherd auf, diesmal betraf er Lehighs wichtigsten amerikanischen Interessenten. Bethlehem weigerte sich, die Frachtkosten für die Lieferung von Kohle und Koks zu übernehmen. Dieser zusätzliche Kostenfaktor war anscheinend groß genug, um die wirtschaftliche Tragfähigkeit des gesamten Projekts in Frage zu stellen. Als die Kokereigruppe anregte, die Gewinne der Eisenbahnlinie von Bethlehem untereinander zu teilen, wurde ihr in unmissverständlicher Weise bedeutet, dass ein derartiges Arrangement gegen amerikanisches Recht verstoße. Dieses untersage, dass miteinander in Beziehung stehende Parteien Vorteile aus Frachtsätzen und Eisenbahntarifen zogen, die unter denjenigen Sätzen lagen, die der Öffentlichkeit insgesamt geboten wurden. Anders als bei Vereinbarungen deutscher Interessengemeinschaften könne die Eisenbahngesellschaft keinen Pfennig an ihre Kunden zurückzahlen, zumal dann nicht, wenn zwischen beiden Seiten irgendeine geschäftliche Beziehung bestand.[70]

Die «Blütezeit der Bethlehem-Rose» war schon seit einiger Zeit vorbei. Im Dezember 1910 vertraute Schwab Adams an, dass er seine persönlichen Probleme mit Bamag und Didier aus Rücksicht auf Adams' eigene Sorgen bislang unterdrückt habe. Schwab beschwerte sich, die Bamag-Didier-Mannschaft und deren Experten hätten versucht, ihm zur Sicherung der Regelmäßigkeit und Gleichmäßigkeit der Kohlemischung ein unbrauchbares Verfahren zu verkaufen, das angeblich erlaube, Hochöfen mit Gas zu befeuern. Gestützt auf Grumbachers «Prahlerei», der vorgegeben habe, die Vorrichtung erfunden und zum Patent angemeldet zu haben, hatte Schwab widerwillig zugestimmt, 1 Million Dollar auszugeben, um seine Anlagen aufzurüsten, aber das Verfahren tauge nichts. «Mit anderen Worten» – so berichtete Adams nach Berlin – «er (Schwab) verpflichtete sich vertraglich zum Kauf von Gas zu 8 Cent je 1000 Fuß im Glauben an die von Bamag und Didier und deren Repräsentanten gemachte Behauptung, die, wie er mittlerweile meine, nicht erhärtet werden könne.»[71] Trotz dieser enttäuschenden Erfahrung richtete Schwab sein Augenmerk weiterhin darauf, seine Option zum Kauf von Lehigh vor Ablauf der Zwanzig-Jahr-Frist auszuüben, vorausgesetzt, es ließen sich hierfür befriedigende Bedingungen aushandeln.[72]

Probleme der Deutschen Bank mit dem Projekt traten mindestens ebenso stark in Deutschland wie in den Vereinigten Staaten auf. Im Herbst 1911 zeigte sich Enttäuschung bei der Bank, zum Teil wegen ihrer widerstreitenden Loyalitäten. Von der anhaltenden Sorge umgetrieben, Bamag und Didier könne es nicht gelingen, die Werksanlage zu dem vereinbarten Preis und Datum zu liefern, sah sich die Bank in der Pflicht, ihre Bereitschaft zum Einsatz der Garantie zu demonstrieren, um das amerikanische und deutsche Konsortium zu schützen. Bamag und Didier waren jedoch «seit langer Zeit geschätzte Kunden, für die wir uns in gewisser Weise verpflichtet halten, etwas zu tun, wenn dies notwendig und machbar erscheint». Mankiewitz war Mitglied des Aufsichtsrats von Bamag. Er war besonders geneigt, «diese Seite der Angelegenheit zu berücksichtigen». Gwinner und Axhausen baten Adams, er möge Mittel und Wege finden, Lehigh Coke beizustehen und «gleichzeitig Bamag-Didier aus den Bedrängnissen zu helfen, in die sie sich selbst hinein-manövriert hatten». Die vertragsmäßig zugesicherte Strafzahlung von 400000 Dollar aufzubringen, würde für beide Unternehmen äußerst be-schwerlich sein. Wenn Lehigh unnachgiebig auf ihren Rechten bestehe, sei nicht auszuschließen, dass die in Aussicht genommene Betriebszeit von drei-ßig Jahren angefüllt sein werde mit «unangenehmem Zwist, Beschuldigun-gen, Gegenbeschuldigungen und Prozessen», was letzten Endes der Betrei-bergesellschaft schade. Die deutschen Teilnehmer für diese kluge Einsicht zu gewinnen, werde nicht schwerfallen. Die Bank vertraue auf Adams, dass er das Gleiche bei den Amerikanern unternehme.[73]

Adams hatte anscheinend eine Lösung parat: Jedermann davon zu über-zeugen, dass die zusätzlichen Kosten durch Verbesserungen gegenüber den ursprünglichen Plänen entstanden seien. Er engagierte Price Waterhouse und ein Konstruktionsunternehmen und machte sich gegenüber anderen de-ren Feststellungen zu eigen, die zusätzlichen Kosten trügen dazu bei, Schwie-rigkeiten bei künftigen Erweiterungen der Anlage zu vermeiden. Die ersehnte Zustimmung zu dieser Analyse zu erhalten war nicht einfach aufgrund der Eigentümer- und Beschäftigungslage bei Lehigh. Die amerikanischen Direk-toren waren für das Unternehmen verantwortlich. Zwar war Adams bis 1914 Vorsitzender des Direktoriums und geschäftsführenden Ausschusses, aber nur fünf Mitglieder des Direktoriums vertraten die Interessen von Bamag und Didier, während sieben die Investoren repräsentierten.[74] Am Ende schloss Lehigh einen Vertrag mit Bamag und Didier, die bereits bestehende Werksanlage zu verbessern. Die Kokerei-Gesellschaft würde dafür beträchtli-che Mittel bereitstellen unter der Voraussetzung, dass die vier Koksofenbatte-rien bis zum 1. Januar 1913 übergeben würden und Probeläufe abgeschlos-sen seien.[75] Die vertraglichen Kosten der Werksanlage entsprechend zu berichtigen war nur eines der vielen ungelösten Probleme.

Im Winter 1912 fühlte sich Adams trotz aller Versprechungen vom ver-gangenen Jahr, Kritik an den Teilnehmenden zu unterlassen, abermals ver-pflichtet, seine Kollegen bei der Deutschen Bank auf die Schwierigkeiten bei Lehigh aufmerksam zu machen. Er schrieb:

> Ich habe lange gezögert, einen kleinen Schwatz mit Ihnen über unsere beider-seitigen Interessen an der Lehigh-Coke-Angelegenheit zu haben. Ich ziehe es vor, eine Anzahl von Einzelheiten nicht in meine regelmäßige Korrespondenz aufzunehmen, da sie als belanglos erscheinen könnten und dem Wesen nach kritische Anmerkungen und nötige Überlegungen zur Misswirtschaft von ande-ren darstellen.[76]

Sein «kleiner Schwatz» ergoss sich über 23 Seiten. Die Darlegungen waren so umfangreich, dass eine zweiseitige Zusammenfassung in Deutsch angefügt war, die freilich seine offenkundige Frustration und viele Schlüsselpunkte nicht wiedergab. Adams warnte: Die Werksanlage würde bis Juli 1913 nicht völlig abgeschlossen sein, sondern vermutlich erst mehr als ein Jahr später. Sie solle zunächst auf einige Zeit nur probeweise betrieben werden, damit die Behauptung von Bamag und Didier geprüft werden könne, die Kapazität der Anlage sei größer und sie arbeite gegenüber dem ursprünglichen Plan mit niedrigeren Kosten. Eine Probezeit von mehreren Monaten sei erforderlich, und selbst dieser Testlauf sei ohne Beweiskraft, solange nicht alle Ofenbatterien fertiggestellt seien. Einigen Quellen zufolge trete die Baufirma kurz, da sie bereits das Budget überschritten habe. Minderwertige Ausführung, mangelhafte Arbeitsqualität und fehlerhaftes Material würden die bereits bestehenden starken Reibungen im Management verschärfen und ungenügende Ergebnisse erwarten lassen. Der Bauingenieur habe sich in die Kohletests eingemischt. Diese seien angesetzt worden, um die Kohlesorte zu bestimmen, die in den Öfen eingesetzt werden könne. Dies habe zu einem offenen Streit zwischen ihm und den Ingenieuren von Lehigh geführt. Trotz Adams' Bemühungen, klar abgegrenzte Zuständigkeiten einzuführen, stellten überlappende Verantwortlichkeiten weiterhin einen neuralgischen Punkt dar. McIlvain, der mittlerweile zum Präsidenten von Lehigh bestellt worden war, habe Adams von folgendem Vorgang berichtet. Ohne Rücksicht auf die großen Verdienste von Putsch habe sich der vergleichsweise unerfahrene Bauingenieur geweigert, dessen Rat nachzukommen, allerdings habe der sonst im Umgang eher sanfte Putsch in dieser Situation unerwartet Rückgrat gezeigt. McIlvain lege «eine gewissenhafte Sorgfalt, alle Aspekte zu berücksichtigen» an den Tag und stehe weiterhin mit den Schlüsselpersonen im Management von Bethlehem Steel auf gutem Fuß. Trotzdem seien wichtige Punkte, etwa die Wasserzufuhr und der Landkauf, weiterhin nicht geklärt. Sofern Bamag und Didier die Wasserversorgung und Abwässeranlagen nicht aushandeln würden, könne das Werk den Betrieb nicht aufnehmen. Beide, McIlvain wie auch Clarke, glaubten, die in Deutschland angeschafften Maschinen hätten in den Vereinigten Staaten billiger gekauft werden können, selbst wenn die hohen Zölle und Transportkosten in Abzug gebracht würden. Die Maschinen würden womöglich mehr Arbeitskräfte erfordern als ursprünglich berechnet. Die beim Bau verwendeten Backsteine und Zementmischungen hätten zu ständigen Störungen geführt, und in den Gebäuden fänden sich viele Risse. Obwohl im Dezember 1911 vereinbart worden sei, dass alles Gas an Bethlehem Steel verkauft werden solle, hätten Bamag und Didier nichts getan, um sich die Aufträge zu sichern. Nur dank seiner Beharrlichkeit und mit großer Schwierigkeit habe McIlvain Bamag und Didier dazu gebracht, auf Bethlehem Steel zuzugehen, deren Geduld und guten Willen die

Deutschen anscheinend auf die Probe stellen wollten. Noch sieben Monate später seien die Verträge nicht ausgehandelt gewesen.[77] Die Liste der kritischen Punkte schien kein Ende nehmen zu wollen, doch der Bericht erwies sich als vorausschauend. Im September 1912, Monate nach dem angesetzten Termin, war die Anlage noch immer nicht so weit gediehen, dass sie nach Plan arbeiten konnte. Die Ofenbatterien funktionierten nicht, und die versprochenen Kosteneinsparungen hatten sich in Nichts aufgelöst – das Ende des Luftschlosses ließ das Unternehmen Lehigh in einer bedrohlichen Finanzlage zurück.

Selbst Adams' Stellung erschien recht prekär. Vertraulich ließ er den Vorstand der Deutschen Bank wissen, er fühle sich von der Kritik der Projektmanager eingeengt. Seine negativen Berichte gelangten anscheinend immer zu Bamag und Didier, heizten dort die Stimmung auf und belasteten eine Beziehung, um die es seit dem ersten Besuch von deren Repräsentanten in den Vereinigten Staaten schlecht bestellt war. Selbst wenn die Manager der Deutschen Bank die Praxis beibehielten, vertrauliche Mitteilungen an Bamag und Didier weiterzugeben, hielt sich Adams für verpflichtet, weiterhin umfassend, frei heraus und furchtlos zu berichten, wobei er es vertrauensvoll dem Urteil der Deutschen Bank überließ, wie und wem gegenüber sie seine Briefe einsetzen würde. Aufgrund seines Verkehrs mit den Managern von Lehigh war Adams überzeugt, dass die Bank von den Verantwortlichen bei Bamag-Didier hinters Licht geführt wurde.[78]

Adams scheint seinen Kampf gewonnen zu haben, zumindest für Erste, allerdings handelte es sich womöglich um einen Pyrrhussieg. Nach Aussage der Deutschen Bank waren selbst die Vorstände bei Bamag und Didier entsetzt und fühlten sich von ihren technischen Experten in die Irre geführt. Sie erkannten endlich an, dass das Direktorium von Lehigh dem amerikanischen Unternehmen gegenüber verantwortlich war. Dennoch vermochte die Bank sich nicht zu einem Entschluss durchzuringen, gegen Bamag und Didier nach Maßgabe des Garantievertrags vorzugehen, obwohl die Übergabe der Werksanlage bereits mindestens zwei Monate überfällig war – eine Unterlassung, die Lehigh in schwere finanzielle Bredouille, besonders gegenüber Bethlehem Steel, brachte. Einmal mehr beschwor die Bank Adams, sich zu gedulden. Sie verwies auf den einwandfreien technischen Ruf der beiden deutschen Unternehmen und betonte, diese seien enge Freunde der Bank. Die Unternehmen hätten ihren Fehler bereits eingestanden, 100 000 Dollar ausgezahlt und Schritte ergriffen, um weitere 600 000 Dollar aufzubringen. Sie prüften sogar einen Vorschlag der Deutschen Bank, die Werksanlage an Bamag und Didier zurückzuführen und auf diese Weise die Verträge zu annullieren. Die deutschen Unternehmen seien bereit, ihr kombiniertes Stammkapital von 50 Millionen Mark und ihre Ertragskraft von 4 Millionen Mark einzusetzen, um ihren Verpflichtungen nachzukommen. Die Deutsche Bank hielt die Leitung der beiden Unternehmen, trotz allem was geschehen war, noch immer für verlässliche Partner.[79] Die Deutsche Bank schloss ihr Schreiben mit den Worten:

> Wir möchten Ihnen unser Bedauern zum Ausdruck bringen angesichts der unmäßigen Menge Arbeit und Unerfreulichkeiten, die dieses Geschäft Ihnen bereitet hat. Da wir unglücklicherweise unsere Chance ungenutzt ließen, im Dezember 1910 aus diesem Geschäft auszusteigen, müssen wir es jetzt zu Ende bringen, und wir hoffen aufrichtig, dass Ihre Kräfte hierdurch nicht übermäßig strapaziert werden.[80]

Die Deutsche Bank begann auch, Anleger zu informieren, dass die Dinge nicht gut liefen. Mit Bezug auf Berichte vom Mai 1912 gestand die Bank gegenüber Kunden nunmehr ein, dass selbst die zeitlich hinausgeschobenen Zielvorgaben für die Inbetriebnahme der Koksofenbatterien nicht eingehalten würden. Verbunden mit dem Hinweis, sie bemühe sich, mehr Informationen zu erlangen, versuchte die Deutsche Bank, die Anleger mit der Versicherung zu beruhigen, Bamag und Didier seien sich ihrer Pflichten bewusst.[81]

Adams war über die Antwort der Deutschen Bank erleichtert, aber zugleich fürchtete er, die Lage könne sich schneller zuspitzen, als die deutsche Seite dies wahrhaben wollte. Verbunden mit der Bitte, seinen neuen Brief als streng vertraulich zu betrachten, warnte Adams, der Ruf der Deutschen Bank in den Vereinigten Staaten stehe aufgrund der finanziellen Schieflage von Lehigh auf dem Spiel. Vertraulich teilte er mit, dass die Leistungen der Koksofenbatterien noch schlechter seien, als er dies in seinem letzten Brief dargestellt habe, noch gravierender sei jedoch, dass die Bamag-Didier-Repräsentanten in den Vereinigten Staaten bewusst versuchten, «die Beamten und das Direktorium der Lehigh Coke-Gesellschaft zu täuschen».[82]

Hohmanns Rückkehr machte die Lage nur noch schwieriger. Kohlenknappheit sei als Entschuldigung für die Ausfälle der Kokerei angeführt worden. Dabei seien Konstruktionsfehler bei mindestens einer der Ofenbatterien die eigentliche Ursache. Eine Auswechselung der fehlerhaften Steine erfordere eine Investition von rund 700 000 Dollar. Adams zufolge war somit das installierte Kokereiverfahren von Didier, das kostspieliger als ähnliche Verfahren in den Vereinigten Staaten war, ein völliger Misserfolg. Adams wollte die Forderungen von Lehigh ohne weiteren Aufschub geltend machen, eine Vorgehensweise, die, wie er annahm, von Kuhn, Loeb & Co. vermutlich geteilt werde. Die Kokereigesellschaft verlor riesige Mengen Geld. Lehighs Verbindlichkeiten für nicht gelieferten Koks beliefen sich bereits auf Summen zwischen 270 000 und 345 000 Dollar monatlich, ohne dass ein Ende absehbar war. Kunden, besonders Bethlehem Steel, würden zweifellos versuchen, die Aktionäre persönlich haftbar zu machen, da die Einzahlung des Kapitals zum Nennwert nicht zur Zeit der Ausgabe der Aktien erfolgt sei.[83] Die beispiellose Knappheit an Kohle und Waggons machte die Belieferung noch schwieriger, was Lehighs Nöte verschlimmerte.

Trotz des unproduktiven Jahres, kostspieliger Verzögerungen und Falschinformationen hielt Mankiewitz selbst noch im November 1912 an dem alten Abkommen fest. Solange Bamag und Didier die volle Verantwortung für den Bau übernahmen, mit allen Folgen und Kosten, konnten die beiden deutschen Bauherren auf Personalentscheidungen bei Lehigh Coke maßgeblichen Einfluss nehmen. Widerstrebend stimmte Mankiewitz zu, August Putsch zu entlassen, der als technischer Berater sich gegenüber Lehigh loyal verhalten hatte. Die Entlassung von Putsch ließ Adams Verdacht schöpfen. Das Ganze fiel zusammen mit Caros Rückkehr, der den Zustand der Werksanlage überprüfen sollte. Die Fachkenntnis von Putsch zu verlieren erschien als hoher Preis, der für die Besänftigung von Bamag und Didier zu zahlen war. Das Zugeständnis kam, als das Werk bereits nahezu vier Monate hinter dem Plan herhinkte. Mit anderen Worten: Um weitere Spannungen mit ihrem unzuverlässigen Beteiligten zu vermeiden, würde Lehigh ihre beste Informationsquelle über das, was vor sich ging, verlieren. Die Entscheidung verbitterte alle, die sich wie Adams auf Putsch verlassen und versucht hatten, ihn zu schützen. Gegenüber den Bamag-Didier-Managern in Deutschland wiederholte Mankiewitz die Beschwerden über die Vertreter der beiden Firmen, die anscheinend alles in ihren Kräften Stehende getan hatten, um Adams und McIlvain vor den Kopf zu stoßen.[84] Mankiewitz hatte zwar den Glauben an Bamag und Didier nicht verloren und ihm war bewusst, dass deren Spitzenleute auch gelitten hatten, aber er machte deutlich, dass seine Bemühungen durch das Verhalten der deutschen Firmen konterkariert worden waren.[85]

Die Enttäuschungen derjenigen, die mit Lehigh Coke verbunden waren, dauerten bis zum Frühjahr 1913 an. Das Management von Lehigh war völlig überzeugt, dass die Leute von Bamag und Didier entweder den Ernst der Lage nicht erkannten oder sich der Täuschung hingaben, die enge Beziehung der Deutschen Bank mit den deutschen Unternehmen würde sie vor den finanziellen Folgen ihrer Pfuschereien bewahren. Doch der Tag der Abrechnung stand bevor.

Der Gnadenakt

Caros Bericht über seine Inspektionsreise 1913 war der berühmte Tropfen, der das Fass zum Überlaufen brachte. Er war eine unerfreuliche Lektüre. Es stand an, die Anlage von Grund auf umzubauen. Bamag und Didier würden einen neuen Leiter einstellen und bezahlen müssen. Mit Bethlehem Steel musste ein neuer Zeitplan für die Lieferungen ausgehandelt werden. Nach einem Voranschlag fielen für die benötigten Koksofenbatterien beträchtliche Kosten an: 75 Ofenkammern, Kapazität 1375 Tonnen, 707 000 Dollar; zwei Batterien mit 150 Ofenkammern, Kapazität 2750 Tonnen, 1 234 000 Dollar; ferner vier Batterien mit 300 Ofenkammern, Kapazität 5500 Tonnen zum Gesamtpreis von 2 450 000 Dollar. Für den Bau von zwei neuen Koksofenbatterien wurden elf Monate veranschlagt; zur Gesamtbauzeit für alle vier Batterien wurden keine Angaben gemacht. Caro zufolge vermochte Lehigh noch nicht einmal seinen Verpflichtungen aus dem Abkommen mit Bethlehem Steel nachzukommen, Schadensersatzansprüche von Bethlehem Steel fand er allerdings dennoch etwas überzogen.[86]

Einige Probleme des Unternehmens ergaben sich aus dem, was eigentlich zu den guten Nachrichten gezählt hatte. Gemäß dem Abkommen entschied sich Bethlehem im Spätjahr 1913, die Koksbezüge, die die Firma von Lehigh abnahm, hochzuschrauben. Aufgrund der Verzögerungen beim Bau der Anlage und ungeeigneter Zusammensetzung der angelieferten Kohle fehlte es der Kokereigesellschaft an ausreichendem Nachschub der benötigten Kohle. Die Baugesellschaft, Didier-March, geriet in Panik.[87] Bethlehem Steel war gleichfalls wütend. Die Firma behauptete, das Ausbleiben der Kokslieferungen habe ihrem Betrieb großen Schaden zugefügt, für den sie Didier-March zur Verantwortung ziehen werde. Alle zusätzlichen Folgekosten, die Bethlehem Steel infolge des Versagens von Didier-March entstünden, den angeforderten Koks zu liefern, würden an den saumseligen Lieferanten weitergegeben.[88]

Der Deutschen Bank lag anscheinend vor allem daran, sich aus einer Situation herauszuwinden, die unerbittlich immer schlechter zu werden drohte. Sie versuchte sogar, ihre Anteile an Bamag und Didier zu verkaufen. Gegen Ende des Jahres 1913 gestand die Baugesellschaft endlich alle ihre Torheiten ein. Im Spätwinter 1914 legten schließlich die verschiedenen Parteien – Lehigh Coke Syndicate, Bethlehem Steel und Bamag-Didier – ihre Differenzen bei, allerdings – wie Mankiewitz selbst berichtete – erst «nach langwierigen und quälenden Verhandlungen».[89] Obwohl das ganze Unterfangen für Bamag und Didier äußerst belastend wurde, zog das Versagen der Baugesellschaft, ihren Vertragsauflagen nachzukommen, nunmehr nach sich, dass das deutsche Unternehmen nach den Bestimmungen der von ihm erteilten Garantie haftbar war. Allerdings gestaltete sich die Berechnungsbasis am Ende günstiger, als Mankiewitz dies noch zu Beginn der Verhandlungen annahm. Nach allem Groll räumten Bamag und Didier ihre Fehler ein und erklärten sich bereit, für die zusätzlichen Kosten aufzukommen, allerdings mit Krediten, die ihnen von der Deutschen Bank eingeräumt wurden.[90]

Die eingehende Erörterung und die Verzögerung waren freilich nicht völlig vergeblich. Erstaunlicherweise stimmten alle technischen Berater des Konsortiums darin überein, dass die Gewinne für das Konsortium trotz der

Probleme höher als ursprünglich angenommen ausfallen würden. Zufrieden damit, dass die Kokerei-Anlage unter Verwendung besserer Ofenkammern umgebaut wurde, hatte Bethlehem Steel ihre Schadensersatzforderungen erheblich zurückgeschraubt und ihren ursprünglichen Vertrag mit Lehigh Coke um weitere drei Jahre verlängert. Die deutschen Partner des Konsortiums willigten ein, die eine Hälfte ihres ursprünglichen Aktienemissionsaufgeldes zurückzugeben. Die Deutsche Bank ihrerseits erklärte sich bereit, auf einen großen Prozentsatz ihrer Provision für die Führung des Konsortiums zu verzichten, und stimmte zu, den Geldbedarf von Lehigh Coke bis zur Höhe von einer Million Dollar zu finanzieren. Anders als die Deutschen würden die amerikanischen Teilnehmer, die ein Fünftel des gesamten Konsortiums ausmachten, keinen Teil ihres Aktienemissionsaufgeldes aufgeben müssen.[91]

Mankiewitz' Brief entbehrt nicht einer gewissen Ironie, wenn man seinen offiziellen Bericht an das Konsortium im Jahre 1912 dagegenhält, in dem er damals, ganz Optimist, versichert hatte, alle technischen Probleme seien gelöst und die Gewinne würden sich mindestens auf dem Niveau der ursprünglichen Schätzung (1. März 1910) bewegen. Während die Annahme – alle technischen Probleme seien gelöst –, auf die er seine Vorhersage stützte, falsch war, lag er mit seiner Schlussfolgerung dennoch nicht ganz daneben. Die von Bamag und Didier ausgesprochene Garantie sicherte die Aktionäre ab, Bethlehem Steel hatte die Aufträge erhöht, und bei der Anlage würden Öfen zum Einsatz gelangen, die für das Vorhaben besser geeignet waren. Obwohl das anvisierte, revidierte Datum der Inbetriebnahme (1. August 1912) nicht eingehalten worden war, trug die Ausdauer anscheinend Früchte.[92]

Am 10. März 1914 wurde ein neues Abkommen aufgesetzt, um die 3,3 Millionen Dollar Kosten abzudecken, die für Lehigh aus der Überholung der Anlage, den Schadensersatzleistungen an Bethlehem Steel und anderen mit den Versäumnissen der deutschen Firmen anfallenden Aufwendungen entstanden waren. 2½ Millionen Dollar dieses Fonds brachte die Anlagenbaufirma auf, der Rest wurde von dem Konsortium oder der Bank selbst bereitgestellt. Im Gegenzug wurden für die Baufirmen 2,6 Millionen Dollar an Stamm- und Vorzugsaktien ausgegeben. Zusätzlich zu den üblichen normalen Zinsen erhielt die Deutsche Bank eine Option auf neue Aktien für das Lehigh gegebene Darlehen. Anfang 1915 waren zwei Koksofenbatterien voll funktionsfähig; die beiden weiteren Batterien befanden sich in der Erprobung.[93] Die Ausdauer und die Neuordnung der finanziellen Entschädigungen und Verpflichtungen hatten sich anscheinend ausgezahlt.[94] Zu ebender Zeit, als sich dies abzeichnete, sahen sich Lehigh und die Deutsche Bank jedoch in den USA vor neuen Herausforderungen.

Die Geburtswehen von Lehigh waren noch nicht ausgestanden. In dieser Zeit hatte die Deutsche Bank darüber hinaus den Entschluss gefasst, ihre Vertretung in den USA zu verändern. In diese Entscheidung flossen ihre spezifischen Beteiligungen in den USA ebenso ein wie der Wandel in der amerikanischen Wirtschaft, deren Regulierung und politische Rolle in der Welt. Die Geschichte der Lehigh Coke legte freilich gewisse Schwachpunkte in der US-Strategie der Deutschen Bank offen. Eine stärkere Verbindung mit den amerikanischen Märkten erforderte möglicherweise höhere Personalinvestitionen und einen Abbau einiger ihrer Bindungen und Loyalitäten in Deutschland. Wenigstens dachte die Bank darüber nach, wie sie sich am besten an die Veränderungen in der amerikanischen Finanzumwelt würde anpassen können.

KAPITEL 8

Übergänge: Amerikanisches Bankwesen, die Deutsche
Bank und die Politik Deutschlands und Amerikas am
Vorabend des Ersten Weltkrieges

*Von allen [deutschen Bankiers, C.K.] haben die Direktoren der Deutschen
Bank, von denen ich eine ganze Reihe, darunter auch Herrn Gwinner, den
Spitzenmann des Instituts, kennen gelernt habe, mich als diejenigen beeindruckt, die am besten informiert und am umtriebigsten sind. Für uns besteht
in der Tat kein Anlass, unsere Meinung zu ändern, dass wir im Ausland die
bestmöglichen Bankverbindungen unterhalten.*
Benjamin Strong, Juni 1914[1]

*«Erwähnt zu werden verdient, dass die Finanzkreise in diesem Land seit
einigen Jahren und gegenwärtig so stark wie nie zuvor die finanzielle Lage in
europäischen Finanzzentren in der Abfolge London, Berlin und Paris überaus
aufmerksam beobachten. Die Position von Berlin ist vergleichsweise neu, denn
noch vor fünf Jahren hätte Paris der Bedeutung nach den zweiten Rang
zuerkannt erhalten.»*
Adams an Deutsche Bank, November 1898[2]

«Wann wird diese verdammte Prosperität endlich aufhören?»
Diese Frage habe, wie Adams berichtete, ein Händler im Zusammenhang
mit seinen Schwierigkeiten aufgeworfen, eine Finanzierung aufzutreiben,
da derzeit alle expandierten. Adams an Gwinner, November 1906[3]

Einleitung

Wie dieser Teil des Buches zeigt, war das amerikanische Finanzsystem um
die Wende zum 20. Jahrhundert recht fragil. Das Gesellschaftsrecht war
bruchstückhaft; die Buchhaltungsstandards und die Finanzberichterstattung
waren, milde gesagt, inkonsistent.[4] Das Durcheinander und die Unzulänglich-
keit von bundes- und einzelstaatlicher Reglementierung des Bankwesens trugen im internationalen Bankgeschäft zu einem besonderen System bei, das
von Privatbanken dominiert wurde.[5] Familienbanken wickelten nicht nur

private internationale Transaktionen ab, sondern sie nahmen darüber hinaus auch die öffentliche Funktion wahr, das amerikanische Währungssystem in einer leidlich geordneten Weise mit dem Rest der Welt in Verbindung zu halten.

Die Unbeständigkeit des amerikanischen Kapitalmarkts und die fehlende Regulierung spielten in der Geschichte der Deutschen Bank eine paradoxe Rolle. Diese doppelten finanziellen Risiken, gewissermaßen also Skylla und Charybdis, lauerten damals bei Investitionen in den Vereinigten Staaten. Sie blockierten vielfach grenzüberschreitende Kapitalströme, boten jedoch jenen Helden, die tapfer genug waren, sie zu steuern, Aussicht auf glänzenden Verdienst. Zwar war auch Deutschland keinesfalls gegen Finanzkrisen gefeit, dies galt zumindest seit 1873, aber das Land erfreute sich zahlreicher institutioneller Sicherungen gegen eine allumfassende Panik. Ohne das Risiko und die erhofften entsprechend hohen Erträge besaßen freilich Mittler wie die Deutsche Bank kaum internationale *raison d'être* und auch sonst wenig, um ihre hohen Gebühren, die sie Anlegern für die Führung durch die Klippen abverlangten, zu rechtfertigen. Schon vor dem Ersten Weltkrieg schufen die US-Wirtschaft und ihr politisches Umfeld für weite Teile der Welt ein Dilemma. Um 1900 war die amerikanische Volkswirtschaft bereits die größte der Welt und hielt 22 Prozent der weltweiten Goldvorräte und damit mehr als irgendeine andere Nation. Allerdings waren viele Schlüsselaktivitäten der entwickelten Volkswirtschaften nicht kontrolliert oder im Vergleich mit anderen führenden Wirtschaftsmächten wie etwa Deutschland unzulänglich reguliert. Anders als England (seit 1694), Frankreich (1800) und Deutschland (1876) hatten die Vereinigten Staaten um 1900 keine Zentralbank. Politische Gegnerschaft verhinderte bis 1913 die Schaffung einer Zentralbank zur Regulierung des Bankwesens und der Währung. Da dies das erste Mal seit über siebzig Jahren war, dass eine solche Institution existierte, und da die meisten von deren führenden Mitgliedern mehr inländische als internationale Erfahrung hatten, richtete sich ein großer Teil ihrer frühen Tätigkeit auf nationale Belange.[6] Vor allem waren Bankwesen und Geschäfte sehr persönlicher, oftmals familiärer Natur.

Die Deutsche Bank und die New Yorker Bankwelt um 1900

Wie viele Geschäfte belegen, war ein zentrales Moment der Strategie der Deutschen Bank in New York, gute Kontakte mit US-Banken zu unterhalten. Diese Strategie zu verfolgen war keinesfalls immer einfach. Sie erforderte, besondere Beziehungen mit einigen aufzubauen, zugleich aber dabei Exklusivität zu vermeiden, die missbraucht werden und zu einem Verlust von Geschäft mit anderen Instituten führen könnte. Persönliche und institutionelle Rivalitäten traten in den Vordergrund. Die Deutsche Bank musste über Politik und Gerüchte in New Yorker Bankkreisen auf dem Laufenden sein. Es gehörte zu Adams' Aufgabe, die deutschen Geschäftspartner über die wechselnden Stärken und Verpflichtungen von Finanzinstituten an Amerikas führendem Bankplatz informiert zu halten, bevor die meisten Auslandsbanken dort Filialen oder Tochtergesellschaften unterhielten.[7]

Trotz mancher Feindschaften und Konflikte war das internationale Bankgeschäft im ersten Jahrzehnt des 20. Jahrhunderts die Sache einer vergleichsweise eng miteinander verbundenen Gemeinschaft von Männern mit ähnlichen Grundwerten und Bildungshintergrund. Viele, etwa Jacob Schiff und James Speyer, gingen regelmäßig gemeinsam auf Reisen. Der Erfolg deutsch-jüdischer Investmenthäuser gründete auf ihrem weltläufigen Zuschnitt und ihren internationalen Beziehungen. Trotz eines fortlebenden Antisemitismus charakterisierte diese Grundhaltung auch nationale und Aktienbanken. Zwar spiegelten sich in ihrem Umgang mit Problemen und Interessenlagen die nationalen Kulturen und Prioritäten, aber ihnen allen war eine Tendenz gemeinsam, jenseits der nationalen Grenzen nach sich bietenden Möglichkeiten und Lösungen Ausschau zu halten.[8] Über internationale Praktika innerhalb einer Bank oder bei nahestehenden Banken gesammelte Erfahrungen hatten viele teil an einer gemeinsamen Ausbildung.[9]

Über weite Teile des hier behandelten Zeitraums waren die internationalen Bankbeziehungen durch die Dominanz von Drexel, Morgan & Co geprägt. Die Teilhaberschaft war darauf angelegt, die amerikanischen Kenntnisse und Kontakte von Anthony Drexel in Philadelphia und die Kontakte des Vaters von J. P. Morgan, Junius Morgan, in Großbritannien zu nutzen. Sie erfüllte ihren Zweck mit bemerkenswertem Erfolg. 1894 zog sich Drexel aus dem Geschäft zurück. J. P. Morgan dominierte weiterhin das öffentliche und private Finanzierungsgeschäft in den USA mit der nunmehr in J. P. Morgan & Co. umbenannten Firma.[10]

Speyer & Co. war jedoch die amerikanische Bank, mit der die Deutsche Bank die engsten Kontakte unterhielt, zumal zwischen 1896 und 1910. Die Ehe mit Anna Speyer brachte Gwinner in Kontakt mit vielen wichtigen Privatbankiers, insbesondere denjenigen aus der Familie seiner Frau. Gwinner und Edgar Speyer, der Leiter der englischen Niederlassung, waren zum Beispiel angeheiratete Cousins. Die beiden tauschten sich regelmäßig über alltäglich anfallende Bankangelegenheiten aus wie auch über Fragen der amerikanischen und europäischen Politik. Der Briefwechsel gehört zu den wenigen mit der vertraulichen Anrede «Du». Gleichwohl waren die Beziehungen nicht frei von Problemen. Die Stellung der Speyer-Gruppe bei der Deutschen Bank begann sich kurz vor dem Ersten Weltkrieg abzuschwächen. Zwar war James Speyer, der die Leitung der New Yorker Niederlassung über-

An das Bankhaus Morgan adressierter vorgedruckter Briefumschlag der Deutschen Bank, der eine Ahnung vom Umfang des Austauschs zwischen beiden Banken vermittelt (1901).

nahm, in Frankfurt aufgewachsen, aber es schien, als habe die Gruppe mit dem Tod von Edgar Speyer eine geborene Führungspersönlichkeit und den familiären Kontakt zur Deutschen Bank verloren.[11]

Speyer zählte zu den ältesten Bankhäusern in Europa. Das Haus Speyer konnte seine Wurzeln in der Stadt, deren Namen es trug, bis ins 14. Jahrhundert zurückverfolgen. Gegen Ende des 18. Jahrhunderts sollen Speyers noch reicher als die Rothschilds gewesen sein.[12] Mit beachtlicher Voraussicht gründete Philip Speyer 1837 eine Niederlassung in New York, die sich mit Geldwechsel und dem Absatz europäischer Waren befasste. Das Haus Speyer firmierte in London als Speyer Brothers, in New York als Speyer & Co. und in Frankfurt als Speyer-Ellissen. (Sofern die Unterscheidung nicht wichtig ist, im Folgenden nur Speyer genannt.) Als eines der ersten europäischen Häuser mit einer Vertretung in New York spielte Speyer bei der Finanzierung des amerikanischen Bürgerkrieges und bei der Herausbildung New Yorks zu einem der gewichtigen Bankplätze der Welt eine führende Rolle. Andere Familienmitglieder folgten Philip Speyer nach, und im Jahr 1878 wurde Speyer & Co. Mitglied der New Yorker Börse. Zwar übte Speyer bis in die 1930er Jahre viele Bankfunktionen aus,[13] einschließlich des Privatkundengeschäfts, besonders bekannt wurde die Firma jedoch wegen ihrer Finanzierung von Projekten in Lateinamerika und auf den Philippinen.[14]

Fast fünfzig Jahre lang standen Speyer und die Deutsche Bank bei vielen Geschäften in den Vereinigten Staaten in Verbindung. Sie arbeiteten zusammen bei der Zeichnung vieler US-amerikanischer, europäischer und lateinamerikanischer Wertpapiere, eine Beziehung, die stabil, aber nicht konfliktfrei war.[15] Anscheinend überlegte man sich Anfang 1905, ob die Deutsche Bank das Geschäft in den Vereinigten Staaten ausschließlich mit Speyer betreiben wolle. Speyers Wunsch war auch, einen Sitz im Aufsichtsrat der Deutschen Bank zu erhalten. Offenbar drängte vor allem James Speyer am stärksten auf mehr Geschäftsabschlüsse und brachte gelegentlich sogar den Namen der Deutschen Bank bei Transaktionen ins Spiel, noch bevor er sie mit dem größeren Partner abgesprochen hatte. Die Deutsche Bank ihrerseits liebäugelte mit den guten Beziehungen Speyers in Mexiko und Kuba, die Speyer als Anreiz für eine engere Verbindung ins Spiel brachte.[16]

Aus vielen Gründen wollte allerdings die Deutsche Bank in ihrem Umgang mit US-Finanzinstituten flexibel bleiben. Gwinner war durchaus der Meinung, dass die Verbindung mit Speyer der Deutschen Bank geholfen hatte, in Amerika besser als ihre deutschen Mitstreiter abzuschneiden. Aber dadurch dass die Deutsche Bank einer exklusiveren Bindung aus dem Weg ging, konnte sie James Speyers rührige und tatkräftige Präsenz mit Adams verbinden, ihrem vortrefflichen Vertreter und Informationsübermittler. Mit dieser Freiheit eröffnete sich die Option, auch mit anderen Banken ins Geschäft zu kommen, etwa mit Kuhn, Loeb & Co. als Teil des Warburg-Netzes. Zumindest bei Geschäften, die sich in Deutschland ergeben mochten, würde die Loeb-Warburg-Gruppe noch auf absehbare Zeit auf die Deutsche Bank angewiesen sein, da die Gruppe allein nicht stark genug war.[17]

Anders verhielt sich die Sache bei der Disconto-Gesellschaft in Deutschland, mit der die Deutsche Bank 1929 fusionierte. Hier gab es keine Hoffnung auf einen geregelten Frieden und ein geordnetes Einvernehmen. Die Disconto-Gesellschaft war fast zwanzig Jahre älter als die Deutsche Bank und schon länger im amerikanischen Geschäft engagiert. Sie unterhielt enge Beziehungen mit Belmont und über ihn mit den Rothschilds und mit Bleichröder.[18] Aber trotz ihres früheren Starts in den USA und ihrer guten Verbindungen war die Disconto-Gesellschaft, so zumindest sah es Gwinner, weniger erfolgreich als die Deutsche Bank. Ihr Partner in den Vereinigten Staaten war zu «unaufrichtig» und absolut unzuverlässig. In der Hoffnung, eine bessere Zusammenarbeit mit der Disconto-Gesellschaft einzuleiten, schlug Adams naiverweise vor, für sie die gleichen Dienste wie für die Deutsche Bank zu erbringen – ein Ansinnen, das Gwinner verständlicherweise kategorisch ablehnte.[19]

Die Zusammenarbeit mit anderen Banken, die zu Deutschland Beziehungen unterhielten, versprach nur begrenzte Vorteile. Gwinner hielt nur wenige von ihnen für rechtschaffen und kompetent. Einigen mangelte die erforderliche Solidität und Statur, um als Vertretung in Frage zu kommen. Die meisten waren nicht entschlussfreudig genug oder mit anderen Dingen beschäftigt.[20]

Dennoch prüfte die Deutsche Bank die sich ihr bietenden geschäftspolitischen Möglichkeiten in den Vereinigten Staaten und die Zusammenarbeit mit Speyer. Keineswegs waren es nur die persönlichen Bande zwischen Gwinner und Speyer, welche die Deutsche Bank davon abhielten, eine eigene Niederlassung einzurichten oder mit einer anderen amerikanischen Bank enger zusammenzuarbeiten. Die beiden Banken schienen sich gegenseitig zu ergänzen. Selbst wenn sich die Deutsche Bank gelegentlich auch anderer New Yorker Banken bediente, zog sie Speyer für gewöhnliche Transaktionen vor. Allerdings war James Speyer sehr empfindlich. Anscheinend wünschte die Speyer-Gruppe, dass die Deutsche Bank alle ihre Geschäfte in den Vereinigten Staaten über sie laufen ließ.[21] Während der Verhandlungen über die Gold-Anleihe 1896, als die Deutsche Bank ihr eigenes Gewicht in der amerikanischen Finanzwelt aufzubauen suchte, wurde Speyer bewusst ferngehalten.[22] Selbst im deutschen Teil des Netzes der Deutschen Bank ließ sich Konkurrenz nicht völlig unterdrücken.[23] Speyers Kontakte mit einigen deutschen Geldinstituten wie der Dresdner Bank sah die Deutsche Bank mit einigem Verdruss und mit Sorge.[24] Kurz, die Beziehung machte die Vor- und Nachteile von Korrespondenzbanken im Unterschied zur Internalisierung von Aufgaben deutlich. Weder Speyer noch ihre sonstigen New Yorker Verbindungen konnten darüber hinaus ein Dauerproblem der Deutschen Bank in den Vereinigten Staaten lösen, nämlich den Absatz europäischer Wertpapiere in New York.

Die Stellung der Deutschen Bank in den Vereinigten Staaten wurde schwieriger, als die New Yorker Banken größer wurden und sich ihrerseits stärker für eine internationale Expansion interessierten. Trotz seines relativen Bedeutungsverlusts bildete das Haus Morgan im Jahrzehnt vor dem Ersten Weltkrieg weiterhin das Zentrum des New Yorker Geldgeschehens. Morgans Verkäufe und Käufe von Wertpapieren verfolgte die Deutsche Bank, die durch Adams regelmäßig informiert wurde. Die besondere Aufmerksamkeit galt den Beteiligungen des Hauses an United States Steel, da Morgan versucht hatte, das Unternehmen auf dem französischen Markt einzuführen. Adams sah in dem Interesse an Frankreich ein Vorspiel, das der dortigen Eröffnung von Niederlassungen durch amerikanische Banken vorausging; in seinen Augen war das eine naheliegende Reaktion auf die französische Präsenz in den Vereinigten Staaten.[25]

Der Druck seitens der Amerikaner, die europäischen Märkte zu erschließen, hatte unterschiedliche Ursachen. Das Interesse der amerikanischen Banken an besseren europäischen Beziehungen wurde dadurch verstärkt.

Ein metallverarbeitendes Unternehmen, die Empire Engineering Corporation, bei der Adams Direktionsmitglied und Aktionär war, erhielt zum Beispiel die Anregung, den Bau und die Entwicklung von Hydraulikwerken in den USA voranzubringen, das Kapital für den Ausbau sollte aber in Europa aufgebracht werden. Das Unternehmen hatte gewichtige Unterstützung sowohl in den USA, darunter auch Kuhn Loeb, Speyer und die National City Bank, als auch in Deutschland unter Freunden der Deutschen Bank in Berlin und Frankfurt. Adams zufolge war die Gesellschaft für ihr Vorhaben gut ausgestattet, unklar war allerdings noch, welche Bank die Führung übernehmen würde, um die Brücke zur transatlantischen Finanzwelt zu schlagen.[26]

1910 besuchte Paul Mankiewitz die Vereinigten Staaten. In seinem Reisebericht zeichnete er ein aufschlussreiches Bild vom amerikanischen Bankwesen und dessen Beziehungen zur Deutschen Bank mit den Augen eines gut informierten Deutschen. Durch familiäre Beziehungen stand er der Privatbank Ladenburg, Thalmann & Co. nahe und sah sich erheblichem Druck ausgesetzt, mehr Geschäft über diese Bank zu leiten. Als er das Bankhaus Speyer aufsuchte, kam ihm James Speyer bereits auf dem Bürgersteig entgegen, um ihn zu begrüßen. Viele andere Banken, die unter geringerem Devisenhandelsumsatz und unter dem Preisdruck Morgans litten, waren erpicht, ins Geschäft zu kommen, während manche Banken, darunter die First National Bank von George Baker, fest in den Händen wohlhabender Familien wie den Rockefellers waren. Morgan delegierte immer mehr Vorgänge an Untergebene, welche die Verbindung zur Dresdner Bank ausbauten und Morgans eigene Niederlassung in Paris vorantrieben.[27] Bereits 1904 fanden sich bei Morgan, dem großen Brückenbauer über den Atlantik, Anzeichen, dass er das Interesse an den Märkten verlor. Seine vielfältigen Aktivitäten, insbesondere die zeitraubende Sanierung amerikanischer Unternehmen – die Northern Pacific war nur eines unter vielen –, hatten seine Kräfte beansprucht und waren offenkundig auch an ihm nicht spurlos vorübergegangen. Er war verbittert über das schwindende öffentliche Vertrauen in sein Urteil und erwog, sich von den Geschäften zurückzuziehen und seine Beteiligungen in eine Treuhandgesellschaft einzubringen.[28]

Als aufgehender Stern in New York galt offenbar bereits 1898 die National City Bank of New York. Die Deutsche Bank erlebte mit ihr eine wechselvolle Geschichte. Anscheinend verfügte sie über gute Beziehungen zur künftigen Citibank, nur hatte die New Yorker Bank den Ehrgeiz, sich im internationalen Finanzgeschäft stärker zu entwickeln. James Stillman, der Präsident des Instituts, äußerte, er würde bei internationalen Geschäften ausnahmslos der Deutschen Bank den Vorzug geben, allerdings glaubte Gwinner, dass Stillmans Untergebene letztlich dessen Anordnungen nicht getreulich Folge leisten würden.[29] Stillman war sehr darauf aus, Amerikas größte nationale Bank weiter auszubauen. 1899 bemühte er sich intensiv, Jacob H. Schiff, einen Teilhaber von Kuhn Loeb, als Direktor für seine Bank zu gewinnen, wobei Schiff besondere Vollmachten haben sollte, um das Devisengeschäft zu stärken.

Die meisten Investmentbanken bemühten sich um den Aufbau engerer Beziehungen mit der National City Bank. Morgan und Letztere hatten zeitweise sehr enge Beziehungen. Bacon vom Haus Morgan war im Direktorium der National City Bank. Kuhn Loeb war bedacht, eine ähnliche Verbindung aufzubauen. Manchmal wurden die Konflikte führender Unternehmer in den Banken ausgefochten. Zum Beispiel hielt Morgan eine große Beteiligung an der National City Bank, Hill hingegen bei der Chase National Bank.[30] Freilich beliefen sich die Aktiva der National City Bank noch 1900 auf nur 67,4 Millionen Dollar, was sie etwa auf ein Drittel der Größe der Deutschen Bank brachte.[31]

Der andere Eckpfeiler unter den New Yorker Banken war Kuhn, Loeb & Co. Adams zufolge hatte das Institut 1898 sein Prestige und seinen Einfluss in New York stark ausgebaut, darin sogar noch die Firma Speyer übertroffen, die auch zugelegt hatte. Der vergleichsweise Niedergang Morgans hatte in Adams' Augen dazu beigetragen, Kuhn Loeb in New York zur einflussreichsten Privatbank aufsteigen zu lassen, was zwischen den beiden Instituten mancherlei Reibungen heraufbeschworen habe.[32] Schiff spielte bei dem Aufstieg von Kuhn Loeb eine wichtige Rolle. Er war beliebt und stand sowohl Hill wie auch dessen Gegner Harriman nahe. Gwinner seinerseits fand allerdings, dass es schwierig sei, mit Schiff zu verhandeln, und wollte lieber Distanz wahren.[33]

Die Geschäfte der großen Privatbanken wurden etwa so wie die der herrschenden Königshäuser Europas geführt. Adams berichtete Gwinner über die Beziehung von Kuhn Loeb mit Heidelbach, Ickelheimer & Co. sowie Probst, Wetzlar & Co. Die drei Häuser seien «durch Heirat und gesellschaftliche Kontakte so eng miteinander verbunden, dass sie praktisch als eines gelten könnten, solange es Informationen betrifft, die nicht gerade für die einzelne interessierte Firma von entscheidender Bedeutung sind».[34] Adam Wolff von Kuhn Loeb hatte zum Beispiel eine seiner Töchter einem Wetzlar zur Frau gegeben, eine andere Tochter mit einem seiner eigenen Teilhaber verheiratet, mit Otto H. Kahn. Kahn war sowohl Direktor bei Kuhn Loeb wie auch bei der Union Pacific Railway, mit der es viele Konflikte gegeben hatte. Die Teilhaber dieser Häuser pflegten beinahe täglich zusammen zu Mittag zu essen.[35] Die Bankkreise waren eine vergleichsweise eng verbundene, weltoffene Gruppe. Der äußerst kultivierte Kahn, Sohn von wohlhabenden, liberalen jüdischen Eltern, hatte im Zuge seiner Ausbildung bei der Filiale der Deutschen Bank in London gearbeitet. Nach seiner Einarbeitung in der Geschäftsbank wurde er zum stellvertretenden Leiter der Londoner Filiale der Deutschen Bank befördert und dann für eine Zeitlang zu Speyer & Co. nach New York abgestellt, wo er in die «Kuhn Loeb-Familie» einheiratete.[36]

Einige New Yorker Banken versuchten, einen Bogen um die Deutsche Bank zu schlagen, indem sie sich mit anderen deutschen Banken verbündeten. Morgan und die Dresdner Bank hatten sich zusammengetan, um gegen die Verbindung Speyers mit der Deutschen Bank und die Abkommen, die zwischen Kuhn Loeb, der Disconto-Gesellschaft, Warburg, Barings und anderen bestanden, ein Gegengewicht zu schaffen. Die Initiative zum Bündnis mit Morgan ging anscheinend von der Dresdner Bank aus, führend beteiligt war Johann Jacob Schuster, der Schwiegersohn von Eugen Gutmann, dem führenden Mann der Dresdner Bank. Schuster, ein Mann von geschliffenen Umgangsformen und mit exzellenten Französisch- und Englischkenntnissen, war Initiator eines Vorstoßes, mit der internationalen Expansion der Deutschen Bank Schritt zu halten. Speyers Erfolg bei den kubanischen und mexikanischen Anleihen beunruhigte Morgan und trug ohne Zweifel zu seinem Interesse an anderen europäischen Beziehungen bei. Was die Deutsche Bank betraf, so behinderte unglücklicherweise das spannungsvolle Verhältnis von James Speyer zu Schiff von Kuhn Loeb nähere Beziehungen zwischen den beiden Banken.[37]

Konflikte zwischen Banken hatten nicht selten triviale Ursachen, ihr Entgelt war jedoch alles andere als geringfügig. Dies war wirklich ein «Goldenes Zeitalter». Adams zufolge beanspruchten Stillman und Speyer gleichermaßen ein besonderes Privileg bei der Abwicklung von Geschäften der Deutschen Bank in den Vereinigten Staaten. Der Streit darüber, wer das «größere Privileg» habe, führte zu einem verbalen Krieg zwischen den beiden Banken. James Speyer ging vielen Leuten auf die Nerven, aber er hatte auch eine treue Gefolgschaft. Speyer gehörte vielen Verwaltungsräten an, dass er deshalb auch großen Einfluss habe, bezweifelte Adams allerdings. Schiff hingegen war sehr beliebt, nicht zuletzt wegen seiner vielen Wohlfahrtseinrichtungen. Politik und Persönlichkeiten im Verbund mit den Risiken und der Belohnung bei guten Geschäften zwischen den USA und Europa zwangen die Deutsche Bank, regelmäßig ihre New Yorker Bankbeziehungen zu überprüfen. Vermögen konnten dort gemacht und verloren werden, und persönliche Beziehungen zählten. Im Frühjahr 1904 brach William K. Vanderbilt nach Europa auf und lud Stillman, Edward Harriman und Harrimans Familie ein, ihn zu begleiten. Die Gruppe mietete eine ganze Wagenflotte, wobei sie einige Autos aus den USA mit sich brachte, um die ganze Gesellschaft samt Dienern zu befördern. Zu dem Europa-Besuch gehörte auch ein Aufenthalt in Berlin und ein Zusammentreffen mit führenden Männern der Deutschen Bank.[38]

Das Treffen zwischen Stillman und Gwinner in Berlin im Sommer des Jahres 1904 scheint angenehm verlaufen zu sein. Stillman versuchte, der Führung der Deutschen Bank den Eindruck zu vermitteln, dass er beabsichtige, volles Vertrauen zwischen den beiden Banken herzustellen, um den Weg für umfangreichere wechselseitige Geschäfte zu ebnen. Sein Vertrauen in die amerikanischen Märkte enthielt allerdings keine Erwartung einer kurzfristigen Haussetendenz in einigen Branchen, etwa bei den Eisenbahnen. Sie sprachen nicht über die Pläne der City Bank, eine Filiale in London zu eröffnen, doch hielt Stillman nicht mit seiner Meinung zurück, dass das New Yorker Bankwesen künftig sich immer stärker in größeren Organisationen konzentrieren werde und George Gould kein verlässlicher Geschäftsmann sei. Stillman schien besorgt, dass Gwinner zu viel an Adams weitergeben würde. *En garde*, aber doppelzüngig, beschwor Gwinner Adams, seine «Indiskretion» der Wiedergabe des gesamten Gesprächs nicht dadurch zu verraten, dass er Stillman gegenüber irgendeine Redewendung aus ihrer privaten Unterredung fallen ließ.[39] Trotz der wachsenden Abhängigkeit der Deutschen Bank von weiter erstarkenden amerikanischen Banken war Adams noch der Dreh- und Angelpunkt ihres US-Geschäfts.

Diese Entwicklungen verweisen auf eine grundlegende Schwäche im amerikanischen Geschäft der Deutschen Bank. Ohne eine eigene Niederlassung in den Vereinigten Staaten blieb sie von amerikanischen Institutionen abhängig. Diese Abhängigkeit erstreckte sich auf die Abwicklung von Geschäften, den Zugang zu amerikanischem Kapital, die Verwaltung ihrer eigenen Investitionen, die in den USA gehalten wurden, und selbst noch auf die Bedienung deutscher Kunden, die in die Vereinigten Staaten reisten. Ihr einziger Wettbewerbsvorteil bestand in ihrer Fähigkeit, deutsches Kapital in die Vereinigten Staaten zu bringen. Solange Amerika deutsches Kapital benötigte und Deutschland bereit war, es in großen Mengen bereitzustellen, ließen sich Strategie und Struktur der Deutschen Bank halten. Um 1900 erwuchsen der Deutschen Bank jedoch in Zusammenhang mit ihren amerikanischen Geschäften zwei neue Arten von Konkurrenz. Für die erste Herausforderung stand Stillmans Europabesuch. Amerikanische Bankiers gingen aggressiver daran, in Europa selbst ihr Geschäft aufzubauen und zu pflegen, und das hieß unter den gegebenen Umständen auch, dass sie willens waren, ihre europäischen Kollegen außen vor zu lassen. Zusätzlich trat aber in den Vereinigten Staaten und in Europa ein völlig neuer Konkurrent auf den Plan.

Wie bereits erwähnt, kamen im späten 19. Jahrhundert Treuhandgesellschaften auf und übernahmen Dienstleistungen für Kunden, die in weiten Teilen Europas gang und gäbe gewesen waren. Als mehr amerikanische Einzelpersonen und Institutionen Vermögen anhäuften, benötigten sie solide Gesellschaften, die nicht nur ihre Wertpapiere hielten, sondern auch sicherstellten, dass Dividenden, Zinsen und sonstige Dienstleistungen der Vermögensverwaltung zuverlässig und korrekt gehandhabt würden. Nationalen Banken war die Übernahme derartiger Dienstleistungen untersagt. Wenngleich der ursprüngliche Zweck von Treuhandgesellschaften darin bestand, Einzahlungen und Hinterlegungen zu bewahren, die Transaktionen besicherten, konnten sie auch normale Einzahlungen annehmen, Kredite geben und

Wechsel diskontieren, wodurch es ihnen möglich war, ernst zu nehmende Konkurrenten der nationalen Banken zu werden. Die einzige Funktion, die Treuhandgesellschaften untersagt war, war die Ausgabe von Banknoten. Mit wenig Kapital ausgestattet, begannen sie in den wichtigsten amerikanischen Finanzzentren, New York und Chicago, wie Pilze aus dem Boden zu schießen. Allein in New York verdoppelte sich ihre Zahl zwischen 1894 und 1904. 1914 belief sie sich in den gesamten Vereinigten Staaten auf 1564, das war ein Fünftel der Anzahl der nationalen Banken.

Viele der neuen Trustbanken blieben reine Treuhandgesellschaften. Die 1903 von einer Gruppe New Yorker Handels- und Privatbankiers gegründete Bankers Trust Company war ausdrücklich darauf angelegt, sich die Vorteile der Treuhandgesellschaften zunutze zu machen, ohne dabei die Geschäftsbanken um ihr Geschäft zu bringen. Als Treuhandbank für Banken sollte das neue Institut als eine Art letztinstanzlicher Kapitalgeber (*banker of last resort*) dienen. Wenige Jahre nach der Gründung brachte das Finanzinstitut in Europa ein neues Angebot für Privatkunden auf den Markt: Reiseschecks. Es ging aus der Panik von 1907 mit größerem Prestige hervor als manch andere Finanzinstitute. Bis 1914 war Bankers Trust durch Fusionen mit anderen Banken und Einwerbung neuer Einlagen beachtlich gewachsen. Ohne die Auflagen der Reservehaltung wie bei den nationalen Banken führte die Bewegung bei den Trustbanken dazu, dass Konkurrenten wie auch Aufseher eine Vertrauenskrise an die Wand malten. Einige der Trustbanken, etwa die Guaranty Trust Company, bauten starke Devisenabteilungen auf. Im ersten Jahrzehnt des 20. Jahrhunderts stießen zudem die Trustbanken beim Ausbau ihres internationalen Geschäfts kaum auf Grenzen, anders als die nationalen Banken, die traditionelle Bankdienstleistungen außerhalb der USA über eingespielte Bankbeziehungen anboten.[40]

Einige Amerikaner erwogen, eine internationale Bank zu gründen, so wie dies bei der Deutschen Bank für Deutschland der Fall gewesen war, um auf internationale Märkte vorzustoßen. Wie bereits erwähnt, begannen sich amerikanische Bankiers vor dem Ersten Weltkrieg als Konkurrenten auf den europäischen Kapitalmärkten zu bewegen, indem sie selbst an europäische Kunden verkauften und Europäern beim Zugang zu amerikanischem Kapital halfen. Sie hatten von den Methoden deutscher Banken bei der Abwicklung von Finanzgeschäften gelernt, besonders von deren Fähigkeit, grenzüberschreitende Finanzierungen zu bewältigen.[41]

Die Panik von 1907

1907 war für die Institutionalisierung vieler Seiten des amerikanischen Finanzsystems ein entscheidendes Jahr. In der überhitzten wirtschaftlichen Atmosphäre der Zeit verließ wieder einmal Gold, der Dreh- und Angelpunkt des Systems, die USA. Die Wirtschaftskrise jenes Jahres bildete den Auftakt zu einem Jahrzehnt der Reformen, deren Intensität bis in die 1930er Jahre ohne ihresgleichen blieb. Das Land war der Unternehmensskandale wie auch des vereinfachenden Populismus gleichermaßen überdrüssig und anscheinend bereit, Reformen in einer systematischeren und weniger politisierten Art und Weise anzugehen als noch unter der Regierung von Teddy Roosevelt. Dessen Spielart des Republikanismus hatten viele Geschäftsleute mit Spott bedacht. Nach 1907 erkannten sowohl erzkonservative Geschäftsleute wie auch solche, die gegen jede Gängelung waren, widerwillig die Notwendigkeit zahlreicher Reformen an und konnten sich mit hitzköpfigen Progressiven über viele Aspekte der regulatorischen Umwelt verständigen.[42] Wenngleich die Forderungen nach sozialer Reform sich in weiten Teilen in eine internationale Bewegung einfügten, gingen die Veränderungen in den Vereinigten Staaten vermutlich am weitesten. Ein Land dieser Größe und wirtschaftlichen Bedeutung konnte sich einfach nicht länger auf ein paar Privatbankiers verlassen, wenn es um die Rettung seiner Währung ging.

Diese Probleme waren weder neuartig, noch beschränkten sie sich auf diesen Zeitraum. Amerikaner haben schon immer, vor und nach 1907, gegenüber Finanzdisziplin eine recht uneinheitliche Haltung an den Tag gelegt. Bei 21 000 einzelstaatlich oder bundesweit tätigen Banken ohne koordinierte Regulierung und bei geringer Bundesaufsicht über die für Investitionen verfügbare Geldmenge war es nicht verwunderlich, dass das System oft zusammenbrach. Vorstandsmitglieder der Deutschen Bank klagten wiederholt, wie das Chaos im Finanzgebäude der USA den Absatz von Wertpapieren in Deutschland erschwerte. Obgleich die Krise, die im Herbst 1907 einsetzte, vergleichsweise kurz war, unterstrich sie erneut – zum Leidwesen von weiten Teilen der Bevölkerung –, wie abhängig das Land von Privatbankiers wie Morgan war.[43] Die Reformära setzte damals nicht unmittelbar ein, aber nach der Krise war ein gewisser Reifegrad erreicht.[44] Innerhalb von sechs Jahren nach der Panik von 1907 errichteten die Vereinigten Staaten wieder eine Zentralbank, der Dollar wurde auf eine solide Goldbasis gestellt, das betriebliche Rechnungswesen machte durch die Kodifizierung der Berufsstandards für Buchhalter große Fortschritte, und vermittelst einer Reihe von Gerichtsurteilen in Einzelfällen legten die USA den rechtlichen Rahmen fest, um monopolistischen Umtrieben Grenzen zu setzen.

Bereits im Frühjahr 1906 zeigte sich Adams über die amerikanische Wirtschaft ernsthaft besorgt. Zwar florierten Industrie und Landwirtschaft, aber die Ermittlungen bei Standard Oil und die weitverbreitete Stimmung zugunsten des vermutlichen Präsidentschaftsbewerbers der Demokraten, William Jennings Bryan, erschütterten – so Adams – das Vertrauen in den Markt.[45] Der progressive Republikaner Teddy Roosevelt spiele letztlich den Demokraten in die Hände. Der Präsident mache sich mehr Feinde als Freunde. Seine Popularität werde unweigerlich einbrechen. Viele der Ansichten dieses abtrünnigen Republikaners seien geeignet, die Stabilität zu untergraben.[46]

Besondere Bedeutung kam den Ermittlungen des Finanzgebarens der Union Pacific zu, die von der Interstate Commerce Commission aufgenommen wurden, wobei die Untersuchung angeblich von Hill angeschoben worden war, um seinem Rivalen zu schaden. Der gesamte Eisenbahnsektor wurde unter die Lupe genommen. Die Konfliktlinien schienen zwischen denjenigen zu verlaufen, die tatsächlich die Eisenbahngesellschaften beherrschen wollten, und denjenigen, die auf die Schnelle ein paar Dollar verdienen wollten. Harrimans Interesse an dem Konkurrenzunternehmen zielte nur darauf, dessen Preispolitik zu kontrollieren. Die Bankleute waren nervös. Stillman verließ New York und reiste plötzlich nach Europa, möglicherweise um unangenehmen Fragen aus dem Weg zu gehen. Die Konsolidierungs- und Regulierungswelle zog manches unvorhersehbare Ergebnis nach sich, das die Anlagen der Deutschen Bank berührte. Wie Adams berichtete, bestätigten die Ermittlungen, dass Harriman danach strebte, einen Anschluss zur Atlantikküste zu bekommen, der seine B&O-Beteiligungen mit Linien an der Westküste verbinden würde, letztlich durch Übernahme der Western Maryland.[47]

Zwar gab sich Adams im Januar 1907 hinsichtlich weiterer Kapitalanlagen im Eisenbahnsektor noch durchaus optimistisch, aber schon im Februar befürchtete er, dass viele Eisenbahnlinien und Industrieunternehmen erneut finanzielle Hilfe benötigten, darunter insbesondere solche Firmen, denen Bankiers kaum geneigt seien, Kredite einzuräumen.[48] Exakt einen Monat vor Ausbruch der Panik berichtete Adams, das Haupthindernis für die Überwindung der Flaute sei die Neigung des Präsidenten, die Märkte zu schwächen, indem er den Klassenkampf anheize, was sich im Fall der Standard Oil und bei anderen Ermittlungen zeige.[49]

Drei Monate nach Einsetzen der Panik stellte Gwinner, obwohl er Adams' Gesamteinschätzung grundsätzlich teilte, andere Dinge heraus: zum Beispiel das Erfordernis einer staatlichen Bank, die dem Land erlauben würde, viele Vorteile des Goldstandards zu nutzen, ohne zugleich mehr Gold importieren zu müssen. Er schickte Adams ein langes Telegramm, das dieser mit einem Anschreiben an den Präsidenten der Amerikanischen Handelskammer weiterleitete. Gwinner sah einen großen Teil des Problems in der unreifen Handhabung von Finanzdingen in den USA, insbesondere der Haltung gegenüber einer Zentralbank. Amerika benötige 100 Millionen Dollar mehr im Geldumlauf, ein Betrag, der nicht von außerhalb des Landes aufgebracht werden könne, selbst wenn das goldliebende Frankreich beteiligt werde. Bemühungen, mehr Gold in die Vereinigten Staaten zu ziehen, würden die Krise nur noch verschlimmern. Geld, nicht etwa Gold, sei vonnöten. Amerika könne sich selbst helfen, eine Erkenntnis, die auf der ganzen Welt auf allgemeine Zustimmung rechnen könne und jene erleichtern würde, die befürchteten, gegenwärtig würden «die Finanzmärkte der Vereinigten Staaten alle anderen ruinieren».[50]

Trotzdem war langfristig das Vertrauen der Deutschen Bank in die Vereinigten Staaten so groß, dass die Bank im Sommer 1907, inmitten der Krise, nach neuen Anlagemöglichkeiten Ausschau hielt. Sie war dabei nicht abgeneigt, sich die Abwärtsspirale zunutze zu machen und auf Wertpapierkäufe zu Tiefstkursen zu setzen. Adams glaubte, dass der Zeitraum zwischen Oktober 1907 und Ende März 1908 vermutlich den Tiefstand der Depression bringen werde und somit den günstigsten Zeitpunkt für den Erwerb von Wertpapieren darstelle. Der Markt werde der Entwicklung der realen Wirtschaft vorauseilen. Die Leute würden von einem extravaganten Lebensstil und Konsum auf Sparen umstellen, Summen, die später nach Anlagemöglichkeiten suchen würden. Die größte Durststrecke für Unternehmen, die nach Geldmitteln Ausschau hielten, würde im Herbst kommen.[51] Die Idee einer Investmentgesellschaft unter französischer Schirmherrschaft, die einige Investoren gründen wollten, könne wieder aufleben, sobald erst einmal das Vertrauen in den Markt wiederhergestellt sei.[52]

Adams glaubte, dass wie schon während der Krise von 1893 die Ersparnisse der amerikanischen Unternehmen und Privatpersonen zusammen mit dem der Nation eigenen Optimismus das Land ohne materielle Hilfe von Europa aus der Notlage brächten. Er sah eine rasche Erholung voraus. Das Banksystem sei grundsätzlich solide. New Yorker Banken hätten, insbesondere im Vergleich mit anderen, große Stärke bewiesen. Er legte das Tempo, mit dem sich die Krise ausgebreitet hatte, der Verbreitung des Telefons und der landesweiten Berichterstattung in den Zeitungen zur Last. Unter diesen Voraussetzungen würde freilich umgekehrt auch die Prosperität rasch an Boden gewinnen. Darüber hinaus sei den Amerikanern mit dieser Krise stärker der internationale Charakter von Finanzen und Handel bewusst geworden und das politische Fundament für die Schaffung einer nationalen Verrechnungsstelle oder noch besser für ein bundesweites Zentralbanksystem gelegt worden.[53]

Für Adams stand außer Zweifel, wo die Schuld für die Krise lag und wem das Lob für die Erholung gebührte:

> Die vergangenen sechs Monate werden sich fraglos als solche erweisen, die
> reich an Vorkommnissen waren, aus denen eine neue Geschichte hervorgehen

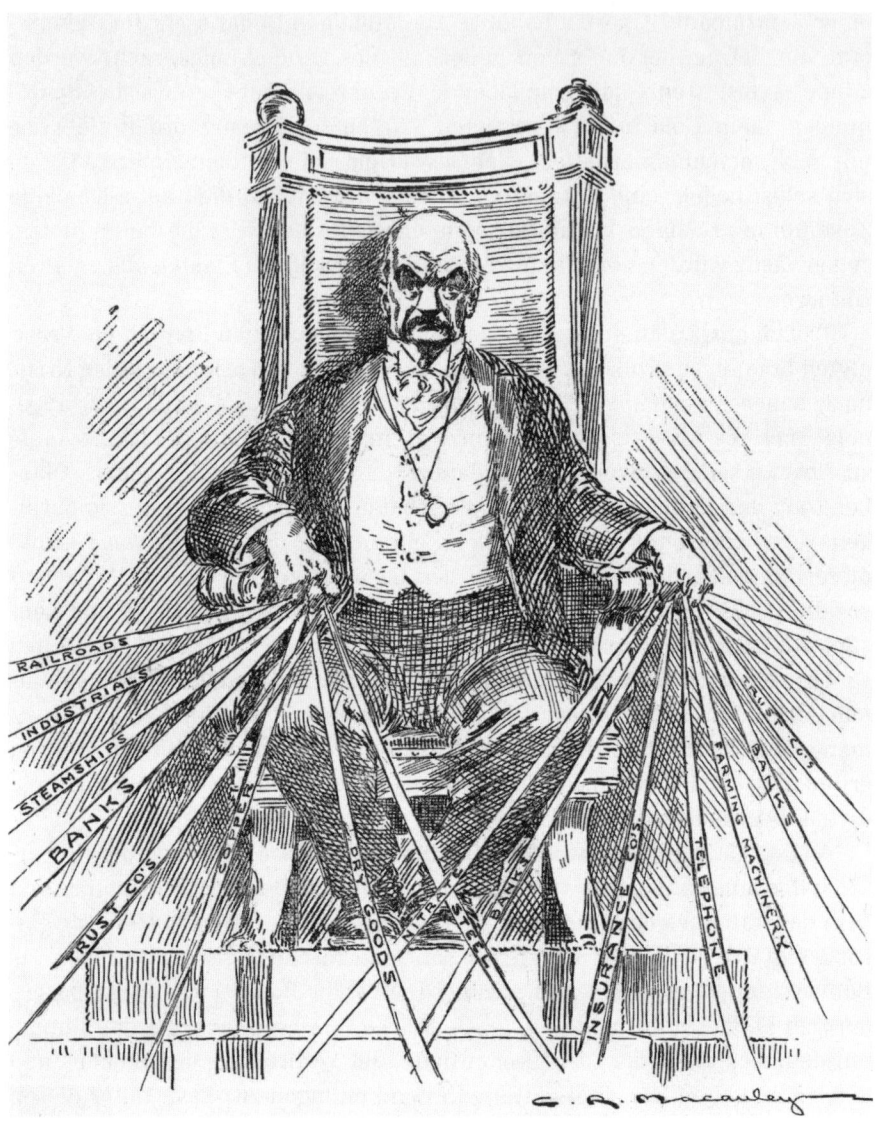

Diese Karikatur aus einer amerikanischen Zeitung illustriert die Wahrnehmung von
J. P. Morgans Macht über die amerikanische Wirtschaft (1907).

wird, und von allen wichtigen Vorfällen halte ich hinsichtlich ihrer Tragweite für
die Zukunft keine für bedeutender als die Rolle, die in der Roosevelt-Panik von
1907 so überaus kühn und gewandt von J. P. Morgan wahrgenommen wurde.[54]

Im Verlauf des Winters zeigte Gwinner vorsichtigen Optimismus, und er
wurde sogar etwas philosophisch:

Wir sind in der Verfassung eines Mannes, der zuviel Champagner getrunken hat und am nächsten Tag an Seekrankheit leidet. Zuerst unterwirft er sich selbst einer strengen Diät oder sie wird ihm von seinem Arzt verordnet, dann beginnt er, leicht verdauliche Nahrung zu sich zu nehmen, bis er nach einer gewissen Zeit zu Rindfleisch und Burgunder zurückkehren und schließlich wieder Exzessen frönen wird. Unser Markt ist gerade dabei sich von dem ersten in das zweite Stadium vorzuarbeiten, was Sie in finanzieller Hinsicht als Geschmack an befristeten Wertpapieren bezeichnen, die einen festen Ertrag abwerfen.[55]

Die Krise von 1907 löste eine nachdenkliche Phase mit umfassenden, weitgreifenden Vorschlägen für eine neue Bankengesetzgebung aus, an der deutsche Banken im Allgemeinen und die Deutsche Bank im Besonderen Anteil nahmen. Viel von dem Gold, das 1907 zur Unterstützung der Währung diente, kam aus deutschen Tresoren; auch amerikanische Behörden richteten den Blick nach Deutschland und erwarteten von dort Inspiration. Die Deutschen nahmen großen Anteil an den aufsichtsrechtlichen Problemen in den USA, da die amerikanischen Märkte nun so groß waren, dass deren Erschütterungen weltweit Nachbeben auslösen würden. Wie der amerikanische Gesetzgeber lancierte auch der Reichstag eine Enquête zur Reform des Bankwesens. Die sich daran anschließende Gesetzgebung brachte in Deutschland weniger einschneidende Veränderungen, doch deutsche und amerikanische Volksvertreter diskutierten untereinander verschiedene Aspekte ihrer jeweiligen Reformvorhaben.[56]

In einer Rede vor der amerikanischen Handelsvereinigung in Berlin, der American Association of Commerce and Trade, im Jahr 1911, warf Arthur Gwinner, in einem amerikanischen Pressebericht vorgestellt als «führender Bankier des Vaterlands», seine Auffassung in die Waagschale. Mit Nachdruck verkündete er, ohne eine Zentralbank würde Amerika weiterhin gravierende Wirtschaftskrisen zu gewärtigen haben, und empfahl, das Land solle Deutschlands Modell übernehmen. Als zuletzt geschaffene und beste Zentralbank sahen deren Bestimmungen ein sich selbst korrigierendes Währungssystem vor, das sich als wirkungsvolle Kontrolle gegen ungesunde finanzielle und industrielle Expansion erweise. Jede Zentralbank brauche eine starke Verfassung, um Beherrschung und Manipulation durch politische oder spezifische Finanzinteressen auszuschließen. «Wenn die Bank zum Spielball von Sonderinteressen würde, würde sie sich als verhängnisvoller erweisen als die Krankheit, zu deren Vorbeugung sie gegründet worden sei.»[57] Nach vier Jahren besaß Amerika ein starkes, Deutschland nachgebildetes Zentralbanksystem, das Federal Reserve System. Nicht jeder wirtschaftliche Austausch zwischen den beiden Ländern verlief so glatt.

Im ersten Jahrzehnt des neuen Jahrhunderts überschatteten einige politische Probleme zwischen den Vereinigten Staaten und Deutschland das Ge-

schäft der Deutschen Bank. In beiden Ländern zeigten sich Anzeichen regulatorischer und sonstiger Konflikte. Die Regierung der Vereinigten Staaten
begann Unmut zu äußern über die deutsche Kontrolle von Ölfeldern in Mitteleuropa und Russland. Presseberichten zufolge war sie bereit, angesichts
von Deutschlands Gewährung von Monopolrechten an deutsche Banken beim
Kauf und beim Absatz von Öl «die Krallen zu zeigen». Die Deutsche Bank
wurde erwähnt, und ihre Investitionen in russische Ölfelder wurden ebenso
wie diejenigen der Disconto-Gesellschaft in Rumänien herausgestellt.[58]

Zuweilen verhielten sich amerikanische und ausländische Anleger gegenüber der behördlichen Reglementierung unterschiedlich. Umstritten war, ob
man sich ihr entgegenstellen oder sich kooperativ geben sollte. Als sich 1911
abzeichnete, dass die Regierung ihr Vorgehen gegen US Steel nach Maßgabe
des Sherman-Anti-Trust-Gesetzes vorbereitete, berichtete Adams über unterschiedliche Lager bei den Aktionären. Einige sähen es lieber, wenn sich das
Unternehmen mit der Regierung über eine Auflösung verständigte, um so
Strafprozessen gegen Direktoren und Manager zuvorzukommen. Andere,
darunter ausländische Aktionäre, zögen demgegenüber einen nachdrücklichen Widerstand gegen die Regierung vor, selbst wenn dies einen langwierigen Rechtsstreit sowie finanzielle und andere Risiken nach sich ziehen
würde.[59] In Deutschland machten Gerüchte die Runde, die Auflösung bedeute, dass die US Steel-Aktien wertlos würden.[60]

Während die USA sich anstrengen mussten, um sich als ein Finanzzen-
trum zu behaupten, begannen die Unternehmen des Landes, international an
Schlagkraft zu gewinnen. 1912 war Standard Oil, sehr zum Verdruss der
Deutschen Bank, in der Lage, eine wirkungsvolle politische Kampagne in
Deutschland gegen eine Gesetzgebung aufzuziehen, die es seinem Interesse
für nachteilig erachtete. Gwinner, der dabei geholfen hatte, Deutschlands
Einstieg in den Petroleumsektor zu reorganisieren, war wütend und scho-
ckiert über das Ausmaß des politischen Einflusses, über den Rockefeller
selbst noch in Deutschland gebot. Zufrieden über seinen Sieg schiffte sich der
Vertreter von Standard Oil im Dezember in Liverpool auf der *Lusitania* zur
Heimreise ein[61] – gleichsam trauriger Vorbote und Symbol für künftige, noch
gravierendere Konflikte.

Personelle und strukturelle Veränderungen

Die Korrespondenz von Adams mit der Deutschen Bank war während der
zwanzig Jahre vor dem Ersten Weltkrieg freundschaftlich und berührte vielfältige Themen. Sie tauschten sich aus über die Persönlichkeit und Eigen-
heiten von Geschäftspartnern, über die Beziehungen mit anderen Institutionen, insbesondere Finanzinstituten, über Unternehmen, in die investiert

worden war, über die Aussichten der deutschen und amerikanischen Märkte, über politische Fragen und – selbstverständlich – auch über neue Anlagemöglichkeiten. Nach der Jahrhundertwende behandelten ihre Briefe immer öfter zwei grundlegende Wandlungsprozesse und Übergänge, die für das amerikanische Geschäft der Deutschen Bank von größter Bedeutung waren: das Heranreifen der USA zur Weltmacht und die Suche eines Nachfolgers für Adams.[62]

Der Umfang der Briefe variierte von kurzen Notizen bis zu 30-seitigen Konvoluten, manchmal waren sie handgeschrieben, nahezu immer herrschte ein herzlicher und respektvoller Ton, man tauschte vertraulich Ansichten aus über Geschäftspartner, über die Welt der Politik und der Wirtschaft. Als sich Georg Siemens in den letzten Jahren des 19. Jahrhunderts aus dem Tagesgeschäft zurückzog, übernahm Gwinner die Aufgabe, das amerikanische Geschäft weiterzuführen. Er hatte eine besonders gute Beziehung zu Adams. Die zwei erörterten auch Adams' Sammelleidenschaft, und Gwinner trug sein Scherflein bei, indem er Adams behilflich war, seltene Münzen in Europa aufzuspüren.[63]

In ihrer Korrespondenz tauschten sie sich auch über Treffen zwischen den Familien, ihre Gesundheit und außerberufliche Interessen aus, die sich im Fall von Adams auf viele Wohltätigkeitsprojekte und wissenschaftliche Themen erstreckten. Adams' Tochter Ruth, auf die der Vater in den Briefen als «Ihre kleine Freundin» zu sprechen kam, hatte Gwinner anscheinend besonders gern. Die Beziehung zwischen Adams und Gwinner war freilich auch schwierig, der Entfernung, ihrer spezifischen eigenen Loyalitäten und Verpflichtungen, ihrer Unternehmenskultur und anderer Geschäftsinteressen wegen. Adams und die Geschäfte der Deutschen Bank waren komplex und so miteinander verwoben, dass es manchmal schwerfällt, die Grenzen zwischen beiden auszumachen. Gelegentlich reagierten die «Freunde», wie die beiden sich gegenseitig nannten, auch einmal verstimmt, besonders wenn es um Zahlungen von anderen Unternehmen ging.[64]

Aber sie nahmen wechselseitig Anteil, teilten immer wieder Triumphe und Tragödien. Der größte Schlag für Adams war der frühe Tod seines Sohnes Ernest, der im Alter von nur dreißig Jahren im Sommer 1904 an einer Nierenentzündung starb. Ernest Adams hatte in Yale und Harvard studiert und galt als begabter Elektroingenieur. Aufgrund der Arbeit seines Vaters bei den Niagara-Kraftwerken stand er in Verbindung mit einigen der wichtigsten Elektroingenieure und Kraftwerksbau-Projekte in den Vereinigten Staaten. Der Sohn bildete einen wichtigen Mittelpunkt in Adams' Leben. Adams ließ sogar seine zahlreichen Kontakte in der Elektroindustrie spielen, um für ihn ein Unternehmen zu finden und zu kaufen, das dieser leiten könne. Ernest heiratete in Berlin Margarethe Seefeld, deren Vater Militärkommandant des Großherzogtums Baden war. Das gemeinsame Kind des Paares, das beim Tod des Vaters ein Jahr alt war, verstärkte die Verbindungen der Familie nach Deutschland.[65] Adams schien über die Anteilnahme seines deutschen Kollegen an dem Tod seines Sohnes tief berührt. Nichtsdestoweniger nahm er schon bald seine Arbeit wieder auf.[66]

Trotz der engen privaten und geschäftlichen Beziehung hatte Gwinner ein ausgewogenes Urteil über Adams' Stärken und Schwächen. In einem Aktenvermerk hielt er fest, Adams habe einen klaren Verstand und sei ein verlässlicher Arbeiter. Manchmal könne er heikel sein. Gwinner hatte jedoch den Eindruck, dass die Deutsche Bank mit Adams gut zusammenarbeiten könne und ihm gegenüber offen sein sollte. Adams' Loyalität gegenüber der Deutschen Bank und Gwinner persönlich stand außer Frage.[67] Ungeachtet wiederholter Zusammenstöße zwischen Adams und Speyer, der wichtigsten Bankverbindung der Deutschen Bank in New York, schienen letztlich doch alle Parteien Erfolg zu haben, und bis kurz vor dem Ersten Weltkrieg riskierten weder die Deutsche Bank noch Adams eine Änderung ihres *modus operandi*.[68] Nichtsdestoweniger hielt die Bank ständig Ausschau nach Wegen, um ihr amerikanisches Geschäft auszubauen und zu verbessern.

Insbesondere als die Enttäuschung der Deutschen Bank über den Absatz europäischer Papiere in den Vereinigten Staaten und der Wettbewerb beim Verkauf von US-Wertpapieren in Europa zunahmen, wandte sich die Bank neuen Ideen zu. In den letzten Stadien der Panik von 1907 ließen Gwinner und Adams dem Plan eines internationalen Bankenkonsortiums vorsichtig Unterstützung angedeihen, das den Kapitalmärkten finanzielle Stabilität bringen und den Verbundabsatz von internationalen Wertpapieren aufnehmen würde. Zwar fand der Plan manchen Zuspruch von bedeutenden Banken, darunter insbesondere seitens des Crédit Lyonnais, aber eine formale Struktur dafür wurde nicht entwickelt. Der Plan wurde der Deutschen Bank durch Albert Kahn nahegebracht, einem französischen Finanzier mit exzellenten Beziehungen, vielseitigen Interessen und einer ungewissen Zukunft.[69] Kahn erhielt anscheinend seitens der französischen Bank nachdrückliche Unterstützung, doch weder in Deutschland noch in Amerika hielt man die Zeit bereits für gekommen.[70] Jedoch stellte die Deutsche Bank ihre US-Investitionen zunehmend in Interessengemeinschaften und Syndikaten mit privaten Anlegern zusammen. Möglicherweise von Gwinner beeinflusst, nahm Adams an Kahn und dessen Projekt lebhaften Anteil.[71] Die Idee, in Verbindung mit anderen europäischen Banken in den USA zu arbeiten, sollte übrigens erneut in den 1960er Jahren aufkommen und ausprobiert werden. Unter den gegenwärtigen Umständen – trotz der großen Verluste des Jahres 1907 sowie angesichts der Unsicherheit und Kosten im Investmentbanking innerhalb der USA wie von dort ausgehend – schreckten die großen Finanzinstitute vor einem Zusammengehen zurück, das über Transaktionen ad hoc und besondere Anlagegruppierungen hinausging.[72]

Zu einem großen Teil kreiste Adams' und Gwinners Austausch auch um die Ausweitung ihrer US-Aktivitäten zu einem Ausgangspunkt für Geschäfte in anderen Weltgegenden. Gwinner erwog, enger mit der International Banking Corporation, einer in Connecticut ansässigen Bank, zusammenzuarbeiten, die auch in Südamerika aktiv war. Der mögliche Kauf von Aktien dieser Bank im Tausch gegen Aktien der Deutschen Ueberseeischen Bank,[73] der Tochtergesellschaft der Deutschen Bank für das lateinamerikanische Geschäft, wurde in Betracht gezogen.

Zumal nach dem spanisch-amerikanischen Krieg von 1898 teilten Gwinner und Adams eine Begeisterung für den amerikanischen Imperialismus und überlegten, was dies für die eroberten Gebiete bedeuten würde, für das amerikanische Seelenleben und für New York als Finanzplatz. Beide sahen den amerikanischen Einfluss in den ehemals von Spanien beherrschten Gebieten als Gelegenheit, vermehrt Geschäfte über New York laufen zu lassen. Zu der Chance, die sich hier deutschen und amerikanischen Banken bot, trat auch die Herausforderung, das amerikanische politische und wirtschaftliche System an die neue Rolle einer finanziellen und politischen Weltmacht anzupassen. New York hatte nun mit anderen großen Geldzentren gleichgezogen – London, Berlin und Paris –, allerdings ohne viele der erforderlichen Sicherungen.[74]

Die Komplexität und politischen Implikationen von einigen der neuen Unternehmungen der Deutschen Bank schufen Probleme für ihr US-Geschäft. Als die weltweiten Interessen der Deutschen Bank zunahmen, befürchtete Adams, dass es für ihn schwieriger werden könne, diese zu vertreten. Obwohl die Bank ihm bei ihren Geschäften in den Vereinigten Staaten ziemlich freie Hand ließ, fühlte sich Adams bei geschäftspolitischen Entscheidungen aus dem engsten Beraterkreis ausgeschlossen.[75] Um die Jahrhundertwende war die Deutsche Bank sehr energisch in das Geschäft in anderen Teilen der Welt eingestiegen – etwa im Nahen Osten und in Russland. Adams war der Auffassung, dass er von diesen anderen Engagements nicht genug wisse, um die Bank angemessen in den Vereinigten Staaten zu vertreten. Er versicherte Gwinner, seine Reaktion auf die Investitionen der Bank sei nicht als Kritik zu verstehen, sondern entspringe nur seiner Enttäuschung darüber, dass er außerstande sei, diese der amerikanischen Kundschaft zu erläutern. «Sie werden zweifellos wissen, dass ich eifersüchtig besorgt bin um den Ruf Ihrer Bank in diesem Land und unablässig ein wachsames Auge auf alles habe, das geeignet ist, ihn zu bewahren und zu mehren; denn ich fühle mich der Leitung persönlich verbunden, ganz abgesehen von dem Anteil und noch über diesen hinausgehend, den ich unmittelbar an den Ergebnissen der Geschäftsführung habe.»[76]

Angesichts dieser Komplikationen begannen Adams und die Führung der Deutschen Bank darüber nachzudenken, die organisatorische Form ihrer Vertretung in Amerika zu ändern. Die Erörterung der verschiedenen Möglichkeiten zog sich über nahezu zwei Jahrzehnte hin. Gelegentlich bedauerte die Deutsche Bank, keine administrativ gefestigtere Präsenz in den Vereinigten Staaten zu haben, doch erwies sich keine der denkbaren Möglichkeiten als ideal, um dem gegebenen Zustand abzuhelfen.[77] Die Frage wurde erst durch eine nahezu völlige Umkehrung in der Geschäftsgrundlage der Deutschen Bank in den USA zur Entscheidung gebracht. 1901 schoss Adams anscheinend die erste Salve ab mit der Idee, eine kleine Privatbank unter seiner Leitung zu gründen. Zwar wünschte die Deutsche Bank die Verbindung mit Adams durch irgendeine Art der Organisation zu stärken, aber die von ihm vorgeschlagene Form hätte Mehrausgaben erfordert und möglicherweise den sonstigen bestehenden Beziehungen geschadet. Eine Tochtergesellschaft zu gründen hatte erhebliche rechtliche Nachteile, und ausländische Zweigniederlassungen waren in New York noch nicht möglich. Eine stille Beteiligung in einer Partnerschaft mit einer privaten Firma wiederum ließ sich nicht mit den Geschäftsgrundsätzen der Deutschen Bank vereinbaren, vermutlich weil die Bank ihre früheren Erfahrungen mit K&L nicht wiederholen wollte.[78] Adams zeigte Verständnis für die Logik, die Gwinners Stellungnahme zugrunde lag, bedauerte allerdings, nicht mehr Informationen zur Verfügung zu haben.[79] Ein Jahr darauf sah sich Gwinner veranlasst, nochmals den Grundsatz der Bank anzusprechen, mit Filialen nicht über die Grenzen Deutschlands hinauszugehen – trotz mancher Versuchung, etwa in Italien. Die einzige Ausnahme bilde die Filiale in London, die für das überseeische Geschäft unentbehrlich sei. Die Bank versuche alles zu vermeiden, was über das reine Kommissionsbankgeschäft hinausgehe.[80] Adams würdigte diese Politik als «konservativ und geeignet, den höchsten Kredit im internationalen Geschäft und die größte Stärke im Inlandsgeschäft»[81] aufzubauen. Doch ohne Änderungen ging es nicht.

Zu Beginn des neuen Jahrhunderts wurden Alter und Gesundheitszustand von Adams ein gewichtigerer Faktor. Adams wurde 1906 sechzig Jahre alt, ein Alter, das damals vergleichbar war mit dem von achtzig Jahren heute. Besorgt um die Gesundheit seiner Frau[82] und dadurch in Anspruch genommen, war Adams der Auffassung, dass er in dem New Yorker Büro Hilfe benötigte, die sich auf Sekretariats- und andere Arbeiten erstrecken müsse. Sein Wunsch ging dahin, die Deutsche Bank solle ihm einen Vertreter nach New York schicken, dem er dann allmählich die Verantwortung übertragen könne. Adams' Wunschkandidat war Carl Bergmann, der bereit war, von Berlin nach New York überzusiedeln. Besorgt angesichts der wachsenden Konkurrenz der Disconto-Gesellschaft und deren New Yorker Bankverbindung Kuhn Loeb – deren Geschäft war größtenteils europäisch, aber Gwinner zeigte wenig Langmut –, bezweifelte Adams unverhohlen, ob die Deutsche Bank ihre beherrschende Position unter den deutschen Banken in den Vereinigten Staaten würde aufrechterhalten können.[83] Gwinner plädierte dafür, jemanden zu entsenden, den Adams selbst ausgewählt hatte, und war bereit, Bergmann – auf lange Sicht als Ersatz für Adams – nach New York zu schicken. Er befürchtete jedoch, Adams würde mit dem jungen, selbst ausgewählten Deutschen die Arbeit nicht in genügendem Maße teilen.[84] Für eine Weile war damit die Angelegenheit erst wieder einmal vom Tisch. Im Januar 1909 schrieb dann jedoch die Deutsche Bank einem erfreuten Adams, man beabsichtige, Bergmann in die Vereinigten Staaten zu senden.[85] Etwa um die gleiche Zeit begab sich Axhausen in die Vereinigten Staaten und befasste sich dort mit Lehigh Coke und anderen Dingen.

Das Hinauszögern eines Nachfolgeplans für Adams spiegelte zum Teil das große Vertrauen wider, das die Bank in ihn setzte, zum anderen ging es auf verschiedene administrative Folgen zurück, die dessen Ablösung durch Angestellte aufwarfen. Das Vertrauen, das die Deutsche Bank Adams entgegenbrachte, war außergewöhnlich. Gwinner zufolge verfügte niemand in der Welt über größere Vollmacht als Adams, die Bank zu vertreten. Tatsache war, dass kein Vorstandsmitglied der Deutschen Bank so viel Macht ausüben konnte wie er. Nach ihren Statuten war die Unterschrift von zwei Zeichnungsberechtigten erforderlich, um die Bank zu verpflichten. Kein Direktor konnte Wertpapiere allein kaufen oder verkaufen. Gwinner erinnerte Adams an das Mitte der 1890er Jahre (vermutlich zur Zeit der Goldanleihe) zwischen drei und vier Uhr morgens von Siemens, dessen Frau und Gwinner aufgesetzte Telegramm, das Adams ermächtigte, von dem Geld der Bank 25 Millionen Dollar auszuleihen, wann immer es ihm angebracht erschien. Gwinner selbst hatte damals die Mitteilung zum Telegraphenamt gebracht.[86]

Allerdings fielen nicht alle Kommentare von der Deutschen Bank über Adams positiv aus. Einige der jüngeren Direktoren in Berlin beschwerten sich, dass er zu viele unausgegorene Artikel nach Berlin übermittelte. Es entstand der Eindruck, als habe er selbst das Material nicht ausreichend durchgearbeitet, um zu wissen, ob die Berichte wirklich wichtig waren, und um im Fall wichtiger Nachrichten sicherzustellen, dass sie angemessen hervorgehoben waren. Beschwerden wurden laut über nicht nummerierte Telegramme und kostspielige Verfahren der Nachrichtenübermittlung.[87] Axhausen, der 1911 in die Vereinigten Staaten gereist war, zeigte sich nach seiner Rückkehr etwas besorgt. Zwar könne er sich über den Gesundheitszustand von Adams kein Urteil erlauben, klar sei jedoch, dass sich der amerikanische Vertreter der Bank aus den Details der Führung des Büros zurückziehe und die Veröffentlichung der finanziellen Ergebnisse der Deutschen Bank in amerikanischen Zeitungen nicht mehr mit Nachdruck betreibe.[88]

Adams' Wunsch, seine Präsenz im Büro zu reduzieren, indem er zur Abwicklung der Geschäfte das Personal aufstockte, brachte die Bank immer auf das Problem der Vollmacht zurück.[89] Die Deutsche Bank würde dieses Vertrauen nicht auf den gesamten Mitarbeiterstab in Adams' Büro ausweiten, auch nicht auf Bergmann, der ihr Angestellter war. Selbst wenn Gwinner Adams' Stab von zwei bis drei Mitarbeitern Vertrauen entgegenbrachte, von denen er freilich einige noch nie getroffen hatte, konnte er unmöglich Einzelnen die Vollmacht erteilen, für die Bank zu zeichnen. «Das muss durch Sie und unter Ihrer Verantwortung geschehen.»[90]

Noch 1913 zögerte der Vorstand der Deutschen Bank, Adams in den Ruhestand zu entlassen. In Erwiderung eines Briefes, in dem Adams sich über die Schwierigkeiten mit der Kokerei und über andere Belastungen ausgelassen hatte, bat Gwinner ihn, Mittel und Wege zu finden, um sein Arbeitspensum zu verringern, sofern dies nicht auf den Ruhestand hinauslaufe.[91] Selbst die alte Idee einer Partnerschaft war noch nicht vom Tisch und stand erneut zur Diskussion. Eine Gesellschaftsgründung mit ausschließlich lokalen Teilhabern war allerdings nicht möglich. Eine Reihe von Gründen sprach dagegen, nicht zuletzt, dass einige der Mitglieder womöglich Interessen haben würden, die mit denjenigen der Deutschen Bank im Widerstreit lagen. Gwinner schrieb: «Was die Bank in New York wünscht, ist, dass wir wie bisher einen vertrauenswürdigen Berater haben sollten, einen Freund, der mit den Prinzipien der Bank vertraut ist, an den wir uns wenden können, wenn sein Rat und seine Hilfe benötigt werden.»[92] Adams' Wunsch, sich aus dem Tagesgeschäft zurückzuziehen, war damit nicht völlig unvereinbar. Wenn er seine frühere Rolle weiter beibehielte, könnte die Bank versuchen, ihn von der zeitraubenden Ausführung und Verwaltung von Transaktionen auszunehmen. Allmählich würde er sich von vielen mit Problemen belasteten Unternehmen und von einigen seiner Direktorenposten freimachen können.

Verschiedene Möglichkeiten wurden ins Auge gefasst. Um für Adams die Notwendigkeit eines täglichen Gangs ins Büro zu reduzieren, könnte die Geschäftsführung in Berlin täglich Anweisungen an die Korrespondenzbanken telegraphieren. Adams könnte Broker (Wertpapierhändler) benennen, mit denen die Deutsche Bank periodisch abrechnen könnte. Für einige Transaktionen, die besondere Diskretion erforderten, müsse allerdings eine andere Regelung gefunden werden.[93] Kurz vor dem Ersten Weltkrieg hätte die Deutsche Bank eine zugelassene Agentur (Geschäftsstelle) in New York gründen können, um einen Großteil des Bankgeschäfts auszuführen, für das sie Korrespondenzbanken heranzog. Obwohl eine Agentur eine offizielle Zulassung benötigte, ähnelte sie einer Filiale, die jedoch, abgesehen von Guthaben, die sich aus Handelsgeschäften ergaben, keine Einlagen hereinnehmen konnte. Im Jahre 1913 hatte jedoch der Staat New York sein Bankgesetz abgeändert: Nun war es Agenturen erlaubt, weit mehr, insbesondere auch internationale, Bankdienstleistungen zu erbringen.[94] Die Deutsche Bank zog ernsthaft in Betracht, eine Filiale für einige Geschäfte zu eröffnen. Es finden sich keine Dokumente, die aufzeigen, wie die Bank gedachte, ihr Geschäft aufzuziehen, doch hätten einige der Aktivitäten der Deutschen Bank in eine

Agentur (oder Filiale, wie sie in Unterlagen der Bank genannt wird) einge-bracht werden müssen. Mit dem Heraufziehen des Ersten Weltkrieges wur-den diese Pläne dann jedoch «vorläufig» zurückgestellt – für die Beteiligten nicht vorhersehbar, sollte dieser Aufschub sieben Jahrzehnte dauern.

Unglücklicherweise nahmen die allgemeinen Bedürfnisse von Kunden der Deutschen Bank in den Vereinigten Staaten und ihre Anforderungen an Adams im Besonderen zu. Obwohl die Bank versuchte, Adams nicht zu stark zu beanspruchen, war keiner der bis 1914 ins Auge gefassten «Juniorpart-ner» – Blinzig, Bergmann oder Axhausen – ideal. Gwinner schloss Blinzig aus, der in Berlin unentbehrlich war. Bergmann hatte sich zu stark in süd-amerikanischen Geschäften engagiert, um ihm zu dieser Arbeitslast zusätz-lich noch das US-Geschäft aufbürden zu können. Und Axhausen hatte gerade New York verlassen, um seiner betagten Mutter zur Seite zu stehen, eine Ent-scheidung, welche die Bank respektierte. Gwinner schlug vor, Bergmann solle einige seiner südamerikanischen Aktivitäten von New York aus weiter verfol-gen und eng mit John McClement zusammenarbeiten, einem amerikanischen Bankier, der bereits einige geschäftliche Angelegenheiten der Deutschen Bank in New York bearbeitete. Bergmann und McClement waren einander sehr freundschaftlich gesonnen. Gwinner war der Meinung, die beiden könnten gut zusammenarbeiten, Adams erheblich entlasten und sich um die südamerikanischen Geschäfte kümmern, so dass Adams sich auf die Vor-gänge würde konzentrieren können, die sein Urteil und seine Erfahrung er-forderten.[95] Obwohl die Entscheidung, Bergmann solle im September 1914 seine Arbeit in New York aufnehmen, endgültig schien, befreiten unvorherge-sehene Umstände die Bank von der Pflicht festzulegen, wie Bergmann letzt-lich mit Adams und McClement zusammenarbeiten sollte.

Auch im amerikanischen Bankwesen kam es zu vielen Veränderungen. Fasziniert berichtete Adams Gwinner in einem Brief von den Bauplänen für das große neue Gebäude von Bankers Trust an der Ecke Wall Street und Cedar Street. Der Plan sah vor, dass das Gebäude, das die expandierende neue Bank beherbergen sollte, 150 m hoch über das Straßenniveau aufragte und sich mehrere Stockwerke unterhalb des Bürgersteigs in den Untergrund erstreckte.[96] Edgar L. Marston, der Präsident von Blair & Co., einem Bank-haus, das eng mit den Rockefellers und der Deutschen Bank verbunden war, teilte Adams 1910 mit, man habe sich entschlossen, die Partnerschaft aufzu-lösen. Die Auflösung der Firma war für die Deutsche Bank und ihre Schick-sale mit der Western Maryland Railroad von besonderer Bedeutung. Über viele Jahre hatten Blair & Co. und die Deutsche Bank eine enge Beziehung unterhalten. Dabei scheinen insbesondere Blinzig und Marston sehr intensiv zusammengearbeitet zu haben. Die Deutsche Bank verließ sich bei der Kon-trolle von WMR auf Blair & Co. Im Gegenzug nahm die Deutsche Bank Blair & Co. in ihre Liste der «engsten Freunde» auf.[97]

Ohne eine Filiale oder Tochtergesellschaft in einem der am Vorabend des Ersten Weltkrieges – nach nahezu allen einschlägigen Kriterien – wichtigsten Kapitalmärkte war die Deutsche Bank gleichwohl ein *global player* auf den Finanzmärkten der Welt. Im Archiv der Deutschen Bank findet sich ein Bilanzband aus dem Jahr 1913, der alle ihre Wertpapiere, einschließlich ihrer amerikanischen Beteiligungen, aufführt. Die amerikanischen Papiere summierten sich auf 9 Millionen Mark, etwas weniger als 1890, aber annähernd 20 Prozent aller Wertpapiere, welche die Bank auf eigene Rechnung hielt, und dies obwohl ihre Anteile an Lehigh Coke, Kerbaugh Empire Company und Allis-Chalmers weitgehend auf 1 Mark abgeschrieben waren. Es war ein bunt zusammengesetztes Paket: Eisenbahnobligationen, Anteile an amerikanischen Kohlebergwerken sowie bemerkenswerterweise Beteiligungen an zwei amerikanischen Wagniskapitalfonds (Konsortialzusammenschlüsse), der Société Financière des Valeurs Américaines und dem Zurich American Trust.[98]

Bereits 1899 prüften die Deutsche Bank und Adams die Möglichkeit, europäische Wertpapiere in den USA zu verkaufen. Adams zufolge richtete sich die Aufmerksamkeit des Publikums mehr und mehr auf ausländische Anleihen. Die Aussicht zunächst auf russische, dann auch deutsche Anleihen, die auf den amerikanischen Kapitalmarkt gebracht würden, sei mit großem Interesse aufgenommen worden. Er war zuversichtlich, dass die deutschen Anleihen infolge des größeren Interesses an und besseren Kenntnis von Deutschland günstigere Aufnahme finden würden. Eine Aufklärungskampagne sei erforderlich und eine merkliche Investitionsbereitschaft nur dann zu erwarten, wenn das Institut, das das Geschäft tätigte, einen guten Ruf habe.[99] Es gab allerdings einige rechtliche Hürden.[100] Zur Enttäuschung der Deutschen Bank kam jedoch dieses Geschäft vor dem Ersten Weltkrieg nicht zustande.

Amerikas mangelnde regulatorische Disziplin verstörte weiterhin deutsche Wirtschaftsführer. Zwar prosperierte die Wirtschaft 1908 wieder, aber die Auf- und Abschwünge des Kapitalmarkts dämpften die geschäftliche und persönliche Begeisterung für weitere Anlagen in den USA. Im Winter 1910 war der US-Markt erneut unter Druck geraten. Der Tod des alten Harriman, dessen Nachlass weit stärker verschuldet war, als irgendjemand am Markt gedacht hatte, löste große Verkäufe von Aktien der Central Pacific, der Union Pacific und anderer Unternehmen aus. Unter den abgestoßenen Aktientiteln befanden sich manche, zu deren Kauf Adams dem Metropolitan Museum of Art, in dessen Verwaltungsrat er saß, geraten hatte, Morgan, behauptete Adams, habe den Markt für einige Titel manipuliert.[101]

Gravierender war, dass Streitigkeiten zwischen den europäischen Ländern verschiedentlich die deutschen Beziehungen zu den USA erschütterten. In der amerikanischen Presse fand sich oftmals eine deutschfeindliche Reaktion.[102] Die Beziehungen mit Großbritannien hatten sich seit dem Burenkrieg ebenfalls deutlich verschlechtert. Bereits 1903 zeigte sich Gwinner über die britische Kampagne für Schutzzölle besorgt. Seine Bemerkungen zur britischen Politik gegenüber Mount Stephen belegen, wie Toleranz und liberale Prinzipien des 19. Jahrhunderts brüchig zu werden begannen.

> Obwohl ich selbst ein Freihändler bin, sehe ich nicht ein, warum Großbritannien nicht einen Versuch mit Schutzzöllen machen sollte. Britische Industrien leiden meines Erachtens nicht an den Auswirkungen eines engstirnigen Freihandels, der Ihrem Land in den letzten fünfzig Jahren eine so wundervolle Entwicklung beschert hat, sondern eher unter den Gewerkschaften, von denen Sie so schmerzlich heimgesucht sind. Wir selbst haben damit einige Erfahrungen in Ihrem Land gemacht. Andrerseits sind einige Ihrer Landsleute träge geworden, und dies ist eben eine Folge ihres großen Wohlstands.[103]

Im Frühjahr 1914 fasste die Deutsche Bank in Berlin endgültig den Entschluss, Adams zu ersetzen, allerdings war Adams selbst anscheinend noch Mitte Juni davon nicht unterrichtet. Insbesondere zwei Momente gaben am Ende den Ausschlag für die Entscheidung: Zum einen war es die Art und Weise, wie Adams einige Aspekte der Western-Maryland-Beteiligung behandelt hatte, und zum anderen herrschte bei einigen in Berlin die Auffassung, Adams sei bei den New Yorker Bankiers nicht ausreichend beliebt und angesehen, um der Deutschen Bank Freunde zu gewinnen und zu erhalten, was für die dortige Vertretung der Interessen der Bank grundlegend sei. Bei einer Reihe von Zusammenkünften Mitte Juni 1914 in Berlin zwischen Vertretern der Bank und Benjamin Strong, dem Präsidenten von Bankers Trust, der schon bald Gouverneur der New Yorker Federal Reserve Bank werden sollte,[104] bildeten der personelle Wechsel und die Übergangszeit ein Hauptgesprächsthema. Selbstverständlich konnte keiner der Beteiligten wissen, wie stark die von ihnen behandelten Themen durch die Ermordung des österreichischen Erzherzogs am 28. Juni 1914 in Sarajewo berührt sein würden. Hugo Schmidt, bei der Deutschen Bank in Berlin für nordamerikanische Angelegenheiten verantwortlich, übernahm für diese die Gesprächsführung.[105] Er fürchtete, Adams könne über den Wechsel verärgert und verletzt sein. Dies lasse sich möglicherweise nicht vermeiden, der Wechsel sei jedoch unerlässlich angesichts der anhaltenden Probleme mit Werten der Western-Maryland-Eisenbahngesellschaft, die in Deutschland und insbesondere in Berlin auf Anraten der Deutschen Bank in großem Umfang gekauft worden seien. Schmidt zufolge hatten viele deutsche Anleger Aktien zum Preis von 65 gekauft, die jetzt für 15 oder 16 zum Verkauf standen, was dem Ruf von amerikanischen Kapitalanlagen insgesamt schade. Strong verteidigte demgegenüber Adams' Vertretung der Interessen der Deutschen Bank. Alle Direktoren von WMR seien hintergangen worden. Einzig Bankers Trust sei davon ausgenommen, die zu Adams' wie auch Rockefellers Verdruss die Beteiligung an einer Anleihe abgelehnt habe. Strong gab sich zuversichtlich, dass die Aktien wieder steigen würden, da das Unternehmen grundsätzlich gesund sei und gute Beziehungen mit anderen wichtigen Eisenbahnlinien unterhielt.[106]

Ihre Unterredungen vermitteln einen vortrefflichen Einblick in die Themen, die Geschäftsleute wenige Wochen vor dem Ersten Weltkrieg bewegten. Schmidt bestand darauf, dass Strong genug Zeit bei der Bank verbringe, um mit allen führenden Managern der Deutschen Bank zusammenzutreffen. Strong machte die Bekanntschaft von Blinzig und Gwinner, hinterließ jedoch keine besondere Aufzeichnung von der Unterredung mit ihnen. Allgemein berichtete Strong, dass die Führung der Deutschen Bank sich über amerikanische Angelegenheiten gut informiert gezeigt habe, aber den politischen Gegebenheiten noch immer misstraue. In einem privaten Treffen mit Strong äußerte Bergmann erhebliches Interesse, eine engere Beziehung mit Bankers Trust zu pflegen, wenn er erst einmal in New York sei. Da es zwischen den beiden Banken keine besonderen geschäftlichen Angelegenheiten zu besprechen gab, verbrachten Schmidt und Strong die meiste Zeit damit, sich über allgemeine Aspekte der Geschäftslage in den Vereinigten Staaten, in Frankreich, Deutschland und Kuba zu unterhalten. Schmidt zeigte sich zuversichtlich, dass die deutschen Bankverhältnisse in vorzüglicher Verfassung seien, äußerte jedoch seine Besorgnis über den französischen «extravaganten Verkauf ausländischer Wertpapiere von zweifelhaftem Wert», darunter insbesondere von russischen Anleihen. Ungeachtet gewisser Kritik von Seiten Schmidts an der amerikanischen Preisgestaltung bei einigen Transaktionen ging Strongs Hoffnung dahin, dass die amerikanischen und deutschen Banken in Zukunft enger zusammenarbeiten könnten.[107] Strong drängte die Deutsche Bank sogar, ein neues Büro in New York im Gebäude von Bankers Trust zu beziehen. Unmittelbar nach seinem Besuch in Berlin schrieb er an Schmidt aus Amsterdam: «Die Lage ist überaus zentral, und es ist deshalb für ihn [den Vertreter der Deutschen Bank, C.K.] ein Leichtes, unsere Dienste zu nutzen, was es uns erlauben würde, ihm mehr von Nutzen zu sein, als wenn er in größerer Entfernung untergebracht wäre.»[108] Strong war gleichfalls zuversichtlich, dass Bankers Trust eine noch engere Beziehung zur Deutschen Bank entwickeln würde.[109] Strongs Glaube an diese Beziehung und Schmidts Ängste hinsichtlich der russischen Anleihen sollten sich in größerem Maße erfüllen, als sich jeder der beiden hätte träumen lassen.

Als in Europa «die Lichter ausgingen», schrieb Adams, der offenbar mittlerweile von Bergmanns bevorstehender Ankunft in Kenntnis gesetzt worden war, dass er mit dem geplanten Wechsel einverstanden sei, und versicherte, er werde «Herrn Bergmann sofort voll ins Vertrauen ziehen und ihn von dessen Aufrichtigkeit und Vollständigkeit zu überzeugen versuchen».[110] Die beabsichtigte Zusammensetzung des Personals, die Adams ersetzen sollte, wurde weit schwieriger, als irgendjemand es sich im Juni hätte vorstellen können, und sollte einige Jahre lang für Probleme sorgen. Die Deutsche Bank stand im Begriff, durch einen eigenen Angestellten in den USA vertreten zu sein, aber sie war noch weit von der Internalisierung ihres amerikanischen Bankgeschäfts entfernt. Noch auf mehrere Jahrzehnte blieb sie von einer Reihe persönlicher Beziehungen mit Außenstehenden abhängig, statt ihre Geschäfte über eine eigene Niederlassung zu betreiben. Es war eine paradoxe Welt: Eben zu dem Zeitpunkt, als sich die aufsichtsrechtlichen Türen für grenzüberschreitende Bankgeschäfte in den Vereinigten Staaten öffneten, fielen die internationalen politischen Türen ins Schloss. In Strongs Aufzeichnungen findet sich kein einziges Wort über die Möglichkeit eines heraufziehenden Krieges. Weniger als zwei Monate nach der Unterredung zwischen Schmidt und Strong hatte die Deutsche Bank in den Vereinigten Staaten völlig neue Sorgen. Nach dem Gespräch waren noch nicht fünf Monate vergangen, als Schmidt anstelle von Bergmann in den USA eintraf, der überraschend für ein Regierungsamt herangezogen worden war.[111]

Die Deutsche Bank und die USA in der Zeit der «Großen Unordnung»,[1] 1914 bis 1957

Ich habe, seit ich mich im Bankgeschäft betätige, mit grosser Konsequenz jede Anregung abgelehnt, mich mit Dingen des öffentlichen Lebens zu befassen. Es bringt in Konflikt mit dem Beruf oder mit der Ueberzeugung, und mit keinem dieser beiden Grundfaktoren des menschlichen Lebens wünsche ich mich in Gegensatz zu bringen.
Otto Jeidels, Berliner Handels-Gesellschaft, an Emil Georg Stauß, Deutsche Bank, 21. März 1922

Ich bin nämlich, fast möchte ich sagen, leider, zum entgegengesetzten Ergebnis gekommen, weil ich fürchte, dass die Männer der Wirtschaft sich gegenüber der Betätigung mit Fragen des öffentlichen Lebens künftig nicht mehr zurückhalten dürften, wie es in der Vergangenheit der Fall war. Ich halte das englische System für besser und glaube nicht, dass wir den Weltkrieg bekommen hätten, wenn Männer der Wirtschaft bei uns mehr Einfluss auf die Politik gehabt hätten.
Stauß an Jeidels, 23. März 1922[2]

Einleitung

Der Staat hat überall eine größere Rolle im Wirtschaftsleben gespielt. Die Vorbereitung und Führung großer Kriege haben bei dieser Entwicklung als Katalysator gedient. Ganz offenkundig haben jedoch auch das Anwachsen privater Wirtschaftsmacht, die Erkenntnis, dass der Staat selbst Schritte unternehmen konnte, um die Wirkung ökonomischer Krisen zu lindern und abzuschwächen, sowie die nachdrücklichere Forderung von großen Teilen der Bevölkerung nach einem höheren Maß sozialer Sicherheit im weitesten Sinne beigetragen, die Funktionen des Staates auszuweiten.
Gerald D. Feldman, Iron and Steel in the German Inflation, S. 9[1]

Die Jahre 1914 bis 1957, die in diesem Teil behandelt werden, laden zu Vergleichen mit einigen der düstersten Kapitel in der Geschichte ein. Die Jahrzehnte, die auf die Französische Revolution folgten, oder der Dreißigjährige Krieg kommen in den Sinn. Wie bei diesen früheren Zeitabschnitten lassen sich Anfang und Ende mit wenigen Fixpunkten, freilich etwas willkürlich gesetzten Wegmarken, bestimmen. Es lässt sich zu Recht fragen, ob dieser Zeitraum mit der Ermordung des Erzherzogs begann oder mit der Erkenntnis, dass der endlose Stellungskrieg in den Schützengräben die totale Mobilisierung erforderlich machte, die beiden Seiten einen ruhmreichen, raschen Sieg versagte. Für die Deutsche Bank und andere Firmen wurden die Auswirkungen des Krieges nur allmählich fassbar. Zwar kannten auch die vierzig Jahre vor dem Ersten Weltkrieg Paniken, Depression und Krieg, aber den Jahrzehnten, die auf den Ausbruch des Großen Krieges folgten, fehlte die Stetigkeit des Zeitabschnitts vor dem Ersten Weltkrieg, wie Mira Wilkins in ihrer Untersuchung über eine Periode festhielt, die annähernd den gleichen Zeitraum umfasst.[2] Ein anderer Wirtschaftshistoriker fand für den Wechsel ein einprägsames Bild, als er schrieb, dass sich das Wirtschaftsleben 1914 in nur wenigen Wochen von einem ruhigen Strom in ein «reißendes Gewässer» verwandelte.[3] In den fünfzig Jahren, die auf die ersten Schüsse im August 1914 folgten, wurde die Welt Zeuge von zwei Weltkriegen, die Dutzende Millionen Soldaten und Zivilisten das Leben kosteten, von mehreren «kleinen Konflikten», Hyperinflation, tiefer Depression, Aufstieg des modernen totalitären Staates und vor allem von einem beispiellosen Völkermord. Wie die früheren Zeitabschnitte umfasst dieser zweite Teil eine Zeit von scheinbar unnachgiebigem Kampf, Grausamkeit und Leiden, die aber auch zum

Vorboten für ein neues, konstruktiveres politisches und wirtschaftliches Umfeld wurde.

Der Historiker Harold James schrieb von der Mitte des 20. Jahrhunderts als einer «Wiedergeburt», die Europa nach dem Zweiten Weltkrieg erlebt habe. Die geographische Ausbreitung der Demokratie, die Gleichstellung der Geschlechter, der massenhafte Zugang zu neuen Gütern und Dienstleistungen, darunter auch solche, die einst den wirtschaftlichen Eliten vorbehalten waren, kürzere Arbeitszeiten bei besseren Arbeitsbedingungen, breitere soziale und wirtschaftliche Zugangsmöglichkeiten für Minderheiten und für Frauen in der entwickelten Welt, vor allem jedoch mehr Freizeit, größere Mobilität und bessere Gesundheitsfürsorge für die Menschen in Westeuropa und in den Vereinigten Staaten von Amerika schienen nicht nur einen überzeugenden Bruch mit der Vergangenheit darzustellen, sondern auch größere Hoffnung für die Zukunft zu eröffnen.[4]

An anderem Ort führt James aus, die erste Hälfte des 20. Jahrhunderts habe einen massiven Wechsel in der internationalen politischen Ökonomie und Regulierung der Kapitalmärkte erlebt. Es war vorbei mit den Beschränkungen, die sich die Regierungen selbst auferlegt hatten, und mit den quasiautomatischen Mechanismen zur Regelung volkswirtschaftlicher Ungleichgewichte. Nach Beginn des Krieges 1914 versuchten viele Regierungen noch lange Zeit vergeblich, das Vorkriegssystem durch übernationale Organisationen zu ersetzen, die ihre nationalstaatlich basierte disziplinierte Steuerung der Weltwirtschaft ersetzen sollten, während sie gleichzeitig diese Anstrengungen durch Beschränkung des Handels und der Kapitalbewegungen, durch verschwenderische Ausgaben sowie schließlich durch kriegslüsternen Nationalismus und Autarkie zum Scheitern verurteilten.[5]

Für die Wirtschaft verbindet sich der Zeitraum mit zwei großen und grundlegenden Veränderungen. Sicher, viele dieser Veränderungen geschahen nicht über Nacht und amerikanische Banken und Unternehmen waren nicht die Einzigen, die davon profitierten, aber das Erstarken des amerikanischen Kapitalmarkts im Vergleich zu Großbritannien und Deutschland war frappierend. Die erste Veränderung war der wirtschaftliche und politische Auftritt der Vereinigten Staaten von Amerika auf der Weltbühne. 1914, am Anfang des zweiten Teils dieser Untersuchung, waren die Vereinigten Staaten die bei weitem größte Volkswirtschaft der Welt, und die Bürger des Landes fühlten sich in dessen Grenzen im Schutz von Ozeanen und einer starken Flotte weitgehend sicher. Amerika war ein Netto-Schuldner, dessen Kapitalmarkt noch im Schatten des britischen stand. Zwar hatten die Vereinigten Staaten 1914 ein paar Kolonien, aber die amerikanische Armee war klein und überwiegend im Landesinneren stationiert. Wenige amerikanische Unternehmen hatten Betriebe oder Investitionen jenseits der Grenzen des eigenen Landes oder der nahe gelegenen abhängigen Länder.

Gegen Ende dieses Zeitraums trug erst die Furcht vor dem Faschismus und dann vor dem Kommunismus dazu bei, das traditionelle Selbstbewusstsein und Vertrauen auf die eigene Kraft in Angst und ein Netz internationaler Abhängigkeiten zu verwandeln. Amerikas zurückhaltender und widersprüchlicher Internationalismus erstreckte sich auf den wirtschaftlichen, politischen und militärischen Bereich. 1957 hatten die Vereinigten Staaten schließlich von Berlin bis Seoul große Truppenkontingente außerhalb ihrer Grenzen stationiert. Sie hatten bei Gründung, Ausrüstung und Einsatz von zwei großen Militärbündnissen an der Spitze gestanden, zwei große Kriege und einen zum «Polizeieinsatz» heruntergespielten geführt. Inzwischen hielten einflussreiche europäische Geschäftsleute und Geistesgrößen amerikanisches Geld, Kinofilme, Unternehmensführung und Denkmuster für eine stärkere Invasionsmacht als die Streitkräfte der USA.[6] Aus der Sicht der Deutschen Bank wandelte sich mit Amerikas neuer, wenn auch inkonsistenter internationaler wirtschaftlicher und politischer Hegemonie der regulatorische und strategische Horizont.

Die zweite dieser grundlegenden Veränderungen wird von den oben angeführten Zitaten von Otto Jeidels, Emil Georg Stauß und Gerald D. Feldman angesprochen. Plötzlich gewann die Politik für die Wirtschaft überragende Bedeutung. Damit soll nicht gesagt sein, dass Politik vor 1914 für Geschäftsleute keine Bedeutung gehabt hätte. Manche Unternehmer wie etwa Siemens waren parteipolitisch aktiv und bewarben sich um Mandate. Während jedoch vor 1914 Regierungen nur spärlich von ihrer autonomen Handlungsmacht Gebrauch machten, spielten Regierungen und Politik nach 1914, zunächst durch den militärischen Konflikt, dann durch die nachfolgende Misere angetrieben, im Wirtschaftsleben eine weit größere Rolle. Politik wurde so wichtig, so schrill und allgegenwärtig, dass viele zu vergessen schienen, dass auch die Wirtschaft zählte. Erst als John Maynard Keynes in den 1930er Jahren seine *General Theory* schrieb, wurde theoretisch der Nachweis erbracht, wie stark die beiden Bereiche Wirtschaft und Politik miteinander verflochten waren – fast unentwirrbar. Wie in der ökonomischen Theorie versuchten viele Geschäftsleute eine lange Zeit zunächst einmal so zu leben, als wären die beiden Bereiche wie noch im 19. Jahrhundert voneinander unabhängig. Wie in anderen Epochen andere Leidenschaften – Religion, Freiheit, Nationalismus, zum Beispiel – war nun Politik im Aufschwung. Der Krieg weitete nicht nur den Bereich der Staatstätigkeit aus, sondern er veränderte auch das Ausgabeverhalten der Regierungen. Die Steuereinnahmen stiegen in Deutschland von weniger als 5 Prozent des Bruttoinlandsprodukts im Jahre 1913 auf annähernd 20 Prozent im Jahre 1960.[7] Die meisten Länder in der entwickelten Welt gaben ihre Haushaltsdisziplin weitgehend auf und vergrößerten ihre Schulden.[8] Zwischen 1914 und 1940 verschob sich der Anteil der deutschen Schatzwechsel an den Aktiva der Deutschen Bank von 20 Prozent auf nahezu 70 Prozent.[9]

Die zusätzliche Macht, die sich der Staat selbst in liberalen Demokratien aneignete, führte in Nordamerika und in Europa in das Geschäftsleben wenn nicht eine neue, so doch eine Dimension ein, die zumindest in den letzten hundert Jahren nicht virulent gewesen war – systembedingtes politisches Risiko. In den hundert Jahren vor dem Ersten Weltkrieg mussten Bankiers immer im Auge haben, wie nationale Spannungen den Wert von irgendwelchen neuen Wertpapieremissionen beeinträchtigen könnten, oder gewappnet sein, dass die Festlegung eines Landes auf den Goldstandard plötzlich in Frage gestellt werden könnte. Letzteres galt zumal für die Vereinigten Staaten und Argentinien. Nach 1914 war die Lage jedoch anders: Staaten verlagerten nicht nur die Verantwortung, mit Devisenrisiken fertig zu werden, auf Unternehmen, sondern sie versuchten darüber hinaus, selbst Kapital-, Waren- und Leistungsströme zu lenken, verfolgten ihre eigenen nationalen wirtschaftlichen Vorhaben, griffen in Arbeitsbeziehungen ein, erhöhten Steuern und enteigneten Privatbesitz in einem früher nicht vorstellbaren Ausmaß.[10] In den nachfolgenden drei Jahrzehnten wurden über weite Strecken ökonomische Ungleichgewichte – wie Überkapazität und die Spaltung zwischen kapitalreichen und kapitalarmen Ländern – von Regierungen oder anderen Finanzbehörden gefördert oder zumindest nicht angemessen angegangen, was einen militärischen Konflikt für viele zu einem akzeptablen Gegenmittel machte.

Zusammenbrüche: Personalausfälle, gestörte Kommunikation und erschütterte Finanzen – Vom Bankier zum Blockadebrecher

Es würde mir nichts bringen, wenn ich verhehlte, dass die längere Dauer des Krieges und die daraus folgende und weiter anhaltende Schwäche des Wechselkurses der Mark eine große Enttäuschung bedeutet haben, hatte ich doch gehofft, dass unsere Feinde angesichts des deutlichen Erfolgs unserer Waffen vernünftig genug wären, der Schlächterei durch eine Verständigung ein Ende zu setzen. Da sie darauf bestehen, noch strenger bestraft zu werden, bevor sie die Wahrheit anerkennen und sich der harten Logik der Tatsachen beugen, und da derzeit alles darauf hindeutet, dass die Devisenlage auf einige Zeit keine Entspannung erfahren wird, habe ich mich in Gedanken unablässig mit den finanziellen Problemen befasst, die durch die Devisenlage entstanden sind, und deren weiteres Anhalten jetzt droht, sofern nicht bald irgendeine Abhilfe gefunden wird.
Mankiewitz an Adams, 20. November 1915[1]

Ueber die grossartigen Erfolge unserer Truppen werden Sie sich mit uns freuen. Leider haben wir bereits einen jungen, erst seit vier Monaten verheirateten Freund verloren, der am Donon gefallen ist. Ein anderer liegt mit einem Lungenschuss schwer danieder.
Blinzig an Axhausen, 1. September 1914[2]

Persönlicher Umgang und Personalfragen

Der Kriegsausbruch brachte für die Deutsche Bank und ihre Führung viele Belastungen. Anfang August gingen Wechsel unbezahlt zurück, schlossen die Börsen, und die deutschen Banken erlebten einen erheblichen Abzug von Einlagen.[3] Der Krieg und seine unmittelbaren Folgen versetzten dem Weltfinanzsystem einen Schlag. Auch persönliche Beziehungen gerieten unter Druck, etwa die zwischen Gwinner und Adams sowie die zwischen Blinzig und Marston. Der Krieg spaltete die New Yorker Bankenszene in eine pro-deutsche und eine pro-englische Fraktion.

Blinzig und Marston, zum Beispiel, fuhren zwar fort, sich über geschäftliche Angelegenheiten und insbesondere WMR betreffende Fragen auszutauschen, aber der Krieg und die Wahrnehmung des anderen durch die jeweilige Nation spielten in ihrem Briefwechsel zunehmend eine Rolle. Die früheren freundschaftlichen geschäftlichen Bande machten einer Atmosphäre der Schuldzuweisung und Gegenbeschuldigung Platz. Ein Beispiel für den neuen (Umgangs-)Ton Blinzigs ist ein Brief an Marston vom September 1914:

> Sie erwähnen in Ihrem Brief, dass es Ihnen nicht möglich war, mit Ihren Freunden sich telegraphisch in Verbindung zu setzen aufgrund der Maßnahme der deutschen Regierung. Ich möchte Ihnen hiermit versichern, dass es bestimmt nicht die deutsche Regierung ist, die sich einem freien Verkehr zwischen Ihrem und unserem Land in den Weg stellt: Sie können die Schuld hieran ausschließlich bei den Engländern suchen, die das deutsche Kabel nach der Kriegserklärung sofort gekappt haben und seither keine Telegramme, die an Empfänger in Deutschland gerichtet sind, durchgehen lassen.
>
> Die Engländer haben es klugerweise immer verstanden, die Meinung in den verschiedenen Ländern der Welt in ihrem Sinne und nach ihren Wünschen zu bearbeiten. Das Kabelmonopol, das sie jetzt haben, machen sie sich in einem außerordentlichen Ausmaß zu Nutze. Die Zeitungen, die jetzt von Ihrer Seite kommen, zeigen das Ergebnis dieser Bemühungen, und alle dort enthaltenen Meinungen und Berichte über Deutschlands Taten und Absichten sowie über den Zustand unseres Landes sind für uns wirklich äußerst überraschende Nachrichten. Eigentlich ist unvorstellbar, dass so viel Unwahres von irgend jemandem geglaubt werden kann, der unser Volk kennt, wenn dem aber so ist, dann nur aufgrund der Tatsache, dass unsere Gegner ihre Macht in vollem Umfang einsetzen, uns daran zu hindern, unseren Fall so darzustellen, wie er wirklich ist.[4]

Blinzig schrieb Seiten über Seiten, dass Deutschland in Wirklichkeit einen Krieg habe vermeiden wollen, der ihm von seinen Gegnern, vor allem Russland, aufgedrängt worden sei. Trotz gegenteiliger Behauptungen in der Presse der Entente stünden jetzt, nachdem der Krieg erklärt worden sei, alle Deutschen in erstaunlichem Maß hinter ihm. Im Winter 1914/15 sorgte sich Blinzig, die Amerikaner im Allgemeinen und Marston im Besonderen «könnten beeinflusst sein von den verzerrten Ansichten, die nun in Ihrem Land über alles Deutsche herrschen».[5]

Fraglos verschlechterte sich die Beziehung Amerikas zu Deutschland nach der Versenkung der *Lusitania*. Schmidt berichtete Blinzig in einem Brief über die «kollossale [sic] Aufregung», die das Ereignis ausgelöst habe und wie sehr es Amerikas «Liebe für England» weiter gestärkt und den «Hass gegen Deutschland» geschürt habe. «Die Zeitungen heulen foermlich vor Wut.»[6] Marston schrieb, er vergebe seinem alten Freund und Kollegen Blinzig nur deshalb, weil Deutschland endlich seine Politik geändert habe und weil er überzeugt sei, dass sein Freund den uneingeschränkten U-Boot-Krieg nie und nimmer habe unterstützen können. «Bis heute habe ich mich nicht durchrin-

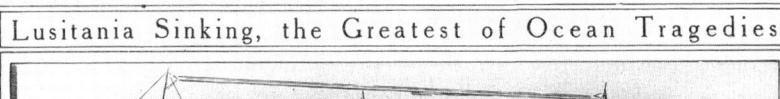

Lusitania Sinking, the Greatest of Ocean Tragedies

THE LUSITANIA, WHICH SAILED FROM NEW YORK FOR LIVERPOOL MAY 1, 1915, WITH 1,959 SOULS ON BOARD, WAS SUNK BY A GERMAN SUBMARINE MAY 7, WITH A LOSS, INCLUDING WOMEN AND CHILDREN, OF 1,195.

THE SINKING OF THE LUSITANIA, THAT GREATEST OF OCEAN TRAGEDIES, IS HERE PORTRAYED BY A BRITISH ARTIST FROM DESCRIPTION AND WITH THE AID OF SURVIVORS. THE MARKINGS ON THE PICTURE GIVE THE MOST IMPORTANT DETAILS. THE MOMENT CHOSEN IS WHEN BOATS ARE PULLING AWAY WITH SURVIVORS

SERVICES AT THE GRAVESIDE OF THE LUSITANIA VICTIMS IN THE CEMETERY AT QUEENSTOWN, IRELAND, WHILE ON THE OTHER SIDE OF THE OCEAN ALL AMERICA MOURNED IN SYMPATHY.
(f) *International News Service.*)

358

Die Versenkung des britischen Passagierdampfers Lusitania *am 7. Mai 1915 hatte den Tod von mehr als tausend Menschen zur Folge. Sie löste eine zornige Reaktion der Vereinigten Staaten aus und war gewiss eine Propagandakatastrophe.*

gen können zu glauben, dass meine eigenen persönlichen Freunde die Katastrophe der *Lusitania* und einige andere Aktionen gebilligt haben, von denen die Presse berichtet hat.»[7]

Dennoch überdauerten viele dieser Beziehungen den Krieg. Blinzig und Marston wechselten nach Kriegsende persönliche Briefe.[8] Blinzig war jedoch offenbar sehr verbittert:

> Diese Jahre waren für uns eine schreckliche Zeit, und eine der traurigsten Erfahrungen für mich war zu sehen, wie die Kampagne in der Presse und die Verunglimpfungen von allem Deutschen – das kann im Krieg als Waffe gelten oder nicht und von anderen auch noch gerechtfertigt werden – Früchte getragen haben. Ich bin jedoch zuversichtlich, dass mit der Zeit unser deutsches Volk noch auf eine gerechtere Beurteilung hoffen kann. Ich war mir immer sicher, dass Sie, der Sie mehr von unserem Volk wissen als die meisten Ihrer Landsleute, nicht zulassen würden, dass Ihre Sicht und Ihr Urteil getrübt würden. Ich habe mich über den Erhalt Ihrer Karte gefreut. [...] Vieles hat sich bereits zum Besseren gewandt. Unser Volk will arbeiten, aber damit die Leute arbeiten können, brauchen sie Kohle und Lebensmittel. Der Friedensschluss macht es nahezu unmöglich, beides bereitzustellen, und deshalb ist es ein schlechter Friedensvertrag. Er verdient seinen Namen nicht.[9]

Der Krieg ließ die Personalplanungen der Deutschen Bank für die Vereinigten Staaten platzen. Wie im letzten Kapitel dargestellt, musste der Plan, Carl Bergmann nach New York zu senden, wo er die Verantwortung für viele lateinamerikanische Transaktionen und einen Großteil von Adams' Aktivitäten übernehmen sollte, aufgegeben werden. Bergmann sollte eng mit John McClement zusammenarbeiten, einem Amerikaner, der Adams als Vertreter der Deutschen Bank gegenüber amerikanischen Banken und Unternehmen ablösen sollte. McClement hatte bei verschiedenen Eisenbahngesellschaften und Elektrounternehmen gearbeitet, darunter auch die Western Maryland Railroad. Seit 1905 vertrat er dort die Beteiligung der deutschen Banken und war Präsident der Empire Engineering Corporation. Diese Verbindung war 1914/15 besonders eng, als die Deutsche Bank in Europa viele Wertpapiere von Empire Engineering verkaufte.[10] Als jedoch die Kriegsgefahr in Europa zunahm, wuchs Adams' Bereitschaft, mehr Zeit aufzuwenden, um der Bank zu helfen. Ende Juli 1914 bot er sogar an, Bergmann in seinen eigenen Büroräumen unterzubringen. Anscheinend war der Deutschen Bank jedoch daran gelegen, ein derartiges Arbeitsarrangement zu vermeiden.[11] Der Krieg verzögerte Bergmanns Abreise und führte schließlich zu der Entscheidung, dass er nicht in die USA zurückkehren werde. Die durch den Krieg verursachte Unsicherheit ließ offenbar die Bank davor zurückschrecken, mitten im Strom die Pferde zu wechseln. Auf absehbare Zukunft würde sie sich auf Adams verlassen, zumindest bei einigen Aufgaben. Die Kunst bestand darin zu vermeiden, dass sich irgendjemand zurückgesetzt fühlte. Der genaue zeitliche Ablauf und die Begründung sind nicht ganz durchsichtig. Wenige Monate nach der Kriegserklärung der europäischen Staaten brach jedenfalls Hugo Schmidt in die Vereinigten Staaten auf, mit einem etwas anderen Mandat, als Bergmann es gehabt hätte.

Viele wichtige Fragen – sogar das Ankunftsdatum von Schmidt – bleiben unklar. Seine Abreise von Deutschland fiel mit einer wachsenden antideutschen Stimmung in den USA zusammen. Englische Agenten schürten die Feindseligkeit gegen Deutschland, auch gegenüber deutschen Unternehmensbeteiligungen und geschäftlichen Interessen. Selbst Privatbanken mit Verbindungen nach Deutschland gerieten in Misskredit und litten unter der veränderten Stimmung.[12] Im ersten Monat von Schmidts Aufenthalt sahen sich Adams und Schmidt täglich, um Erfahrungen über ihre Wahrnehmungen der Lage auszutauschen und Schmidt zu mehr Kontakten zu verhelfen. Die Pläne, eine regelrechte Filiale zu errichten, mussten aufgegeben werden. Es war der falsche Zeitpunkt. Adams zog vor, Schmidt weitgehend die Kommunikation mit Berlin zu überlassen, wenngleich er versprach, über Dinge, die er für besonders wichtig hielt, selbst nach Berlin zu schreiben.[13] Nach Adams' Worten zu urteilen, vermittelte Schmidt ihm den Eindruck, dass die Geschäfte der Deutschen Bank in den USA ihrer gemeinsamen Verantwortung unterstanden, wobei allerdings über die Refinanzierung der WMR noch Unstimmigkeit herrschte.[14]

Die mangelnde Klarheit zog Spannungen und peinliche Situationen nach sich. Nach seiner Ankunft hatte Schmidt auf die Persönlichkeiten der anderen einzugehen und mit den nicht fest umrissenen Aufgaben zu kämpfen. Im Dezember berichtete er nach Berlin: «Meine Situation zwischen Adams und McClement ist ja keine angenehme, denn ich muss zwischen beiden hin und her pendeln und keiner soll merken, dass er der Bevorzugte oder der Vernachlaessigte ist.»[15] Zwar hatte Schmidt den Eindruck, seine Beziehung zu Adams sei ausgezeichnet, zugleich fürchtete er jedoch, dass er mit den Fragen, welche die Bank am meisten bewegten, keinen Fortschritt erzielt habe und er sich bald an McClement würde wenden müssen. Adams keine neuen Aufträge mehr zu erteilen, würde hilfreich sein, denn sie nährten seine Hoffnung, dass er die Bank weiterhin vertreten werde. Schmidt kündigte an, er wolle Adams' sechswöchigen Aufenthalt in Kalifornien während des Winters nutzen, um viele Geschäftsvorgänge selbst in die Hand zu nehmen, darunter insbesondere die Lehigh-Coke-Angelegenheit. Konfrontiert mit einem strengen New Yorker Winter, einer antideutschen Presse und weitgehend sich selbst überlassen, kamen bei Schmidt Zweifel auf, ob Adams ahnte, dass er ersetzt werden sollte, und ob ihm dieser Plan wirklich zusagte.[16]

Schmidt und seine Vorgesetzten waren uneins, wie mit dieser Lage umzugehen sei. Möglicherweise spielten dabei die Kommunikationsschwierigkeiten oder auch die unterschiedliche Nähe zu den Akteuren und Problemen eine Rolle. Es dauerte drei Wochen, bis Schmidts Auffassungen Berlin erreichten. Dort war der Vorstand der Deutschen Bank inzwischen zu dem Schluss gelangt, dass der Krieg es nötig machte, das Vorhaben einer Zusammenarbeit zwischen Bergmann und McClement zurückzustellen. Adams war weiterhin Vorsitzender des Direktoriums von Lehigh Coke und erhielt einen Teil der Gewinne. Aber nicht nur Geld und die langjährige Beziehung zu Adams fielen ins Gewicht. Seit Beginn des Krieges hatte die Deutsche Bank Adams stärker in Anspruch nehmen müssen, denn viele Kunden kannten nur ihn und konnten unmöglich selbst direkt mit der Deutschen Bank in Berlin in Kontakt treten – ein Umstand, den die Bank bereits mit viel Mühe versucht hatte McClement nahezubringen. Die Lage wurde freilich dadurch noch heikler, dass Adams selbst schwankte. Einerseits wünschte er eine Arbeitsentlastung, andererseits widerstrebte ihm, die alte Bindung abzubrechen. Nach Urteil der Berliner Führung war Adams bemüht, zwischen seinem persönlichen Wunsch, auf seine Gesundheit zu achten, und seinem Engagement für die Geschäfte der Deutschen Bank, die seiner Verantwortung unterstanden, einen Ausgleich zu finden.[17] Aber alle wichtigen Kontakte der Bank in New York – Marston, Otto Kahn (Kuhn, Loeb & Co.), James Speyer, um nur einige zu nennen – fragten: Wer vertritt nun die Deutsche Bank in New York? Eine Antwort auf diese Frage zu geben, war für Schmidt, solange Adams oder McClement zugegen waren, nicht einfach und brachte ihn verschiedentlich in Verlegenheit.[18] Dazu kam, dass Adams Schmidt davon zu überzeugen begann, dass er mit seiner Ansicht zu manchen Angelegenheiten schon immer richtig gelegen hatte.[19] Neu in New York, mit den Personen und einigen der Probleme noch nicht vertraut – wozu noch die schleppende Kommunikation mit der Bankzentrale kam – hatte Schmidt einen schweren Stand, die komplizierten Fragen und persönlichen Konstellationen einzuschätzen und zu beurteilen.

Als die Schwierigkeiten der Kommunikation zunahmen und die antideutsche Stimmung weiter um sich griff, muss sich Schmidt in den Vereinigten Staaten mehr und mehr auf einsamem Posten gefühlt haben. Nach einem Jahr Krieg machten sich für die Parteien dessen Folgen bemerkbar. Die Briefe zwischen New York und der Bankzentrale in Berlin enthielten zahlreiche persönliche Nachrichten. Blinzig berichtete vom Tod seines Vaters, von Krankheiten seiner Kinder und seinen Zukunftsorgen zumal angesichts eines Waffengangs, der sich damals als ein langer Abnutzungskrieg abzuzeichnen begann.[20] Schmidt teilte seine Sorgen über die Folgen eines langen Krieges. Jedes Jahr schien neue und noch schwierigere Herausforderungen zu bringen.

Zwar entwickelten sich die amerikanischen Investitionen der Deutschen Bank gut, aber bei Western Maryland und Allis-Chalmers zeichneten sich mehr Konflikte unter den Banken und deren Stellvertretern sowie anderen interessierten Parteien ab.[21] Anfang 1916, als die Risiken für die Bank größer wurden und die Devisen- und Aktienkurse günstig standen, begann die Deutsche Bank, die Ablösung einiger ihrer Anlagen zu beschleunigen.[22] Doch zusätzliche Dividenden aus den Unternehmen herauszuholen brachte sie manchmal mit anderen Anlegern in Konflikt, die das Interesse der Bank an transferierbaren Geldern nicht teilten.[23] Bereits im Herbst 1914 wurden deutsche Geschäftsleute und diejenigen, die mit ihnen Verbindungen unterhielten, sowohl vom britischen wie auch vom amerikanischen Geheimdienst beobachtet. Vermutlich befand sich auch Adams auf den britischen Listen deutscher Sympathisanten. Im Januar 1915 waren US-Firmen, die mit der Deutschen Bank Geschäfte abwickelten, vom amerikanischen Außenministerium befragt worden. Vertreter der Deutschen Bank glaubten, britische Agenten würden bewusst Gerüchte über die Bank verbreiten, um dem Geschäft der Banken und dem anderer deutscher Firmen zu schaden. Großbritannien hatte den Standpunkt eingenommen, dass Unternehmen in neutralen Ländern mit einer Mehrheitsbeteiligung feindlicher Länder als Feindunternehmen zu gelten hätten.[24]

Die britischen Besorgnisse waren nicht ganz grundlos. Die Deutsche Bank beteiligte sich an der Verschleierung einiger Feindunternehmen mit Hilfe neutraler Staaten. Der Dampfer *Steaua Romana,* der ursprünglich rumänischen Investoren gehörte, landete mit Unterstützung der Deutschen Bank in amerikanischer Hand.[25]

Die persönliche Beziehung zwischen Schmidt und verschiedenen Amerikanern verschlechterte sich während des Krieges, manchmal aus politischen, manchmal aus anderen Gründen. In einem Brief äußerte sich Schmidt sehr kritisch über Speyer & Co.; ein Direktionsmitglied eines Unternehmens, an dem die Deutsche Bank eine große Beteiligung hielt, bezeichnete er als «Dickkopf». Viele verschiedene Dinge blieben zwischen Adams und Schmidt strittig. Zwar bemühte sich Adams, immer zuvorkommend und hilfreich zu sein, Schmidt konnte sich jedoch die herablassende Bemerkung nicht verkneifen, Adams' Alter mache jegliche Art eingehender, ernsthafter Erörterung schwierig und beanspruche viel von Schmidts so überaus kostbarer Zeit.[26]

Anders als ihr Abgesandter in New York hatte die Deutsche Bank nichts gegen Adams' Beteiligung an komplexen Angelegenheiten, sie war aber dagegen, dass er sich mit Routinegeschäften und mit heiklen grenzüberschreitenden Transaktionen befasste, zu denen auch einige Geschäfte mit Speyer gehörten.[27] Anfang Januar 1916 übergab Adams schließlich Schmidt die Schlüssel und die Verantwortung für einen Tresor mit Kreditvereinbarungen und Versicherungspolicen, ausgestellt auf Führungskräfte von Unternehmen, in welche die Bank investierte.[28] Adams blieb jedoch der wichtigste Kontakt für WMR und Lehigh Coke, und er blieb dies in durchaus bewegten Zeiten. Die WMR-Aktien versuchte die Deutsche Bank im Frühjahr 1916 abzustoßen, einige Tage bevor eine fehlerhafte Erfolgsbilanz dem Aktienkurs den Bo-

den entzog; und Lehigh Coke bereitete weiterhin allen damit Befassten Kopf-
zerbrechen, wie im nächsten Kapitel zu zeigen sein wird.[29]

Kommunikation und Transfers

Die Unterbrechung des normalen Nachrichtenverkehrs zwischen Deutschland und dem Rest der Welt gehörte zu den ersten Kriegszielen Großbritanniens. Fünf Stunden nach der Kriegserklärung am 5. August suchte das britische Kabelschiff *Teleconia* mit seinen Dreggankern die Nordsee ab und
kappte fünf der wichtigsten Kabelverbindungen Deutschlands mit der Welt.
Am gleichen Tag kappte ein britischer Kreuzer zwei Kabel in der Nähe der
Azoren und unterband damit Deutschlands Kommunikation mit Übersee. All
dies war Teil des Bemühens, die deutsche Wirtschaft zu zerrütten.[30] Der Beginn der Kampfhandlungen zwang die Deutsche Bank zu einem Wechsel in
der Kommunikation und Geschäftsabwicklung mit den USA. Der Plan hierfür
nahm im September 1914 erste Gestalt an. Es wurde vereinbart, dass die
Schweizerische Kreditanstalt bei der National City Bank auf ihren Namen,
aber für die Deutsche Bank und deren Kunden, ein Sonderkonto einrichten
sollte. Für diese Dienstleistung würde die Kreditanstalt eine Provision von
einem Prozent auf alle Transaktionen sowohl den Käufern wie auch den Ver-
käufern in Rechnung stellen. Die Deutsche Bank hätte alle Risiken zu tragen.
Der Plan schloss nicht aus, gegebenenfalls auch andere New Yorker Banken,
etwa Guaranty Trust, einzubeziehen, Speyer sollte allerdings aus erklärlichen
Gründen außen vor bleiben. Praktisch wurde die Deutsche Bank damit «für
die New Yorker Transaktionen ein Kunde der Schweizerischen Kreditanstalt,
wie [es] so viele andere geworden sind», nur würde die Abrechnung in Dollars statt in Schweizer Franken erfolgen.[31] Die Kommunikation würde von
Berlin über München nach Zürich und von dort weiter nach New York verlaufen. Das gesamte Vorhaben wurde gegen Ende September nahezu unver-
blümt der National City Bank mitgeteilt,[32] allerdings funktionierte das System
nicht reibungslos.[33]

Private Geschäfte wurden stärker von nationalen Regierungen abhängig.
Deutsche Banken verlegten sich darauf, diplomatische Dienste in Anspruch
zu nehmen, um ihre Briefe zu übermitteln. Der Telegrammdienst zwischen
Deutschland und Russland wurde am 1. August, der mit Frankreich am 3. August eingestellt. Von den USA erreichten seit dem 3. August nur noch ver-
schlüsselte Telegramme über die Azoren Deutschland. Wenige Tage später
waren sämtliche direkten Telegraphenverbindungen zwischen den Vereinigten Staaten und Deutschland unterbrochen. Die Absender von Drahtnach-
richten, die über komplizierte Verbindungen weitergeleitet wurden, konnten
nicht mehr sicher sein, ob und wann ihre Mitteilungen den Adressaten er-

reichten. Einige Telegramme wurden zensiert, die meisten gingen verspätet ein mit weitreichenden Folgen für die Geschäfte. Der Zugang zum diplomatischen Kabelverkehr über Dänemark eröffnete den deutschen Banken eine der raren verlässlichen Alternativen, machte sie jedoch zugleich abhängig von den Prioritäten und Launen der Regierung. Selbst der Briefverkehr erforderte Mittelsleute. Die amerikanische Regierung behinderte den Gebrauch von Funkverbindungen.[34]

Selbst einfache Finanzgeschäfte wurden beschwerlich. Die Schließung der Börsen brachte die Versuche vieler Europäer, ihre US-Werte in den frühen Kriegstagen abzustoßen, weitgehend zum Erliegen. Die Einlösung von Schecks und Wechseln, von denen viele über London liefen, wurde blockiert, nachdem die Briten den Krieg erklärt hatten. Annähernd 150000 Amerikaner befanden sich zu dieser Zeit in Europa auf Reisen. Einige Wochen lang weigerten sich kontinentaleuropäische Banken, Geld zu wechseln oder Reiseschecks einzulösen, bis schließlich führende Institute, darunter Bankers Trust und Deutsche Bank, zusammen mit Regierungsvertretern Mittel und Wege fanden, Ordnung in das Durcheinander zu bringen.[35]

Die Lage in London war für deutsche Banken besonders wichtig, allerdings verworren. Am 6. August erhielt die Deutsche Bank die Erlaubnis, ihre Londoner Geschäftätigkeit fortzusetzen, aber am Tag darauf wurde sie von der Regierung geschlossen. Am 10. August entschied die britische Regierung, die Tätigkeiten der Filiale zu beschränken, gab der Bank jedoch keine ausdrückliche schriftliche Erläuterung, wie und in welcher Weise dies geschehen würde. Später brachte die Deutsche Bank in Erfahrung, dass die Londoner Filiale allen ihren Vorkriegsverpflichtungen weiterhin nachkommen sollte, es ihr jedoch untersagt war, neue Verpflichtungen einzugehen.[36] Bei Auflagen und unter Einschränkungen, die nicht durchweg angewandt wurden, war es einigen deutschen Banken erstaunlicherweise noch lange bis in den August 1914 hinein gestattet, Geschäfte abzuwickeln.[37] Aller Verkehr, Buchungen usw. mussten ausgesetzt werden, bis die Genehmigung zu deren Wiederaufnahme eingegangen war.[38] Die Behörden ernannten einen Kommissar zur Überwachung der Londoner Niederlassungen deutscher Banken.[39]

Alle Regierungen verschärften die Kontrolle über Gold- und Devisenbewegungen. Die unterschiedliche Weise, in der sie vorgingen, war ein Abbild der unterschiedlichen Wirtschaftssysteme und unmittelbaren Bedürfnisse. Ein vaterländischer Aufruf zur Goldabgabe, den die Reichsbank erließ, vermehrte tatsächlich in den ersten Kriegsjahren die Reserven der Zentralbank, wodurch der nahezu unvermeidliche Kurssturz der Mark und weitere Goldkäufe mit einem hohen Aufgeld hinausgezögert wurden. 1916 musste die Reichsbank dann freilich dazu übergehen, im Publikumsverkehr den Preis für Devisentransaktionen zu regulieren. In den Vereinigten Staaten fiel der Krieg mit den ersten Aktivitäten des Federal Reserve Systems zusammen.

Nur wenige Mitglieder seines Verwaltungsrats hatten Auslandserfahrung. Das Gremium war mit internen Angelegenheiten in Beschlag genommen, und nur langsam wurden die Schwierigkeiten abgebaut, die sich durch den Krieg für internationale Transaktionen ergaben. Am Ende wurde die Beanspruchung des US-Goldvorrats nicht durch die Fed eingedämmt, sondern durch den Umstand, dass Amerika das einzige bedeutende Land war, das den schlimmsten Auswirkungen des Krieges nicht ausgesetzt war und die Goldkonvertibilität beibehielt. Für Deutschland gewannen der Verkauf amerikanischer Wertpapiere und die Rückführung der Erlöse hohe Priorität.[40]

Deutsche Institute sahen sich gezwungen, über neutrale Länder ihre Geschäfte abzuwickeln. Nahezu unmittelbar nach der Kriegserklärung sandte die Deutsche Bank Bruno Axhausen in die Schweiz, der dort den Verkehr zwischen den USA und Deutschland koordinieren sollte. Axhausens Mission war zwar sehr nützlich, verlief aber nicht völlig erfolgreich; seine Position bei der Schweizer Bank war heikel. Nur einige Führungskräfte wussten, was er tat. Die Schweizer Bankiers waren verständlicherweise besorgt, dass jemand in Großbritannien oder Frankreich Wind von Axhausens Büro und Tätigkeit bekam. Er wurde wiederholt von den Schweizern gemahnt, jegliche Mitteilung militärischer Natur zu unterlassen. Die deutschen Bankleute mussten ihre Schweizer Postadresse mehrere Male wechseln. Selbst Briefe von Amerikanern an Amerikaner wurden aufgehalten. Briefe wurden öfter in einer Mischung aus mehreren Sprachen aufgesetzt oder verschlüsselt. Alle Beteiligten waren im Ungewissen, ob und wann ihre Briefe den Empfänger erreichten. Axhausen befürchtete, die Alliierten fälschten Telegramme, um Verwirrung zu stiften. Für einige Mitteilungen musste er die Grenze nach Deutschland überqueren, unter Kriegsbedingungen wurde die Reise zu einem langen und aufreibenden Unterfangen. Nachrichten über seine eigene Familie und seinen Einberufungsstatus waren ebenfalls rar.[41] In den ersten Kriegswochen scheint es in Deutschland selbst beim Empfang von Briefen aus der benachbarten Schweiz zu Verzögerungen gekommen zu sein.

Adams wurde zur Schlüsselfigur bei der Aufrechterhaltung der Korrespondenz und des Nachrichtenflusses zwischen Berlin und dem New Yorker Büro der Deutschen Bank.[42] Seine Briefe nahmen den Weg über Neutrale mit größerer Leichtigkeit.[43] Adams war weiterhin mit der Verwahrung vieler amerikanischer Wertpapiere der Bank beauftragt.[44] Doch schon im August kam es selbst zwischen Adams und der Deutschen Bank zu Kommunikationsproblemen. Über Axhausen erhielt die Deutsche Bank den Hinweis, dass Adams seit Anfang August nichts mehr von der Deutschen Bank gehört habe und ihm daran gelegen sei, Berlin über viele Angelegenheiten auf den neuesten Stand zu bringen, so etwa darüber, wie und wann dringliche Zahlungen von New Yorker Banken vorgenommen würden, wann die Börse wieder geöffnet würde und welche sonstigen Maßnahmen in den USA zur Diskussion stünden, um die Krise zu bewältigen.[45] Telegramme über die Schweiz wurden an der französischen Grenze aufgehalten, und Zensoren in Deutschland oder in der Schweiz trugen das Ihre zu weiteren Verzögerungen bei.

Die Kommunikation lief oftmals über Dänemark oder die Niederlande, ungeachtet des Wunsches beider Länder, strikte Neutralität zu wahren. Die Arbeit war gefährlich. Zwei Kuriere wurden festgenommen.[46] Adams erhielt gelegentlich ganze Stapel von Briefen, manchmal durch Vermittlung der deutschen Botschaft. Telegramme wurden für Deutschland nicht angenommen; bei Gebrauch verschleierter deutscher Namen (Smith statt Schmidt, Credit statt Kreditanstalt), bei ausschließlicher Verwendung von Vornamen, bei Rückgriff auf Namen von Beschäftigten statt Nennung der Finanzinstitute, bei Gebrauch von (vorzugsweise anglisierten) Straßennamen anstelle des Namens der Person, bei Vermeidung von Währungsbezeichnungen konnte es gelingen, dass die Nachrichten dennoch durchkamen.[47] In den ersten sechs Kriegsmonaten erhielt die Deutsche Bank die Korrespondenz in großen Bündeln zugestellt (etwa an einem Tag fünfzig Schriftstücke, Briefe und Zeitungsartikel aus Kopenhagen; ein anderes Mal zwanzig Schriftstücke aus Rotterdam). Manche Post ging drei Wochen nach dem Aufgabedatum ein, andere Schriftstücke brauchten sieben Wochen für den Weg zum Empfänger.[48]

Trotz Rückgriff auf Mittelsmänner zeigte sich die Deutsche Bank Anfang September besorgt, dass ihre Zahlungsanweisungen in New York nicht abgewickelt würden. Der Erfolg der britischen Zensur ließ die Unsicherheit über die Transaktionen anwachsen. Mit der Wiedereröffnung der Börsen wurde die Ungewissheit noch gravierender. Die Bank zog in Betracht, für künftige Aufträge die direkte Kontrolle von Berlin aus aufzugeben. Für New York bestimmte Anweisungen wurden verdeckt übermittelt und kamen wie viele andere als solche daher, die von der Schweizerischen Kreditanstalt für Kunden abgewickelt wurden. Der einzige Unterschied dabei war, dass sie in der Schweiz auf Dollar lauteten.[49]

Finanzierungen

Der Erste Weltkrieg und dessen Nachwirkungen bedeuteten für die Deutsche Bank und ihre Geschäfte einen so tiefen Einschnitt, wie er sich für ein Finanzinstitut kaum einschneidender vorstellen lässt. In markantem Unterschied zu den Vorkriegsjahren richtete sich die Haupttätigkeit der Bank in den Kriegs- und Nachkriegsjahren darauf, so viel wie möglich von ihren eigenen Vermögenswerten in den Vereinigten Staaten sowie von denjenigen ihrer Kunden zu retten und Finanzmittel auf den US-Märkten aufzutreiben. Im Juli 1914 sah anscheinend niemand diese Folgen des Krieges voraus. In der Woche, die auf die Ermordung von Erzherzog Franz Ferdinand am 28. Juni

1914 folgte, nahmen die Aktienmärkte der Welt von dem Ereignis kaum Kenntnis. Die Kurse fielen, aber es dauerte bis Mitte Juli, ehe ungewöhnlich große Verkäufe anzeigten, dass Anleger die Gefahr eines europäischen Krieges ernst zu nehmen begannen. Nach starken Einbrüchen bei europäischen Aktienkursen folgten Verkäufe von amerikanischen Wertpapieren.[50] Europäische Verkäufe von amerikanischen Aktien setzten den amerikanischen Märkten erstmals in der letzten Juliwoche stark zu, aber selbst dann vermochten sich nur wenige Beobachter vorzustellen, in welchem Ausmaß der bevorstehende Krieg die bestehenden wirtschaftlichen Beziehungen umstürzen würde.

Bis weit in den Krieg hinein waren dessen finanzielle Auswirkungen gemischter Natur. Im Mai 1916 berichtete die *New York Times* zutreffend, die Deutsche Bank habe eine Dividende von 12½ Prozent auf ihr Aktienkapital ausgeschüttet bei gleichzeitiger bedeutender Erhöhung ihrer Rücklagen und Aktiva. Der Geschäftsbericht der Deutschen Bank für 1916, der fünf Monate nach Ende des Geschäftsjahrs vorlag, ließ jedoch auch das ganze Ausmaß des wahren langfristigen Verlustes erkennen. 226 Angestellte der Deutschen Bank waren an der Front gefallen, das waren 49 mehr als im Jahr zuvor. Der Bericht merkte auch an, für die Londoner Börse seien für die letzten zwei Jahre Kursrückgänge von 8½ Milliarden Mark berechnet worden, und London sei auf dem Wege, seine Stellung als führender Geldmarkt an New York zu verlieren.[51]

Es ist eine kleine, aber eben nur eine kleine Übertreibung, wenn man sagt, dass Deutschland und seine Verbündeten durch ihre unterlegene Position in den Finanz- und Handelsbeziehungen zugrunde gingen. Schon vor dem Kriegseintritt der Vereinigten Staaten von Amerika hatte Deutschland die Schlacht verloren, sich amerikanische Ressourcen nutzbar zu machen, die möglicherweise für die Kriegsführung hätten herangezogen werden können. Diese Tatsache blieb in Deutschland und bei der Deutschen Bank nicht unbemerkt. Die Ententemächte waren weit erfolgreicher bei der Beschaffung von Kapital in den Vereinigten Staaten, um dortige Einkäufe zu bezahlen. Beim Absatz der Anleihen an professionelle Anleger und das breite Publikum spielte eine wichtige Rolle, dass deren Erlös für Einkäufe in Amerika verwandt wurde. Zwar widerstrebte es einigen Banken, zumal denjenigen mit deutschen Verbindungen, zur Kriegsführung der Entente und insbesondere Russlands beizutragen, und mächtige Amerikaner wie John D. Rockefeller sträubten sich grundsätzlich gegen jedwede Beteiligung, dennoch wurden die Anleihen im Großen und Ganzen in vollem Umfang gezeichnet.[52] Bis Juli 1915 hatten die Ententemächte rund 10,3 Milliarden Dollar aufgenommen, Deutschland, Österreich-Ungarn und die Türkei dagegen nur 5,3 Milliarden.[53] Trotz der Bemühungen der Deutschen Bank, deutsche Staatsanleihen, die während des Krieges auf den Markt gebracht wurden, abzusetzen und zu sichern, hatte die deutsche Schuldaufnahme einen erheblichen Nachteil: Sie erschien riskanter, und deutsche Einkäufe in den USA wurden durch die Blockade der Ententemächte erheblich erschwert.

Diejenigen, die mit Deutschland sympathisierten, lancierten eine Kampagne, um Amerikas finanzielle Unterstützung der Entente zu beenden. Der Geschäftsführer der Deutsch-Amerikanischen Handelskammer, Heinrich Charles, schrieb an Bankiers, Investoren und die US-Regierung und beschwerte sich über das «unneutrale» Finanzverhalten Amerikas. Er setzte sich dafür ein, neue Anleihen an eine Lockerung des Embargos zu knüpfen, die Deutschlands Belieferung über neutrale Häfen zuließ.[54] Charles zufolge hatte das US-Finanzministerium Schritte unternommen, um das Pfund Sterling zu stützen, jedoch nichts getan, um den Wert der Mark zu halten.[55]

Seine Sendschreiben brachten Charles zu einem verbalen ideologischen Schlagabtausch mit dem alten «Freund» der Deutschen Bank, James J. Hill. Charles berief sich auf die große Achtung, die die Deutsch-Amerikaner Hill als Finanzmagnaten entgegenbrächten, und ging mit Hill ins Gericht, weil dieser Amerikaner anhalte, nur mit Großbritannien und Frankreich Geschäfte zu machen. Er hielt Hill vor, die Alliierten könnten den Krieg verlieren, wodurch die den Amerikanern geschuldeten Summen nahezu wertlos würden. Wäre es da für Amerikaner nicht vorausschauender, geschäftliche Beziehungen mit anderen Teilen der Welt zu pflegen, und wäre Hill selbst nicht besser beraten, wenn er seinen Ruf nicht für eine verlorene Sache aufs Spiel setzte?[56] In einem zweiten, einen Tag später verfassten Brief drängte er Hill, seine Tatkraft und seinen Einfluss einzusetzen, um Wege zu finden, damit Weizen, Mais und Baumwolle amerikanischer Farmer die Zivilbevölkerung Deutschlands, Österreich-Ungarns und der Türkei erreichen könnten – Länder, die zahlungsfähig seien und die Lieferungen bar bezahlen würden.[57] Charles schrieb sogar an die New Yorker Versicherungsaufsicht und warf ihr vor, dass jede Anlage einer Versicherungsgesellschaft in alliierte Kriegsschulden ungesetzlich und unmoralisch sei.[58]

Trotz der Bedenken einiger führten die Kampfhandlungen zweifellos zu einer enormen Verschiebung des finanziellen Machtgleichgewichts und der Zusammensetzung internationaler Investitionen. Als der größte Teil Europas auf den Krieg zutrieb, war Amerika die größte Schuldnernation der Welt. Ausländer hielten annähernd 7,1 Milliarden Dollar US-Vermögenswerte, meistens in Form von Schuldverschreibungen. Über 5 Milliarden Dollar waren Unternehmensbeteiligungen (Portfolio-Investments); im Prinzip konnten sie leicht abgestoßen werden. Bei Kriegsende hatten ausländische Investitionen als Prozentsatz des amerikanischen Sozialprodukts nicht nur dramatisch abgenommen, sondern auch deren Zusammensetzung und Zweck hatten sich erheblich verändert. Am wichtigsten war freilich, dass Amerika innerhalb von vier Jahren zur größten Gläubigernation der Welt geworden war.[59]

Die Ablösung und Rückführung dieser Wertpapiere warf viele wirtschaftliche und verwaltungstechnische Probleme auf. Die New Yorker Börse blieb bis zum 28. November 1914 geschlossen. Zum Glück für viele Ausländer gab es heimische Käufer in ausreichender Zahl, so dass sich die Aufnahme der Verkäufe in ruhigen Bahnen vollzog. Deutsche Anleger sahen sich allerdings besonderen Hürden gegenüber. Zusätzlich zur Schließung der Börsen lagen viele ihrer Wertpapiere physisch in London, und es war gefährlich, die Erlöse aus Wertpapierverkäufen in Gold von New York zu versenden. Hier erwiesen sich die Korrespondenzbankbeziehungen der Deutschen Bank mit wichtigen US-Banken, vor allem mit der National City Bank, als nützlich.[60] Darüber hinaus nutzten Vertreter der Deutschen Bank die Dienste der Bank für Warentransaktionen, deren Abwicklung von Deutschland aus weit schwieriger gewesen wäre[61] – seit Beginn der Kampfhandlungen gewann dieser Bereich besondere Bedeutung, da er für Deutschlands Versorgung mit Nahrungsmitteln sehr wichtig war.[62]

Die deutsche Regierung versuchte, die Gelder, die Deutsche aus dem Verkauf von Wertpapieren in den USA erhielten, zur Unterstützung der eigenen Kriegsführung heranzuziehen. Nach Berichten von Journalisten in den USA ging aus Unterlagen der Deutschen Bank hervor, dass viele der 32 000 Zeichner von deutschen und österreichischen Anleihen deutsche Staatsangehörige waren, die in den USA lebten und für den Kauf deutscher Schuldverschreibungen andere Wertpapiere verkauft hatten. Einige der Mittel fänden sogar Verwendung, um deutsche «Komplotte» zu unterstützen.[63]

Der Krieg verschob den eingespielten Ausgleich von Risiko und Ertrag und zerriss etablierte Finanzbeziehungen. Er spaltete die amerikanische Bankwelt. Das Haus Morgan und die National City Bank, die für die Transaktionen der Deutschen Bank in New York von großer Bedeutung waren, neigten zum Beispiel den Ententemächten zu; Speyer & Co. und Goldman Sachs hatten hingegen pro-deutsch eingestellte Teilhaber.[64] Für die Deutsche Bank galt, dass der Kriegsausbruch zwischen den Vereinigten Staaten und Deutschland einigen ihrer bereits stark bedrängten US-Beteiligungen einen schweren Schlag versetzte. Und doch wurden die Vereinigten Staaten in diesen Jahren, als die Geschäftsmöglichkeiten dort weniger gewinnträchtig, dafür aber umso riskanter wurden, für das Geschäft der Deutschen Bank in Deutschland wichtiger. 1916 war der Führung der Deutschen Bank nicht mehr wohl bei dem Gedanken, mit einigen amerikanischen Banken zu arbeiten, mit denen sie seit langer Zeit gute geschäftliche Beziehungen unterhalten hatte.[65] Die National City Bank galt als Inbegriff einer «Entente-Bank». Viele New Yorker Banken überschlugen sich geradezu bei der Kreditvergabe an die Ententemächte.[66]

Amerikanische Banken ergriffen die Möglichkeit, die sich ihnen durch den Krieg bot, und weiteten ihr internationales Geschäft aus. Bis 1916 hatte die National City Bank Niederlassungen in London, Barcelona und Madrid eröffnet, und sie erwog die Einrichtung einer Filiale in Paris. Intensiver mit den britischen Bankinteressen verbunden, näherte sie sich auch den holländischen Banken stärker an. Die New Yorker Guaranty Trust Company entschied sich, einen Franzosen einzustellen, der im weiteren Verlauf vermutlich als ihr Repräsentant in Paris auftreten sollte. Auch sie stand in Verhandlungen mit einer holländischen Bank mit dem Ziel, eine engere Kooperation einzuleiten.[67] Im Verlauf des Krieges begannen die National City Bank wie auch andere US-amerikanische Institute, nach Südamerika zu expandieren.[68] Kurz nach Kriegsbeginn vertrat Adams die Auffassung, diese vermehrte internationale Präsenz der amerikanischen Finanzkraft im Verbund mit der wahrscheinlichen Steigerung amerikanischer Exporte insbesondere nach Lateinamerika sprächen umso stärker dafür, eine Filiale der Deutschen Bank als behördlich zugelassene Zweigniederlassung für Wechsel- und internationale Handelsgeschäfte in New York mit einer starken, neuen Korrespondenzbank wie zum Beispiel Guaranty Trust zu errichten.[69] Je länger sich der Krieg hinzog, desto geringer wurden allerdings die Aussichten, diesen Plan in die Tat umzusetzen.

Die Deutschen erkannten, dass sie sich zusätzlich zum militärischen auch in einem Wirtschaftskrieg befanden, der die Mobilisierung der «neutralen» Länder mit einschloss. Schmidt berichtete, dass die amerikanischen Zeitungen unvorteilhafte Artikel über die Lage der deutschen Banken veröffentlichten, und er forderte Unterlagen an, um den «Lügen» entgegenzutreten. Einige amerikanische Banken würden sich weigern, Deutsche, ja selbst (deutsche) Juden einzustellen.[70] In den ersten Kriegsjahren hielt die amerikanische Regierung alle Banken an, Darlehen an die eine oder andere Seite zu unterlassen. Obwohl amerikanische Trustbanken auf deutsche Banken wie etwa die Deutsche Bank gezogene (bestätigte) Akkreditive besicherten, bereitete es der Entente weniger Schwierigkeiten, Warenkredite zu erhalten. Auf Pfund Sterling ausgestellte Wechsel waren, selbst wenn es sich um große Beträge handelte, auf dem US-Markt besonders leicht unterzubringen, und einige amerikanische Banken stellten sich bald darauf um, Exporte an die Ententemächte zu finanzieren.[71]

Im Herbst 1916 machten sich einige deutsche Zeitungen Sorgen nicht etwa darüber, was Deutschland an Großbritannien, sondern an den amerikanischen Moloch verlieren würde. Die *Frankfurter Zeitung* deutete an, Deutschland habe gegenüber den Vereinigten Staaten den Wirtschaftskrieg bereits verloren.[72] Zwar durchliefen sie, unmittelbar nachdem in Europa der Krieg erklärt worden war, finanziell schwierige Zeiten,[73] bis 1916 hatte sich das Land jedoch von einem Rohstofflieferanten zu einem industriellen Erzeuger und von einer Schuldner- zu einer Gläubigernation gewandelt, und dies hauptsächlich infolge des Krieges. Adams zeigte sich besorgt, Amerika könne

für den Wechsel in seinem Geschick mit all den Anforderungen schlecht gewappnet sein, die an das Land als bei weitem größte neutrale Macht gestellt
würden.[74] Nach anfänglichen finanziellen Einbußen und blockierten Sendungen in die USA ließ Europa seit 1916 Amerika reicher werden und stärkte
es dadurch als Konkurrenten.[75] Trotz einer gewissen Neigung zur «Rekord-
protzerei» – alles müsse immer das Höchste und das Beste sein – sei dieses
Land, so eine deutsche Zeitung, bereits zu einem der größten Erzeuger vieler
wichtiger Güter aufgestiegen. Bereits vor dem Krieg hätten sich die deutschen Ausfuhren in die USA rückläufig entwickelt, und seit Kriegsbeginn
nehme der wirtschaftliche Austausch Großbritanniens und Frankreichs mit
den USA zu. Ein Land, das wenige Jahre zuvor noch nicht einmal eine Zentralbank gehabt habe und von einer wirtschaftlichen Krise zur nächsten ge-
stolpert sei, erlebe nun einen Aufschwung an Bankeinlagen, ja sogar bei internationalen Außeninvestitionen und geschäftlichen Transaktionen.[76] Der
Agrarsektor entwickelte sich prächtig und brachte seit Beginn des Krieges
eine Rekordernte nach der anderen ein.

Zu dieser Zeit zeigte auch der amerikanische Kapitalmarkt einen sprunghaften Anstieg. Einige Aktien, welche die Deutsche Bank hielt, wie etwa Allis-
Chalmers, Bethlehem Steel und General Electric, erzielten enorme Kursgewinne (500, 1500 und 25 Prozent).[77] Als die Mark an Wert verlor, wurden die
nominalen Gewinne der deutschen Anleger auf dem Papier sogar noch größer, allerdings mussten sie das Risiko einer Anschaffung solcher Golderlöse
mit der Möglichkeit abwägen, dass die oftmals stürmischen amerikanischen
Aktienmärkte neuerlich ins Taumeln gerieten.

Blockadebrecher

Der Krieg drängte die Interessen der Deutschen Bank eindeutig in neue Richtungen. Die Deutsche Ozean-Reederei zählte dabei vermutlich zu den be-
fremdlichsten Aktivitäten. Als die Kommunikation noch schwieriger wurde,
suchten die deutsche Regierung und die deutsche Wirtschaft neue Wege,
Briefe, wichtige Unterlagen und gewisse Rohstoffe zu transportieren. Am 8.
November 1915, kaum sechs Monate nachdem die Versenkung der *Lusitania*
die amerikanisch-deutschen Beziehungen schwer belastet und eine zeitweilige Aussetzung des uneingeschränkten U-Boot-Krieges bewirkt hatte,[78] übernahm ein Konsortium zwei von Krupp gebaute Unterseeboote. Die Schiffe
wurden am 5. Mai 1916 (*Deutschland*) und am 20. Juli 1916 (*Bremen*) an die
Deutsche Ozean-Reederei geliefert.[79] Ausgestattet mit einem Kapital von 2 Millionen Mark, das sich die Deutsche Bank, der Norddeutsche Lloyd (1,5 Millionen Mark) und der Bremer Kaufmann Alfred Lohmann (0,5 Millionen Mark)
teilten, trat die Reederei nach außen als Privatunternehmen auf. Stiller Teil-

*Der Krieg verteuerte natür-
lich die Kommunikation. Diese
Marken wurden für Sen-
dungen mit den von der
Deutschen Bank finanzierten
U-Booten verwendet. Die Gebühr für eine normale Post-
karte lag 1916 bei 7½ Pfennig, diese Marken wurden
hingegen zu Nennwerten von
5 bis 50 Mark ausgegeben,
wobei ein Versicherungsbei-
trag mit enthalten war.*

haber war die Deutsche Versicherungsbank. Sie hatte das erste Boot eingebracht, dessen Wert sich angeblich auf 2,7 Millionen Mark bezifferte. Sie versicherte auch das neue Unternehmen.[80]

Das neue Unternehmen stand jedoch mit der Regierung in einer recht
sonderbaren Beziehung. Alle Unterlagen führen die Deutsche Bank als hauptsächlichen Eigentümer der neuen Reederei auf; ein großer Teil der Finanzierung und der Sicherheiten für das Unternehmen stammte jedoch vom Reich.
Die Reichsbank diente als Abrechnungsstelle für alle Dokumente und transportierten Güter, und ein Bericht gibt an, dass das Reich 80 Prozent der Gewinne des Unternehmens erhalten sollte. Darüber hinaus enthielt das ursprüngliche Abkommen zwischen den Teilhabern eine Verpflichtung des
Reichsschatzamtes, den Teilhabern einen jährlichen Ertrag und eine Rückzahlung ihres Kapitals von 5 Prozent zu garantieren, während das Amt die
Verantwortung für alle anfallenden Verluste übernahm.[81] Für künftige Käufe
von Schiffen garantierte die Regierung den Kreditrahmen der Deutschen
Bank an das neue Unternehmen bis zu einer Höhe von 18 Millionen Mark.[82]
Von wem der ursprüngliche Plan für das Unternehmen stammte, ist nicht
klar. Dennoch waren sich die Beteiligten anscheinend der Gefahr bewusst;
früher oder später könnten die wirklichen Besitzverhältnisse oder der Anstoß für die Deutsche Ozean-Reederei aufgedeckt und irgendein Vorwand gefunden werden, um die Schiffe in den USA festzuhalten.[83]

Die Geschäfte der Deutschen Ozean-Reederei waren ertragreich und mit
vielen Gefahren verbunden. Die *Deutschland* lief am 14. Juni 1916 zu ihrer
Jungfernfahrt aus und kehrte am 25. August nach Bremen zurück, der Nettogewinn bezifferte sich auf 4,2 Millionen Mark.[84] Die erste Fahrt der *Bremen*,
die an dem Tag der Rückkehr der *Deutschland* in See stach, endete mit einer
Havarie, dem Verlust der gesamten Mannschaft und aller Güter. Die Reederei
übernahm die volle Verantwortung für die Unterstützung der Familien der
Mannschaftsmitglieder und erhielt Versicherungsleistungen ausbezahlt, die

einen erheblichen Teil ihrer künftigen Risiken abdeckten. Im Oktober 1916 beliefen sich die Gewinne auf knapp 1 Million Mark. Einen Monat später schloss die Reederei mit der deutschen Flotte einen Vertrag über den Kauf von sechs weiteren Handels-U-Booten und zwei Schiffen ab, wobei sich allerdings das Reich vorbehielt, die U-Boote für militärische oder sonstige Zwecke zurückzufordern. Als im Februar 1917 die Beziehungen mit den USA abgebrochen wurden, machte das Reich bezüglich der *Deutschland* von diesem Recht umgehend Gebrauch.[85]

Seltsamerweise unterlagen die Aktivitäten der Reederei offenbar nicht der Geheimhaltung. Die *Frankfurter Zeitung* veröffentlichte im Juli 1916 einen Artikel, der eingehend die geschäftlichen Unternehmungen der Reederei schilderte. Berichtet wurde über die Art der transportierten Güter und Dokumente, sogar über die Heimatwerft Bremen. Stolz wurden die zurückgelegten Seemeilen vermerkt und die für den Erfolg erforderlichen technischen Voraussetzungen aufgezählt.[86] Außer Briefen und wertvollen Dokumenten transportierte die *Deutschland* Kautschuk und Chemikalien. Die Reederei wurde von vielen Seiten gelobt, und ihre Dienstleistungen waren anscheinend sehr gefragt.

Die Deutsche Ozean-Reederei blieb mindestens bis 1925 in Betrieb. Ihr Eigentum gelangte zum Teil in die Hände der US-Regierung, nicht jedoch die Schiffe. Das Reich übernahm die Verpflichtung des Unternehmens gegenüber den Familien der Seeleute, die auf der *Bremen* den Tod gefunden hatten. Die nicht ausgeschütteten Gewinne von rund 6,4 Millionen Mark wurden nach Maßgabe der ursprünglichen Vereinbarungen verteilt: 80 Prozent gingen ans Reich, 20 Prozent an die Eigentümer.[87]

Angesichts der Aussichtslosigkeit, durch U-Boote und sonstige abenteuerliche Unternehmungen das Blatt zu wenden, ist es nicht verwunderlich, dass die Sicherstellung einer unabhängigen Versorgung denjenigen schwer zu schaffen machte, die in den 1920er und 1930er Jahren über die Möglichkeit eines weiteren Krieges nachsannen. Das verhängnisvolle Lehigh-Coke-Projekt der Deutschen Bank galt ihnen als weiteres Beispiel für die Risiken bei Abhängigkeiten von überseeischen Zulieferungen.

Während die wachsende Ungewissheit bei manchen Unternehmen verständlicherweise den Wunsch aufkommen ließ, ihre Vermögenswerte nahe bei sich zu Hause zu halten, war dies für die Deutsche Bank nicht einfach. Die Bank hatte ihren Ruf zu einem erheblichen Teil gerade dadurch begründet, dass sie internationale Anlagen verwaltete, und einige dieser Vermögenswerte waren nicht sofort realisierbar. Nun brachen jedoch nicht nur wichtige Säulen ihres Vorkriegsgeschäfts zusammen, auch Regierungen, die eigene inbegriffen, beschränkten die Deutsche Bank im freien Einsatz ihrer Vermögenswerte und ihres Personals.

KAPITEL 10

Kriegslieferungen, Spionage und Enteignung

*Ich hoffe inständig, dass die Wolken, die sich [...] zwischen Ihrem und un-
serem Land [...] zusammenziehen, sich bald wieder auflösen werden und wir
so vor weiteren Komplikationen im Zusammenhang mit dem Kokerei-Geschäft
in einem Moment bewahrt bleiben, wo wir alle anfangen, hoffnungsvoll in die
Zukunft zu blicken.*
Mankiewitz an Adams, 3. September 1915[1]

All the News that's Fit to Print. (Alle druckbaren Neuigkeiten)
Leitspruch der New York Times

Einleitung

In einigen Bereichen weiteten Deutsche ihre Kapitalbeteiligung in den Vereinigten Staaten sogar aus. Um die Verschiffung von Gütern in die USA zu
umgehen, steigerten manche Unternehmen ihre dortige Produktion, um so
amerikanische Kunden und andere Märkte zu bedienen. Angesichts der
Kommunikationsprobleme und antideutscher Haltungen brachte dieser vermehrte Einsatz jedoch neue und akute Herausforderungen für das Management mit sich. Lehigh Coke war das einzige amerikanische Unternehmen,
das die Deutsche Bank nach Kriegsbeginn in Europa weiterhin zu kontrollieren suchte.

Die Ausfälle bei Lehigh Coke lasteten unverändert auf Bamag und Didier.
Aufgrund der Probleme in den USA ersetzte Bamag ein Mitglied des Vorstands. Trotz eines starken Rüstungsgeschäfts und solider Rücklagen[2] hatten
beide Unternehmen Schwierigkeiten, ihren Verpflichtungen nach Maßgabe
der Vereinbarung vom März 1914 (siehe Kapitel 7) nachzukommen. Die Beschaffung der erforderlichen Devisen, um die Zusagen zu erfüllen, erwies
sich als schwierig. Die Unternehmensleitungen glaubten zudem, die momen-
tane Stärke des Dollars gegenüber der Mark führe zu ungerechtfertigten
kurzfristigen finanziellen Verlusten, da der Kurs sich irgendwann bestimmt
wieder umkehren würde. Bamag und Didier mussten 500000 Dollar in den
Vereinigten Staaten aufnehmen, um ihre Zahlungsverpflichtungen gegenüber

Lehigh Coke einzulösen; misslicherweise hatten sie bereits allen gegenwärtigen und künftigen Besitz an Lehigh-Coke-Wertpapieren als Sicherungen für früher bewilligte Kredite verpfändet. Das Konsortium war nicht bereit, noch mehr Geld vorzuschießen.[3] Am Ende streckte Lehigh Coke selbst die Mittel an Bamag und Didier vor, um die neue Baufirma zu bezahlen, wobei sie das Geld dank einer Bürgschaft von Adams aufbrachte. Das Ganze erfolgte in Abstimmung mit der Deutschen Bank trotz der schleppenden Kommunikation mit Deutschland. Dieser anfängliche Kredit war jedoch nicht ausreichend. Als der Winter nahte, musste Lehigh Coke in Kohlevorräte investieren.[4] Die Deutsche Bank sah sich noch immer in einem Interessenkonflikt: einerseits die Loyalität gegenüber Bamag und Didier, welche man nicht mit weiteren Schulden und Devisentransaktionen zu ungünstigen Kursen belasten wollte, und andererseits die Loyalität gegenüber Lehigh Coke, an der sie selbst eine Beteiligung hielt. Sie riet McIlvain, dem Präsidenten von Lehigh Coke, weitere Baumaßnahmen so lange auszusetzen, bis sich der Wechselkurs verbesserte. Die Bank war überzeugt, dass Bethlehem Steel auf der Grundlage der gegebenen Verträge nicht die Fertigstellung der beiden letzten Batterien verlangen könne, sofern Lehigh Coke mit den zwei bereits errichteten und in Betrieb befindlichen Batterien den Lieferungen entsprach. Trotz der außerordentlichen Kommunikationsschwierigkeiten fühlte sich das deutsche Management aus einer Reihe von Gründen, die weiter unten dargestellt werden, verpflichtet, das amerikanische Kokerei-Unternehmen bis ins Kleinste mit zu führen, selbst in Fragen, welche Kohlemischung für den optimalen Aschegehalt benutzt werden sollte, und bis in die Einzelheiten der Beschaffung der benötigten Finanzmittel.[5]

Das Engagement der Deutschen Bank bei Lehigh Coke während des Krieges ist in vielen Darstellungen falsch gedeutet worden. Nach einigen Quellen wurde das Vorgehen der Bank bei Lehigh Coke von der deutschen Regierung unterstützt und zielte darauf, ein amerikanisches Werk zur Herstellung von Benzol und Toluol für das deutsche Kriegsrohstoffamt zu haben. Als der Plan ruchbar wurde, habe sich die Deutsche Bank noch vor Eintritt der Vereinigten Staaten in den Krieg gezwungen gesehen, Lehigh Coke an Bethlehem Steel zu verkaufen.[6]

Im politischen Getriebe

Es lässt sich belegen, dass die Geschichte in Wirklichkeit viel komplizierter war. Der ursprüngliche Plan sah eine Anlage zur Benzolgewinnung vor. Das erste Interesse an der militärischen Bedeutung des Werks kam von alliierter, nicht von deutscher Seite. Adams zufolge interessierten sich die Briten für Lehighs Produktionskapazität an Benzol, bevor deutsche Regierungsvertreter dies taten. Adams berichtete am 31. Dezember 1914 an die Deutsche Bank (der Brief ging erst am 20. Januar 1915 in Berlin ein, kurz vor dem Treffen von Vertretern der Bank und der deutschen Regierung), «ein englischer Offizier hier» zeige «großes Interesse an dem Gegenstand».[7] Aber es gab mehr als nur rein militärische Interessen. Die Nachfrage nach Benzol und Benzol-Erzeugnissen war zu jener Zeit sehr stark. Thomas A. Edison war zum Beispiel so erpicht, Benzol für die Herstellung von Schallplatten zu erhalten, dass er Adams zweimal wegen eines Liefervertrags aufsuchte.[8]

Das britische Interesse und die deutschen Belange brachten die Bank in ein Dilemma. Vom ersten Moment der Kontroverse bestand das finanzielle Interesse der Deutschen Bank darin, Lehigh sofort und vollständig zu verkaufen, zugleich wollte man die Parteien von der Kenntnis aller Fakten fernhalten.[9] Unglücklicherweise konnte auf kurze Sicht weder das erste Ziel erreicht werden, da es dem deutschen nationalen Interesse zuwiderlief, noch auf lange Sicht das zweite Ziel.

Die Verkokung war nur wirtschaftlich, wenn alle dabei anfallenden Chemikalien gewonnen und effizient abgesetzt werden konnten. Die Frage war nur wann, nicht ob eine Benzol-Fabrik gebaut werden sollte. Nach einem etwas eigentümlichen Brief vom Februar 1915 wurde der Plan für ein Werk zur Gewinnung von Benzol und Toluol etwas dem Zeitplan vorauseilend von Wilbur, einem amerikanischen Direktoriumsmitglied von Lehigh Coke, an die Deutsche Bank herangetragen. Tatsächlich hatte wenige Monate zuvor, im November 1914, der Präsident von Lehigh Coke selbst an die Deutsche Bank geschrieben, dass eine Benzol-Fabrik in absehbarer Zukunft gewinnträchtig arbeiten könne und dass die Angelegenheit bereits mit Wilbur im zurückliegenden Sommer erörtert worden sei, so dass dieser das Projekt bei seinem Besuch in Deutschland mit der Deutschen Bank besprechen könne. McIlvain warte nur noch den richtigen Zeitpunkt ab, um die definitiven Pläne auszuarbeiten und dem Direktorium zur Genehmigung vorzulegen. Er wusste, dass die Deutsche Bank zurückhaltend war, das Werk mit eigenen Mitteln zu finanzieren.[10] Ohne je zu erklären, wie, bot Wilbur sogar an, für die Finanzierung Sorge zu tragen.[11] Der Präsident von Lehigh Coke schwärmte für den Plan, doch er brachte die Deutsche Bank und deren deutsche Partner in eine unangenehme Lage.

Die Bank vermutete, der Plan für die Anlage gehe dahin, nicht nur amerikanische, sondern auch britische und französische Kunden mit den Chemikalien zu beliefern, deren Preis durch die kriegsbedingte Nachfrage in die Höhe geschnellt war. Zusätzlich zu den bereits erwähnten Chemikalien sah der Plan auch die Gewinnung von Xylol, Naphta, einem Lösungsmittel, und anderen Produkten vor, die für die Herstellung von Sprengstoffen benötigt wurden. Die Entscheidung war somit von größter Wichtigkeit für die Kriegsführung beider Seiten. Loyal gegenüber ihrem Land, wollten die deutschen

Parteien verhindern, dass ihr Eigentum für die Kriegsführung der Entente eingesetzt wurde. Der Patriotismus war freilich mit gutem Geschäftssinn durchsetzt.

Von der eigenen Regierung unter Druck gesetzt, die strategisch wichtige Chemikalie nicht in die Hände der Feinde fallen zu lassen, glaubte die Deutsche Bank, sie habe nur vier Optionen. Zwei davon bedeuteten komplizierte und wirtschaftlich uninteressante Veränderungen, wie und was produziert und geliefert werden sollte. Kurz, einige der kriegswichtigsten Grundstoffe würden entweder überhaupt nicht oder nur auf Lager produziert, aber nicht verkauft werden. Die dritte Alternative war die Finanzierung der Anlage mit dem «Geld anderer Leute». Die vierte Möglichkeit lief darauf hinaus, das gesamte Unternehmen zu verkaufen.[12] Die dritte und vierte Lösung waren in finanzieller Hinsicht sinnvoll, vermochten allerdings das patriotische Gewissen der Bank kaum zu beruhigen, was angesichts des skizzierten Dilemmas nur dann erreicht werden konnte, wenn die Absicht von Lehigh Coke zum Bau der Anlage vereitelt und deren potentieller Beitrag, dem Feind zuzuarbeiten, zunichte gemacht würde. Die vierte Option schien auf Bethlehem Steel hinauszulaufen, der noch einige Jahre zur Ausübung ihrer Option verblieben waren. Die Deutsche Bank machte gegenüber Smith (Schmidt) gewisse Andeutungen eines vernünftigen Preises – etwa 9 bis 10 Millionen Dollar – und forderte ihn auf, «Edward Deans Abwesenheit» (gemeint war vermutlich Adams) zu nutzen, um Verhandlungen mit Bethlehem Steel aufzunehmen. All dies sollte möglichst geheim bleiben: «Jedenfalls sollten weder Edward [vermutlich Adams, C.K.] noch der Herr von der Coke Company von Ihnen erfahren, daß wir aus prinzipiellen Gründen dem Benzol-Projekt unsere Zustimmung nicht [im Original unterstrichen] geben können, solange der Krieg dauert.»[13]

Bis Anfang 1917 schwankte die Deutsche Bank zwischen den oben aufgeführten Optionen hin und her. Zur Lösung des Dilemmas wandte sie sich zunächst an ihre eigene Regierung. Falls diese bereit sei, das Werk und den Einkauf der Rohstoffe zu finanzieren, ließen sich die finanziellen und patriotischen Interessen der Bank gleichzeitig abdecken. Solange dem Konsortium ausreichend externe Finanzmittel für den Kauf und die Einlagerung der fraglichen Chemikalien zur Verfügung stünden, würden Politik und private Finanzinteressen nicht in Konflikt geraten.[14] Die kritischen Produkte wären unter deutscher Kontrolle, das Endziel des Konsortiums, Lehigh Coke zu verkaufen, wäre nicht beeinträchtigt, und das patriotische und private Interesse, den endgültigen Dollarwechselkurs zu schützen, ließe sich weiterverfolgen. Das Konsortium hätte keine weitere Investition zu tätigen, und die Bank wäre von weiteren Besprechungen mit Regierungsvertretern verschont. Bis zum Mai 1915 war es der Deutschen Bank anscheinend gelungen, die finanzielle Unterstützung der deutschen Regierung (zunächst 150000 Dollar, später

300 000 Dollar) sowie die Zustimmung des US-amerikanischen Direktoriums von Lehigh Coke zu dem Plan zu organisieren.[15] Offensichtlich wollte das Reich die Verwendung der begehrten Rohstoffe kontrollieren. Dies würde allerdings nicht einfach sein.

Die Lage wurde noch komplizierter durch Lieferungen von Bethlehem Steel an die Entente, durch das Interesse der Firma an dem Projekt sowie durch finanzielle Probleme bei Lehigh Coke. Bethlehem Steel wünschte, die Belieferung mit Koks-Nebenprodukten sicherzustellen, und zog es noch bis weit in das Jahr 1915 hinein vor, deren Herstellung außer Haus zu vergeben, wie dies im ursprünglichen Plan vorgesehen gewesen war. Das Geschäft von Bethlehem Steel florierte, wobei dies weitgehend mit den Waffenkäufen der Alliierten zusammenhing.[16] Die Beziehungen zwischen den beiden Unternehmen in Pennsylvania hatten sich erheblich verbessert. Die Deutsche Bank begann zu hoffen, das Schlimmste sei überstanden.

Doch sie wurde wieder einmal enttäuscht. Im Dezember war zwar die Anlage in weiten Teilen fertiggestellt und in Betrieb genommen, aber damit war die Sache noch lange nicht abgeschlossen. Lehigh Coke hatte auch mit der neuen Baufirma Koppers weiterhin Qualitäts- und Terminprobleme. Schlimmer noch, im Sommer 1915, als das Stahlunternehmen von Rüstungsaufträgen der Entente überflutet wurde, wollte Bethlehem Steel das gesamte Werk sofort kaufen, also nicht nur die Kokerei, sondern auch die Koksnebenprodukte unter seine Kontrolle bringen. Gegen die Kommunikationshindernisse ankämpfend, forderte Adams, die Sache auch ohne detaillierte Instruktionen von Berlin voranzubringen. Zugleich sicherte er seinen Berliner Kollegen zu, Schmidt ständig zu informieren und dessen Rat zu suchen.[17]

Es wurde immer deutlicher, dass Bethlehem Steel Lehigh Coke eben wegen der Gase kaufen wollte, welche die Deutsche Bank nicht in die Hände des Stahlunternehmens gelangen lassen wollte. Schmidt und andere wiesen darauf hin, dass es unrealistisch sei zu erwarten, Bethlehem Steel würde das Werk kaufen, ohne dort Toluol und Xylol herstellen zu können. Wohl wissend, welchen Einfluss die Firma geltend machen konnte, stand für sie fest, dass Bethlehem Steel höchstens vorübergehend aufgehalten werden könne. Nur wenn die deutsche Seite, also das Preußische Kriegsministerium, bereit sei, zu dem sehr hohen amerikanischen Preis die Produkte zu kaufen und auf längere Zeit einzulagern, könnte Bethlehem Steel daran gehindert werden, an die Produkte zu kommen. Die Amerikaner hätten im Unternehmen beachtlichen Einfluss und würden sich weiterhin für den Verkauf von Lehigh Coke einsetzen, der für die deutsche Rüstungswirtschaft problematisch sei.[18]

Jede Form von Verzögerung schien wünschenswert. Mankiewitz hoffte, das Ende des Krieges würde das Problem aus der Welt schaffen.[19] Ebenso wie in vielen anderen Gebieten setzten die Deutsche Bank und Deutschland ihre Hoffnungen auf einen frühen Frieden. Viele Taktiken wurden ausprobiert, um den Verkauf abzuwenden. Dazu gehörte auch die verspätete Bereitstellung von Mitteln, die für die Fertigstellung der anderen Batterien benötigt wurden. Im Winter 1915 war die finanzielle Situation des Unternehmens noch immer komplex und ungünstig. Sie umfasste die folgenden Posten: Das Gesellschaftskapital belief sich auf 9,1 Millionen Dollar (5,1 Millionen Stammaktien und 4 Millionen Vorzugsaktien, wovon allerdings die an Bamag und Didier ausgegebenen 650000 Dollar noch nicht einbezahlt waren). Die Vermögenswerte bezifferten sich auf 10,2 Millionen Dollar, wovon knapp 8 Millionen Dollar (nach Abschreibung) die in das Werk und die Ausrüstung eingegangene Nettoinvestitionssumme darstellten. Ferner hatte das Unternehmen 1,5 Millionen Dollar an Forderungen für bereits ausgegebene Aktien, die aber noch nicht einbezahlt waren, und nur wenig an einbehaltenen Gewinnen. Der Bruttogewinn auf den Umsatz von 1,6 Millionen Dollar lag bei unter zehn Prozent. Der Reingewinn brachte für das Bruttovermögen eine Verzinsung von weniger als ein Prozent. Nach dem Stand der Dinge war das Unternehmen alles andere als ein großartiger Erfolg. Eindeutig waren die investierten Anlagewerte noch zu wenig ausgelastet.[20] Darüber hinaus wurde der Verkauf noch durch die Unfähigkeit von Bamag und Didier erschwert, die Gesamtbaukosten zu bestimmen, die nach dem ursprünglichen Vertrag Grundlage des Verkaufspreises sein sollten.

Am Ende waren diese ökonomischen Faktoren nicht ausschlaggebend. Patriotische Gefühle und der Druck seitens der Regierung überlagerten sich und ließen den Verkauf nicht zu. Deutsche Regierungsvertreter in Washington hielten wegen des Benzol-Werks engen Kontakt mit Adams. Die Bank unternahm zusammen mit deutschen öffentlichen Funktionsträgern erhebliche Anstrengungen, um kritische Stimmen in der deutschen Öffentlichkeit für nicht begründet zu erklären, die sich gegen die Beteiligung der Bank an der Versorgung der Entente mit Munition in den Vereinigten Staaten erhoben. Aufgrund des öffentlichen Drucks stand ein Verkauf des Unternehmens im Sommer 1915 «außer Frage», selbst wenn allem Anschein nach «die Interessen dieses Landes danach ebenso gut gewahrt wären wie bislang». Da der Käufer, schrieb Mankiewitz, «weiterhin ein Hauptverfechter tatsächlicher und materieller Unterstützung der Entente auf dem Gebiet von Waffen und Munition ist, und solange eine große Mehrheit des Aktienkapitals der Kokerei-Gesellschaft von Aktionären in diesem Land gehalten wird, würde ein Verkauf einen derartig heftigen Ausbruch lautstarken öffentlichen Protests und ein falsches Bild hervorrufen, so dass ich nicht auch nur eine Minute länger irgendwelche weiteren Verhandlungen in Betracht ziehen kann.»[21] Überdies äußerte die Deutsche Bank ihre Zuversicht, dass diese Entscheidung auch den finanziellen Interessen der deutschen Mitglieder des Konsortiums entspreche, da ein verbesserter wirtschaftlicher Wert des Werks und der günstigere Wechselkurs die Verluste mehr als wettmachen würden, die aus der Zurückstellung des Verkaufs resultierten. «Wir können daher nichts anderes tun, als weiterhin bei unserer Haltung des geduldigen Hoffens auf eine Zeit zu verbleiben, in der sich die Wolken am politischen Himmel verzogen haben und die Ertragskraft des Werks die Kaufinteressenten veranlassen wird, einen solchen Preis für die Anteile des Konsortiums zu bieten, der es für die verlängerte Übernahme des Risikos in vollem Umfang entschädigen wird.»[22]

Das Hauptaugenmerk der Bank richtete sich weiterhin darauf, Benzol und andere Nebenprodukte dem Zugriff von Bethlehem Steel zu entziehen, wenn schon nicht aus patriotischen Gründen, dann doch zumindest aus Furcht vor der Regierung und vor öffentlichem Tadel. Im September wandte sich die Deutsche Bank mit ihrem Anliegen direkt an McIlvain. Die Bank dankte ihm für seine Loyalität und rief ihm in Erinnerung, wie die Benzol-Nebenprodukte für rüstungsrelevante Produktion genutzt werden könnten. Sie ersuchte den Präsidenten von Lehigh Coke inständig, «eine derartige Verwendung des bei Ihnen demnächst hergestellten Benzols zu verhindern».[23] Etwa eine Woche später gab die Bank erneut ihrer Hoffnung Ausdruck, Lehigh Coke werde ausschließlich «handelsmäßig reines» Benzol ohne die anderen Nebenprodukte verkaufen. «Wir müssen uns auf Sie verlassen können, dass Sie höchst gewissenhaft die Bank in jener Hinsicht schützen, denn wir sind sicher, dass die Herstellung selbst kleiner Mengen Rohbenzol in Ihrem Werk von unseren Freunden hier als Vertragsbruch angesehen würde, was zwangsläufig *höchst verhängnisvolle Folgen für uns alle nach sich ziehen* würde [Hervorhebung, C.K.].»[24]

Die Bank und das Unternehmen saßen noch immer in der Zwickmühle. Die deutsche Regierung und öffentlicher Druck setzten ihnen von der einen Seite zu, auf der anderen Seite drohte Bethlehem Steel, eine eigene Benzolgewinnungsanlage zu bauen. Der Deutschen Bank blieb nur übrig, an das amerikanische Direktorium von Lehigh Coke die dringende Bitte zu richten, es möge sich angelegen sein lassen, die Interessen des Konsortiums und die nationalen Belange Deutschlands zu schützen.[25] Als Bethlehem Steel nicht aufgab, hoffte die Deutsche Bank, einen besseren Käufer zu finden, also einen, der die Chemikalien für friedliche Zwecke verwenden würde.[26]

Unzulängliche Informationen setzten der Deutschen Bank zu. Bezeichnend für die unterentwickelte Finanzberichterstattung in den ersten Jahrzehnten des 20. Jahrhunderts war, dass die Bank sich zum Beispiel 1916 beklagte, die ihr zugehenden Abschlussrechnungen enthielten kaum Stellungnahmen des Managements, so dass sie hinsichtlich dessen, was wirklich vorging, im Dunkeln tappe.[27] 1916 war schließlich die Kommunikation so schwierig geworden, dass die Deutsche Bank Adams eine umfassende Vollmacht erteilte, in ihrem Interesse zu handeln. Die Bank merkte in einem Zusatz vorsorglich an, dass Adams' Handlungen in Einklang stehen sollten mit den Auffassungen der Bank, wie diese in vorangegangenen Schreiben mit der gebotenen Förmlichkeit zum Ausdruck gebracht worden seien.[28]

Wenn die Bank, wie sie es hiermit tat, die Entscheidung vorsorglich Adams überantwortete, konnte dies für sie unter Umständen einen idealen Ausweg aus ihrer misslichen Lage eröffnen. Adams könnte nun dem Verkauf zustimmen, was im finanziellen Interesse des Konsortiums war, während die Deutsche Bank gegenüber den deutschen Behörden geltend machen könnte, dass der Verkauf nicht mehr in ihren Händen liege und dass sie Adams angewiesen habe, die Wünsche der Bank zu berücksichtigen. Fest steht, die Ausübung der Kontrolle wurde immer schwieriger.

Adams war sich zweifellos völlig im Klaren, wie hochpolitisch die Angelegenheit geworden war. Erörterungen über den Verkauf von Lehigh Coke fanden parallel zu Verhandlungen mit deutschen Regierungsvertretern in den Vereinigten Staaten statt, deren Absichten sich mit dem Kriegsglück Deutschlands zu wandeln schienen. Bereits im Sommer 1915 war Adams mit Vertretern der deutschen Regierung wegen des Baus einer Benzol-Aufbereitungsanlage zusammengetroffen. Im April 1915 hatte er mit dem deutschen Botschafter Graf von Bernstorff in Kontakt gestanden, der Adams in verschiedenen Angelegenheiten um Hilfe ersucht hatte und ihm Rittmeister Franz von Papen vorstellte, der 1932 Reichskanzler werden und anschließend für kurze Zeit unter Hitler als Vizekanzler dienen sollte. Adams hatte viel geschäftlichen Verkehr mit dem Rittmeister über Rüstungsgüter und Sprengstoffe. Ordnungsgemäß informierte er Papen über das Interesse der Firma und das vom Direktorium beschlossene Vorgehen, das gewonnene Benzol für friedliche Zwecke zu nutzen. Der Gegenstand war verständlicherweise für Papen von höchstem Interesse. Angeblich erklärte er den Amerikanern, dass er mit ihrem Vorhaben, die Stoffe zu lagern, zufrieden sei und dies seiner Regierung übermitteln werde.[29] In Wirklichkeit verfolgte der gerissene Papen jedoch den Plan, die Chemikalien an die norwegische Regierung zu verkaufen, die sie möglicherweise nutzen könnte, um Deutschland zu beliefern. Unglücklicherweise fielen Papens Mitteilungen – um sein Glück bei Intrigen war es selten gut bestellt – in die Hände der Briten.[30] Im September 1915 wurde der Vertrag mit Carl Still, einem von Papen für den Bau der Benzol-Aufbereitungsanlage ausfindig gemachten Unternehmen in deutschem Besitz, unterzeichnet. Die Deutsche Bank sollte das Toluol kaufen (Exklusivrecht auf die Dauer von sechs Monaten nach Fertigstellung der Anlage), für dessen Lagerung zahlen und 300 000 Dollar an Lehigh Coke für den Bau der Anlage vorschießen.[31] Tatsächlich besorgte die deutsche Regierung das Geld. Im Januar 1916 schlug Mankiewitz vor, das Kriegsministerium solle ein Drittel der Gewinne der Deutschen Bank aus den Verkäufen erhalten. Trotz dieses Angebots erwartete das Kriegsministerium, durch die Bank vor Wechselkursrisiken ebenso wie vor Risiken bei der Lagerung und Handhabung von Toluol geschützt zu sein.[32] (Die Devisenkurssicherung, für die noch vor zwei Jahren die Regierung zuständig gewesen war, war an Private delegiert worden.) Um die gleiche Zeit und obwohl in Deutschland zunehmend Engpässe bei Chemikalien erkannt wurden, genehmigten die deutschen Behörden den Verkauf der Nebenprodukte von Lehigh Coke auf dem amerikanischen Markt an einen Käufer aus dem Nicht-Rüstungsbereich – eine Entscheidung, die Papen angeblich billigte.[33]

In einem einigermaßen verwirrenden Brief rief die Deutsche Bank dem Ministerium ihre schwierige Lage in Erinnerung. Die ursprünglichen Verträge verpflichteten Lehigh Coke, die Nebenprodukte seiner zweiten Benzol-Gewinnungsanlage an Bethlehem Steel zu verkaufen. Um das Toluol nicht in die Hände von Bethlehem Steel gelangen zu lassen und im Einklang mit der Wahrnehmung ihrer Pflichten habe die Deutsche Bank – wie sie erklärte – die Kontrolle über die Lagerbestände der ersten Nebenproduktanlage, die von dem Ministerium finanziert worden war und Toluol herstellen konnte, übernommen. Die zweite Anlage müsse jedoch in einer Weise konstruiert werden, welche die Beseitigung der anstößigen Chemikalien gewährleiste. Die Deutsche Bank habe mit dem Ministerium in Berlin nicht alle Details erörtert, da Papen diese in den Vereinigten Staaten genehmigt habe.[34] Die Deutsche Bank wurde ungeduldig und nervös aus dem Wissen heraus, wie prekär sich ihre Stellung zwischen den eigenen finanziellen Interessen und den patriotischen Pflichten darstellte.

Der öffentliche Druck auf die Deutsche Bank und deren vaterländische Gesinnung nahm im Laufe des Jahres 1916 zu, als die harten Auswirkungen und die lange Dauer des Krieges deutlich wurden. Dieser Druck kam in vielerlei Gestalt daher. Gestützt auf amerikanische Quellen berichtete die *Frankfurter Zeitung*, dass das Rüstungsgeschäft in den Vereinigten Staaten Millionäre und Multimillionäre hervorbringe. Bethlehem Steel wurde dabei als einer der aggressivsten Rüstungslieferanten der Entente herausgehoben. Das Blatt gab auch zu verstehen, dass einiges Toluol seinen Weg von New York über Schweden nach Deutschland nehme.[35] Obgleich die Deutsche Bank bereits seit Anfang 1915, noch bevor die deutschen Behörden die Frage der strategischen Chemikalien aufwarfen, nach Mitteln und Wegen für Ausfuhren aus den Vereinigten Staaten nach Deutschland gesucht hatte, fanden ihre Bemühungen wenig Anerkennung.[36]

Erst im Februar 1916, anlässlich eines Besuchs Papens beim Sitz der Deutschen Bank in Berlin, wurde die neue Haltung des Kriegsministeriums deutlich. Es beanspruchte die Kontrolle über alles Toluol, einschließlich desjenigen, das dank der neuen Anlage gewonnen würde. Es müsse ein Weg gefunden werden, Benzol (und verwandte Gase) aus denjenigen Gas-Nebenprodukten auszuscheiden, die an Bethlehem Steel geliefert würden. Rückblickend bedauerte das Ministerium seine Genehmigung und Finanzierung des ersten

Bauabschnitts der Anlage, zumal jetzt die Nachfrage bei Lehigh Coke so groß war, dass das Unternehmen eine zweite Anlage benötigte. Trotz seiner eigenen unmittelbaren Beteiligung an der früheren Entscheidung war Papen nun zu der Auffassung gelangt – und er sollte sich damit am Ende durchsetzen –, dass für das Toluol-Problem eine andere Lösung gefunden werden müsse. Als Bank- und Regierungsvertreter den ursprünglichen Plan ausgeheckt hatten, hatten sie angenommen, dass der Krieg nicht länger als bis zum Frühjahr 1916 dauern würde. Allen Informationen zum Trotz hatte niemand einen ausgedehnten Krieg und den Bau einer zweiten Anlage in Betracht gezogen.[37] Die Vertreter der Deutschen Bank wiesen Papen auf die große Gefahr für alle deutschen (Beteiligungs-)Interessen hin, sollten die amerikanischen Teilhaber, deren Zustimmung erforderlich war und die noch keinen großen Gewinn aus der Toluol-Herstellung in der ersten Anlage gesehen hatten, dem Vorhaben, bei der zweiten Anlage das Toluol auszuklammern, ihre Einwilligung versagen. Alle diese neuen Auflagen könnten der Deutschen Bank enorme Verluste verursachen. Papen, den Axhausen als gewöhnlich höflich und umgänglich beschrieb, entgegnete schroff, sein Interesse ziele einzig und allein darauf ab, die Investition des Kriegsministeriums zu schützen und den Verlust von Toluol zu vermeiden.[38] Während die Amerikaner weiterhin versuchten, das Unternehmen zu verkaufen, setzten die Deutsche Bank und die deutsche Regierung sich bei dem neuen Werk durch. Im Juli 1916 stimmte das Direktorium von Lehigh Coke den Produktionsbeschränkungen in der zusätzlichen Anlage zu.[39]

Aussichten und Spaltungen in den Vereinigten Staaten

In seinem zusammenfassenden Überblick vom Januar 1916 über den Stand der Dinge und die beteiligten Personen berichtete Axhausen allerdings, Adams sei auf das ganze Kokerei-Geschäft nicht gut zu sprechen, zum einen weil er für seine Bemühungen nicht angemessen entlohnt worden sei, zum anderen weil die Entwicklungen bei Lehigh Coke sein Verhältnis zur Deutschen Bank belastet hätten. Nach Einschätzung Axhausens war McIlvain, der engen Kontakt zu seinem früheren Arbeitgeber und Hauptkunden Bethlehem Steel unterhielt, Adams intellektuell unterlegen und durchweg ergeben. Obwohl sich Axhausen über die Verlässlichkeit seiner Quellen nicht sicher war, glaubte er zwischen den amerikanischen und deutschen Vertretern heftige Spannungen ausmachen zu können. Die Deutsche Bank müsse sich mit einer unvollkommenen Lage abfinden. Axhausen rief seinen Kollegen unter anderem in Erinnerung, dass sie McIlvain gerade wegen dessen guten Beziehungen zu Bethlehem Steel eingestellt hätten. Mit der Benzolfabrik auf der Anlage, auf die Bethlehem Steel ein Vorkaufsrecht habe, werde McIlvains Beziehung zu dem Stahlunternehmen unversehens von einem Vorteil zu einer Belastung. Möglicherweise müsse sich die Bank auf eine grundlegende Veränderung bei dem amerikanischen Personal gefasst machen, die auch den geschäftsführenden Direktor und Präsidenten betreffen könnte. Wenigstens müsse Schmidt ein wachsames Auge haben, auf einen größeren Personalwechsel vorbereitet sein und neue Informationen aufmerksam verfolgen.[40]

Während sich die politischen Konflikte verschärften, verschwanden die geschäftlichen Schwierigkeiten. Gegen Ende des Jahres 1916 waren die Kokerei und die Verarbeitung der Nebenprodukte in vollem Gange. Schon vorher hatte McIlvain berichtet, das Unternehmen könne den gesamten Koks und alle Nebenprodukte, die es herstellte, absetzen. Die Umsatzzahlen verstärkten den Eindruck eines nahezu unersättlichen Marktes. Bereits Ende 1915, obwohl Lehigh Coke noch Schulden aufnehmen musste und noch auf Einzahlungen einiger Aktionäre auf ihre Aktienzertifikate wartete, hatten sich die Barmittelprobleme des Unternehmens aufgelöst, und das Direktorium bewilligte eine großzügige Lohnerhöhung.[41] Angeblich hatten sich die Teilhaber jetzt mit ihren Rollen arrangiert. In Erwiderung auf Vertrauensbekundungen der Deutschen Bank schrieb McIlvain, dass die Gefühle der Bank «uns beflügeln, alle unsere Anstrengungen darauf zu richten, dieses Unternehmen zu einem großen Erfolg werden zu lassen».[42] Die Deutsche Bank drängte Adams, die früheren Schwierigkeiten mit Bamag und Didier zu vergessen, dabei verteidigte sie die eigene Sicht mit dem Argument, dass die Gruppen «es sich nun leisten könnten, die Vergangenheit zu begraben, da die Gegenwart unsere früheren Erwartungen bestätigt hat und die Zukunft sich noch vielversprechender ausnimmt als erwartet».[43]

Trotz der akuten politischen Probleme wurden 1916 die regelmäßigen Berichte der Deutschen Bank an die Mitglieder des Konsortiums, zumindest soweit es das Geschäftliche betraf, immer optimistischer. Während die Bank und die Manager von Lehigh Coke weiterhin auf einen Retter in der Not hofften, der die Investoren von dem schier unerträglichen politischen Druck durch einen ökonomischen Gewinn befreien würde, der der durchlittenen Enttäuschung und dem von allen getragenen Risiko angemessen war, stand Lehigh Coke kurz davor, die erste Dividende auszuschütten. Die Gewinne des Unternehmens waren in zwei Jahren auf mehr als das Zehnfache angestiegen, für die ersten elf Monate des Jahres 1916 bezifferten sie sich auf 1 Million Dollar.

Doch gegen Ende 1916 löste sich die Beziehung der Deutschen Bank zu den amerikanischen Teilhabern an Lehigh Coke. Mit der sich verschärfenden Nachrichtensperre war das empfindliche Gleichgewicht zwischen deutscher Kontrolle und amerikanischer Unabhängigkeit gestört, und die Waagschale neigte sich zugunsten der Amerikaner.[44] Als die Deutsche Bank im August 1916 den Eindruck hatte, die Kontrolle zu verlieren, wandte sie sich an den aus Deutschland gebürtigen Martin Nordegg (früher Cohn), einen bekannten kanadischen Kohlenbergbaupionier, der auf Besuch in New York war, und bat ihn, dem Direktorium beizutreten, über den Geschäftsgang der Kokerei zu berichten und bei der Lösung der politischen Probleme von Lehigh Coke behilflich zu sein. Nordegg bestätigte die schlimmsten Befürchtungen der Bank. Er bemängelte nicht nur, dass über viele laufende geschäftliche Fragen wie Kohlemangel, Schwierigkeiten bei der Buchhaltung und in der Produktion nicht angemessen berichtet werde, sondern kritisierte darüber hinaus, dass die Unternehmensleitung nur im Interesse der amerikanischen, nicht jedoch aller Aktionäre handele. Den Einsatz von Toluol für die Rüstungsproduktion der Entente zu verhindern, hielt er für ausgeschlossen. Da die gegenwärtige Situation unhaltbar sei, sprach er sich für einen Verkauf oder einen Wechsel im Management aus. Von Adams hatte er den Eindruck gewonnen, dass dieser die Erwartungen der Deutschen Bank mittlerweile für unrealistisch halte.[45] Mankiewitz teilte die von Schmidt und Nordegg vorgebrachten Ansichten, zeigte sich jedoch irritiert, dass Lehigh Coke zu einem Zeitpunkt verkauft werden sollte, wo die Anlage, nach allen vorangegangenen Anstrengungen, gute Ansätze zu zeigen begann.[46]

Die Deutsche Bank, die bei einem Verkauf der Fabrik ohne Auflagen oder Beschränkungen Strafmaßnahmen der deutschen Regierung befürchtete, suchte juristischen Rat und erhielt diesen von Axhausens Bruder Paul. Nach dessen Ansicht bestand für die Bank, sofern es keine Alternative gab und das Reich aus dem Verkauf einen Vorteil erziele, kein Risiko einer rechtlichen Vergeltungsmaßnahme.[47] Vermutlich werde das Reich die Überweisung eines großen Geldbetrags aus den USA als Vorteil sehen.

Nach Eingang von Nordeggs ungünstigen Berichten über McIlvain verlangte die Bank, McIlvain solle nach Deutschland kommen und über die Lage berichten.[48] Im Dezember 1916 schrieb Mankiewitz Adams, McIlvain habe nicht mehr das Vertrauen der deutschen Investoren und solle zugunsten von Nordegg das Feld räumen.[49] Die Anordnung wurde anscheinend ignoriert. Jedenfalls hatten die Planungen für den Verkauf seitens der amerikanischen Anteilseigner bereits eingesetzt, bevor die Anweisung Adams erreichte.

Die letzte Runde

Im Januar 1917, gestützt auf juristischen Rat, gelangte die Deutsche Bank zu der Erkenntnis, dass sie dem Management von Lehigh Coke freie Hand zum Verkauf der Gesellschaft an einen amerikanischen Käufer zum bestmöglichen Preis geben müsse. Die geringe Aussicht, dass irgendein politischer Einfluss auf die Transaktion ausgeübt werden könne, stärkte die Stellung der Bank gegenüber der eigenen Regierung.[50] Als sich die deutsch-amerikanischen Beziehungen im Winter 1916/17 verschlechterten – im Februar 1917 brachen die Vereinigten Staaten die diplomatischen Beziehungen mit Deutschland ab –, beseitigte die Deutsche Bank alle verbliebenen Hindernisse, die einer Verfügung über ihre Beteiligung an Lehigh Coke im Weg standen. Mitte Januar 1917 waren die Verhandlungen mit Bethlehem Steel in vollem Gange. Zwar wurden Schmidt und einige der amerikanischen Vertreter von Lehigh Coke an den Verhandlungen beteiligt, und Schmidt war für die Deutsche Bank mit Handlungsvollmacht versehen, aber die eigentliche Abwicklung und Überschreibung von Geld gegen Aktien erledigte das Bankhaus Kuhn, Loeb & Co. mit seinen Verbindungen zu Warburg sowie Bamag und Didier. Die genauen Bedingungen des Verkaufs waren bis Anfang Februar ausgearbeitet. Die angespannt auf das Ergebnis wartenden Manager in Berlin mussten sich allerdings über Wochen gedulden, sie erhielten den Brief mit allen Einzelheiten erst am 18. April 1917, knapp vierzehn Tage nachdem Amerika Deutschland den Krieg erklärt hatte.[51]

Zur Zeit des Verkaufs hatte Lehigh Coke etwa 60 Anteilseigner. Diese verteilten sich auf fünf Gruppen: (1) das deutsche Bamag-Didier-Konsortium, (2) das Deutsche-Bank-Konsortium – mit Anteilen u.a. in den Händen von mehreren großen deutschen Banken sowie von Führungskräften der Deutschen Bank –, (3) ein amerikanisches Konsortium, (4) ein neues Konsortium, an dem auch Manager der Deutschen Bank, die Deutsche Treuhand-Gesellschaft, Bamag, Didier und weitere Bankiers beteiligt waren, sowie (5) eine besondere Gruppe von Stammaktionären (darunter Bamag und Didier), welche die Aktien als Provision zugeteilt erhalten hatten. Die Beteiligung der Deutschen Bank selbst belief sich zum Nennwert auf 420000 Dollar in Stamm- und 500000 Dollar in Vorzugsaktien. Adams' Anteilsbesitz bezifferte sich auf 150000 Dollar in Vorzugs- und 153000 Dollar in Stammaktien. Insgesamt hatte Lehigh Coke über 4,2 Millionen Dollar an Vorzugs- und 5,1 Millionen Dollar an Stammaktien – beide Angaben nach dem Ausgabenennwert – emittiert.[52] Bei einem Preis von anscheinend 105 Dollar für die Vorzugs- und 50 Dollar für die Stammaktien geschah die Übernahme für einen Gesamtbetrag von annähernd 7 Millionen Dollar, abzüglich Provisionen (5 Prozent für die Deutsche Bank) und Rückzahlung ausstehender Kredite, die von den Parteien geschuldet waren.[53] Der Betrag lag ein Drittel unter dem, den die Bank ein Jahr zuvor erwartet hatte.[54] Die meisten von Bamag und Didier gehaltenen Anteile waren Stammaktien. Nach der Bezahlung in Dollar sollten die deutschen Anteilseigner dafür Mark zu einem Wechselkurs von 5,80 Mark je Dollar erhalten.[55] Die Beträge würden in Mark in die Schweiz gesandt, wo vermutlich einige der Anleger zumindest für eine gewisse Zeit noch Konten unterhielten.[56] Bamag und Didier waren freilich über die Provision der Deutschen Bank empört – eine Reaktion, die einige als Undankbarkeit einstuften angesichts des Ausmaßes, in dem die Manager der Deutschen Bank zusammen mit anderen Teilnehmern sich viele Jahre hindurch eingesetzt hatten, um das Maschinenbauunternehmen und die Baugesellschaft vor Forderungen zu schützen.[57]

Ob die anderen Teilnehmer sich über das Ergebnis des Lehigh-Coke-Unterfangens glücklich schätzten, lässt sich schwer beurteilen. Trotz der kriegsbedingten Umsatzsteigerungen waren Bamag und Didier infolge der Investition nahezu bankrott, und ihr Ruf hatte erheblichen Schaden genommen. Ihre Fehleinschätzung trug zum frühen Tod von zwei Vorstandsmitgliedern bei, die an dem Projekt beteiligt waren – Grumbacher und Hohmann.[58] Viele Mitglieder des deutschen Konsortiums hatten den vollen Nennwert ihrer Aktienzeichnungen einbezahlt. Wenngleich sie infolge des verschlechterten Wechselkurses mehr Mark erhielten, als sie investiert hatten, waren die Anleger vermutlich enttäuscht, aber im Frühjahr 1917 wohl auch erleichtert, dass sie überhaupt etwas herausbekamen.

Die Deutsche Bank erzielte anscheinend für ihren großen Einsatz ein gutes Ergebnis. Sie hatte für die Anteile, die sie selbst hielt, nichts bezahlt – dadurch wurden ihre Dienste abgegolten – und ihre Kredite wurden zurückgezahlt. Die Bank erhielt an die 700 000 Dollar für die Kapitalanteile und die Provision (nach heutigem Wert etwa 11 Millionen Dollar). Mit einer gewissen Berechtigung meinte die Bank, sie habe sich diese Belohnung verdient. Dies hatte Mankiewitz bereits viel früher, im Dezember 1915, in einem Brief an Adams anklingen lassen. Damals hob er hervor, die Bank habe viele Risiken übernommen, auch viele Kompromisse zwischen den Teilnehmern vermittelt und so zu den von der Kokereigesellschaft bislang bereits erzielten Erfolgen beigetragen. Ein Blick auf die gesamten Bemühungen der Deutschen Bank im Verlauf der Geschichte müsste, so meinte er, die amerikanischen Investoren milder stimmen. Im ureigenen Interesse hoffte er vielleicht, die Erinnerung an die Gründe, warum die Deutsche Bank mit Bamag und Didier so behutsam umgegangen sei, könnte beitragen, die Sache zurechtzurücken und den amerikanischen Investoren rasch wieder Auftrieb zu geben. Auf jeden Fall stehe fest, so schloss er seinen Brief: Die Kämpfe hätten sie alle stark in Anspruch genommen.[59]

Die Kriegserklärung der New York Times

Fast zwei Jahre hindurch gelangte der Name der Deutschen Bank aus Gründen in die amerikanische Presse, welche die Bank lieber vermieden hätte. Noch vor Eintritt der Vereinigten Staaten in den Ersten Weltkrieg wurden viele deutsche Staatsangehörige eingehend überprüft. Bereits im November 1915 nahm die *New York Times* die Beteiligung von Hugo Schmidt und der Deutschen Bank an einer «pro-Teuton Bridgeport Company» ins Visier.[60] Im

Juli 1917 schnitt sich ein deutscher Bankier, Richard Adam Timmerscheidt, die Pulsadern auf und stürzte sich aus einem zehnstöckigen Gebäude in den Tod, angeblich weil gegen ihn wegen Beihilfe im Zusammenhang mit Berichten deutscher Agenten über Truppenbewegungen ermittelt wurde.[61]

Nach der amerikanischen Kriegserklärung wurden einige deutsche Geschäftsleute wegen des Verdachts auf Spionage für das Ausland inhaftiert, unter ihnen befand sich auch der 54 Jahre alte Hugo Schmidt. Die Nachricht von Schmidts erster Verhaftung erreichte die Deutsche Bank über einen Artikel der *Times*. Da die Bank im Glauben war oder zumindest vorgab, die Beschuldigungen seien abwegig, bat sie Schweizer Dienststellen in Washington, sich für Schmidt und dessen Freilassung einzusetzen, mehr Informationen darüber zu beschaffen, warum Schmidt verhaftet worden war, und herauszufinden, ob er durch Hinterlegung einer Kaution auf freien Fuß gesetzt werden könne.[62] Für eine Zeit lang entlassen, wurde Schmidt wie andere Deutsche auch eingehend überwacht. Mitarbeitern der Deutschen Bank in Berlin gelang es, über Rotterdam einige Nachrichten von ihm zu erhalten. Nur Briefe mit privaten Mitteilungen waren erlaubt. Er klagte, dass er seit dem 22. Dezember 1916 nichts mehr von seiner Familie gehört habe und damals nur Post von seinem künftigen Schwiegersohn erhalten habe. Durch die Bemühungen der Deutschen Bank erhielt Schmidt nach langem Zuwarten Nachrichten von seiner Familie. Im Juni 1917 berichtete der holländische Repräsentant der Deutschen Bank schließlich, dass Schmidt freigelassen worden sei und sich in besserer Verfassung befinde als befürchtet, zugleich deutete er allerdings an, dass geschäftliche Erörterungen in Zukunft vermutlich noch gefährlicher sein würden.[63]

Im Zuge von Ermittlungen der amerikanischen Regierung wegen Überweisungen des Guaranty Trust im Zusammenhang mit den Dampfschiffen *Barbarossa* und *Friedrich der Große* wurde Schmidt im Juli 1917 verhört. Es ging um Anzahlungen in Höhe von 0,6 Millionen Dollar vom Norddeutschen Lloyd, die Schmidt angeblich unter Verdacht erregenden Umständen arrangiert hatte. Nach Schmidts Aussagen hatte er vor seiner Ankunft in den Vereinigten Staaten bei seiner Arbeit in Berlin keinen Einblick in das Konto des Norddeutschen Lloyd, daher sei ihm nicht bekannt, ob die Gesellschaft der Deutschen Bank Geld schulde oder umgekehrt. Dies mag den Tatsachen entsprochen haben. Zugleich behauptete Schmidt jedoch fälschlich, dass er seit seiner Ankunft in den USA mit der Deutschen Bank nicht in Verbindung gestanden habe und dass er vermutlich seine Vollmachten überschritten habe, als er die Zahlung veranlasste. Unter den gegebenen Umständen war das eine dümmliche Lüge. Die US-Behörden hielten dem entgegen, dass die verdächtige Überweisung in Wirklichkeit dem Norddeutschen Lloyd dazu gedient habe, eine Schuld an die Deutsche Bank zu bezahlen, eine Erklärung, die Schmidt vehement von sich wies. Wenn die Reederei der Deutschen Bank

Geld geschuldet habe, also Außenstände zugunsten der Bank bestanden hätten, wäre es der Reederei im Prinzip möglich gewesen, den Betrag dadurch zu begleichen, dass sie in den USA eine Schuld für die Bank bezahlte. Durch Arrangement der Zahlung habe die Deutsche Bank – so die amerikanische Regierung – einen von ihren Aktivposten transferiert, um dessen Beschlagnahme zuvorzukommen. Am Ende nahm die Regierung den fraglichen Betrag in «Sicherheitsverwahrung».[64]

Schmidts wirkliche Probleme sollten jedoch im Herbst 1917 einsetzen. Amerikanische Geheimagenten beschlagnahmten bei einer Razzia im Büro der Deutschen Bank Tausende von Dokumenten, die angeblich nicht nur den gewöhnlichen Geschäftsverkehr der Deutschen Bank auswiesen, sondern auch belegten, dass die Bank 100 Millionen Dollar in Bargeld und übertragbaren Wertpapieren in den USA hielt – ein erstaunlicher Betrag, bedenkt man, dass das Grundkapital der Bank 1913 umgerechnet rund 48 Millionen Dollar betrug und ihre gesamten Vermögenswerte sich auf 500 Millionen Dollar bezifferten. Bald nach der Razzia wurde Schmidt erneut in Untersuchungshaft genommen. In dem Bericht über seine Vernehmung führte die *New York Times* nicht nur in sensationsheischender Weise die Beträge auf, welche die Deutsche Bank angeblich in den USA hielt, sondern ließ sich auf dürftiger Beweisgrundlage auch darüber aus, dass Schmidt die Verwendung der Gelder für Spionagezwecke steuere.

In den Skandal verwickelt waren Bola Pascha, ein französischer Staatsangehöriger, und Graf von Bernstorff, der frühere deutsche Botschafter in den Vereinigten Staaten. Diese beiden hatten angeblich geplant, zum einen den Wollmarkt spekulativ aufzukaufen, generell französischen Interessen in den USA zu schaden und – als Höhepunkt von allem – einen Frieden zu organisieren. Ein Kommuniqué von Bernstorff an das deutsche Auswärtige Amt forderte 1,7 Millionen Dollar zur Finanzierung eines finsteren Vorhabens, einer «Friedensaktion». Das Verbrechen der Deutschen Bank und von Schmidt bestand darin, Geld an Bolo überwiesen zu haben.[65]

In einem Artikel auf der Titelseite stellte die *New York Times* Beweise für Bernstorffs Versuche vor, den amerikanischen Kongress «zum Frieden zu bewegen», für sein Einfädeln des Plans von Bolo Pascha, «für pazifistische Zwecke» französische Zeitungen aufzukaufen, und für sein Arrangement eines «großen Fonds der Deutschen Bank». Für die zweite Beschuldigung hinsichtlich eines «Schmiergelderfonds» der Deutschen Bank war der einzige Beweis der Zeitung Bernstorffs Anfrage an seine Regierung, sie möge die Deutsche Bank anweisen, «9 Millionen Mark zur Verfügung von Hugo Schmidt bereitzuhalten, der als amerikanischer Bevollmächtigter für Bolo handle».[66] Schmidts Eingeständnis, er habe das Geld auf Bernstorffs Anweisung hin ausgezahlt, entschied nach Auffassung der *New York Times* den Fall im amerikanischen Sinne und gegen den früheren Botschafter und erbrachte den

Beweis für die Zahlungen an Bolo sowie andere Spionagetätigkeiten. In den Artikeln wurde jedoch kein weiteres Beweismaterial dafür angeführt, dass Schmidt wusste, für welchen Zweck das Geld verwendet werden sollte.[67] Vor allem ist jedoch festzuhalten, dass die meisten Telegramme, die als Belege für Bernstorffs Aktivitäten vorgelegt wurden, aus der Zeit vor dem amerikanischen Kriegseintritt datierten.

Nach Schmidts Aussage war er nicht für das gesamte Geschäft der Deutschen Bank in den Vereinigten Staaten verantwortlich, sondern «nur für einige besondere geschäftlichen Angelegenheiten der Bank». Er hatte keine umfassende Vollmacht, sondern diese erstreckte sich nur auf den Verkehr mit der Guaranty Trust Company. Seine Vollmacht umfasste zum Beispiel nicht Transaktionen mit der National City Bank. Im November 1917, als Schmidt in Untersuchungshaft saß, gab er unaufgefordert an, dass er irgendwann im Laufe des Jahres 1916 auf Anweisung Bernstorffs auch 6000 Dollar an einen Mann in Paterson, New Jersey, ausbezahlt habe.[68]

Schmidt wurde bis Januar 1918 nicht offiziell inhaftiert. Vor seiner Verhaftung war er verpflichtet, sich einmal in der Woche bei den Bundesbehörden zu melden. Am 20. Januar 1918 wurde er zusammen mit 35 weiteren Deutschen, die von der *New York Times* als «Spione, Agenten, Propagandisten und sonstige feindliche Unruhestifter» bezeichnet wurden, von Ellis Island in ein Gefangenenlager in der Nähe von Fort Oglethorpe in Georgia transportiert. Die Zeitung hob besonders Schmidt hervor, den sie als «den Zahlmeister des Bolo Pascha-Bernstorff-Komplotts» bezeichnete. Der Bericht fuhr fort:

> Die Teutonen gingen kurz nach drei Uhr an Bord der Ellis Island-Fähre zum Batterie Park-Hafen. Sie sangen «Die Wacht am Rhein», «Deutschland über Alles» und andere patriotische deutsche Lieder und machten verächtliche Bemerkungen, als ihr Schiff an der Freiheitsstatue vorbeidampfte.[69]

Unter den Passagieren, die unterwegs nach dieser Guantánamo Bay-Version des frühen 20. Jahrhunderts waren, befanden sich der Herausgeber einer Zeitung, dessen einziges Verbrechen darin bestand, «pro-deutsch» zu sein, und Baron Seebeck, der als «einer der Agenten der Deutschen Bank» in London beschrieben wurde. Der Zeitungsartikel führte nicht aus, um welche Art von «Agent» es sich handelte, doch bereits das Wort selbst schien in diesem Kontext für eine bedrohliche Eigenschaft zu stehen.[70] Am folgenden Tag führte die *New York Times* auf der ersten Seite Hugo Schmidts Internierung als beruhigenden Beleg dafür an, dass die Regierung gegenüber feindlichen ausländischen Spionen und Agenten eine härtere Gangart eingeschlagen habe.[71]

Bedauerlicherweise werden wir vermutlich nie wissen, was in den Briefen und sonstigen Dokumenten, welche die amerikanischen Dienststellen aus den Geschäftsräumen der Deutschen Bank beschlagnahmten, tatsächlich enthalten war. Die *New York Times* behauptete allerdings, in den Unterlagen den Beweis dafür gefunden zu haben, dass Schmidt in die Vereinigten Staaten gekommen sei, um «die Kriegsabsichten seines Vaterlandes zu unterstützen».[72] Zu den Papieren, die sich in Schmidts Safe befanden, gehörten Unterlagen – wie die Zeitung, wiederum auf der ersten Seite, berichtete –, die Schmidts Bemühungen dokumentierten, Wolle und andere Güter in neutralen oder sogar in Ländern der Entente für deutsche Unternehmen zu kaufen, die Finanzierung dieser Geschäfte zu sichern und die Bezahlung abzuwickeln. Alle von der Zeitung erwähnten Transaktionen hatten jedoch weit vor dem Eintritt der USA in den Ersten Weltkrieg stattgefunden, als zahlreiche amerikanische Unternehmen an die Alliierten und an die Deutschen Verkäufe tätigten.[73] Es wird nie in Erfahrung zu bringen sein, ob Schmidts Antrag auf Erteilung der amerikanischen Staatsbürgerschaft wenige Monate nach seiner Ankunft in den Vereinigten Staaten auf lauteren Motiven beruhte. Die *New York Times* jedenfalls verhöhnte den Antrag als weiteren Beleg für Schmidts bösartige Absicht, die deutsche Rüstungswirtschaft und Kriegsführung zu unterstützen. Schmidt wurde später US-Bürger – trotz der Behandlung, die ihm zuteil geworden war. Wie bereits erwähnt, war es zudem kein Geringerer als der Leiter der New Yorker Federal Reserve, der die Pläne der Deutschen Bank, einen Vertreter in die Vereinigten Staaten zu entsenden, schon sechs Wochen vor Ausbruch des Krieges in Europa guthieß. Überdies hatte die Deutsche Bank bereits seit Jahren überlegt, Adams durch einen Berliner Mitarbeiter zu ersetzen.

Die ganze Geschichte fand bis zum Waffenstillstand 1918 und noch unmittelbar danach viel Aufmerksamkeit. Selbst die *New York Times* bemerkte, es sei schon merkwürdig, dass Schmidt unterlassen habe, die vielen «belastenden Dokumente» zu verbergen oder zu vernichten. Unverzagt druckte sie freilich weitere «Enthüllungen» über deren Inhalt. Nach Darstellung der Zeitung lieferten die Unterlagen den «schlüssigen Beweis», dass Deutsche in den Vereinigten Staaten über umfangreichen Besitz verfügten. Ohne diese Unterlagen wäre es nahezu unmöglich gewesen, «die Handelsstützpunkte der Hunnen in Amerika aufzustöbern». Gestützt auf diese Informationen, könnte jetzt jedoch Besitz, den man einst Neutralen zugeschrieben habe, wie etwa die Hamburg-Amerika-Linie, beschlagnahmt und an «echte Amerikaner» versteigert werden. Zusätzlich zu einigen bereits erwähnten Daten berichtete die Zeitung, dass eine Liste mit 32000 Zeichnern von Kriegsanleihen der Mittelmächte in Amerika aufgefunden worden sei. Sie unterließ es jedoch, darauf hinzuweisen, dass die Zeichnungen zu einem Zeitpunkt geschehen waren, als dies noch völlig legal war. Von der Deutschen Bank im Auftrag des Auswärtigen Amts getätigte Zahlungen und Pläne, das Geschäft in Südamerika auszuweiten, und die Fortführung der Geschäftstätigkeit in neutralen Ländern waren unter den gegebenen Umständen ebenfalls normal.[74]

Selbst nach dem Waffenstillstand hielt der Kreuzzug an. In späteren Kongressanhörungen wurden Kuhn, Loeb & Co. und andere Institute mit starken deutschen Beziehungen in den Schmutz gezogen. Otto Kahn meinte, er müsse öffentlich seine Loyalität gegenüber den Vereinigten Staaten bekunden. Der stellvertretende Justizminister, Alfred Becker, der die Verfahren gegen die Deutschen führte, beschuldigte Schmidt während der Anhörungen, er habe die Briten durch Gründung einer Scheingesellschaft hinters Licht geführt, der Standard Mercantile Agency, die Wechsel auf Südamerika gezogen habe, die eigentlich von der Deutschen Ueberseeischen Bank ausgestellt waren. Schmidt habe sogar einige Wechsel auf dem Londoner Markt untergebracht. Weder der stellvertretende Justizminister noch die Mitglieder des Kongresses oder die Presse schenkten dem Umstand Beachtung, dass sich all dieses vor dem amerikanischen Kriegseintritt ereignet hatte und somit zulässige Geschäfte in einem neutralen Land waren. Zu dieser Zeit geriet selbst John McClement in die Schlagzeilen, als jemand, der die Deutsche Bank in den Vereinigten Staaten vertreten habe.[75] Schmidt wurde erst im Sommer 1919, bald ein Jahr nach dem Waffenstillstand, aus der Haft entlassen.[76] Bolo wurde im letzten Kriegswinter in Frankreich wegen Landesverrats angeklagt und hingerichtet.

Die Feindseligkeit machte nicht bei Persönlichkeiten halt. Als die Vereinigten Staaten schließlich den Krieg erklärt hatten, wurden die Amerikaner in ihrer Behandlung von Wirtschaftsfragen noch nationalistischer. Viele Gesetze wurden während und nach dem Krieg durch den Kongress verabschiedet, die insbesondere darauf abzielten, Amerika aus der Abhängigkeit von ausländischen Investoren zu befreien. Höhere Zölle, Überwachungen von Sendungen, Ermittlungen und Untersuchungen des Funkwesens und viele neue Bestimmungen der Steuergesetzgebung im Krieg waren Vorboten der Versuche in der Zwischenkriegszeit, die amerikanische Wirtschaft «amerikanischer» zu machen. Noch wichtiger war womöglich, dass die USA insgesamt «versäumten, sich auf die Herausforderungen einer weltwirtschaftlichen Führungsrolle einzustellen». Das Land schien sich von Abhängigkeiten von einem jeden Teil der Welt, wo «unamerikanische Werte vorherrschten», loslösen zu wollen.[77] Glücklicher- oder unglücklicherweise hielt freilich die Deutsche Bank – wie andere Banken auch – noch immer Wertpapiere und Bargelddepots in New York und London.

Die Enteignung deutschen Vermögens

Im Oktober 1917 trat das Gesetz über Handel mit dem Feind (*Trading with the Enemy Act*) in Kraft, das einen Feindvermögensverwalter (*Alien Property Custodian, APC*) vorsah und diesen ermächtigte, die Vermögenswerte von deutschen und anderen feindlichen Investoren zu beschlagnahmen. Bis zum 1. Januar 1918 hatte diese Dienststelle umfangreiche Ermittlungen in die Wege geleitet und 11 170 Berichte über Vermögen in feindlicher Hand gesammelt. Laut Mira Wilkins versetzten die in der Deutschen Bank aufgefundenen Unterlagen und das Ausmaß der ausländischen Investitionen in den USA den APC «in Erstaunen».[78] Einige sahen den Auftrag des APC als Gelegenheit, die Deutschen auf Dauer von ihrem amerikanischen Vermögen zu trennen und Amerikanern Zugang zu deutscher Technologie zu geben. Schon bald wurde ein Großteil des beschlagnahmten Vermögens verkauft, wenngleich dies der Absicht des Gesetzes anscheinend entgegenlief.[79]

Die deutschen Ängste, Vermögen einzubüßen, machten die anfängliche Arbeit des APC in gewisser Hinsicht einfacher. Viele deutsche Anteile waren bereits lange vor der Kriegserklärung verkauft und die Erträge transferiert worden. Um das noch verbliebene Vermögen zu erfassen, machten sich die amerikanischen Dienststellen mit großem Eifer an ihre Arbeit. Am 1. Juli 1914 hielten Deutsche 1,1 Milliarden Dollar an langfristigen US-Anlagen. Im Dezember 1918 war der Anteilsbesitz, infolge von Verkäufen und Enteignung, auf null gesunken.[80] Verschiedene Dienststellen der US-Regierung gingen rasch dazu über, ihre verschiedenen Aktivitäten zur Ermittlung des Ausmaßes des «feindlichen» Vermögens in den Vereinigten Staaten zu koordinieren. Beamte des Justizministeriums befragten Führungskräfte von Unternehmen, von denen angenommen wurde, sie seien von Feindunternehmen beherrscht.[81] Die Beschlagnahme von Feindvermögen hatte auf die Kapitalströme langfristige Auswirkungen. Bei Kriegsende übertrafen die amerikanischen Einnahmen aus Anlagevermögen im Ausland bereits die Einnahmen, die ausländische Beteiligungen in den USA erzielten, teilweise ging dies auf den Anstieg der amerikanischen Auslandsinvestitionen zurück, teilweise jedoch auf Verminderung der Werte, die insgesamt in den USA von Ausländern gehalten wurden.

Während des Krieges und in der Zwischenkriegszeit gewannen die ins Ausland gehenden Investitionsflüsse für die im internationalen Geschäft tätigen US-Banken größere Bedeutung. Die deutschen Direktinvestitionen in den USA erreichten zudem in der Zwischenkriegszeit nie mehr den Vorkriegsstand: 40 Prozent des früheren Niveaus wurden nie überschritten, die meiste Zeit lagen sie unter 20 Prozent des Vorkriegswertes.[82] Ausländische Kreditnehmer hatten auf ihre Schulden beträchtliches Aufgeld zu zahlen, 1920 bis 1924 betrug das Agio zwischen 144 und 181 Basispunkte auf den Nennwert.[83] Auch die Art der Investitionen veränderte sich. Steuerfragen und politische Rücksichten spielten eine weit größere Rolle. Damit ging einher, dass die hierbei zur Verwendung kommenden Anordnungen viel komplizierter und die Zusammenstellung von Daten zu den Investitionen schwieriger wurden.

Die Deutsche Bank hatte bereits vor der Kriegserklärung zwischen den Vereinigten Staaten und Deutschland Schritte eingeleitet, um Mittel aus den USA abzuziehen. Die National City Bank berichtete den Behörden, die Deutsche Bank habe bei ihr nur 28 291 Dollar in bar gehalten, jedoch 172 448 Dollar mit der Fälligkeit 2. April 1918 aufgenommen, die besichert waren durch 5000 Stammaktien der Western Maryland Eisenbahngesellschaft, 4319 Vorzugsaktien der Seaboard Air Line Eisenbahngesellschaft und 5469 zeitlich befristete stimmberechtigte Treuhandzertifikate der gleichen Gesellschaft. Die aufgenommenen Gelder scheinen außer Landes transferiert worden zu sein.[84] Das Justizministerium hatte einige Mühen, den Code der Deutschen Bank zu knacken und die Verästelungen ausfindig zu machen, über die die Korrespondenz der Deutschen Bank ablief. Die Verbindungen liefen über neutrale Länder und Kuriere, die auf geheimnisvolle Weise Sendungen in vorher bestimmte Briefkästen einwarfen. In mindestens einem Fall wurde der Kurier gefasst, die Briefe wurden geöffnet und anschließend wieder so sorgfältig verschlossen, dass ein Verdacht, sie seien zwischenzeitlich geöffnet worden, ausgeschlossen war.[85]

Trotzdem war es keine einfache Sache, sich einen Überblick über den Besitz der Deutschen Bank in den USA zu verschaffen. Im November 1917 begann der APC mit ausführlichen Vernehmungen von Adams, Schmidt und McClement. Diese Gespräche kreisten um die Kerbaugh Empire Company, eine Holdinggesellschaft, die Beteiligungen an mehreren, in finanzielle Schwierigkeiten geratenen Maschinenbauunternehmen hielt. Die Deutsche Bank hatte in die Unternehmen Eigenkapital eingebracht und ihnen Geld geliehen. Schmidt bestritt, dass die Deutsche Bank auch weiterhin an Allis-Chalmers und dem Niagarafall-Kraftwerk beteiligt war.[86] Die Regierung blieb bei ihrer gegenteiligen Auffassung und behauptete, dass sie im Besitz verlässlicher Informationen sei, die Schmidts Behauptung widerlegten. Adams geriet wegen seiner deutschen Verbindungen unter Verdacht.[87] Bei vielen Gelegenheiten wiederholte Schmidt seine Aussage, dass die Bank ihre Beteiligungen an den beiden Elektrizitätswerken bereits abgestoßen habe, eine Behauptung, die von McClement als zutreffend bezeichnet wurde.[88] Einige dieser Transaktionen könnten in der Tat geheim gehalten oder von Adams abgewickelt worden sein.

Zusätzlich zu den bei der National City Bank deponierten Wertpapieren und dem bei ihr aufgenommenen Kredit, die bereits oben erwähnt wurden, unterhielt die Deutsche Bank im Dezember 1917 größere Konten bei den folgenden sechs Bankhäusern: Guaranty Trust Company, Equitable Trust Company, Bankers Trust Company, Chase National Bank, Speyer & Company und Shearson, Hammel & Company, sowie Konten mit geringeren Beträgen bei zwölf weiteren Instituten.[89] Zum Besitz der Bank gehörte auch ein Grundstück in Pennsylvania.[90] Selbst einige Filialen der Deutschen Bank hielten

Einlagen in New York, aber verständlicherweise hatte sich der Nettowert der Depositengelder der Deutschen Bank gegenüber dem Vorkriegsstand verringert.[91]

Einige Jahre lang blieben die Bank und ihre Kunden über die Vermögenswerte im Ungewissen. Der Deutschen Bank war wohl bewusst, dass sie erst nach Abschluss des deutsch-amerikanischen Friedensvertrags 1921 den Versuch wagen konnte, ihr Eigentum und das ihrer Kunden zurückzubekommen. Bergmann vertrat die Auffassung, dass sich diejenigen Mitarbeiter, die Fragen der Vermögensrückgewinnung bearbeiteten, auf ein langwieriges Verfahren und beträchtliche Kosten gefasst machen müssten, hoffte aber am Ende auf einen «huebschen Gewinn».[92] Trotzdem war die Berliner Geschäftsführung vermutlich nicht auf den zähen achtjährigen Ablauf vorbereitet, der folgen sollte. Betroffen waren Einzelpersonen, Institutionen und Wertpapiere in beträchtlicher Zahl. In einer Sendung übermittelte Berlin an das New Yorker Büro sechzehn separate Dokumente, größtenteils Listen von Kunden verschiedener Filialen, alphabetisch geordnet nach dem Namen der Käufer und der Wertpapiere.[93] Betroffen waren auch die engen Bankverbindungen der Deutschen Bank, darunter Speyer, die für die Bank Urkunden verwahrt hatten oder an Geschäften mit der Bank beteiligt gewesen waren. Seit Beginn des Krieges in Europa und zumindest für ein Jahrzehnt, wenn nicht sogar für einen noch längeren Zeitraum, verlagerte sich die Tätigkeit der Deutschen Bank in den USA von dem Abschluss neuer Geschäfte zu dem Versuch, möglichst viel von der Substanz ihrer früheren Geschäfte zu bewahren. Diese Geschichte wirft ein Schlaglicht auf die Verwundbarkeit der Wirtschaft in Zeiten dramatischer, nicht voraussehbarer politischer Ereignisse, selbst in solchen Ländern, die in dem Ruf stehen, Privateigentum für unverletzlich zu achten. Wenn nationalistische Leidenschaften auflodern, haben wirtschaftliche und andere Grundsätze das Nachsehen.

Die Rettung von Vermögenswerten und Geschäftsaussichten unmittelbar nach Kriegsende

Ich danke Ihnen herzlich für die freundliche Gesinnung und die Spende. Ich selbst leide keine Not, aber jeder Deutsche hat in seinem Bekanntkreise viele ehemals wohlhabende Freunde, die durch die schreckliche Geldentwertung verarmt sind und am Hungertuche nagen. Solchen Leuten, namentlich alleinstehenden Damen und alten Leuten sind die Liebesgaben vom Ausland eine wahre Wohltat. Ich will Ihre freundliche Spende für solchen Zweck verwenden.
Gwinner an von Bargen & Ebeling, 11. März 1921[1]

Alexander Hamilton sagte einmal, ihm fehlten die Worte, um seinen Abscheu über den Vorschlag auszudrücken, Privateigentum solle aus Anlass eines Krieges zwischen Nationen beschlagnahmt und konfisziert werden. Es werden nun bald vier Jahre seit Unterzeichnung des Waffenstillstandsvertrags vergangen sein, und dennoch hat die amerikanische Regierung hinsichtlich des in Frage stehenden beschlagnahmten Vermögens noch keine Verfahrensweise beschlossen.
Abraham W. Lafferty an APC, 17. März 1922[2]

Einleitung

Die Geschäftsbeziehungen der Deutschen Bank zu den Vereinigten Staaten nach dem Ersten Weltkrieg müssen vor dem Hintergrund eines Vertrauensverlustes zwischen wichtigen Finanzakteuren sowie der turbulenten, nur von kurzen Zeiten der Ruhe und des Wachstums unterbrochenen finanziellen Umwälzungen gesehen werden. Der Waffenstillstand hatte Deutschland kaum Erleichterung gebracht. Zwar waren die alliierten Truppen nicht auf deutsches Gebiet vorgedrungen, aber Deutschland hungerte und die Lage war chaotisch. Wiederholte Angriffe von Rechts und Links unterminierten die schwachen sozialdemokratischen Regierungsbündnisse. Das Jahrzehnt nach dem Frieden ist nach Weimar benannt, da die Nationalversammlung von Berlin dorthin flüchten musste, um die neue Verfassung auszuarbeiten. Zusätzlich zu den unmittelbaren Kriegsverlusten – drei Millionen Toten – litt das Land unter den demütigenden Bestimmungen des Friedensvertrags, den die Deutschen unterzeichnen mussten. Deutschland verlor 13 Prozent seines Staatsgebietes und seiner Bevölkerung, 15 Prozent seiner Vorkriegsvermögenswerte und alle Kolonien. Nach den Auflagen des Reparationsabkommens vom Mai 1921 war Deutschland darüber hinaus verpflichtet, in Raten einen nominalen Gesamtbetrag von 31,5 Milliarden Dollar, das Zweieinhalbfache seines Bruttosozialprodukts des Jahres 1913 zu zahlen. Selbst in der seligen Vorkriegswelt wäre es schwierig gewesen, diese Rechnung zu begleichen, 1921 jedoch, angesichts der Notlage und des herrschenden Ungleichgewichts, war sie ein erdrückender Mühlstein, und sie sollte für die nächsten fünfzehn Jahre als politische und wirtschaftliche Hypothek auf Deutschland und der Welt lasten. Nahezu sämtliche deutschen Auslandsanlagen – 7 Milliarden Dollar oder 10 Prozent des Volksvermögens – waren verloren. Aber all dies verschaffte Deutschland noch keinen Frieden mit der größten Volkswirtschaft der Welt, mit den Vereinigten Staaten von Amerika, deren Ablehnung des Versailler Friedensvertrags bedeutete, dass sich die beiden Länder de jure bis 1921 im Kriegszustand befanden.[3]

Die Krisen- und Katastrophenstimmung, die im Krieg um sich gegriffen hatte, blieb auch in den Zwischenkriegsjahren vorherrschend. Politische Spannungen, Auseinandersetzungen über die Reparationen und chaotische Verhältnisse bei den Preisen, der Geldmenge, den Wechselkursen, den Kapitalbewegungen, im Handel und im Bankwesen waren ein hervorstechendes Merkmal der Wirtschaftsgeschichte der gesamten Zwischenkriegszeit. Auf einen kurzlebigen Nachkriegsboom folgte 1920/21 in vielen Ländern eine Rezession und eine ernste Bankenkrise. Obwohl die Zuversicht und die Produktion Mitte der zwanziger Jahre wieder Fuß fassten, waren beide Belebungen nur von kurzer Dauer. Selbst vor der Weltwirtschaftskrise kam es kaum zu einer internationalen Währungskooperation in einem Ausmaß, das sich dem Vorkriegsniveau angenähert hätte, und dieser Faktor trug erheblich zu dem Ungleichgewicht in Kapital- und anderen Märkten wie auch zu größeren Investitionsrisiken bei. Nach 1931 schien die Welt dann in zwei feindliche Wirtschaftsblöcke gespalten, die jeweils eine Spielart von Autarkie verfolgten. Durch die effektive Zerstörung des Goldstandards, eines Mobilitätsfaktors, und durch die Verdrängung der Bank von England als *banker of last resort* riss der Erste Weltkrieg die «Säulen der internationalen Wirtschaftsordnung» in den Abgrund.[4] Das deutsche Bankwesen war durch diese Entwicklungen besonders stark betroffen. Da das internationale Geschäft weitgehend zerstört, die Kapitaldecke im Inland erheblich reduziert war und die Binnennachfrage nach finanzieller Hilfe zunahm, geriet Deutschland unter starken inneren wie äußeren politischen und wirtschaftlichen Druck.[5]

Zusätzlich zu den wirtschaftlichen und materiellen Kriegsfolgen erschwerten nationale Haltungen den Heilungsprozess. Während die Alliierten

Der Vorstand der Germanistic Society in New York 1929 (v.l.n.r.): Ferdinand W. Lafrentz (Präsident der Germanistic Society), Friedrich von Prittwitz und Gaffron (deutscher Botschafter), Nicholas M. Butler (Präsident der Columbia-Universität), Edward D. Adams, Frederick W. J. Heuser (verantwortlich für das Deutsche Haus).

die deutsche Schuld im Versailler Friedensvertrag festschrieben, schoben die meisten Deutschen den Alliierten die Verantwortung zu. Knapp ein Jahrzehnt nach Kriegsende trieb Gwinner die Frage in so starkem Maße um, dass er einen Artikel veröffentlichte, in dem er Frankreich und Russland bezichtigte, den Krieg geschürt zu haben. Unter dem Titel «Wer waren die Kriegsschuldigen von 1914?» präsentierte er viele Beweise, dass Frankreich und Russland nicht nur heimlich planten, den Krieg zu beginnen, sondern auch Deutschland keine andere Wahl ließen als zu kämpfen.[6]

Sogar Adams distanzierte sich eine Zeitlang von seinen deutschen «Freunden». In den zwanziger Jahren wurden Briefe zwischen ihm und der Deutschen Bank seltener. 1925 veranstaltete die *Engineering Society* ein Abendessen im Waldorf Astoria zu Ehren von Adams anlässlich seines 79. Geburtstages. Bereits der Festausschuss der Abendgesellschaft versammelte klangvolle Namen. Dem Komitee gehörten u. a. an: Thomas Edison, Will Durant, Nicholas Murray Butler, Philip Dodge, Vernon Kellogg, Charles M. Schwab und H. H. Westinghouse.[7] Von der Deutschen Bank nahm niemand an dem Festbankett teil, allerdings sandte der Vorstand ein Telegramm, eines von Hunderten, die im Hotel eingingen, und sprach Adams seine Anerkennung für den erfolgreichen Abschluss der Sanierung von Northern Pacific und die Beteiligung der Bank an der Goldanleihe von 1896 aus.[8] Ein Jahr darauf wurde Adams die John-Fritz-Gedenkmedaille verliehen, mit der zuvor unter anderem Edison, Thomson und Marconi ausgezeichnet worden waren.

Allen anderen war die Auszeichnung für ihre Erfindungen zuerkannt worden, Adams erhielt sie für seine Leistung als Ingenieur, Finanzier und Wissenschaftler, «dessen Vision, Mut und Einsatz die Anfänge des Wasserkraftwerks an den Niagarafällen» zu einer ergiebigen Energiequelle hatten werden lassen.[9] Doch in seiner Geschichte des Niagara-Kraftwerks erwähnte Adams die Deutsche Bank mit keinem Wort.

Von Zeit zu Zeit wurde Adams um seinen Kommentar zu früheren Bankgeschäften gebeten, sein Rat war insbesondere bei Problemen im Zusammenhang mit Eisenbahngesellschaften gefragt, die offenbar nie aufhörten. Adams nahm auch lebhaften Anteil an der Ausgestaltung der deutsch-amerikanischen Beziehungen, so beteiligte er sich zum Beispiel 1929 an der feierlichen Einweihung des neuen Gebäudes der Germanistischen Gesellschaft an der Columbia-Universität in New York, welches das ursprüngliche, vor Jahren von ihm gestiftete Haus ersetzte.[10] In seinem letzten Schreiben an Gwinner, lange nachdem Adams jede offizielle Funktion bei der Deutschen Bank aufgegeben hatte und kurz vor beider Tod, kehrte Adams zu seiner früheren Gewohnheit zurück, Zeitungsausschnitte, die Gwinner interessieren könnten, seinem Brief beizulegen; die Zusammenstellung umfasste Artikel mit Kommentaren zur amerikanisch-deutschen Politik und Berichte über die Entwicklung von Unternehmen, in die die Bank investiert hatte.[11] Adams starb 1931. Er lebte lange genug, um noch kurz vor seinem Tod Zeuge der nächsten großen Panik und Erschütterung des Weltfinanzsystems zu werden, eines Zusammenbruchs, der sich vermutlich am besten als verzögerte Reaktion auf Ereignisse und Umstände begreifen lässt, die durch den Ersten Weltkrieg ausgelöst worden waren. Gwinner starb nur wenige Monate später, im Dezember 1931.

Die ersten Jahre nach dem Ende des Krieges werden für immer vor allem mit der Hyperinflation und der Achterbahnfahrt der deutschen Währung in Verbindung gebracht werden, deren Wirkungen die internationale Wirtschaft über weite Strecken der Zwischenkriegszeit beherrschten und bis zum heutigen Tag ökonomische und kulturelle Narben in der deutschen Psyche zurückgelassen haben. Mit der Inflation kamen der Zusammenbruch der Mark, die Vernichtung der Ersparnisse und die Entwurzelung der Mittelschicht. Von 1914 bis zum November 1923 veränderte sich der Wechselkurs des Dollars von 4,21 auf 4,2 Billionen Mark, um dann nach der Stabilisierung und Einführung einer neuen Währung wie von Wunderhand wieder bei 4,20 Reichsmark zu landen.[12] Bis ins Mark erschüttert, fand die deutsche Wirtschaft selbst in den besten Jahren der Weimarer Republik nie zu ihrer Vorkriegsdynamik zurück. Gleiches galt für die Geschäftstätigkeit deutscher Unternehmen im Ausland, die auf Dauer hinter dem Vorkriegsstand zurückblieb.[13] Die schließlich vollzogene und zwingend erforderliche Stabilisierung der Währung, zunächst lediglich durch Einführung der Rentenmark im November

Wie diese zeitgenössische Zeichnung zeigt, waren amerikanische Gelder anfangs hochwillkommen. Anleihen finanzierten unzählige öffentliche und private Projekte – darunter einige von zweifelhaftem Wert –, und das mit Summen, die eine Rückzahlung in Devisen zu den festgelegten Terminen praktisch unmöglich machten. Binnen kurzem wurden sie zu einem weiteren verhassten Symbol der Abhängigkeit vom Ausland.

1923 (im August 1924 wurde sie in die Reichsmark überführt), zog eine scharfe Rezession nach sich und war voller politischer Fallstricke. Die Stabilität, die die Währungsreform brachte, war kurzlebig und fragil. Bereits 1928 zeigte Deutschland erneut Anzeichen einer Rezession, und das folgende Jahr «sah den Anfang einer Reihe von verlustreichen Bank-Paniken und Bank-Insolvenzen in Europa, die 1931 mit dem Zusammenbruch der größten österreichischen Bank ihren Höhepunkt erreichten, sowie schwere Bankkrisen in Deutschland und in den USA».[14]

In den 1920er Jahren boten sich in Nordamerika für die deutsche Wirtschaft ungewöhnliche Möglichkeiten und Herausforderungen. Während die amerikanischen Behörden das beschlagnahmte deutsche Vermögen verwalteten, sahen manche Privatleute in Deutschland eine Art Basar mit billigen Waren und Firmen, mit denen sie ihren Hunger stillen und wo sie ihre frisch gemachten Gewinne investieren konnten. Die amerikanischen Märkte, die Finanz- wie auch die Verbrauchermärkte, dehnten sich in den 1920er Jahren rasch aus. Die USA waren bei weitem das reichste Land der Welt. Zwischen

1926 und 1929 erzeugten sie 42 Prozent der gesamten Weltproduktion. Amerikanische Auslandsportfolio- und Direktinvestitionen strömten in großen Mengen in die Welt hinaus, zugleich schwächten sich allerdings die Inlandsinvestitionen ab. 1929 summierten sich die Auslandsinvestitionen der USA auf 27,1 Milliarden Dollar, während die Inlandsinvestitionen nur den niedrigen Wert von 5,8 Milliarden Dollar erreichten und damit weit geringer ausfielen als 1914. Allein ausländische Staaten schuldeten den USA 11,7 Milliarden Dollar.[15]

Die Deutsche Bank profitierte auf mancherlei Weise von den einströmenden Finanzmitteln, allerdings gingen diese Transaktionen mit zahlreichen neuen Risiken einher. Die Bank half, mehrere Anleihen deutscher Unternehmen auf dem amerikanischen Kapitalmarkt unterzubringen, und nutzte ihren Ruf in den Vereinigten Staaten, um Mittel für mittelständische deutsche Firmen zu mobilisieren, die sonst kaum Zugang zu Dollar-Finanzierungen gehabt hätten. Die Bank selbst war Nutznießer des amerikanischen Interesses für ihre Aktien und erwog, sie direkt an der New Yorker Börse notieren zu lassen.[16] Zudem half die Deutsche Bank mehrere Anleihen für deutsche öffentliche Institutionen, darunter die 50-Millionen-Dollar-Anleihe für das Deutsche Reich des Jahres 1929, auszuhandeln.[17]

Die Deutsche Bank und die New Yorker Bankenszene

Trotz der neuen Herausforderungen änderte die Deutsche Bank nur wenig an der Art und Weise, wie sie ihr US-Geschäft betrieb. Ohne die Verfügung über die Wertpapiere, die sie besaß oder für Kunden verwahrte, gab es für die Deutsche Bank jedoch kaum eine Notwendigkeit, ihre Interessen bei US-Firmen durch einen Amerikaner vertreten zu lassen. Schmidt unterhielt als Angestellter der Deutschen Bank in New York eine Vertretung ohne Rechtsstatus und ohne besondere Rechte oder Pflichten einer Bank. Die Deutsche Bank stützte sich wie bisher auf Korrespondenzbanken und persönliche Beziehungen mit anderen Banken, allerdings löste sich die enge Beziehung zu Speyer, und andere New Yorker Banken veränderten ihre internationale Orientierung. Konkurrenten, Kräfte beanspruchende Verwaltungsaufgaben und Unruhen im Innern trugen das Ihre bei, um die Deutsche Bank daran zu hindern, von jener Welle der Expansion im internationalen Bankgeschäft und im grenzüberschreitenden Anlagegeschäft zu profitieren, die für die 1920er Jahre bezeichnend war.[18] Nationalistische und populistische Gefühle standen noch so hoch im Kurs, dass Mitte der 1920er Jahre mehrere Gesetze den Beteiligungsbesitz von Ausländern an US-Unternehmen in verschiedenen Wirtschaftsbereichen einschränkten, allerdings richteten sich die Vorbehalte mehr gegen britische als gegen deutsche Unternehmen.[19]

Amerikanische Banken packten die Gelegenheit beim Schopf und machten sich umgehend die europäische Schwäche zunutze, um in Märkte einzudringen, in denen die Deutschen stark gewesen waren. Die Equitable Trust Company zog eine umtriebige Asien-Abteilung auf. In Berlin meinten einige, die Deutsch-Asiatische Bank und die Deutsche Ueberseeische Bank – beide der Deutschen Bank engstens verbunden – könnten vielleicht Partnerschaften mit diesen amerikanischen Instituten aufbauen in der Art, wie dies einige deutsche Banken, etwa die Dresdner Bank mit Equitable Trust, allerdings ohne Erfolg, einzufädeln versuchten.[20]

Noch bevor der amerikanisch-deutsche Friedensvertrag unter Dach und Fach war, wollten einige alte Freunde Geschäfte mit der Deutschen Bank machen. Schwab von Bethlehem Steel ließ Schmidt wissen, dass er nach Europa reisen werde und mit Vertretern der Deutschen Bank zusammenzutreffen wünsche. Er behauptete, große Stücke auf Deutschlands industrielle Zukunft zu setzen. Mit den in den Kriegsjahren erzielten Gewinnen hätten er und seine Freunde vor, ein Konsortium nahestehender Unternehmen zusammenzubringen und 1 Milliarde Mark in deutsche Aktien zu investieren.[21] Schmidt sicherte Schwab die Teilnahme und Hilfe der Deutschen Bank zu, warnte jedoch seine deutschen Kollegen vor dem Angriff amerikanischen Geldes, das gierig sei, billige deutsche Vermögenswerte zu kaufen.[22] Schmidt bat dringend, Schwab möge sich dafür einsetzen, dass der beabsichtigte Kauf wenigstens dazu beitrage, Deutschlands politische Isolation aufzubrechen. Schwabs Einkaufsliste, auf der u. a. Siemens & Halske, AEG und Krupp standen, umfasste beträchtliche Mengen von Stammaktien, ohne dass damit jedoch zwingend die Absicht einherging, eine Mehrheitsbeteiligung und bestimmenden Einfluss zu gewinnen.[23]

Schmidt sah sich mit einigen praktischen und auch bizarren geschäftlichen Fragen konfrontiert. Bald nach Kriegsende mietete er einen Raum von McClement an, was freilich keine Dauerlösung darstellte. Ab Mai 1920 mietete er ein Büro in dem Gebäude der Equitable Trust Company im Broadway 120. Räume waren nur schwer zu bekommen, und die Mieten hatten sich seit Anfang des Krieges verdoppelt. Schmidts Umzug macht es erforderlich, McClement zu versichern, dass die Beziehung zwischen der Deutschen Bank und ihm keine Veränderung erfahren werde, aber anscheinend hatten sich schon einige Konflikte zusammengebraut. Die Bank stellte die Veröffentlichung ihres Geschäftsberichts in Englisch ein; nur noch finanzielle Schlüsseldaten wie Ertrag, Gewinn, Summe der Aktiva wurden für die Amerikaner zusammengestellt.[24]

Im Juli 1920 wurde Schmidt schließlich von allen Auflagen im Zusammenhang mit seiner bedingten Strafaussetzung freigestellt. Das Justizministerium der Vereinigten Staaten warnte ihn, dass alle feindlichen Ausländer, einschließlich derjenigen, die bedingt entlassen worden waren, erneut interniert werden könnten. Dennoch konnte Schmidt jetzt das erste Mal seit 1914 wieder nach Deutschland reisen, allerdings war ihm jegliche Handlung strikt untersagt, die als feindlicher Akt gegenüber den Vereinigten Staaten ausgelegt werden könnte.[25]

Hugo Schmidt hatte in New York nur einen kleinen Mitarbeiterstab. Von Personalproblemen blieb freilich auch er nicht verschont, vielmehr setzten sie ihm in gerütteltem Maße zu.[26] Anfang 1920 hatte ein wichtiger Mitarbeiter einen Nervenzusammenbruch und musste ins Krankenhaus eingeliefert werden. Am meisten machte Schmidt ein Namensvetter, der Prokurist Wilhelm Schmidt, zu schaffen, der von Deutschland zu ihm geschickt worden war, um die Forderungen der Deutschen Bank und von deren Kunden gegenüber dem Feindvermögensverwalter (APC) zu bearbeiten. Wilhelm Schmidt hielt sich fast zweieinhalb Jahre auf diesem Posten, bis seine Vorgesetzten wegen der bei seiner Tätigkeit anfallenden Kosten in Sorge gerieten, er gegen Direktor Hugo Schmidt immer aggressiver auftrat und Berichte einliefen, dass er durch sein Auftreten gegenüber US-Regierungsangestellten in Washington deren Ärger auf sich gezogen hatte.[27]

Die Vertretung von Kunden der Deutschen Bank gegenüber dem APC muss zermürbend und langwierig gewesen sein, da der unmittelbare Ertrag gering war. Dies mochte ein Grund sein, warum die Deutsche Bank über die Kosten so besorgt war. Eine Aufstellung von Kunden der Deutschen Bank mit Forderungen gegenüber dem APC führte für nur ein Unternehmen, die Baltimore & Ohio Railroad, vierzehn Namen von Depotinhabern auf. Manche von ihnen hielten nicht mehr als drei Aktien des Unternehmens.[28] Jeder Fall hatte ein eigenes Aktenzeichen.

Dazu kamen Reibungen mit der Zentrale in Berlin. Einige dortige Abteilungen waren der Auffassung, Schmidts Mitarbeiter würden nicht ausreichend auf ihre Anfragen reagieren. Schmidt verteidigte sie mit allem Nachdruck, wobei er entgegenhielt, die Aufteilung der Zuständigkeiten in Berlin führe dazu, dass sein kleiner, überarbeiteter Mitarbeiterstab von mehreren Seiten mit Briefen bombardiert und mit Fragen überschüttet werde.[29] Schmidt befand anscheinend, dass sich zu viele Leute einmischen wollten. Die Anwaltskosten seiner Abteilung schnellten währenddessen in die Höhe. Allein für den APC beliefen sie sich bis zum 16. Dezember 1925 auf nahezu 170000 Dollar.[30] Die deutsche Regierung trug dazu bei, die Arbeitsbelastung zu erhöhen. Im März 1926 brachte jemand in den USA vor, die deutsche Regierung habe 10 bis 12 Millionen Dollar bei der Deutschen Bank in New York deponiert, bevor die USA in den Krieg eingetreten waren. An die Deutsche Bank erging die Anfrage, bei der Zurückweisung dieser Beschuldigung behilflich zu sein.[31] Ein Großteil des Geschäfts, das im New Yorker Büro zu erledigen war, erstreckte sich auf die Korrespondenzbanken und Depositenkonten, wie etwa denjenigen, die bei Bankers Trust gehalten wurden. Wie immer gingen

Alfred Blinzig in den späten 1930er Jahren. Blinzigs Erfahrung in den Vereinigten Staaten war für die Deutsche Bank vor allem in den schwierigen 1920er Jahren besonders nützlich. Er war eine Schlüsselfigur der Bank bei den Verhandlungen über beschlagnahmtes Vermögen, Reparationen und die Revision des Dawes-Plans.

auch viele Anfragen ein, die Marktinformationen, Kurse einzelner Wertpapiere und selbst den Austausch von Gerüchten betrafen.[32]

Noch aus anderen Gründen war es für die Deutsche Bank schwierig, wieder Bankbeziehungen herzustellen. Zwar konnten einzelne Bankiers wie etwa Alfred Blinzig von der Deutschen Bank und Thomas W. Lamont von Morgan, die vor dem Krieg zusammengearbeitet hatten, sich treffen und Fragen der deutschen Wirtschaftslage, der amerikanischen Hilfe an Deutschland und der Transfers erörtern, Morgan hatte sich jedoch im und nach dem Krieg so stark für die Finanzierung der Alliierten engagiert, dass den US-Banken wenig Zeit und Mittel für Investitionen in Deutschland verblieben waren. Morgans Filialen in London und Paris tätigten einige europäische Geschäfte in New York, was die Bank anscheinend für ausreichend hielt. Jedenfalls bekundete das Bankhaus Morgan wenig Interesse, die Deutsche Bank in Deutschland zu seiner wichtigsten Bankverbindung zu machen. Es gab zu viele gute Alternativen, und bei Morgan begann man zu überlegen, dass man auf einen Mittler verzichten könne. Strittige Angelegenheiten aus der Vorkriegszeit schoben sich zwischen die Deutsche Bank und einige amerikanische Banken. Die Deutsche Bank musste sich auf einem schmalen Grat bewegen zwischen der Forderung nach Entschädigung, zu der sie sich moralisch berechtigt glaubte, und dem Verlust möglicher künftiger Geschäfte mit mächtigen New Yorker Bankern.[33]

Trotz der Spannungen, die während des Krieges innerhalb der New Yorker Bankenwelt aufbrachen, blieb eine Art Netz zwischen den Banken davon unbeeinträchtigt. Mira Wilkins hat diesen Verbund als «weltoffenen Flügel im Bankgeschäft» beschrieben, als Verflechtung von Inlands- und Auslands-Investitionstätigkeiten und Instituten.[34] In der Zwischenkriegszeit wurden die Vereinigten Staaten zugleich Quelle und Empfänger von langfristigem Kapital; im Zentrum standen dabei das Ineinandergehen von direkter und Portfolio-Investition im Ausland sowie die unternehmensinterne Allokation von Kapital. Amerikanische Portfolio-Investitionen in ausländischen Unternehmen ermöglichten Direktinvestitionen in den Vereinigten Staaten. US-Banken übernahmen die Führung bei der Verwaltung von Portfolio-Investitionen in den USA, aus denen sich im Gegenzug wiederum Portfolio- und Direktinvestitionen in anderen Ländern speisten.[35]

Nicht alle Investitionen flossen nach New York, das als Bankenzentrum selbst London den Rang streitig machte. Der Tod mancher Persönlichkeit des öffentlichen Lebens, andere Transaktionen und der starke Dollar waren für ausländische Anleger ein Anreiz, ihre Vermögenswerte in den USA zu verkaufen. Als zum Beispiel Mount Stephen im Dezember 1921 starb, gehörte zu seinem Nachlass eine Fülle bedeutender Beteiligungen an amerikanischen Eisenbahnlinien. Auch die Politik der amerikanischen Regierung trug zu dem Verkauf von Vermögenswerten bei, die Ausländer in den USA hielten. Die Prohibition in den USA und Beschränkungen des Besitzanteils von Ausländern in vielen Wirtschaftszweigen, zum Beispiel Nachrichtenwesen und Banken, führten zum Abzug ausländischer Anlagen in US-Unternehmen.[36]

Ausländische Banken waren darauf bedacht, am Geschäft beteiligt zu werden, und amerikanische Banken ließen es sich ernsthaft angelegen sein, ihre internationale Präsenz aufzubauen. Die Reglementierung der Banken wandelte sich erheblich, aber die neuen Auflagen änderten anscheinend nichts an der Art oder Substanz der deutschen Beteiligung am amerikanischen Bankwesen. Familiäre Verbindungen der Vorkriegszeit wie im Falle von Warburg und Speyer bestanden nach dem Krieg fort.[37] Andere entschieden sich, eine internationale Bank aufzubauen, was nach dem Bankengesetz des Staates New York möglich war. Der Erfolg derartiger Gebilde war wechselhaft. Das berühmteste Beispiel war die International Acceptance Bank (IAB), die im April 1921 von Paul M. Warburg in New York mit 276 Millionen Dollar amerikanischem und 271 Millionen Dollar ausländischem Kapital gegründet wurde. Das Bankhaus M. M. Warburg in Hamburg war, obwohl es bis 1925 nicht Anteilseigner war, aktiv beteiligt. Die IAB spezialisierte sich auf Banktransaktionen zwischen Deutschland und den Vereinigten Staaten. Nach einigen erfolgreichen Jahren verbreiterte die IAB ihr Angebot. Sie gründete die American & Continental Corporation, die potentiellen deutschen Kreditnehmern zur Seite stehen sollte. Zu diesem Zeitpunkt schloss sich die Deutsche Bank, zusammen mit einigen weiteren deutschen und europäischen Banken, der Gruppe als Investor an. Im Dezember 1928 beschloss die Bank of Manhattan, die IAB über einen Aktientausch zu kaufen, und trennte umgehend deren Akzept-Geschäft von dem Anlageberatungszweig.[38]

Bei all diesen Bewegungen und trotz des Wiederauflebens einer internationalen Bankengemeinschaft hatte jedoch die Deutsche Bank, zu ihrem eigenen Leidwesen, einen bedeutenden Teil ihres früheren Wettbewerbsvorsprungs eingebüßt. Große deutsche Unternehmen sahen wenig Anlass, sich wegen ihrer Investitionen und Kreditaufnahmen in den USA gerade an die Deutsche Bank zu wenden. Zudem verfestigte sich bei amerikanischen Firmen die Überzeugung, dass sie direkten Zugang zu den deutschen Märkten erlangen könnten. So gründete etwa der (gleichnamige) Sohn des Schwerindustriellen Hugo Stinnes nach dessen Tod mit Hilfe amerikanischer Geschäftspartner ein eigenes Unternehmen in den USA zur Finanzierung der deutschen Konzernteile und tilgte zudem einen großen Teil seiner inländischen Schulden. Bei den Vereinigten Stahlwerken trat Dillon, Read & Co, nicht etwa eine deutsche Bank, als Hauptzeichner der begebenen Anleihe auf.[39] Vertreter der größeren deutschen Unternehmen suchten oft noch nicht einmal das Büro der Deutschen Bank in New York auf. Bei der Emission von deutschen Wertpapieren auf dem amerikanischen Markt spielte die Deutsche Bank nur eine unerhebliche Rolle. Nur wenige deutsche Unternehmen, die zwischen 1924 und 1929 in den USA Direktinvestitionen tätigten, machten anscheinend von den Diensten der Deutschen Bank Gebrauch.[40] Zudem wiesen die Investitionen in den USA in der Zwischenkriegszeit einen anderen Charakter auf. Vor dem Ersten Weltkrieg hielten die Unternehmen nach neuen Anlagemöglichkeiten Ausschau. Nach 1914 spielten Sicherheitsüberlegungen und die Umgehung von Handelsbarrieren im internationalen Geschäft eine weit größere Rolle.[41]

Die Deutsche Bank und der Feindvermögensverwalter (APC)

Zu den wichtigsten, die Deutschen tangierenden Bestimmungen gehörten diejenigen, die Vermögenswerte betrafen, die sich in Händen des Feindvermögensverwalters (APC) befanden. Er verkaufte viele dieser Vermögenswerte, andere verwaltete er treuhänderisch. Seine Tätigkeit war von einer Reihe von Skandalen überschattet.[42] Obwohl die meisten amerikanischen Unternehmenshistoriker von den großen strategischen und organisatorischen Innovationen im amerikanischen Geschäftsleben nach dem Ersten Weltkrieg sprechen, erwähnen dabei nur wenige die großen Wettbewerbsvorteile, die aus der Beschlagnahme deutschen Eigentums resultierten. Allein die Firma Sterling Products kaufte im Dezember 1918 1200 Bayer-Patente. Andere amerikanische Chemieunternehmen wachten ängstlich darüber, bei der Fütterung der Meute nicht übergangen zu werden. Im Februar 1919 wurde eine gemeinnützige Gesellschaft, die Chemical Foundation, zu dem Zweck gegründet, die beschlagnahmten deutschen Patente und Warenzeichen (insgesamt 4500) in Besitz zu nehmen und deren Nutzungsrechte an amerikanische Unternehmen zu vergeben.[43] Ungeachtet vieler technischer Probleme, welche die amerikanischen Unternehmen nach Unterstützung seitens der vormaligen deutschen Eigentümer Ausschau hielten ließen und in einigen Fällen zu Gemeinschaftsunternehmen führten, verschaffte der einfache Zugang zu deutscher Verfahrenstechnik amerikanischen Unternehmen in den nächsten Jahrzehnten enormen Auftrieb im internationalen Wettbewerb.

Ernsthafte Bemühungen der Deutschen Bank, ihre Vermögenswerte zurückzugewinnen, setzten anscheinend 1921 ein. Der Berliner Zentrale war daran gelegen, über den gesamten Prozess weitgehend selbst die Oberaufsicht zu behaupten. Die Deutsche Bank richtete zwei Abteilungen ein, deren hauptsächliche Tätigkeit offenbar darin bestand, die Vorkriegsvermögenswerte der Bank wiederzuerlangen. Einige Briefe an Schmidt mit detaillierten Instruktionen umfassten zehn Seiten, ohne Berücksichtigung der oft ausführlichen Anlagen. Dabei ging es für die Bank nicht nur um den Abgleich dessen, was der APC zu haben meinte, mit dem, was ihre New Yorker Depositenbanken 1918 gehabt zu haben behaupteten, sondern sie musste auch von ihren Filialen im In- und Ausland Erkundigungen einziehen, welche Beträge diese selbst oder für Kunden in New York gehalten hatten. Eine Flut von Briefen ergoss sich in beide Richtungen und erging sich in Details des Anmeldeverfahrens. Ohne detaillierte und bestätigte Aufstellungen aller Eigentumswerte konnte das ganze Verfahren überhaupt nicht angegangen werden. Einige Wertpapiere hatten Nummern, andere nicht. Einige waren Inhaberpapiere, andere auf den Namen lautend. Alle Details mussten genau stimmen, um beim APC durchzukommen. Die Aufstellung der von Speyer & Co. gehaltenen Wertpapiere erstreckte sich über 11 Seiten und umfasste an die 300 unterschiedliche Posten mit einem Nennwert von rund 800000 Dollar, die dort vermutlich für verschiedene Kunden der Deutschen Bank verwahrt waren. Die Zusammenstellung für Bankers Trust war wesentlich kürzer, aber der Nennwert erreichte auch hier immerhin 400000 Dollar. Insgesamt hatte die Deutsche Bank 1918 Wertpapiere mit einem Nennwert von rund 4,4 Millionen Dollar bei 15 New Yorker Instituten hinterlegt, darunter befanden sich auch die National City Bank, Chase und Kuhn Loeb. Die beiden größten Hinterlegungsstellen waren Blair & Co. und die Guaranty Trust Company of New York.[44]

Im Mai 1921 schätzte die Deutsche Bank, dass sich ihr zusammengefasster Vorkriegsbesitz in den USA – also von der Zentrale in Berlin, von Filialen, von Konsortien unter Führung der Deutschen Bank und Einlagen von Kunden – auf Guthaben in Höhe von 1,3 Millionen Dollar und Wertpapiere für 3 Millionen Dollar belief. Von dem Gesamtbetrag gehörten rund 3 Millionen Dollar der Deutschen Bank. Nach einem Aktenvermerk umfasste der Antrag 1700 Fälle, wobei die Londoner Filiale nicht berücksichtigt war,[45] die allein 55 verschiedene Konten in den USA im Kundenauftrag geführt hatte. Darunter befanden sich auch einige Treuhandkonten in Großbritannien, vermutlich jedoch im Auftrag von Deutschen, die glaubten, sie führen doppelt sicher, wenn sie für Depots in den USA eine Londoner Bank benutzten.[46] Die Vermögenswerte in der Obhut der Deutschen Bank umfassten Hunderte von unterschiedlichen Wertpapieren vieler Wirtschaftszweige, darunter befanden sich einige altbekannte Namen wie Northern Pacific (Schuldverschreibungen und Aktien), Allis-Chalmers (Aktien), Western Maryland (Stamm- und Vorzugsaktien), ferner einige Anlagen jüngeren Datums, etwa in California Petroleum Corporation (Stamm- und Vorzugsaktien) und AT&T, aufgeteilt auf viele Interessengemeinschaften und Finanzgruppen.

Selbst alle diese Bemühungen und Vorkehrungen garantierten jedoch keinen Erfolg. Nach einigen Schätzungen würde es mindestens zweieinhalb Jahre dauern, die Vermögenswerte zurückzuerhalten. Andere Institute und Einzelpersonen wetteiferten darum, diejenigen zu vertreten, die Vermögen verloren hatten.[47] Zumindest einige Amerikaner waren der Auffassung, dass die Beschlagnahme und der Verkauf der Vermögenstitel amerikanischen Werten widersprachen. Erst im November 1925 rang sich die US-Regierung durch, die Deutschen für das verlorene Vermögen zu entschädigen, und verabschiedete ein entsprechendes Programm.

Der Verlust dieser Vermögenswerte zog für die Deutsche Bank verschiedene Belastungen nach sich. Bei einigen der Unternehmen hatte die Bank auf die Entscheidungen der Unternehmensführung Einfluss ausgeübt. Diese Möglichkeit der Einflussnahme fiel weg. Die von ihr bestimmten Mandatsträger verließen die Leitungsgremien der Unternehmen, die einst im Besitz der Deutschen Bank gewesen waren, anscheinend ohne vorher Rücksprache mit ihr genommen zu haben.[48] Bei strittigen Bewertungsfragen, welcher Wechselkurs bei Transaktionen zugrunde gelegt werden sollte, konnte zum Beispiel die Deutsche Bank kaum oder gar keinen Einfluss geltend machen. Darüber hinaus büßte sie an Zahlungsfähigkeit ein und war der Möglichkeit beraubt, Anlagen zu einem günstigen Zeitpunkt abzustoßen.

Die Wertpapiere der B&O Eisenbahngesellschaft stellten die Bank vor ein besonderes Problem. Da sie die Aktie an der Berliner Börse eingeführt hatte, musste sie selbst einen Bestand halten. Sie war auch zuständig, die von B&O auf ihr Konto in New York einbezahlten Dividenden an die deutschen Aktionäre weiterzuleiten. Die Aktien befanden sich jedoch in Händen des APC, und B&O war gezwungen, die hierauf entfallende Dividende an die Regierung zu zahlen. Mit dem eigenen Beteiligungsbesitz der Deutschen Bank vermischt waren Aktien, die sie für ihre Kunden, darunter Anleger aus neutralen und sogar Ententeländern, hielt. Die Lage wurde dadurch noch verwickelter, dass die beiden letzteren Gruppen nach amerikanischen Bestimmungen einen Rechtsanspruch auf sofortige Rückgabe ihrer Wertpapiere hatten.[49] Den Besitznachweis zu erbringen und allen Forderungen des APC hinsichtlich der Dokumente nachzukommen war keine einfache Sache. Ein kleiner Fehler in den Formularen – jedes Wertpapier trug eine Nummer – konnte entnervende bürokratische Verzögerungen heraufbeschwören. Am Ende führten die finanziellen Probleme von B&O selbst und die schleppende Rückgabe der Aktien dazu, dass die Börsennotierung des Unternehmens in Berlin aufgehoben wurde.[50]

Anfangs schätzte Schmidt die Chancen, die Vermögenswerte zurückzuerhalten, eher pessimistisch ein. Die Regierung der Demokraten unter Woodrow Wilson, die bis März 1921 im Amt blieb, war der Auffassung, dass sich die Gegensätze nicht überbrücken ließen und dass die Deutschen ihr Eigentum nie wiedersehen würden. Einige sahen als Hoffnungsschimmer die Möglichkeit, deutsches Vermögen als Sicherheit für einen Kredit an Deutschland anzubieten. Dieser Idee hingen manche noch Mitte 1921 an, und sie trug schließlich zur Beilegung des Konflikts bei.[51]

Seit 1922 scheint sich dann allerdings auf Seiten der US-Regierung die Bereitschaft entwickelt zu haben, das Vermögen zurückzugeben. Zwar war das neue Kabinett unter dem Republikaner Harding der Sache gegenüber aufgeschlossener, aber die Verwirklichung der Absicht erforderte eine neue Gesetzgebung und brachte widerstreitende Interessengruppen auf den Plan. Die Schlacht ging ums Geld. Sie wurde eröffnet mit Prinzipienerklärungen über amerikanische «Fairness» und Achtung von Eigentumsrechten, die Antwort war ein Geschosshagel mit Forderungen nach finanziellen Garantien für die deutschen Zahlungen an die Vereinigten Staaten, und als nächstes folgten Berge von Schreibarbeit, die entmutigen und Zeit herausschlagen sollten. Bevor die Vermögenswerte zurückgegeben werden konnten, musste der APC feststellen, welche Vermögenswerte zur Diskussion standen, und manchmal mussten diese bei Treuhändern eingesammelt werden, die es für ihre patriotische Pflicht hielten, die Informationen und die Wertpapiere selbst der amerikanischen Regierung vorzuenthalten.[52]

Die grundsätzlichen Streitfragen kamen bereits früh auf den Tisch. 1922 schien jeder anzunehmen, dass die Gesetzgebung zur Freigabe des beschlagnahmten Vermögens durchkommen würde. In diesem Jahr waren die einfache Beschlagnahme und der Verkauf von deutschen Vermögenswerten eingestellt worden. Zur Debatte stand: Würden die deutschen Garantien für die

Bezahlung von amerikanischen Kriegsverlusten – und später amerikanischen Anleihen – ausreichen, um die Zahlung sicherzustellen? Die meisten Amerikaner glaubten anscheinend, dass die Verluste zum Beispiel aufgrund des Untergangs der *Lusitania* wie auch aufgrund anderer Schäden, die Amerikaner vorgeblich erlitten hatten, aus dem Fonds des beschlagnahmten deutschen Vermögens bezahlt werden sollten. Im April 1923 beliefen sich die geschätzten Gesamtverluste auf rund 1,2 Milliarden Dollar.[53] Eine Gesetzesvorlage, die am 25. Januar 1922 im Senat eingebracht wurde, erkannte früheren Feinden das Recht zu, ihr Vermögen wieder in Besitz zu nehmen, das Justizministerium sprach sich jedoch dafür aus, das Gesetz so lange aufzuschieben, bis Deutschland die Garantien beigebracht habe – damit wurde die Ausführung des Gesetzes verzögert.[54]

Herauszufinden, was zu welchem Zeitpunkt beschlagnahmt worden war, brachte der Deutschen Bank in manchen Fällen nicht nur mit dem APC unangenehme Auseinandersetzungen, sondern auch mit früheren Geschäftspartnern, die sich über viele Jahre hinzogen und mit unberechenbaren Unsicherheiten einhergingen. Einer dieser Fälle betraf zwei der ältesten Partner der Deutschen Bank in den Vereinigten Staaten, Morgan und die Northern-Pacific-Eisenbahngesellschaft.[55] Während des Krieges und ungeachtet des Umstandes, dass die Übermittlung von Nachrichten und Geldern schwierig war, sorgte die Deutsche Bank weiterhin für die Zahlungen auf Zins- und Dividendenkupons der Northern Pacific, und das Haus Morgan quittierte seine daraus erwachsenden Verbindlichkeiten ihr gegenüber, bis im April 1917 der Krieg zwischen den Vereinigten Staaten und Deutschland begann.

Die Nachkriegskontroverse brach 1921, drei Jahre nach Kriegsende, auf, als die Deutsche Bank um ihren Anteil der Zahlungen für die Kriegsjahre und während des Waffenstillstands nachsuchte. Die Berliner Zentrale wies Schmidt an, er solle versuchen, die rückständigen Zahlungen einzutreiben, die an Bankers Trust hätten geleistet werden müssen. Die Deutsche Bank in Berlin vermutete, dass die Beträge möglicherweise direkt an den APC geflossen seien, war sich dessen aber nicht sicher und beauftragte Schmidt herauszufinden, wie viel gezahlt worden sei.[56] Schmidt bat in seinem Antwortschreiben dringend, Berlin solle selbst die Verhandlungen mit Morgan führen, denn er nehme an, dass er aufgrund seiner Aktivitäten in den vergangenen Jahren in New York bei den Morgan-Leuten *persona non grata* sei.[57]

Merkwürdigerweise vergingen zwei Jahre, bevor der strittige Punkt erneut aufgegriffen wurde. Im Herbst 1923 wurde Carl Bergmann nach New York geschickt, um dort diese und andere Angelegenheiten möglichst zu klären. Bergmann traf im November 1923 mit verschiedenen Teilhabern von Morgan zusammen, mit denen er höflich die Frage erörterte. Bankgeschäfte haben eine lange Dauer, und es ist wichtig, sich deren Geschichte zu vergegenwärtigen. Beides zeigte sich bei diesem Vorgang in aller Deutlichkeit: Die drei Vertreter des Bankhauses Morgan und der Abgesandte der Deutschen Bank sprachen Verträge und Geschäfte durch, die mehr als 25 Jahre zuvor abgeschlossen worden waren. Die Angelegenheit wurde dadurch noch komplizierter, dass die meisten Personen, die jetzt über eine Lösung verhandelten, beim Abschluss der Verträge nicht zugegen gewesen waren und ihnen daher die Absichten der Unterzeichner nicht gegenwärtig waren. Die Morgan-Teilhaber gaben sich gegenüber Bergmanns Forderung aufgeschlossen und versprachen, ihn in einigen Tagen wieder zu kontaktieren. Nach Ablauf von zehn Tagen informierte Bergmann die Berliner Zentrale, dass er nichts mehr von Morgan gehört und herausgefunden habe, dass das Bankhaus nichts unternommen habe, um sich mit dem APC über die Forderung der Deutschen Bank ins Benehmen zu setzen.[58]

Der Friedensvertrag zwischen Deutschland und den Vereinigten Staaten (Berliner Vertrag) hatte die Position der Deutschen Bank in den Verhandlungen gestärkt, doch dieser war erst im August 1921 unterzeichnet worden und im Oktober 1921 in Kraft getreten. Außerdem hatte das Vertragswerk viele Rechtsfragen offengelassen. Welcher Zeitraum sollte als Kriegszustand gelten? Dauerte er vom 6. April 1917, als der Krieg erklärt wurde, bis zum Waffenstillstand (11. November 1918) oder bis zur Unterzeichnung des Friedensvertrags oder bis zu dessen Inkrafttreten? Das Enddatum war von entscheidender Bedeutung, zum Beispiel um festzustellen, welche privaten Transaktionen noch durch die Kriegsgesetzgebung gedeckt waren. Mehr noch, würden die USA ein Gesetz verabschieden, das Unternehmen gestattete, Vorkriegsverträge für null und nichtig zu erklären?[59] Der allgemeine Konsens ging dahin, dass die Rechtsansprüche der Deutschen Bank wacklig waren, da sie auf eine Reihe von Jahren ihren Verpflichtungen aus dem Vertrag nicht hatte nachkommen können. Noch stärker ins Gewicht fiel jedoch, dass das generelle Rechtsklima so beschaffen war, dass der Ausgang eines Rechtsstreits vor Gericht ungewiss und mit hohen Kosten verbunden war. Selbst ein Einschalten des Schadensausschusses (Claims Commission), der eingerichtet worden war, barg viele Risiken. Trotzdem erkannten beide Seiten eine Art moralischer Verpflichtung an. Im Dezember 1923 bot Morgan 102 000 Dollar, um die Angelegenheit zum Abschluss zu bringen (dies entsprach dem Betrag, der der Deutschen Bank für die Jahre 1919 bis 1923 geschuldet war), und unter der Bedingung, dass der Vertrag für die Zukunft hinfällig sei und die Deutsche Bank alle weiteren Forderungen fallen lassen würde. Die Deutsche Bank lehnte dies trotz des enormen wirtschaftlichen Drucks ab, der auf ihr und Deutschland lastete.[60] Sogar eine einschlägige Entscheidung des Obersten Gerichtshof der Vereinigten Staaten im Dezember, die sehr günstig für die privaten deutschen Beteiligungen ausfiel, vermochte nicht alle Ungewissheit im Zusammenhang mit den Forderungen der Deutschen Bank aus dem Weg zu räumen.[61] Ihre amerikanischen Anwälte vertraten die Auffassung, die Bank habe einen Rechtsanspruch auf alle Zahlungen aus Transaktionen vor April 1917, dass der Vertrag für die Dauer des Krieges nur suspendiert gewesen sei und dass der APC, der unterlassen habe, das Geld und die Verträge zu beschlagnahmen, jetzt auf das Recht hierzu verzichtet habe.[62]

Unter diesen Umständen legte die Deutsche Bank erstaunliche Zurückhaltung an den Tag. Dabei muss man sich freilich vor Augen halten, dass die frühen Phasen des Konflikts vor dem Hintergrund des letzten Stadiums der deutschen Hyperinflation und eines akuten Kapitalmangels in Deutschland stattfanden. Trotz der Krise beschloss die Deutsche Bank, die Auseinandersetzung zumindest fürs Erste nicht weiter zu verfolgen. Sie wollte ihre guten Beziehungen zu Morgan nicht aufs Spiel setzen, sondern hoffte, neue Geschäfte zu akquirieren.[63]

Dies könnte den Rückzug erklären. Die Deutsche Bank selbst schrieb die Verschleppung der Beilegung der Angelegenheit allerdings Bergmanns Ausscheiden und Wechsel zu Lazard Speyer-Ellissen in Frankfurt zu. Neue Hoffnungen setzte sie in die USA-Reise ihres Vorstandsmitglieds Alfred Blinzig im März 1927 und in den beiderseitigen starken Wunsch, aufs Neue gemeinsam ins Geschäft zu kommen.[64] Im Zuge der Vorbereitung von Blinzigs Besuch in New York wurde die Angelegenheit wieder aufs Tapet gebracht. In einem langatmigen Brief rief die Deutsche Bank dem Bankhaus Morgan in Erinnerung, dass sie bei der Sanierung der Northern Pacific eine entscheidende Rolle gespielt habe, wodurch Morgan schließlich auch neue Geschäfte zugebracht worden seien.[65] Morgan willigte «freudig» ein, der Deutschen Bank 250 000 Dollar als Gegenleistung für deren Zustimmung zu zahlen, den Vertrag von 1897 aufzuheben.[66] Die Deutsche Bank hatte 148 000 Dollar dank ihrer Geduld verdient – eine Tugend, die bei allen ihren Bemühungen, ihr US-Vermögen zurückzuerlangen, unerlässlich war.

Im Mai 1924 verfügte die Bank schließlich über eine vollständige Aufstellung ihrer Guthaben und Wertpapiere in Händen des APC. Deren Gesamtwert belief sich auf 18 Millionen Dollar, und die Bank stellte für diesen Betrag Rückgabeanträge. Auf Konten, die auf den Namen der Deutschen Bank lauteten, entfielen davon rund 4 Millionen Dollar. Die weiteren 14 Millionen Dollar setzten sich vermutlich aus Forderungen anderer Deutscher zusammen, die sich hilfesuchend an die Deutsche Bank gewandt hatten. Allein die Dividenden und Zinsen auf die Wertpapiere beliefen sich auf 3 Millionen Dollar.[67]

Über die Wertpapiere in Händen des APC Verfügungen zu treffen war mühsam, aber nicht unmöglich. Gelegentlich verkaufte der APC Wertpapiere, ohne zuvor die förmliche Genehmigung der Deutschen Bank eingeholt zu haben, obwohl die Bank Monate zuvor bereits angezeigt hatte, dass sie wünsche, einige Wertpapiere zu verkaufen. In anderen Fällen versuchte die Bank, Aufträge auszuführen, die ihr für Wertpapiere in Händen des APC zugegangen waren. Das Abwicklungsverfahren war langwierig und lästig.[68] Die Deutsche Bank war offenbar darauf bedacht, zumindest nachträglich ihre Genehmigung zu erteilen, um den Verkaufserlös ausbezahlt zu erhalten, was schließlich in einem Fall im Dezember 1924 geschah. Der Anlass für die Verkäufe lässt sich nicht immer eindeutig ausmachen. Manchmal waren sie eine Folge der Sanierung von Unternehmen.[69] In einigen Fällen gingen Vorschläge zum Verkauf von Wertpapieren von Seiten der Deutschen Bank ein, und der APC machte sich diese zu eigen. Gelegentlich bat die Deutsche Bank den APC, ihre Rechte auf junge Aktien wahrzunehmen.[70] Der APC hatte manchmal nichts gegen die Verkäufe einzuwenden, zumal wenn es für sie gute wirtschaftliche Gründe gab.[71]

Über mehrere Monate stand die Deutsche Bank mit dem APC in Verhandlungen wegen Herausgabe oder Verkaufs ihres Anteils am Banco Mexicano, den sie gemeinsam mit Speyer gegründet hatte. Als Speyer 1921 weitgehend das Interesse an dem mexikanischen Geschäft verlor und die örtliche Bank, der Banco Mexicano, umstrukturiert oder liquidiert werden sollte, versuchte die Deutsche Bank, ihren Anteilsbesitz, der sich in Händen des APC befand, zu verkaufen. Um einen besseren Preis zu erzielen, arrangierte sie den Verkauf der Wertpapiere über einen Strohmann.[72] Der Banco Germanico trat gegenüber dem APC als Käufer auf und verkaufte sie im Auftrag der Deutschen Bank zu einem besseren Preis an eine dritte Partei.[73]

Andere Vermögenstitel in den Händen des APC wünschte die Deutsche Bank abzustoßen. Die Schwierigkeiten der Western Maryland spitzten sich so zu, dass Schmidt noch nach Büroschluss von zuhause aus telefonierte.[74] Der Verkauf von 65 000 WMR-Stammaktien und damit einer Beteiligung, die 11 Prozent der im Umlauf befindlichen Aktien entsprochen haben soll, war vermutlich der größte Verkauf von Vermögenswerten der Deutschen Bank in Händen des APC. Die Bank fädelte einen Verkauf der Aktien an die B&O ein, doch der APC verzögerte die Transaktion, weil schwer nachzuweisen war, dass die deutschen Eigentümer das Angebot zufriedenstellend fanden. Obwohl die Aktien in Händen des APC waren und der Aufsicht des Kongresses unterstanden, hatte der APC beschlossen, Wertpapiere nur nach vorheriger schriftlicher Einwilligung der deutschen Eigentümer abzustoßen. Nach deren Verkauf wurden die Erlöse, vorbehaltlich einer endgültigen Entscheidung über ihre Verteilung, beim Finanzministerium hinterlegt.[75]

Der Prozess bis zur vollständigen Abwicklung des APC-Vermögens ging nicht nur mit langen Wartezeiten einher, sondern auch mit wiederholten Stimmungsumschwüngen. Manchmal schien die Herausgabe unmittelbar bevorzustehen, dann wieder schien es, als würde sie nie erfolgen. Im Februar 1924 verschlechterte sich die Lage dramatisch. Die Teapot-Dome-Affäre [Innenminister Albert B. Fall hatte privaten Ölgesellschaften die der Marine reservierten Ölfelder von Teapot Dome in Wyoming und Elk Hills in Kalifornien gegen erhebliche Zuwendungen überlassen, Zusatz d.Ü.] schlug 1923 ein, und kompromittierende Enthüllungen über korrupte Politiker erschütterten die Republikanische Partei, die für die Rückgabe des deutschen Vermögens eintrat. Die ganze Aufmerksamkeit der Politiker richtete sich auf die Weiterungen und Folgen des Skandals. Zwar war das Repräsentantenhaus noch zugunsten der Rückgabe eingestellt, aber eine Abstimmung in der laufenden Sitzungsperiode wurde unwahrscheinlich, und es zeichnete sich ab, dass die Republikaner bei der 1924 anstehenden Wahl viele Sitze verlieren würden.[76] Dazu kam noch, dass sich im Frühsommer 1924 die amerikanischen Ansichten über deutsches Vermögen verhärteten. Außenminister Charles Evans Hughes nahm die Position ein, dass deutsches Vermögen so lange nicht zurückgegeben werde, bis alle amerikanischen Forderungen erledigt seien. Überlegungen kamen auf, die deutschen Ansprüche mit der Finanzierung des Dawes-Plans zu verknüpfen. Hughes seinerseits sprach sich jedoch für die sofortige Erledigung der amerikanischen Forderungen aus.[77]

Selbst nachdem Präsident Warren Harding im März 1923 angeordnet hatte, dass alle Forderungen von 10 000 Dollar und weniger freigegeben werden sollten,[78] und obwohl die Deutsche Bank um die Pflege guter Beziehungen mit dem APC bemüht war, gab es noch immer Schwierigkeiten, die Gelder von Einlegern der Deutschen Bank ausbezahlt zu erhalten.[79] Devisenfragen und die Überprüfung der von der Deutschen Bank vorgelegten Wertpapieraufstellungen verzögerten die Auszahlung erster Beträge. Manche der einschlägigen Dokumente waren beim APC schlicht und einfach falsch abgelegt worden.[80] Der geschäftsführende Direktor des APC behauptete, seine Dienststelle sei nicht in der Lage, den großen Arbeitsanfall zu bewältigen. Sie könne nicht mehr als 1000 Forderungen im Monat abarbeiten.[81] Zudem warb der APC intensiv dafür, dass die deutschen Vermögenswerte nicht zurückgegeben werden sollten, solange noch offene Fragen bei amerikanischen Forderungen bestanden.[82] Einige der Probleme, zu einer umfassenden Lösung zu gelangen, resultierten aus der Machtverteilung innerhalb der Regierung. Die ursprüngliche Gesetzesvorlage hatte zwar die Rückgabe des Eigentums nach dem Krieg vorgesehen, aber der Kongress schob die Abstimmung über das neue Gesetz hinaus, bis die Exekutive sich festlegte, wie verfahren werden sollte. Auch gab es gewisse, wenngleich keineswegs viele Widersprüche zwischen den Fassungen des Gesetzentwurfs, die von den beiden Kammern des Kongresses vorgeschlagen wurden.[83]

Ein großer Schritt war schließlich die Verabschiedung des Settlement of War Claims Act (Gesetz für die Freigabe des deutschen Eigentums in den Vereinigten Staaten und die Regelung der deutschen und amerikanischen Schadensersatzansprüche) am 19. März 1928. Aber selbst nach Unterzeichnung des Gesetzes durch Präsident Calvin Coolidge, mit der die langwierige Auseinandersetzung ihren Abschluss fand, blieben noch viele administrative

Fragen. Wie und wann, zum Beispiel, würden die amerikanischen Anspruchsberechtigten (auf Schadensersatz) und die deutschen Eigentümer des beschlagnahmten Vermögens – Wertpapiere, Schiffe, Patente, Radio-Stationen – ihr Eigentum erhalten? Die Befriedigung der amerikanischen Anspruchsberechtigten durch Geldzahlungen sollte höchste Priorität erhalten. Einige meinten, der ganze Prozess würde in sechs Monaten abgeschlossen sein. Andere hofften, es würde weniger Zeit ins Land gehen, gaben jedoch zu, dass bei einigen Vermögensarten die Regelung bis zu drei Jahren dauern könnte.[84] Die amerikanischen Ansprüche, die sofort bedient werden sollten, wurden auf 56 Millionen Dollar veranschlagt. Die «Feindforderungen» beliefen sich auf annähernd 113 Millionen Dollar. Demnach verblieben 57 Millionen Dollar (etwas mehr als die Hälfte des Gesamtbetrags). Dieser Betrag könnte dann in nicht allzu ferner Zukunft nach einem prozentualen Schlüssel denjenigen zuerkannt werden, deren Ansprüche 100 000 Dollar überstiegen.[85]

Das Gesetz als solches deckte allerdings nur 43,3 Millionen Dollar der Vermögenstitel ab. Gleichwohl erforderte es weitere Ausführungsbestimmungen seitens des Finanzministeriums – dafür allein wurden bereits vier Monate benötigt. Regelungsbedürftig waren etwa solche administrativen Detailfragen, wie die Besteuerung gehandhabt werden sollte. Von Juli bis Dezember 1928 wurden nur 436 Schadensersatzforderungen zugelassen. Zu weiteren Verzögerungen kam es dann bei der tatsächlichen Auszahlung der geschuldeten Summen selbst für diese anerkannten Forderungen. Der Mitarbeiterstab des APC war im Verlauf des Jahres von 201 auf 184 Personen abgebaut worden, was zu den sonstigen verwaltungstechnischen Herausforderungen noch hinzukam. Trotz einiger früher Auszahlungen hatte der APC – mit all den Einkünften, die zu dem ursprünglich beschlagnahmten Betrag hinzugekommen waren – am 31. Dezember 1928 noch ein beträchtliches Paket an Wertpapieren, Immobilien und Patenten. Es reichte in Hülle und Fülle, um seine Verbindlichkeiten zu decken. Unter den Vermögenswerten, die noch Anfang 1929 in Händen des APC waren, befanden sich 2,6 Millionen Stammaktien mit einem Marktwert von 55 Millionen Dollar und Schuldverschreibungen mit einem Marktwert von 75,2 Millionen Dollar zu Preisen vor dem Börsenkrach.[86] In der Theorie gehörten die Einkünfte aus den Wertpapieren nicht dem APC, sondern den Eigentümern. Der APC kassierte allerdings beträchtliche Gebühren für die Verwaltung der Vermögenswerte: Sie betrugen fünf Prozent auf die ersten 5000 Dollar an eingenommenen Zinserträgen und ermäßigten sich bis auf ein Prozent bei jährlichen Einkünften von über 25 000 Dollar. Dazu kamen noch, wenngleich nach oben auf 200 Dollar je individuelles Treuhandkonto begrenzt, jährliche Verwahrungsgebühren für die beschlagnahmten Werte, die sich zwischen einem Prozent auf die ersten 5000 Dollar an Wertpapieren in seiner Verwahrung und einem Achtel Prozent bei Beträgen von über 25 000 Dollar bewegten. Skurrilerweise bezahlten einige Kunden für die Leistungen des APC weniger, als dies bei einer Treuhandbank der Fall gewesen wäre, freilich ist nicht anzunehmen, dass ihnen dafür gleichwertige Dienstleistungen geboten wurden.[87]

In der Stunde des Durchbruchs traten neue Probleme auf. Unter den amerikanischen Beratern der Deutschen Bank brachen Streitigkeiten aus, wer was getan habe und wie die Honorare aufgeteilt werden sollten. Im Winter 1928 empörte sich Abraham Lafferty, dessen Dienste als Propagandist von mehreren deutschen Instituten in Anspruch genommen wurden, über das Auftreten und die Kommentare eines Mitarbeiters, den er selbst als seine Krankheitsvertretung eingestellt hatte. Allerdings hatte Schmidt zu diesem Zeitpunkt bereits grundsätzlich das Vertrauen in Lafferty verloren, fürchtete jedoch, dieser könne in Washington für Schwierigkeiten sorgen.[88] Just in dem Augenblick, als die Deutsche Bank ihre Aktien erhielt, flatterte ein Steuerbescheid ins Haus. Schmidt musste eine Aufstellung anfertigen, wann und zu welchem Kurs eine jede der vom APC verkauften Aktien erworben worden war. Das galt auch für die Konsortialbeteiligungen an Western Maryland und Western Pacific. In mehreren Fällen fehlten der Bank die Unterlagen, um die Steuerbemessungsgrundlage zu ermitteln.[89] Für den Fall, dass die Deutsche Bank eine Schätzung ihrer Steuerschuld vorlegen könne, schlug der APC großzügig vor, den Betrag von der endgültigen Entschädigungssumme abzuziehen und einzubehalten.

Im Herbst 1928 kam es dann zur Auszahlung an mehrere Banken. Die Deutsche Bank war nicht unter den ersten, die ihre Entschädigung erhielten. Die Berliner Handels-Gesellschaft erhielt bemerkenswerterweise über 7 Millionen Dollar (vermutlich einschließlich von Kundenkonten) bereits zwei Monate ehe die Vermögenswerte der Deutschen Bank freigegeben wurden.[90] Doch im Vergleich mit anderen deutschen Einrichtungen fuhren die Deutsche Bank und ihre Kunden relativ gut. Diejenigen, die Wertpapiere besaßen, konnten zusehen, wie deren Wert stieg; dagegen erhielten diejenigen, die etwa Patente und Markenzeichen besaßen, beschädigte Güter zurück. Als glücklicher Umstand für die Deutsche Bank kam hinzu, dass alle noch verbliebenen Fragen im Zusammenhang mit Wertpapierverkäufen und Besitz anscheinend bereits geklärt oder doch kurz vor der Klärung standen und dass die Bank nach wie vor die Rechtstitel auf die meisten der von ihr selbst und ihren Kunden vor dem Krieg angelegten Kapitalien hielt.[91]

Anfang 1929 erörterte die Deutsche Bank den Zeitpunkt des Verkaufs.[92] Als die Regelung der Vermögensfrage in greifbare Nähe rückte, stiegen die Kurse amerikanischer Wertpapiere stark. Ungeduldige Manager der Deutschen Bank in Berlin waren versucht, Wertpapiere bereits zu einem Zeitpunkt zu verkaufen, als sie noch in Händen des APC waren. Schmidt befürchtete, dies könne zu Komplikationen führen, selbst wenn die Bank zunächst die Aktien von einer Korrespondenzbank borgte und diese nach Erhalt der zurückgegeben Wertpapiere auszahlte.[93] Die Verzögerung erwies sich als sehr vorteilhaft. Schmidts Rat befolgend, wartete die Deutsche Bank bis 1929 und stieß erst dann die Aktien, insbesondere die von Allis-Chalmers, ab, manche Verkäufe erfolgten um den Höchststand, andere erst Anfang Oktober, noch kurz vor dem Börsenkrach. Unglücklicherweise hatten jedoch die Deutsche Bank und ihre Kunden, als der Börsenkrach kam, noch nicht alle ihre Aktien vom APC zurückerhalten.

Trotz der Wahl des günstigen Zeitpunkts trug die Erfahrung insgesamt dazu bei, dass viele deutsche institutionelle und Einzelanleger sich, zumal in den 1930er Jahren, veranlasst sahen, ihre Besitztitel an Vermögenswerten in der Hoffnung zu verschleiern, dass irgendeine Art Strohmann die Beschlagnahme für die Amerikaner so erheblich erschweren würde, dass sie das Interesse verlören oder ihnen die Zeit knapp würde, die Eigentümer auszumachen, falls ein weiterer Krieg kommen sollte.[94] Selbst der nur zeitweilige Verlust verdeutlicht, wie politisch Finanzfragen geworden waren und wie wichtig es für die Wirtschaft in der Zwischenkriegszeit war, zumindest eine gewisse Unabhängigkeit in Finanzfragen zu bewahren, in manchen Fällen auch – wie die Deutsche Bank erkannte – Unabhängigkeit von den Zumutungen daheim und der Vereinnahmung durch die eigene Regierung. Wie so viele Aspekte der Finanzszene in den zwanziger Jahren beendeten die strittigen Vermögensfragen nicht den grenzüberschreitenden Kapitalverkehr. Sie lenkten jedoch die Kapitalströme um, verringerten so deren produktiven Wert und erhöhten manchmal deren Risiko.

KAPITEL 12

Die Deutsche Bank und die Wiederherstellung grenzüberschreitender Finanzströme

Was Sie mir über Ihre Gefühle anlässlich unserer Zusammenarbeit in der letzten Angelegenheit geschrieben haben, habe ich mit großer Befriedigung zur Kenntnis genommen, wenngleich ich weiß, dass ein großer Teil Ihrer Komplimente unverdient ist und nicht an mich, sondern an Herrn Schlieper, Sie selbst und Herrn Axhausen sowie die großartige Organisation Ihrer Bank gehen sollte. Wie ich Ihnen bei meiner Abreise aus Berlin sagte, bin ich durch die Erfahrungen, die ich bei diesen Verhandlungen machte, auf immer verwöhnt, und alle künftigen Verhandlungen werden mir umso mühsamer erscheinen.
Steiner vom Bankhaus Dillon, Read & Co. an H. A. Simon, Deutsche Bank, nach Umstrukturierung der 25-Millionen-Dollar-Anleihe der Deutschen Bank, 6. Oktober 1932[1]

Das ist das schönste Geschäft, das Sie in Deutschland abgeschlossen haben, und ich glaube, es ist das schönste Geschäft, das je in Deutschland abgeschlossen wurde.[2]
Schacht an Eberstadt vom Bankhaus Dillon, Read & Co., 13. September 1927

Persönliche Beziehungen und politische Lösungen

Über weite Strecken der Zwischenkriegszeit bildeten Dollaranleihen für die Deutsche Bank einen gewichtigen Teil ihres Geschäfts. Die Deutsche Bank übte sich in der bescheidenen und oftmals undankbaren Rolle eines Mittlers zwischen dollarreichen Anlegern und kredithungrigen deutschen Kunden. Die Praxis ihrer Kreditaufnahme und -vergabe muss dabei vor dem Hintergrund eines kurzlebigen politischen und wirtschaftlichen Versuchs gesehen werden, nach dem Krieg und einem unbefriedigenden Friedensschluss, der Deutschland von internationalen Geldgebern abhängiger gemacht hatte, wieder einen finanziellen Normalzustand herzustellen.

Persönliche Beziehungen spielten bei der Wiederbelebung des Geschäfts mit den USA eine Schlüsselrolle. Der Krieg hatte viele alte Freundschaften und Gewohnheiten ins Wanken gebracht, aber nicht zerstört. Die Familie

Warburg bietet eines der interessantesten Beispiele, wie diese Bindungen Bestand haben konnten. Die Bankhäuser Warburg und Kuhn, Loeb & Co. waren Familienunternehmen. Paul Warburg reiste viel zwischen den Vereinigten Staaten und Europa hin und her. Als Mitglied im Verwaltungsrat des Federal-Reserve-Systems stand er auf vertrautem Fuß mit Benjamin Strong, dem Leiter der New Yorker Federal Reserve Bank, und mit Montagu Norman, dem Leiter der Bank of England. Über weite Strecken der zwanziger Jahre hielt Paul Warburg die beiden durch eine Flut von Briefen und Papieren über ihren deutschen Kollegen, den Reichsbankpräsidenten Hjalmar Schacht, sowie über die allgemeine Lage in Deutschland auf dem Laufenden.

Für viele war das Wohlergehen Deutschlands und der Vereinigten Staaten weiterhin miteinander verflochten, nur teilten sie nicht mehr die gleiche Sicht der Welt. In weiten Teilen Europas, Deutschland eingeschlossen, hatte sich der strahlende Optimismus der Vorkriegszeit verflüchtigt – vielleicht lässt sich an diesem Stimmungswandel einer der wesentlichen Unterschiede zwischen den beiden Regionen auf die nächsten hundert Jahre festmachen. So schrieb etwa Pauls Bruder Max Warburg kurz nach seiner Rückkehr von einem zweimonatigen Aufenthalt in den Vereinigten Staaten: «In Amerika erscheint, im Großen und Ganzen gesprochen, alles hell und hoffnungsvoll; in Europa ist dagegen alles, was dem Beobachter ins Auge fällt, düster und bedrückend.»[3] Für viele Deutsche, denen der politische Extremismus und der weitverbreitete Hass gegen die indirekten wirtschaftlichen und politischen Folgen des Versailler Vertrags zusetzten, boten die Vereinigten Staaten das letzte Fünkchen Hoffnung, die Welt auf kurze und lange Sicht wieder aufzubauen. Warburg fügte hinzu:

> Es ist heutzutage eine ziemlich verbreitete Ansicht, dass die Regierungen einiger der führenden europäischen Staaten seit Ende des Krieges nicht nur offensichtlich dumme und zerstörerische Dinge taten, sondern dass sie diese groben Fehler darüber hinaus mit offenen Augen, wenngleich oftmals unwillentlich und mit Bedauern, begingen allein aus dem Grund, weil der Druck der Entwicklung im Innern und die durch den Krieg hervorgebrachten Leidenschaften stärker waren als ihr Gewissen und ihr Verstand. *Wenn Amerika doch nur offiziell bei den Verhandlungen der Reparationskommission vertreten gewesen wäre* [Hervorhebung im Original], sein Einfluss hätte helfen können, den Kräften der Vernunft rascher wieder Geltung zu verschaffen, und einige der bitteren und sinnlos-kostspieligen Lektionen an schmerzhaften Erfahrungen, die Europa heute erteilt erhält, hätten vermieden werden können.[4]

1924 unternahm Amerika schließlich den Versuch dabei zu helfen, Deutschlands Finanzen auf eine feste Grundlage zu stellen. Für Optimisten war der Dawes-Plan – benannt nach General Charles Dawes, dem amerikanischen Finanzier, der ihn entwarf und später Vizepräsident der Vereinigten Staaten wurde – eine phänomenale Leistung, die eine Grundlage bot, um Deutschlands bedrängendste wirtschaftliche Leiden anzugehen. In der Rückschau mag es allerdings scheinen, als habe der Plan zu einer Reihe völlig neuer Schwierigkeiten beigetragen.[5] Der Dawes-Plan war ein vielschichtiges, ehrgeiziges Finanzprogramm mit begrenztem, kurzfristigem Erfolg. Er war gewiss kein Allheilmittel, bot aber Hoffnung in einer ansonsten trostlosen Lage. Nach dem Plan wurden rund 15 Milliarden Dollar an öffentlichen und privaten amerikanischen Mitteln für deutsche öffentliche und private Vorhaben aufgebracht, um die deutschen Finanzen durch Bereitstellung befristeter Hilfe und Umstrukturierung der Auslandsschulden Deutschlands zu stabilisieren.[6] Der Plan setzte sich aus verschiedenen Bestandteilen zusammen. Einer davon brachte den APC ins Spiel, indem deutsches Vermögen als Sicherheit für die Rückzahlung eines Teils der Anleihe Verwendung finden sollte. Die Vereinigten Staaten wiesen einem Treuhänder beschlagnahmtes Vermögen zu, das als Sicherheit für die Reparations- und sonstigen Zahlungen von Deutschland dienen sollte. Der Centralverband des Deutschen Bank- und Bankiergewerbes – Blinzig war Mitglied des engeren Vorstandes – nahm es auf sich, die Bestimmungen des Plans zu erklären und die deutschen Institute dahin gehend zu organisieren, dass möglichst viel des beschlagnahmten deutschen Vermögens zurückkam.[7] Eine erfolgreiche Verwirklichung des Plans erforderte allerdings größte finanzielle Disziplin und damit eine Tugend, die in den «goldenen zwanziger Jahren» Mangelware war und deren sorgsame Pflege in der politischen und wirtschaftlichen Kultur der Weimarer Republik eher unwahrscheinlich war.

Gewiss waren finanzielle Gewinne ein Motiv, viele Amerikaner waren in den zwanziger Jahren jedoch auch aus anderen Gründen über das politische und wirtschaftliche Klima in Deutschland besorgt. Im Juli 1925 besuchte Benjamin Strong erneut Deutschland. Seine Berichte waren voll des Lobes über Schacht und die bisherige Arbeit von Parker Gilbert, Amerikas Finanzbeauftragten. Strong glaubte, Schacht sehe sich vollkommen in der Pflicht, den Außenwert der Reichsmark zu halten, fürchtete jedoch, die erforderliche Einschränkung des Kredits werde einen sehr scharfen Einbruch bei den deutschen Preisen und bei der Beschäftigung nach sich ziehen, was – wie er richtig vorhersah – zu einer sozialen Krise führen und den Dawes-Plan bedrohen werde, sofern nicht weitere und bedeutende langfristige Anleihen aus den Vereinigten Staaten der deutschen Regierung zur Verfügung gestellt würden. Mochte der Plan auch in der Anlage bereits fehlerhaft gewesen sein, viele Deutsche und Amerikaner hofften doch inständig, dass er greifen werde. Aber niemand war anscheinend ausreichend interessiert, *ex ante* zu kontrollieren, wie die neuen Mittel eingesetzt wurden. Viel Geld wurde für unwirtschaftliche Projekte ausgegeben, die in den guten Jahren der Weimarer Republik auf Dauer untragbar waren. Schacht war über die Versuche vieler deutscher Unternehmen, ihre finanziellen Sünden mit ausländischem Geld

Dieses Anleihezertifikat für die Refinanzierung deutscher Reparationsverpflichtungen war Teil des Dawes-Plans. Die Anleihe, die ähnlich wie die US-Emission von 1896 der deutschen Regierung helfen sollte, ihre Reserven zu stützen, war 1947 fällig. Das Bankhaus Morgan war Zahlstelle. Die Bedingungen hoben die Verpflichtung der deutschen Regierung hervor, Zahlungen selbst im Falle eines Krieges zu leisten und die Anleihe gemäß einem Tilgungsplan zurückzuführen.

zu (ver)decken, nicht erfreut und gelobte, die Situation in Deutschland in Ordnung zu bringen.[8] Dies war ein hochgestecktes Ziel angesichts der zahlreichen Probleme, die mit der Höhe und Art der Schulden verbunden waren, die Deutschland aufhäufte, und angesichts der Forderungen der vielen Gläubiger Deutschlands.

In Besprechungen während seines Deutschlandbesuchs im Sommer 1925 betonte Strong, dass die Haltung der amerikanischen Anleger stark beeinflusst sei von ihrem Vertrauen in die politischen Verhältnisse Mitteleuropas. Die geringsten Anzeichen sozialer Unruhe würden die Finanzwelt frösteln lassen und eine Verschnupfung enorme Wirkung auf die Möglichkeit jedweder deutschen Institution haben, Anleihen in den Vereinigten Staaten unterzubringen. Größte Bedeutung maß Strong offenbar der Frage bei, ob Franzosen, Engländer und Deutsche in der Reparationsfrage und anderen Streitpunkten zu einem wechselseitig annehmbaren Kompromiss finden könnten, der allein einen wirklichen Frieden und die erfolgreiche Umsetzung des Dawes-Plans gestatten würde.[9] Obwohl Strong große Stücke auf Schacht hielt, verwandte er doch auch beachtlich viel Zeit darauf, dessen Schwächen und die der Reichsbank in seinem Bericht wiederzugeben.[10] Trotzdem zeigte er sich zuversichtlich, dass Deutschland sich gut entwickeln würde, wenn es erst einmal eine zweite Phase der Liquidation (Sanierung) durchlaufen habe. Das Land würde weitere Kredite benötigen, aber nur hypothekarisch gesicherte Schuldverschreibungen auf erstklassige Vermögenswerte würden als lohnende Anlagen in Frage kommen. Deutschland und die Welt sollten nur kurze Zeit Gelegenheit haben, etwas zu tun.[11]

Die Deutsche Bank und der US-Kapitalmarkt

Obwohl 1924 die Stellung der Deutschen Bank als Verbindungsglied in Finanzangelegenheiten zwischen den Vereinigten Staaten und Deutschland schwächer war als noch 1914, verfügte sie noch immer über einen gewissen Wettbewerbsvorteil. Dank ihrer Ausdauer hatten sie und ihre Kunden eine weit größere Chance, einen beträchtlichen Teil ihrer Dollarvermögenswerte wiederzuerlangen, die dazu benutzt werden konnten, Kredite zu besichern. Auch hatte sich die Deutsche Bank viele ihrer Vorkriegsbeziehungen bewahrt. Das vorbildliche Verhalten der Bank wussten seinerzeit viele, die im Bankwesen tätig waren, zu schätzen, und es half ihr, viele dieser Beziehungen zu erhalten.[12]

Als deutsche Vermögen in den USA zur Versteigerung kamen und die Mark schwächelte, zeigten sich viele Amerikaner interessiert, deutsche Vermögenswerte in den Vereinigten Staaten und in Deutschland zu erwerben. W. Averell Harriman, der Sohn des Eisenbahnmagnaten E. H. Harriman, reiste 1920 nach Deutschland, um unter Federführung des Hamburger Bankiers Max Warburg mit der Hamburg-Amerika-Linie (Hapag) ein Bündnis auszuhandeln. Trotz öffentlicher Kritik, die ihm Geschäfte mit dem Feind vorhielt, wurde das Abkommen im August 1920 bekanntgegeben.[13] Die Deutsche Bank war anscheinend von vielen dieser frühen Beratungen ausgeschlossen. Mitte der 1920er Jahre spielte sie dann jedoch wieder die erste Geige bei den deutschen Bemühungen, ausländische Gelder einzuwerben, und dies galt auch für die Hapag.

Die Dynamik amerikanischer Anlagetätigkeit in Deutschland war in hohem Maße beeinflusst von der Wahrnehmung, welche Chancen sich in den USA boten. Über weite Strecken der zwanziger Jahre zog der haussierende amerikanische Aktienmarkt enorme Summen an Investitionsgeldern aus dem In- und Ausland an. Dieser Zeitabschnitt erlebte eine ungeheure Verlagerung des Anlegerinteresses von festverzinslichen Titeln hin zu Aktien. Der Gesamtwert an Aktienkapital an den Wertpapiermärkten der Vereinigten Staaten übertraf 1928 zum ersten Mal den Gesamtwert der Schuldverschreibungen. Zusätzlich zur Aussicht auf außerordentliche Kapitalerträge wurde der Zufluss von Anlagekapital in die USA zu einem Großteil von Rücksichten auf die amerikanische und ausländische Steuergesetzgebung sowie von dem vermuteten oder wahrgenommenen politischen Risiko beeinflusst. Ausländische Institute beteiligten sich nicht nur am Anlage-, sondern auch am Emissionsgeschäft und an der Finanzierung von Käufen. Einige ausländische Institute handelten in Wertpapieren und fungierten als Depotbank für ausländische Investoren. Nahezu alle der von Ausländern gekauften Wertpapiere lauteten auf Dollar. Noch nach dem Börsenkrach im Oktober 1929 repräsentierten Stammaktien 54 Prozent des gesamten Besitzes von Ausländern an US-Vermögenswerten, jedoch war das Auslandseigentum am US-Anlagekapital von rund 20 Prozent des Bruttosozialprodukts der Vereinigten Staaten 1929 auf weniger als 6 Prozent gefallen.[14]

Zu den grausamsten Ironien nach dem Krieg gehörte Deutschlands Abhängigkeit von amerikanischem Kapital. Die beiden Länder hatten ihre Rollen am Kapitalmarkt vertauscht. Die ersten amerikanischen Transaktionen der Deutschen Bank nach dem Krieg bestanden darin, bei der Begebung einer Anleihe über 50 Millionen Dollar zur Stützung der Mark für die deutsche Regierung behilflich zu sein. Das war nahezu eine vollkommene Umkehrung der Rolle, die sie 1896 bei Morgans Konsortialanleihe zur Rettung der US-Währung übernommen hatte, nur dass diesmal die Bedingungen strenger waren. Es handelte sich um eine dreijährige Anleihe ohne Zinskupon, nur mit einem Aufschlag von 20 Prozent auf den Nennwert, der bei Fälligkeit zu zahlen war, was einem Zinssatz von 6,38 Prozent entsprach. Mindestens 50 Prozent des Preises mussten in Dollar einbezahlt werden, eine Auflage, für die sich das Konsortium gegenüber der Regierung verbürgte.[15] Sie war zu einem Gutteil darauf angelegt, deutsche Dollar-Bestände aufzusaugen und dem Reich zur Verfügung zu stellen. Ihr Erfolg war aus nachvollziehbaren Gründen geringer als der des Hilfsprogramms von 1896. Der Sturz der Mark hielt an.

In den 1920er Jahren erreichten die US-Märkte ein so hohes Niveau, dass die Deutsche Bank versucht war, ihre eigenen Aktien dort an die Börse zu bringen. Bereits im Herbst 1924 verkaufte sie 40 Millionen Goldmark an Stammaktien (20 Prozent des gesamten Grundkapitals) über ein Konsortium auf dem amerikanischen Markt. Außer der National City Bank gehörten zu der Gruppe noch Bankers Trust, Chase, Speyer und die International Acceptance Bank, nicht jedoch Morgan.[16] Viele dieser Aktien wurden von ausländischen Banken gekauft.

Im Frühjahr 1929 erkundigte sich die Bank nach den New Yorker Börsenzulassungskosten und Verfahren. Dies war eine Kehrtwende gegenüber ihrem Verhalten Anfang der zwanziger Jahre, als die Bank erwog, Zahlungen für die Veröffentlichung ihres Abschlusses in amerikanischen Zeitungen einzustellen. Vor dem Krieg hatte sie für diese Publizität Sorge getragen und gezahlt, eine Praxis, die ihr Anfang der zwanziger Jahren als kostspielig und vielleicht sogar unseriös erschien.[17] Die Deutsche Bank hatte keine Schwierigkeit, die Mindestvoraussetzungen für eine Zulassung an der New Yorker Börse zu erfüllen: 50000 Aktien mit einem Marktwert von mindestens 2,5 Millionen Dollar. Die Kosten für die Börsenzulassung, für den Druck vorläufiger und definitiver Zertifikate, für Abkommen, Emissionssteuer, Telegramme, Anwaltsgebühren, Hinterlegungsgebühren, Antragsgebühren und Sonstiges summierten sich auf 16000 bis 35000 Dollar, je nachdem wie viele Aktien die Bank registrierte, und hielten sich somit in Grenzen. Die Bank prüfte auch die Börsennotierung ihrer eigenen Bonds.[18] Die Anfrage kam sechs Monate vor dem Börsenkrach, die Kurse müssen demnach verlockend gewesen sein. Angesichts des Rufs der Deutschen Bank in den USA und unter Berücksichtigung des Umstands, dass ihr Bedarf an frischem Kapital ausreichend hoch war, bot eine Börsenzulassung ihrer Aktien viele Vorteile. Allerdings gab es einige technische Hindernisse. Dazu gehörte die Registrierung der Aktien, was für deutsche Unternehmen ungewohnt war. Das größere Risiko lag jedoch in der Übertragung von Stimmrechten an Amerikaner. Diese Auflagen müssen als zu belastend erschienen sein, denn die Deutsche Bank verfolgte die Börsenzulassung nicht weiter, wobei die genauen Gründe für die Entscheidung nicht überliefert sind.[19] Allerdings emittierte die Bank einige Sonderzertifikate auf einer Frühform des dritten Marktes (*Over-the-Counter Market*). Im Dezember 1928 bot die Deutsche Bank zusammen mit zwei weiteren deutschen Großbanken ihre Aktien auf dem außerbörslichen Markt in New York an. Die Freiverkehrsmakler, die im Wortsinne auf der Straße vor der New Yorker Börse ihre Geschäfte betrieben, handelten nur solche Wertpapiere, die nicht notiert waren oder kurz vor der Zulassung standen. Viele neue, risikoreiche Wertpapiere kamen zunächst dort in den Handel, für einige war dies das Sprungbrett zur offiziellen Notierung. Über die längste Zeit seiner Geschichte arbeitete der Freiverkehr ohne formelle Organisation, 1911 schlossen sich die Makler dann in einem Verein zusammen und traten in eine informelle Verbindung mit der New Yorker Börse. In den pulsierenden zwanziger Jahren hatten sie eine Blütezeit. Das US-Börsengesetz von 1934, das die Aufsicht über den Börsenhandel weitgehend in die Hände des Bundes verlagerte, setzte dem Treiben dann jedoch ein Ende.[20] Die Einwilligung der Guaranty Trust Company und des Berliner Kassenvereins, Hinterlegungen von Aktien der deutschen Banken, die für den Freiverkehr zugelassen waren, anzunehmen und dagegen Hinterlegungszertifikate auszugeben (eine Art *American Depositary Receipts*, ADR) stellte für die Erweiterung des dortigen Handels mit ausländischen Wertpapieren einen wichtigen Schritt dar. Gemäß der *New York Times* waren drei große deutsche Banken die ersten ausländischen Firmen, die Wertpapiere in Verbindung mit einem New Yorker Finanzinstitut auf den Markt brachten, das Hinterlegungszertifikate ausgab, wobei freilich viele andere ausländische Aktien mit einem Marktwert von 5 Milliarden Dollar bereits von Nicht-New Yorker Instituten zugelassen worden waren.[21]

Die weitreichenden Veränderungen ihrer Interessen und Aktivitäten in den Vereinigten Staaten ließen für die Deutsche Bank auch Änderungen unausweichlich werden, wie und mit wem sie Geschäfte abwickelte. Während seines Aufenthalts in den Vereinigten Staaten in den späten zwanziger Jahren umriss Blinzig die Hauptinteressen der Deutschen Bank. Es ging darum, amerikanische Mittel in Form von Beteiligungskapital nach Deutschland zu bringen und deutsche Schuldtitel bei amerikanischen Investmentgesellschaften unterzubringen. Mitte der zwanziger Jahre verlagerte die Deutsche Bank den Schwerpunkt ihrer festen New Yorker Verbindungen. Sie baute eine weit stärkere Beziehung zu dem Bankhaus Dillon, Read & Co. auf, das sie auch in dem Vorhaben bestärkte, neue Aktien auszugeben und an der New Yorker Börse einzuführen.[22] Speyer war anscheinend nicht in der Lage, die Führung zu übernehmen. James Speyer bewirtete Blinzig und dessen Kollegen während ihres anstrengenden Aufenthalts in New York zwar fürstlich, Blinzig konnte sich jedoch des Eindrucks nicht erwehren, dass die Bank große Schwierigkeiten hatte und möglicherweise schon bald die Tore schließen müsse. Andere, darunter die National City Bank, buhlten um die Aufmerksamkeit des Deutschen. Von den New Yorker Banken investierten viele bereits in Europa, wobei sie freilich um ihren «alten Freund» einen Bogen machten.[23] 1926 war die Deutsche Bank wieder dabei und zeichnete aufs Neue amerikanische Wertpapiere, allerdings nur zu vergleichsweise geringen Beträgen. Im Dezember 1926 bot zum Beispiel Dillon Read der Deutschen Bank eine Ein-Prozent-Beteiligung an der Anleihe-Emission über 50 Millionen Dollar von Standard Oil an, die die Deutsche Bank in Deutschland verkaufte.[24]

Die Möglichkeit von grenzüberschreitenden Finanzierungen hing stark vom Erfolg oder Misserfolg des Dawes-Plans ab. 1927 machten sich Beobachter Sorgen wegen der Verwendung der Mittel aus dem Dawes-Plan und verwiesen auf die Spekulationsblase, die dadurch Auftrieb erhalten habe. Viele waren besorgt, Deutschland habe nicht die Absicht, seinen Reparationsleistungen nachzukommen oder seine sonstigen finanziellen Verpflichtungen einzuhalten. Mit Sicherheit lässt sich zumindest eines sagen: Die offensichtliche wirtschaftliche Erholung in Deutschland und die Finanzmärkte Amerikas wurden gefährdet durch unzulänglichen Außenhandel, mangelnde internationale Arbeitsteilung, fallende Rohstoffpreise und hohe Arbeitslosigkeit, welche weltweit Überkapazitäten und Ungleichgewichte verschärften. Während ihres Aufenthalts in den Vereinigten Staaten 1927, auf dem Höhepunkt der Weimar-Begeisterung, hatten Alfred Blinzig, Arthur Erdmann und Willi Schoendke viele bohrende Fragen zur deutschen Wirtschaft zu parieren. Obwohl sie mehrfach den Amerikanern zu bedenken gaben, dass man vom Dawes-Plan keine unmittelbaren Wirkungen erwarten dürfe, äußerte sich Blinzig im Mai weit weniger zaghaft. Er konnte seine Begeisterung kaum bremsen: «Deutschland kommt rasch wieder auf die Füße. Unsere Währung hat eine solide Grundlage, und die deutsche Wirtschaft macht so gute Fortschritte, dass es keinen Zweifel mehr geben kann, dass Deutschland in der Lage sein wird, allen seinen Zahlungsverpflichtungen nachzukommen.»[25]

Zwar zeigten sich bis weit in das Jahr 1928 hinein auch die amerikanischen Anlegerkreise über die Finanzlage in Deutschland verhalten optimistisch – oder waren zumindest erpicht, Geld zu verdienen –, aber einige Vorbehalte gegenüber Blinzigs rosiger Sichtweise wurden bereits laut. Zum Beispiel wies das New Yorker Institute of International Finance darauf hin, dass Deutschlands «erstes Wirtschaftswunder» auch Anlass zur Besorgnis gebe. Es pries Deutschlands Fähigkeit nach 1923, erhebliche Teile seiner Reparationen zu zahlen und sich neues Kapital zu beschaffen, als eine der wichtigsten und positivsten Entwicklungen nach Kriegsende, während allerdings 1927 viele New Yorker Bankiers offen zugaben, eine Revision des Dawes-Plans sei unbedingt erforderlich.[26] Das Institut merkte an, dass es nie zuvor in der Weltgeschichte einem Staat gelungen sei, so viel und so rasch im Ausland zu borgen. Dies war ein zweifelhafter Segen. Der Schuldendienst und die Begleichung der 1928/29 anstehenden Reparationsrechnung von 600 Millionen Dollar waren eine Herkulesarbeit, insbesondere angesichts des anhaltenden Handelsdefizits Deutschlands in der Mitte der zwanziger Jahre. Da Amerikas Anteil an den Auslandsschulden bei rund 70 Prozent lag, stellte sich dort die Frage des vorrangigen Zahlungsanspruchs in aller Schärfe.[27]

Trotzdem bedurfte es noch viel, um Amerikas Gier nach hochverzinslichen deutschen Werten zu erschüttern.[28] Der internationale Kreditverkehr ging mit erheblichem Risiko einher und viele Regierungsebenen waren daran beteiligt. Bankiers erkundigten sich in den zwanziger Jahren beim US-Finanzministerium nach dessen Ansicht über Kredite an Deutschland. Es gab mehrmals eine stereotype Antwort. Das Ministerium war der Ansicht, es gebe keinen besonderen Grund, sich dagegen auszusprechen, aber es rate den Banken, besonders vorsichtig zu sein, da es so viele Kredite gebe. Es machte die Banken darauf aufmerksam, dass selbst die deutschen Stellen besorgt seien und dass es erhebliche Wechselkursrisiken gebe. Vernünftigerweise wies es darauf hin, dass nur solche Kredite, die Deutschlands Produktivität heben würden und so zu dessen Fähigkeit beitrügen, seinen Zahlungsverpflichtungen nachzukommen, sinnvoll seien. Auf jeden Fall hätten die Banken zumindest die Pflicht, die Kunden über die Risiken in Kenntnis zu setzen.[29]

Angesichts der Höhe der amerikanischen Kredite an Deutschland war der geringe Umfang amerikanischer Direktinvestitionen in Deutschland bemerkenswert. Beide Länder hätten von engeren Kapitalverbindungen durchaus profitieren können, insbesondere von solchen, die mit langfristigen Verpflichtungen einhergingen. Deutschland war das Tor zu den Märkten Mitteleuropas. In den ersten Jahren nach dem Krieg boten sich spezielle Gelegenheiten für direkte Auslandsinvestitionen. Aber nicht alle wurden genutzt. Die psychologischen Wirkungen des Krieges, die Revolution und die katastrophalen wirtschaftlichen Bedingungen führten zu einem Vertrauensverlust auf Seiten der Deutschen und der Ausländer, zu einer Verwirrung über den wirklichen wirtschaftlichen Wert der Dinge und zu einer Furcht vor einer Auslandsinvasion oder umgekehrt vor Verbindungen mit dem Ausland. Das Versagen des deutschen Bankensystems half den amerikanischen Banken, deren solides Erscheinungsbild vorteilhaft von den geschwächten deutschen Finanzinstituten abstach. Denjenigen, die Anfang der zwanziger Jahre bereit waren, Risiken einzugehen, schienen die Vermögenswerte Deutschlands wegen des wirtschaftlichen Chaos und des Wertverlusts der Mark unterbewertet. Aber der deutsche Widerstand gegen ausländische Einflussnahme war ein wesentliches Hindernis.[30] Deutschen Kunden erschienen die amerikanischen Banken jedoch als das geringere von zwei Übeln: Sie waren Ausländer, kamen aber nicht aus den europäischen Feindstaaten.[31]

Obwohl offensichtlich nicht jedermann beipflichtete, hätten ausländische Direktinvestitionen wechselseitig vorteilhaft sein können. Durch Beteiligung an deutschen Unternehmen hätten amerikanische Investoren in Deutschland Erfahrungen sammeln können, sie hätten Bekanntschaft machen können mit einem Sinn für Methode, für Organisation, für Bauweisen, für Gestaltung und für maschinelle Anlagen und hätten den Wert verlässlicher und kompetenter

Begabungen kennengelernt. Deutsche Arbeiter waren erfahren, fähig und billig. Das schwierigste Problem für deutsche Unternehmen, der Rohstoffmangel, hätte sich durch die Verbindung mit einem amerikanischen Unternehmen mit Kapital und Beziehungen aus dem Weg räumen lassen.[32]

Trotz der Vorteile ausländischer Direktinvestitionen hatten die meisten Mittel, die nach Deutschland gepumpt wurden, die Form von Schulden in Fremdwährung. Das Problem der deutschen Kapitalabhängigkeit lag nicht so sehr in der Menge, sondern in der Form begründet. In der übergroßen Mehrheit handelte es sich um Portfolio-, also indirekte oder Finanzinvestitionen, die viel liquider (also leichter zurückzuziehen) waren als Investitionen in ganze Unternehmen oder Immobilien. Die gesamte internationale Finanzarchitektur und die nationalen Systeme waren darauf angelegt, den Einfluss, den Ausländer möglicherweise auf Inlandsvermögen hätten ausüben können, zu begrenzen. Deutschlands Nettoinvestition aus dem Ausland belief sich zwischen 1924 und 1928 einschließlich auf 3,8 Milliarden Dollar, bei Jahresbeträgen, die 1927 mit 1 Milliarde Dollar den Spitzenwert erreichten, bevor sie abzufallen begannen und dann seit 1931 in umgekehrter Richtung zu fließen begannen.[33] Von der gesamten Investition aus dem Ausland waren nach dem Buchwert nur etwas über 0,2 Milliarden Dollar ausländische Direktinvestitionen.[34] Zudem wollten Ausländer verständlicherweise alle ihre Schuldtitel in Goldmark oder in Fremdwährung ausgestellt haben.[35] Kurz, wenn es zu einer Panik kommen sollte, würden die Kapitalströme sich rasch umkehren und die wirtschaftlichen Probleme verschärfen.

Die 25-Millionen-Dollar-Anleihe der Deutschen Bank

Der Zufluss von Geld aus den USA nach Deutschland führte für die Deutsche Bank zu Zwangslagen und Chancen. Viele Amerikaner umgingen die Deutsche Bank und andere deutsche Banken, und einige Kunden gingen geradewegs an den US-Kapitalmarkt. Die Deutsche Bank war von vielen der großen privaten Dollarfinanzierungsgeschäfte, die nach Deutschland kamen, ausgeschlossen. In dieser Situation verlegte sie sich 1927 darauf, mittelständischen Exporteuren Hilfe bei der Finanzierung ihrer Betriebe anzubieten, mittelgroßen Unternehmen, die sich selbst keinen direkten Zugang zu den New Yorker Märkten verschaffen konnten. Als Blinzig 1927 in New York mit Ferdinand Eberstadt von Dillon, Read & Co. zu Besprechungen zusammentraf, wurde der Plan von den beiden wenn nicht entwickelt, so doch zumindest erstmals in den Vereinigten Staaten erörtert. Die Anleihe war für die Deutsche Bank auch von einiger politischer Bedeutung. In den 1920er Jahren wurde die Bank von vielen Seiten wegen ihrer mangelnden Sensibilität für den Mittelstand kritisiert.[36] Noch lange Zeit nach ihrer Gründung hatte die Deutsche Bank kein enges Filialnetz, und dies hatte zur Folge, dass ihr Verkehr mit kleineren Unternehmen außerhalb der wichtigsten Städte Deutschlands begrenzt war.

Dillon, Read & Co. war eine aufstrebende amerikanische Privatbank mit jüdischen Anfängen, eine uramerikanische Erfolgsgeschichte.[37] Das Bankhaus Dillon Read entwickelte sich aus einer kleinen, auf Anleihen spezialisierten Firma, William A. Read & Co., die 1905, wenige Jahre vor der Panik von 1907, gegründet worden war. In der anschließenden Hochkonjunktur setzte die kleine Firma weiterhin auf den Konservatismus, der sie durch die Krise gebracht hatte, und schien in einer Bankenlandschaft, die von fünf oder sechs weit größeren Instituten beherrscht wurde, zu florieren. 1908 gründete sie sogar eine Vertretung in London. 1909 gesellte sich zu Read ein neuer Mitarbeiter. Der neue Mann war Harvard-Absolvent und Sohn eines polnischen Juden, er war zum Protestantismus konvertiert und hatte seinen Namen von Lapowski in Dillon geändert. Clarence (Lapowski) Dillon hatte nach seinem Studienabschluss nicht die Absicht, Bankier zu werden, und kam eigentlich nur aus Zufall zu Read. In kurzer Zeit wurde er einer der führenden Köpfe – in den Augen mancher der «Baron» – der Wall Street.[38] 1929 brachte Dillon Read als Hauptemittent 192 Millionen Dollar an neuen Anleihen auf den Markt, darunter 35 Millionen Dollar für Siemens & Halske, und wurde nur noch von Morgan übertroffen.[39]

Zu den vielen Leistungen von Dillon Read in dieser Zeit gehörte die Gründung der United States & Foreign Securities Corporation. Im Dezember 1929 hielt sie annähernd 54 Millionen Dollar an Wertpapieren zu Anschaffungskosten. Dabei lag dieser Betrag selbst zwei Monate nach dem Börsenkrach angeblich noch 8,3 Millionen Dollar unter ihrem Marktwert – eine bemerkenswerte Wertminderung von nur 2,7 Millionen Dollar gegenüber dem Vorjahr.[40] Mit Beteiligungen an amerikanischen und ausländischen Banken, Eisenbahnen, öffentlichen Versorgungsunternehmen, Industriewerten und anderen Gesellschaften, wie der German Credit & Investment Corporation, fungierte sie als eine Art Investmentfonds. Bereits im Dezember 1925 kaufte Dillon Read Anteile der Disconto-Gesellschaft, die einige Jahre darauf mit der Deutschen Bank fusionierte.[41]

Die Deutsche Bank verfolgte die Aktivitäten von Dillon Read anscheinend seit Juli 1920 mit Interesse, als Schmidt die Vorgängerfirma William A. Read & Co. als «in jeder Beziehung erstklassig» rühmte.[42] Unbeeindruckt von Schmidts Lob und trotz des Besuchs eines Teilhabers in Berlin lehnte Dillon Read 1920 ab, den Verkauf von eigenen Aktien der Deutschen Bank in den Vereinigten Staaten zu übernehmen. Zur Begründung verwies die US-Bank auf die schlechte Marktlage in Amerika wie auch in Europa, versicherte jedoch ihre Bereitschaft, auf die Angelegenheit noch einmal zurückzukommen, wenn sich die Marktverhältnisse wieder gebessert hätten.[43]

Die Mittelstands-Anleihe verdankte sich nicht zuletzt den Bemühungen von Ferdinand Eberstadt, einem Finanzier mit guten Beziehungen, guter Ausbildung und auf vielen Reisen gesammelter Auslandserfahrung, darunter auch ein Aufenthalt von einigen Jahren in Deutschland vor und nach dem Ersten Weltkrieg. Er war Teilhaber in einer befreundeten Firma, bevor er 1926 offiziell zu Dillon Read wechselte. Durch ihn wurde Dillon Read zur führenden Wall Street-Firma im Bereich der Refinanzierung von deutschen privaten und öffentlichen Institutionen. Eberstadt schlug sein Büro zuerst im Hotel Adlon in Berlin auf, verlegte dann aber im Winter 1927/28 seinen Hauptsitz nach Paris. Die Deutsche Bank fürchtete, er könnte versuchen, Wertpapiere direkt an ihre Kunden abzusetzen.[44] Dillon, Read & Co. erreichte zwar Eberstadts Ziel, 1 Milliarde Dollar an deutschen Anleihen zu emittieren, nicht ganz, wodurch die Firma de facto Deutschlands Bankier geworden wäre, aber sie übernahm die Emission der Schuldtitel von Siemens & Halske, der Disconto-Gesellschaft, der Gelsenkirchener Bergwerks-AG, der Vereinigten Stahlwerke und vieler anderer deutscher Unternehmen, einschließlich der Deutschen Bank.[45] Trotz ihres starken Engagements in Deutschland und einer parlamentarischen Untersuchung der gegen ihren Investmentfonds erhobenen Vorwürfe wegen angeblich überzogener Gebühren und Aktienmanipulation überstand Dillon Read die Ausfälle der frühen dreißiger Jahre relativ gut.[46]

Der erste schriftliche Beleg für eine ernsthafte Absicht, einen Schuldtitel für den Mittelstand zu emittieren, datiert vom August 1927. Oscar Wassermann, Vorstandssprecher der Deutschen Bank von 1923 bis 1933, traf sich mit Eberstadt in Berlin, um Fragen der Preisstellung, der Beträge und der Fälligkeit zu erörtern.[47] Einige Tage feilschten die beiden, welche Rolle dem Bankhaus Speyer zukommen sollte, das sehr eifersüchtig gewesen sein muss.[48] Zu der Zeit, als die Bank schließlich an Reichsbankpräsident Schacht schrieb, dessen Zustimmung erforderlich war, hatten sich die Banken auf folgende Konditionen verständigt: fünfjährige Laufzeit, 25 Millionen Dollar-Schuldtitel mit einem Kupon von 6 Prozent, die, wie man hoffte, zu einem Ausgabepreis von 99½ untergebracht werden könnten.[49] Schacht war anscheinend Feuer und Flamme. In seinen Augen waren für innerdeutsche Finanzierungen langfristige Auslandskredite besser als kurzfristige, insbesondere für Unternehmen, die sich für gewöhnlich mit Krediten zu begnügen hatten, die jederzeit zurückgerufen werden konnten.[50]

Die 25 Millionen Dollar-Emission der Deutschen Bank war die erste, die nach den neuen Regelungen der New Yorker Börse für ausländische Wertpapiere eingeführt wurde. Diese ließen Gewinnanteilsscheine zu, die nunmehr amerikanische Hinterlegungszertifikate (*American Depositary Receipts*) genannt wurden. Nach Darstellung der *New York Times* war eine Bedingung der Börsennotierung, dass die Deutsche Bank ihre eigenen Stammaktien auf ähnlicher Basis anbot. Seltsamerweise versäumte die Deutsche Bank, dieser Auflage nachzukommen, doch blieb dies offenbar ohne Auswirkungen.[51] Vielleicht hielt man deren Verkauf im Freiverkehr für ausreichend.

Trotz Schachts Begeisterung war die Emission von Anfang an problematisch, manchmal aus Gründen, die mit der Bonität der tatsächlichen Schuldner in keinem Zusammenhang standen. Im September kamen Gerüchte auf, dass verschiedene Kunden der Deutschen Bank, darunter Daimler-Benz und Ufa, Probleme hätten und deren schlechte finanzielle Verfassung die Bank möglicherweise belasten könnte.[52] Obwohl Dillon Read behauptete, der Absatz sei so breit und gründlich angelegt wie bei nur wenigen sonstigen deutschen Emissionen – 152 Bankhäuser hatten im Durchschnitt jeweils zehn Abschlüsse erzielt, dazu kamen noch die von Dillon Read selbst, so dass die Anleihe bereits 2000 Interessenten gefunden hatte –, war die Nachfrage nach deutschen Schuldtiteln im Herbst 1927 insgesamt schwach. Händler, die den Titel zunächst aufgenommen hatten, brachten ihn nun unverkauft zurück. Der Preis des Papiers war auf 98 gefallen. Einziger Trost der Deutschen Bank war, dass die Schuldverschreibungen anderer Banken noch schlechter liefen.[53] Doch die Deutsche Bank zog andere Vorteile aus der Anleihe. Während die Aktienkurse im September zurückgingen, hielten die Berichte über die neue Anleihe der Deutschen Bank deren Aktienkurs konstant bei 160.[54]

Der Registrierungsantrag war selbst nach modernen Maßstäben ein sehr umfassendes Dokument. Er enthielt nicht nur die letzte Bilanz der Deutschen Bank, sondern auch vergleichende historische Finanzdaten. Der Schuldtitel als solcher wurde an der Börse nicht notiert. Die Schuldscheine (*notes*) wurden bei der Equitable Trust Company hinterlegt, die ihrerseits amerikanische Hinterlegungszertifikate ausgab. Die Stückelungen lauteten auf 1000, 5000 und 10000 Dollar. Seltsamerweise war der Abschnitt über den Zweck des Schuldtitels der Deutschen Bank etwas irreführend. Dort hieß es: «Die Erlöse aus der Schuldverschreibung werden von der Deutschen Bank im Rahmen ihres üblichen allgemeinen Geschäftsbetriebs eingesetzt.»[55] Für ihre Zulassung zum Börsenhandel verpflichtete sich die Deutsche Bank, jährlich ihre Gewinne zu veröffentlichen, einschließlich eines Ausweises ihrer finanziellen Lage, einer Gewinn- und Verlustrechnung und einer Bilanz; einen Transferagenten in New York zu halten und ohne die Genehmigung der Börse keine Änderungen bei dem Transferagenten oder den Beteiligungszertifikaten vorzunehmen.[56]

Diese Art von Arrangement nutzten Schweizer und schwedische Banken, um ihre mittelständischen Unternehmen zu finanzieren, und es hatte unbestreitbar gleichermaßen Vorteile für die Deutsche Bank und die betreffenden Firmen. Die Anleihe schien der Inbegriff eines Unterfangens zu sein, das nur Gewinner kannte. Die Deutsche Bank hatte auf ihren Namen in New York 25 Millionen Dollar aufgenommen, mit einem verbrieften Zinssatz von 6 Prozent und fällig am 1. September 1932, und erhielt dank ihres Namens und der Größe der Emission einen besseren Kurs, als ihn kleinere Unternehmen erzielen konnten. Mit dieser Anleihe blieb die Deutsche Bank an den privaten Kapitalmärkten im Geschäft. Mittelständische Firmen nahmen bei der Deutschen Bank Kredite auf in Form kleinerer Zuteilungen von Dollarschuldverschreibungen mit reichlich Sicherheit zu Kursen, die sie auf sich selbst gestellt vermutlich niemals erhalten hätten. Dafür mussten sie freilich an die Deutsche Bank eine Marge zahlen und einer kürzeren Rückzahlungsfrist zustimmen, als von ihnen gewünscht worden war. Mit der Anleihe konnte die Deutsche Bank gegen die Kritik ankämpfen, sie ignoriere wie andere große Geschäftsbanken die kleinen und mittelständischen Unternehmen, die für viele, insbesondere im anwachsenden rechtsextremen Lager, die Hauptstütze des deutschen Kapitalismus und der deutschen Kultur darstellten. Wie schon Gerald Feldman herausgearbeitet hat: «Die Deutsche Bank konnte sich damit nicht nur rühmen, als erstes deutsches Unternehmen überhaupt eine Anleihe auf dem amerikanischen Markt plaziert zu haben, sondern erhielt auch die Anerkennung Schachts dafür, daß sie langfristige Kredite für wirklich produktive Zwecke beschafft hatte.»[57]

Die Gewinnmarge der Deutschen Bank bei der Transaktion war reichlich, aber vielleicht doch nicht groß genug. Sie betrieb keine Wohltätigkeitsveranstaltung für den Mittelstand. Das Geld, das sie selbst für 6 Prozent plus einiger Transaktionskosten aufnahm, gedachte sie zu 8 Prozent auszuleihen.[58] Die Zentrale wies die Filialen an, die Kredite nur solchen Firmen mit Qualitätsprodukten einzuräumen, deren finanzielle Situation und Aussichten derart waren, dass Überraschungen bei der Fälligkeit als höchst unwahrscheinlich gelten konnten.[59]

Unglücklicherweise für nahezu alle Beteiligten, die sich im September 1927 beglückwünschten, brachen gut zwei Jahre später Risse im deutschen, im amerikanischen und im internationalen Finanzsystem auf. Die Laufzeit der Anleihe war tatsächlich nicht lang genug. Zu der Zeit, als die Hauptsumme fällig wurde, war ein Moratorium für die Reparationszahlungen ausgerufen. Deutschland hatte wieder Devisenkontrollen eingeführt und verlangte dringend eine 25-prozentige Reduktion bei allen Zinszahlungen. Mehrere deutsche und österreichische Banken waren zusammengebrochen, und das erste von vielen Stillhalteabkommen musste ausgehandelt werden.

Ein Teil des Problems war dabei, dass selbst diese mittelständischen Unternehmen, deren Verpflichtungen auf Dollar lauteten, deshalb auch Zugang zu Dollars haben mussten.[60] Nicht alle dieser Unternehmen konnten Dollars verdienen, deshalb würden sie sie von der Reichsbank aus allgemeinen Quellen kaufen müssen. Obwohl diese Zahlungen für die Deutsche Bank und die Reichsbank eine relativ hohe Priorität hatten, weil sie ein Symbol für Deutschlands allgemeine Kreditwürdigkeit waren,[61] wurden viele der Dollar-Schuldverschreibungen der Deutschen Bank unglückseligerweise notleidend oder landeten in ausgedehnten Umschuldungsplänen, die ein Grund oder doch zumindest ein stark wahrgenommener Teil des Zusammenbruchs der internationalen Finanzbeziehungen zwischen den Großmächten waren. Zwar versuchten einige öffentliche und private Institutionen in Deutschland rigoros zu ihren Verpflichtungen zu stehen, aber beiden Sektoren mangelte es an konsistenter Einsicht, an Unterstützung und Entschlossenheit, die sie davon abgehalten hätten, Finanzgebäude auf einem Boden zu errichten, der, wie sie hätten wissen müssen, nur allzu schwankend war. Kurz gesagt, Deutschland und die Welt lagen in einer für Erdbeben anfälligen finanziellen Zone. Diese setzte sich aus meist relativ kurzfristigen Schuldinstrumenten zusammen, die in Fremdwährung ausgestellt und Ausländern geschuldet waren – gemeinhin ein Element eines volkswirtschaftlichen politischen Risikos.

KAPITEL 13

Die Deutsche Bank und der Zerfall einer brüchigen Weltwirtschaftsordnung

Die schroffe und unvermittelte Missachtung einer derart einhelligen und wohlüberlegten Stellungnahme seiner Gläubiger durch Deutschland kann auf den deutschen Kredit im Allgemeinen und auf die vielen tausend individuellen Anleger, die deutsche Anleihen gekauft haben, nur eine höchst nachteilige Wirkung haben.
Dillon, Read & Co., Speyer & Co., Kuhn, Loeb & Co. und andere Bankhäuser, die deutsche Schuldtitel emittierten, an Schacht, 26. Dezember 1933[1]

Konsolidierung und internationales Bankgeschäft

Die Schwierigkeiten der Deutschen Bank, ihre Anleihe umzuschulden, waren Teil einer weit tieferen Krise der Finanzmärkte, die die deutsch-amerikanischen Beziehungen zersetzte. Es kann nicht verwundern, dass die beiden größten Gläubiger- und Schuldnerstaaten der Zwischenkriegszeit unter der Schwäche ihres eigenen und des weltweiten Finanzgebäudes am meisten litten. Als der Krach kam, schien es in beiden Ländern politisch nützlich zu sein, internationale Bankiers und andere Staaten dafür verantwortlich zu machen. Zwischen 1929 und 1945 wandelte sich das Bild der Deutschen Bank in den Augen amerikanischer Beobachter. Von der größten Hoffnung auf der deutschen Finanzszene wurde sie zu einem politisch und wirtschaftlich Geächteten. Das geschäftspolitische Umfeld der Bank in Deutschland und die Beziehung zu den Vereinigten Staaten waren in diesen Jahren bestimmt von wirtschaftlichen Krisen, der Produktion von Rüstungsgütern und deren schließlichem Einsatz.

Im Herbst 1929, wenige Wochen vor dem New Yorker Börsenkrach und ein Jahr, nachdem der Kursverfall bei deutschen Aktien eingesetzt hatte, kündigte die Deutsche Bank Schritte an, die eigene Effizienz und Leistungsfähigkeit zu steigern. Sie schloss sich mit der Disconto-Gesellschaft zusammen, ihrer alten Berliner Rivalin. Dies war, im Nachgang zu der bereits intensivierten Zusammenarbeit zwischen den beiden führenden Banken, selbst nach Maßstäben der zwanziger Jahre, die viele solcher Fusionen erlebt hatten, ein ungeheurer Vorgang. Die fusionierte Bank vereinigte auf sich 34 Prozent der

Kredite, 37 Prozent der flüssigen Mittel (kurzfristigen Forderungen) und 33 Prozent aller Konten, die von allen deutschen Kreditbanken insgesamt gehalten wurden.[2] Der Zusammenschluss, den einige Vorstandsmitglieder im Geheimen ausgehandelt hatten, wurde als richtungweisendes Ereignis für das deutsche Bankwesen gepriesen. Die Ankündigung der bevorstehenden, alle Rekorde sprengenden Fusion trieb die Aktien beider Banken in die Höhe und ließ Gerüchte über eine ausländische Beteiligung an der neuen Bank aufkommen.[3]

Einige amerikanische Reaktionen fielen außergewöhnlich begeistert aus. Nach dem Urteil der meisten amerikanischen Berichte würde die neue Bank in Deutschland und auch weltweit deutlich konkurrenzfähiger sein. Sie war zweieinhalb Mal so groß wie die zweitgrößte deutsche Bank und die größten französischen Banken, und nach dem Einlagenvolumen war sie nahezu so stark wie die größten britischen und amerikanischen Banken. Als die größte nicht-staatliche Bank auf dem Kontinent würde sie gegenüber ausländischen Geldgebern in einer starken Position sein, um eine Umschuldung auszuhandeln und zusätzlich Kapital zu mobilisieren, das in Deutschland so dringend benötigt wurde. Ein amerikanischer Konsulatsbericht nannte die Fusion «die herausragendste Transaktion in der deutschen Bankgeschichte […], ein wesentlicher Schritt in Reaktion auf die Bankgegebenheiten in Deutschland».[4] Wie viele andere Branchen hatte der Banksektor im Verhältnis zum Umfang der sonstigen Geschäftstätigkeit in Deutschland eine ausgeprägte Überkapazität. Obwohl Spareinlagen und andere Formen der Kapitalbildung viel geringer als in der Vorkriegszeit ausfielen, unterhielten die fünf Berliner Großbanken 750 Filialen gegenüber 300 im Jahre 1913. In vielen Kleinstädten waren alle fünf Banken vertreten, obwohl der Wertpapierhandel ständig rückläufig gewesen war. Die Zusammenlegung beseitigte in achtzig bis hundert Städten Doppelvertretungen, was 20 bis 30 Millionen Reichsmark einsparte. Da beide Banken Eigentümer von vier anderen Banken waren beziehungsweise an diesen große Beteiligungen hielten, trug die Fusion auch zu einer weitergehenden Konsolidierung des Finanzsektors bei.[5] Beide Banken hielten große Beteiligungen an vielen Industrieunternehmen und spielten eine wichtige Rolle in deren Verwaltung. Von ihrem Zusammenschluss wurde daher erwartet, dass er auch die Konsolidierung in diesem Sektor voranbringen würde. Das sollte – wie der Bericht hoffte – das deutsche Exportgeschäft, insbesondere nach Mitteleuropa, beleben. Nach der Fusion firmierte die Bank einige Jahre als Deutsche Bank und Disconto-Gesellschaft. (Dessen ungeachtet werde ich das fusionierte Gebilde weiterhin als Deutsche Bank bezeichnen.)

Das gesamte Bankwesen hatte es dringend nötig, Kosten abzubauen, allerdings waren die Meinungen darüber geteilt, wie größere Wirtschaftlichkeit erreicht werden könne. Vor dem Ersten Weltkrieg hatten die Betriebskosten bei der Disconto-Gesellschaft 40 Prozent des Bruttogewinns betragen. 1929 lag dieser Satz bei 80 Prozent.[6] Eine Zusammenlegung würde helfen, die Gemeinkosten zu senken und dadurch die Stückkosten in allen Bereichen zu verringern. Der Bericht verhehlte freilich nicht, dass nicht alle und jeder von der Fusion begeistert waren. Es würden etwa 3000 Arbeitsplätze verloren gehen. Zwar war zu erwarten, dass die Bank an entlassene Angestellte eine einmalige Abfindung in Höhe eines Jahresgehalts zahlen würde, aber für Männer über 35 oder 40 Jahre war es in Deutschland sehr schwer, wieder eine Anstellung zu finden, auch weil jüngere Kräfte bereit waren, für weniger Geld und ohne Zahlung der üblichen Sozialzulagen für Verheiratete zu arbeiten. Sprecher der Tarifangestellten führten an, dass das durchschnittliche Monatsgehalt der am schlechtesten bezahlten Angestellten, die 75 Prozent der Belegschaft ausmachten, nur 275 Reichsmark betrug. Der Vorstandssprecher entgegnete, dass der durchschnittliche Gewinn der Bank, der 1913 bei 146 Prozent der durchschnittlichen monatlichen Gehaltssumme der Bankangestellten gelegen hatte, 1928 auf 40 Prozent gefallen war. In einem Bereich gab es allerdings keinen Beschäftigungsrückgang: Der neue Aufsichtsrat setzte sich aus 109 Mitgliedern zusammen, 63 von der Deutschen Bank und 46 von der Disconto-Gesellschaft.[7]

Die amerikanischen Diplomaten waren anscheinend über den Zusammenschluss erleichtert. In Berichten für das US-Außenministerium hatte man sich seit Jahren über die finanzielle Verfassung der Deutschen Bank besorgt gezeigt. 1925 meldete der amerikanische Konsul in Berlin, die Deutsche Bank habe auf die Gewinne von 1924 zehn Prozent Dividende ausgeschüttet, und das obwohl er ihr neu bewertetes Kapital als «hoch» ansah. Die Deutsche Bank hatte viele neue ausländische Anleger, die größere Rentabilität verlangten. Die Dividende für 1924 wurde allerdings nur auf 110 Millionen des insgesamt 150 Millionen Reichsmark betragenden Aktienkapitals ausbezahlt. Die restlichen, von einem ausländischen Konsortium gehaltenen Kapitalanteile erhielten aufgrund einer Sonderabmachung erst ab 1925 Dividende. Der Bericht bemerkte den sehr unvorteilhaften Anstieg der operativen Kosten im Verhältnis zum Bruttogewinn. Dieser war gegenüber 1913 um 120 Prozent gestiegen, aber der Nettogewinn, nach Abzug der Betriebskosten, hatte sich nur um 35,6 Prozent erhöht. Zwar war die Belegschaft um 48 Prozent gegenüber dem Höchststand von 37 000 Beschäftigten im Jahre 1923 abgebaut worden, doch waren die Ausgaben je Angestelltem nur um 17 Prozent gesunken; die Zahl der Angestellten war noch immer doppelt so hoch wie 1913. Die ausführlichen Vergleiche zwischen 1913 und 1924 waren aufschlussreich. Der Bruttogewinn 1924 übertraf den Stand von 1913 gerade einmal um etwas mehr als 21 Millionen Reichsmark, während sich Betriebskosten und Steuern verdoppelt hatten, sie waren von 47,8 Millionen Mark auf 96,8 Millionen Reichsmark angewachsen.[8]

Diese Statuen zierten noch 1929 einen Sitzungssaal der Berliner Zentrale der Deutschen Bank. Jede Statue stand für einen Erdteil. Obwohl sie aus der Zeit vor den Spannungen der 1920er und 1930er Jahre stammten, ist man versucht, die Auswahl als politischen Kommentar zu interpretieren. Nordamerika wird durch einen bewaffneten Cowboy repräsentiert, was mit Siemens' ersten Eindrücken von 1883 einhergeht. Außer der europäischen Figur ist keine irgendwie schmeichelhaft dargestellt. Heute mögen sie dazu dienen, den Wandel der Einstellungen gegenüber der Welt vom frühen bis zum späten 20. Jahrhundert zu illustrieren.

Zwar war die Deutsche Bank auch weiterhin Deutschlands größte Bank, aber ihr finanzieller Einfluss war weltweit bereits vor der Weltwirtschaftskrise zurückgegangen. 1926 beteiligte sich die Bank führend oder an nachgeordneter Stelle an der Restrukturierung von IG Farben, Daimler-Benz und dem British and German Trust, und mit ihrer Beteiligung wurden Wertpapiere für annähernd hundert private und staatliche Unternehmen in Umlauf gebracht. Im Kreis ihrer internationalen Konkurrenten war sie jedoch beträchtlich zurückgefallen. Nach dem im Dezember 1928 erreichten Höchststand entwickelten sich ihr Aktienkurs und Vermögenswert über zehn Jahre lang rückläufig. In den zwanziger Jahren hielten zwei amerikanische Banken, die National City Bank und die Chase National Bank, Vermögenswerte, die das annähernd Vierfache bzw. Dreifache der 367 Millionen Dollar der Deutschen Bank ausmachten. Während der Crédit Lyonnais in der Rangliste hinter die Deutsche Bank zurückgefallen war, standen zwei italienische Banken jetzt vor ihr. Schon seit langem war die Deutsche Bank über ihre ursprüngliche Aufgabe hinausgewachsen, durch Angebot einer konkurrenzfähigen Alternative zu London die Kosten der Handelsfinanzierung zu senken. Doch der Krieg und dessen Nachwirkungen hatten ihre wichtigste Stärke erheblich ausgehöhlt, nämlich die Fähigkeit, die ihr anvertrauten Mittel bei der Gründung, Finanzierung und Mitverwaltung von Unternehmen in internationalem Maßstab einzusetzen.[9] Die Finanzwelt hatte sich beträchtlich verändert. Die Deutsche Bank war allerdings aufgrund ihrer Konsolidierung und ihres Auslandsgeschäfts besser als viele andere mitteleuropäische Banken in der Lage, die Erschütterungen zu bewältigen.

Selbst nach Beginn der Krise waren amerikanische Banken, insbesondere Bankers Trust, weiterhin sehr stark am Geschäft mit der Deutschen Bank interessiert, die noch 1930 erwog, mehr ihrer Wertpapiere auf den amerikanischen Markt zu bringen. Unmittelbar nach der Fusion der Deutschen Bank mit der Disconto-Gesellschaft ließ zum Beispiel Bankers Trust durchblicken, dass sie bereit sei, die Emission von 50 Millionen Dollar in kurz- oder längerfristigen Schuldtiteln weitgehend in der gleichen Weise vorzunehmen, wie dies Dillon Read, allerdings mit einer noch längeren Laufzeit, getan hatte. Obwohl das Angebot interessant war, hielt es die Leitung der Deutschen Bank unmittelbar nach der Fusion doch für verfrüht, mit einer weiteren Sensation aufzuwarten. Mitte Januar 1931 wiederholte Bankers Trust das Angebot, jetzt freilich mit etwas anderer Stoßrichtung. Sie wollte eine gesonderte Organisation für die Abwicklung dieser Transaktionen gründen, etwa so wie die ursprüngliche Treuhand-Idee, aber für US-Anleger. Die amerikanische Bank verfolgte diesen Kurs bei geschäftlichen Transaktionen mit anderen deutschen Großunternehmen, darunter IG Farben, Siemens und Vereinigte Stahlwerke. Der Deutschen Bank gefiel die Idee, wegen ihrer Beziehung zu Dillon Read hieß es allerdings im Vorstand, dass Letztere einbezogen werden müsse. Anscheinend versprach man sich riesige Gewinnmöglichkeiten. Bankers Trust deutete die Bereitschaft an, gegebenenfalls die gesamten 50 Millionen Dollar zum Kurs von 97 mit einem siebenprozentigen Kupon zu übernehmen.[10] In Anbetracht der Deflation in diesen Jahren war das eine sehr hohe Realverzinsung. Bankers Trust drängte in dieser Zeit anscheinend besonders energisch auf den deutschen Markt. Von ihrem Pariser Büro aus verfolgte die Bank sogar einen Plan zur Gründung einer riesigen Kapitalgesellschaft, die im Verbund mit der Deutschen Bank deutsche Elektrizitätsversorgungsunternehmen erwerben und den passenden Namen Superpower Corporation erhalten sollte.[11] Während andere Banken glaubten, sich mit deutschen Anleihen finanziell übernommen zu haben, zeigte sich Bankers Trust offenbar selbst dann noch nicht eingeschüchtert, als im Sommer 1931 das österreichische und das deutsche Bankensystem in sich zusammenzubrechen begannen.[12] Diese Haltung sollte sich bald ändern. Trotz ihres deutschen Engagements hielt sich die Bankers Trust Company anscheinend in der Krise vergleichsweise gut. Ihr Reinertrag bezifferte sich 1933 auf knapp unter 11 Millionen Dollar. Dieses Ergebnis wurde zwar zu einem erheblichen Teil durch Senkung der Betriebskosten erzielt, darüber hinaus stutzte Bankers Trust allerdings auch die deutschen Beteiligungen von 27,3 Millionen Dollar im Jahre 1931 auf 12 Millionen Dollar im Jahre 1933 zurück.[13]

Die Bankenkrise 1931

Noch vor dem Börsenkrach 1929 erkannten führende Finanziers und Politiker der Welt, dass der Dawes-Plan umstrukturiert werden musste. Sie kamen jedoch nicht zu übereinstimmenden Auffassungen darüber, wie reagiert werden müsse, und es gelang ihnen nicht, eine Lösung zu finden, die für die jeweilige nationale Bevölkerung und Wählerschaft politisch annehmbar gewesen wäre. Der Young-Plan, der 1929 von Deutschlands Außenminister Gustav Stresemann ausgehandelt wurde, verteilte zwar die deutschen Reparationszahlungen über einen längeren Zeitraum und führte zu einem vernünftigeren Plan für die deutschen Schuldenzahlungen, aber er entfesselte einen politischen Wirbelsturm über ausländischen Einfluss in Deutschland, der zur Radikalisierung der deutschen Politik beitrug. Selbst Befürworter einer internationalen Zusammenarbeit schienen auf Distanz zu gehen. So etwa Hjalmar Schacht, der am 7. März 1930 durch seinen vorzeitigen Rücktritt von einer vierjährigen Amtszeit als Reichsbankpräsident wegen der Bedingungen des Young-Plans und anderer Fragen das politische Deutschland schockierte.[14]

Die Depression verschärfte die Ressentiments vieler Deutscher, auch in der Bankwelt wuchs der Unmut. Hans Luther, Schachts Nachfolger an der Spitze der Reichsbank, forderte im März 1931, noch vor dem Tiefpunkt der Wirtschaftskrise, in einem flammenden Aufruf mehr Zurückhaltung von den deutschen Gläubigern. Er hielt der ausländischen Presse vor, sie blähe die Bedeutung gewisser internationaler Finanztransaktionen auf. Angesichts der schwierigen deutschen und weltweiten wirtschaftlichen Lage im Februar, als ein Viertel der deutschen Erwerbsbevölkerung ohne Arbeit war (fünf Millionen Arbeitslose in Deutschland und zwanzig Millionen Arbeitslose weltweit), und außerordentlicher innenpolitischer Konflikte sollten Deutschlands Bemühungen, seine Finanzen in Ordnung zu halten und gegenüber seinen Gläubigern seine Glaubwürdigkeit nachzuweisen, lobend anerkannt und nicht kleingeredet werden. Mit kaum verhüllter Spitze gab Luther zu bedenken, dass die Deutschen nicht auf einer Insel lebten, sondern – hier gebrauchte er das Schlagwort vom «Volk ohne Raum» – wirtschaftlich und politisch auf das Zusammenleben mit anderen Völkern angewiesen seien. Durchaus zutreffend warnte Luther, das gesamte marktwirtschaftliche System stehe auf dem

Prüfstand. Die Zukunft dieses Systems sei eine Frage der Weisheit der Entscheidungen über die «politischen Zahlungen», die von beiden Seiten, Gläubigern und Schuldnern, getroffen würden. Er führte an, die meisten Ökonomen seien zu der Auffassung gelangt, dass die Reparationen vernünftige Größenordnungen sprengten, zumal viele Länder keine Bereitschaft zeigten, ihre Grenzen für den Handel zu öffnen, und dies trotz wiederholter Rufe nach einer zollpolitischen Waffenruhe, die wesentlicher Bestandteil der Genfer Konferenz und des Young-Plans sei. In Deutschland, dem ausreichende Exporte zur Bezahlung der Reparationen und langfristigen Schulden verwehrt seien, sei die kurzfristige Verschuldung zu einer «unsichtbare[n] Besatzung» geworden.[15]

Obwohl die entwickelte Welt sich bereits 1930 überwiegend in einer sehr traurigen Verfassung befand, ergab sich die volle Wucht des Abschwungs nicht nur aus dessen Tiefe, sondern auch aus dessen Länge, aus der Unterbrechung der Kapitalströme und aus internationalen Spannungen. Mit dem Zusammenbruch der Österreichischen Credit-Anstalt für Handel und Gewerbe im Frühjahr 1931 ging die Depression von einem gewöhnlichen Abschwung über in eine ausgewachsene Krise. Die österreichische Krise schwappte nach Deutschland über. Am 20. Juni 1931 schlug US-Präsident Herbert Hoover ein einjähriges Moratorium für deutsche Reparationszahlungen und andere zwischenstaatliche Kriegsschulden vor. Die deutschen Reparationszahlungen, die zum Teil die Schulden der Verbündeten an die USA abgedeckt hatten, wurden nie wieder aufgenommen. Hoovers Intervention gab den Aktienkursen in Deutschland zumindest zeitweilig Auftrieb und verlangsamte die Kapitalflucht aus Deutschland.[16] Aber viel Schaden war bereits angerichtet; 11,7 Milliarden Dollar US-Staatsanleihen lösten sich in Rauch auf. «Was freilich nicht verrauchte, war der Ärger vieler Amerikaner über die Ausfälle, und dies würde die ganzen dreißiger Jahre hindurch auf die amerikanische Politik einen schwarzen Schatten werfen.»[17]

Das internationale Bankensystem versuchte, die österreichischen und die deutschen Banken zu retten. Über weite Strecken des Jahres 1931 erörterten die Bankkreise weltweit, wie die internationalen Finanzen saniert werden könnten. Ende Juni 1931, unmittelbar nach Einsetzen der Krise, organisierten die Federal Reserve Bank von New York, die Bank von England, die Banque de France und die Bank für Internationalen Zahlungsausgleich eine 100-Millionen-Dollar-Anleihe für die Reichsbank. Andere, durch Pfandrechte gesicherte private Kreditlinien für deutsche Finanzinstitute folgten. Die meisten großen amerikanischen Banken, darunter aus der Gruppe der Spitzenreiter die National City Bank, Chase und Guaranty Trust Company, waren mit von der Partie. Morgan hielt sich allerdings bemerkenswerterweise fern. Interessanterweise sicherten auch mehrere Finanzinstitute mit europäischen Investoren wie etwa die IAB Mittel zu.[18]

Aber neue Kredithilfen und das Moratorium verzögerten bloß die Krise. Im Juli 1931 brach die Danat-Bank, eine der größten Banken Deutschlands, zusammen, und sämtliche Kreditinstitute wurden auf Verordnung der Regierung hin für einige Tage geschlossen. Die deutsche Regierung erließ Devisenkontrollen und übernahm selbst einen Großteil des Banksektors, wodurch diejenigen weiter geschwächt wurden, die auf grenzüberschreitende Kapitalflüsse angewiesen waren. Ein Wettlauf um Währungsabwertungen und Zollerhöhungen griff um sich, an dem sich fast jedes entwickelte Land beteiligte. Das folgende Jahrzehnt sollte nur mit kurz aufflackerndem Optimismus durchsetzt sein. Widersinnigerweise nährten die Maßnahmen anscheinend die deutsche Begeisterung für amerikanische Portfolio-Investitionen und trugen dazu bei, dass in vielen Ländern die Zinsen erhöht und die Kapitalströme verzerrt wurden – was die Welt in dieser Zeit am allerwenigsten gebrauchen konnte, aber eine Reaktion auf die Wahrnehmung des größeren politischen Risikos war.[19] Nach dem gleichen Prinzip entwickelten sich die Dinge in den USA. Die Wahl von Franklin D. Roosevelt zum Präsidenten im November 1932 verstärkte Befürchtungen, der Dollar könnte womöglich nicht gestützt werden, was viele Ausländer zu einem präventiven Verkauf ihrer amerikanischen Wertpapiere veranlasste. Als sich die politische Lage im eigenen Land verschlechterte, erholten sich dann die freiwillige und unfreiwillige Auslandsinvestition wieder etwas. Beide Formen wurden als Gegenposition in solchen Ländern aufgebaut, die wie die Vereinigten Staaten als «sicherer Hafen» eingeschätzt wurden. Nach der Dollarabwertung im Januar 1934 erschienen zudem in Amerika einige Werte plötzlich als billig zu haben. In anderen Ländern, in denen wie zum Beispiel in Deutschland ein freier Fluss der Mittel abgeblockt wurde, kam es zur Gewinnthesaurierung. Wenngleich im Niveau gegenüber den zwanziger Jahren erheblich reduziert, wurden Auslandsinvestitionen in beiden Formen – freiwillig wie unfreiwillig – Mitte der dreißiger Jahre zu einer bedeutenden Finanzquelle für die von Geldmitteln entblößten Volkswirtschaften, die in einem Kampf auf Leben und Tod um Mittel eingespannt waren. Auf ihre je eigene Art untergruben beide Anlageformen die Stabilität und vereitelten produktive Investitionen.

Viele kleinere Bankhäuser auf beiden Seiten des Atlantiks brachen zusammen. Die Firma Speyer & Co. versuchte, ihrer einstmaligen deutschen Muttergesellschaft aus der Klemme zu helfen. Der Erfolg war nur von kurzer Dauer. Als Eduard Beit von Speyer, der Seniorchef von Lazard Speyer-Ellissen, 1933 starb, musste die ehrwürdige Privatbank die Türen schließen. Paul und Felix Warburg mussten ihrem Bruder Max 9 Millionen Dollar vorstrecken, um sein deutsches Bankhaus über Wasser zu halten. Die Bank of Manhattan musste saniert und die IAB liquidiert werden.[20] 1931 hielt die Deutsche Bank schließlich weit weniger Investitionen in den Vereinigten Staaten als viele andere europäische und asiatische Banken. Wenngleich mit reduziertem Umfang, behielten in den dreißiger Jahren viele ausländische Banken ihre Niederlassungen bei oder gründeten internationale Treuhandgesellschaften. Die Deutsche Bank stützte sich weiterhin auf einen Repräsentanten und auf Korrespondenzbanken, aber selbst diese Präsenz wurde noch zurückgefahren.[21]

Stillhalteabkommen

Im Grundsatz bediente Deutschland seine kurzfristigen Auslandsschulden nicht mehr. Wie bei annähernd allen säumigen Schuldnerstaaten zog dies eine lange Reihe von Umschuldungsverhandlungen nach sich, und es wurden neue Vereinbarungen ausgearbeitet.[22] Im Falle Deutschlands wurden die Verhandlungen und Vereinbarungen in den dreißiger Jahren zu einer sich nahezu jährlich wiederholenden Prozedur. Die Gläubigerländer waren wütend, aber untereinander uneins und letztlich ohnmächtig. Für die Schuldnerinstitutionen wie die Deutsche Bank eröffnete das Vorgehen der deutschen Regierung 1931 eine enorme Chance, die allerdings erst vom nationalsozialistischen Regime völlig ausgenutzt wurde. Vor die Wahl gestellt, entweder die Kreditlinien unter erheblichen Kosten zu reduzieren oder auf eine Verbesserung der deutschen politischen und wirtschaftlichen Lage zu hoffen, entschieden sich viele Banken, insbesondere in London, bis in die späten dreißiger Jahre hinein, ihrer deutschen Verbindung zu trauen. Bedauerlicherweise half diese Entscheidung, ein Regime finanziell zu stärken, das die Bankiers wie viele andere auch gründlich verkannt hatten.[23] Für die Deutsche Bank verkehrte sich ihre Beziehung mit der amerikanischen Finanzwelt. In einem Zeitraum von zwanzig Jahren verlagerte sie sich von dem Umgang mit amerikanischen Zahlungsausfällen auf den Umgang mit dem amerikanischen Ärger über deutsche Zahlungsausfälle.

Das erste Stillhalteabkommen war das Ergebnis der ersten Londoner Konferenz vom Juli 1931, der aufgegeben war, der Krise im österreichischen und deutschen Bankwesen zu begegnen. In gewisser Weise stellte die Konferenz auch eine Reaktion auf das Hoover-Moratorium dar, das alle Reparationszahlungen an andere Länder als die USA einfror. Das Abkommen zielte darauf, Deutschlands Probleme bei der Aufnahme kurzfristiger Kredite vorübergehend abzufangen. Die Idee war, für die Banken in den Hauptgläubigerländern Großbritannien und USA eine ausreichende Planmäßigkeit und Zahlung zu gewährleisten, so dass sie ihren kurzfristigen Kredit an deutsche Institutionen, vor allem in Form von Bankakzepten, fortsetzten, wodurch der Handel aufrechterhalten werden könnte. Am 19. September 1931 unterzeichneten Vertreter von 19 Gläubigerländern das Stillhalteabkommen, das in der Erstfassung für sechs Monate gelten sollte. Angeblich blieben alle bereits vergebenen Kredite in ihrer ursprünglichen Höhe bestehen, allerdings war dem nicht ganz so. Der Schuldendienst wurde zugesichert, aber das Abkommen deckte nur zwischen einem Drittel und 50 Prozent der kurzfristigen Schuld ab, je nachdem wessen Schätzung man Glauben schenkt. Besonders amerikanische und französische Banken ließen sich nur widerwillig auf die Bestimmungen des Abkommens ein. Von Anfang an erkannten die Beteiligten, dass das Abkommen die Lage vor Auslaufen des Hoover-Moratoriums nicht würde retten können, solange nicht zuvor zwischen den Regierungen eine umfassende Verständigung über die Reparationen und andere Streitfragen erzielt würde.[24]

Die Verhandlungen waren für die geschäftliche Zukunft der Deutschen Bank von entscheidender Bedeutung. Sie entsandte fünf Vertreter in den Bankenausschuss des Deutschen Ausschusses für das deutsche Kreditabkommen von 1932. Letzterer vertrat die Interessen der deutschen Banken und Industrieunternehmen. Gustaf Schlieper, von 1929 bis 1937 Vorstandsmitglied der Deutschen Bank, war Mitglied der deutschen Delegation, die zusammen mit der Reichsbank und der Deutschen Golddiskontbank Deutschland gegenüber den Banken- und Industrieausschüssen der Vereinigten Staaten, Belgiens, der Tschechoslowakei, Dänemarks, Großbritanniens, Frankreichs, der Niederlande, Italiens, Norwegens, Schwedens und der Schweiz vertrat.[25] 1933 führte Schlieper zusammen mit Otto Jeidels von der Berliner Handels-Gesellschaft die deutsche Delegation an. In gewissem Sinne wandelte die Wiederholung der Abkommen kurzfristige Kredite in langfristige um. Noch bevor die Tinte unter dem Abkommen vom Februar 1932 getrocknet war, wurden Pläne für eine Verhandlungsrunde im Juli entworfen. Die Beteiligten begannen jetzt mehr Aufmerksamkeit auf die Frage zu richten, wie die deutschen Devisenkontrollen den Handel beeinflussten. Einige nicht-deutsche Teilnehmer drängten die deutsche Delegation, die Mittel des Stillhalteabkommens für langfristige Finanzierung und zur Förderung des Handels einzusetzen.[26]

Im Oktober 1932, als sich die politische Lage in Deutschland verschlechterte, erreichten die Zeitungen Berichte, dass deutsche Schuldner von französischen Gläubigern Kredite, die durch das Stillhalteabkommen erfasst waren, mit einem Disagio von 15 Prozent und mehr zurückkauften, ein Vorgehen, das bei vielen Gläubigern Empörung hervorrief. Die zurückgekauften Kredite wurden für die Finanzierung von Exporten eingesetzt, was den deutschen Firmen ermöglichte, Konkurrenten zu unterbieten, eine Art Subventionierung des Handels.[27] Die Angelegenheit war politisch ein heißes Eisen, weshalb es viele Beteiligten mit der Wahrheit nicht so genau nahmen. Nach Aussage der Deutschen Bank trafen diese Berichte nicht zu. «Alle unter das Stillhalteabkommen fallenden Mittel sind bei der Reichsbank angemeldet, bei der für jeden Transfer Antrag auf Freigabe solcher Mittel gestellt werden muss.»[28] Nur solchen Transaktionen, die mit dem Geist der Vereinbarung übereinstimmten, erteilte die Reichsbank ihre Genehmigung. Selbst ausstehende Mittel, die durch das Stillhalteabkommen nicht erfasst waren, wurden streng kontrolliert. Einige Transaktionen in Sperrmark – Guthaben von Devisenausländern, über die nur mit behördlicher Genehmigung verfügt werden durfte – kamen allerdings gelegentlich vor. Für gewöhnlich handelte es sich dabei um Verkäufe langfristiger Wertpapiere, und auch sie waren angeblich streng überwacht und auf wenige Fälle beschränkt.

Die Dollar-Anleihe der Deutschen Bank

Für Institute, die Zugang zu konvertiblen Mitteln hatten und klug genug waren, sich die verwirrende und unsichere Marktlage zunutze zu machen, bot die Krise einige Möglichkeiten. Die Deutsche Bank wollte bei ihrer Dollar-Anleihe nicht in Verzug geraten, aber sie war in gewisser Hinsicht auf alle Eventualfälle gut vorbereitet. Als die Schuldtitel im September 1932 fällig wurden, blockierte die Reichsbank tatsächlich deren Rückzahlung. Die Neuigkeiten stürzten die Bank in Umschuldungsverhandlungen und eine weltumspannende Kampagne zur Rettung ihres Rufs. Angeblich konnten die mittelständischen Firmenkunden der Deutschen Bank ihren Verpflichtungen durchaus nachkommen, zumindest in Reichsmark, und die Deutsche Bank war bereit, die erforderlichen Reichsmarkbeträge bei der Reichsbank für Dollars zu dem damals gültigen Kurs von 4,20 Reichsmark für den Dollar zu hinterlegen. Als die Deutsche Bank das Problem kommen sah, schlug sie zwei miteinander verbundene Wege ein. Der erste bestand darin, soviel wie möglich von den US-Schuldtiteln aufzukaufen, wodurch sie in die Lage versetzt wurde, die Verpflichtung in eine Reichsmark-Schuld umzuwandeln. Der zweite Weg bestand darin, eine neue Emission in New York zu begeben, die es den Inhabern alter Schuldverschreibungen ermöglichte, diese in solche einzutauschen, die in drei Jahren gegen Dollar zahlbar waren, den gleichen Zinssatz und eine sofortige Bar-Bonifikation von 2 Prozent oder den gleichen Betrag in Sperrmark in Deutschland erbrachten.[29] Die vermutlich von Dillon Read ausgegebene Verkaufsanzeige versicherte dreierlei: Die Deutsche Bank habe – im Unterschied zu vielen anderen Emittenten von deutschen Wertpapieren auf dem New Yorker Markt – die Reichsmarkmittel für die Bezahlung, die Zinszahlungen würden fortgesetzt, und die Bank sei auch rechtzeitig aktiv geworden, um den Anlegern verschiedene tragfähige Alternativen zu bieten.[30]

Der einzige Haken an dem Plan war, dass nach dem Gesetz 25 Prozent der Besitzer eines verzinslichen Schuldtitels die Umwandlung zu Fall bringen konnten und dass verärgerte Gläubiger, selbst wenn sie die Transaktion nicht aufhalten konnten, doch eine für die Deutsche Bank und Dillon Read ungüns-

tige öffentliche Stimmung erzeugen konnten. Beide Institute waren verständlicherweise um ihren Ruf besorgt. Zudem musste die neue Emission an der
Börse eingeführt werden und folglich deren Auflagen erfüllen. Es entbehrt
nicht einer gewissen Ironie, dass die Deutsche Bank in dieser Situation ausgerechnet John Foster Dulles von Sullivan & Cromwell um Rat und Hilfe anging. Dulles sollte später die Ermittlungen gegen deutsche Unternehmen leiten, die aus dem Handel mit ihren eigenen amerikanischen Verbindlichkeiten
Gewinn schlugen.[31] Beide Banken wollten viele Dinge lieber unter Verschluss
halten und hatten sich im Juli 1932, noch vor der Kontaktaufnahme mit
Dulles, auf einen Plan für die Öffentlichkeitsarbeit verständigt.[32] Sowohl eine
vollständige Nichtbedienung der Schuld wie auch eine komplette Kenntnis,
wie die beiden Parteien dies zu vermeiden suchten, wäre äußerst beschä-
mend gewesen. Zumindest aber hätte dies höhere Transaktionskosten und
möglicherweise auch eine weitere Beschlagnahme von deutschem Vermögen
in den USA zur Folge gehabt.[33] Auf der anderen Seite würden freilich Gerüchte über einen Zahlungsausfall und Äußerungen von Regierungsvertretern über den Devisenmangel sowie über künftig zu erwartende, weitere Einschränkungen bei Zinszahlungen nur den Preis für den Rückkauf günstiger
werden lassen.

Es hat den Anschein, dass die Deutsche Bank zunächst bei der anfänglichen Ankündigung von Zahlungsproblemen wenig geschickt agierte. Obwohl sie in der Lage war, die Anleihe in Reichsmark völlig zu tilgen – ihr einziges Problem war die Weigerung der Reichsbank, Dollars zur Verfügung zu
stellen –, beeinträchtigten die Gerüchte über den Zahlungsausfall weltweit
ihren Ruf. Die Schwierigkeiten bei der Devisenbeschaffung wurden selbst
noch in China als Bankpleite angesehen.[34] Reuters berichtete über die Neuigkeiten von Dillon Read und betonte, dass der «Zahlungsverzug» sehr gravierend sei angesichts der Größe und Bedeutung der Bank auf dem Weltfinanz-
markt. Japanische Banken und die Deutsch-Asiatische Bank mitsamt deren
Filialen wurden von den Gerüchten über Schwierigkeiten der Deutschen
Bank in Mitleidenschaft gezogen ohne ausreichenden Hinweis auf einen vorgeschlagenen alternativen Ablöseplan.[35] Die Deutsche Bank gab Reuters die
Schuld für die irreführenden Berichte in Schweden, den Niederlanden und
Italien und versuchte, eine Aufklärungskampagne gegen die unzutreffende
Charakterisierung der Situation auf den Weg zu bringen.[36] Bei ihren Bemühungen, ihren Rückzahlungsplan – ein Unterfangen, das in ihren Augen «die
allergrößte Bedeutung für den deutschen Kredit insgesamt» hatte – in kor-
rekter Weise der internationalen Finanzwelt zur Kenntnis zu bringen, erhielt
die Deutsche Bank Unterstützung von Dillon Read, was sie dankbar anerkannte.[37] Die Bank sah ein, dass sie bereits früher hätte handeln müssen.
Nachdem die Berichte einmal zirkulierten, war es weit schwerer, ihnen entgegenzutreten und sie zu korrigieren. Selbst der Erfolg der Umstrukturierung

sei nicht umfassend dargestellt worden, zumal besondere amerikanische Gegebenheiten, wie die große Zahl von Obligationsinhabern, den Journalisten besser hätten vermittelt werden müssen.[38]

Die Deutsche Bank hegte durchaus nachvollziehbare Zweifel, dass viele ausländische Inhaber an Sperrmarkkonten interessiert sein würden.[39] Die Sperrmark hatte zwar manche Vorteile, dies aber vor allem für deutsche Exporteure, die ihre Devisen zu einem günstigeren Reichsmarkkurs eintauschen konnten.[40] Amerikanische Anleger konnten nur darauf hoffen, den Verkauf von Sperrmarkguthaben an deutsche Firmen auszuhandeln, ein kniffliges Unterfangen mit nur geringer Aussicht, auf diese Weise netto einen höheren Dollarertrag zu erzielen. Diejenigen, die sich für die Verlängerung der Schuldtitel entschieden, sollten angeblich ja auch regelmäßige Zinszahlungen erhalten. Jedenfalls hatten bis Ende September 1932 immerhin 96 Prozent aller Obligationsinhaber sich für eine der beiden Alternativen entschieden.[41] Für die überwiegende Mehrheit der noch in Händen des Publikums befindlichen Schuldverschreibungen wurde die Dollar-Option gewählt, was das Dollar-Obligo der Deutschen Bank erhöhte.[42]

Die andere Seite der Bilanz warf auch Probleme auf. Was sollte mit den Krediten an den deutschen Mittelstand geschehen? Sollte die Deutsche Bank ihren Kunden auch eine Alternative anbieten? Ein Zugeständnis an sie, in Reichsmark zu zahlen, würde bei der Bank ein schreckliches Durcheinander bei Verbindlichkeiten und Aktiva hinterlassen.[43] Die Bank saß in einer Zwickmühle. Als Bedingung für die Verlängerung der Kredite hatte sie den Kreditnehmern die Annahme der Gold-Dollar-Klausel zur Auflage gemacht. Es war jedoch zweifelhaft, ob viele Kunden, und das galt selbst für die wirtschaftlich gesunden, die Devisenklausel würden erfüllen können. Wenn die Bank gegenüber allen ihren Kunden einen harten Kurs einschlug, mochten viele die Gelegenheit wahrnehmen, die Dollar-Klausel nicht einzuhalten. Angesichts all dieser Schwierigkeiten erwog die Bank, ihren Zinssatz um 1 Prozent gegenüber den ursprünglich festgelegten durchschnittlichen 8¼ Prozent, die von dem Mittelstand zu zahlen waren, anzuheben.[44] Am Ende bestand die Bank darauf, dass ihre Kunden bei der Gold-Dollar-Klausel blieben, und verband damit noch einige zusätzliche Auflagen. Ungeachtet des enormen Drucks nachzugeben wurden nur diejenigen Kunden aus ihrer Rückzahlungspflicht in Devisen entlassen, welche in Dollar den gleichen Betrag an die Deutsche Bank zahlten, den sie bei ihr in Form von Deutsche-Bank-Schuldtiteln aufgenommen hatten. Zwar hatte die Deutsche Bank noch ein hohes Devisenrisiko, aber die Bank und einige ihrer Kunden hatten ihr Risiko erheblich durch den Rückkauf vieler Schuldbriefe mit Dollarguthaben reduziert, die sie außerhalb von Deutschland hielten. Für die Sperrmark-Einlagen (Zahlungseingänge in Sperrmark auf die Anleihe) bestand allerdings eine andere Option, welche den Devisenanteil der Umschuldung aufhob. Die Zentrale der Deutschen

Bank, und zwar nur die Zentrale, hatte von Fall zu Fall die Erlaubnis erhalten, diese Mittel freizugeben, um Ausfuhrrechnungen zu einem günstigen Wechselkurs zu begleichen. Auch dies war ein Weg, die Zahlungen auf die Anleihe einzusetzen, um Exporte zu fördern.[45] Obwohl die Bemühungen der Deutschen Bank bei der Umschuldungsinitiative unter den gegebenen Umständen anscheinend recht erfolgreich waren, stellte die New Yorker Börse im November 1932 offiziell die Börsennotierung für das erste Wertpapier der Deutschen Bank ein, das in den Vereinigten Staaten öffentlich gehandelt worden war. Dabei wurden Schuldverschreibungen noch immer zwischen 80 und 88 gehandelt und damit zu einem in Anbetracht der Umstände ziemlich hohen Kurs.[46] Zudem waren Anleger mit vielen Barmitteln anscheinend bis weit in die Krise hinein willens, gutes Geld schlechtem hinterherzuwerfen.[47]

Das Programm der Deutschen Bank für den Rückkauf der Dollar-Obligationen in den USA half auch, deren Kurs relativ stabil zu halten. Die Bank ergriff die Möglichkeit, die ihr die Krise des Kapitalmarkts bot, um ihre Devisenverbindlichkeiten abzubauen, was wohl im Interesse aller Beteiligten war, und machte dabei zugleich einen erheblichen Gewinn. Seit langer Zeit und zwar bereits deutlich vor dem ihr zugeschriebenen Zahlungsverzug hatte die Deutsche Bank die Schuldtitel zurückgekauft, manchmal zu Kursen über dem Nennwert, viele Jahre hindurch jedoch mit einem starken Abschlag, der in Zeiten der schärfsten Krise fast 40 Prozent erreicht hatte. Die Bank ermunterte sogar exportierende mittelständische Unternehmen mit Genehmigung der Reichsbank und bei vollstem Verständnis von Dillon, Read & Co., ihre Eingänge in harter Währung in gleicher Weise einzusetzen. Die Deutsche Bank, Dillon Read, die Reichsbank und die Endschuldner erreichten dergestalt ihre Ziele auf Kosten der früheren Obligationsinhaber, von denen einige nur 63 bis 64 Cent pro Dollar erhielten. Die Deutsche Bank umging die völlige Zahlungsunfähigkeit, indem sie sich auf eine Taktik verlegte, die heute für einen Aufschrei beim Publikum und der Aufsichtsinstanz sorgen würde. Dillon Read wickelte die neue Börseneinführung und viele Verkäufe ab, wobei die Bank zweifellos satte Gebühren einnahm und als Transferagent in New York zusammen mit Chase rechtliche Probleme vermied. Die Reichsbank bewahrte Devisen. Und schließlich schafften sich die deutschen Schuldner vermutlich mit einem Preisnachlass eine Verbindlichkeit vom Hals. Die Deutsche Bank zog ihre Filialen und Vertretungen in anderen Ländern zur Mitarbeit heran. Sie gaben sich alle Mühe, ihr Tun geheim zu halten, um möglichst viele Käufe zu tätigen, bevor der Kurs der Anleihe in die Höhe kletterte.[48] Das Ganze erforderte eine sorgfältige Abstimmung mit der Reichsbank, die alle Teile des Plans und dessen praktischer Umsetzung genehmigen musste.[49]

Bis März 1932, drei Monate bevor die Rückzahlung fällig war, waren bereits 7 Millionen der schätzungsweise insgesamt 8,5 Millionen Dollar, die sich noch im Umlauf befanden, aufgekauft.[50] Tatsächlich wussten die Deutsche

Bank und Dillon Read schon im August 1932, dass die Umwandlung nicht mehr blockiert werden konnte, da sie bereits 75 Prozent der Schuldtitel zurückgekauft hatten; das alles war vermutlich ohne Wissen der anderen Obligationsinhaber geschehen, sie standen vor einem *fait accompli*. Zumindest für die Inhaber der ersten Schuldverschreibung schwankte der Kurs allerdings im August noch einmal zwischen 79 und 93.[51] Wäre die Operation erst einmal vollständig abgeschlossen, hätte sich die Devisenposition der Bank erheblich verbessert. Wenn der Preis des neuen Wertpapiers sich beim Nennwert einpendelte, würde auch das ihrem Ansehen helfen. Nach dem Erfolg der ersten Rückkaufaktion erwog die Bank sogar eine weitere für die umgeschuldete Emission. Später dachte die Bank auch darüber nach, mit ihren eigenen Stammaktien einen Tausch von Schuldtiteln (Fremdkapital) gegen Beteiligungstitel (Eigenkapital) durchzuführen.[52]

Mitte der dreißiger Jahre mühte sich die Bank, die Anleihe völlig aus ihren Büchern zu tilgen. 1938 beantragte sie bei der Reichsbank Währungsmittel zur Bezahlung von 2,5 Millionen holländischen Gulden auf den Betrag, den sie de Bary & Co. für den Rückkauf von Schuldtiteln noch schuldete. Die Bank war sogar bereit, die 5510 Stammaktien, die sie 1917 bei der Sanierung der Davis Coal & Coke Company erhalten hatte, einzusetzen, um die Anleihe abzuzahlen. Es gab nur einen Haken: Niemand wollte ihre 9,1-Prozent-Beteiligung kaufen. Selbst die Rockefellers, die bereits 75 Prozent des Gesellschaftskapitals von Davis hielten, waren an dem Paket nicht interessiert. Andere Parteien meldeten sich nicht. Im Prinzip wurden die Aktien zu 40 Prozent ihres Nominalwertes gehandelt, aber nicht bei einem Paket dieser Größe. Die Aussichten des Braunkohlesektors im Allgemeinen und von Davis Coal & Coke im Besonderen waren ziemlich schlecht. Die Deutsche Bank hoffte, die Rockefellers dafür gewinnen zu können, dass das Bergbau- und Koks-Unternehmen seine Barmittel für eine Sonderdividende verwenden würde. Im Falle einer Zustimmung würde der Anteil, der auf die Deutsche Bank fiel, mehr als genug sein, um ihre Zahlung an de Bary & Co. zu decken, und wenn die Reichsbank der Bank erlaubte, die Devisen für diesen Zweck zu verwenden, wäre ein großer Teil ihrer noch verbliebenen US-Schuld beglichen.[53] Dank der Einwilligung der Rockefellers und der Genehmigung der Reichsbank war die Deutsche Bank in der Lage, kurz vor dem Zweiten Weltkrieg den letzten ausstehenden Schuldposten im Zusammenhang mit ihrer Dollar-Anleihe abzutragen.[54] Diese beachtlichen Erfolge bei schwierigen US-Transaktionen wären Anlass für einigen Optimismus gewesen. Unglücklicherweise ließen sich die Probleme der Deutschen Bank in den dreißiger Jahren jedoch nicht aus dem allgemeinen Zerfall der Weltfinanzmärkte und der liberal-demokratischen Politik herauslösen.

Die Deutsche Bank und die Vereinigten Staaten im Schatten des «Dritten Reichs»

Um die Zeit, als Hitler im Januar 1933 Reichskanzler wurde, befand sich die Deutsche Bank wie auch die anderen deutschen Kreditinstitute in ziemlich schlechter Verfassung. Selbst in den besten Jahren der Weimarer Republik waren die Aktiva und Gewinne noch immer weit geringer als im Jahr 1913. Anfang der dreißiger Jahre war der Aktienkurs der Deutschen Bank bei rund einem Viertel seines Höchststandes von fast 200 Reichsmark in den zwanziger Jahren dahingesiecht. Ein Jahr nach Hitlers Machtübernahme hatte die Deutsche Bank annähernd 50 Prozent ihres Wertes vom Dezember 1932 eingebüßt. Von 1931 bis 1934 schüttete sie überhaupt keine Dividende aus. Zwar hatte die Fusion mit der Disconto-Gesellschaft die Deutsche Bank relativ gestärkt, aber das gesamte Bankensystem litt unter der schwächelnden Wirtschaft, und es war unangenehm abhängig von einer Regierung, die eine finanzfeindliche und gegen internationale Zusammenarbeit gerichtete Ideologie vertrat, sowie von dauernden Verhandlungen mit internationalen Konkurrenten und ausländischen Behörden.[55]

Als das nationalsozialistische Regime zur Macht gelangte, sahen sich auch die Gläubigerländer einer weit schwieriger gewordenen Lage gegenüber. Das neue Regime schien entschlossen, die Schulden des Landes nicht anzuerkennen und den Außenhandel aus dem Gleichgewicht zu bringen, ein Umstand, der einige Länder und Institutionen, insbesondere diejenigen aus den Vereinigten Staaten und Frankreich, ermutigte, frühere Übereinkünfte zu ignorieren und aus dem Stillhalteabkommen auszuscheren.[56] Obwohl der Ausschuss der ausländischen Bankiers berichtete, dass die ersten sechs Monate des Abkommens eine Mischung von guten und schlechten Ergebnissen gebracht hatten, hatte sich die Position der Gläubigerländer eindeutig verschlechtert. Unglücklicherweise verdankten sich die etwas günstigeren Handelsbilanzzahlen nicht höheren Ausfuhren, sondern geringeren Importen. Deviseneinnahmen, die nach Deutschland kamen, gingen zurück. Nur 75 Prozent der Exporte wurden mit Devisen bezahlt, der Rest war aufgrund von Verrechnungsabkommen mit verschiedenen mitteleuropäischen, fernöstlichen und südamerikanischen Ländern sowie mit der Sowjetunion geregelt. Dieses Mittel war für große deutsche Unternehmen gegenüber Regionen, in denen die übliche Zahlungsfrist zwei Jahre betrug, zu einem gewichtigen Teil des Exportgeschäfts geworden. Während die Bedingungen des Abkommens beibehalten wurden, nahm der Außenhandel insgesamt ab und die Arbeitslosigkeit zu.[57]

Das nationalsozialistische Regime ging rasch dazu über, die blockierten Mittel für Exportzuschüsse und Schuldenrückkäufe einzuspannen.[58] Die dritte Runde der Stillhalteverhandlungen hatte begonnen, als Hitler an die Macht gelangte. Einige Fachleute in Großbritannien, in den Vereinigten Staaten und in Deutschland waren zuversichtlich, dass selbst nach der Machtergreifung Außenpolitik und Finanzfragen in den Händen der gleichen erfahrenen Männer verbleiben würden.[59] Die *Frankfurter Zeitung* merkte Anfang Februar 1933 an, die Nationalsozialisten hätten einige Anstrengungen unternommen, ein Wirtschaftssystem auszuarbeiten, jedoch mangele es ihnen an Reife, dieses selbständig durchzuführen und verständlich zu machen.[60] Hitler ernannte Schacht aufs Neue zum Präsidenten der Reichsbank. Schachts erfahrene Hand beruhigte die ausländische und heimische Geschäftswelt. Obgleich er es verstand, die finanzielle Lage Deutschlands zum Vorteil des Landes zu nutzen, setzte Schacht die Akzente so, dass den zerstörerischsten Plänen des Regimes Grenzen gesetzt wurden.[61]

Trotz oder womöglich wegen des Einzugs der Nationalsozialisten in die Regierung verlängerte die dritte Konferenz das Stillhalteabkommen um ein weiteres Jahr, was bedeutete, dass 4 Milliarden Reichsmark an kurzfristigen Krediten in langfristig blockierte Mittel umgewandelt wurden. Dabei ging es um 2,5 Milliarden Reichsmark für die Banken, der Rest entfiel auf Industrieunternehmen, überwiegend in Form von Bankakzepten.[62]

Gegen Ende des Jahres 1933 vertiefte sich die Finanzkrise. Im Dezember verkündete Schacht, die Reichsbank verfüge nicht über ausreichend harte Währung, um 50 Prozent ihrer Zinsverpflichtungen zu bezahlen. Ohne Zweifel an seiner Entschlossenheit zu lassen, behauptete der Reichsbankpräsident, Deutschland müsse noch einen weiteren Zahlungsaufschub gegenüber Ausländern fordern.[63] Es gab nur eine Wahl: entweder Zinsen für Ausländer oder Dividenden für Deutsche. Keine Macht der Welt könne die Länder vor einer Zerstörung schützen, die dadurch ausgelöst würde, dass ihren Bürgern friedliche Arbeit verweigert werde. Eine Woche später kündigte Schacht an, bis auf wenige Ausnahmen würden im ersten Halbjahr 1934 nur 30 Prozent der Verpflichtungen der Reichsbank gegenüber Ausländern transferiert. Während des restlichen Jahres würden keine weiteren Zahlungen in harter Währung erfolgen. Stattdessen sollten Reichsmark bei der Reichsbank für den Gebrauch in Deutschland hinterlegt werden. Die Reichsmarkbeträge könnten in Anspruch genommen oder verkauft werden. Der amerikanische Protest ließ nicht auf sich warten und war geharnischt.[64]

Infolge der Bemühungen Schachts und seines Vorgängers hatte sich die Verschuldung Deutschlands tatsächlich verringert. Zwischen Juli 1931 und September 1933 ging sie insgesamt von 23,8 Milliarden auf 14,8 Milliarden Reichsmark zurück. Dabei verringerte sich die kurzfristige Schuld von 13,1 auf 7,4 Milliarden Reichsmark, die langfristige Schuld von 10,7 auf 7,4 Milliarden. Zugleich fielen die von dem Stillhalteabkommen erfassten Beträge von 6,3 auf 3 Milliarden Reichsmark.[65] Einige, auch manche britische Beobachter rechneten die Verbesserungen den Nationalsozialisten als Verdienst an, allerdings war diese Verbesserung durch erhöhte Einfuhrbedürfnisse und die Unfähigkeit, den Export zu beleben, bedroht. Hieran waren viele Faktoren schuld, nicht zuletzt und in erheblichem Ausmaß die eigene antisemitische Politik der Regierung.[66] Nichtsdestoweniger verbesserte sich die Handelsbilanz, und Gerüchte machten die Runde, die Reichsbank verfüge über einen geheimen Devisenschatz.[67]

Die Verhandlungen nahmen eine hässliche, aber wohlvertraute Wende. Bezeichnend war die Zusammenfassung der Lage durch den niederländischen Vertreter, als die Deutschen Ende 1933 versuchten, die Höhe ihrer Zahlungen zu senken:

> Der Sachverständigenausschuss war der Auffassung, dass Deutschland 50 Prozent zahlen könne, und der Ausschuss lag damit richtig. Die Deutschen haben den Prozentanteil stark verkleinert, um so den Wert ihrer eigenen Schuldverschreibungen im Ausland zu senken und diese zu einem billigen Preis zurückzukaufen. Dr. Schacht hat die von ihm beabsichtigte Aktion nicht angekündigt, er hat keinen Versuch unternommen, mit den Vertretern der Anleihebesitzer zu verhandeln, und er hat sich in verwerflicher und willkürlicher Weise verhalten.[68]

Eine holländische Zeitung ging in ihrer Stellungnahme zu Deutschlands Aufkündigung der Goldklausel, wodurch dessen Schuld mit einem Federstrich 20 Prozent an Wert verlor, sogar noch weiter:

> Deutschland selbst hat gewiss in keinem geringen Ausmaß dazu beigetragen, dass jedes Gerechtigkeitsempfinden mit Füßen getreten wird. Man muss kein Shylock sein, um zu erkennen, dass die Haltung des Landes gegenüber seinen Gläubigern in einem fort dreister wird.[69]

Einige US-Anleger forderten eine Untersuchung durch die amerikanische Regierung oder durch die amerikanische Börsenaufsicht.

Aus bestimmten Gründen fiel den Vereinigten Staaten bei allen Schuldenverhandlungen eine besondere Rolle zu. Ein Großteil der gesamten deutschen Schuld lautete auf Dollar. Wie die Vereinigten Staaten ihre eigene Währung behandelten, war für die Gesamtheit der Gläubiger von Bedeutung. Die Entscheidung des US-Kongresses im Juni 1933, die Goldklausel bei Dollar-Schuldverträgen aufzuheben und den Dollar abzuwerten, eliminierte zum Beispiel gewissermaßen 40 Prozent des Wertes (42 Milliarden Reichsmark) der sich insgesamt auf 105 Milliarden Reichsmark belaufenden deutschen Schuld.[70]

Die Inhaber langfristiger Schuldverschreibungen bekundeten ihre Bestürzung; sie lagen mit den Interessen ihrer Regierung und anderer Gruppen über Kreuz. Im Dezember 1933 wurde John Foster Dulles von den amerikanischen Bankhäusern, die deutsche Schuldtitel hielten, mit einer Untersu-

chung der Lage beauftragt (*Foreign Bondholders Protective Council*). Er gelangte zu dem Schluss, dass die Nationalsozialisten vorsätzlich die Rechte
der Anleihebesitzer ignorierten. Alle Verbesserungen der Finanzlage Deutschlands würden nur genutzt, um die Verhältnisse in Deutschland selbst zu bessern. Die Reichsbank hatte ihre Reserven um 180 Millionen Reichsmark aufgestockt. Dulles vermutete, dass davon 100 Millionen auf einmalige Faktoren
zurückgingen wie etwa die Rückführung von Auslandsvermögen deutscher
Staatsangehöriger infolge eines neuen Gesetzes, das die Strafen für Devisen-
vergehen erheblich verschärft hatte. Der Einsatz von Devisen für Exportzuschüsse diene nur dazu, Deutschen bei der Ablösung von Schuldtiteln behilflich zu sein. Zwischen dem 11. November 1931 und dem 30. September 1933
seien schätzungsweise 657 Millionen Reichsmark an deutschen Auslandsschulden von Deutschen aufgekauft und in vielen Fällen die Titel aus dem
Umlauf gezogen worden.[71]

Obwohl Deutschland den Nominalbetrag seiner lang- und kurzfristigen
Schuld abbaute, fürchtete Dulles, dass die tatsächlichen deutschen Exporte
weiterhin erheblich hinter den berichteten Mengen zurückblieben. Auf lange
Sicht seien die auf den Export setzenden Programme nicht tragfähig, da in
vielen Ländern, darunter auch in den Vereinigten Staaten und Großbritannien, bereits Anti-Dumping-Maßnahmen erwogen würden. Für Dulles stand
fest, dass Deutschland bereits die Wahl getroffen hatte: Es verkaufe mit Verlust an seine Gläubiger und bezahle Prämien an Exporteure zur Belebung
des Handels, die leider nur von kurzer Dauer seien. Die Bezahlung der Schulden sei eine Frage des Willens, nicht der (Geld-)Mittel.[72]

Die deutsche Regierung versuchte, einige ihrer benachbarten Gläubiger,
insbesondere die Niederlande und die Schweiz, durch Vorzugshandelsab-
kommen zu ködern, um sie dazu zu bringen, aus den Reihen der anderen
Gläubiger, etwa derjenigen aus Großbritannien und den USA, auszuscheren.
Ihr größeres Handelsinteresse im Verbund mit ihrem vergleichsweise geringeren finanziellen Risiko machte die Nachbarländer zu relativ einfachen Zielscheiben. Dabei gab es in Deutschland durchaus auch Elemente, die die verfügbaren Ressourcen zu dem Zweck nutzen wollten, mehr politischen und
wirtschaftlichen Einfluss auf Deutschlands Nachbarn zu gewinnen. Die Vereinigten Staaten, so Dulles, seien für eine Reihe von Jahren weder politisch
noch finanziell ein ausreichend wichtiger Faktor, dass sich Deutschland wegen
seiner Verpflichtungen diesem Land gegenüber große Sorgen machen müsse.[73]

Auf der Grundlage des Berichts von Dulles lehnten die Emissionsbanken
Schachts Forderung nach einer neuerlichen Fristentransformation der
Schuld ab. Nur sechs Monate nach der letzten Reduktion bei den Zahlungen
und noch bevor dem letzten Plan eine faire Chance eingeräumt worden war,
erschien ihnen Schachts Ansinnen abwegig in Anbetracht von Deutschlands
günstigerer Zahlungsbilanz sowie angesichts des raschen Tempos, in dem

deutsche Institutionen die Abkommen nutzten, um deutsche Schulden ins Heimatland zurückzuholen.[74]

Ungeachtet dieser Beschwerden und trotz der anhaltenden Verbesserung bei Deutschlands kurzfristigen Verpflichtungen[75] sahen sich diejenigen, die Zins- und Dividendenzahlungen erwarteten, vor einige unangenehme neue Wahlmöglichkeiten gestellt. Erstens konnten sie an ihren Titeln festhalten und das Beste hoffen. Zweitens konnten sie ihre Zinsen und Dividenden in Schuldtitel umwandeln. Diese Papiere wurden vom Deutschen Reich garantiert, brachten 3 Prozent Zinsen und eine Tilgung des Kapitals mit jährlich 3 Prozent. Alle etwa noch verbleibenden Forderungen sollten am 1. Januar 1945 beglichen werden. Schließlich konnten sie ihre Außenstände gegen harte Währung zu 40 Prozent ihres Nominalwertes verkaufen.[76]

Der wirtschaftliche und politische Druck war enorm. Internationale Zoll- und Handelskriege, die Weltwirtschaftskrise und skeptische Gläubiger, denen die Lust vergangen war, gutes Geld schlechtem hinterherzuwerfen, bestätigten die deutsche Regierung nur noch in ihrem Kurs und bestärkten ihre Festlegung auf Autarkie und Aufrüstung. Bei rückläufigem Handelsvolumen blieben schließlich auch die Arrangements zur Exportfinanzierung, deren Offenhaltung sich die Regierung in den Verhandlungen erstritten hatte, Jahr um Jahr ungenutzt. Deutschlands Exporte reichten zweifellos nicht aus, um den ausländischen Verpflichtungen des Landes nachzukommen, und die Nationalsozialisten hatten nicht die geringste Absicht, wertvolle Devisen zur Bezahlung von Schulden an potentielle Feinde des Landes einzusetzen. Betrüblicherweise betrachteten anscheinend beide Seiten, Gläubiger wie auch Schuldner, die Verhältnisse und die regelmäßig wiederkehrenden Umschuldungsverhandlungen zunehmend als völlig normal. Anleger, nicht nur in den Vereinigten Staaten, sondern auch in vielen anderen Ländern, waren empört, aber machtlos. Angesichts blockierter Gelder, die zur Exportsubventionierung verwandt wurden, wandelte sich die finanzielle Notlage deutscher Schuldner in einen Wettbewerbsvorteil für deutsche Exporteure. Amerikanische Obligationsinhaber waren mit einiger Berechtigung der Ansicht, dass alle von deutschen Firmen eingenommenen konvertiblen Devisen vorrangig zur Zahlung der Auslandsschuld eingesetzt werden sollten.[77] Aus politischen wie auch wirtschaftlichen Gründen wurde die Deutsche Bank in das Handgemenge hineingezogen.

Die Deutsche Bank und andere Dollar-Anleihen

Die Bankenkrise im Sommer 1931 deckte viele Schwächen des deutschen Bankwesens auf und ließ Zweifel an der Fähigkeit der Reichsbank aufkommen, auf ausländischen Druck zu reagieren und das Geld zu verknappen. In diesem angespannten Umfeld standen alle schwachen Glieder im deutschen Finanzsystem vor einem ernsten Risiko. Die Deutsche Bank war zwar in besserer Verfassung als andere Banken, sah sich aber erheblichem politischen Druck ausgesetzt, mehr zu tun, um schwächeren Banken zu helfen. Auch wenn sie einigen Regierungsmaßnahmen kritisch gegenüberstand, war sie sich wie nahezu alle Finanzinstitute zugleich doch auch der starken Abhängigkeit von Regierungsunterstützung verschiedener Art bewusst.[78]

Die Rolle der Deutschen Bank bei dem Kredit der Hamburg-Amerika-Linie (Hapag), Deutschlands größter Passagierreederei, ist ein durchaus typischer Fall – leider nur einer von vielen. 1931 war klar, dass weder die Hapag noch die Reichsbank willens oder fähig waren, den 18,6-Millionen-Dollar-Kredit der Reederei zu bedienen. Zwar besaß das Unternehmen Vermögenswerte, darunter auch solche außerhalb des Landes, die auf Dollar lauteten, aber weder die Unternehmensleitung noch die Regierung waren anscheinend willens, die Firma deswegen dem Konkurs zu überantworten, die flüssigen Mittel herauszugeben oder den wertvollen Schiffsbesitz angesichts der ungünstigen Zeitläufte zu veräußern, um die Gläubiger zu befriedigen. Manche Mitglieder des Kreditkonsortiums drängten auf eine Frist für den Offenbarungseid. Die Deutsche Bank und die Dresdner Bank, die gemeinsam zwei Drittel des Kredits übernommen hatten, versuchten, zwischen den verschiedenen Akteuren, den ausländischen Banken, der Reederei und der Regierung, einen Kompromiss auszuhandeln.

Die Norddeutsche Bank in Hamburg, eine Tochtergesellschaft der Disconto-Gesellschaft, und die Danat-Bank, die als erste deutsche Großbank der Krise von 1931 zum Opfer fiel, hatten 1928 ein Konsortium für eine befristete Kreditlinie von 10 Millionen Dollar für die Hapag zusammengebracht. Sie sollte der Hapag zeitweilige Barmittelprobleme überbrücken helfen, während das Unternehmen auf die Rückerstattung seiner amerikanischen Vermögenswerte wartete.[79] Der Kredit ging einher mit einem Zinssatz von 6½ Prozent und einer Bereitstellungsgebühr von ½ Prozent auf den Gesamtbetrag. Die Deutsche Bank beteiligte sich zunächst mit 10 Prozent. Im Verlauf der nächsten acht Jahre wuchs die Kapitalsumme auf 21,5 Millionen Dollar an. Die Konsorten sahen sich gezwungen, Zahlungsverzögerungen hinzunehmen und schließlich einer Umwandlung in Reichsmark zuzustimmen. Während viele der ursprünglich an dem Kredit beteiligten Parteien ihren Anteil reduzierten, stockten die Deutsche Bank und die Danat-Bank ihre Anteile auf.[80] Im Frühjahr 1930 erhielt die Hapag 11,5 Millionen Dollar von der amerikanischen Regierung für ihre festgehaltenen Schiffe, aber sie musste Verpflichtungen gegenüber dem Reich, der International Acceptance Bank und anderen Finanzinstituten nachkommen. Nach deren Abgeltung verblieben nur noch 1,5 bis 2 Millionen Dollar für eine Abzahlung auf den Kredit. Seine endgültige Erledigung würde auf die Rückgabe von weiterem Vermögen warten müssen, die angeblich noch im selben Jahr geschehen sollte. Faktisch sollte das Konsortium nicht mehr als eine Zinszahlung erhalten. Trotzdem widerstrebte es damals dessen Teilnehmern, die Zahlung zu erzwingen oder auf Konkursanmeldung zu drängen. Zumindest die Deutsche Bank glaubte, die Hapag könne sich von Warburg und der International Acceptance Bank die Mittel beschaffen, um die beanspruchte Kreditlinie zurückzuzahlen. Die Kreditgeber des Konsortiums wollten anscheinend unter diesen Bedingungen das Geschäft unbedingt weiterführen.[81] Ein knappes Jahr später, kurz nachdem das Konsortium den Kredit um ein weiteres Jahr verlängert hatte, aber noch vor der Bankenkrise des Jahres 1931, warnte die Hamburger Filiale der Deutschen Bank die Zentrale in Berlin, die Hapag habe im Verlauf von nur drei Tagen den Kreditrahmen mit Geldbezügen in Höhe von 4,5 Millionen Dollar in Anspruch genommen.[82]

Im Juli 1931 erhoben die beteiligten Banken erstmals die Forderung nach Umwandlung des Kredits in eine liquidere, vermarktbare Form, etwa in Gestalt von Wechseln.[83] Angesichts der außerordentlich schwierigen Lage auf dem Kreditmarkt forderten sie darüber hinaus die Hapag auf, Schritte zur Verbesserung ihres Cashflow zu unternehmen, um so die Wahrscheinlichkeit zu erhöhen, dass zumindest ein Teil des in Reichsmark-Wechsel umgewandelten Kredits (58,4 Millionen Reichsmark) bezahlt werden könne, und um die Marktgängigkeit der Wechsel zu verbessern.[84] Die Teilnehmer verpflichteten sich jedoch, die Wechsel nicht auf den Markt zu bringen, sondern bei der Reichsbank zu hinterlegen, wo sie vermutlich diskontiert werden konnten. Rein theoretisch hatte die Ausgabe von Akzepten die Bedingungen des Kredits nicht verändern sollen. Als sich aber die Bankenkrise im Juli ausweitete, wollten die Banken unbedingt zumindest einen Teil ihres Kredits an der Hapag loswerden.[85] Einige Banken forderten sogar die sofortige Rückzahlung.[86]

Die Verlängerung des Kredits und der Akzepte brachte der Deutschen Bank die Diskussion mit ausländischen Gläubigern ein und setzte sie dem Währungsrisiko aus. Der Kredit wurde zu neuem Zinssatz bis 1932 verlängert und in das Londoner Abkommen aufgenommen, das dringend eine Reduzierung der Zinssätze forderte.[87] Einige der deutschen Banken hatten ihre Guthaben bei ausländischen Banken eingetauscht und hatten Schwierigkeiten, ihre Zahlungen zu leisten.[88] Unklar war, wer für die Kosten des Tauschhandels aufzukommen hatte und wie Zahlungen von Sperrkonten getätigt werden konnten. Eine Bank verlangte von der Deutschen Bank, sie solle als führende Bank im Konsortium klären, ob Reichsmarkbeträge, die auf Reichsmark-Sperrkonten hinterlegt waren, als Rückzahlung für den Kredit angesehen werden müssten oder ob diese Beträge nur eine Sicherheit für die endgültige Begleichung des Kredits in Dollar darstellten.[89] Wenngleich die Hinterlegungen bei der Reichsbank geschahen, so blieb noch immer das

Währungsrisiko. Die Deutsche Bank vertrat die Auffassung, die Hapag müsse dies begreifen und die Verantwortung übernehmen, die erforderlichen Devisen aufzutreiben.

Selbst den Banken war freilich nicht völlig klar, wie das System funktionieren würde und wie ihre künftigen Verpflichtungen aussahen.[90] Die Reichsbank war zum Beispiel der Meinung, der Umstand, dass die zwölf deutschen Banken ihre Positionen an dem Hapag-Kredit eingetauscht oder an ausländische Banken verkauft hatten, wäre nicht das Problem der Hapag. Durch Hinterlegung von Zahlungen bei der Reichsbank sei die Reederei ihren Verpflichtungen aus dem Verlängerungsabkommen nachgekommen. Was von den Mitgliedsbanken noch ihren ausländischen Bankiers geschuldet war, falle unter das Londoner Abkommen von 1932. Sie würden sich zu gedulden haben, bis sie bei den Devisen an der Reihe seien.[91] Selbst im Februar 1933 war noch immer nicht allseits klar, was geschehen würde. Nur eines stand inzwischen fest: Entscheidungen über Einsatz und Verwendung von Devisen waren keine private Angelegenheit mehr. Die Hapag konnte zum Beispiel die Dollars nicht zurückzahlen, selbst wenn die Firma sie gehabt und dies gewünscht hätte. Alle Devisen mussten an die Reichsbank abgegeben werden. Die Reichsbank würde über die Prioritäten bei deren Verwendung entscheiden, und zwar im Interesse von Deutschland, nicht etwa von ausländischen und heimischen Banken.[92] Alle Beteiligten mussten die rechtlichen und administrativen Regelungen abwarten. Das Höchste, auf das die deutschen Beteiligten hoffen konnten, waren Zahlungen in Reichsmark; den ausländischen Beteiligten blieben Sperrkonten, die sie für Handelsgeschäfte einsetzen konnten. Als Konsortialführer war die Deutsche Bank die vorrangige Adresse, an die sich ausländische Gläubiger wandten, um ihre Valuta wiederzuerlangen. Die Bank geriet damit in eine sehr unangenehme Position zwischen Regierungsstellen, ihren Kunden und den ausländischen Banken.

Mit vollem Wissen der Unternehmensführung der Hapag arbeiteten die Banken, die Regierung und die Hapag an einem Sanierungsplan für das Unternehmen. Im Juli 1933, nach über einjährigen Verhandlungen, legten die beiden das Konsortium anführenden Banken einen Lagebericht und einen Vorschlag vor, von dem sie hofften, er sei geeignet, die ausländischen Investoren zu besänftigen. Sie wiederholten gegenüber den internationalen Banken die Position der Reichsbank vom März des Jahres, dass Valuta zur Bezahlung des Konsortialkredits in Dollar nicht zur Verfügung stehe. Die Reichsbank würde allerdings weiterhin die 46 Millionen Reichsmark an ausstehenden Schuldtiteln diskontieren und die endgültige Zahlung dieser Summe garantieren. Für den Dollar-Anteil in Höhe von 18,6 Millionen Dollar des Hapag-Kredits forderte die Deutsche Bank einen höheren Zinssatz, ferner dass die freigegebenen US-Vermögenswerte des Unternehmens als Pfand für die Auszahlung des Konsortiums bestellt würden sowie dass die ausstehenden Summen auf Gold- und nicht auf Dollar-Basis zu zahlen seien, denn schließlich sei vor kurzem auch der Dollar abgewertet worden. All dieses würde erfolgen als Gegenleistung für eine Verlängerung des Kredits um ein weiteres Jahr und dessen Erhöhung auf 20,5 Millionen Dollar. In den Abkommen war festgelegt worden, dass die Banken keine Verluste für Devisen oder aus anderen Gründen übernehmen. Darunter fielen auch Verluste infolge der für die deutsche Schuld 1932 und 1934 geschlossenen Stillhalteabkommen. Die Deutsche Bank erklärte sich bereit, 100 Millionen Reichmark an Depositengeldern bereitzustellen, wobei als Deckung die Schiffe der Hapag und als Sicherheit für die Rückzahlung die Hinterlegung von Aktien der südamerikanischen Tochtergesellschaft der Reederei dienten.[93]

Um Balance auf dem schmalen Grat zwischen den vermuteten Interessen des eigenen Landes und denjenigen ihrer internationalen Kollegen bemüht, schlug sich die Deutsche Bank mit heiklen Devisenfragen herum. Im Januar 1934 forderte die Hapag eine weitere Verlängerung der Kredite in der Annahme, dass das Stillhalteabkommen von 1933 nahezu unverändert auch 1934 gelten würde und dass die Diskontierungspolitik der Reichsbank bei den Wechseln des Kredits anhalten würde. Dem Konsortium wurde eröffnet, die Regierung unterstütze die Verlängerung, da sie glaube, die Reederei sei nicht in der Lage zu zahlen.[94] Das Reich zeigte sich gegenüber der schwierigen Lage der Banken, insbesondere hinsichtlich der ausländischen Inhaber von deutschen Schuldtiteln, nicht gerade feinfühlig. Angesichts des vorrangigen staatlichen Interesses bestand die Aufgabe der Deutschen Bank darin, mit der Hapag zu einer Einigung zu gelangen.[95] Nur hatte die Verlängerung einen Haken. Da die Regierung der Vereinigten Staaten den Dollar abgewertet hatte, würde ein Devisengewinn anfallen, wenn das Unternehmen in Dollars (statt Gold) zahlte. Wer würde den Gewinn kassieren? Die Reichsbank hatte sich gegen die Umwandlung des ausländischen Teils des Kredits in Reichsmark ausgesprochen, was bei anderen Kunden der Deutschen Bank die Regel war. Nun würde der Schuldner unverhofft durch die Marktlage einen erheblichen Devisengewinn einstreichen, während die deutschen institutionellen Kreditgeber als Dank für ihre Geduld mit weniger Reichsmark und festen Verpflichtungen gegenüber ihren ausländischen Banken dastehen würden.[96] All dies sprach für eine generelle Goldwertklausel in allen Finanzverträgen, zudem – und dies war ein weiterer gewichtiger Grund – war den Banken diese Klausel in allen Verlängerungsabkommen zugesichert worden, und die Abkommen enthielten darüber hinaus auch Bestimmungen, dass die Banken keine Verluste erleiden würden.

Das Schicksal der Hapag veranschaulicht, wie schwierig die Lage war. Trotz der Devisengewinne und der Verlängerungen war ihr Unternehmensgeschäft nicht lebensfähig. Ungeachtet des politischen Drucks ließ die Führung der Deutschen Bank im Februar 1935 gegenüber der Regierung keinen

Zweifel daran, dass sie jedwede weitere Verlängerung für die Hapag ablehnten.[97] Am Ende wurde das Unternehmen verstaatlicht, und das Reich übernahm seine Schulden – ein Ergebnis, über das vermutlich nur sehr wenige glücklich waren.[98]

Das New Yorker Büro

Die sich verschlechternde wirtschaftliche und politische Lage innerhalb wie außerhalb Deutschlands trug dazu bei, dass die Deutsche Bank sich administrativen und sonstigen Schwierigkeiten mit den USA gegenübersah. Die Konflikte Anfang der dreißiger Jahre gingen an dem amerikanischen Geschäft der Deutschen Bank nicht spurlos vorüber. Der Bericht über die Finanz-, Vermögens- und Ertragslage der Deutschen Bank im Jahre 1933 ist in diesem Zusammenhang sehr aufschlussreich. Ihre einzigen langfristigen Direktinvestitionen in ausländische Banken waren in Bulgarien, in den Niederlanden, in Österreich und in der Schweiz. Bis auf diejenige bei de Bary & Co. in den Niederlanden waren alle anderen geringfügig. In Deutschland selbst hielt die Bank noch ihre Beteiligungen an der Deutschen Ueberseeischen Bank und an der Deutschen Treuhand-Gesellschaft, die ihr als Wirtschaftsprüfungs- und Beraterfirma in Insolvenzfällen diente, dagegen hatte sie quasi keine Dollar-Konsortialbestände in oder außerhalb der Vereinigten Staaten. Von ihren sonstigen Vermögenswerten lauteten nur ganz wenige auf Dollar.[99] In den dreißiger Jahren nahm in Amerika die auslandsfeindliche und besonders die antideutsche Stimmung zu. Damit waren den Geschäftsmöglichkeiten für die Deutsche Bank dort Grenzen gezogen. Viele Beobachter gaben ausländischen, vor allem britischen Investoren die Schuld für den Kurssturz an der Wall Street.[100]

Auch amerikanische Banken gerieten daheim wegen ihrer Auslandskredite in ein Kreuzfeuer der Kritik. Die berüchtigte Pecora-Kommission wollte Details über alle Anleihen wissen, die Morgan & Co. in den letzten zehn Jahren begeben hatte, schien sich aber mit den Angaben über die Beträge, die Ausfallraten und die Gewinnmargen der Bank zufriedenzugeben.[101] Ebenso wie viele Deutsche des rechten und linken politischen Lagers glaubten viele Kongressabgeordnete und die breite Öffentlichkeit, dass internationale Banken, auf ihren eigenen Vorteil bedacht, zum Schaden des amerikanischen Gemeinwohls arbeiteten und darüber hinaus die Vereinigten Staaten mehr und mehr in die wirtschaftlichen Probleme Europas hineinzogen. In ihren Augen waren «Amerika und das amerikanische Volk machtlos und hoffnungslos dem Würgegriff der internationalen Bankiers ausgeliefert». Das Wahlprogramm der Demokratischen Partei von 1936 versprach, «Vorkehrungen zu treffen, dass Amerikaner nicht durch internationale Bankiers in den Krieg hineingezogen würden». Einige politische Führer, so etwa der einstmalige Feindvermögensverwalter, Francis Garvan, behaupteten, Deutschland habe in den dreißiger Jahren einen größeren finanziellen Einfluss auf die US-Wirtschaft als vor dem Ersten Weltkrieg. Unterscheidungen zwischen öffentlichen und privaten Investitionsströmen sowie Unterschiede zwischen privaten Anlegern und Schuldnern wurden unscharf und verschwommen. Als die deutschen notleidenden Anleihen in den dreißiger Jahren zahlreicher wurden, verabschiedete der Kongress den Antrag Harrison, der jede weitere Entschädigung an Deutschland für dessen im Ersten Weltkrieg verlorenes Vermögen untersagte. Die Steuer- und Abgabenordnung der Vereinigten Staaten wurde für ausländische Investoren drückender, und größere Aufmerksamkeit richtete sich auf das «Dumping» von ausländischen Gütern auf dem US-Markt.[102]

Anfang der dreißiger Jahre machte das wirtschaftsregulatorische und politische Umfeld normale Geschäfte praktisch unmöglich. 1937 wurde die gesamte langfristige deutsche Kapitalanlage in den Vereinigten Staaten auf 124 Millionen Dollar geschätzt. Das waren gerade 2 Prozent der gesamten ausländischen Kapitalanlage in den Vereinigten Staaten. Der Betrag lag damit deutlich unter den 1,1 Milliarden Dollar des Jahres 1914.[103] Deutschland war von dem zweitgrößten ausländischen Zuträger von Kapital in die Vereinigten Staaten auf den siebten Platz zurückgefallen und rangierte jetzt hinter Großbritannien, Kanada, den Niederlanden, der Schweiz, Frankreich und Belgien, wobei allerdings möglich ist, dass einiges an deutscher Kapitalanlage über andere Länder, etwa die Schweiz, in die USA eingeschleust worden war. Der Devisenmangel machte die meisten Handels- und Finanztransaktionen effektiv unmöglich.[104] Die Reichsbank schnitt den Zugriff auf konvertierbare Währung ab, die die Bank nicht selbst verdient hatte. Seit Mitte der dreißiger Jahre war die Deutsche Bank selbst, sieht man von den Schuldrückkäufen ab, eigentlich an keiner größeren Transaktion mit den Vereinigten Staaten beteiligt. Nach Beginn des Krieges in Europa beschränkte sich ihr neues Geschäft mit den USA auf wenige Korrespondenzbankbeziehungen und Handelsfinanzierungen, die kaum der Rede wert waren.

Aber selbst 1936 hatten zumindest manche amerikanische Regierungsbeamte noch immer ein positives Bild von der Deutschen Bank. Dem stand auch nicht entgegen, dass das Außenministerium sehr wohl registrierte, dass die Deutsche Bank nach der Fusion der Dresdner Bank mit der Danat-Bank unter den deutschen Banken auf den zweiten Platz zurückgefallen war, denn der neue Spitzenreiter erhielt beträchtliche Unterstützung durch die Regierung, was in amerikanischen Augen begreiflicherweise als negativer Zug erschienen sein mag. Wie alle Banken war allerdings auch die Deutsche Bank zunehmend eingespannt in staatlich geförderte öffentliche Bauprojekte und kurzfristige Finanzierungen. Obwohl ihre Kredite an Geschäftskunden und ihre Gewinne insgesamt nachgaben, nahm die Bank, nach einer Unterbrechung von vier Jahren, wieder die Zahlung einer Dividende auf. Unter den großen Filialbanken Deutschlands war die Deutsche Bank wohl die einzige, die sich nach der Bankenkrise von 1931 weigerte, staatliche Hilfe anzunehmen.[105] Ein regelmäßig für das US-Außenministerium verfasster Bericht hielt fest, dass die Finanzausweise der Bank in völlig neuer Weise zusammengestellt waren, die einen Vergleich mit zurückliegenden Jahren unmöglich machte. Die vermutlich bedeutende Höhe der stillen Reserven erschwerte darüber hinaus jede normale finanzielle Analyse und Feststellung des «wirklich» erzielten Gewinns. Der Bericht des Konsulats ging nicht darauf ein, wie viel die Deutsche Bank an dem Rückkauf ihrer eigenen Schuldverschreibungen auf amerikanischen Märkten verdiente.[106]

Angesichts der ökonomischen und politischen Entzweiung in den Zwischenkriegsjahren ist es bemerkenswert, dass die Deutsche Bank überhaupt irgendwelche Geschäfte in New York tätigen konnte. 1930 schied Hugo Schmidt im Alter von 67 Jahren bei der Deutschen Bank aus. Zusätzlich zu seiner Tätigkeit für die Deutsche Bank, also die Vertretung der Bank selbst und ihrer südamerikanischen Tochtergesellschaft, der Deutschen Ueberseeischen Bank, fungierte er als Vizepräsident der U.S. & Overseas Investment Corporation, die im September 1929 600000 Stück Stammaktien, garantiert von der Harris Forbes Corporation, auflegte.[107] Trotz der schlechten Behandlung während des Ersten Weltkriegs hatte Schmidt die amerikanische Staatsbürgerschaft angenommen. Er starb 1954 in New York.[108] Nach Rückgabe der meisten deutschen Vermögenswerte und Schmidts Wechsel in den Ruhestand schien die New Yorker Geschäftsstelle weniger wichtig zu werden. Für kurze Zeit übernahm Adolf Koehn, seit 1920 Vertreter der Disconto-Gesellschaft in New York, Schmidts Posten. Herbert Waller löste Koehn im Mai 1933 ab.[109]

Anfang der dreißiger Jahre waren die äußere Präsenz und die Geschäftstätigkeit der Deutschen Bank in New York stark zurückgegangen. Als Waller, ein Angestellter der Berliner Zentrale, Koehns Nachfolge antrat, verlegte er die Geschäftsräume zur Adresse Exchange Place 20.[110] Das Büro wurde abgespeckt. Wallers Arbeit unterschied sich stark von der seiner Vorgänger, aber einiges blieb dennoch unverändert. Noch immer waren einige unübersichtliche APC-Detailfragen zu klären[111] und Vergleiche über Anleihen abzuwickeln, die vor dem Ersten Weltkrieg emittiert worden waren.[112] Selbstverständlich sandte Waller einen steten Strom von Berichten über die amerikanische Politik und Wirtschaft an die Berliner Zentrale. Obwohl die Rückkäufe ausnahmslos von Berlin gehandhabt wurden, war Waller völlig von Devisenfragen in Anspruch genommen. Die Verkäufe von Sperrmark waren in New York lebhaft.[113] Mitte der 1930er Jahre hatte Waller, wie sich leicht denken lässt, viel mit dem Rückkauf von deutschen Schuldtiteln und der Pflege amerikanischer Kunden in Deutschland zu tun, deren Sperrkonten sie jetzt zu wichtigen Kunden werden ließen. Deutsche Berechtigungsscheine für Sperrmarkguthaben – sogenannte Scrips – wurden sogar nach den Vorgaben der Federal Trade Commission und des Wertpapiergesetzes registriert, so dass sie eingesetzt werden konnten, um die Bevollmächtigten von Inhabern deutscher Kupons zu bezahlen, die eigentlich in Dollar zu bedienen waren.[114]

Im April 1937 besuchte Waller Deutschland. In einem Aktenvermerk sind die Besprechung und die wichtigsten schwebenden Fragen festgehalten. Von einem unbedeutenden Rechtsstreit abgesehen, der beigelegt werden konnte, drehten sich die Gespräche um die anhaltenden, aber heiklen Rückkäufe von Auslandsschulden. Die Reichsbank hatte bei der Genehmigung der Rückkäufe einen strengeren Kurs eingeschlagen. Die Berliner Geschäftsführung beschloss, ihren persönlichen Kontakt mit Reichsbankbeamten zu intensivieren in der Hoffnung, so Deutschen zu helfen. Große Sorgfalt erforderte die Auswahl von Wertpapieren, die aufgekauft werden sollten. Des Weiteren besprach man den Verkauf eines Großteils der amerikanischen Wertpapiere, die der Bank noch verblieben waren.[115]

Zu den größten Überraschungen in dieser Zeit zählt das Ausmaß, in dem die Deutsche Bank mit amerikanischen Unternehmen in Deutschland in Geschäftsverbindung stand. Eine Kehrseite der Devisenkontrolle war, dass sie – wie Mitte der dreißiger Jahre offenbar wurde – die amerikanischen Direktinvestitionen in Deutschland in die Höhe trieb. Wie die Deutsche Bank herausfand, hielt sie Guthaben von deutschen Tochtergesellschaften amerikanischer Unternehmen, die sich auf insgesamt 27,5 Millionen Reichsmark beliefen und die nicht in die USA überwiesen werden konnten. Die Konkurrenz um diese Einlagen wurde zunehmend hitziger. Die Commerzbank sandte einen Vertreter in die USA in dem Versuch, einige der amerikanischen Unternehmen der Deutschen Bank abzujagen.[116] Unter diesen Kunden befanden sich bekannte Namen wie Kodak, General Motors (Opel), Singer, Woolworth, IBM und Coca-Cola, die alle mehr Gelder in Deutschland hatten, als sie benötigten.[117]

Wie bei diesen Unternehmen war die geschwächte Position der Deutschen Bank in Deutschland und in den USA nicht in erster Linie hausgemacht. Zwar hätte die Bank einige Situationen besser bewältigen und einige Transaktionen vermeiden können, die ihrem Ansehen in den USA Abbruch taten, aber letztlich hatte die Grundkonstellation der internationalen Finanzen den Bereich wechselseitig vorteilhafter Transaktionen bedeutend geschmälert. Die allgemeine Wirtschaftspolitik nach der Devise «Ruiniere deinen Nächsten» gab den Ton vor für das Verhalten der privaten Unternehmen. Die Wiederaufnahme nennenswerter Geschäfte mit den Vereinigten Staaten würde warten müssen, bis die Prosperität wieder Einzug hielt und die Länder ihre Fähigkeit verbesserten, mit widerstreitenden nationalen Zielen umzugehen.

KAPITEL 14

Ein zweiter Phoenix: Der Krieg und der Wiederaufbau der Deutschen Bank

Es gibt eine weitere Schwierigkeit, die ich bereits erwähnt habe, sie ergibt sich daraus, dass viele aus der Gruppe, von der ich rede, unter Morgenthau Angestellte des Finanzministeriums waren und ihnen der Hass gegen alles Deutsche in einem Maße eingeimpft worden war, dass zuweilen ihr Hauptziel anscheinend nicht darin bestand, Deutschland wiederaufzubauen, sondern das Wenige, das von deutscher Organisation und dem deutschen Wirtschafts-system noch übrig geblieben war, zu zertrümmern.
Walter Lichtenstein, Rede «Das deutsche Problem», 26. Mai 1948[1]

Der Zweite Weltkrieg und die Deutsche Bank in den USA

Schon ehe im September 1939 die ersten Schüsse im neuen europäischen Krieg fielen, war die Position der Deutschen Bank in den Vereinigten Staaten faktisch unhaltbar geworden. Zwischen der langsamen wirtschaftlichen Er-holung Amerikas und den deutschen Rüstungsprioritäten blieb für ein ein-trägliches normales Bankgeschäft kaum Platz. Trotz der grundsätzlich isola-tionistischen Haltung Amerikas wuchs in der Regierung und in weiten Kreisen der Öffentlichkeit die Unterstützung für England und Frankreich. Zudem wa-ren viele der besten Geschäftsfreunde der Deutschen Bank, so etwa Speyer & Co., aus dem Geschäftsleben ausgeschieden oder hatten ihren politisch-wirt-schaftlichen Einfluss und damit ihre Fähigkeit eingebüßt, der Deutschen Bank durch den politischen Sturm zu helfen.[2] Ein amerikanischer Geschäfts-mann schrieb dem Chef der Auslandsabteilung der Deutschen Bank, seit 1933 habe sich die Außenpolitik der Vereinigten Staaten radikal gewandelt, das Desinteresse gegenüber Kontinentaleuropa habe einer aktiv feindseligen Haltung gegen Deutschland und Italien Platz gemacht, und die interventio-nistische Stimmung sei sogar noch stärker als gegenüber Japan und Süd-amerika.[3]

Obwohl die Bank noch für einige Zeit Büroraum anmietete und einen nachrangigen Angestellten für einige besondere Aufgaben behielt, kündigte sie ihren Geschäftsfreunden an, dass sie mit Wirkung vom 1. Oktober 1938 ihre Vertretung schließen werde.[4] Zwischen 1936 und 1945 waren die Transaktionen der Deutschen Bank, die mit den Vereinigten Staaten zu tun hatten, kompliziert und wurden wie schon im Ersten Weltkrieg oftmals durch nicht-deutsche Banken abgewickelt.

Was für deutsche Banken galt, traf nicht gleichermaßen für Banken aus anderen europäischen Ländern zu. Vielleicht aufgrund der gespannten außenpolitischen Lage erreichten die Einlagen von Ausländern in den USA im Juni 1939 einen Wert von 1,5 Milliarden Dollar, was einer Steigerung um nahezu 1 Milliarde Dollar in nur vier Monaten gleichkam.[5] Mit den Einlagen entwickelte sich bei ausländischen Banken ein erneutes Interesse, Filialen in den USA zu gründen. Die Schweizerische Kreditanstalt errichtete bereits im Juli 1939 eine Niederlassung. Holländische und französische Banken prüften diesen Schritt. Auffälligerweise zählten deutsche Banken, einschließlich der Deutschen Bank, nicht zu den Kandidaten.[6]

Die Verschleierung deutscher Vermögenswerte, die man vor den dreißiger Jahren in vielen Ländern praktiziert hatte, gewann für deutsche Unternehmen zunehmend an Gewicht und wurde noch komplizierter. Unter Rückgriff auf Strohmänner und durch Gründung verschachtelter Holdinggesellschaften bemühten sich deutsche Firmen, Mittel außerhalb Deutschlands zu halten und ihre weltweite Steuerlast zu reduzieren. In vielen Fällen ging der Abbau direkter Kapitalanlagen einher mit Lizenzerteilungen und technischen Abkommen, die «Tochtergesellschaften» gestatteten, nicht nur den US-amerikanischen Markt, sondern auch andere Märkte, vor allem in Lateinamerika, zu bedienen.[7] Nach Beginn des Krieges in Europa kamen direkte Transaktionen der Deutschen Bank mit den Vereinigten Staaten, die bereits vor 1939 nur noch dünn gesät waren, zum Erliegen.

Der Krieg veränderte die geographische Ausdehnung der Geschäftstätigkeit der Deutschen Bank. Während sich im Zuge der militärischen Expansion neue Möglichkeiten auf dem europäischen Kontinent auftaten, ging das sonstige Auslandsgeschäft zurück. Die Deutsche Ueberseeische Bank, die Tochtergesellschaft der Deutschen Bank für Lateinamerika, besaß 1938 Vermögenswerte in Höhe von 215 Millionen Reichsmark bei einem Grundkapital von 36 Millionen Reichsmark. Bis 1941 war allerdings ihr Vermögen erheblich geschrumpft. Ursprünglich unterhielt sie Filialen in Spanien, Argentinien, Chile, Peru und Brasilien. 1942 wurden ihre sechs brasilianischen und zwei peruanischen Filialen geschlossen, was den Rückgang bei den Aktiva mit erklärt.[8] Die Beteiligung der Deutschen Bank an Hitlers Wirtschaftskrieg gegen die Juden war zwar weniger ausgeprägt als bei anderen Finanzinstituten, führte aber zu einigen Transaktionen unter Einbeziehung der USA. Die Deutsche Bank half einigen jüdischen Flüchtlingen aus Deutschland oder aus eroberten Ländern, deren Vermögenswerte von der Bank oder von anderen übernommen («arisiert») worden waren, mehr Mittel in die USA und andere Länder zu transferieren, als dies nach deutschen Gesetzen zulässig war. Bei mindestens einer Gelegenheit war die Bank behilflich, durch den Umweg über die Schweiz die wahre Natur der für die USA bestimmten Mittel zu verschleiern.[9] Da viele der Beträge klein waren und deren Überweisungen meistens über Schweizer Banken liefen, lassen sich derartige Transaktionen schwerlich als größere Geschäfte mit den USA bezeichnen. Die meisten Transaktionen mit Edelmetallen, die von der Deutschen Bank abgewickelt wurden, gingen zudem über andere Länder.[10]

Durch den Krieg wurden die Kommunikation und Koordination im Bankgeschäft aufs Neue erheblich erschwert. Bis in den Herbst 1941 hinein standen die Reichsbank und die US Federal Reserve in häufigem, wenngleich möglicherweise nicht völlig offenem Briefverkehr miteinander. Dieser Austausch wurde zunehmend von der amerikanischen Regierung überwacht. Der letzte Brief der Reichsbank vor der Kriegserklärung an die USA wiederholte ihren früheren Optimismus nach Beginn des Krieges in Europa im September 1939.[11] Im November 1941 instruierte die Reichsbank die Fed, alle Korrespondenz über die Deutsche Botschaft in Washington zuzustellen. Aber selbst diese Möglichkeit brach im Dezember ab, und auf Anordnung des US-Außenministeriums wurde jegliche Korrespondenz zwischen den beiden Zentralbanken beendet.[12] Gleichwohl führten US-Regierungsbeamte peinlich genau Buch über deutsche Goldtransaktionen in Istanbul.[13] Bereits früher, im Juni 1941, scheinen allerdings die Würfel gefallen zu sein. Teilweise als Vergeltungsmaßnahme gegen amerikanische Einschränkungen deutscher Geschäftstätigkeit in den USA sollte Amerika die Arbeit seiner Konsulate einstellen, American Express seine sämtlichen Reisebüros in Deutschland und allen besetzten Gebieten schließen und die Mitarbeiter bis zum 15. Juli 1941 außer Landes bringen.[14]

Lange bevor die Vereinigten Staaten in den Krieg hineingezogen wurden, hatten Amerika und Deutschland sich wechselseitig den Wirtschaftskrieg erklärt. Am 14. Juni 1941 fror Amerika deutsche Guthaben in den USA ein. Am 28. Juni zog Deutschland in gleicher Weise nach. Nur Guthaben der US-Botschaft, der Handelskammer und der US-Diplomaten waren ausgenommen, allerdings durften sie nicht mehr als 1000 Reichsmark im Monat von ihren Konten abheben. Die Verordnung bestimmte, dass alle Unternehmen mit einer über 25-prozentigen amerikanischen Beteiligung nur auf Antrag über ihre Vermögenswerte verfügen konnten. Ihnen wurde zudem aufgegeben, umfängliche Berichte über ihre Direktoren, Vorstände und Aufsichtsräte und die Art der amerikanischen Besitzanteile einzureichen.[15] Amerikanische Dienststellen verlangten ähnliche Auskünfte, allerdings wurde die Deutsche Bank in dem ausführlichen, vom Justizministerium zusammengestellten Bericht über Verschleierungsaktivitäten deutscher Unternehmen nicht erwähnt.[16]

Rasch kamen 4,5 Millionen Dollar an Auslandsvermögen in die Verfügungsgewalt des US-Finanzministeriums, das mit deren Verwaltung beauftragt worden war. Später sollten insgesamt rund 8 Millionen Dollar der Verwaltung des Finanzministeriums unterstehen. Die Handhabung der Verordnung war kompliziert. Welche Vermögenstitel als Auslandsvermögen zu gelten hatten, war oftmals nicht einfach auszumachen, und die Ausgabe von Genehmigungen, die zumindest gewisse Transaktionen erlaubten, war ein schwerfälliges Verfahren.[17] Fast das ganze Jahr 1941 hindurch waren deutsche Unternehmen Gegenstand vieler Nachforschungen. Der Truman-Ausschuss untersuchte sie unter dem Gesichtspunkt der Landesverteidigung, während das Justizministerium, das die Akten des APC, des FBI und des Außenministeriums übernommen hatte, seinerseits die Aktivitäten deutscher Unternehmen und Geschäftsleute ausforschte. Selbst die Börsenaufsicht beteiligte sich und beobachtete die Strukturen ausländischer Holdinggesellschaften. Zudem arbeiteten diese Behörden mit dem britischen Geheimdienst zusammen, um mehr über die deutschen Unternehmen herauszufinden und deren Arbeit zu behindern.

Noch im Juni 1941 hielten deutsche Unternehmen und Einzelpersonen 172,4 Millionen Dollar an amerikanischen Vermögenstiteln, meist in Form von der Aufsicht unterliegenden Unternehmensbeteiligungen (Direktinvestitionen), aber erhebliche Beträge im Gesamtwert von 50,1 Millionen Dollar waren als persönliches Eigentum in Treuhandkonten und Liegenschaften angelegt.[18] Die Deutsche Bank besaß weit weniger Vermögenswerte in den USA als noch vor dem Ersten Weltkrieg: Sie hielt insgesamt neun Beteiligungen von vergleichsweise geringem Wert, größtenteils unter dem Namen von Strohmännern oder als Inhaberpapiere. Zwei Werte waren in Anbetracht des heraufziehenden Krieges besonders interessant, Stamm- und Vorzugsaktien der Russischen Finanzierungs- und Baugesellschaft.[19]

In dem Kampf um die Beschlagnahme von Vermögenswerten war Deutschlands Ausgangsposition 1940 besser als 1914. Amerika hatte 455 Millionen Dollar in Deutschland investiert, überwiegend in Form von Sachvermögen. Einer anderen Quelle zufolge belief sich der deutsche Gesamtwert in den USA nur auf 103 Millionen Dollar. In Italien nahm sich das Verhältnis für die Amerikaner etwas besser aus. Nur in den eroberten Ländern, etwa in Frankreich, den Niederlanden und Belgien, war das Verhältnis zwischen Inlands- und Auslandsinvestition für die Vereinigten Staaten sehr günstig, falls Amerika versuchen würde, «Hitler Vermögenswerte vorzuenthalten».[20]

Nachdem Deutschland den Vereinigten Staaten den Krieg erklärt hatte, gingen die amerikanischen Dienststellen rasch gegen deutsche und italienische Vermögenswerte vor. An dem Tag, als die USA in den Krieg gegen Deutschland eintraten, schritt die amerikanische Regierung zur Schließung oder Übernahme vieler deutscher Unternehmen.[21] Abenteuerlich unterschiedliche Berichte über die Einstellungen und Aktionen der Vertreter der Deutschen Bank machten bei den Behörden die Runde. Das FBI hatte eine umfangreiche Akte über Waller angelegt, den letzten Vorkriegsrepräsentanten der Deutschen Bank. Waller entschied sich für die Einbürgerung und den Verbleib in den USA obwohl sein Aufgabenbereich bei der Deutschen Bank anscheinend ein Ende erreicht hatte. Ein Agent fand keinen Beweis illegaler Betätigung. Nach einem anderen Bericht sollten Waller und Mitarbeiter der Wilmington Chemical Company angeblich in die Planung eines Giftanschlags auf einen Mann verwickelt sein, der im Zusammenhang mit den Untersuchungen der deutsch-amerikanischen Geschäftsbeziehungen vor dem Truman-Ausschuss ausgesagt hatte. Ein Informant von Bankers Trust behauptete hingegen, Waller sei ein Neffe von Hugo Schmidt, vehement gegen Hitler und den Nationalsozialismus eingestellt und Jude, was seine Schwierigkeit, als Mitglied in einem elitären New Yorker Klub aufgenommen zu werden, erkläre. Wallers Austritt aus den Diensten der Deutschen Bank wurde seiner ablehnenden Haltung gegenüber den Nationalsozialisten und seinem starken jüdischen Erbe zugeschrieben. Noch 1943 brachte J. Edgar Hoover höchstpersönlich Waller jedoch mit Spionage in Zusammenhang, obwohl dieser «als deutscher Finanzagent» längst abgelöst worden war.[22]

Mit Ausnahme von streng geheimen Zahlungen hörten finanzielle Transaktionen mit den Vereinigten Staaten auf. Die Deutsche Bank hatte sogar Schwierigkeiten, Geschäfte mit Südamerika über die Deutsche Ueberseeische Bank abzuwickeln, obwohl sie der Reichsbank 1944 geholfen hatte, Gold von Deutschland nach Spanien und zu anderen Bestimmungsorten zu transferieren.[23] Im Krieg gelangten Berichte in die Hände des FBI, dass Waller an südamerikanischen Finanztransfers beteiligt sei. Für diese Angaben fand sich aber keine Bestätigung.[24] Als Indiz für die reduzierten Finanztransaktionen Deutschlands mit den Vereinigten Staaten lässt sich auch anführen, dass jüngere Untersuchungen über deutsche Goldverkäufe im Zweiten Weltkrieg die USA kaum erwähnen.[25] Handel und Stillhaltegespräche hörten auf. Von 1941 bis 1951 standen andere Dinge im Blickfeld der Deutschen Bank: Erst galt es, den negativen Folgen des Krieges, dann denen der Verwaltung durch die Alliierten zu entgehen.

Die Amerikanisierung des deutschen Bankwesens nach dem Krieg

Seit Mai 1945 entwickelte sich eine völlig neue Abhängigkeit von den USA, die diejenige während der Jahre zwischen dem Ersten und dem Zweiten Weltkrieg bei weitem übertraf. Für mehrere Jahre überwachten amerikanische Dienststellen der Besatzungsverwaltung die Geschäfte der Deutschen Bank; sie ersetzten in dieser Funktion die Reichsbank, das Finanzministerium und das deutsche Rechtssystem. Personal- und andere verwaltungstechnische Entscheidungen der Bank erforderten mehr Beteiligung von Amerikanern als je von deutschen Bankenaufsehern vor 1933 und kamen, selbstverständlich ohne die gleiche innere Stoßrichtung, den Einmischungen des nationalsozialistischen Regimes gleich. Von 1945 bis 1948 arbeitete die Bank in einem besetzten Land, dessen Militärregierungen, vor allem Amerikaner und Russen, die Großbanken für die politischen Katastrophen und den moralischen Verfall des vergangenen Jahrzehnts mitverantwortlich machten. Trotz ihres geschwächten Zustands spielte die Deutsche Bank weiterhin eine führende Rolle im deutschen Bankwesen. Ihre Vertreter waren beteiligt an Verhandlungen mit den Alliierten über die Zukunft der deutschen Finanzwirtschaft, besonders soweit es um Fragen der Kontrolle der Banken ging.

Die alliierte Besatzung mochte als der Todesstoß für die Bank und das Bankensystem erscheinen, die schon durch die Angriffe der Nationalsozialisten geschwächt waren. Im Frühjahr 1945 fanden sich die Vorstandsmitglieder der Deutschen Bank, die mehrheitlich nicht der Partei angehört hatten, über die verschiedenen Besatzungszonen verstreut. Ein Vorstandsmitglied wurde von russischen Soldaten erschossen. Viele Kunden der Deutschen Bank waren mittellos, viele Sachwerte der Bank zerstört oder stark beschädigt. Wichtige Bankunterlagen waren in den Westen gebracht worden, und viele Geschäftsabläufe waren wegen des drohenden Zusammenbruchs des Nachrichtenverkehrs und der politischen Zentralgewalt dezentralisiert worden. In der chaotischen Situation kurz vor und nach der deutschen Kapitulation setzte die Führung der Deutschen Bank hektisch alles daran, Vermögenswerte und Personal so unterzubringen, dass die negativen Wirkungen der Besatzungszonen möglichst gering gehalten wurden. Der Mann, der die Deutsche Bank die nächsten zwei Jahrzehnte führen sollte, flüchtete am 14. April 1945, kurz vor dem russischen Angriff auf die Hauptstadt, in einem Lieferwagen von Berlin nach Hamburg. Die Entscheidung, Führungspersonal und Gelder in die britische Zone zu bringen, erwies sich als vorteilhaft: Von den vier Besatzungsmächten zeigte sich Großbritannien gegenüber der Struktur des deutschen Bankwesens am aufgeschlossensten.[26] Dennoch betrugen die Aktiva der größten Nachfolgebank der Deutschen Bank 1948, selbst in nahezu wertloser Reichsmark, noch nicht einmal 75 Prozent ihres Nominalwertes im Jahr 1938.[27]

Es mag vielleicht überraschen, dass die Amerikanisierung Europas in der ersten Zeit nicht als wilder Liberalismus daherkam, sondern eher unter dem Vorzeichen eines reformerischen New-Deal-Skeptizismus gegenüber ungezügeltem Kapitalismus und zentralisierter Macht stand. Der erste Impuls der meisten amerikanischen Besatzer zielte darauf, die wirtschaftliche und politische Macht der Großunternehmen in Deutschland zu zerstören, um so die Demokratie zu stärken. Die Einstellung derjenigen, die auftragsgemäß das deutsche Bankensystem «reformieren» sollten, lässt sich vielleicht am besten einem Artikel der *New York Times* entnehmen, der dort schon 1943 erschienen war. Ihm zufolge hatten die deutschen Banken wie Kraken mit unzähligen Armen ausgegriffen, um ausländische Vermögenswerte an sich zu bringen. Selbst nach Hitlers Untergang bestehe noch immer die Gefahr, dass diese Bankiers die Volkswirtschaften Deutschland und Europas in ihrem Griff hielten.[28]

Zum Glück für die deutschen Banken war die Bankenpolitik der Alliierten jedoch weder im Zeitverlauf noch zwischen den Zonen einheitlich. Im Sommer 1945 hatten die Alliierten festgelegt, dass selbst Banken mit Hauptsitz in Berlin nicht ausschließlich von den Russen kontrolliert werden sollten. Die Sowjets hatten aus den Geschäftsräumen der Deutschen Bank in Berlin bereits 50 Millionen Reichsmark in Bargeld sowie Wertpapiere in beträchtlicher Zahl weggeschafft, deren Wert noch nicht festgestellt worden war.[29] Solange die Alliierten das deutsche Bankensystem und durch eine besondere Abteilung das private Bankgewerbe durchforschten, unterblieb die Festlegung auf eine klare, endgültige politische Linie.

Im September 1945 wurden zumindest die Ziele für die Bankenstudie der amerikanischen Militärregierung in Deutschland (OMGUS) festgelegt. Das Referat für das private Bankgewerbe sollte mit dem Referat zusammenarbeiten, das in Sachen Kriegsverbrechen ermittelte, um «ein oder mehrere markante Beispiele für Kriegsverbrechen von vermutlich nicht mehr als einer privaten Bank» herauszufinden. Der Wert der Arbeit würde danach beurteilt werden, wie gut sie den Anforderungen der Abteilung Kriegsverbrechen entsprach. Eine interne Aktennotiz hielt fest, worin die gewünschten Informationen bestanden: Ermittelt werden sollte, welche Arten von Transaktionen möglicherweise Bankvergehen darstellten, ob ein Bankier in die Liste der Angeklagten aufgenommen werden sollte, und welche der bei den Banken gewonnenen Informationen in andere Ermittlungsverfahren eingebracht werden könnten. Fast etwas betrübt schloss die Verfasserin: «Es ist vermutlich unrealistisch anzunehmen, dass ausgedehnte Kreise von Bankiers als Ergebnis unserer Untersuchung gehängt werden.» Zwar sei der leitende Direktor der Deutschen Bank der wahrscheinlichste Kandidat für eine Strafverfolgung, aber die Untersuchung konzentriere sich stärker darauf, die Muster der Finanzgeschäfte aufzudecken. Die Arbeitsgruppe interessierte sich weniger für gewaltsames Vorgehen, vielmehr war sie darauf aus, ausländische Erwerbungen der Dresdner und der Deutschen Bank aufzudecken. Angesichts der großen Zahl von «Arisierungen» und anderer Verbrechen zeigte sich die Verfasserin überzeugt, die Studie müsse eigentlich nicht wesentlich mehr leisten, als das zu bestätigen, was man bereits seit langem über die Großbanken wisse.[30]

Ungeachtet gewisser Meinungsverschiedenheiten zwischen den Verwaltungsbeamten – etwa zwischen der Finanz- und der Wirtschaftsabteilung – sahen viele Amerikaner dezentralisierte Finanzinstitute mit einem beschränkten Umfang an Geschäftsfeldern nahezu als Voraussetzung für eine Demokratie. Nationalsozialisten aus Machtpositionen zu entfernen reiche nicht aus. Die anfängliche amerikanische Militärverwaltung hielt es mehrheitlich für ihre Aufgabe, «die deutschen Behörden bei der Entwicklung eines wirklich demokratischen Finanzapparats» anzuleiten und zu unterstützen, und sie war bestrebt, Bankwesen und Geld «in die Hände des Volkes zu überführen und örtlichen Bedürfnissen Vorrang vor der zentralen Politik des Landes einzuräumen».[31]

Angesichts der ursprünglichen Zielvorgaben können die Schlussfolgerungen des Untersuchungsberichts eigentlich nicht überraschen. Schwer verständlich ist allerdings, warum die Ermittler bis Juni 1947 brauchten, um ihre wirtschaftlichen und moralischen Feststellungen über Deutschland und die Banken in schriftlicher Form darzulegen. Für sie stand fest, dass die Banken und Deutschland nicht nur finanziell, sondern auch moralisch bankrott waren. Deutschland könne seine Vorkriegsschulden nicht bezahlen. Unternehmen mit großem Besitz im Ausland würden wahrscheinlich in der sowjetischen Zone der Zwangsliquidation oder Verstaatlichung unterzogen. Langfristigen Gläubigern wäre besser gedient, wenn die Schulden der Unternehmen von privaten in öffentliche Schuldverschreibungen umgewandelt würden.[32] Die Sachinformationen hätten zu einem Großteil schon vor 1942 aus öffentlich zugänglichen Dokumenten zusammengestellt werden können. Ein Vorwort verdeutlicht die Interessen der Autoren und wie ihre Befunde herangezogen wurden:

> Die Untersuchung war darauf angelegt, die Funktionen der Großbanken bei der Entwicklung des Nazi-Staates aufzuzeigen, festzustellen, in welchem Maße sie als übermäßige Konzentration wirtschaftlicher Macht angesehen werden können, und zu prüfen, ob und durch welche Mittel diese Banken an die deutsche Friedenswirtschaft angepasst werden können.
>
> Die Ergebnisse dieser Bankenuntersuchungen haben die Grundlagen für die Dezentralisierung des deutschen Bankensystems geliefert, die in der US-Zone erfolgte, sowie für die Strafprozesse gegen Mitarbeiter der Dresdner Bank durch das Amt des Hauptanklägers für Kriegsverbrechen in Nürnberg.[33]

Obwohl kein leitender Angestellter der Deutschen Bank vor Gericht gestellt wurde, waren die Deutsche Bank und die Dresdner Bank Teil des gleichen Berichts und wurden, so wie die Dinge lagen, über einen Kamm geschoren. Die zeitweise in Staatsbesitz gewesene, kleinere Dresdner Bank hatte viel mehr zu sühnen; aber Größe wurde geächtet. 1943 hatten die sechs Spitzenbanken, dank ihres ausgedehnten Filialnetzes, 55 Prozent aller Aktiva der Geschäftsbanken auf sich vereint. Sie hatten das Devisen- und Börsengeschäft beherrscht. Die beiden größten dieser Sechsergruppe waren die Deutsche Bank und die Dresdner Bank, deren Aktiva sich 1943 auf 8,7 bzw. 6,7 Milliarden Reichsmark beliefen. Die Verfasser der Studie gaben einen kurzen

Überblick über die Geschichte der Banken, wobei sie die gehässige Kritik vieler Parteien einschließlich der NSDAP vor 1933 und die Feindseligkeit der nationalsozialistischen Regierung gegenüber den Banken übergingen. Der große Einfluss der Banken durch personelle Unternehmensverflechtung auf Aufsichtsratsebene, Aktienbesitz und Depotstimmrecht lieferte ausreichend Beweismaterial für ihre große politische und wirtschaftliche Macht während des «Dritten Reichs». Kein Wort fand sich zu den Grenzen, die der Macht des Aufsichtsrats und selbst der Anteilseigner während des Regimes gezogen waren. Zwar erwähnte der Bericht die Versuche des Bankenausschusses unter Martin Bormann, die Banken noch stärker zu kontrollieren, aber die Verfasser sahen darin einen Beleg für die Verbindung der Banken zum «Dritten Reich», nicht für deren Verwundbarkeit. Abgesehen von einigen persönlichen Beziehungen und Parteimitgliedschaften unter den Managern, von ziemlich normalen Beziehungen zwischen der Bank und dem Wirtschaftsministerium sowie einigen Krediten an Rüstungsunternehmen präsentierte der Bericht peinlich wenig, was auf eine Beteiligung der Deutschen Bank an den Kriegsplanungen der Nationalsozialisten verwies. Zu ihren schlimmsten Verbrechen zählten Fälle der Mittäterschaft bei der «Arisierung» und Vorteilnahme aus Unternehmen, die durch die Besetzung geschwächt waren. Trotzdem gelangten die Verfasser zu dem Schluss: «Aus dem Vorhergehenden ist ersichtlich, dass die Deutsche Bank und die Dresdner Bank aktive Partner der Nazis bei der Plünderung und der wirtschaftlichen Beherrschung Europas waren.»[34] Jüngere Untersuchungen über die Deutsche Bank würden den Befunden der OMGUS-Studie zustimmen, soweit sie die Themen «Arisierung» und Expansion betreffen, nicht jedoch dem Teil über die «aktive Partnerschaft».[35]

Das Zusammentragen all dieser Informationen war zu einem großen Teil darauf angelegt, die Absicht zu verteidigen, alle diejenigen, die vor dem Krieg Machtpositionen innegehabt hatten, nach Kriegsende aus diesen zu entfernen und die deutschen Großbanken entsprechend den in der Potsdamer Erklärung anvisierten Grundsätzen zu dezentralisieren. Die wichtigsten Bestimmungen der dann folgenden Verordnung (Militärregierungsgesetz Nr. 57) betrafen die Ernennung von unabhängigen Verwaltern für die Banken und die Entflechtung der Banken.[36]

Freilich hatten die Amerikaner die Zukunft des deutschen Bankwesens in Gang gebracht, lange bevor der Bankenbericht fertiggestellt war. Zwar waren die Russen radikaler in ihrer Vorgehensweise, aber auch die Amerikaner sahen die Kontrolle des deutschen Bankensystems als Teil ihres Auftrags. Noch vor dem Einmarsch in Deutschland arbeiteten Briten und Amerikaner eindeutige Dienstanweisungen aus, wie Deutschland verwaltet werden sollte, einschließlich von Richtlinien, die Bankenangelegenheiten betrafen und in einem Handbuch zur Finanz- und Vermögenskontrolle zusammengefasst waren. Anders als in der sowjetischen Zone sollten Banken in der amerikanischen Zone nur gerade so lange geschlossen bleiben, bis es gelungen war, eine zufriedenstellende Aufsicht einzuführen, belastetes Personal zu entlassen und bestimmte Konten einzufrieren. Unter diesen Vorgaben sollte dann das Personal von Reichsbank und Privatbanken zur Mitarbeit herangezogen werden, um die Anweisungen durchzuführen. Das Handbuch traf Vorkehrungen für die Behandlung der Währungsfrage und bestimmte Anforderungen für das finanzielle Berichtswesen. Binnen Jahresfrist wurden in den Westzonen Kredite vergeben und Wertpapiere gehandelt.[37]

Alliierte Verwaltungsbeamte erhielten Anweisungen, Zahlungsbefehle auszustellen, um eine ausreichende Liquidität der Banken sicherzustellen. Nach Kriegsende wurde der Alliierte Kontrollrat für die Konzeption und Ausführung der Bankenpolitik zuständig. Allerdings fiel es auf der Viermächteebene schwer, eine gemeinsame politische Linie zu finden. Viele Amerikaner teilten die im Morgenthau-Plan vertretene Sicht, die sich für eine völlige De-Industrialisierung Deutschlands aussprach. Andere wollten wenigstens ein nach dem amerikanischen Modell umgestaltetes Bankensystem. In der amerikanischen Zone war die Verwirklichung dieser Politik in weiten Teilen in den Händen des US-Finanzministeriums, an dessen Spitze Henry Morgenthau jr. in Person stand. Diese Beamten arbeiteten darauf hin, die deutschen Großbanken zu zerschlagen. Morgenthau war zwar im August 1945 unter Protest aus dem Amt geschieden, weil er nicht in die Delegation für die Konferenz von Potsdam berufen worden war, aber Bernard Bernstein, ein enger Freund des Ministers, und andere Angehörige des Finanzministeriums, die Morgenthaus Ansichten teilten, verwalteten weiterhin die Finanzangelegenheiten in Deutschland. Selbst Bernsteins gemäßigtere Nachfolger glaubten an die Dezentralisierung des deutschen Bankwesens. Wenngleich dies nicht durch etwaige Abkommen ausdrücklich gefordert war, nahm der neue Verwaltungsstab, zu dem auch amerikanische Bankiers gehörten, die Dezentralisierung der Großbanken in Angriff, wobei er die größeren Gebiete der alliierten Besatzungszonen und nicht etwa die noch kleineren Gebietseinheiten der neuen deutschen Länder zugrunde legte, wie es radikalere Planungen vorsahen. Der oberste Berater der Finanzabteilung der alliierten Besatzungsmacht, Joseph M. Dodge (Vorstandsvorsitzender der Detroit Bank & Trust Company und Präsident der American Bankers Association), gab im September 1945 einem Banksystem nach amerikanischem Vorbild den Vorzug. Sein Plan verband das in zwölf Regionen gegliederte Gefüge der Federal Reserve mit Geschäftsbanken, die ausschließlich auf Länderebene tätig wurden, und sah die Abtrennung der Investmentbankfunktionen sowie ein Verbot der Präsenz von Banken in den Aufsichtsräten ihrer Kunden vor.[38] Es entbehrt nicht einer gewissen Ironie, dass deutsche Bankiers vierzig Jahre zuvor mit einigem Erfolg den Versuch unternommen hatten, Amerika dazu zu bewegen,

in Anlehnung an das deutsche Modell ein verlässlicheres Bankensystem aufzubauen. In seinem Kommentar zu den amerikanischen Planungen hält der
Wirtschaftshistoriker Holtfrerich fest:

> Noch bemerkenswerter ist aber die Ähnlichkeit zwischen den amerikanischen
> und nationalsozialistischen Vorstellungen von der Macht der Banken und den
> Maßnahmen, mit denen ihr Einfluß in der Wirtschaft zu begrenzen sei. Als
> Besatzer in Deutschland forderten die Amerikaner, was zuvor die Nationalso-
> zialisten gefordert hatten: nämlich nicht nur die Einschränkung des Depot-
> stimmrechts der Banken und der Mitgliedschaft von Bankiers in den Aufsichts-
> räten von Unternehmen, sondern trotz des zentralistischen Charakters des NS-
> Staats auch die Regionalisierung oder Dezentralisierung des Bankensystems.[39]

Im Dezember 1945 wies die amerikanische Militärverwaltung die Länder in
ihrem Einflussbereich an, den Banken zu untersagen, Filialen oder Zweigstellen außerhalb des Landes zu unterhalten, in dem die Hauptverwaltung
des Finanzinstituts ihren Sitz hatte. Die Anzahl der Banken musste reduziert
werden, und im weiteren Verlauf sollte auch deren geographische Reichweite
auf eine Gemeinde oder einen Landkreis beschnitten werden. Einstmals nationale Banken wurden auf ein Land zurückgestutzt. Zwar erzwang die britische Opposition einen Kompromiss, aber bereits im Oktober hatte Dodge
erste Schritte unternommen und das Alliierte Finanzdirektorat gedrängt, den
Banken den Wertpapierhandel zu untersagen. Im Juni 1946 wurde ein Ban-
kenkomitee im Finanzdirektorat eingerichtet mit der Vollmacht, die Dezentralisierung durchzusetzen. Allerdings hinderte nun die russische Opposition
die Vier Mächte daran, zu einem einheitlichen Vorgehen zu finden, wie dies
im Einzelnen genau vonstatten gehen sollte.[40]

Am Ende gingen die westlichen Alliierten getrennte Wege. Als sich die Beziehungen zwischen den Sowjets und den anderen Besatzungsmächten verschlechterten, nahm Deutschlands Notlage zu. Verschiedene deutsche Regierungsstellen und private Institutionen verschafften sich als eine glaubwürdige
öffentliche Stimme Geltung. Entscheidungen über die westlichen Zonen wurden außerhalb des Viermächte-Kontextes gefällt. Ein Plan, alle Großbanken
zu fusionieren und nach regionalen Prinzipien zu restrukturieren, dem sich
die Deutsche Bank nachdrücklich widersetzte, wurde fallengelassen zugunsten eines einseitigen amerikanischen Plans für die amerikanische Zone. Bis
zur endgültigen Festlegung der Struktur des deutschen Bankensystems würden die Deutsche Bank, die Dresdner Bank und die Commerzbank staatliche
Verwalter haben, die unabhängig von den Interessen der Aktionäre und der
Bankdirektoren handeln sollten. Trotz neuer Firmennamen blieben die institutionellen Strukturen dieselben. Die Briten hielten die amerikanischen Pläne
für ein aberwitziges Überbleibsel aus der Morgenthau-Zeit. Die harsche Behandlung der deutschen Banken wurde auch von Seiten des Gesamtverwal-
ters der britischen und amerikanischen Stillhaltekredite mit Kritik bedacht,

also von den Gruppen der Stillhaltegläubiger, die noch immer auf Zahlungen warteten.[41]

Bereits früh wurden einige Führungskräfte der Deutschen Bank von den Alliierten zu den Untersuchungen und zur Verwaltung der Banken hilfsweise herangezogen. Zur Unterstützung der *Financial Intelligence and Liaison Branch* waren sie verpflichtet, Informationen über die Deutsche Bank sowie über den Verbleib und die Aktivitäten anderer Führungskräfte zusammenzutragen und weiterzugeben. Im Frühjahr 1946 waren drei Vorstandsmitglieder der Deutschen Bank noch immer im Gewahrsam der Russen, zwei waren von den Amerikanern inhaftiert worden. Nur diejenigen, die sich in der britischen Zone aufhielten, waren noch auf freiem Fuß.[42] Die dortige Leitung der Deutschen Bank war über die Kooperation im Zusammenhang mit den Ermittlungen nicht allzu glücklich. Im Januar 1946 erfuhr ihr sogenannter Führungsstab in Hamburg, dass den Bankzuständigen der Alliierten die Geschäftsräume einer Filiale als Verhandlungsort dienten, um Pläne für die Dezentralisierung der Banken auszuarbeiten. Die Geschäftsleitung der Deutschen Bank war von den Besprechungen noch nicht formell unterrichtet worden und protestierte nachdrücklich gegen die Schritte, wobei sie hinzufügte, sie hoffe, dass Angestellte der Bank sich nicht an den Erörterungen beteiligt hätten und dass ihre mittleren Führungskräfte die Interessen der deutschen wirtschaftlichen Einheit und die Einheit der Bank weiterhin als ihre hauptsächlichen Ziele betrachteten. Die Behandlung dieser Fragen müsse ausschließlich dem Vorstand und dem Aufsichtsrat der Bank vorbehalten bleiben.[43] Dem Führungsstab gelang es anscheinend erfolgreich, die nachgeordneten Direktoren, die von den Besatzungsmächten bedrängt wurden und möglicherweise eigene Ambitionen hatten, zur Loyalität anzuhalten.

Die Bank lieferte den Besatzungsmächten Auskünfte über die Zahl und die Namen von 30 Aufsichtsratsmitgliedern – alle waren offenbar gewählt worden, weil sie entweder Kunden der Bank waren oder unterschiedliche Regionen oder Industriebranchen vertraten – sowie über Namen, Adressen und Aufgabengebiete der Vorstandsmitglieder – insgesamt zehn Männer einschließlich des Vorstandssprechers Oswald Rösler. Der Zusammenstellung zufolge arbeiteten beide Gremien nach dem Kollegialprinzip, bei dem alle Beschlüsse Einstimmigkeit erforderten. Drei Vorstandsmitglieder hatten der NSDAP angehört. Bis 1942 sei die Parteimitgliedschaft bei der Besetzung des Vorstandes nicht berücksichtigt worden, in jenem Jahr sei der Bank jedoch mitgeteilt worden, dass nur ein Parteimitglied im Vorstand von Deutschlands größter Bank nicht länger hingenommen würde.[44]

Die Amerikaner betrieben ihre Untersuchung des deutschen Bankwesens wenn nicht einmütig, so doch relativ überzeugt, auch wenn sie nicht immer gut unterrichtet oder objektiv waren. In einem Zwischenbericht gaben die Ermittler an, die Vermögenswerte der Deutschen Bank hätten sich zwischen

1928 und 1944 vervierfacht, ohne zu erwähnen, dass die Bank 1929 mit einer anderen großen Bank fusioniert hatte, dass die Kriegsvorbereitungen und die Kriegsjahre eine Inflation bewirkt hatten und dass es strikte Grenzen gab, bis zu welcher Höhe Unternehmen Dividenden an ihre Aktionäre ausschütten konnten. Die Autoren zogen daraus den Schluss: «Das Wachstum belegt, dass die Bank voll und ganz an der raschen Kreditexpansion beteiligt war, die in Deutschland stattfand und ausgelöst war durch die regierungsseitige Finanzierung der Vorbereitung auf und der schließlichen Führung eines Angriffskrieges.» Aus dem Befund, dass 70 Prozent der Bankaktiva in Staatspapieren bestanden, schlossen die Autoren, dass die Banken Profiteure und nicht Opfer einer erzwungenen Kapitalanlage in mittlerweile fast wertlose Papiere waren. Zusätzlich zu ihrem ausgedehnten Netz von Filialen (288 im Jahr 1940) besaß die Bank, dem Bericht zufolge, eine 50-Prozent-Beteiligung an der Deutschen Ueberseeischen Bank und Minderheitsbeteiligungen an zwei Firmen zur Abwicklung von Geschäften in Asien und Japan. In der Tat sei die Bank, wie der Bericht hervorhob, der vorrückenden Armee gefolgt und habe zwanzig neue Banken in Österreich und in den eroberten Gebieten erworben.[45] Scheinbar durch 295 Beweisstücke in drei Bänden unterstützt, erforschten nachfolgende Berichte das Geschäft während der Nazi-Herrschaft und stellten die Mittäterschaft der Leitung der Deutschen Bank an wirtschaftlichen Kriegsverbrechen sowie ihren Einfluss auf die Industrie fest. Trotz des Fehlens einiger Akten habe die Ermittlung «Belege dafür erbracht, dass die Macht durch den Einfluss dieser Banken in wenigen Händen konzentriert war».[46]

Eine spätere Kurzmitteilung zu Händen des Direktors der Finanzabteilung fasste die Lage Ende 1947 zusammen. Das deutsche Bankensystem sei überbesetzt und bankrott – insbesondere traf das Verdikt die Deutsche Bank, die Dresdner Bank und die Commerzbank, deren Aktiva angeblich nur 22 Prozent ihrer Verbindlichkeiten deckten. Die Empfehlung ging dahin, die Banken in kleine lokale Finanzinstitute zu zerschlagen, wobei die Gesetze von den Deutschen selbst erlassen werden sollten.[47]

Verständlicherweise befürchteten die Amerikaner Nachlässigkeiten der Deutschen in diesem Bereich. Bercits im Juni 1947 beschwerte sich ein Mitarbeiter beim Direktor der Finanzabteilung, die Deutschen hätten in vielen Regionen versäumt, Verwalter für die Banken zu bestellen oder die Namen der Banken zu ändern.[48] Die Deutschen sollten die amerikanischen Anweisungen durchsetzen. Wenig später wurde diese politische Grundlinie noch klarer festgehalten: «Als im gemeinsamen Interesse liegend wird betrachtet, diese Dezentralisierung nicht aufzuzwingen, sondern sie auf freiwilliger Basis in Einklang mit den Bestimmungen des deutschen Aktienrechts» nach Vorschlägen der Mutterbank durchzuführen. Die Amerikaner wollten zwei Dinge auf einmal: Selbst die Macht haben und die Verantwortung an deutsche Stellen delegieren.[49]

Gegen Ende Dezember 1947 verlagerte die Deutsche Bank ihr internationales Geschäft in die wohlgesonnenere britische Besatzungszone.[50] Es war vielleicht ein Zufall, dass genau sechs der 24 Filialleiter der Deutschen Bank, die wegen Mitgliedschaft in der NSDAP angeklagt waren, gleichfalls in der Britischen Zone lebten.[51]

Bei ihren frühen Untersuchungen der Auslandsaktivitäten der Deutschen Bank schienen die amerikanischen Dienststellen sich ausschließlich für die schweizerischen, türkischen und südamerikanischen Transaktionen der Bank und deren Verschleierung zu interessieren. Sie waren anscheinend überzeugt, dass die Deutsche Bank in Nordamerika nichts laufen hatte oder dass sie bereits alle Informationen beisammen hatten, die sie benötigten.[52]

In den drei Westzonen nahm ein Regionalbanksystem Gestalt an. 1947 wurden die Regionalbanken der Deutschen Bank von den Militärregierungen auch als Außenhandelsbanken zugelassen, ein erster Schritt auf dem Weg, das deutsche Bankensystem wieder mit dem Rest der Welt zu verbinden. Die Franzosen unterstützten weitgehend die amerikanische Dezentralisierungspolitik.[53]

Aus vielen Gründen kam die Entwicklung eines Systems nur langsam voran. Einige glaubten, die Qualität der amerikanischen Verwaltungsbeamten habe sich verschlechtert. Walter Lichtenstein, ein Geschäftsmann im Ruhestand, der bei dem wirtschaftlichen Wiederaufbau Deutschlands als Chef der *Financial Institutions Group* mitarbeitete, vermutete, dass die Kräfte aus der Privatindustrie, die ihr Geschäft verstanden und ihre Dienste freiwillig angeboten hatten, bereits wieder in die Vereinigten Staaten zurückgekehrt seien. 1947 waren seiner Meinung nach nur noch zwei Kategorien von Verwaltungsbeamten geblieben: Zum einen diejenigen, die wie er, also nach Beendigung ihrer beruflichen Laufbahn, nach einer Gelegenheit für eine interessante Tätigkeit Ausschau hielten, und zum anderen junge, überbezahlte «Grünschnäbel» aus der Regierung, darunter viele aus dem Finanzministerium, «die wie Regierungsbeamte überall es als ihre Hauptaufgabe sehen, sich vor Verantwortung zu drücken und nur ja keine eigene Meinung zu äußern».[54] Für Lichtenstein bot Jack Bennett, der Leiter der Finanzabteilung, trotz seiner beachtlichen Fähigkeiten hierfür ein gutes Beispiel.[55] Nach Aussage eines anderen Kollegen hatte Bennett zudem seit seiner Ankunft in Deutschland wenig über Finanzdinge gelernt. Seine Ratschläge an General Clay seien weder objektiv noch fundiert.[56] Die Arbeit wurde ferner behindert durch die Meinungsunterschiede zunächst unter den Amerikanern, dann zwischen den Amerikanern und den anderen Besatzungsmächten sowie schließlich, als die Deutschen etwas Mitspracherecht gewonnen hatten, durch Differenzen mit denjenigen, die beauftragt seien, die neuen Verordnungen und Bestimmungen auszuführen.[57] Zwar hatten sich die Amerikaner auf das Prinzip der Dezentralisierung festgelegt, doch sie wollten sich nicht in die Handhabung finanzieller Angelegenheiten in anderen Zonen einmischen.[58]

Trotz der Probleme schien Bennett, als er im März 1947 die Finanzabteilung verließ, ziemlich stolz auf das Vollbrachte. Sie waren Männer mit einer Mission gewesen. Ihre Aufgabe hatte darin bestanden, das deutsche Finanzwesen zu dezentralisieren und so ein «gesundes Bankensystem» zu schaffen, denn «dies ist die eigentliche Grundlage, auf der die Zukunft Deutschlands beruhen wird».[59]

Das Besatzungsstatut, das 1949 im Zusammenhang mit der Gründung der Bundesrepublik Deutschland unterzeichnet wurde, räumte zwar den Westmächten die Kontrolle über die Struktur des deutschen Bankensystems ein, doch die Politik des Kalten Krieges verschaffte den Deutschen mehr Gelegenheit zur politischen Initiative. In der Alliierten Bankkommission – sie hatte noch die Weisungsbefugnis bei Strukturfragen des deutschen Bankensystems – halfen die britischen Vertreter, die nur widerstrebend den Amerikanern in Sachen Dezentralisierung zugestimmt hatten, den Deutschen, die amerikanischen und französischen Vertreter zu überzeugen, deren Kompromissbereitschaft angesichts der Spannungen mit der Sowjetunion und des Wunsches nach einem neuen, starken Verbündeten gestiegen war.[60]

Bereits im Sommer 1949 schien allseits Übereinstimmung zu herrschen, dass gegenüber der Dezentralisierung eine weniger ambitionierte und dauerhaftere Lösung gefunden werden müsse, die den Übergangsplan ersetzen sollte. Amerikaner und Franzosen zogen die Liquidation der alten Großbanken vor, während die Briten glaubten, dies würde ihren Forderungen aus den Vorkriegsstillhalteabkommen schaden, die annähernd drei Viertel der ausstehenden 425 Millionen DM an kurzfristigen Schulden ausmachten. Vertreter der drei deutschen Großbanken setzten sich im Herbst 1949 zusammen, feilten an Argumenten und brachten ihren Standpunkt gegen den amerikanischen Dezentralisierungsvorschlag zu Papier, der die Beseitigung der ursprünglichen Banken implizierte. Angesichts der erkennbaren Opposition ließen sie die Forderung nach Rezentralisierung im letzten Moment fallen. Was sie allerdings verlangten, war eine Teilrezentralisierung, die mit der Unterstützung der Briten würde rechnen können.[61]

Im Februar 1950 schien sogar die amerikanische Haltung gegenüber Regionalbanken nachgiebiger zu werden, allerdings mit der Auflage, dass keine nationale Bank die Aktivitäten von vier oder fünf Regionalbanken beherrschen dürfe. Zwar war es zu spät, Beschränkungen der Universalbanken zu institutionalisieren, aber einigen Amerikanern bereitete es weiterhin Sorgen, dass die deutschen Banken ihren Einfluss auf Industrieunternehmen behalten würden. Doch konnten die Amerikaner die Bedingungen nicht mehr diktieren. Der Prozess, eine neue Gesetzgebung und neue Strukturen zu schaffen, involvierte nicht nur die Wahrnehmungen und Interessen der westlichen Alliierten, sondern auch die der deutschen Regionen, der Behörden, der kleinen Banken und der westdeutschen gesetzgebenden Körperschaften.[62] Die am Ende verabschiedete Gesetzgebung war ein Abbild dieser Interessen und behielt das Verbot mit einem gewissen Grad an Flexibilität bei.

Die Westmächte, die den Plan mit ihrem Veto noch zu Fall bringen konnten, erhoben viele Einwände. Das Ergebnis waren zwei wesentliche Änderungen. Die erste betraf die Festlegung auf drei Bankbezirke. Die zweite war die Auflage, dass jede Nachfolgebank garantieren musste, die Außenstände der Mutterbank zu tilgen. Als diesen Bedingungen nachgekommen war, wurde der Kompromiss schließlich im Oktober 1951 von der Alliierten Hohen Kommission genehmigt und das Großbankengesetz, das die Einwände der Alliierten berücksichtigte, im März 1952 verabschiedet. Die deutschen Banken konnten viele ihrer separaten Finanzinstitute in den Ländern zusammenschließen. 1952 nahm die Deutsche Bank ihre Geschäfte als Norddeutsche Bank AG in Hamburg, als Rheinisch-Westfälische Bank AG in Düsseldorf und als Süddeutsche Bank AG in München auf. Ihre gesamten Aktiva von 3,8 Milliarden DM waren mit Anteilen von rund 20, 40 und 40 Prozent auf die drei Nachfolgebanken gestreut. Im November des Jahres gingen die Vorstände der drei Nachfolgebanken dazu über, regelmäßig alle zwei Monate gemeinsame Sitzungen abzuhalten.[63]

Hermann Josef Abs, Amerika und der Wiederaufbau der Deutschen Bank

Seit Ende des Krieges war die alliierte Kontrolle der Bank tiefgreifend, aber unvollständig. Die Deutsche Bank verstand es, mit wechselnden Umständen und ablehnenden Ansichten umzugehen. Die drei Vorstandsmitglieder der Deutschen Bank, die sich in Hamburg aufhielten, waren in Übereinstimmung mit der Politik der Alliierten von ihren Posten suspendiert worden, aber durch informellen Kontakt mit denjenigen, denen die Weiterarbeit gestattet war, vermochten sie die Angelegenheiten der Bank zu beeinflussen. Noch vor Kriegsende waren bei der Deutschen Bank situationsgerecht die Aufgaben und Verantwortungsbereiche der Vorstandsmitglieder neu geordnet worden. An die Stelle der Aufteilung nach Funktionen oder Auslandsregionen trat eine regionale Aufteilung nach deutschen Landesteilen, die etwa den künftigen Besatzungszonen der Alliierten entsprachen.

1948 wurde schließlich auch die Lösung vieler politischer und ökonomischer Fragen, die der Erholung (West-)Deutschlands und der Deutschen Bank entgegenstanden – unzulängliche und widersprüchliche Verwaltung, Fehlen einer stabilen, konvertierbaren Währung, ausreichendes Kapital für den Wiederaufbau –, in Angriff genommen. Ohne dass es denjenigen, die um

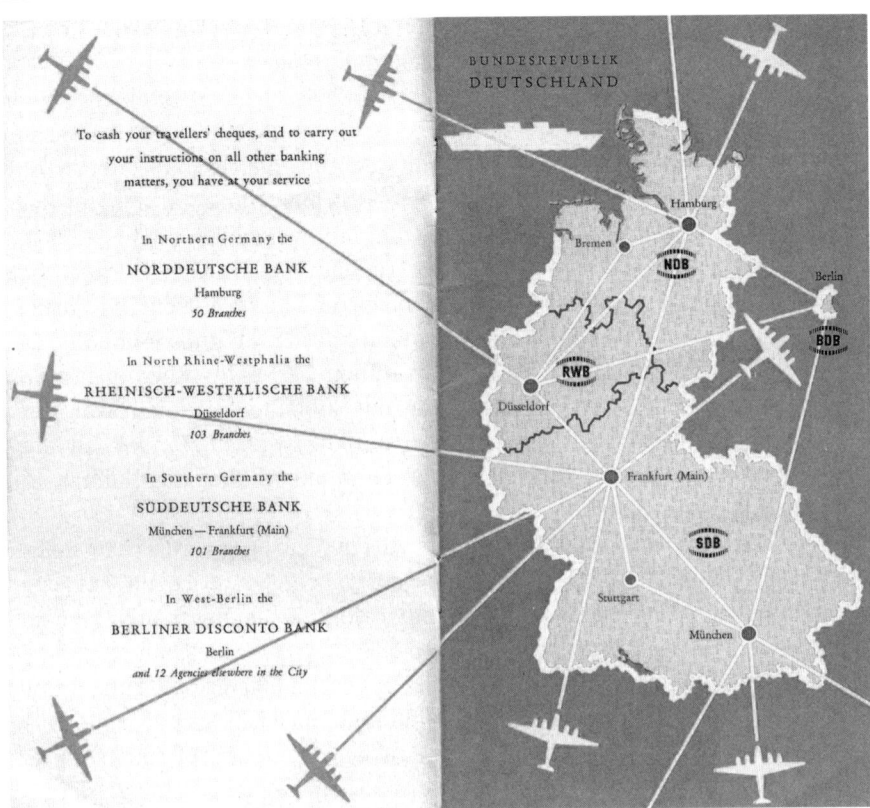

To cash your travellers' cheques, and to carry out your instructions on all other banking matters, you have at your service

In Northern Germany the

NORDDEUTSCHE BANK
Hamburg
50 Branches

In North Rhine-Westphalia the

RHEINISCH-WESTFÄLISCHE BANK
Düsseldorf
103 Branches

In Southern Germany the

SÜDDEUTSCHE BANK
München — Frankfurt (Main)
101 Branches

In West-Berlin the

BERLINER DISCONTO BANK
Berlin
and 12 Agencies elsewhere in the City

BUNDESREPUBLIK DEUTSCHLAND

Hamburg
Bremen
NDB
Berlin
BDB
RWB
Düsseldorf
Frankfurt (Main)
SDB
Stuttgart
München

Diese Karte von 1953 zeigt die Regionen, in denen die drei Nachfolgeinstitute der Deutschen Bank nach dem Zweiten Weltkrieg vertreten waren. Dabei muss man sich in Erinnerung rufen, dass nicht nur die Bank nach dem Krieg geteilt war, sondern dass auch das Gebiet, in dem sie tätig war, nur etwa zwei Drittel der Wirtschaftsleistung und knapp über die Hälfte der Fläche Deutschlands von 1929 ausmachte.

ihr alltägliches Überleben kämpften und dabei den Mut zu bewahren suchten, bewusst war, stand das deutsche Wirtschaftswunder in den Startlöchern. Was sie sahen, war, dass ihr Land zum großen Teil in Trümmern lag, dass es am Rande einer Hungersnot stand und von vier Großmächten besetzt war, die sich untereinander oftmals feindlich gesinnt waren. Viele Deutsche fühlten sich darüber hinaus von der internationalen Gemeinschaft ausgeschlossen, als Paria, mit wenigen Freunden und scheinbar ohne komparativen Vorteil.

Von 1952 bis 1957 arbeitete die Führung der Deutschen Bank daran, sich schrittweise von den Überresten einer in den Grundzügen amerikanischen Gestaltung des deutschen Bankwesens zu befreien. Mehrere erfahrene Vorstandsmitglieder aus der Vorkriegszeit standen bereit, um diese Entwicklung anzuleiten. In der Geschichte des Wiedereintritts der Deutschen Bank in die

Weltmärkte ragt dabei besonders ein Mann heraus: Hermann Josef Abs, der erste Vorstandssprecher der wiedervereinigten Bank.

Abs war einer der umstrittensten und einflussreichsten Bankiers seiner Zeit. Von Delbrück Schickler & Co. war er 1938 mit 36 Jahren zur Deutschen Bank übergewechselt, wo er die Leitung des Auslandsgeschäfts übernahm. Wie viele der früheren Spitzenkräfte der Deutschen Bank hatte er im Zuge seiner Aus- und Weiterbildung als Bankkaufmann verschiedene Auslandsstationen durchlaufen. Dazu gehörte in den 1920er Jahren auch ein Aufenthalt in New York beim Bankhaus Schröder, bevor er nach Deutschland zurückkehrte. Abs stand im Ruf eines anerkannten Experten im internationalen Devisen- und Handelsgeschäft. Seine Vertrautheit und sein Umgang mit den komplizierten Fragen der jüngsten Reihe von Stillhalteabkommen war einer der wichtigsten Aspekte für seinen Übertritt in die Deutsche Bank.[64] Im März 1939 reiste er nach New York zu den Verhandlungen über das Stillhalteabkommen für dieses Jahr.[65]

Eine Zeit lang wollten die Amerikaner Abs in Nürnberg vor Gericht stellen. Vorgeworfen wurden ihm Selbstbereicherung während der Nazizeit, Aufsichtsratsmandate in vielen Rüstungsunternehmen, Mithilfe bei Beschlagnahme und Transfer von aus- und inländischen Wertpapieren, welche die Nationalsozialisten unrechtmäßig an sich gebracht hatten, und schließlich seine frühere Rolle als Teilhaber jener Privatbank, bei der Hitler und andere führende Nationalsozialisten ihre Privatkonten unterhielten. Abs wurde nie offiziell unter Anklage gestellt. Später gelangten nüchternere Analysen zu dem Schluss, dass er schlimmstenfalls ein Opportunist, bestenfalls ein Mann von Charakter war, der seinen Beruf in einem unmenschlichen System ausüben musste.[66] Eine jüngere Studie, die sich Abs und seiner Politik widmet, stellte fest:

> Abs gehörte, obwohl er nie mit der NS-Ideologie sympathisierte und einigen zentralen Figuren des deutschen Widerstandes nahestand, nie zur Widerstandsbewegung und traf für sich bewußt die Entscheidung, kein Held werden zu wollen. Nach seiner Überzeugung war dies das beste, das er im Interesse seiner Familie (für die er sich in erster Linie verantwortlich fühlte) und seiner Bank (für die er ebenfalls Verantwortung empfand) tun konnte. Er fühlte sich nicht verpflichtet, ein aus seiner Sicht sinnloses Opfer zu bringen.[67]

Bereits im März 1945 erschien Abs' Name auf einer Liste von «Geschäftsleuten und Funktionsträgern mit führenden Positionen in der Organisation der deutschen Wirtschaft». Zusammen mit 1800 weiteren Männern wurde er beschuldigt, Kriegsverbrecher zu sein. Im Juli 1945 bezeichnete ein Ausschuss des US-Senats Abs als einen Bankier und Industriellen, dessen Aufstieg in der Nazi-Wirtschaft geradezu phänomenal gewesen sei.[68] Auf einer Liste der führenden Industriellen und Finanziers, die im Juni 1946 von der US-Armee zusammengestellt worden war, hatte Abs die Ehre, als der zweitjüngste aufgeführt zu werden; nur Alfried Krupp von der Firma Fried. Krupp war fast sechs Jahre jünger.[69] Nach wenigen Jahren wurde den meisten Beamten der alliierten Finanzverwaltung klar, dass Abs eine Schlüsselfigur bei der Verwirklichung ihrer Ziele war.[70]

Den amerikanischen Verwaltungsstäben war Abs besonders verdächtig. Sein Aufstieg in der deutschen Wirtschaft während des «Dritten Reichs» galt ihnen als unumstößlicher Beweis nicht etwa für Kompetenz, sondern für Komplizenschaft. Es schien, dass Abs, der durch Aufsichtsratsmandate mit vierzig Banken und Industriekonzernen in Verbindung stand, mannigfaltig Einfluss hatte. Seine Mandate umfassten Energieversorger, Banken in besetzten Gebieten sowie für Krieg und Vernichtungspolitik wichtige Unternehmen wie etwa die berüchtigte IG Farbenindustrie. Zwar hatten die Besatzungsbehörden Kenntnis von Berichten, die Abs als gläubigen, engagierten Katholiken bezeichneten und Gerüchte wiedergaben, dass er möglicherweise an der katholischen Opposition beteiligt war, aber einige Dienststellen schlossen aus seiner intensiven Wirtschaftstätigkeit, dass Widerstand nicht möglich gewesen sein dürfte.[71]

Auf politischen Druck der Amerikaner hin wurde Abs 1946 verhaftet und zusammen mit vielen anderen führenden deutschen Industriellen interniert. Nach drei Monaten entlassen, traf er sich regelmäßig mit drei gleichfalls suspendierten Vorstandsmitgliedern zu informellen Vorstandssitzungen in ihren bescheidenen Privatwohnungen. Auf Anweisung der Alliierten wurden im Verlauf der nächsten Monate einige Führungskräfte entlassen, bei anderen wurde die Suspendierung aufgehoben, und sie konnten die Arbeit wieder aufnehmen. 1948 waren dann jedoch alle vier des inneren Kreises – Abs, Clemens Plassmann, Erich Bechtolf und Fritz Wintermantel, die schon vor 1945 zu den Mitgliedern des Vorstands zählten – wieder in ihre Funktionen eingesetzt und verhalfen der Deutschen Bank zu Führung und Kontinuität in der folgenden schwierigen Zeit.[72]

Vorwürfe wegen seiner Arbeit im «Dritten Reich» verfolgten Abs während seiner weiteren Karriere und werden unter Historikern bis zum heutigen Tag kontrovers diskutiert.[73] In den ersten zwanzig Jahren der Nachkriegszeit erwies sich Abs als einer der anpassungsfähigsten und dynamischsten deutschen Finanzgrößen außerhalb der Regierung, der für die Deutsche Bank und für Westdeutschland die meisten wichtigen wirtschaftlichen Initiativen anführte.

Wie zuvor die Nationalsozialisten bedienten sich schließlich auch die Amerikaner seiner Fähigkeiten, selbst wenn sie Abs nie völlig vertrauten. Jedenfalls wurde das rechtliche Hindernis, das Abs' Wirken entgegenstand, im April 1948 beseitigt, wenngleich unter Vorbehalten. General Clay betonte in einer handschriftlichen Notiz an Bennett, die dem formellen Entnazifizierungsbescheid beigefügt war, seine tiefsitzenden Zweifel, wobei er einräumte, dass eine Ablehnung «nachteiliger als diese Zustimmung» sein würde. Immerhin könne der Bescheid später revidiert werden, aber «nachdem wir uns die Suppe eingebrockt haben, müssen wir sie auch auslöffeln. Ich kann nur zu sorgfältiger Überwachung raten».[74]

Den amerikanischen Verwaltungsbeamten lief die Zeit davon. Die Militärverwaltung stand unter erheblichem Druck, die deutsche Wirtschaft wieder in Gang zu bringen. Zudem erkannten einige Verwaltungsbeamte, dass sie niemals alle Deutsche, über die sie Dossiers angelegt hatten, würden strafrechtlich verfolgen können. Der Hauptankläger wegen Kriegsverbrechen hatte eine Frist bis Dezember 1947 für die Anklageerhebung gegen Einzelpersonen gesetzt. Der vorhandene Entnazifizierungsapparat war unzureichend ausgestattet, um alle Ermittlungen zum Abschluss zu bringen. Der schiere Personalmangel verhinderte, dass alle Kriegsverbrecher vor Gericht gebracht wurden.[75] Für Abs endete die Sache damit, dass er im Herbst 1947 als geladener Zeuge freiwillig vor dem Nürnberger Tribunal aussagte.[76]

Der Umstand, dass die britischen Verwaltungsbeamten nicht die Meinung ihrer amerikanischen Kollegen über Abs teilten – in der Tat brachten die Briten ihm ziemlichen Respekt entgegen –, trug wesentlich dazu bei, die amerikanischen Aversionen zu überwinden.[77] 1948 trat Abs, zumindest informell, wieder seinen Posten bei der Deutschen Bank an. Sehr aktiv in den Finanzangelegenheiten Westdeutschlands, übernahm er allerdings bis 1952 keine formelle Verantwortung in einer der Nachfolgebanken, in die die Deutsche Bank aufgeteilt worden war. Während dieser Jahre war er beruflich mit Regierungs- und Quasi-Regierungsaufgaben befasst. Trotz seiner Rehabilitierung löste Abs' erste Reise in die USA nach dem Krieg, um neue Bedingungen für die kurzfristigen Verbindlichkeiten auszuhandeln, in Teilen der Öffentlichkeit einen Aufschrei der Empörung aus.[78]

In den nächsten zwanzig Jahren fungierte Abs als faktischer Leiter der Bank, solange sie dezentralisiert war, und als deren erster Vorstandssprecher nach der Wiederzusammenführung 1957. Darüber hinaus spielte er eine Schlüsselrolle im deutschen Finanzsystem und repräsentierte Westdeutschland bei vielen Finanzabkommen mit den Vereinigten Staaten. Er war im Epizentrum aller Verhandlungen zwischen der Bank und den Besatzungsmächten, und er war das Nervenzentrum der verschiedenen Regionalbanken, in die die Deutsche Bank aufgeteilt war.

Bis weit in das Jahr 1948 flammten Konflikte zwischen der Alliierten Militärverwaltung und den deutschen Bankexperten auf. Im April 1948 wurde Abs zum Präsidenten des Direktoriums der Bank deutscher Länder in Frankfurt gewählt, die die auf Länderebene in den Westzonen eingerichteten Landeszentralbanken beaufsichtigen sollte. Bei ihr lag insbesondere die Verantwortung für Auslandskredite und für Kredite an die Öffentliche Hand, allerdings stand sie noch unter Aufsicht der Besatzungsmächte (Alliierte Bankkommission).[79] Nach fünfwöchigen schwierigen Verhandlungen über

The Inaugural Committee

requests the honor of the presence of

Mr and Mrs Herman Abs

to attend and participate in the Inauguration of

Dwight David Eisenhower

as President of the United States of America

and

Richard Milhous Nixon

as Vice President of the United States of America

on Monday, the twenty-first of January

one thousand nine hundred and fifty-seven

in the City of Washington

*Please reply to
The Inaugural Committee
Washington, D.C.*

*Robert V. Fleming
Chairman, Inaugural Committee*

Einladung für Hermann J. Abs zur zweiten Amtseinführung Eisenhowers und Nixons 1957.

Abstimmungsverfahren und Vollmachten des Direktoriums der Bank deutscher Länder verzichteten Abs und der Vorsitzende des Zentralbankrats auf die Ehre, in dem Gremium mitzuarbeiten, und lehnten die Ämter ab, für die sie gewählt worden waren.[80]

Bis 1957 scheint Abs, selbst wenn er in der Boulevardpresse einen schlechten Ruf hatte, in den meisten Bankkreisen wieder völlig rehabilitiert gewesen zu sein. Bereits 1949 reiste er in die USA. Während seines Aufenthalts in New York wurde er von den dortigen Großbanken feierlich empfangen. Dabei ließ er es sich angelegen sein, mit seinen «alten Bankfreunden in New York Fühlung zu nehmen, um wieder ein Gefühl für die Einstellung der New Yorker Banken- und Geschäftswelt zu erhalten».[81] Obwohl schon die Reise als solche heftige Kontroversen auslöste, lud die Chase Manhattan Bank Abs zu einem gemeinsamen Mittagessen mit dem Präsidenten und Vorstandsvorsitzenden der Bank sowie mit Laurance S. Rockefeller und Leroy Wilson, dem Präsidenten von AT&T.[82] Auch andere belegten Abs nicht mit Acht und Bann. Der Council on Foreign Relations, von dem die Zeitschrift *Foreign Affairs* herausgegeben wurde, kündigte im gleichen Jahr an, er wolle zu Ehren von Abs ein Abendessen veranstalten.[83] Vier Jahre später, 1953, schrieb das *Wall Street Journal,* Abs persönlich sei verantwortlich für das Zurückstutzen der riesigen Auslandsschuld Deutschlands um 50 Prozent, und berichtete über seine Bemühungen, das Londoner Schuldenabkommen zum Abschluss zu bringen. Die Zeitung bezeichnete ihn als die Nummer eins unter Deutschlands internationalen Bankiers, als einen Mann, dessen Erfahrung ihn zum idealen Unterhändler für eine Regelung der deutschen Vorkriegsschulden gemacht habe und der sich darauf verstehe, zu neuen Kapitalanlagen in Deutschland zu ermuntern.[84] Wenngleich die Beziehung nicht problemlos war, tätigten die Chase Manhattan Bank und die süddeutsche Nachfolgebank der dezentralisierten Deutschen Bank 1955 Geschäfte im Volumen von 150 Millionen DM miteinander. 1957 wurden Abs und seine Frau zur festlichen Amtseinführung von US-Präsident Eisenhower und dessen Vizepräsidenten Nixon eingeladen.[85] Abs korrespondierte regelmäßig mit vielen der führenden Bankiers der USA und plante mit ihnen zusammen seine Reise dorthin im Jahre 1957. Anlässlich der großen Fortschritte in der wirtschaftlichen Entwicklung Westdeutschlands tauschten beide Seiten Informationen, Vertrauliches und auch Glückwünsche aus. Mindestens eine New Yorker Bank schickte Praktikanten zur Ausbildung in die Deutsche Bank.[86] Die American Bankers Association und die New Yorker Columbia-Universität luden Abs ein zu der von ihnen im *Arden House* veranstalteten Währungskonferenz, ein Ereignis, das zu einem regelmäßigen Bestandteil der Besuche von Abs in den USA wurde.[87]

Im Urteil der Zeit war der Beitrag von Abs in keinem anderen Bereich größer als bei der Verwaltung der Marshallplan-Mittel in Deutschland. Die rasche Erholung Westdeutschlands und der Deutschen Bank von den Kriegsfolgen und der Besatzung wäre ohne kräftige ausländische Kapitalspritzen undenkbar gewesen. Bereits 1947 erkannten amerikanische Sachverständige, dass etwas getan werden müsse, wenn ein völliger Zusammenbruch der deutschen Wirtschaft verhindert werden sollte, sei es einzig und allein, um den amerikanischen Steuerzahler zu schonen. Zwar gab es in den Westzonen noch beachtliche Vermögenswerte, aber das deutsche Vermögen, das weniger als die Hälfte seines Standes von 1937 betrug, musste aufgestockt werden. Das Land brauchte unbedingt ein gesundes Steuersystem, ein vereinfachtes Aktien- und Gesellschaftsrecht, übersichtlichere Unternehmensstrukturen, weniger Kartelle und eine Währungsreform.[88] In allen diesen Beziehungen könnte eine Zuführung von Kapital hilfreich sein. Zwei Reden des neuen amerikanischen Außenministers George C. Marshall vom Vorjahr veranlassten den Kongress 1948, das Gesetz über wirtschaftliche Zusammenarbeit zu verabschieden. Damit wurde ein Wirtschaftshilfeprogramm eingerichtet, das später den Namen des Generals tragen sollte. Das Europäische Wiederaufbauprogramm oder der Marshallplan wurde von der Organisation für europäische wirtschaftliche Zusammenarbeit (OEEC) verwaltet, und das US-Außenministerium stellte dafür 12,4 Milliarden Dollar an Hilfsgeldern bereit, was annähernd 2 Prozent des Bruttosozialprodukts der Empfängerländer ausmachte. Die Vergabebedingungen waren weit großzügiger und die Mittel wurden besser verwaltet, als dies bei den Hilfspaketen in der Zwischenkriegszeit der Fall gewesen war. Da Europas Kapital erheblich reduziert war und nahezu die Hälfte der Weltindustrieproduktion auf Amerika entfiel, waren selbst diese Mittel nicht ausreichend, um das wirtschaftliche Chaos in den Griff zu bekommen. Eine Stabilisierung konnte nur mit einer Unzahl anderer Programme und Reformen erreicht werden.[89]

Die Kreditanstalt für Wiederaufbau, die in Deutschland für die Verwaltung der Marshallplan-Gelder gegründet wurde, hatte viele Väter, aber die meisten hielten sie übereinstimmend für Abs' Kind.[90] Ihr Verwaltungsrat wählte Abs zu seinem Vorsitzenden und delegierte ihn dann in den Vorstand, als dessen Sprecher Abs zwischen 1948 und 1952 faktisch die Leitung des Instituts innehatte. Bei fehlenden Exportmärkten, geringer Produktion und nicht vorhandenem Kapitalmarkt bestand die Aufgabe der Kreditanstalt darin, die Mittel so zu verteilen, dass sie die beste Wirkung entfalten konnten.[91] Zu Abs' ersten Entscheidungen gehörte, den früheren Direktor der Leipziger Filiale der Deutschen Bank, Walter Tron, in die neue Bank zu holen. Ausgestattet mit einem Kapital von 1 Million DM nahm sie im Januar 1949 ihre Arbeit auf. Bis 1953 hatte sie 3 Milliarden DM Marshallplan-Gelder in Deutschland untergebracht.[92] Mit Abs an der Spitze der Kreditanstalt für Wiederaufbau kann es nicht überraschen, dass die Nachfolgebanken der Deutschen Bank einen unverhältnismäßig großen Anteil der subventionierten Exportkredite erhielten.[93]

Die Amerikaner lernten Abs' Rolle bei der Lenkung der Mittel aus dem Marshallplan in Deutschland zu schätzen. Für nahezu ein Jahrzehnt nach dem Zweiten Weltkrieg war internationale Finanzierung für Deutschland gleichbedeutend mit Hilfsgeldern von der Weltbank und direkt aus den Vereinigten Staaten. Nach Einführung der Reformen und dem Anlaufen des Marshallplans machten viele Beobachter bereits nach einer relativ kurzen Zeit eine bemerkenswerte Verbesserung der deutschen wirtschaftlichen und politischen Lage aus. Im Sommer 1949 berichtete *Newsweek,* seit der Währungsreform vor einem Jahr habe sich in Westdeutschland eine epochale Wandlung vollzogen. Der Schwarzmarkthandel mit Dollars sei nahezu zum Erliegen gekommen, die Deutschen hätten demnach die neue Währung angenommen. Trotz der Krise des britischen Pfunds erreiche die deutsche Produktion fast wieder das Niveau von 1936. Dennoch kämpfe das Land noch mit einem niedrigen Lebensstandard, mit hoher Arbeitslosigkeit und einem riesigen Flüchtlingsproblem.[94] Zudem gab es, wie ein wichtiges Mitglied des amerikanischen Finanzverwaltung in Deutschland betonte, unter den Westmächten keinen Konsens darüber – und erst recht keinen, der auch die Sowjets eingeschlossen hätte –, was aus Deutschland werden sollte, werden könnte oder tatsächlich würde. Zwar wirkte Deutschland 1949 viel zahmer als noch 1939, aber sein Potential stellte dennoch eine Bedrohung für angestammte englische, französische und womöglich sogar amerikanische Interessen dar.[95] Einige Deutsche wie auch Amerikaner fürchteten offenbar, mangelhafte amerikanische Kenntnisse über Deutschland und allgemeine Finanzfragen könnten am Ende Deutschlands Fähigkeit beeinträchtigen, wieder auf den Weltmärkten zu erscheinen.[96]

Mit dem Jahr 1953 war Europa nicht länger auf Marshallplan-Gelder angewiesen, doch spielten diese noch eine Rolle bei den Verhandlungen über die Schuldenregelung und Finanzhilfen für Länder in anderen Regionen. Noch 1978 sagte Abs über die Hilfe in leicht pflichtschuldigem Ton: «Ich hoffe deutlich gemacht zu haben, dass der Marshallplan jenseits seiner Bedeutung für Europa insgesamt den Menschen in der Bundesrepublik, einschließlich der zwölf Millionen Flüchtlinge und Vertriebenen, wieder Mut eingeflößt hat und sie mit dem Glauben erfüllt hat, dass ihnen durch harte Arbeit der Wiederaufbau der Wirtschaft des Landes gelingen könnte.» Der Marshallplan war eine Voraussetzung für die Bildung der Europäischen Gemeinschaft für Kohle und Stahl, die 1950/51 Konturen annahm, und insofern auch für die Europäische Union.[97]

Als es mit der Wirtschaft in Westdeutschland bergauf ging, zeigte die Privatwirtschaft größeres Interesse an Kapitalanlagen. Abs hatte recht viel mit der World Commerce Corporation zu tun, einer Gruppe von Unternehmen aus den Vereinigten Staaten, Kanada und England, zu der die Atlas Corporation, Ladenburg, Thalmann & Co., Transamerican Corporation und Hambros Bank gehörten und zu deren Direktorium Edward Stettinius, der frühere amerikanische Außenminister, und General William Donovan zählten. Mit Zustimmung von Marshall und General Lucius Clay, dem früheren Militärgouverneur der amerikanischen Besatzungszone, gründete die World Commerce Corporation eine deutsche Niederlassung, die als Deutsche Commerz GmbH firmierte. In Deutschland fungierte Abs als Hauptteilhaber. Die Gruppe beteiligte sich durch Importe von Maschinen und Material am Wiederaufbau Deutschlands.[98]

Trotz all dieser Initiativen gab es nach dem Urteil mancher Beobachter selbst noch 1954 einen Mangel an amerikanischen Kapitalanlagen in Europa. Nach Abzug der Reparationen blieb das private amerikanische Kapitalengagement in der Welt insgesamt gering, und nur 10 Prozent der langfristigen privaten Kapitalanlage aus den USA gingen zwischen 1945 und 1952 nach Europa, verglichen mit 19 Prozent in den zwanziger Jahren. Großbritannien erhielt den Löwenanteil der US-Auslandsinvestitionen. Einige Europäer sahen den Zufluss von amerikanischen Geldern bereits mit gemischten Gefühlen. Aufgrund der hohen Dollar-Schuldenlast Europas waren Dollar-Investitionen unmittelbar von Vorteil, manche waren allerdings besorgt, dass daraus langfristige Probleme erwachsen könnten.[99]

Die Rückgabe von deutschem Vermögen, das nach Eintritt der USA in den Zweiten Weltkrieg beschlagnahmt worden war, blieb trotz des Marshallplans und der Abkommen zur Regelung der Vorkriegsschulden auf die Dauer von zwei Jahrzehnten nach Kriegsende zwischen den beiden Ländern ein Streitpunkt. 1957 schien auf Seiten der USA eine gewisse Bereitschaft zu bestehen, Vermögensforderungen von weniger als 10000 Dollar freizugeben, wie dies auch nach dem Ersten Weltkrieg der Fall gewesen war. Aber auch dieses Mal blockierte die Frage der amerikanischen Schadensforderungen eine abschließende Vereinbarung. Die amerikanische Regierung hielt dem Vernehmen nach 259 Millionen Dollar an deutschen Vermögenswerten zurück, darunter 122 Millionen Dollar in Immobilien und Wertpapieren, der Rest in Barmitteln. Allein die Anteile der IG Farben an der General Aniline & Film Corporation hatten einen Wert von 100 Millionen Dollar. 92 Prozent der Forderungen bestanden allerdings in Beträgen von 10000 Dollar oder weniger, und bei diesen hofften die Unterhändler, dass sie etwas schneller freigegeben werden könnten.[100] In den Augen vieler Deutscher und selbst einiger Amerikaner lief die Haltung der amerikanischen Regierung auf «legalisierten Diebstahl» hinaus – übrigens ein Ausdruck, der aus einem völlig anderen Zusammenhang stammte und auf den hier zurückgegriffen wurde.[101]

Wie bei dergleichen Angelegenheiten üblich, fiel Abs auch hier eine zentrale Rolle zu. Als Sonderbeauftragter des deutschen Bundeskanzlers Adenauer erörterte Abs 1955 den Komplex mit Vertretern der amerikanischen Regierung, und dies obwohl oder gerade weil die Nachfolginstitute der Deutschen Bank selbst diesmal keine ausstehenden Forderungen hatten. Für Abs war die Sache klar. Die Rückgabe des Vermögens müsse eigentlich Teil der Anstrengungen der freien Welt sein, das Recht auf Privateigentum zu verteidigen und wieder internationales Vertrauen herzustellen. Diese Sichtweise teilte er mit keinen geringeren als der Internationalen Handelskammer, dem U.S. National Foreign Trade Council und mit John Foster Dulles, dem amerikanischen Außenminister unter Eisenhower. Abs zufolge war Nassers Beschlagnahme des britischen, französischen und israelischen Vermögens in Ägypten nur eine Kopie des US-amerikanischen Vorgehens aufgrund des Gesetzes über Handel mit dem Feind. Es entbehre nicht eines gewissen Widersinns, dass deutsche Staatsbürger, die der Enteignung ihres Vermögens durch die Kommunisten ausgesetzt seien, zur gleichen Zeit mit einer ähnlichen Enteignung in den USA zu kämpfen hätten.[102] Abs sah kein Problem dabei, die Rückgabe des deutschen Eigentums in den Kontext eines Kampfes für die westliche Zivilisation zu stellen:

> Ich bekenne mich offen zu all denen in unserer westlichen Gemeinschaft und insbesondere zu einer ganzen Anzahl hervorragender Amerikaner meiner persönlichen Bekanntschaft, die daran glauben, daß unsere traditionellen westlichen Grundsätze das einzige Mittel für die Wahrung der persönlichen Freiheit sind und die bereit sind, sich dafür einzusetzen.[103]

Im Juli 1955 war Abs zurückhaltend optimistisch. Dulles hatte der deutschen Delegation mitgeteilt, dass die Republikaner ein Gesetz für die Rückgabe der geringfügigen Forderungen unterstützen würden.[104] Der Senat mit den Republikanern in der Mehrheit hatte bereits 1952 und 1954 vergeblich versucht, eine vollständige Rückgabe der Vermögenswerte durchzusetzen. Zwar wurde das Gesetz zur Teilrückgabe geringfügiger Forderungen von dem Demokraten Olin Johnston und dem Republikaner Everett Dirksen unterstützt, aber die größte Opposition kam aus den Reihen der Demokraten und aus dem Justizministerium. Statt für Rückgabe der Vermögenswerte an die Deutschen sprach sich George Smathers, ein Demokrat aus Florida, dafür aus, die Mittel für wissenschaftliche Forschungsprojekte in den USA zu verwenden. In der Rede von Senator Smathers zu der Materie wurde Abs sogar persönlich als Deutscher mit zahlreichen Kontakten zu den Lobbyisten, die eine Freigabe des deutschen Eigentums forderten, scharf angegriffen. Während der Debatte des Senats schien der bekannte amerikanische Kolumnist Drew Pearson die Gefühle vieler Amerikaner in Worte zu kleiden.[105] In bemerkenswerter Weise brachte er antideutsche und vielleicht auch etwas antisemitische Rhetorik zusammen und polemisierte gegen die Deutsche Bank mit einem Gemisch aus beidem:

> Unterdessen hat sich in Sachen deutsches Vermögen eine gewaltige Lobby mit ihrem Gewicht hinter Johnston gestellt. Der führende Kopf dieser Lobby ist Hermann Abs, der frühere Generaldirektor von Adolf Hitlers Deutscher Bank, der 1950 in die Vereinigten Staaten kam, aber rasch wieder verschwinden musste, nachdem Senator Guy Gillette seine Nazi-Vergangenheit entlarvt hatte.
> Als seinen amerikanischen Hauptlobbyisten hat Abs Generalmajor Julius Klein angeheuert, einst Befehlshaber der jüdischen Kriegsveteranen.[106]

Ungeachtet der sich insgesamt verbessernden Beziehungen zwischen (West-) Deutschland und den Vereinigten Staaten gab es reichlich politischen Konfliktstoff im Zusammenhang mit der nationalsozialistischen Vergangenheit, so dass die Deutschen selbst bei inneren Angelegenheiten ihres Landes vorsichtig zu Werke gehen mussten, wenn sie nicht die mächtigen und nach wie vor benötigten Amerikaner verprellen wollten. Auch noch in den fünfziger Jahren hatte das FBI ein wachsames Auge auf Abs' gesellschaftlichen Umgang in den Vereinigten Staaten. Sogar ein Cocktailempfang, an dem der Chef der Bundespolizei J. Edgar Hoover teilnahm, wurde beschattet.[107]

Mitte der fünfziger Jahre gab es kaum noch Zweifel, dass die Führung der Deutschen Bank die Absicht hegte, die Nachfolgebanken wieder zu einer Einheit zusammenzufügen. Noch vor Ende der dreijährigen Wartezeit, die mit den Alliierten bei Aushandlung der Bestimmungen des Großbankengesetzes vereinbart worden war, zirkulierten in den Nachfolgeinstituten der Deutschen Bank Ausarbeitungen, wie sich die Wiederzusammenfügung erreichen ließe. Die Tätigkeiten der getrennten Banken sollten verschmelzen, sei es unmittelbar durch die Fusion der drei Regionalbanken oder durch Gründung einer Holdinggesellschaft. Abs schlug als Übergangslösung vor, die drei Banken sollten sich zu einer Interessengemeinschaft zusammenschließen. Diese sollte sich zunächst auf die Koordination der Geschäftstätigkeit und die Teilung der Gewinne erstrecken, woraufhin dann im nächsten Schritt die Namen der drei Banken vereinheitlicht und eine Überkreuzverflechtung des Vorstands folgen sollte. Der zweite, von Abs gewünschte Schritt musste zunächst noch zurückgestellt werden. Mit den Pariser Verträgen vom Mai 1955 hatte die Bundesrepublik Deutschland die volle Souveränität wiedererlangt, sie war jedoch noch zur Respektierung der den Alliierten 1952 zugesicherten Bedingungen verpflichtet, die schließlich die Verabschiedung des Großbankengesetzes ermöglicht hatten. Die Zwischenlösung wurde verwirklicht; Pläne für alternative Formen der Wiedervereinigung der Bank wurden entworfen und warteten auf die Genehmigung durch die Regierung. Unter Führung der Nachfolgeinstitute, die eigentlich selbst den Wortlaut des vorgeschlagenen Gesetzestextes formulierten und die einschlägigen Steuerbefreiungsbestimmungen entwarfen, arbeiteten die Großbanken mit Ausdauer und Hartnäckigkeit bei der Regierung darauf hin, dass sie von der Dezentralisierungsauflage befreit würden. Das Gesetz zur Aufhebung der Beschränkung des Niederlassungsbereichs von Kreditinstituten wurde schließlich zum Jahresende 1956 durch das Parlament verabschiedet und trat am 29. Dezember 1956 in Kraft. Drei Monate später war die Deutsche Bank wiedererstanden: Am 5. März 1957 unterzeichneten die Nachfolgebanken der Deutschen Bank den Fusionsvertrag. Nach Genehmigung durch die Hauptversammlungen der Nachfolgeinstitute Ende April 1957 wurde die Fusion mit der Eintragung ins Handelsregister am 2. Mai 1957 rechtskräftig. Die organisatorische

Hermann J. Abs 1957 mit dem Kongressabgeordneten John Bell Williams und Gene-ral Julius Klein. In den fünfziger Jahren beschäftigten die deutsche Regierung und mehrere deutsche Unternehmen Kleins Agentur für die Öffentlichkeitsarbeit zuguns-ten deutscher Interessen. Klein war einst mit den amerikanischen Streitkräften in Deutschland gewesen, sprach deutsch und kannte viele deutsche Politiker; außerdem hatte er enge Kontakte zur Republikanischen Partei – weniger zu den Demokraten – und war einer der Gründer des Verbandes der jüdischen Kriegsveteranen. Früher im Zeitungs- und Filmgeschäft tätig, hatte Klein seine eigene PR-Agentur in Chicago ins Leben gerufen. Seine Aktivität als Lobbyist brachte in den sechziger Jahren ihn und seine Klienten in große Verlegenheit.

Beeinflussung durch die amerikanische Politik der Nachkriegszeit war zu Ende.[108]

Mit Abs an der Spitze des neuen fusionierten Finanzinstituts und einem (West-)Deutschland, das wirtschaftlich pulsierte und in die Welt reintegriert war, war es der Deutschen Bank endlich möglich, eine neue internationale Seite in ihrer Geschichte aufzuschlagen. Für alle ihre traditionellen Dienst-leistungen – die Unterbringung von Wertpapieren auf den Kapitalmärkten, die Bewilligung von Geschäftskrediten und die Handelsfinanzierung – be-stand große Nachfrage. Zwar war der prozentuale Anteil der Deutschen Bank und der anderen Großbanken an dem Vermögen des gesamten deutschen Bankensektors rückläufig, aber dennoch und anscheinend ungehindert von der Dezentralisierungsgesetzgebung war ihr Vermögen 1957 wesentlich höher als Mitte der dreißiger Jahre. Der Anteil der Deutschen Bank an den drei deutschen Großbanken lag bei annähernd 43 Prozent. Von Januar 1952 bis Dezember 1957 waren die kombinierten Vermögenswerte der Bank (also von deren Regionalbanken seit 1952) von 3,8 Milliarden DM auf 8,4 Milliarden DM angewachsen. Die Einlagen, das Investmentbankgeschäft und das Personal nahmen im gleichen Zeitraum erheblich zu. Ende 1957 standen die Aktien der Bank bei 220 Prozent, und sie schüttete 12 Prozent Dividende auf das Stammkapital aus – beide Werte lagen wesentlich über dem Durchschnitt der deutschen Unternehmen.[109]

Bereits während ihrer Dezentralisierung hatte die Deutsche Bank begonnen, ihr Auslandsgeschäft wieder aufzubauen. Ehemalige Angestellte der Deutschen Bank, die jetzt in den Regionalbanken tätig waren, fanden Mittel und Wege, sich auszutauschen und zusammenzuarbeiten. 1950 wurde die Deutsche Ueberseeische Bank, die Tochtergesellschaft der Deutschen Bank für das südamerikanische und spanische Geschäft, als eine Auslandsbank reaktiviert. Von ihrem neuen Sitz in Hamburg nahm sie seit 1959 eine lebhafte Geschäftstätigkeit auf. Im gleichen Jahr wurden auch die Verbindungen mit Istanbul neu geknüpft, und man dachte über die Wiederaufnahme der Zusammenarbeit mit de Bary in den Niederlanden nach. Das Außenhandelsgeschäft der Deutschen Bank wurde über ein separates Gemeinschaftsunternehmen, die Ausfuhrkredit-Aktiengesellschaft wiederbelebt, an der die Deutsche Bank mit 30 Prozent beteiligt war. Bereits 1952 gab es Gerüchte, die Deutsche Bank beabsichtige, wieder eine Vertretung in New York zu eröffnen – das traf zwar nicht zu, war aber nicht (mehr) undenkbar.

Die Führung der Deutschen Bank betrat die internationalen Märkte und insbesondere Amerika mit erheblicher Vorsicht. Die Vorstandsmitglieder waren geprägt von einer Zeit, die für das internationale Finanzgeschäft alles andere als günstig gewesen war. Nach vierzig Jahren, die von Krieg, Inflation, Wechselkursinstabilität, gesperrten Guthaben, wirtschaftlichem Zusammenbruch, Enteignung und scharfen politischen Angriffen auf beiden Seiten des Atlantiks, der Teilung des Landes wie der eigenen Firma durchzogen waren, optierten die Führungskräfte der Deutschen Bank für ein opportunistisches, schrittweises Vorgehen. Zwar schien es, als habe die Welt sich 1957 zum Besseren gewendet, doch angesichts der historischen Umstände erschien ein konservatives Vorgehen nicht nur als die beste Politik, es war vielmehr tatsächlich die einzig mögliche Politik.

TEIL III

Erneuerung und Wiedereintritt, 1957 bis 2000

*Es besteht kein Zweifel, dass seit den 1950er Jahren die Amerikaner die
«besten Europäer» waren. Bei ihren Investitionsentscheidungen haben die
amerikanischen Unternehmen den Zusammenschluss der europäischen
Volkswirtschaften zu einem Gemeinsamen Markt vorausgesehen und früher
zu diesem Zusammenschluss beigetragen als die europäischen Unternehmen.*
Hermann J. Abs, Rede vor der Manufacturing Chemists Association, 12. Juni
1975[1]

*Was auch immer die natürlichen Stärken der Großbanken sein mögen, ein
Großteil ihrer Kraft wurde ihnen durch das Geschehen aufgedrängt.*
The Banker, Oktober 1977[2]

Einleitung

Dies ist natürlich absolut im Gegensatz zu unserem System, während man in Amerika die Politik der offenen Tür bis auf das weiteste durchgesetzt hat, tätigt man ja in Deutschland die Geschäfte immer noch lieber nicht nur hinter verschlossenen Türen, sondern hinter verschlossenen Doppeltüren. Aber das ist eben ein Teil der anderen Mentalität in Amerika und Deutschland.
Ernest Frankl an Gerhard Polfers, 12. Februar 1957[1]

«Danke, Herr Abs, Sie haben mir das Leben gerettet!»
Bundeskanzler Adenauer zu Abs, nachdem dieser ihm dringend geraten hatte, John F. Kennedys Wahl des Weines bei einem Staatsbankett zu loben, berichtet von Abs 1972[2]

Während der vorangehende Teil dieses Buches mit einer historisch fast beispiellosen Katastrophe begann, welche die ganze Welt, insbesondere aber auch die Bankenlandschaft tief erschütterte, stehen nun Ereignisse am Anfang, die weit weniger unvermittelt, weit vorhersehbarer und mit Sicherheit weitaus erwünschter waren. Das Jahr 1957 war lange nicht so einschneidend wie das Jahr 1914; dennoch war es für die Deutsche Bank und vielleicht für viele Länder des Westens ein Wendepunkt. Auch wenn zwischen Ost und West weiterhin starke Spannungen bestanden, war das Selbstvertrauen Europas mittlerweile allem Anschein nach wiederhergestellt. Im Jahr 1957 hatte Europa die anfänglichen Entbehrungen und die wechselseitigen politischen Schuldzuweisungen der unmittelbaren Nachkriegsjahre überwunden.

Es ist vermutlich kein Zufall, dass der Vertrag über die Wiederzusammenführung der Deutschen Bank im selben Monat (5. März 1957) wie die Römischen Verträge (25. März 1957), welche die Europäische Wirtschaftsgemeinschaft (EWG) begründeten, unterzeichnet wurde; Deutschland war eines der sechs Gründungsmitglieder. Mit einer Mischung aus Sorge und Zuversicht waren beide Vorhaben, die zu den Bemühungen gehörten, die ökonomischen und politischen Schäden in Europa zu lindern, die zum Teil bis 1914 zurückreichten, lange erwogen worden. Sie gehörten zu einer Reihe von Entscheidungen, die eine neue Ära der Beziehungen Deutschlands zur internationalen Staatengemeinschaft einläuteten. Nur knapp zwei Jahre zuvor endete die militärische Besetzung Westdeutschlands, und die Bundesrepublik wurde

Mitglied des Nordatlantikpakts. Dies beendete die tatsächliche und symbolische Isolation des Landes von der westlichen Staatengemeinschaft.[3]

Mitte der 1950er Jahre erreichte die Übereinstimmung zwischen Deutschland und den USA vielleicht ihren Höhepunkt. Die meisten Deutschen und anderen Europäer betrachteten die USA bis zu einem gewissen Grad als ein Vorbild nicht nur in Sachen Demokratie, sondern auch im Hinblick auf eine gute Wirtschaftspolitik.[4] Natürlich hatten die sogenannten «Kulturkriege» bereits begonnen, aber sie wurden mit besonderer Heftigkeit in Frankreich und Italien, nicht in Deutschland, ausgetragen. Vielen europäischen Intellektuellen war die kulturelle, politische und wirtschaftliche Vormachtstellung der USA schon damals ein Dorn im Auge, aber die Unternehmer und die meisten Bürger waren beeindruckt von dem stabilen Wirtschaftswachstum. Die USA bemühten sich nachdrücklich darum, ihre Botschaft zu vermitteln, und amerikanische Produkte hatten noch immer den Reiz des Neuen in Europa.[5] Der Kalte Krieg, die Berliner Luftbrücke und der Korea-Krieg hatten nicht nur das Gefühl verstärkt, dass die gesamte freie Welt im gleichen Boot saß – eine Überzeugung, die in der Bundesrepublik Deutschland besonders tief verwurzelt war –, sie führten auch zu einer massiven Erhöhung der Rüstungsausgaben, die die westdeutsche Wirtschaft nachhaltig anregte. In Anbetracht der Alternativen fühlten sich die Westdeutschen mit ihrer D-Mark und sogar mit der staatlichen Teilung Deutschlands sehr wohl. Mit diesem Wohlbefinden gingen aber auch ein neues Selbstvertrauen und ein erhebliches Unbehagen an der einseitigen Abhängigkeit Deutschlands von einem übermächtigen Partner einher, dessen politische und ökonomische Verlässlichkeit zunehmend in Frage gestellt schien.[6] Obwohl die Bundesrepublik mit anderen Partnern und Bindungen liebäugelte, behielt ihr Verhältnis zu den USA aus vielen Gründen einen Sonderstatus. Diesen ganzen Zeitraum hindurch, insbesondere aber in den ersten Jahren, waren die Beziehungen zu den USA für Deutschland und die Deutsche Bank selbst bei scheinbar trivialen Angelegenheiten von höchster Wichtigkeit, wie die obige, von Abs wiedergegebene Äußerung belegt, die zeigt, dass er Adenauer vor einem Gesichtsverlust bewahrte. Die Tatsache, dass Tausende amerikanischer Soldaten auf deutschem Territorium stationiert waren, an der Frontlinie des Kalten Krieges, am Rand des Eisernen Vorhangs, in unangenehmer Nähe zu den «Wohnzimmern» der Westdeutschen, betrachteten diese mit gemischten Gefühlen.[7]

Im gleichen Zeitraum kam es auch zu einem tiefgreifenden Wandel in den europäischen und amerikanischen Wirtschaftsbeziehungen und in den Einstellungen der Europäer und Amerikaner zu sich und zueinander. Nachdem zwei Generationen die Schrecken des Krieges durchlitten hatten, erfand sich Europa im Jahr 1957 gewissermaßen neu und setzte dadurch ein außerordentliches Wachstum des Handelsvolumens zwischen den EWG-Staaten in Gang.[8] Viele Jahre lang bestand ein Spannungsverhältnis zwischen der Dringlichkeit, mit der der Wiederaufstieg und die Einigung Europas betrieben wurden, und den lebhaften Erinnerungen an nahezu dreißig Jahre Barbarei und die Bedrohung durch den Kommunismus.[9]

Das Wirtschaftswachstum stärkte das Selbstbewusstsein und die Bereitschaft zur Zusammenarbeit. Im Jahr 1958 wurde die D-Mark, ein Symbol der wirtschaftlichen Stärke und des europäischen Gewichts der Bundesrepublik, nach fast dreißig Jahren Devisenbewirtschaftung konvertierbar. Als sich das Wirtschaftswachstum nach seinem Höhepunkt in den fünfziger Jahren wieder abschwächte, wurde den Deutschen bewusst, dass die USA der größte potentielle Markt für deutsche Exporte waren.[10] Auch die USA profitierten vom ökonomischen Zeitgeist. Doch leider nahmen sich die niedrige Inflation und die hohen Wachstumsraten der fünfziger und sechziger Jahre im Vergleich zur folgenden Dekade wie ein Goldenes Zeitalter aus.[11]

Ende der sechziger Jahre durchlebten Europa und die USA eine Welle innenpolitischer Spannungen und wirtschaftspolitischer Kontroversen, die gewisse nationale Reibungen verschärften. Zwischen 1950 und 1970 war Europa wohlhabend, jung und ungeduldig geworden, was Frustrationen erzeugte, als das Wirtschaftswachstum zurückging. Sowohl die so genannte Stagflation der siebziger Jahre als auch die verminderte Fähigkeit, den hohen Erwartungen zu genügen, förderten ein Gefühl des Missbehagens. Tatsächlich wuchs die Wirtschaft in Deutschland und den USA noch immer mit über drei Prozent jährlich, aber neue Chancen hielten weder mit der Erwartung Schritt, noch verhinderten sie, dass sich in Europa das Gefühl der Entfremdung von dem großen, reichen und mächtigen Verwandten auf der anderen Seite des Atlantiks verstärkte. Selbst als Deutschland in den siebziger Jahren in raschem Tempo aufholte, war der Abstand zu der dominierenden Wirtschaftsmacht nach wie vor gewaltig.[12] Trotz der hohen deutschen Sparquote (ausgehend allerdings von einem sehr niedrigen Niveau) war der Größenunterschied zwischen den deutschen und amerikanischen Kapitalmärkten noch ausgeprägter.[13]

Ebenfalls 1957 verabschiedete das deutsche Parlament ein Schlüsselgesetz, das zur Folge hatte, dass sich die Kapitalmärkte und die sozialen Sicherungssysteme der beiden Länder in unterschiedliche Richtungen entwickelten. Im Gegensatz zu den USA, wo die Altersversorgung privatisiert wurde, so dass gewaltige Summen in die Aktien- und Anleihemärkte flossen,[14] bekräftigte die westdeutsche Rentenreform die herausragende Rolle des Staates nicht nur als Träger der gesetzlichen Rentenversicherung, sondern im gesamten System der sozialen Sicherung, mit der Konsequenz, dass es keine direkten Anreize für die Gründung großer privater Pensionsfonds oder anderweitiger Fonds gab.[15]

Der Wiederzusammenschluss der Deutschen Bank brachte – wenn auch nicht sofort – viele organisatorische Veränderungen mit sich und stärkte ihre Fähigkeit zur Expansion auf den Auslandsmärkten. Die Zentralisierung vollzog sich langsam. Auch wenn Frankfurt der offizielle Sitz der Deutschen Bank war, unterhielt sie doch noch viele Jahre lang drei regionale Hauptverwaltungen. Einige Mitglieder des Vorstands blieben außerhalb Frankfurts ansässig. Die Vorstandssitzungen fanden an den Standorten der Zentralen und gelegentlich in anderen Städten statt. Obgleich die Bank bestrebt war, sowohl in Deutschland als auch im Ausland ihre Marktnähe zu verbessern und ihre Organisationsstruktur zu straffen, um mit Marktentwicklungen Schritt zu halten,[16] wirkten ihre Bemühungen in den Jahrzehnten nach dem Wiederzusammenschluss, insbesondere in den USA, mitunter zögernd und widersprüchlich. Das Tempo ihres Wiedereintritts in die Auslandsmärkte war nicht nur Ausdruck einer generell vorsichtigen Geschäftspolitik, sondern einer Zurückhaltung, die die Lehre aus mehreren Katastrophen zog.

In der zweiten Hälfte des 20. Jahrhunderts kam es zu vielen weitreichenden politischen, wirtschaftlichen und technologischen Veränderungen, an die sich die Deutsche Bank anpassen musste und die den Hintergrund ihrer Bemühungen bildeten, ihr Geschäft in den USA wiederaufzubauen. Die strategischen Probleme waren gewaltig und veränderten sich rasch. Die Europäische Union war Ende der 1950er Jahre noch ein ferner Traum, Kreditkarten waren noch kaum gebräuchlich, nur wenige Privatpersonen hatten Scheckhefte, und Geldautomaten waren noch völlig unbekannt. Pensionsfonds, Investmentfonds und Euro-Geldmarkt steckten noch in den Kinderschuhen, und der internationale Zahlungsverkehr zwischen Unternehmen – selbst innerhalb des gleichen Konzerns – wurde über Handelsdokumente abgewickelt. Es gab noch keine kommerziellen Flüge mit Düsenflugzeugen zwischen Europa und den USA und erst recht kein Internet.[17] Zwei grundverschiedene, konkurrierende Wirtschaftssysteme wetteiferten unter Führung der beiden über Massenvernichtungswaffen verfügenden Supermächte weltweit mit friedlichen und manchmal auch militärischen Mitteln um Verbündete. Die Regulierung der Finanzmärkte und die Theorien, die heute den rechtlichen und konzeptionellen Ordnungsrahmen für die Abwicklung von Transaktionen bereitstellen, nahmen damals erst allmählich Gestalt an. Die Aktionäre wurden mobiler, und moderne Technik ermöglichte eine grenzüberschreitende Unternehmensführung in einer Weise, die Adams und Gwinner sprachlos gemacht hätte.

Am Ende des Zeitraums, mit dem wir uns in diesem Teil befassen, haben sich die Beziehungen zwischen den Nationen grundlegend gewandelt. Einerseits verfolgen die Staaten, befreit vom Ost-West-Konflikt, energischer ihre Interessen. Andererseits orientieren Unternehmer und Manager, ausgestattet mit neuer Technik und neuen wettbewerbsrechtlichen Freiräumen, – anders als die meisten Politiker und deren Wähler – ihr Handeln weniger an nationalen als an weltweiten Marktchancen. Im Jahr 2000 hätte es bei der Deutschen Bank Verwunderung ausgelöst, wenn die Geschäfte in den USA und in

Deutschland als eigenständige Aktivitäten der Bank betrachtet worden wären – also getrennt von ihren globalen Geschäftsbereichen wie Aktienhandel, Vermögensverwaltung, Investmentbanking oder Devisenhandel. In gewisser Hinsicht hat das operative Geschäft der Bank einen großen Teil seiner nationalen Verankerung verloren, was sich auch darin widerspiegelt, dass die Deutsche Bank heute Mitarbeiter unterschiedlichster Nationalitäten beschäftigt.

Verschiedene Wechselkursregime erschwerten die Geschäftsbeziehungen der Deutschen Bank zu den USA. Im Jahr 1957 wurden die meisten Devisengeschäfte noch staatlicherseits durch feste Wechselkurse reglementiert. Das Bretton-Woods-System, das Bestreben der freien Welt nach dem Zweiten Weltkrieg, Währungskrisen, wie sie in der Zwischenkriegszeit aufgetreten waren, in Zukunft zu verhindern, förderte den Freihandel, die Goldkonvertierbarkeit des US-Dollars zu einem Kurs von 35 Dollar je Unze, die Verpflichtung anderer Länder, ihre Währung zu einem festen Kurs in Dollar umzutauschen, und schließlich die Ausweitung dieser Verpflichtung zu einer vollständigen Konvertierbarkeit. Gestützt durch neue Institutionen wie den Internationalen Währungsfonds, welche die Bemühungen der Mitgliedstaaten, stabile Wechselkurse aufrechtzuerhalten, fördern sollten, und einen Konsens zwischen den Staaten über die Währungspolitik und die Notwendigkeit, den Kommunismus mit wirtschaftlichen und anderen Mitteln zu bekämpfen, verzeichnete das System zahlreiche Erfolge.[18]

Obgleich einige der Schwächen des Systems schon recht frühzeitig zum Vorschein kamen, brach es erst nach Jahrzehnten zusammen. Die USA als die einzige fortgeschrittene Nation, deren Finanz- und Produktionsmittel den Zweiten Weltkrieg unversehrt überstanden hatten, mussten ein anhaltendes Zahlungsbilanzdefizit in Kauf nehmen, damit andere Länder Devisenreserven aufbauen konnten.[19] Die USA fanden sich mit ihrer Rolle als Markt für Exportgüter ab, und viele ehemalige Feinde und langjährige Freunde kamen in den Genuss eines bevorzugten Zugangs zu diesem wahren Tempel des Wohlstands. Ende der 1960er Jahre erlahmte die Entschlossenheit der Vereinigten Staaten. Ihre wankelmütige Wechselkurspolitik verwirrte und beunruhigte die deutschen Bankiers und hatte weitreichende Auswirkungen auf die Art und die Rentabilität des US-Geschäfts der Deutschen Bank. Wie in der Zeit vor 1914 machte sich die Bank die zwiespältige Einstellung der amerikanischen Entscheidungsträger zu stabilen Wechselkursen zunutze, um, unter nicht geringen Risiken, Geld zu verdienen. Angesichts des raschen Anstiegs der grenzüberschreitenden Investitionen und der Tatsache, dass es keine Sicherungsmechanismen wie vor dem Ersten Weltkrieg gab, bekundete Abs schon in den 1960er Jahren seine Sorge, ob die internationalen Kapitalmärkte imstande seien, die zunehmende Nachfrage zu bedienen.[20] Ab 1970 gingen die Länder mehr und mehr dazu über, Währungsrisiken zu «privatisieren». Etwas über zwanzig Jahre nach ihrer Gründung schienen die

Bretton-Woods-Institutionen nicht über genügend Autorität zu verfügen, um allein oder mit anderen den freien Güter- und Kapitalverkehr zu gewährleisten und zugleich für wirtschaftliche Stabilität zu sorgen.[21]

Währungsschwankungen und andere ökonomische Risiken beeinflussten maßgeblich das Kapitalbeschaffungs- und Investitionsverhalten und förderten so politische Konflikte. Im Vergleich zum Außenhandel war der Kapitalverkehr noch immer sehr klein, nahm aber rasch zu.[22] In dem Jahrzehnt vor dem Zusammenbruch des Währungssystems von Bretton Woods kam es beispielsweise in den USA fast zu einer Verdoppelung und in der Bundesrepublik sogar zu einer Verfünffachung der ausländischen Direktinvestitionen.[23] Die Investitionsströme veränderten nicht nur die Nachfrage nach Devisen ganz erheblich, wodurch sie das System, zumindest kurzfristig, destabilisierten, sie veränderten auch die Nachfrage von Unternehmen nach Bankdienstleistungen. Einige Finanzmarktakteure hatten bereits diverse Strategien ersonnen, um nationale Kontrollen kurzfristiger Kapitalströme zu umgehen, während andere Investoren scharenweise auf ausländische Direktinvestitionen umstiegen, die zwar stabil waren, aber auch Animositäten hervorrufen konnten. Selbst Abs fragte ganz offen, ob US-Unternehmen, die in Europa tätig seien, sich wirklich eingliedern und an nationale und europäische Gesetze und Usancen anpassen würden. Im Jahr 1969 sagte er sogar, europäische Finanzreformen wie Steuersenkungen, die Verschmelzung der Kapitalmärkte und die Schaffung wirklich europäischer Unternehmen seien «die beste Verteidigung» gegen die USA. Die starke Zunahme der öffentlichen Kreditaufnahme, insbesondere in den USA, drängte Privatunternehmen hinaus und setzte die Zinsen unter Druck. Abs befürchtete, Kapitalknappheit könne nationale Leidenschaften hochkochen lassen.

Doch es bestand auch ein hohes Maß an Kontinuität zwischen den Bankgeschäften der Zwischenkriegs- und der Nachkriegszeit. Das US-Geschäft der Deutschen Bank stützte sich noch immer auf Kompetenzen und Strukturen, die schon vor dem Krieg vorhanden gewesen waren. 1957 waren das inländische Kreditgeschäft, das gelegentlich von Mitteln profitierte, die die US-Regierung lenkte, und die Außenhandelsfinanzierung für ihre deutschen Kunden noch immer die beiden wichtigsten Säulen der Deutschen Bank. Aber in dem Maße, wie Firmen in ausländische Tochtergesellschaften investierten, wurde der Waren- und Dienstleistungsverkehr zunehmend konzernintern abgewickelt, so dass die Abhängigkeit der Unternehmen von internationalen Kreditinstituten zurückging.[24]

Viele einträgliche Dienstleistungen wurden zu Routinetransaktionen mit geringer Gewinnspanne, aber hohem Volumen. In dem Maße, wie das Bankgeschäft zu einem Mengengeschäft wurde, mit einer Vielzahl identischer Transaktionen, musste die Deutsche Bank technisch aufrüsten, um dieser Flut gewachsen zu sein. Die Kapitalmärkte wuchsen nicht nur zu astronomischer Größe heran, auch die Anzahl der Personen, die in der Lage waren, verschiedene Arten von Bankkonten zu nutzen, stieg rapide. Die Zukunft der Bank hing nunmehr von ihrer Fähigkeit ab, große Mengen an Informationen kostengünstig und effizient zu verarbeiten, was sie vor eine völlig neuartige Herausforderung stellte. Nachdem diese Investitionen in Technik und Kompetenzen getätigt worden waren, wurden Planung und internationale Expansion noch wichtiger.[25] Zudem führten die Turbulenzen auf den Kapitalmärkten, wie auch die politischen Reibungen zwischen den USA und Deutschland, zu einem steigenden Bedarf an ausgeklügelten Methoden des Risikomanagements, die Investitionen in neue Fachkräfte und Verfahren erforderten.

Die Ausweitung des internen Neugeschäfts und das Cross-Selling mussten einen höheren Rang erhalten. Da die Fixkosten in einer bisher ungekannten Weise anstiegen, mussten Dienstleistungssektoren wie fast alle anderen Wirtschaftszweige schnell ihren Umsatz steigern, um ihren Gewinn zu halten. Die Deutsche Bank schnitt ihre Geschäftsfelder neu zu, indem sie die Zuständigkeiten nach Kundengruppen – etwa Automobil- und Pharmaindustrie – oder Geschäftstyp – wie etwa Unternehmensfinanzierung, Privatkundengeschäft und Devisenhandel – ausrichtete und nicht mehr nach Inlands- und Auslandsgeschäft.[26] Größeres Gewicht musste auf internationale Diversifizierung gelegt werden, um die hohen Fixkosten wettzumachen. Tatsächlich verlor in diesem Zeitraum in einigen Sektoren die Unterscheidung zwischen Inlands- und Auslandsgeschäften immer mehr an Bedeutung. Ungeachtet oder auch wegen politischer Reibungen spiegelt die Geschichte der Deutschen Bank in dieser Zeit in gewisser Hinsicht die Geschichte der Entnationalisierung der Finanzmärkte wider.

Die Ordnung des Materials und die Natur der Quellen selbst verdeutlichen einige der Veränderungen. Während bei den Veränderungen der Kapitalmärkte in den vorangehenden Teilen die nationale Rechtsordnung im Zentrum stand, spielen jetzt internationale Rechtsvorschriften und Institutionen eine viel größere Rolle. Vorbei sind die Zeiten, in denen es um die Vergabe oder Aufnahme bestimmter Kredite ging. Unzählige laufende Geschäftsvorgänge, die sich einer individuellen Beschreibung entziehen, machen einen größeren Teil der Aktivitäten der Bank aus und müssen als Gesamtheit diskutiert werden. Selbst wenn sie einzeln beschrieben werden könnten, wie im Vorwort angesprochen, bestand nur eingeschränkter Zugang zu Primärquellen. Die Direktinvestitionen der Deutschen Bank in den USA müssen breiteren Raum einnehmen als die Beziehungen der Bank zu Vertretungen und Korrespondenzbanken. Vor allem aber sind viele der Ereignisse und Personen, über die in diesem Teil berichtet wird, Teil einer lebendigen Geschichte, einer andauernden Arbeit – eine Tatsache, die dadurch unterstrichen wird, dass viele derjenigen, die aktiv an den Vorgängen mitwirkten, in Interviews wichtige Informationen beisteuerten.

KAPITEL 15

Streitpunkte und die Entstehung einer neuen Währungs- und Finanzordnung

Definition eines Amerikaners: «Jemand, der brasilianischen Kaffee aus einer englischen Tasse trinkt, während er auf einem dänischen Möbel sitzt, nachdem er sich einen italienischen Film angesehen hat und in einem deutschen Wagen nach Hause gefahren ist, und der mit einem japanischen Kugelschreiber an seinen Kongressabgeordneten schreibt und ihn auffordert, etwas gegen all das Gold zu unternehmen, das aus dem Land abfließt.»
Ein mittlerweile etwas angestaubter Witz, den Heinrich Freiherr von Berenberg-Gossler an Bundesbankpräsident Blessing schickte, versehen mit dem Kommentar, er stamme aus einer britischen Zeitung und könne für Blessing «beruflich» von Interesse sein. 8. März 1962[1]

Die flexiblen Wechselkurse, die 1973 eingeführt wurden, haben nicht die hochgesteckten Erwartungen ihrer Befürworter hinsichtlich einer ausgleichenden Wirkung auf die internationalen Zahlungsbilanzen erfüllt.
Hermann J. Abs, Rede vor der Manufacturing Chemists Association, 12. Juni 1975[2]

Die Deutsche Bank und der Wandel der deutsch-amerikanischen Beziehungen

Die ökonomischen und politischen Auseinandersetzungen zwischen Deutschland und den USA sind für diese Geschichte nicht nur deshalb von Bedeutung, weil sie den Rahmen für die Geschäftsbeziehungen der Deutschen Bank in den USA bilden, sondern auch weil die Führungspersönlichkeiten der Bank, allen voran Abs, im Zentrum der Debatten standen. Einige der Diskussionen hören sich sehr vertraut an. Einige gingen zurück auf Schwierigkeiten in der Zwischenkriegszeit, während andere allgegenwärtige Probleme einer Welt sind, die mit einer anscheinend unaufhörlich wachsenden Verflechtung zwischen den Nationen ringt – der Globalisierung, wie dieses Phänomen gemeinhin genannt wird. Viele der hier diskutierten Probleme – und ihrer Lösungen – haben dazu beigetragen, das heutige internationale Bankensystem in seiner Grundgestalt hervorzubringen.

Einmal abgesehen von einigen radikalen Intellektuellen fiel es vielen Deutschen in den 1960er Jahren nicht leicht, Kritik an den USA zu üben. Die meisten, die die Nazi- beziehungsweise die Nachkriegszeit als Erwachsene erlebt hatten, empfanden eine vage Mitschuld an der jüngsten Geschichte ihres Landes und waren sich des amerikanischen Einflusses auf die Wiederherstellung der Demokratie und einer pulsierenden Wirtschaft bewusst. Deutsche Geschäftsleute, die unbedingt mit ihrer turbulenten Vergangenheit brechen wollten, vermieden es geflissentlich, sich mit ihrer Rolle im nationalsozialistischen Regime auseinanderzusetzen, und machten sich viele Symbole des Wandels zu eigen.[3] Abs zum Beispiel war den USA besonders dankbar dafür, dass sie nach dem Zweiten Weltkrieg Deutschland wieder zu Wohlstand verholfen und die europäische Einigung ermöglicht hatten.[4]

Die deutsche Wirtschaft war in der Tat aufgeblüht. Von 1949 bis 1955 stieg die Industrieproduktion von 89 auf 198 Prozent ihres Niveaus im Jahr 1936. Der Beschäftigungsgrad nahm um über 400 Prozent zu. Von 1949 bis 1955 wuchsen die Devisenbestände der Bank deutscher Länder von quasi Null auf 4,3 Milliarden Dollar an. In Anbetracht der Tatsache, dass fast 70 Prozent der Produktionskapazität Deutschlands und 2,3 Millionen Wohnungen zerstört waren und 12 Millionen Flüchtlinge aus dem Osten kamen, gaben der offenkundige Glaube der USA an den Wiederaufbau Deutschlands und die 3,2 Milliarden Dollar an Hilfsgeldern den Deutschen Zuversicht und Selbstvertrauen und legten mit die Grundlagen für die Erholung der deutschen Wirtschaft. Abs rechnete es den USA auch hoch an, dass sie die notwendige moralische und materielle Unterstützung für den Aufbau einer Marktwirtschaft und eines gemeinsamen europäischen Marktes geleistet hätten.[5]

Aber schon 1957 zogen düstere Wolken am Horizont auf. Damals beschlich die Deutschen das Gefühl, bei der Beschlagnahme ihrer Vermögenswerte in den USA nach der Kriegserklärung übervorteilt worden zu sein. Diese Debatte begann schon vor 1950 und zog sich, ganz wie in den 1920er Jahren, weit über ein Jahrzehnt hin. Regierungen, aber auch Privatpersonen und -organisationen waren daran beteiligt; dabei wurden die Deutschen und die Deutsche Bank mit unangenehmen Konsequenzen in die amerikanische Innenpolitik hineingezogen. Eine Zeitlang waren die Deutschen zuversichtlich, eine gütliche Einigung zu erreichen, aber ihre Hoffnungen zerschellten an den Klippen politischer Intrigen in den USA, und zwar zeitweise mit solcher Wucht, dass sogar die Eckpfeiler der deutsch-amerikanischen Zusammenarbeit ins Wanken gerieten.[6] Die Deutschen sahen in der endgültigen Entscheidung der USA, so gut wie nichts zurückzuerstatten, einen Machtmissbrauch und einen Verstoß gegen die Grundsätze einer freiheitlichen Wirtschaftsordnung. Abs, der darin eine Bedrohung für Auslandsinvestitionen überhaupt erkannte, forderte eine Magna Charta, ein bindendes zwischenstaatliches Abkommen zum Schutz von Privatvermögen, zu dem seines

Erachtens auch zweifelsfrei deutsche Vermögenswerte gehörten, die die US-Regierung nach der Kriegserklärung beschlagnahmt hatte.[7] Diese Frage und die dadurch entstandenen langjährigen Ressentiments wirkten sich erheblich auf die geschäftspolitischen Entscheidungen der Deutschen Bank in den USA in den folgenden Jahrzehnten aus.

Mit dem Wohlstand verschärfte sich der Wettbewerb um Kapital und andere Ressourcen sowie Marktanteile. Jedes Land wollte finanzielle und Handelsprivilegien, die es nach dem Krieg errungen hatte, bewahren, um seine Wirtschaft wiederaufzubauen. Weltweit waren die Arbeitnehmer überzeugt davon, während und nach dem Krieg genügend Opfer für die Gesamtwirtschaft gebracht zu haben; dies bereitete den Boden für hohe Lohnforderungen, eine lohninduzierte Inflation und den Aufstieg der europäischen Sozialdemokratie. Niemand schien eine Lösung zu haben, um einerseits die Währungskonvertibilität und massive grenzüberschreitende Kapitalströme zu gewährleisten und zugleich die Zinsen und die Wechselkurse stabil zu halten. Zumindest schien eine verstärkte Koordinierung, ob auf europäischer oder globaler Ebene, den Verlust nationaler Souveränitätsrechte zu erfordern, und auf diese Aussicht waren die Völker und die Politiker schlecht vorbereitet. Selbst in den engen Grenzen der sechs Gründungsmitglieder der EWG, ganz zu schweigen von der internationalen Staatengemeinschaft insgesamt, ließen sich alteingewurzelte nationale Prioritäten kaum ablegen.[8]

Der Glaube der Europäer an die ökonomische und politische Führungskompetenz der USA bekam Risse, selbst bei Konservativen. Innerhalb von dreißig Jahren wurde die weltweite Furcht vor der Übermacht des wirtschaftlichen und politischen Molochs USA durch die Sorge vor dessen unmittelbar bevorstehendem Ableben abgelöst, bevor dann wieder der Eindruck, überrollt zu werden, dominierte. Das Vertrauen der Europäer in die USA war zwar immer noch groß, aber die Furcht vor einer Dominanz amerikanischer Kultur begann sich über den Kreis «linker Intellektueller», mit dem sie in den 1950er Jahren noch hauptsächlich in Verbindung gebracht wurde, hinaus auszuweiten.[9] Heinrich von Berenberg-Gossler, ein Hamburger Bankier, zum Beispiel berichtete nach einer Reise in die USA im Jahre 1964, zwar sei der Wohlstand in den USA noch immer groß, doch seien allenthalben Exzesse festzustellen: der Puritanismus, Verbrechen, die Vermischung der Rassen und Rassismus sowie eine ungehemmte Verschuldung. «Amerika wird immer das Land der unbegrenzten Möglichkeiten, wahrscheinlich aber auch der unbegrenzten Unmöglichkeiten bleiben.»[10]

Im Gegensatz zu Eigentums- und kulturellen Fragen war zum Beispiel die Errichtung einer stärker integrierten «Europäischen Gemeinschaft» kein Streitpunkt zwischen den USA und Deutschland, zumindest nicht in den ersten Jahren des Zeitraums, mit dem wir uns hier befassen. Abs zum Beispiel wollte ein Europa, das keine Bedrohung für die deutsch-amerikanischen Beziehungen darstellte. Er war ein unbedingter Befürworter der europäischen Integration, die jedoch nicht auf Kosten des Handels und anderweitiger Beziehungen zum Rest der Welt gehen sollte. Die Römischen Verträge bildeten seines Erachtens die Grundlage für die Ausweitung des Handels, des grenzüberschreitenden Kapitalverkehrs und insbesondere für die Währungsstabilität, die, wie er betonte, eine Voraussetzung für Wirtschaftswachstum und die Verflechtung der Finanzmärkte sei. Die Verträge sollten nicht die Grundlage eines ökonomischen und politischen Blocks bilden, der sich gegen andere Regionen abschottete und so eine engere Kooperation mit diesen behinderte. Schon 1959 befürchtete Abs, protektionistische Tendenzen in Europa würden die Beziehungen zum Rest der Welt und eine engere politische Union beeinträchtigen.[11]

Ende der sechziger Jahre hatte sich der Ton deutlich geändert. Abs war mittlerweile überzeugt, dass die leichtfertige, undisziplinierte US-Geldpolitik sowie von den USA errichtete Handels- und Investitionsschranken zum gravierenden Hindernis für eine engere Handelsverflechtung geworden waren. Gesetze wie der Trade Expansion Act von 1962 mit seinen Antidumping-Vorschriften und der Buy American Act von 1933 – Jahrzehnte alt, aber noch immer angewandt –, wonach öffentliche Aufträge vorzugsweise an amerikanische Unternehmen vergeben werden sollten, und eine massive staatlich finanzierte militärische Forschung und Entwicklung drohten den Außenhandel zu verteuern und stellten eine viel größere Bedrohung für den Freihandel dar als regionale Assoziierungsabkommen. Die amerikanische Politik behinderte einen stärkeren Austausch im Bereich Forschung und Entwicklung sowie die Angleichung der Industriepolitik. Deutsche Investitionen in den USA waren sogar durch kartellrechtliche Vorschriften zum Schutz amerikanischer Unternehmen vor Konkurrenten gefährdet.[12] 1970 brachte Abs seine Sorge darüber zum Ausdruck, dass sich viele Gruppen zusammentäten, um den Protektionismus wiederaufleben zu lassen. Dagegen waren für Abs, wie vielleicht vorhersehbar und sicherlich im Bewusstsein der Gefahren, die er erkannte, die Bemühungen Deutschlands, den Außenhandel und die Außenhandelsfinanzierung zu fördern, lediglich Ausdruck eines aufgeklärten nationalen Interesses.[13]

Auch viele Amerikaner nahmen zunehmend Anstoß an dem höheren Wirtschaftswachstum Europas und den aus ihrer Sicht günstigen Handels- und Investitionsbedingungen, die europäischen Unternehmen gewährt wurden, und zwar im Rahmen des Bemühens der USA, nach dem Krieg die Weltwirtschaft wiederaufzubauen. Bei mehreren Gelegenheiten sah sich Abs genötigt, die deutsche Wirtschaftspolitik gegen Angriffe aus Amerika in Schutz zu nehmen.[14]

In den 1960er Jahren lastete eine ganze Reihe weiterer, miteinander zusammenhängender volkswirtschaftlicher und politischer Schwierigkeiten auf den deutsch-amerikanischen Beziehungen und beeinflusste das Verhältnis der Deutschen Bank zu den USA. Unter dem Druck, den Export anzukurbeln, befürworteten die Amerikaner mehrere Maßnahmen, die die Europäer als Bedrohung empfanden.[15] Das Wechselkurssystem beherrschte mehrere Jahrzehnte lang die Wirtschaftsbeziehungen zwischen den beiden Ländern. Auch wenn einige Wirtschaftshistoriker der Meinung sind, die finanziellen und anderen Schwierigkeiten der USA seien als Ursachen des Problems überbewertet worden, wurde die «unsolide» Finanz- und Haushaltspolitik der USA nach Ansicht vieler zeitgenössischer europäischer Bankiers zu einem immer größeren Problem.[16] Der Zusammenbruch des Systems fester und stabiler Wechselkurse hatte weitreichende Folgen.[17] Amerikanische Importeure tätigten ihre Geschäfte ungern in fremden Währungen. Da es kaum Möglichkeiten zur Kurssicherung und kaum Unterstützung durch Industriekonzerne im Umgang mit Währungsrisiken gab, scheuten einige Deutsche verständlicherweise davor zurück, das Dollar-Wechselkursrisiko auf sich zu nehmen und sich den Unwägbarkeiten des Währungsmanagements auszusetzen.[18]

Zwischen 1958 und 1967 zeigte sich die Bundesbank in zunehmendem Maße wegen des Drucks auf den Dollar beunruhigt, aber es schien keine einfache Lösung für dieses Problem zu geben.[19] Sie kaufte zu verschiedenen Zeitpunkten aktiv Dollar an und forderte andere Zentralbanken auf, es ihr gleichzutun. Ebenfalls gemeinsam mit anderen Zentralbanken bekräftigte sie ihren Willen, an einem Kurs von 35 Dollar je Unze Gold und an der Konvertierbarkeit festzuhalten. Es gab dennoch viele Skeptiker.[20] Ende der 1960er Jahre war es bereits trotz staatlicher Preis- und Kapitalverkehrskontrollen zu einem massiven Kursverfall des Pfund Sterling gekommen. Wie heutzutage entwickelten die Kapital- und Devisenmärkte eine Macht und eine Eigendynamik, die Politiker frustrierte. So schreibt ein führender Wirtschaftshistoriker:

> Die Fülle der Maßnahmen der Regierungen Kennedy und Johnson waren nicht gerade angenehm. Die Probleme mit dem Dollar waren zwar bekannt, allerdings befasste man sich nur mit den Symptomen. Auf die Ursachen einzugehen, hätte nämlich eine Reform des internationalen Systems verlangt. Dadurch wäre die Rolle des Dollars als Reservewährung in Frage gestellt worden, und daran wollte niemand in den Vereinigten Staaten denken.[21]

Die Dollarschwäche in den 1960er Jahren war vielleicht ein klassisches Beispiel für eine «überschießende Reaktion» in politischen und ökonomischen Angelegenheiten. Als die Länder in Vorbereitung auf die Wiederherstellung der Konvertibilität ihre Währungsreserven aufgestockt hatten, hatten alle den Abfluss von Dollars begrüßt, und viele der Ziele wurden erreicht oder waren doch zumindest auf gutem Weg. Die meisten Ökonomen erkannten jedoch, dass ein zentraler Erfolgsfaktor für die Umstellung darin bestand, die weltwirtschaftliche Liquidität gering zu halten.[22] Anders gesagt, bei großen Kapitalmärkten und hoher Kapitalmobilität ließ sich die Stabilität nicht aufrechterhalten. Die gewünschte Ausweitung des Handels und der internationalen Investitionen überstiegen das, was die Regierungen verkraften konnten oder wollten. Zwei Wirtschaftshistoriker formulierten es unlängst folgendermaßen: «Bretton Woods erwies sich deshalb letztlich als unhaltbar, weil seine Regeln nicht in der Lage waren, eigenständige politische Ziele der einzelnen Staaten, feste Wechselkurse und selbst die begrenzte Kapitalmobilität, die ein offenes Welthandelssystem mit sich bringt, miteinander in Einklang zu bringen.»[23]

Die Konvertierbarkeit beflügelte nicht nur den internationalen Kapitalverkehr, sie brachte auch eine Fülle neuer Herausforderungen mit sich. Die Stabilität fast aller bedeutenden Währungen wurde innerhalb weniger Jahre erschüttert. Während der kommenden Jahrzehnte nahmen amerikanische Regierungsvertreter lieber diese Instabilität hin, als die notwendige Disziplin zu wahren, ein Kompromiss, der ihren deutschen Kollegen unverantwortlich erschien. Das System basierte auf der unbestrittenen Führungsrolle der USA und ihrer Zuverlässigkeit als *banker of last resort*.[24] Ende der 1960er Jahre hatte der Vertrauensverlust zusammen mit einer gewaltigen Zunahme des «unkontrollierten» grenzüberschreitenden Kapitalverkehrs ein System hervorgebracht, das sich der Aufsicht der Zentralbanken entzog, selbst wenn diese mit internationalen Institutionen zusammenarbeiteten.[25]

Wenngleich europäische Bankiers – Abs eingeschlossen – und Regierungschefs, noch bevor der Vietnamkrieg in seine heiße Phase trat, in der Regel das US-Haushaltsdefizit, das die US-Wirtschaft übermäßig anregte, für diese Missstände verantwortlich machten, kam eine Reihe weiterer Faktoren hinzu.[26] Auch Europa stand vor einem Dilemma. Die Regierungen waren einerseits erpicht auf US-Investitionen, die in erheblichem Maße zum Abfluss von Dollars aus den USA beitrugen, andererseits wollten sie, dass ihre Währungen im Vergleich zum Dollar billig blieben, um ihre Exporte zu fördern. Im Jahr 1965 bekundete die Deutsche Bank öffentlich ihre Sorge über das US-Zahlungsbilanzdefizit.[27] Und 1967 befasste sich eine ganze Seite des Geschäftsberichts der Deutschen Bank mit der amerikanischen Finanzschwäche.[28]

Im Jahr 1973 war das Wechselkurssystem auf der Basis des Dollars zerfallen. Anfang der 1970er Jahre bewirkten sowohl politische als auch ökonomische Faktoren, dass das Währungssystem von Bretton Woods zusammenbrach und durch das System frei schwankender Wechselkurse, das wir heute haben, ersetzt wurde. Devisenspekulanten wetteten mit kurzfristigen, hochliquiden Mitteln auf eine Aufwertung europäischer Währungen gegenüber dem Dollar, so dass diejenigen profitierten, die Dollar verkauft und statt dessen Pfund, D-Mark oder Französische Francs gekauft hatten, was das Pro-

Geschäftsbeziehungen zu den USA kamen auf vielfältige Weise zustande. Die Lübecker Filiale der Deutschen Bank nutzte im Mai 1962 einen VW-Bus als mobile Zweigstelle, um für amerikanische Marinesoldaten Dollars in D-Mark umzutauschen.

blem weiter verschärfte.[29] Obgleich niemand wusste, wie ein neues System aussehen sollte oder ob das Gold-Dollar-Währungssystem tatsächlich tot war, deuteten die Symptome auf eine unheilbare Erkrankung hin.[30] Die Währungsturbulenzen sollten in den nächsten zwanzig Jahren eine wichtige Rolle bei der Planung und in den Debatten der Zentral- und Geschäftsbanken spielen. Aber die Bankiers konnten kaum absehen, in welchem Ausmaß die «Privatisierung» des Wechselkursrisikos sich auf ihre Geschäfte auswirken sollte. Niemand hatte Erfahrung damit, was nun eintrat. Der Zusammenbruch des Wechselkurssystems von Bretton Woods läutete nicht nur eine neue – bis heute andauernde – Epoche ein, er führte auch zu einer drastischen Zunahme der Kurssicherungsgeschäfte und der Nachfrage nach Kurssicherungsprodukten, die ihrerseits bei den Banken zu einer Erneuerung der Unternehmensstrukturen und der Produkte beitrugen.

Während der nächsten fünf Jahre war eine der größten Sorgen der Zentralbanken die Stabilisierung des Dollars, dessen Kurs in den freien Fall übergegangen zu sein schien.[31] Angesichts der Tatsache, dass Ende der 1970er Jahre viele Staaten mit einer Stagflation kämpften, waren deutsche Regie-

Entwicklung des Wechselkurses der D-Mark zum US-Dollar (1970–2000)[34]

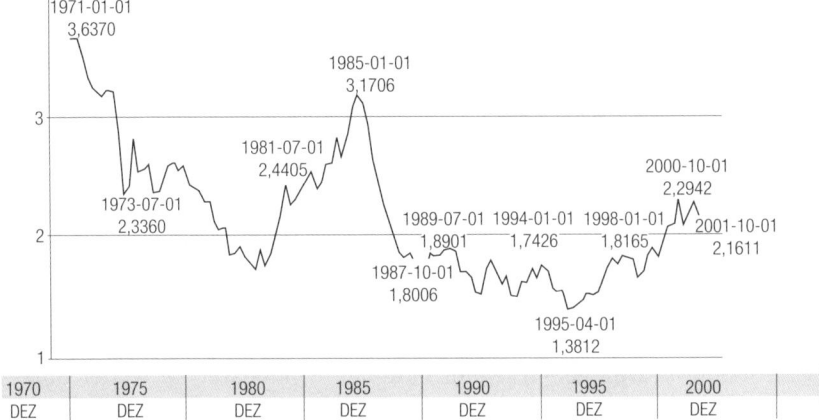

Zwischen 1949 und 1969 wurde die Parität der D-Mark gegenüber dem US-Dollar dreimal geändert. 1949 wurde sie um 21 Prozent abgewertet. 1961 folgte eine fünfprozentige Aufwertung, die vielen als zu niedrig erschien, der sich dann, nach langwierigen Verhandlungen mit den Handelspartnern, 1969 eine weitere Aufwertung um 9 Prozent anschloss. Eine hervorragende Darstellung des Devisenmarkts und anderer wirtschaftlicher Fragen in Europa sowie zwischen Europa und den USA liefert das Buch von Barry Eichengreen, The European Economy Since 1945: Coordinated Capitalism and Beyond, Princeton 2007, das veröffentlicht wurde, nachdem ein Großteil der Arbeit an diesem Buch abgeschlossen war.

rungsvertreter auch weiterhin entsetzt über die leichtfertige amerikanische Geldpolitik.[32] Am Ende der Regierungszeit von Präsident Carter hatte der Dollar (gegenüber seinem Kurs im Juli 1971) fast die Hälfte seines Wertes verloren.[33]

Frei schwankende Wechselkurse waren den zwischenstaatlichen Beziehungen nicht dienlich. Nicht nur die nominellen Kurse, sondern auch die realen Kurse (gemessen in Kaufkraftparitäten) unterlagen starken Schwankungen, so dass sich die ausländische Güternachfrage nur schwer abschätzen ließ, was die Schwierigkeiten für Unternehmen in Exportnationen wie Deutschland weiter verschärfte. Da der Dollar noch immer die Standardwährung bei vielen Geschäften war, machten sich seine Schwankungen ganz konkret bemerkbar. Von 1980 bis 1985 stieg der Kurs des Dollars um 150 Prozent und erreichte fast wieder den Stand von 1971, woraufhin Forderungen nach einer kontrollierten Abwertung laut wurden.[35] Es schloss sich eine zehnjährige Phase der Dollarschwäche an, ehe sich der Kurs wieder stabilisierte und der Dollar dann gegen Ende des Millenniums, gestützt von starken Kapitalmärkten, zu einem neuen Höhenflug ansetzte.

Die undisziplinierte Geldpolitik der USA veranlasste viele Europäer dazu, sich nach einer Alternative zum Dollar als Reservewährung umzusehen. In dem Maße, wie die Europäer ihren Glauben an den Dollar als Bollwerk des Wechselkurssystems verloren, begannen sie mit dem Konzept einer Kunstwährung und schließlich mit dem Euro zu liebäugeln. Im Jahr 1969 kamen Vertreter der Mitgliedsstaaten der EWG in Den Haag überein, eine Währungsunion anzustreben und im Januar 1971 mit den Vorbereitungen zu beginnen. Die Schaffung einer gemeinsamen europäischen Währung, die von vornherein als ein langwieriger und mühsamer Prozess angegangen wurde, sollte nur schrittweise vorankommen und viele Rückschläge erfahren. Dreißig Jahre später wurde sie schließlich aus der Taufe gehoben, wobei viel mehr Länder teilnahmen, als ursprünglich erwartet worden war.[36] Abs, der zunächst nicht der Auffassung war, dass eine Währungsunion einer vollständigen ökonomischen und politischen Integration vorausgehen könne, warnte, der Plan könne nur aufgehen, wenn nationale Hoheitsrechte weiter eingeschränkt würden.[37]

Als in den 1970er Jahren die Märkte immer unberechenbarer wurden und sich zunehmend nationaler Kontrolle entzogen und zudem die Vorherrschaft der USA anscheinend ins Wanken geriet, sprach sich Abs für eine verstärkte wirtschaftspolitische Zusammenarbeit zwischen den Ländern aus. Wie viele Unternehmer seiner Generation schien er sich nach «einfacheren Zeiten» zu sehnen, als besonnene internationale Bankiers – eine Art Klub sachkundiger, liberaler Ökonomen, die wussten, wie man ein Gleichgewicht zwischen Stabilität und Freiheit erreicht – eine «rationale Kontrolle» über die Märkte ausüben konnten. Ökonomische Faktoren waren für die Politik zu wichtig geworden, als dass man sie länger nationalen Entscheidungsträgern hätte überlassen können. Die USA und Europa sollten im Rahmen der transatlantischen Kooperation, die durch eine stärkere EWG gefestigt, nicht geschwächt würde, partnerschaftlich zusammenarbeiten.[38]

Ungeachtet politischer Reibungen und der starken Wechselkursschwankungen verlor Abs offenbar nie den Glauben an den Freihandel. Abs, der in der Verschuldung der Dritten Welt kein sonderlich gravierendes Problem sah, erkannte in der Verbesserung der wirtschaftlichen Rahmenbedingungen und der Erlaubnis für Schwellenländer, begrenzte Sondermaßnahmen zur Förderung ihrer Industrie und der Privatinvestitionen zu ergreifen, die größten Chancen für eine Ausweitung des Handels. Obgleich Abs die Maßnahmen westlicher Länder zur Förderung des Freihandels begrüßte, kritisierte er das unzulängliche wirtschaftliche Umfeld des Handels und damit implizit die Rolle der USA bei diesem Missmanagement, was umso bemerkenswerter war, als er seine Ansichten vor der Marshall Research Foundation vortrug. Er kritisierte vor allem die mangelnde Währungsstabilität in der Welt und deren Auswirkungen auf den Handel. Obgleich das System flexibler Wechselkurse für Abs alles andere als perfekt war, hielt er eine Rückkehr zu festen Wechselkursen in absehbarer Zeit nicht für möglich, da die Regierungen dann eine

Geldpolitik und eine inländische Stabilitätspolitik betreiben müssten, die das internationale Inflationsgefälle verringerte.[39] Dazu mangelte es ihnen einfach an Disziplin.

Multinationale Institutionen und Instrumente

Der Zusammenbruch des Systems fester Wechselkurse hing mit einer Reihe eng verflochtener Veränderungen in den Investitions- und rechtlichen Rahmenbedingungen zusammen, die unsere heutigen Finanzsysteme geprägt und dazu beigetragen haben, dass die Deutsche Bank ihr internationales und insbesondere ihr USA-Geschäft neu ordnete. Die Zunahme der ausländischen Direktinvestitionen war sowohl eine Ursache als auch eine Folge der starken Wechselkursschwankungen. Die Restrukturierung des Amerika-Geschäfts der Deutschen Bank und Änderungen an ihrer gesamten Produktpalette müssen auch vor dem Hintergrund der Angriffe amerikanischer Banken auf die Bastionen des europäischen Bankgewerbes gesehen werden. Obgleich von vielen Seiten Kritik geübt wurde, war der Einfluss der USA nicht nur negativ. Die US-Banken brachten neue Techniken und neue Vitalität in den europäischen Bankensektor. Die Woge amerikanischer Banken und amerikanischen Kapitals trug dazu bei, das Bankgeschäft in neuer Weise zu internationalisieren. Während im dritten Viertel des 20. Jahrhunderts grenzüberschreitende Finanzierungen in relativ traditioneller Weise getätigt wurden, indem sich Firmen, die ausländisches Kapital aufnehmen wollten, an ausländischen Börsen notieren ließen, hatten sich die internationalen Finanzmärkte bis 1970 weitgehend von der Gängelung durch die nationalen Aufsichtsbehörden befreit. Obgleich das Management der Deutschen Bank diesen Entwicklungen auf den Kapitalmärkten mit gemischten Gefühlen begegnete, sah sich die Deutsche Bank zwischen 1963 und 1977 gezwungen, sie maßgeblich voranzutreiben.[40]

Das internationale Bankgeschäft wurde zunehmend zu einem Offshore- und multinationalen Geschäft. Im Jahr 1960 beispielsweise unterhielten nur neun US-Banken – insgesamt 139 – Niederlassungen im Ausland. Bis 1970 stieg diese Zahl auf 80 Banken mit 540 Filialen. Zwölf Jahre später hatte fast jede mittelgroße und große US-Bank ausländische Tochtergesellschaften. 900 Niederlassungen und 758 Auslandstöchter von US-Banken verwalteten ein Vermögen von insgesamt 471 Milliarden Dollar. Die Banken vieler anderer Nationen folgten ähnlichen Trends.[41] Angetrieben von einer Wiederbelebung des Handels, der Liberalisierung der Finanzmärkte – manchmal einer Mischung aus neuen nationalen Kontrollen, verbunden mit unübersehbaren Möglichkeiten, sie zu umgehen – sowie der Fähigkeit, von Größen- und Verbundvorteilen zu profitieren, gründeten Banken ausländische Tochtergesellschaften, die ihre Geschäfte in heimischer Währung (der Muttergesellschaft) abwickelten (Offshore-Banking), und Tochtergesellschaften, die Dienstleistungen in ausländischer Währung anboten (Multinational Banking).[42]

Die Invasion von US-Banken in den europäischen Bankensektor seit den 1950er Jahren war nicht nur neu, sondern hatte auch etwas von einem Kampf «David gegen Goliath». Denn die US-Banken stellten ihre europäischen Konkurrenten in den Schatten. Im Jahr 1953 war die, gemessen an der Bilanzsumme, größte US-Bank, die Bank of America, über fünfmal so groß wie ihre kontinentaleuropäischen Rivalen, Crédit Lyonnais oder Deutsche Bank. 1960 war sie noch immer fünfmal so groß wie diese Banken. Nur einige britische Banken konnten es im Hinblick auf die Größe mit den amerikanischen Giganten aufnehmen.[43] Die Amerikaner hatten eine Vielzahl weiterer Stärken: die Weltreservewährung, eine starke, große Binnenwirtschaft und zahlreiche Industriekunden, die international investierten.

Doch was den Europäern als ein amerikanischer Moloch erschien, glich in Wirklichkeit eher einem Schwarm verängstigter Gänse. US-Bankmanager, die von ihren Wettbewerbsvorteilen profitieren wollten, sahen sich fast überall, wohin sie blickten – mit Ausnahme des Auslands – von amerikanischen Gesetzen in ihrer Handlungsfreiheit erheblich eingeschränkt. In den 1950er und 1960er Jahren untersagten bankrechtliche Vorschriften den Geschäftsbanken Versicherungs-, Wertpapier- und Emissionsgeschäfte, Zinsangebote über einem gesetzlich festgelegten Grenzwert und die Ausweitung des Privatkundengeschäfts über den Bundesstaat hinaus, in dem sie ihren Sitz hatten. Außerdem unterlagen sie weiteren Beschränkungen, die in Europa praktisch nicht existierten. Richard Sylla beschreibt dies treffend:

> Die Geschichte hat ihre Ironien. In den US-Geschichtsbüchern ist zu lesen, Europäer seien ab dem 17. Jahrhundert nach Amerika ausgewandert, um in der Neuen Welt ihr Glück zu machen und der Unterdrückung in ihren Heimatländern zu entfliehen. [...] Es hat den Anschein, als wären US-Banken in den 1960er und 1970er Jahren aus genau den gleichen Gründen nach Europa gezogen.[44]

Während einer der übergeordneten Faktoren, mit denen wir uns im letzten Teil befasst haben, der stetig wachsende Einfluss des ökonomischen, politischen und rechtlichen Ordnungsrahmens der USA auf Deutschland und die Deutsche Bank war, zeichnete sich diese Epoche in vielerlei Hinsicht durch eine «Ent-Amerikanisierung» der Kapitalmärkte aus. Angesichts neuer Formen von Bankgeschäften und ausländischen Direktinvestitionen verloren die Politiker und Aufsichtsbehörden in den USA – und in anderen Ländern – weitgehend die Kontrolle nicht nur über ihre Währungen, sondern auch über andere wirtschaftspolitische Hebel.

Trotz der Einführung von Investitionskontrollen im Jahr 1968 stiegen die US-Auslandsinvestitionen weiter an.[45] Mitte der 1970er Jahre sahen einige

Bankiers voraus, dass das Ausmaß der ausländischen Investitionen und die Wechselkursschwankungen den Finanzdienstleistungssektor verändern würden, aber es ließ sich nicht leicht absehen, auf welche Weise und in welchem Umfang. Obgleich die Welt mehrere verschiedene Globalisierungsparadigmen erlebt hatte, schienen die Kapitalmärkte in unbekannte Gewässer zu segeln, was die Entscheidungen der Bankvorstände erschwerte.

Das Vertrauen in die Vorteilhaftigkeit ausländischer Investitionen wurde zudem in Wirtschaftskreisen und in der allgemeinen Öffentlichkeit auf beiden Seiten des Atlantiks durch die Zunahme von Auslandsinvestitionen, die mit einer Mehrheitsbeteiligung an ausländischen Firmen einhergingen, auf eine ernste Probe gestellt. Obschon die Europäer im Jahr 1963 insgesamt eine größere Summe in den USA investierten als die Amerikaner in Europa, flossen die europäischen Gelder überwiegend in Form von Portfolio-Investitionen ohne Stimmrechtsmehrheit.[46] Dies sollte sich bald ändern. Das Abrücken Nixons vom Goldstandard und die massive Abwertung des Dollars im Jahr 1973 kamen der US-Zahlungsbilanz zugute, öffneten jedoch die Schleusen für ausländische Investoren, die unbedingt von der Dollarschwäche profitieren wollten.[47] In praktisch allen Ländern war es schon einmal zu solchen sprunghaften Zunahmen der Auslandsinvestitionen und Ängsten vor einem «Ausverkauf an Ausländer» gekommen, und zwar je nach den absoluten oder relativen wirtschaftlichen Folgen in den jeweiligen Ländern.

So wie die Deutschen nach dem Ersten Weltkrieg hatten jetzt viele Amerikaner das Gefühl, dass hochwertige Vermögenswerte in die Hände von Ausländern gelangten, mit gefährlichen Folgen. Auslandsinvestitionen in den USA wurden als Bedrohung wahrgenommen, auch wenn sie einige Probleme lösten.[48] Deutschland stand zwar nicht im Fokus der US-amerikanischen Ängste, aber die wechselseitige Kritik an der jeweiligen Handelspolitik hielt jahrzehntelang an und fiel im Allgemeinen mit neuen Berichten über Arbeitslosigkeit, grenzüberschreitende Unternehmenskäufe und das anscheinend ständig wachsende US-Außenhandelsdefizit zusammen.[49]

Ein Teil der Vorbehalte gegen ausländische Direktinvestitionen rührte von unterschiedlichen Auffassungen über die angemessene Ordnung der Wirtschaft und der Märkte her. Besondere Beachtung fand dabei der Finanzsektor. Sowohl in Deutschland als auch in den USA rangen die Aufsichtsbehörden mit der Frage, wie sie den wachsenden Zustrom ausländischer Banken kontrollieren sollten. Alte Probleme traten wieder in den Vordergrund. So befürchteten die Amerikaner beispielsweise, dass einige der deutschen Instrumente zur Steuerung einer komplexen Volkswirtschaft, etwa Kartelle und Universalbanken, das Wirtschaftswachstum hemmen und politische Gefahren heraufbeschwören würden oder dass sie, umgekehrt, den deutschen Unternehmen einen ungerechtfertigten Vorteil verschafften.

New York schien im Bewusstsein der Angestellten und Kunden der Deutschen Bank nie weit entfernt zu sein, sogar in einer Stadtzweigstelle in Hannover in den frühen 1960er Jahren.

Zu den Kritikern des deutschen Bankensystems zählte auch Robert Roosa, damals Staatssekretär im US-Finanzministerium, der behauptete, das deutsche Bankengewerbe sei ein straffes Monopol. In einem Briefwechsel mit Abs behauptete Roosa, einige wenige deutsche Banken kontrollierten die deutschen Kapitalmärkte und hielten die Zinsen künstlich hoch. Darauf antwortete Abs, deutsche Großbanken hätten in Deutschland einen geringeren Marktanteil als einheimische Großbanken in anderen Industrieländern.[50]

Abs sah sich auch genötigt, das Universalbanksystem in der internationalen Finanzpresse zu verteidigen. Kritische Kommentare aus Großbritannien und den USA zitierend, behauptete er, das deutsche System, das Kreditinstituten erlaube, Einlagen hereinzunehmen, Kredite zu vergeben sowie Wertpapiere von Unternehmen zu begeben und zu halten, wofür die Deutsche Bank das bemerkenswerteste Beispiel sei, sei nicht für die hohen Finanzierungskosten in Deutschland verantwortlich. Laut Abs spiegelten sich in den hohen Zinsen die Kapitalknappheit und das hohe Inflationsrisiko wider, die durch die hohen Wachstumsraten in Deutschland verursacht seien.[51]

Die Bundesbank bekundete ihre Besorgnis über die wachsenden Investitionen amerikanischer Banken außerhalb der USA, insbesondere in Deutschland. Die Anzahl europäischer Filialen amerikanischer Banken stieg von 295

Ende 1967 auf 335 Ende 1968. Während der vorangegangenen vier Jahre hatten amerikanische Banken – angeführt von der First National City Bank (mit 163 europäischen Zweigstellen), der Bank of America (72) und der Chase Manhattan Bank (49) – 181 neue Niederlassungen eröffnet. Obgleich Deutschland nicht das bevorzugte Ziel von Investitionen amerikanischer Banken war, nahm die Zahl amerikanischer Kreditinstitute, die hier tätig waren, von drei im Jahr 1960 auf 47 – ihren höchsten Stand – im Jahr 1980 zu.[52] Noch bemerkenswerter war die Zunahme der Aktiva, die innerhalb eines Jahres von 16 auf 22 Milliarden Dollar zulegten. Mit diesen Filialnetzen erhofften sich die Banken satte Gewinne, indem sie in den Filialländern Einlagen hereinnahmen und in ausländischen Märkten Kredite vergaben, hauptsächlich an amerikanische Unternehmen, die bestrebt waren, ihren Finanzbedarf mit ausländischer Währung statt mit aus den USA bezogenen Finanzmitteln zu decken. Diese Ableger von US-Banken, die London als Sprungbrett benutzten, warben aggressiv mit hohen Zinsen um Einleger, von denen auch viele höhere Zinsen bekommen wollten, als in den USA zulässig waren.[53] Zum ersten Mal griffen amerikanische Banken in großer Zahl europäische Institute in ihren Heimatmärkten an. Die amerikanischen Banken mischten beschauliche nationale Märkte mit verschärftem Wettbewerb und Innovationen wie einem hochentwickelten Cash Management und Derivaten auf.[54] Es ist leicht zu verstehen, wieso dieser Ansturm nicht begrüßt wurde.

Die Zunahme der Auslandsinvestitionen amerikanischer Banken und allgemeiner ausländischer Direktinvestitionen in den USA diente auch als Katalysator für Investitionen ausländischer Banken in den USA. Obgleich nichtamerikanische Banken einige Vorteile in den USA verloren, verbesserte sich ihre Stellung dort in den 1970er Jahren. Die Forderung amerikanischer Banken nach der Öffnung von Auslandsmärkten veranlasste ausländische Banken, die in den US-Markt einstiegen, dazu, mit Verweis auf den Grundsatz der Gegenseitigkeit die Gleichbehandlung zu fordern. Sie führte außerdem zum Abbau rechtlicher Beschränkungen für die Niederlassungen ausländischer Banken zum Beispiel in New York. Die Bedürfnisse der Kunden ermunterten ausländische Banken dazu, ein breites Spektrum von Dienstleistungen außerhalb ihrer Heimatländer anzubieten, wozu sie ihre Strategien und Strukturen ändern mussten. Von 1973 bis 1992 stieg der Anteil von Repräsentanzen und Zweigniederlassungen ausländischer Banken am US-Markt für gewerbliche Kredite von 3 auf 18 Prozent. Schließt man die Tochtergesellschaften ein, erhöhen sich die Zahlen von 4 auf 25 Prozent aller gewerblichen Kredite in den USA. Im Jahr 1980 gab es allein in New York 133 Repräsentanzen und Niederlassungen ausländischer Banken. Die Niederlassungen waren organische Bestandteile ihrer Muttergesellschaften – keine eigenständigen juristischen Personen. Je nach der Kreditwürdigkeit ihrer Muttergesellschaft konnten sie, bis auf das Privatkundengeschäft, praktisch alle Bankdienstleistungen anbieten und wurden hauptsächlich von den zuständigen Behörden ihrer Heimatländer beaufsichtigt.[55]

Schon Mitte der 1970er Jahre erkannten die Bankenaufsichten die dringende Notwendigkeit internationaler Zusammenarbeit, aber deren Gestaltung und Umsetzung war nicht leicht. Nach dem Zusammenbruch zweier Banken im Jahr 1974 (dem Bankhaus Herstatt und der Franklin National Bank) bildeten die Zentralbankpräsidenten der G-10-Staaten einen Ausschuss (das Basel-Komitee), der sich mit aufsichtsrechtlichen Fragen im Zusammenhang mit internationalen Bankgeschäften in den Mitgliedstaaten befassen sollte. Sein erster Beschluss übertrug den Heimatländern die Aufsicht über ihre Banken und den Gastländern die Regulierung ausländischer Tochtergesellschaften, die auf ihrem Territorium geschäftlich tätig waren. Da Offshore-Bankplätze (Banken in Nicht-Mitgliedstaaten wie den Cayman-Inseln) damals noch keine große Rolle spielten, wurden sie nicht in das Abkommen einbezogen, so dass den Banken ein riesiges Schlupfloch blieb. Banken, die ihren Sitz in großen Ländern hatten, konkurrierten jetzt bei Finanzdienstleistungen mit Kreditinstituten aus kleinen, stabilen Ländern. 1983 wurde die ursprüngliche Vereinbarung revidiert; fortan waren Heimat- und Gastländer gemeinsam für die Überwachung der Zahlungsfähigkeit ausländischer Banken zuständig. Eine Vielzahl weiterer Probleme, etwa Fragen nach dem Einfluss der *lenders of last resort* auf die Währungsstabilität, wurde ausgeklammert.[56]

Der Ausschuss erließ erst 1988 Eigenkapitalrichtlinien und 1993 Vorschriften über Risk-Asset-Ratios (Verhältnis risikobehafteter Anlagen zum Eigenkapital). Man erkannte, dass Devisen-, Anleihe- und Aktienhandel mit unterschiedlichen Risiken behaftet sind. Es wurde ein komplexes System zur Risikobewertung verschiedener Anlageformen eingerichtet, das Banken davon abbrachte, ihr Eigenkapital für Finanzierungszwecke zu nutzen und «personalisierte» oder relationale Bewertungsverfahren einzusetzen. Merkwürdigerweise wurden Derivate, die vorgeblich der Absicherung von Positionen dienen, ausgenommen. Im Jahr 1993 empfahl die «Gruppe der 30», eine informelle Vereinigung von 30 Industriestaaten, eine freiwillige Selbstkontrolle, solange die Führungsgremien der Banken gewisse Richtlinien befolgten, zu denen auch die aktive Mitwirkung der obersten Führungsebene an der Beaufsichtigung des Derivate-Handels gehörte. Die aktive Mitwirkung galt als das einzig praktikable Mittel zur Kontrolle dieses schwankungsanfälligen, undurchsichtigen und manchmal illiquiden Segments der Kapitalmärkte.[57]

Der plötzliche Schub im multinationalen Bankgeschäft und der augenscheinliche Mangel an internationaler Überwachung wurden zu einem Albtraum für die einzelstaatlichen Aufsichtsbehörden. Die Unbestimmtheit des Ausdrucks «primäre behördliche Aufsicht» verstörte konservative Bankiers.

Bis weit in die 1970er Jahre hinein wurde beispielsweise im Direktorium der Bundesbank über die Frage diskutiert, ob die Kapitalrücklagen in Deutschland tätiger ausländischer Banken ausreichend seien. Die Mitglieder des Zentralbankrats erörterten, wie sich die angemessene Höhe der Kapitalausstattung der Niederlassungen ausländischer Banken in Deutschland unter Berücksichtigung ihrer Kunden, der Sektoren, in denen sie tätig waren, und ihrer Beziehungen zu großen und regionalen Banken ermitteln lasse.[58]

Im April 1973 setzte die Bundesbank einen Sonderausschuss ein, der sich mit den gewünschten Kapitalanforderungen an ausländische Banken in Deutschland befassen sollte.[59] Einige Mitglieder des Zentralbankrats bezweifelten, dass eine allgemeingültige Analyse erstellt und ein einheitlicher Richtwert für ausländische Banken festgesetzt werden könne. Manche ausländischen Banken, darunter auch einige wenige, die schon lange in Deutschland tätig waren, bräuchten zusätzliches Eigenkapital. Viel hing dabei von der Finanzlage der Muttergesellschaft und von dem Geschäftsfeld ab, in das die ausländische Tochter einsteigen wollte. Die Devisenspekulation, die als besonders riskant galt, warf spezielle Probleme auf. Es bestand weitgehende Einigkeit darüber, dass es notwendig sei, Normen festzusetzen, die die ausländischen Banken mit den deutschen Banken gleichstellten.[60] Einige meinten, ausländische Banken, selbst solche aus der Europäischen Gemeinschaft, sollten sich einiger ihrer großen Kreditengagements entledigen und ihre Kapitalausstattung an den Erfordernissen des Tätigkeitsfeldes ausrichten, in das die Auslandstochter einsteigen wolle.[61]

Nicht nur der Zustrom ausländischer Banken, sondern auch die Tatsache, dass immer mehr deutsche Banken Repräsentanzen im Ausland eröffneten, insbesondere in Steueroasen, beunruhigte die Währungshüter. Im August 1972 wies die Bundesbank warnend darauf hin, deutsche Banken hätten in den vergangenen zehn Jahren in einem außergewöhnlichen Umfang ausländische Zweigniederlassungen gegründet, um deutsche Exporte und deutsche Firmen, die im Ausland produzierten, zu unterstützen und in Euromarktzentren präsent zu sein, was ihnen helfen sollte, schneller auf die Bedürfnisse von Anlegern zu reagieren. Nicht erwähnt wurde – aber dennoch allgemein bekannt war – die gewaltige Steigerung der Geschäfte in Steueroasen und an Orten, wo die Berichts- und Offenlegungspflichten «lockerer» waren. Anfang der 1970er Jahre wurde Luxemburg zu einem bevorzugten Niederlassungsort deutscher Banken. Innerhalb eines Jahres erhöhten sich die Aktiva deutscher Banken in Luxemburg von 2 auf 6 Milliarden DM. Es war offensichtlich, dass sich in dieser Entwicklung zumindest teilweise die Wünsche der Bank und der Kunden widerspiegelten, sich der Aufsicht im Heimatland oder einem Gastgeberland zu entziehen. 1972 unterhielten deutsche Banken mindestens 13 ausländische Tochtergesellschaften, davon zehn allein in Luxemburg. Die Deutsche Bank hatte zwei Auslandstöchter: eine in Luxemburg und eine in den USA. Die European American Bank (EAB), eine verbundene Gesellschaft, an der die Deutsche Bank lediglich beteiligt war, war nicht börsennotiert (vgl. das nächste Kapitel). Obgleich die ausländischen Tochtergesellschaften nicht direkt der Aufsicht der Bundesbank unterstanden, forderte diese von den deutschen Geschäftsbanken regelmäßige Berichte über ihre ausländischen Töchter an.[62] Die Banken waren nicht begeistert,[63] doch die Bundesbank zeigte sich von ihren Einwänden unbeeindruckt.[64]

Amerikanische Regierungsvertreter waren mit ähnlichen Herausforderungen und Debatten konfrontiert. Unterschiedliche Auffassungen über den geeigneten Ordnungsrahmen für die Wirtschaft und den Bankensektor wirkten sich auf die Beziehungen zwischen den beiden Staaten aus und beeinträchtigten das Geschäft der Deutschen Bank. Als die Deutsche Bank in den US-Markt eintrat, musste sie lernen, den vielfältigen gesetzlichen Regelungen auf Bundes- und einzelstaatlicher Ebene, die den Erwerb von Unternehmensbeteiligungen durch Geschäftsbanken, die Emission von Wertpapieren und die Erweiterung der Geschäftstätigkeit auf mehr als einen US-Bundesstaat einschränken sollten, Folge zu leisten. Mitunter bedrohten US-Gesetze und das Festhalten am US-Geschäft sogar Tätigkeitsfelder der Muttergesellschaft in Deutschland.[65] Mitte der 1970er Jahre sah sich auch Abs' Nachfolger genötigt, in der amerikanischen Presse das gesamte deutsche Bankensystem zu verteidigen. Viele in den USA sahen in der phänomenalen Leistung der Deutschen Bank einen glaubhaften Beweis für die quasimonopolistische Stellung der deutschen Großbanken in ihrem Heimatmarkt und für die unfaire und riskante Breite ihres Geschäfts, das auch beträchtliche Beteiligungen an den größten deutschen Industrieunternehmen und einen erheblichen Einfluss auf deren Geschäftspolitik umfasste. Sowohl zur Kritik als auch zur Verteidigung fanden sich durchaus historische Parallelen.[66] So war etwa die Tatsache, dass deutsche Banken Beteiligungen an Unternehmen halten durften, dem US-Gesetzgeber ein Dorn im Auge. Außerdem erörterten die Aufseher, ob die Einlagensicherungspflicht für Konten bei US-Banken auf ausländische Banken erweitert werden sollte, deren Muttergesellschaften nicht der Aufsicht durch die US-Behörden unterlagen.[67]

Neues und Altes bei den Finanzierungsangeboten

Besonders ungenügend war die nationale Kontrolle bei Finanzprodukten. Offshore-Banking und der Euro-Geldmarkt entstanden Ende der 1950er Jahre in London als wichtige Plattformen für Finanztransaktionen. Obgleich der Euromarkt (der nach seinem ursprünglichen Standort, nicht wegen der späteren europäischen Währung den Namen «Euro» erhielt) nicht völlig neu war – schon in der Zwischenkriegszeit hielten internationale Banken mit Sitz in London Dollar-Einlagen –, verdankte er sein spektakuläres Wachstum einer komplizierten und etwas widersprüchlichen Kombination von politischen Risiken und ökonomischer Liberalisierung. Als nach dem Zweiten Weltkrieg Export- und Importgeschäfte nicht länger in Pfund, sondern in Dollar abgerechnet wurden, brauchten nicht-amerikanische Banken, insbesondere die in London tätigen – nach wie vor ein bedeutendes internationales Finanzzentrum –, Dollareinlagen, um ihre Dollarausleihungen zu finanzieren. Viele Investoren, insbesondere zunächst aus dem Ostblock, die davor zurückschreckten, Gelder in den USA anzulegen, wo sie schnell eingefroren werden konnten, hatten großes Interesse an Dollareinlagen, die außerhalb der USA gehalten wurden. Nationale Devisenkontrollen in einigen Ländern, von denen die Offshore-Dollarguthaben in mehreren Ländern wie Großbritannien ausgenommen waren, machten Dollar-Guthaben, die außerhalb der USA gehalten wurden, sehr attraktiv. Die Banken in Großbritannien, die Dollar-Bestände hielten, unterlagen weder den Beschränkungen der US-Notenbank noch der Aufsicht der Bank of England. Befreit von den US-Mindestreservevorschriften sowie den gesetzlichen Beschränkungen bei Auslandskrediten und Zinsen in den USA boten Ende der 1960er Jahre selbst Enkelgesellschaften von US-Banken in London die gleichen Dienstleistungen an wie Nicht-US-Banken. Sie konnten Einlegern und Kreditnehmern attraktivere Zinsen anbieten als Banken in den USA. Ironischerweise trugen alle Maßnahmen, die die USA ergriffen, um den Abfluss von Dollars einzudämmen, dazu bei, dass sich riesige Dollarbestände außerhalb ihrer Kontrolle anhäuften. Ihre Existenz und ihre Größe verwandelten die internationalen Finanzmärkte von Grund auf.[68]

Innerhalb eines Jahrzehnts führten auch andere Finanzplätze Euro-Einlagen ein. Von 1973 bis 1988 stieg das Gesamtvolumen der Euro-Einlagen, angetrieben von höheren Erträgen der erdölproduzierenden Staaten und dem starken konjunkturellen Aufschwung in Asien, von 300 Milliarden auf fast 1,2 Billionen Dollar. Ende der 1980er Jahre hatte sich der Markt dann grundlegend gewandelt: Hatte er ursprünglich allein aus Dollar-Einlagen bestanden, so umfasste er jetzt einen Korb aus europäischen und asiatischen Währungen und verteilte sich außerdem auf verschiedene Finanzzentren wie Luxemburg, Paris, Rom, die Cayman-Inseln, die Bahamas, Panama, Singapur, Hongkong und Tokio. Im Jahr 1990 entfielen 50 Prozent aller Euro-Einlagen auf Europa, wobei allein London 30 Prozent der Gesamtsumme auf sich vereinigte.[69]

Das überraschende Wachstum des Euroeinlagenmarktes führte zu einer neuen Art der Finanzierung, die sich weitgehend der Aufsicht durch nationale Kontrollbehörden entzog. Es erklärt auch die erstaunliche Robustheit des Dollars, trotz ständiger spekulativer Angriffe und gewaltiger US-Leistungsbilanzdefizite, die mittlerweile schon über zwanzig Jahre andauern.

Obgleich die Kreditinstitute formaljuristisch die Dollar-Einlagen nach wie vor in den USA hielten, hatten sie als Auslandsbanken mehr Freiheiten, Dollar nach Belieben zu investieren, und sie konnten attraktivere Zinsen anbieten. Die Kunden konnten bei ihnen auf Dollar lautende Wertpapiere in einer Weise kaufen und verkaufen, wie ihnen dies bei US-Banken nicht möglich war. Die Euro-Einlagen bildeten die Grundlage für völlig neue Formen von Kapitalmarkttransaktionen. Bis 1996 wurden neue Euro-Schuldverschreibungen und Commercial Papers im Gesamtvolumen von 1 Billion Dollar emittiert. Selbst nationale Regierungen nahmen auf diesen Märkten Kredite auf. Die Laufzeiten, das Spektrum an Finanzinstrumenten und Kredithöhen nahmen rasch zu. Sie boten Nutzern bequeme Bedingungen, eingegangene Zins- und Wechselkursrisiken auszutauschen. Die Transaktionskosten waren niedriger, zum Teil weil Unternehmen nationale Anmeldepflichten umgehen konnten. Die Märkte reagierten schnell und waren sehr liquide. 1996 entfielen 75 Prozent aller internationalen Finanzierungsgeschäfte auf Euromarktgeschäfte.[70] Die Finanzmärkte wurden «entnationalisiert», und die Banken mussten bereit sein, auf diesem Gebiet mitzuspielen.

Die nationalen Aufsichtsbehörden standen dieser Entwicklung zwiespältig gegenüber. Einerseits wurde sie durch Kredit- und anderweitige Kontrollen in vielen Ländern gefördert. Andererseits ignorierten die Aufseher die Existenz von Einlagen in Fremdwährungen, außer bei Instituten, die ihren Sitz im Inland hatten. Selbst nach dem weitgehenden Wegfall der Kreditkontrollen und der Notwendigkeit, Opec-Gelder wiederanzulegen, bot der Markt den Kunden eine Reihe von Wettbewerbsvorteilen. In den 1980er Jahren konnten Unternehmen kurz-, mittel- und langfristige Schuldtitel begeben, deren Laufzeit ausschließlich von den Marktteilnehmern, nicht von nationalen Behörden festgelegt wurde. Vor dem raschen Aufstieg des Euromarktes waren Devisentransaktionen weitgehend auf Handelsgeschäfte und ausländische Direktinvestitionen sowie – in geringerem Maße – Auslandsreisen beschränkt. Mitte der 1990er Jahre entfielen auf den riesigen Interbankenmarkt, den die Banken nutzen, um ihre Verbindlichkeiten umzuschichten, zwei Drittel aller Bankgeschäfte.[71] Von 1973 bis 1998 stieg das Volumen der täglichen Devisengeschäfte von 15 Milliarden auf 1,4 Billionen Dollar.[72]

Die Nutzung neuer Marktchancen bedeutete auch für die Deutsche Bank, dass sie sich mit komplexen neuen Produkten und Rechtsvorschriften befassen musste. Die Turbulenzen auf den Kapitalmärkten führten dazu, dass einige alte und neue Instrumente zur Absicherung finanzieller Risiken eingesetzt wurden. Obgleich Warenterminkontrakte spätestens im Japan des 17. Jahrhunderts auftauchten und Wertpapier- und Devisenterminkontrakte seit mindestens hundert Jahren gebräuchlich sind, gibt es Finanzderivate praktisch erst seit 1970. Ein Derivat ist ein Finanzinstrument – wie etwa Terminkontrakte, Optionen und Swaps –, dessen Marktwert von dem eines anderen Wertpapiers oder einer Ware abgeleitet (deriviert) ist. Das Volumen des Handels mit Terminkontrakten und Optionen, die an geregelten Wertpapiermärkten gehandelt oder im Rahmen privater Vereinbarungen börsenfrei angeboten werden, wuchs von weniger als 100 Millionen Kontrakten 1983 auf fast eine Milliarde im Jahr 1992. Während 1983 der gesamte Handel in den USA stattfand, wurde 1992 ungefähr die Hälfte der Transaktionen außerhalb der USA durchgeführt.[73] Eine Vielzahl finanztheoretischer Modelle und Verfahren befasst sich mit der Preisbildung für diese Instrumente und mit der Absicherung der mit ihnen verbundenen Risiken. Finanzinnovatoren entwickeln fortwährend neue, komplizierte Kombinationen auf der Basis der ursprünglichen Derivate, mit denen sich Risiken reduzieren (hedgen) oder auffangen lassen.

Einige Beobachter sind der Ansicht, all diese Entwicklungen führten zu aufsichtsrechtlichen Problemen. Der Wettstreit der Nationalstaaten um Finanzinvestoren hat die Harmonisierung von Rechtsvorschriften verzögert, und die Gesetzgeber können offenkundig nicht mit dem Innovationstempo bei Finanzdienstleistungen mithalten. Aufgrund der Deregulierung sind Banken in vielen Ländern in neue Geschäftsfelder wie Versicherungsgeschäfte und Wertpapierhandel eingestiegen, was die Bemühungen nationaler und internationaler Aufsichtsbehörden weiter erschwert.[74]

Anders als viele amerikanische Konkurrenten hat die Deutsche Bank in dem Zeitraum, den wir in diesem Teil betrachten, nur wenig Interesse an einigen Finanzinnovationen sowie am Wachstum der Unternehmensfinanzierung durch Aktienemissionen und an dem Wettbewerb bei Finanzdienstleistungen gezeigt. Da die Anzahl der vermögenden Deutschen zunahm und damit auch der Bedarf an Bankdienstleistungen, und da die Großkunden der Deutschen Bank unbedingt ihre Kosten senken wollten, war diese Zurückhaltung womöglich ein ernstes Hindernis für die Ausweitung ihres Inlands- und Auslandsgeschäfts. Außerdem hatte Deutschland keinen großen Pool von Pensionsfonds, die begierig nach Aktienemissionen waren, wie auch bis weit in die 1990er Jahre hinein die deutschen Anleger sich weniger für Aktienanlagen interessierten als die Briten oder die US-Amerikaner.[75] In den letzten vierzig Jahren ist die Marktkapitalisierung der deutschen Aktiengesellschaften in Prozent des deutschen Bruttoinlandsprodukts (BIP) durchweg deutlich geringer gewesen als die Marktkapitalisierung der US-Aktiengesellschaften in Prozent des US-BIP.[76]

Wie schon beim ersten Eintritt der Deutschen Bank in den US-Markt spielte die Handelsfinanzierung zumindest anfänglich auch nach dem Krieg eine wichtige Rolle im US-Geschäft. Die Deutsche Bank, die 1957 praktisch keine Auslandsaktiva und kein ausländisches Filialnetz hatte, konzentrierte sich auf ein Geschäftsfeld, das sich seit dem 19. Jahrhundert kaum verändert hatte. Sie stützte sich dabei auf Korrespondenzbanken. Dennoch fiel es ihr

nicht leicht, ihr Handelsfinanzierungsgeschäft und ihr Kontaktnetz wiederaufzubauen. Außerdem sollte sie nur kurzfristig Nutzen daraus ziehen. Strukturelle Veränderungen im internationalen Bankgeschäft und bei den Kunden
sowie technische Innovationen, die sich in den späten 1960er und 1970er
Jahren durchsetzten, machten beispielsweise Akkreditive weitgehend überflüssig.[77]

Der Außenhandel war eine der Haupttriebkräfte der wirtschaftlichen Erholung Deutschlands nach dem Krieg. Dank ihrer starken Stellung im Inland
und ihres internationalen Netzes von Korrespondenzbanken spielte die Deutsche Bank dabei eine führende Rolle. Im Jahr 1957 betrug die deutsche Ex-
portquote (Anteil der Ausfuhren am Bruttosozialprodukt) 16,6 Prozent und
war damit doppelt so hoch wie 1950; 1990 lag sie bei 30 Prozent. Schon vor
dem Wiederzusammenschluss der Bank versuchten die getrennten Institute
die Beziehungen zu den ehemaligen Korrespondenzbanken der Deutschen
Bank wiederaufzunehmen, denn dieses Netz – das zumindest vorläufig eigenen Filialen vorzuziehen war – schien hervorragend dazu geeignet zu sein,
die Bedürfnisse ihrer Kunden nach geeigneten Außenhandelsfinanzierungs-
leistungen zu befriedigen. 1980 unterhielt die Deutsche Bank Geschäftsbeziehungen zu 4000 Korrespondenzinstituten in 152 Ländern; dies erlaubte
ihr, weltweite Geschäfte abzuwickeln. Die Bank machte die kurzfristige Außenhandelsfinanzierung in den Jahrzehnten nach dem Krieg zu einem ihrer
geschäftspolitischen Schwerpunkte. Für längerfristige Kredite gründete sie
zusammen mit anderen die Ausfuhrkredit-Aktiengesellschaft, zu deren größten Anteilseignern sie gehörte.[78]

Schon 1957 bot die Deutsche Bank als Erste langfristige Exportkredite
mit Laufzeiten zwischen fünf und zehn Jahren an. Abs nutzte seine Stellung
in der Kreditanstalt für Wiederaufbau, um sicherzustellen, dass sich die Deutsche Bank aktiv an der Entwicklung neuer Formen und Laufzeiten von Au-
ßenhandelskrediten beteiligte.[79] Die Bank rechnete mit einem Marktanteil
von 20 bis 30 Prozent bei diesem neuen und lukrativen Geschäft.[80] Mit der
Zunahme ausländischer Direktinvestitionen in den 1970er Jahren – die dazu
führte, dass der Handel mit Dritten zugunsten firmeninterner Handelsformen
an Bedeutung verlor –, mit den Fusionen von Unternehmen und mit dem
Prozess der Umgehung von Finanzmitteln (*disintermediation*) – der vielen
Kunden erlaubte, Betriebsmittelkredite direkt am Kapitalmarkt aufzunehmen – brach ein Großteil dieses Geschäfts in dieser Zeit weg.

Ebenfalls in den siebziger Jahren machten neue Kommunikationstechnik
und neue Verfahren der Liquiditätssteuerung die Nutzung von Korrespondenzbanken obsolet. Im Jahr 1977 ermöglichte die Society for Worldwide Interbank Financial Telecommunication (SWIFT) der Deutschen Bank, 200 ihrer
inländischen Filialen für die Abwicklung des internationalen Zahlungsver-
kehrs einzusetzen. Nur die Zunahme der politischen Risiken während der

Der Devisenhandel war 1971, als dieses Bild aufgenommen wurde, bereits ein wichtiger Teil des internationalen Geschäfts der Deutschen Bank. Während des folgenden Jahrzehnts vollzog sich im Devisengeschäft ein enormer Wandel. Der Zusammenbruch des internationalen, auf dem US-Dollar basierenden Währungssystems und die Zunahme spekulativer Kursschwankungen ergaben für Kreditinstitute wie die Deutsche Bank Risiken und Möglichkeiten. Die Bank und ihre Kunden waren gezwungen, größere Volumina zu handeln und verfeinerte Instrumente im Devisenhandel zu entwickeln. Wenn auch der hier abgebildete Handelsraum von der Praxis und Technik heutiger Devisenhandelssäle weit entfernt ist, diente er doch als eine der wichtigsten Verbindungen der Deutschen Bank zu anderen Märkten.

Erdöl- und Schuldenkrisen der 1970er und 1980er Jahre sowie die Ausweitung des Handels mit den kommunistischen Ostblockstaaten, die mit der Entspannung in den siebziger Jahren einherging, verlangsamten die Umstellung auf zentralisierte, standardisierte Transaktionen. Tatsächlich benötigten Kunden der Deutschen Bank in vielen Ländern mit hohem Länderrisiko wie etwa in Südamerika und in Afrika nicht nur Kreditbriefe, sie verlangten bestätigte Akkreditive. Doch Ende der 1980er Jahre kamen der Außenhandel und die Exporteure größtenteils ohne Exportfinanzierungsleistungen ausländischer Repräsentanzen oder Korrespondenzbanken aus.[81]

Beginnend in den sechziger Jahren unternahm die Deutsche Bank einige Anstrengungen, um ihre Stellung auf dem florierenden Markt für Devisengeschäfte zu stärken. Obgleich der deutsche Außenhandel zahlreiche Devisengeschäfte mit sich brachte und die Deutsche Bank immer ein Marktmacher für die Hauptwährungen war, konzentrierte sich die Bank auf Kassage-schäfte. Angesichts des geringen Volumens komplexerer Transaktionen und der engen Schwankungsbreite der Wechselkurse wurde der Devisenhandel der Deutschen Bank erst 1967 in Frankfurt zentralisiert. Nach dieser Re-strukturierung konnte die Deutsche Bank die Folgen des Zusammenbruchs des Bretton-Woods-Systems Anfang der siebziger Jahre und die steigende Nachfrage ihrer Kunden nach Kurssicherungsgeschäften besser für sich nut-zen. Aber die Turbulenzen auf den Märkten bewirkten ein gewisses Zögern im Hinblick auf die Eröffnung weiterer Niederlassungen, den gebremsten Einstieg in den Euroanleihe- und Eurokredit-Markt und den Verzicht auf die energische Ausweitung ihres Swap-Geschäfts. Doch starke Kursschwan-kungen und entsprechend höhere Risiken und Arbitrage-Chancen boten der Bank 1973 dann eine ausgezeichnete Gelegenheit für den Ausbau des Devi-senhandels. In jenem Jahr stiegen die Erlöse aus dem Devisenhandel um 500 Prozent.[82]

In den ersten Jahren nach dem Wiederzusammenschluss der Deutschen Bank spielte das Auslandskreditgeschäft keine nennenswerte Rolle.[83] Mit der schrittweisen Konvertierbarkeit der D-Mark und der Ausweitung des Kon-takts zu internationalen Kunden wurde die Deutsche Bank ab 1960 wieder zu einem wichtigen Akteur am internationalen Kreditmarkt, allerdings nur langsam. Es dauerte mehrere Jahre, bis sie ihre Sorge um Währungsrisiken und den Mangel an Fachpersonal, das in der Lage war, internationale Kredit-verträge zu betreuen, überwunden hatte. Da es der Deutschen Bank an lang-fristigen Finanzierungsmitteln fehlte, ermunterte sie ihre Kunden, im Aus-land zu investieren und sich Kapital in ihren Gastgeberländern zu beschaffen. Obgleich das Potential für grenzüberschreitende Finanzierungsgeschäfte rasch zunahm, engagierte sich die Deutsche Bank vor allem über Gemein-schaftsunternehmen im internationalen Kreditgeschäft. Da beispielsweise US-Unternehmen verstärkt im Ausland investieren wollten und von ihrer eigenen Regierung unter Druck gesetzt wurden, keine Finanzmittel aus den USA zu verwenden, war die Verlockung, sich das Kapital in Europa zu be-schaffen, beinahe unwiderstehlich.

In den 1960er Jahren begannen zahlreiche amerikanische Unternehmen, Anleihen auf europäischen Märkten aufzulegen. Diese Form der Finanzie-rung glich in mancherlei Hinsicht der herkömmlichen Form der internatio-nalen Finanzierung und sie unterschied sich kaum von den Anleihen, die die Deutsche Bank im 19. Jahrhundert für amerikanische Firmen begeben hatte. Einige Firmen waren sogar an europäischen Börsen notiert. Allein im Januar 1968 emittierten amerikanische Gesellschaften in Europa Anleihen im Wert von 265 Millionen Dollar – das entsprach ungefähr dem Volumen für das Ge-samtjahr 1967 –, darunter waren so bekannte Namen wie Chrysler, Gulf & Western, RCA und die Standard Oil of California. Ein Großteil der Anleihen

Obwohl die Bundesbank und die Deutsche Bank Bedenken hatten, dass sich Deutschland zu einem Zentrum des Euro-kapitalmarkts für Offshore-Finanzierungen entwickeln könne, war die Deutsche Bank wieder führend an internationalen Finanzierungen beteiligt. Trotz vieler Restriktionen bereitete sie vielen ausländischen Unternehmen, die Zugang zu deutschen Investoren suchten, den Weg. Aus dieser Zeit stammt der Prospekt der IBM, deren Börseneinführung sich kaum von Geschäften unterschied, die Siemens und Gwinner vor dem Ersten Weltkrieg betrieben hatten.

16.10.1963

IBM

International Business Machines Corporation

New York, N.Y.
Aktiengesellschaft nach dem Recht des Staates New York
(Vereinigte Staaten von Amerika)

PROSPEKT

für die Zulassung von

US-$ 141 152 395 auf Namen lautenden Aktien

28 230 479 Stück im Nennbetrag von je US-$ 5,—, verbrieft in Zertifikaten der Gesellschaft,
und zwar:

I.

US-$ 138 817 535,— auf Namen lautende Aktien — 27 763 507 Stück —
die am 30. September 1963 bereits ausgegeben waren
mit Gewinnberechtigung vom 1. Januar 1963 an,
ausschließlich dreier bereits gezahlter Vierteljahresdividenden für 1963

II.

US-$ 2 334 860,— auf Namen lautende Aktien — 466 972 Stück —
die ausgegeben werden:

a) Aufgrund der Ausübung von Optionsrechten, die nach den „IBM 1956 and 1961 Stock Option Plans"
bestehen oder noch eingeräumt werden (insgesamt 267 424 Stück)

b) Gemäß dem „IBM Employees 1961 Stock Purchase Plan" (insgesamt 199 548 Stück)

mit Gewinnberechtigung vom Zeitpunkt ihrer Ausgabe an

an der
Frankfurter Wertpapierbörse

hatte die Form von Wandelschuldverschreibungen – Anleihen, die in Aktien getauscht werden können. Auch japanische, österreichische und skandinavische Firmen begaben Eurodollar-Schuldtitel.[84] Laut der Bundesbank verwendeten viele amerikanische Firmen die in Europa aufgenommenen Finanzmittel für Investitionen in den USA.[85] Im Jahr 1969 wuchs bei der Bundesbank die Sorge, die hohe Staatsverschuldung, die weitgehend auf sozialpolitische Programme der US-Regierung sowie den Krieg in Vietnam zurückzuführen war, würde die Zinsen in die Höhe treiben. Im Sommer des gleichen Jahres berichtete sie, das US-Bankensystem leide unter wachsender Illiquidität und der Kongress berate über ein Gesetz, wonach Zinserträge höher besteuert werden sollten. Beide Faktoren trugen dazu bei, dass sich Anleger und Kreditgeber stärker für den Euroanleihe-Markt interessierten.[86]

Mitte der 1960er Jahre übernahm die Deutsche Bank wieder die Führung bei der Emission amerikanischer Wertpapiere in Europa. Sie war die erste Bank, die amerikanische Aktien in Deutschland an die Börse brachte. 1963 war sie Konsortialführer bei der Einführung von IBM-Aktien an der Frankfurter Börse.[87] Schon 1962 beauftragte Ford die Deutsche Bank mit der Platzierung seiner nicht-stimmberechtigten Stammaktien in ganz Europa. Sie wurde Zahlstelle von Ford – sowohl der Ford Motor Company als auch der

Ford Foundation – in Deutschland. Obgleich die amerikanische Börsenauf-
sicht entschieden hatte, dass diese Aktien nicht in den USA und auch nicht
US-Staatsbürgern und -Unternehmen angeboten werden durften, galt diese
Beschränkung nicht für Inhaber von Dollareinlagen außerhalb der USA
(Euro-Einlagen). Abs hatte beschlossen, den Absatz über europäische Banken zu organisieren, die Wertpapiere halten durften. Die Deutsche Bank hatte
sich vertraglich zur Übernahme von 150 000 Aktien verpflichtet, mit einer
Option für weitere 350 000 Stück; dafür erhielt sie eine Provision in Höhe
von etwa 5 Prozent des Verkaufspreises. Dem Konsortium gehörten die meisten öffentlichen und Privatbanken Deutschlands, aber keine nicht-deutschen
Banken an.[88]

Ein großer Teil dieses internationalen Geschäfts erforderte keine hohen
Investitionen seitens der Bank. Noch 1962 hielt die Deutsche Bank kaum
ausländische Anleihen in ihrem Portfolio, gar keine amerikanischen, und in
ihrer Bilanz tauchten nur die Aktien des US-Unternehmens Ford auf.[89] Während im Geschäftsbericht 1963 noch von einem Schub bei den europäischen
Emissionen die Rede war, war nur ein Jahr später aus diesem Schub eine
Flutwelle geworden. 29 Aktien ausländischer Unternehmen wurden 1964 auf
dem deutschen Markt emittiert.[90] Im Jahr 1965 war die Deutsche Bank an
der Emission der Wertpapiere sechs amerikanischer Unternehmen beteiligt,
was auf einen anderen Trend hindeutet. Da sich amerikanische Unternehmen der Offshore-Finanzierung und ausländischen Finanzinstituten zuwandten, um sich der staatlichen Aufsicht und den Steuern in den USA zu
entziehen, trugen viele davon nicht den Namen der Muttergesellschaft, sondern von Offshore-Finanzierungsgesellschaften oder gewöhnlichen ausländischen Tochterunternehmen.[91] Die Zahlen legten weiter zu. Im Jahr 1967
stand sogar ein alter Freund auf der Liste, die Obligationen der Allis-Chalmers
International Finance Corporation.[92] Diese neuen Emissionen profitierten
größtenteils von amerikanischen Geldern oder zumindest Dollarbeständen,
die außerhalb der USA gehalten wurden.

Da die langfristigen Folgen für sie unklar waren, reagierte die Deutsche
Bank zunächst nicht positiv auf den Euromarkt. Wie viele andere kontinentaleuropäische Bankiers alter Schule befürchtete auch Abs, der Euromarkt
werde nicht hinreichend von den Banken und Zentralbanken kontrolliert. In
den 1960er Jahren schien die Deutsche Bank grenzüberschreitende Kreditgeschäfte alter Form, die nationaler Aufsicht unterlagen, vorzuziehen, denn
hier besaß sie aufgrund ihres Know-hows bei Börseneinführungen auf dem
deutschen Markt einen Wettbewerbsvorteil.

Allerdings wurde die Deutsche Bank über ihre Tochtergesellschaft in
Luxemburg zu einem aktiven Teilnehmer am Euroeinlagenmarkt. Trotz ei-
niger Auflagen der Bundesbank und einer relativ geringen Mitarbeiterzahl in
Luxemburg erwirtschaftete die Deutsche Bank Erlöse in Milliardenhöhe und

erhebliche Gewinne, so dass die Luxemburger Niederlassung mit dem Geschäft in New York und London in Wettbewerb trat.[93] Wie bei so vielen neuen Entwicklungen im Finanzdienstleistungsbereich erforderten auch die Euro-Einlagengeschäfte der Deutschen Bank eine Offshore-Niederlassung und stießen bei den Aufsichtsbehörden auf große Bedenken.

Aus diesen und anderen Gründen konzentrierte sich die Deutsche Bank bis weit in die 1980er Jahre hinein, gemeinsam mit anderen Banken, auf nationale Märkte. Die Bank setzte sich für Parallelemissionen ein, die dazu beitragen sollten, die europäischen Kapitalmärkte zu vereinheitlichen und effizienter zu machen. Die Begebung internationaler Anleihen in mehreren verschiedenen nationalen Tranchen in der jeweiligen Landeswährung oder mit einer Art Währungsklausel, die die Zahlungen in allen Ländern faktisch identisch machte, sollte die Kapitalmärkte erweitern.[94] Das internationale Anleihegeschäft der Deutschen Bank und die mittelfristige Außenhandelsfinanzierung florierten weiter bis Ende der 1960er Jahre, allerdings werden die USA im Geschäftsbericht kaum eigens erwähnt.[95] Bis 1979 hatten 50 US-Unternehmen ihre Aktien an den deutschen Börsen notieren lassen. Die Deutsche Bank hatte etwa die Hälfte der Einführungen übernommen.[96] Der Umsatz amerikanischer Stammaktien an deutschen Börsen erreichte 1978 1,1 Milliarden DM. Im Jahr 1986 emittierte die Deutsche Bank Schuldtitel im Volumen von über 80 Milliarden Dollar, von denen 70 Milliarden Dollar nicht auf D-Mark lauteten.[97] Das Investmentbanking umfasste alle möglichen staatlichen und quasi-staatlichen Interventionen sowie Beratungsdienstleistungen, die manchmal in Zusammenarbeit mit der Bundesbank erbracht wurden.[98]

Manches Unheil der 1980er und 1990er Jahre zeichnete sich allerdings bereits in den 1960er Jahren ab. Die Notenbankpräsidenten befürchteten verständlicherweise, ihre Bemühungen zur Liberalisierung des kurzfristigen Kapitalverkehrs hätten die Büchse der Pandora geöffnet. Die Reform des Währungssystems und die Konvertierbarkeit der Währungen in diesem Zeitraum förderten nicht nur den Außenhandel und eine effiziente Kapitalallokation, sie erhöhten auch die Kapitalmobilität, was die Bemühungen der Zentralbanken, die Liquidität und die Wechselkurse zu steuern, erschwerte und Zahlungsbilanzprobleme verschlimmerte.[99] Die Anhäufung nicht-regulierter Dollar-Einlagen trug auch zu mehreren aufeinanderfolgenden Schuldenkrisen in Schwellenländern bei. Die Bilanz der Entwicklungen an den Kapital- und Devisenmärkten für die Zentral- und Geschäftsbanken fiel durchwachsen aus.

Das neue Gesicht des Investmentbanking

In dem Maße, wie die Euromärkte reiften, wurden die Finanzmärkte von neuen Institutionen und Instrumenten dominiert. Eines der großen Paradoxa dieser Zeit bestand darin, dass viele Finanzinnovationen entstanden, weil die amerikanische und andere nationale Rechtsordnungen keinen Einfluss auf diese Entwicklungen nehmen konnten. Allerdings wurde der Prozess von amerikanischen Instituten vorangetrieben. Bankrechtliche Vorschriften in den USA förderten die Entstehung von hochspezialisierten, leistungsstarken Finanzdienstleistungsunternehmen, die von ertragsschwachen Bank- und anderen Geschäften befreit waren. Jahrzehntelang erbrachten amerikanische Kreditinstitute Finanzdienstleistungen in weniger gebündelter Form. Beratung und eine umfassende Unternehmensprüfung bei Fusionen (*due diligence*), die US-Banken einst selbst anbieten und durchführen durften, mussten ab Mitte der 1930er Jahre abgespalten werden, was die Entstehung spezialisierter Beratungs- und Wirtschaftsprüfungsgesellschaften förderte.[100]

Amerikanische Banken gingen ins Ausland, um dort Dienstleistungen zu offerieren, die sie in den USA aufgrund des Glass-Steagall-Gesetzes und gesetzlicher Höchstzinssätze nicht anbieten durften. Amerikanische Investmentbanken, die andere Geschäftsbereiche abgestoßen hatten, konnten sich ausschließlich auf das Wertpapier- und Emissionsgeschäft konzentrieren. Außerdem nahm der Anteil – überwiegend amerikanischer – Investment- und Pensionsfonds an den gesamten Kapitalanlagen in den über vierzig Jahren, die wir hier betrachten, von 6 Prozent auf ungefähr 50 Prozent zu. Schon Anfang der 1960er Jahre sah die Bundesbank im Auftreten amerikanischer Pensionsfonds einen Faktor, der den Kapitalmarkt und die Geschäftsstrategie deutscher Banken grundlegend verändern würde. Von 1960 bis 1965 stieg die Summe aller von amerikanischen Pensionsfonds verwalteten Gelder von 75,7 auf 133,5 Milliarden Dollar, was einer Steigerung von 12 Prozent jährlich entspricht. Aber das war nur der Anfang. Von 1980 bis 1989 erhöhte sich allein das von Pensionsfonds verwaltete Anlagekapital von 500 Milliarden auf 4,3 Billionen Dollar.[101] Verwaltet von erfahrenen Finanzexperten, hatten diese relativ flexiblen Fonds zusammen mit anderen populären Instrumenten zum Einsammeln von Ersparnissen, wie etwa Investmentfonds, genaue Vorgaben hinsichtlich der Menge, die sie von einem bestimmten Wertpapier halten durften, nicht aber hinsichtlich der Bandbreite möglicher Anlagen, zu denen auch ausländische Investitionen gehörten. In den 1980er Jahren waren sie geradezu unersättlich nach neuen Anlagen geworden.

Wegen der US-Gesetze, die eine strikte Trennung zwischen Emissions- und Einlagengeschäft verlangten, entwickelten sich einige amerikanische Banken zu Investmentbanken eines neuen Typs. Sie konzentrierten sich ausschließlich auf das Emissionsgeschäft und auf Dienstleistungen zu attraktiven Preisen. Sie verfügten über hervorragenden Marktzugang und unterlagen bei der Platzierung von Neuemissionen nur wenigen gesetzlichen Beschränkungen. Sie verknüpften eine aggressive Preispolitik mit innovativen Instrumenten, guten Marktkenntnissen und der Nähe zu anderen Finanzmarktakteuren wie Pensionsfonds, Investmentfonds und Versicherungsgesellschaften, um ihre Neuemissionen unterzubringen. Deutsche Behörden verfolgten aufmerksam die Entwicklung amerikanischer Investmentbanken. Anders als Universalbanken, mit denen sie im Konsortialgeschäft konkurrierten, waren diese Finanzinstitute weder im Privatkundengeschäft mit Kleinkunden tätig, noch entwickelten sie sehr enge Bindungen zu Firmenkunden, deren Aktien deutsche Banken oftmals auf eigene Rechnung hielten. In dem Maße, wie der Unterschied zwischen den Kosten der billigen Finanzierung über Privatkundeneinlagen und der teureren Finanzierung am Geld- und Kapitalmarkt zurückging, verschafften den amerikanischen Investmentbanken ihr großvolumiges Geld- und Kapitalmarktgeschäft und ihre Erfahrung darin Preisvorteile bei Firmenkunden, auch in Deutschland, wo die Unternehmen ihre Finanzierungsentscheidungen immer seltener von langjährigen Geschäftsbeziehungen abhängig machten. 1966 führte die First Boston Corporation die Rangliste der größten Investmentbanken in den USA an. Ihr Anteil an den privaten Aktienemissionen betrug fast 20 Prozent mit einem Gesamtvolumen von 87,9 Milliarden Dollar. Mehrere dieser Banken waren im zurückliegenden Jahrzehnt um über 50 Prozent gewachsen. Salomon Brothers beispielsweise erreichte in diesem Zeitraum einen Ertragssprung von 600 Prozent.[102]

Die Deutsche Bank stieg erst relativ spät in diese Form des Investmentbanking ein. 1983 baute sie ihr internationales Investmentbanking und Vermögensverwaltungsgeschäft deutlich aus, als sie nämlich als Reaktion auf Änderungen im amerikanischen Altersvorsorgegesetz die Capital Management International (CMI) gründete. Da die US-Börsenaufsicht der Deutschen Bank nicht erlaubte, als Makler oder Depotbank für bestimmte Pensionsfonds aufzutreten, gründete die Bank CMI als unabhängigen Vermögensverwalter. Obwohl CMI von Deutschland aus gewisse Erfolge im US-Pensionsfondsgeschäft erzielte, eröffnete CMI 1985 eine Filiale in New York. Ohne einschlägige Erfahrungen fiel es der Gesellschaft, die zudem den Anlageerfolg nach anderen (nicht-amerikanischen) Maßstäben erhob, nicht leicht, neue Kunden zu gewinnen.[103]

Die Deutsche Bank versuchte ihre Finanzierungsdienstleistungen für Firmenkunden in den USA und anderen Ländern zu erweitern. Das internationale Leasinggeschäft beispielsweise wurde zu einem Bereich, der die Außenhandelsfinanzierung allmählich ersetzte. 1982 gründete die Deutsche Bank eine eigene Teilzahlungskredit- und Leasinggesellschaft, die Deutsche Credit Corporation in Deerfield, Illinois. Diese 100-prozentige Tochtergesellschaft konzentrierte sich auf den amerikanischen Markt. Sie kaufte Produkte von deutschen Exporteuren und leaste sie an amerikanische Importeure. Die meisten Exporteure waren deutsche Kunden der Deutschen Bank. Dieses Geschäftsmodell setzte die Deutsche Bank anschließend in leicht geänderter Form auch in anderen Ländern um. Die Tochtergesellschaft stieg ins langfristige Factoring und in andere Geschäftsfelder ein. Mitte der 1990er Jahre unterhielt die Deutsche Credit Corporation ein ausgedehntes Filialnetz in den USA.[104]

Ungeachtet dieser Bemühungen erkannten die Verantwortlichen der Deutschen Bank Ende der 1980er Jahre, dass das Investmentbanking nach wie vor die größte Herausforderung darstellte. Um diesem und anderen Defiziten im Dienstleistungsangebot der Bank abzuhelfen, erwarb die Deutsche Bank 1989 die Morgan Grenfell Group, eine der Ausgliederungen aus dem ehemaligen Finanzimperium J. P. Morgan. Seit 1984 hielt die Deutsche Bank eine fünfprozentige Beteiligung an dieser traditionellen britischen Merchant Bank.[105] Mit der beachtlichen weltweiten Erfahrung der Morgan Grenfell Asset Management im Geschäft mit institutionellen Kunden war die jüngst in Deutsche Asset Management umbenannte CMI besser in der Lage, Geschäfte mit anspruchsvollen institutionellen Kunden zu tätigen. Doch auch nach dem Erwerb der restlichen Aktien von Morgan Grenfell blieb die Stellung der Deutschen Bank in diesem Markt nach Einschätzung vieler Führungskräfte der Bank zu schwach, wie im nächsten Kapitel erörtert werden wird.[106]

Verglichen mit amerikanischen und britischen Banken stieg die Deutsche Bank erst relativ spät ins Geschäft mit Fusionen und Übernahmen (M&A) ein. Aus vielerlei Gründen sind feindliche Übernahmen in der deutschen Wirtschaft weitgehend unbekannt. Während amerikanische und britische Unternehmen in dem hier betrachteten Zeitraum mehrere Fusionswellen durchliefen, kam es in Deutschland nur zu relativ wenigen Zusammenschlüssen, so dass die Deutsche Bank auf ihrem Heimatmarkt kaum Erfahrungen sammelte, auf denen sie hätte aufbauen können, um in Auslandsmärkte einzutreten oder sich für die Betreuung grenzüberschreitender Fusionen zu empfehlen. Von 1970 bis 1989 stieg das jährliche Volumen der Unternehmenskäufe und -zusammenschlüsse in den USA von 16,4 Milliarden auf 221 Milliarden Dollar. Im folgenden Jahrzehnt stieg das Transaktionsvolumen sämtlicher ausländischer Übernahmen amerikanischer Unternehmen und amerikanischer Akquisitionen ausländischer Unternehmen auf fast 5 Billionen Dollar.[107] Einer der interessantesten Bereiche für Beratungsdienstleistungen im Investmentbanking, feindliche Übernahmen, war in Deutschland sogar noch schwächer entwickelt.[108] Noch 1998 gehörte die Deutsche Bank nicht zu den ersten Zehn der Fusionsberater. Auf der Liste der größten Akteure in diesem lukrativen Sektor standen nur zwei nicht-amerikanische Banken, und sie hatten sich bereits mit amerikanischen Instituten zusammengeschlossen.[109]

Wie in vielen anderen Bereichen auch bemühte sich die Deutsche Bank zunächst, ihre Kapazitäten im Bereich Fusionsberatung und -finanzierung durch ein Gemeinschaftsunternehmen zu stärken. Im Jahr 1971 gründeten die UBS und die Deutsche Bank die spätere Atlantic Capital Corporation – die 1985, nachdem die Deutsche Bank alle Anteile von ihren schweizerischen Partnern erworben hatte, in Deutsche Bank Capital Corporation umbenannt wurde –, um ihr Fusionsberatungs- und -finanzierungsgeschäft in den USA auszubauen. Obgleich die Mitarbeiter dieser Tochtergesellschaft bei einigen wenigen kleinen Transaktionen Erfahrungen sammelten, erzielte sie keine größeren Erfolge. Man hoffte allerdings, in Deutschland von den Erfahrungen in New York profitieren zu können. 1984 gründete die Deutsche Bank eine kleine Tochtergesellschaft für Fusionsberatung in Frankfurt, die sich jedoch nie wirklich von ihren deutschen Wurzeln lösen konnte. Die einzige Möglichkeit, die Anzahl und die Kompetenz ihrer Mitarbeiter im M&A-Bereich zu steigern, bestand darin, eine Bank mit den entsprechend versierten Fachkräften zu übernehmen, was sie 1989 mit Morgan Grenfell versuchte. Die Deutsche Bank hatte im M&A-Geschäft die gleichen Schwierigkeiten wie im Geschäft mit Derivaten, und sie entschied sich letztlich auch für die gleiche Lösung, indem sie nämlich Kreditinstitute kaufte, die über qualifizierte Fachkräfte und über Erfahrungen verfügten.[110] Doch nach Aussage eines ehemaligen Vorstandssprechers war die größte Enttäuschung, die mit dem Erwerb von Morgan Grenfell verbunden war, deren schwache Stellung auf dem US-Markt.[111] In dem hier betrachteten Zeitraum rang die Deutsche Bank um eine schlüssige Strategie zur optimalen Nutzung der Geschäftschancen in den USA, die bereits zum Mittelpunkt der neuen, transnationalen Finanzwelt geworden waren.

Eines der größten M&A-Geschäfte der Deutschen Bank im hier behandelten Zeitraum und vermutlich das einzige grenzüberschreitende bis in die 1980er Jahre erwuchs im Jahr 1957, nur zwei Monate nach dem Wiederzusammenschluss der Bank, aus den ökonomischen Schwierigkeiten der Zwischenkriegszeit und der Beschlagnahme deutscher Vermögenswerte im Zweiten Weltkrieg durch die US-Regierung. Im Jahre 1926, kurz nach dem Tod seines Gründers Hugo Stinnes, war der Stinnes-Konzern als eine Kapitalgesellschaft nach US-amerikanischem Recht umgegründet worden.[112] Diese Transaktion belegte, wie eng die ersten internationalen Investment-Geschäfte mit der Geschichte der Deutschen Bank und Deutschlands verwoben waren. Sie zeigte auch, zumindest in dieser Phase, wie personengebunden – nämlich abhängig von der Person Abs – das US-Geschäft noch Anfang der 1960er Jahre war.

Der große Mischkonzern, der nach der Hyperinflation in Deutschland bei deutschen Banken hoch verschuldet war, erhielt 1926 von amerikanischen Banken einen Stützungskredit in Höhe von 25 Millionen Dollar. Obgleich sich

99 Prozent seiner Sachanlagen in Deutschland und anderen europäischen Staaten befanden, war eine der Bedingungen für die Kreditgewährung die Übertragung des Vermögens des deutschen Unternehmens auf eine amerikanische Kapitalgesellschaft (an der die Familie Stinnes und die amerikanischen Banken zu jeweils 50 Prozent beteiligt waren). Obgleich die beiden Gruppen von Anteilseignern jeweils 50 Prozent der Aktien hielten, waren die Anteile der Familie mit Stimmrechtsbeschränkungen versehen, so dass faktisch die US-Banken das Sagen hatten. Während der Krise der 1930er Jahre konnten die deutschen Einzelunternehmen, die weiterhin von der Familie Stinnes kontrolliert wurden, keine Zahlungen leisten, die der amerikanischen Holdinggesellschaft gemäß den Kreditkonditionen zustanden. Dennoch wurde zwischen 1926 und 1953 eine erhebliche Summe – etwa 85 Prozent – der Kredite zurückgezahlt, allerdings geschah dies größtenteils dadurch, dass die Forderungen mit Erlaubnis der Reichsbank mit einem Abschlag in Deutschland aufgekauft wurden. Aufgrund der zwielichtigen Rolle, die die deutschen Stinnes-Unternehmen im «Dritten Reich» gespielt hatten, waren die US-Behörden nicht geneigt, das Vermögen zurückzuerstatten.[113]

Doch Abs intervenierte. 1955 erklärte sich das US-Justizministerium mit seinem Vorschlag einverstanden, dass die Aktien, wenn sie zum Verkauf stünden, nur an Deutsche verkauft werden sollten. Als der Verkauf 1957 angekündigt wurde, organisierte Abs mit Hilfe der deutschen Regierung ein Bankenkonsortium, dem auch die Kreditanstalt für Wiederaufbau angehörte, das einen großen Teil der Aktien für 120 Millionen DM erwarb.[114] Im Jahr 1961 befanden sich die US-Aktien bereits im Besitz von Abs und der Atlantic Asset Corporation, eines Unternehmens, das eigens zu dem Zweck gegründet worden war, den Rückkauf der US-Anteile und die Neugründung der Stinnes-Holdinggesellschaft in Deutschland abzuwickeln. Es ist nicht völlig klar, inwieweit Abs im eigenen Namen oder im Namen der Deutschen Bank handelte.[115]

Kurzum, Mitte der 1960er Jahre hatte die Deutsche Bank ihr internationales Geschäft und ihr USA-Geschäft noch immer nicht institutionalisiert. Die 1960er Jahre, die eingerahmt wurden von der mehr als vierzigjährigen Phase der «Unordnung» vor dem Wiederzusammenschluss der Deutschen Bank und den Turbulenzen der Ära nach Bretton Woods, müssen vielen deutschen Banken wie die Ruhe vor dem Sturm vorgekommen sein. Eingedenk der «starken Winde», die sie umwehten, zögerten sie, Gebäude zu errichten, die womöglich leicht weggeblasen würden. Wie es in Zeiten großer Unsicherheit häufig der Fall ist, schienen persönliche Beziehungen verlässlicher zu sein als die formale Unternehmensorganisation, insbesondere im Auslandsgeschäft der Deutschen Bank. Das nächste Kapitel wird sich mit der Frage befassen, wie die Deutsche Bank ihr stark personenbezogenes Geschäftsmodell in den USA durch ein Modell mit internationalen Führungshierarchien ersetzte.

KAPITEL 16

Von Abs zu Kopper und von Gemeinschafts-
unternehmen zu Niederlassungen:
Die Struktur des US-Geschäfts der Deutschen Bank

Ihre Verdienste um Ihre eigene Bank, um das deutsche Bankwesen überhaupt,
um die deutsche Wirtschaft und nicht zuletzt um das öffentliche Wohl, sind
überall anerkannt. In einem Lebensalter, in dem die meisten Menschen an
einen Rückzug aus dem Berufsleben denken, stehen Sie auf der Höhe Ihres
Wirkens und Ihres Einflusses.
Otmar Emminger an Abs, 14. Oktober 1966[1]

Wachwechsel

Die über vierzig Jahre nach dem Neuanfang der Deutschen Bank waren nicht
nur turbulent, in dieser Zeit vollzog sich auch ein bedeutender Generations-
wechsel. Von 1960 bis 2000 ging die Führungsverantwortung bei der Deutschen Bank und den meisten anderen deutschen Kreditinstituten von denjenigen, die die Ereignisse im Vorfeld und während des «Dritten Reichs»
miterlebt und zum Teil auch mitgestaltet hatten, auf diejenigen über, die nach
Hitlers Machtergreifung geboren worden waren. Insbesondere jenen Führungskräften, die in der Zwischenkriegszeit ihre Ausbildung erhalten hatten,
war es eines ihrer wichtigsten Anliegen, die Bank vor den Folgen eines er-
neuten Rückfalls Deutschlands in den Isolationismus oder, schlimmer noch,
in einen Autarkiewahn zu bewahren. Sie wollten jedoch ein starkes Deutschland und forderten geeignete institutionelle Rahmenbedingungen, um die
Aktivitäten der Bank gegen die Bedrohung durch chaotische, unkontrollierte
Finanzmärkte abzusichern. Einige Führungskräfte der Deutschen Bank aus
dieser Generation waren der Ansicht, ein starkes geschäftliches Engagement
in den USA laufe Gefahr, die Deutsche Bank von ihren Kernkompetenzen und
Grundwerten zu entfremden. Außerdem sahen einige Vorstandsmitglieder
bis weit in die 1980er Jahre hinein in der Stärkung ihrer Position in Europa
eine notwendige Vorbedingung für einen offensiveren Vorstoß auf den US-
Markt. Mit der zunehmenden europäischen Integration und der Einführung
des Euro sprach viel für die Strategie, den «heimischen Markt» zu vergrößern und zu stärken. Einige in der Führungsspitze der Deutschen Bank woll-

ten sich zunächst auf Europa konzentrieren und die Präsenz der Bank in Frankreich, Spanien und insbesondere Italien ausbauen. Auch wenn niemand auf der obersten Führungsebene das US-Geschäft aufgeben wollte, wurden doch unterschiedliche Prioritäten gesetzt.[2] Einige Vorstände hielten am alten Universalbankmodell fest, das besonderes Gewicht auf das Privatkundengeschäft und den Handel mit festverzinslichen Wertpapieren legt. Damals stand und auch heute noch steht man vor einer grundlegenden Richtungsentscheidung. Sollte die Deutsche Bank eine traditionelle kontinentaleuropäische Universalbank bleiben, oder sich zu einem globalen Finanzinstitut mit Schwerpunkt Investmentbanking nach angloamerikanischem Vorbild fortentwickeln?

Um die Jahrtausendwende übernahm eine neue Generation von Führungskräften bei der Deutschen Bank das Ruder, und diese Manager ließen sich in ihrem Handeln weniger von den historischen Erfahrungen der Zwischenkriegs- und Nazi-Ära leiten. Sie vertrauten auf die Selbstregulierungsmechanismen ungezügelter Kapitalmärkte und die Fähigkeit der Deutschen Bank, befreit von nationalen Restriktionen, auf Augenhöhe mit den angloamerikanischen Finanzinstituten mit Sitz in London und New York zu konkurrieren.

Vom Ende der 1930er Jahre bis zum Ende der 1970er Jahre war Abs die treibende Kraft zumindest bei der Deutschen Bank, und er nahm in dieser Zeit auch maßgeblich Einfluss auf die Gestaltung der internationalen Wirtschaftsbeziehungen Deutschlands. Abs schien allgegenwärtig zu sein und er verfügte über wichtige Verbindungen.[3] Er verstand es, sogar einige seiner ehemaligen Gegner für sich einzunehmen.[4] Ungeachtet der Kontroversen um seine Person war Abs dank seiner vielen Kontakte und seiner Begabung für Fremdsprachen bestens geeignet, um die Beziehungen der Deutschen Bank zu den USA wiederzubeleben.[5]

Er besuchte die USA regelmäßig mit einem vollen Terminkalender, auf dem «alte» und «neue» Geschäfte der Deutschen Bank ebenso standen wie kulturelle Ereignisse und Besprechungen beim Internationalen Währungsfonds und anderen internationalen Finanzorganisationen.[6] Bei einer kurzen USA-Reise im Jahr 1970, als er bereits aus dem Vorstand ausgeschieden war, umfasste sein Besuchsprogramm an den ersten Tagen Gespräche bei der New Yorker Fed, mit dem Präsidenten der Chase Manhattan Bank und dem Vorstandschef von Mobil Oil sowie einen Abstecher ins Metropolitan Museum of Art. Als großer Liebhaber klassischer Musik besuchte er auf seinen USA-Reisen fast immer kulturelle Veranstaltungen wie Konzerte in der Carnegie Hall und später im Lincoln Center, manchmal sogar noch am Tag seiner Ankunft. Während seiner fünftägigen Reise im Jahr 1970 traf Abs in New York und Toronto acht Firmenchefs und hochrangige Regierungsbeamte, gab Interviews und nahm an einem Symposion der *Financial Times* teil, wo er über das Thema «Eine europäische Währung als Gegengewicht zum Dollar» sprach. Auf der Gästeliste des Symposions standen zahlreiche Personen der New Yorker und Washingtoner Führungselite.[7] Dank Abs erstreckte sich das Netz von Kontakten der Deutschen Bank über Bankenkreise hinaus.[8]

Abs' Einfluss auf die deutsche Wirtschaft war gewaltig. Gleichzeitig stand er etwa den Aufsichtsräten von Daimler-Benz und Lufthansa vor. Seine vielen Aufsichtsratsmandate veranlassten den deutschen Gesetzgeber zur Verabschiedung eines Gesetzes, das eine Höchstgrenze für die Zahl der Mandate festlegte, die eine Person bekleiden darf. Er hat den deutschen Finanzsektor maßgeblich mitgeprägt; so spielte er eine führende Rolle bei der Schaffung des Marktes für D-Mark-Schuldtitel, der die Deutsche Bank in den Mittelpunkt dieses riesigen europaweiten Geschäftsfeldes rückte. Seine Detailkenntnisse und sein legendäres Zahlengedächtnis schüchterten Untergebene, Kollegen und sogar Minister ein.[9] Als unermüdlicher Arbeiter, der selbst in seinen Sechzigern manchmal monatelang mit vier Stunden Schlaf pro Nacht auskam, verlangte er seinen Mitarbeitern, denen er hart zusetzen konnte, in denen er aber auch tiefe Loyalität und Dankbarkeit für die bereichernden Erfahrungen weckte, mindestens genauso viel ab wie sich selbst.[10]

Wie sehr sich seine Sicht der amerikanischen Politik im Allgemeinen und der Wirtschaftspolitik im Besonderen auch gewandelt haben mag, blieb Abs den USA doch immer für ihre Wiederaufbauhilfe im Rahmen des Marshallplans dankbar.[11] Trotz der Gefahren für die Stabilität der internationalen Finanzordnung, die sich in seiner letzten Lebensphase abzeichneten, blieb Abs verhalten optimistisch, dass die USA ihren Verpflichtungen gegenüber der Weltwirtschaft nachkommen würden und dass konzertierte Neufestsetzungen der Wechselkurse einen geordneten Übergang vom Bretton-Woods-System zu konvertierbaren Währungen und einer neuen Gold-Dollar-Parität gewährleisten könnten.[12] Obgleich Abs sich durchaus darüber im Klaren war, dass es großer politischer Anstrengungen bedurfte, und obwohl er die amerikanische Politik mitunter scharf kritisierte, erklärte er Anfang 1972, zumindest vor amerikanischem Publikum, kein Land in der Welt habe mehr Bereitschaft gezeigt, sich mit den Problemen der freien Welt zu befassen, als die USA.[13]

Sogar in seinen Achtzigern war Abs noch immer sehr aktiv. Selbst im Ruhestand galt er noch immer als der «Patriarch» der Deutschen Bank und vielleicht sogar der ganzen deutschen Wirtschaft. Als Ehrenvorsitzender der Bank nahm Abs als Gast an Aufsichtsratsitzungen der Deutschen Bank teil, behauptete aber, dem jeweiligen Vorstand niemals ungefragt Ratschläge zu erteilen. Wenngleich er Fehleinschätzungen von führenden Bankiers im Hinblick auf Risiken und die Zinspolitik der Zentralbanken verzieh, kritisierte Abs noch 1982 die mangelnde Transparenz des Euromarktes. Er fühlte sich wohler in einer Welt weitgehender Aufsicht und Kontrolle durch die Banken und Zentralbanken. Obwohl die Deutsche Bank den Eurokapitalmarkt mit geschaffen hatte, sah Abs dessen rasches Wachstum kritisch.[14] Wie die Zwischenkriegszeit gezeigt hatte, waren nationale und internationale Ordnungsrahmen kein Allheilmittel, aber seines Erachtens war in den 1970er und 1980er Jahren die Wiederanlage von Kapital allzu leicht geworden, mit der Folge, dass das Risiko von Inkongruenzen zwischen Ausleihungen und Einlagen zugenommen hatte.[15]

Solange Abs bei der Deutschen Bank die Fäden zog, schien der direkte Einstieg der Bank in den US-Markt versperrt zu sein. Selbst ein gemeinsames europäisches Vorgehen bei Investitionen in den USA und anderen Märkten ging ihm zunächst gegen den Strich. Abs war der Ansicht, dass Banken ihre Inlandsmärkte pflegen und Banken in anderen Ländern Wissen und Marktzugang im Wege der Gegenseitigkeit einräumen sollten, genauso wie es Siemens und Gwinner im 19. Jahrhundert getan hatten.[16] Deutschland sollte nicht nur die Lehren aus der Wirtschaftsordnung der Zwischenkriegszeit und ihren schweren Verwerfungen ziehen, sondern auch aus dem gewaltigen Verlust an Volksvermögen nach zwei Weltkriegen.[17] Schließlich unterstützte er einen Plan, der gemeinsame europäische Investitionen in den USA vorsah. Immerhin wäre die Deutsche Bank bei einem Alleingang höheren Risiken ausgesetzt gewesen; im Verbund mit britischen, französischen, belgischen und anderen europäischen Banken durfte sie hoffen, im Fall eines Konflikts mit den USA einer Enteignung zu entgehen. Aber in einer Welt, in der Bankiers Ehrenmänner waren, reichten nach Abs' Dafürhalten Kooperationen und Netze von Korrespondenzbanken aus, damit die Deutsche Bank auf Auslandsmärkten von ihren Stärken in Deutschland profitieren konnte.

Für Abs zerfiel das Bankgeschäft noch immer in ein deutsches und ein nicht-deutsches Segment. Für seine unmittelbaren Nachfolger standen immer weniger mögliche Verluste und immer mehr potentielle Gewinne durch internationale Engagements im Mittelpunkt. Die Wettbewerbsbedingungen veränderten sich. Abs beendete seine Karriere nicht als ein *Man for all Seasons*, sondern als ein überzeugter Privatbankier, dessen Denken und Handeln von überholten ordnungspolitischen Lehren und institutionellen Problemstellungen geprägt war. Es war eine Welt der «Ehrenmänner» mit persönlicher Autorität und Verantwortlichkeit.[18] Doch leider ließ sich die Wirklichkeit nicht länger ins Korsett dieser Vision schnüren, oder wie es einer von Abs' Nachfolgern ausdrückte: Die «Ehrenmänner» aus New York kamen nach Deutschland.[19]

Abs' Nachfolger als Vorstandssprecher, Franz Heinrich Ulrich, fühlte sich weitgehend der traditionellen Strategie der Bank verpflichtet, wie sie Georg Siemens bald nach der Gründung der Bank konzipiert und Abs verwirklicht hatte. Die Kombination von Auslandsgeschäften mit dem inländischen Einlagengeschäft und der Emission von Wertpapieren für deutsche und ausländische Unternehmen auf dem deutschen und dem europäischen Markt – mit der die Deutsche Bank in den ersten vierzig Jahren ihres Bestehens so gut gefahren war – sollte ihr auch in der zweiten Hälfte des 20. Jahrhunderts reiche Erträge verschaffen.[20] All diese Geschäfte stützten sich auf ein dichtes inländisches Filialnetz, enge Beziehungen zur Industrie, gute politische Kontakte und eine dominante Stellung im deutschen Wertpapierhandel sowie ein ausgedehntes Netz an Korrespondenzbanken.[21]

Aber Ulrichs Strategie geriet in ein wachsendes Spannungsverhältnis zu mehreren unangenehmen Entwicklungen. Die neue wettbewerbsintensive Welt globaler Bankgeschäfte erforderte einen erhöhten Kapitaleinsatz für die Sicherung von Inlandsmärkten und den Einstieg in Auslandsmärkte. Obgleich sich das internationale Bankgeschäft seit Ende der 1950er Jahre lebhaft entwickelt hatte, war es auch durch eine Reihe politischer und ökonomischer Krisen erschüttert worden. Die Spannungen während des Kalten Krieges, die Entkolonialisierung, Ölschocks, Stagflation, starke Wechselkursschwankungen und Schuldenberge ergaben neue Geschäftsmöglichkeiten, verursachten aber auch hohe Kosten. Politische Unsicherheiten in vielfältigen Formen bis hin zum Staatsbankrott gehörten wieder zum alltäglichen Wortschatz der Bankiers. Sie erforderten Strategien zur Absicherung vielfältiger Risiken und zur systematischen Berücksichtigung der Richtlinien von überstaatlichen und staatlichen Organisationen sowie von Rating-Agenturen, um Positionen einzuordnen und zu bewerten, sowie die Fähigkeit der Bank, Verluste zu verkraften.[22] Vor allem tätigten viele Kunden der Deutschen Bank in beispiellosem Umfang Auslandsinvestitionen und verlangten von ihren Hausbanken eine multinationale Präsenz und innovative Dienstleistungen.

Die Abwehr inländischer und europäischer Konkurrenten und den gleichzeitigen Einstieg in die großen Kapitalmärkte außerhalb Europas muss die Deutsche Bank als eine wahre Herkulesaufgabe betrachtet haben.[23] Vor diesem Hintergrund drängten Ulrich und seine unmittelbaren Nachfolger auf eine Ausweitung des Auslandsgeschäfts, wobei sie allerdings auf Nummer sicher gingen. Sie achteten darauf, dass nur ein kleiner Teil der Aktiva der Deutschen Bank in den USA gebunden war und dass das Inlandsgeschäft nicht durch ausländische Einflussnahme gestört wurde.

Auf Ulrich folgten mehrere Co-Vorstandssprecher: Wilfried Guth (1976–1985) und F. Wilhelm Christians (1976–1988) und anschließend Christians mit Alfred Herrhausen (1985–1989). Herrhausens Lebensweg verdeutlicht auf dramatische Weise die enge Verflechtung von Politik und Bankwirtschaft. Herrhausen, der vermutlich der in der Öffentlichkeit bekannteste und präsenteste deutsche Manager nach Abs war, wurde am 30. November 1989 ermordet, zwei Monate vor seinem 60. Geburtstag und drei Wochen nach dem Fall der Berliner Mauer. Nur wenige Tage zuvor hatte die Deutsche Bank die Übernahme von Morgan Grenfell angekündigt.

Obwohl einige Quellen darauf hindeuten, dass Alfred Herrhausen in seiner Zeit als Vorstandssprecher der Deutschen Bank größere Investitionen in den USA ungeduldig erwartete, hatten seine Kollegen und er andere Schwerpunkte zu setzen angesichts vieler drängender Fragen, denen sich die Deutsche Bank in aller Welt gegenübersah, wie die Karte hinter ihm auf diesem Foto von 1985 andeutet. Sein plötzlicher Tod bremste wahrscheinlich den Investitionsprozess, doch gewährleistete der im Einvernehmen entscheidende Vorstand der Deutschen Bank, dass die Grundsätze der Strategie, die Herrhausen mitentwickelt hatte, unberührt blieben.

Morgan Grenfell, der britische Nachfolger des Bankimperiums J. P. Morgan, war zwar ein bekannter Markenname und galt als eine der führenden Londoner Merchant-Banken, sie kämpfte jedoch seit vielen Jahren mit Problemen, von denen ihre Beziehung zu den USA nicht das geringste war. Die Abspaltung von Morgan Guaranty im Jahr 1981 ebnete den Weg zum Aufbau ihrer Niederlassung in New York. Im Jahr 1986 kaufte Morgan Grenfell die Brokerfirma Cyrus J. Lawrence Inc., deren Research-Abteilung einen ausgezeichneten Ruf genoss, und eröffnete eine Niederlassung in Tokio; dies waren gewaltige Schritte, die den Einstieg ins international Wertpapiergeschäft flankieren sollten. Doch der Einstieg in den Handel mit Unternehmens- und Staatspapieren erforderte letztlich eine größere Kapitalbasis. Zu dem Zeitpunkt, da die Morgan Grenfell Holding von der Deutschen Bank übernommen wurde, besaß sie – und trotz des Börsenkrachs von 1987, der zwar seinen Tribut forderte, aber nicht das Aus bedeutete – eine anerkannte Marktstellung im allgemeinen Bankgeschäft, in der Vermögensverwaltung und Unternehmensfinanzierung, nicht jedoch in den USA.[24] Nach Aussage einiger Gewährspersonen bei der Bank trugen Herrhausens plötzlicher Tod und die deutsche Wiedervereinigung mitsamt all ihren Folgen für Deutschland und die Deutsche Bank dazu bei, dass die Bank das Potential ihrer Neuerwerbung Morgan Grenfell nicht voll ausschöpfte. Einer der eloquentesten Befürworter einer geschäftspolitischen Neuausrichtung und einer Integration des Emissionsgeschäfts angloamerikanischen Stils innerhalb des deutschen Bankwesens war verschwunden.[25] Hinzu kam, dass der Übernahmevertrag, der von Herrhausen und anderen ausgehandelt worden war, wie üblich eine Fünfjahresfrist vorsah, in der Morgan Grenfell ihre operative Eigenständigkeit behalten sollte, die der britischen Tochter vielleicht außergewöhnliche Zuwachsraten in Geschäftsvolumen und Ertragskraft bringen würde.

Herrhausen, der 1970 in die Deutsche Bank eingetreten war, wurde zum weiteren Vorstandssprecher neben Christians, und nach dessen Ausscheiden der erste alleinige Vorstandssprecher seit Ulrich. Er war eine charismatische Führungspersönlichkeit, redegewandt und freimütig, doch sein entschiedenes Auftreten und seine intellektuelle Schärfe riefen Gegenreaktionen hervor. Der erste Chef der Deutschen Bank, der den Zweiten Weltkrieg nicht als Erwachsener erlebt hatte, fühlte sich nicht in gleicher Weise durch die allgegenwärtige Erinnerung an die Kriegsschuld Deutschlands belastet wie seine Vorgänger und trieb den Eintritt der Deutschen Bank in viele europäische Märkte sowie ihren Einstieg in viele neue Geschäftsbereiche tatkräftig voran. Er war der erste Chef der Deutschen Bank seit 1967, der in Wirtschafts- und politischen Kreisen annähernd das gleiche Ansehen genoss wie Abs, und dies mag mit ein Grund für seine Ermordung gewesen sein. Wie Abs hatte auch Herrhausen dezidierte und wohldurchdachte Ansichten über die richtige Weltordnung und die gesellschaftliche und politische Verantwortung von Führungskräften.[26] Obgleich er nicht das Gefühl hatte, als Deutscher und als Chef der Deutschen Bank auf internationaler Bühne zurückhaltender auftreten zu müssen als seine Konkurrenten, hatte er zum Zeitpunkt seines Todes keine klaren Vorstellungen über die Zukunft der Bank, und er war sich auch nicht sicher, ob sie unter den immer härter werdenden Rahmenbedingungen für internationale Bankgeschäfte mit ihren Konkurrenten mithalten könnte.[27]

Herrhausen und seine Vorstandskollegen wollten die Deutsche Bank zu einem europäischen Giganten machen, der von dem Wegfall von Handels- und Kapitalverkehrsschranken profitieren sollte. Neben Morgan Grenfell erwarb die Deutsche Bank Antoni, Hacker & Co., eine kleine österreichische Privatbank, das Italien-Geschäft der Bank of America; sie erwarb eine Mehrheitsbeteiligung an MDM Sociedade de Investimento, einer Lissabonner Investmentbank, sowie am Banco Comercial Transatlántico, einer mittelgroßen Bank, die die spanische Tochtergesellschaft der Deutschen Ueberseeischen Bank gewesen war. Außerdem erwarb sie H. Albert de Bary & Co., eine auf Außenhandelsfinanzierung spezialisierte Bank mit Sitz in Amsterdam, zu der die Disconto-Gesellschaft enge Geschäftsbeziehungen unterhalten hatte. All dies war Teil des Bestrebens, aus einem nach innen orientierten Finanzinsti-

Hilmar Kopper mit dem Logo der Deutschen Bank etwa zu der Zeit, als er Vorstands-sprecher wurde. Obwohl er bemüht war, die Deutsche Bank in den USA und das In-vestmentbanking amerikanischen Stils voranzubringen, war seine Amtszeit geprägt durch beispiellose Möglichkeiten und Anforderungen innerhalb Europas. Die Wieder-vereinigung Deutschlands, die Öffnung Osteuropas und die Auswirkungen des Maas-tricht-Vertrags zählten zu diesen epochalen Ereignissen, die die Aufmerksamkeit der Deutschen Bank von den USA ablenkten.

tut eine globale Großbank zu schmieden, die ihre Dienstleistungen von Mos-kau bis Montevideo anbieten sollte. Herrhausen, der das Geschäftsmodell der deutschen Banken entschieden verteidigte, wollte die dominante und hoch-profitable Stellung der Deutschen Bank in der stärksten Volkswirtschaft Europas als Sprungbrett benutzen. Um den Verlust der internationalen Ge-schäftsbeziehungen der Deutschen Bank zwischen 1914 und 1957 auszu-gleichen, musste die Bank noch beherzter als ihre europäischen und ameri-kanischen Konkurrenten ausländische Banken aufkaufen. All dies war weder billig noch leicht. Herrhausen musste zu guter Letzt aus konservativen deut-schen Bankiers dynamische Unternehmertypen machen.[28]

Nach Herrhausens Tod lenkte Hilmar Kopper (1989–1997), der 1954 in die Deutsche Bank eingetreten war, die Geschicke der Bank. Er stärkte ihre globale, internationale Ausrichtung. Er war ein in der Wolle gefärbter Deutsch-banker, der versuchte, neben dem traditionellen Kredit- und Depositen-geschäft das Investmentbanking als ein starkes zweites Standbein aufzu-

bauen.[29] Er engagierte und förderte zahlreiche Investmentbanker, aber das
größte von ihm verantwortete Projekt in diesem Bereich, die Übernahme und
Eingliederung von Morgan Grenfell, erfüllte nicht die darin gesetzten Erwartungen. Vielleicht zögerte die Bank noch immer zu sehr. Während seiner
Jahre als Vorstandssprecher war Kopper ständig damit beschäftigt, eine Lösung für das Vermächtnis der Investitionsentscheidungen der Deutschen
Bank in den USA nach dem Zweiten Weltkrieg zu finden.[30]

Das europäische Experiment der Deutschen Bank in den USA

Nach dem Krieg überschatteten ungelöste internationale Finanzstreitigkeiten
und andere Probleme jahrelang das Engagement der Deutschen Bank in den
USA. Zumindest während der 1950er Jahre schienen traditionelle Allianzen
mit Korrespondenzbanken der beste und vermutlich einzig gangbare Weg für
Geschäfte in den USA zu sein. Ihr Netz von Korrespondenzbanken erlaubte
der Deutschen Bank, grenzüberschreitende Überweisungen zu tätigen und
Außenhandelsfinanzierungen für ihre Kunden abzuwickeln, die jedoch schon
bald in allen Ländern mit Ausnahme «exotischer» Länder obsolet wurden.
Nach dem Wiederzusammenschluss der Deutschen Bank und der zunehmenden Bedrohung durch amerikanische Konkurrenten schälte sich immer deutlicher heraus, dass der Einstieg in den US-Markt ein Muss war. Ungeachtet
mancher Probleme im In- und Ausland in der zweiten Hälfte des 20. Jahrhunderts stellten die US-Wirtschaft und die US-Kapitalmärkte die Volkswirtschaften und Kapitalmärkte der übrigen Länder nach wie vor in den Schatten.[31]

Die Deutsche Bank wusste, dass sie ihr Angebot an Finanzdienstleistungen
verändern musste, um im US-Markt Fuß zu fassen. Obgleich das US-Bank-
recht ausländischen Banken über viele Jahre gewisse Vorrechte einräumte,
waren den Auslandsbanken viele Aspekte des rechtlichen Ordnungsrahmens
in den USA ein Dorn im Auge. So ließ sich das Universalbankmodell in den
USA nicht umsetzen, und die US-Regierung suchte nach Möglichkeiten, um
ausländische Banken grundsätzlich stärker zu kontrollieren. Der Einstieg in
den US-Markt hätte sogar das gesamte Geschäftsmodell der Deutschen Bank
bedrohen können. Seit 1933 war den Geschäftsbanken der Wertpapierhandel
verboten; Ausländer durften keinen Börsensitz bei der New York Stock
Exchange erwerben.[32] Abgesehen von den rein rechtlichen Unterschieden
waren abweichende Geschäftsauffassungen von großer Bedeutung. Persönliche Beziehungen und Verpflichtungen, die das deutsche System besonders
kennzeichneten und seine Stärke ausmachten, stellten für Amerikaner allzu
verlockende Gelegenheiten dar, an Insiderinformationen zu gelangen und un-
lautere Gewinne einzustreichen. So wurden etwa objektivierende Bewertun-

gen der Kreditwürdigkeit durch Rating-Agenturen persönlichen Garantien von Bankiers vorgezogen, die enge Beziehungen zu einem Unternehmen pflegten.

Es war für ausländische Banken nicht leicht, das dicht geknüpfte Netz US-amerikanischer Gesetzesvorschriften zu durchschauen. Ihre Entscheidungen über die Art und Weise des Einstiegs in den US-Markt wurden noch immer in hohem Maße nicht nur von der Art des Geschäfts beeinflusst, das sie dort anstrebten, sondern auch von den sich verändernden und überlagernden einzel- und bundesstaatlichen Vorschriften, die sie einhalten mussten. Da sowohl amerikanische als auch europäische Banken ihre ausländischen Niederlassungen kräftig ausbauten, verschärfte sich der Wettbewerb, ebenso jedoch der Druck, sich wechselseitig leichteren Zugang zu den eigenen Märkten zu verschaffen.[33] In den 1960er Jahren erlegte die Federal Reserve ausländischen Banken kaum Beschränkungen auf. Gemäß der Fed durften Auslandsbanken sogar in mehr als einem Bundesstaat Geschäfte tätigen, ein Privileg, das US-Banken nicht genossen, allerdings hatten viele US-Bundesstaaten Gesetze erlassen, die ausländischen Finanzinstituten Geschäfte in mehreren Bundesstaaten gleichzeitig untersagten. Da New York über einen bedeutenden Seehafen und pulsierenden Kapitalmarkt verfügte, wollten die meisten ausländischen Banken ihre Niederlassungen dort eröffnen. Anfang der 1950er Jahre begann der Staat New York die Rechtsformen und die Tätigkeitsfelder für Banken im ausländischen Besitz zu erweitern. So durften beispielsweise Repräsentanzen ausländischer Banken in Tochtergesellschaften umgewandelt werden. Außerdem durften Filialen und Repräsentanzen ausländischer Banken, deren Heimatländer US-Banken die gleichen Rechte einräumten, seit Anfang der 1960er Jahre die meisten Bankdienstleistungen anbieten, die inländischen Instituten erlaubt waren. Die meisten ausländischen Banken wählten diesen Weg, um in den US-Markt einzusteigen, wobei sie ihre Aktivitäten später auf weitere Bundesstaaten ausdehnten, die ähnliche Vorschriften hatten und Bundesstaaten übergreifende Bankgeschäfte erlaubten.[34] Die Hauptgeschäftsfelder der Niederlassungen in New York waren Außenhandelsfinanzierung, Investitionen in Dollar-Papiere am US-Geldmarkt und gewerbliche Kredite. Nur für ausländische Banken, die sich für breite Bankdienstleistungen oder Anlageberatung und Vermögensverwaltung interessierten, bestand ein Anreiz, eine Tochtergesellschaft – und nicht bloß eine Filiale oder Repräsentanz – in New York zu eröffnen. Zwischen 1960 und 1973 entfiel, verständlicherweise, der größte Teil des Wachstums bei ausländischen Banken und Ausleihungen auf Filialen und Repräsentanzen und nicht auf Tochtergesellschaften.[35] Selbst als sich ihr die Gelegenheit zur Eröffnung einer Filiale in New York bot, zögerte die Deutsche Bank mit einem Alleingang.

In den 1970er Jahren führten der Wettbewerbsdruck und die Misserfolge einiger ausländischer Bankinstitute in den USA zu Forderungen nach einer

Reform der rechtlichen Rahmenvorschriften, die die Tätigkeit ausländischer Banken in den USA regelten. Als europäische Banken in den USA immer energischer auftraten, stieg der Druck auf US-Behörden, deren geschäftliche Tätigkeitsfelder einzuschränken oder zumindest einige der Wettbewerbsvorteile, die ihnen nach den US-amerikanischen Rechtsnormen erwuchsen, aufzuheben. Sowohl die Fed als auch die einzelstaatlichen Bankenaufseher erweiterten und verschärften ihre Kontrollen.[36] Als die US-Bundesregierung und 25 US-Bundesstaaten die Rechtsform der Holdinggesellschaft zuließen, nutzten viele ausländische Banken in den 1970er Jahren diese Gesellschaftsform, um ihre Beteiligungen effizienter zu steuern. Dies erlaubte ihnen die Erweiterung ihres Niederlassungsnetzes über die Grenzen eines Bundesstaates hinaus (*interstate banking*), verwehrte ihnen jedoch Investitionen in Nicht-Bankgeschäfte.[37] Der International Banking Act von 1978 brachte einige grundlegende Veränderungen hinsichtlich der Rechtsstellung von Auslandsbanken in den USA. Dieses Gesetz erlaubte ihnen, Bundeskonzessionen zu beantragen, und beseitigte einige Beschränkungen, denen sie bis dato bei der Übernahme von *national banks* – von einer Bundesbehörde konzessionierte US-Geschäftsbanken – unterlagen. Das Gesetz legte überdies Mindestreservepflichten für US-Filialen und Repräsentanzen von Auslandsbanken mit weltweiten Aktiva von über einer Milliarde US-Dollar fest. Die Filialen von Auslandsbanken in den USA erhielten ferner Zugang zur Einlagensicherung; sofern sie im Privatkundengeschäft tätig waren, wurde die Einlagensicherung sogar zwingend vorgeschrieben. Die bis dahin Auslandsbanken offenstehende Möglichkeit, ihr Filialnetz über die Grenzen eines Bundesstaates hinaus zu erweitern, wurde eingeschränkt. Am wichtigsten für die künftige Gestalt der Organisationsstruktur der Deutschen Bank in den USA war vermutlich der Umstand, dass jene Vorschriften des Bank Holding Company Act, die Banken untersagten, Beteiligungsgesellschaften im Nichtbanken-Sektor zu halten, auf Filialen, Repräsentanzen und Finanzierungsgesellschaften ausgedehnt wurden.[38]

Ungeachtet der Komplexität und der Änderungen der Rechtsvorschriften auf Bundesebene und auf Ebene des Bundesstaats New York übte die Weltfinanzhauptstadt noch immer eine schier unwiderstehliche Anziehungskraft aus. Deutsche Exporteure brauchten in den USA Außenhandelsfinanzierungen und andere Dienstleistungen. Deutsche Firmen mit US-Tochtergesellschaften benötigten auf US-Dollar lautende Finanzierungsinstrumente, um sich von der Kapitalknappheit in Deutschland zu befreien und gegen ihr langfristiges Wechselkursrisiko abzusichern. Deutsche Unternehmen, von denen etliche in den USA unbekannt waren, hatten in diesem Land kaum Zugang zu bestimmten Formen der Fremdfinanzierung wie etwa Commercial Papers und Privatplatzierungen von Schuldtiteln. Viele brauchten Beratung im Hinblick auf Gepflogenheiten und Normen im US-amerikanischen Geschäftsverkehr.[39] Die Unerlässlichkeit einer Ausweitung des Auslandsgeschäfts zeigt sich auch darin, dass 1974 ein Drittel des gesamten Geschäftsvolumens und der Bilanzsumme der Deutschen Bank außerhalb Deutschlands erwirtschaftet wurde. Dennoch spiegelte sich die Bedeutung, die das Auslandsgeschäft mittlerweile hatte, weder in der Organisationsstruktur noch im Personalbestand der Deutschen Bank wider.[40]

In Anbetracht dieser breitgefächerten (aufsichts-)rechtlichen Probleme und politischen Risiken, die mit den Geschäftschancen verbunden waren, ist es daher nicht weiter verwunderlich, dass sich viele Banken, darunter die Deutsche Bank, die Dresdner Bank und die Commerzbank, bei ihren Auslandsinvestitionen Kooperationsvereinbarungen zuwandten. In den 1960er Jahren und Anfang der 1970er Jahre wurden solche Kooperationsvereinbarungen im Finanzsektor zu einer bevorzugten Strategie, um mit der Vielzahl von Problemen und Chancen umzugehen. Einige davon, aber nicht alle, hingen mit den USA zusammen, so etwa der Konkurrenzdruck durch amerikanische Institute in Europa, die europäische Integration im Dienstleistungssektor sowie Kapitalengpässe und aufsichtsrechtliche Beschränkungen.[41] Die Ziele dieser Bankengruppen wurden mit hochtrabender europäischer Rhetorik verbrämt. Sie wollten gewissermaßen im europäischen Bankwesen die gleiche Geisteshaltung erzeugen, die die fortschreitende politische und ökonomische Integration im Rahmen der EWG kennzeichnete.[42] Die Kooperationsbemühungen der Deutschen Bank begannen 1963 mit informellen Gesprächen mit anderen europäischen Banken (Europäischer Beratungsausschuss), die schließlich zu mehreren Gemeinschaftsunternehmen führten, zwei davon allein in den USA.[43]

Die Deutsche Bank war eines der ersten Finanzinstitute, das eine Allianz mit anderen europäischen Banken einging. Obgleich Abs nicht sonderlich angetan war von der Idee, gemeinsam mit anderen europäischen Banken in den US-Markt einzusteigen, sah er das ganze Projekt doch als Beginn einer Fusion von Banken inner- und außerhalb Europas.[44] Schon 1965 wies Abs darauf hin, dass es entscheidend darauf ankomme, gesamteuropäische Unternehmen in Schlüsselsektoren wie dem Bankwesen zu schaffen, wenn der europäische Traum Wirklichkeit werden solle.[45] In diesem Punkt bestand im Vorstand der Deutschen Bank in den sechziger Jahren Einvernehmen.[46] Während Abs 1965 einer Währungsintegration noch skeptisch gegenüberstand, begannen er und andere Entscheidungsträger 1970 nicht nur eine Währungsunion – eine alternative Reservewährung zum Dollar –, sondern auch einen einheitlichen Markt, ein einheitliches Steuersystem und sogar ein einheitliches Bankensystem sowie die Schaffung europäischer Großunternehmen ernsthaft zu erörtern.[47] Wie die anderen Allianzen war auch das Projekt des Konsortiums zwar geprägt von beschwörenden rhetorischen Floskeln über die europäische Einigung, dafür fehlte es ihm aber an klaren geschäftspolitischen Zielen. Ungeachtet der allgemeinen Euphorie, die diese Vorhaben bis in die siebziger Jahre hinein begleitete, verfehlten sie ihre hochgesteckten Ziele. Das Geschäftsmodell scheiterte zum einen deshalb, weil keine der Banken, nicht einmal die Deutsche Bank, voll und ganz dahinterstand; zum anderen vielleicht auch deshalb, weil die europäische Integration nicht zu einer nennenswerten Konsolidierung im Bankensektor führte. Wie die Europäische Gemeinschaft selbst litten diese Bündnisse unter der Asymmetrie zwischen verbindlichen Zwischenzielen und Meinungsverschiedenheiten über die endgültigen Zielsetzungen.[48] Zehn Jahre nach dem Einstieg des Gemeinschaftsunternehmens in den US-Markt hielt die Deutsche Bank Ausschau nach alternativen Möglichkeiten, ihr US-Geschäft voranzubringen.

Im Jahr 1963 erklärte die Deutsche Bank, Europa müsse ein gemeinsames Kreditinstitut für Auslandsgeschäfte aufbauen, das sein Kreditnetz über die nationalen Grenzen Europas hinaus erweitern würde. Neben dem europäischen Idealismus sprachen auch praktische Erfordernisse des operativen Geschäfts für ein gemeinsames Vorgehen. Da immer mehr Kunden mittel- und langfristige Exportkredite und andere Dienstleistungen nachfragten, schienen die bestehenden Beteiligungen der Deutschen Bank etwa an der Ausfuhrkredit-Aktiengesellschaft für gegenwärtige und erst recht für künftige Bedürfnisse nicht mehr auszureichen.[49] Die Bank betonte, dieses neue Bündnis werde bestehende Geschäftsbeziehungen und Vereinbarungen mit Korrespondenzbanken nicht beeinträchtigen. Zu Beginn gehörten der Allianz, die nach fünfjährigen Verhandlungen gegründet wurde, vier Banken an (Amsterdamsche Bank, Banque de la Société Générale de Belgique, Midland Bank und Deutsche Bank). Koordiniert werden sollten die Geschäfte durch den Europäischen Beratungsausschuss. Abs und Ulrich vertraten darin die Deutsche Bank.[50]

Im Jahr 1967 kündigte die Bank endlich das erste konkrete Projekt der Gruppe an, eine europäische Bank für mittelfristige Kredite – bis zu einer Laufzeit von sieben Jahren – (Banque Européenne de Crédit à Moyen Terme, der ursprüngliche Name der BEC). Aufgrund von Entwicklungen im Weltwährungssystem und Ausgleichszahlungen im Zahlungsverkehr mit den USA florierte das Geschäft der Bank. Mittlerweile war die Gruppe auf sieben Banken angewachsen.[51] Zehn Jahre nach ihrer Gründung war die BEC am Eurokapitalmarkt recht aktiv. Sie spielte eine führende Rolle bei 39 internationalen Kreditkonsortien und beteiligte sich an 51 weiteren, die ein Gesamtvolumen von 9,5 Milliarden Dollar hatten.[52]

Im Jahr 1967 gab der Europäische Beratungsausschuss auch seine Absicht bekannt, im Jahr darauf gemeinsam eine Bank in New York zu gründen. Die Deutsche Bank, die Amsterdam-Rotterdam Bank (Amro Bank, die 1964 aus der Fusion zweier niederländischer Banken hervorgegangen war), die Midland Bank und die Société Générale de Belgique hielten Beteiligungen an diesem Institut. Tatsächlich übernahm die Gruppe zwei Tochtergesellschaften der belgischen Bank, die bereits in New York tätig waren und ihren Ursprung in der 1921 eröffneten Niederlassung der Banque Belge pour l'Étranger, Brüssel, einer Zweiggesellschaft der Société Générale de Belgique hatten. 1952 hatte die belgische Bank die Niederlassung in zwei Tochtergesellschaften nach dem Recht des US-Bundesstaates New York umgewandelt: die Belgian-American Bank Corporation, eine Geschäftsbank, und eine Treuhandgesellschaft für das Einlagengeschäft.[53]

Schon unter belgischer Führung waren die Banken, obwohl sie unzureichend unterstützt worden waren, wichtige Akteure in New York. Unter den fünf Tochterunternehmen von Auslandsbanken rangierten sie zusammen an zweiter Stelle, gleich hinter Schroder.[54] Im Jahr 1964 entfiel auf die 23 Filialen, die 24 Repräsentanzen und die fünf Tochterunternehmen von Auslandsbanken bereits ein Kreditvolumen von 4,6 Milliarden Dollar, was 8 Prozent des New Yorker Marktes entsprach, so dass sie insgesamt etwa die Größe der Bankers Trust Company hatten. Aber diese Summe war trügerisch. So stammten etwa 70 Prozent ihrer Einlagen von ihren Muttergesellschaften. Ein Großteil ihrer kurzfristigen Kredite ging an Wertpapierhändler oder diente der Außenhandelsfinanzierung. Wie bei ihren Pendants in Europa entfiel das Gros des US-Geschäfts der Auslandsbanken auf Transaktionen mit Tochtergesellschaften von Firmen aus ihren Heimatländern. Nur wenigen gelang es, im eigentlichen amerikanischen Kreditmarkt Fuß zu fassen. Laut Analysen der Deutschen Bank diente die Gründung von Tochtergesellschaften im Ausland vor allem dem Zweck, die Wettbewerbssituation des Mutterunternehmens zu stärken, indem sie Kunden im Heimatland berieten, die in den USA investierten, indem sie an den Export- und Investitionsentscheidungen von Kunden mitwirkten, indem sie Devisen handelten, indem sie schon lange bestehende Beziehungen zu Korrespondenzbanken festigten und, vielleicht am merkwürdigsten, indem sie andere amerikanische Banken zu Geschäften im europäischen Markt ermunterten.[55]

Die Teilnehmer hatten ehrgeizige, aber wohlbegründete Ziele. Das Gemeinschaftsunternehmen sollte nicht nur Tochtergesellschaften europäischer Kunden betreuen, sondern auch Kontakte zu amerikanischen Unternehmen knüpfen, die Geschäfte in Europa planten. Sowohl das reine US-Geschäft als auch Zentralbanken-Devisengeschäfte wollte man an sich ziehen. Die europäischen Partnerbanken brachten gemeinsam 20 Millionen Dollar für die Aktien der beiden US-Auslandstochterbanken auf, die in European American Bank Corporation (EABC) und in European American Bank & Trust Corporation (EABTC) umbenannt wurden.[56]

Die Zwei-Banken-Konstruktion gab dem Projekt einen gewaltigen Wettbewerbsvorteil. Beide Banken wurden nach dem Recht des Bundesstaates New York gegründet, und jede der Mitgliedsbanken hielt eine Beteiligung in glei-

Klaus Jacobs, Karl Klasen und Franz Heinrich Ulrich (v.l.n.r.) bei der Eröffnungsfeier der EAB-Banken in New York 1968.

cher Höhe. EABTC war als eine Bank tätig, die das Einlagengeschäft und die treuhänderische Wertpapierverwaltung ausüben durfte, jedoch strengen Beschränkungen bei der Kreditvergabe unterlag. Die EABC dagegen durfte keine Einlagen entgegennehmen, keine Girokonten anbieten oder als Treuhänder fungieren, hatte dafür aber viel höhere Kreditlinien. Die EABTC konnte der EABC Darlehen zur Verfügung stellen, die ihrerseits Kredite an Firmenkunden ausreichen durfte. Dank der Zwei-Banken-Konstruktion konnte das Gesamtgebilde Einlagen kostengünstig hereinnehmen und diese zu weit höheren Zinsen und mit nur wenigen Einschränkungen ausleihen. Es gab nur wenige «Article 12»-Gesellschaften, wie dieses New Yorker Gesetz genannt wurde, und die US-Notenbank, die diese Konstruktion allmählich bedenklich – oder zumindest unübersichtlich – fand, drohte regelmäßig damit, dem Bundesstaat New York, der in den 1970er Jahren allmählich dazu überging, mehr Banken mit dieser Konstruktion zuzulassen, die Regelungskompetenz zu entziehen.[57] Die Mitarbeiter arbeiteten für beide Banken. Sie saßen im selben Büro und schoben sich gegenseitig die Akten zu, je nachdem, welche Bank ein bestimmtes Geschäft abwickeln sollte. Die EABTC war Mitglied der Fed, während die EABC gemäß der Besitzstandsklausel von der gesetzlichen Neuregelung ausgenommen wurde und daher mit Wertpapieren handeln durfte. Obwohl andere Banken wie Schroder die gleiche Konstruktion nutzten, traten die EAB-Banken an die Spitze, was das Geschäftsvolumen anlangt;[58] sie lagen ungefähr gleichauf mit Chase Manhattan und Citibank.[59] (Die beiden Tochtergesellschaften wurden schließlich 1978 zu einer Holdinggesellschaft verschmolzen. Im Weiteren werden sie EAB bezeichnet, sofern die Unterscheidung für die Darstellung nicht von Belang ist.)

Innerhalb von zwei Jahren verbuchten die beiden Banken Aktiva in Höhe von 439,8 Millionen Dollar, was einer Verdopplung gegenüber Mai 1968 entspricht, als die Banken restrukturiert worden waren; außerdem hatten sie eine Tochtergesellschaft auf den Bermudas und eine Niederlassung auf den Bahamas gegründet. Angesichts dieser Erfolge schien der Europäische Beratungsausschuss geneigt, neue Gemeinschaftsprojekte anzupacken.[60]

Während der zehnjährigen Zusammenarbeit bauten die Partnerbanken ein weitverzweigtes internationales Netz auf. Einschließlich der Partnerbanken selbst, der Gemeinschaftsunternehmen und ihrer gemeinsamen Tochtergesellschaften, Niederlassungen und Minderheitsbeteiligungen war das Konsortium fast flächendeckend präsent. Bis 1973 hatte der Europäische Beratungsausschuss weitere Mitglieder aufgenommen, sich in die European Banks' International Company (EBIC) umstrukturiert, die Geschäfte der BEC (Banque Européenne de Crédit) ausgeweitet und diese umbenannt, und begonnen, Jahresabschlüsse zu veröffentlichen.[61] Die Gruppe hatte 1973 in London eine Merchant Bank gegründet und mehrere weitere Gemeinschaftsprojekte angestoßen, mit jeweils unterschiedlichen Beteiligungen der Mitgliedsbanken.[62] Die Mitgliedsbanken hatten zusammengenommen eine Bilanzsumme von 87,7 Milliarden Dollar, 9350 Filialen und fast 178000 Mitarbeiter. 1973 hatte die EAB allein eine Bilanzsumme von 1,7 Milliarden Dollar.[63]

Die Aktivitäten der EAB bestanden zum großen Teil darin, Firmenkunden aus den Heimatländern der beteiligten Banken zu beraten. Die EAB-Banken hatten eine eigene Deutschland-Abteilung, hauptsächlich um Kunden der Deutschen Bank in den USA Finanzierungs-, Consulting- und anderen Dienstleistungen anzubieten.[64] Im Jahr 1974 beispielsweise brachten die Banken einen Leitfaden über Direktinvestitionen in den USA heraus. Das Buch enthielt Beiträge von Beratungsfirmen und Anwaltskanzleien und behandelte Fragen wie die möglichen Rechtsformen für den Einstieg in den US-Markt, die Wahl des Standorts, kartellrechtliche Vorschriften und Steuersätze – sowie eine Fülle von Fakten wie Arbeitskosten, Art und Umfang von Importen, Wachstumsraten einiger Branchen – und natürlich Finanzierungsmöglichkeiten, ein Kapitel, das verständlicherweise von Mitarbeitern der Banken geschrieben wurde.[65]

Das Personal setzte sich aus entsandten Mitarbeitern der europäischen Banken und amerikanischen Arbeitskräften zusammen. Klaus Jacobs wurde als erster Vertreter der Deutschen Bank nominiert. Quasi von heute auf morgen musste er Visum-Anträge ausfüllen und sich für den Aufenthalt in New York bereit machen.[66] Das Unternehmen wurde von Paul Verhagen geleitet, einem Belgier, der für Merrill Lynch gearbeitet hatte. Ihm standen vier Executive Vice Presidents zur Seite; einer davon war Jacobs, der von 1968 bis 1977 für die EAB arbeitete. Verhagens Nachfolger war Harry Ekblom, ein Amerikaner, der von Chase Manhattan kam. Er blieb bis Anfang der 1980er Jahre in dieser Position; ihm folgte Ray Dempsey nach, ein Experte für Unternehmenssanierung.[67] Im Board of Directors – alle Tochtergesellschaften hatten eigene Boards, in denen jedoch teilweise dieselben Mitglieder saßen – waren die Mitgliedsbanken in der Regel mit hochrangigen Führungskräften vertreten. So entsandte die Deutsche Bank Klasen und Ulrich.[68] Zusätzlich zu Jacobs – der sich, statt nach Deutschland zurückzukehren, 1973 entschied, in den USA zu bleiben, und schließlich unter dem Chairman Ekblom zum geschäftsführenden Direktor der EAB aufstieg – entsandte die Deutsche Bank einige ihrer besten Nachwuchskräfte in das New Yorker Büro der EAB.[69] Nachdem Michael Rassmann fünf Jahre lang – als Nachfolger von Jacobs – persönlicher Assistent von Abs gewesen war, stieß er in New York zu Jacobs. Er arbeitete 14 Jahre bei der EAB, davon neun als Executive Vice President, Mitglied des Board of Directors und Leiter des deutschen Referats.[70]

Doch die Deutsche Bank ging von Anfang an in den USA auf Nummer sicher. Da die EAB nicht das Investmentbanking-Problem der Deutschen Bank lösen konnte, ließ sich diese auf ein weiteres Joint Venture ein. Ungeachtet der Erfolge und der rhetorischen Bekenntnisse zur EAB schuf die Deutsche Bank 1971 mit der UBS Corporation ein Gemeinschaftsunternehmen für internationale Börseneinführungen. Im gleichen Jahr hatten die EAB-Banken Aktiva von über einer Milliarde Dollar und ein Kreditvolumen von 833 Millionen Dollar, die überwiegend an Tochtergesellschaften europäischer Firmen in den USA ausgereicht worden waren. Allein auf deutsche Unternehmen entfielen 1,5 Milliarden DM (400 Millionen Dollar).[71] Doch solange US-Gesetze der Verbindung des Kredit- und Einlagengeschäfts mit dem Wertpapieremissionsgeschäft enge Grenzen setzten, musste die Deutsche Bank ihre Tochtergesellschaften weitgehend getrennt halten. Sie nutzte auch deshalb Gemeinschaftsunternehmen, weil dadurch die lästigen Vorschriften über Bank-Holdinggesellschaften des Staates New York und des Bundes, die die Verflechtung einer Geschäftsbank mit einer Investmentbank untersagten, teilweise ausgehebelt werden konnten.[72] Dennoch blieb der Erfolg der EAB durchwachsen.

Obgleich sich die EAB zunächst darauf konzentrierte, die Kunden ihrer Mitgliedsbanken mit inländischen Bankdienstleistungen in den USA zu unterstützen – wobei sie hauptsächlich amerikanischen Tochterfirmen europäischer Unternehmen Finanzierungen zur Verfügung stellte –, stieg sie, entsprechend ihren ursprünglichen Zielen, schon bald in weitere Geschäftsfelder ein.[73] Die Partnerbanken boten Kunden über Offshore-Niederlassungen Euromarktanleihen, Hypothekarkredite, nicht handelbare Anleihe und Handels-

Betreuer des deutschen Geschäfts bei der EAB (um 1972): Michael Rassmann (links) und Ellen Ruth Schneider-Lenné, die später die erste Frau im Vorstand der Deutschen Bank wurde. Die dritte Person ihr gegenüber ist unbekannt.

abwicklungen sowie die Annahme von Einlagen an. Die EAB eröffnete zum Zweck der Kreditvergabe und zur Kontaktpflege mit bestehenden amerikanischen Kunden auch Filialen in Kalifornien, die aber keine eigene Rechtspersönlichkeit hatten.[74] Die Liste der Firmenkunden der EAB war lang und vielfältig. Unter anderem allein etwa 150 Tochtergesellschaften deutscher Unternehmen waren darauf zu finden, denen sie ein breites Spektrum von Leistungen offerierte, unter anderem revolvierende Kreditlinien, Kreditbriefe und kurzfristige Kredite. Einige Kreditlinien beliefen sich auf beachtliche 20 Millionen Dollar.[75] Ihre Finanzmittel stammten aus Einlagen, von ihren Anteilseignern und aus der Begebung kurzfristiger Schuldtitel am Geldmarkt, zu dem sie sich ohne Garantien der Muttergesellschaft Zugang verschaffte. Die EAB legte eine festverzinsliche Anleihe mit zehnjähriger Laufzeit und einem Volumen von 20 Millionen Dollar für eine Versicherungsgesellschaft auf, und sie stieg in weitere Bankgeschäfte ein. Von ihrer Zentrale in der Wall Street 52 aus hatten die beiden EAB-Banken zwar eine weitreichende Unabhängigkeit erreicht, nicht aber jene Präsenz, die sich die Deutsche Bank erhofft hatte.[76]

Eigenständigkeit und Diversifizierung schufen Führungsprobleme. Ende der 1970er Jahre gerieten die Erträge durch Abschreibungen und notleidende Kredite unter Druck. Einige der Abschreibungen hingen mit Krediten an Schwellenländer zusammen, einige mit der Übernahme und Integration der Franklin National Bank, einer New Yorker Privatkundenbank, durch die EAB (genauer gesagt EABTC). Franklin war infolge fehlgeschlagener Devisengeschäfte öffentlich versteigert worden. Mit dieser Akquisition trat die EAB 1974 ins US-Privatkundengeschäft ein.

In vielerlei Hinsicht war der Kauf für die EAB ein gutes Geschäft. Auch wenn Franklin eine Menge notleidender Kredite im Bestand hatte, räumte die Vereinbarung mit der US-Bundeseinlagenversicherung der EAB eine kurze Frist ein, in der die EAB sämtliche Ausleihungen von Franklin zurückweisen konnte, die als zu riskant galten. Durch das Filialnetz von Franklin mit etwa 100 Zweigstellen, überwiegend auf Long Island, konnte die EAB ihr Aktivgeschäft verstärkt durch Privatkundeneinlagen finanzieren und musste weniger auf die teuren Euromarktkredite zurückgreifen, die damals im Gegensatz zu heute viel kostspieliger waren als die Finanzierung mit Privatkundeneinlagen.[77]

Mit dieser breiteren Basis gehörte die EAB zu den 25 größten Banken in den USA, aber Franklin vermachte ihr zahlreiche Probleme. Die Führung des größeren Unternehmens erwies sich als schwieriger denn erwartet.[78] Die Gewinne sanken bis zum Jahr 1978, als die beiden Firmen über eine Holdinggesellschaft verschmolzen wurden, die European American Bancorp (EAB). Sowohl die EAB als auch die Deutsche Bank wurden getrennt in einen Zivilprozess hineingezogen, in dem es um einen Konsortialkredit an ein Tankerunternehmen (Colocotronis) ging. Ursprünglich von der Deutschen Bank an die EAB vermittelt, verlor das Tankerunternehmen aufgrund von Misswirtschaft einen Großteil seiner langfristigen Leasingverträge. Die lückenhafte Dokumentation der Verträge durch die EAB erschwerte die gerichtliche Verfolgung ihrer Interessen.[79] Obgleich es zu einem außergerichtlichen Vergleich kam, minderten die Abschreibungen und Zahlungen an die Kläger bis 1978 die Erträge der EAB. Außerdem trat mindestens ein leitender Manager zurück. Auch wenn einige der Kredite zurückgezahlt wurden, konnten nur die Akquisition vieler neuer Kunden und ein Personalabbau die EAB wieder in die Gewinnzone bringen.[80]

Dennoch setzte die EAB auch Ende der 1970er und Anfang der 1980er Jahre ihren Expansionskurs fort. In Luxemburg eröffnete sie eine Niederlassung für den Devisenhandel und das Eurokapitalmarktgeschäft, in New York eine Wagniskapitalgesellschaft und in Chicago und Miami Tochtergesellschaften. Sie wurde als erste Auslandsbank 1978 in die New York Clearing House Association aufgenommen und stieg in neue Geschäftsfelder ein, auch wenn sie von den Aufsichtsbehörden gezwungen wurde, ihre Niederlassungen in Kalifornien zu schließen. Doch insbesondere infolge ihrer Expansion über Miami nach Südamerika handelte sich die EAB viele neue Problemkredite ein.[81]

Das Kosten-Nutzen-Verhältnis für die Deutsche Bank schien nicht zu stimmen. Die BEC und die Luxemburg-Tochter der Deutschen Bank machten sich bei der Vergabe von Euromarktkrediten an amerikanische Kunden, die über die EAB geleitet wurden, gegenseitig Konkurrenz. Die EAB musste sowohl mit der BEC als auch mit der Deutschen Bank Luxemburg Geschäfte tätigen und ihren Gewinn gemäß vorherigen Absprachen aufteilen, auch wenn die Umsätze von deutschen Kunden und der Deutschen Bank beigesteuert wurden. Die EAB und die Deutsche Bank spielten eine Schlüsselrolle bei der Wiederanlage von Euromarkteinlagen und der wertpapiermäßigen Unterlegung von Euromarktkrediten.[82] Im Jahr 1973 galt die Deutsche Bank als die mit Abstand stärkste Partnerbank. Die meisten der ausländischen Mitarbeiter bei der amerikanischen Bank kamen von der Deutschen Bank. Die große Stärke der deutschen Volkswirtschaft erforderte einen Ausbau der Präsenz deutscher Banken in den USA. In Anbetracht ihres flächendeckenden Filialnetzes in Deutschland, das Einlagen sammelte, und von Firmenkunden, die neue Ansprüche stellten, benötigte die Deutsche Bank eine höhere Kapazität, um Finanzmittel zu steuern und ihr Dienstleistungsangebot auszuweiten.[83] Einige Deutsche bei der EAB waren der Ansicht, der Beitrag der Deutschen Bank zu dem Joint Venture sei so groß, dass ihr eigentlich eine 50-prozentige Beteiligung zustünde.[84]

Außerdem waren einige weitere Schwächen des Gemeinschaftsprojekts unübersehbar. Allzu viele Entscheidungen mussten auf der Ebene des Gremiums beraten werden, in dem Topmanager der Mutterbanken saßen. Zwar hatte man sich darauf verständigt, dass immer ein Amerikaner die Position des CEO bekleiden sollte, doch bei den monatlichen Sitzungen des Spitzengremiums trafen die Europäer viele Entscheidungen. Ohne eine einheitliche Bankstruktur in Europa verschärfte sich die Konkurrenz zwischen den Mitgliedsbanken. Die Partnerbanken koordinierten ihr europäisches Geschäft kaum. Die zumindest von deutschen Managern erhoffte Fusion fand nicht statt. Nach der Entstehung des Euroeinlagenmarktes wurde ein Großteil der riesigen Summen, die in den Jahren der Ölkrise erwirtschaftet worden waren, über europäische Banken, insbesondere in Luxemburg, und nicht über New York wieder angelegt. Das Privatkundengeschäft und andere Bankfunktionen entwickelten weder eine amerikanische Identität noch profitierten sie in nennenswerter Weise von ihren europäischen Wurzeln. Obgleich die EAB mit amerikanischen Großunternehmen wie General Motors, Ford, Chrysler, DuPont, Rockwell International und Honeywell zusammenarbeitete, waren, bis zum Kauf von Franklin, 70 Prozent der Kunden Europäer, von denen wiederum ein Drittel von deutschen (Deutsche-Bank-)Kontakten stammten. Auch nach dem Kauf von Franklin waren noch 50 Prozent des Kundenstamms Europäer, und viele der amerikanischen Firmenkunden unterhielten Geschäftsbeziehungen zur EAB nur wegen ihrer europäischen Kontakte und ihres Zugangs zum Eurokapitalmarkt. Obgleich die Atmosphäre am Arbeitsplatz sehr international war und das Team gut zusammenzuarbeiten schien – angetrieben von dem Wunsch, ein wahrhaft europäisches Institut zu schaffen –, war die EAB kaum in der Lage, die Bedürfnisse neuartiger Marktteilnehmer wie Pensionsfonds und Hedge-Fonds zu befriedigen. Ebenso wenig hatte sie der Deutschen Bank den erwünschten Einstieg ins Investmentbanking verschafft. Insbesondere bei Aktienemissionen fehlten ihr noch immer weitgehend Kompetenz und Kapazität. Auch einige deutsche Kunden wollten wissen, wo die Deutsche Bank in den USA stand. Immer mehr Stimmen in Frankfurt forderten, die Deutsche Bank solle sich dort aus eigener Kraft eine starke Position verschaffen. Etliche Beobachter und auch Mitarbeiter der Bank hielten die Joint-Venture-Strategie einer der weltweit größten Banken in einem der größten Kapitalmärkte der Welt bestenfalls für ungewöhnlich.[85]

Von der Doppelstrategie zum integrierten Unternehmen

Als die Deutsche Bank endlich 1977 ihre Absicht, über die schon lange gemunkelt wurde, bekanntgab, eine Filiale zu errichten, versetzte dies dennoch vielen innerhalb und außerhalb der Bank einen Schock. Die bei einer Board-Sitzung unterrichteten Partnerbanken sollen perplex gewesen sein. Viele Vertreter der Deutschen Bank bei der EAB waren überrascht, einige fühlten sich sogar verraten.[86] Dennoch müssen die Partner und Mitarbeiter geahnt haben, dass etwas im Gang war. Obwohl die Führungsspitze der Deutschen Bank sich nicht vorschnell in eigenständige Auslandsinvestitionen stürzen wollte und erklärte, sie wolle am EBIC-Konzept festhalten, wurde die Eröffnung einer Filiale in den USA 1977 öffentlich in der Presse diskutiert. In einigen anderen Ländern hatte die Bank derartige Vorhaben bereits in die Tat umgesetzt.[87] Schon allein das Ausmaß der europäischen Investitionen in den USA schien nach einer größeren Präsenz zu verlangen.[88]

Über ein Jahr nach der Ankündigung wurde die Filiale Realität. Am 15. Juli 1978 erhielt die Deutsche Bank die Konzession der Bankenaufsichtsbehörde des Staates New York, eine nicht der Einlagensicherungspflicht unterliegende Filiale eines ausländischen Bankinstituts zu gründen, die im April 1979 ihr Geschäft aufnahm.[89] Im Jahr 1982 folgten Zweigniederlassungen in Los Angeles und Chicago. Die Eröffnung einer eigenen US-Geschäftsstelle sollte auch dazu dienen, die Beziehungen zu den US-Banken zu stärken – weniger zu deren Kunden – und deutsche Geschäftsinteressen besser zu vertreten, auch wenn dies die Deutsche Bank in Konkurrenz zur EAB brachte. Die Deutsche Bank erklärte damals, sie habe nicht die Absicht, ihre Beteiligung an der EAB zu verkaufen oder zu verringern, aber es sei wichtiger geworden, unter ihrem eigenen Namen aufzutreten. Außerdem sah die Deut-

Blick auf die Skyline von Manhattan mit dem weiß umrandeten Gebäude, in dem die Filiale der Deutschen Bank bis 1989 untergebracht war.

sche Bank in der Filiale eine Gelegenheit, ausländische Anleger für die Aktie der Deutschen Bank zu interessieren und diese Aktionäre besser zu pflegen. Der Prozentsatz ihrer Aktien im Besitz von Ausländern war bereits auf beachtliche 20 Prozent gestiegen.[90] Die Entscheidung hatte anscheinend nichts mit der lateinamerikanischen Schuldenkrise zu tun, von der viele Banken überrascht wurden, oder mit den Kreditausfällen bei Franklin, sondern vielmehr mit dem Wunsch, die Marktstellung der Deutschen Bank in den USA zu stärken und in allen größeren Märkten unter eigenem Namen präsent zu sein. Die Deutsche Bank behauptete, sie verfolge mit der eigenen Filiale und dem Gemeinschaftsunternehmen eine Doppelstrategie, aber es war vielen von Anfang an klar, dass diese Vorgehensweise nicht besonders sinnvoll war. Obgleich eine der Aufgaben der New Yorker Filiale angeblich darin bestand, den Bedarf an Devisen, Krediten und Außenhandelsfinanzierungen für deutsche Kunden zu decken, zogen viele der deutschen Unternehmen die EAB wegen ihres umfassenden Dienstleistungsangebots vor.[91]

Die Filiale hatte mit vielen weiteren Hindernissen zu kämpfen. Obgleich Abs schließlich die Entscheidung mitzutragen schien – er war mit dem gesamten Vorstand der Bank zur Eröffnung nach New York gereist –, wurde sie in Frankfurt mit gemischten Gefühlen aufgenommen. Jüngere Führungskräfte der Deutschen Bank hatten zwar gewisse Vorbehalte gegen das EAB-Konzept, unterstützten die US-Niederlassung jedoch auch nur halbherzig.[92] Detlev Staecker, der sowohl die Repräsentanz in Sydney als auch die Filiale in London eröffnet hatte, wurde mit dem Auftrag nach New York entsandt, dort das Gleiche zu tun. Er hatte zwar Erfahrung, aber nur wenige Mitarbeiter. Über zehn Jahre lang besaß die Deutsche Bank kein strukturiertes Programm für die Entsendung und Betreuung von Mitarbeitern im Ausland.[93] Schlimmer noch, Staecker erhielt von Frankfurt keine klaren Vorgaben, was die langfristigen Ziele der Filiale anlangte. Und die wenigen Anweisungen, die er erhielt, schienen oftmals widersprüchlich zu sein. Die Zentrale behandelte das operative Geschäft der Auslandsniederlassung noch immer so, als wäre es Teil des Inlandsgeschäfts. Obwohl die Deutsche Bank die erste US-Dollar-Anleihe in Australien aufgelegt hatte, wollte man in Frankfurt die alten Produktlinien der Bank aus Deutschland am Markt durchsetzen. Offenbar hatte niemand einen schlüssigen Plan, wie der phänomenale «Markenname» der Deutschen Bank verwertet werden konnte.[94] Einige hatten sogar den Eindruck, der Vorstand erwarte von den Managern in der Filiale und bei der EAB, dass sie gemeinsam eine Strategie zur Lösung der Probleme erarbeiteten.[95]

Obgleich die Filiale angeblich amerikanische Firmen betreuen sollte, war sie angewiesen, keine Kunden von der EAB abzuwerben. Die beiden Unternehmen konkurrierten miteinander um Kunden sowohl in den USA als auch in Deutschland. Die deutschen Kunden der EAB sollten bei der EAB bleiben, es sei denn, sie erklärten ausdrücklich ihren Wunsch, mit der Filiale zusammenzuarbeiten. Das Konfliktpotential lag auf der Hand. Die Filiale tätigte Geschäfte mit Hoechst und Daimler, aber nur «auf Ersuchen». Eine Zeit lang wechselten Manager bei den beiden Vertretungen der Deutschen Bank kaum ein Wort miteinander. Die Führungsspitze in Frankfurt hatte die Teams bei der EAB und bei der Filiale in New York in eine unhaltbare Position manövriert. Die Filiale durfte bei der EAB keine Mitarbeiter abwerben, und nur wenige junge deutsche Manager waren fähig oder gewillt, für die Filiale in New York zu arbeiten. Praktisch alle versierten Fachkräfte der Deutschen Bank mit USA-Erfahrung waren für die EAB tätig,[96] während Staecker die Niederlassung mit nur drei Mitarbeitern eröffnete. Auch wenn die Zahl der Angestellten bis 1980 auf 50 anwuchs, brauchte er mehr Personal aus Deutschland. Aufgrund der straffen Kontrolle durch die Zentrale waren für das operative Geschäft Mitarbeiter notwendig, die gute Kontakte nach Frankfurt hatten, Menschen, die wussten, an wen sie sich wenden konnten. Staecker war sogar gezwungen, für kurze Zeiträume Mitarbeiter von außerhalb der USA leihweise einzustellen.[97]

In diesem spezifischen Problem spiegelten sich allgemeine Schwierigkeiten wider, die die Deutsche Bank belasteten. Herrhausen beklagte, dass nur wenige Mitarbeiter der Bank bereit seien, Positionen im Ausland zu übernehmen. Hans-Otto Thierbach, der für das Auslandsgeschäft zuständig war, pflegte zu sagen, der Unterschied zwischen Barclays und der Deutschen Bank bestehe darin, dass Barclays fast eintausend Führungskräfte mit internationaler Erfahrung habe, während die Deutsche Bank praktisch keine habe.

Die Deutsche Bank hatte noch immer eine stark zentralisierte Führungsstruktur. Zunächst waren die Kreditlinien der New Yorker Filiale auf 2 Millionen Dollar beschränkt, was für den US-Markt eine winzige Summe war. Jeder Kredit, der diese Grenze überstieg, musste von zwei Frankfurter Abteilungen – der Kredit- und der Auslandsabteilung – genehmigt werden, in denen Manager, die sich auf dem US-Markt kaum auskannten, die Entscheidungen trafen. In Frankfurt begriff man nicht, dass es einen Unterschied zwischen dem individuellen Ausfallrisiko und dem Marktrisiko gab. Und Verzögerungen waren kostspielig.[98]

Auch wenn der Filialstatus die Bank rechtlich mit einer inländischen Geschäftsbank gleichstellte und ihr den Devisenhandel und die Außenhandelsfinanzierung erlaubte, gab es weiterhin aufsichtsrechtliche Probleme. Da die Einhaltung von Rechtsvorschriften in den USA auf mehreren Zuständigkeitsebenen überwacht wird, musste die Filiale Berichte bei der US-Notenbank, der New Yorker Bankenaufsicht, beim US-Finanzministerium, bei der US-Bundeseinlagenversicherung, der Deutschen Bundesbank, den US-amerikanischen und deutschen Steuerbehörden und der Zentrale der Deutschen Bank einreichen. Es ist daher nicht verwunderlich, dass die Deutsche Bank einen Juristen entsandte. Aufgrund des Glass-Steagall-Gesetzes musste die Filiale einen deutlichen Abstand vom Investmentbanking-Bereich der Deutschen Bank in den USA, der Atlantic Capital, halten. Zwar war es möglich, dass Staecker dem Chef der Atlantic Capital, Barthold von Ribbentrop, «zufällig» über den Weg lief, doch die US-Rechtsvorschriften verlangten, dass die beiden Konzerngesellschaften der Deutschen Bank vollständig voneinander abgeschottet sein mussten. Erst als die US-Notenbank in den späten 1980er Jahren die Vorschriften von 1933 lockerte und die Deutsche Bank in die Neuregelung einbezog, durften die beiden Vertretungen der Deutschen Bank ihre Geschäftstätigkeit koordinieren.[99]

Einige der aufsichtsrechtlichen Probleme waren internationaler Natur. Basel I zwang die Banken dazu, ihre Engagements in kurz- und mittelfristigen Krediten und Akkreditiven zurückzuführen; beides waren stabile und profitable Geschäfte der Deutschen Bank. Als eine Filiale wurde die New Yorker Niederlassung der Deutschen Bank, nicht aber die EAB in die konsolidierten Rechenwerke gemäß den Berichtspflichten von Basel I aufgenommen. Wie die meisten Bankbetriebe war die Deutsche Bank in New York aus diesem Grund im Bürgschafts- und Syndizierungsgeschäft tätig.[100]

Es gab noch weitere geschäftspolitische und verfahrenstechnische Reibungsflächen mit der Zentrale. Die Filiale wollte der Ansprechpartner für kleine und mittelgroße amerikanische Finanzinstitute und deren Versorgung mit Kreditbriefen und Commercial Papers sein. Diese Banken und Versicherer waren so klein, dass sie keine eigenen Kontakte hatten. Bis Ende der 1980er Jahre untersagte jedoch eine Geschäftsrichtlinie der Deutschen Bank die Übernahme von Bürgschaften für Kredite anderer Finanzinstitute, die in Deutschland als Konkurrenten angesehen wurden.[101] Aus diesem Grund durfte die Filiale in den USA keine Geschäfte mit ihnen machen.

Grundsätzlich mangelte es vielen deutschen Führungskräften in Frankfurt am rechten Verständnis der Probleme in den USA, aber auch neuer Chancen, die sich in den 1980er Jahren auftaten. Einige Streitpunkte rührten daher, dass sich die Struktur der Märkte und die erforderlichen organisatorischen Anpassungen in New York und Frankfurt unterschieden. In Frankfurt verstand man wenig vom Management der Unternehmenspassiva, der kurzfristigen Finanzierung durch Commercial Papers in verschiedenen Währungen. Dieses Geschäft war in New York von großer Bedeutung. Im Jahr 1992 engagierte Staecker sogar einen Fachmann, John Ross, der für das amerikanische Geschäft ein entsprechendes System aufbauen sollte, aber er hatte in Frankfurt keinen Ansprechpartner, mit dem er hätte zusammenarbeiten können. Als die Bedeutung von Derivaten ständig zunahm, kam es zu Auseinandersetzungen über die Frage, ob Börsenhändler in New York, die blitzschnell Entscheidungen treffen mussten, die Frankfurt nicht kontrollieren konnte und gelegentlich nicht verstand, an der kurzen Leine geführt werden sollten. 1995 wurde Ross schließlich nach Frankfurt entsandt, um dort ein Passiva-Management amerikanischen Stils aufzubauen.[102]

Im Jahr 1986 florierte das Geschäft der Filiale mit langfristigen Krediten, und sie war besonders stark bei Devisengeschäften, einem Bereich, in dem die Deutschen und andere Europäer im Allgemeinen hervorragende Ergebnisse erzielten. Die amerikanischen Banken schienen sich in dieser Zeit weniger für Außenhandelsfinanzierungen zu interessieren, aus denen der Devisenhandel hervorgegangen war. Mittlerweile verfügte die Filiale über ausgezeichnete Devisenhändler.[103] Zu den Kunden der Niederlassung zählten viele berühmte amerikanische Unternehmen wie zum Beispiel Woolworth, Mobil, International Harvester, John Deere, AT&T, ITT, General Motors, Ford und Continental Can. Die Erfolge bei diesen amerikanischen Kunden beruhten größtenteils, wenn auch nicht zur Gänze, auf deren Geschäften und Beziehungen zur Deutschen Bank in Deutschland.[104] Mittlerweile war auch ein erheblicher Teil des rein deutschen Geschäfts auf die New Yorker Filiale übertragen worden.[105]

Die Deutsche Bank wollte ihre Präsenz in New York weiter ausbauen. Allmählich entspannten sich die Personalprobleme. Zwischen Deutschland und den USA sowie Niederlassungen in anderen Ländern wurde der Austausch von Mitarbeitern organisiert. Schließlich arbeiteten etwa 120 Deutsche je-

1979 wurden Detlev Staecker (Mitte) und Hans J. Buhr (links) in der Filiale der Deutschen Bank in New York für einen Beitrag im Mitarbeitermagazin interviewt.

weils für eine bestimmte Zeit in den amerikanischen Unternehmensbereichen, von denen später viele in Führungspositionen bei der Deutschen Bank aufstiegen.

Einige Amerikaner wurden nach Deutschland entsandt; einer leitete sogar eine deutsche Filiale.[106] Ungeachtet des Börsenkrachs Ende 1987 erweiterte die Deutsche Bank Capital Corporation 1988 ihr Wertpapierhandelsgeschäft und stieg in neue Geschäftsfelder ein wie die Immobilienverwaltung, die Immobilienfinanzierung und Fusionen und Übernahmen (M&A). Im Jahr 1988 gründete sie auch eine 100-prozentige Tochtergesellschaft, die Deutsche Bank Government Securities, die sich auf den Handel mit US-Staatspapieren spezialisierte. Nach einem verlustreichen ersten Jahr hoffte das Management dadurch, dass man sich als Primärhändler für US-Schuldtitel profilierte, die 41 Mitarbeiter zählende Konzerntochter in die Gewinnzone zu führen.[107] Doch ungeachtet all dieser voneinander unabhängigen Unternehmen der Deutschen Bank fand man, wenn man Mitte der 1980er Jahre im New Yorker Telefonbuch die Deutsche Bank nachschlug, nur den Eintrag «EAB».[108]

Zu dieser Zeit erkannten die meisten Vorstände, dass die Doppelstrategie der Deutschen Bank zum Scheitern verurteilt war. 1984 forderte Herrhausen von seinen Kollegen eine Entscheidung. Während er, Christians und Guth sich in den 1980er Jahren die Zuständigkeiten für verschiedene Bereiche des US-Geschäfts teilten, war es Herrhausen – oder einer seiner Mitarbeiter –, der 1984 in einem Exposé den Vorstand eindringlich aufforderte, entweder das gesamte Joint Venture zu kaufen oder aus der EAB auszusteigen.[109] Entweder sollte die Deutsche Bank die Kontrolle über die EAB übernehmen und die Filiale darin aufgehen lassen, oder sie sollte ihre Beteiligung an der EAB verkaufen und sich auf die Filiale konzentrieren.[110] Der Anstoß dazu mag auch von einer Aktennotiz ausgegangen sein, die der Leiter des Investmentbanking der Deutschen Bank in den USA schrieb. Er vertrat die Auffassung, das Glass-Steagall-Gesetz werde in Zukunft immer weniger angewandt und viele Beschränkungen für Bank-Holdinggesellschaften würden ebenfalls wegfallen. Falls die gesetzlichen Beschränkungen für das *interstate banking* – die Erweiterung des Filialnetzes über die Grenzen eines Bundesstaates hinaus – ebenfalls gelockert würden, sei die Deutsche Bank nicht länger gezwungen, ihr Universalbank-Geschäftsmodell über Joint Ventures umzusetzen. Statt in den USA weiterhin nur in der zweiten Liga zu spielen, könne sie dort aus eigener Kraft ein Geschäft von Weltformat aufbauen.[111] Kurz, in dem Maße, wie die gesetzlichen Beschränkungen für das Investment- und das Commercial Banking für Tochtergesellschaften und Filialen in den USA gelockert würden, werde die Notlösung mit einer Holdinggesellschaft und eigenständigen Tochtergesellschaften an Bedeutung verlieren. Die Veränderungen der rechtlichen und wirtschaftlichen Rahmenbedingungen entgingen den Partnern der Deutschen Bank in den USA nicht. Mehrere Jahre lang lieferten sich die Partner eine Art Katz-und-Maus-Spiel, bei dem sie sich gegenseitig im Ungewissen darüber ließen, ob sie ihre Anteile an der EAB abstoßen oder vielmehr aufstocken wollten. Niemand wollte sein Interesse an einem Ausstieg offen bekunden, aus Angst, seine Verhandlungsposition zu schwächen.[112]

Im Jahr 1988 verkaufte die Deutsche Bank ihren EAB-Anteil in Höhe von 23,15 Prozent an ihren niederländischen Partner, Amro,[113] der an die Deutsche Bank herangetreten war. Die Transaktion wurde nicht nur in bar, sondern auch durch den Tausch einiger ausländischer Tochtergesellschaften abgewickelt.[114] Der Verkauf der Beteiligung traf, wie zuvor die Eröffnung der Filiale, die deutschen EAB-Mitarbeiter schwer. Sie hatten zehn Jahre lang mit einem spannungsgeladenen, unbefriedigenden Kompromiss gerungen. Zudem war das Gemeinschaftsunternehmen ohne die Deutsche Bank nicht existenzfähig. Die meisten anderen Mitgliedsbanken trafen schon bald die gleiche Entscheidung. Das Bündnis löste sich auf, und obgleich heute nur noch zwei der sechs Mitgliedsbanken eigenständig sind, liegt die Verwirklichung des Traums von einer «europäischen Bank» noch immer in weiter Ferne.

Die Entscheidung löste viele Probleme. Trotz ihrer Enttäuschung verhielten sich die EAB-Mitarbeiter sehr professionell. Die alten Reibungen schienen zu verschwinden, so, als hätte es sie nie gegeben. Michael Rassmann und ein oder zwei weitere Deutsche wechselten zur Filiale der Deutschen Bank, einige gingen zurück nach Deutschland. Rassmann war verantwortlich für die schwierige Aufgabe der Integration der Abteilung für deutsche Geschäfte innerhalb der EAB – mitsamt den Kreditlinien und dem Kundenstamm (über 200 Kunden) – in die Filiale. Es dauerte sechs Monate und soll glatt über die Bühne gegangen sein.[115]

Die Deutsche Bank hielt in New York an dem deutschen Führungssystem mit mindestens zwei gleichrangigen Filialleitern fest. Bald nach Staeckers Ankunft in New York im Jahr 1978 folgte ihm Hans Buhr; die beiden teilten die Verantwortlichkeiten innerhalb der Bank untereinander auf. Staecker war für Kreditrisiko-Management und Personal zuständig, Buhr für das Firmenkunden- und das internationale Geschäft (Devisenhandel). Gemeinsam betreuten sie den Kundenstamm, indem sie die Kundenliste alphabetisch aufteilten. Im Jahr 1979 wurden die 40 Mitarbeiter auf neun Abteilungen aufgeteilt, die von Staecker und Buhr geleitet wurden.[116] Mitte der achtziger Jahre stieß Helmut von Natzmer zu ihnen, der für Organisationsfragen zuständig war. Nach seiner Ankunft wurde die Liste der Kunden auf die drei Geschäftsführer verteilt. Natzmer sollte sich auch um die anhaltenden Probleme der Deutschen Bank mit Datenverarbeitungssystemen kümmern. IBM war beauftragt worden, ein integriertes System für sämtliche Geschäftsbereiche der Deutschen Bank zu entwickeln, weil jeder Bereich der Bank noch immer mit einem eigenen System arbeitete. Für die Deutsche Bank, die ein stark zentralisiertes Unternehmen war, war die Integration der EDV-Systeme mit erheblichen Kosten verbunden, aus Gründen der effizienteren Kontrolle war sie jedoch unumgänglich. Wie bei den meisten Unternehmen kannten sich zu wenige Mitarbeiter mit den komplexen Prozessen und Anforderungen aller Märkte aus. Die Anpassung des Handelssystems an den US-Markt war ein Albtraum,[117] gehört aber zu den typischen Anfangsschwierigkeiten eines Unternehmens, das sich stärker international ausrichtet und gleichzeitig bestrebt ist, die langfristigen Kosten- und sonstigen Vorteile leistungsfähiger elektronischer Programme auszuschöpfen.

Die Integration der Mitarbeiter und Aktivitäten der EAB ging mit mehreren organisatorischen Veränderungen einher und traf zeitlich mit weiteren Umstrukturierungen zusammen. Buhr kehrte zurück nach Deutschland, und Rassmann übernahm seine Rolle im «Triumvirat».[118] Die Filiale begann auch, Kunden verschiedenen Abteilungen zuzuordnen, um sich auf die spezifischen Bedürfnisse von Unternehmen in verschiedenen Branchen zu konzentrieren.

Im Dezember 1986 hielt sie Einlagen in Höhe von 1,5 Milliarden Dollar und hatte 550 Firmen Kreditlinien im Volumen von insgesamt 3,1 Milliarden Dollar zur Verfügung gestellt; dies war eine Verdopplung gegenüber dem Vorjahr. Gegenüber deutschen Kunden stellte die Filiale ihre Fähigkeit heraus, das gesamte Spektrum von Dienstleistungen, das diese aus Deutschland kannten, anzubieten. Aber die Akquisition neuer Kunden erwies sich hier als schwierig. Im Jahr 1987 unterhielten 13 deutsche Finanzinstitute Niederlassungen in New York.[119]

Im Jahr 1989 verlegte die Deutsche Bank ihren Sitz ins nördliche Manhattan. Obwohl die verschiedenen amerikanischen Geschäftseinheiten der Deutschen Bank – die Filiale, die Deutsche Bank Capital Markets Corporation und ihre Leasinggesellschaft – formaljuristisch noch immer eigenständig waren, wurden sie jetzt unter einem Dach zusammengeführt. Das neue Bürogebäude, das von Shearson Lehman Hutton gemietet wurde, bot genügend Platz für mehr als 700 Angestellte. Bei der feierlichen Einweihung des neuen Geschäftssitzes schmückte eine deutsche Flagge, die Apollo 15 auf dem Flug zum Mond im Jahr 1971 an Bord gehabt hatte, die Räumlichkeiten.[120] Einigen Beobachtern mag die hundertjährige Reise der Deutschen Bank von der Gründung von Edison General Electric bis zur Eröffnung des neuen Gebäudes kürzer vorgekommen sein.

Mit der gesammelten Erfahrung der übernommenen deutschen Mitarbeiter der EAB und des Personals ihrer Filiale baute sich die Deutsche Bank eine große Kundenbasis aus US-Unternehmen und deutschen Tochtergesellschaften auf, denen sie Geldmarktfinanzierungen, Commercial Papers und Anleihen, Devisentransaktionen und Dienstleistungen des Investmentbanking anbot. Insbesondere beim Devisenhandel hatte die Deutsche Bank nach wie vor eine starke Stellung, aber auch das Privatkundengeschäft gewann an Bedeutung.

Das neu bezogene Gebäude, das alle US-Aktivitäten der Deutschen Bank mit ihren 858 Mitarbeitern zusammenführte, wurde praktisch vollständig von der Deutschen Bank belegt. Im Jahr 1989 steuerte die US-Niederlassung bereits 7 Prozent zum Gesamtumsatz beziehungsweise 21 Prozent zum Auslandsertrag der Deutschen Bank bei. Der Zinsertrag erreichte 38,7 Millionen Dollar, die Gebühren- und Provisionserträge beliefen sich auf 18,2 Millionen Dollar, und die Geschäftsbereiche Außenhandelsfinanzierung und Devisenhandel erlösten 9,1 Millionen Dollar; insgesamt steuerte das US-Geschäft 22,7 Millionen Dollar zum Konzerngewinn bei. Die deutschen Kontakte bildeten die Grundlage für diesen Erfolg, sie legten ihrer Geschäftstätigkeit jedoch auch gewisse Beschränkungen auf und führten vielleicht zu höheren Ertragserwartungen. Aufgrund der engen Geschäftsbeziehungen zu bestimmten Kunden wie Philip Morris sah sich die Filiale genötigt, auf bestimmte einträgliche Geschäfte zu verzichten, bei denen sie einen Interessenkonflikt sah, wie etwa bei zahlreichen Kapitalbeschaffungen für Firmenübernahmen (*leveraged buyouts*).[121] Zudem hielten einige Verantwortliche in Frankfurt die Ertragsperspektive der New Yorker Filiale für noch immer recht kläglich.[122]

Eine neue Strategie für die 1990er Jahre

Es ist wohl ein Gemeinplatz, festzustellen, dass 1990 einen Wendepunkt für die Deutsche Bank, Deutschland und die Welt markierte, aber Gemeinplätze enthalten oftmals mehr als ein Körnchen Wahrheit. In jenem Jahr wurden Ost- und Westdeutschland nach vierzigjähriger Teilung wiedervereinigt. Der Kalte Krieg fand ein jähes Ende, und das Wiedererstarken der USA verblüffte viele Europäer. Im Jahr zuvor war der Vorstandschef der Deutschen Bank ermordet worden, und die Deutsche Bank hatte die Londoner Merchant Bank Morgan Grenfell erworben. Gemessen an vielen Vergleichsmaßstäben nahm die Wettbewerbsfähigkeit der Deutschen Bank in den 1990er Jahren ab. Doch am Ende dieses Jahrzehnts hatte sie große Fortschritte gemacht, eine Führungsrolle im internationalen Bankgeschäft zurückzugewinnen. (Vgl. die Rangliste der Banken im Anhang.)

Wie für viele Finanzinstitute war die Globalisierung auch für die Deutsche Bank ein zweischneidiges Schwert. Zwar schufen Globalisierung und Deregulierung mehr Geschäftsmöglichkeiten für Banken, sie beseitigten jedoch auch Eintrittsschranken in Heimatmärkte. Neue Konkurrenten drangen in vordem geschützte nationale Märkte und Sektoren ein und bedrohten bis dato stetig fließende Ertragsquellen.[123] Viele Finanzinstitute mussten eine Schmälerung ihrer Gewinne in ihren traditionellen Kerngeschäften hinnehmen.[124] Die Einführung des Euro beispielsweise verringerte vorübergehend das Volumen der Devisentransaktionen, ein Geschäftsfeld, in dem die Deutsche Bank Ende der 1990er Jahre eine Spitzenstellung innehatte.[125] Internationale Rechtsvorschriften beeinträchtigten vielfach die Fähigkeit von Banken, ertragsträchtige Geschäftsbeziehungen im Inland zu pflegen.[126] Mit zunehmender Kapitalmobilität und neuen, großen internationalen Marktteilnehmern wurden auch verstärkt Forderungen nach einer internationalen Regulierung der Finanzmärkte laut.[127] Viele europäische Banken, deren Gewinn aufgrund der Krisen Ende der 1990er Jahre, schwacher Handelsergebnisse und niedrigerer Wachstumsprognosen in Kernbankgeschäften stark unter Druck geraten war, zogen sich auf ihren Heimatmarkt und auf einige Auslandsgeschäfte zurück, um Kapital für lukrativere Projekte freizusetzen.[128]

1990 hatten die amerikanischen Aufsichtsbehörden auch Beschränkungen für Commercial Banks, die sich im Investmentbanking betätigen wollten, gelockert. So wurde es für US-Finanzinstitute leichter, spezialisierten US-Investmentbanken und nicht-amerikanischen Universalbanken auf diesem Geschäftsfeld Konkurrenz zu machen. Eine Gruppe globaler Akteure wie Citigroup, Merrill Lynch, Morgan Stanley (später Morgan Stanley Dean Witter) und Goldman Sachs hatte im Emissionsübernahmegeschäft mit ihren europäischen und japanischen Konkurrenten gleichgezogen oder diese sogar übertroffen. Diese Institute boten komplexe weltweite Dienstleistungen für Firmen- und Privatkunden an, nahmen Einlagen herein, boten Research-Leistungen an und fungierten als Marktführer für Neuemissionen und Folgeplatzierungen.[129] Außerdem hatten Firmenkunden in wachsendem Maße direkten Zugang zu den Kapitalmärkten, und die Dienstleistungen, die sie selbst anboten, machten sie mitunter selbst zu bankähnlichen Instituten.[130]

Obwohl – oder vielleicht auch weil – die USA eine Schlüsselrolle hinsichtlich des Wandels der Finanzmärkte spielten, bot der US-Markt besondere Chancen, aber auch Hindernisse. Ohne eine gewichtige Präsenz in diesem Markt drohten die Banken in vielen Segmenten des Kapitalmarkts in eine Zuschauerrolle zu geraten. Ende der 1990er Jahre war die Kapitalisierung des US-Aktienmarkts größer als die Börsenkapitalisierung aller japanischen, deutschen und britischen Aktiengesellschaften zusammengenommen. Und auf den US-Rentenmarkt entfielen zwei Drittel aller weltweit in Umlauf befindlichen Anleihen.[131] Noch 1997 stand die Deutsche Bank Securities Inc. im Wertpapierhandel international nur an 20. Stelle, und ihre Kapitalausstattung betrug nur 3 Prozent von der des größten Rentenhändlers, Merrill Lynch.[132] Zudem lag die Deutsche Bank im Privatkundengeschäft in den USA und auch in den meisten europäischen Ländern hinter vielen Konkurrenten wie Hongkong and Shanghai Banking Corporation (HSBC) und Citibank zurück. Obwohl die Deutsche Bank im Geschäft mit vermögenden Privatkunden stark war – ein lukratives Geschäft, das jedoch wegen seiner Ertragsstärke und Diskretion unter starkem Wettbewerbs- und aufsichtsrechtlichen Druck stand –, betreute sie mit 180 Milliarden Dollar weniger als die Hälfte des Vermögens, das der Marktführer UBS verwaltete, benötigte dazu aber eine Zahl von Mitarbeitern, die 70 Prozent derjenigen der UBS entsprach.[133]

1990 schien sich außerdem eine neue Welle von Fusionen im internationalen Finanzsektor abzuzeichnen. Aufgrund der Marktliberalisierung und eines stärkeren internationalen Wettbewerbs waren die Bilanzsummen der Banken in einigen Ländern schneller gewachsen als das Bruttosozialprodukt. Die größeren Banken kämpften mit rückläufigen Erträgen und Problemkrediten. Einige Banken prüften verschiedene Abhilfemaßnahmen: Kapitalerhöhungen, eine bessere Kreditwürdigkeitsprüfung und eine risikogerechtere Gestaltung der Kreditkonditionen, die Straffung des Auslandsgeschäfts, neue Dienstleistungen, Kostensenkung und die Konzentration auf Nischen. Die deutschen Banken hatten zwar ihre Kapitalrentabilität in den 1980er Jahren behauptet, ihre Bewertungen, einschlielich jener in Deutschland, waren jedoch im Vergleich zu Gesamtmarktindizes zwischen 1975 und 1990 erheblich gesunken.[134]

Wie erwähnt, erwarb die Deutsche Bank 1989 für 950 Millionen Pfund die restlichen 95 Prozent der Aktien von Morgan Grenfell. Die Entscheidung war eine Folge der Erkenntnis, dass ertragsträchtige Innovationen aus den USA über England nach Europa kamen. Vermutlich übernahm man eine Londoner Bank, weil man nicht den Mut hatte, gleich den großen Sprung ans Ufer des Hudson zu wagen. Es war ein Schritt in Richtung des Weltfinanzzentrums, das alle maßgeblichen Trends im Finanzdienstleistungsbereich vorgab. Die Deutsche Bank sicherte sich dadurch hochkarätige Finanzmarktspezialisten, die sich bestens im Investmentbanking angloamerikanischer Prägung auskannten. Aber es fehlte ihr noch immer an jungen deutschen Fachkräften, die sowohl die internationale Sprache des Bankgewerbes als auch die nationale Sprache des deutschen Mittelstands beherrschten.[135]

Aber die Übernahme erfüllte nicht die in sie gesetzten Erwartungen. Einige meinten, der größte Fehler sei es gewesen, Morgan Grenfell als eigenständige Konzerngesellschaft fortzuführen. Doch nach Aussage Koppers hätte die Integration von Morgan Grenfell in die übrigen Geschäftsbereiche der Deutschen Bank den sehr unternehmerischen Geist des Investmentbanking und die hohen Erträge, die sich die Deutsche Bank aus der Übernahme erhoffte, gefährdet. Viel enttäuschender war die Schwäche von Morgan Grenfell in den USA und Kontinentaleuropa, insbesondere im Aktiensegment, das die Schwachstelle der Deutschen Bank war und ein Markt, der bald nach dem Kauf einen Höhenflug erlebte.[136] Morgan Grenfell verdiente zwar viel Geld, doch der Einfluss auf die Kultur der Deutschen Bank insgesamt war gering. Die Deutsche Bank wusste, wie man Kundenbeziehungen pflegt, sie gehörte zu den Marktführern in Europa sowie bei der Emission und beim Handel mit festverzinslichen Wertpapieren sogar zur Weltspitze, aber bei Aktienemissionen war sie weit abgeschlagen. Wie die Deutschen insgesamt hatte auch die Deutsche Bank keine Aktienkultur entwickelt, die, wie einige Führungskräfte allmählich erkannten, in Zukunft als Ertragsbringer immer mehr an Bedeutung gewinnen würde. Die Neuorientierung würde weitreichende Veränderungen nicht nur in der Unternehmensstruktur und -strategie der Deutschen Bank, sondern im deutschen Wirtschaftsleben überhaupt erfordern. Die Konkurrenten und auch die Kunden der Deutschen Bank lösten sich aus den engen Hausbank-Beziehungen und wandten sich zusehends Emissionsausschreibungen und Geschäftsbeziehungen zu, die dem Grundsatz «Entgelt für Leistung» folgten. Die Vermeidung von Interessenkonflikten und die Vergrößerung des Marktes zwangen die Deutsche Bank dazu, ihre Beteiligungen an Firmen, zu denen sie Geschäftsbeziehungen unterhielt, und die Zahl an Aufsichtsratsmandaten, die ihr Insiderkenntnisse verschafften, abzubauen.[137] Kurzum, Kopper führte die Deutsche Bank mit einem ganz anderen Geschäftsmodell und auch einer völlig gewandelten Geschäftsstrategie für den US-Markt in eine neue Ära, ein Modell, das dem internationalen Wettbewerb und Turbulenzen an den Finanzmärkten gerecht werden sollte.

Die Konkurrenten stiegen in viele neue beziehungsweise erneuerte Dienstleistungen ein. In dem Maße, wie sich die Ängste vor der Zahlungsunfähigkeit von Schwellenländern legten, entstand Anfang der 1990er Jahre ein Sekundärmarkt für Anleihen von Entwicklungsländern. Bis 1997 wuchs dieser Markt auf 6 Billionen Dollar an, bevor er ein paar Jahre später zurückging. Der Handel mit umgeschuldeten Anleihen, sogenannten Brady-Bonds, von Argentinien, Brasilien, Bulgarien, Ecuador, Mexiko, Nigeria, Panama, Peru, den Philippinen, Polen und Venezuela explodierte förmlich, bis die Asien- und die Russland-Krise die Begeisterung dämpften.[138] Die Welle der Restrukturierungen von Unternehmen, die in den USA in Form von Übernahmen Hochkonjunktur hatten, weil man darin ein neues Allheilmittel für sinkende Unternehmensgewinne sah, schwappte nach Europa hinüber. Doch Europa hatte seine eigene, besondere Form der Restrukturierung, die umfangreiche Privatisierung vieler der größten Unternehmen Europas. Auch die Nachfrage nach Finanzierungskonzepten für institutionelle Großkunden und Finanzderivaten stieg sprunghaft an. Von 1986 bis 1996 wuchs der Markt für Derivate um das Fünfzehnfache. Allein in Europa erhöhte sich ihr Volumen von 13 Milliarden Dollar auf 2,83 Billionen Dollar.[139] Veränderungen der gesetzlichen Rahmenbedingungen und des Sparverhaltens der privaten Haushalte führten dazu, dass Gelder in Billionenhöhe von einfachen Sparkonten in Pensions- oder Investmentfonds flossen – bis 1995 insgesamt 2,4 Billionen Dollar –, deren Verwaltung entweder ein neues Geschäftsfeld oder zumindest eine neue Quelle zur Entwicklung des Investmentbanking traditioneller Banken war.[140]

Angesichts all dieser Marktentwicklungen lief das letzte Jahrzehnt des 20. Jahrhunderts für die Deutsche Bank nicht gut. Von Dezember 1989 bis Dezember 1998 stieg der Kurs ihrer Aktie nur um ungefähr 46 Prozent, was einem kumulativen Jahressatz von weniger als 4 Prozent entspricht, und dies trotz starker Weltaktienmärkte.[141] Abgelenkt durch viele Probleme – die deutsche Wiedervereinigung war dabei nicht das geringste –, schien die Deutsche Bank in den 1990er Jahren ihre einstige Spitzenstellung am Markt weitgehend verloren zu haben. Einige waren der Ansicht, dass sich in diesem Zeitraum die dritte Runde der Amerikanisierung der deutschen Wirtschaft vollzogen habe. Die amerikanischen Kapitalmärkte wirkten wie ein Magnet auf alle Arten ausländischer Kapitalanlagen. Dort nicht entsprechend stark vertreten zu sein kam einer Aufgabe dieses geschäftspolitisch so wichtigen Feldes gleich. 1990 gehörte die Deutsche Bank, gemessen an den Aktiva, nicht zu den 25 größten Auslandsbanken in den USA. Auf dieser Liste standen 16 japanische, zwei britische, zwei französische Banken und jeweils eine Bank aus vier anderen Ländern. Einige der Auslandsbanken hatten über 10 Niederlassungen in den USA.[142] Die Deutsche Bank erkannte, dass ihre Schwäche in den USA ein gewaltiges Handikap für ihre internationalen Bestrebungen und Strategien war.

Die Erweiterung und Vertiefung der «Freihandelszonen» wirkte sich auch auf die internationale Stellung der Deutschen Bank aus. Neben den Veränderungen in den USA schuf auch ein veränderter Rechtsrahmen des europäischen Bankensektors in den 1990er Jahren neue Chancen und Herausforderungen für die Deutsche Bank, die sich letztlich auch auf ihr US-Geschäft auswirkten. Entsprechend dem Grundsatz, dass alle Schranken für den freien Waren-, Dienstleistungs- und Kapitalverkehr in der Europäischen Gemeinschaft (Europäischen Union) fallen sollten, gewährte die 1989 erlassene Zweite Bankrichtlinie allen Banken innerhalb der Europäischen Gemeinschaft automatisch das Recht, in allen anderen Ländern der Gemeinschaft Niederlassungen zu eröffnen. Diese automatische Konzession sollte auch Banken aus Ländern zustehen, die europäischen Banken das gleiche Recht einräumten. Die Richtlinie gab den Anstoß zu einer Fusionswelle in Europa. Seit Inkrafttreten der neuen Richtlinie übernahm die Deutsche Bank Banken in Österreich, Italien, den Niederlanden, Portugal und Spanien. Ein Jahrzehnt später versprach auch der Euro das innereuropäische Bankgeschäft durch vereinfachte Transaktionen zwischen den Teilnehmerstaaten zu fördern. Das Nordamerikanische Freihandelsabkommen machte ebenfalls eine Ausweitung der Bankgeschäfte möglich, indem es US-amerikanischen und kanadischen Banken Zugang zum mexikanischen Markt gewährte.[143] Das Ausmaß grenzüberschreitender und multinationaler Bankgeschäfte sowie eine Reihe von Bankzusammenbrüchen und Skandalen verstärkten in weiten Kreisen den Eindruck, dass Finanztransaktionen international strenger reguliert werden sollten. Das Inlands- und das Auslandsgeschäft von Häusern wie der Deutschen Bank wäre dadurch erschwert worden.

Ungeachtet einer gewissen Deregulierung war das Geschäft von Auslandsbanken in den USA noch immer nicht leicht. Viele US-Tochtergesellschaften von Auslandsbanken arbeiteten mit Verlusten. Das klassische Problem der «Führung aus der Ferne» und die Schwierigkeit beim Finden der goldenen Mitte zwischen Unabhängigkeit und straffer Kontrolle hatten zur Folge, dass einige Übernahmen von US-Banken durch ausländische Konkurrenten, etwa der Kauf von Crocker National durch die britische Midland Bank, so große Verluste anhäuften, dass die gesamte US-Tochtergesellschaft oder Teile davon verkauft werden mussten.[144] Obwohl Auslandsbanken mit Niederlassungen in mehreren US-Bundesstaaten von einigen Bestimmungen des International Banking Act von 1978 ausgenommen wurden, verpflichtete dieses Gesetz die Auslandsbanken fortan zu den gleichen Rechtsnormen, denen US-Banken unterlagen. Außerdem mussten sie jetzt einen «Heimatstaat» wählen, dessen Bankrecht für sie gelten würde. Ferner legte der 1991 als Reaktion auf den Skandal um die Bank of Credit and Commerce International (BCCI) verabschiedete Foreign Bank Supervision Enhancement Act (Gesetz zur Verbesserung der Aufsicht über Auslandsbanken) den Auslandsbanken weitere Beschränkungen auf. Sie benötigten fortan eine Konzession von Bundes- und einzelstaatlichen Aufsichtsbehörden.[145]

Die Deutsche Bank ging mit einer relativ klaren, aber eher defensiven Zukunftsvision in die 1990er Jahre. Die neue Führungsspitze gab der Verteidigung der beiden größten Stärken der Deutschen Bank den Vorrang – ihre Marktführerschaft in Deutschland und Europa. Aber dazu musste sie möglicherweise sowohl in Europa als auch in den USA expandieren. Hilmar Kopper setzte die Offensive im Privatkundengeschäft mit Vorstößen in einige lukrative Märkte wie Italien und Spanien fort, während er zugleich in ganz Europa eine starke Präsenz im Firmenkundengeschäft beibehielt, das Unternehmensfinanzierungen, Geldmarkt- und Devisengeschäfte sowie den Handel mit festverzinslichen Wertpapieren, Aktien und Derivaten umfasste. Doch es gab eine gewisse Zwiespältigkeit innerhalb der Bank. So gestand Kopper in einem Interview: «Wenn ich mit einem Deutschen spreche, stelle ich das Privatkundengeschäft heraus, weil er es besser versteht. International dagegen möchten wir lieber als eine Bank für Firmenkunden gelten.»[146] Aber diese gespaltene Identität ließ sich in einer Welt aufrechterhalten, in der nur wenige Deutsche Englisch sprachen und nur wenige Ausländer Deutsch.

Nirgends zeigte sich die Ambivalenz deutlicher als bei der Akquisition von Morgan Grenfell. Bei der Deutschen Bank erkannte man, dass die britische Bank ein teurer Kauf war und nicht alle im Vorstand uneingeschränkt hinter der Übernahme standen. Man hatte gehofft, dass die Merchant Bank die größere, trägere kontinentaleuropäische Bank in ähnlicher Weise ergänzen würde wie ein Zerstörer ein Schlachtschiff. Aber die Führungsgremien beider Banken erlebten einen «Zusammenprall der Kulturen».[147] Obwohl zusätzlich das kleine New Yorker Brokerhaus CJ Lawrence übernommen wurde, von dem man sich eine Stärkung des Aktienhandels versprach,[148] und John Craven von Morgan Grenfell als erster Nicht-Deutscher in den Vorstand der Deutschen Bank berufen wurde, schienen sich die erwarteten wirtschaftlichen Synergien nicht einzustellen.

Ungeachtet ihrer neuen internationalen Kapazitäten und der vorherrschenden Stellung auf ihrem Heimatmarkt hatte die Deutsche Bank noch immer eine lange Liste unerreichter geschäftspolitischer Ziele. Manche waren vielleicht sogar der Ansicht, die Liste sei so lang, dass sie selbst zu einer Schwäche geworden sei.[149] Ungeachtet des Personalabbaus in den 1990er Jahren war ihre Kostenstruktur im Vergleich zu einigen internationalen Konkurrenten noch immer hoch. Im Handel mit Aktien und Derivaten war sie schwach. Zumindest Kopper war der Ansicht, dass ein tiefgreifender struktureller und kultureller Wandel in der Bank notwendig sei, um in vielen dieser Bereiche Wachstumserfolge zu erzielen. Um in Europa und in den Sektoren, auf die sich das Interesse der Bank richtete, Marktführer zu werden, müsse sie ihren Schwerpunkt von Frankfurt nach London oder New York verlagern. Die amerikanische Konkurrenz sei ein Hindernis, aber wichtiger noch war der Umstand, dass die Deutsche Bank nach Koppers Ansicht niemals eine «Deutsche Sachs oder eine Deutsche Lynch in den USA» werden könne.[150] Sie wolle eine Universalbank bleiben. Die Tage, in denen man sich zwischen Universalbank und Investmentbank entscheiden musste, schienen, auch in den USA, gezählt. Vielleicht war sogar die Zeit reif für eine Übernahme in den USA, wie Kopper Anfang 1994 andeutete: «Falls sich eine günstige Gelegenheit bieten sollte, werden wir sie uns genau ansehen.»[151]

Diese Vision und diese Konflikte hatte die Deutsche Bank mit mehreren ihrer europäischen Rivalen gemein. Einige Banken wie Credit Suisse, die die First Boston übernommen hatte, stellten trotz ihrer Schwierigkeiten eine gewaltige Konkurrenz dar: «Sie hatten alles, Zürich, London, New York, Tokio.» Aber Vorsicht sollte die Parole lauten. Die Erfahrung hatte gelehrt, dass es nicht einfach war, Kulturen miteinander in Einklang zu bringen. Kopper zog es noch immer vor, die vielversprechenden Nachwuchskräfte der Deutschen Bank zu fördern, und hoffte, dass es möglich wäre, zwei Kulturen und Vergütungssysteme nebeneinander aufrechtzuerhalten. Aber das Vergütungssystem und die Nachwuchsförderung der Bank waren noch nicht ganz konkurrenzfähig, was die Rekrutierung hochkarätiger Investmentbanker durch deutsche Banken erschwerte. In Anbetracht der Tatsache, dass deutsche Unternehmen nicht bereit waren, für Beratungsleistungen von Banken zu bezahlen, und die Deutsche Bank noch weniger bereit war, große Wertpapierpakete zu halten und daraus Erträge zu erzielen, strebte die Bank nach geographischer und Produktdiversifikation. Im Jahr 1993 entfiel das Gros der Erträge der Deutschen Bank auf das Auslandsgeschäft, das sich jedoch auf Europa und Südostasien, nicht auf die USA konzentrierte.[152] Die Bank wollte zu einem starken Akteur in mehreren Bereichen des Investmentbanking werden, doch fand sie dafür in Deutschland weder die notwendigen Ideen noch die Produktnachfrage in ausreichendem Umfang. Um diesem Ziel näher zu kommen, war es erforderlich, das Vergütungssystem der Bank zu verändern.

Auch wenn viele Kräfte in der Bank an den von Siemens begründeten Traditionen festhalten wollten, war im Verlauf der letzten hundert Jahre etwas Eigenartiges geschehen. Es war nicht nur zu einer Trennung von Eigentum und Kontrolle, sondern auch zu einer Trennung von «Deal-Makern» und Führungskräften innerhalb der Bank gekommen. In den Tagen von Villard und Adams hatten die besten «Deal-Maker» vielleicht mehr Geld verdient als Siemens und Gwinner, aber sie waren keine Angestellten der Bank.

Die Aufhebung dieser Trennung brachte eine merkwürdige Situation hervor. Anders als bei den meisten anderen Unternehmen sind die obersten Führungskräfte der Deutschen Bank nicht die Mitarbeiter mit dem höchsten Salär.[153]

Kopper suchte in den USA energisch nach neuen Kräften, die die verschiedenen Segmente des US-Geschäfts ausbauen und koordinieren sollten. Im September 1992 ernannte die Deutsche Bank John Rolls zum Chef ihrer North America Holding Corporation (DBNA), des Koordinierungszentrums der Deutschen Bank für die fast 1500 Mitarbeiter und sämtliche Aktivitäten in den USA und Kanada. Er sollte die Deutsche Bank zu einem führenden Akteur im Commercial Banking in Nordamerika machen, insbesondere im Bereich Unternehmensfinanzierung und Geldmarktgeschäfte. Der gebürtige Kanadier Rolls, der in Mexiko aufgewachsen war, hatte einen MBA der Columbia-Universität und jahrelange Erfahrung als Finanzvorstand in diversen Unternehmen des Nicht-Bankensektors.[154]

Einige Beobachter sahen seine Berufung mit Skepsis. Er sprach kein Deutsch, so dass die Vorstandssitzungen in Deutschland, an denen Rolls gelegentlich teilnahm, auf Englisch geführt werden mussten. Obwohl andere Auslandsprojekte in den USA durch Führungskontroversen über die Eigenständigkeit und Bezahlung der einheimischen Mitarbeiter behindert worden waren, schien die Deutsche Bank die gleichen Fehler wiederholen zu wollen.

Da die Deutsche Bank in Nordamerika viele Fehlstarts gehabt hatte, verbrachte Rolls einen Großteil seiner ersten 15 Monate bei der Deutschen Bank damit, sich mit deren Vorständen in Deutschland zu treffen und eine Erfolgsstrategie für die USA zu erarbeiten. Er hatte zwei verschiedene Investmentbanking-Gesellschaften in den USA geerbt, und zwar die Deutsche Bank Capital, die gemäß der Besitzstandsklausel des International Banking Act konzessioniert worden war, und CJ Lawrence, die Beteiligungsgesellschaft von Morgan Grenfell, die gemäß Section 20 des Glass-Steagall-Gesetzes zugelassen worden war. Während die US-Notenbank die Erträge von Section-20-Banken begrenzte, unterlagen Finanzinstitute, denen gemäß dem International Banking Act Besitzstandsschutz gewährt wurde, keinen derartigen Restriktionen. Die Fed befürchtete, die Verfügungsgewalt der Deutschen Bank über die beiden Gesellschaften verschaffe ihr einen deutlichen Wettbewerbsvorteil gegenüber ihren US-Rivalen, die ihr Wertpapier- und Emissionsgeschäft noch immer nicht mit ihrem Depositen- und Kreditgeschäft verschmelzen durften. Besorgt wegen möglicher Gegenmaßnahmen der Fed, fusionierte Rolls die beiden Gesellschaften zu einem Section-20-Unternehmen, CJ Lawrence/Deutsche Bank Securities, mit Sitz in der Zentrale der DBNA in der West 52nd Street in Manhattan. Aufgrund des umsatzstarken Geschäfts der Deutsche Bank Securities mit Staatspapieren war das Risiko gering, dass die fusionierte Gesellschaft die Höchstgrenze von 10 Prozent für den Erlösbeitrag des Geschäfts mit Industrieobligationen überschreiten würde. Alle Niederlassungen der Deutschen Bank in Nordamerika, ihr Swap- und Optionsgeschäft (Deutsche Bank Financial Products) und ihr Geschäft mit verbrieften Ausleihungen (Deutsche Bank Credit Corp) wurden unter dem Dach der DBNA zusammengeführt. Rolls' Strategie zielte vor allem darauf ab, ausländischen Kunden der Bank zu helfen, ihre Wertpapiere an amerikanische Kunden zu verkaufen und sich einen großen Teil des Geschäfts mit von Amerikanern gekauften ausländischen Wertpapieren zu sichern, das im ersten Quartal 1994 immerhin ein Volumen von 27 Milliarden Dollar hatte. Die Deutsche Bank wollte sich die Gunst ihrer amerikanischen Konkurrenten im Investmentbanking sichern, indem sie diese in ihre europäischen Transaktionen einbezog, in der Hoffnung, sie würden diese Gefälligkeit erwidern. Rolls wollte die Erträge der DBNA, die sich 1993 auf 454 Millionen Dollar beliefen, bis zum Ende des Jahrzehnts vervierfachen.[155]

Eine Zeit lang schien das US-Management darauf zu vertrauen, dass Frankfurt das US-Geschäft deutlich ausbauen wollte und der New Yorker Tochtergesellschaft weitgehende Eigenständigkeit gewähren würde, so dass die gegenseitige Befruchtung und der Austausch hochkarätiger Fachkräfte, die für den Erfolg notwendig waren, auch tatsächlich zustande kämen.[156]

Rolls gewann einige Topleute von der Wall Street und sicherte ihnen eine Vergütung nach amerikanischem Standard, die Bereitstellung der notwendigen Mittel und weitgehende Unabhängigkeit zu.[157] Er drängte auf höhere Obergrenzen für Wertpapiergeschäfte und darauf, neue Finanzinstrumente in viel höheren Volumina zu handeln. Doch kamen viele dieser Veränderungen für die Frankfurter Führungsspitze zu früh.[158] Obwohl vieles darauf hindeutete, dass sich die Mentalitäten und Kulturen zunehmend einander annäherten, murrte so mancher in Frankfurt über den angeblich drohenden Verlust der deutschen Identität und der Identität der Deutschen Bank im US-Geschäft, während in New York die Furcht umging, von den Deutschen mit «ihrer Übervorsicht bei Produkten und moderner Technik» gefesselt zu werden.[159]

Rolls hatte einige Erfolge, aber er blieb nur drei Jahre. Laut verschiedenen Aussagen war er nach dem Geschmack vieler deutscher Manager zu direkt, aber hier wurde vielleicht der Überbringer schlechter Nachrichten zum Sündenbock gestempelt. Zwischen ihm und der Frankfurter Zentrale wuchsen die Spannungen in Fragen der Strategie und Kontrolle. Rolls hatte das Gefühl, dass die Zentrale das US-Geschäft an der kurzen Leine führen wolle. Jedenfalls war seine Amtszeit kürzer als ursprünglich geplant.[160]

Einen Großteil der 1990er Jahre setzte die Deutsche Bank in den USA auf internes Wachstum. Sie machte zwar einige Fortschritte, aber ihre Bemühungen hatten sie ihrem wichtigsten geschäftspolitischen Ziel – ein starker Akteur im Investmentbanking amerikanischen Stils zu werden – kaum näher gebracht. In Frankfurt war der amerikanische Einfluss dadurch zu spüren, dass Ross weitere Positionen bei der Deutschen Bank übernahm. Er war einer der wenigen amerikanischen Spitzenmanager, die nach Deutschland geholt wurden. Dort fungierte er mehrere Jahre lang als Treasurer und übernahm anschließend die Leitung der Asien-Pazifik-Tochtergesellschaft in Singapur. Er wurde ein zweites Mal Chef der Amerika-Holding, bevor er das Team der Bank leitete, das den weltweiten Restrukturierungsbedarf und den notwendigen Personalabbau ermitteln sollte.[161] Aber die Kultur und Arbeitsweise der Bank, sogar in dem so wichtigen internationalen Bereich des Investmentbanking, war noch immer entschieden deutsch. Die Unternehmen, die unter dem Dach der Amerika-Holding geführt wurden, beschäftigten rund 5000 Mitarbeiter, aber sie leisteten nur einen geringen Beitrag zu den Einnahmen und einen noch geringeren Beitrag zum Gewinn der Deutschen Bank. In vielen lukrativen Geschäftsfeldern spielte die Bank noch immer nur eine nachrangige Rolle und betreute nach wie vor hauptsächlich deutsche Kunden.[162]

Einige Vorstände der Deutschen Bank waren überzeugt, dass ein völlig anderer Ansatz und noch größere Anstrengungen erforderlich seien, wenn die Deutsche Bank jemals zu einer ernstzunehmenden Größe im US-Bankgewerbe und einem starken Akteur im globalen Investmentbanking und Wertpapierhandel werden sollte. Aber die Führungsspitze der Bank ging behutsam oder, wie manche Beobachter meinten, langsam vor. Anders als bei vielen amerikanischen Finanzinstituten legte man im Vorstand der Deutschen Bank großen Wert auf Einstimmigkeit. Dieses Einvernehmen über eine Großinvestition in den USA zu erreichen, kann als ein schwieriger, vierzig Jahre dauernder Prozess betrachtet werden.

Die Übernahme von Bankers Trust – Die Deutsche Bank erfüllt sich ihren amerikanischen Traum

Im Vertrauen darauf, dass wir vielleicht das Vergnügen haben werden, eine Geschäftsbeziehung zu Ihnen aufzubauen, verbleiben wir, mit vorzüglicher Hochachtung.
Benjamin Strong, Direktor von Bankers Trust, an Edward Adams, 7. Dezember 1903[1]

Wir sind auf dem Weg zu einem globalen Finanzdienstleister durch diese Akquisition ein gutes Stück vorangekommen. Noch nie hat sich die Deutsche Bank – oder irgendeine nicht-amerikanische Bank – in den Vereinigten Staaten in einer vergleichbaren Lage befunden. Zum ersten Mal vereinigen sich die Kraft und das Netzwerk einer europäischen Universalbank mit den besonderen Fähigkeiten und Erfahrungen eines großen, breit aufgestellten Instituts in den USA. Es gibt für diese Transaktion keinen Präzedenzfall. Wir müssen einen neuen Maßstab setzen.
Rolf-E. Breuer, Vorstandssprecher der Deutschen Bank, auf der Pressekonferenz am 30. November 1998 zur Übernahme von Bankers Trust

Der Zwang zu handeln

In den 1990er Jahren stand die Deutsche Bank immer wieder im Mittelpunkt von Übernahmegerüchten, und zwar sowohl als Aufkäufer wie auch als Übernahmekandidat.[2] Mit einem Schlag richtete die Deutsche Bank dann im Herbst 1998 ihr Geschäft in den USA und, nach mancherlei Ansicht, auch ihr Geschäft weltweit völlig neu aus, indem sie eine bekannte, fast hundert Jahre alte US-Bank übernahm. Die Übernahme von Bankers Trust war nicht ihre erste ausländische Direktinvestition in den USA. Amerikaner waren nicht nur formaljuristisch Eigentümer von Morgan Grenfell gewesen, diese Bank hatte auch eine amerikanische Tochtergesellschaft, die bereits die Handels-, Vertriebs- und Research-Kapazitäten der Deutschen Bank insbesondere in High-Tech-Sektoren in den USA vergrößert hatte.

Der Kauf von Bankers Trust war jedoch, gemessen an seinem Transaktionsvolumen, weitaus größer und wirkte sich wohl auch viel stärker auf an-

Das alte Gebäude von Ban-
kers Trust, das bei seinem
Bau 1912 großes Aufsehen
erregte, wie Adams in seinen
Briefen an die Deutsche Bank
berichtete. Bankers-Trust-
Direktor Strong bot der Deut-
schen Bank im Jahr 1914
Büros in diesem Haus an.

dere Aspekte der Bank aus. Im Unterschied zu den anderen Übernahmen hatte der Kauf von Bankers Trust erhebliche Auswirkungen auf die Organisationsstruktur, die Beteiligungen und die Unternehmensführung der Deutschen Bank.[3] Die Akquisition war Teil einer gewaltigen globalen Umschichtung von Vermögenswerten im gesamten Finanzdienstleistungssektor.

Im Vorfeld des neuen Jahrtausends war Amerika die größte Herausforderung für die Deutsche Bank geblieben. Es begann in den 1990er Jahren mit riesigen Verlusten bei Immobiliengeschäften in den USA. Innerhalb von sieben Jahren beschäftigte die Deutsche Bank vier Topmanager bei ihrer US-Tochter. Selbst der Umgang der Deutschen Bank mit vielen Finanzproblemen innerhalb Deutschlands stieß in den USA auf heftige Kritik. Der Kauf der Finanzdienstleistungstochter von ITT nach dem Beispiel der sehr erfolgreichen GE Capital Corporation trug der Deutschen Bank viele neue Mitarbeiter, aber keine nennenswerten Synergien ein. Die Versuche, Spitzenkräfte von anderen Investmentbanken abzuwerben, führten zu hohen Mehrkosten und schließlich zur Kündigung von 100 Topleuten, die auf die IT-Branche spezialisiert waren.[4]

Unter dem starken Wettbewerbsdruck und angesichts einer Fülle neuer geschäftspolitischer Chancen waren viele Bankmanager verständlicherweise der Ansicht, Größe an sich sei ein Wettbewerbsvorteil. Schon in dem Jahrzehnt vor der Übernahme von Bankers Trust war eine regelrechte Fusionswelle über die Bankenwelt hinweggeschwappt. In den letzten 130 Jahren kam es zu zahlreichen solcher Wellen, darunter einige von internationaler Reichweite. Selbst ein beiläufiger Beobachter wird jedoch nicht nur über die Anzahl der Bankenzusammenschlüsse in den letzten zwanzig Jahren, sondern auch über ihre große internationale Spannbreite staunen. Die Banken haben seither weltweit eine Phase der Konsolidierung durchlaufen. Fusionen und Übernahmen in den USA wiesen dabei den Weg. Zwischen 1991 und 1998 zählte man in den USA über 5000 solcher Zusammenschlüsse. Europa insgesamt brachte es im gleichen Zeitraum nur auf ein Viertel davon, aber die Zahl der Transaktionen nahm zu.[5] Von 1988 bis 1997 verlor der amerikanische Markt allein durch Fusionen und Übernahmen 30 Prozent seiner Kreditinstitute – 510 jährlich.[6] In Europa waren die Zahlen zwar niedriger als in den USA, aber ebenfalls eindrucksvoll; darunter waren so bekannte Transaktionen wie der erwähnte Kauf von Morgan Grenfell durch die Deutsche Bank, die Fusionen zwischen BNP und Paribas, Crédit Agricole und Crédit Lyonnais und zwischen Schweizerischem Bankverein und Schweizerischer Bankgesellschaft. Die meisten dieser Fusionen fanden innerhalb der nationalen Märkte der beiden Gesellschaften statt, aber grenzüberschreitende Transaktionen schienen auf dem Vormarsch zu sein.[7] Zudem erstreckte sich die Konsolidierungswelle auch auf Fusionen zwischen Banken und Nicht-Bankunternehmen, Versicherungen und Pensionsfonds. Ein Beobachter kommentierte die Ambitionen der Banken zu Beginn der 1990er Jahre folgendermaßen: «Jeder, der in seinem Heimatmarkt eine starke Stellung hatte und der sich global aufstellen wollte, war bestrebt, bis zum Jahr 2000 das internationale Spitzenteam zusammenzuhaben.»[8]

1998 erreichten die Fusionen und Übernahmen beispiellose Dimensionen. Obwohl der Kauf von Bankers Trust etwa 10 Milliarden Dollar kostete, rangierte er dem Volumen nach nur an zehnter Stelle; die Summe entsprach nur 15 Prozent dessen, was Citibank für die Übernahme von Travelers investieren musste, und sie lag weit unterhalb der Summen, die bei anderen Mega-Übernahmen von Banken Ende der 1990er Jahre flossen.[9] Obwohl die Übernahme von Bankers Trust durch die Deutsche Bank nicht die erste Akquisition im Bankensektor war, schien sie eine regelrechte Kettenreaktion von inländischen und grenzüberschreitenden Fusionen auszulösen.[10]

Die Ursachen dieser Übernahmewelle sind vielfältig und decken sich mit den Triebkräften anderer historischer Konsolidierungswellen.[11] Wie in der Vergangenheit auch spielten rechtliche Rahmenbedingungen eine erhebliche Rolle. In den USA wurden mit der Verabschiedung des Riegle-Neal Interstate Banking and Branching Efficiency Act von 1994 faktisch die letzten Hindernisse für das *interstate banking*, die Eröffnung von Niederlassungen in mehr als einem US-Bundesstaat, aufgehoben. In Europa beseitigte die Zweite Bankrichtlinie, die 1989 erlassen wurde, aber erst 1993 in Kraft trat, geographische Beschränkungen für die Banken der Mitgliedstaaten, indem sie eine einzige Bankkonzession für alle EU-Mitgliedstaaten und den Grundsatz der Heimatland-Aufsicht einführte.[12] Technische Neuerungen erlaubten Banken, in eine neue Größenordnung vorzustoßen und ihre Dienstleistungen zu erweitern. Sobald ein Finanzinstitut die enormen Investitionen in die Informationstechnik getätigt hat, ist die Einbeziehung neuer Standorte normalerweise mit geringen Kosten verbunden, zumindest im Vergleich zur ursprünglichen Investition. Mehr Transaktionen können getätigt und intern abgewickelt werden; daher sinken die Stückkosten mit wachsender Zahl der Transaktionen. Zudem lassen sich einige Aktivitäten wie das Devisenmanagement über schnelle, leistungsfähige Datennetze zentralisieren, während zugleich Kundenbeziehungen und Dienstleistungen auf die entlegensten Gebiete der Erde ausgeweitet werden können. Viele der größten Kunden der Banken haben ihre ausländischen Direktinvestitionen erhöht, während sie zugleich viele Finanzdienstleistungen in Zentren wie New York, London und Paris zusammenführten. Die Großbanken sind dadurch fast gezwungen, ihnen zu folgen. Durch internationale Expansion entzogen sich Großbanken einem ihrer größten Risiken – fehlender Marktvielfalt – und sie wurden so groß, dass ein Zusammenbruch nach Ansicht einiger Aufsichtsbehörden nicht mehr hinzunehmen war, wollte man nicht die Gesamtwirtschaft gefährden. Mit zunehmender Größe konnten Banken auch ihr Eigenkapital erhöhen und ihr Angebot an Dienstleistungen erweitern. Dadurch war es ihnen wiederum möglich, am Markt flexibler zu sein und sich international breiter zu positionieren. Dienstleistungen konnten so schneller angepasst und der Börsenwert gesteigert werden.[13] Viele Fusionen, insbesondere die inländischen, versprachen starke Kosteneinsparungen, leider häufig in Form von Personalabbau.

Einige Beobachter sahen in der Fusion eine strategische Notwendigkeit für die Deutsche Bank, die in jüngster Vergangenheit in ihrem Heimatmarkt eine demütigende Niederlage hatte einstecken müssen, als nämlich nicht sie, sondern die amerikanische Goldman Sachs zum Konsortialführer bei der Börseneinführung der Deutschen Telekom bestimmt worden war und auch bei der Übernahme von Chrysler durch Daimler-Benz die Hauptrolle spielte.[14] Ein Analytiker merkte dazu treffend an: «So gesehen, entschied letztlich ihre internationale Wettbewerbsfähigkeit darüber, ob Bankinstitute in nationalen Märkten überlebten.»[15]

Die Konsolidierung im Bankensektor war allerdings nicht ohne Risiken und zog so manchen kritischen Kommentar auf sich. Die Öffentlichkeit und die Aufsichtsbehörden befürchteten, multinationale Banken würden das Interesse an inländischen Kleinkunden verlieren und so mächtig werden, dass sie von der Aufsicht ihres Heimatlandes oder selbst von supranationalen Stellen nicht mehr angemessen überwacht werden könnten. Auch nach erfolgter Fusion gibt es noch immer zahlreiche rechtliche, steuerliche, management-bezogene und verhaltensbedingte Hindernisse, die zur Folge haben können, dass selbst wohldurchdachte Fusionen, insbesondere über nationale Grenzen hinweg, nicht die erwarteten Kosteneinsparungen bringen. Nach Ansicht einiger Analytiker hat auch Größe ihre Grenzen, und selbstherrliche Führungskräfte können ebenfalls ein Faktor sein, der die Realisierung der erhofften Nutzeneffekte bei Megafusionen behindert.[16] Um Synergien zu erreichen, ist oftmals nach der Fusion ein erheblicher Stellenabbau, zumindest aber ein erhebliches Maß komplizierter Koordinierungsarbeit erforderlich. Um ein breites Spektrum von Finanzdienstleistungen tatsächlich weltweit anbieten zu können, wie es die Citibank anstrebt, und es nicht bei bloßer Rhetorik zu belassen, oder *die* Bank Amerikas zu werden, wie es Nations-Bank vorhat, bedarf es nicht nur hervorragender Fähigkeiten und Beharrlichkeit beim Cross-Selling, sondern auch der Führungskompetenz in zahlreichen Bereichen.[17]

Das Ziel

Die Ankündigung der Deutschen Bank, Bankers Trust zu übernehmen, kam zu einer Zeit allgemeiner Börseneuphorie oder «irrationaler Übertreibungen», wie es Alan Greenspan formulierte. Sie gab den Anstoß zu einer Fülle von Spekulationen in der Presse. Auf beiden Seiten des Atlantiks wuchsen die Bedenken. Eine Zeitung fragte in Form einer Metapher nach den Erfolgsaussichten der Fusion: «Frosch oder Prinz für die Deutsche Bank?»[18] Zum Zeitpunkt der Fusion hatte der «Frosch oder Prinz» eine Marktkapitalisierung, die etwa einem Viertel des Börsenwertes der Deutschen Bank in Höhe von 30 Milliarden Euro entsprach, und eine Bilanzsumme von 40 Prozent der 500 Milliarden Euro, über die die Deutsche Bank 1997 verfügte.[19] Da sich nach der ersten Ankündigung Ende November 1998 die anschließenden Verhandlungen und das Genehmigungsverfahren vier bis fünf weitere Monate hinzogen, bekam der «Frosch oder Prinz» einen sehr langen Kuss!

Die Deutsche Bank war schon eine Zeitlang auf der Suche nach einem geeigneten amerikanischen Übernahmekandidaten gewesen. Der Anstoß dazu scheint von Edson Mitchell ausgegangen zu sein, der den Renten- und Devisenhandel der Bank leitete. Dem Vernehmen nach unterbreitete er im Juli 1998 diesen Vorschlag Rolf-E. Breuer, der seit etwas über einem Jahr Nachfolger Koppers als Vorstandssprecher der Deutschen Bank war. Innerhalb weniger Tage gelangte der Vorstand der Deutschen Bank zu dem Schluss, dass eine Akquisition sinnvoll wäre. Diese Einschätzung wurde durch die Krise am russischen Kapitalmarkt, in deren Gefolge die Börsenkapitalisierung der Investmentbanken im Allgemeinen zurückging, nur noch bekräftigt. Die Übernahme sollte auch eine klaffende Personallücke schließen, die durch das Ausscheiden vieler Investmentbanker, die der Deutschen Bank ein paar Monate zuvor aus Unzufriedenheit mit dem Führungsstil den Rücken gekehrt hatten, entstanden war. Bankers Trust war nicht die erste amerikanische Bank, die ins Visier der Deutschen Bank geraten war. Beraten von einem ihrer Erzrivalen (Goldman Sachs), suchte die Deutsche Bank zunächst bei dem kalifornischen High-Tech-Spezialisten Hambrecht & Quist und dann bei Bankers Trust neue Fachkräfte. Im Herbst trafen sich die Beteiligten dann, um das Projekt, dem Goldman Sachs den Decknamen «Osprey» (Fischadler) gegeben hatte, nach dem großen Adler, der seine Beutefische mit den Klauen aus dem Wasser zieht, unter Dach und Fach zu bringen.[20] Viele Beobachter waren der Meinung, dass der Fang ziemlich teuer erkauft war.

Die 1903 von mehreren führenden New Yorker Banken – unter Leitung des Bankhauses Morgan – gegründete Bankers Trust beschäftigte in den ersten Jahren ihres Bestehens in ihrer Geschäftsstelle in der Liberty Street 143, die gerade einmal zwei Büroräume umfasste, lediglich acht Mitarbeiter, die Einlagen von Privatpersonen und Firmen hereinnahmen. Die Bank spezialisierte sich auf treuhänderische Dienstleistungen, insbesondere auf Nachlass- und Vermögensverwaltung – eine Tätigkeit, die Geschäftsbanken vor 1914 untersagt war, was eine Gründungswelle bei Treuhandgesellschaften auslöste, von denen viele mit Geschäftsbanken verbunden waren, die auf diese Weise das Verbot umgingen. Unter der Führung mehrerer bekannter Bankiers – einschließlich des bereits erwähnten Benjamin Strong, ihres zweiten Generaldirektors und späteren Vorsitzenden der New York Federal Reserve Bank – erarbeitete sich Bankers Trust einen erstklassigen Ruf in Bankenkreisen. Am 50. Jahrestag ihrer Gründung war sie mit 4000 Mitarbeitern, 17 Niederlassungen und Aktiva in Höhe von 2 Milliarden Dollar, gemessen an der Bilanzsumme, die achtgrößte Geschäftsbank in den USA.[21]

Im Laufe der Zeit war Bankers Trust weit über ihre ursprünglichen Geschäftsfelder hinaus expandiert, hatte eine große internationale Präsenz aufgebaut und war in riskantere Aktivitäten eingestiegen. In den 1950er und 1960er Jahren wuchs die Bank durch eine Reihe von Übernahmen wie etwa der Title Guarantee & Trust und Lawyers Trust Company im Jahr 1950, der Commercial National Bank and Trust 1951, der Bayside National Bank 1953, der Public National Bank & Trust Company 1955 und der South Shore Bank of Staten Island 1960. Die Deutsche Bundesbank verfolgte diese Entwicklung, da Bankers Trust eine der ersten amerikanischen Banken war, die international expandierte.[22] Im Jahr 1962, als die US-Banken die Liste der weltgrößten Banken anführten, gehörte Bankers Trust, gemessen an der Bilanzsumme, zu den 20 größten Banken der Welt – sie stand an achter Stelle, um genau zu sein, und hatte Einlagen in Höhe von 3,2 Milliarden Dollar. Mit fast

25000 Aktionären und 7000 Mitarbeitern rangierte sie sechs Plätze vor der Bank, die sie fast vierzig Jahre später übernehmen sollte. Bezeichnenderweise hatte die Deutsche Bank bei einer um 600 Millionen Dollar geringeren Bilanzsumme doppelt so viele Aktionäre und dreimal so viele Mitarbeiter.[23] In Deutschland trafen die beiden Banken recht häufig aufeinander. Laut Vertretern von Bankers Trust hatten die beiden Häuser – das heißt Bankers Trust und jene drei Banken, aus denen 1957 die Deutsche Bank hervorging – zur Zeit des Wiederzusammenschlusses der Deutschen Bank eine «ausgewogene Beziehung».[24]

Ende der siebziger Jahre war Bankers Trust im Urteil vieler Beobachter eine «mittelmäßige Geschäftsbank». Trotz der Inflation lag die Eigenkapitalrendite zwischen 1975 und 1978 nicht über 10 Prozent.[25] Die Bank geriet unter der Last gewaltiger Verluste bei Hypothekendarlehen und der scharfen Konkurrenz im Privatkunden- und Kreditkartengeschäft ins Taumeln. Die Verluste im Geschäft mit Immobilienkrediten waren besonders schädlich, da Bankers Trust sich als einer der Marktführer in diesem Segment etabliert hatte. Die Bank musste schon vor der Rezession von 1973/74 und der Finanzkrise der Stadt New York von 1975 hohe Wertberichtigungen bei Immobilienfonds vornehmen.[26] Das Privat- und das Kreditkartengeschäft der Bank standen vor anderen Problemen. Während sie im Immobiliengeschäft Verluste verbuchen musste, fehlte ihrem Kreditkartengeschäft die kritische Größe. Obwohl Bankers Trust diese Geschäftsfelder in den letzten zwanzig Jahren ausgeweitet hatte, konnte deren Wachstum nicht mit dem heiß umkämpften New Yorker Markt Schritt halten. Außerdem stand das Privatkundengeschäft mit der Einführung von multifunktionalen Bankautomaten vor einem technischen Umbruch. Um ihre schwache Marktstellung zu stärken, wären hohe Investitionen in neue Technik notwendig gewesen, für die Bankers Trust schlecht gerüstet war.[27]

Ende der 1980er Jahre hatte sich viel verändert. Sowohl die Medien als auch Konkurrenten priesen Bankers Trust geradezu überschwänglich für ihre Innovationskraft und den Einstieg ins Investmentbanking.[28] Schon 1994 wies ein Spitzenmanager der Deutschen Bank darauf hin, dass man viel von Bankers Trust lernen könne.[29] Damals hatte sich Bankers Trust von einer verschlafenen mittelgroßen Geschäftsbank in eines der innovativsten Finanzinstitute der Welt verwandelt.

Unter der Führung von Charles Sanford, der andere mit einer Mischung aus New Yorker Gerissenheit und Südstaaten-Charme für eine strategische Neuausrichtung der Bank begeisterte, begann Bankers Trust einen zehn Jahre währenden Umwandlungsprozess. Erstmals wurde er einer breiteren Öffentlichkeit bekannt, als er 1975 die New Yorker Finanzkrise aufdeckte, indem er erklärte, seine Bank werde sich nicht länger an der Emission fragwürdiger neuer Schuldtitel der Stadt beteiligen; später leitete er die Arbeits-

Charles S. Sanford Mitte der achtziger Jahre, als er das Ruder bei Bankers Trust übernahm.

gruppe des Bankgewerbes, die nach Wegen suchte, um New York wieder Zugang zu den Kreditmärkten zu verschaffen.[30]

Sanford erkannte, dass veränderte aufsichtsrechtliche Rahmenbedingungen und ein neues Wettbewerbsumfeld für Banken Institute wie Bankers Trust verwundbar machten.[31] Die Passivseite der Bilanz war dereguliert worden, nicht dagegen die Aktivseite. Eine ganze Schar neuer Konkurrenten war in den Finanzdienstleistungssektor eingetreten. Sie hatten den traditionellen Geschäftsbanken Einlagen entzogen und machten ihnen ihren Kundenstamm streitig, indem sie günstigere Finanzierungen anboten. Der leichte Zugang zu den Kapitalmärkten erlaubte es Unternehmen, mit Hilfe von Commercial Papers Banken zu umgehen; diese kurzfristigen Schuldtitel wurden direkt von Investmentbanken und Nichtbanken-Kreditgebern aufgekauft und an die Endinvestoren verteilt. Ohne feste Geschäftsbeziehungen zu hochkarätigen Firmenkunden war Bankers Trust mit ihrer Abhängigkeit vom Kreditgeschäft in den USA und ihrer niedrigen Eigenkapitalrendite besonders verwundbar. Pensions- und andere Fonds übertrugen die Verwaltung ihrer Kapitalanlagen, die bislang von Treuhandabteilungen, dem Kronjuwel von Bankers Trust, wahrgenommen wurde, auf spezialisierte Vermögensverwaltungsgesellschaften.[32]

Sanford besaß den Weitblick und den Mut, die Bank in unbekannte Gewässer zu steuern. Im Jahr 1993 wurde sie nicht nur wegen ihres innovativen Risikomanagements hoch gelobt, sie war auch außerordentlich ertragsstark und wies im kundenbezogenen Risikomanagement einen Gewinn von fast 250 Millionen Dollar aus. Die Gesamteinnahmen stiegen von 125 Millionen Dollar im Jahr 1985 auf 634 Millionen Dollar 1992.[33] Dieser Erfolg war nach Meinung vieler direkt auf Sanfords risikofreudiges neues Geschäftsmodell und seine Bemühungen, die Mentalität innerhalb der Bank zu ändern, zurückzuführen.[34] Bis 1990 erzielte Bankers Trust viele eindrucksvolle Erfolge; so war sie unter anderem die erste US-Geschäftsbank seit 1933, die Commercial Paper-Emissionen fest übernahm und ins Wertpapiergeschäft einstieg. Die Bank lockte kluge Köpfe an, die für die Entwicklung innovativer Produkte großzügig vergütet wurden.

Als die treibende Kraft des Wandels stellte Sanford den Status quo schon in Frage, bevor er Chef der Bank wurde. Bankers Trust übertrug das Emissionsübernahme- und Platzierungsmodell des Investmentbanking auf ihr Kreditgeschäft und arrangierte Konsortialkredite, welche die Risiken senkten und den Prozentsatz der Kredite an den Aktiva verringerten. Sanfords bedeutendste Leistung betraf jedoch vermutlich die Analyse und Steuerung risikobehafteter Instrumente. Kurz nach seiner Beförderung zum Verantwortlichen für das Resource Management führte Sanford eine neue Methode zur Beurteilung der Auswirkungen von Zinsschwankungen auf die Rentabilität von Geschäften und Produkten ein. Diese Kennziffer – die risikobereinigte Kapitalrendite (RAROC) – wurde schließlich in allen Bereichen der Bank eingesetzt, und sie diente als Leitgröße für die Beurteilung von Transaktionen, Geschäftsfeldern, Kapitalverwendungen und individueller Leistung. Sie beeinflusste sogar die Kontrollsysteme vieler Konkurrenten.[35]

Sanford wollte ein Unternehmen schaffen, das sich auf weltweites Risikomanagement konzentrierte, aber dieses Unternehmen selbst steckte voller Unsicherheiten beziehungsweise «Innovationsrisiken», wie es manche nennen würden. Ende der 1980er Jahre führte ein Devisengeschäft zu einigen Problemen mit den Aufsichtsbehörden; nach Ansicht einiger Beobachter halfen diese Schwierigkeiten Sanford aber dabei, innerhalb des Unternehmens die Anwendung der Kennziffer RAROC durchzusetzen und sie zum festen Bestandteil der Kultur der Bank zu machen. Riskante Transaktionen mussten eine hohe Hürde nehmen, in der Regel 20 Prozent. Angewandt auf Einzelpersonen und ganze Geschäftsbereiche, half dieses System der Führungsspitze dabei, von einer reinen Wachstumsstrategie zu einer differenzierten Strategie der Ertragssteuerung überzugehen, bei der nicht alle neuen Geschäfte gleichbehandelt wurden. Obgleich das System nicht unfehlbar war, überzeugte es die Führungsverantwortlichen doch, vom traditionellen Kreditgeschäft auf das neue Risikomanagement- und Handelsgeschäft umzusteigen, das höhere risikobereinigte Erträge versprach.[36]

Zum Zeitpunkt der Übernahme fragten sich Beobachter allerdings, ob die Deutsche Bank vielleicht ein «faules Ei» erworben hatte.[37] Die Aussichten, die mit Bankers Trusts Neuausrichtung zusammenhingen, waren nicht alle rosig. Der Umsetzungsprozess und die Ergebnisse stießen auf Kritik. Bankers Trust geriet wegen ihrer aggressiven Finanzierung von Unternehmenskäufen (*leveraged buyouts*) unter Druck. Ihr beachtlicher Bestand an Immobilienbeteiligungen und Schwellenländer-Anleihen veranlasste einige zu der Behauptung, das tatsächliche Kreditrisiko sei zu niedrig angesetzt worden. Dieses Problem war aber mit Sicherheit nicht auf Bankers Trust beschränkt und hatte schon vor der Ernennung von Sanford zum CEO bestanden. Ende der 1980er Jahre geriet der Kurs der Aktie von Bankers Trust – wie viele andere Bankwerte auch – durch fortgesetzte Abschreibungen von Krediten, die in den 1970er Jahren vergeben worden waren, zeitweilig unter Druck.[38]

Schlimmer noch war, dass die sehr erfolgreiche Neuausrichtung durch das negative Medienecho im Zusammenhang mit dem Handel von Derivaten beeinträchtigt wurde. Im April 1994 erhoben zwei Kunden, Procter & Gamble (P&G) und Gibson Greetings, Vorwürfe gegen die Bank, weil diese ihnen hochriskante, kreditfinanzierte Derivate verkauft habe. So behauptete etwa P&G, Vertreter von Bankers Trust hätten falsche Angaben über die Kosten der Anlageprodukte gemacht und schnelle Gewinne versprochen; Bankers Trust bestritt diesen Vorwurf natürlich. Einige Beobachter vermuteten, Mitarbeiter aus der Finanzabteilung von P&G hätten diese in ein Profit Center verwandeln wollen, ohne die eigene Unternehmensleitung vollständig über die damit verbundenen Risiken zu unterrichten. Im Januar 1995 einigte sich Bankers Trust mit Gibson Greetings auf einen Vergleich und zahlte an mehrere Aufsichtsbehörden eine Geldstrafe in Höhe von 10 Millionen Dollar. Bankers Trust entließ zwei Vertriebskräfte und erklärte sich bereit, ihr Geschäft mit kreditfinanzierten Derivaten, aus dem Bankers Trust später ausstieg, von einem externen Prüfer unter die Lupe nehmen zu lassen.[39] Die Bank veränderte die Höhe der Rückstellungen gegen Verluste im Derivatehandel und modifizierte die internen Abläufe, um weitere Kundenabwanderungen zu verhindern.[40] Doch die negativen Schlagzeilen führten dazu, dass der Aktienkurs von Bankers Trust in der zweiten Hälfte des Jahres 1994 trotz allgemein lebhafter Nachfrage nach Banktiteln um fast 30 Prozent einbrach.[41] Obwohl Bankers Trust mehrere Prozesse gegen P&G gewann und die Aufsichtsbehörden keine Strafmaßnahmen gegen die Bank verhängten, blieben die negativen Schlagzeilen an der Bank hängen. P&G behauptete weiterhin, Bankers Trust habe ihre Kunden nicht vollständig über die Risiken der D-Mark- und Zins-Swaps informiert, die Bankers Trust vermittelt hatte. Das Unternehmen mit Sitz in Cincinnati weigerte sich, seine vertraglichen Zahlungspflichten zu erfüllen. Im Jahr 1996 legte Sanfords Nachfolger als CEO überraschenderweise den Streit gegen Zahlung einer nicht genannten Summe bei, obwohl kein Gerichtsurteil vorlag und bekannte Experten öffentlich Partei für Bankers Trust ergriffen hatten.[42]

Trotz hoher Handelsverluste im ersten Quartal 1995 bei kreditfinanzierten lateinamerikanischen Positionen, die zu einem starken Gewinneinbruch und einem deutlichen Rückgang der Eigenkapitalrendite beitrugen, war Bankers Trust zwischen 1985 und 1995 eines der ertragsstärksten Finanzinstitute in den USA. Die durchschnittliche jährliche Eigenkapitalrendite übertraf die von J. P. Morgan, Merrill Lynch und Citibank, um nur einige zu nennen. In sechs der zurückliegenden zehn Jahre hatte die Bank eine Eigenkapitalrendite von über 20 Prozent erwirtschaftet. (Zwischen 1974 und 1986 dagegen hatte die durchschnittliche Eigenkapitalrendite bei 12,9 Prozent gelegen, mit einem Maximum von 16,6 Prozent 1985.)[43] Anfang der 1990er Jahre erzielten von den Konkurrenten von Bankers Trust nur Morgan Stanley und Bear Stearns bessere Ergebnisse.[44] Die Bank hatte sich starke Marktpositionen bei Finanzdienstleistungen aufgebaut, insbesondere bei Derivaten, Konsortialkrediten, der Emissionsübernahme und Platzierung von Anleihen, und vor allem der Finanzierung von Unternehmensübernahmen (*leveraged buyouts*).[45] Angesichts der hohen Dividenden und der erfreulichen Entwicklung des Aktienkurses von 1985 bis 1995 waren die Aktionäre gut gefahren. Obwohl sich Bankers Trust mit einigen Kunden zerstritt, wurde die Bank 1994 bei einer Umfrage von Greenwich Equity zur besten Derivate-Bank gewählt.[46] Das Vertrauen vieler wichtiger Kunden war nicht erschüttert.[47]

Doch ab 1995 erlebte der Kurs der Bankers-Trust-Aktie fünf Jahre lang eine Achterbahnfahrt. Die Aktie stürzte von ihrem Hoch im Jahr 1994 von fast 85 Dollar je Aktie – fast der Preis, den die Deutsche Bank 1998 bezahlte und der höher lag als der Kurs vor den ersten Übernahmegerüchten – auf einen Tiefstkurs von 50 Dollar 1995. Dann kletterte sie wieder auf einen neuen Höchstkurs von 133 Dollar, bevor sie 1998 abermals abstürzte, wobei sie kurz vor der Übernahme trotz eines freundlichen Börsenumfeldes gegenüber ihren Höchstständen von 1997 fast die Hälfte an Wert einbüßte.[48]

Zwar schien Bankers Trust 1997 die Schwierigkeiten im Derivatehandel, die zur Mitte des Jahrzehnts aufgetreten waren, überwunden zu haben, doch die Bank kam nicht zur Ruhe. Im Rückblick lässt sich sagen, dass Sanfords frühes Ausscheiden mit sechzig Jahren 1996 – lange im Voraus geplant, aber im Frühjahr 1995 öffentlich angekündigt – zumindest zu einem ungünstigen Zeitpunkt erfolgte. Da der Board sich nicht auf einen internen Nachfolger verständigen konnte, wandte man sich an Frank Newman, der unter anderem für Wells Fargo, die Bank of America und dann das US-Finanzministerium gearbeitet hatte. Er war als Leiter der Bereiche Finanzen und Verwaltung eingestellt worden, verfügte jedoch über wenig Erfahrung in der schnelllebigen Welt der Kapitalmärkte. Dennoch wurde er im Januar 1996 zum Nachfolger von Sanford ernannt, den er im Frühjahr ablösen sollte.[49]

In den Jahren 1996 und 1997 verzeichnete Bankers Trust dann wieder steigende Erträge, was sich auch im Aktienkurs niederschlug. Obwohl viele Bewunderer Sanfords die Bank verlassen hatten, hielt Newman an einigen von Sanfords Strategien fest – so konzentrierte er sich auf die Finanzierung von Wachstumsunternehmen zu Beginn des Dotcom-Booms, was ihm viel Lob einbrachte. Er setzte die Übernahme von Alex. Brown, einem Institut aus Baltimore, durch, das über eine starke Marktposition bei Neuemissionen verfügte und mit deren Management sein Vorgänger bereits Gespräche geführt hatte. Newman hoffte, dieses Geschäft mit der Übernahme einer weiteren Boutique-Bank für M&A zu stärken, was jedoch nur begrenzt gelang. Er drängte die Bank allerdings auch wieder in mehrere unrentable und riskante Geschäftsfelder. Schon 1997 hatte das Kreditportfolio von Bankers Trust – ein besonders schlecht gegen Risiken abgesichertes und illiquides Geschäftsfeld – gegenüber 1995 um 49 Prozent zugenommen, wobei internationale Kredite insbesondere an Schwellenländer die inländischen Engagements übertrafen.[50] Im Jahr 1998 bereiteten die Engagements, die Bankers Trust mit Krediten an Schwellenländer und mit Derivaten (sowohl von festverzinslichen Werten als auch von Aktien), insbesondere in Indonesien und Russland, eingegangen war, erhebliche Schwierigkeiten. Es hatte den Anschein, dass das einst gerühmte und innovative Geschäft mit Finanzderivaten nicht straff und sorgfältig genug zentral gesteuert wurde.[51]

In den ersten Jahren schlugen sich die von Newman vorgenommenen Veränderungen kaum negativ in den Finanzergebnissen nieder. Doch 1998 musste Bankers Trust in großem Umfang Wertberichtigungen vornehmen. Zum Leidwesen der Deutschen Bank hielt der Aderlass bis weit ins Jahr 1999 hinein an.[52] Marktturbulenzen in Asien und Russland zogen Bankers Trust schwer in Mitleidenschaft, weshalb die Suche nach einem Käufer die beste Lösung zu sein schien.[53] Verschiedene Aspekte der Verwicklung von Bankers Trust in den Zusammenbruch und die Rettung des Hedge-Fonds Long-Term Capital Management wurden weithin kritisiert.[54] Die Bank of New York, die Mellon Bank und die State Street Corporation waren bereits an Bankers Trust herangetreten und hatten ihr Interesse am Kauf bestimmter Geschäftsfelder signalisiert. Als die Deutsche Bank im Sommer 1998 Gespräche aufnahm, war Bankers Trust also bereits «im Spiel».[55] Aber aus diesen und anderen Gründen waren einige Beobachter der Ansicht, dass Bankers Trust nicht der ideale Übernahmekandidat für die Deutsche Bank sei. Durch die Akquisition stieg die Deutsche Bank in mehrere Geschäftsfelder ein, an denen sie kein Interesse hatte, etwa die Wertpapierverwaltung. Obgleich die Deutsche Bank langfristig aufgrund von Stellenstreichungen in Europa und in den USA mit Vorsteuer-Einsparungen in Höhe von 1 Milliarde Dollar jährlich rechnete, belastete die Fusion aufgrund der erwarteten Kosten vor Steuern im ersten Jahr den Betriebsgewinn zunächst einmal mit 1 Milliarde Dollar. Hinzu kamen verständliche Ängste vor Entlassungen und kulturellen Konflikten in den Hauptzentren der fusionierten Bank – New York, London und Frankfurt.[56]

Dennoch befand sich Bankers Trust gegenüber dem größeren deutschen Übernahmeinteressenten in keiner schwachen Verhandlungsposition, und vielleicht war die Bank sogar für den Preis ein Schnäppchen. Denn Bankers Trust verfügte über große Erfahrung bei Neuemissionen, bei Firmenübernahmen durch das eigene Management (*management buyouts*) und bei Finanzderivaten. Zumindest vor der Ära Newman hatte Bankers Trust eine innovative Unternehmenskultur gefördert und viele dynamische Manager angelockt. Auch wenn die Kurse der Aktien beider Unternehmen in den vorangegangenen sechs Monaten stark gefallen waren und der Vorsteuergewinn von Bankers Trust 1998 nur etwa ein Sechstel des Gewinns der Deutschen Bank betrug, hatten beide ein Jahr zuvor ungefähr gleich viel verdient.[57] Die Deutsche Bank kaufte die amerikanische Bank mit einer starken D-Mark. Bankers Trust wurde deutlich unterhalb des Höchstkurses der Aktie von 133 Dollar im Jahr 1997 gehandelt und zu einem niedrigeren Kurs-Gewinn-Verhältnis, als es viele vergleichbare Banken aufwiesen. Außerdem verfügte Bankers Trust trotz ihrer Schwierigkeiten über eine starke Stellung im US-Markt und über eine ausgedehnte internationale Präsenz. Fast die Hälfte ihrer 20 000 Mitarbeiter war außerhalb der USA beschäftigt. Und auch wenn Bankers Trust mit hohen Verlusten, scharfem Konkurrenzdruck und ihrer Beteiligung an dem Rettungspaket für Long-Term Capital Management kämpfte, war sie noch immer die achtgrößte US-Bank. Mit einer Bilanzsumme von 850 Milliarden Dollar wäre die fusionierte Bank, falls die Verhandlungen erfolgreich abgeschlossen und alle aufsichtsrechtlichen Hürden genommen würden, die weltweit größte Bank, die selbst noch die unlängst fusionierte UBS mit ihrer Bilanzsumme von 778 Milliarden Dollar übertreffen würde. Mit der Übernahme brachte die Deutsche Bank auch den Ausbau ihres US-Investmentbanking erheblich voran.

Die Ankündigung

Nachdem schon lange Zeit Gerüchte kursierten, löste die öffentliche Ankündigung der Übernahme eine Flut von Medienberichten, Spekulationen und wechselseitigen Vorwürfen aus, im Wesentlichen auf beiden Seiten des Atlantiks, aber in geringerem Maße auch in allen Ländern, in denen die beiden Banken größere Niederlassungen unterhielten, bis hin nach Australien.[58] Bei den angebotenen 93 Dollar je Aktie oder 9,7 Milliarden Dollar für das gesamte Unternehmen lag das ursprüngliche Angebot um 20 Prozent über dem Marktwert von Bankers Trust vor Bekanntgabe der Akquisition und belief sich auf das 2,4-fache des Buchwertes. Mithin war es die größte Übernahme einer US-Bank durch ein ausländisches Unternehmen. Viele amerikanische Mitarbeiter der Deutschen Bank überraschte die Größe des Übernahmeprojekts, das vor allem von der obersten Führungsebene in Frankfurt und London vorangetrieben worden war. Doch die Unternehmensspitze gab sich ungeachtet innerer und äußerer Skepsis zuversichtlich. Als ein Mitarbeiter der Deutschen Bank in New York die Angemessenheit des Kaufpreises in Frage stellte, antwortete einer der Initiatoren des Projekts: «Ach, Sie möchten wissen, wieso wir so günstig drangekommen sind?»[59]

Die US-Börsen reagierten auf diese Nachricht und die Ankündigung weiterer Übernahmen mit steigenden Kursen. Die Aktie von Bankers Trust legte an diesem Tag um 7 Dollar auf 84,50 Dollar zu, was jedoch noch immer deutlich unter dem Angebotspreis von 93 Dollar lag. Dies war vielleicht ein Indiz dafür, dass noch viel zu tun war. Trotz aufsichtsrechtlicher Hürden und Verhandlungen in letzter Minute über die neue Unternehmensstruktur stiegen die Aktien der Deutschen Bank unmittelbar nach der Bekanntgabe um 2 Prozent. Das war eine willkommene Abwechslung für Aktionäre, die miterleben mussten, wie ihre Aktien in den zurückliegenden sechs Monaten fast die Hälfte ihres Wertes verloren hatten.

Die tonangebenden Wertpapierhändler schienen zu glauben, dass die Vorteile einer Verbindung der soliden Bilanz der Deutschen Bank mit der Marktstellung und dem Know-how von Bankers Trust die kulturellen und sonstigen Schwierigkeiten bei der Zusammenführung einer deutschen Geschäftsbank mit einer amerikanischen Investmentbank überwogen.[60] Vier Tage später erteilten beide Aufsichtsräte ihre Zustimmung zu der Transaktion.

Ein Teil der internationalen Resonanz war zunächst recht positiv. Die Übernahme würde die Deutsche Bank zum zweitgrößten Vermögensverwalter in Europa machen. Sie stelle einen wichtigen Schritt bei den Bemühungen der Deutschen Bank dar, ihr flügellahmes Investmentbanking – insbesondere im Bereich Aktien – zu stärken. Auch wenn Bankers Trust nicht der perfekte Übernahmekandidat und die Integration schwierig sei, wurde der Kauf der Bank doch als ein Schritt in die richtige Richtung angesehen. Die beiden Banken zusammengenommen hätten viele gemeinsame Geschäftsbereiche, die mehr oder minder mit der gleichen Infrastruktur versorgt werden könnten, was eine hervorragende Gelegenheit zur Ertragssteigerung böte. Für beide stelle die Fusion eine Chance dar, in neue Geschäftsfelder einzusteigen und Bereiche, in denen sie keine kritische Masse hätten, zu stärken. Zudem sahen Teile der angloamerikanischen Presse die Übernahme als richtungsweisend an, als «das sichtbarste Zeichen eines viel weiter reichenden Umbruchs im europäischen Finanzsektor», der unerlässlich sei, um dessen Wettbewerbsfähigkeit zu verbessern.[61]

Aber der Wettbewerbsdruck kam nicht nur von außerhalb Europas, wie viele Globalisierungskritiker behaupteten, sondern von Europas eigenen Ambitionen und Beschränkungen. So schrieb die *International Herald Tribune* zwei Tage nach der Ankündigung der Übernahme: «Die Einführung der einheitlichen europäischen Währung, des Euro, in elf Ländern im Januar hat den Druck auf nationale Banken erhöht, sich als europäische Akteure neu zu definieren.»[62] Solange viele europäische Staaten den Einstieg von Ausländern in den Bankensektor blockierten, wie etwa Frankreich, und das deutsche Bankensystem von nicht primär gewinnorientierten Kreditinstituten (Sparkassen) dominiert wurde, blieben Übernahmen innerhalb Europas oder auch Deutschlands selbst schwierig. Erst Zusammenschlüsse mit Instituten außerhalb Kontinentaleuropas würden echte Expansionschancen eröffnen.[63]

Trotz der Notwendigkeit einer Konsolidierung und einer breiten internationalen Präsenz gab es auch viele Kritiker der Übernahme. Skepsis war die bei weitem überwiegende Einstellung. Nach einem anfänglichen Kurssprung verlor die Aktie der Deutschen Bank bis zur Mitte des Tages nach der Bekanntgabe fast 5 Prozent an Wert. Mehrere Zeitungen zitierten Manager anderer Banken mit der Aussage, es sei zweifelhaft, ob die geplanten Synergien realisiert werden könnten und ob der Kaufpreis angemessen sei. Zwar wurde der Schritt weithin als mutig gelobt, doch manch einer hielt den Preis für etwas überzogen, angesichts dessen, was die Deutsche Bank dafür bekam, insbesondere angesichts der Probleme, die die Fusion mit sich bringe.[64] Die fusionierten Banken stünden im Geschäft mit Neuemissionen von Aktien und Anleihen in den USA nur an 11. Stelle und weltweit an 14. Stelle. Die Integration von Bankers Trust sei eine Herausforderung für das Management der Deutschen Bank, dessen Probleme mit Morgan Grenfell im Jahr 1989 von vielen als Fiasko angesehen wurden. Frühere Schwierigkeiten hatten dort zweihundert leitende Angestellte dazu veranlasst, ihren Hut zu nehmen. Die Investmentbanker waren noch immer verärgert darüber, dass die Struktur der Bank sie dazu zwang, für so ertragsschwache Dienstleistungen wie Cash Management und Außenhandelsfinanzierung die Werbetrommel zu rühren.[65]

Rolf-E. Breuer, der Vorstandssprecher der Deutschen Bank, der die Übernahme vorangetrieben hatte, hatte alle Hände voll zu tun. Er wusste, dass sein Vermächtnis bei der Deutschen Bank vom Erfolg oder Misserfolg der Fusion abhing. Nach einer Lehre bei der Deutschen Bank und einem Studium der Rechtswissenschaften, das er mit der Promotion abgeschlossen hatte, war Breuer 1966 wieder in die Bank eingetreten. In der für die deutsche Wirtschaft typischen Weise bekleidete er unterschiedlichste Positionen, bevor er 1985 in den Vorstand berufen wurde. Vor seiner Wahl zum Vorstandssprecher im Jahr 1997 und zum Aufsichtsratsvorsitzenden im Jahr 2002 war er für das Börsengeschäft der Deutschen Bank zuständig gewesen. Die meisten Kenner der Branche glaubten, Breuer habe ein Gespür für das internationale Bankgeschäft. Der weltläufige, erfahrene Manager zeichne sich durch eine

Direktheit und Aufrichtigkeit aus, die einerseits Teil seines einnehmenden Wesens seien, ihm vielleicht aber auch zum Verhängnis werden könnten. Unter seiner Führung legte der Aktienkurs zwar deutlich zu (um 20 Prozent), doch im Vergleich zu mehreren Bankindizes lag er zurück. Breuer war überzeugt, dass die Bank einen mutigen Schritt machen müsse. Er kannte die Risiken. Einige Tage vor der Ankündigung, nachdem er bei einer Podiumsdiskussion mehrere Notenbankchefs vorgestellt hatte, sprach er das aus, worin einige – vielleicht verfrüht – sein eigenes Epitaph sahen: «Ich bin nur ein Sterblicher neben diesen Göttern.»[66]

Trotz der schlechten Erfolgsbilanz grenzüberschreitender Bankenfusionen und des zu erwartenden Stellenabbaus in vielen Bereichen, die Überschneidungen aufwiesen, war man in der Führungsetage optimistisch. Bei einer Pressekonferenz sagte Breuer über diese historisch fast beispiellose Integration zweier internationaler Finanzdienstleistungsgiganten: «Bankers Trust ist eine Plattform, mit deren Hilfe wir den US-Markt erschließen wollen.»[67] Um die ehrgeizigen Wachstums- und Ertragsziele zu erreichen, musste man vor allem aufs Tempo drücken.

Am Montag, dem 30. November 1998, gaben Breuer und Newman die Übernahme und die Zustimmung ihrer jeweiligen Führungs- und Kontrollgremien zu der Transaktion im Volumen von etwa 10 Milliarden Dollar offiziell bekannt.[68] Die Deutsche Bank berichtete, sie hoffe, bis 2001 Kosteneinsparungen in Höhe von 1,7 Milliarden DM zu realisieren und den Gewinn je Aktie um 10 bis 15 Prozent zu steigern. Schon im Jahr 2000 wurden positive Effekte der Akquisition auf den Gewinn erwartet. Kurzfristig jedoch kam es zu vielen Enttäuschungen. Der Vorstand kündigte an, er wolle den Kauf mit einer Kombination aus Kapitalerhöhung (4 Milliarden DM), Bargeld, Genussscheinen und der Ausgabe von Festzins- und Wandelanleihen finanzieren. Bei Barreserven von 20 Milliarden DM im September schien der Finanzierungsplan solide zu sein. Obgleich Newman kein Deutsch sprach, sollte er nach Abschluss der Transaktion, in den Vorstand der Deutschen Bank eintreten. Durch die Fusion entstand nicht nur die weltweit größte Bank, sondern auch der viertgrößte Vermögensverwalter (1999: 589 Milliarden Euro) und das zwölftgrößte Emissionshaus für Aktien und Anleihen mit einer besonderen Stärke in Wachstumssektoren wie Hochtechnologie und Gesundheitswesen.

Das Presse-Echo

Die Presseabteilung der Deutschen Bank hatte in diesen Wochen viel zu tun. In den ersten Tagen nach der Ankündigung erschienen hin und wieder in ein und derselben Zeitung mehrere Beiträge über die Akquisition. Noch am

Tag der Bekanntmachung kursierten erste Gerüchte über die Finanzierung der Transaktion. So wurde kolportiert, die Deutsche Bank werde sich von ihren Beteiligungen an Daimler-Chrysler oder der Allianz trennen, deren Marktwert sich auf 20 beziehungsweise 15 Milliarden DM belaufe, auch wenn bei beiden Veräußerungsgeschäften nach deutschem Steuerrecht hohe Kapitalertragsteuern anfielen.[69] Deutsche Zeitungen griffen das Thema möglicher Verkäufe auf, welche weitreichende Folgen für andere deutsche Unternehmen und vielleicht sogar für das gesamte deutsche Finanzsystem hätten.[70]

Innerhalb weniger Tage trat die Deutsche Bank diesen Verkaufsgerüchten entgegen, doch ein Blatt wies darauf hin, dass es steuerneutrale Wege gebe, um auf «synthetische» Weise von einem Verkauf zu profitieren, ohne die Aktien tatsächlich auf den Markt zu werfen. Die Allianz beispielsweise hatte eine Anleihe – eine sogenannte *asset-backed security* – emittiert, die durch ihre Deutsche-Bank-Aktien besichert war, um die Übernahme der Assurance Générale zu finanzieren; sie spekulierte dabei darauf, dass die deutschen Steuerbehörden die Veräußerung von Beteiligungen, die Firmen an anderen Unternehmen hielten, von der Kapitalertragsteuer befreien würden. Wäre die Deutsche Bank zum Zeitpunkt der Übernahme von Bankers Trust an US-Börsen notiert gewesen, dann hätte sie ihre eigenen Aktien oder die Aktien anderer Unternehmen in ihrem Besitz gegen die Aktien von Bankers Trust eintauschen können, was den Kauf billiger gemacht hätte als ein Bargeschäft, bei dem bei den Anteilseignern der Zielgesellschaft quasi sofort ein steuerpflichtiger Ertrag anfällt.[71] Investoren und Konkurrenten zeigten sich bestürzt darüber, dass die Deutsche Bank die Übernahme womöglich ohne die Ausgabe neuer Aktien finanzieren könnte, indem sie sich ein Schlupfloch in den deutschen Kapitalausstattungsvorschriften zunutze machte. Die deutschen Aufsichtsbehörden hatten der Deutschen Bank erlaubt, internationalen Rechnungslegungsgrundsätzen zu folgen, was ihre Kapitalbasis der Kategorie 1 erhöhen würde, und den im Übernahmepreis enthaltenen Geschäftswert (*goodwill*) über zehn Jahre statt sofort abzuschreiben.[72]

Noch vor dem Ende der Woche, in dem die Akquisition bekannt gegeben wurde, machte die Deutsche Bank mit der Übernahme der belgischen Tochtergesellschaft von Crédit Lyonnais für einen Preis von 1 Milliarde D-Mark schon wieder Schlagzeilen.[73] Die Europäische Kommission hatte Staatshilfen an den Crédit Lyonnais nur unter der Auflage bewilligt, dass sich die Großbank von Aktivitäten in erheblichem Umfang trennte. Dieser Kauf belegte, dass die Deutsche Bank gewillt war, in Europa weiter kräftig zu expandieren. Tatsächlich verlautete, die Deutsche Bank führe Gespräche über den Erwerb spanischer Banken, unter anderem auch der spanischen Tochter des Crédit Lyonnais.[74] Auch wurde spekuliert, die Übernahme einer französischen Bank wäre der nächste Schritt der Deutschen Bank.

Äußerst wichtig waren Personalfragen. Die Bindung der Führungskräfte von Bankers Trust erwies sich als eine große Herausforderung. Die Besten wurden schon bald eifrig von Headhuntern umworben.[75] Aber es meldeten sich auch wenige Tage nach der Ankündigung erste Stimmen in deutschen und internationalen Zeitschriften zu Wort, die ihre Sorge über den unvermeidlichen Stellenabbau zum Ausdruck brachten; selbst in Australien, wo beide Banken recht viele Mitarbeiter beschäftigten, schlug die Übernahme hohe Wellen.[76] Die Synergien und Kosteneinsparungen, von denen das Management sprach, bedeuteten einen zehnprozentigen Personalabbau, so dass bis zu 9000 Stellen in der fusionierten Bank wegfallen könnten. Zum Zeitpunkt der Ankündigung beschäftigten die beiden Banken 91 000 Mitarbeiter, die Deutsche Bank 76 000 und Bankers Trust 15 000. Die Opfer und die Belohnungen schienen ungerecht verteilt zu sein. Sogar das konservative *Wall Street Journal* kommentierte, das verblüffende Tempo von Fusionen könne nur eines bedeuten: «atemberaubende Gebühren für die Berater».[77]

Einige amerikanische Zeitungen sahen in der Übernahme den ersten Schritt zur «Amerikanisierung» der Deutschen Bank. Um echte Vorteile aus der Übernahme eines amerikanischen Nischenanbieters zu ziehen, so das *Wall Street Journal*, müsse die Deutsche Bank, die bislang der Inbegriff des Bankgeschäfts deutschen Stils war, nahtlos mit einem Institut verzahnt werden, das von jeher eine starke amerikanische Firmenkultur hatte. Das Konfliktpotential sei gewaltig. Doch wenn die Ergebnisse positiv seien, würden andere europäische Banken ermuntert, das Gleiche zu tun. Die amerikanische Wirtschaftszeitung meinte, die deutschen Institute müssten sich stärker verändern, und dies, obwohl Anpassungsfähigkeit nicht gerade eine ihrer bekannten Stärken sei. Sicherheit war immer die Losung und Stärke des deutschen Bankgewerbes gewesen. Wie würden sich die deutschen Banker in einer Welt, die von Aktien und Derivaten dominiert war, zurechtfinden? Die Unabhängigkeit und vor allem die hohen Gehälter, die amerikanische Mitarbeiter verlangten, würden in der deutschen Öffentlichkeit und auch bei einigen deutschen Führungskräften, die mit der Überzeugung groß geworden waren, dass Manager für die Firma und nicht für sich selbst arbeiteten, nicht gut ankommen. Trotz Breuers Einsatz für eine internationalere (manche würden sagen amerikanischere) Ausrichtung warnte das *Wall Street Journal*, dass es nicht leicht werden würde, die deutsche Bankenlandschaft und seine Kollegen zu verändern. Obgleich die Deutsche Bank gelernt habe, flexibler zu sein, «sollten Analysten, die in Erfahrung bringen wollen, ob die Fusion ein Erfolg wird, vielleicht einmal mit ihren Zahlenspielereien aufhören und den Aufeinanderprall der Kulturen unter die Lupe nehmen».[78]

Die gleiche Zeitung warf auch die Frage auf, ob Bankers Trust überhaupt der richtige Kandidat sei. Weder die Deutsche Bank noch Bankers Trust gehörten bis Oktober 1998 zu den zehn führenden Beratern bei angekündigten

M&A-Transaktionen mit einer europäischen Zielgesellschaft. Andere amerikanische Investmentbanken beherrschten noch immer auch den europäischen Markt. Nach Einschätzung des *Wall Street Journal* war Bankers Trust kaum das richtige Unternehmen, um die Lücke der Deutschen Bank im Investmentbanking zu schließen. Schließlich rangierte Bankers Trust in den USA nur an 26. Stelle. Die Übernahme schien die Verzweiflungstat einer europäischen Bank zu sein, die, wie so viele andere, Schwierigkeiten hatte, in das exquisite Geschäft mit Fusionen und Übernahmen einzusteigen. Weder der Aufbau eigener Investmentbanking-Kapazitäten von Grund auf noch ihr Zukauf schien erfolgversprechend zu sein. Nur vier europäische Banken gehörten zu den «Top Ten» bei europäischen Transaktionen. Die Frage blieb: Konnte die Deutsche Bank Spitzenkräfte für die neue Bank gewinnen, und war sie bereit, das notwendige Kleingeld für sie hinzulegen?[79] Das Investmentbanking war in jedem Finanzinstitut zu einer Art vorübergehender Partnerschaft hochmobiler, hochqualifizierter Spitzenkräfte geworden, die die Gewinne unter sich teilten, bevor sie zum nächsten Unternehmen weiterzogen.

Das *Wall Street Journal* räumte allerdings ein, dass das fusionierte Unternehmen in den USA Erfolg haben könne, sofern es ihm gelänge, hochkarätige neue Fachkräfte anzulocken. Vielleicht müsse, zumindest kurzfristig, noch mehr Geld ausgegeben werden. Wie das Blatt weiter ausführte, könne die neue Bank in Europa vermutlich am meisten profitieren, indem sie die Schlagkraft der Deutschen Bank bei der Emission von Aktien und Anleihen für mittelständische Unternehmen steigere, ein Segment, in dem Bankers Trust besonders stark war. Bankers Trust war auch in einigen Wachstumsfeldern stark, etwa bei Aktien-Neuemissionen und hochverzinslichen Unternehmensanleihen (*junk bonds*), wo nach dem Urteil des *Wall Street Journal* das Wachstumspotential in Europa größer sei als auf dem gesättigten US-Markt. Dies könne besonders wichtig werden, falls die Einführung des Euro der Emission und dem Handel mit Wertpapieren Auftrieb gebe, was viele erwarteten. Kurz, Bankers Trust könne das europäische Investmentbanking der Deutschen Bank durch einen erweiterten Zugang zu den US-Märkten und US-Finanzinnovationen ankurbeln. Schließlich war Bankers Trust für die Deutsche Bank vielleicht nur die zweite Wahl, aber anders als die erste Wahl, J. P. Morgan, war sie eben zu haben.[80]

Auch in einem Teil der deutschen Presse wurde verständlicherweise die Sorge geäußert, die Deutsche Bank verliere ihre Identität.[81] In Deutschland war die Bestürzung darüber, dass eine Welle tiefgreifender Umstrukturierungen über berühmte, traditionsreiche Namen der deutschen Wirtschaft hinwegschwappte, mit Händen zu greifen. Innerhalb weniger Jahre verloren Daimler, Hoechst und jetzt die Deutsche Bank einen Teil ihrer deutschen Prägung. Etliche waren auch der Ansicht, die angeblichen Synergieeffekte seien unrealistisch beziehungsweise die damit verfolgten Ziele seien allzu ambitioniert. Manche sahen in der Übernahme den verzweifelten Versuch des neuen Vorstandssprechers der Bank, Breuer, das Ruder bei der angeschlagenen Deutschen Bank herumzureißen. Laut *Tagesspiegel* hatten die Mitarbeiter der Deutschen Bank das Gefühl, dass das große Schiff führerlos umhertreibe und von einer Restrukturierung in die nächste taumele. Die Deutsche Bank habe nicht nur ihre vorherrschende Marktstellung in Europa eingebüßt, sie habe auch keinen maßgeblichen politischen Einfluss mehr. Die Bank scheine sich mehr für sich selbst als für ihre Kunden zu interessieren und von einem Skandal und Übernahmeplan in mehreren Ländern und Geschäftsbereichen zum nächsten zu torkeln.[82] Am nächsten Tag stellte dieselbe Zeitung jene Annahme in Frage, die ihres Erachtens der Fusion zugrunde lag, nämlich ob sich die Erweiterung des Geschäfts angesichts des Preises letztlich betriebswirtschaftlich auszahle. Es wurde die Befürchtung geäußert, die plötzliche Fusionswelle unter Beteiligung deutscher Unternehmen sei nur die Spitze des Eisbergs.[83]

Einige deutsche Zeitungen bezweifelten sogar, ob es überhaupt ratsam sei, in die «bekanntermaßen provinzielle» Welt des amerikanischen Bankgewerbes einzusteigen. Rechtsnormen, die Einleger in den USA durch Beschränkung des *interstate banking* und Investmentbanking schützen sollten, seien zwar Relikte einer vergangenen Epoche, beeinflussten aber noch immer die weltweite Geschäftstätigkeit auch der in den USA aktiven Auslandsbanken, ganz zu schweigen von den amerikanischen.[84] Einige Konkurrenten frohlockten über die Aussicht, dass die Deutsche Bank ihren europäischen Fokus verlieren und sich in einen langen und vertrackten Prozess der Umsetzung verstricken würde.[85] Zumindest war dieser Schritt mit gewaltigen Risiken verbunden. Die Erfahrungen der Deutschen Bank mit Morgan Grenfell hatten gezeigt, dass sich hohe Investitionen ins Investmentbanking nicht unbedingt in der gewünschten Weise auszahlten. Es waren gewaltige Investitionen, die zukünftige Kapitalspritzen erforderten; dabei waren die Erträge ungewiss, zumal gravierende Integrationsprobleme hinzukamen.[86]

Während amerikanische Wirtschaftsanalytiker ihre Zweifel an den erwarteten Synergieeffekten bekundeten, sorgte sich die deutsche Presse um einen möglichen Stellenabbau in Deutschland – bei einer Arbeitslosigkeit von etwa 10 Prozent ein besonders heikles Thema. Die Wochenzeitung *Rheinischer Merkur* zitierte die Ausführungen von Marx und Engels über die Tendenz der Bourgeoisie, die Welt nach ihrem Ebenbild zu formen, einem Bild, das nur der Förderung ihrer eigenen Finanzinteressen diene. Ein Wirtschaftssystem müsse ökonomische Erträge erzeugen:

> Aber wenn unter dem Renditedruck internationaler Investmentfonds jede nationale Bodenhaftung und jedes Verantwortungsgefühl für die Erhaltung von Arbeitsplätzen im Lande verlorengeht, ja der Abbau von Arbeitsplätzen als

zulagenwürdiger Rationalisierungserfolg gilt, provozieren die Wirtschaftsführer von heute die Entfremdung der Menschen von unserem bewährten Wirtschafts- und Gesellschaftssystem und tragen mittelfristig zur Beschädigung dieser zwar sozialgebundenen, aber prinzipiell freien Wirtschaft bei.[87]

Den vielleicht aufschlussreichsten Gesichtspunkt brachte Peter Martin, Kolumnist der *Financial Times,* zur Sprache. Unter dem Titel «Alice in mergerland» stellte er die begründete Frage, ob bei einer der Großfusionen der 1990er Jahre der Tatsache, dass die durch die Fusion erzielten Größenvorteile mit sehr hohen Management-Kosten verbunden waren, gebührend Rechnung getragen worden sei. Denn die neue institutionelle Komplexität könne den ökonomischen Nutzen der Fusion reduzieren oder auch völlig aufheben. Wie «Alice im Wunderland», die so groß wurde, dass sie sich nicht mehr die Schuhe schnüren konnte, mag es Riesenfirmen schwerfallen, mit den Teilen, auf die es ankommt, in Verbindung zu bleiben. Zudem war jede Übernahme in gewisser Weise das Eingeständnis eines doppelten Scheiterns: des übernommenen Unternehmens, das zu ertragsschwach war, und der übernehmenden Gesellschaft, der es nicht gelungen war, aus eigener Kraft hinlängliches Wachstum zu generieren. Oft übersehen wurde die Frage, ob die Übernahme die Schwachstellen tatsächlich beseitigte. Auch wenn Größe viele Defizite beheben kann, belegen empirische Studien, dass sich ungeachtet moderner Technik Größenvorteile jenseits eines gewissen Punktes nur schwer realisieren lassen. Die Gestaltung der geeigneten Kommunikations-, Kontroll- und Vergütungsstrukturen stellte eine gewaltige Herausforderung dar, deren Lösungen im Investmentbanking nicht unmittelbar evident waren.[88] Während das Investmentbanking Führungskräfte reich entlohnte, fiel der Ertrag für die Aktionäre weit niedriger aus. Nur drei große Investmentbanken erzielten eine Eigenkapitalrendite von über 20 Prozent. Weder Bankers Trust noch die Deutsche Bank gehörten dazu.[89]

Aufsichtsrechtliche Hürden und Integration

Die Anfangsphase der Integration verlief relativ glatt. Noch vor den offiziellen Genehmigungen hatte die Bank Ausschüsse eingesetzt, denen Führungskräfte der Deutschen Bank und Bankers Trust angehörten und die Empfehlungen zu organisatorischen und personellen Veränderungen erarbeiten sollten. Nach jahrelanger Tätigkeit in London und New York verfügte die Deutsche Bank über eine Reihe versierter Führungskräfte. Es war recht schnell klar, wer bleiben konnte und wer gehen musste. Die Führungsspitze hatte aus den Erfahrungen der Bank mit Morgan Grenfell fast zehn Jahre früher gelernt. Es sollte keine «Doppelspitzen bei Geschäftsbereichen» geben. Statt das «angelsächsische» Investmentbanking als ein eigenständiges, wenn auch hochprofitables Tochterunternehmen fortzuführen, machte sich die Deutsche Bank daran, ein globales Investmentbanking aufzubauen. Die Führung der Bank war sich bewusst, dass es in Deutschland keine Fachleute gab, die über die erforderliche Erfahrung im Aktienbereich des Investmentbanking verfügten. Es ging also darum, zunächst einen größeren Kreis junger deutscher Fachleute und anschließend internationale Teams zu bilden, die als Wegbereiter des Marketings in Europa und der übrigen Welt dienen sollten. Wie Deutschland insgesamt hatte auch die Deutsche Bank erheblichen Nachholbedarf in Sachen Aktienkultur. Bei Anleihen und im Fusions- und Übernahmegeschäft (M&A) war die Deutsche Bank gut, aber in dem wachstumsstarken, dynamischen Feld der Begleitung von Börsengängen mangelte es ihr an Fachleuten und Erfahrung.[90]

Auch wenn die meisten Beobachter davon ausgingen, die Übernahme von Bankers Trust sei unter Dach und Fach, mussten vor dem Abschluss der Fusion noch etliche aufsichtsrechtliche und anderweitige Hürden von der Deutschen Bank überwunden werden. Nach amerikanischem Recht musste das Wertpapier- und Emissionsgeschäft nach wie vor formal vom Einlagen- und Kreditgeschäft getrennt bleiben. Neben europäischen und anderen Regelungen, die zu beachten waren, hatte die US-Notenbank zu entscheiden, ob das Fusionsvorhaben gegen die neuesten amerikanischen Rechtsvorschriften verstieß. Die Beteiligungen der Deutschen Bank an Nicht-Bankunternehmen könnten einer Genehmigung entgegenstehen. Die Übernahme könnte auch die hervorragende Bonitätseinstufung der Deutschen Bank (Aa1 durch Moody's Service) gefährden.[91]

Nur wenige Wochen nach der Ankündigung drohten die Verbrechen Deutschlands im Zweiten Weltkrieg die Fusion zu vereiteln; dies verdeutlichte, dass politische Risiken im Heimatland von Unternehmen auf nahezu unabsehbare Zeit fortbestehen können.[92] Der Präsident der Bankenaufsicht des Bundesstaats New York drohte, er werde die Übernahme erst dann genehmigen, wenn alle Ansprüche von Holocaust-Opfern gegenüber deutschen Unternehmen befriedigt worden seien. Der Druck amerikanischer Pensionsfonds auf schweizerische Banken hatte sich als eine sehr erfolgreiche Taktik erwiesen, um Auskünfte zu erhalten und die Rückgabe jüdischer Vermögenswerte in der Schweiz durchzusetzen. Der Anwalt der Opfer erklärte, US-Bundes- und Staatsbehörden würden die Übernahme erst absegnen, wenn die Ansprüche seiner Mandanten befriedigt worden seien.[93] Die US-Behörden erteilten im Mai 1999 die Genehmigung, und Informationen, die während der aufsichtsrechtlichen Prüfung publik wurden, überzeugten Interessengruppen von Holocaust-Überlebenden davon, dass die Deutsche Bank in verhältnismäßig geringem Maße in die Verbrechen des Nazi-Regimes verwickelt gewesen sei und freimütig Auskunft gebe über ihre Rolle in der Nazi-Zeit.[94]

Neben aufsichtsrechtlichen und Finanzierungsproblemen musste sich die Deutsche Bank auch mit zahlreichen internen Führungsproblemen auseinandersetzen. Wie ließen sich die Strukturen der beiden Banken zusammenführen? Würden Führungskräfte von Bankers Trust in den Vorstand der Deutschen Bank eintreten? Würden sich die Zuständigkeiten deutscher Vorstandsmitglieder ändern? Wie viele Stellenstreichungen würden bekannt gegeben und wann?[95] Wie würde sich die Fusion auf die Strategie der Deutschen Bank in Deutschland und Ländern wie Italien und Spanien auswirken, wo man ein breites Privatkundengeschäft aufgebaut hatte? Und am wichtigsten: Wäre die Deutsche Bank bereit, ihre traditionelle, von vorsichtiger Zurückhaltung geprägte Unternehmenskultur und die Struktur ihres Geschäfts zu ändern? Konnte und wollte sie wirklich von einer Bank, deren Geschäft auf engen Kundenbeziehungen basierte, zu einem offeneren Unternehmen werden, das einer Vielzahl unterschiedlichster Kunden innovative Dienstleistungen über unpersönliche Kapitalmärkte anbietet? Zum Zeitpunkt der Übernahme saßen Vertreter der Deutschen Bank in über 400 Aufsichtsräten. Die Deutsche Bank hielt große Beteiligungen an einigen der bekanntesten und größten Unternehmen Deutschlands – zum Beispiel zehn Prozent an der Allianz (Marktwert: 10,4 Milliarden DM), 22 Prozent an Daimler-Benz (vor der Fusion mit Chrysler) (Marktwert: 14,2 Milliarden DM), 25 Prozent an Philipp Holzmann (0,5 Milliarden DM) und 13 Prozent an der Metallgesellschaft (0,6 Milliarden DM).[96] Könnte die Bank ihre hochkarätigen Investmentbanker halten und neue von anderen Firmen abwerben? Wäre sie bereit, die hohen Gehälter zu zahlen, und käme sie mit dem ausgeprägten Selbstbewusstsein dieser Personen zurecht? In jüngster Vergangenheit hatte die Bank schon viele Spitzenkräfte verloren. War die Deutsche Bank bereit, aus einigen ihrer ertragsschwachen Geschäftssegmente auszusteigen und in neue, einträglichere einzusteigen, um ihr ehrgeiziges Ziel einer Eigenkapitalrendite von 25 Prozent im Jahr 2001 zu erreichen? Würde sich die Bank weiterhin geschäftspolitisch auf Europa fokussieren, oder würde sie sich globaler ausrichten? Könnte die Bank überdies die Fehler, Verzögerungen und Konflikte, wie sie knapp zehn Jahre zuvor bei der Übernahme von Morgan Grenfell aufgetreten waren, bei Bankers Trust vermeiden?[97]

Die Stellenstreichungen sollten als Erstes kommen. Breuer und Newman kündigten an, dass etwa 5500 Mitarbeiter in den USA, Großbritannien und an anderen Standorten – nicht aber in Deutschland – entlassen werden sollten; die Abfindungszahlungen würden sich auf etwa 2,2 Milliarden DM belaufen. Für jene Führungskräfte von Bankers Trust, die die Deutsche Bank halten wollte, wurde eine Rücklage in Höhe von 400 Millionen Dollar gebildet, die auf viele Köpfe verteilt werden sollten. Allerdings wies man einen Bericht zurück, wonach Newman und anderen leitenden Angestellten 10 Millionen Dollar pro Person zugesagt worden seien, damit sie für eine ungenannte

Zeit im Unternehmen blieben. Die Bank gab auch ihre Absicht bekannt, ihre Aktien an der New Yorker Börse zu notieren und Abschlüsse entsprechend den US-Grundsätzen ordnungsgemäßer Rechnungslegung vorzulegen.[98] Einige Fragen, etwa, ob der Name Bankers Trust für einige Geschäftssegmente erhalten bliebe und ob die Deutsche Bank auch weiterhin durch Übernahme eines europäischen Instituts in Europa expandieren wolle, blieben unbeantwortet.[99] Den meisten amerikanischen Beobachtern war jedoch klar, dass die Tage von Bankers Trust als eigenständiges Institut gezählt waren.[100] Die Deutsche Bank wollte den Kurs, den sie bei der Eingliederung von Morgan Grenfell verfolgt hatte, nicht wiederholen. Außerdem sah Breuer, wie die meisten seiner Landsleute, in dieser Fusion einen weiteren Beleg dafür, dass die deutsche Wirtschaft in unbekannte Gewässer aufgebrochen war.[101]

Die Aufgabe, die beiden Banken zusammenzuführen, fiel Josef Ackermann zu, einem 50-jährigen Schweizer Banker und Dozenten für Geld- und Kredittheorie an der Universität Sankt Gallen, der von Kopper zur Deutschen Bank geholt worden war, nachdem er sich 1996 mit dem Verwaltungsratschef seines früheren Arbeitgebers, Credit Suisse, überworfen hatte. Er kam mit einem großen Erfahrungsschatz zur Deutschen Bank. Ackermann galt als integrativer und zugleich durchsetzungsstarker Manager, der nicht davor zurückschreckte, unpopuläre Entscheidungen zu treffen, auch solche, die mit dem Abbau vieler Arbeitsplätze verbunden waren. Als er die Investmentbanking-Bereiche der Deutschen Bank und Morgan Grenfells zusammenführte, kündigten 200 Führungskräfte. Es war naheliegend, dass Ackermann, der große Achtung vor der Kompetenz von Bankers Trust bei Finanzderivaten hatte, diesem Geschäftsbereich sein besonderes Augenmerk widmen würde. Er setzte einen Ausschuss ein, der den Verschmelzungsprozess steuern sollte und dem Führungskräfte von Bankers Trust und der Deutschen Bank angehörten – Frank Newman, Yves De Ballman, Mayo Shattuck III und Mary Cirillo von Bankers Trust sowie Edson Mitchell und Michael Philipp, die Leiter des Bereichs Global Markets beziehungsweise des Aktiengeschäfts der Deutschen Bank.[102]

Die Akquisition erlitt allerdings auch einige Rückschläge. Obgleich die Deutsche Bank die Größe und die Qualität der Aktiva kannte, die sie erwarb, war sie sich nicht sicher, wie sie damit verfahren sollte. Einige Geschäftsfelder erforderten weitere Investitionen, andere mussten abgestoßen werden. Aber die Führungsspitze war sich noch nicht sicher welche. Es gab Anlaufschwierigkeiten. Auch nach einer weiteren kleinen Übernahme galt die Deutsche Bank als zu klein in einem ehemaligen Kerngeschäft beider Banken, der Wertpapierverwaltung. Der Bereich außerbörsliches Beteiligungskapital (Private Equity), in dem beide Banken relativ stark waren, wurde abgestoßen. Außerdem wechselte das Management in Frankfurt jedes Mal, wenn es seine Meinung über die Gestaltung der Geschäftsbereiche und die Struktur der Regionalgesellschaften änderte, seinen «Mann» vor Ort aus. In drei Jahren kamen und gingen so vier Leiter des US-Geschäfts. Einer von ihnen meinte dazu: «Eines der Haupthindernisse für eine zügige Umsetzung der Fusion war die Tatsache, dass sich die Führungsspitze in Frankfurt unschlüssig darüber war, was genau sie in den USA wollte.»[103]

Der vielleicht schwerste Rückschlag betraf die Person Newmans. Im Frühjahr 1999 fragten sich Topmanager auf beiden Seiten des Atlantiks, ob Newman ein Gewinn oder eine Belastung für die Fusion war. Mehrere Vorstände der Deutschen Bank sträubten sich gegen seine Aufnahme in das Gremium. Weiter geschwächt wurde er durch die Nachwirkungen eines Skandals um Kundenüberweisungen. Mit dem Ausscheiden einiger seiner Verbündeter bei Bankers Trust und einem spürbaren Mangel an Vertrauen bei vielen, die blieben, war nicht sicher, ob er die US-Tochter führen oder eine klare Rolle in der neuen Matrixorganisation der Deutschen Bank haben konnte.[104] Innerhalb von sechs Monaten nach der Ankündigung der Akquisition gelangte der Vorstand in Frankfurt zu der Überzeugung, dass Newmans Verhältnis zu seinen Mitarbeitern und amerikanischen Aufsichtsbehörden so angespannt sei, dass seine weitere Mitarbeit in der fusionierten Bank unhaltbar wäre, und Newman wurde mit einer hohen Abfindung ausbezahlt.[105]

Doch 1999 war die Deutsche Bank wieder ein führender Akteur im Investmentbanking und auf anderen Geschäftsfeldern. Sie war der fünftgrößte Anbieter von Konsortialanleihen und der größte außerhalb der USA, auch wenn ihr Geschäft nur 25 Prozent von dem des Weltmarktführers, Chase Manhattan, ausmachte.[106] Gemessen an der Bilanzsumme war sie mit 844 Milliarden Dollar die größte Bank in Deutschland und Europa.[107] Im ersten Drittel 1999 emittierte sie fast 200 Anleihen im Gesamtwert von 48 Milliarden Dollar und einem Marktanteil von fast 8 Prozent.[108] In den ersten sechs Monaten dieses Jahres war sie Konsortialführerin bei allen Emissionen westeuropäischer Unternehmensanleihen.[109] Im Jahr 1999 steuerte das Investmentbanking 60 Prozent zum Konzerngewinn bei.[110]

Dennoch hielten sich die positiven Effekte des Zusammenschlusses in den ersten Jahren in Grenzen. Es war eine Zeit hoher Investitionen, nicht hoher Erträge. Leider war das Investmentbanking der Deutschen Bank noch immer von ertragsschwachen, schwankungsanfälligen Geschäften geprägt. Die Fusion hatte zwar das Ansehen und die Glaubwürdigkeit der Deutschen Bank in diesem Segment erhöht, kurzfristig aber nicht das Geschäftsvolumen.[111] Bankers Trust brachte zwar seine Erfahrung bei Finanzderivaten und der Finanzierung von Firmenübernahmen ein, doch die Deutsche Bank musste beide Bereiche durch Einstellung neuer Mitarbeiter weiter stärken. Neue Kapazitäten hätten sowieso dazugekauft oder intern entwickelt werden müssen. Aber ohne die Übernahme und gewisse Schlüsselfiguren wie John Ross, die sich auf den New Yorker Finanzmärkten ebenso gut auskannten wie auf dem politischen Parkett und die imstande waren, ein gutes Arbeitsverhältnis zu den Vorständen in Deutschland zu entwickeln, wäre es unmöglich gewesen. Rückblickend betrachtet, verschaffte die Akquisition der Bank eine Plattform, eine Identität, einen innovativen Unternehmungsgeist und das öffentliche Image, ein Schrittmacher des Fortschritts im Finanzdienstleistungsbereich zu sein.[112] Die Deutsche Bank hatte ihren «amerikanischen Traum» verwirklicht, aber in der schnelllebigen Welt der Finanzdienstleistungen kann sich kein Institut darauf verlassen, mit einer Investition oder auch einer Reihe von Offerten langfristig Wert zu schaffen. Das Schlagwort «Erneuern oder Sterben» gilt hier in stärkerem Maße als praktisch überall sonst in der Weltwirtschaft.[113]

Während sich die Deutsche Bank zu Beginn des neuen Jahrtausends wieder als eine führende Investmentbank etabliert hatte, war die Liste ihrer ungelösten Probleme weiterhin lang. Das vielleicht heikelste Problem war die in sich widersprüchliche und mitunter konfliktträchtige Notwendigkeit, einerseits ihre Stellung in ihrem «inländischen» Markt – Deutschland und den europäischen «Heimatländern» – zu stärken und gleichzeitig ihren Ruf bei den wettbewerbsintensiven und «unsentimentalen» internationalen Kapitalmärkten zu verbessern. Nachdem die Deutsche Bank bei vielen ihrer Versuche, ihre Stellung im deutschen Finanzdienstleistungssektor zu konsolidieren, gescheitert war, beschloss sie, Änderungen im deutschen Steuerrecht nutzend, viele ihrer deutschen Beteiligungen abzustoßen. Das dadurch frei werdende Kapital investierte sie in das ertragsträchtigere Investmentbanking, auch wenn sie damit einen Teil ihrer alten deutschen Identität preisgab. Aber angesichts gewisser Ängste bei einigen Interessengruppen in ihrem Heimatland, denen die Freizügigkeit der internationalen Kapitalmärkte nicht geheuer war, wurde gemutmaßt, dass es der Deutschen Bank nicht leichtfallen werde, unternehmerisch denkende und handelnde Manager für die Hauptgeschäftsbereiche heranzuziehen.[114] In den 1990er Jahren traf die Führungsspitze der Deutschen Bank, trotz vieler Ablenkungen, etliche mutige Entscheidungen, die die Bank wieder zu einem Konkurrenten von Weltklasse machten. Mit einer internationalen Perspektive und einem starken Rückhalt in den beiden größten Kapitalmärkten der Welt sowie in ihrem Heimatmarkt mussten ihre Mitarbeiter, Kunden und Aktionäre innerhalb und außerhalb Deutschlands die Deutsche Bank als den führenden Vertreter der deutschen Wirtschaft in den Weltmärkten und als einen ernst zu nehmenden, breit gefächerten Finanzdienstleistungskonzern anerkennen.

KAPITEL 18

Nachwort
Die Deutsche Bank in den USA und die Zukunft multinationaler Banken

Wir hatten eine Menge organisches Wachstum, aber ohne eine Plattform und ohne die Versicherung, dass wir es ernst meinen, hätten wir dies nicht erreicht. Die Übernahme von Bankers Trust leistete dies für uns. Aber die Erfahrung der Terroranschläge vom 11. September ließ die Menschen wirklich zusammenrücken. Diese Tragödie und ihre Nachwirkungen haben unser Engagement für den amerikanischen Markt und für New York nachhaltig gestärkt. Wir begreifen uns heute als die starke amerikanische Komponente der Identität und des Erfolgs eines globalen Finanzinstituts.
Seth Waugh, CEO Deutsche Bank Americas

Künftige Historiker werden einmal in der Aushöhlung der Macht der Banken – der abnehmenden Bedeutung der Finanzintermediäre – das herausragende Kennzeichen des Finanzsektors im 20. Jahrhundert erkennen.
Ron Chernow, The Death of the Banker[1]

In diesem Buch wurde der Versuch unternommen, die fast 140 Jahre währenden Beziehungen der Deutschen Bank zu den Vereinigten Staaten – mit ihren Schlüsselpersonen, -ereignissen, -strategien und -ergebnissen – in ihren historischen Kontext einzuordnen. Diese Erfahrungen im größten Kapitalmarkt der Welt vermitteln einige Lehren zur Vergangenheit und Gegenwart der modernen Finanzmärkte. Leider sind viele dieser Lehren nicht das, was sich sowohl Historiker als auch Unternehmer und Manager im Allgemeinen wünschen. Die Geschichte der Deutschen Bank vermittelt Erkenntnisse, die weder unsere allgemeine Sicht der Vergangenheit grundlegend verändern noch einen expliziten Orientierungsrahmen für die Zukunft bereitstellen. Sie verschafft denjenigen, die sich für internationale Wirtschafts- und allgemeine Geschichte interessieren, lediglich etwas mehr Abstand zu kurzlebigen, modischen Anschauungen und lässt uns besser verstehen, was an unserer gegenwärtigen Lage neu und was altbekannt ist. In Anbetracht der Leserschaft, an die sich dieses Buch wendet, werden einige diese Erkenntnisse trivial finden, während andere sie als unverständlich oder, schlimmer noch, als falsch betrachten werden. Dennoch vertraue ich darauf, dass diejenigen unter meinen Lesern, die ebenfalls der Ansicht sind, dass man ohne gründliche Aufarbeitung der historischen Vergangenheit weder die Gegenwart richtig verstehen noch die Zukunft realistisch einschätzen kann, von meinen Ausführungen profitieren werden. Ich möchte in diesem Nachwort lediglich einige Zusammenhänge zwischen grundlegenden Aspekten der Geschichte der Deutschen Bank in den USA und gegenwärtigen Führungs- und Finanzproblemen verdeutlichen.

Der Zeithorizont

Die wichtigsten Entscheidungen von Unternehmern und Managern haben langfristige Konsequenzen, von denen viele anfänglich nicht absehbar sind. Bei einigen Transaktionen können wir umgehend und zuverlässig Gewinne und Verluste ermitteln, aber strategische Ausrichtungen, taktische Entscheidungen und selbst scheinbar einfache, abgeschlossene Transaktionen ziehen oftmals weitreichende Folgen nach sich, und sie berühren eine Vielzahl von Bankgeschäften mit großer räumlicher Ausdehnung, die sich auch mit modernen Methoden der Bilanz- und Finanzanalyse kaum erschließen.

Die Deutsche Bank, die schließlich mit Wertpapieren der Northern Pacific doch noch einen Gewinn erzielte oder auch nach dem Ersten Weltkrieg deutsche Investitionen zurückerhielt, verdiente Geld – beziehungsweise vermied Verluste –, indem sie langfristig an ihren Investitionen und ihren Kunden festhielt und auf ihren wichtigsten Aktivposten, ihren Ruf, achtete. Nicht nur Zeit ist ein Faktor für sich, auch Handlungen entwickeln ein gewisses Eigenleben. Nachdem die Deutsche Bank zur Lösung der Probleme bei der Northern Pacific beigetragen hatte, erkannten kluge Geschäftsleute, dass die Bank ein Interesse daran hatte, die aufgebauten Kapazitäten zu nutzen und weiterzuentwickeln. Im Verlauf der Jahrzehnte schlugen sich zunehmend die Vor- und Nachteile der wichtigsten amerikanischen Aktivitäten der Deutschen Bank in ihren inländischen und übrigen Auslandsgeschäften nieder. Ende des 19. Jahrhunderts wurde die Deutsche Bank auch deshalb zur führenden Universalbank, weil sie ihren Kunden in einem großen geographischen Einzugsbereich Zugang zu einem breiten Spektrum von Dienstleistungen anbot. Dieses Unterfangen wäre zum Scheitern verurteilt gewesen, wenn die Bank keine Geschäftsbeziehungen in die USA und kein Angebot von US-Wertpapieren gehabt hätte.

Obwohl strategische und taktische Schlüsselentscheidungen wesentliche Elemente der Willensbildung in Unternehmen sind und mit vielschichtigen, jahrzehntelangen Opportunitätskosten einhergehen, machen sich seltsamerweise nur wenige Unternehmen die Mühe, ihre eigene Firmengeschichte aufzuarbeiten, um besser zu verstehen, wie Entscheidungen zustande kommen, welche Entscheidungen ihren Anteilseignern und anderen Bezugsgruppen nützen und warum. Investitionen in amerikanische Eisenbahngesellschaften, die sich auf Vertreter, Korrespondenzbanken und Repräsentanzen stützten – wie es für die Deutsche Bank in ihren ersten achtzig Jahren typisch war –, und schließlich auch die Aufnahme von Fremdmitteln auf US-Märkten in den 1920er Jahren schienen langfristig eine tragfähige Geschäftspolitik zu sein, die zu dem großen Erfolg der Deutschen Bank vor dem Ersten Weltkrieg beitrug und ihr half, die Turbulenzen der Zwischenkriegszeit zu überstehen. Aber die Einzelbeurteilung dieser Aktivitäten zu einem bestimmten Zeitpunkt, insbesondere kurz nachdem sie in Gang gesetzt wurden, vermittelt ein verzerrtes Bild ihrer – positiven wie negativen – Effekte und unzureichende Informationen über ihre geschäftliche Relevanz für die Bank.

Die am häufigsten gestellte Frage über die Deutsche Bank – hat sich die Übernahme von Bankers Trust ausgezahlt? – muss vielleicht aus diesem Blickwinkel betrachtet werden. Vier Jahre nach der Übernahme hatte es den Anschein, als hätte die Deutsche Bank kaum von dieser riesigen Investition profitiert.[2] Aber wie im letzten Kapitel ausgeführt, sollte die Entscheidung, eine amerikanische Großbank zu übernehmen, nicht nach ihren kurzfristigen Auswirkungen, sondern unter den Gesichtspunkten der langfristigen Stellung der Deutschen Bank an den Finanzmärkten, ihrer Entwicklung vor der Akquisition, der Turbulenzen an den Kapitalmärkten seither und der allgemeinen Schwäche der deutschen und europäischen Volkswirtschaften in den ersten Jahren des 21. Jahrhunderts beurteilt werden.

Am wichtigsten ist dabei vielleicht, dass es Anzeichen dafür gibt, dass sich die Wettbewerbsposition der Deutschen Bank nur ein paar Jahre nach der Übernahme deutlich verbessert hat. Im Jahr 2001 steuerte der Geschäftsbereich Investmentbanking 80 Prozent zum Vorsteuergewinn der Deutschen Bank bei, gegenüber 55 Prozent in 2000. Im Jahr 2005 verdiente das Investmentbanking 15,9 Milliarden Euro, etwa 60 Prozent des Gesamterlöses, aber 71 Prozent des Vorsteuergewinns. Dieser Bereich erzielte eine Eigenkapitalrendite von 33 Prozent und leistete damit einen erheblichen Beitrag zur Eigenkapitalrendite von 24 Prozent der Deutschen Bank insgesamt.[3]

Das Amerikageschäft der Bank leistete bereits einen erheblichen Beitrag zu den Ergebnissen des Konzerns. Im Hinblick auf Marktanteile und Erträge hat das US-Geschäft viele der Ziele erreicht, die ihr von der Zentrale in Frankfurt vorgegeben wurden. Während vor ein paar Jahren noch Verluste geschrieben wurden, wird heute bereits etwa ein Drittel des Gewinns der Bank in den USA erwirtschaftet. Die US-Unternehmen der Deutschen Bank, die der Bank den Einstieg in viele bedeutende, ertragsträchtige Geschäftsfelder ebneten, haben auf dem größten Kapitalmarkt der Welt ihren Status als Nischenanbieter längst hinter sich gelassen. Einige ihrer Geschäftsbereiche wie Vermögensverwaltung und das Geschäft mit vermögenden Privatkunden ha-

Am 3. Oktober 2001 wurde die Einführung der Deutsche-Bank-Aktie an der New Yorker Börse gefeiert. In der Mitte des Podiums ist Bürgermeister Rudy Giuliani zu sehen, links daneben Börsenchef Richard A. Grasso und Deutsche-Bank-Vorstandsmitglied Clemens Börsig (seit 2006 Aufsichtsratsvorsitzender). Rechts neben Giuliani steht Deutsche-Bank-Vorstandssprecher Rolf-E. Breuer.

ben ihre Möglichkeiten zwar noch nicht ausgeschöpft, sind aber auf gutem Weg. Im globalen Handel mit Devisen, Rohstoffen und Kreditderivaten ist die Deutsche Bank die Nummer eins. In mehreren anderen Segmenten wie dem Geschäft mit Schwellenländern und dem Kredithandel ist die Bank unter den ersten Fünf. Im Jahr 2005 wuchsen die globalen Erträge vor Steuern und der Jahresüberschuss mit zweistelligen Prozentsätzen – der Gewinn um über 30 Prozent, wozu das US-Geschäft einen erheblichen Beitrag leistete. Zwischen 1989 und 2004 stiegen die Erträge der Deutschen Bank um fast 400 Prozent, während der Anteil des US-Geschäfts an den Gesamterträgen von 2 auf 26 Prozent stieg.[4] Das amerikanische Führungssystem wurde in modifizierter Form in allen Regionen, in denen die Bank vertreten ist, übernommen.[5]

Eines ist jetzt völlig klar: Es steht gänzlich außer Frage, welche Präposition das Verhältnis der Bank zu den USA angemessen beschreibt, wie in der Einleitung erörtert. Die Deutsche Bank ist voll und ganz *in* den USA angekommen.

Die grenzenlose Welt der Finanzmärkte

Ein Großteil der Finanztransaktionen findet heute auf einer supranationalen Ebene statt, was allerdings kein völlig neues Phänomen ist. In vielerlei Hinsicht gleichen die heutigen Weltfinanzmärkte denen, die vor dem Ersten Weltkrieg existierten. Doch ungeachtet der vergleichsweise ungehinderten, schnellen Informations- und Kapitalströme scheint die heutige «Globalisierung» viel mehr ausländische Direktinvestitionen zu erfordern. Die riesigen Summen, die in der Zeit vor dem Ersten Weltkrieg in die USA strömten, wurden über «supranationale Institute» geleitet, die auf verwandtschaftlichen oder sonstigen persönlichen Beziehungen beruhten. Wie die meisten der großen Aktienbanken musste auch die Deutsche Bank eng mit Privatbanken, die hauptsächlich im Besitz von Familien waren, zusammenarbeiten. Diese stellten zu einer Zeit, in der große, mehrspartige und multinationale Organisationen noch immer nicht zu verwirklichen waren, die wichtigste finanzielle Verbindung zwischen Ländern dar. Die Beziehung zwischen der Deutschen Bank und Privatbanken basierte gelegentlich auch auf familiären Bindungen. Unter der Führung der Bank of England stellten die Zentralbanken eine Art internationalen Ordnungsrahmen für das Weltfinanzsystem sicher, nicht unähnlich der Regulierung, die heute durch die G-10 und den Basler Ausschuss gewährleistet wird, aber die Privatbanken, deren internationale Tochtergesellschaften von Familienmitgliedern geleitet wurden, ersetzten fehlende rechtliche Rückgriffsmöglichkeiten durch persönliches Vertrauen. Und wie ihre modernen Pendants nutzten sie Chancen für «anspruchsvollere» Erträge, indem sie Risiken absicherten und einseitige Informationsvorteile beseitigten.[6]

Lange vor dem Ersten Weltkrieg legten die Deutsche Bank und andere Kreditinstitute zum Beispiel Investmentfonds für wohlhabende Privatpersonen und Institutionen auf und investierten das darin gesammelte Kapital in risikoträchtige internationale Projekte. Diese Fonds wurden von internationalen Finanzexperten verwaltet, die Renditen erwirtschaften wollten, die höher lagen als die gewöhnlicher deutscher Wertpapiere beziehungsweise in Deutschland notierter ausländischer Wertpapiere. Die Fonds profitierten nicht nur von der Erfahrung einiger ihrer Mitglieder, sondern auch davon, dass sie die Kosten für die Registrierung von Wertpapieren am deutschen Markt vermieden (es handelte sich um eine Art Offshore-Kapitalanlage), und die starke Position von Kapitalgebern gegenüber Kapitalnehmern rührte daher, dass das Anlegerkapital in einem «Pool» zusammengefasst wurde. Wie moderne Hedge-Fonds, an deren Geschäften die Deutsche Bank als Kreditgeber und auch als Verwalter im Kundenauftrag stark beteiligt ist, sammelten diese «Pools» vor dem Ersten Weltkrieg bei sehr vermögenden Privatpersonen, unter anderem auch Spitzenführungskräften der Bank, und Finanzinstituten Gelder ein und investierten diese in Projekte und Wertpapiere mit erwarteten überdurchschnittlichen Erträgen, wobei sie sich oftmals Informationsvorteile zunutze machten.

Aber die von der Deutschen Bank, Speyer und Morgan verwalteten Investmentfonds unterschieden sich in einigen Aspekten von ihren modernen Gegenstücken. Sie hatten längerfristige Anlagehorizonte und vor allem verwalteten sie die Kapitalanlagen aktiv im Auftrag der Anleger, beziehungsweise die Fondsanteilseigner selbst verwalteten das Kapital. Statt unerwünschte Risiken herauszunehmen und abzusichern, wie ihre modernen Pendants, waren sie bestrebt, bestimmte Risiken zu steuern oder, besser gesagt, zu kontrollieren.

Einerseits bildet der Euroeinlagenmarkt die Grundlage für die Bewegung und grenzüberschreitende Anlage von Geldern, die kaum nationaler Regulierung unterliegen, andererseits verschafft das rasche Wachstum von Hedge-Fonds wohlhabenden Personen und Institutionen leichten Zugang zu weltweiten Kapitalanlagen mit möglicherweise überdurchschnittlichen Renditen. Auch wenn in der Wissenschaft eine heftige Kontroverse über die wahren risikobereinigten Renditen, die Streuungsvorteile und die geeigneten rechtlichen Rahmenvorschriften für Hedge-Fonds geführt wird, lassen sich doch einige Punkte festhalten. Wie ihre älteren Verwandten sind sie so strukturiert, dass sie nationale Gesetze, die für andere Anlageformen gelten, umgehen. Sie verzeichnen hohe Wachstumsraten, und da sie hohe Zusatzvergütungen in Aussicht stellen, locken sie einige der besten Fondsmanager an, mit deren Innovationen die Bemühungen der Aufsichtsbehörden und Investoren, sie zu kontrollieren beziehungsweise zu bewerten, nicht Schritt halten können. Hedge-Fonds, die hochkomplexe Derivate und, wie ihre Vorgänger vor dem Ersten Weltkrieg, herkömmliche Wertpapiere halten, haben anscheinend ein sicheres Gespür für «Marktanomalien», und sie strukturieren ihre Anlagen (manchmal mit hohem Fremdmitteleinsatz) so, dass sie nur das spezifische Risiko-Nutzen-Verhältnis der konkreten Marktchance, die sie identifiziert haben, tragen.[7]

Wie schon vor dem Ersten Weltkrieg ist die Deutsche Bank auch heute wieder maßgeblich an der Lenkung dieser grenzüberschreitenden Kapitalströme beteiligt. Die Deutsche Bank handelt nicht nur aktiv mit Hedge-Fonds und reicht besicherte Kredite an einige von ihnen aus; sie leitet auch anlagesuchende Gelder in Hedge-Fonds, indem sie vermögenden Kunden die Risiken der Hedge-Fonds-Anlage erklärt und ihnen bestimmte Fonds empfiehlt. Hedge-Fonds spielen eine wichtige und vielfältige Rolle im US- und weltweiten Geschäft der Deutschen Bank. Sie ersetzen einige andere bedeutende institutionelle Kunden der Bank, sie sorgen für Handelsvolumen und sie sind von der Bank heiß umworbene Kunden für Finanzierungsangebote. Ungeachtet einiger Risiken und eines nicht geringen Kontrollaufwands ist die Ausweitung der Breite und Tiefe des Hedge-Fonds-Geschäfts ein wichtiges Element in dem Bemühen der Bank, ihre hochgesteckten Wachstumsziele zu erreichen.[8] Abgesehen von der aktiven Verwaltung erworbener Vermögenswerte, die die Deutsche Bank vor dem Ersten Weltkrieg in den USA praktizierte, und der komplexen mathematischen Modelle, die sie heute anwendet, unterscheiden sich ihre Ziele, ihre Kunden und ihre Wirkungen nicht allzu sehr von dem, was Siemens, Gwinner und andere im Jahr 1900 taten. Die Deutsche Bank lernte auf schmerzliche Weise über ihre North American Company und zahlreiche Pool-Bildungen, dass keine noch so große Risikostreuung und -verteilung ökonomische Werte bewahren kann, wenn die Anlagen nicht sorgfältig verwaltet werden. Wie mehrere ihrer Konkurrenten verbrannte sich auch die Deutsche Bank in jüngster Vergangenheit die Finger, weil sie sich allzu sehr auf versierte Modellrechner verließ. Als 1998 die Stabilität des Weltfinanzsystems durch den Zusammenbruch des berühmtberüchtigten Hedge-Fonds Long-Term Capital Management (LTCM) bedroht wurde, obwohl zwei Nobelpreisträger für Wirtschaftswissenschaften und einige der besten Händler der Wall Street darin mitgewirkt hatten, waren die Deutsche Bank und Bankers Trust, die geschäftlich mit dem Fonds eng verbunden waren, gehalten, sich an seiner Rettung zu beteiligen. Man muss es dem fusionierten Institut anrechnen, dass es aktiv am Sanierungspaket für LTCM mitwirkte.[9]

Politische Risiken

Ungeachtet der Größe und Unabhängigkeit von Märkten und Marktakteuren beeinflussen die nationale Politikgestaltung und Regulierung noch immer maßgeblich die Rahmenbedingungen, unter denen Geschäftsstrategien konzipiert und implementiert werden, wie auch deren betriebswirtschaftliche Ergebnisse. Obgleich die Strategie der Deutschen Bank auf der Existenz relativ stabiler und offener internationaler Kapitalmärkte basiert, ist diese Voraussetzung nicht immer gegeben. Unternehmensführungen sollten sie nicht für selbstverständlich erachten. Auch wenn die Deutsche Bank international ausgerichtet und ihre Manager kosmopolitisch waren, konnte sie sich nicht den wirtschaftlichen Folgen der großen politischen Umbrüche in den letzten hundert Jahren entziehen. Ihr Geschäft florierte, wenn der nationale politische und rechtliche Rahmen dem förderlich war, es lag danieder, wenn dem nicht so war.

Die politischen Risiken haben sich gewandelt, sind aber nicht verschwunden. Noch 2003 hatten Spannungen zwischen den USA und vielen europäischen Staaten zur Folge, dass in beiden Regionen Geschäfte für Unternehmen aus der jeweils anderen Region schwieriger wurden. Im größten Teil des hier betrachteten Zeitraums waren die politischen Spannungen zwischen den USA und Deutschland minimal, und die Deutsche Bank konnte auf Kooperationsabsprachen setzen und erzielte mit ihren amerikanischen Engagements hohe Erträge bei äußerst geringen Direktinvestitionen.

Aber nicht nur die Beziehungen zwischen den beiden Staaten, sondern auch die wirtschaftlichen Entwicklungen in beiden Ländern haben sich maßgeblich auf den Geschäftserfolg der Deutschen Bank ausgewirkt. Zu Beginn der zweiten Hälfte des 20. Jahrhunderts war Deutschland das wirtschaftliche Zugpferd Europas, was mit dazu beitrug, der Deutschen Bank in den USA einen Wettbewerbsvorteil zu verschaffen. Am Ende des 20. Jahrhunderts war Deutschland «der kranke Mann» Europas. Der geschäftliche Erfolg der Deutschen Bank in diesem Zeitraum schwankte in erheblichem Maße mit der allgemeinen wirtschaftlichen und politischen Lage in dem Land, in dem sie ihren Sitz hat, aber auch mit den Schranken und der verbreiteten Wachstumsschwäche, die in Europa nach wie vor existieren.

Die Deutsche Bank florierte im Großen und Ganzen in einer Weltordnung, die durch friedliche Beziehungen zwischen den Völkern und den freien Austausch von Gütern und Dienstleistungen geprägt war. Dieses Ordnungsgefüge wurde 1914 zerstört, es dauerte fast fünfzig Jahre, um es einigermaßen wiederaufzubauen. Diejenigen, die das Ende des 20. Jahrhunderts als den Beginn einer neuen, friedlichen Epoche niedriger Risiken, hohen Wachstums und vieler neuer Anlagechancen begrüßten, täten gut daran, sich an die Hybris der «letzten großen Illusion» zu erinnern.[10] Im Jahr 2004 hatten die Asienkrise, die Einstellung des Schuldendienstes durch Russland und Argentinien, die Krise von Long-Term Capital Management, der Enron-Skandal, das Platzen der Dotcom-Blase und die Anschläge vom 11. September 2001 sowie politische Reaktionen auf die Zerstörung des World Trade Center den Kapitalmärkten viel von ihrem Glanz genommen und alle, bis auf die eingefleischtesten Optimisten, ernüchtert. Unzureichende Regulierung und politische Konflikte galten wieder als Elemente politischer Risiken auf beiden Seiten des Atlantiks. In einem neueren Buch über die Globalisierung heißt es: «Ohne stabile politische Grundlagen brechen Märkte zusammen.»[11]

Doch in dem Maße, wie gegenwärtig die ordnungspolitischen Herausforderungen wachsen, scheinen sie zugleich die einzelstaatlichen Kontroll- und Gestaltungsmöglichkeiten zu übersteigen. Das Weltfinanzsystem scheint so riesig, so diffus und vor allem so eng verzahnt zu sein, dass eine Aufsichtsbehörde allein – oder auch mehrere, die gemeinsam handeln – keine angemessene Aufsicht mehr gewährleisten kann. Selbst die Banker, die gegenüber Innovationen besonders aufgeschlossen sind, bezweifeln heute, ob die Banken und das Weltfinanzsystem Finanzschocks abfedern können. Während sich im Jahr 1900 noch einige Bankiers und Politiker einen Überblick über das

Vor dem früheren Hauptgebäude von Bankers Trust in der Liberty Street nach dem Anschlag vom 11. September 2001.

Finanzsystem verschaffen konnten, ist das komplizierte Netz von Positionen und Kontrahentenrisiken bei heutigen Finanzderivaten für einen einzelnen Aufseher nicht mehr zu durchschauen. Die so hochgeschätzte Freiheit im Finanzdienstleistungssektor hat womöglich die Risikoanfälligkeit der Finanzmärkte in einer Weise erhöht, die wir nicht abschätzen können.[12] Obgleich Banken in der Regel keine Kredite an Hedge-Fonds vergeben, tragen sie als Kontrahenten bei Derivaten Risiken, und sie vergeben Kredite an Broker, die Hedge-Fonds Effektenkredit- und Terminkontraktkonten anbieten.[13] Kurzum, Regierungen haben viele Finanzrisiken auf den Privatsektor abgewälzt, aber letztlich wurzeln viele internationale Anlagerisiken in nationalen politischen Entscheidungen, die folglich auch verantwortlich dafür sind.

Eines dieser Risiken erwächst aus kulturellen Konflikten; dieses Risiko hat in dem hier betrachteten Zeitraum für die Deutsche Bank und Unternehmen im Allgemeinen erheblich zugenommen. In den ersten vierzig Jahren ihres Bestehens, als die Deutsche Bank ihr US-Geschäft mit Hilfe von bevollmächtigten Vertretern führte und eine Minderheitsbeteiligung an US-Kapitalgesellschaften erwarb, spielten Ängste vor einer «kulturellen Überfremdung» durch den jeweils anderen praktisch keine Rolle. Vielmehr stellten beide Länder sogar unter Beweis, dass sie voneinander lernen konnten.[14] In den 1920er Jahren jedoch waren Konflikte und Misstrauen eher die Regel als die Ausnahme. Die Annahme von US-Geldern war verbunden mit dem Verlust deutscher Hoheitsrechte. Ungeachtet der Internationalisierung der Kapitalmärkte und vielleicht wegen des Ausmaßes ausländischer Kapitalbeteiligungen – im Rahmen von Portfolio- wie auch Direktinvestitionen – sind Ängste vor einem «Ausverkauf an Ausländer» wieder zu einem politischen und damit auch wirtschaftlichen Problem geworden.[15]

Die neue Strategie der Deutschen Bank ist Teil eines tiefgreifenden Wandels der Corporate Governance-Systeme – also der Grundsätze einer auf langfristige Wertschöpfung angelegten, verantwortungsbewussten Unternehmensführung und -kontrolle – in Deutschland und anderen Ländern. Sowohl Kunden als auch Banken lösen sich vom alten Modell enger Geschäftsbeziehungen, dem «Hausbank-Modell». Wenn die Deutsche Bank bei der Ausschreibung von Emissionen mit den hochspezialisierten Investmentbanken, die weitgehend im Gefolge des Glass-Steagall-Gesetzes entstanden sind, konkurrieren will, muss sie, nach Ansicht ihrer Führungsspitze, ihre großen Beteiligungen am Eigenkapital von Kunden etwa aus der Umwandlung von Schulden in Beteiligungskapital (*debt-equity swap*) abstoßen und ihre aktive Mitwirkung an der Führung deutscher Unternehmen aufgeben, die von vielen seit dem 19. Jahrhundert als ein Eckpfeiler des deutschen Systems der Unternehmensverfassung angesehen wurde. Diese Beziehungen gehen mit zahlreichen Interessenkonflikten einher – wie einige Geschäftsprojekte der Deutschen Bank vor dem Ersten Weltkrieg in den USA verdeutlichen – und auch mit hohen Kosten. Die amerikanischen Aufsichtsbehörden versuchten derartige enge Kundenbeziehungen zu unterbinden, während das deutsche Recht sie lange Zeit begünstigte. Kurz, die Deutsche Bank muss feststellen, dass die Übernahme langfristiger Verantwortung für die Unternehmen, die sie an die Börse bringt, mit erhöhten Risiken und geringeren Anreizen verbunden ist.[16]

Einige der rechtlichen Probleme der Deutschen Bank in jüngster Zeit lassen sich auf die politische Frustration über die hohe Arbeitslosigkeit in Europa und Ängste vor einem überwältigenden Einfluss von Kapitalmärkten amerikanischer Prägung zurückführen. Sie dienen vielen Führungskräften in multinationalen Konzernen als ein unerfreuliches Beispiel für ungelöste nationale Kontroversen über die richtige Ordnung der Wirtschaft.[17] Wenn diese vergleichsweise harmlosen Streitigkeiten als Beispiele nicht genügen, dann verdeutlichen jedenfalls die schmerzliche Erinnerung an die Terroranschläge vom 11. September 2001, die das schwer beschädigte Gebäude von Bankers Trust wachhielt, und die zweijährigen Streitigkeiten mit Versicherern über die Frage, was mit dem Gebäude geschehen sollte, die möglichen Wirkungen politischer Konflikte.[18]

Der Managementfaktor

Schließlich leisten auch die Menschen und die von ihnen geschaffenen Institutionen einen wichtigen Beitrag zur Wertschöpfung, aber es ist eine gewaltige Aufgabe, das richtige Gleichgewicht zwischen Kontrolle und Freiheit zu finden. Dies mag für manch einen selbstverständlich sein, doch der Stellenwert menschlichen Handelns ist eine Tatsache, die in der modernen Finanztheorie und -praxis vielfach übersehen wird. Viele halten Kapitalmärkte für effizient in dem Sinne, dass alle risikobereinigten Finanzerträge, die über das hinausgehen, was Modelle als erwarteten Ertrag vorhersagen, ihres Erachtens eine statistische Illusion sind. Wie es ein Finanztheoretiker formulierte: Menschen würden «durch statistische Zufälligkeit» zu der Fehlannahme verleitet, sie hätten tatsächlich etwas Konstruktives getan.[19]

Diese Weltsicht scheint Finanzintermediäre für die Geld- und Kapitalanlage überflüssig zu machen. Doch ungeachtet vieler Vorhersagen über ihren bevorstehenden Niedergang florieren die Banken, insbesondere in einigen Sektoren. Die Geschichte der Deutschen Bank deutet darauf hin, dass sich die Rolle der Finanzinstitute in den letzten 130 Jahren erheblich verändert hat, aber auch darauf, dass die Banken nach wie vor eine wichtige Funktion erfüllen, wenn es darum geht, den direkten Zugang zu den Finanzmärkten zu ergänzen, einseitige Informationsverteilung zu überwinden und einzelne Risiken zu bewerten und abzusichern. Selbst wenn Märkte umfassend und richtig informieren, gibt es keine Gewähr dafür, dass diese Informationen sachgerecht «eingepreist» werden.[20] Es kommt nicht allein auf die Information an, sondern auch darauf, wer sie nutzt.

Es steht außer Frage, dass die Kapitalmärkte eine außerordentliche Entwicklung durchgemacht haben, seit die Deutsche Bank begonnen hat, in US-Wertpapiere zu investieren. Außerdem hat die Wirtschaftstheorie zahlreiche Instrumente zur Steuerung des Risiko-Nutzen-Verhältnisses bei der Wertpapieranlage bereitgestellt, die die Praxis der Kapitalanlage revolutioniert haben. Die moderne Finanzmarkttheorie basiert weitgehend auf der Annahme effizienter Märkte und einem damit zusammenhängenden Konzept, dem Gesetz der Preisgleichheit, das besagt, dass gleiche Vermögenswerte denselben Preis haben müssen; andernfalls bietet sich eine Gelegenheit zur Arbitrage (eine risikofreie Kapitalanlage). Das Fehlen kostenloser Arbitrage-Gelegenheiten ist beispielsweise von grundlegender Bedeutung für die Festsetzung von Optionspreisen.[21] Um den angemessenen Preis für einen Vermögenswert zu ermitteln, müssen wir seine Rendite und die risikobereinigten Kosten für seinen Erwerb nach bestem Wissen abschätzen. Paradoxerweise lautet eine der Grundlagen der Finanzwirtschaft, dass nur solche Kapitalanlagen lohnend sind, deren Erträge über den Renditeerwartungen des Marktes liegen.[22]

Die Geschichte der Deutschen Bank in den USA wäre unvorstellbar ohne die Leidenschaft hochmotivierter Mitarbeiter, die nach «außergewöhnlichen» Renditen trachten. Die Erfolge und Misserfolge der Bank verdeutlichen, dass Menschen und Organisationen bei der Wertschöpfung noch immer eine ganz wesentliche Rolle spielen. Zu Beginn des in diesem Buch betrachteten Zeitraums leiteten einige wenige Personen die Geschäfte der Deutschen Bank, auch diejenigen, die sich über mehrere Kontinente erstreckten. Die meisten Mitarbeiter befassten sich mit Routinetätigkeiten, Buchführung, Geschäftskorrespondenz und Ablage von Akten. Nur die Vorstandsmitglieder und wenige Direktoren tätigten und überwachten Geschäfte. Dank moderner Technik sind Routineabläufe heute trotz einer starken Zunahme der Transaktionen weitgehend automatisiert.

Was sich seit den Tagen von Siemens und Gwinner jedoch nicht geändert hat, ist die Tatsache, dass nach wie vor die organisatorischen Kapazitäten der Deutschen Bank, ihre Fähigkeit, hochkarätige Fachkräfte anzuwerben und zu entwickeln, über Erfolg und Misserfolg der Deutschen Bank entscheiden. Während ihrer Geschichte hatten einige weltläufige Führungskräfte maßgeblichen Anteil an der Ausweitung ihrer Geschäftstätigkeit. Ohne Siemens, Gwinner, Blinzig und Abs und ihre profunde Kenntnis des internationalen Geschäfts und fremder Sprachen hätte die Deutsche Bank niemals ihre heutige Stellung auf ausländischen Märkten erreicht. In ähnlicher Weise begrenzte der Mangel an Managern vom Schlage Rassmanns und Staeckers den weiteren Ausbau des US-Geschäfts. Heute hängt der Erfolg der Deutschen Bank in den USA und anderen Schlüsselmärkten nicht nur davon ab, dass sie ein attraktiver Arbeitgeber für Leistungsträger ist, sondern auch davon, dass sie ihre Fachkräfte dazu bringt, bei der Entwicklung neuer Produkte zusammenzuarbeiten, neue Marktchancen zu erkennen, Kundenbedürfnisse zu verstehen und, was am wichtigsten ist, diese Informationen innerhalb der Bank auszutauschen. Ungeachtet der Verbesserungen in der Kommunikationstechnik stellt das multinationale Bankgeschäft im 21. Jahrhundert die Führungsspitzen der Deutschen Bank und ihrer Konkurrenten vor außergewöhnliche Herausforderungen.

Die Geschichte der Deutschen Bank in und mit den USA verweist auf ein großes Paradox in Finanz- und anderen Dienstleistungssektoren, nämlich die gewaltige Zunahme der ausländischen Direktinvestitionen und die enorm gewachsenen Ansprüche an das Management bei der Steuerung dieser Investitionen.[23] In einer Zeit, in der wir über einen historisch beispiellosen Zugang zu allen Teilen der Erde und zu allen Informationen verfügen und uns ehedem unbekannte Chancen zur Aufteilung und Reintegration von Vermögenswerten und Risiken zur Verfügung stehen – in einer Welt, in der nationale Grenzen für Kapital überaus durchlässig geworden sind und Transaktionen vollkommen reibungslos abgewickelt werden – scheinen Finanzinstitute mehr und nicht weniger ausländische Direktinvestitionen zu brauchen.[24] Nicht nur Technologie-Unternehmen, sondern auch Finanzdienstleistungsunternehmen brauchen Innovationszentren. Moderne Technik ermöglicht eigenständigen Konzerngesellschaften nicht nur, miteinander zu kommunizieren, Geschäfte zu tätigen und Verbindungen aufzubauen, sie erleichtert es Großunternehmen auch, Innovation zu fördern, die internationale Abstimmung zu verbessern und neue Produkte schneller zu integrieren. Der Schlüssel zur Internalisierung dieser Funktionen und zur Realisierung hoher Nutzeneffekte besteht in der gezielten Entwicklung von Führungskompetenzen, die notwendig sind, um die vielfältigen, disparaten Innovationszentren, Informationsnutzer und Kunden effizient miteinander zu vernetzen.

Die Erfahrung der Deutschen Bank in den USA vor dem Ersten Weltkrieg war nicht die Ausnahme innerhalb des internationalen Finanzwesens, sondern die Regel. Ob man die Globalisierung nun fürchtet oder begrüßt, alle dürften darin übereinstimmen, dass multinationale Konzerne zu einer Art «Kleister» der Weltordnung und ihre reibungsfreien internen Finanzströme zu deren Lebensenergie geworden sind, um es metaphorisch zu beschreiben. Die Geschichte der Deutschen Bank zeigt nicht nur den widersprüchlichen Bedarf wachsender Investitionen, sie verdeutlicht auch, dass der Prozess noch nicht beendet ist und voller Fußangeln steckt. Die heutigen Rahmenbedingungen sind, anders als um 1900, mit vielen Chancen, aber auch mit neuen Kosten, neuen Risiken, neuen Führungsproblemen und neuen kulturellen Konflikten verbunden.[25]

Wie die Deutsche Bank können auch ihre Konkurrenten neue Produkte blitzschnell auf den Markt bringen. Aber die Aufrechterhaltung einer starken Präsenz in vielen Ländern ist mit erheblichen Fixkosten verbunden, die durch zahlreiche Transaktionen und neue Finanzinstrumente abgedeckt werden müssen, ohne Patent- und Urheberrechtsschutz, der ihre rasche Nachahmung bald nach der Markteinführung – und damit sozusagen ihre Umwandlung in Massengüter, die einem starken Preiswettbewerb unterliegen – verhindert.

Die einzige angemessene Antwort auf den Wettbewerbsdruck und verminderte Marktzutrittsschranken ist eine beständige Produkt- und Managementinnovation. Wie die naturwissenschaftlichen Erfinder benötigen auch Finanzinnovatoren Cluster – Städte und andere Treffpunkte –, wo sie sich mit Personen austauschen können, die an ähnlichen Problemen arbeiten, die zusätzliche Dienstleistungen anbieten können, und wo ihre Bemühungen entweder pekuniär oder auch in Form von Statussymbolen honoriert werden. Ideen brauchen Inkubatoren. Im Bereich Finanzwirtschaft bedeutet dies Finanztheoretiker, wirtschaftswissenschaftliche Fakultäten, Anwaltssozietäten, Wirtschaftsprüfungsgesellschaften und einen möglichst freien Gedankenaustausch. Nicht jeder Ort ist förderlich. Einige Standorte haben von jeher zu viel Kontrolle ausgeübt, bei anderen stimmt der Rechtsrahmen nicht oder das Wohnumfeld entspricht nicht den Erwartungen. Die Wissenschafts- und Wirtschaftsgeschichte lehrt, dass echte Innovationen praktisch nur in einem Umfeld entstehen, in dem eine Gruppe von Personen ähnliche Fragen stellt, verbunden mit Institutionen, die Ideen in taugliche Konzepte umsetzen.[26]

Mit dem Eintritt der Deutschen Bank in den US-Markt wurde die Steuerung ihrer Geschäftsabläufe erheblich schwieriger. Vor fünfzig Jahren war die Deutsche Bank mit keiner einzigen Körperschaft, ja nicht einmal durch ein Joint Venture in den USA vertreten.[27] Obwohl die Spitze aus dem Jahr 1999 nicht mehr erreicht wird, betreibt die Deutsche Bank in den USA noch immer über 600 Körperschaften, unter anderem Spezialgesellschaften, Niederlassungen, Repräsentanzen, Holdinggesellschaften, Joint Ventures und operative Tochtergesellschaften. Von New York aus werden über 700 Körperschaften beaufsichtigt, die zur Deutsche Bank Americas gehören. Sie werden über eine Holdinggesellschaft gesteuert, die Taunus Corporation, unter deren Dach alle amerikanischen Gesellschaften der Deutschen Bank und alle Körperschaften von Bankers Trust, darunter viele in Europa und Asien, zusammengeführt wurden. Der nordamerikanische Teil umfasst nicht nur 541 Geschäftseinheiten in den USA, sondern auch 52 allein auf den Cayman-Inseln. Zwar ist die Deutsche Bank in vielen US-Bundesstaaten mehrfach vertreten, doch allein im Bundesstaat New York unterhält sie fast 250 Körperschaften. Man stelle sich vor, wie erstaunt Siemens und Gwinner wären, wenn sie erführen, dass die Deutsche Bank heute auf den Bermudas mehr Körperschaften unterhält, als sie zu ihren Lebzeiten für ganz Nordamerika in Betracht zogen.[28]

Um alle Kompetenzen der Bank zu mobilisieren, die notwendig sind, um auf die zahlreichen und manchmal gegenläufigen Forderungen von Aufsichtsbehörden und Aktionären zu reagieren, müssen Geschäftsbereiche sowohl lokal als auch mit ihren Pendants weltweit koordiniert werden. Um die komplexen Führungsprobleme zu bewältigen, steuert beispielsweise die Deutsche Bank Americas ihre Geschäfte mit Hilfe von drei Ausschüssen, die regelmäßig zusammentreten: ein regionaler Geschäftsbereichsausschuss, in dem die spezifischen Ziele und Probleme der Geschäftsbereiche diskutiert werden, der Kontroll- und Führungsausschuss, der sich auf administrative und rechtliche Fragen konzentriert, und schließlich der Lenkungsausschuss, der sich mit übergreifenden Problemen befasst.[29]

Echte multinationale Banken sind, wie dieses Buch verdeutlicht, gerade erst im Entstehen begriffen. Kreditinstitute wie die Deutsche Bank bemühen sich fortwährend darum, ihre transnationalen Kapazitäten auszubauen, was zu weiteren internationalen Fusionen im Finanzsektor führen dürfte.[30] Außerdem ist die Deutsche Bank in ihrem Heimatmarkt und in Auslandsmärkten mit einer Vielzahl von Herausforderungen konfrontiert, zu denen die Überkapazitäten im europäischen Bankensektor und potentielle Auseinandersetzungen mit verschiedenen Aufsichtsbehörden gehören.[31]

Die Anstellung, Bindung und Steuerung von Mitarbeitern, die ein besonderes Gespür für das moderne Bankgeschäft besitzen, wirft sowohl Führungs- als auch technische Probleme auf. Die Führungsspitze steht nicht nur unter Druck, die geeigneten Fachkräfte durch großzügige Sondervergütungen zu binden, sondern sie sieht sich auch gezwungen, beispielsweise Börsenhändlern die Freiheit zu geben, rasch auf Marktbewegungen und -chancen zu reagieren, was im Handelsgeschäft unerlässlich erscheint, aber sämtliche Kontrollsysteme sprengt.[32] Laut der *Financial Times* erkannten Führungskräfte der Deutschen Bank, dass beispielsweise in den hochkomplexen, rasch wachsenden Bereichen des Handels mit Kreditderivaten, die hochinnovative, manchmal illiquide, aber wichtige Ertragsquellen sind, die Kontrolle durch Risikomanager bestenfalls problematisch ist.[33] Obwohl Derivate nicht neu sind, ist ihr Handelsvolumen in den letzten Jahren exponentiell angewachsen, insbesondere der Handel mit nicht-rohstoffbasierten Instrumenten.[34]

Nicht zuletzt aufgrund neuer Formen des Derivatehandels und anderer Innovationen haben Banken ihre Gewinnmargen relativ erfolgreich behauptet. Durch Erweiterung ihrer Produktpalette und deutliche Kostensenkungen – die zu einem großen Teil durch Zusammenlegung vormals selbständiger Institute erreicht wurden – konnten Banken ihre Ertragskraft steigern und gewisse Bedenken der Aufsichtsbehörden zerstreuen. Dafür sind neue Bedenken aufgetaucht. Nach einem heftigen Auf und Ab in den 1980er Jahren –

in denen etwa die Eigenkapitalrendite von US-Banken von 13 auf unter 2 Prozent fiel – stiegen die Gewinne der Banken von 1994 bis 2003 konstant auf ein viel höheres Niveau. In jenen zehn Jahren stabilisierte sich die Eigenkapitalrendite auf einem komfortablen Niveau von 13 bis 15 Prozent. Im gleichen Zeitraum ging die Zahl der Bankenzusammenbrüche in den USA drastisch zurück. Gleichzeitig verbesserte sich die Eigenkapitalausstattung der Banken in den meisten Ländern infolge ihrer höheren Ertragskraft ganz erheblich. In Deutschland zum Beispiel stieg die durchschnittliche Eigenkapitalquote von 10 auf 13 Prozent, in den USA von 9,5 auf 13 Prozent, was deutlich über der Basler Mindestquote von 8 Prozent liegt.[35] Doch dieser Erfolg hatte seinen Preis.[36]

Ein neues globales Finanzinstitut

Wie viele multinationale Finanzinstitute vollführt auch die Deutsche Bank einen kulturellen Drahtseilakt, wobei eine gute Unternehmensführung die Balancierstange ist, die es ermöglicht, ein optimales Gleichgewicht zwischen drei einwirkenden Kraftfeldern zu finden: den Ansprüchen der Aufseher, der Investoren und anderer Bezugsgruppen, die nicht immer eine gemeinsame nationale Identität besitzen. Auch wenn multinationale Unternehmen zur engeren weltweiten Verflechtung beitragen, deuten einige Studien darauf hin, dass nationale Normen in der Unternehmensführung auch multinationaler Konzerne nach wie vor sehr wichtig sind.[37] Die Deutsche Bank ist in einem Lernprozess, wie man die Steuerung komplexer Geschäftsfunktionen in weit entfernte Regionen unter Einhaltung rechtlicher Rahmenvorschriften, Normen und Erwartungen auf lokaler Ebene in ein ausgewogenes Verhältnis bringt. In den Strategien und Aktionen der Deutschen Bank in den letzten fünfzehn Jahren spiegelt sich der tiefe Wunsch wider, sich zumindest teilweise von ihrer deutschen Prägung zu befreien und zugleich eine enge Verbindung zu ihrem stärksten Markt und zu den Akteuren auf den internationalen Kapitalmärkten aufrechtzuerhalten. Obgleich die Deutsche Bank an ihrer Zentrale in Frankfurt festhält, versucht sie ertragsstärkeren Banken in London und New York nachzueifern.[38] Aber die Deutsche Bank ist nach wie vor eine kontinentaleuropäische Universalbank und unterliegt europäischen, deutschen und internationalen Rechtsvorschriften.

Die fast 10 Milliarden Dollar, die die Bank für die Übernahme von Bankers Trust aufgewendet hat, sind lediglich Teil einer ehrgeizigen Strategie zur Erneuerung der Deutschen Bank. Für viele ihrer obersten Führungskräfte ist das Streben nach einer stärkeren Präsenz in den USA nur ein Mittel zu dem übergeordneten Zweck, die Stärken und Vorzüge des angloamerikanischen Investmentbanking in eine deutsche Bank zu integrieren. Ihrer Auffassung nach muss die Deutsche Bank dynamischer und wagemutiger werden und in gewissem Sinne zu ihren Wurzeln vor dem Ersten Weltkrieg zurückkehren. Sie hält sozusagen Ausschau nach einer neuen Generation der Siemens und Gwinners, ja der Adams und Villards. Im Unterschied zum 19. Jahrhundert scheint dies heute eine größere Präsenz in den USA zu erfordern. Auch hohe finanzielle Anreize reichen nicht aus, hochmotivierte Innovatoren anzuwerben und zu binden – jene Fachkräfte, die die Bank mit einem stetigen Strom modernster Finanzprodukte versorgen können. Die Deutsche Bank muss hier gegenwärtige und künftige Mitarbeiter sowie Kunden und Konkurrenten davon überzeugen, dass sie in den USA bleiben wird.[39]

Dennoch gibt es mehrere Aspekte an der deutschen Spielart des Kapitalismus – Finanzinstitute, die enge Kontakte zu bestimmten Kundengruppen pflegen, ein breites Spektrum von Dienstleistungen anbieten und eine sehr starke Stellung in ihren Heimatmärkten aufrechterhalten und als Sprungbrett für ihre internationale Expansion nutzen –, die die Deutsche Bank vermutlich weiterhin fördern wird. Trotz ihrer Ausrichtung auf die internationalen Kapitalmärkte investiert die Führung der Deutschen Bank in den USA eine Menge in das «amerikanische» Image ihrer dortigen Geschäftstätigkeit. Die Existenz dieses Buches selbst bezeugt den Wunsch der Bank, die kulturellen Übereinstimmungen und Unterschiede zwischen den USA und Europa zu begreifen. Außerdem soll es den heutigen Mitarbeitern verdeutlichen, wie tiefgreifend und langfristig die Deutsche Bank mit den US-Kapitalmärkten verflochten ist. Trotz des Kostensenkungsdrucks hält die Bank an vielen ihrer traditionellen Aktivitäten fest, um ihren Mitarbeitern und anderen Anspruchsgruppen die Grundwerte der Deutschen Bank nahezubringen, und um das Bewusstsein für die Unternehmenswerte zu stärken. Das Verständnis der Geschichte und der Werte der Bank gehört zur DNS der Deutschen Bank, die es ihr erlaubt, ein lokales und internationales Finanzinstitut zu sein und sich in Raum und Zeit zu replizieren. Selbst in unserer materialistischen Welt und selbst in einem Geschäft, in dem die Vergütung einiger Mitarbeiter astronomische Höhen erreicht hat, weiß die Führung der Deutschen Bank, dass Geld nicht der einzige Anreiz für Mitarbeiter in Schlüsselpositionen ist.

Nachdem die ersten Jahre der Akquisition hinter ihr liegen, konzentriert sich die Deutsche Bank in den USA darauf, eine amerikanische Identität zu schaffen, die Teil eines größeren Ganzen ist. Traurigerweise waren es ausgerechnet die Anschläge vom 11. September, die diese Identität mitprägten. Die Tragödie schweißte die Mitarbeiter in einer Weise zusammen, wie es vermutlich nichts anderes hätte tun können. Die Entscheidung der Deutschen Bank, an der Wall Street zu bleiben, sowie Spenden an die Stadt New York nach den Anschlägen haben dazu beigetragen, ein außergewöhnliches Ziel zu erreichen: Dass eine «deutsche Bank» von vielen Kunden und Konkurrenten als ein «amerikanisches Finanzinstitut» angesehen wird.[40] Im Rahmen ihres gesellschaftlichen Engagements unterstützt die Deutsche Bank zahlreiche Kultur- und anderweitige Projekte in den USA.[41] Als jüngster und größter Mieter in Manhattan und als mächtiges Finanzinstitut verfügt die Deutsche Bank über eigenen politischen Einfluss, für den sie um 1900, wie im ersten Teil beschrieben, noch auf die Dienste von J. P. Morgan sr. zurückgreifen musste.

Die Führung der Deutschen Bank scheint eine Doppelstrategie zu verfolgen: Einerseits soll die Bank kontinuierlich Finanzinnovationen hervorbringen, andererseits sollen selektiv einige traditionelle Marktsegmente und Kunden bedient werden, eine Strategie, in der die amerikanische Geschäftstätigkeit eine zentrale Rolle spielt. Auch wenn niemand genau vorhersehen kann, wie diese Innovationen aussehen werden, hofft die Bank, sich durch die Erhaltung eines innovationsförderlichen Umfeldes, in dem Kreativität belohnt wird und überholte Praktiken über Bord geworfen werden können, den Vorsprung vor ihren Konkurrenten zu sichern. Gleichzeitig wird die Deutsche Bank dadurch, dass sie am Universalbankkonzept festhält und für eine große Kundenbasis sowie ein breites Dienstleistungsangebot sorgt, auch weiterhin vielfältige Finanzierungsquellen und ein breites Spektrum von Marktmechanismen für den Vertrieb nutzen können. Dazu bedarf es womöglich weiterer Fremdinvestitionen und Allianzen, um ein spezialisiertes Privatkundengeschäft in den USA aufzubauen und ihre geographische und geschäftssegmentbezogene Präsenz in der Europäischen Union, die die Deutsche Bank heute als ihren Heimatmarkt betrachtet, auszuweiten.[42] Zwei Entscheidungen sind bezeichnend für ihre gemischte Identität: das Festhalten an dem Namen Deutsche Bank weltweit und die Einhaltung der US-Vorschriften bei der Bilanzierung.

Die gegenwärtige Führungsspitze der Bank spiegelt ihre internationale Investmentbanking-Ausrichtung wider. Für viele verkörpert Ackermann den typisch amerikanischen Führungsstil. Anfang 2002 wurde der nach deutschem Aktienrecht gebildete Vorstand von acht auf vier Mitglieder verkleinert und faktisch durch ein Group Executive Committee ersetzt, dem auch die Vorstandsmitglieder angehören. Ende 2006 saßen in dem elfköpfigen Gremium sieben Nicht-Deutsche, darunter vier, deren Muttersprache Englisch ist, sowie drei Schweizer. Obgleich die deutsche Bankenaufsicht die Änderungen genehmigte, sind das «doppelte» Führungsgremium und die Einzelverantwortung von Managern für ihre Geschäftsfelder in Deutschland ungewöhnlich, denn hier ist die gemeinsame Verantwortlichkeit des Vorstands die Regel und die individuelle Verantwortung der Spartenleiter die Ausnahme.[43] Laut dem *Economist* wurde die neue Führungsstruktur auch deshalb geschaffen, um der Zersplitterung der Deutschen Bank entgegenzuwirken, die «einem Gemischtwarenladen gleicht, der eine Investmentbank, einen Bereich Vermögensverwaltung, eine Privatkundenbank, eine Bank für Firmenkunden und eine Privatbank für vermögende Kunden umfasst».[44] Viele der größten Banken der Welt sind ebenfalls der Auffassung, dass diese heterogenen Segmente zu einem effizienten Verbund zusammengefügt werden können und dass man gleichzeitig dem «Pioniergeist» einzelner Führungskräfte genügend Spielraum lassen kann, um ihre einzelnen Geschäftsfelder aufzubauen.

Zu Beginn des 21. Jahrhunderts ist die Deutsche Bank eine wirklich globale Bank. Sie hat in praktisch jedem Winkel der Erde einschließlich vielen der ehemaligen und nominell noch immer kommunistischen Länder in Menschen, Gebäude und Ausstattung investiert. Sie hat heute – außerhalb Deutschlands – Niederlassungen in etwa siebzig Staaten, und diese sind fünf Regionalgruppen zugeordnet: Europa, Naher und Mittlerer Osten sowie Afrika, Asien-Pazifik, Japan und Nord- und Südamerika. New York ist eines ihrer Schlüsselzentren, die anderen sind London, Frankfurt und Singapur. Ihr Nord- und Südamerika-Geschäft wird von New York aus gesteuert, nur eine von 13 US-Städten, in denen sie Niederlassungen unterhält.

Auch wenn Chernow in dem weiter oben zitierten Abschnitt mit seiner Behauptung, der grundlegende Wandel sei eines der herausragenden Kennzeichen des modernen Bankwesens, recht hat, hat er doch vermutlich etwas voreilig den «Tod des Bankiers» verkündet; zumindest sollten wir damit rechnen, länger sitzen zu müssen als die traditionellen sieben Tage der Shiva, die den jüdischen Trauernden vorgeschrieben ist. Banken und Finanzintermediäre haben sich gewandelt, aber sie sind weit davon entfernt, auf dem «Müllhaufen der Geschichte» entsorgt zu werden, um eine Metapher ein weiteres Mal mit einer Anspielung auf Friedrich Engels zu verbinden.

Die Deutsche Bank scheint in Bezug auf ihre Ertragskraft über den Berg zu sein. Sie scheint in der Verfassung zu sein, ihr außerordentlich anspruchsvolles Ziel einer kontinuierlichen Eigenkapitalrendite von 25 Prozent zu erreichen. Viele Akteure im Investmentbanking, darunter auch Konkurrenten, haben der Bank für ihre jüngsten Erfolge gute Noten gegeben. Während einige Bereiche enttäuschten, haben die Bereiche Aktienhandel und die Vermögensverwaltung für private Anleger die Erwartungen übertroffen. Im Jahr 2005 haben nur Goldman Sachs und Morgan Stanley bessere Ergebnisse im Aktienhandel erzielt. Mit Kostensenkungen und anderen Maßnahmen hat die Bank eine Finanzdisziplin unter Beweis gestellt, die von der Wall Street bewundert wird.

Der Anteil der Deutschen Bank am Gesamtmarkt scheint ebenfalls Anlass zu Optimismus zu geben. Mit einem Volumen bei der weltweiten Anleihe- und Aktienemission von 6,5 Billionen Dollar im Jahr 2005 – gegenüber 5,8 Billionen Dollar im Jahr zuvor – nahm die Bank mit einem Marktanteil von 6,4 Prozent in diesem einträglichen Segment den beneidenswerten dritten Platz in der Rangliste gleich hinter Citigroup und Lehman Brothers ein. Während die Deutsche Bank bei Schuldtiteln noch immer Marktführer war, hatte sie auch ihr Aktiengeschäft ausgeweitet.[45]

Das Personal der Deutschen Bank in den Vereinigten Staaten spiegelt die amerikanische Vergangenheit der Bank und die gegenwärtigen ökonomischen Gegebenheiten, aber auch die Tatsache wider, dass die Bank ihre eigene Geschichte und die Geschichte von Bankers Trust hinter sich lassen musste. Zum Zeitpunkt der Fusion beschäftigte die Deutsche Bank in Nord- und Südamerika 3800 und Bankers Trust 10000 Mitarbeiter, beide zusammen also insgesamt fast 14000. Im Frühjahr 2006 beschäftigte sie insgesamt weniger als 12000 Mitarbeiter. Während nicht wenige davon noch alte Mitarbeiter der Deutschen Bank und von Bankers Trust waren, und zwar mit 1872 und 2112 ungefähr gleich viele, wurden etwa zwei Drittel der Mitarbeiter in Nord- und Südamerika nach der Fusion eingestellt.[46] Im Gegensatz zu früheren Investitionen in amerikanische und andere ausländische Niederlassungen hat sich die Deutsche Bank zudem darum bemüht, das Nord- und Südamerika-Geschäft in ihre Unternehmensstruktur einzugliedern.

Einige multinationale Konzerne wie die Deutsche Bank sind Vorreiter, wenn es darum geht, Brücken zwischen Kulturen und Wirtschaftssystemen zu schlagen. Indem sie unterschiedliche Kulturen zusammenführen, gelingt ihnen eine neue internationale Synthese zwischen oftmals einander widerstreitenden nationalen Sichtweisen. Dieses Buch liefert eine Fülle von Belegen dafür, dass sich die Deutsche Bank deshalb erfolgreich am Markt behauptet hat, weil sie nicht nur normale Bankdienstleistungen offerierte, sondern auch seit weit über hundert Jahren als Kontakt- und Nahtstelle zwischen verschiedenen Kulturen fungiert.

Die Internalisierung grenzüberschreitender Funktionen hat globale Unternehmen dazu gezwungen, traditionelle Geschäftsmodelle zu überdenken. Neue Strategien machen es erforderlich, dass Unternehmen fortwährend überprüfen, ob ihre organisatorischen Stärken noch mit ihren Zielsetzungen in Einklang stehen. Die eigentliche Herausforderung besteht wohl weniger darin, ein «optimales» Produkt- und Dienstleistungsangebot zu entwickeln, sondern die organisatorischen Ressourcen weiterzuentwickeln, um kontinuierlich auf die Ansprüche eines sich ständig wandelnden Marktes zu reagieren. Globale Unternehmen wie die Deutsche Bank müssen durch Zentralisierung betrieblicher Prozesse Kostenvorteile realisieren und gleichzeitig ihre Marktnähe ausnutzen. Das ist ein sehr anspruchsvolles Unterfangen. Anders als ihre Vorgänger im 19. Jahrhundert können heute nur noch wenige Manager mehr als ein paar der breitgefächerten Führungsaufgaben in einem Großunternehmen wahrnehmen. In einer jüngst erschienenen Geschichte der Unternehmensführung in Großbritannien heißt es dazu: «Ein Schlüsselmerkmal der modernen Unternehmensführung ist ihre funktionale, vertikale und laterale Vielfalt selbst innerhalb von Organisationen, und darin liegen entsprechende Entwicklungsmöglichkeiten für die Unternehmensführung.»[47]

Nach Ansicht vieler Managementtheoretiker besteht die wichtigste Aufgabe der Unternehmensführung darin, Lernprozesse anzuregen, organisatorische Stärken zu fördern und eine heterogene Belegschaft zu motivieren.[48] Unternehmen dürfen sich nicht von Organisationsplänen beirren lassen und sich nicht fälschlich auf ihre Fähigkeit verlassen, Kernprobleme zu lösen. Leider ist all dies nicht einfach. Um dieses ehrgeizige Ziel zu verwirklichen, müssen Unternehmen ihre Geschichte verstehen, ein ausgeprägtes Wertebewusstsein entwickeln und umsetzen sowie lernen, vielfältige Meinungen und Kulturen innerhalb eines straffen organisatorischen Rahmens auszutarieren. Um Vielfalt zu legitimieren, muss man verstehen, auf welche Weise sie zur Leistungsstärke eines Unternehmens beiträgt und welche rationalen Grenzen ihr gesetzt werden müssen, um eine integrierte Einheit hervorzubringen. Vor diesem Hintergrund sind internationale Niederlassungen nicht mehr nur ein Mittel, um Kosten zu senken oder Handelshemmnisse zu umgehen, sondern Elemente einer weltweiten Infrastruktur von Ressourcen, die dazu dient, mit schwankenden Faktorkosten, Marktbewegungen und technischen Neuerungen zurechtzukommen. Der erste Schritt ist Selbsterkenntnis. Die meisten Unternehmen verkennen ihr administratives Erbe. Zwei bekannte Managementtheoretiker formulieren es folgendermaßen:

> Bei der Beantwortung der Frage, wie sie ihre weltweiten Aktivitäten steuern sollen, konzentrierten sich die meisten von uns befragten Manager auf ihre anvisierten Ziele. Sie fragten sich nur selten, welche historischen Erfahrungen ihre Unternehmen gemacht hatten, obgleich sich diese Frage häufig als entscheidend erwies. Unternehmen mussten im Rahmen ihrer bestehenden Fähigkeiten und Ressourcen, die durch vielfältige historische und strukturelle Faktoren geprägt werden, auf neue Ansprüche von außen reagieren. Dieses administrative Erbe stellte sowohl einen wichtigen Katalysator als auch ein erhebliches Hindernis für den Veränderungsprozess dar.[49]

Obgleich manche auf dem Standpunkt stehen, ein zukunftsorientiertes Unternehmen solle seine Vergangenheit ignorieren, wissen die meisten aufgeklärteren Manager doch, dass jede rationale Organisation, wie auch jedes Individuum, erst ihre Vergangenheit aufarbeiten muss, bevor sie sich erneuern kann. Aber wie ein deutscher Philosoph sagte, kann sowohl zuviel als auch zu wenig historisches Bewusstsein Menschen, und man kann hinzufügen, Organisationen schaden. Nur in die Vergangenheit oder nur in die Zukunft zu blicken raubt dem Einzelnen die Fähigkeit zu rationalem Handeln. Die Entschlossenheit, mit der die Deutsche Bank ihre Geschichte offenlegt und zugleich innovative Dienstleistungen und Organisationsstrukturen vorantreibt, deutet vielleicht darauf hin, dass sie als Unternehmen jene Synthese verwirklichen kann, die Nietzsche für den einzelnen Menschen im Sinne hatte.[50]

Anmerkungen

Vorwort und Danksagungen

1 Jacques Barzun, Kulturgeschichte als Synthese (Cultural History: A Synthesis, 1954), in: Fritz Stern (Hrsg.), Geschichte und Geschichtsschreibung, München 1966 (The Varieties of History, 1956), S. 400–416, hier S. 409. Die Übersetzung wurde leicht überarbeitet.

2 Adams an Deutsche Bank, 10. November 1913, HADB, A39.

3 Marc Bloch, Apologie der Geschichtswissenschaft oder der Beruf des Historikers, Stuttgart 2002, S. 86.

4 Für den Zeitraum 1870 bis 1941 hatte ich reichlich, vielleicht sogar zuviel Material, mit dem ich arbeiten konnte. Gleichwohl ist das Material nicht vollständig. Manche Dokumente sind auf mysteriöse Weise abhanden gekommen, darunter die Vorstandsprotokolle bis 1945 und eine Dokumentensammlung, die Berichten zufolge 1917 von der amerikanischen Regierung im New Yorker Büro der Deutschen Bank beschlagnahmt wurde und deren Verbleib sowohl Mira Wilkins wie auch ich trotz aller Bemühungen nicht auszumachen vermochten.

5 Vgl. Per H. Hansen, Writing Business History Without an Archive. Newspapers as Sources for Business History – Possibilities and Limitations, in: Carl-Johan Gadd, u. a. (Hrsg.), Markets and Embeddedness: Essays in Honour of Ulf Olsson, Göteborg 2004, S. 99–120.

6 Die Korrektheit vieler Angaben in den von den Unternehmen öffentlich gemachten Informationen ist angeblich durch Gesetzesauflagen gesichert, aber wir alle wissen nur allzu gut, dass diejenigen, die die Geschäftsberichte verfassen, oftmals mit der Wahrheit jonglieren. Das vorrangige Anliegen der Presse ist es, über Neuigkeiten zu berichten, aber einige Vertreter der vierten Gewalt haben fest umrissene Vorstellungen, wie sie ‹die Welt besser machen› könnten, und zeigen oftmals wenig Aufgeschlossenheit oder Verständnis für die Arbeitsweise von Unternehmen. Sogar die Erinnerungen derjenigen, die tatsächlich dabei waren, mögen durch den zeitlichen Abstand oder durch Wunschdenken verzerrt sein. Wie bereits erwähnt, ziehe ich unternehmensinterne Dokumente vor. Diese sind zwar keinesfalls vollkommen, aber ihre Autoren, zumal vor 1914, hatten bei deren Abfassung vermutlich kaum vor Augen, dass die Schriftstücke dereinst von einem Außenstehenden ausgewertet werden könnten, auch mussten sie im Interesse des Geschäfts verlässliche und ausreichend genaue Informationen übermitteln. Wie insgesamt so bekenne ich auch hier meine Dankesschuld gegenüber Fritz Stern. Der von ihm herausgegebene und mit einer Einleitung versehene Band *Geschichte und Geschichtsschreibung* dient als eine Art Leitfaden, denn er benennt Verantwortung und Aufgaben der Geschichtsschreibung.

7 Über das Büro ihres Vertreters in den Vereinigten Staaten trug die Deutsche Bank dafür Sorge, dass Helfferichs Buch an diejenigen 16 500 Institutionen und Persön-

lichkeiten ausgeliefert wurde, die ihren Geschäftsbericht zugesandt erhielten, sowie weiteren Institutionen und Individuen zugestellt wurde, die in Verbindung
standen mit der Germanistic Society mit Sitz an der Columbia-Universität, New
York. Vgl. Adams an Deutsche Bank, 10. November 1913, HADB, A39. Die vergleichsweise weit geringere Zahl an Exemplaren, welche die Deutsche Bank von
diesem Buch gekauft hat, geht wohl weniger auf einen Wandel in der Großzügigkeit der Bank zurück als darauf, dass die Zahl der potentiell interessierten Leser
gegenüber früheren Zeiten bedauerlicherweise abgenommen hat. Hinzuzufügen
bleibt freilich, dass sich seinerzeit nicht jedermann von Helfferichs Nachweis der
Stärken der deutschen Volkswirtschaft beeindruckt zeigte. Vgl. The Times Literary
Supplement, 11. Dezember 1913.

8 Vgl. Michael Jensen, The Modern Industrial Revolution, Exit and the Failure of Internal Control Systems, in: Journal of Finance 48 (1993), S. 831–880.

Kapitel 1

1 Siemens an Kilian Steiner, 28. Juni 1883, zit. nach Karl Helfferich, Georg von Siemens. Ein Lebensbild aus Deutschlands großer Zeit, Bd. 2, Berlin 1921, S. 232.

2 Neuere Forschungsarbeiten haben dazu beigetragen, unser Bild vom Goldstandard
und dessen Funktionsweise, d.h., wie und wie gut er funktionierte, zu präzisieren.
Er war gewiss kein Allheilmittel für alle ökonomischen und gesellschaftlichen Übel.
Unsere Wertschätzung mag zudem dem nachfolgenden wirtschaftlichen Chaos geschuldet sein. Es lässt sich zweifellos und mit einigem Recht argumentieren, dass
die Finanzgeschichte der Zeit nach dem Ersten Weltkrieg als eine Reihe geschei-
terter Versuche zu betrachten ist, die Währungsstabilität und Konvertibilität wieder herzustellen, welche in den vierzig Jahren vor dem August 1914 bestimmend
gewesen waren. Vgl. Barry Eichengreen u. Marc Flandreau, The Gold Standard in
Theory and History, London 1997 sowie zum Systemwandel die ausgezeichnete
Zusammenstellung neuer Aufsätze in Marc Flandreau u.a. (Hrsg.), International Financial History in the Twentieth Century: System and Anarchy, Cambridge 2003.

3 Vgl. The MIT Dictionary of Modern Economics, hrsg. von David Pearce, Cambridge,
MA. 1992. Das American Heritage Dictionary definiert Markt als «a public gather-
ing held at regular intervals for buying and selling merchandise» (eine öffentliche,
in regelmäßigen Zeitabständen abgehaltene Versammlung zum Kauf und Verkauf
von Waren). Das MIT Dictionary of Modern Economics bringt eine weiter gefasste
Definition. Dort wird Markt definiert als «any context in which the sale and
purchase of goods and services takes place» (ein jeglicher Kontext, in dem der Verkauf und Kauf von Gütern und Dienstleistungen stattfindet) (S. 266), und danach
folgt die Definition für freie Marktkräfte als «free play of market supply and de-
mand» (freies Spiel von Marktangebot und -nachfrage) (S. 267).

4 Anm. der Übersetzerin: Das Buch von Bryan Burrough u. John Helyar, Barbarians
at the Gate. The Fall of RJR Nabisco (1990) liegt in deutscher Übersetzung vor unter dem Titel: Die Nabisco-Story: Ein Unternehmen wird geplündert, Berlin 1991.
Der gleichnamige US-Film kam 1993 in die Kinos. Buch und Film beschreiben den
Kauf des Nahrungsmittel- und Zigarettenkonzerns RJR Nabisco für 31,4 Milliarden
Dollar im Jahr 1988. Es blieb für Jahrzehnte die größte Übernahme eines einzelnen Private-Equity-Investors, des Finanzinvestors Henry Kravis.

5 Ron Chernow, The Death of the Banker, New York 1997, S. 33.

6 Der amerikanische Einfluss auf die politisch-wirtschaftlichen Entscheidungen in Europa und Japan zählt zu den überaus interessanten Forschungsgebieten der letzten Jahrzehnte. Die Frage reicht aber mindestens zurück bis in das Jahr 1967, als Jean-Jacques Servan-Schreiber *Le défi américain* veröffentlichte (deutsch: Die amerikanische Herausforderung, Hamburg 1968). Eine Vielzahl neuerer Studien haben das Thema aufgegriffen, vgl. etwa Volker R. Berghahn, Unternehmer und Politik in der Bundesrepublik, Frankfurt am Main 1985; Jonathan Zeitlin u. Gary Herrigel (Hrsg.), Americanization and its Limits: Reworking U.S. Technology and Management in Post-war Europe and Japan, Oxford 2004; Mary Nolan, Visions of Modernity: American Business and the Modernization of Germany, Oxford 1994; ferner Stefano Battilossi u. Youssef Cassis (Hrsg.), European Banks and American Challenge: Competition and Cooperation in International Banking under Bretton Woods, Oxford 2002; Richard Whitney, Divergent Capitalism: The Social Structure and Change of Business System, Oxford 2000; Mary O'Sullivan, Contests for Corporate Control: Corporate Governance and Economic Performance in the United States and Germany, Oxford 2000; Werner Abelshauser, The Dynamics of German Industry: Germany's Path Toward the New Economy and the American Challenge, New York 2005; David Coates, Varieties of Capitalism, Varieties of Approaches, London 2005 sowie zuletzt Volker R. Berghahn u. Sigurt Vitols (Hrsg.), Gibt es einen deutschen Kapitalismus: Tradition und globale Perspektiven der sozialen Marktwirtschaft, Frankfurt am Main 2006.

7 Trotz der hervorragenden Arbeiten von Mira Wilkins, Geoffrey Jones, Mark Casson und Adrian Tschoegl (auf die im Text noch einzugehen sein wird) ist unser Wissen über politische und sonstige Dimensionen ausländischer Direktinvestitionen noch unzureichend. Eine eingehendere Untersuchung der Beziehung der Deutschen Bank zu den USA anhand interner Dokumente verspricht zur Aufklärung einer Vielzahl von interessanten unternehmensgeschichtlichen Fragen beizutragen, etwa: Welche Rolle spielen Besitz und Standortvorteile bei Auslandsinvestitionsentscheidungen von Dienstleistungsunternehmen; wie änderte sich diese Rolle im Zeitverlauf und unter abweichenden wirtschaftlich-politischen Bedingungen; wie wirksam ist die Internalisierung von Bankfunktionen im Vergleich zu Netzwerken; wie nützlich sind zwischengeschaltete Finanzintermediäre in Systemen der Unternehmensorganisation (*corporate governance*); schließlich: welche Wirkung hat politische Unsicherheit auf Dienstleistungsunternehmen und welche Möglichkeiten stehen ihnen zur Verfügung, um damit umzugehen?

8 Daniel T. Rodgers, Atlantic Crossings: Social Politics in a Progressive Age, Cambridge, MA 1998, S. 11.

9 Vgl. The Banker 154, Nr. 941 (Juli 2004). Maßstab für das Ranking war das Eigenkapital der Klasse 1 entsprechend der Definition der Bank für Internationalen Zahlungsausgleich. Nach den Aktiva rangierte die Deutsche Bank auf Platz 6.

10 Vgl. hierzu etwa Harold James, Die Deutsche Bank und die «Arisierung», München 2001.

11 Vgl. O'Sullivan, S. 259–288.

12 Obgleich Siemens und andere Mitglieder der Führung der Deutschen Bank geadelt wurden, werde ich das «von» vor ihren Namen auslassen, da der Namenswechsel im Fortgang der Erzählung vermutlich nicht nur mich, sondern auch den Leser verwirren würde.

13 Lothar Gall, Die Deutsche Bank von ihrer Gründung bis zum Ersten Weltkrieg, 1870–1914, in: ders. u.a., Die Deutsche Bank, 1870–1995, München 1995, S. 10f. Mindestens noch eine weitere Bank wurde in Deutschland in jenem Jahr gegründet, die eine gleiche Aufgabe erfüllen sollte. 1870 gründete eine Gruppe von Privatbankiers die Commerz- und Discontobank, um den deutschen Handel, besonders den von Hamburg ausgehenden, sowie die finanzielle Unabhängigkeit des Landes zu fördern. Siehe Hundert Jahre Commerzbank, 1870–1970, Düsseldorf 1970, S. 39f.

14 Vgl. Otto Jeidels, Das Verhältnis der deutschen Großbanken zur Industrie, mit besonderer Berücksichtigung der Eisenindustrie, 2. Auflage, Leipzig 1913.

15 Vgl. Gall, Die Deutsche Bank, S. 22–24.

16 Vgl. Youssef Cassis, Capitals of Capital: A History of International Finance, 1870–2005, Cambridge 2006, S. 43, 51–53 und 92.

17 Siehe hierzu Niall Ferguson, Die Geschichte der Rothschilds: Propheten des Geldes. 2 Bde., Stuttgart 2002, hier Bd. 2: 1849–1999, S. 91, der die Auffassung vertritt, dass das diesbezügliche Versäumnis im Fall der Rothschilds ein verhängnisvoller Fehler hinsichtlich der internationalen Reichweite des Hauses war.

18 1913 übertraf die Industrieerzeugung in den USA die englische um mehr als das Doppelte. Vgl. Mira Wilkins, The History of Foreign Investment in the United States to 1914, Cambridge, MA 1989, S. 142.

19 Fritz Stern, Einstein's German World, Princeton 1999, S. 4.

20 Ebd. Adolf Harnack, Vom Großbetrieb der Wissenschaft (1905), in: Kurt Nowak (Hrsg.), Adolf von Harnack als Zeitgenosse, Bd. 2: Der Wissenschaftsorganisator und Gelehrtenpolitiker, Berlin 1996, S. 1018.

21 Vgl. Wilkins, Foreign Investment in the United States to 1914, S. 170.

22 Vgl. ebd., S. 169.

23 Vgl. ebd., S. 176.

24 Vgl. Adams an Deutsche Bank, 19. Oktober 1900, HADB, A30. Mexiko und Russland zählten gleichfalls zu den großen Empfängern von amerikanischen Geldern.

25 Vgl. Cassis, Capitals of Capital, S. 72f.

26 Vgl. Wolfgang Zorn, Wirtschaft und Politik im deutschen Imperialismus, in: Wilhelm Abel u.a. (Hrsg.), Wirtschaft, Geschichte und Wirtschaftsgeschichte. Fest schrift zum 65. Geburtstag von Friedrich Lütge, Stuttgart 1966, S. 340–354, hier S. 342.

27 Vgl. Gall, Die Deutsche Bank, S. 58–64.

28 Deutsche Bank an Adams, 12. März 1901, HADB, A30.

29 Deutsche Bank an Adams, 22. Oktober 1900, HADB, A30. Gwinner informierte Adams, dass alle Telegramme aus Deutschland über die neue Deutsch-Atlantische Telegraphen-Gesellschaft liefen, obwohl es bereits Klagen und durchaus Anlass für die Vermutung gegeben habe, dies führe zu zusätzlichen Verzögerungen. Telegramme würden über England nur dann geleitet, wenn dies ausdrücklich erwünscht sei, kosteten jedoch 30 Pfennig je Wort mehr.

30 Siehe hierzu Edward Hallett Carr, Nationalism and After, London 1968, sowie Christopher Kobrak, National Cultures and International Competition: The Experience of Schering AG, 1851–1950, Cambridge: Cambridge 2002.

31 Wissenschaftler haben aufgezeigt, dass die «wertschöpfenden Aktiva» von Dienstleistungsunternehmen ihr menschliches Kapital sind. Die Herkunft, Ausbildung

und Persönlichkeit von Managern in diesem Sektor haben freilich in der akademischen unternehmensgeschichtlichen Literatur bislang wenig Beachtung gefunden. Siehe hierzu die exzellente Erörterung des Humankapitals in diesem Wirtschaftszweig von Cyril Bouquet u.a., Foreign expansion in service industries: Separability and human capital intensity, in: Journal of Business Research 57 (2004), S.35–46. Es gibt einige populärwissenschaftliche Biographien von Bankiers, doch die moderne unternehmensgeschichtliche Literatur hat die Personengeschichte heruntergespielt. Jüngere Versuche, dem Profil von Bankiers nachzuspüren, bieten die Beiträge von Youssef Cassis, New Literature on the Social Backgrounds and Social Attitudes of Bankers; Ganette Kurgan-van Hentenryk, The Social Origins of Managers, beide in: Edwin Green u. Kostas Kostis (Hrsg.), The Human Factor in Banking (in Vorbereitung) sowie Hartmut Berghoff u. Ingo Köhler, Redesigning a class of its own: social and human capital formation in the German banking elite, 1870–1990, in: Financial History Review 14 (2007), S. 63–87.

32 Vgl. Karl Helfferich, Georg von Siemens: Ein Lebensbild aus Deutschlands großer Zeit, 3 Bde., Berlin 1921–23, sowie Arthur von Gwinner, Lebenserinnerungen, Frankfurt am Main 1975.

33 Deutsche Bank an Adams, Bestätigung des Erhalts seiner Telegramme, 10. September 1901, HADB, A30. Adams berichtete nach McKinleys Ermordung nach Berlin, dass dessen Tod sich bereits bei den Aktienkursen bemerkbar mache und dass «die konservative Öffentlichkeit den Vizepräsidenten für zu jung halte, auch für zu rastlos, nervös, impulsiv, halsstarrig und es ihm an der nötigen Erfahrung fehle für eine nahezu volle Amtszeit». Schwaches Interesse an Kapitalmärkten würde wahrscheinlich auch zum Abfluss von Gold führen.

34 Adams an Deutsche Bank, 20. September 1901, über das Management der Greene Consolidated Copper Co. («extravagant und nicht nach konservativen Prinzipien geführt»), HADB, A 30. Er erwähnt Allis-Chalmers Company – das erste Mal, soweit ich gesehen habe. Ein weiteres Beispiel findet sich in einem Brief an die Deutsche Bank vom 30. Oktober 1901 über die Unternehmensführung von Goldman, Sachs & Co.: «wohlhabend, fähig, ehrgeizig, kühn, vertraut mit Kuhn, Loeb & Co, National City Bank. Sittliche Haltung nicht so konservativ wie bei Redmond Kerr.» HADB, A30.

35 Adams an Deutsche Bank, 9. Mai 1902, HADB, A32. Der Bericht enthält zahlreiche interessante vergleichende Informationen über Geschäftsbanken im Jahre 1902.

36 Bei einer Gelegenheit schrieb er als Direktor und bedeutender Anteilseigner der Central and South American Telegraph Company (CSAT) direkt an Arthur Gwinner und bat ihn, seinen Einfluss bei den deutschen Behörden dahin gehend geltend zu machen, dass die Deutsch-Atlantische Telegraphen-Gesellschaft künftig die CSAT benutzte, um Nachrichten nach Südamerika weiterzuleiten. Er versprach besseren Service und günstigere Leistungen und bot ein Abkommen auf Gegenseitigkeit an. Dieses Bündnis brächte für das Deutsche Reich viele Vorteile mit sich, nicht zuletzt, dass es vermeide, über England zu gehen. Adams an Gwinner, 9. Dezember 1902, HADB, A32.

37 Vgl. hierzu Paul Miranti, The Mind's Eye of Reform: The ICC's bureau of Statistics and Accounts and a Vision of Regulation, 1887–1940, in: Business History Review 63 (1989), S. 469–509.

38 Vgl. Jeff Fear u. Christopher Kobrak, Origins of German Corporate Governance and Accounting 1870–1914: Making Capitalism Respectable, Economic History Con-

ference, Helsinki, August 2006, http://www.helsinki.fi/iehc2006/papers3/Kobrak. pdf.

39 Die Zahlen für 2002 sind dem Geschäftsbericht der Deutschen Bank entnommen. Misslicherweise brachte die gleiche Region der Bank einen Verlust von 60 Millionen Euro ein.

40 Gertrude Himmelfarb, The New History and the Old, Cambridge, MA 1987, S. 47.

Teil I

Einleitung

1 Arthur Gwinner an James Hill, 15. Juni 1909, HADB, A1365.

2 Vgl. David S. Landes, Wohlstand und Armut der Nationen: Warum die einen reich und die anderen arm sind, Berlin 1999, S. 247 und ders., Der entfesselte Prometheus: Technologischer Wandel und industrielle Entwicklung in Westeuropa von 1750 bis zur Gegenwart, Köln 1973, S. 187. Die britische Volkswirtschaft war zwar nur etwas größer als die der USA oder Deutschlands, aber das Vereinigte Königreich war weltweit führend in vielen anderen Bereichen, die als Indikatoren für Entwicklung gelten, so in Ausfuhren, technischem Know-how, Energieverbrauch und Urbanisierung. 1869 waren Kohleverbrauch und Roheisenproduktion Großbritanniens etwa viermal so groß wie auf dem Gebiet, das später Deutschland werden sollte. Vgl. auch Cassis, Capitals of Capital, S. 74–94, für eine ausgezeichnete Diskussion von Großbritanniens allgemeiner wirtschaftlicher und finanzieller Macht.

3 Vgl. Niall Ferguson, The Cash Nexus: Money and Power in the World Order 1700–2000, New York 2001, S. 131, Tabelle 3. Diese Tabelle ist in der deutschen Fassung des Buches nicht enthalten, siehe ders., Politik ohne Macht: Das fatale Vertrauen in die Wirtschaft, Stuttgart 2001, S. 135 f.

4 Vgl. A. G. Kenwood u. A. L. Lougheed, The Growth of the International Economy 1820–2000, 4. Aufl., London 1999, S. 30. Zur Größe der deutschen Kapitalmärkte vor dem Ersten Weltkrieg siehe Kurt v. Reibnitz, Der internationale Effektenkapitalismus und Deutschlands Wiederaufbau, in: Der Wirtschaftsprüfer, 31. Mai. 1932.

5 Vgl. Niall Ferguson, The City of London and British Imperialism: New Light on an Old Question, in: Youssef Cassis u. Éric Bussière (Hrsg.), London and Paris as International Financial Centres in the Twentieth Century, Oxford 2005, S. 63.

6 Vgl. Geoffrey Jones, British Multinational Banking 1830–1990, Oxford 1993 sowie ders., Multinationals and Global Capitalism: From the nineteenth to the twenty-first century, Oxford 2005, S. 113 f.

7 Vgl. Youssef Cassis, Introduction, in: ders. u. Éric Bussière (Hrsg.), London and Paris as International Financial Centres, Oxford 2005, S. 1–12, hier S. 2.

8 Vgl. Peter Hertner, German banks abroad before 1914, in: Geoffrey Jones (Hrsg.), Banks as Multinationals, London 1990, S. 99–120.

9 Vgl. Harold James, Der Rückfall: Die neue Weltwirtschaftskrise, München 2003.

10 Vgl. Barry Eichengreen u. Marc Flandreau, Introduction, in: dies. (Hrsg.), The Gold Standard in Theory and History, London 1997, S. 1 ff.

11 Robert Triffin, Myth and Realities of the Gold Standard, in: Barry Eichengreen u. Marc Flandreau (Hrsg.), The Gold Standard in Theory and History, London 1997, S. 140–160, hier S. 151.

12 In der Tat lassen sich die Wechselkurse zwischen Mark, Pfund und Schweizer
   Franken zwischen 1900 und 1914 graphisch durch gerade Linien wiedergeben,
   vgl. Gerold Ambrosius, Internationale Wirtschaftsbeziehungen, in: ders. u.a.
   (Hrsg.), Moderne Wirtschaftsgeschichte: Eine Einführung für Historiker und Ökonomen, München 1996, S. 305–336, bes. S. 334.

13 Vgl. Sidney Pollard, Peaceful Conquest: The Industrialization of Europe, 1760–
   1970, Oxford 1995, S. 264.

14 Vgl. Pollard, S. 259. Zwar waren die Zölle in den meisten Ländern niedrig; die USA
   und Deutschland waren allerdings die beiden Länder, in denen der Ruf nach Protektionismus sehr vernehmlich erschallte. Die US-Zölle auf alle Einfuhren lagen im
   Durchschnitt bei knapp unter 20 Prozent.

15 Vgl. Niall Ferguson, Empire: The Rise and Demise of the British World Order and
   the Lessons for Global Power, London 2002.

16 Vgl. Kenwood u. Lougheed, S. 129.

17 Vgl. ebd., S. 20. Im gleichen Zeitraum erlebte die gesamte entwickelte Welt ein be-
   achtliches Wachstum.

18 Vgl. Landes, Wohlstand und Armut der Nationen, S. 247.

19 Zum Vergleich: Ende 2005 repräsentierte der Marktwert des Aktienkapitals der
   Deutschen Bank nur ein Drittel Prozent des deutschen BIP. Die nach den meisten
   gängigen Messzahlen größte Bank der Welt, die Citibank, lag noch bei annähernd
   1 Prozent des US-Bruttoinlandsprodukts, GE bei nahezu 2 Prozent.

20 Deutsche Bank, Geschäftsbericht 1913.

21 Deutsche Bank, Geschäftsberichte 1880 und 1900.

22 Die Chancen und Belohnungen waren, nach den Zinssätzen zu urteilen, in der Tat
   hoch. Zwischen 1870 und 1914 waren die Erträge bei Obligationen in den USA höher als in Russland, Kanada und Australien. Vgl. Ferguson, City of London, S. 66.

23 Vgl. Geoffrey Jones, The Evolution of International Business, London 1996, S. 187–
   193. Zwar gab es viele grenzüberschreitende Finanztransaktionen, aber sie wurden von Korrespondenzbanken betreut. Inlandsbanken selbst tätigten wenig direkte Auslandsinvestitionen als Teil ihres operativen Geschäfts, etwa auf dem
   Gebiet des Privatkundengeschäfts (Publikumsgeschäft) und des großvolumigen
   Einlagen- und Kreditgeschäfts (Großkundengeschäft). Bis in die 1960er Jahre hatten die meisten großen Banken kein Netz von Tochtergesellschaften. Soweit es solche vor 1960 gab, befanden sie sich in den Kolonien oder den ehemaligen Koloni-
   algebieten.

24 Vgl. Claudia Langen, Tradition, Expansion und Kooperation. Deutsch-amerikanische Bankenbeziehungen von 1900 bis 1917, Diss., Köln 1995, S. 1–5.

25 Die Voraussetzungen für eine wirkungsvolle Internalisierung vieler Aktivitäten waren nicht gegeben. Einen vorzüglichen Gesamtüberblick zu den Komplexen: Trans-
   aktionskostenökonomie, Vertrauen und Familienunternehmen, die für das internationale Bankgeschäft im ausgehenden 19. Jahrhundert von allergrößter Bedeutung
   waren, bietet Oliver E. Williamson, The Mechanisms of Governance, Oxford 1996.
   Zur besonderen Frage von Familienbanken als Alternative zu multinationalen
   Banken vgl. Christopher Kobrak, The Rise and Fall of Family International Banking: Private Banks, Capital Markets and the Democratization of Finance, Business
   History Conference, Cleveland, May–June 2007, http://www.h-net.msu.edu/
   ~business/bhcweb/publications/BEHonline/2007/abstracts07.html

26 Vgl. Langen, S. 5–29. Zwar handelt diese Studie vorwiegend vom Kapitalanlagegeschäft, aber es lässt sich annehmen, dass die Einstiegsposition der Deutschen Bank
in den amerikanischen Markt ihr vermutlich einen Vorgeschmack der Gewinne aus
alltäglichen routinemäßigen Transaktionen gab, die sie über ihre Korrespondenzbanken abwickelte. Diese Transaktionen sind allerdings weder ausreichend doku-
mentiert noch so dramatisch, um in diesem Buch eine Rolle zu spielen. Schwierig
ist es, die Dienste der Bank gegenüber Einwanderern in die USA zu fassen, die es
bekanntlich in großer Zahl gab, da entsprechende Unterlagen im Archiv fehlen.
Auch Tourismus spielte eine immer wichtigere Rolle. Die Zahl der von Amerika
nach Europa Reisenden stieg von 80000 im Jahre 1892 auf 375000 im Jahre
1913.

27 Vgl. Langen, S. 5–29.

28 Vgl. Langen, S. 5. Bei der Entscheidung, Kapital in den USA anzulegen, spielte die
deutsche Politik unmittelbar kaum eine Rolle. Spätere Ereignisse sollten jedoch
zeigen, dass Deutschland, ohne direkten Draht zu den USA, gegenüber vielen seiner europäischen Rivalen militärisch ins Hintertreffen geriet.

29 Vgl. New York Times, 23. April 1910. Die Amerikaner ihrerseits blieben misstrauisch gegenüber deutschen und anderen ausländischen Absichten in den USA. Die
New York Times schrieb zum Beispiel: «Bei der Deutschen Bank sind nicht nur
Finanz- und Wirtschafts-, sondern auch politische und soziale Dinge eng verknüpft.»

30 Um die Mitte des 19. Jahrhunderts waren neun US-Banken teilweise im Besitz von
ausländischen Banken. Vgl. Mira Wilkins, The History of Foreign Investment in the
United States to 1914, Cambridge, MA 1989, S. 455.

31 Vgl. Bernard Desjardins u.a., Le Crédit Lyonnais, 1863–1986, Paris 2003, S. 563–
572. Die Deutsche Bank und der Crédit Lyonnais arbeiteten bei vielen Projekten
zusammen, so auch beim Verkauf amerikanischer Wertpapiere in Europa. Die
französische Bank erlitt in den 1920er Jahren gleichfalls Rückschläge, freilich
nicht wegen ihrer nationalen Herkunft, wie die Deutsche Bank, sondern weil ihre
russische Filiale von den Kommunisten beschlagnahmt wurde. Russische Emi-
granten überzogen die Bank mit einer endlosen Reihe von Gerichtsklagen und
feindseligen Zeitungsberichten wegen des Verlustes ihrer Einlagen.

32 Francis Lees, Foreign Banking and Investment in the United States, New York
1976, S. 10–11.

33 Vgl. Wilkins, Foreign Investment in the United States to 1914, S. 464.

34 Harold B. van Cleveland u. Thomas F. Heurtas, Citibank 1812–1970, Cambridge,
MA 1985, S. 1–31. Zwischen 1838 und 1852 untersagte Bundesrecht die Filialbildung, legte Mindestanforderungen beim Kapital fest und beschränkte die Ausleihungen. Das Gesetz der Jahre 1852 bis 1863 (in der sogenannten Periode freier
Bankgeschäfte) ermäßigte die Kapitalanforderungen und ließ die Ausleihbeschrän-
kungen fallen, es bestimmte aber weiterhin Grenzen für die Einlagen und verbot
die Filialbildung, so dass es de facto eine Bank auf einen einzigen Geschäftssitz beschränkte. Das Bundesbankengesetz (National Banking Act, 1865–1891), das in
den ersten zwanzig Jahren des Engagements der Deutschen Bank in den USA noch
in Kraft war, führte erstmals bundesweit konzessionierte Banken ein, sogenannte
nationale Banken. Als die National City Bank, Vorläufer der Citibank, unter dem
Gesetz von 1865 als nationale Bank zugelassen wurde, schrieben die Statuten ein

Mindestkapital von 200 000 Dollar vor, begrenzten die Kreditvergabe und verboten die Filialbildung.

35 Vgl. Wilkins, Foreign Investment in the United States to 1914, S. 455 f.

36 Vgl. Kobrak, The Rise and Fall of Family International Banking.

37 Eugene Nelson White, The Regulation and Reform of the American Banking System, 1900–1929, Princeton 1983, S. 35–38. 1909 erreichten die Aktiva der Privatbanken mit 246 Millionen Dollar den Höhepunkt, ihre Zahl war allerdings bereits seit der Jahrhundertwende rückläufig.

38 Vgl. Ferguson, Geschichte der Rothschilds, Propheten des Geldes, Bd. 2: 1849–1999, Stuttgart 2002, S. 89–93. Trotz der Schwierigkeiten, Kapitalanlagen in den USA von Europa aus zu kontrollieren, gestatteten die Rothschilds, wenngleich widerstrebend, schließlich August Belmont, zumindest an der amerikanischen Ostküste ihre Geschäfte zu handhaben. Belmont brachte ihnen zwar eine Menge Geschäft ein, dennoch erwies sich – so Ferguson – diese Entscheidung als einer der größten Fehler, den die Familie je beging. Kein männliches Mitglied der Familie wollte in den USA leben. Die Teilhaber schätzten zwar Belmonts Kenntnisse, aber sie brachten ihm weniger Vertrauen entgegen, als die Geschäftsführung der Deutschen Bank deren Vertretern über die längste Zeit in den Jahrzehnten bis zum Ersten Weltkrieg entgegenbrachte. Unterlagen über die Geschäfte der Deutschen Bank in den USA wie auch andere Quellen legen nahe, dass das Volumen und die Intensität der Geschäftsabschlüsse der Rothschilds in den USA vermutlich weit größer waren, als Ferguson annimmt. Insgesamt widmet Ferguson Belmont dem Älteren und dessen Sohn nur recht wenig Raum. Vgl. Wilkins, Foreign Investment in the United States to 1914, S. 184–186.

39 Vgl. Wilkins, Foreign Investment in the United States to 1914, S. 454–455. Wilkins argumentiert, dass die Deutsche Bank trotz ihres mangelnden Engagements im Bankgeschäft vor Ort auf einzelstaatlicher oder städtischer Ebene die einzige der zehn größten internationalen Banken war, die wirklich bedeutende Beteiligungen an amerikanischen Kapitalanlagen hielt. Ich hoffe, diese Einschätzung wird in der vorliegenden Studie eine Bestätigung erfahren.

40 Vgl. Mark Casson, Evolution of multinational banks: a theoretical perspective, in: Geoffrey Jones (Hrsg.), Banks as Multinationals, London 1990, S. 14–29 und Geoffrey Jones, The Evolution of International Business, London 1996. Casson und Jones sind der Ansicht, es bereite mehr Schwierigkeiten, eine Rechtfertigung zu finden für direkte Investitionen im Banksektor als in einige andere Sektoren.

Kapitel 2

1 Zit. nach Karl Helfferich, Georg von Siemens, Bd. 3, S. 310 f.

2 Vgl. Helfferich, Georg von Siemens, Bd. 1, S. 245–253.

3 Helfferich, Georg von Siemens, Bd. 2, S. 222 f. Helfferich, ein konservativer Journalist und Volkswirt, gehörte von 1908 bis 1915 dem Vorstand der Deutschen Bank an.

4 Ebd., S. 222. Einiges, das Helfferich über die USA zum Besten gab, mag einige zeitgenössische amerikanische Politiker erfreut und seine europäischen Kollegen in helle Aufregung versetzt haben. Seine Äußerungen mögen freilich auch beeinflusst gewesen sein von der finanziellen und politischen Abhängigkeit Deutschlands von den Vereinigten Staaten nach dem Ersten Weltkrieg.

5 Helfferich, Georg von Siemens, Bd. 2, S. 225.
6 Ebd.
7 Vgl. Langen, S. 71–75.
8 Vgl. James Foreman-Peck, A History of the World Economy: International Economic Relations since 1850, New York 1983, S. 259.
9 Vgl. Friedrich-Wilhelm Henning, Industrialisierung in Deutschland, 1800–1914, 7. Aufl., Stuttgart 1989, S. 172.
10 Vgl. Langen, S. 86.
11 Vgl. Deutsche Bank, Geschäftsbericht 1872.
12 Vgl. Wolfgang Hinners, Exil und Rückkehr: Friedrich Kapp in Amerika und Deutschland, 1824–1884, Stuttgart 1987. Der Sohn von Friedrich Kapp, Wolfgang Kapp, war der Anführer des unseligen Kapp-Putsches nach dem Ersten Weltkrieg und brachte kurzzeitig die Macht in Berlin an sich. Auch er war wie zuvor sein Vater Mitglied im Aufsichtsrat (früher Verwaltungsrat) der Deutschen Bank, dem er von 1912 bis 1920 angehörte. Vgl. HADB, P10130.
13 Vgl. Kutter an Siemens, 12. Juli 1872, HADB, A1343.
14 Vgl. Gebhard an Deutsche Bank, 13. August 1872, HADB, A1343.
15 Nicht datierter Briefwechsel zwischen dem Agenten und der Berliner Hauptverwaltung, HADB, A1342.
16 Vgl. Knoblauch an Siemens, 6. August 1872, HADB, A1343.
17 Vgl. Geschäfts-Instruction für die Commandite der Deutschen Bank in New York, 13. September 1872, HADB, A1343.
18 Vgl. ebd.
19 Vgl. Siemens und Wallich an K&L, 14. September 1877, HADB, A1343.
20 Vgl. Hertner, S. 99–101.
21 Vgl. Helfferich, Georg von Siemens, Bd. 1, S. 249f.
22 Vgl. Londoner Filiale an Deutsche Bank Berlin, 27. November 1880, HADB, A1359.
23 Vgl. Siemens an K&L, 5. Oktober 1877, HADB, A1359.
24 Vgl. Siemens an Marcuse, 12. August 1885, HADB, A1343.
25 Vgl. Marcuse an Siemens, 13. August 1885, HADB, A1343.
26 Vgl. Wilkins, Foreign Investment in the United States to 1914, S. 479f. Zum Beispiel verdichteten sich die Beziehungen der Disconto-Gesellschaft mit Kuhn, Loeb & Co. und die Beziehungen der Dresdner Bank mit Morgan.
27 Vgl. Langen, S. 83–87. Als das Volumen der jährlich ausgetauschten Telegramme bei rund 300000 lag, wurde eine Verbindung in deutschem Besitz über die Azoren eingerichtet. 1907 waren in den USA 1200 Meilen Telefondraht verlegt, aber es gab keine internationalen Verbindungen. Ein Plan, die Vereinigten Staaten und Deutschland vor dem Ersten Weltkrieg zu verbinden, wurde nach Kriegsbeginn hinfällig. Als der Handel zwischen den beiden Ländern zunahm (er wuchs um 5 Prozent jährlich zwischen 1896 und 1913), richteten viele Reedereien einen regelmäßigen Linienverkehr zwischen Europa und den Vereinigten Staaten ein. Noch 1900 dauerte allerdings die Passage in die USA zehn Tage. Das bedeutete, dass Geschäftsleute allein für die Hin- und Rückreise drei Wochen aufzubringen hatten.
28 Vgl. Gary M. Walton u. Hugh Rockoff, History of the American Economy, New York 1998, S. 354f. Zwischen 1860 und 1890 erreichte das unstete Wachstum beim Ausbau des betreibbaren Schienennetzes mit Raten von 60 Prozent je Dekade (also

annähernd 6 Prozent jährlich) die Höchstwerte. Trotz Preisreduzierungen und schwankenden Einkünften trug der Eisenbahnsektor in den 1870er Jahren mit 20 Prozent und in den 1890er Jahren mit 15 Prozent zur US-amerikanischen Bruttokapitalbildung bei.

29 Vgl. Alfred D. Chandler, Jr. (Hrsg.), The Railroads: The Nation's First Big Business, New York 1965 sowie ders., The Visible Hand, Cambridge, MA 1977.

30 Vgl. Jonathan Barron Baskin u. Paul J. Miranti, Jr., A History of Corporate Finance, Cambridge 1997, S. 146–157.

31 Vgl. Wilkins, Foreign Investment in the United States to 1914, S. 197f.

32 Vgl. Chandler, Railroads, S. 17.

33 Vgl. Wilkins, Foreign Investment in the United States to 1914, S. 169.

34 Vgl. Londoner Filiale an Deutsche Bank Berlin, HADB, A1359.

35 Vgl. Helfferich, Georg von Siemens, Bd. 2, S. 225.

36 Die Quelle für viele Ereignisse in den frühen Lebensabschnitten Villards ist dessen auf seltsame Weise zustande gekommene Autobiographie. Sie wurde nach seinem Tod aufgrund der von ihm hinterlassenen Notizen zusammengestellt und ist in der dritten Person verfasst. Villard verließ sein Heimatland und wechselte den Namen, damit sein Vater ihn nicht aufspüren konnte. In den 1890er Jahren stellte dieser reiche und berühmte Ausgestoßene dann aber selbst die Verbindung zu seinen Geschwistern wieder her. Vgl. Memoirs of H. Villard: Journalist and Financier, 1835–1900, 2 Bde., Westminster 1904.

37 Vgl. Dietrich Buss, Henry Villard: A Study in Transatlantic Investment and Interests, 1870–1895, New York 1978, S. 1–29.

38 Vgl. Buss, S. 30–55.

39 Vgl. Alexandra Villard de Borchgrave u. John Cullen, Villard: The Life and Times of an American Titan, New York 2001, S. 296–298. Dies ist ein sehr persönliches und überraschend unvoreingenommenes Porträt des Urgroßvaters der Verfasserin. Selbst sie räumt ein, dass Villard «zu optimistisch war, dass es ihm widerstrebte, sich mit Einzelheiten zu befassen und dass er bereit war, alles für ein möglicherweise wertvolles, aber wackliges Unternehmen zu riskieren.» Ebd., S. IXf.

40 Vgl. Helfferich, Georg von Siemens, Bd. 2, S. 226–228.

41 Vgl. Buss, S. 85–111.

42 Vgl. ebd., S. 98.

43 Vgl. ebd., S. 112–150.

44 Vgl. Helfferich, Georg von Siemens, Bd. 2, S. 228f.

45 Vgl. Buss, S. 121.

46 Die Trasse verlief leicht südlich von Little Big Horn, wo General George Armstrong Custer im Juni 1876 zusammen mit einem Großteil der Siebten Kavallerie-Division umkam. Die Bahnarbeiter mussten noch von Soldaten vor Indianern geschützt werden. Am 8. September 1883 nahm Sitting Bull, der Häuptling der Sioux und Bezwinger Custers, an der Feierlichkeit aus Anlass der Einbringung des letzten Schwellennagels in Cold Creek, Montana, teil. Vgl. Villard de Borchgrave u. Cullen, Villard, S. 322–331. Von einem Treffen ist zwar nichts überliefert, aber bereits der Gedanke, dass Sitting Bull, Präsident Grant und Siemens möglicherweise gemeinsam unter den Zuschauern waren, entbehrt nicht eines gewissen Reizes.

47 Vgl. Buss, S. 130–138. Kurz nachdem Villard sein neues, palastartiges Haus in der Madison Avenue bezogen hatte, begannen seine Mitdirektoren wegen der Finan-

zen der Gesellschaft nervös zu werden. Villard soll alles verloren haben, auch den gerade fertig gestellten Neubau, der einen ganzen Straßenblock in der Stadt einnahm. Seine Urenkelin schätzt den Verlust auf 55 Millionen Dollar, aber selbst dieser Betrag reichte nicht, um diejenigen zum Schweigen zu bringen, die ihm grobe Fahrlässigkeit, Unfähigkeit, ja sogar Unredlichkeit vorwarfen.

48 Vgl. Buss, S. 98.

49 Vgl. Helfferich, Georg von Siemens, Bd. 2, S. 230f. Einige interessante Beobachtungen und Eindrücke finden sich auch bei Nicolaus Mohr, Ein Streifzug durch den Nordwesten Amerikas. Festfahrt zur Northern Pacific-Bahn im Herbste 1883, Berlin 1884.

50 Vgl. Buss, S. 142.

51 Buss, S. 151.

52 Vgl. Helfferich, Georg von Siemens, Bd. 2, S. 232f. Siehe auch Fritz Seidenzahl, 100 Jahre Deutsche Bank, 1870–1970, Frankfurt am Main 1970, S. 83–100.

53 Vgl. Buss, S. 151–187. Der Hinweis auf den Bericht der New York Times vom 30. September 1883 findet sich ebd., S. 155.

54 Vgl. Vossische Zeitung, 26. Oktober 1883, HADB, A1144.

55 Vgl. Buss, S. 151–187.

56 Vgl. ebd.

57 Vgl. Helfferich, Georg von Siemens, Bd. 2, S. 233–235.

58 Vgl. Jean Strouse, Morgan: American Financier, New York 2000, S. 240f.

59 Vgl. Der Aktionär, 20. Dezember 1885, HADB, A1144.

60 Vgl. Helfferich, Georg von Siemens, Bd. 2, S. 236f.

61 Vgl. Georg von Bunsen, Friedrich Kapp: Gedächtnisrede, Berlin 1885, S. 21.

62 Vgl. Helfferich, Georg von Siemens, Bd. 2, S. 235–250.

63 Vgl. ebd., S. 236f. Helfferich zufolge schrieb Siemens Villard sogar über seine Konflikte mit anderen Mitgliedern im Vorstand der Deutschen Bank und über seine ersten Schritte, eine Entscheidung in der Sache zu erzwingen, wodurch sich in den späten 1880er Jahren seine Machtstellung bei der Deutschen Bank festigen sollte.

64 Ein Grund, warum die Deutsche Bank Villard fragte, sie zu repräsentieren, war, dass nach dessen Weggang das Management der Northern Pacific unterlassen hatte, der Bank unmittelbar Berichte zukommen zu lassen. Deutsche Bank an Villard, 8. Juli 1885, HADB, A744. Benötigt wurden auch Informationen über andere Unternehmen und über die allgemeine Lage. Deutsche Bank an Villard, 22. November 1887, HADB, A744.

65 Vgl. Deutsche Bank an Northern Pacific, 8. Juli 1885, HADB, A744, sowie ein Brief an Villard, 22. November 1887, HADB, A744, in dem Villard gebeten wurde, Artikel über Amerika und die amerikanischen Märkte für deutsche Zeitungen zu verfassen, um so das Interesse wachzurufen – eine Rolle, zu deren Übernahme er in doppelter Hinsicht gut geeignet war.

66 Vgl. Gall, Die Deutsche Bank, S. 16.

67 Helfferich, Georg von Siemens, Bd. 2, S. 238.

68 Handgeschriebener Vertrag und Zusatz, unterschrieben von Villard und Siemens, ausgefertigt in Berlin, 29. September 1886 (Zusatz, 2. Mai 1888), Baker Library, Nachlass Villard, Box 100, Folder 751. Villard erhielt einen Zuschuss in Höhe von Dreiviertel der laufenden Kosten für Personal, Miete etc. bis zu einem Höchstbetrag von 7500 Dollar monatlich. Ungeachtet des Umstands, dass die Deutsche Bank

und verbündete Institute für Villard ein Büro in New York einrichteten (The Mills Building), hatte er seine Hand in vielen Geschäften, die oftmals nur entfernt in Verbindung mit den Interessen der Deutschen Bank standen. Villard jonglierte mit vielen Bällen gleichzeitig. So fungierte er etwa 1888 bis 1892 als Präsident der Edison General Electric, einer anderen Holdinggesellschaft, hatte ein Auge auf die Beteiligung der Deutschen Bank bei der Northern Pacific sowie andere Kapitalanlagen, spielte eine gewichtige Rolle beim Präsidentschaftswahlkampf des Jahres 1892 von Grover Cleveland und verfolgte darüber hinaus noch eine Reihe anderer Interessen.

69 Kontoauszug vom Januar 1886, Baker Library, Nachlass Villard, Box 100, Folder 753.

70 Marcus war ein Deutscher, der für Rütten & Bonn, eine kleine Privatbank in New York, gearbeitet hatte. Vgl. Marcus an Villard, 2. November 1876, Baker Library, Nachlass Villard, Box 105, Folder 811.

71 Vgl. Siemens an Drexel, Morgan & Co., 21. November 1885, HADB, A1142. In den 1880er Jahren war die Deutsche Bank anscheinend sehr bedacht, mehr Geschäfte bei der Northern Pacific anzukurbeln, da die Nachfrage nach Eisenbahnwerten in Deutschland sehr groß war.

72 Vgl. Helfferich, Georg von Siemens, Bd. 2, S. 246.

73 Vgl. Helfferich, Georg von Siemens, Bd. 2, S. 238 f. Offenbar brannte die Bank auf Ausweitung ihres Geschäfts in den USA. Siemens schrieb 1885 unmittelbar an Drexel, Morgan & Co. und berichtete, wie groß die Nachfrage in Deutschland nach Schuldverschreibungen der Northern Pacific sei und dass man dort auf dergleichen Wertpapieremissionen geradezu sehnsüchtig warte.

74 Vgl. Helfferich, Georg von Siemens, Bd. 2, S. 239-241.

75 Vgl. ebd., S. 240 f.

76 Vgl. Drexel an Villard, 14. April 1891, mit Hinweisen auf die Aufkündigung der Unterstützung seitens der Deutschen Bank, Baker Library, Nachlass Villard, V84a, 459.

77 Vgl. Wall Street Journal, 13. April 1891, über das finanzielle Ergebnis der Deutschen Bank 1890. In Mark lauteten die Beträge: 75 Millionen Mark Aktienkapital, 208 Millionen Mark Einlagen, 59 Millionen Mark Kredite.

78 Undatierte und unsignierte Denkschrift, spätere Bezugnahmen lassen jedoch keinen Zweifel, dass der Projekt-Vorschlag von Villard herrührte, HADB, A1245.

79 Steinthal an Villard über die Ablehnung eines Kaufs von Baltimore & Ohio-Wertpapieren, 23. Mai 1890, HADB, A1246.

80 Vgl. Siemens an Marcus, 23. Mai 1890, HADB, A404, sowie Marcus an Siemens, 5. Dezember 1890, HADB, A1246. Siemens forderte nachdrücklich, dass diese Mitteilung Villard vorgelegt werden solle, möglicherweise deutet dies darauf hin, dass er seinem US-Vertreter nicht mehr vertraute.

81 Vgl. Villard an Deutsche Bank, 20. Dezember 1889, HADB, A1245.

82 Vgl. Marcus an Siemens, 27. Mai 1890, HADB, A1246; siehe auch Marcus an Siemens, 5. Dezember 1890, HADB, A1246, wo die Frage erörtert wird, wie sich der Markt für amerikanische Wertpapiere in Europa kontrollieren lässt.

83 Vgl. Marcus an Siemens, 27. Mai 1890, HADB, A1246. Die Worte «hierfuer» und «London zum Zusammentreffen» sind im Text dick mit Grünstift unterstrichen, vermutlich von Siemens. Marcus wiederholte die nachdrückliche Bitte, die B&O-

Anleihe durchzuführen, die sie für sehr wichtig erachteten. Die «Drohung», sich andernorts zu bemühen, findet sich auch in einer Reihe weiterer Briefe.

84 Vgl. Marcus an Siemens, 24. Juni 1890, HADB, A1246.

85 Vgl. Marcus an Siemens, 11. Juni 1890, HADB, A1246.

86 Vgl. Wall Street Journal, 16. Juni 1890.

87 Vgl. hierzu verschiedene interne Schriftstücke und Zeitungsartikel, HADB, A671.

88 Vgl. Strouse, S. 305.

89 Vgl. Villard an Deutsche Bank, 14. November 1890, HADB, A671.

90 Vgl. Marcus an Siemens, 5. Dezember 1890, HADB, A671.

91 Vgl. Villard de Borchgrave u. John Cullen, Villard, S. 368.

92 Ende Dezember wurden die Aktien der NAC, die einst 50 Dollar wert gewesen waren, für 2,50 Dollar gehandelt. Vgl. Marcus an Siemens, 24. Dezember 1890, HADB, A671.

93 Vgl. Villard an Deutsche Bank, 24. Juli 1891, HADB, A1247.

94 Vgl. Bilanz vom 8. Dezember 1891, HADB, A671.

95 Vgl. verschiedene Unterlagen, HADB, A674.

96 Villard de Borchgrave u. John Cullen, Villard, S. 360–363. Noch jung an Jahren starb Villards Sohn Henry Hilgard, nachdem sein Vater die North American Company gegründet hatte.

97 Vgl. Helfferich, Georg von Siemens, Bd. 2, S. 243–245.

98 Vgl. Villard an Deutsche Bank, 24. Juli 1891, HADB, A1247.

99 Vgl. hierzu verschiedene Schriftstücke, HADB, A1249.

100 Vgl. Drexel an Villard, 14. April 1891, Baker Library, Nachlass Villard, V84a, 459 sowie ein anscheinend an Villard gerichteter Brief, dessen Absender nicht eindeutig erkennbar ist und der besagt, dass Villard die Unterstützung von Siemens verloren habe und es Streitigkeiten mit der Treuhand gebe. 17. April 1891, Baker Library, Nachlass Villard, V84a, 459.

101 Vgl. Stern und Deutsche Bank an Villard, 11. November 1892, HADB, A1247.

102 Villard an Deutsche Bank, 13. Februar 1893, HADB, A1247.

103 Villard an Oakes, 1. März 1893, HADB, A1247. Der Brief an Oakes war auf deutsch. Es mag sich um eine übersetzte Fassung für Manager der Deutschen Bank gehandelt haben, mit denen Villard fast ausnahmslos auf Deutsch kommunizierte. Er schrieb an das Direktorium der Northern Pacific, er habe beschlossen, als Vorsitzender und Mitglied des Gremiums zurückzutreten. Da seine Beziehung zu der Gesellschaft sehr persönlicher Natur gewesen sei, bedauere er seine Entscheidung. Seltsamerweise gibt es keinen Beleg dafür, dass er seine Entscheidung zuvor mit der Deutschen Bank erörtert oder irgendwelche anderen Überlegungen anlässlich der Entscheidung oder hinsichtlich des Zustands der Eisenbahnlinie zu diesem kritischen Zeitpunkt Managern in Berlin anvertraut hätte.

104 Vgl. Oakes an Villard, 3. März 1893, HADB, A1247.

105 Vgl. Villard an Oakes, 5. März 1893, HADB, A1247.

106 Villard an Oakes, 1. Mai 1893, HADB, A1247.

107 Vgl. ebd. Dieser Brief befindet sich auf Deutsch in den Akten, was nahelegt, dass er von Villard oder der Deutschen Bank für Siemens übersetzt wurde.

108 Vgl. Marcus an Deutsche Bank, 30. Januar 1891, HADB, A722. Marcus schrieb an die Deutsche Bank auf Deutsch. Im Winter 1891 gab ein Konsortium unter Beteiligung von Kuhn, Loeb & Co., Speyer und Deutscher Bank der expandierenden

Eisenbahnlinie einen Kredit über 7 Millionen Dollar zu einem Zinssatz von 6 Prozent, mit einer Provision von 2½ Prozent und einem Vorkaufsrecht auf die konsolidierte Anleihe der Northern Pacific zu 83 (d. h. zu 83 Prozent des Nennwertes). Als Sicherheit verpfändete die Eisenbahngesellschaft ihre eigenen Wertpapiere (Schuldverschreibungen und Aktienkapital). Einige der Mittel wurden nicht unmittelbar in Anspruch genommen und wurden von beteiligten amerikanischen Banken, darunter Speyer, zu einem Zinssatz von 3 Prozent übernommen. Ein Jahr vor dem Zusammenbruch der Northern Pacific nahm die Eisenbahngesellschaft weitere 2 Millionen Dollar im Rahmen der ihr eingeräumten revolvierenden Kreditlinie in Anspruch. Im Januar 1893 gelangten Verhandlungen zum Abschluss, für die Deutsche Bank und die anderen beteiligten Finanzinstitute Stammkapital der Northern Pacific als Sicherheit für die Darlehen einzusetzen.

109 Vgl. Northern Pacific Railroad an Speyer & Co. auch als Vertreter von Deutscher Bank und Jacob S. H. Stern, 13. Januar 1893, HADB, A722.

110 Siemens an Villard, 21. Juni 1893, HADB, A1247.

111 Vgl. James C. Bonbright, Railroad Capitalization: A Study of the Principles of Railroad Securities, New York 1920.

112 Vgl. Memoirs of H. Villard, S. 313–329.

Kapitel 3

1 Villard an Deutsche Bank, 7. März 1890, HADB, A404.

2 Vgl. Thomas P. Hughes, Networks of Power: Electrification in Western Society, 1880–1930, Baltimore: 1983, S. 5–18. Eine der großen technischen Streitfragen entstand im Zusammenhang mit der Verteilung. Die Kontroverse über Gleichstrom (Edison) und Wechselstrom drehte sich um Verteilung, die für den Gleichstrom das Aus bedeutete.

3 Vgl. ebd., S. 4.

4 Ebd., S. 1.

5 Vgl. William J. Hausman, Peter Hertner u. Mira Wilkins, Global Electrification: Multinational Enterprise and International Finance in the History of Light and Power, 1878–2007, Cambridge 2008.

6 Vgl. Hughes, Networks of Power, S. 76f. Siehe auch Delbrück an Villard, 3. Mai 1887. Baker Library, Nachlass Villard, Box 78, Folder 550. Die Übereinkunft sah vor, dass Siemens & Halske und die AEG gemeinsam Patentrechte von der Pariser Edison-Gesellschaft erwarben. Ein von der Deutschen Bank angeführtes Konsortium stellte AEG das für den Kauf erforderliche Kapital zur Verfügung.

7 Vgl. Hughes, Networks of Power, S. 181.

8 Vgl. hierzu die ausgezeichnete Darstellung, wie die Firmen zusammenarbeiteten, um die Elektrifizierung voranzutreiben, von Thomas P. Hughes, From Firm to Networked Systems, in: Business History Review 79 (2005), S. 587–593.

9 Die Beziehung der beiden Männer war offenbar herzlich, aber wechselhaft. Vgl. Edison an Villard, 19. Januar 1888, Baker Library, Nachlass Villard, Box 78, Folder 551. In dem Schreiben lädt Edison Villard und dessen Frau zum Essen ein und in seinem Haus in New Jersey zu übernachten.

10 Vgl. Villard an Stern, 4. Februar, 1880, Baker Library, Nachlass Villard, Box 77, Folder 541. Villard regte an, Stern solle den Kauf der Edison-Patente zu einem Preis von 450 000 Dollar übernehmen und aufteilen auf Deutschland, Öster-

reich, Russland, Frankreich, Italien und Spanien. Villard zufolge bot sich hier eine außerordentliche Gelegenheit «für einen schnellen Gewinn». Stern lehnte mit der Begründung ab, die Summe sei zu hoch, hielt sich jedoch die Tür offen zu einem Kauf der Rechte bei reduziertem Preis und für weniger Länder. 9. Februar 1880, ebd.

11 Eaton an Villard, 13. September 1880, ebd. Er berichtete, dass es bei seinem Besuch in Edisons Werkstatt und Laboratorium keine Beleuchtung gegeben habe.

12 Vgl. Paul Israel, Edison: A Life of Invention, New York 1998, S. 197–211.

13 Vgl. Hughes, Networks of Power, S. 29–31.

14 Vgl. Hughes, Networks of Power, S. 40–46.

15 Vgl. Vincent P. Carosso, The Morgans: Private International Bankers, 1854–1913, Cambridge, MA 1987, S. 270–272.

16 Vgl. Manfred Pohl, Emil Rathenau und die AEG, Mainz 1988, S. 39–64.

17 Vgl. Israel, S. 321–323.

18 Vgl. ebd., S. 215 und 254.

19 Vgl. Wilfried Feldenkirchen, Siemens, München 1995, S. 362. Merkwürdigerweise hat Feldenkirchen wenig zu Siemens in den Vereinigten Staaten während dieses Zeitabschnitts zu sagen.

20 Vgl. Villard an Drexel, Morgan & Co., 23. Mai 1889, Morgan Library, Syndicate II, ARC-158, 254. Die Abmachungen des Konsortiums enthielten eine Bestimmung, dass die Aktien bis zum 1. Januar 1890 gehalten werden sollten, am 1. Dezember 1889 wurde die Frist bis zum April 1890 verlängert.

21 Im April 1890 hielt zum Beispiel Jacob S. H. Stern Stammaktien im Gesamtbetrag von 815 000 Dollar, ferner 185 000 Dollar an dem Zwei-Millionen-Kredit, der von dem Konsortium begeben worden war, sowie eine Option auf nicht näher ausgewiesene Wertpapiere. Vgl. Stern an Deutsche Bank, 2. April 1890, HADB, A402. Während Stern im Herbst 1891 bereit war, noch weitere Aktien zu kaufen, wollte AEG zu diesem Zeitpunkt bereits einige ihrer Anteile abstoßen, sofern der Verkauf der Wertpapiere so arrangiert werden konnte, dass deren Marktwert dadurch nicht in Mitleidenschaft gezogen würde. Vgl. Stern an Deutsche Bank, 26. September 1891, und AEG an Deutsche Bank, 25. Oktober 1891, HADB, A402.
Eine nicht datierte handgeschriebene Aufstellung scheint die ursprüngliche Aufteilung der Eigentümerinteressen auszuweisen. Das sogenannte deutsche Konsortium erhielt 3 Millionen der 6,9 Millionen Dollar Stammaktien (wobei die 2,2 Millionen Dollar an Stammkapital, die noch zurückgehalten wurden – modern gesprochen also Aktien, die genehmigt, aber nicht ausgegeben waren –, nicht berücksichtigt sind). Von diesen 3 Millionen Dollar erhielt Villard 0,6 Millionen als Bonus. Bei den Vorzugsaktien hielt das Konsortium ein Verkaufsrecht auf weitere 2,7 Millionen Dollar in Aktien. Die deutschen Zeichnungen des Stammkapitals waren aufgeteilt zwischen der Deutschen Bank (450 000 Dollar einbezahlte und gratis sogenannte Berechtigungsaktien als Bonus), Jacob S. H. Stern (gleiche Bedingungen wie die Deutsche Bank), Allgemeine Elektricitäts-Gesellschaft (AEG) und Siemens & Halske (jeweils etwa 0,3 Millionen Dollar). Diesen Aufzeichnungen zufolge erhielten Villard und Marcus jeweils 85 000 Dollar und 20 000 Dollar Bonus-Aktien zusätzlich zu den bereits erwähnten Bonus-Aktien für Villard über 600 000 Dollar. Eigentümlicherweise ist bei den amerikanischen Unterzeichnern zwar Drexel, Morgan & Co. erwähnt, aber Angaben über ihre Beteiligung fehlen, ansonsten

sind nur Thomas Alva Edison mit 2,1 Millionen Dollar an Stammaktien und weiteren 0,2 Millionen Dollar Berechtigungsaktien mit Dollar-Beträgen aufgeführt. Vgl. Undatierte handgeschriebene Aufstellungen, HADB, A401.

Die letzte Zahl passt zu Quellen, die Wilfried Feldenkirchen anführt, wonach Siemens & Halske rund 1,1 Millionen Mark (rund 0,3 Millionen Dollar) investiert hat. Vgl. Wilfried Feldenkirchen, Die Anfänge des Siemensgeschäfts in Amerika, in: ders. u.a. (Hrsg.), Wirtschaft, Gesellschaft und Unternehmen. Festschrift für Hans Pohl zum 60. Geburtstag, Stuttgart 1995, S. 876–900, hier S. 882.

Nach einer weiteren Quelle (anscheinend handelt es sich dabei um eine Aufzeichnung aus einem frühen Planungsstadium) wünschte die Deutsche Bank für die neue Gesellschaft ein Stammkapital von 12 Millionen Dollar. 6,4 Millionen in neuen Aktien sollten an die Aktionäre der bisherigen Unternehmen gehen, 3,2 Millionen als Reserve (eigene Aktien der Unternehmung) gehalten werden, während die restlichen 2,5 Millionen für die deutsch-amerikanischen Investoren reserviert sein sollten, welche die neuen Aktien gegen Barmittel oder geleistete Dienste erhalten sollten. Je nachdem wie viele der existierenden Aktien im Besitz deutscher Anteilseigner waren, passen diese Zahlenangaben zu denjenigen von Buss, auf die sich Wilkins stützt (welche den Anteilsbesitz an alten Aktien beinhalten müssten oder aber den Stand zu einem späteren Zeitpunkt wiedergeben) wie auch zu denjenigen der oben angeführten Ausarbeitung. Vgl. Vermerk an die Teilnehmer, Mai 1886, HADB, A401.

Buss berichtete aufgrund von Villards Unterlagen, dass 4 Millionen Dollar des Stammkapitals von Siemens, 3,8 Millionen Dollar von AEG und 0,5 Millionen Dollar von der Deutschen Bank kamen, was einen Gesamtbetrag von 8,3 Millionen Dollar ergibt. Eine Darstellung zur Geschichte der AEG beziffert – allerdings ohne die Quelle zu nennen – die ursprüngliche Investition der Firma mit 210 000 Dollar, ein Betrag, der später auf 416 000 Dollar angehoben worden sei. Vgl. Peter Strunk, Die AEG. Aufstieg und Niedergang einer Industrielegende, Berlin 1999, S. 28.

Einer anderen Darstellung zufolge betrug das ursprüngliche Angebot 3,6 Millionen Dollar, wobei die Deutsche Bank zwei Drittel des Stammkapitals übernommen habe. Vgl. Carosso, S. 273.

22 Vgl. Wilkins, Foreign Investment in the United States to 1914, S. 434 und Strouse, S. 312. Nach Strouse belief sich das ursprüngliche Angebot auf 3,6 Millionen Dollar, davon 62 Prozent für die Deutsche Bank (2,3 Millionen Dollar, vermutlich unter Einschluss der anderen deutschen Firmen), Kuhn Loeb 0,4 Millionen Dollar und Morgan 0,6 Millionen Dollar. Diese Angaben stimmten zwar nicht mit anderen Quellen überein, bestätigen aber die bedeutende Größenordnung der Investition.

23 Vgl. Israel, S. 321–334.

24 Die Angaben stützen sich auf den ersten Geschäftsbericht der Edison General Electric, 2. Januar 1890, HADB, A404.

25 Vgl. Auszug aus einer Ankündigung des Vizepräsidenten der Edison General Electric Company, undatiert, HADB, A405.

26 Vgl. Geschäftsbericht, Edison General Electric Company, Januar 1890, HADB, A401.

27 Vgl. Strouse, S. 312.

28 Vgl. verschiedene Briefe, November 1891, Baker Library, Nachlass Villard, Box 77, Folder 546. Während Villard in geschäftlichen Angelegenheiten der Northern Pacific unterwegs war, benutzte er zum Beispiel Personal der Northern Pacific, um die

Ergebnisse der Edison General Electric zu analysieren, die ihm von Edison geliefert wurden.

29 Vgl. Villard an Marcus, 6. Dezember 1888, HADB, A401.

30 Vgl. ebd.

31 Vgl. Villard an Marcus, 9. Dezember 1888, HADB, A401.

32 Vgl. Villard an Marcus, 28. Dezember 1888, HADB, A401. Edison und Siemens & Halske teilten eine Zeit lang die Auffassung, dass Wechselstrom gefährlich und unwirtschaftlich sei, dies sollte Westinghouse eines Tages zu einem großen Wettbewerbsvorteil verhelfen.

33 Vgl. zwei Telegramme, Villard an Marcus, 10. Februar 1889, HADB, A401.

34 Vgl. verschiedene Telegramme Villard an Marcus, 11.–12. Februar 1889, HADB, A401. Villard hatte anscheinend eine gute Beziehung zu Rathenau, für den er Aktien anderer Gesellschaften auf dem US-Markt gekauft hatte.

35 Vgl. Villard an Deutsche Bank, 22. März 1889, HADB, A401.

36 Villard an Siemens, 28. Mai 1889, HADB, A401.

37 Vgl. Villard an Deutsche Bank, 30. Juli 1889, HADB, A401.

38 Vgl. Edison – Villard Korrespondenz, Baker Library, Villard Collection, Box 78, Folders 553 und 562, besonders 8. Februar 1890.

39 Stern an Deutsche Bank, 30. September 1889, HADB, A401. Beide Seiten, die Deutsche Bank wie auch Stern, entschieden, dass die Wertpapiere in New York bleiben sollten. Der Brief enthielt eine Aufstellung der Konsortialwertpapiere, die Villard in Händen hielt: Es waren Beteiligungen an der Oregon & Transcontinental, Rocky Fork Coal Road, Edison General Electric, Northern Pacific & Manitoba und Wisconsin Central in einer Gesamthöhe von annähernd 5 Millionen Dollar.

40 Vgl. Villard an Deutsche Bank, 15. Oktober 1889, HADB, A401.

41 Villard an Deutsche Bank, 22. November, 1889, HADB, A401.

42 Vgl. Villard an Deutsche Bank, 4. Dezember 1889, HADB, A401.

43 Vgl. Villard an Deutsche Bank, 18. Dezember 1889, HADB, A401.

44 Vgl. Villard an Deutsche Bank, 3. Januar 1890, HADB, A401.

45 Vgl. Villard an Deutsche Bank, 7. Januar 1890, HADB, A401.

46 Vgl. ebd.

47 Vgl. Deutsche Bank an Villard, 20. Februar 1890, HADB, A401.

48 Vgl. Villard an Marcus, 26. Februar 1890, HADB, A404.

49 Vgl. Villard an Marcus, 5. März 1890 und März 7, 1890 HADB, A404.

50 Umsatz und Gewinn Analyse 1890, HADB, A404.

51 Verschiedene Telegramme von Anfang März 1890, HADB, A404.

52 Vgl. Villard an Deutsche Bank, 3. Februar 1890, Baker Library, Box 78, Folder 562.

53 Vgl. Siemens an Marcus, 23. Mai 1890, HADB, A404.

54 Vgl. Villard an Deutsche Bank, 6. Juni 1890, HADB, A404.

55 Vgl. Villard an Deutsche Bank, 7. März 1890, HADB, A404.

56 Vgl. Villard an Deutsche Bank, 8. April 1890, HADB, A404.

57 Vgl. Villard an die Mitglieder des Konsortiums, 18. März 1890, HADB, A404.

58 Vgl. Villard an Deutsche Bank, 8. April 1890, HADB, A404. Schließlich stellte sie den Betrag am 17. April bereit und erhielt 8965 Aktien der Edison General Electric Company, die allerdings eigentümlicherweise auf den Namen E. D. Bray ausgestellt waren. Vgl. Villard an Deutsche Bank, 8. April 1890, HADB, A404. Verständlicher-

weise wünschten einige Deutsche, sich selbst einen Eindruck erster Hand von dem zu verschaffen, was in den USA mit ihrem Geld vor sich ging. Rathenau kam im März 1890 in die USA, um in die Bücher des Werks in Schenectady und der sonstigen Unternehmen Einblick zu nehmen. Vgl. Villard an Deutsche Bank, 1. April 1890, HADB, A404. Villard zufolge schien Rathenau von dem Werk angetan. Er besuchte Boston und bereiste zusammen mit Villard den Westen. Vgl. Villard an Deutsche Bank, 8. April 1890, HADB, A404.

59 Vgl. Villard an Deutsche Bank, 16. Mai 1890, HADB, A404.

60 Vgl. Marcus an Siemens, 27. Mai 1890, HADB, A404.

61 Vgl. Drexel, Morgan & Co. an Villard, 28. Juni 1890 und Villard an Drexel, Morgan & Co., 28. Juni 1890, Morgan Library, Syndicate Book II, ARC 106. Die 0,6 Millionen Dollar von Drexel, Morgan & Co. und Villards 2,3 Millionen Dollar (der die Deutsche Bank und andere deutsche Institutionen vertrat) machten die Masse der 3,6 Millionen Dollar insgesamt aus.

62 Vgl. Marcus an Deutsche Bank, 30. Juli 1890, HADB, A404.

63 Vgl. Marcus an Deutsche Bank, 12. August 1890, HADB, A404.

64 Marcus an Deutsche Bank, 19. August 1890, HADB, A404.

65 Marcus an Deutsche Bank, 2. September 1890, HADB, A404.

66 Vgl. Marcus an Deutsche Bank, 19. September 1890, HADB, A404.

67 Vgl. Marcus an Deutsche Bank, 3. Oktober 1890, HADB, A405.

68 Vgl. Marcus an Deutsche Bank, 10. Oktober 1890, HADB, A405.

69 Vgl. Marcus an Deutsche Bank, 15. Dezember 1890, HADB, A405.

70 Vgl. Marcus an Deutsche Bank, 16. Dezember 1890, HADB, A405. Eine Kopie ging an Stern und Rathenau.

71 Vgl. Villard an Deutsche Bank, 16. Januar 1891, HADB, A405.

72 Vgl. Marcus an Deutsche Bank, 3. Februar 1891, HADB, A405. Die Deutsche Bank und Stern kamen überein, gemeinschaftlich 1000 Aktien zu dem Paket beizutragen, das der Familie Vanderbilt angeboten wurde.

73 Vgl. Fear u. Kobrak, The Origins of German Corporate Governance.

74 «Die Nichtausführung beraubt uns dieser Möglichkeit und verweist uns auf den New Yorker Markt.» Siemens an Villard, 22. Mai 1891, HADB, A405.

75 Vgl. ebd.

76 Vgl. Marcus an Deutsche Bank, 14. Juli 1891, HADB, A405.

77 Vgl. Marcus an Deutsche Bank, 27. Oktober 1891, HADB, A405.

78 Vgl. Marcus an Rathenau, 27. Oktober 1891, HADB, A405.

79 Vgl. J. H. Henrich an Morgan, 9. September 1891, Morgan Library, Syndicate II, ARC 72.

80 Ankündigung, 28. November 1891. Morgan Library, Syndicate II, ARC 72.

81 Villard hatte sich bereits Jahre zuvor dahin gehend geäußert, dass es im Interesse beider Unternehmen sei, eine «kostspielige» Konkurrenz zu vermeiden.

82 Villard an Marcus, 3. März 1890 und andere Telegramme, HADB, A404.

83 Vgl. W. Bernard Carlson, Innovation as a Social Process: Elihu Thomson and the Rise of General Electric, 1870–1900, Cambridge 1991, S. 203–219.

84 Villard an Marcus, 3. März 1890, HADB, A404. Einige Autoren schreiben den Verdienst, die Idee des Zusammenschlusses gehabt zu haben, Morgan und Thomson zu. Es lässt sich nur schwer ausmachen, wer daran zuerst dachte, aber viele Quellen deuten darauf hin, dass Villard den Zusammenschluss noch früher förderte.

85 Vgl. Marcus an Deutsche Bank, 5. Februar 1892, HADB, A406.
86 Vgl. Edison an Deutsche Bank, 19. August 1889, HADB, A401. Als Edison 1889 Europa bereiste, richtete die Bank ein Einführungsschreiben an die Firma Fried. Krupp. Edison war für den Brief überaus dankbar.
87 Vgl. Carosso, S. 391.
88 Vgl. Marcus an Deutsche Bank, 9. Februar 1892, HADB, A406.
89 Vgl. The Kiernan News Co., 5. Februar 1892, HADB, A406.
90 Undatierte und nicht unterschriebene Aufzeichnung über den Finanzstatus von Thomson-Houston, HADB, A401.
91 Vgl. Carlson, S. 299.
92 Bei annähernd gleichen Umsätzen erzielte Thomson-Houston Gewinne von 2,7 Millionen Dollar, während EGE mit 1,4 Millionen Dollar abschnitt, was einer Verzinsung des eingesetzten Kapitals von 26 Prozent bzw. 11 Prozent entsprach. Vgl. Carlson, S. 294–296.
93 Vgl. Marcus an Deutsche Bank, 12. Februar 1892, HADB, A406.
94 Vgl. Marcus an Deutsche Bank, 16. Februar 1892, HADB, A406.
95 Vgl. Wilkins, Foreign Investment in the United States to 1914, S. 434–436. Es ist kaum anzunehmen, dass die beträchtlichen Aktienpakete zu diesem Zeitpunkt verkauft wurden, allerdings könnten sie von der North America Company gekauft worden sein. Die Fusion wurde erst 1892 vollzogen, und – dem Vernehmen nach – war der Markt damals ziemlich illiquide.
96 Vgl. Wilkins, Foreign Investment in the United States to 1914, S. 436f.
97 Vgl. Strunk, S. 28. Strunk behauptet, Rathenau habe das Geschäft für die Amerikaner als zu gut empfunden. Rathenau wollte aber gute Beziehungen mit dem neuen Unternehmen behalten, vielleicht sogar mit diesem bei der Aufteilung von Märkten zusammenarbeiten.

Kapitel 4
1 Gwinner an Adams 25. April 1898, HADB, A685.
2 Vgl. Braunfels (Bankhaus Stern) an Villard, April 1892, Baker Library, Harvard University, Nachlass Henry Villard, Box 99, Folder 741. Braunfels klagte, dass die US-Schuldverschreibungen in Europa unter der Annahme an der Börse notiert worden seien, dass ein Zahlungsverzug so gut wie unmöglich sei.
3 Vgl. Chandler, Railroads, S. 17.
4 Vgl. ebd., S. 13.
5 Vgl. Sanierung der Northern Pacific Company, Ankündigung des Sanierungsausschusses, 1896, S. 3–6, HADB, A1149.
6 Vgl. ebd., S. 7–16.
7 Vgl. Deutsche Bank an Marcus, 5. April 1892, HADB, A1142.
8 Vgl. Marcus an Deutsche Bank, 10. Mai 1893, HADB, A1142.
9 Vgl. Elmus Wicker, Banking Panics of the Gilded Age, Cambridge 2000, S. 64.
10 Vgl. Strouse, S. 318 f. Für Analysen der zugrunde liegenden Ursachen vgl. Milton Friedman, Episodes in Monetary Mischief, New York 1992, sowie Charles P. Kindleberger, Manien – Paniken – Crashs. Die Geschichte der Finanzkrisen dieser Zeit, Kulmbach 2002 (Manias, Panics and Crashes, New York 1978).
11 Vgl. Marcus an Deutsche Bank, 20. Juni 1893, HADB, A671.
12 Vgl. verschiedene Telegramme, HADB, A674.

13 Vgl. Marcus an Deutsche Bank, 25. Juni 1893, HADB, A1142.

14 Telegrammwechsel zwischen Marcus und Deutsche Bank, 27. Juli–16. August 1893, HADB, A1142. Mit Blick auf den niedrigen Preisstand bei Agrarprodukten erwog die Deutsche Bank sogar, Rohstoffe zu kaufen. Ausfälle bei verbundenen Unternehmen drückten auch auf die Northern Pacific.

15 Marcus gestand, er fürchte, die Manager des Unternehmens würden den Kopf verlieren, was den Verzweiflungsschritt nur noch unumgänglicher machen würde. Vgl. Marcus an Deutsche Bank, 19. Juli 1893, HADB, A1142.

16 Vgl. Marcus an Deutsche Bank, 25. Juli 1893, HADB, A674.

17 Vgl. Marcus an Deutsche Bank, 25. Juli 1893, HADB, A1142.

18 Vgl. Deutsche Bank an Marcus, 15. August 1893, HADB, A1142.

19 Vgl. ebd.

20 Vgl. Villard an Deutsche Bank, 3. August 1893, HADB, A718.

21 Vgl. Villard an Deutsche Bank, 5. August 1893, HADB, A718.

22 Vgl. Villard an Siemens, 15. August 1893, HADB, A1142.

23 Villard sagte es zwar nicht, aber für ihn wie für viele Amerikaner war die Insolvenzverwaltung ein Mittel, um die Schuldenlast zu verwalten, bis die Einkünfte sich wieder verbesserten.

24 Vgl. Helfferich, Georg von Siemens, Bd. 2, S. 250f. Viele frühe Warnsignale waren ignoriert worden. Bereits im Oktober 1892 hatten die Anteilseigner gefordert, dass eine Kommission die Betriebsabläufe der Gesellschaft untersuchen solle. Die Kommission äußerte sich höchst kritisch über das finanzielle Management der Firma, war aber hinsichtlich der künftigen Aussichten durchaus optimistisch.

25 Vgl. Villard de Borchgrave u. Cullen, Villard, S. 375.

26 Vgl. Helfferich, Georg von Siemens, Bd. 2, S. 253–254. Helfferichs Darstellung enthält zahlreiche nützliche Informationen. Zugleich ist er freilich sehr darauf bedacht hervorzuheben, dass die Nachricht von dem Konkurs für Siemens und andere Manager bei der Deutschen Bank völlig überraschend kam. Womöglich war die Nachricht nach Geschäftsschluss an dem betreffenden Tag wirklich eine Überraschung; die gravierende finanzielle Schieflage und das Risiko hätten freilich bekannt sein sollen.

27 Vgl. Helfferich, Georg von Siemens, Bd. 2, S. 252–253.

28 Vgl. Peter Tufano, Business Failure, Judicial Intervention, and Financial Innovation: Restructuring U.S. Railroads in the Nineteenth Century, in: Business History Review 71 (1997), S. 1–40.

29 Vgl. Helfferich, Georg von Siemens, Bd. 2, S. 250–256.

30 Vgl. ebd.

31 Vgl. Merkpunkte zur Besprechung mit Herrn Braunfels, August 10, 1893, HADB, A1147, und Aufzeichnungen im Fall Circuit Court of the United States for the Seventh Judicial Circuit and Eastern District of Wisconin, The Farmer's Loan and Trust Company complainants against the Northern Pacific Railroad, August 15, 1893 [Kreisgericht der Vereinigten Staaten für den 7. Kreisgerichtsbezirk und östlichen Bezirk von Wisconsin, Die Farmer's Loan and Trust Company – Kläger – gegen die Northern Pacific, 15. August 1893], HADB, A1147. Gemäß einer Eingabe der Zwangsverwalter – Thomas Oakes, Henry Payne, und Henry Rouse – an das Bezirksgericht war zum Beispiel die St. Paul-Eisenbahnlinie für die Northern Pacific wesentlich und sollte in deren Besitz verbleiben, selbst wenn es zu diesem

Zweck erforderlich war, das Aktienkapital der St. Paul-Linie aufzukaufen, um sich so der Pachtzahlungen an diese zu entledigen.

32 Vgl. Telegramm von Marcus an Deutsche Bank, 16. August 1893, HADB, A1147. Die Rockefeller-Familie erwarb eine beträchtliche Beteiligung an der Northern Pacific und andere Wertpapiere. Der unglaubliche Erfolg von John D. Rockefellers Erdölraffinerie-Geschäft brachte der Familie so reichlichen Geldzufluss, dass er und sein Bruder William Mühe hatten, auf dem Markt genügend Wertpapiere für die Anlage zu finden. Vgl. Chernow, The Death of the Banker, S. 34–51.

33 Vermerk für Roland-Lücke mit Hintergrundinformation und Instruktionen, ohne Datum, vermutlich wurde das Schreiben jedoch kurz vor seiner Abreise nach New York aufgesetzt, HADB, A1147.

34 Vgl. ebd.

35 Vgl. Aktennotiz Siemens, 22. August 1894, HADB, A712.

36 Vgl. Handschriftlicher Entwurf anscheinend eines Telegramms an die Zwangsverwalter, undatiert, HADB, A1147, siehe auch Marcus an Deutsche Bank, 24. August 1893, HADB, A1147.

37 Vgl. Marcus an Deutsche Bank, 24. August 1893, HADB, A1147, sowie Marcus an Deutsche Bank, 25. August 1893, HADB, A1147.

38 Vgl. Marcus an Deutsche Bank, 18. August 1893, HADB, A1147.

39 Vgl. Hammacher an Siemens, 20. Januar 1895, HADB, A713.

40 Vgl. Helfferich, Georg von Siemens, Bd. 3, S. 341–345.

41 Vgl. Bradstreet's, 4. November 1893, HADB, A1144.

42 Vgl. Helfferich, Georg von Siemens, Bd. 2, S. 258–259. Zunächst dachte Siemens, er könne auf Villard für die Anhörung zurückgreifen, besann sich dann jedoch eines Besseren. Er war so verärgert, «dass er sich nicht entschließen konnte, auch nur eine Nacht unter seinem Dach zu schlafen». (Helfferich, Georg von Siemens, Bd. 3, S. 343). Seine Worte beim Abschied von Villard verdeutlichen, wie verbittert Siemens gegenüber seinem einstigen Vertrauten war: «Was mir am meisten für Sie leid tut, ist, dass Sie bei dem Zusammenbruch der Northern Pacific ein reicher Mann geblieben sind.» (Helfferich, Georg von Siemens, Bd. 2, S. 260). Villard kam – wie Siemens andeutete – fast völlig ungeschoren davon, obgleich einige Anleger über ihn noch mehr empört waren als Siemens.

43 Vgl. Wallich an Siemens, 3. Oktober 1893, HADB, A713.

44 Vgl. Marcus an Deutsche Bank, 29. August 1893, HADB, A1147 sowie Marcus an Deutsche Bank, 5. u. 10. September 1893, HADB, A1147, zur Erörterung der Strategie.

45 Roland-Lücke an Deutsche Bank, 15. September 1893, HADB, A1147. In einem Brief drängte Marcus die Zwangsverwalter, Druck auf die säumigen Unterzeichner auszuüben. In den frühen Phasen schien die Eintreibung dieser nicht-einbezahlten Zeichnungen von allergrößter Wichtigkeit für die Fähigkeit der Northern Pacific, ihren laufenden Verpflichtungen nachzukommen.

46 Vgl. Siemens an Braunfels, 8. Februar 1894, HADB, A713.

47 Vgl. mehrere Briefe von Marcus an Deutsche Bank, Ende September und Anfang Oktober 1893, HADB, A1147. Belmont und Villard hassten sich, die Deutsche Bank wiederum wollte verhindern, dass Belmont irgendeine Vertretung von deutschen Interessen an sich brachte.

48 Vgl. Marcus an Deutsche Bank, 20. Oktober 1893, HADB, A1147.

49 Vgl. Adams an Deutsche Bank, 20. Oktober 1893, HADB, A683. Die Deutsche Bank erfasste anscheinend bereits die Mechanik des Agency-Problems, das beiderseitige Interesse von Investoren und Agenten sicherzustellen. Da sie dies in Villards Fall versäumt hatte, würde die Bank in Zukunft härter daran arbeiten, finanzielle Interessenkonflikte mit Adams zu vermeiden. Dies wurde zu einem andauernden Streitpunkt selbst für die Angestellten der Bank. Grundlegend zur Agency-Theorie siehe Michael Jensen, A Theory of the Firm: Governance, Residual Claims, and Organizational Forms, Cambridge, MA 2000.

50 Vgl. Who's Who in America, 1930–31; J. G. Bartlett, Edward Dean Adams, Privatdruck 1926.

51 Adams und die deutschen Manager tauschten sich auf Englisch aus. Dennoch behandelte ihre Korrespondenz viele persönliche Angelegenheiten und allgemeine politische Fragen – und zwar in weit größerem Ausmaß als in der Korrespondenz mit Villard.

52 Deutsche Bank an Siemens, 26. Oktober 1893, HADB, A713.

53 Zusammenstellung der Anteilseigner mit mehr als 1000 Aktien nach dem Stand vom 15. September 1893, HADB, A1147. Interessanterweise finden sich weder Villard noch die Deutsche Bank auf der Liste. Einige der Aufgeführten vertraten vielleicht andere. Vgl. Mitteilung an die Aktionäre, 15. September 1893, HADB, A1147.

54 Vgl. «Northern Pacific Railroad Company». Roland-Lücke, Januar 1894, HADB, A1147. Im November schrieb Villard einen langen Brief an die *Evening Post*, in dem er sein Handeln rechtfertigte. Das Schreiben entbehrte nicht eines gewissen Pathos. Villard beklagte den Verlust an Achtung – die jedermann gebühre – und strich heraus, dass er selbst durch den Konkurs der Northern Pacific gelitten habe. Gemäß den Statuten der Gesellschaft habe er keine Entscheidungsgewalt gehabt, seine Mitdirektoren könnten jedoch bezeugen, dass er stets zur Mäßigung geraten habe. Ferner habe er nie persönlich eine Baumaßnahme initiiert, irgendwelche Käufe getätigt oder Finanzmittel verausgabt. Er sei lediglich eines unter 13 Mitgliedern des Direktoriums. Er akzeptiere die ihm gezogenen Grenzen, für die anderen Mitglieder zu sprechen, und nehme die Verantwortung für seinen Anteil an schlechten Entscheidungen auf sich, die das Direktorium getroffen habe. Zu diesen Entscheidungen gehörten jedoch auch in großer Zahl solche, die zum enormen Wachstum der Eisenbahnlinie beigetragen hätten und das trotz der überaus starken Konkurrenz, der sie sich gegenübergesehen habe. Denjenigen widersprechend, die wie Siemens glaubten, er habe es durch seine Aktivitäten zu einem Vermögen gebracht, behauptete er, Millionen verloren zu haben – mehr als irgendein anderer einzelner Investor. Allerdings blieb er vage, was er hierfür als Maßstab ansetzte. Er wies die Beschuldigungen von sich, die Aktien der Gesellschaft ohne Deckung verkauft oder die Northern Pacific zu für sie ungünstigen Käufen von solchen Gesellschaften veranlasst zu haben, die unter seiner Kontrolle standen. Nur in einem Punkt bekannte er sich schuldig: seinem unerschütterlichen Glauben an die Zukunft der Northern Pacific. Vgl. Brief an die Evening Post, 4. November 1893, HADB, A1144.

55 Vgl. Albro Martin, James J. Hill and the Opening of the Northwest, New York 1976, S. 7–57.

56 Vgl. Michael Bliss, Northern Enterprises: Five Centuries of Canadian Business, Toronto 1987, S. 213–378. Dank klugen Taktierens von Stephen, einem Bankier,

konnte die Gruppe Eisenbahnliegenschaften in ihren Besitz bringen, welche von St. Paul aus die Verbindung zur kanadischen Grenze nach Manitoba sicherten.

57 Vgl. Bliss, S. 298.

58 Vgl. Martin, S. 436.

59 Vgl. Martin, S. 441.

60 Vgl. Martin, S. 440. Als die Bahn von den Anlegern eine Zahlung von 15 Dollar je Aktie verlangte, ließen einige besonders gewitzte Investoren ihre Aktien verfallen.

61 Vgl. Martin, S. 135. 1897 brachte er Politiker in Minnesota erfolgreich dazu, ihm einige der Vermögenswerte der Northern Pacific zu übertragen.

62 Hill beteiligte sich sogar an verschiedenen jüdischen Wohltätigkeitseinrichtungen Schiffs. Vgl. Martin, S. 438. Das Bankhaus Kuhn, Loeb & Co. hatte sehr enge Beziehungen mit den Warburgs. Hill und Schiff scheinen sich persönlich aufrichtig zugetan gewesen zu sein.

63 Vgl. Martin, S. 132. Hills Biograph beschreibt Stephen wie folgt: «hochgewachsen, schlank, imponierende Haltung, elegant gekleidet, [...] ein kluger Richter, wenn sich Gelegenheiten boten, Geld zu verdienen, und ein fähiger Verhandlungsführer, dessen an Arroganz grenzende Selbstsicherheit ein Aktivposten war, der seine Wirkung nicht verfehlte.»

64 Vgl. Martin, S. 436.

65 Vgl. Heather Gilbert, Awakening Continent: The Life of Lord Mount Stephen, Bd. 1: 1829–1891, Aberdeen 1977, S. 74.

66 Vgl. Martin, S. 440f.

67 Vgl. Gilbert, S. 73.

68 Vgl. Martin, S. 441. Als Beleg für Adams' überzogene Kultiviertheit erwähnt Martin Hills Empörung darüber, dass Adams es vorgezogen habe, in die Oper zu gehen, anstatt sich mit ihm zu treffen. Nach Hills derbem Äußeren und seiner ländlich einfachen Erziehung zu urteilen, erscheinen die Geschichte und die Empörung durchaus glaubwürdig.

69 Zit. nach Gilbert, Bd. 1, S. 75.

70 Vgl. ebd., S. 76.

71 Vgl. ebd., S. 77.

72 Vgl. ebd., S. 78.

73 Vgl. «Northern Pacific – Great Northern», Wall Street Journal, 30. April 1895, S. 1.

74 Vgl. «Northern Pacific», Wall Street Journal, 10. Mai 1895. Andere Investoren waren zu der Zeit damit beschäftigt, die Zwangsverwalter zur Zusammenarbeit bei ihrer Klage gegen Villard und andere zu bewegen, um 3,5 Millionen Dollar wiederzuerlangen.

75 Vgl. 10. Mai 1895, Brief an Edward D. Adams mit einer Bestätigung der Erörterungen, HADB, A1149. Siehe auch Gilbert, Bd. 2, S. 82–83 sowie ferner Ausarbeitung der Vereinbarung, unterschrieben von Gwinner, 5. Juni 1895 HADB, A1149.

76 Vgl. ebd. Das Konsortium würde in der Lage sein, Zahlungen hinauszuzögern und der Gesellschaft kurzfristige Finanzierung zukommen zu lassen. Durch Konsolidierung der Schuld würde das Konsortium die Konflikte zwischen den verschiedenen Kategorien von Schuldverschreibungsinhabern reduzieren. Nur mit größter Mühe gelang es der Deutschen Bank, eine Mehrheit der Gläubiger zum Beitritt zu dem Konsortium zu gewinnen. Die Inhaber nachrangiger Hypotheken-Schuldverschrei-

bungen (*second mortgage*) bildeten allerdings einen eigenen Ausschuss, der mit Hilfe des Bankhauses Belmont eine relativ starke Position gewann.

77 Vgl. Gilbert, Bd. 2, S. 83 f.

78 Vgl. Ives an Leon Brothers, London, 2. Juli 1895, HADB, A220.

79 Vgl. Bank für Handel und Industrie an Gwinner, 18. Januar 1894, HADB, A738.

80 Vgl. Martin, S. 449 f. Hill vermutete, Adams habe Anteil an der negativen Publizität, um auf diese Weise Hills Übernahme der Gesellschaft zu vereiteln und seinen lukrativen Posten als Vorsitzender des Sanierungsausschusses so lange wie möglich zu behalten. Einige Anwälte vertraten die Auffassung, dass die Great Northern von den Auflagen ausgenommen sei, da deren Statuten der einschlägigen Gesetzgebung zeitlich vorausgegangen waren.

81 Kopie der Entschließung, undatiert, HADB, A1149.

82 Vgl. Martin, S. 449 f. Das Sherman-Anti-Trust-Gesetz von 1890 untersagte geschäftliche Zusammenschlüsse zum Zweck der Beschränkung des Handels. Es war bislang allerdings nicht auf Eisenbahnen angewandt worden, die nicht eindeutig «parallel oder Konkurrenten» waren. Hill war der Auffassung, dass dieser Zusammenschluss für die Kunden vorteilhaft und die einzige Alternative zu einem darwinistischen Kampf um das «Überleben des Stärksten» sei (Gilbert, Bd. 2, S. 83). Anders als die Bankiers hatte Hill kaum etwas dagegen, sich mit der öffentlichen Meinung, den Gerichten und selbst dem Gesetzgeber anzulegen, um seinen Willen durchzusetzen.

83 Vgl. Gilbert, Bd. 2, S. 83–94.

84 Vgl. ebd., S. 94–95.

85 Vgl. Adams an Gwinner, 23. Februar 1896, HADB, A24.

86 Vgl. Adams an Deutsche Bank, 29. Februar 1896, HADB, A24.

87 Vgl. Deutsche Bank an Adams, 7. März 1896, HADB, A24. Nach den Bestimmungen der neuen Vereinbarung würde Adams ein Drittel desjenigen Betrags kassieren, den alle Ausschüsse als Entschädigung für ihre Beteiligung an dem Plan erhalten sollten.

88 Vgl. Adams an Gwinner, 8. März 1896, HADB, A24. Adams berichtete von Käufen Rockefellers unter Anfügung der Wertpapierkurse und Margen.

89 Vgl. Deutsche Bank an Adams, 20. März 1896, HADB, A1268.

90 Vgl. Adams an Gwinner, 21. März 1896, HADB, A1268.

91 Vgl. Ausarbeitung der Vereinbarung, 16. März 1896, HADB, A1149.

92 Vgl. Statistiken des Northern-Pacific-Systems, 9. März 1896, HADB, A1149. Die meisten brachten 6 Prozent Zinsen. Angesichts der großen Abschläge, mit denen die Schuldverschreibungen gehandelt wurden, war der effektive Ertrag freilich wesentlich höher.

93 Vgl. Sanierung der Northern Pacific Company, Sanierungsplan, S. 7–16, HADB, A1149.

94 Vgl. ebd., S. 3–6. Die neue Finanzierung und Struktur bot denjenigen, die zeichneten, viele Vorteile. Der Rückzug der alten durch Hypotheken gesicherten Anleihen würde die Rechte der Inhaber auf die Erträge aus Landverkäufen bis zu einem Betrag von 500 000 Dollar im Jahr nicht beeinträchtigen. Die Einkünfte aus solchen Verkäufen konnten nicht verwandt werden für den Rückkauf von Erstpfandrechtsanleihen. Mit dem Ziel vor Augen, die Unversehrtheit der Firma zu erhalten, glaubten die Sanierer, dass vermehrte Planung Sicherheit und Erträge für alle beteiligten Parteien herstellen könne.

95 Vgl. ebd., S. 7–16. Inhaber von Vorzugsaktien, die 100 Dollar Nennwert an Vorzugsaktien deponierten und zusätzlich 10 Dollar an Bargeld zahlten, würden 50 Dollar an neuen Vorzugsaktien und an neuen Stammaktien erhalten. Sie tauschten also de facto die Hälfte ihrer Position in Vorzugsaktien für Stammaktien ein und brachten zusätzlich der Firma 10 Dollar an neuem Kapital je 100 Dollar Nennwert an Vorzugsaktien ein (3,6 Millionen Dollar). Die Inhaber von Stammaktien würden, unter Zugrundelegung ihres Anteilsbesitzes, die gleiche Menge neuer Stammaktien für einen Aufpreis von 15 Dollar Barzahlung erhalten (7,5 Millionen Dollar). Das gesamte Gesellschaftskapital würde dann auf 150 Millionen Dollar zum Nennwert erhöht werden (gegenüber zuvor 75 Millionen Dollar, die freilich vor dem Zusammenbruch noch nicht völlig eingezahlt waren) in der Zusammensetzung: 72,5 Millionen Dollar Vorzugsaktien (4 Prozent nicht-kumulativ) und 77,5 Millionen Dollar Stammaktien.

96 Vgl. ebd., S. 7–16.

97 Vgl. Ausarbeitung der Vereinbarung, 6. November 1896, HADB, A1149.

98 Vgl. Brief an Gwinner, 28. Oktober 1896, HADB, A1149. Der Zuständige für allgemeinen Verkehr bei der Eisenbahn nahm Rücksprache mit Arthur Gwinner wegen Werbungsmaterialien der Firma. Der Plan führte eine Organisationsstruktur ein, welche der Bank reichlich Macht, aber auch Verantwortung zuspielen sollte. Adams' erste Aufgabe bestand anscheinend darin, Hills Zustimmung zu Reduzierungen des Betriebs (der Verkehrsfolge), zur Angleichung des Tempos der Züge – offenbar waren die Züge der Great Northern zwischen verschiedenen Haltepunkten schneller – und zur gleichmäßigeren Verteilung der Postaufträge zu gewinnen. Diese Aufgaben wurden durch die Entfernung zwischen New York und den Besitzungen der Northern Pacific (in etwa die Strecke Berlin – Moskau) nicht einfacher. Vgl. Adams an Deutsche Bank, 17. April, 1896, HADB, A1268.

99 Vgl. Mankiewitz an Gwinner, 13. November, 1896, HADB, A1149. Die Londoner Filiale verkaufte 200 000 Dollar 4-prozentige Schuldverschreibungen zu 84⅜ und 3-prozentige Schuldverschreibungen zu 52¾ in der Hoffnung, so zum Jahresende einen Teil ihres Bestands loszuwerden. Um den Markt ausgeglichen zu halten, kaufte sie Kapitalanteile. Der Leiter der Londoner Filiale der Deutschen Bank berichtete, dass das Interesse an den 4-prozentigen Schuldverschreibungen begrenzt sei und das anfängliche spekulative Interesse an Vorzugsaktien nachlasse, besonders im Vergleich zu der begeisterten Aufnahme auf dem Berliner Markt. Die Transaktionen in London waren oftmals nur Arbitragegeschäfte und darauf angelegt, die Preisunterschiede zwischen Paris und London auszunutzen. Der Kurs für Stamm- und Vorzugsaktien schwankte um 17¾ bzw. 30 (als Prozentsatz ihres jeweiligen Nominalwertes). Im Handel mit ihnen wurden gerade einmal 1,75 Prozent als Gewinnspanne zwischen Ankauf und Verkauf verdient – nicht gerade eine verlockende Marge.

100 Vgl. Sanierung der Northern Pacific Company, Sanierungsplan, S. 7–16, HADB, A1149.

101 Vgl. Ron Chernow, The House of Morgan, New York 1990, S. 68.

102 Vgl. Abstimmungsgemeinschaft (*Voting Trust*) der Northern Pacific Railway-Aktien, 16. März 1896, HADB, A1145.

103 Vermerk über eine Konferenz, abgehalten in London am 2. April 1896. Anwesend

und Unterzeichner waren J. P. Morgan, Lord Mount Stephen, James J. Hill sowie Arthur Gwinner, vgl. Gwinner an Coster, 28. Oktober, HADB, A1149.

104 Ebd.

105 Vgl. ebd.

106 Vgl. Adams an Deutsche Bank, 27. August 1896, HADB, A44.

107 Vgl. Mankiewitz an Gwinner, 10. November 1896, HADB, A1143.

108 Vgl. Gwinner an Adams, 30. November 1896, und Gwinner an Mount Stephen, 15. Januar 1897, HADB, A1149.

109 Vgl. Gwinner an Mount Stephen, 15. Januar 1897, HADB, A1149.

110 Vgl. zwei Briefe Adams' an Deutsche Bank, 29. Januar 1897 und Anlage, HADB, A1149.

111 Vgl. Mount Stephen an Arthur Gwinner, 16. Februar 1897, HADB, A1149.

112 Vgl. «Railway Matters and Railway Men», in: The Railway Age, 7. Mai 1897.

113 Vgl. Maury Klein, The Life and Legend of E. H. Harriman, Chapel Hill 2000, S. 151.

114 Vgl. verschiedene Briefe, April 1897, HADB, A741. Einer davon, eine handschriftliche Notiz von Adams für die Deutsche Bank mit Hinweisen, dass er Belege für Insidergeschäfte von Winter gefunden habe, mag dafür die Erklärung liefern.

115 Vgl. Adams an Deutsche Bank, 1. Mai 1897, HADB, A741.

116 Vgl. Adams an Gwinner, 26. April 1897, HADB, A741. Dieser Vorwurf, seine Unterstützung von Winters Rücktritt und schließlich sein Eintreten für Lamont als Präsidenten, verbunden mit Ives' Ränkeschmieden, spielten eine große Rolle bei Adams' Schwierigkeiten mit Morgan. Vgl. Adams an Deutsche Bank, 4. Mai 1897, HADB, A741.

117 Vgl. Adams an Gwinner, 19. August 1897, HADB, A741.

118 Vgl. Resümee, HADB, A741.

119 Vgl. Mellen an Adams, 30. August 1897, HADB, A741.

120 Vgl. Gwinner an Morgan, 21. Juni 1897, HADB, A1143.

121 Vgl. Gwinner an Mount Stephen, 1. Mai 1897, HADB, A433.

122 Vgl. Hill an Mount Stephen, 15. Juni 1897, HADB, A433.

123 Vgl. Mount Stephen an Hill, 16. Juni 1897, HADB, A433.

124 Hill an Mount Stephen, 5. Juli 1897, HADB, A433.

125 Auszug aus einem Brief von Hill, 2. Juli 1897, HADB, A433.

126 Vielleicht war Morgan der Auffassung, dass Adams' neue Verbindung mit der Deutschen Bank unzulängliche Dankbarkeit gegenüber den von Morgan ihm in der Vergangenheit zuteil gewordenen Begünstigungen erkennen lasse. Es gab einige besorgte Stimmen, Adams könne bei Interessenkonflikten wankelmütig werden. Im Januar hatte Mellen Adams aufgefordert, die Bildung einer (staatlich geförderten) Landzuweisungsgesellschaft (*land grant company*) für den Kauf von allen der Northern Pacific staatlich zugewiesenen Ländereien ins Auge zu fassen. Adams antwortete, dass er persönlich bereit sei, das Land für 25 Cents je Acre zu kaufen, wobei die Kaufsumme teilweise in Schuldverschreibungen und teilweise in Bargeld erfolgen sollte und sich insgesamt auf rund 12 Millionen Dollar belief. Mellen sprach sich für eine Abstoßung des Landbesitzes in der Hoffnung aus, so die Steuerlast der Gesellschaften für die Landzuweisungen zu senken, die verschiedenen Einkünfte zu steigern und die Managementprobleme zu beseitigen (Ausgaben, Reibereien, lokale Vorbehalte). Die Auslagerung der Verkaufstätigkeit hätte den Verkäufen mehr Dringlichkeit gegeben. Mellen war anscheinend darauf

aus, ein Problem loszuwerden, und die Transaktion hätte viele potentielle Vorteile gebracht, aber der Verkauf hätte viele Streitfragen mit Wertpapiereignern und Kapitalinvestoren aufgeworfen. Vgl. Adams an Deutsche Bank, 13. Januar 1898, HADB, A865. Trotz des unbestreitbaren Interessenkonflikts behauptete Adams, dass er die Anleiheinhaber befriedigen könne, da sich die Mittel dafür verwenden ließen, Schulden aus dem Verkehr zu ziehen. Darüber hinaus würde die Transaktion das Interesse am Markt für alle Wertpapiere der Northern Pacific anregen. Vgl. Adams an Deutsche Bank, 18. Januar 1898, HADB, A865.

Die erste Reaktion der Deutschen Bank auf Adams' Angebot kam rasch und fiel negativ aus. Irgendwie muss die Annahme entstanden sei, dass die Deutsche Bank Adams finanzieren würde. Die Deutsche Bank fand offenbar Adams' Angebot unangemessen niedrig. Anscheinend glaubte die Bank, er würde für sich Vorteil aus der Lage schlagen, trotzdem hielt sie die Möglichkeit offen, dass sie bei veränderten Bedingungen über das Angebot erneut nachdenken wolle. Die Bank war freilich auch pessimistisch, was die Annahme des Plans durch die anderen Beteiligten betraf. Vgl. verschiedene Korrespondenz, HADB, A865. Die ganze Angelegenheit wuchs sich zu einem Wendepunkt in der Dynamik der Gruppe aus. Seit dieser Zeit waren Morgan und Hill, die sich sonst auf wenig zu verständigen vermochten, über Adams verärgert. Seine Führungsrolle als Repräsentant der Interessen der Deutschen Bank wurde dadurch erheblich geschwächt.

127 Vgl. Adams an Gwinner, 13. April 1897 sowie Gwinner an Adams nach dem Treffen in London, 19. Mai 1897, HADB, A44.

128 Hill an Mount Stephen, 5. Juli 1897, HADB, A434.

129 Vgl. Hill an Mount Stephen, 2. August 1897, HADB, A433.

130 Vgl. Mount Stephen an Gwinner, 13. August 1897, HADB, A433.

131 Vgl. Gwinner an Mount Stephen, 14. Mai 1897, HADB, A434.

132 Vgl. Adams an Deutsche Bank, 3. Oktober 1897, HADB, A434.

133 Vgl. Gwinner an Morgan, 21. Juni 1897, HADB, A1143. Gwinner behauptete, dass die von ihm repräsentierte deutsche Gruppe noch einen großen Brocken der Aktien der Gesellschaft besaß. Ohne Verständnis für die amerikanischen rechtlichen Auflagen und fern von dem öffentlichen Druck in Amerika waren diese Anteilseigner, die sich «in der Erwartung, dass baldmöglichst» die Londoner Vereinbarung umgesetzt würde, zum Kauf entschlossen hatten, besonders ungehalten. Weiterhin bildeten auch Personalangelegenheiten einen Teil der Reibungen.

134 Vgl. Protokoll über die am 5. August 1897 abgehaltene Sitzung der Geschäftsführung der beiden Eisenbahngesellschaften, HADB, A1143. Zu den Streitpunkten, welche die Beziehungen zwischen den Beteiligten erschwerten, gehörte die Verfügung über den Landbesitz, der der Northern Pacific staatlicherseits zugewiesen worden war. Der damit im Zusammenhang stehende Interessenkonflikt vergiftete Adams' Beziehung zu Hill und zu Morgan und stellte sogar seine engen Beziehungen zur Deutschen Bank in Frage. Ein Teil dieses Besitzes wurde von Siedlern (Squattern, d. h. Ansiedlern ohne Rechtstitel) streitig gemacht, die das ungenutzte Land in Besitz genommen hatten. Im Juni 1889 entschied die US-Regierung, dass die Siedler das Land behalten könnten und die Northern Pacific dafür mit Zuweisungen von Land in denjenigen Staaten entschädigt werden sollte, in die sie im weiteren Ausbau vorstieß. Vgl. New York Herald, 10. Juni 1898. Das Management

aller drei Gesellschaften traf – in Verletzung des Sherman-Gesetzes – zu einer Besprechung zusammen in der erklärten Absicht, die Zusammenarbeiten zwischen
der Oregon Railway & Navigation Company und den anderen Eisenbahnlinien zu
verbessern. In Anwesenheit von Adams als Vorsitzenden des Direktoriums und
Winter als Generaldirektor suchten die Versammelten, zu bindenden Regelungen
zu gelangen, wie sie zusammenarbeiten könnten, um gegenseitig «aggressive
Handlungen» zu unterbinden, die ihren Einkünften nachteilig sein könnten. Sie
kamen in insgesamt sechs Punkten überein. Die Beschlüsse sahen vor: 1) wechselseitig nicht in das Territorium des anderen vorzustoßen, 2) jeweils den Betrieb
in umstrittenen Gebieten aufzugeben, 3) zur Vermeidung unentgeltlicher Eisen-
bahnnutzung mit anderen Eisenbahnlinien zusammenzuarbeiten, 4) den Fracht-
verkehr auf kurzen und langen Strecken zu koordinieren, 5) einige Stammaktien
untereinander auszutauschen und 6) sich bei Tarifänderungen in denjenigen Gebieten zu beraten, in denen alle drei Gesellschaften aktiv waren.

135 Vgl. Hill an Morgan, 27. September 1898, HADB, A1143.

136 Vgl. Morgan an Hill, 8. Oktober 1898, HADB, A1143.

137 Vgl. ebd.

138 Adams an Gwinner, 4. November 1898, HADB, A45.

139 Vgl. ebd.

140 Vgl. Mount Stephen an Gwinner, 15. November 1898, HADB, A45.

141 Vgl. Adams an Siemens, 25. November 1898, HADB, A679.

142 Vgl. Adams an Deutsche Bank, 25. November 1898, HADB, A679.

143 Vgl. ebd. In seiner Erörterung der Sachlage spricht Hill mal von Schulden, mal
von Kapital. Coster ertappt ihn hierbei und weist darauf hin. Mount Stephen
sagte, dass Coster gegenüber Hill immer die besseren Argumente auf seiner Seite
hatte. Hill scheint das Eisenbahngeschäft im eigentlichen Sinne ingesamt mehr
gelegen zu haben als der Abschluss von Finanzgeschäften. Interessanterweise
bezeichnete Hill Schulden wie Stammkapital als Verbindlichkeiten.

144 Vgl. Gwinner an Adams, 24. Dezember 1898, HADB, A45.

145 Vgl. Adams an Gwinner, 14. Februar 1899, HADB, A45.

146 Arthur Hill an C. H. Coster, 28. Oktober 1898 HADB, A1149.

147 Vgl. Adams an Deutsche Bank, 14. Februar 1899, HADB, A679. 1898 transportierte die Northern Pacific im Staat Washington acht Mal mehr Fracht als die
Great Northern. Die Oregon Railway and Navigation Company belegte mit 20 Millionen Bushels den Spitzenplatz.

148 Vgl. Deutsche Bank an Adams, 27. März 1899, HADB, A680. Die Deutsche Bank
schrieb an Mount Stephen und bat ihn, bei Hill vorstellig zu werden.

149 Vgl. Mellen an Adams, undatiert, HADB, A679. Erfolgreich vermochte Mellen, das
verlorene Geschäft zurückzugewinnen und Hill zu zwingen, schließlich die Tarif-
senkung bei Postsendungen der ersten Klasse wieder rückgängig zu machen.

150 Vgl. Gwinner an Mount Stephen, 14. März 1899, HADB, A434. Gwinners Korrespondenz mit Lord Mount Stephen war im Allgemeinen sehr freundschaftlich im
Ton. Die beiden Familien verkehrten miteinander. Viele der zwischen beiden ausgetauschten Briefe handelten vom jeweiligen gesundheitlichen Befinden und von
politischen Konflikten in der Welt. Auch sind sie durchaus aufschlussreich hinsichtlich der Schwierigkeiten und Vorteile einer Vereinigung der Great Northern
mit der Northern Pacific. Einigen Berichten zufolge sollen Hill und Morgan gegen

die Deutsche Bank ein Bündnis gebildet haben. Dem scheint keineswegs so gewesen zu sein. Vielmehr scheinen sich die Deutsche Bank und die Gruppe um Hill wechselseitig näher gestanden zu haben als letztere zu Morgan. Gwinner und Stephen korrespondierten regelmäßig miteinander, besonders 1898. Manchmal schrieben sie sich drei bis vier Mal im Monat. In der Zeit des Voting Trust war Siemens zusehends weniger mit geschäftlichen Angelegenheiten in den USA befasst.

151 Mount Stephen an Gwinner, 7. Mai 1900, HADB, A434.

152 Vgl. ebd. sowie Mount Stephen an Gwinner, 4. Dezember 1900, HADB, A434.

Kapitel 5

 1 Fritz Mezger, Die amerikanischen Accountants und der deutsche Wirtschaftsprüfer, in: Der Wirtschaftsprüfer 1 (31. Mai 1932), H. 10, S. 191–193, hier S. 193.

 2 Vgl. Gwinner an Morgan, 3. September 1900, HADB, A1143.

 3 Vgl. Gwinner an Jacob Schiff (Kuhn, Loeb & Co.), 5. März 1901, HADB, A1143.

 4 Vgl. Chernow, The House of Morgan, S. 69–70.

 5 Vgl. Adams an Gwinner, 20. März 1900, HADB, A681. Adams' Geschäftsräume befanden sich in der Wall Street Nr. 35, das Bankhaus Morgan hatte seinen Sitz in Nummer 23.

 6 Vgl. Chernow, The House of Morgan, S. 94.

 7 Vgl. Villard de Borchgrave u. Cullen, Villard, S. 379–380. Schurz und Edison nahmen an der Beerdigung teil. Seine Witwe Fanny überlebte ihn um nahezu drei Jahrzehnte.

 8 Nach 1896 wurden einige kleinere, nachgebliebene Geschäfte zwischen der Bank und Villard abgewickelt. Der letzte Brief von/an Villard im Archiv der Deutschen Bank datiert vom 10. Januar 1900. Er ist von Gwinner und betrifft allgemeine wirtschaftliche und politische Angelegenheiten. Über viele Jahre hielt die Deutsche Bank noch zusammen mit Villard und der Northern Pacific eine Beteiligung an der Bergwerksgesellschaft in Red Lodge, Montana, welche die Northern Pacific und die Great Northern belieferte. Vgl. hierzu verschiedene Briefe in Baker Library, Nachlass Villard, Bd. 89, Stofford an Fox, Oktober 1897 bis Januar 1898. Nachdem Villard aus den Diensten der Deutschen Bank ausgeschieden war, wurde die Korrespondenz größtenteils von seinem persönlichen Sekretär gefuhrt.

 9 Vgl. Memoirs of H. Villard, S. 368–369. Hill und Adams waren beide an deren Verwaltung beteiligt, wobei allerdings Adams sich gegenüber der Betriebsführung der Bergwerksgesellschaft höchst kritisch zeigte.

10 Vgl. Villard de Borchgrave u. Cullen, Villard, S. 374–376.

11 Vgl. World Sunday, 9. September 1894, HADB, A1144.

12 Vgl. Villard de Borchgrave u. Cullen, Villard, S. 376–380. Am Ende mag sein großes Erbe in die Politik und den Journalismus gekommen sein. Vgl. Susie J. Lee, The Content of Character. The Role of Social Capital in the Expansion of Economic Capital, Diss. Cornell Universiät, 2004. Sein Sohn, Oswald Garrison Villard, übernahm Besitz und Herausgabe von *The Nation* und der *New York Evening Post*, wie er auch fortfuhr, über die deutsche Politik in den 1930er Jahren zu berichten.

13 Siemens an Deutsche Bank, 26. Oktober 1893, HADB, A713.

14 Ebd.

15 Vgl. Gebhard an Siemens, 12. Juli 1894, HADB, A713.

16 Adams an Gwinner, 3. April 1900, HADB, A681. Adams berichtete auch, das Management der Northern Pacific sei der Ansicht, Hill habe schon so viele Verpflichtungen gebrochen, dass alle zwischen ihm und der Bank bestehenden Abkommen für null und nichtig angesehen werden sollten.

17 Vgl. Gwinner an Adams, 27. April 1900, HADB, A681.

18 Vgl. Mellen an Adams, 20. April 1900, HADB, A681. Nach Costers Tod wandte sich Mellen an Adams, um seine Frustration über eine mögliche Übernahme durch Hill loszuwerden.

19 Vgl. Klein, Harriman, S. 148-161.

20 Vgl. ebd., S. 238.

21 Vgl. Martin, S. 440.

22 Vgl. Gwinner an Adams, 9. Juni 1900, HADB, A45 und Adams an Gwinner, 23. Juli 1900, HADB, A45.

23 Vgl. Gwinner an Adams, 9. Juni 1900, HADB, A45.

24 Vgl. Adams an Gwinner, 22. Juli 1901, HADB, A45. In diesem Zusammenhang entbehrt es nicht einer gewissen Ironie, dass die beiden Insiderinformationen, die ansonsten anderen Minderheitsaktionären nicht zugänglich waren, genutzt hatten, um selbst Aktien zu kaufen.

25 Gwinner an Adams, 20. Juli 1901, HADB, A45.

26 Vgl. Adams an Gwinner, 19. August 1901, HADB, A45. Abhanden gekommen war nicht nur ein Großteil der unmittelbaren Beteiligung der Deutschen Bank an der Northern Pacific, sondern sie hatte auch ihr einst gewinnträchtiges Arbitragegeschäft eingebüßt. Gleichwohl verfolgte die Bank die Entwicklungen mit großem Interesse. Gwinner an Adams, 8. Oktober 1901, HADB, A45.

27 Vgl. Adams an Gwinner, 19. August 1901, HADB, A45.

28 Vgl. Adams an Gwinner, 21. September 1901, HADB, A45.

29 Vgl. Gwinner an Adams, 8. Oktober 1901, HADB, A45.

30 Ebd.

31 Vgl. Deutsche Bank an Adams, 6. November 1901, HADB, A682.

32 Vgl. Deutsche Bank an Adams, 5. Juni 1901, HADB, A682.

33 Vgl. Adams an Gwinner, 21. November 1901, HADB, A45.

34 Vgl. Adams an Gwinner, 30. April 1902, HADB, A45.

35 Adams an Gwinner, 12. Oktober 1903, HADB, A46.

36 Vgl. Klein, Harriman, S. 308-313.

37 Vgl. John W. Sterling an Mount Stephen, 18. März 1904, HADB, A434. Hill war verärgert über einige Richter, machte aber im Stillen Pläne, die Northern Securities aufzulösen und deren Beteiligungsbesitz zu veräußern. Die Anteilseigner der Northern Securities sollten 180 Aktien der Great Northern und 115 Aktien der Northern Pacific für je 100 Aktien der Northern Securities erhalten.

38 Gwinner an Mount Stephen, 24. Oktober 1903, HADB, A434.

39 Vgl. Colleen A. Dunlavy, Politics and Industrialization; Early Railroads in the United States and Prussia, Princeton 1994.

40 Vgl. Richard Franklin Bensel, The Political Economy of American Industrialization, 1877-1900, Cambridge 2000, S. 291-456; Ferguson, The City of London, S. 66.

41 Vgl. Wallon u. Rockoff, S. 364f.

42 Vgl. Christopher Kobrak, Solid Gold Interlude: Deutsche Bank and America's Coming to Financial Age, Association of Business Historians, Glasgow, June 2005.

43 Vgl. Walton u. Rockoff, S. 421.
44 Vgl. Wall Street Journal, 13. April 1891.
45 Vgl. Dernburg an Deutsche Bank, 18. März 1901, HADB, S1929.
46 Vgl. Deutsche Treuhand-Gesellschaft an Siemens, 11. Januar 1892, HADB, S1929.
47 Vgl. Dernburg an Siemens, 29. Januar 1892, HADB, S1929. Bernhard Dernburg war ein gestandener Bankier. Er arbeitete für die Berliner Handels-Gesellschaft und die Deutsche Bank. In dem Brief forderte er Siemens auf, im deutschen Publikum das Interesse für die Edison-Wertpapiere anzuheizen und die von der AEG vorgebrachten Einwände zu beseitigen. Verschiedentlich wurde Siemens gefragt, seinen Einfluss geltend zu machen, um Schwierigkeiten zu beseitigen oder Begeisterung für ein Wertpapier zu wecken.
48 Vgl. Jeffrey Fear u. Christopher Kobrak, Bankers on Board: The Origins of German Corporate Governance, sowie dies., Diverging Paths: Accounting for Corporate Governance in America and Germany, in: Business History Review 80 (2006), S. 1–48.
49 Vgl. undatierte Aufstellung, HADB, A1149.
50 Vgl. Deutsche Bank an Mellen, 12. August 1901, HADB, A1143. Mellen verkündete im Herbst 1903 seinen Rücktritt.
51 Vgl. Siemens an Morgan, 26. November 1897, HADB, A739.
52 Vgl. Deutsche Bank, Geschäftsbericht 1901.
53 Vgl. Bericht an die Inhaber von Treuhandzertifikaten, 12. November 1900, HADB, A739.
54 Vgl. Trust-Vereinbarung, 1. Dezember 1896, HADB, A739.
55 Vgl. Gwinner an Steinthal, 12. April 1901, HADB, A105. Steinthal glaubte, wie aus seiner Antwort hervorgeht, dass Gwinner weitere 6 Millionen Mark an Provisionen übersehen hatte.
56 Vgl. Gwinner an Steinthal, 13. April 1901, HADB, A105. Gwinner teilte – allerdings ohne Jahresangabe – mit, die Deutsche Bank habe 25 Millionen Dollar an Northern-Pacific- und 11 Millionen Dollar an Wertpapieren anderer Eisenbahngesellschaften gehalten.
57 Vgl. Hill an Gwinner, 25. Mai 1909, HADB, A1365.
58 Vgl. New York Times, 5. Juni 1910.
59 Vgl. Gwinner an Mount Stephen, 9. September 1905, HADB, A434.
60 Vgl. Adams an Gwinner, 25. April 1904, HADB, A46.
61 Vgl. Adams an Gwinner, 16. Januar 1906, HADB, A46.
62 Vgl. Agentur von John Moody, 7. März 1912, HADB, A1143.
63 Vgl. Siemens an Morgan, 3. August 1897, HADB, A739 sowie Telegramme im Oktober des Jahres, HADB, A739.
64 Vgl. Ives an Coster, 17. Oktober 1896, HADB, A220. Ives vertrat anscheinend Belmonts Interessen und hatte einen Sitz im Direktorium als Vertreter einer Regionalbank. Er arbeitete hinter den Kulissen darauf hin, Adams als Vorsitzenden zu ersetzen, und war deshalb sogar bereit, sich mit dem verhassten Villard zu verbünden. Wenn er selbst die Position nicht haben könne, empfahl er, dass niemand sie haben solle, um zu verhindern, dass ein einflussreicher Vorsitzender den Präsidenten der Gesellschaft dominiere oder Konflikte zwischen beiden entstünden.
65 Vgl. Adams an Siemens, 20. Oktober 1893, HADB, A683.
66 Vgl. Villards Erklärung vor Gericht, Dezember 1896, HADB, A220.

67 Vgl. Villard de Borchgrave u. Cullen, Villard, S. 341–343.

68 Vgl. James B. Hedges, Henry Villard and the Railways of the Northwest, New Haven 1930.

69 Vgl. Adams an Gwinner, 19. August 1901, und 22. Juli 1901, HADB, A45.

70 Vgl. Julius Grodinsky, Transcontinental Railway Strategy, 1869–1893: A Study of Business, Philadelphia 1962, S. 130–140.

71 Vgl. Thomas Bender, A Nation Among Nations: America's Place in World History, New York, S. 246–288.

Kapitel 6

1 Gwinner an Adams, 1. Juli 1898, HADB, A45.

2 Vgl. Walton u. Rockoff, S. 12 und 354f.

3 Vgl. Fritz Stern, Gold und Eisen. Bismarck und sein Bankier Bleichröder, Frankfurt am Main 1978, S. 275.

4 Das ehrgeizigste Emissionsprojekt für Eisenbahnen, wenngleich nicht das einzige in jenem und anderen Teilen der Welt, war die berühmte Bagdadbahn; vgl. Gall, Die Deutsche Bank, S. 67–76. Bereits 1875 war die Strecke der eröffneten amerikanischen Eisenbahnlinien länger als diejenigen Großbritanniens, Deutschlands, Frankreichs, Kanadas, Italiens, Indiens und Russlands zusammengenommen; vgl. Foreman-Peck, S. 34.

5 Vgl. Chandler, Visible Hand, S. 81–205. 1906 bestanden in den Vereinigten Staaten 33 Gesellschaften mit einer Streckenlänge von über 1000 Meilen und einem Kapital von 100 Millionen Dollar und mehr. In den 1890er Jahren und zu Beginn des 20. Jahrhunderts spielten der Bau von Eisenbahnlinien, deren Koordination und die Reorganisation der Gesellschaften eine zentrale Rolle für die Entwicklung von zahllosen anderen angelagerten Wirtschafts- und Dienstleistungszweigen, staatlicher Regulierung, Buchhaltungstechniken, Unternehmensführung und Kapitalmarktbildungen.

6 Vgl. Blinzig aus den USA an Deutsche Bank Berlin, Dezember 1903 (ohne genaue Datierung), HADB, A211.

7 Adams an Gwinner, 12. Dezember 1907, HADB, A47. Auf dem Höhepunkt der Krise war dies der zweite Brief am gleichen Tag.

8 Vgl. ebd.

9 Ebd.

10 Vgl. Braunfels an Villard, 7. Juli 1892, Baker Library, Nachlass Villard, Box 99, Folder 741.

11 Vgl. verschiedene Zeitungsartikel, deren Datierung und Herkunft im Einzelnen unklar sind, HADB, A1140. B&O zählte zu den ältesten Eisenbahnen in den Vereinigten Staaten. Die Gesellschaft hatte 1827 eine Konzession vom Bundesstaat Maryland für den Betrieb einer Eisenbahnlinie von Baltimore nach Virginia erhalten. Über die Jahre erfuhr die Konzession Erweiterungen und erstreckte sich schließlich auf das gesamte Ohio-Becken. Bis zur Jahrhundertwende hatte B&O das Recht erhalten, Kapitalbeteiligungen an anderen Gesellschaften zu erwerben. Durch Bau eigener Strecken, durch Pacht und Erwerb anderer Gesellschaften verfügte sie über ein Schienennetz von etwa 6000 km.

12 Vgl. Vertragsurkunde, Baltimore & Ohio Konsortialvertrag, 15. Dezember 1898, HADB, A1140 sowie Aktenvermerk bezüglich der Bedingungen der Teilnahme der

Deutschen Bank an dem Sanierungskonsortium der B&O, 23. Dezember 1898, HADB, A1140. Die Differenz zwischen den 8,9 und den 9 Millionen Dollar sollte vermutlich von den Managern des Konsortiums behalten werden.

13 Vgl. John F. Stover, History of the Baltimore and Ohio, West Lafeyette, Indiana 1987, S. 185–200.

14 Vgl. Schweizerische Kreditanstalt an Deutsche Bank, 10. November 1903, HADB, A1140. Die Schweizerische Kreditanstalt übernahm in Europa die Führung, indem sie Stammaktien in der Schweiz zur Zeichnung brachte. Trotz der Vorbehalte von Adams zog die Deutsche Bank wenige Wochen später nach und unternahm am Berliner Markt einen ähnlichen Schritt.

15 Vgl. Speyer an Mankiewitz, September 15, 1903, HADB, A210. Die Bank erhielt eine Provision für die Verkäufe, den Gewinn, der aus der Differenz zwischen ihrem Einkaufs- und dem Verkaufspreis resultierte, sowie die Gebühren, zu denen sich B&O für die Handhabung aller Dividendenauszahlungen und anderer Transaktionen in Deutschland verpflichtet hatte.

16 Vgl. Deutsche Bank an Adams, 31. Oktober, 1903, HADB, A210. Alfred Blinzig, der von 1920 bis 1934 dem Vorstand der Deutschen Bank angehörte, wurde 1903 erstmals in die Vereinigten Staaten geschickt. Er sollte in Zusammenarbeit mit Speyer, Adams und der B&O die deutsche Fassung des Börsenprospekts ausarbeiten. Gegenüber den ursprünglichen Offenlegungen und Aufmachung des Rechenwerks waren Veränderungen erforderlich, um sie mit den deutschen rechtlichen Anforderungen in Einklang zu bringen.

17 Vgl. Mankiewitz an Speyer, 25. November 1903, HADB, A210. Wenn die B&O ihren finanziellen Status als ein Unternehmen darzustellen vermochte, das eine Mindestdividende von 4 Prozent selbst dann beibehalten würde, wenn die wirtschaftlichen Verhältnisse in den USA sich verschlechtern sollten, während sie für den Fall eines Hinaufschnellens der Aktivität angemessen anziehende Dividenden offerierte, war die Deutsche Bank zuversichtlich, dass der Emission ein riesiger Erfolg beschieden sein würde.

18 Vgl. Schweizerische Kreditanstalt an Deutsche Bank, 4. Dezember 1903, HADB, A1140.

19 Vgl. Aktenvermerk «Rolling Equipment in Service» 3. Juni 1903, HADB, A210. Gegenüber 1902 waren die Nettoeinnahmen 1903 um rund 15 Prozent gestiegen. Mit einem Stammkapital von 124,3 Millionen Dollar, 59,4 Millionen Dollar Vorzugsaktien und 234 Millionen Dollar Schuldverschreibungen war die B&O eine der größten Eisenbahngesellschaften in den Vereinigten Staaten. Sie besaß oder verfügte über 1769 Lokomotiven, 1158 Personenwaggons und 84742 Güterwaggons. Letztere Zahl vermittelt einen gewissen Anhaltspunkt, wie stark die Gesellschaft von den Kohlenbergwerken in der Region abhängig war.

20 Das Vertrauen, das die Deutsche Bank in geschäftliche Transaktionen mit dem Ausland setzte, und ihre enge, vielseitige Verbindung mit den Vereinigten Staaten wirkten auf die deutschen Märkte, die verständlicherweise bei amerikanischen Werten seit der Northern-Pacific-Affäre noch nervös waren, zusätzlich beruhigend und vertrauensbildend.

21 Deutsche Bank an Preußischen Minister für Handel und Gewerbe, Gesuch um Zustimmung der Landesregierung zur Zulassung der Stamm-Aktien über je 100 Dollars der Baltimore & Ohio Railroad Company zum Handel an der Berliner Börse,

9. Dezember 1903, HADB, A210. Während der zurückliegenden drei Jahre hatte zum Beispiel der Kurs der B&O-Aktien zwischen 72 und 119 Dollar geschwankt. Im Originaldokument erscheint der englische Ausdruck «friendly disposition».

22 Zusammenstellung von Zeitungsartikeln, Anfang 1904, The New York News Bureau, 22. Januar 1904, HADB, A210.

23 Vgl. Speyer & Co. an Deutsche Bank, 29. Januar 1904, HADB, A211.

24 Vgl. Mankiewitz an Speyer & Co., 15. Februar 1904, HADB, A211.

25 Vgl. Deutsche Bank an S. Mattersdorff, 10. Januar 1908, HADB, A1138.

26 Vgl. Deutsche Bank an Adams, 30. August 1910, HADB, A1138.

27 Vgl. verschiedene Zeitungsartikel, ohne erkennbare Datierung und Quellenangabe, HADB, A1140.

28 Vgl. Speyer an Deutsche Bank, 7. Januar 1913, HADB, A1138. Anfang 1913 kontaktierte Speyer die Deutsche Bank wegen einer weiteren B&O-Emission, diesmal ging es um 64 Millionen Dollar in 4½-prozentigen 20-jährigen Wandelschuldverschreibungen zu 110 für Stammaktien bis zum 1. März 1912. Speyer wies darauf hin, dass die Schuldtitel (Bonds) auf Wunsch in ausländischer Währung bezahlt werden könnten. Inhabern von Vorzugs- und Stammaktien würden sie zu 95½ angeboten, wobei Zahlungen in drei Tranchen möglich wären. Siehe auch Axhausen, Reisebericht USA, 19. Mai 1913, HADB, A1138.

29 Wall Street Journal, 4. April 1932, New York Times, 20. Februar 1929, sowie verschiedene Zeitungsartikel, deren Datierung und Herkunft nicht ersichtlich sind, HADB, A1140. B&O war eine große Eisenbahngesellschaft. Deren 1929 in Vorschlag gebrachte Sanierung hätte das Unternehmen mit einem Streckennetz von mehr als 22000 km Länge ausgestattet, und 2,2 Milliarden Dollar an Kapitalvermögenswerten wurden von der Pennsylvania Railroad gekauft, ihrem großen Hauptstrecken-Konkurrenten. 1931 beliefen sich ihre Aktiva auf annähernd 1,2 Milliarden Dollar, Vorzugs- und Stammaktien bezifferten sich auf 315 Millionen Dollar und die hypothekarisch gesicherten Schulden auf rund 600 Millionen Dollar. Selbst in den schlimmsten Jahren der Depression, als Umsätze und Gewinne rückläufig waren, verdiente die B&O noch Geld. (Die Umsätze waren um 24 Prozent, die Gewinne um 82 Prozent geschrumpft, erstere betrugen 132 Millionen Dollar, letztere 3,8 Millionen Dollar.) Daniel Willard, damals noch Präsident, ging Aktionäre und Behörden um Hilfe an. Seit 1930 stand die insolvente Gesellschaft unter Zwangsverwaltung.

30 Vgl. Adams an Deutsche Bank, 27. Februar 1907, HADB, A1088. Zu den Bedingungen gehörten vierteljährlich zu zahlende Zinsen von 6 Prozent und Absenkung des Optionspreises bei den Bonds auf 80. Die Bahngesellschaft musste auch deren Notierung an der New Yorker Börse beantragen, um sie so liquider zu machen.

31 Maury Klein, The Life and Legend of Jay Gould, Baltimore 1986, S. 3.

32 Vgl. Klein, Gould, S. 75 u. 485f.

33 Vgl. Adams an Deutsche Bank, 11. März 1908, HADB, A1088.

34 Bewertung durch J. H. McClement an W. S. Pierce, Vorstandsvorsitzender der Western Maryland Railroad Company, 12. Juni 1907, HADB, A1088. McClement war Finanzberater von Pierce. Er nahm Buchprüfungen vor und erarbeitete Prognosen. Später würde er helfen, die Interessen der Deutschen Bank in den Vereinigten Staaten wahrzunehmen.

35 Vgl. Klein, Harriman, S. 250.

36 Brief an Stern Brothers, London, vermutlich von der Deutschen Bank, allerdings ist der Verfasser unklar, 7. März (das Jahr ist unklar), HADB, A1088.

37 Vgl. Adams an Deutsche Bank, 8. Juni 1907, HADB, A1088.

38 Vgl. Adams an Deutsche Bank, 17. Oktober 1907, HADB, A1088. Die Kohlenförderung der Anlage hatte sich im Jahr zuvor um 10 Millionen Tonnen erhöht, aber Gould brachte sie zu einem Schleuderpreis in seinen Besitz.

39 Vgl. Adams an Gwinner, 8. Januar 1908, HADB, A47. Gould teilte Adams mit, dass sie beabsichtigten, die Kohlefelder in West Virginia zum Buchwert an eine neue Gesellschaft zu verkaufen, die Aktien und Schuldverschreibungen an ein neues Konsortium ausgeben würde, um die beiden großen Bergwerke zu finanzieren. Sie boten der Deutschen Bank die Beteiligung an dem Konsortium als zusätzliche Vergünstigung für die Schuldenfinanzierung der WMR an. Die ganze Operation sollte der WMR dergestalt zugute kommen, dass sie sich dadurch von der Schuldenlast befreite, die durch den Grunderwerb angefallen war. Dies würde wiederum den Wert der Optionsrechte der Deutschen Bank an den Schuldverschreibungen der WMR steigern, da sich die sonstigen Verbindlichkeiten der WMR reduzierten.

40 Vgl. Gwinner an Adams, 8. Februar 1908, HADB, A47.

41 Vgl. Adams an Gwinner, 26. März 1908, HADB, A47.

42 Vgl. Gwinner an Adams, 7. März 1908, HADB, A1088.

43 Vgl. Adams an Deutsche Bank, 9. März 1908, HADB, A1088.

44 Vgl. ebd.

45 Vgl. Adams an Deutsche Bank, 11. März 1908, HADB, A1088.

46 Vgl. ebd.

47 Vgl. ebd.

48 Vgl. Adams an Deutsche Bank, 16. April 1908, HADB, A36.

49 Vgl. New York Times, 19. Januar 1909.

50 Adams an Gwinner, 19. Januar 1909, HADB, A47.

51 Vgl. Adams an Gwinner, 27. Mai 1908, HADB, A47. Selbst die Beziehung zwischen Adams und der Deutschen Bank litt. Viele interne Dokumente aus späterer Zeit zeigen, dass die Bank mit Adams' Behandlung der Gould-Frage unzufrieden war. Die Enttäuschung erreichte ein solches Ausmaß, dass sie eine Rolle bei den Überlegungen spielte, ihn abzulösen.

52 Vgl. Adams an Deutsche Bank, 17. Juli 1912, HADB, A39.

53 Vgl. Telegrammwechsel zwischen Adams und Gwinner, 28. und 30. April 1908, HADB, A47. Gwinner an Adams, 11. September 1911, HADB, A38.

54 Vgl. Gwinner an Mankiewitz, 23. Juli 1898, HADB, A1104. Im Auftrag von Kuhn Loeb empfahl Gwinner, die Aktien der Union Pacific an der Börse zuzulassen.

55 Vgl. Adams an Deutsche Bank, 14. Juli 1908, HADB, A36.

56 Vgl. Adams an Deutsche Bank, 20. März 1906, HADB, A42.

57 Vgl. Adams an Deutsche Bank, 17. Juni 1902, HADB, A32. 1902 brachte Adams in Erfahrung, dass GE in Russland investieren wollte. Wegen «ihrer geschäftlichen und finanziellen Stärke zeigt sie bei ihrer Geschäftspolitik eine größere Aggressivität, als dies für eine Reihe von Jahren der Fall war». Berichten zufolge hatte Westinghouse bereits in Russland Fuß gefasst, die russische Regierung zeigte sich aber bei ausländischen Investitionen nicht gerade fürsorglich. Adams meinte deshalb, GE würde nicht auf diesen Markt vordringen. Die Deutsche Bank stimmte ihm zu,

dass die Erfahrungen der meisten Unternehmen, die in Russland investiert hatten, niederschmetternd waren. Französische und belgische Unternehmen hätten in der Eisenindustrie Millionen Franc verloren.

58 Vgl. Gall, Die Deutsche Bank, S. 38.

59 Vgl. Gwinner an Mount Stephen, 14. März 1899, HADB, A434.

60 Vgl. Wilkins, Foreign Investment in the United States to 1914, S. 437.

61 Vgl. S&H an Deutsche Bank, 3. Juli 1903, HADB, S1278.

62 Vgl. Adams an Deutsche Bank, 7. Oktober 1903, HADB, S1278. Die angebotene Vergütung entbehrte nicht einer gewissen Ironie angesichts der künftigen Probleme, die sich durch Allis-Chalmers für die Verhandlungen ergaben.

63 Lagebericht und Instruktionen an Adams von S&H, datiert 4. Juli 1903, Anlage zu einem Brief vom 3. Juli an Deutsche Bank, HADB, S1278.

64 Vgl. Wilkins, Foreign Investment in the United States to 1914, S. 436–437.

65 Vgl. Lagebericht und Instruktionen an Adams von S&H, datiert 4. Juli 1903, Anlage zu einem Brief vom 3. Juli an Deutsche Bank, HADB, S1278. S&H wies Coffin darauf hin, dass sich die Vereinbarung mit ihrer amerikanischen Tochtergesellschaft auf Dynamos, Motoren, elektrisches Licht und Kraftmaschinen bezog. Andere Bereiche, etwa Elektrolyse, Kabel und Telefonie (Apparate und Zubehör) waren ausdrücklich davon ausgenommen.

66 Vgl. Adams an S&H mitsamt Vertragsentwurf, 13. November 1903, HADB, S1278.

67 Adams an S&H, 8. Dezember 1903, HADB, S1278.

68 Vgl. ebd.

69 Adams an S&H, 16. Dezember 1903, HADB, S1278.

70 Vgl. ebd.

71 Vgl. ebd.

72 Vgl. Adams an Deutsche Bank, 22. Januar 1904, HADB, S1278.

73 Vgl. Deutsche Bank an Adams, 5. Februar 1904, HADB, S1278. S&H hielt es für unnötig genauer herauszufinden, was getan worden war, da die Patente kaum von Interesse waren.

74 Vgl. S&H an Deutsche Bank, 10. Februar 1904, HADB, S1278. Allerdings zeigte sich S&H über Coffins Vorschlag nicht begeistert, den Namen Siemens bei der Tochtergesellschaft zu streichen und zu versprechen, ihn in den USA auf zehn Jahre nicht mehr zu benutzen. Ziel der Deutschen war es, von den Verpflichtungen gegenüber der amerikanischen Gesellschaft loszukommen. Ob dies durch ein ausgehandeltes Abkommen oder über die Auflösung des Unternehmens erreicht wurde, war für S&H in Deutschland dabei ohne Belang. Wenn das Ziel rasch erreicht würde, sei S&H gegebenenfalls bereit, das amerikanische Unternehmen aus allen weiteren Verpflichtungen zu entlassen. Den Namen Siemens bei dem amerikanischen Unternehmen zu tilgen, mochte zwar wünschenswert sein, da die Tochtergesellschaft für den Konzern wenig Ehre einlegte, aber damit war nur ein Teil des gesamten Vorhabens von S&H erreicht. Allerwenigstens sollte Adams über die Erwünschtheit eines jeden dieser Schritte Anwälte konsultieren.

75 Vgl. Deutsche Bank an Wilhelm Siemens, 10. März 1904, HADB, S1278.

76 Vgl. Deutsche Bank an Adams, 12. März 1904, HADB, S1278. Westinghouse behauptete, dass sein Unternehmen und die GE nicht gemeinschaftlich Preisabsprachen träfen, beide Unternehmen versuchten nur, die Preise soweit wie möglich zu halten, indem sie Wettbewerb vermieden. Bei wichtigen Bestellungen und insbe-

sondere bei solchen Aufträgen, die öffentliche Aufmerksamkeit auf sich zogen, sei der Wettbewerb dagegen wirklich scharf. Westinghouse war anscheinend vor allem wütend, dass Coffin das Abkommen nicht zuerst von ihm (Westinghouse) hatte gegenlesen lassen.

77 Vgl. Deutsche Bank an Adams, 12. März 1904, HADB, S1278. Westinghouse erwähnte auch, er glaube, Rathenau, den er nach Siemens besuchte, habe in den Verhandlungen mit GE den besseren Teil bekommen.

78 Vgl. S&H an Deutsche Bank, 17. März 1904, HADB, S1278. Westinghouse glaubte, sein Unternehmen und GE seien so gut in der Lage, auf Kunden-Bedürfnisse zu reagieren, dass Allis-Chalmers nicht zu einem wirklichen Rivalen werden könne. Flexibilität sei unerlässlich, um die Maschinen rasch ausliefern zu können. Entwicklung und Aufbau einer solchen Produktion übersteige die Mittel von Allis-Chalmers.

79 Westinghouse an Gwinner, 20. April 1904, HADB, S1278.

80 Gwinner an Westinghouse, 22. April 1904. Das Datum ist nicht eindeutig, aber Westinghouse bezieht sich auf dieses Datum in seinem nächsten Brief, HADB, S1278.

81 Vgl. Westinghouse an Gwinner, 29. April 1904, HADB, S1278.

82 Vgl. verschiedene Briefe, Sommer/Herbst 1904, HADB, S1278.

83 Vgl. Edward Adams, Niagara Power: History of Niagara Falls Power Company, 1886–1918, 2 Bde., Niagara Falls, NY, 1927. Adams, der mit jedem Entwicklungsschritt der Gesellschaft vertraut war, wurde 1918 von den Direktoren beauftragt, eine Geschichte der gesamten Unternehmung zu schreiben. Die Darstellung ist sehr technisch und greift für die Anfänge bis auf das frühe 19. Jahrhundert zurück. Die Finanzierungsfragen werden auch erörtert, aber es findet sich kein Wort über die Deutsche Bank. 1927, als die Studie veröffentlicht wurde, hielt Adams es möglicherweise für «politisch» nicht korrekt, die Beteiligung einer deutschen Bank hervorzuheben. Siehe besonders die Einleitung sowie S. 233–236 und 433–445.

84 Vgl. Adams, S. 164.

85 Abkommen der Zeichner, 17. Januar 1890, HADB, A1111.

86 Vgl. Adams an Deutsche Bank (auf Geschäftsbriefbogen der Cataract Construction Company), 22. Januar 1897, HADB, A1111.

87 Vgl. Adams an Deutsche Bank, 30. April 1897, HADB, A1111.

88 Vgl. Deutsche Bank an Adams, Juni 1898, HADB, A1111.

89 Vgl. Adams an Deutsche Bank, 9. Dezember, 1904, HADB, A663.

90 Vgl. Adams an Gwinner, 4. November 1898, HADB, A45. Adams schrieb zum Beispiel in einer anderen Angelegenheit vor der Jahrhundertwende, dass er davon Abstand genommen habe, sich über die Elektrifizierung in der Niagara-Region auszulassen, «um so zu verhindern, dass ein potentieller Antragsteller auf Versorgung mit Elektrizität argwöhnen könne, dass womöglich die privaten Interessen des Präsidenten der Gesellschaft in einem ähnlichen Unternehmen einen neu Hinzustoßenden daran hinderten, die gleichen Fazilitäten zu bekommen.»

91 Vgl. Adams an Gwinner, 9. Dezember 1898, HADB, A45. Im Dezember 1898 machte Adams zum Beispiel Gwinner auf die Mattiesen Alkali Werke aufmerksam, da er vermutete, das deutsche Unternehmen Elektron habe möglicherweise vor, ein elektrochemisches Unternehmen in Amerika aufzuziehen. Mattiesen Alkali hatte zu

stark investiert und war von niedrigen Transporttarifen ausgeschlossen. Das Unternehmen war offenbar Spekulationsobjekt an der Börse und dessen weitere Existenz schien auf dem Spiel zu stehen, zumindest wünschten die Aktionäre, ein Stück herauszubrechen und das rentable Werk in Niagara zu vergrößern. Die hohe Qualität der Produktion in dem Werk würde Elektron ermöglichen, nach Südamerika, Mexiko, Australien, China und Japan zu exportieren. Mattiesen Alkali war auch im Besitz der Patente, die noch ein weiteres Jahr liefen, was Elektron zum einzigen wichtigen Hersteller von Chlorid im Land machte.

 92 Vgl. Walter F. Peterson, An Industrial Heritage: Allis-Chalmers Corporation, Milwaukee 1978, S. 1–70.
 93 Vgl. Peterson, S. 109–111.
 94 Vgl. Wilkins, Foreign Investment in the United States to 1914, S. 429–431. Alfred Chandler zufolge handelte es sich bei den Allis um eingewanderte Deutsche. Wilkins, S. 870 Anm. 240.
 95 Adams an Gwinner, 19. August 1901, HADB, A45.
 96 Vgl. ebd.
 97 Vgl. Deutsche Bank an Mitglieder des Konsortiums, 2. Mai 1901, HADB, A69.
 98 Vgl. Gwinner an Adams, 8. Dezember 1902, HADB, A45.
 99 Vgl. Adams an Gwinner, 30. Dezember 1902, HADB, A45.
100 Vgl. Peterson, S. 109–111.
101 Vgl. ebd., S. 124.
102 Vgl. ebd., S. 124–127.
103 Vgl. Adams an Gwinner, 20. Oktober 1903, HADB, A46.
104 Vgl. Adams an Gwinner, 12. Oktober 1903, HADB, A46.
105 Gwinner an Adams, 31. Oktober 1903, HADB, A46.
106 Adams an Gwinner, 25. April 1904, HADB, A46.
107 Ebd.
108 Vgl. Gwinner an Adams, 20. August 1904, HADB, A46.
109 Vgl. Adams an Gwinner, 25. April 1904, HADB, A46.
110 Vgl. Adams an Gwinner, 30. November 1905, HADB, A46.
111 Vgl. Adams an Gwinner, 22. Mai 1907, HADB, A47.
112 Vgl. Adams an Gwinner, 13. Juni 1906, HADB, A47. Adams zufolge nahm man um diese Zeit herum an, Stillman werde sich aus Gesundheits- oder Geschäftsgründen beim Vorstand der National City Bank zur Ruhe setzen. Stillman war ein naher Freund und Vertrauter von William Rockefeller durch zwei Heiraten zwischen ihren Kindern. Adams berichtete, Stillman persönlich habe ihn inständig gebeten, seinen Posten bei Allis-Chalmers beizubehalten.
113 Vgl. Gwinner an Adams, 9. Juli 1906, HADB, A47. In diesem Brief schrieb Gwinner, er könne nichts tun, um Allis-Chalmers zu helfen.
114 Vgl. Adams an Gwinner, 22. Mai 1907, HADB, A47.
115 Vgl. Adams an Gwinner, 19. September 1907, HADB, A47.
116 Vgl. Gwinner an Adams, 13. Dezember 1907, HADB, A47.
117 Vgl. Adams an Gwinner, 8. Januar 1908, HADB, A47.
118 Vgl. Gwinner an Adams, 13. Dezember 1907, HADB, A47.
119 Vgl. Peterson, S. 132–139.
120 Vgl. Adams an Gwinner, 11. Oktober 1911, HADB, A48.
121 Verschiedene Schriftstücke, HADB, A52.

122 Vgl. undatierte Aktennotiz, die jedoch unter den Unterlagen von 1913 eingeordnet ist, HADB, A62.

123 Vgl. Peterson, S. 237, 313 und 410. Nach dem Ersten Weltkrieg hat Allis-Chalmers die Produktion von Traktoren aufgenommen. Auf diesen Bereich entfielen 1929 10,6 Millionen Dollar bei einem Gesamtumsatz von 45,3 Millionen Dollar. Die Sparte hat beigetragen, die Firma sanft durch die rauen Zeiten der Depression zu bringen. 1977 bezifferte sich der Umsatz bei Land- und elektrischen Maschinen auf 530 Millionen Dollar und die Gewinne auf 67 Millionen Dollar.

Kapitel 7

1 Patrick Fridenson, Business Failure and the Agenda of Business History, in: Enterprise & Society, 5 (2004), S. 562-582, hier S. 562.

2 Eine gute Darstellung von Gründungskapital bieten Paul Gompers u. Josh Lerner, The Venture Capital Cycle, Cambridge, MA 1999. Heute steuern Banken nur einen sehr kleinen und rückläufigen Teil des Kapitals bei, das von Risikokapitalgebern verwaltet wird. Vgl. ebd., S. 4-9.

3 Vgl. Gall, Die Deutsche Bank, S. 68-71. Die Beteiligung der Deutschen Bank an US-Investitionen verschaffte ihr ein klares Bild über die Möglichkeiten und Schwierigkeiten im Erdölbereich, der um die Jahrhundertwende aufgrund der vermehrten Nutzung von Elektrizität unter einer nachlassenden Nachfrage litt. Die Industrie machte in den Vereinigten Staaten eine umfassende Restrukturierung durch. Ihr bedeutendes Potential aufgrund des Automobils begann man um diese Zeit zu erfassen. Erst jetzt dämmerte den Europäern, welche beherrschende Position Rockefeller auf dem amerikanischen Markt hatte und welche Rolle er bei der Erschließung und Entwicklung künftiger Erdölquellen möglicherweise spielen würde.

4 Übersetzung der Garantieleistungsverpflichtung von Bamag und Didier an Lehigh Coke, undatiert, HADB, A485.

5 Vgl. New York Times, 28. April 1910. Das Projekt hatte die finanzielle Rückendeckung der Deutschen Bank, und es erfolgte in Zusammenarbeit mit einem Hauptabnehmer, der Bethlehem Steel, und mit der Western Maryland Railroad, die sich verpflichtet hatte, eine Stichbahn für den Transport von Kohle und Erzeugnissen zu bauen.

6 Vgl. Deutsche Bank an Bamag, 25. September 1909, HADB, A509. Anfangs hatten die beiden deutschen Unternehmen die Hälfte in bar verlangt. Die Deutsche Bank wollte, dass hierüber erst später entschieden würde. Am Ende erhielten sie ausschließlich Kapitalanteile.

7 Vgl. Deutsche Bank an Adams, 22. September 1909, HADB, A509.

8 Vgl. Deutsche Bank an Bamag, 25. September 1909, HADB, A509.

9 Ebd. Die enge zeitliche Abfolge der Schreiben verweist auf die hohe Geschwindigkeit bei geschäftlichen Verhandlungen. Einige Mitteilungen ergingen dabei zunächst Telegramm und wurden später als normale Briefpost kopiert.

10 Vgl. Adams an Deutsche Bank, 12. November 1909, HADB, A509.

11 Vgl. Deutsche Bank an Adams, 9. November 1909, HADB, A509.

12 Vgl. Adams an Deutsche Bank, 25. Februar 1910, HADB, A510.

13 Vgl. Deutsche Bank an Bamag, 25. September 1909, HADB, A509.

14 Rentabilitätsberechnung, ohne Unterschrift, 18. Dezember 1909, HADB, A483. Die Mengenrelationen wurden wie folgt angenommen: Bei der Verkokung würden aus 4300 Tonnen Kohle 75 Prozent Rohkoks, 2,9 Prozent Teer und 0,82 Prozent Sulfate gewonnen. Dann würde das Werk tägliche Einkünfte erzielen von 5200 Mark auf Koks, 5800 Mark auf Gase, annähernd 8000 Mark auf Sulfate und annähernd 3000 Mark auf Teere, also insgesamt Einnahmen von rund 22 000 Mark am Tag. Ein Brief aus etwa der gleichen Zeit bezieht sich auf die Rentabilitätsberechnungen Grumbachers. Dort wird die Deutsche Bank ermahnt, sie müsse in der Person von Adams unabhängig alle Berechnungen und zugrunde liegenden Annahmen überprüfen. Dieser Schritt war anscheinend doch nicht erfolgt. Unsignierter Brief (vermutlich Mankiewitz) an Eduard Arnhold, 4. November 1909, HADB, A483.

15 Vgl. Adams an Deutsche Bank, 23. September 1909, HADB, A509.

16 Vgl. Grumbacher, Bericht an Bamag Berlin, 22. Oktober 1909, HADB, A483.

17 Vgl. Schwab an Grumbacher, 20. Oktober 1909, HADB, A483.

18 Vgl. Hohmann, Grumbacher und Simmersbach an Bamag, 22. Oktober 1909, HADB, A483.

19 Vgl. Hohmann an Mankiewitz, 2. Juli 1910, HADB, A486.

20 Vgl. ebd.

21 Vgl. Kobrak, Schering, S. 98. 1922 erwarben die Kokswerke die Chemische Fabrik (vormals E. Schering). Dank kluger Übernahmen und einer aggressiven Finanzstrategie stieg die Firma bis Ende der 1920er Jahre zu einem der größten Unternehmen Deutschlands auf. 1937 fiel der größte Teil ihres Umsatzes und Wachstums auf das Chemiegeschäft. Das Unternehmen wurde 1937 saniert und in Schering AG umbenannt. Im Zuge der Forschung für dieses Buch konnte der Verfasser manche überkommene Ansichten über die Frühgeschichte der Kokswerke korrigieren. Bei Abfassung der Geschichte der Firma Schering (veröffentlicht 2002) war über deren Engagement in den USA und finanzielle Notlage vor dem Ersten Weltkrieg nichts bekannt.

22 Vgl. Berve an Mankiewitz, 24. Dezember 1909, HADB, A483.

23 Vgl. Berve an Mankiewitz, 8. Februar 1910, HADB, A483.

24 Vgl. Oberschlesische Kokswerke & Chemische Fabriken an Mankiewitz, 22. August 1910, HADB, A486.

25 Vgl. Abschrift, 8. November 1906, HADB, A486.

26 Vgl. Berve an Mankiewitz, 23. August 1910, HADB, A486.

27 Vgl. Deutsche Bank an Bamag, 31. August 1910, HADB, A486 sowie verschiedene andere Briefe in dieser Akte.

28 Vgl. Mankiewitz an Arnhold, 13. November 1909, HADB, A483.

29 Deutsche Bank an Hohmann, Didier, 28. September 1910, HADB, A486, mit Zitaten aus Telegrammen vom Juli und August, die zwischen der Deutschen Bank und Adams ausgetauscht worden waren.

30 Vgl. «Entgegnung auf das Gutachten des Herrn Dr. Caro über das Bethlehem-Project», Hohmann und Simmersbach, ohne Datum, HADB, A483. Auf Caros ersten Bericht folgte umgehend eine scharfe Reaktion. Bamag und Didier zufolge war der Bericht oberflächlich und verriet geringe Kenntnis der Kokerei. Sie behaupteten, Caro habe falsche Zahlen und Bezugsgrößen benutzt und ihm sei schlichtweg entgangen, dass amerikanische Kokereikohle, anders als deutsche Kohle, von gleichbleibender Einsatzqualität sei. Überhaupt sei Bethlehem vertragsmäßig verpflich-

tet, geeignete Kohle zu liefern. Den Fachleuten der beiden Unternehmen zufolge war Caro fälschlicherweise von der Annahme ausgegangen, bei amerikanischer Kohle würden für die Destillierung 36 Stunden benötigt, statt der von ihnen veranschlagten 22 bis 24 Stunden.

31 Vgl. Bamag an Mankiewitz, 20. Dezember 1909, HADB, A483 sowie Gewerkschaft Deutscher Kaiser an Geheimrat Klönne, 30. Dezember 1909, HADB, A484.

32 Protokoll vom 9. Juni 1910, Besprechung (Mankiewitz, Hohmann, Grumbacher, Mayer), HADB, A487. Um die laufenden Ausgaben von Lehigh Coke gering zu halten, wurden Angestellte in Schlüsselpositionen mit Aktien bezahlt. Andere Angestellte sollten von dem Bauunternehmen bezahlt werden, wobei die Beträge in dem garantierten Gesamtpreis enthalten waren.

33 Vgl. Protokoll der Besprechung vom 21. Mai 1910, HADB, A486. Im Frühjahr 1910 kam der Vorschlag, Adams solle als Vorsitzender des Verwaltungsrats und des geschäftsführenden Vorstands der Kokerei-Gesellschaft fungieren, dem auch M. Loeb, F. Grumbacher, E. F. Mayer, W. H. Mayer, W. H. Blaufelt und E. L. Marston von Blair & Co. angehörten. Der endgültige Beschluss sollte in Berlin nach Besprechungen mit Bamag-Didier gefasst werden.

34 Garantievertrag vom 26. März 1910, HADB, A512. Die ursprünglichen Pläne vom September 1909 wurden im März 1910 durch eine förmliche Garantie von Bamag-Didier «abgepolstert». Didier-March hatte zugestimmt, in der Nähe von South Bethlehem, Pennsylvania, eine vollständige Kokerei-Anlage für Bethlehem Steel Company zur Erzeugung von Koks und Koks-Nebenprodukten mit einer Tagesleistung von 3260 Tonnen Koks zu bauen (vgl. abgeändertes Abkommen, 4. Februar 1910). Lehigh Coke würde Bamag-Didier mit 35 000 Vorzugs- und 37 000 Stammaktien der Kokerei-Gesellschaft bezahlen. Die Deutsche Bank würde im Namen ihrer Konsorten diesen Unternehmen 3 250 000 Dollar zahlen. Die beiden deutschen Unternehmen garantierten gesamt- und einzelschuldnerisch, bis zum 1. August 1912 die Anlage mit einer Tageskapazität von 4300 Tonnen Koks in erstklassiger Weise zu errichten, einschließlich aller erforderlichen Maschinen, Lagerräume, Ersatzteile und sonstiger für die Installation und den Bau notwendigen Infrastruktur. Die Bank und ihre Konsorten verpflichteten sich, von Zeit zu Zeit Zahlungen zu leisten. Diese sollten jedoch 3 250 000 Dollar nicht überschreiten und die Gewinne des Bauherrn und die Entschädigung für gewisse Angestellte nicht enthalten, für die der Bauherr aufzukommen haben würde. Für einen Festbetrag von 500 000 Mark pro Jahr sicherten Bamag Didier rechtsverbindlich in einem Nebenvertrag zu, bis zur Übergabe an Bethlehem die Kosten für den Unterhalt und die Überholung der Anlage auf einen perfekten Betriebszustand zu übernehmen.

35 Vgl. Bamag-Didier an Deutsche Bank, 31. Mai 1910, HADB, A512.

36 Vgl. Adams an Deutsche Bank, 14. Dezember 1910, HADB, A513.

37 Vgl. Adams an Deutsche Bank, 13. Oktober 1910, HADB, A512.

38 Vgl. Einstellungsvertrag von August Putsch, 30. Juli 1910, HADB, A512. Dem Vertrag zufolge lebte Putsch in South Bethlehem, er war jedoch von Killamarsh, England, umgezogen. Seine Korrespondenz ist freilich zu einem großen Teil in deutscher Sprache.

39 Vgl. Adams an Deutsche Bank, 3. Oktober 1910, HADB, A512 sowie Didier-March an Adams, 13. September 1910, HADB, A512.

40 Vgl. Hohmann und Grumbacher an Adams, 11. Oktober 1910, HADB, A512.

41 Vgl. Adams an Deutsche Bank, 14. Oktober 1910, HADB, A512.
42 Vgl. Protokoll der Besprechung von Adams, Julius Goldman, dem von Bamag-Didier herangezogenen Rechtsanwalt, und Bruno Axhausen, 2. Oktober 1910, HADB, A512. Selbst Goldman teilte vertraulich mit, dass Adams' Lesart des Protokolls der Berliner Besprechungen zutreffender war als die seines Klienten und dass einige der Vorschläge seines Klienten in den USA rechtlich nicht zulässig waren.
43 Vgl. Adams an Deutsche Bank, 13. Oktober 1910, HADB, A512.
44 Vgl. Mankiewitz an Axhausen, 24. Oktober 1910, HADB, A512.
45 Goldman an Grumbacher, 3. November 1910, HADB, A512. In seiner siebenseitigen Darstellung der Besprechung mit Adams bemerkte Goldman, dass Adams sich sehr korrekt verhalten habe und zutreffenderweise festgestellt habe, amerikanische Satzungen enthielten keine Bestimmungen über Dividenden. Aus unbekanntem Grund hatten beide Seiten unterschiedliche Versionen des Berliner Protokolls. Adams' Fassung enthielt einen Entwurf der Satzungen, Grumbachers dagegen nicht. In der Tat wies die Goldman vorgelegte Abschrift des Protokolls viele Unterschiede auf gegenüber der Fassung, die Adams in Händen hielt.
46 Vgl. Adams an Deutsche Bank, 3. November 1910, HADB, A512.
47 Vgl. Adams an Deutsche Bank, 7. November 1910, HADB, A512.
48 Vgl. Axhausen an Hohmann und Grumbacher, 23. Oktober 1910, HADB, A487, sowie verschiedene Briefe von Rechtsanwälten, die Darstellung der New Yorker Besprechung der Parteien (Adams, Hohmann, Axhausen und Grumbacher, wie ich annehme), 27. Oktober 1910, HADB, A487. Die Deutsche Bank machte aus dem Umstand, dass sie die Aktien in einigen Jahren zu verkaufen beabsichtigte, kein Geheimnis. Daraus ergaben sich für Bamag-Didier zwei wichtige Punkte: Wenn die Deutsche Bank verkaufte, wer würden ihre neuen Partner sein und wie könnten die Interessen der Eigentümer von Vorzugsaktien an Geldmitteln, die nicht in die Dividende gingen, geschützt werden. Der neue Text der Satzung konnte den Verkauf der Aktien erschweren. Die Bamag-Gruppe wollte ihn so ausgestaltet wissen, dass die Bildung einer gegen Bamag-Didier gerichteten Koalition unterbunden werden könnte, nachdem das Konsortium seine Aktien verkauft haben würde.
49 Vgl. Mankiewitz an Kempner, 29. Oktober 1910, HADB, A487.
50 Mankiewitz an Arnhold, 11. November 1910, HADB, A487. Mankiewitz stand in dem Ruf, kein Blatt vor den Mund zu nehmen. So brüsk wie hier habe ich allerdings in keinem anderen Fall einen Spitzenmanager der Deutschen Bank mit dem Vorstandsvorsitzenden eines anderen Unternehmens umspringen sehen.
51 Eine Art Aktenvermerk auf Briefbogen der Deutschen Bank, 18. November 1910, HADB, A487.
52 Vgl. Adams an Mankiewitz, 8. Dezember 1910, HADB, A513.
53 Vgl. Adams an Deutsche Bank, 12. Dezember 1910, HADB, A513.
54 Vgl. Adams an Mankiewitz, 15. November 1910, HADB, A512, sowie weitere Briefe und zwei Telegramme vom gleichen Tag. Siehe auch Briessen an Adams, 12. November 1910, HADB, A513.
55 Vgl. Adams an Deutsche Bank, 8. Dezember 1910, HADB, A513.
56 Vgl. Bamag an Deutsche Bank, 18. Februar 1913, HADB, A497.
57 Vgl. Mankiewitz und Axhausen an Adams, 5. Januar 1911, HADB, A513.
58 Vgl. Adams an Deutsche Bank, 16. Januar 1911, HADB, A0513.

59 Siehe hierzu verschiedene Briefe, HADB, A537. Die Aktion betraf 7-prozentige Vorzugsaktien (3 500 000 Dollar waren ausgegeben worden) und 4 000 000 Dollar an
   Stammaktien.

60 Vertrauliches Rundschreiben, vermutlich an Kunden, 26. Januar 1911, HADB,
   A537. Das Angebot umfasste die 7-prozentigen kumulativen Vorzugsaktien, die
   Einlösung der Vorzugsaktien zu 140 Prozent in zwanzig Jahren, Rückstellungen
   von 150 000 Dollar pro Jahr bis zu einem Höchstbetrag von 1 000 000 Dollar, eine
   Tantieme von 10 Prozent für die Direktoren, eine 7-prozentige nicht-kumulative
   Dividende auf Stammaktien und eventuelle Sonderausschüttungen auf Vorzugs-
   sowie auf Stammaktien. Die Erläuterung nannte Sitz und Zweck des Unterneh-
   mens, Schlüsselpersonen sowie Kontakte und ging auch auf die Bau-Garantie ein.

61 Vgl. diverse Briefe, HADB, A537.

62 Vgl. Hohmann an Mankiewitz, 2. Juli 1910, HADB, A486.

63 Vgl. Axhausen an Mankiewitz, 31. Juli 1911, HADB, A490; Deutsche Bank an
   Adams, 14. Juli 1911, HADB, A490; Bergmann an Mankiewitz, 14. August 1911,
   HADB, A490.

64 Vgl. Deutsche Bank an Bamag, 15. August 1911, HADB, A490.

65 Vgl. Adams an Deutsche Bank, 19. Januar 1912, HADB, A517.

66 Vgl. Axhausen an Mankiewitz, 19. Juli 1911, HADB, A490.

67 Mankiewitz an Axhausen, 2. August 1911, HADB, A490.

68 Auszug eines Briefes der Lehigh Coke Company an Deutsche Bank, 7. August 1911,
   HADB, A490.

69 Adams an Deutsche Bank, 16. November 1911, HADB, A535. In einer handgeschrie-
   benen Notiz, die vermutlich von Axhausen stammt, unterstützte dieser Adams'
   Ausführungen und Vorschlag mit dem Zusatz, Wilbur sei Adams sehr ähnlich.

70 Vgl. Besprechung vom 23. September 1911 zwischen Schwab und Mankiewitz,
   HADB, A490.

71 Adams an Deutsche Bank, 14. Dezember 1910, HADB, A513.

72 Vgl. Adams an Deutsche Bank, 14. Dezember 1910, HADB, A513, zweiter Brief.

73 Deutsche Bank an Adams, 15. November 1911, HADB, A517.

74 Vgl. Adams an Deutsche Bank, 19. Januar 1912, HADB, A517.

75 Nicht unterzeichneter Vertrag, August 1912, HADB, A520.

76 Adams an Mankiewitz, 12. Februar 1912, HADB, A518.

77 Adams an Mankiewitz, 12. Februar 1912, HADB, A518. An Positivem wusste
   Adams zu berichten, dass sich sein gesundheitliches Befinden gebessert habe und
   dass der Präsident der Western Maryland Eisenbahngesellschaft, einer Firma, von
   der die Deutsche Bank Wertpapiere besaß, ihn unterrichtet habe, dass die Kohlen-
   verträge mit Bethlehem Steel die Einkünfte seiner Gesellschaft um 1 Million Dollar
   pro Jahr erhöhen würden.

78 Adams an Deutsche Bank, 16. September 1912, HADB, A519. Dabei handelte es
   sich um eine 26-seitige Ausarbeitung, in der Adams bis ins kleinste Detail ging.

79 Vgl. Deutsche Bank an Adams, 11. Oktober 1912, HADB, A520.

80 Deutsche Bank an Adams, 11. Oktober 1912, HADB, A520.

81 Vgl. Deutsche Bank, vermutlich an Kunden, 14. Oktober 1912, HADB, A538.

82 Adams an Deutsche Bank, 26. November 1912, HADB, A520.

83 Vgl. Adams an Deutsche Bank, 26. November 1912, HADB, A520.

84 Vgl. Mankiewitz an Kempner, 26. November 1912, HADB, A577.

85 Vgl. ebd.

86 Vgl. Reisebericht Caro, Datum nicht eindeutig ausgewiesen, HADB, A501.

87 Vgl. Didier-March an Stettiner Chamotte-Fabrik, 26. Dezember 1913, HADB, A502.

88 Vgl. Bethlehem an Didier-March, 18. Dezember, 1913, HADB, A502.

89 Vgl. Mankiewitz an Marston, 29. April 1914, HADB, A535.

90 Vgl. verschiedene Korrespondenzen, Februar bis Juni 1913, HADB, A523.

91 Vgl. Mankiewitz an Marston, 29. April 1914, HADB, A535.

92 Vgl. Lehigh Coke Company, Deutsche Bank an die Teilnehmer des Konsortiums, 11. Mai 1912, HADB, A535. Die Angaben und die ausgehandelten Verständigungen basierten weitgehend auf Caros Bericht an die Deutsche Bank vom 12. März 1912, der die Auffassung vertrat, dass einige der zusätzlich entstandenen Kosten auf Baumaßnahmen zurückgingen, die im ursprünglichen Vertrag nicht vorgesehen waren. Caro zufolge hatten Bamag-Didier auf Zusatzzahlungen verzichtet, die ihnen von einem deutschen Gericht möglicherweise zugesprochen worden wären, und Lehigh Coke würde durch die Nicht-Annahme des überarbeiteten Plans einige wichtige Vorteile einbüßen, darunter insbesondere diejenigen, die zusätzliche Leistung und Kostenreduzierung bedeuteten. Für die Kapazitätsausweitung und Gewinnmehrung müssten nicht nur die Öfen, sondern die gesamte Zuführung und Einfüllung umgestellt werden. Hinsichtlich der Auswahl von Kohle glaubte er jetzt, die Öfen könnten so konstruiert werden, dass sie sich für Kohle aus der Region eigneten. Letzten Endes sei es jedoch Sache und Pflicht der Ingenieure, die Öfen entsprechend anzupassen oder eine passende Kohlemischung ausfindig zu machen. Interessanterweise deutete der Bericht an, dass die Batterien zeitlich gestaffelt, verteilt über einen Zeitraum vom 1. Juli 1912 bis 1. Januar 1913, in Betrieb genommen würden. Englische Übersetzung, HADB, A573.

93 Vgl. Deutsche Bank an Smith (Hugo Schmidt), 11. Februar 1915, HADB, A563. Der 17-seitige, auf deutsch verfasste Brief ist anscheinend von Mankiewitz und Axhausen unterschrieben, und eigentümlicherweise adressiert an «Lieber Herr Smith». Übrigens gab es einige andere halbherzige Anläufe, mit Decknamen zu arbeiten.

94 Vgl. Entschädigungen Adams, McIlvain und Dettmann, Aktennotiz, Axhausen, 2. April 1914, HADB, A504. Bereits im April 1914 war genug Optimismus aufgekommen, um eine teilweise Aufteilung der Entschädigungen an die Amerikaner vorzunehmen. Adams erhoffte sich für seinen 4½-jährigen Einsatz 40000 bis 50000 Dollar anstelle der ursprünglich versprochenen 5000 Dollar. Axhausen bestätigte, zwar wünsche die Bank sicherzustellen, dass Adams wie auch McIlvain wegen ihrer großen Verdienste besser fahren sollten als ursprünglich zugesichert, zugleich regte Axhausen jedoch an, Adams solle gebeten werden, so lange zu warten, bis das Unternehmen Geld verdiene, und fürs Erste anstelle der zusätzlichen Barauszahlung erst einmal mehr Aktien anzunehmen – vielleicht 15000 Dollar jetzt sofort als Avalwechsel und den Rest später. Von der ursprünglichen Aktienorder der Deutschen Bank über 400000 Dollar könne Adams seine gewöhnlichen 12½ Prozent oder 50000 Dollar nehmen. Für McIlvain brachte Axhausen 10000 Dollar in Aktien und 5000 Dollar als zusätzliche Bardividende in Vorschlag.

Kapitel 8

1 Strongs Reise nach Europa, Mai-Juni 1914, Federal Reserve Bank of New York, Nachlass Strong, 1000.1.

2 Adams an Deutsche Bank, November 1898, HADB, A28.

3 Adams an Gwinner, 21. November 1906, HADB, A47.

4 Vgl. Fear u. Kobrak, Diverging Paths, S. 3–8.

5 Vgl. Christopher Kobrak, The Rise and Fall. Ankunft und Karriere von August Belmont in den Vereinigten Staaten sind eines der besten Beispiele für dieses Phänomen. Auf dem Weg nach Havanna, um dort einige Geschäfte für die Rothschilds zu erledigen, landete er in New York mitten in der Krise vom Mai 1837, die den Zusammenbruch der zweiten Zentralbank nach sich zog. In der anschwellenden Panik, als Rothschild von den Ereignissen noch immer keine Kenntnis erhalten hatten, begann er, die geschäftlichen Angelegenheiten der Familie zu ordnen, was ihm deren Dankbarkeit und den Posten einbrachte, die Interessen des Hauses Rothschild in New York zu vertreten. Er wurde einer der führenden Privatbankiers in New York, engagierte sich bei Handelsgeschäften in den Südstaaten und in der Politik auf Seiten der Demokraten; beides schwächte möglicherweise die geschäftliche Position von Rothschild in den USA. Siehe auch Irving Katz, August Belmont. A Political Biography, New York 1968, S. 6–98.

6 Vgl. Langen, S. 121–193.

7 Vgl. Jones, Multinationals, S. 21. Jones weist zwar darauf hin, dass 1913 annähernd ein Drittel der Auslandsinvestitionen direkt erfolgte und dass der prozentuale Anteil ausländischer Direktinvestitionen an der Weltproduktion erst in den 1990er Jahren wieder den Stand überschritt, den er vor dem Ersten Weltkrieg erreicht hatte. Darüber ist jedoch nicht zu vergessen, dass die Investitionen vor dem Ersten Weltkrieg stark konzentriert waren und in ihrer großen Mehrheit natürlichen Rohstoffvorkommen und der Nahrungsmittelerzeugung in abhängigen Regionen galten.

8 Vgl. Langen, S. 309–321.

9 Vgl. Youssef Cassis u. Éric Bussière (Hrsg.), London and Paris as International Centres in the Twentieth Century, Oxford 2005 sowie Youssef Cassis, City Bankers: 1890–1914, Cambridge 1994.

10 Vgl. Dan Rottenberg, The Man Who Made Wall Street: Anthony J. Drexel and the Rise of Modern Finance, Philadelphia 2001.

11 Vgl. Theresa M. Collins, Otto Kahn: Art, Money, & Modern Times, Chapel Hill 2002, S. 45.

12 Vgl. ebd.

13 Vgl. Wall Street Journal, 14. Juni 1934. Wie mit ihm viele kleinere Bankhäuser entschied Speyer im Jahre 1934, sich auf das Investmentbanking zu beschränken.

14 Vgl. New York Evening Post, 15. Oktober 1926.

15 Vgl. Gwinner an Edgar Speyer, 14. Januar 1905, HADB, A1323.

16 Vgl. James Speyer an Gwinner, 21. Juni 1904, HADB, A1323.

17 Vgl. Aktenvermerk Gwinner an Direktion, 12. Dezember 1906, HADB, A47.

18 Vgl. Die Disconto-Gesellschaft 1851–1901: Denkschrift zum 50jährigen Jubiläum, Berlin 1901.

19 Vgl. Aktenvermerk Gwinner an Direktion, 12. Dezember 1906, HADB, A47.

20 Vgl. ebd.

21 Vgl. Speyer-Ellissen an Deutsche Bank, 21. November 1895, HADB, A152. 1895 zum Beispiel schlug Speyer vor, die Deutsche Bank solle bei seinem Institut US-Schatzwechsel kaufen, während die Deutsche Bank die Papiere direkt zeichnen wollte.

22 Vgl. Speyer-Ellissen an Deutsche Bank, 13. Dezember 1895, HADB, A152 sowie weitere Korrespondenz im Winter 1895/96.

23 Siemens riet seinen Kollegen am 12. Dezember 1895, einige Aspekte der Northern-Pacific-Problematik nicht mit Stern zu erörtern. HADB, A148.

24 Vgl. Vermerk Roland-Lücke, 8. März 1905. «Verhältnis zu den Firmen Speyer's», HADB, A1323. Nichtsdestoweniger arbeiteten die Deutsche Bank und Speyer am Ende doch zusammen und halfen einander aus, als anstand, eine Niederlassung von Speyer in Mexiko zu errichten und mexikanische Wertpapiere auf den Markt zu bringen.

25 Vgl. Adams an Gwinner, 16. August 1909, HADB, A47.

26 Vgl. Adams an Albert Kahn, 8. August 1910, HADB, A47.

27 Vgl. Reisebericht Mankiewitz, HADB, A1364.

28 Vgl. Adams an Gwinner, 25. April 1904, HADB, A46.

29 Vgl. Gwinner an Adams, 24. Dezember 1898, HADB, A45.

30 Vgl. Adams an Gwinner, 14. Februar 1899, HADB, A45.

31 Vergleich der Bilanz der First National City Bank mit dem Jahresbericht der Deutschen Bank für 1900, 15. Juli 1901, HADB, A45.

32 Vgl. Adams an Gwinner, 14. Februar 1899, HADB, A45.

33 Vgl. Gwinner an Braunfels, 12. Januar 1901, HADB, A337.

34 Adams an Gwinner, 4. August 1899, HADB, A45.

35 Vgl. ebd.

36 Vgl. Collins, S. 43–49.

37 Vgl. Gwinner an Adams, 6. November 1905, HADB, A33.

38 Vgl. Adams an Gwinner, 18. Juni 1904, HADB, A46.

39 Vgl. Gwinner an Adams, 20. August 1904, HADB, A46. Stillman war der Ansicht, die Schwierigkeiten der Great Northern und der Northern Pacific müssten am Ende vermutlich durch die Gerichte beigelegt werden, eine Vorhersage, die sich als zutreffend erwies.

40 Vgl. Langen, S. 43–94 und 309–319.

41 Vgl. Adams an Deutsche Bank, 25. November 1898, HADB, A29.

42 Richard Hofstadter, The Age of Reform, New York 1955, S. 20f.

43 Vgl. Strouse, S. 573–596.

44 Vgl. Chernow, The House of Morgan, S. 122.

45 Vgl. Adams an Gwinner, 13. Juni 1906, HADB, A47.

46 Vgl. Adams an Gwinner, 28. Dezember 1906, HADB, A33.

47 Vgl. Adams an Gwinner, 9. Januar 1907, HADB, A47.

48 Vgl. Adams an Gwinner, 26. Februar 1907, HADB, A47.

49 Vgl. Adams an Gwinner, 13. Juni 1906, HADB, A47. Siehe auch seinen Brief an Gwinner vom 21. September 1907, HADB, A47.

50 Adams an J. Edward Simmons, 10. November 1907, HADB, A47. Amerika müsse seine Abneigung gegen eine Zentralbank aufgeben, selbst wenn das Finanzministerium deren Funktionen zeitweilig wahrnehmen könne. Amerikas Goldreserven seien groß genug, den Geldumlauf um bis zu 250 Millionen Dollar auszuweiten.

51 Vgl. Adams an Gwinner, 21. September 1907, HADB, A47.
52 Vgl. ebd.
53 Vgl. Adams an Gwinner, 12. Dezember 1907, HADB, A47. Zweiter Brief an diesem Tag.
54 Adams an Gwinner, 27. Mai 1908, HADB, A47.
55 Gwinner an Adams, 8. Februar 1908, HADB, A47.
56 Vgl. Langen, S. 130–183.
57 New York Times, 4. Januar 1911.
58 Vgl. Adams an Gwinner, 11. November 1912, HADB, A48.
59 Vgl. Adams an Deutsche Bank, 22. September 1911, HADB, A38.
60 Vgl. ebd.
61 Vgl. New York Times, 15. Dezember 1912.
62 Vgl. verschiedene Briefe, HADB, A41–A48.
63 Vgl. Adams an Gwinner, 8. Januar 1908, HADB, A47. Adams dankte Gwinner hier zum Beispiel für die Übersendung einer griechischen Münze aus dem vierten Jahrhundert.
64 Vgl. Adams an Gwinner, 16. August 1901, HADB, A45, Gwinner an Adams, 8. Oktober 1901, HADB, A45. Adams gefiel zum Beispiel nicht, wie Siemens & Halske ihn anlässlich der Beendigung eines von ihm mit der Firma geschlossenen Vertrags und der damit verbundenen Zahlung von Gebühren behandelte.
65 Vgl. Nachruf auf Ernest Adams, Electrical World and Engineer, 30. Juli 1904, HADB, A46.
66 Vgl. Adams an Gwinner, 26. Februar 1905, HADB, A46.
67 Vgl. Gwinner Vermerk, 12. Mai 1905, HADB, A423.
68 Vgl. Gwinner, Aktenvermerk an Direktion, 12. Dez. 1906, HADB, A47 sowie James Speyer an Gwinner, 21. Juni 1904, HADB, A1323. Speyer hatte Zweifel, was Adams' technische Kompetenz anging.
69 Albert Kahn (1860–1940) war ein französischer Selfmadebankier mit guten Verbindungen zu Finanzkreisen in den USA und Europa, ohne freilich mit Otto Kahn von Kuhn Loeb verwandt zu sein. Kahn versuchte ein Bankenkonsortium zusammenzubringen, um die internationalen Finanzierungsaktivitäten zu befördern. Albert, sein ursprünglicher Name war Abraham, war der Sohn eines eher unbedeutenden Händlers. Kahn unterhielt gute Arbeitsbeziehungen mit dem Crédit Lyonnais, der Société Générale und den Rothschilds. Nach Abschluss seiner Ausbildung zum Rabbiner im Jahre 1876 ging er als Einzelhandelslehrling nach Paris, trieb dort Studien und traf mit Henri Bergson zusammen, mit dem ihn eine lebenslange Freundschaft verbinden sollte. Nach einjähriger Bankerfahrung brach Albert auf einem Frachtschiff nach Südafrika auf. Dort traf er DeBeers, der ihn anstellte, um Aktien seines Unternehmens in Europa auf Kommissionsbasis zu verkaufen. Das brachte dem jungen Mann ein kleines Vermögen ein, das groß genug war, um ein Anwesen in Boulogne an der Seine erwerben zu können, das heute ein Museum ist. Der Kreis, in dem Kahn verkehrte, umschloss literarische Größen, etwa Anatole France und Paul Valéry, und Politiker, darunter der künftige Präsident von Frankreich, Raymond Poincaré. Kahn verwandte sein Vermögen, um zahlreiche künstlerische und wissenschaftliche Unternehmungen zu finanzieren. Zusätzlich zu seinen eher literarischen Bemühungen wurde er ein gewichtiger Akteur im internationalen Finanzgeschäft und bereiste die ganze Welt, um seine geschäftlichen

und künstlerischen Interessen voranzubringen. In der Krise von 1929 verlor er nahezu alles. Er war in zahlreiche Skandale verwickelt und floh schließlich aus Frankreich. Er starb im März 1940, wenige Monate bevor die Nationalsozialisten in Frankreich einfielen. Vgl. Dictionnaire de Biographie Française, hrsg. von M. Prevost u.a., Bd. 18, Paris 1994.

70 Kahn war ein enger Partner von James Rosselli, Mitglied des Vorstands von Crédit Lyonnais, der für die Filialen der Bank zuständig war, darunter auch das Vertretungsbüro in den Vereinigten Staaten. Er arrangierte es, dass Kahn das Büro des Crédit Lyonnais in New York, 52 William Street benutzen konnte, in dem gleichen Gebäude wie Kuhn Loeb, und dass der dortige Repräsentant der französischen Bank Kahn in die Geschäftswelt einführte. Kahns Ideen scheinen auch Rosselli angesprochen zu haben. Der Crédit Lyonnais war sich schmerzlich bewusst, dass seine Pflichten als Bank, die Einlagen hereinnahm, mit dem Kauf und dem Halten von Wertpapieren – insbesondere ausländischen, für internationale Syndikate unerlässlich – moralisch, wenn auch nicht rechtlich unvereinbar schienen. Die Beteiligung an einem Konsortium, das die Sorge für die Wertpapiere übernahm, würde manches einfacher machen. Vgl. Rosselli an Buchanon, 3. Juni 1905 und 13. Juli 1905, DAE, 7113. Kahn nahm seinen Sitz beim Büro des Crédit Lyonnais, der 1913 – gemessen an den Einlagen – die viertgrößte Bank der Welt war und eine Agentur in New York betrieb.

71 Adams führte Kahn bei vielen führenden New Yorker Geschäftsleuten ein, so auch bei Morgan, der Kahn zu einem privaten Zusammentreffen in seine berühmte Bibliothek einlud. Adams berichtete, dass Kahn für seine internationale Bank nicht viel Zuspruch erhielt, teilweise da der Plan einer amerikanischen Zentralbank auf mehr Resonanz stieß. Offenbar lief der Plan, eine internationale Bank zu gründen, zum Teil darauf hinaus, dass diese einige der bankenübergreifenden Funktionen einer Zentralbank wahrnehmen sollte. Morgan und andere waren jedoch stärker interessiert, ihre internationale Präsenz auszubauen. Sie schienen freilich kaum einen Unterschied zwischen den privaten und öffentlichen Funktionen einer derartigen großen internationalen Bank zu sehen, die beitragen könnte, Amerikas wachsendes Engagement im internationalen Handel und Investitionsgeschäft zu erleichtern. Adams an Gwinner, 29. November 1907, HADB, A47.

72 Vgl. Briefwechsel zwischen Gwinner und Adams, 1907, HADB, A47.

73 Aktenvermerk, Gwinner, 21. März 1903, HADB, A121. Die International Banking Corporation wurde 1902 gegründet, um Geschäfte in Lateinamerika, Europa und Asien zu tätigen, und war in vieler Hinsicht ganz wie die Deutsche Ueberseeische Bank aufgezogen.

74 Vgl. Briefwechsel zwischen Gwinner und Adams, 1898–1902, HADB, A45.

75 1909 zum Beispiel wurde Adams eine weite Bandbreite von Kursen genannt, zu denen er Aktien der Deutschen Bank verkaufen konnte. Deutsche Bank an Adams, 31. Dezember 1909, HADB, A37.

76 Adams an Gwinner, 25. April 1904, HADB, A46.

77 Vgl. Siemens an Deutsche Bank, 26. Oktober 1893, HADB, A713.

78 Vgl. Gwinner an Adams, 20. Juli 1901, HADB, A45.

79 Vgl. Adams an Gwinner, 16. August 1901, HADB, A45.

80 Vgl. Gwinner an Adams, 8. Dezember 1902, HADB, A45.

81 Vgl. Adams an Gwinner, 30. Dezember 1902, HADB, A45.

82 Vgl. Adams an Gwinner, 22. Mai 1907, HADB, A47. Nichtsdestoweniger mietete er in diesem Jahr ein Auto und stellte einen Chauffeur ein, um zusammen mit seiner Frau durch Europa zu reisen.

83 Vgl. Aktenvermerk Gwinner an Direktion, 31. Dezember 1906, HADB, A47. Gwinner hielt die Leute von Kuhn Loeb für «egoistisch». Angesichts der engen persönlichen Bindungen, die die Deutsche Bank mit dem Frankfurter Stammhaus von Speyer hatte, lag nahe, dass Gwinner den Speyers den Vorzug gab. Im Unterschied dazu war Kuhn Loeb mit den Warburgs in Hamburg familiär verbunden.

84 Vgl. Aktenvermerk Gwinner an Direktion, 12. Dezember 1906, HADB, A47.

85 Vgl. Adams an Gwinner, 19. Januar 1909, HADB, A47.

86 Vgl. Gwinner an Adams, 31. Oktober 1911, HADB, A48.

87 Vgl. Deutsche Bank (vermutlich Axhausen) an W. Greif in Adams' Büro, 11. November 1911, HADB, A38. Der Brief deutete an, es sei äußerst wichtig, dass Greif den Eindruck vermeide, er sende unfreundliche Berichte von Adams' Büro nach Berlin.

88 Vgl. Reisebericht Axhausen, undatiert, HADB, A38. Für den Fall seines Todes bestimmte Adams' letzter Wille, dass die Deutsche Bank bevollmächtigt war zu bestimmen, wie mit seinen Vermögenswerten verfahren werden sollte.

89 Vgl. Gwinner an Adams, 20. Juni 1914, HADB, A48. Gwinner zitiert sein früheres Schreiben.

90 Gwinner an Adams, 31. Oktober 1911, HADB, A48.

91 Vgl. Gwinner an Adams, 28. Februar 1913, HADB, A48.

92 Vgl. Gwinner an Adams, 8. Februar 1908, HADB, A47. Empire Engineering nutzte Kredite der Deutschen Bank entgegen deren Wunschvorstellungen.

93 Vgl. Gwinner an Adams, 31. Oktober 1911, HADB, A48.

94 Vgl. Lees, S. 10f.

95 Vgl. Gwinner an Adams, 20. Juni 1914, HADB, A48.

96 Vgl. Adams an Gwinner, 10. Februar 1910, HADB, A47.

97 Vgl. Blinzig an Marston, 15. August 1908, HADB, A222. Blinzig wies Marston auf die Unterschiede zwischen Deutschland und den Vereinigten Staaten hin. In Amerika komme es schnell zu Paniken und Korrekturen. In Deutschland verliefen dagegen die Anpassungsprozesse langwierig und «geordnet». Zwar habe sich der deutsche Markt noch nicht von dem durch die amerikanische Krise ausgelösten Konjunkturrückgang erholt, gleichwohl gebe es viele gute Gründe zu investieren. Er riet Marston, dem Wiederanstieg zuvorzukommen. Siehe verschiedene Briefe, die die beiden Männer zwischen 1908 und 1910 wechselten. Sie befassen sich mit WMR, politischen Fragen und sogar Familienangelegenheiten, HADB, A222.

98 Vgl. Deutsche Bank, Bilanz-Inventur, 31. Dezember 1913, HADB, B302.

99 Vgl. Adams an Deutsche Bank, 6. Februar 1899, HADB, A29.

100 Vgl. G. W. Wilson, Acting Commission of Internal Revenue, an Charles H. Treat, Collector, 2nd District, 24. Januar 1899, HADB, A29.

101 Vgl. Adams an Gwinner, 10. Februar 1910, HADB, A47. Auf Anraten von Morgan hatte Adams zum Beispiel Aktien der United States Steel für weniger als 30 Dollar gekauft. Als der Kurs in die Höhe schoss, saß Adams auf einem rechnerischen Gewinn von 2 Millionen Dollar. Er erwarb ein weiteres Aktienpaket und brachte damit seinen Durchschnittskurs auf 92 Dollar. Angesichts der United States Steel

angedrohten Anti-Trust Ermittlungen stürzte der Kurs. Morgan weigerte sich, für einen liquiden Markt zu sorgen, und Adams verkaufte eine erhebliche Zahl seiner Aktien zu 75 Dollar.

102 Vgl. Adams an Gwinner, 26. März 1908, HADB, A47.
103 Gwinner an Mount Stephen, 24. Oktober 1903, HADB, A434.
104 Strong trat den neuen Posten als Gouverneur der New Yorker Federal Reserve Bank im Oktober 1914 an.
105 Vgl. Langen, S. 429.
106 Strongs Reise nach Europa, Mai-Juni 1914, Federal Reserve Bank of New York, Nachlass Strong, 1000.1.
107 Vgl. ebd.
108 Strong an Schmidt, 13. Juni 1914, Federal Reserve Bank of New York, Nachlass Strong, Strongs Korrespondenz mit deutschen Bankiers, 1914, 1925–28, 1130.
109 Vgl. Strongs Reise nach Europa, Mai-Juni 1914, Federal Reserve Bank of New York, Nachlass Strong, 1000.1.
110 Adams an Gwinner, 13. Juli 1914, HADB, A48.
111 Vgl. Langen S. 419.

Teil II

1 Der Titel ist eine Anspielung auf die Studie von Gerald D. Feldman, The Great Disorder. Politics, Economics, and Society in the German Inflation 1914–1924, Oxford 1993. Die gleiche Kennzeichnung, «Große Unordnung», lässt sich auch auf den gesamten in diesem Teil behandelten Zeitraum anwenden.
2 Beide Zitate, Jeidels an Stauß, 21. März 1922, und Stauß an Jeidels, 23. März 1922, HADB, S3626.

Einleitung
1 Gerald D. Feldman, Iron and Steel in the German Inflation, 1916–1923, Princeton 1977, S. 9. Übersetzung HH.
2 Vgl. Mira Wilkins, The History of Foreign Investment in the United States 1914–1945, Cambridge, MA 2004, Vorwort.
3 David S. Landes, Der entfesselte Prometheus. Technologischer Wandel und industrielle Entwicklung in Westeuropa von 1750 bis zur Gegenwart (The Unbound Prometheus, 1969), Köln 1973, S. 333.
4 Vgl. Harold James, Geschichte Europas im 20. Jahrhundert: Fall und Aufstieg 1914–2001 (Europe Reborn. A History 1914–2000, 2003), München 2004, S. 17–33
5 Vgl. James, Rückfall.
6 Vgl. Mark Mazower, Der dunkle Kontinent: Europa im 20. Jahrhundert, Berlin 2000. Siehe auch Berghahn, Unternehmer und Politik sowie Jonathan Zeitlin u. Gary Herrigel, Americanization and its Limits, Oxford 2000.
7 Vgl. Gerold Ambrosius, Staat und Wirtschaft, in: ders. u.a. (Hrsg.), Moderne Wirtschaftsgeschichte. Eine Einführung für Historiker und Ökonomen, München: 1996, S. 355–374, hier S. 374.
8 Das durchschnittliche jährliche Haushaltsdefizit der Zentralregierung in Prozent des Sozialprodukts bewegte sich in den meisten entwickelten Ländern von einem Überschuss der Einnahmen über die Ausgaben oder einem geringen Defizit im

Zeitraum 1890 bis 1913 zu einem ausgeprägten Defizit im Zeitraum 1919 bis 1938. Vgl. Ferguson, Politik ohne Macht, S. 126 u. 127 (Tabelle 2). Die Staatsverschuldung, ausgedrückt in Prozent des Bruttosozialprodukts, bezifferte sich 1912 in Großbritannien, in den USA und in Deutschland jeweils auf unter 60 Prozent. 1928 lag die entsprechende Verhältniszahl in Großbritannien und Deutschland deutlich über 100 Prozent. Vgl. ebd., S. 130 u. 131 (Abbildung 4).

9 Vgl. Walter Hook, Die wirtschaftliche Entwicklung der ehemaligen Deutschen Bank im Spiegel ihrer Bilanzen, Heidelberg 1954, Tafel 5.

10 Vgl. Christopher Kobrak u. Per Hansen, European Business, Dictatorship and Political Risk: 1920–1945, New York 2004 sowie Jones, Multinationals, S. 80–87.

Kapitel 9

1 Mankiewitz an Adams, 20. November 1915, HADB, A528.

2 Blinzig an Axhausen, 1. September 1914. Donon, höchster Berg der mittleren Vogesen im Elsass.

3 Vgl. Cassis, Capitals of Capital, S. 143–145.

4 Blinzig an Marston, 10. September 1914, HADB, A223.

5 Blinzig an Marston, 15. März 1915, HADB, A223.

6 Schmidt an Blinzig, 10. Mai 1915, HADB, A464.

7 Marston an Blinzig, 30. April 1915, HADB, A223.

8 Siehe etwa Blinzig an Marston, 19. Januar 1920, HADB, A223. Blinzig dankt Marston für seine Neujahrswünsche.

9 Blinzig an Marston, 19. Januar 1920, HADB, A223. McClement bearbeitete bereits die WMR-Angelegenheiten, die zwischen der Deutschen Bank und Adams so viele Schwierigkeiten verursacht hatten.

10 Vgl. Langen, S. 426.

11 Vgl. Gwinner an McClement, 27. Juli 1914, HADB, A1027.

12 Vgl. Adams an Gwinner, 2. November 1914, HADB, A457. Adams fügte eine Liste von elf Briefen bei, auf die er keine Antwort erhalten hatte. Die meisten der Briefe finden sich in den Unterlagen der Deutschen Bank, allerdings lässt sich der Zeitpunkt, wann sie eintrafen, nicht mehr genau feststellen. Nur der Umstand, dass Schmidts Name auf der Passagierliste der ankommenden Dampfer auftauchte, veranlasste Adams im November 1914, an der Anlegestelle nach ihm Ausschau zu halten.

13 Vgl. Adams an Gwinner, 9. Dezember 1914, HADB, A457.

14 Vgl. Adams an Gwinner, 28. Januar 1915, HADB, A457.

15 Schmidt an Blinzig, 23. Dezember 1914, HADB, A1027.

16 Vgl. ebd.

17 Vgl. Blinzig an Schmidt, 15. Januar 1915, HADB, A1027.

18 Vgl. Schmidt an Blinzig, 16. Februar 1915, HADB, A1027. Marston warf die Frage bei einem gemeinsamen Frühstück mit Adams und Schmidt auf. Schmidt musste warten, bis Adams den Tisch verließ, um eine Erklärung der Lage zu geben, so wie er sie sah.

19 Vgl. Schmidt an Blinzig, 16. Februar 1915, HADB, A1027. McClement, der sein Büro am Broadway 165 hatte, war nicht bei jedermann beliebt. Bei einer Gelegenheit beschwerte sich James Speyer nachdrücklich über die Art und Weise, wie McClement die ihm zugegangene Aufforderung der Deutschen Bank angepackt

habe, in das Direktorium der B&O einzutreten. Der Fairness halber gegenüber McClement sollte festgehalten werden, dass seine Zurückweisung durch Willard, den Präsidenten der B&O, auch das Ergebnis der Kommunikation der Deutschen Bank mit den Beteiligten und und ihres verringerten Einflusses auf die Eisenbahngesellschaft gewesen zu sein scheint; eine Einschätzung, die die Bank offenbar teilte. Obwohl McClement einige Aufträge für sie ausführte, scheint das Verhältnis nie so breit und tief geworden zu sein wie das zwischen ihr und Adams. Vgl. Blinzig an Schmidt, 15. März 1915, HADB, A1027.

20 Vgl. Blinzig an Schmidt, 7. Juli 1915, HADB, A464. Der Brief kommt auch auf viele geschäftliche Angelegenheiten zu sprechen, deren Abwicklung wegen der Entfernung immer schwieriger zu werden drohte.

21 Vgl. Schmidt an Blinzig, 25. Juni 1915, HADB, A464.

22 Vgl. Deutsche Bank an Schmidt, 12. Januar 1916, HADB, A464. Siehe auch Schmidt an Blinzig, 13. Januar 1915 (Vermutlich handelt es sich bei der Jahresangabe 1915 um ein Versehen, der Brief findet sich zwischen anderer Korrespondenz vom Januar 1916), HADB, A464.

23 Vgl. Schmidt an Blinzig, 14. Februar 1916, HADB, A464.

24 Vgl. Schmidt an Deutsche Bank Berlin, 30. Januar 1915, HADB, A464.

25 Vgl. ebd. Siehe auch die für Versicherungszwecke ausgestellte Kopie der Bescheinigung über amerikanische Geschäftsleitung und Eigentümerschaft sowie die an Adams adressierte Abschrift, 14. November 1914, über von Gwinner genehmigte Zahlungen für einen Strohmann (Vermögensverwalter) A. C. Woodman. Bei der Erörterung von Verschleierungsoperationen achtete die Deutsche Bank mehr darauf, Decknamen zu verwenden.

26 Vgl. Schmidt an Blinzig, 13. Januar 1915 (wahrscheinlich ist die Jahresangabe 1915 ein Versehen, der Brief befindet sich zwischen anderer Korrespondenz vom Januar 1916), HADB, A464.

27 Vgl. Deutsche Bank an Schmidt, 17. Januar 1916, HADB, A35.

28 Vgl. Aktenvermerk Adams, 7. Januar 1916, HADB, A35.

29 Vgl. Adams an Deutsche Bank, 16. Februar 1916, HADB, A35. Das Schriftbild dieses Briefes, kleine Schrifttype und sehr eng zusammengerückte Zeilen, spiegelt die kriegsbedingte Notwendigkeit wider, Platz zu sparen.

30 Vgl. Robert K. Massie, Castles of Steel: Britain, Germany, and the Winning of the Great War at Sea, New York 2003, S. 77 u. 162.

31 Deutsche Bank (Gwinner und Blinzig) an Axhausen, 5. September 1914, HADB, A460.

32 Vgl. Deutsche Bank an National City Bank, 26. September 1914, HADB, A460.

33 Vgl. Deutsche Bank an Schweizerische Kreditanstalt, 27. November 1914, HADB, A460. Zu den anfänglichen kleinen Pannen gehörte, dass einige Transaktionen, vermutlich aufgrund einer Verwechslung angesichts der zahlreichen Konten, welche die Schweizerische Kreditanstalt bei der First National City Bank unterhielt, auf ein falsches New Yorker Konto der Schweizerischen Kreditanstalt verbucht wurden.

34 Vgl. Langen, S. 335–341.

35 Vgl. ebd., S. 341–347.

36 Vgl. ebd., S. 348 f.

37 Vgl. Deutsche Bank Berlin an Filiale München, 18. August 1914, HADB, A461.

38 Vgl. Deutsche Bank Filiale London an Schweizerische Kreditanstalt, 7. August 1914, HADB, A462, The Times, 8. August 1914.

39 Vgl. Luchsinger & Co. an Axhausen, 8. September 1914, HADB, A462, The Times, 13. August 1914.

40 Vgl. Langen, S. 350–363.

41 Vgl. verschiedene Briefe Axhausen an Deutsche Bank, Berlin, August–September 1914, HADB, A461.

42 Vgl. Deutsche Bank an Axhausen, 24. August 1914, HADB, A459.

43 Vgl. Deutsche Bank an Schmidt, 27. April 1915, HADB, A464.

44 Vgl. Edward Adams, New York Kontobestand, ohne Datum, das Schriftstück findet sich jedoch zwischen Briefen vom Herbst 1914, HADB, A41. Bei Kriegsbeginn hielt Adams annähernd 1 Million Dollar (3,9 Millionen Mark) an Wertpapieren. Zum größten Teil handelte es sich dabei um Eisenbahn-, Bergbau- und Kohleverarbeitungswerte. Allein die Beteiligung der Bank an Western Maryland belief sich auf nahezu 2 Millionen Mark. Lehigh Coke war mit 0,6 Millionen Mark veranschlagt. Die Konsortialanteile der Deutschen Bank an Allis-Chalmers wie auch die Elektroinvestitionen fehlten in dieser Aufstellung.

45 Vgl. Axhausen an Deutsche Bank, 15. August 1914, HADB, A459.

46 Vgl. The Times, 26. August 1916. Aus dem Bericht geht nicht eindeutig hervor, ob die beiden in New York verhaftet wurden wegen der Briefe oder der Juwelen, die sie ebenfalls schmuggelten. Der Artikel macht viel Aufhebens von der «geheimen Organisation» überallher zusammen einlaufender Briefe und von Hugo Schmidts Rolle bei der Affäre.

47 Vgl. Adams an Devisenabteilung, The Merchants Loan & Trust Company, 14. November 1914, HADB, A41.

48 Vgl. Deutsche Bank an Adams, 28. Dezember 1914, HADB, A41.

49 Vgl. Deutsche Bank (Gwinner und Blinzig) an Axhausen, 5. September 1914, HADB, A461. Mit diesem Verfahren riskierte man u.a., dass feindselige Gefühle zwischen Deutschland und der Schweiz aufkamen. Der Deutschen Bank war sehr daran gelegen, einen Streit über «antideutsche Stimmung» beizulegen, der zwischen dem *Berliner Tageblatt* und der *Neuen Zürcher Zeitung* aufgeflammt war. Deutsche Bank an Axhausen, 18. September 1914, HADB, A461.

50 Vgl. Wilkins, 1914–1945, S. 1–4.

51 Vgl. New York Times, 21. Mai 1916, und Deutsche Bank, Geschäftsbericht 1915.

52 Vgl. verschiedene Zeitungsartikel, wobei der Name der Zeitungen oft nicht angegeben ist, HADB, A2.

53 Vgl. Wall Street Journal, 15. Juli 1915.

54 Vgl. Heinrich Charles an Frank Vanderlip, Präsident der National City Bank, 5. Oktober 1915, HADB, A2.

55 Vgl. Heinrich Charles an den Finanzminister, 6. September 1915, HADB, A2. Am 14. September 1915 erinnerte Charles den Finanzminister W. G. McAdoo an die bei Kriegsbeginn herausgegebene Selbstverpflichtung der Regierung, keiner Seite zu gestatten, in erheblichem Umfang in den USA Anleihen aufzunehmen. Vergeblich gab er seiner Hoffnung Ausdruck, dass die Forderung nach einer neuen Anleihe über 1,0 Milliarden Dollar mit einem Veto belegt würde. HADB, A2.

56 Heinrich Charles an James Hill, 15. September 1915, HADB, A2.

57 Vgl. Heinrich Charles an James Hill, 16. September 1915, HADB, A2.

58 Vgl. Heinrich Charles an die Versicherungsaufsicht (Superintendent of Insurance), Albany, 6. Oktober 1915, HADB, A2.

59 Vgl. Wilkins, 1914–1945, S. 10–15.

60 Vgl. ebd.

61 Vgl. ebd., S. 17.

62 Vgl. Telegramm Axhausen an Deutsche Bank Berlin, 7. September 1914, HADB, A461, mit einem Bericht über die Bemerkung eines Amerikaners zur deutschen Lebensmittellage.

63 Vgl. Wilkins, 1914–1945, S. 44–45.

64 Vgl. ebd., S. 19.

65 Mehrere Erklärungen von der Deutschen Bank, ohne klar ersichtlichen Anlass, 11. August 1916.

66 Hugo Schmidt an Gwinner, 4. März 1916 (Eingang 27. März), HADB, A464.

67 Vgl. Hugo Schmidt an Deutsche Bank, 17. Februar 1916, HADB, A464.

68 Vgl. Adams an Gwinner, 22. September 1914, HADB, A457.

69 Vgl. Adams an Gwinner, 19. Oktober 1914, HADB, A457.

70 Vgl. Schmidt an Gwinner, 6. März 1916, HADB, A464.

71 Vgl. Langen, S. 363–397.

72 Vgl. Frankfurter Zeitung, Nr. 285, 14. Oktober 1916 (Abendblatt).

73 Ganz am Anfang führten die Kriegshandlungen zu einem Dollar-Abfluss. Beunruhigt über die künftige Entwicklung, schränkten Amerikaner ihre Ausgaben ein und Unternehmen reduzierten ihre Dividendenzahlungen. Inflation und Arbeitslosigkeit stiegen. Vgl. Mehrere Briefe, Adams an Deutsche Bank, Herbst 1914, HADB, A41. Adams glaubte nicht, dass die New Yorker Börse ohne einen Kurssturz wieder geöffnet werden könne. In früheren Kriegen waren neutrale Länder benutzt worden, um Zahlungen abzuwickeln. Nun erschienen die USA als einziger Markt, der diese Funktion erbringen konnte, doch waren die amerikanischen Märkte nicht frei von finanziellen Spannungen. Obwohl der Krieg die Wirtschaft in weiten Teilen zerrüttete, ist nicht auszuschließen, dass er die USA vor einer ernsten Rezession bewahrte.

74 Vgl. Adams an Deutsche Bank, 5. Oktober 1914, HADB, A14.

75 Vgl. Frankfurter Zeitung, Nr. 267, 26. September 1916 (Abendblatt).

76 Frankfurter Zeitung, Nr. 269, 28. September 1916 (Abendblatt).

77 Vgl. Frankfurter Zeitung, Nr. 277, 6. Oktober 1916 (Abendblatt).

78 Vgl. Colin Simpson, Die Lusitania, Frankfurt am Main 1973. Vieles deutet darauf hin, dass die *Lusitania*, ein britisches Handelsschiff, in Verletzung amerikanischer Gesetze Munition transportierte. In Ermangelung eines Beweises für die deutschen Beschuldigungen vergifteten eine umfassende antideutsche Kampagne der Briten in den Medien, die Verluste an Menschenleben, darunter insbesondere der Tod von Amerikanern im Verbund mit der Einbuße einer gewinnbringenden amerikanischen Ausfuhr nach Großbritannien, die amerikanisch-deutschen Beziehungen und trugen schließlich zur Entscheidung der Vereinigten Staaten bei, gegen Deutschland in den Krieg einzutreten.

79 Vgl. Deutsche Ozean-Reederei, Geschäftsbericht für die Jahre 1915/16, undatiert, HADB, S108.

80 Interner Aktenvermerk, 10. Dezember 1916, HADB, S108.

81 Vertrag, 15. November 1915, HADB, S108, verschiedene weitere Schriftstücke, HADB, S108.

82 Vgl. Deutsche Bank an Deutsche Ozean-Reederei, 1. April 1916, HADB, S108.
83 Vgl. undatierter interner Aktenvermerk, HADB, S108.
84 Vgl. internen Aktenvermerk, 10. Dezember 1916, HADB, S108.
85 Vgl. Deutsche Ozean-Reederei, Geschäftsbericht 1915/16, HADB, S108.
86 Vgl. Frankfurter Zeitung, 11. Juli 1916.
87 Vgl. Deutsche Bank an Herrmann, 5. September 1923, sowie Deutsche Ozean-Reederei an Deutsche Bank, 15. Dezember 1925, HADB, S108.

Kapitel 10
1 Mankiewitz an Adams, 3. September 1915, HADB, A528. Original englisch.
2 Vgl. Mankiewitz an Adams, 11. Dezember 1914, HADB, A527.
3 Vgl. Deutsche Bank an Adams, 16. Dezember 1914, HADB, A527.
4 Aktennotiz in englischer Sprache, 8. Dezember 1914, HADB, A527.
5 Vgl. Deutsche Bank an McIlvain, 30. Dezember 1913, HADB, A527.
6 Vgl. Wilkins, 1914–1945, S. 31. Wilkins stützt sich auf William McAdoo, Crowded Years, Boston 1931, und Gerald D. Feldman, Die Deutsche Bank vom Ersten Weltkrieg bis zur Weltwirtschaftskrise 1914–1933, in: Lothar Gall u.a., Die Deutsche Bank 1870–1995, München 1995, S. 138–314, hier S. 168f. In ihrem Ursprung geht die «Fehldeutung» jedoch auf einen Bericht des Feindvermögensverwalters (Alien Property Custodian, APC) Report, No. 14 zurück. Die APC-Berichte enthielten oftmals brauchbare Informationen, benutzten dann aber diese Informationen in einer Weise, die darauf angelegt war, die Beschlagnahme von feindlichem Eigentum durch die Regierung der Vereinigten Staaten von Amerika zu rechtfertigen.
7 Vgl. Adams an Deutsche Bank, 31. Dezember 1914, HADB, A527.
8 Vgl. ebd. Die entsprechenden Passagen hatte ein Leser in dem Brief unterstrichen und mit doppeltem Ausrufezeichen versehen.
9 Vgl. Aktenvermerk Axhausen, 2. Februar 1915, HADB, A507.
10 Vgl. McIlvain an Deutsche Bank, 6. November 1914, HADB, A527.
11 Vgl. Deutsche Bank an Smith (Hugo Schmidt), 11. Februar 1915, HADB, A563.
12 Vgl. ebd.
13 Ebd. Aus internen Dokumenten geht hervor, dass mit «Smith» und «Dean» Schmidt und Adams gemeint waren.
14 Vgl. Aktenvermerk, 12. Februar 1915, HADB, A563. Obwohl der Vermerk einen Tag nach dem Brief an Smith datiert ist, scheint er eine Besprechung festzuhalten, die vor Abgang des Briefs stattfand. Smith wurde angewiesen, in Verhandlungen mit Bethlehem Steel einzutreten, während die Deutsche Bank noch bemüht war, die Unterstützung der Regierung für ihren Alternativplan zu organisieren.
15 Vgl. Deutsche Bank (Mankiewitz und Wassermann) an Preußisches Kriegsministerium, 14. Mai 1915, HADB, A563.
16 Vgl. Adams an Deutsche Bank, 14. Juli 1915, HADB, A528.
17 Vgl. ebd.
18 Vgl. Schmidt an Mankiewitz, 23. März 1915 und 1. April 1915, HADB, A505.
19 Vgl. Mankiewitz an Schmidt, 12. Mai 1915, HADB, A505.
20 Vgl. Bericht Price Waterhouse, 16. Februar 1915, HADB, A527.
21 Mankiewitz an Adams, 14. August 1915, HADB, A528. Original englisch.
22 Ebd. Diese Mitteilung findet sich in mehreren Briefen und Telegrammen, die etwa um die gleiche Zeit versandt wurden, wiederholt.

23 Deutsche Bank an McIlvain, 1. September 1915, HADB, A528. Original englisch
24 Deutsche Bank an McIlvain, 8. September 1915, HADB, A528. Original englisch.
25 Vgl. Mankiewitz an Adams, 20. November 1915, HADB, A528. Der Verfasser des Briefes entschuldigte sich, dass er aus Pflichtgefühl gegenüber seinem Land so viele Auflagen machen müsse. Er bat Adams eindringlich, sicherzustellen, dass Toluol, das wichtigste Nebenprodukt, eingelagert und nicht verkauft werde.
26 Verschiedene Briefe, Herbst 1915/Winter 1916, HADB, A529.
27 Vgl. Deutsche Bank an McIlvain, 16. März 1916, HADB, A529.
28 Vgl. Deutsche Bank an Adams, 28. Januar 1916, HADB, A529.
29 Vgl. Adams an Mankiewitz, 14. Juli 1915, HADB, A565.
30 Vgl. Adams an Mankiewitz, 25. September 1915, HADB, A565.
31 Vgl. Vertrag zwischen Lehigh Coke, Deutsche Bank und Carl Still aus Recklinghausen, Deutschland, 10. September 1915, HADB, A564.
32 Vgl. Aktenvermerk, 19. Januar 1916, HADB, A564.
33 Vgl. Mankiewitz an McIlvain, 19. Januar 1916, HADB, A564. Zu den Engpässen bei Chemikalien vgl. Gerald D. Feldman, Armee, Industrie und Arbeiterschaft in Deutschland 1914–1918, Bonn 1985, S. 209–212. 1916 begann die deutsche Regierung, den Rohstoffmangel ernst zu nehmen. Allerdings ist kaum anzunehmen, dass auch Benzol und dessen Nebenprodukte darunter fielen. Feldman zufolge wurden im Winter 1916/17 Engpässe bei Kohlen, nicht Koksgasen akut, und hierfür war vor allem die Transportkrise ausschlaggebend. Diese hätte durch Lieferungen aus den USA nicht behoben werden können.
34 Vgl. Deutsche Bank an Kriegsministerium, 1. Februar 1916, HADB, A564.
35 Vgl. Frankfurter Zeitung, 23. Juli 1916 (Abendblatt).
36 Vgl. Aktenvermerk, 7. Januar 1915, HADB, A505. In den ersten sechs Kriegsmonaten, als Lehigh Coke größere Schwierigkeiten hatte, seine Erzeugnisse in den USA abzusetzen, und einen großen Teil der Chemikalien einlagerte, wurde die Deutsche Bank bei dem amerikanischen Botschafter in Berlin und bei der Firma American Cynamid vorstellig und wies auf das amerikanische Interesse hin, u.a. Schwefel nach Deutschland zu exportieren.
37 Vgl. Axhausen an Mankiewitz, mit einem Bericht über die Zusammenkunft mit von Papen und Caro, 14. Februar 1916, HADB, A564.
38 Vgl. ebd.
39 Vgl. Deutsche Bank an Kriegsministerium, 11. August 1916, HADB, A564.
40 Vgl. Aktenvermerk Axhausen, 16. Januar 1916, HADB, A506.
41 Vgl. McIlvain an Deutsche Bank, 12. Oktober 1915, HADB, A529.
42 Ebd. Schmidt zufolge beschwerte sich McIlvain auf Direktionssitzungen, dass die Deutschen der Unternehmensleitung wenig Vertrauen entgegenbrächten. Diese Bemerkungen aus Berlin mögen darauf angelegt gewesen sein, seine verletzten Gefühle zu besänftigen. Auf einer Sitzung habe McIlvain – so Schmidt – erklärt, er «käme sich manchmal wie ein Office-boy vor». Schmidt an Deutsche Bank, 22. März 1915, HADB, A505.
43 Deutsche Bank an Adams, 17. Dezember 1915, HADB, A529.
44 Vgl. hierzu verschiedene Briefe HADB, A540, insbesondere Deutsche Bank an Süddeutsche Disconto-Gesellschaft, 25. Juli 1916.
45 Nordegg an Mankiewitz, 27. November 1916, HADB, A508.
46 Vgl. Mankiewitz an Nordegg, 8. Januar 1917, HADB, A508. Anscheinend antwor-

tete Mankiewitz auf Nordeggs Brief vom 27. November 1916. Wenn das Antwortschreiben fünf Wochen benötigte, um nach New York zu gelangen, traf es dort wenige Tage vor dem Datum ein, an dem der Verkauf besiegelt wurde. Mankiewitz
bedauerte, dass ihnen als einziges Kommunikationsmittel nur noch die Nachrichtenübermittlung per U-Boot verblieben sei.

47 Vgl. Axhausen an Deutsche Bank, 15. Dezember 1916, HADB, A508.
48 Vgl. Mankiewitz an McIlvain, 11. Dezember 1916, HADB, A530.
49 Vgl. Mankiewitz an Adams, 7. Dezember 1916, HADB, A530.
50 Rundschreiben Deutsche Bank, 31. Januar 1917, HADB, A540.
51 Nordegg an Deutsche Bank, 9. Februar 1917, HADB, A508.
52 Vgl. Verzeichnis der Aktionäre, 12. Januar 1917, HADB, A541. Mit Ausnahme der
   letzten Gruppe derjenigen, die wie Bamag-Didier und Adams Aktien für ihre
   Dienste erhielten, hielten alle Aktionäre sowohl Stamm- als auch Vorzugsaktien,
   allerdings nicht immer im gleichen Verhältnis. Einige Aktionäre wie etwa Adams
   figurierten auf verschiedenen Listen, sie gehörten also mehreren Gruppen an.
53 Verschiedene Korrespondenz, HADB, A536 sowie Didier an Deutsche Bank,
   14. Februar 1917, HADB, A541.
54 Vgl. Deutsche Bank an Adams, 17. Dezember 1915, HADB, A529.
55 Vgl. Deutsche Bank an Konsortium, 14. Februar 1917, HADB, A541.
56 Vgl. Gebrüder S. & M. Reitzes an Deutsche Bank, 17. Februar 1917, HADB, A541.
57 Vgl. Bamag-Didier, 21. Februar 1917, HADB, A541. Einige der Investoren, darunter die Franzosen und Briten, sollten erst nach Kriegsende in Mark, deren Wert erheblich vermindert war, ausgezahlt werden (obwohl der Preis in Dollar festgesetzt
   war). Deutsche Bank an Henri Gans & Cie. und Union Corp. Ltd., 15. März 1920,
   HADB, A541.
58 Vgl. Deutsche Bank an Adams, 23. Dezember 1915, HADB, A529.
59 Vgl. Mankiewitz an Adams, 23. Dezember 1915, HADB, A529.
60 Vgl. New York Times, 23. November 1915.
61 Vgl. New York Times, 6. Juli 1917.
62 Vgl. Deutsche Bank an Auswärtiges Amt, z. Hdn. Minister von Haniel, 23. April
   1917, HADB, A464.
63 Mitteilung von Deutsche Bank Filialbüro, 30. Juni 1917, HADB, A464. Die Bank erhielt einen Brief von Schmidt, in dem dieser andeutete, dass ihm kein direkter
   Briefverkehr gestattet war, insbesondere politische Nachrichten und Briefe von
   dritten Personen untersagt waren. Schmidt berichtete, er werde fortlaufend überwacht und müsse alle Anordnungen der US-Dienststellen peinlichst genau befol-
   gen.
64 Anhörung in Raum 501, Altes Postgebäude, 24. Juli 1917. Anwesend: Hugo
   Schmidt, für die Deutsche Bank; W. B. Conway, Guaranty Trust Co.; L. P. Reed,
   Rechtsbeistand von Guaranty Trust; F. E. Carstarphen, Sonderbeauftragter des
   Justizministeriums; und Dale Parker, Handelsagent, Handelsministerium. NARA,
   M1085, FBI Reports, 763.72112/5227.
65 New York Times, 6. Oktober 1917. Die angeführten Vermögenswerte bezogen möglicherweise auch Mittel mit ein, die von der Bank auf ihren Namen für Kunden gehalten wurden. Das Volumen war jedoch erheblich größer als die Vermögenstitel,
   welche die APC tatsächlich beschlagnahmte.
66 Ebd.

67 Vgl. New York Times, 8. Oktober 1917.

68 Telegramm-Seite an Außenministerium in Washington, 7. November 1917, NARA, State Department Records, 13/60.

69 New York Times, 20. Januar 1918.

70 Ebd.

71 Vgl. New York Times, 21. Januar 1918.

72 Die Bemühungen des Verfassers wie auch von Mira Wilkins, die fehlenden Dokumente im amerikanischen Nationalarchiv und im Archiv des Staates New York aufzuspüren, blieben erfolglos. Verschiedene Möglichkeiten und Erklärungen des Verbleibs sind denkbar. Die Unterlagen wurden eingelagert, aber nicht verzeichnet, sie wurden vernichtet oder sie wurden an die Deutsche Bank zurückgegeben, und dann dort mit anderen, im Besitz der Deutschen Bank befindlichen Akten vermischt. Wie dem auch sei, auf jeden Fall wären freilich viele der Briefe auch in Berlin in den Akten enthalten gewesen. Außer diesen Akten gibt es viele, diesen Komplex betreffenden Dokumente in den NARA, die verzeichnet wurden und verschwunden sind – auch dies sollte der Leser wissen.

73 New York Times, 4. Februar 1918.

74 Vgl. New York Times, 3. November 1918.

75 Vgl. New York Times, 21. Dezember 1918.

76 Vgl. Wall Street Journal, 4. September 1919.

77 Wilkins, 1914–1945, S. 79.

78 Ebd., S. 48.

79 Vgl. Lafferty an APC, 17. März 1922, HADB, A1035. Die Schokoladenfabrik in Connecticut der Gebrüder Stollwerck, Köln, wurde zum Beispiel beschlagnahmt und verkauft, wobei der APC die 1 Million Dollar in bar auf lange Zeit in Verwahrung hielt.

80 Vgl. Wilkins, 1914–1945, S. 63–65.

81 Ralph Iszard, Justizministerium, Milwaukee, an A. B. Bielaski, Justizministerium, Washington. 29. Januar 1918, NARA, RG65, M1085, Federal Bureau of Investigation, Old German Files, OG 148. Der Präsident von Allis-Chalmers berichtete, Adams habe die Deutsche Bank im Direktorium seines Unternehmens vertreten und auf diesen sei dann McClement gefolgt, obwohl keiner der beiden Genannten noch die Deutsche Bank eine Mehrheitsbeteiligung gehabt hätten. Die B&O Eisenbahngesellschaft berichtete, die Deutsche Bank habe 181 609 Dollar Dividende für sechs Monate auf 74 126 Stammaktien besessen.

82 Vgl. Wilkins, 1914–1945, S. 72. Die berichteten Eigentumsverhältnisse sind in dieser Weise überliefert. Angesichts der deutschen Bemühungen, die Besitzverhältnisse zu verschleiern, ist es allerdings schwierig, die Zahlen angemessen zu beurteilen. Siehe auch Christopher Kobrak u. Jana Wüstenhagen, International Investment and Nazi Politics: The Cloaking of German Assets Abroad, 1936–1945, in: Business History 48 (2006), S. 399–427.

83 Vgl. Wilkins, 1914–1945, S. 80.

84 Vgl. Ralph Iszard, Justizministerium, Milwaukee, an A. B. Bielaski, Justizministerium, Washington. 29. Januar 1918, NARA, RG65, M1085, Federal Bureau of Investigation, Old German Files, OG 148.

85 Sonderbericht, Agent Frank Stone, 17. August 1917, NARA, RG65, M1085, Federal Bureau of Investigation, Old German Files, OG 148.

86 Bericht J. F. Kropidlowski, 24. November 1917, Justizministerium, Washington, 29. Januar 1918, NARA, RG65, M1085, Federal Bureau of Investigation, Old German Files, OG 148.

87 Vgl. Brief über Neutralitätsfragen, 3. März 1915, NARA, RG65, M1085, Federal Bureau of Investigation, Old German Files, OG 148.

88 Vgl. Aktenvermerk, 24. November 1917, angefertigt von J. F. Kropidlowski, für APC, NARA, RG65, M1085, Federal Bureau of Investigation, Old German Files, OG 148.

89 Vgl. Akenvermerk, 18. Dezember 1917, NARA, RG65, M1085, Federal Bureau of Investigation, Old German Files, OG 148.

90 Vgl. Aktenvermerk, 20. Dezember 1917, NARA, RG65, M1085, Federal Bureau of Investigation, Old German Files, OG 148.

91 Vgl. Aktenvermerk, 18. Dezember 1917, NARA, RG65, M1085, Federal Bureau of Investigation, Old German Files, OG 148.

92 Bergmann an Blinzig, 3. Oktober 1921, HADB, A1034. Bergmann war zu dieser Zeit in New York.

93 Vgl. Deutsche Bank an Wilhelm Schmidt, 18. August 1922, HADB, A1034.

Kapitel 11

1 Gwinner an von Bargen & Ebling, 11. März 1921, HADB, A1031.

2 Lafferty an APC, 17. März 1922, HADB, A1035.

3 Vgl. Christopher Kobrak, National Cultures, S. 67–69. Die genauen Auswirkungen des Friedens und die tatsächlichen Reparationsleistungen sind Gegenstand großer historischer Kontroversen, gleichwohl besteht kaum Zweifel daran, dass die 1921 festgelegten Zahlungen zerrüttende Wirkungen auf Deutschlands politisches und wirtschaftliches Leben hatten. Vgl. Gerald D. Feldman u.a. (Hrsg.), The Treaty of Versailles: A Reassessment after 75 Years, Cambridge 1998.

4 Charles H. Feinstein, Peter Temin u. Gianni Toniolo, International Economic Organization: Banking, Finance, and Trade in Europe between the Wars, in: Charles Feinstein (Hrsg.), Banking, Currency, and Finance in Europe Between the Wars, Oxford 1995, S. 9–50, hier S. 14.

5 Vgl. Gerd Hardach, Banking in Germany, 1918–1939, in: Charles Feinstein (Hrsg.), Banking, Currency, and Finance in Europe Between the Wars, Oxford 1995, S. 269–295.

6 Vgl. Arthur von Gwinner, Who Were the War Criminals of 1914?, in: Current History 26 (Mai 1927), S. 241–244.

7 Vgl. Einladung, HADB, A35.

8 Vgl. Vorstand der Deutschen Bank an Adams, 8. April 1925, HADB, A35.

9 Vgl. «The Debt of Engineering to Edward Adams», in: Electrical World 87 (1926), Heft vom 3. April 1926. Das Komitee schrieb Adams das Verdienst zu, die Möglichkeit aufgezeigt zu haben, mehrphasigen Wechselstrom in großem Maßstab zu erzeugen und zu übertragen. Der bedeutende Beitrag von Adams bestand darin, dass er vor 35 Jahren eine internationale Gruppe von herausragenden Ingenieuren zusammengebracht hatte, die eine Vielzahl technischer Probleme lösten.

10 Vgl. Adams an Deutsche Bank, 29. März 1929, HADB, A35.

11 Vgl. Adams an Gwinner, 10. Dezember 1930, HADB, A35.

12 Eine eingehende, scharfsinnige Analyse des Zeitraums bietet Gerald D. Feldman,

The Great Disorder: Politics, Economics, and Society in the German Inflation, 1914–1924, Oxford 1993.

13 Vgl. Harold James, Deutschland in der Weltwirtschaftskrise, 1924–1936, Stuttgart 1988.

14 Feinstein u.a., International Economic Organization: Banking, Finance, and Trade in Europe between the Wars, S. 10.

15 Vgl. Wilkins, 1914–1945, S. 183–185.

16 Vgl. New York Times, 25. November 1924. Bald nachdem die Dawes-Anleihen erhältlich waren, kauften J. Henry Schroder & Co., London und Speyer & Co., New York 40 000 Goldmark-Stammaktien der Deutschen Bank, die sie angeblich auf ihren jeweiligen Märkten verkauften.

17 Vgl. New York Times, 21. Juni 1929.

18 Vgl. Wilkins, 1914–1945, S. 166–176. Obwohl ein Gesetz von 1911 ausländischen Banken gestattete, «konzessionierte Zweigniederlassungen» zu errichten, hatte die Deutsche Bank in New York nur ein kleines Büro. Das Gesetz untersagte ausländischen Banken, Einlagen hereinzunehmen, aber sie konnten andere Bankgeschäfte, so auch Dollar-Akzepte, ausführen, die Sterling-Akzepten ernsthaft Konkurrenz zu machen begannen, und im Devisenhandel tätig sein. Gegen Ende 1923 bestanden 38 solcher Vertretungen ausländischer Banken. Für diesen Weg («konzessionierte Zweigniederlassung») hatten sich italienische, japanische, polnische, rumänische und südafrikanische Banken entschieden. Keine der deutschen Banken beschritt ihn.

19 Vgl. Wilkins, 1914–1945, S. 294.

20 Vgl. Deutsche Bank an Schmidt, 8. Juni 1921, HADB, A1031.

21 Vgl. Schmidt an Deutsche Bank, 27. Juli 1921, HADB, A1031.

22 Vgl. ebd.

23 Vgl. ebd. Siehe auch Schmidt an Blinzig, 28. Juli 1921, HADB, A1031. Schmidt kündigte Schwabs Besuch gleich in zwei Briefen an. Der Grund war anscheinend, dass, als Alwin Krech, der Präsident von Equitable Trust, die Bank aufsuchte, weder Gwinner noch Mankiewitz in Berlin waren, um ihn in Empfang zu nehmen.

24 Vgl. Deutsche Bank an Schuchard in New York, 11. Juni 1920, HADB, A1027.

25 Francis Caffey an Hugo Schmidt, 8. Juli 1920, HADB, A1027.

26 Vgl. Bergmann an Blinzig, 3. Oktober 1921, HADB, A1034. Bergmann hielt sich zu dieser Zeit in New York auf. 1921 waren zwölf Mitarbeiter in dem Büro beschäftigt.

27 Vgl. Briefwechsel zwischen März 1922 und Juni 1924, HADB, A1027. Siehe Blinzig an Bergmann, 4. April 1924, zur endgültigen Entscheidung dieser Personalie. Hugo Schmidt übergehend, beschwerte sich Wilhelm Schmidt bei Blinzig über die Führung der New Yorker Geschäftsstelle und strich die Wichtigkeit seiner eigenen Arbeit heraus. Später griff er seinen schließlichen Nachfolger an. Bergmann stellte sich hinter Hugo Schmidt. Im Zuge eigener Untersuchung der Verhältnisse gelangte Blinzig zu der Überzeugung, dass Wilhelm Schmidt eine labile Persönlichkeit war und vermutlich noch an den Folgen seines Kriegsdienstes litt. Das Tohuwabohu dauerte mehrere Monate. Wilhelm Schmidt verbrachte noch einige Urlaubszeit mit Reisen durch die USA. Danach beorderte ihn die Deutsche Bank nach Deutschland zurück trotz seiner Aktenkenntnis, seiner Erfahrung im Umgang mit dem APC und seiner nachdrücklichen Verteidigung gegenüber Blinzig.

28 Undatierte Aufstellung, HADB, A209. Der Durchschnitt lag bei 15 Aktien.

29 Vgl. Schmidt an Deutsche Bank, 13. November 1925 sowie 30. November 1925, HADB, A1030.

30 Interner Vermerk, 16. Dezember 1925, HADB, A1030.

31 Vgl. Deutsche Bank an Schmidt, 18. März 1926, HADB, A1030.

32 Zu den Gerüchten vgl. Deutsche Bank an Schmidt, 3. Februar 1927, über die Gründung eines neuen deutschen Unternehmens in den Vereinigten Staaten, HADB, A1032.

33 Vgl. Blinzig an den Vorstand der Deutschen Bank, 28. April 1927, HADB, A685.

34 Wilkins, 1914–1945, S. 189.

35 Vgl. Wilkins, 1914–1945, S. 190f.

36 Vgl. ebd., S. 81–95.

37 Vgl. ebd., S. 121 sowie 166f.

38 Vgl. ebd., S. 166f. sowie 180–183.

39 Vgl. ebd., S. 195 sowie Gerald D. Feldman, Hugo Stinnes. Biographie eines Industriellen 1870–1924, München 1998, S. 947f.

40 Vgl. ebd., S. 215.

41 Vgl. ebd., S. 447.

42 Vgl. ebd., S. 114.

43 Vgl. ebd., S. 123. Wilkins bildet eine bemerkenswerte Ausnahme.

44 Vgl. Abstimmungsübersichten, 15. März 1921, HADB, A1034.

45 Vgl. Deutsche Bank an Schmidt, 10. Januar 1923, HADB, A171. Allein dieser Antrag umfasste 15 Seiten.

46 Vgl. Wilhelm Schmidt an Deutsche Bank, 4. April 1923, HADB, A172.

47 Vgl. Deutsche Bank an Schmidt, 16. März 1921, HADB, A171. Siehe auch Schmidt an Deutsche Bank, 19. April 1921, HADB, A171.

48 Vgl. Schmidt an Deutsche Bank, 17. Februar 1921, HADB, A171.

49 Vgl. Blinzig an Eugen Meyer, 25. September 1919, HADB, A1369. Die missliche Lage bei Konten von Kleinanlegern geht vielleicht am eindringlichsten aus einem Brief Blinzigs an einen in Berlin lebenden Schweizer Freund hervor, der in New York bei der Deutschen Bank ein Wertpapierdepot gehalten hatte. Der erste Antrag dieses Freundes auf Freigabe seiner Wertpapiere war, obwohl er Schweizer war, allein aus dem Grund abschlägig beschieden worden, weil er in Berlin lebte. Nach den Bedingungen des Friedensvertrags hatte Amerika das Recht, deutsches Vermögen zu verkaufen und die erzielten Erträge dazu zu verwenden, die Rechnungen mit der deutschen Regierung zu begleichen. Der dabei zu verwendende Wechselkurs und andere Details waren jedoch nicht festgelegt worden. Blinzig äußerte sich zurückhaltend optimistisch, dass Amerika von diesem Recht keinen Gebrauch machen und es schließlich zur Rückgabe des Vermögens kommen werde, nur wisse eben niemand, wann. Er riet seinem Freund zu einem zweiten Anlauf. Dieser solle dabei dokumentieren, dass er Schweizer sei.

50 Vgl. zahlreiche Briefe zwischen Deutscher Bank und B&O, 1921–1930, HADB, A170. Noch im April 1930 setzte sich die Deutsche Bank beim Finanzministerium dafür ein, die B&O-Aktien wieder zuzulassen. Unter Verweis auf die Bedeutung der Börsenzulassung im Jahre 1904 für das deutsche Ansehen argumentierte die Deutsche Bank auch bei dieser Gelegenheit aufs Neue, dass die Zulassung das Ansehen Deutschlands steigern und dass dadurch letzthin mehr Devisen nach Deutschland

gebracht würden. Diese Periode der amerikanischen Finanzgeschichte lässt sich am ehesten mit der Feststellung der Besitzverhältnisse und Eigentumsrechte nach der deutschen Wiedervereinigung im Jahre 1990 vergleichen. Im amerikanischen Fall handelte es sich allerdings um frühere Eigentümer, die Ausländer waren, mit denen das Land kurz zuvor im Krieg gestanden hatte.

51 Vgl. Schmidt an Blinzig, 28. Juli 1921, HADB, A1031.

52 Noch Anfang 1922 stritt sich Speyer mit der Regierung über den Umstand, dass Bankers Trust nicht verpflichtet sein sollte, die für Kunden Speyers gehaltenen Wertpapiere zurückzugeben. APC an Speyer, 24. Januar 1922, HADB, A1035.

53 Vgl. New York Times, 9. April 1923.

54 Vgl. Lafferty an August Merckens, Reed Chocolate Company, 9. März 1922, HADB, A1035.

55 Vgl. verschiedene Briefe zwischen Morgan und der Deutschen Bank, Juni und Juli 1907, HADB, A169. 1897 befand sich unter den zahlreichen Vereinbarungen, welche die beiden Banken hinsichtlich der geschäftlichen Angelegenheiten der Northern Pacific geschlossen hatten, ein Abkommen, die Zuständigkeit des Transferagenten bei Zahlungen auf Wertpapiere der Eisenbahnlinie untereinander aufzuteilen. Alle Gebühren sollten nach dem Schlüssel zwei Drittel für Morgan, ein Drittel für die Deutsche Bank aufgeteilt werden. Bereits im Jahr 1907 focht Morgan die Vereinbarung mit dem Argument an, dass sein Anteil an der Transaktion einen neuen Verteilungsschlüssel rechtfertige. Nach Austausch verschiedener Briefe, in denen die Deutsche Bank den eindeutigen Beweis erbrachte, dass der Vertrag so lange laufen sollte, bis die Northern-Pacific-Wertpapiere fällig wurden, gab Morgan klein bei und rang sich zu einer Entschuldigung durch, dass er die ganze Sache aufgebracht hatte.

56 Vgl. Deutsche Bank an Schmidt, 18. März 1921, HADB, A169.

57 Schmidt an Blinzig, 21. April 1921, HADB, A169. Eine befremdliche Bemerkung des Repräsentanten der Bank! Aus dem Brief geht nicht hervor, auf welche Aktivitäten (Spionage oder sonstige) Schmidt Bezug nimmt.

58 Vgl. Bergmann an Deutsche Bank, 23. November 1923, HADB, A169.

59 Vgl. interne Ausarbeitung, Deutsche Bank, Abteilung Friedensvertrag, an Blinzig, 7. Dezember 1923, HADB, A169. Bemerkenswerterweise gab es bei der Deutschen Bank eigens eine Abteilung für Fragen des Friedensvertrags.

60 Mehrere Briefe zwischen Bergmann und Deutsche Bank, Mitte Dezember 1923, HADB, A169.

61 Vgl. interner Vermerk, Deutsche Bank, Abteilung Friedensvertrag, an Blinzig, 28. Dezember 1923, HADB, A169. Der Oberste Gerichtshof hatte entschieden, dass gewisse Versicherungsverträge durch die Kriegsgesetzgebung nur suspendiert, nicht aufgelöst waren.

62 Vgl. Rechtsgutachten von Franklin Nevius, Kellogg & Rose, 30. April 1924, HADB, A169. Die Kosten des Rechtsstreits erhellen daraus, dass sich die Honorarforderung für die 12-seitige Rechtsauskunft auf rund 1500 Dollar belief (rund 17 000 Dollar in heutigem Geld, also pro Seite etwas mehr als 1400 Dollar). Schmidt handelte den endgültigen Rechnungsbetrag auf 1000 Dollar herunter. Vgl. verschiedene Korrespondenz, HADB, A169.

63 Vgl. Bergmann an Schmidt, 1. Februar 1924, HADB, A169.

64 Vgl. Deutsche Bank an J. P. Morgan & Co., 8. März 1927, HADB, A1149.

65 Vgl. Deutsche Bank an Morgan, 8. März 1927, HADB, A169. Das Wissen um die Geschichte und der Sinn für Geschichte machen sich bezahlt.

66 Blinzig an Deutsche Bank, 27. April 1927, HADB, A169.

67 Vgl. Abschrift, Die vom APC beschlagnahmten Deutsche-Bank-Bestände, 21. Mai 1924, HADB, A1371.

68 Vgl. APC an Guaranty Trust, 28. November 1923, HADB, A1028.

69 Schmidt an Deutsche Bank, 29. Mai 1923, HADB, A1028 sowie Bergmann, der sich in New York aufhielt, an Deutsche Bank Berlin, 18. Dezember 1923, HADB, A1029. Zwar bestätigte der APC, dass Guaranty Trust im Mai 1919 angezeigt habe, ein Aktienpaket im Auftrag der Deutschen Bank verkaufen zu wollen, aber direkte Gespräche zwischen dem APC und der Deutschen Bank über einen Verkauf sind erstmals für den Mai 1923, also genau vier Jahre später, belegt.

70 Vgl. Schmidt an APC, 7. März 1924, HADB, A1029.

71 Vgl. APC an Schmidt, 17. Februar 1927, HADB, A1029.

72 Schmidt an Deutsche Bank, 1. Februar 1924, HADB, A1029. Die gesamte Angelegenheit verursachte anscheinend einigen Ärger mit Speyer.

73 Vgl. Schmidt an Deutsche Bank, 20. Februar 1924, HADB, A1029. Schmidt bestätigt in diesem Brief die Telegramme der Bank an ihn.

74 Vgl. Schmidt an Deutsche Bank, 12. März 1927, HADB, A1033.

75 Vgl. New York Times, 11. Februar 1927.

76 Vgl. Schmidt an Deutsche Bank, 19. Februar 1924, HADB, A1029.

77 Vgl. Schmidt an Deutsche Bank, 28. Juni 1924, HADB, A1029.

78 Vgl. Schmidt an Deutsche Bank, 5. März 1923, HADB, A1028.

79 Vgl. Schmidt an Deutsche Bank, 21. März 1923, HADB, A1028.

80 Vgl. Thos. Bradley an Deutsche Bank, 30. Juni 1923, HADB, A1028.

81 Vgl. Schmidt an Deutsche Bank, 23. März 1923, HADB, A1028.

82 Vgl. Schmidt an Deutsche Bank, 5. März 1923, HADB, A1028. Auszüge aus dem ersten APC-Bericht, angefertigt von Schmidt zu Händen der Deutschen Bank.

83 Vgl. Lafferty an APC, 17. März 1922, HADB, A1035.

84 Vgl. Whaley-Eaton Service an Kunden, 12. März 1928, HADB, A5.

85 Vgl. Carl G. Grossman, «Analysis of the Settlement of War Claims Act of 1928», mit Empfehlungskarte der International Germanic Trust Company, HADB, A5.

86 Vgl. Jahresbericht des Feindvermögensverwalters (Annual Report of the Alien Property Custodian 1928), 14. Januar 1929, HADB, A177.

87 Vgl. Schmidt an Deutsche Bank, 6. Juni 1923, HADB, A172.

88 Vgl. Schmidt an Deutsche Bank, 13. Januar und 19. Januar 1928, sowie Lafferty an Schnitzler, 21. April 1928, HADB, A4.

89 Vgl. Schmidt an Deutsche Bank, 9. Oktober 1928, HADB, A6.

90 Vgl. Deutsche Bank an Schmidt, 31. Oktober 1928, HADB, A1033.

91 Vgl. Schmidt an Deutsche Bank, 21. Dezember 1928, HADB, A1033.

92 Vgl. Deutsche Bank an Schmidt, 6. Februar 1929, HADB, A1033.

93 Schmidt an Deutsche Bank, 11. April 1928, HADB, A1030. Siehe auch Deutsche Bank an Schmidt, 22. Januar 1927, HADB, A1032.

94 Vgl. Kobrak u. Wüstenhagen, International Investment and Nazi Politics.

Kapitel 12

1 Steiner, Dillon, Read & Co., an H. A. Simon, Deutsche Bank, 6. Oktober 1932, HADB, S4392.

2 Schacht an Eberstadt, Bankhaus Dillon, Read & Co. (auf englisch), Aktenvermerk, 13. September 1927, HADB, S3432 («That is the finest business you have done in Germany, and I think it is the finest business that has been done in Germany.»). Schacht verhielt sich gegenüber der Deutschen Bank nicht immer so zuvorkommend. Im Dezember 1929 schob er einem Kredit über 75 Millionen Dollar für die Reichsbahn und Reichspost einen Riegel vor, an dessen Vorbereitung die Bank zusammen mit Dillon Read, Bankers Trust und Harris Forbes fast neun Monate gearbeitet hatte. Vielleicht waren es der Zeitpunkt und die Kunden, die für den Reichsbankpräsidenten einen bedeutenden Unterschied ausmachten. Vgl. verschiedene Briefwechsel zwischen den Beteiligten, 1929, HADB, S2719.

3 «The German Problem» von Max Warburg, Vertraulich – Nicht für die Veröffentlichung bestimmt. Undatiert, aber vermutlich in den späten zwanziger Jahren geschrieben, Federal Reserve Bank of New York, Correspondence Files, Strong Papers, Warburg an Strong, 1918–1928, Nr. 120.

4 Ebd. (Hervorhebung im Original). Warburg fügte umgehend weise hinzu, dass die Vereinigten Staaten Europa nicht helfen könnten, solange Europa nicht bereit sei, sich selbst zu helfen. In weiten Teilen handelt die Ausarbeitung von Deutschlands verzweifelter Lage und der mangelnden Bereitschaft anderer europäischer Länder, die Schwere der Lage anzuerkennen und darauf zu reagieren. Anders als Deutschland nach der französischen Niederlage 1871 forderten die Franzosen Reparationen, während sie wenig beitrugen, um Deutschlands Zahlungsfähigkeit zu erhalten. Zudem stellte selbst noch die bereits erheblich ermäßigte Reparationsforderung von 32 Milliarden Dollar 40 Prozent der gesamten Vermögenswerte des Landes dar.

5 Vgl. Schacht an Paul Warburg, 31. Mai 1924, Federal Reserve Bank of New York, Correspondence Files, Strong Papers, Warburg an Strong, 1918–1928, Nr. 120.

6 Vgl. William McNeil, American Money and the Weimar Republic, New York 1986.

7 Vgl. Centralverband des Deutschen Bank- und Bankiergewerbes, Rundschreiben Nr. 103, 11. Dezember 1925, HADB, A177.

8 Vgl. Gespräche mit Schacht, 22. Juli 1925, Federal Reserve Bank of New York, Correspondence Files, Strong Papers, Strong's Trip, July 7–30, 1925, No. 1000.6.

9 Strongs Gespräche in der Reichsbank mit Schacht, Luther und Stresemann, 11. Juli 1925, Federal Reserve Bank of New York, Correspondence Files, Strong Papers, Strong's Trip, July 7–30, 1925, No. 1000.6.

10 Vgl. Strong an Jay, 20. Juli 1925, Federal Reserve Bank of New York, Correspondence Files, Strong Papers, Strong's Trip, July 7–30, 1925, No. 1000.6. Die Reserve der Reichsbank deckte zwar einen großen Teil des von ihr ausgegebenen umlaufenden Geldes, aber der Devisenabfluss von diesen Reserven war Mitte 1925 beachtlich. Die Kapitalflucht würde sich bestimmt beschleunigen, wenn Deutschland und Frankreich nicht zu irgendeinem vernünftigen Vertragsabschluss gelangen würden und langfristige Kredite nicht vereinbart werden könnten.

11 Vgl. Strong an Jay, 20. Juli 1925, Federal Reserve Bank of New York, Correspondence Files, Strong Papers, Strong's Trip, July 7–30, 1925, No. 1000.6.

12 Vgl. Feldman, Die Deutsche Bank, S. 252 f.

13 Vgl. Wilkins, 1914–1945, S. 120 f.

14 Vgl. ebd., S. 186–189.
15 Vgl. Aktenvermerk, 3. Mai 1923, HADB, S2718. Eine Erörterung von Wert und Zweck der Anleihe findet sich in der *Frankfurter Zeitung*, 30. März 1923.
16 Vgl. National City Bank of New York an Schmidt, 24. November 1924, HADB, A1029.
17 Vgl. Schmidt an Deutsche Bank, 29. Dezember 1924, HADB, A1030.
18 Vgl. Frederick H. Brandi an Schmidt, 12. April 1929, HADB, A1030.
19 Vgl. Aktennotiz Brunswig an Millington-Herrmann, ohne Datum, HADB, S4371.
20 Vgl. George Garvy, Rivals and Interlopers in the History of the New York Security Market, in: Journal of Political Economy 52 (1944), S. 128–143, hier S. 139–141.
21 Vgl. New York Times, 13. Dezember 1928.
22 Vgl. Blinzig an Deutsche Bank, 15. April 1927, HADB, A1352.
23 Vgl. Blinzig an Deutsche Bank in Berlin, 23. April 1927, HADB, A1352.
24 Vgl. Deutsche Bank an Dillon Read, 4. Dezember 1926, HADB, A1036.
25 Evening Herald, 13. Mai 1927.
26 Vgl. Blinzig an Deutsche Bank, 11. April 1927, HADB, A1352.
27 Vgl. Institute of International Finance (Hrsg.), Bulletin Nr. 19: «Credit Position of Germany», 7. November 1928, HADB, A1033.
28 Vgl. Schmidt an Deutsche Bank, 9. Oktober 1930, HADB, A1033. Trotzdem waren amerikanische Anleger nach Aussage von Schmidt auch zwei Jahre nach dem Börsenkrach durch die Verhältnisse in Deutschland nicht in panischen Schrecken versetzt. Ein Jahr nach dem Schwarzen Freitag schrieb Schmidt nach Berlin, trotz der Schwäche des deutschen Kapitalmarktes und des Nachgebens der deutschen Schuldtitel erwarte er keine Kreditrestriktionen oder weitere Abhebungen amerikanischer Einlagen.
29 Mehrere Briefe, US-Finanzministerium, NARA, RG111, Box 157.
30 Vgl. Gerald D. Feldman, Foreign Penetration of German Enterprises after World War I: The Problem of Ueberfremdung, in: Alice Teichova u.a., Historical Studies in International Corporate Business, Cambridge 2002, S. 87–110.
31 Vgl. «Investment of American Capital in Germany», Zwei Ausarbeitungen, «Banks and Trust Companies» und «Industrial Enterprises», ohne Datum, die Denkschrift scheint jedoch im Januar 1920 von Frederick J. Schussel, dem früheren Vizekonsul in München, nach seiner Rückkehr aus Deutschland dem Außenministerium zugesandt worden zu sein. Schussel, ein gebürtiger Deutscher, war anscheinend einer jener amerikanischen Staatsbürger, die nach dem Ersten Weltkrieg Geld damit zu verdienen suchten, dass sie Deutsche in Amerika oder Amerikaner in Deutschland vertraten. NARA, RG 59, 862516/419.
32 Vgl. ebd.
33 Vgl. United Nations, International Capital Movements During the Inter-War Period, Lake Success 1949, S. 11.
34 Vgl. ebd.
35 Vgl. Christopher Kobrak, Foreign-Currency Transactions and the Recovery of German Industry in the Aftermath of World War I: The case of Schering AG, in: Accounting, Business & Financial History 12 (2002), S. 25–42.
36 Vgl. Harold James, Die Deutsche Bank im Dritten Reich, München 2003, S. 11.
37 1929 und 1930 belegte Dillon Read als Konsortialführer den dritten Rang hinter Morgan und Kuhn Loeb. Presseagenturmitteilung, HADB, A1033.
38 Vgl. Robert Sobel, The Life and Times of Dillon Read, New York 1991, S. 28–43.

39 Vgl. Eberstadt an Schlieper, Deutsche Bank, 24. April 1930, HADB, A411. Zu dieser Zeit hatte sich Eberstadt in neuen Geschäftsräumen, 39 Rue Cambon in Paris, eingerichtet.

40 Vgl. United States & Foreign Securities Corporation Geschäftsbericht 1929 und New York Times, 11. Januar 1930, HADB, A411. Der Fonds wurde später Gegenstand einer parlamentarischen Untersuchung.

41 Vgl. New York Times, 13. Dezember 1925, HADB, A411.

42 Vgl. Schmidt an Deutsche Bank, 6. Juli 1920, HADB, A411.

43 Vgl. Ralph Bollard an Mankiewitz, 21. Oktober 1920, HADB, A411.

44 Vgl. Axhausen an Wassermann, 21. Februar 1928, HADB, A411.

45 Vgl. Sobel, S. 98–118.

46 Zu den Ermittlungen gegen den Investmentfonds durch die vom US-Senat 1932 eingesetzte Kommission zur Untersuchung des Wertpapierhandels unter Leitung von Ferdinand Pecora (sogenanntes Pecora Committee) vgl. Wall Street Journal, 4. Oktober 1933. Die Beschuldigungen scheinen sich in nichts aufgelöst zu haben.

47 Vgl. Eberstadt an Wassermann, 1. August 1927, HADB, S4382. Bei dreijähriger Laufzeit und einem Volumen von 20 Millionen Dollar rechnete Eberstadt mit einem Ausgabepreis von 98 und einem Kupon von 6 Prozent, bei fünfjähriger Laufzeit mit einem Ausgabepreis von 96¾ mit einem Kupon gleicher Höhe.

48 Vgl. Schmidt an Deutsche Bank, 9. September 1927, HADB, A1029. Über das Vorhaben der Deutschen Bank machten die Berliner Manager in der ersten Septemberwoche Mitteilung an Schmidt in New York und an die Reichsbank.

49 Vgl. Deutsche Bank an Schacht, 9. September 1927, HADB, S4382.

50 Vgl. Schacht an Wassermann, 13. September 1927, HADB, S4382. Eine Faksimile-Reproduktion des Schreibens findet sich bei Seidenzahl, 100 Jahre Deutsche Bank, zwischen S. 260 und 261.

51 Vgl. New York Times, 11. November 1927.

52 Vgl. Deutsche Bank an Dillon Read, 13. September 1927, HADB, S4382.

53 Vgl. Schmidt an Deutsche Bank, 4. November 1927, HADB, S4382.

54 Vgl. Wall Street Journal, 9. September 1927, HADB, S4383.

55 Vgl. Deutsche Bank Antrag auf amerikanische Hinterlegungszertifikate (ADR), 25-Millionen-Dollar-Anleihe, angenommen von dem Geschäftsführungsausschuss, 10. November 1927, HADB, S4383.

56 Vgl. Vereinbarung über die Börsenzulassung, 25. Oktober 1927, HADB, S4383.

57 Feldman, Die Deutsche Bank, S. 257.

58 Vgl. Deutsche Bank Rundschreiben, 28. September 1927, HADB, S4382.

59 Vgl. Deutsche Bank Rundschreiben, 30. September 1927, HADB, S4382.

60 Vgl. Deutsche Bank Rundschreiben, 11. Oktober 1927, HADB, S4382.

61 Vgl. Deutsche Bank an Dillon Read, 4. August 1931, HADB, S4410.

Kapitel 13

1 Drahtnachricht an Schacht von US-Banken, 26. Dezember 1933, NARA, State Department, RG LM, 193, 862.51, Bondholders/2.

2 Vgl. Feldman, Die Deutsche Bank, S. 258–265.

3 Vgl. New York Times, 27. September 1929.

4 «Fusion of Two Largest German Banks», Konsulatsbericht, 5. November 1929, NARA, RG 59, 862516/419.

5 Vgl. ebd.

6 Vgl. ebd.

7 Vgl. New York Times, 30. Oktober 1929.

8 Vgl. Konsulatsbericht, 2. April 1925, NARA, RG 59, 862516/419.

9 Vgl. Deutsche Bank Antrag auf amerikanische Hinterlegungszertifikate (ADR), 25-Millionen-Dollar-Anleihe, angenommen von dem Geschäftsführungsausschuss, 10. November 1927, HADB, S4383.

10 Aktenvermerk Waller, 31. Januar 1930, HADB, A 1355.

11 Vgl. John Stahl an Schlieper, 14. Juli 1930, HADB, A1355.

12 Vgl. Aktenvermerk Schlieper, 2. Juni 1931, HADB, A1355.

13 Vgl. Wall Street Journal, 12. Januar 1934, HADB, A1355.

14 Vgl. New York Times, 8. März 1930. Kurz vor Beginn der Reichstagsdebatten über den Young-Plan erklärte Schacht, dass der Plan in der jetzigen Gestalt nicht durchführbar sei und dass er die Erfüllung der Verpflichtungen der Reichsbank gemäß den Bestimmungen nicht zusichern könne. Seine Erklärung erfolgte zu einem Zeitpunkt, als bereits erbittert über den Plan gestritten wurde, und seine Entscheidung wurde von vielen Seiten heftig kritisiert. Nichtsdestoweniger reagierten viele deutsche Zeitungen, darunter die *Vossische Zeitung*, die *Deutsche Allgemeine Zeitung* und das *Berliner Tageblatt*, auf Schachts Rücktritt mit gemischten Gefühlen. Sie hoben hervor, dass die Wall Street auf die Ankündigung mit Gleichmut reagiert habe, dass Schachts Ansichten in den letzten Monaten immer weniger fundiert gewesen seien und dass die Krise und die Ängste, die sein Rücktritt bei den Linksparteien auslösen würde, möglicherweise zu einer fruchtbaren Diskussion führen könnten, wie die Reparationsfragen gehandhabt werden sollten. Zeitungsausschnittsammlung, Federal Reserve Bank of New York, Policy and Procedures, 1926–1930, C261.

15 Hans Luther, Rede des Reichsbankpräsidenten Dr. Hans Luther auf dem Presseabend der Leipziger Frühjahrsmesse am 1. März 1931, Berlin 1931.

16 Telegramm der Federal Reserve Bank New York an Luther, 24. Juni 1931, Federal Reserve Bank of New York, Policy and Procedures, C261.

17 Wilkins, 1914–1945, S. 307.

18 Telegramm von Reichsbank an Federal Reserve Bank New York, 4. Juli 1931, Federal Reserve Bank of New York, Policy and Procedures, C261. Der 4. Juli war ein Samstag. Das Telegramm wurde am Sonntag, den 5. Juli in Empfang genommen, ein Ausdruck für den Ernst der Lage. Die revolvierende Kreditlinie war bis zum 1. Juli 1932 befristet. Die Teilnehmer erhielten für zwei Jahre eine Bereitstellungsprovision von 1¼ Prozent, die im Voraus bei den Fondsverwaltern einbezahlt wurde. Der Zinsanteil war 100 Basispunkte über dem Satz für 90-Tage-Handelswechsel des Federal Reserve Board.

19 Vgl. Wilkins, 1914–1945, S. 307.

20 Vgl. ebd., S. 316f.

21 Vgl. ebd., S. 429.

22 Zur Entwicklung der Stillhalteabkommen und deren politischer Bedeutung vgl. die exzellente Darstellung von Neil Forbes, London Banks, the German Standstill Agreements, and ‹Economic Appeasement› in the 1930s, in: Economic History Review 40 (1987), S. 571–587.

23 Vgl. ebd.

24 Vgl. Neil Forbes, Doing Business with the Nazis: Britain's Economic and Financial Relations with Germany 1931–1939, London 2000, S. 33–46.

25 Vgl. Deutscher Reichsanzeiger, 18. Februar 1932.

26 Vgl. Forbes, Doing Business with the Nazis, S. 33–46.

27 Vgl. H. G. P. Deans, Continental Illinois Bank and Trust Company, an Schlieper, 11. Oktober 1932, HADB, P10396.

28 Schlieper an Deans, 25. Oktober 1932, HADB, P10396.

29 Vgl. Stellungnahme, ausgearbeitet von W. Beutner und F. Kempner, was mit den gesperrten Mitteln gemacht werden könne (ohne Datum), HADB, S4393.

30 Vgl. Verkaufsanzeige, in Berlin eingegangen am 20. August 1932, vermutlich ausgegeben von Dillon Read, HADB, S4391.

31 Vgl. Deutsche Bank an Sullivan & Cromwell, 5. August 1932, HADB, S4391.

32 Vgl. Aufzeichnung vom New Yorker Büro an Steiner in Berlin, 20. Juli 1932, HADB, S4391.

33 Vgl. Aktenvermerk, 5. März 1932, HADB, S4390.

34 Vgl. Deutsche Bank Filiale Hamburg an Zentrale Berlin, 6. September 1932, HADB, S4392.

35 Vgl. ebd.

36 Vgl. internes Schreiben, 9. September 1932, HADB, S4392.

37 Deutsche Bank (Wassermann und Schlieper) an Dillon Read, 16. September 1932, HADB, S4392.

38 Vgl. interne Aufzeichnung, 21. September 1932, HADB, S4392.

39 Vgl. Deutsche Bank an Richard Rosendorff, 8. September 1932, HADB, S4392.

40 Vgl. Christopher Kobrak, The Foreign-Exchange Dimension of Corporate Control in the Third Reich: the Case of Schering AG, in: Contemporary European History 12 (2003), S. 33–47; ferner Aktenvermerk, Blinzig und Axhausen, 24. September 1932, HADB, S4392, in dem die Autoren anregen, die Verwendung der Schuldverschreibungen beim nächsten «Export-Schema» zu erörtern.

41 Vgl. Deutsche Bank an C. Hepner, Amsterdam, 27. September 1932, HADB, S4392.

42 Vgl. Deutsche Bank an Dillon Read, 13. Januar 1933, HADB, S4392.

43 Vgl. Deutsche Bank Filialbüro an Rösler, 28. September 1932, HADB, S4392.

44 Vgl. ebd.

45 Vgl. Deutsche Bank Rundschreiben (unterschrieben von Wassermann und Blinzig) an die Filialen, 14. November 1932, HADB, S4392, sowie Kobrak, The Foreign-Exchange Dimension.

46 Vgl. Koehn an Deutsche Bank, 1. November 1932, HADB, S4392. Die hohen Kurse könnten den Rückkäufen des Papiers durch die Deutsche Bank geschuldet sein.

47 Vgl. Aktennotiz über eine Unterredung mit Vertretern von Dillon Read in Berlin, 2. April 1930, HADB, A411. Selbst als sich die Dinge im Zuge der weltweiten Finanzverhältnisse und der ersten Anleihe 1930 zum Schlechteren wendeten, brachte Dillon Read eine neue Anleihe in Vorschlag. Diese sollte mindestens 100 Millionen Dollar betragen, da weniger für die Deutsche Bank uninteressant sei, und könne zur Deckung der 25 Millionen Dollar bei deren Fälligkeit und für andere Zwecke verwendet werden. Die Vertreter von Dillon Read vertraten die Auffassung, der Markt könne dies tragen und die 10-jährigen Schuldverschreibungen kämen billiger als die Zinsen für den 25-Millionen-Dollar-Kredit.

48 Vgl. Exposé betreffend Sperrmarkaufrechnung gegen ausländische Valutaschulden, HADB, S4390.

49 Vgl. Aktenvermerk über ein Treffen zwischen der Reichsbank, vertreten durch Hechler und Hartenstein, und Wassermann, Blinzig und Schlieper von der Deutschen Bank, 13. März 1932, HADB, S4390.

50 Vgl. Gesamtbesitz Deutsche-Bank-Schuldpapiere, 15. Mai 1932, HADB, S4390.

51 Vgl. Preisinformation, August 1932, Arbeitsblatt, 4. Februar 1936, HADB, S4393.

52 Vgl. Aktenvermerk, 13. Juni 1935, HADB, S4393.

53 Vgl. Deutsche Bank an Reichswirtschaftsministerium, 28. November 1938, HADB, A1382.

54 Vgl. Deutsche Bank Rechtsabteilung an Generalsekretariat, 3. Januar 1939, HADB, P136.

55 Vgl. James, Die Deutsche Bank im Dritten Reich, S. 9–41.

56 Vgl. Forbes, Doing Business with the Nazis, S. 74–92.

57 Vgl. Bericht des Sekretärs, Foreign Bankers' Committees, Berlin, Oktober 1932, HADB, P10396. Beim Büro des Sekretärs der ausländischen Gläubiger waren wenige Klagen eingegangen. 10 Prozent der fälligen Beträge waren bezahlt worden (Vorzugsrechte), und die Golddiskontbank hatte bereits begonnen, der ersten Ratenzahlung nachzukommen, für die sie gebürgt hatte. 25,3 Millionen Reichsmark waren als Zahlungen auf Akzeptkreditrahmen erfolgt, 6,6 Millionen Reichsmark an kurzfristigen Bargeldvorschüssen waren in langfristige Kredite umgewandelt worden, und weitere 0,5 Millionen Reichsmark waren in anderen Zahlungen erfolgt.

58 Vgl. Kobrak, The Foreign-Exchange Dimension.

59 Vgl. Berliner Börsen-Zeitung, 31. Januar 1933.

60 Vgl. Frankfurter Zeitung, 5. Februar 1933.

61 Vgl. Christopher Kopper, Hjalmar Schacht: Aufstieg und Fall von Hitlers mächtigstem Bankier, München 2006, S. 1–5. Schacht wurde später von Hitler entlassen, 1944 in ein Konzentrationslager verbracht und in Nürnberg freigesprochen.

62 Vgl. Vossische Zeitung, 10. Februar 1933.

63 Vgl. Berliner Börsen-Courier, 12. Dezember 1933.

64 Vgl. Berliner Tageblatt, 27. Dezember 1933.

65 Vgl. Frankfurter Zeitung, 17. März 1934.

66 Vgl. Gilbert C. Layton, «Vor der neuen deutschen Schuldenkonferenz», Berliner Börsen-Zeitung, 12. April 1934.

67 Vgl. Berliner Tageblatt, 14. April 1934.

68 Laurits S. Swenson an den US-Außenminister, 9. Januar 1934, NARA, State Department, RG LM 193, 862.51 Bondholders/26.

69 Handelsblad, 19. Dezember 1933, zusammenfassende Übersetzung an die amerikanische Gesandtschaft, Den Haag, NARA, State Department, RG LM 193, 862.51 Bondholders/26.

70 Vgl. Berliner Börsen-Zeitung, 1. Mai 1934.

71 Vgl. «Report of John Foster Dulles on Berlin Debt Discussions of December, 1933», 23. Dezember 1933, NARA, State Department, RG LM, 193, 862.51, Bondholders/23.

72 Vgl. ebd. Die Devisenreserven reichten aus, um einige der Exportzuschüsse weiterlaufen zu lassen und die aktuelle Aufschlüsselung von Bar- und anderen Zahlungen in Interimsscheinen zu je 50 Prozent beizubehalten, nicht 25:75 Prozent, wie dies

die Deutschen forderten. Alle Zahlen seien jedoch, wie Dulles warnte, nur mit Vorbehalt zu sehen, da sie leicht von der Reichsbank manipuliert werden konnten, um deren Version der Geschichte zu belegen.

73 Vgl. ebd.

74 Drahtnachricht an Schacht von US-Banken, 26. Dezember 1933, NARA, State Department, RG LM, 193, 862.51, Bondholders/23.

75 Vgl. New York Herald Tribune, 17. Februar 1934.

76 Vgl. Frankfurter Zeitung, 31. Mai 1934.

77 Vgl. «Dr. Schacht Pleads Poverty», American Council of Foreign Bondholders, 4. Januar 1934, NARA, State Department, RG LM 193, 862.51 Bondholders/26.

78 Vgl. James, Die Deutsche Bank im Dritten Reich, S. 14–18.

79 Vgl. Norddeutsche Bank in Hamburg und Danat-Bank an Deutsche Bank, 8. März 1928, HADB, S388.

80 Vgl. ebd.

81 Vgl. Deutsche Bank an Filiale Hamburg, 16. Juli 1930, HADB, S388.

82 Vgl. Filiale Hamburg an Zentrale Berlin, 2. April 1931, HADB, S388.

83 Vgl. Deutsche Bank an Mitglieder des Konsortiums, 15. Juli 1931, HADB, S388.

84 Vgl. Deutsche Bank an Cuno, 16. Juli 1931, HADB, S388.

85 Vgl. ebd.

86 Vgl. Dresdner Bank an Deutsche Bank, 16. Juli 1931, HADB, S338.

87 Vgl. Reichsbank an L. Behrens & Söhne, 8. September 1932, HADB, S346.

88 Vgl. Kleinwort, Sons & Co. an J. H. Stein, 22. September 1932, HADB, S346.

89 Vgl. L. Behrens & Söhne an Deutsche Bank, 30. September 1932, HADB, S346.

90 Vgl. Deutsche Bank an Filiale Hamburg, 4. Oktober 1932, HADB, S346.

91 Vgl. Reichsbank an Deutsche Bank, 5. Oktober 1932, HADB, S346.

92 Vgl. Aktenvermerk Fürstenberg, 27. Februar 1933, HADB, S347.

93 Vgl. verschiedene Briefwechsel, HADB, S348.

94 Vgl. Deutsche Bank und Dresdner Bank an Hapag, 9. Januar 1934, HADB, S349.

95 Vgl. Deutsche Bank an Reichsbank, 23. Januar 1934, HADB, S349.

96 Vgl. Deutsche Bank und Dresdner Bank an Reichsbank, 11. Mai 1934, HADB, S349.

97 Vgl. Deutsche Bank an Reichsbank, 5. September 1935, HADB, S349.

98 Vgl. Deutsche Bank an Münchmeyer & Co, 5. September 1935, HADB, S349.

99 Vgl. Deutsche Bank, Bilanzband 1933, HADB, B305.

100 Vgl. Wilkins, 1914–1945, S. 298–299.

101 Vgl. Harrison, Vertraulicher Aktenvermerk, 28. März 1933, Harrison's Conversations 1927–1940. Federal Reserve Bank of New York, 2610.1.

102 Vgl. Wilkins, 1914–1945, S. 360–362.

103 Vgl. ebd., S. 365 und 9.

104 Vgl. Deutsche Bank an Landesfinanzamt Berlin, Stelle für Devisenbewirtschaftung, 29. Januar 1932, HADB, S4411.

105 Vgl. «The Deutsche Bank und Disconto-Gesellschaft's Report for the Year 1935», 5. Juni 1936, Analyse des Generalkonsulats in Berlin, NARA, State Department, RG LM 193, 862.516/675.

106 Vgl. ebd.

107 Vgl. Wall Street Journal, 13. September 1929.

108 Vgl. New York Times, 30. September 1954.

109 Vgl. Deutsche Bank Rundschreiben M.68/33, 23. März 1933, HADB, A1072.
110 Vgl. Telegramm, Datum unklar, HADB, A1072.
111 Vgl. Herbert Waller an Deutsche Bank, 11. August 1937, HADB, A1072.
112 Vgl. Deutsche Bank an Waller, 23. Juli 1934, HADB, A1072.
113 Vgl. Waller an Schlieper, 20. September 1932, HADB, A1072.
114 Vgl. Deutsche Bank an Waller, 17. Januar 1934, HADB, A1072.
115 Vgl. Aktenvermerk, 26. April 1937, HADB, A1072.
116 Vgl. Waller an Deutsche Bank, 1. April 1936, HADB, A1072.
117 Vgl. Deutsche Bank Berlin an Filialen, undatiert, die gesamte sonstige Korrespondenz mit den Filialen fällt allerdings in den Winter 1936. HADB, A1072. 1936 gab die Deutsche Bank allen ihren Filialen auf festzustellen, welche amerikanischen Unternehmen mit ihnen in Geschäftsverbindung standen, sowie die Höhe und die Arten der Transaktionen zu ermitteln.

Kapitel 14
1 Walter Lichtenstein, Rede, «The German Problem: A Sequel», 26. Mai 1948. NARA, RG 260, Box 60, File 44,7a.
2 Vgl. verschiedene Briefe von Waller und Schmidt, Januar–Juli 1938, HADB, P24156. Die Briefschreiber wollten anscheinend deutschen Besuchern der Vereinigten Staaten Informationen an die Hand geben.
3 Vgl. Präsident der Argo Corp. an Abs, 20. Dezember 1938, HADB, P24156.
4 Vgl. Deutsche Bank (Abs) an Waller, 28. September 1938, HADB, P24156.
5 Vgl. New York Times, 7. Juli 1939.
6 Vgl. New York Journal and American, 19. Juli 1939.
7 Vgl. Kobrak u. Wüstenhagen, International Investment and Nazi Politics.
8 Vgl. «Germany: Money & Bankers», ausgearbeitet vom Justizministerium, Februar 1942, NARA, RG 60, Box 83, S. 128-157. Seltsamerweise erwähnt der Bericht die Aktivitäten der Deutschen Bank in den Vereinigten Staaten mit keinem Wort.
9 Vgl. James, Die Deutsche Bank und die «Arisierung», S. 75 u. 94.
10 Vgl. Jonathan Steinberg, Die Deutsche Bank und ihre Goldtransaktionen während des Zweiten Weltkrieges, München 1999.
11 Vgl. Telegramm von Reichsbank an Fed, 3. Dezember 1941, Federal Reserve Bank of New York, Policy and Procedures, C261. Siehe auch die Telegramme der Reichsbank vom August und September. Die Reichsbank berichtete, die deutschen Märkte seien «gut aufgelegt» («cheerful»).
12 Vgl. Brief von D. J. Liddy, Leiter der Auslandsabteilung an US-Außenministerium, Oktober 1945, Federal Reserve Bank of New York, Policy and Procedures, C261.
13 Vgl. Steinberg, Goldtransaktionen.
14 Vgl. Deutsche Bank, Presse-Berichte, 20. Juni 1941, HADB, S2181.
15 Vgl. «Trade News Letter», Board of Trade German-American Commerce (Handelskammer, Deutsch-amerikanischer Handel), 31. Juli 1941, Bd. XVI, Nr. 1, NARA, RG 131, General File, Box 171.
16 Vgl. NARA, RG 131, Box 171.
17 Vgl. Wilkins, 1914–1945, S. 452–470.
18 Vgl. ebd., S. 445.
19 Vgl. Aufstellung «Eigene Effekten in den Vereinigten Staaten», 23. November 1939, HADB, A1382.

20 Auszug aus Babson's Washington Reports: «Confidential Forecasts of Coming Developments», W-376, 29. Juli 1940, HADB, A198. Die holländischen Investitionen in den USA waren mit 1 Milliarde Dollar die weitaus größten, es folgten Frankreich mit 0,6 Milliarden und Belgien mit 0,3 Milliarden Dollar. Unter den aufgeführten Ländern waren die amerikanischen Investitionen in Deutschland mit 455 Millionen Dollar die größten.

21 Vgl. Wilkins, 1914–1945, S. 452–470, und Kobrak, National Cultures, S. 296–341.

22 Vgl. NARA, various FBI Rec. 230–97–1157, Box 1, 2/2.

23 Vgl. Aktenvermerk Schneider und Wodtke, 8. August 1944 sowie Brief an Albrecht Seeger, 2. August 1946, ohne Unterschrift, HADB, K8/18. Zur Vertracktheit südamerikanischer Transfers selbst im Spätherbst 1941 vgl. eine Reihe von Fernschreiben zwischen der Zentrale der Deutschen Ueberseeischen Bank und den südamerikanischen Geschäftsstellen, Oktober – November 1941, HADB, K8/18.

24 Vgl. Various FBI Rec. 230–97–1154, Box 1.

25 Vgl. Jonathan Steinberg, Goldtransaktionen sowie Peter Hayes, Die Degussa im Dritten Reich: Von der Zusammenarbeit zur Mittäterschaft, München 2004.

26 Vgl. Carl-Ludwig Holtfrerich, Die Deutsche Bank vom Zweiten Weltkrieg über die Besatzungsherrschaft zur Rekonstruktion 1945–1957, in: Lothar Gall u.a., Die Deutsche Bank 1870–1995, München 1995, S. 409–578, hier S. 409–435. Siehe auch Theo Horstmann, Die Alliierten und die deutschen Großbanken: Bankenpolitik nach dem Zweiten Weltkrieg in Westdeutschland, Bonn 1991, sowie Joachim Scholtyseck, Die USA vs. ‹The Big Six›. Der gescheiterte Bankenprozeß nach dem Zweiten Weltkrieg, in: Bankhistorisches Archiv 26 (2000), S. 27–53.

27 Vgl. Holtfrerich, S. 562.

28 Vgl. New York Times, 16. Mai 1943.

29 Vgl. OMGUS Finance Division Report (Bericht der Finanzabteilung), 19. Juli 1945, NARA, RG 260, Box 115, Folder 11.

30 Aktenvermerk Helga Wolski an Henry Collins, 24. September 1945, NARA, RG 260, Box 180, Folder 7. Dies ist übrigens der erste Vermerk von einer Frau, den ich gefunden habe.

31 Jack Bennett, Leiter der Finanzabteilung, an William Hagard, geschäftsführender Direktor, Amt für Öffentlichkeitsarbeit, 27. Dezember 1946, NARA, RG 260, Box 64, Folder 9.

32 Vgl. Telegramm von Bennett, 7. Juli 1947, NARA, RG 260, Box 60, File 44.7.

33 Vgl. Spezialbericht, Dresdner und Deutsche Bank, Juni 1947, NARA, RG 260, Box 60, File 44.7.

34 Ebd.

35 Vgl. zum Beispiel James, Die Deutsche Bank im Dritten Reich. James argumentiert, dass zu dem Zeitpunkt, als die Nazis auf Kriegskurs gingen, die Banken ihren Einfluss auf strategische politische Entscheidungen verloren hatten und sogar darauf, wie die Umsetzung ausgeführt würde.

36 Vgl. Spezialbericht, Dresdner und Deutsche Bank, Juni 1947, NARA, RG 260, Box 60, File 44.7.

37 Vgl. Holtfrerich, S. 450–456.

38 Vgl. ebd., S. 456–462.

39 Ebd., S. 462 f.

40 Ebd., S. 467–486.

41 Vgl. ebd.

42 Vgl. Bancroft an Kagan, 22. August 1946, U.S. Army, 3. Juni 1946, NARA, RG 260, Box 174, Folder 1.

43 Bei der Quelle handelt es sich um die Übersetzung eines Rundschreibens des Führungsstabs der Deutschen Bank, 11. Januar 1946, NARA, RG 260, Box 70, Folder 7.

44 Übersetzung einer Ausarbeitung von Häussler über die Organisation der Deutschen Bank, 6. Juni 1946, NARA, RG 260, Box 190, Files 21.30.

45 Fortschrittsbericht, Paul Brand, Leiter der Forschungsgruppe Deutsche Bank, 3. Dezember 1945, NARA, RG 260, Box 179, Folder 5.

46 Vgl. Fortschrittsberichte, Paul Brand. Für den Monat Dezember 1945 und vom 1. Juli 1946 bis 30. Juni 1947, NARA, RG 260, Box 179, Folder 4.

47 Vgl. David Schwartz an Theodore Ball, Direktor der Finanzabteilung, 10. Dezember 1947, NARA, RG 260, Box 136, Folder 7.

48 Vgl. R. P. Aikin, Leiter, Abteilung Finanzinstitute (Financial Institutions Division), an Theodore Ball, Direktor der Finanzabteilung, 3. Juni 1947, NARA, RG 260, Box 143, Folder 2.

49 Saul Kagan an R. P. Aikin, Leiter, Abteilung Finanzinstitute, 9. Juni 1947, NARA, RG 260, Box 152, Folder 12.

50 Vgl. Kessler und Feske von der Deutschen Bank an OMGUS, NARA, RG 260, Box 135, Folder 10.

51 Vgl. Liste der Filialleiter in der NSDAP, ohne Datum, NARA, RG 260, Box 70, Folder 7.

52 Vgl. verschiedene Berichte und Briefe, April 1944 bis Juli 1947, NARA, RG 260, Box 534.

53 Vgl. Holtfrerich, S. 467–486.

54 Lichtenstein an Leonard Crum, 26. März 1947, Harvard University Archives, Walter Lichtenstein Papers, HUG(FP) 43.12.

55 Vgl. Lichtenstein an Donald McLean, 24. März 1947, Harvard University Archives, Walter Lichtenstein Papers, HUG(FP) 43.12.

56 Vgl. Adolphe Warner an Lichtenstein, 15. April 1948, Harvard University Archives, Walter Lichtenstein Papers, HUG(FP) 11.29.

57 Vgl. ebd.

58 Vgl. Aktenvermerk Lichtenstein, 15. März 1946, NARA, RG 260, Box 137, Folder 1.

59 Mitarbeiterbesprechung der Finanzabteilung am 17. März 1947, NARA, RG 260, Box 103, Folder 17.

60 Vgl. Holtfrerich, S. 495–525.

61 Vgl. ebd.

62 Vgl. ebd. Die Banken konnten nicht in mehr als sechs Ländern tätig werden. Davon ausgenommen war Nordrhein-Westfalen. Dessen Banken konnten wegen der Größe des Landes in keinem anderen Bundesland tätig werden. Im Gegenzug mussten freilich die Regionalbanken von der ursprünglichen Mutterbank abgekoppelt werden.

63 Vgl. Holtfrerich, S. 495–525.

64 Vgl. Lothar Gall, Der Bankier Hermann Josef Abs: Eine Biographie, München 2004, S. 1–37.

65 Vgl. Gall, Bankier, S. 72.

66 Vgl. ebd., sowie verschiedene Arbeiten von James, darunter Die Deutsche Bank im Dritten Reich.

67 James, Die Deutsche Bank im Dritten Reich, S. 216.

68 Vgl. Gall, Bankier, S. 100.

69 Vgl. «Twenty-Six Leading German Industrialists and Financiers», U.S. Army, 3. Juni 1946, NARA, RG 260, Box 176, Folder 5.

70 Vgl. Gall, Bankier, S. 130.

71 Vgl. Finanzabteilung, Charakterisierung von Abs, undatiert, NARA, RG 260, Box 152, Folder 13.

72 Vgl. Holtfrerich, S. 409–435. Siehe auch Horstmann, Die Alliierten und die deutschen Großbanken.

73 Vgl. James, Die Deutsche Bank im Dritten Reich, S. 212–216.

74 William McCurdy an General Clay, 17. April 1948, mit handschriftlicher Notiz von Clay, NARA, RG 260, Box 90, Folder 6.

75 Vgl. Ferencz an General Taylor, 22. März 1947, NARA, RG 260, Box 172, Folder 12.

76 Vgl. Gall, Bankier, S. 130.

77 Vgl. Holtfrerich, S. 489.

78 Vgl. ebd., S. 500.

79 Vgl. Abs an Gero v. Schultze-Gaevernitz, 5. Juni 1948, HADB, V1/2350. Siehe auch Holtfrerich, S. 488.

80 Vgl. Gall, Bankier, S. 138–140.

81 Aktenvermerk Abs, 17. Dezember 1949, HADB, V1/2350. Abs' Besuch war so stark umstritten, dass Senator Guy Gillette vom Außenministerium verlangte, zu fünf Fragen im Zusammenhang mit dem Aufenthalt Stellung zu nehmen. Dabei ging es um Abs' Treffen mit den Banken wegen des Stillhalteabkommens, seine Unterstützung durch das Amt für deutschen Wiederaufbau (Board for German Reconstruction), seine Reisefreiheit, mit wessen Genehmigung er umherreiste, sowie wo und bei wem er zu Gast war. Vgl. Abschriften aus dem Department of State Bulletin, 26. Dezember 1949, HADB, V1/2350. Im Dezember 1949 behauptete nicht nur *U. S. News and World Report*, dass neonazistische Parteien Zulauf hätten und dass Bankleute, die Hitler zur Macht verholfen hätten, nun selbst wieder in einflussreiche Positionen zurückkehrten. Abs findet sich in dem Artikel namentlich erwähnt. Vgl. HADB, V1/2150.

82 Vgl. Vorstandsessen mit Abs, 30. November 1949, HADB, V1/2350.

83 Vgl. George Franklin an Abs, 17. November 1949, HADB, V1/2350.

84 Vgl. Wall Street Journal, 13. November 1953, HADB, V1/2077.

85 Vgl. Einladung, HADB, V1/2085.

86 Vgl. verschiedene Korrespondenzen, HADB, V1/2134.

87 Vgl. Einladungsschreiben, 9. Oktober 1956, HADB, V1/2132.

88 Vgl. Richard H. Whitehead, Bericht zu Händen von General Lucius Clay (Abschrift), 25. September 1947, HADB, V1/2351. Whitehead arbeitete später für die East West Commerce Corporation, die mit Verkäufen nach Deutschland befasst war.

89 Vgl. James, Geschichte Europas, S. 244f.

90 Vgl. Heinrich Harries, Wiederaufbau, Welt und Wende: Die KfW – eine Bank mit öffentlichem Auftrag, 1948–1998, Frankfurt am Main 1998, sowie Manfred Pohl,

Wiederaufbau: Kunst und Technik der Finanzierung 1947–1953. Die ersten Jahre der Kreditanstalt für Wiederaufbau, Frankfurt am Main 1973.

91 Vgl. Gall, Bankier, S. 142–149.

92 Vgl. Holtfrerich, S. 490. Als sich eine Verständigung mit den Russen als unmöglich erwies, führten die Westmächte im Juni 1948 eine Währungsreform durch. Dabei wurde die Reichsmark – von wenigen Ausnahmen abgesehen, meistens geringe Beträge in den Händen von Einzelnen – zu einem Kurs von 100 Reichsmark gleich 6,50 Deutsche Mark (DM) umgestellt.

93 Vgl. Plassmann an Abs, 14. Juli 1949, HADB, VI/2020 sowie Plassmann an Abs, 13. Juli 1949, HADB, VI/2020. Die deutschen Banken erhielten 1½ Prozent von dem geforderten Zinssatz, dafür hatten sie das Kreditrisiko zu übernehmen, auch wenn sie nicht selbst die Kredite bereitstellten.

94 Vgl. Newsweek, 15. August 1949, HADB, VI/2351.

95 Vgl. Walter Lichtenstein, Rede «The Future of Germany», März 1949, HADB, VI/2351.

96 Vgl. «Zur Wiederherstellung des deutschen Auslandskredits», anscheinend handelt es sich um ein Redemanuskript, Adolphe Warner, undatiert, HADB, VI/2351.

97 Ansprache von Hermann J. Abs vor der George C. Marshall Research Foundation and Foreign Policy Association, 31. Oktober 1978, HADB, VI/3247.

98 Vgl. Abschrift, undatiert, HADB, VI/2351. K. W. Banta, der in New York für die World Commerce Corporation (25 Broad Street, New York) arbeitete, war einer der wenigen Briefpartner in den durchgesehenen Akten, der mit Abs unter Verwendung des Vornamens korrespondierte.

99 Vgl. Financial Times, 22. Februar 1954, HADB, VI/2309.

100 Vgl. Börsen-Zeitung, 30. November 1957.

101 Frankfurter Rundschau, 2. August 1957.

102 Vgl. «Stellungnahme von Herrn Abs zu dem Bericht von Senator Smather [sic]», 6. April 1957, VI/5088.

103 Ebd.

104 Vgl. Hermann J. Abs, Das deutsche Vermögen in den USA – Volle oder Teilrückgabe?, in: Recht der internationalen Wirtschaft 1 (1954/55), S. 145–147.

105 Vgl. Drew Pearson, Next: Another ‹Giveaway› Hassle, Washington Post, 31. März 1957.

106 Ebd.

107 Vgl. NARA, RG 230 – FBI – Box 1, Abs – 56532 – Sec. 1. Der Bericht wiederholt die üblichen Vorwürfe gegen Abs und eine Kritik an Klein.

108 Vgl. Holtfrerich, S. 526–544.

109 Vgl. ebd., S. 544–578.

Teil III

1 Hermann J. Abs, Rede vor der Manufacturing Chemists Association, 12. Juni 1975, HADB, VI/3243.

2 The Banker, Oktober 1977.

Einleitung

1 Ernest Frankl an Gerhard Polfers, 12. Februar 1957, HADB, ZA 6/99.

2 Vortrag Abs, Düsseldorf, 10. Oktober 1972, HADB, VI/3244.

3 Gerold Ambrosius/William H. Hubbard, A Social Economic History of the Twentieth Century, Cambridge MA 1989, S. 295, und Holtfrerich, S. 543. Ein paar Wochen nach dem Wiederzusammenschluss der Bank veröffentlichte Abs in der *New York Times* einen Artikel über diese Entscheidung. Er sah sich genötigt, die Deutsche Bank und andere deutsche Banken gegen Vorwürfe, sie würden den Finanzsektor in Deutschland monopolisieren, in Schutz zu nehmen. Reintegration of the Big German Banks, in: New York Times, 24. März 1957.

4 Berghahn, Unternehmer und Politik, in: Zeitlin/Herrigel, Americanization and its Limits.

5 Vgl. Volker R. Berghahn, America and the Intellectual Cold Wars in Europe, Princeton 2001, Victoria de Grazia, Irresistible Empire: America's Advance through Twentieth-Century Europe, Cambridge MA 2005, und Jean-Jacques Servan-Schreiber, Le Défi Américain, Paris 1967. Der berühmte «Weckruf», der die europäischen Regierungen und Unternehmen auf die wirtschaftliche Herausforderung durch Amerika aufmerksam machen sollte, ist in Frankreich nicht mehr im Buchhandel erhältlich. Optimisten könnten den Schluss ziehen, die Probleme seien gelöst worden.

6 Tony Judt, Geschichte Europas von 1945 bis zur Gegenwart, München 2006, S. 125–229.

7 Ebd., S. 307f.

8 Von 1958 bis 1970 beispielsweise nahm der Außenhandel Frankreichs mit EWG-Staaten von 30 auf 57 Prozent und der Deutschlands von 37 auf 57 Prozent zu. James, Geschichte Europas, S. 292.

9 Vgl. Mazower, Der dunkle Kontinent.

10 Ambrosius/Hubbard, S. 144. Das reale Sozialprodukt wuchs in Westdeutschland zwischen 1950 und 1960 jährlich um 7,8 Prozent, im folgenden Jahrzehnt noch um 4,4 Prozent, eine trotz des steilen Rückgangs nach den meisten Maßstäben noch immer eindrucksvolle Rate.

11 Gary M. Walton und Hugh Rockoff, History of the American Economy, 8. Aufl., New York 1998. In den 1960er Jahren wuchs das reale Bruttosozialprodukt pro Kopf der Bevölkerung um fast 3 Prozent jährlich, eine der wachstumsstärksten Dekaden in der amerikanischen Geschichte.

12 Herman van der Wee, Prosperity and Upheaval: The World Economy 1945–1980, New York 1991, S. 51. Das deutsche Bruttosozialprodukt hatte sich seit 1950 in Prozent des US-Bruttosozialprodukts sowohl dem Gesamtbetrag nach als auch pro Kopf fast verdoppelt, aber noch 1970 hatte es erst 21 Prozent der (Gesamtsumme des) US-BSP und 74 Prozent des US-BSP pro Kopf erreicht.

13 Während die Börsenkapitalisierung aller deutschen Aktiengesellschaften in Prozent des BIP im Jahr 1913 etwa genauso hoch war wie die entsprechende Quote in den USA, lag die US-Marktkapitalisierung in Prozent des BIP 1960 fast doppelt so hoch wie die deutsche. Im Jahr 1999 belief sich die US-Börsenkapitalisierung auf das 2,5-fache der deutschen. Raghurum G. Rajan und Luigi Zingales, The Great Reversals: The Politics of Financial Development in the Twentieth Century, in: Journal of Financial Economics 69 (2003), S. 5–50.

14 Vgl. Mark Roe, Strong Manager, Weak Owner: The Political Roots of American Corporate Finance, Princeton 1994, S. 102–145, für eine ausgezeichnete Diskussion der Gesetze, mit denen die Grundlagen für Investment- und Pensionsfonds gelegt wurden, und ihren Auswirkungen auf die Kapitalmärkte und die Unternehmensführung und -kontrolle in den USA.

15 Judt, S. 413f.

16 Hans E. Büschgen, Die Deutsche Bank von 1957 bis zur Gegenwart: Aufstieg zum internationalen Finanzdienstleistungskonzern, in: Die Deutsche Bank 1870–1995, Lothar Gall u.a., München 1995, S. 579–581. Die Deutsche Bank führte ein OM-(Organisation und Management-)Modell ein, das den Kunden in den Filialen alle Produkte aus einer Hand anbieten sollte.

17 Einige Dinge sollten sich nicht ändern. Abs beklagte sich 1957 über das Verhalten einiger britischer Passagiere auf einem PanAm-Flug von New York. PanAm antwortete, die Passagiere erwarteten auf ihren Clipper-Flügen alkoholische Getränke, aber das Bordpersonal sei angewiesen, offensichtlich betrunkenen Passagieren keine Alkoholika mehr auszuschenken. Der Flug mit einem Propellerflugzeug dauerte etwa zweieinhalb Mal so lange wie ein Flug heute und erforderte eine Zwischenlandung. PanAm an Abs, 7. März 1957, HADB, VI/2081. British Airways nahm ein Jahr später Transatlantikflüge nach New York mit Düsenflugzeugen auf.

18 Cheol S. Eun u.a., International Financial Management: Canadian Perspectives, Toronto 2005, S. 26–37.

19 Ebd.

20 Briefwechsel zwischen Abs und US-Finanzminister Henry Fowler, 1965 und 1966, HADB, VI/3224.

21 Hermann J. Abs, Die Vereinigten Staaten und Europa – Konkurrenten oder Partner? Die amerikanischen Direktinvestitionen in Europa, in: Institut International d'Études Bancaires, 1969.

22 Die Entwicklung des Auslandsgeschäftes der Deutschen Bank AG im Jahr 1959, Interner Bericht, 15. März 1960, HADB, VI/2859. Im Jahr 1957 wuchsen die deutschen Ausfuhren und Einfuhren um 16 beziehungsweise 13 Prozent. Obgleich die USA ein bedeutender Importeur deutscher Produkte waren und ein wichtiger Lieferant Deutschlands, waren sie 1958 nicht der größte. Die Wirtschaftsbeziehungen blieben zwar sehr regional, führten aber dennoch zu hohem Wirtschaftswachstum. Auf die westeuropäischen Nachbarn Deutschlands entfielen über die Hälfte seiner Exporte. Von 1957 bis 1959 wickelte die Deutsche Bank annähernd 32 Prozent der gesamten Außenhandelsfinanzierungen und -transaktionen Deutschlands ab. Während sich Ein- und Ausfuhren auf etwa 40 Milliarden DM (35,8 Milliarden und 41,2 Milliarden DM, um genau zu sein) beliefen, kauften und verkauften Deutsche 1959 ausländische Wertpapiere im Wert von nur 1,9 beziehungsweise 0,6 Milliarden DM. Ausländer übertrafen diese Zahlen: Sie kauften deutsche Wertpapiere im Volumen von 2,5 Milliarden DM und verkauften Wertpapiere im Volumen von 2,1 Milliarden DM. Die Auslandsinvestitionen gingen hauptsächlich in die USA, aber auch Europa und Südafrika bekamen ein ordentliches Stück vom Kuchen ab.

23 Lees, S. 78.

24 Die New York Times berichtete, eine Vielzahl deutscher Unternehmen wolle in den USA investieren. Zwischen 1956 und 1961 hatte beispielsweise Dupont bereits

85 Millionen Dollar in Aktiva (zum Buchwert) investiert und plante für 1962 Investitionen, die 25 Prozent über dem Vorjahresniveau liegen sollten. New York Times, 13. April 1962.

25 Bericht über die Studienreise für Bankfachleute nach den USA, 20. Oktober bis 7. November 1960, Walter Hook, Georg Behrendt und Günther Mecklenburg, HADB, VI/2859. 1960 entsandte die Bank drei Nachwuchskräfte in die USA, die dort studieren sollten, wie amerikanische Banken ihre Arbeitsabläufe organisierten, Sparer anlockten, Geschäftsvorgänge abwickelten und ihre Aktivitäten automatisierten. Sie gelangten zu dem Schluss, dass viele amerikanische Methoden und Investitionen in Maschinen übernommen werden sollten, wenn auch in einer auf die deutschen Verhältnisse zugeschnittenen Weise und langsamer als in den USA. Ironischerweise war es durchaus eilig, aber niedrigere deutsche Arbeitskosten gaben den deutschen Banken mehr Zeit zum Nachdenken und Umsetzen.

26 Büschgen, S. 587–590.

Kapitel 15

1 Berenberg-Gossler an Blessing, 8. März 1962, HABBk, B330/235.

2 Hermann J. Abs, Rede vor der Manufacturing Chemists Association, 12. Juni 1975, HADB, VI/3243.

3 Vgl. S. Jonathan Wiesen, West German Industry & the Challenge of the Nazi Past, Chapel Hill 2001, eine ausgezeichnete Studie über die Einstellungen deutscher Geschäftsleute zur Vergangenheit und zur Amerikanisierung Deutschlands nach dem Zweiten Weltkrieg.

4 Hermann J. Abs, Ansprache beim Galadiner des United States Council of the International Chamber of Commerce, New York, 16. Januar 1957, HADB, VI/ 2294.

5 Ebd.

6 Vgl. Hans-Dieter Kreikamp, Deutsches Vermögen in den Vereinigten Staaten: Die Auseinandersetzung um seine Rückführung als Aspekt der deutsch-amerikanischen Beziehungen 1952–1962, Stuttgart 1979, und Gall, Bankier, S. 235–236.

7 Vgl. Christopher Kobrak/Jana Wüstenhagen, American Seizure of German Property, Political Risk, and Globalization, in: EBH, Genf, September 2007.

8 Hermann J. Abs, Ansprache beim Galadiner des United States Council of the International Chamber of Commerce, New York, 16. Januar 1957, HADB, VI/ 2294.

9 Berghahn, America and the Intellectual Cold War.

10 Berenberg-Gossler, Bericht über seine Reise in die Vereinigten Staaten, 22. Juni 1964, HABBk, B330/235.

11 Vgl. Hermann J. Abs, European Integration, in: European Atlantic Review, April 1960, und A banker looks at International money movements, in: Manchester Guardian, 17. November 1959.

12 Abs Supports Concept of Regional Groups, in: International Banker (International Edition of American Banker), 28. Februar 1967.

13 Abs an Charles Taguey, 20. Oktober 1970, HADB, VI/1970.

14 German Banker Cites Similarities Between American and German Economic Growth Environment, in: Presse-Information, 26. September 1962, HADB, VI/2621. Auf der Tagung der American Bankers Association im September 1962 in Atlantic City beispielsweise verteidigte Abs die deutsche Finanzpolitik gegen Vorwürfe, die Defizitfinanzierung begünstige das höhere Wirtschaftswachstum Deutschlands. Er

legte eine alternative Erklärung vor, zu der die Bereitschaft der deutschen Arbeitnehmer gehöre, für niedrigere Löhne zu arbeiten, und die geld- und kreditpolitische Disziplin der Bundesbank.

15 Report to the President of the United States From Task Force on Promoting Increased Foreign Investment and Increased Foreign Financing, Washington, D.C. 1964. Im Oktober 1963 empfahl eine von Präsident John F. Kennedy eingesetzte Arbeitsgruppe, die nach Möglichkeiten suchen sollte, die US-Goldreserven zu schützen, breit angelegte und intensive Bemühungen, um US-Wertpapiere von Privatunternehmen bei ausländischen Investoren unterzubringen und um den Zugang von Auslandstöchtern von US-Firmen zu ausländischen Finanzierungsinstrumenten zu verbessern. Tatsächlich sollten diese Maßnahmen ausländische Beschränkungen für US-Institute bei der Beschaffung von Finanzmitteln auf Auslandsmärkten beseitigen.

16 Barry Eichengreen, Vom Goldstandard zum Euro: Die Geschichte des internationalen Währungssystems, Berlin 2000, S. 151-161. Eichengreen behauptet, der Erfolg des Bretton-Woods-Systems bei der Umverteilung von Vermögen und Reserven habe eine Neuordnung der Wechselkurse erforderlich gemacht. Sowohl das Haushaltsdefizit als auch das Zahlungsbilanzdefizit der USA waren zwischen 1950 und 1970 nicht ungewöhnlich hoch.

17 Protokoll der 155. Sitzung des Zentralbankrats der Deutschen Bundesbank, 5. Dezember 1963, HABBk, B330/426/1. Die Bundesbank beispielsweise war beunruhigt wegen der anhaltenden amerikanischen Investitionen in Deutschland, die unter dem Gesichtspunkt der «wirtschaftlichen Zweckmäßigkeit» nicht länger erforderlich zu sein schienen und die Fähigkeit der Bundesbank, den Wert der D-Mark niedrig zu halten, beeinträchtigten. In Erinnerung an die 1920er Jahre machten sich einige Beamte der Bundesbank Sorgen über mögliche Kurseinbrüche am deutschen Kapitalmarkt, der diese Auslandsinvestitionen erleichtern würde.

18 Robert Ellscheid an Ludwig Erhard, 27. Mai 1961, HABBk, B330/258.

19 Vermerk, 5. August 1958, HABBk, B330/292.

20 Pressemeldung der Deutschen Bundesbank, 26. November 1967, HABBk, B330/257.

21 Eichengreen, S. 175. Für eine ausgezeichnete Diskussion des Aufstiegs und Niedergangs des Bretton-Woods-Systems vgl. Eichengreen, S. 132-182.

22 van der Wee, S. 456.

23 Maurice Obstfeld u. Alan M. Taylor, Global Capital Markets: Integration, Crisis, and Growth, Cambridge 2004, S. 160.

24 van der Wee, S. 456.

25 Eichengreen, S. 170-182, und J. Orlin Grabbe, International Financial Markets, New York 1991, S. 12-25.

26 European Bankers View of the Dollar Now, in: Bankers Monthly Magazine, 15. Januar 1963, HADB, V1/3937. Abs wird in dem Aufsatz mit der Aussage zitiert, das US-Haushaltsdefizit müsse eingeschränkt werden. Vgl. wieder Eichengreen, S. 174-179.

27 Deutsche Bank, Geschäftsbericht 1964.

28 Deutsche Bank, Geschäftsbericht 1966.

29 How Far has the U.S. Changed: Hot Money Patterns?, in: Financial Times, 15. August 1963.

30 Protokolle der 345. und 346. Sitzung des Zentralbankrats der Deutschen Bundesbank, 25. August und 1. September 1971, HABBk, B330/6163/1 und 2.

31 Protokoll der 430. Sitzung des Zentralbankrats der Deutschen Bundesbank, 6. Februar 1975, HABBk, B330/7885.

32 Money supply: the dilemma facing the fed, in: Financial Times, 19. Juli 1978.

33 van der Wee, S. 492.

34 Federal Reserve Bank of St. Louis, Economic Research, EXGEUS, Germany/U.S. Foreign Exchange Rate (eingestellte Reihe).

35 Robert Solomon, Money on the Move: The Revolution in International Finance since 1980, Princeton 1999, S. 3.

36 Joseph Daniels/David Van Hoose, International Monetary and Financial Economics, New York 1999, S. 50–52. Ursprünglich strebte man bescheidenere Ziele an, nämlich nur vollständige Konvertibilität und unveränderliche Wechselkurse zwischen den Währungen der EWG-Mitgliedstaaten. Wäre dies erst einmal erreicht, dann wäre die Schaffung einer gemeinsamen Währung nur noch eine Formalität, glaubte man.

37 Hermann J. Abs, A counterweight to the dollar, in: Financial Times, 3. Dezember 1970.

38 Hermann J. Abs, Rede vor der Manufacturing Chemists Association, 12. Juni 1975, HADB, VI/3243.

39 Hermann J. Abs, Ansprache vor der George C. Marshall Research Foundation und Foreign Policy Association, New York City, 31. Oktober 1978, HADB, VI/3247.

40 Stefano Battilossi, Introduction: International Banking and the American Challenge in Historical Perspective, in: Stefano Battilossi/Youssef Cassis (Hrsg.), European Banks and the American Challenge: Competition and Cooperation in International Banking under Bretton Woods, Oxford 2002, S. 14–20. Von 1964 bis 1975 wuchs der Euro-Geldmarkt von 20 auf 480 Milliarden Dollar.

41 Meir Kohn, Financial Institutions and Markets, New York 1994, S. 270.

42 Kohn, S. 271 f.

43 Youssef Cassis, Before the Storm: European Banks in the 1950s, in: Battilossi/Cassis, European Banks and the American Challenge, S. 36–52, hier S. 41.

44 Richard Sylla, United States Banks and Europe: Strategy and Attitudes, in: Battilossi/Cassis, European Banks and the American Challenge, S. 53–73, hier S. 55.

45 Susan B. Foster, Impact of Direct Investment Abroad by United States Multinational Companies on the Balance of Payments, in: Federal Reserve Bank of New York, Monthly Review 54 (1972), S. 166–177. Nominell waren sie bereits von etwas über 30 Milliarden 1960 auf 80 Milliarden Dollar 1970 angewachsen. Aber amerikanische Gesellschaften führten auch Kapital zurück, aus Gewinnen und mit anderen Mitteln, was letztlich die Zahlungsbilanz-Situation aufhellen mochte. Einige waren auch der Ansicht, amerikanische Investitionen hätten die Wettbewerbsfähigkeit der US-Wirtschaft insgesamt erhöht und dadurch langfristig die Zahlungsbilanz verbessert. Über 50 Milliarden Dollar entfielen dabei auf das verarbeitende Gewerbe und die Mineralölwirtschaft. Fast 40 Milliarden Dollar flossen nach Nord- und Südamerika, Europa erhielt etwa 25 Milliarden Dollar.

46 Private Kapitalanlagen der USA in Westeuropa, insbesondere in den EWG-Ländern, Deutsche Bundesbank, 15. März 1963, HABBk, B330/3436. Auslandszahlungen resultierend aus privaten und öffentlichen Investitionen in Deutschland wuchsen von 602 Millionen DM in 1959 auf 791 Millionen DM – eine erhebliche

Zunahme der Auslandsüberweisungen der Bundesbank, obwohl im gleichen Zeitraum die Zahlungen nach dem Londoner Schuldenabkommen, die in den Summen enthalten sind, von 138 Millionen DM auf 86 Millionen DM zurückgingen. Die meisten US-Investitionen im Ausland und in Europa waren Privatinvestitionen, aber der Gesamtbetrag der US-Investitionen in Europa (private und öffentliche) belief sich auf nur 19,2 Milliarden Dollar, weniger als 30 Prozent des Gesamtbetrags. Die Summe der westeuropäischen Privatinvestitionen in den USA war um 40 Prozent höher als die der US-Privatinvestitionen in Europa. Aber Direktinvestitionen machten 67 Prozent der US-Gesamtinvestitionen in Europa aus, während die europäischen Direktinvestitionen in den USA nur 33 Prozent der Gesamtinvestitionen ausmachten. Im Jahr 1961 erhielt Westdeutschland von allen EWG-Staaten die meisten US-Direktinvestitionen (fast 40 Prozent), lag aber deutlich hinter den 3,5 Milliarden Dollar zurück, die nach Großbritannien geflossen waren. Von 1956 bis 1961 flossen durchschnittlich pro Jahr 100 Millionen Dollar an US-Direktinvestitionen nach Deutschland. Von 1949 bis 1961 war der Gesamtbetrag an US-Direktinvestitionen von 173 Millionen Dollar auf 1,2 Milliarden Dollar gestiegen, auf Pro-Kopf-Basis aber hinkte Deutschland noch immer den Benelux-Staaten hinterher. 1960 waren die Automobilindustrie, der Maschinenbau und die chemische Industrie die Hauptempfänger der Investitionen.

47 U.S. Payments Upturn Confound Experts, in: International Herald Tribune, 26. Dezember 1973. Ungeachtet der Preiselastizität und anderer Faktoren erzielten die USA 1973 sogar einen Handelsbilanzüberschuss, da die Exporte, insbesondere von Rohstoffen und landwirtschaftlichen Erzeugnissen, um sage und schreibe 47 Prozent zulegten.

48 James E. McCarthy, Across the Board – The Conference Board Magazine, Dezember 1976, S. 21–29. Im Jahr 1975 hatten sieben Auslandsunternehmen Tochtergesellschaften mit einem Umsatz von mehr als 1 Milliarde Dollar in den USA, allerdings waren sechs der sieben kanadische und britische Firmen. Die größte, Shell, war ein britisch-niederländischer Konzern. Hoechst, das größte deutsche Unternehmen in den USA, machte dort nur einen Umsatz von 617 Millionen Dollar, hatte aber fast 9000 Mitarbeiter.

49 Vgl. zum Beispiel Bruce Stokes, Facing Up to Germany, in: National Journal, 29. November 1986.

50 Abs an Roosa, 19. Oktober 1962, HABBk, B330/226. Abs schrieb, nur 20 Prozent der kurzfristigen Einlagen und 1200 von 31000 Bankfilialen befänden sich im Besitz der Großbanken, und schickte einen Durchschlag des Briefes an Blessing.

51 Hermann J. Abs, «Universal Banking System» Absolved of Blame for German Capital Woes, in: American Banker, 26. Oktober 1966. Die deutschen Banken versuchten hin und wieder sogar, die Zinsen zu senken. Die Universalbanken sollten das Gleichgewicht zwischen Ersparnissen und Investitionen wiederherstellen, eine Rolle, die sie in den ersten Jahren der «Resozialisierung» Deutschlands glänzend erfüllten und in der sie als Schutz gegen eine Überhitzung der Investitionstätigkeit nach wie vor gebraucht wurden.

52 Carsten Hartkopf, Die Geschäftspolitik amerikanischer Banken in Deutschland, 1960–1990, Frankfurt 2000, S. 2.

53 Vermerk, Deutsche Bundesbank, Hauptabteilung Ausland, 12. Juni 1969, HABBk, B330/15705.

54 Hartkopf, Geschäftspolitik amerikanischer Banken.
55 Adrian E. Tschoegl, Foreign Banks in the United States since World War II, in: Geoffrey Jones/Lina Gálvez-Muñoz, Foreign Multinationals in the United States. Management and Performance, London 2002, S. 149–168.
56 Shelagh Hefferman, Modern Banking in Theory and Practice, New York 1996, S. 251–262.
57 Ebd.
58 Emminger an Mitglieder des Zentralbankrats, 21. März 1973, HABBk, B330/6705/1. Im März 1973 unterhielten 35 Auslandsbanken Niederlassungen in der Bundesrepublik, darunter viele amerikanische und europäische Banken, aber auch brasilianische und iranische, mit sehr unterschiedlichen Eigenmittelausstattungen, die von 3,2 Prozent bis 46 Prozent des Kreditvolumens reichten.
59 Ebd.
60 Ernst Fessler an Rolf Gocht, 3. April 1973, HABBk, B330/6705/1. Die Banken unterschieden sich zu sehr voneinander, und die Bundesbank hatte kein Interesse daran, ausländisches Kapital nach Deutschland hereinzuholen. Sie genehmigte verminderte Kapitalspritzen für zwei japanische Banken, die ihres Erachtens über ausreichende Rücklagen verfügten.
61 Gocht an Fessler, 11. April 1973, HABBk, B330/6705/1.
62 Schlesinger, Vorlage für den Zentralbankrat, 18. August 1972, HABBk, B330/29554.
63 Bundesverband deutscher Banken an Bundesbank, 24. November 1972, HABBk, B330/29554. Die Banken waren der Ansicht, die Berichterstattungspflichten würden ihr Geschäft schädigen, da sie deutsche Unternehmen benachteiligten, die mehr Informationen offenlegen müssten als Banken aus anderen Ländern der Europäischen Gemeinschaft und den Vereinigten Staaten.
64 Bundesbank an Bundesverband deutscher Banken, 5. Dezember 1972, HABBk, B330/29554.
65 Paul Verhagen, Präsident der EAB, an Abs, 2. Juni 1969, V1/3236. Im Jahr 1969 zog die US-Regierung in Erwägung, den 1956 verabschiedeten Bank Holding Company Act, der ursprünglich die ungezügelte Vermehrung von Bank-Holdinggesellschaften begrenzen sollte, zu reformieren. Viele US-Banken benutzten Holdinggesellschaften, um Beschränkungen beim *interstate banking* – dem Verbot der Geschäftstätigkeit in mehr als einem Bundesstaat – und Restriktionen im Bankgeschäft (Glass-Steagall) zu umgehen. Die Deutsche Bank befürchtete, diese Veränderungen könnten sich negativ auf ihr Geschäft auswirken. Auch wenn der Gesetzesvorschlag vielleicht eher lästige als bedrohliche Folgen gehabt hätte, hätte er doch bedeutet, dass die Deutsche Bank als eine Bank-Holdinggesellschaft betrachtet worden wäre, die der Federal Reserve und anderen US-Behörden Bericht erstatten müsste, und dass US-Beamte das Recht gehabt hätten, Tochtergesellschaften der Deutschen Bank in anderen Ländern zu prüfen. Es bestand sogar das Risiko, dass Bank-Holdinggesellschaften Nichtbank-Geschäfte abstoßen müssten, eine Klausel, die für die Deutsche Bank von enormer Tragweite gewesen wäre. Einige Berater der Deutschen Bank hofften, die Bank würde kraft einer Besitzstandsklausel von den Rechtswirkungen des Gesetzes ausgenommen, aber der Widerstand der Demokraten im Kongress gegen Ausnahmeregeln war sehr stark. Hefferman, S. 240. Das Gesetz in seiner endgültigen Fassung von 1970 erweiterte zwar die Beschrän-

kungen für Nichtbank-Geschäfte, richtete aber wenig gegen die Gründungswelle bei Bank-Holdings aus.

66 The German example: Three rich powerful banks dominate Germany, in: Business Week, 19. April 1976. Der Gewinn der Deutschen Bank wuchs von 1974 bis 1975 allein um 30 Prozent. Von 1970 bis 1975 verdoppelte sich ihre Bilanzsumme.

67 Börsen-Zeitung, 22. und 23. Juni 1978.

68 van der Wee, S. 469–470, und Grabbe, S. 245–259, auch Ekkehard Storck, Euromarkt: Finanz-Drehscheibe der Welt, Stuttgart 1995.

69 Kohn, S. 273–278.

70 Daniels/Van Hoose, International Monetary and Financial Economics, S. 173–189, und Alan C. Shapiro, Multinational Financial Management, 7. Aufl., Hoboken 2003, S. 441–468.

71 Hefferman, S. 79–81.

72 Daniels/Van Hoose, International Monetary and Financial Economics, S. 173–189, und Shapiro, Multinational Financial Management, S. 441–468.

73 Kohn, S. 635–666. Ein Terminkontrakt ist ein standardisierter Vertrag über den Kauf eines bestimmten Produkts zu einem zukünftigen Zeitpunkt zu einem Preis, der heute festgelegt wird. Eine Option gibt dem Erwerber das Recht, etwas gegen eine Gebühr und zu einem heute vereinbarten Preis zu kaufen oder verkaufen. Ein Finanz-Swap ist ein Vertrag über den zukünftigen Tausch von etwas (in der Regel veränderliche Größen wie Zinssätze) zu heute vereinbarten Preisen.

74 Hefferman, S. 259–261.

75 Um 1993 besaßen Pensionsfonds und Haushalte 25,8 und 50,2 Prozent der amerikanischen Aktien. Die entsprechenden Zahlen für Deutschland lauteten 7,7 und 16,6 Prozent. Aktien tauchten auch in den Bilanzen deutscher Banken, Versicherungsgesellschaften und Unternehmen aus Industrie und Handel auf, und zwar in Höhe von jeweils 14,3, 7,1 und 38,8 Prozent. Clark und Bostock, S. 238.

76 Rajan und Zingales.

77 Büschgen, S. 725–727.

78 Ebd., S. 725–732.

79 Abs an Pollems, 5. Juli 1957, HADB, VI/3740.

80 Oswald Rösler an Abs, 11. Juli 1957, HADB, VI/3740.

81 Büschgen, S. 725–732.

82 Deutsche Bank, Geschäftsbericht 1973.

83 Der Begriff «internationales Kreditgeschäft» bzw. «Auslandskreditgeschäft» bezeichnet Kreditgeschäfte, bei denen der Kreditgeber und der Kreditnehmer in unterschiedlichen Ländern ansässig sind. Im Jahr 1955 arbeitete Klaus Jacobs im Auslandssekretariat, wo man gerade erst begann, in die Exportfinanzierung, die Projektfinanzierung und internationale Wertpapieremissionen einzusteigen. Die Süddeutsche Bank hatte eine Auslandsabteilung für Routinegeschäfte wie Überweisungen und Akkreditive, die für alle Handelsnationen benutzt wurden und über Korrespondenzbanken abgewickelt wurden. Interview mit Klaus Jacobs, 11. Juli 2006.

84 Vermerk, Deutsche Bundesbank, Hauptabteilung Ausland, 12. Februar 1968, HABBk, B330/15705.

85 Vermerk, Deutsche Bundesbank, Hauptabteilung Ausland, 29. Februar 1968, HABBk, B330/20697.

86 Vermerk, Deutsche Bundesbank, Hauptabteilung Ausland, 21. Juli 1969, HABBk, B330/20697.

87 *Tombstone* for International Business Machines Stock Listing, und weitere Korrespondenz 1963, HADB, VI/3218.

88 Protokoll der Sitzung vom 23. Januar 1962 und Absichtserklärung vom 3. Januar 1962, HADB, VI/3211. Als Konsortialführer übernahm die Deutsche Bank ein Drittel der Aktien, Dresdner und Commerzbank übernahmen insgesamt 30 Prozent, und der Rest entfiel auf kleinere Zuteilungen zwischen 6 und 1,5 Prozent.

89 Deutsche Bank, Geschäftsbericht 1962.

90 Deutsche Bank, Geschäftsbericht 1964.

91 Deutsche Bank, Geschäftsbericht 1965.

92 Deutsche Bank, Geschäftsbericht 1967.

93 Ekkehard Storck, Die Bundesbank und die Auslandsbeteiligungen deutscher Banken, in: Börsen-Zeitung, 8. Dezember 1973.

94 Deutsche Bank, Geschäftsbericht 1963.

95 Deutsche Bank, Geschäftsbericht 1968.

96 Interner Bericht, 31. Oktober 1979, HADB, VI/3246.

97 Deutsche Bank, Geschäftsbericht 1986.

98 Roloff an Blessing, 20. und 25. Oktober 1960, HABBk, B330/292. W. T. Roloff von RCA Victors kanadischer Gesellschaft hielt Blessing über seine Verhandlungen mit Abs und der Deutschen Bank auf dem Laufenden. Siehe auch Blessing an Roloff, 6. Februar 1963, HABBk, B330/292, Krebs an Roloff, 19. April 1966, HABBk, B330/292.

99 Financial Times, 13. Juli 1962.

100 Christopher D. McKenna, The World's Newest Profession: Management Consulting in the Twentieth Century, Cambridge 2006, S. 20–47.

101 Kohn, S. 419.

102 Vermerk, Deutsche Bundesbank, Hauptabteilung Ausland, 20. April 1966, HABBk, B330/5170.

103 Büschgen, S. 762f.

104 Büschgen, S. 733.

105 Kathleen Burk, Morgan Grenfell 1838–1988: The Biography of a Merchant Bank, Oxford 1989, Vorwort und S. 257.

106 Interview mit Hilmar Kopper, 23. Januar 2006.

107 Patrick A. Gaughan, Mergers, Acquisitions, and Corporate Restructurings, New York 1999, S. 43 und 58.

108 Jeremy Edwards/Klaus Fischer, Banks, finance and investment in Germany, Cambridge 1994, S. 190–194. Ihre engen Kundenbeziehungen brachten deutsche Banken in eine heikle Position im Hinblick auf Fusionen.

109 Gaughan, S. 9.

110 Büschgen, S. 694f.

111 Telefonisches Interview mit Hilmar Kopper, 18. Oktober 2006.

112 Vgl. Gerald D. Feldman, Hugo Stinnes, München 1998, eine vorzügliche Studie über die Familie und das Unternehmen.

113 Aussage von Cläre Stinnes-Wagenknecht vor dem Rechtsausschuss des US-Repräsentantenhauses, bei einer Anhörung im Rahmen des Gesetzgebungsverfahrens zur Revision des Trading with the Enemy Act, ohne Datum, HADB, VI/1735

und Emissionsprospekt der Hugo Stinnes Corporation, 15. Mai 1957, HADB, VI/1733, und Wilkins, 1914–1945, S. 195, für Details der Transaktion in den 1920er Jahren. Wilkins weist darauf hin, dass die Stinnes-Holding in Deutschland faktisch von zwei Kapitalgesellschaften mit Sitz in Maryland kontrolliert wurde. Tatsächlich wurden ausländische Direktinvestitionen in die USA dazu verwendet, um amerikanisches Kapital nach Deutschland zu lenken. Interessanterweise gibt es keinen Beleg für die Beteiligung der Deutschen Bank an der Transaktion von 1926, einmal abgesehen vielleicht von dem Umstand, dass sie Gelder erhielt, die die Stinnes-Stiftung ihr schuldete.

114 Gall, Bankier, S. 160 f.

115 Mehrere Dokumente, Aktenvermerke, HADB, VI/1735. Während Abs, der angeblich unmittelbarer Eigentümer von Aktien war, zum Beispiel bereit war, auf künftige Ansprüche gegen frühere Aktionäre des Unternehmens zu verzichten, bestand er auf seinem Recht, Ansprüche gegen die US-Regierung und die deutsche Regierung gerichtlich geltend zu machen. Diese Deutung der Transaktion als ein sehr persönliches Geschäft von Abs wurde von seinem Assistenten der damaligen Jahre, Klaus Jacobs, in einem Interview am 11. Juli 2006 bestätigt.

Kapitel 16

1 Emminger an Abs, 14. Oktober 1966, HABBk, N2/69.

2 Telefonisches Interview mit Hilmar Kopper, 18. Oktober 2006.

3 Programm und Ansprache bei dem Galadiner am 3. Oktober 1962, HADB, VI/3213. Abs hielt auch eine Rede, in der er die Auffassung verteidigte, «strukturelle» Ungleichgewichte im Außenhandel könnten im Lauf der Zeit noch immer abgebaut werden. Im Oktober 1962 saß er beim (42.) Galadiner der Investment Bankers Association of America im Waldorf Astoria am Tisch für Ehrengäste neben David Rockefeller.

4 Korrespondenz 1969–70, Clay und Abs, HADB, VI/3234, und Interview mit Klaus Jacobs, 11. Juli 2006.

5 In den Jahrzehnten nach dem Krieg war Abs einer der wenigen deutschen Bankiers, der in Bank- und Geschäftskreisen in New York und London bekannt war und geachtet wurde. 1962 wurde Abs als einer von fünf internationalen Bankiers in den Beirat der International Finance Corporation der Weltbank berufen. Unter den anderen waren die Chefs von Morgan Grenfell und dem Bankhaus Rothschild, New York Times, 27. Februar 1962.

6 Seine Reise im September 1962 dauerte einen Monat, angefangen von seiner Abreise an Bord der SS France bis zu seiner Abreise aus Chicago. In drei Wochen besuchte er sieben amerikanische Städte. HADB, VI/2490.

7 Programm für den Besuch von Herrn Hermann J. Abs, U.S.A./Kanada, 28. November bis 3. Dezember 1970, VI/2505. Er nahm sich Zeit für Treffen mit Geschäftspartnern aus der Vorkriegszeit, die ins Exil hatten gehen müssen. Am Tag nach seiner Ankunft wurde er vom Drake Hotel zum Haus der Familie Petschek in Scarsdale gefahren, die vor den Nazis aus der Tschechoslowakei geflohen waren.

8 Mehrere Briefe, vgl. 7. Januar 1966, Peter Gil an Klaus Jacobs, HADB, VI/2621. Ab 1966 fungierte er als Gastgeber für die Sloan Fellows des MIT, eine Art MBA-Fortbildungsprogramm für mittlere und höhere Führungskräfte hauptsächlich

aus amerikanischen Unternehmen. Das Programm umfasste in der Regel auch Werksbesichtigungen und Gespräche mit bekannten deutschen Unternehmern.

9 Interview mit Klaus Jacobs, 11. Juli 2006.

10 Interviews mit Michael Rassmann, 9. und 12. Januar sowie 7. März 2006. Geboren 1936 in Breslau, arbeitete Michael Rassmann nach seinem Wirtschaftsstudium in Deutschland und in den USA fast vierzig Jahre lang bei der Deutschen Bank. In dieser Zeit spielte er dort eine maßgebliche Rolle, und er ist eine meiner wichtigsten Informationsquellen. Rassmann erzählte, seine Jahre als Assistent von Abs seien, in fachlicher Hinsicht, seine lehrreichsten gewesen. Aber sie hätten seine Ehe einer schweren Belastungsprobe ausgesetzt, da Abs manchmal mitten in der Nacht angerufen habe. Hin und wieder, nach einem langen Arbeitstag, habe ihn Abs jedoch auf einen Drink eingeladen, sei zum vertraulichen «Du» übergegangen und habe sogar seine Ansichten über die Nazi-Zeit freimütig geäußert. Rassmann gehörte wie Detlev Staecker und Klaus Jacobs zu den relativ wenigen deutschstämmigen Führungskräften der Deutschen Bank, die traditionelle Bankiertugenden mit einer gewissen Abenteuerlust verbanden, die alle drei dazu veranlasste, in die USA zu gehen und sich nach ihrem Ausscheiden aus der Bank zeitweilig oder dauerhaft dort niederzulassen.

11 Vgl. Henry C. Wallich von der Universität Yale und der US-Notenbank, HADB, VI/2498 und VI/3232.

12 Rede vor dem Harvard Business School Club in New York, 12. April 1972, HADB, VI/3238.

13 Ebd.

14 Gall, Bankier, S. 289.

15 Hermann Abs at 80, in: Institutional Investor, Februar 1982, S. 108.

16 Interview mit Klaus Jacobs, 11. Juli 2006. Jacobs arbeitete sechs Jahre lang als persönlicher Assistent von Abs und wurde der erste Vertreter der Deutschen Bank bei der EAB. Jacobs erinnerte sich, dass ihm Abs' Nachfolger Jahre später gesagt habe, er sei unter anderem deshalb nach New York entsandt worden, weil man glaubte, dass man mit der Wahl seines «Günstlings» Abs, der mittlerweile dem Aufsichtrat vorsaß, das Projekt schmackhafter machen könnte. Nach seiner Assistenzzeit bei Abs leitete Jacobs eine Inlandsfiliale der Bank. Er war noch aus vielen weiteren Gründen ein ausgezeichneter Kandidat. Da er Abs viele Male in die USA begleitet hatte, kannte er bereits die meisten Gesprächspartner von diesen Begegnungen her.

17 Gall, Bankier, S. 259.

18 Ebd., S. 254.

19 Interview mit Hilmar Kopper, 23. Januar 2006.

20 Norris Willatt, The Deutsche Bank Bonanza, in: Management Today, September 1973.

21 Germany's Powerful Banks, in: Dun's Review, Januar 1979.

22 Gemeinsame Denkschrift, Program for Improved Supervision and Regulation of International Lending, 7. April 1983, VI/635.

23 Einigen internationalen Ökonomen zufolge hat der größte Teil der Auslandsgeschäfte auch im 21. Jahrhundert noch immer eher einen regionalen als einen globalen Zuschnitt, eine Sichtweise, die in diesem Buch zahlreiche Belege findet. Der Wettbewerbsvorteil der Deutschen Bank auf den Weltmärkten beruhte während des größten Teils ihrer Geschichte auf ihrer Stärke in ihrem Heimatmarkt und in

Europa. Noch 1997 gingen 73 Prozent der deutschen Ausfuhren nach Europa und nur 8,6 Prozent in die USA. Vgl. Alan Rugman, End of Globalization, New York 2002, eine ausgezeichnete Studie über die noch immer überwiegend regionale Ausrichtung des Außenhandels, allerdings verliert Rugman praktisch kein Wort über Finanzdienstleistungen, S. 133.

24 Burk, S. 256–258.

25 Vgl. für die Bedingungen der Übernahme eine E-Mail von Mark Yallop, 4. Januar 2007.

26 Alfred Herrhausen, Denken – Ordnen – Gestalten: Reden und Aufsätze, Berlin 1990. Herrhausen war der Auffassung, dass Manager die gesellschaftlichen und politischen Rahmenbedingungen wirtschaftlichen Handelns verstehen müssten, damit sie Investitionsentscheidungen sachgerecht treffen könnten.

27 The battle plans of Hilmar Kopper, in: Euromoney, Januar 1994.

28 Deutsche Bank's Bigger Reach, in: New York Times, 30. Juni 1989.

29 Interviews mit Michael Rassmann, 9., 12. Januar und 7. März 2006.

30 Interview mit Hilmar Kopper, 26. Januar 2006.

31 van der Wee, S. 196.

32 Wall Street Journal, 8. Januar 1972.

33 Lees, S. 12.

34 Lees, S. 14–42. Im Jahr 1975 waren etwa zwei Drittel aller Niederlassungen ausländischer Banken in den USA in New York ansässig, und drei Viertel waren Repräsentanzen, Vertretungen oder Filialen, S. 15. Vgl. den ersten Teil für die Darstellung des Unterschieds zwischen einer Filiale und einem Vertreter. Vgl. auch Mira Wilkins, The History of Foreign Investment in the United States since 1945, in Vorbereitung.

35 Lees, S. 24–25. Einige Auslandsbanken, wie etwa Credit Suisse mit der Swiss American Corporation, hatten Aktiengesellschaften gegründet. Einige Auslandsbanken zogen es noch immer vor, mit einer Repräsentanz und Korrespondenzbanken zu arbeiten, andere wie die National Bank of Greece hatten amerikanische Banken übernommen. Wieder andere erhielten die Erlaubnis zur Gründung einer Kapitalanlagegesellschaft, etwa die Belgian-American Banking Corporation. Schließlich erhielten etwa 20 ausländische Banken, wie der Schweizerische Bankverein, die Erlaubnis, eine «konzessionierte Niederlassung» (*licensed agency*) zu betreiben. Nach dem Recht des Bundesstaates New York mussten Auslandsbanken außerdem zum Beispiel eine spezielle Konzessionsgebühr entrichten. Vgl. Rudolf M. Littauer, Die rechtliche Stellung ausländischer Banken in New York, in: Zeitschrift für das gesamte Kreditwesen 7 (1954), S. 253–255, 289–291.

36 Wall Street Journal, 28. März 1979.

37 Lees, S. 47.

38 Paul Gardner jr., Foreign Investment in U.S. Banking, in: J. Eugene Marans/Peter C. Williams/Joseph P. Griffin (Hrsg.), Foreign Investment in the United States 1980, Washington 1980, S. 333–335.

39 Michael Rassmann, Bankkredite in USA sind in der Regel günstiger, in: Handelsblatt, 7. Mai 1974.

40 Financial Times, 3. Oktober 1974.

41 Duncan M. Ross, Clubs and Consortia: European Banking Groups as Strategic Alliances, in: Battilossi/Cassis, European Banks and the American Challenge, S. 135–160.

42 Deutsche Bank, Geschäftsbericht 1977.

43 Ursel Steuber, Foreign Engagement by German Banks, in: Intereconomics, 8 (1973), S. 224–226.

44 Challenge to European Industry: To Accelerate Common Ties, New York Times, 3. Dezember 1970.

45 Hermann J. Abs, Financial Aspects of Industrial Investments in the European Community, Vortrag, 11. Oktober 1965, HADB, VI/2582.

46 Interviews mit Michael Rassmann am 9., 12. Januar und 7. März 2006.

47 Challenge to European Industry, in: New York Times, 3. Dezember 1970.

48 Ross, S. 148–153.

49 Deutsche Bank, Geschäftsbericht 1962.

50 Deutsche Bank, Geschäftsbericht 1963.

51 Deutsche Bank, Geschäftsbericht 1966.

52 Deutsche Bank, Geschäftsbericht 1977.

53 Mira Wilkins, Dutch Multinational Enterprise in the United States: A Historical Summary, in: Business History Review 79 (2005), S. 193–273, hier S. 230. Nicht alle Auslandsbanken beschlossen, ihre Niederlassungen in Tochtergesellschaften umzuwandeln. Algemene Bank Nederland etwa wandelte ihre Vertretungen 1963 in Filialen um, als das Gesetz des Bundesstaates New York Auslandsbanken die Gründung von Filialen erlaubte.

54 Aktenvermerk von Thierbach und Lederer, 16. November 1967, HADB, ZA47/557.

55 Ebd.

56 Büschgen, S. 832–834.

57 Wilkins, Foreign Investment in the U.S. after 1945.

58 Interview mit Klaus Jacobs, 11. Juli 2006.

59 Ebd.

60 Deutsche Bank, Geschäftsbericht 1969.

61 Büschgen, S. 831f.

62 EBIC 1977 European Banks Reports.

63 Deutsche Bank, Geschäftsbericht 1973.

64 Deutsche Bank, Geschäftsbericht 1967.

65 Leonard C. Yassen (Hrsg.), Direktinvestitionen in den USA, Würzburg 1974.

66 Interview mit Klaus Jacobs, 11. Juli 2006.

67 Interviews mit Rassmann und Jacobs.

68 Undatierte Broschüre und andere Dokumente, Frühjahr 1971, HADB, VI/2747. Interviews mit Detlev Staecker, 13. und 14. Februar 2006.

69 Interview mit Klaus Jacobs, 11. Juli 2006.

70 Angaben von Michael Rassmann.

71 Deutsche Bank, Geschäftsbericht 1971. Wie bereits erwähnt, erwarb die Deutsche Bank 1978 auch noch die 50-prozentige Beteiligung der UBS und benannte die Bank in Atlantic Capital Corporation um. 1978 gehörte die Deutsche Bank den Emissionskonsortien von 210 amerikanischen und internationalen Börsennotierungen an, was ihr eine bedeutende Stellung unter den New Yorker Investmentbanken gab. Deutsche Bank, Geschäftsbericht 1978. Wie im letzten Kapitel beschrieben, gründete die Deutsche Bank trotz des Leasinggeschäfts der EBIC 1982 eine eigene Export-Leasinggesellschaft in den USA.

72 Jacobs an Ulrich, 3. Februar 1970, HADB, VI/606.

73 EAB, deren Beteiligungsstruktur zwischen den Mitgliedsbanken der EBIC wechselte, begann mit einer Investition der Deutschen Bank in Höhe von 20 Millionen Dollar. Die Beteiligung der Deutschen Bank schwankte je nachdem, ob Partnerbanken ein- und wieder ausstiegen, zwischen 14 und 22 Prozent; bis 1988 hielt sie eine Beteiligung von etwa 20 Prozent.

74 Interview mit Klaus Jacobs, 11. Juli 2006.

75 Kreditengagements deutscher Kreditnehmer und deren ausländischer Tochterunternehmen per 30. November 1971, HADB, VI/2747.

76 Undatierte Broschüre, mit anderen Dokumenten, Frühjahr 1971, HADB, VI/2747 und Pressemeldung, 18. März 1971, HADB, VI/2747. Außerdem Interviews mit Rassmann.

77 Interview mit Klaus Jacobs, 11. Juli 2006.

78 Zu Führungsproblemen, Interview mit Klaus Jacobs, 11. Juli 2006.

79 Ebd.

80 Büschgen führt die Probleme fälschlich auf Geschäfte zurück, die von Franklin übernommen wurden, S. 832.

81 Büschgen, S. 833 f. Die Partner sträubten sich gegen weitere Investitionen, aber die amerikanischen Aufseher entließen sie nicht aus ihrer Verantwortung.

82 Interview mit Michael Rassmann, 31. Mai 2006.

83 Werner Blessing, Structural Changes in German Banks Permit Wider International Focus, in: American Banker, 31. Juli 1973.

84 Interview mit Klaus Jacobs, 11. Juli 2006. Jacobs schlug vor, die Deutsche Bank solle direkt mit ihren Partnern verhandeln und diese bewegen, 30 Prozent ihrer gemeinsamen Beteiligungen an die Deutsche Bank abzugeben. Guth lehnte dies ab.

85 Interviews mit Michael Rassmann, 9. und 12. Januar und 7. März 2006. Obgleich schon vorher viele Gerüchte kursierten, fiel der Entschluss, eine Repräsentanz zu eröffnen, ungefähr mit Abs' Ausscheiden aus dem Aufsichtsrat zusammen. Auch wenn Abs gegen direkte Investitionen in den USA war, hatte seine Vorsicht nichts mit antiamerikanischen Gefühlen aufgrund der Behandlung durch die USA nach dem Krieg zu tun. Er ermunterte deutsche Führungsnachwuchskräfte innerhalb und außerhalb der Deutschen Bank, einen Großteil ihrer Ausbildung in den USA zu absolvieren, wie er es selbst getan hatte. Einigen seiner Mitarbeiter erzählte er Anekdoten über seinen Aufenthalt in New Orleans, wo er in den 1920er Jahren für mehrere Monate tätig war. Abs wusste, dass die USA zu wichtig waren, als dass man sie einfach hätte ignorieren können. Unter seiner Führung unterhielt die Deutsche Bank weiterhin besonders enge Geschäftsbeziehungen zur Chase Manhattan, zur Chemical Bank und zu Manufacturers Hanover.

86 Ebd.

87 Die Deutsche Bank eröffnete 1973 Repräsentanzen in Sydney und London, gefolgt von einer Filiale in London im Jahr 1976. 1977 eröffneten auch die anderen EAB-Partner eigene Zweigniederlassungen in London. In *Euromoney* vom März 1976 erklärte Wilfried Guth, die Deutsche Bank würde bei Auslandsinvestitionen zurückhaltend sein, aber nach London noch weitere Filialen eröffnen.

88 H. E. Ekblom, European direct investments in the United States, in: Harvard Business Review, Juli-August 1973, S. 16–27.

89 E-Mail von Victoria Pagano an Rosemary Lazenby, New York Fed, in Sachen Deutsche Bank, 28. April 2004.

90 Deutsche Bank zeigt in New York Flagge, in: Börsen-Zeitung, 3. Mai 1979. Der Artikel erwähnt nicht den Prozentsatz von Anteilen, der von Amerikanern gehalten wird. Wie in Teil II erwähnt, befand sich schon in den 1920er Jahren ein erheblicher Teil der Aktien der Deutschen Bank im Besitz von Ausländern. Im weiteren Verlauf des 20. Jahrhunderts und im neuen Jahrtausend wuchsen der Anteil und die Abhängigkeit der Deutschen Bank von ausländischen Aktionären.

91 Interviews mit Michael Rassmann, 9. und 12. Januar und 7. März 2006.

92 Interviews mit Detlev Staecker, 13. und 14. Februar 2006. Die Deutschen hatten beispielsweise die Deutsch-Asiatische Bank zur EBIC beigesteuert, nicht aber die Deutsche Ueberseeische Bank. Christians war der Wortführer jener Vorstände, die der Ansicht waren, die Zeit sei reif dafür, dass die Deutsche Bank in New York eine Präsenz unter eigenem Namen eröffnete, aber diese Einschätzung wurde nicht von all seinen Kollegen geteilt. Wilfried Guth, der eine Zeitlang zusammen mit Herrhausen ein entschiedener Befürworter der EAB gewesen war, wollte in den USA ebenfalls mehr tun, als das Joint Venture in Aussicht stellte.

93 Interview mit Otto Steinmetz, 6. Juli 2006. Steinmetz berichtete, er habe die meisten Vorkehrungen für seine Aufenthalte in den USA und die anschließende Rückübersiedlung nach Deutschland selbst treffen müssen. Bis weit in die 1990er Jahre hinein hatte die Deutsche Bank keine festen Richtlinien für die Betreuung und Unterstützung von Mitarbeitern, die ins Ausland entsandt wurden, etwa bei der Wohnungssuche, beim Devisentausch und Zuschüssen zu den Lebenshaltungskosten.

94 Interviews mit Detlev Staecker, 13. und 14. Februar 2006.

95 Interview mit Otto Steinmetz, 6. Juli 2006. Steinmetz, ein ehemaliger Mitarbeiter der Deutschen Bank, der sowohl bei der EAB als auch bei der Filiale in New York arbeitete, ist Mitglied des Vorstands der Dresdner Bank.

96 Interviews mit Detlev Staecker, 13. und 14. Februar 2006.

97 Ebd.

98 Ebd.

99 Ebd. Ende der 1980er Jahre zog die Investmentbank-Tochter sogar in dasselbe Bürogebäude in der 52. Straße, in dem die Filiale ihren Sitz hatte.

100 Interviews mit Detlev Staecker, 13. und 14. Februar 2006.

101 Ebd.

102 Ebd.

103 Ebd.

104 Ebd.

105 Interview mit Otto Steinmetz, 6. Juli 2006.

106 Interviews mit Detlev Staecker, 13. und 14. Februar 2006.

107 Deutsche Bank, Geschäftsbericht 1989. Andere deutsche Banken hatten ähnliche Probleme beim Einstieg in den US-Markt. Die Commerzbank kam gewissermaßen durch die Hintertür in die Vereinigten Staaten. 1967 erwarb sie eine 20-prozentige Beteiligung an der International Commercial Bank Ltd. (3,5 Millionen Pfund). Die britische Bank finanzierte sich über die europäischen Kapitalmärkte und konzentrierte sich auf mittel- bis langfristige Kredite, wobei sie sehr eng mit der First National Bank of Chicago und Irving Trust in New York zusammenarbeitete. Hundert Jahre Commerzbank, 1870–1970, S. 150.

108 Interview mit Otto Steinmetz, 6. Juli 2006.

109 Interviews mit Michael Rassmann, 9. und 12. Januar und 7. März 2006, und Detlev Staecker, 13. und 14. Februar 2006.

110 Interviews mit Detlev Staecker, 13. und 14. Februar 2006.

111 Barthold von Ribbentrop an Christians, Guth und Herrhausen, 12. Januar 1984, HADB, VI/604.

112 Telefonisches Interview mit Hilmar Kopper, 18. Oktober 2006.

113 Mira Wilkins, Dutch Multinational Enterprises in the United States, S. 252 f. 1991 fusionierten die beiden größten niederländischen Banken zu ABN AMRO und übernahmen die alleinige Kontrolle über die EAB.

114 Telefonisches Interview mit Hilmar Kopper, 18. Oktober 2006.

115 Interviews mit Detlev Staecker, 13. und 14. Februar.

116 Auslandsvertretungen, HADB, VI/604.

117 Interviews mit Detlev Staecker, 13. und 14. Februar 2006.

118 Ebd.

119 Bericht von Steinmetz, 15. März 1987, HADB, ZA43/1077. Ihr Kreditgeschäft wurde in mehrere Kategorien unterteilt: Kredite für erstklassige Adressen in den USA (Anteil: 10 Prozent), europäische Kredite (65 Prozent), Garantieakkreditive (15 Prozent) und andere Formen der Fremdfinanzierung (10 Prozent).

120 Börsen-Zeitung, 13. Juli 1989.

121 Bericht von Staecker, 29. März 1989, HADB, ZA43/1077.

122 Interview mit Klaus Jacobs, 11. Juli 2006, der über Gespräche mit dem Vorstand der Deutschen Bank in Frankfurt berichtete. Jacobs wurde angewiesen, neue Führungskräfte für die New Yorker Filiale anzuwerben.

123 Hefferman, S. 29.

124 Biggest Banks Face Hurdles, in: National Mortgage News, 6. Juni 2005, Bd. 29, Nr. 37, S. 11.

125 Jane E. Hughes/Scott B. MacDonald, International Banking, Boston 2002, S. 202. Die Deutsche Bank wurde nicht so schwer getroffen wie einige ihrer Konkurrenten, und die Bank kehrte in diesem Geschäft rasch wieder auf den Wachstumspfad zurück. Auch die Einführung des Euro gab ihrem Anleihehandel, ihrem Derivate-Geschäft und anderen Geschäften Auftrieb. E-Mail, Mark Yallop, 4. Januar 2007.

126 Hefferman, S. 252–259.

127 Aufbauend auf Basel I und auf Kritik daran reagierend, fordert Basel II – die vom Basler Ausschuss für Bankenaufsicht aufgestellten Eigenkapitalrichtlinien – unter anderem eine bestimmte Mindestkapitalausstattung, eine erweiterte interne Risikobewertung, erhöhte Marktdisziplin, geographische Streuung und erweiterte Offenlegung.

128 Alan Kline, Why so shy about international trade financing?, in: American Banker, 13. Januar 2004. Vgl. auch die Darstellung der Rettungsaktion für Long-Term Capital Management in: Hughes/MacDonald, S. 244–248.

129 Hughes/MacDonald, S. 157.

130 General Electric Capital (GE Capital) ist die Finanzdienstleistungstochter von GE. Mitte der 1990er Jahre begab sie mehr kurzfristige Schuldtitel (Commercial Papers) als irgendein anderes Institut in den USA, sie stellte Verbraucherkredite für Kaufhäuser bereit und bot Eigenheimversicherungen an. Hefferman, S. 29.

131 Hughes/MacDonald, S. 158.

132 Ebd., S. 159.

133 Ebd., S. 176–178.
134 Bank of England analyses the performance of major international banks in the period 1980–91, in: Bank of England Quarterly Bulletin, August 1992.
135 Interview mit Hilmar Kopper, 23. Januar 2006.
136 Telefonisches Interview mit Hilmar Kopper, 18. Oktober 2006.
137 Interviews mit Rolf-E. Breuer und Hilmar Kopper, 23. Januar 2006.
138 Hughes/MacDonald, S. 150.
139 Ebd., S. 153.
140 Ebd., S. 155.
141 Financial Website der Deutschen Bank.
142 Kohn, S. 279–281.
143 Ebd., S. 282–286.
144 Geoffrey Jones, British Multinational Banking: 1830–1990, Oxford 1993, S. 386 f.
145 Kohn, S. 282–284. Bei der Konzessionsvergabe wurde nicht nur das US-Geschäft geprüft, sondern auch der weltweite Ruf der Bank und ihr Kontrollsystem; sogar das Aufsichtssystem im Heimatland der Bank wurde in die Prüfung einbezogen. Jede Auslandsbank, die eine Beteiligung von mehr als 5 Prozent an einer US-Bank erwerben wollte, benötigte eine besondere Genehmigung des Direktoriums der US-Zentralbank. Außerdem mussten Auslandsbanken, die dem US-Einlagensicherungsfonds beitreten wollten, Tochtergesellschaften mit eigenständiger Kapitalausstattung gründen. Zur Durchführung ihrer neuen Vorschriften stellte die Fed allein für Auslandsbanken 250 Prüfer ein.
146 The battle plans of Hilmar Kopper, in: Euromoney, Januar 1994. Seine Vorbilder waren J. P. Morgan und die schweizerischen Banken.
147 Ebd.
148 Ebd.
149 Ebd. 1993 wies die Deutsche Bank einen Gewinn aus, der höher war als die Summe der Gewinne der fünf nächstgrößten deutschen Banken zusammengenommen; sie verdiente weitaus besser als die zweitgrößte deutsche Bank – die Dresdner Bank –, obwohl diese eng mit dem größten deutschen Versicherer, der Allianz, verflochten war. Laut Euromoney rangierte sie weltweit im Geschäft mit internationalen Anleiheübernahmen hinter Goldman Sachs an zweiter Stelle und im Anleihehandel sogar an erster Stelle. 1992 war sie auch die, gemessen am Börsenwert, größte Bank außerhalb Japans.
150 Ebd.
151 Ebd.
152 Ebd.
153 Interview mit Hilmar Kopper, 23. Januar 2006.
154 Presse-Information, Deutsche Bank, 29. September 1992.
155 John Rolls' Grand Plan, in: Investment Dealer's Digest, 29. August 1994.
156 Ebd.
157 Ebd.
158 Interview mit Detlev Staecker, 13. und 14. Februar 2006. Klaus Jacobs, einer der ersten Topmanager der EAB und Chef der Personalberatung Tosa, gewann Ross und Rolls, der damals Finanzvorstand von United Technologies war, für die US-Holding der Deutschen Bank.
159 John Rolls' Grand Plan, in: Investment Dealer's Digest, 29. August 1994.

160 Interview mit Detlev Staecker, 13. und 14. Februar 2006.
161 Interview mit John Ross, 16. Januar 2006.
162 Interview mit Detlev Staecker, 13. und 14. Februar 2006.

Kapitel 17

1 Strong an Adams, 7. Dezember 1903, HADB, A33.
2 Vgl. Deutsche Bank wagt Kauf in den USA, in: Finanz und Wirtschaft, 25. November 1998, für eine interessante Analyse der Kursbewegungen der Aktie der Deutschen Bank, versehen mit Anmerkungen über Ankündigungen anderer Fusionen im Finanzsektor und Gerüchten über angebliche Absichten der Deutschen Bank.
3 Axel Wieandt/Rafael Moral y Santiago, Growing in the U.S. – Review of Deutsche Bank's M&A Strategy in North America, in: Kai Lucks (Hrsg.), Transatlantic Mergers & Acquisitions: Opportunities and Pitfalls in German-American Partnership, Erlangen 2005, S. 85–97.
4 Für die Deutsche Bank war Amerika bislang voller Stolpersteine, in: Frankfurter Allgemeine Zeitung, 30. November 1998.
5 Hughes/MacDonald, S. 427 f. Während die Anzahl der Akquisitionen in den USA 1995/96 ihren Höchststand erreichte, stieg das Transaktionsvolumen in den Jahren 1996 bis 1998 auf beispiellose 350 Milliarden Dollar.
6 Eduardo Strachman u.a., Worldwide concentration in the banking sector, in: IPEA, 2002.
7 R. V. Vennet, Cross-border mergers in European banking and bank efficiency, Universität Gent, 2002. Von 1995 bis zur Mitte des Jahres 2000 gab es in der Europäischen Union 2153 Fusionen und Übernahmen von Kreditinstituten; 1807 davon waren inländische Transaktionen, die meisten der restlichen 346 fanden zwischen Europa und anderen Regionen statt.
8 Roy C. Smith, The Global Bankers, New York 1990, S. 351.
9 Deutsche Bank – Aufbruch nach Amerika, in: Frankfurter Allgemeine Zeitung, 25. November 1998. Die Übernahme von Bank America durch Nations (1998) hatte ein Volumen von 60 Milliarden Dollar, die von Wells Fargo durch Natwest (1998) von 34 Milliarden Dollar, die von Bank of Tokio durch Mitsubishi Bank (1995) von 34 Milliarden Dollar, die von First Chicago durch Bank One (1998) 30 Milliarden Dollar, die von UBS durch den Schweizerischen Bankverein (1997) 25 Milliarden Dollar. Nur wenige der Transaktionen zwischen Nichtbanken waren grenzüberschreitend, keine zwischen den Banken.
10 Vgl. Stephen A. Rhoades, Bank Mergers and Industrywide Structure, 1980–1994, Washington: Board of Governors of the Federal Reserve System, Januar 1996, und Steven J. Piloff, Bank Merger Activity in the United States, 1994–2003, Washington: Board of Governors of the Federal Reserve System, Mai 2004, für eine Liste bedeutender Bankenfusionen in den USA von 1950 bis 2004. Von 1950 bis 1989 gab es 26, die als bedeutend eingestuft wurden. Für die vierzehn Jahre nach 1962 siehe auch The Times, 24. November 1998.
11 Die großen Fusionswellen erstreckten sich in den USA, nach allgemeiner Auffassung, auf die Jahre 1897 bis 1904, 1916 bis 1929, 1965 bis 1969 und 1981 bis 1989. Obgleich die Gegebenheiten in Europa anders sind, gilt diese Periodisierung annähernd auch für diese Region. In diesen anderen Fusionsepochen waren auch technologische und rechtliche Veränderungen wichtige Triebkräfte der

Konsolidierung. Viele Marktanalytiker fragen sich, ob wir gegenwärtig eine neue Konsolidierungsrunde durchlaufen. Gaughan, S. 21–59.

12 Vennet u. a., Cross-border mergers in European banking.

13 Karina Robinson, The Forces Driving Bank Mergers, in: The Banker, August 2002, S. 18–20.

14 Hughes/MacDonald, S. 429 f.

15 Strachman u. a., Worldwide concentration in the banking sector.

16 Ken Elkins, Merger of Egos, in: Bank Director Magazine, 2. Quartal 1998, über die Fusion zwischen National Bank und BankAmerica, die eine Bank mit einem Marktanteil in den USA von 8,1 Prozent schuf, was nahe bei der rechtlich zulässigen Höchstgrenze liegt, einem flächendeckenden Filialnetz, dem höchsten Marktanteil in einigen der am schnellsten wachsenden Regionen in den USA und den größten reinen Bankbetrieb in den USA.

17 Lisa Reilly Cullen, Citicorp vs. Nationsbank, in: Money, 19. Oktober 1998.

18 Die Tageszeitung, 25. November 1998.

19 Hoffnung auf Einsparungen durch Übernahme, in: Die Welt, 25. November 1998.

20 Bloomberg-Ticker, 30. November 1998.

21 New York Times, 30. März 1953.

22 Vgl. Vermerke, Deutsche Bundesbank, Hauptabteilung Ausland, 7. Februar 1966 und 13. Juni 1966, HABBk, B330/5170.

23 98 Free World Banks with Assets of $1 Billion, in: American Banker, 7. August 1963. Während die Welt noch immer unter den Folgen des Zweiten Weltkrieges litt, führte die Bank of America die Größentabellen mit Aktiva von 13,4 Milliarden Dollar an. Neun der zwanzig größten Institute waren amerikanische Banken. Britische und kanadische Banken waren die einzigen nicht-amerikanischen Banken, die es unter die Top Ten schafften. Japanische Banken begannen sich eine sehr starke Stellung im weltweiten Bankgeschäft zu erobern; sie waren unter den zwanzig größten Banken mit vier Instituten vertreten. Die Deutsche Bank war die größte in Deutschland, weit vor der Dresdner Bank, aber sie war nicht die größte in Kontinentaleuropa; diese Ehre gebührte der Banca Nazionale del Lavoro.

24 Vermerk Max E. Gevers, 30. September 1957, HADB, K50/9/36. Manager von Bankers Trust schienen etwas beunruhigt zu sein über das «heiße Geld», das Spekulanten nach Deutschland hineinpumpten (etwa 1 Milliarde Dollar). Führungskräfte der beiden Banken trafen sich regelmäßig. Besonders eng scheinen die Kontakte zu Krebs und Jacobs gewesen zu sein. Vgl. auch die Korrespondenz HADB, K50/9/34 und K50/9/35.

25 Bankers Trust, Geschäftsberichte 1975–1978.

26 Immobilienfonds (REITs) sind Gruppen von Kreditgebern, die als offene Investmentfonds organisiert sind und die Bau- und Grundstückerschließungsvorhaben finanzieren. In 1973 beliefen sich Hypothekarkredite auf 884 Millionen Dollar oder 10 Prozent des gesamten Kreditbestands von Bankers Trust.

27 Interview mit Charles S. Sanford jr. und Gene Guill, 9. März 2006.

28 Hefferman, S. 417–419.

29 The battle plans of Hilmar Kopper, in: Euromoney, Januar 1994, S. 28–44. Kopper stellte Sanford als einen jener Banker heraus, die er wegen seines Muts und seiner Entschlossenheit, Bankers Trust zu sanieren, am meisten bewunderte.

30 New York City is still on the Brink, in: Fortune, Juli 1977.

31 Interviews mit Charles S. Sanford jr., 9. März 2006 (beim ersten Interview war auch Gene Guill anwesend, ein ehemaliger Mitarbeiter von Bankers Trust, der 1994 zur Deutschen Bank wechselte) und 14. März 2006. Sanford kam 1961 zu Bankers Trust, wo er zunächst im Depositengeschäft tätig war, bevor er in den Geld- und Wertpapierhandel wechselte. Er wurde 1979 in den Führungsausschuss berufen, wurde 1983 President, 1986 Deputy Chairman und 1987 Chairman and Chief Executive Officer. Vgl. auch Chernow, The Death of the Banker, für eine gute Darstellung der Entwicklung der Bankgeschäfte.

32 Vortrag von Charles S. Sanford jr. zum Thema Managing the Transformation of a Corporate Culture: Risks and Rewards, 14. November 1996, gehalten im Rahmen der Musser-Schoemaker Leadership Lecturer Series 1996–97, an der Wharton School, University of Pennsylvania.

33 Bankers Trust, Geschäftsbericht 1995.

34 New tricks to learn, in: The Economist, 10. April 1995.

35 Vgl. Robert A. Bennett, Sanford's New Banking Vision, in: New York Times, 17. März 1985, und Interviews mit Charles S. Sanford jr. und Gene Guill, 12. September 2006, und Bankers Trust, Geschäftsbericht 1995.

36 New tricks to learn, in: The Economist, 10. April 1995. Dies beinhaltete ein System, bei dem die Kapitalzuweisung zu Geschäften so erfolgte, dass 99 Prozent der erwarteten Verluste auf der Basis historischer Verlustdaten in verschiedenen Märkten zugewiesen wurden. Auch wenn die Positionen kürzere Laufzeiten besaßen, ging der RAROC davon aus, dass es ein Jahr dauern würde, sie aufzulösen. Auf dieser Basis wurde die erwartete Rendite neu kalkuliert.

37 Vgl. zum Beispiel Die amerikanische Herausforderung, in: Frankfurter Allgemeine Zeitung, 25. November 1998.

38 Hefferman, S. 417 f.

39 Ebd., S. 427.

40 Ebd.

41 Bears clawed bank-investor bulls in 1994, in: American Banker, 27. Dezember 1994.

42 Vgl. Judge denies award in derivatives suit against Bankers Trust, in: American Banker, 22. April 1996. Zumindest einige Wissenschaftler schlossen sich uneingeschränkt der Einschätzung von Bankers Trust über die Angemessenheit der Sicherungsgeschäfte an, aber in dem Rechtsstreit ging es um die Frage, inwieweit die Unternehmensleitung unmittelbar verantwortlich ist für den Verkauf hochkomplizierter Produkte an Firmenkunden, die die verschiedenen Ertragschancen und Risiken dieser Anlagen nicht verstehen oder nicht verstehen wollen.

43 Dies verdeutlicht vielleicht nicht in ausreichendem Maße den Unterschied zwischen den beiden Perioden. Wenn die Ausfälle bei Krediten an weniger entwickelte Länder in den früheren Jahren, in denen die Geschäfte getätigt wurden, verbucht worden wären, und nicht erst 1987 und 1989, dann hätte die durchschnittliche Rendite zwischen 1974 und 1986 weniger als 1 Prozent betragen.

44 Bankers Trust, Geschäftsbericht 1995.

45 Ebd.

46 Derivatives Week, 23. Mai 1994.

47 Bankers Trust wins votes of confidence, in: Pension & Investments, 16. Oktober 1995, S. 39.

48 Bankers Trust, Geschäftsbericht 1997, für die Kursentwicklung bis Ende 1997. Einige Analysten waren der Ansicht, der Kurs der Aktie von Bankers Trust habe sich in der Mitte der 1990er Jahre nur wegen der hohen Dividende auf dem hohen Niveau halten können.

49 E-Mail von Gene Guill, 26. Juli 2006. Newman, der am 19. Oktober 1995 zum President ernannt worden war, trat am 1. Januar 1996 die Position des CEO an. Sanford, der bis zum 16. April 1996 Chairman blieb, gab die operative Kontrolle faktisch im Januar ab.

50 Bankers Trust, Geschäftsbericht (10–K) 1998.

51 Interview mit Mark Yallop, 11. Dezember 2006. Chief Operating Officer, ICAP, früher bei der Deutschen Bank, Mitglied des Prüfungsteams (vor der Übernahme).

52 Bankers Trust, Geschäftsbericht 1998, und 1. und 2. Quartalsbericht 1999.

53 Mr Fix-it aims to get Bankers on the mend, in: Financial Times, 30. November 1998.

54 Roger Lowenstein, When Genius Failed: The Rise and Fall of Long-Term Capital Management, New York 2001. Bankers Trust war nicht nur einer der größten Kreditgeber von LTCM, Newman soll auch den Erfolg der Rettungsaktion gefährdet haben, S. 224.

55 New York Times, 24. November 1998.

56 Ebd.

57 Berliner Zeitung, 24. November 1998.

58 Vgl. Breuer's mating dance, in: Institutional Investor, November 1998. Als dieses Heft herauskam, schien Bankers Trust der aussichtsreichste Kandidat zu sein, um den Wunsch der Deutschen Bank nach Übernahme eines amerikanischen Finanzinstituts zu erfüllen, obwohl auch Lehman Brothers und J. P. Morgan erwähnt wurden und trotz Breuers «Nicht-Dementi»-Dementis. Breuer behauptete, Gespräche mit Führungskräften von Bankers Trust seien Teil der normalen Geschäftsbeziehungen und er habe den Aktionären nichts zu sagen.

59 Interviews mit Michael Rassmann, 9. und 12. Januar und 7. März 2006, der über die Versammlung berichtete, auf der die Übernahme bekanntgegeben wurde, und über die Antwort von Michael Philipp auf eine Frage.

60 Reuters-Ticker, 24. November 1998, Berliner Morgenpost, 24. November 1998, und The Times, 24. November 1998.

61 Deutsche Deal Seen as a Trend-Setter, in: International Herald Tribune, 26. November 1998.

62 Ebd.

63 Ebd.

64 Experten sehen Banken-Deal skeptisch, in: Die Welt, 25. November 1998.

65 Deutsche Bank – Aufbruch nach Amerika, in: Frankfurter Allgemeine Zeitung, 25. November 1998.

66 Aufstieg in den Olymp, in: Die Woche, 27. November 1998.

67 Bloomberg-Ticker, nach der Konferenz, 30. November 1998.

68 In der Presse kursierten unterschiedliche Angaben über den Kaufpreis. Einige führten den reinen Kaufpreis an, andere bezogen einige zusätzliche Gebühren mit ein.

69 Bloomberg-Ticker, 24. November 1998.

70 Zum Beispiel: Gemischtes Finanzierungspaket der Deutschen Bank erwartet, in: Börsen-Zeitung, 25. November 1998.

71 Deutsche Bank Plans to Keep Daimler-Chrysler, in: Wall Street Journal, 26. November 1998.
72 Daimler-Chrysler shares «not for sale», in: Financial Times, 26. November 1998.
73 DPA-Ticker, 2. Dezember 1998.
74 Deutsche Bank in Belgian Buy, in: Financial Times, 3. Dezember 1998.
75 Bloomberg-Ticker, 24. November 1998.
76 Vgl. zum Beispiel Frankfurter Neue Presse, 25. November 1998, The Age, Australien, 25. November 1998, und International Herald Tribune, 25. November 1998.
77 Bankers Reap Gains as Merger Frenzy Persists, in: Wall Street Journal, 25. November 1998.
78 Americanizing Deutsche Bank, in: Wall Street Journal, 25. November 1998.
79 Is Deutsche Bank Hunting Big Game with the Wrong Gun?, Wall Street Journal, 23. November 1998.
80 Ebd.
81 Die amerikanische Herausforderung, in: Frankfurter Allgemeine Zeitung, 25. November 1998.
82 Die Deutsche Bank – Ein Gigant im Nebel, in: Tagesspiegel, 24. November 1998.
83 Wachstum um jeden Preis?, in: Tagesspiegel, 25. November 1998.
84 Die Deutsche Bank bringt das globale Fusions-Karussell auf Touren, in: Süddeutsche Zeitung, 25. November 1998.
85 Deutsche Bank Threatens Focus with U.S. Deal, in: Wall Street Journal, 27. November 1998.
86 Die Deutsche Bank riskiert alles, in: Handelsblatt, 27. November 1998, und Deutsche Bank push into U.S. Market seems to be a bumpy ride, in: Wall Street Journal, 27. November 1998.
87 Michael Rutz, Hat Marx doch recht?, in: Rheinischer Merkur, 3. Dezember 1998.
88 Peter Martin, Alice in mergerland, in: Financial Times, 1. Dezember 1998.
89 Deutsche's foray into America will offer little to its shareholders, in: The European, 30. November 1998.
90 Interview mit Rolf-E. Breuer, 23. Januar 2006.
91 Neue Zürcher Zeitung, 25. November 1998.
92 Vgl. Christopher Kobrak, Home Country Political Risk: The Case of German Business, European International Business Academy, Jerusalem, Dezember 1998.
93 Financial Times, 8. Dezember 1999.
94 The Economist, 27. November 1999.
95 Die Deutsche Bank lässt noch viele Fragen offen, in: Die Welt, 26. November 1998.
96 Breuer aims for the top, in: Financial Times, 26. November 1998. Vgl. auch Ein ziemlich schwerer Brocken, in: Die Zeit, 26. November 1998.
97 The battle of the bulge bracket, in: The Economist, 28. November 1998.
98 Reuters-Ticker, 30. November und 1. Dezember 1998. Die britische Presse beklagte alsbald den vermutlichen Verlust von 3000 Arbeitsplätzen in London. Vgl. auch: Deutsche's $ 10bn deal to cost 3000 City jobs, in: The Times, 1. Dezember 1998. Die amerikanische Presse ihrerseits war besorgt wegen der Stellenstreichungen in New York und den Prämien für die Elite der Banker. Vgl. zwei Artikel in der International Herald Tribune, 1. Dezember 1998.
99 Die französische Zeitschrift Les Échos schien sich besonders für letztere Frage zu interessieren, 1. Dezember 1998.

100 Deutsche Bank Gets Bankers Trust in Line, in: Wall Street Journal, 1. Dezember 1998.

101 Die neue Welt AG, in: Der Spiegel, 30. November 1998.

102 Bloomberg-Ticker, 29. November 1998.

103 Interview mit John Ross, 16. Januar 2006.

104 Financial Times, 21. Juni 1999.

105 Interview mit Rolf-E. Breuer, 23. Januar 2006.

106 Hughes/MacDonald, S. 27.

107 Ebd., S. 53.

108 Ebd., S. 145.

109 Ebd., S. 149.

110 The Economist, 27. Mai 2000.

111 Ebd.

112 Getrennte Interviews mit Seth Waugh, Chef der Deutsche Bank Americas, und Gary Hattem, Direktor im Bereich Corporate Social Responsibility, 6. Januar 2006.

113 Vgl. The Economist, 25. September 1999.

114 Vgl. The Economist, 2. Februar 2000 und 27. Mai 2000.

Kapitel 18

1 Chernow, The Death of the Banker. S. XII.

2 The great Swiss hope, in: The Economist, 18. Mai 2002. 2002 gehörte die Deutsche Bank, gemessen am Börsenwert, nicht einmal zu den größten 20 Banken weltweit. In Anbetracht des miserablen Aktienkurses war die Deutsche Bank immer wieder Gegenstand von Übernahmegerüchten. In den ersten Jahren des 21. Jahrhunderts schien die Deutsche Bank jedenfalls in keiner guten Position zu sein, um aktiv an der wahrscheinlichen Fortsetzung der Konsolidierung im Bankensektor teilzunehmen. Lloyds TBS, mit der die Deutsche Bank 2001 Gespräche über eine Fusion führte, hatte 2002 einen um 40 Prozent höheren Marktwert als die Deutsche Bank, obwohl sie nur eine halb so große Bilanzsumme hatte.

3 Deutsche's American dream, in: The Economist, 2. Februar 2002, und Deutsche Bank, Geschäftsbericht 2005.

4 Interne Dokumente und Interview mit Donna Milrod und Frank Fehrenbach, 13. Januar 2006. Die Prioritäten der Bank im US-Geschäft sind gegenwärtig: die Ertragswende im Bereich Vermögensverwaltung, profitables Wachstum im Private Wealth Management und bessere Nutzung von Synergien zwischen Vertrieb und Handel.

5 Interview mit Seth Waugh, 6. Januar 2006, und mit Donna Milrod und Frank Fehrenbach, 13. Januar 2006.

6 Vgl. Kobrak, The rise and fall.

7 Vgl. Franklin R. Edwards/Stav Gaon, Hedge Funds: What do we know?, in: Journal of Applied Corporate Finance 15 (2003), Nr. 4, S. 8–21, für einen ausgezeichneten Überblick über die Aktivtäten von Hedge-Fonds. Zur aufschlussreichen Diskussion der Probleme, die tatsächlichen risikobereinigten Renditen von Hedge-Fonds zu ermitteln, vgl. Hélytette Geman/Cécile Kharoubi, Hedge funds revisited: distributional characteristics, dependence structure and diversification, in: Journal of Risk 5 (2003), Nr. 4, S. 55–74. Obgleich Hedge-Fonds angeblich erst in den 1940er Jahren entstanden sind, ließe sich durchaus argumentieren, dass

ihre Ursprünge in der Zeit vor dem Ersten Weltkrieg liegen und dass sie lediglich durch die Instabilitäten in der Zwischenkriegszeit beeinträchtigt wurden.

Über die Hälfte dieser Fonds sind «Offshore»- oder nicht registrierte Fonds, die ihren Sitz außerhalb der USA an Orten wie den Cayman-Inseln haben, wo sie ein günstiges steuerliches und anderweitiges rechtliches Umfeld vorfinden. Im Jahr 2001 gab es einigen Schätzungen zufolge 7000 Hedge-Fonds, die 600 Milliarden Dollar verwalteten; dies ist ein kleiner, aber wachsender Prozentsatz aller in verschiedenen Anlageformen wie etwa Investmentfonds verwalteten Anlagegelder.

8 Interview mit Frank Fehrenbach, 12. September 2006.

9 Lowenstein, S. 136–224. In der Führungsspitze der Deutschen Bank bestand Einvernehmen darüber, dass Long-Term Capital Management ein isoliertes Problem sei. Der Bank-Vorstand war beeindruckt von den entschlossenen Interventionen der Fed, die die Krise eindämmen sollten. Tatsächlich blieben die Auswirkungen auf andere Märkte relativ gering und die Verluste erstaunlich begrenzt. Telefonisches Interview mit Rolf-E. Breuer, 16. November 2006.

10 Vgl. Thomas Friedmans «Theorie der goldenen Bögen», die postuliert, dass zwischen zwei Ländern mit McDonald's-Filialen ein Krieg so gut wie ausgeschlossen sei, in: ders., A Brief History of the Twenty-first Century, New York 2005. Es ist ein wunderbares Beispiel für einen unbekümmerten Optimismus; man vergleiche damit Norman Angells, «The Great Illusion», der behauptete, die «ökonomischen Kosten eines Krieges wären so groß, dass sich niemand einen Vorteil davon erhoffen sollte, einen Krieg vom Zaun zu brechen, dessen Folgen verheerend wären». Dieses Buch erschien ein paar Jahre vor dem Ersten Weltkrieg.

11 Paul W. Doremus u.a., The Myth of the Global Corporation, Princeton 1999.

12 Massimo Sbracia/Andrea Zaghini, The Role of the Banking System in the International Transmission of Shocks, in: World Economy 26 (2003), S. 727–754.

13 Neil O'Hara, Banks' Counterparty Risk, in: U.S. Banker 115 (2005), Nr. 6, S. 1–12.

14 Vgl. den ersten Teil über den Wunsch der USA, von Deutschland zu lernen, wie man den Goldstandard aufrechterhält und eine Zentralbank aufbaut, und die deutsche Begeisterung für die Wertschätzung des Unternehmergeistes in den Vereinigten Staaten.

15 The great Swiss hope, in: The Economist, 18. Mai 2002. Breuer zum Beispiel wurde wegen seiner Einlassungen über die Kreditwürdigkeit von Leo Kirch, einem Kunden der Deutschen Bank, verklagt.

16 Die Deutsche Bank wird höchstwahrscheinlich weniger «Mitspracherechte und mehr Ausstiegsoptionen» nutzen, um die Terminologie des Ökonomen Albert Hirschman zu verwenden. Diese Neuausrichtung bedeutet einen radikalen Bruch mit der Tradition einer stärkeren Einflussnahme auf die Geschäftsführung von Firmenkunden, die das deutsche Bankgewerbe lange Jahre kennzeichnete. Vgl. Interviews mit Breuer und Kopper, 23. Januar 2006, und Albert O. Hirschman, Abwanderung und Widerspruch: Reaktionen auf Leistungsabfall bei Unternehmungen, Organisationen und Staaten, Tübingen 1974.

17 Ackermann to face trial, in: Financial Times, 22. Dezember 2005. Die Beschuldigungen hatten ihren Ursprung in der Übernahme von Mannesmann durch Vodafone im Jahr 2000. Ackermann und andere Mitglieder des Mannesmann-Aufsichtsrats genehmigten hohe Sonderzahlungen an den Vorstand – für deutsche Verhältnisse gewaltige Summen –, für dessen Bemühungen, Vodafone zur Zahlung

eines höheren Akquisitionspreises zu bewegen. Ein Großteil der deutschen Öffentlichkeit war empört über diese Sonderzuwendung. Nach deutschem Gesetz ist der Aufsichtsrat nicht befugt, dem Vorstand Gratifikationen zuzuwenden, zu denen das Unternehmen nicht vertraglich verpflichtet ist. Der Freispruch durch die erste Instanz im Dezember 2005 wurde vom Revisionsgericht mit der Begründung verworfen, die Zahlungen seien unverhältnismäßig gewesen und nicht durch entsprechende Gegenleistungen der Vorstandsmitglieder für das Unternehmen gedeckt.

18 Das Gebäude von Bankers Trust in der Nähe des World Trade Center war nach dessen Zerstörung nicht mehr nutzbar. Fast zwei Jahre lang stritt sich der Eigentümer des Gebäudes mit den Versicherungsgesellschaften über die Höhe der Schadensersatzzahlungen. Im April 2004 einigten sich die Parteien schließlich, womit eines der Hindernisse für das Lower Manhattan Development Project beseitigt war. Im Jahre 2007 wurde mit dem Abriss des Gebäudes begonnen. Vgl. New York Times, 20. August 2007.

19 Vgl. Nassim Nicholas Taleb, Fooled by Randomness: The Hidden Role of Chance in Life and in the Markets, New York 2004. Gute und schlechte Ergebnisse sowie außerordentliche Ereignisse, «schwarze Schwäne», sind Teil eines stochastischen Prozesses, der sich am besten mit strengen mathematischen Verfahren beschreiben lässt. Eine große Anzahl standardisierter Ereignisse, die statistischen Mustern folgen, ermöglicht es uns, die Wahrscheinlichkeit künftiger Ereignisse einigermaßen zuverlässig abzuschätzen und entsprechend Entscheidungen zu treffen. Demgemäß überschätzen Finanzmarktakteure den kausalen Einfluss ihrer Kenntnisse und Kompetenzen auf Ergebnisse, die vielfach rein zufällig zustande kommen.

20 Dies bedeutet, dass «Markteffizienz» eine Art «Idealtypus» ist, ein bewegliches Ziel, das die Chance zu «außergewöhnlichen Gewinnen» mit sich bringt. Die Anerkennung dieser institutionellen Rolle hat den Anstoß zu einem der interessantesten neuen Forschungszweige auf dem Gebiet der Kapitalmarkttheorie gegeben, der Behavioral Finance. Ausgangspunkt ist dabei die Beobachtung, dass Menschen nicht immer rational handeln. Vgl. Nicholas Barberis/Richard Thaler, A Survey of Behavioral Finance, in: George M. Constantinidis u. a. (Hrsg.), Handbook of the Economics of Finance, Amsterdam 2003, S. 1054–1119.

21 Robert Whaley, Derivatives, in: George M. Constantinides u. a., Handbook of the Economics of Finance, S. 1131–1159. Die Märkte in den USA, in den meisten anderen Industriestaaten und auch in vielen Schwellenländern erhöhten in der zweiten Hälfte des 20. Jahrhunderts ihre Transparenz, Standardisierung und Aufsicht und trugen dadurch dazu bei, spezifische (nicht-diversifizierbare oder einzigartige) Risiken und unzählige Transaktionskosten zu senken.

22 In 1921 stellte Frank Knight die These auf, dass Risiken (im engeren Sinne) zu den ungewissen künftigen Ereignissen (Risiken im weiteren Sinne) gehören, die quantifizierbar und daher auch versicherbar seien. Obgleich diese Annahme, dass nur die Steuerung der unversicherbaren Risikokomponente echte Erträge abwirft, mit der modernen Kapitalmarkttheorie in Einklang steht, wird das Thema des Umgangs mit ungewissen künftigen Ereignissen in den meisten finanzwirtschaftlichen Lehrbüchern allenfalls gestreift. Vgl. Risk, Uncertainty and Profit, Chicago 1921.

23 Managementtheoretiker schenken den Ursachen für ausländische Direktinvestitionen im Finanzdienstleistungssektor keine große Beachtung; sie interessieren sich vor allem für das verarbeitende Gewerbe, Eigentumsfragen und Standortvorteile.

Und wenn sie einmal über Dienstleistungen sprechen, dann greifen sie auf Theorien zurück, die für das verarbeitende Gewerbe entwickelt wurden. Vgl. zum Beispiel Peter J. Buckley/Pervez N. Ghauri, The Internationalization of the Firm: A Reader, London 1999, das nur etwa acht Seiten über Dienstleistungsunternehmen enthält, die meisten davon keine Finanzdienstleister. Selbst diese Abschnitte wie etwa der Beitrag von Buckley u.a., The internationalization of service firms: a comparison with the manufacturing sector, behandeln den Dienstleistungssektor auf der Basis von Theorien, die für den industriellen Sektor entwickelt wurden, und schreiben ihm entsprechend einen Ausnahmestatus zu.

24 Vgl. Jeremy Riffkin, Access. Das Verschwinden des Eigentums. Warum wir weniger besitzen und mehr ausgeben werden, Frankfurt am Main 2000, und Robert J. Shiller, Die neue Finanzordnung: einkommensgebundene Kredite, Lebensstandard-Versicherung, weitere Instrumente für eine bessere Risikoverteilung, Frankfurt am Main 2003.

25 Für eine Diskussion über die Bedeutung von Clustern und die Expansion und die Herausforderungen von multinationalen Konzernen, insbesondere im Dienstleistungssektor, vgl. Michael Porter, Nationale Wettbewerbsvorteile: Erfolgreich konkurrieren auf dem Weltmarkt, München 1991, und Geoffrey Jones, Multinationals and Global Capitalism: From the Nineteenth to the Twenty-first Century, Oxford 2005.

26 Vgl. Richard R. Nelson (Hrsg.), National Innovative Systems: A Comparative Analysis, Oxford 1993, eine ausgezeichnete Studie, die sich allerdings nicht mit Finanzinnovationen befasst. Obwohl nationale Systeme und Innovationscluster ausführlich dargestellt werden, blendet dieses Buch seltsamerweise Finanzdienstleistungen aus. Wie in vielen wissenschaftlichen Studien wird die Geschichte des Bankwesens von denjenigen, die über Innovationstheorien und -strategien schreiben, merkwürdigerweise anscheinend nicht zur Kenntnis genommen.

27 Erstaunlicherweise ist es für Banken heute genauso selbstverständlich, eine ganze Reihe von Tochtergesellschaften in Finanzzentren zu haben, wie es um 1900 für Siemens und Gwinner Zweigstellen in Hamburg, Frankfurt und Bremen waren. Technische Neuerungen und die Beseitigung nationaler Beschränkungen für Kapitalströme ermöglicht die Internalisierung von Bankgeschäften, die sich über weite Teile der Welt erstrecken.

28 DB Americas Legal Vehicles Network Analysis, Taunus Structure, per 31. März 2005. Internes Dokument der Deutschen Bank.

29 Interview mit Donna Milrod und Frank Fehrenbach, 13. Januar 2006. Interview mit Frank Fehrenbach, 8. März 2006, und interne Dokumente.

30 Mehrere Studien kamen zu dem Ergebnis, dass inländische Banken ihre Kosten besser kontrollieren als multinationale Banken. Banken aus verschiedenen Ländern lassen sich nicht über einen Kamm scheren. Die Auslandstöchter amerikanischer Banken arbeiten in der Regel effizienter als die Auslandsgesellschaften von Finanzinstituten aus anderen Ländern. Aber die Daten sind nicht schlüssig. Vgl. Allen N. Berger u.a., Globalization of Financial Institutions: Evidence from Cross-Border Banking Performance, in: Brookings-Wharton Papers on Financial Services, 2000.

31 Trust me, I'm a banker: A survey of international banking, in: The Economist, 17. April 2004. Die Nettozinsspanne – Differenz zwischen Zinsertrag und Zinsauf-

wand – liegt bei deutschen Banken viel niedriger als bei französischen, britischen und US-amerikanischen Banken. Nichtbanken-Institute wie etwa die mächtige Versicherungsgesellschaft Allianz sind in das Bankengeschäft eingestiegen, um ihren Kunden ein umfassendes Angebot an Finanzdienstleistungen aus einer Hand anzubieten und ältere Sparer anzusprechen, die sich Sorgen wegen ihrer Alterssicherung machen. Die Bemühungen der Deutschen Bank, ihr Geschäft in Deutschland zu konsolidieren, haben zu zahlreichen Enttäuschungen und Richtungswechseln geführt. Im Jahr 2002 hat die Bank ihr Privatkundengeschäft, Deutsche Bank 24, wieder unter der Dachmarke «Deutsche Bank» eingegliedert, statt es, wie in Betracht gezogen, vollständig auszugliedern. Ungeachtet umfassender elektronischer Zugriffsmöglichkeiten auf Informationen rund um Bankdienstleistungen und der Möglichkeit, eine breite Palette von Transaktionen praktisch an jedem beliebigen Ort der Erde elektronisch abzuwickeln, ziehen viele Kunden bei einigen Produkten und Leistungen noch immer den persönlichen Kontakt am Bankschalter vor.

32 Viele hochrangige Führungskräfte verstehen kaum etwas von den Techniken, die viele Mitarbeiter anwenden, wenn sie Firmengelder in Millionenhöhe einsetzen. Die katastrophalen Fehlspekulationen des skrupellosen Wertpapierhändlers Nick Leeson bei Barings, die zum Zusammenbruch einer der ältesten britischen Merchant-Banken führten, sind vermutlich das deutlichste Beispiel, aber selbst die Banken mit den besten Führungssystemen stehen vor diesem Dilemma.

33 Im Januar 2006 entließ die Deutsche Bank einen hochrangigen Händler, weil er seine Handelsposition angeblich um 30 Millionen Pfund überschritten hatte. Vgl. Financial Times, 17. Januar 2006.

34 Robert Whaley, Derivatives, in: George M. Constantinides u. a. (Hrsg.), Handbook of the Economics of Finance, S. 1132. In den 1970er Jahren gab es praktisch keinen Handel mit Finanzderivaten. Einigen Schätzungen zufolge hat der Handel mit Finanzderivaten mittlerweile ein Volumen von über 100 Billionen Dollar erreicht, was dem Zehnfachen des US-Bruttoinlandsprodukts entspricht.

35 Trust me, I'm a banker: A survey of international banking, in: The Economist, 17. April 2004.

36 In den 1990er Jahren führte die unzureichende Kontrolle der Aktivitäten eines Wertpapierhändlers zum Zusammenbruch eines der ältesten Bankhäuser der Welt, Barings, und die «Absicherung» des Hedge-Fonds Long-Term Capital Management machte Interventionen nicht nur der Fed, sondern auch zahlreicher großer Geschäftsbanken erforderlich.

37 Doremus, S. 1–10.

38 The great Swiss hope, in: The Economist, 18. Mai 2002.

39 Interviews mit Seth Waugh, 6. Januar 2006, und Rolf-E. Breuer, 23. Januar 2006.

40 Getrennte Interviews mit Seth Waugh und Gary Hattem, 6. Januar 2006.

41 Interview mit Seth Waugh, 6. Januar 2006.

42 Interview mit Seth Waugh, 6. Januar 2006, und Rolf-E. Breuer, 23. Januar 2006.

43 Deutsche's American dream, in: The Economist, 2. Februar 2002.

44 Ebd..

45 Debt Capital Markets Review, in: Thomson Financial, 4. Quartal 2005, http://banker.thomsonib.com. Die Deutsche Bank hielt sehr starke Positionen insbesondere bei allen internationalen Schuldtiteln, Euro-Schuldtiteln, globalen Hochzins-Anleihen, insbesondere in Nicht-Dollar-Währungen, und bei Schwellenländer-Anleihen.

46 E-Mail von Bernadette H. Whitaker, Managing Director Human Resources, an Frank Fehrenbach, 9. März 2006.
47 John F. Wilson/Andrew Thomson, The Making of Modern Management: British Management in Historical Perspective, Oxford 2006, S. 9.
48 Vgl. Christopher A. Bartlett u. Sumantra Ghoshal, Managing Across Borders: The Transnational Solution, Boston, MA 1991.
49 Bartlett/Ghoshal, S. 35.
50 Vgl. Friedrich Nietzsche, Vom Nutzen und Nachteil der Historie für das Leben, Basel 1949.

Erträge der Aktionäre der Deutschen Bank in drei verschiedenen Zeiträumen und Erträge im Bankenvergleich seit 2002

Grafik 1 – Kumulative Erträge der Aktionäre der Deutschen Bank 1871 bis 1913

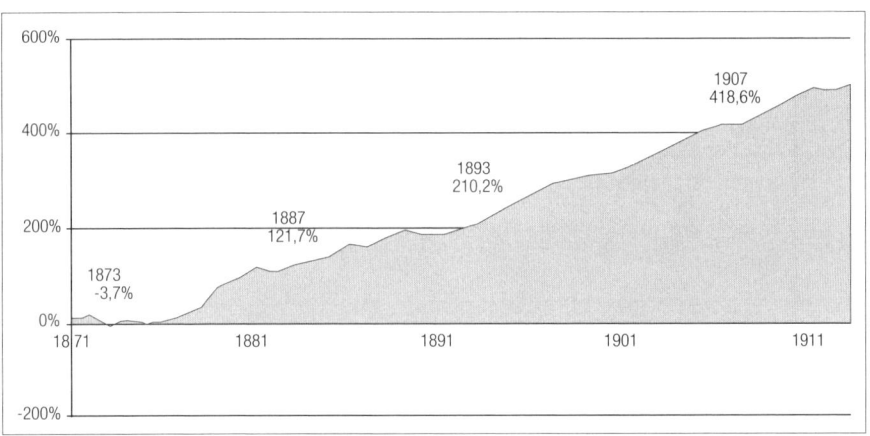

Quelle: Bearbeitet nach *www.bankgeschichte.de*. Die Grafik berücksichtigt Dividenden und Kursgewinne von Ende Dezember 1870 bis Ende Dezember 1913, unmittelbar vor Beginn des Ersten Weltkrieges. Ein Anleger, der eine Deutsche-Bank-Aktie im Dezember 1870 zum damaligen Kurs von 108 Prozent erwarb, verfünffachte seine Anlage durch Dividenden und Kursgewinne bis 1913. Verglichen mit anderen Zeiträumen war dies, angesichts der extrem niedrigen Inflation und der Stabilität der Erträge, ein bemerkenswertes Ergebnis. Obwohl effektive Aktiengewinne in der Betriebswirtschaft umstritten sind, bestehen deutliche Anzeichen, dass diese, gemessen in rein nominalen Größen (unbereinigt von Kursschwankungen), vor dem Ersten Weltkrieg geringer waren als danach, was die Erträge der Aktionäre der Deutschen Bank in diesem Zeitraum noch eindrucksvoller macht. Nachdem die Bank die Krise von 1873 überstanden hatte, stiegen die Erträge – trotz Einbrüchen vor allem in den 1880er und 1890er Jahren sowie 1907 – ziemlich stetig. Der Anteil des amerikanischen Geschäfts daran kann nicht genau beziffert werden, aber nach der Krise der Northern Pacific erfreuten sich die Aktionäre der Deutschen Bank an hohen und konstanten Erträgen. Trotz des schlechten Anlegerschutzes und der Traumata, die in der größten Volkswirtschaft der Welt über weite Strecken des Zeitraums hingenommen werden mussten, ist es vielleicht ein Gemeinplatz festzuhalten, dass die Ergebnisse vor allem dem Zusammenwirken günstiger wirtschaftlicher und politischer Rahmenbedingungen mit einer klugen Unternehmensführung geschuldet waren. Die Gesamterträge der Deutschen Bank stiegen von 1871 bis 1913 von 3 Millionen auf annähernd 130 Millionen Mark. Während dieser Zeit entfiel auf den stark international geprägten Handel mit Bankakzepten und Wechseln ein konstanter Anteil von 20 Prozent der Erträge. Der Gewinnanteil des Handels mit festverzinslichen Wertpapieren schwankte dagegen zwischen 5 und 20 Prozent. Siehe Hook, Die wirtschaftliche Entwicklung der ehemaligen Deutschen Bank, Tabelle 9 und 10.

Grafik 2 – Kumulative Erträge der Aktionäre der Deutschen Bank 1926 bis 1942

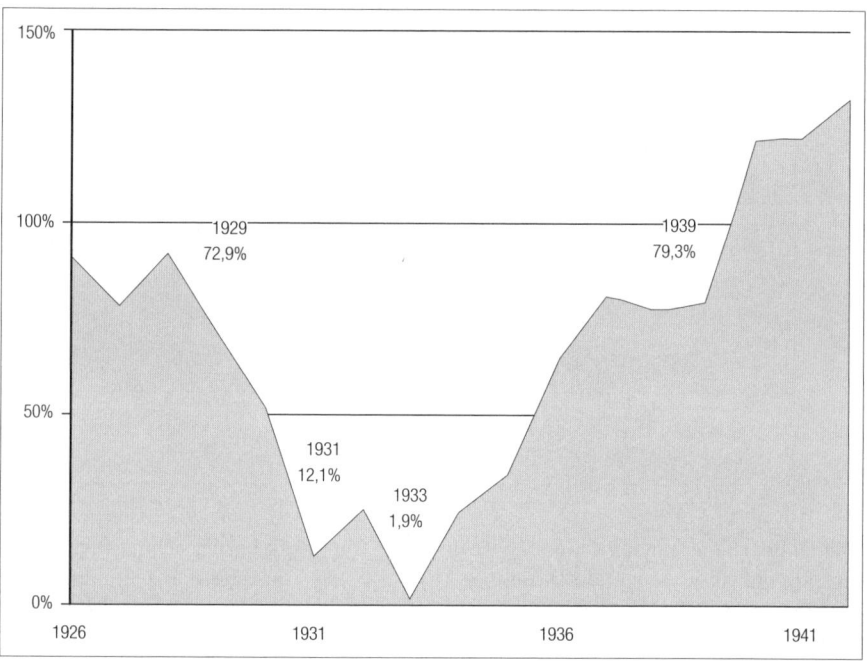

Quelle: Bearbeitet nach *www.bankgeschichte.de*. Die Grafik berücksichtigt Dividenden und Kursgewinne von Ende Dezember 1925 bis Ende Dezember 1942. Danach trat ein Kursstopp-System in Kraft. Der Unterschied zum vorangegangenen Zeitraum könnte nicht deutlicher sein. Nach einigen Jahren mit außergewöhnlichen Gewinnen hatte ein Anleger im Jahr 1933 aufgrund von ausgefallenen Dividenden und Kursrückgängen schlechterdings nichts verdient. Die ursprüngliche Investition hatte 50 Prozent ihres Wertes verloren. Ein Anleger, der im Dezember 1925 Aktien der Deutschen Bank gekauft hätte, würde bis 1942 sein Kapital verdoppelt haben, wobei der Zeitraum durch außergewöhnlich starke Schwankungen aufgrund spürbarer Inflation und Wechselkursrisiken gekennzeichnet ist.

Grafik 3 – Kumulative Erträge der Aktionäre der Deutschen Bank 1959 bis 2000

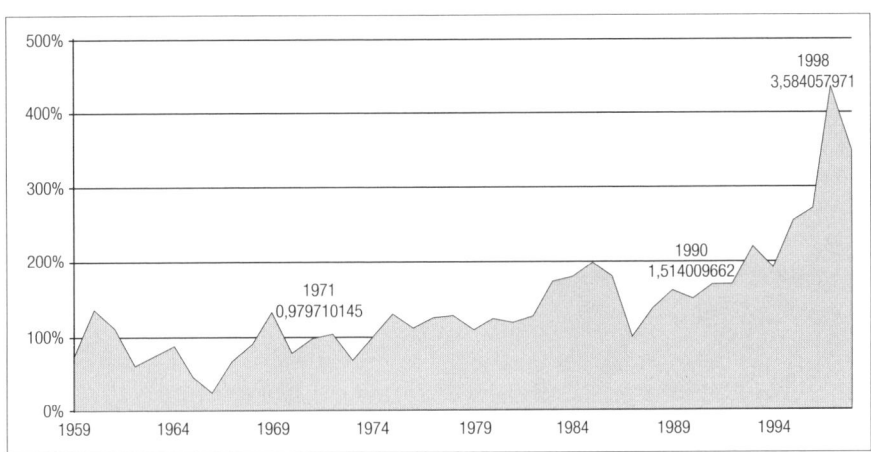

Quelle: Bearbeitet nach *www.bankgeschichte.de*. Die Grafik berücksichtigt Dividenden und Kursgewinne von Ende Dezember 1958, dem ersten vollständigen Geschäftsjahr der wieder zusammengeschlossenen Bank, bis Dezember 2000. Kurz nach dem Zusammenschluss der drei Nachfolgebanken stieg der Kurs der Deutsche-Bank-Aktie rapide, um dann bis in die 1980er Jahre dahinzudümpeln. Obwohl es an den weltweiten Aktienmärkten in den 1990er Jahren außergewöhnliche Kurssteigerungen gab, unterlag der Kurs der Deutsche-Bank-Aktie starken Schwankungen.

Grafik 4 – Kursentwicklung der Deutsche-Bank-Aktie im Vergleich zu ausgewählten Konkurrenten und Indizes 2002 bis 2006

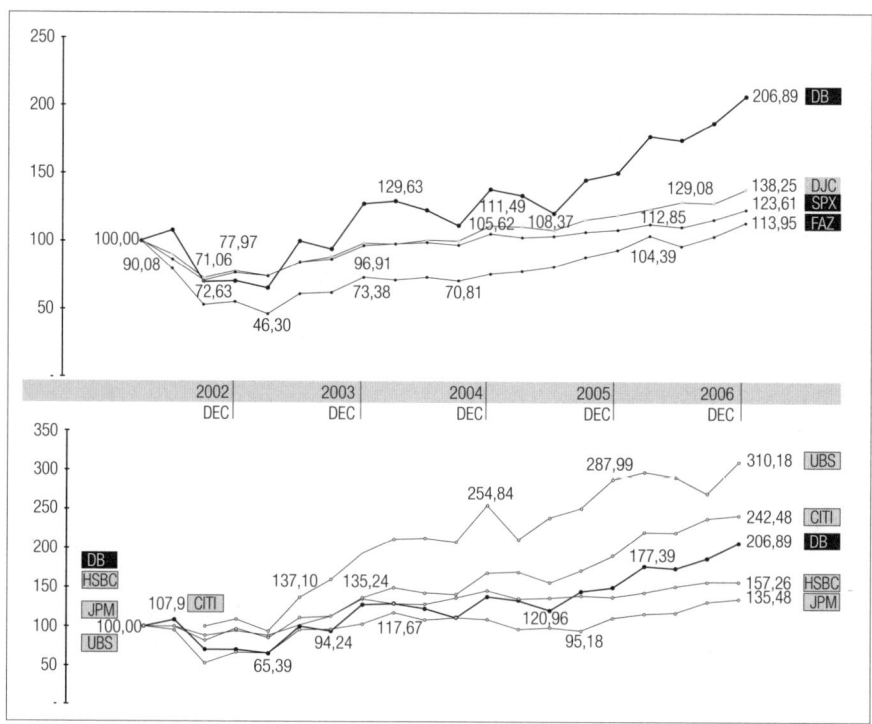

Quelle: Datamonitor. Die Entwicklung des Aktienkurses der Deutschen Bank ist der
Entwicklung mehrerer Börsen-Indizes (Dow Jones, Standard and Poor's und Frankfurter Allgemeine Zeitung) und vier ihrer Hauptkonkurrenten im Zeitraum von 2002
bis 2006 gegenübergestellt. Wie die Grafik zeigt, übertraf die Aktie der Deutschen Bank
alle Indizes und zwei ihrer Hauptkonkurrenten.

Deutsche Bank im Vergleich zu anderen Banken

Tabelle 1 – Herkunft der Gewinne

Die drei größten Banken Deutschlands im Jahr 1903		
	In 1000 Mark oder Prozent	
	Devisenhandel, Wechsel-geschäft und Zinsen	Emission und Handel von Wertpapieren
Deutsche Bank und ihre Tochtergesellschaften	27.252	15.375
% der Deutsche-Bank-Gesamterträge	45	25
Dresdner Bank mit Tochtergesellschaften	17.070	5.497
% der Gesamterträge	52	17
Disconto-Gesellschaft mit Tochtergesellschaften	13.813	8.350
% der Gesamterträge	46	28

Quelle: Jeidels, Das Verhältnis der deutschen Großbanken zur Industrie, S. 129, bearbeitet nach Kölnische Zeitung, 3. April 1904. Leider liegt keine genaue Aufstellung vor, in der Gewinne und Erträge der Bank nach internationaler und inländischer Herkunft unterschieden werden. Diese Tabelle liefert einige Indikatoren, wie wichtig die Deutsche Bank für das deutsche Kreditwesen und wie international ihr Geschäft an der Wende vom 19. zum 20. Jahrhundert geworden war. Die Gewinne aus ihrem Wertpapiergeschäft, wovon ein Großteil internationalen Ursprungs war, überstiegen die gemeinsamen Ergebnisse der beiden nächst größten Banken. Der Devisenhandel, das Wechselgeschäft und Zinsen machten ungefähr die Hälfte der Gewinne der Deutschen Bank aus. Von 1871 bis 1910 konnte die Deutsche Bank ihre Bilanzsumme verzehnfachen. Die Bank war damit hinsichtlich der Bilanzsumme über 40 Prozent bzw. 50 Prozent größer als die Dresdner Bank bzw. die Disconto-Gesellschaft. Siehe Hook, Die wirtschaftliche Entwicklung der ehemaligen Deutschen Bank, Tabelle 11.

Tabelle 2 – Europäische und amerikanische Banken im Vergleich 1925

Land/Bank	Bilanz-summe	Einlagen	Kapital	Reserven	Kapital u. Reserven
Deutschland					
Deutsche Bank	366.636	295.035	35.700	13.090	48.790
Disconto-Gesellschaft	222.606	135.544	23.800	8.330	32.130
Dresdner Bank	276.775	238.892	18.564	5.569	24.133
Darmstädter und Nationalbank	240.837	204.473	14.280	9.250	23.800
Frankreich					
Crédit Lyonnais	293.507	260.278	9.750	8.775	18.525
Banque de Paris et des Pay-bas	136.959	108.548	7.800	5.141	12.941
Niederlande					
Amsterdamsche Bank	186.031	25.426	22.000	17.200	39.200
Rotterdamsche Bankvereeniging	108.175	60.169	20.000	8.000	28.000
Italien					
Banca Commerciale Italiana	592.490	266.828	28.000	18.400	46.400
Credito Italiano	391.096	192.827	14.118	5.200	19.318
USA					
National City Bank	1.281.494	963.554	50.000	63.133	113.133
Chase National Bank	931.651	813.426	40.000	36.764	76.764

in 1000 US-Dollar

Quelle: HADB S4382. Diese Tabelle zeigt einige Auswirkungen des Ersten Weltkrieges auf das internationale Bankwesen. Während sich 1913 keine amerikanische Bank unter den zehn größten Banken der Welt befand, war Mitte der 1920er Jahre allein die National City Bank hinsichtlich der Bilanzsumme, des Eigenkapitals und der Einlagen größer als die vier in der Tabelle genannten deutschen Kreditinstitute zusammen. Keine einzige kontinentaleuropäische Bank kam in die Nähe der beiden hier aufgeführten amerikanischen Institute.

Tabelle 3 – Bilanzsummen der größten Banken der «Freien Welt» 1962

Rang	Bank *Hauptsitz*	Bilanzsumme (in US-Dollar)	Zahl der Aktionäre	Zahl der Angestellten
1	Bank of America Nat'l Trust & Svgs Assn. *San Francisco, USA*	13.417.140.809	...	26.700
2	Chase Manhattan Bank *New York, USA*	10.932.323.095	100.000	...
3	First National City Bank *New York, USA*	10.280.323.775	67.817	19.800
4	Manufacturers Hanover Trust Co. *New York, USA*	6.532.402.555	44.040	10.345
5	Barclays Bank Limited *London, Großbritannien*	5.756.285.458	84.535	26.491
6	Morgan Guaranty Trust Co. *New York, USA*	5.313.607.035	38.606	5.998
7	Midland Bank Limited *London, Großbritannien*	5.275.667.562	88.000	23.000
8	Chemical Bank New York Trust Co. *New York, USA*	5.246.135.618	34.273	8.000
9	Royal Bank of Canada *Montreal, Kanada*	4.810.987.818	25.339	17.566
10	Lloyds Bank Limited *London, Großbritannien*	4.647.675.856	74.987	24.000
11	Banca Nazionale del Lavoro *Rom, Italien*	4.449.606.105	...	9.972
12	Canadian Imperial Bank of Commerce *Montreal, Kanada*	4.425.368.296	25.233	16.090
13	Security First National Bank *Los Angeles, USA*	4.301.925.186	18.179	10.917
14	National Provincial Bank Limited *London, Großbritannien*	4.263.470.813	65.000	16.000
15	Fuji Bank Limited *Tokio, Japan*	4.198.289.434	23.329	11.867
16	Mitsubishi Bank Limited *Tokio, Japan*	4.087.582.783	20.368	10.769
17	Continental Illinois Nat'l Bk. & Tr. Co. *Chicago, USA*	4.045.325.172	16.360	5.407
18	Sumitomo Bank Limited *Osaka, Japan*	4.001.573.920	16.426	10.311
19	Bankers Trust Co. *New York, USA*	3.934.580.367	24.494	6.803
20	Sanwa Bank Limited *Osaka, Japan*	3.929.489.322	17.467	12.072
21	Bank of Montreal *Montreal, Kanada*	3.802.327.704	22.666	15.835

Rang	Bank *Hauptsitz*	Bilanzsumme (in US-Dollar)	Zahl der Aktionäre	Zahl der Angestellten
22	First National Bank *Chicago, USA*	3.716.732.225	8.931	3.540
23	Crédit Lyonnais *Paris, Frankreich*	3.680.721.567	…	25.700
24	Westminster Bank Limited *London, Großbritannien*	3.380.591.374	63.000	18.200
25	Deutsche Bank *Frankfurt am Main, Deutschland*	3.303.002.789	50.000	21.333
39	Dresdner Bank *Frankfurt am Main, Deutschland*	2.493.151.000	45.000	14.921
47	Rheinische Girozentrale und Provinzialbank *Düsseldorf, Deutschland*	2.021.682.000	…	1.993
51	Commerzbank *Düsseldorf, Deutschland*	1.978.130.256	25.000	10.600
53	Hessische Landesbank-Girozentrale *Frankfurt am Main, Deutschland*	1.713.054.031	…	…
60	Swiss Bank Corporation *Basel, Schweiz*	1.593.307.708	…	5.459
61	Swiss Credit Bank *Zürich, Schweiz*	1.576.760.169	…	3.539
62	Bayerische Hypotheken- und Wechsel-Bank *München, Deutschland*	1.520.451.009	…	6.750

Quelle: *The American Banker*, 7. August 1963. Obwohl die Betrachtung des Banksektors hinsichtlich der Größe noch in den Anfängen steckte, zeigt diese frühe Rangliste, wo die Deutsche Bank kurz nach ihrem Wiederzusammenschluss im Vergleich zu ihren Konkurrenten im In- und Ausland stand. Sechs der zehn größten Banken waren US-amerikanische. Zu dieser Zeit verfügte auch eine beträchtliche Zahl japanischer und europäischer Banken über eine weitaus größere Bilanzsumme als die Deutsche Bank. Sie war aber noch immer deutlich größer als ihre deutschen und Schweizer Konkurrenten. Interessanterweise beschäftigte die First National City ungefähr die gleiche Zahl an Angestellten wie die Deutsche Bank, obwohl das amerikanische Institut über eine fast dreimal größere Bilanzsumme verfügte als die Deutsche Bank.

Tabelle 4 – Rangliste der größten Banken 1978 und 1979

Rang 1979	Rang 1978	Bank *Hauptsitz*	Bilanz-summe abzügl. Wertbe-richtung	Kapital und Reserven	Gesamt-erträge	Vor-steuer-Gewinn	Relation Gewinn/ Bilanz-summe (%)
1	2	Crédit Agricole *Paris*	104.997 *17,4*	6.024 *20,0*			
2	1	BankAmerica Corp *San Francisco*	103.919 *13,0*	3.462 *13,9*	9.450 *35,7*	948 *12,3*	9,65
3	3	Citicorp *New York*	102.742 *21,1*	3.598 *12,9*	10.904 *44,3*	871 *5,3*	11,62
4	5	Banque Nationale de Paris *Paris*	98.859 *22,0*	1.386 *9,4*	7.663 *37,0*	145 *10,6*	8,52
5	4	Deutsche Bank *Frankfurt am Main*	91.188 *8,2*	2.942 *15,9*	7.075 *23,5*	634 *2,5*	8,06
6	6	Crédit Lyonnais *Paris*	91.085 *18,7*	1.115 *5,8*	7.376 *33,2*	229 *89,3*	8,79
7	7	Société Générale *Paris*	84.914 *22,5*	1.402 *7,9*		282 *−15,0*	
8	9	Dresdner Bank *Frankfurt am Main*	70.331 *9,4*	1.981 *6,3*	5.181 *23,0*	307 *10,4*	7,70
9	19	Barclays Group *London*	67.474 *27,0*	3.906 *29,3*		1.178 *41,8*	
10	8	Dai-Ichi Kangyo Bank *Tokio*	66.581 *19,4*	2.517 *4,9*			
11	21	National Westminster Bank *London*	64.393 *30,4*	4.175 *16,4*		982 *44,4*	
12	10	Chase Manhattan Corp *New York*	61.975 *3,4*	2.027 *11,3*	6.079 *36,3*	550 *50,3*	9,97
13	16	Westdeutsche Landesbank Girozentrale *Düsseldorf*	60.080 *11,0*	1.906 *7,8*	3.952 *21,3*		6,92
14	11	Fuji Bank *Tokio*	59.833 *19,4*	2.485 *8,7*			
15	20	Commerzbank *Düsseldorf*	58.271 *14,0*	1.442 *16,4*	4.120 *29,7*	193 *365,3*	7,53
16	12	Sumitomo Bank *Tokio*	58.022 *18,1*	2.438 *6,1*			
17	13	Mitsubishi Bank *Tokio*	57.344 *17,8*	2.307 *4,3*			
18	14	Sanwa Bank *Osaka*	55.301 *16,6*	2.084 *5,3*			
19	15	Norinchukin Bank *Tokio*	53.663 *21,7*	2.130 *4,4*	2.761 *12,1*	55 *10,9*	5,65
20	17	Banco do Brasil *Brasilien*	49.130 *103,8*	3.262 *63,6*	4.215	485	11,51

Quelle: bearbeitet nach *The Banker*, Juni 1980. Als Banken und Branchenbeobachter begannen, den größeren direkten Wettbewerb unter den internationalen Kreditinstitu-ten wahrzunehmen, schienen relative Größe und andere Vergleichsfaktoren wichtiger zu werden. *The Banker* bereinigte die Bilanzsumme um Wertberichtigungen, jene Buchungsposten, die auf beiden Seiten der Bilanz erscheinen, wie Sicherheiten, und deshalb keine eigenen Gelder der Bank darstellen. Alle Zahlen in der ersten Zeile lauten in Millionen US-Dollar oder Prozent (äußerste rechte Spalte). In der zweiten Zeile steht das prozentuale Wachstum der letzten 12 Monate, erhoben auf der Grundlage der Landeswährung. Unterstützt von der Abwertung des Dollar kletterten die Deutsche Bank und andere nicht-amerikanische Banken in der Rangliste. In der Spitzengruppe der ersten Zehn fanden sich neben zwei amerikanischen Instituten vier französische, zwei deutsche und ein japanisches. Eine südamerikanische Bank stieß in die Gruppe der ersten Zwanzig vor. Obwohl die Erträge der Deutschen Bank erheblich stiegen, blieben sie auf der Grundlage der jeweiligen Landeswährung hinter der Entwicklung der zwei größten amerikanischen Konkurrenten zurück.

Tabelle 5 – Die 20 größten Geschäftsbanken in Jahr 2001 (in Millionen US-Dollar)

		Marktkapitalisierung
1.	Citigroup (*USA*)	250.143
2.	HSBC (*Großbritannien*)	140.693
3.	J. P. Morgan Chase (*USA*)	103.113
4.	Wells Fargo (*USA*)	89.251
5.	Bank of America (*USA*)	82.745
6.	UBS (*Schweiz*)	73.673
7.	Royal Bank of Scotland (*Großbritannien*)	62.865
8.	Lloyds TSB (*Großbritannien*)	60.663
9.	Crédit Suisse (*Schweiz*)	55.719
10.	Barclays (*Großbritannien*)	53.630
11.	Deutsche Bank (*Deutschland*)	51.047
12.	BSCH (*Spanien*)	48.311
13.	Bank of Tokyo-Mitsubishi (*Japan*)	46.986
14.	BBV Argentaria (*Spanien*)	46.774
15.	Bank One (*USA*)	46.395
16.	Fleetboston Financial (*USA*)	46.022
17.	Bank of New York (*USA*)	41.466
18.	Fortis (*Belgien/Niederlande*)	39.368
19.	BNP Paribas (*Frankreich*)	38.367
20.	ABN Amro (*Niederlande*)	35.370

Quelle: Youssef Cassis, Capitals of Capital: A History of International Financial Centres, 1780–2005. Cambridge 2006, S. 267. Bearbeitet nach *Financial Times*. Trotz des Erwerbs von Bankers Trust lag die Deutsche Bank zu Beginn des neuen Jahrhunderts vor allem beim Anlocken von Eigenkapital hinter ihren amerikanischen und britischen Konkurrenten zurück. Obwohl die Deutsche Bank im Hinblick auf die Bilanzsumme größer war, blieb ihre Marktkapitalisierung deutlich unter der verschiedener amerikanischer, Schweizer und britischer Banken.

Tabelle 6 – Die zehn führenden Investmentbanken im Jahr 2001 nach dem Transaktionswert (in Milliarden US-Dollar)

		Transaktionen von weltweiten Fusionen und Übernahmen
1.	Goldman Sachs *USA*	594
2.	Merrill Lynch *USA*	475
3.	Morgan Stanley *USA*	445
4.	Crédit Suisse First Boston *Schweiz/USA*	387
5.	J. P. Morgan Chase *USA*	383
6.	Citigroup/Salomon Smith Barney *Schweiz/USA*	262
7.	Deutsche Bank *Deutschland*	221
8.	UBS Warburg *Schweiz*	211
9.	Lehman Brothers *Schweiz/USA*	125
10.	Dresdner Kleinwort Wasserstein *Deutschland*	120

Quelle: Youssef Cassis, Capitals of Capital: A History of International Financial Centres, 1780–2005, Cambridge 2006, S. 269. Bearbeitet nach *Financial Times*. 2001 hatte sich die Deutsche Bank als einer der führenden Anbieter im lukrativen Geschäft mit Fusionen und Übernahmen (M&A) etabliert.

Tabelle 7 – Banken-Rangliste nach Eigenkapitalausstattung (Tier One Capital) im Jahr 2004 und Vorjahr *(siehe S. 622 und 623)*

Quelle: *The Banker*, Juli 2005. Während die Deutsche Bank noch immer zu den zehn größten Banken der Welt zählt, fiel sie hinsichtlich der Eigenkapitalausstattung (Tier One Capital = eingezahltes Eigenkapital plus offene Reserven und grundsätzlich einbehaltener Erträge), die nunmehr von *The Banker* für die wichtigste Banken-Rangliste herangezogen wird, auf den 21. Platz zurück. Tier One Capital ist eine der Hauptkomponenten bei der Bewertung von angemessener Eigenkapitalausstattung von Banken, die 1988 von den meisten der führenden Zentralbanken festgelegt wurde. Zu den stark vertretenen amerikanischen, britischen und japanischen Banken haben sich auch chinesische Banken in der unter diesem Gesichtspunkt erstellten Rangliste eingereiht. Die Deutsche Bank ist nach dieser Bewertung noch immer das größte Institut in Deutschland, aber ihre Ertragskraft und ihr Gewinnkoeffizient bleibt hinter vielen ihrer weltweiten Konkurrenten zurück.

		Bank *Hauptsitz, Bilanzstichtag*	Tier One Capital		Größe Bilanzsumme			Gewinn Vorsteuer-Gewinn		Performance Eigenkapitalrendite		Relation Gewinn/ Bilanzsumme		Relation Kosten/ Ertrag
			Mio. $	%	Mio. $	Rang	%	Mio. $	%	% zuletzt	% Vorjahr	%	Rang	%
1	1	Citigroup *New York, NY, USA (12/31/04)*	74.415	11,3	1.484.101	2	17,4	24.182	-8,2	34,2	41,8	1,63	303	65,38
2	5	JP Morgan Chase & Co *New York, NY, USA (12/31/04)*	68.621	59,0	1.157.248	7	50,1	6.223	-38,0	11,1	24,9	0,54	745	79,68
3	3	HSBC Holdings *London, GB (12/31/04)*	67.259	22,6	1.276.778	4	23,5	17.608	37,4	28,8	27,3	1,38	373	54,74
4	4	Bank of America Corp *Charlotte, NC, USA (12/31/04)*	64.281	45,9	1.110.457	10	50,8	21.221	33,6	39,2	36,5	1,91	229	55,07
5	2	Crédit Agricole Groupe *Paris, Frankreich (12/31/04)*	63.422	6,1	1.243.047	5	4,3	10.437	30,5	16,9	15,1	0,84	603	64,14
6	8	Royal Bank of Scotland *Edinburgh, GB (12/31/05)*	43.828	17,0	1.119.480	9	28,3	13.358	12,3	32,9	33,7	1,19	458	56,27
7	7	Mitsubishi Tokyo Financial Group *Tokio, Japan (03/31/05)*	39.932	11,1	980.285	12	3,5	6.106	-25,5	16,1	25,2	0,62	695	68,08
8	6	Mizuho Financial Group *Tokio, Japan (12/31/04)*	38.864	5,9	1.295.942	3	3,8	8.785	7,0	23,2	23,7	0,68	675	73,36
9	11	HBOS *Edinburgh, GB (12/31/04)*	36.537	15,2	759.594	19	7,9	8.868	21,9	26,0	24,1	1,17	465	42,26
10	10	BNP Paribas *Paris, Frankreich (12/31/04)*	35.635	1,9	1.233.912	6	15,7	10.538	19,9	29,2	26,0	0,84	606	60,17
11	29	Bank of China *Peking, Volksrepublik China (12/31/04)*	34.851	52,8	515.972	32	11,1	4.178	243,8	14,5	5,4	0,81	622	40,02
12	22	Santander Central Hispano *Santander, Spanien (12/31/04)*	33.259	44,1	783.707	18	63,7	6.040	8,1	21,4	25,8	0,77	641	54,19
13	13	Barclays Bank *London, GB (12/31/04)*	32.178	11,1	992.103	11	15,9	8.890	19,7	29,1	26,3	0,90	579	59,88
14	15	Rabobank Group *Utrecht, Niederlande (12/31/04)*	30.810	15,1	647.084	25	17,8	3.826	16,9	13,3	13,1	0,59	712	66,95
15	9	Sumitomo Mitsui Financial Group *Tokio, Japan (03/31/05)*	30.389	-8,7	896.909	14	-2,9	-1.011	-126,8	-3,2	11,9	-0,11	971	91,79

		Bank *Hauptsitz, Bilanzstichtag*	Tier One Capital		Größe Bilanzsumme			Gewinn Vorsteuer-Gewinn		Performance Eigenkapitalrendite		Relation Gewinn/ Bilanzsumme		Relation Kosten/ Ertrag
			Mio. $	%	Mio. $	Rang	%	Mio. $	%	% zuletzt	% Vorjahr	%	Rang	%
16	16	Wells Fargo & Co. *San Francisco, CA, USA (12/31/04)*	29.060	15,9	427.849	38	10,3	10.769	12,3	39,8	41,2	2,52	126	58,21
17	17	ING Bank *Amsterdam, Niederlande (12/31/04)*	28.792	10,8	839.654	15	13,8	4.301	56,4	15,7	10,9	0,51	755	69,97
18	19	Wachovia Corporation *Winston-Salem, NC, USA (12/31/04)*	28.583	19,8	492.606	33	22,8	7.633	22,7	29,1	27,5	1,55	321	64,49
19	18	UBS *Zürich, Schweiz (12/31/04)*	27.440	4,3	1.533.036	1	25,2	9.433	27,9	35,1	29,4	0,62	700	74,01
20	20	ABN AMRO Bank *Amsterdam, Niederlande (12/31/04)*	26.993	8,6	828.961	16	15,1	7.424	10,8	28,6	27,8	0,90	580	69,15
21	12	Deutsche Bank *Frankfurt, Deutschland (12/31/04)*	25.507	-13,4	1.144.195	8	4,5	5.488	46,2	20,0	12,4	0,48	782	79,92
22	30	Groupe Caisse d'Epargne *Paris, Frankreich (12/31/04)*	25.056	26,6	740.821	20	42,9	3.285	14,4	14,7	15,6	0,44	804	72,60
23	23	Société Générale *Paris, France (12/31/04)*	25.008	8,4	818.699	17	11,4	6.904	18,4	28,7	26,6	0,84	602	67,93
24	27	Crédit Mutuel *Paris, Frankreich (12/31/04)*	24.773	18,9	527.611	31	9,1	3.578	6,2	15,7	17,8	0,68	674	66,00
25	21	China Construction Bank *Peking, Volksrepublik China (12/31/04)*	23.530	4,5	471.792	35	9,9	6.067	11059,1	26,4	0,3	1,29	417	39,17
26	26	Lloyds TSB Group *London, GP (12/31/04) (12/31/04)*	22.644	4,5	540.446	29	11,0	6.746	-19,7	30,4	42,0	1,25	436	54,44
27	33	Credit Suisse Group *Zürich, Schweiz (12/31/04)*	21.736	9,8	962.783	13	13,2	7.337	43,6	35,3	27,6	0,76	646	45,59
28	24	UFJ Holdings *Osaka, Japan (03/31/05)*	21.550	6,4	730.394	21	-0,2	-2.185	na	-10,5	-14,0	-0,30	975	na
29	32	HypoVereinsbank *München, Deutschland (12/31/04)*	21.412	9,4	636.622	26	-2,5	-3.103	na	-15,1	-12,8	-0,49	981	65,64
30	34	Banca Intesa *Mailand, Italien (12/31/04)*	21.199	8,9	374.010	43	5,5	3.585	34,6	17,6	14,1	0,96	548	59,90

Abkürzungsverzeichnis

AEG	Allgemeine Elektricitäts-Gesellschaft
AG	Aktiengesellschaft
Amro	Amsterdam-Rotterdam Bank
APC	Alien Property Custodian
B&O	Baltimore and Ohio Railroad
BEC	Banque Européenne de Credit
BIP	Bruttoinlandsprodukt
BSP	Bruttosozialprodukt
CEO	Chief Executive Officer
CMI	Capital Management International GmbH
CSAT	Central and South American Telegraph Company
DB	Deutsche Bank
DM	Deutsche Mark
EAB	European American Bank
EABC	European American Bank Corporation
EABTC	European American Bank & Trust Corporation
EBIC	European Banks' International Company
EGE	Edison General Electric
EWG	Europäische Wirtschaftsgemeinschaft
FBI	Federal Bureau of Investigation
Fed	Federal Reserve Board
GE	General Electric
HABBk	Historisches Archiv der Deutschen Bundesbank
HADB	Historisches Archiv der Deutschen Bank
IAB	International Acceptance Bank
ICC	Interstate Commerce Commission
K&L	Knoblauch & Lichtenstein
LTCM	Long-Term Capital Management
M&A	Mergers and Acquisitions
MBA	Master of Business Administration
NAC	North American Company
NARA	National Archives and Records Administration
OMGUS	Office of Military Government of the United States
Opec	Organization of the Petroleum Exporting Countries
P&G	Procter & Gamble
RAROC	Risk-adjusted Return on Capital
S&H	Siemens & Halske
WMR	Western Maryland Railroad

Literaturverzeichnis

ABELSHAUSER, WERNER, The Dynamics of German Industry. Germany's Path Toward the New Economy and the American Challenge. New York 2005.

ABRAHAMS, PAUL PHILIP, The Foreign Expansion of American Finance 1907–1921. New York 1976.

ABS, HERMANN J., Entscheidungen 1949–1953. Die Entstehung des Londoner Schuldenabkommens. Mainz 1991.

ABS, HERMANN J., Zeitfragen der Geld- und Wirtschaftspolitik. Aus Vorträgen und Aufsätzen. Frankfurt am Main 1959.

ABS, HERMANN J., Das deutsche Vermögen in den USA – Volle oder Teilrückgabe?, in: Recht der internationalen Wirtschaft 1 (1954/55), S. 145–147.

ACHTERBERG, ERICH, Hermann Wallich, in: Zeitschrift für das gesamte Kreditwesen 16 (1963), S. 228–231.

ADAMS, EDWARD D., Niagara Power. History of Niagara Falls Power Company, 1886–1918. 2 Bde., Niagara Falls, NY 1927.

ADLER, HANS A., The Post-War Reorganization of the German Banking System, in: Quarterly Journal of Economics 63 (1949), S. 322–341.

ADLER, JOHN H. (Hrsg.), Capital Movements and Economic Development. London 1967.

ALBERT, MICHEL, Capitalisme contre Capitalisme. Paris 1990.

ALDCROFT, DEREK H., From Versailles to Wall Street. Berkeley 1977.

ALERASSOOL, MAHVASH, Freezing Assets. New York 1993.

AMBROSIUS, GEROLD, U. WILLIAM H. HUBBARD, A Social Economic History of the Twentieth Century. Cambridge 1989.

AMBROSIUS, GEROLD, Internationale Wirtschaftsbeziehungen, in: ders. u.a. (Hrsg.), Moderne Wirtschaftsgeschichte. Eine Einführung für Historiker und Ökonomen. München 1996, S. 305–336.

AMBROSIUS, GEROLD, Staat und Wirtschaft, in: ders. u.a. (Hrsg.), Moderne Wirtschaftsgeschichte. Eine Einführung für Historiker und Ökonomen, München 1996, S. 355–374.

AUBERT, M. GEORGES, La finance Américaine. Paris 1910.

BACKER, JOHN H., Priming the German Economy. American Occupational Policies 1945–1948. Durham 1971.

BARBERIS, NICHOLAS, U. RICHARD THALER, A Survey of Behavioral Finance, in: George M. Constantinides, u.a. (Hrsg.), Handbook of the Economics of Finance. Amsterdam 2003.

BARTH, BORIS, Die deutsche Hochfinanz und die Imperialismen. Stuttgart 1995.

BARTLETT, CHRISTOPHER A., U. SUMANTRA GHOSHAL, Managing Across Borders. The Transnational Solution. Boston 1991.

BARTLETT, EDWARD EVERETT, Edward Dean Adams. New York 1926.

BARZUN, JACQUES, Kulturgeschichte als Synthese, in: Fritz Stern (Hrsg.), Geschichte und Geschichtsschreibung. Möglichkeiten, Aufgaben, Methoden. München 1966, S. 400–416.

BASKIN, JONATHAN BARRON, u. PAUL J. MIRANTI, JR., A History of Corporate Finance. Cambridge 1997.

BASTER, ALBERT S. J., The International Banks. 1935. Reprint New York 1977.

BATTILOSSI, STEFANO, u. YOUSSEF CASSIS (Hrsg.), European Banks and the American Challenge. Competition and Cooperation in International Banking under Bretton Woods. Oxford 2002.

BENDER, THOMAS, A Nation Among Nations. America's Place in World History. New York 2006.

BENNETT, EDWARD W., Germany and the Diplomacy of the Financial Crisis 1931. Cambridge, MA 1962.

BENSEL, RICHARD FRANKLIN, The Political Economy of American Industrialization, 1877–1900. Cambridge 2000.

BERGHAHN, VOLKER R., America and the Intellectual Cold Wars in Europe. Princeton 2001.

BERGHAHN, VOLKER R., Unternehmer und Politik in der Bundesrepublik. Frankfurt am Main 1985.

BERGHAHN, VOLKER R., u. SIGURT VITOLS (Hrsg.), Gibt es einen deutschen Kapitalismus. Tradition und globale Perspektiven der sozialen Marktwirtschaft. Frankfurt am Main 2006.

BERGHOFF, HARTMUT, u. INGO KÖHLER, Redesigning a class of its own. Social and human capital formation in the German banking elite, 1870–1990, in: Financial History Review 14 (2007), S. 63–87.

BERLE, ADOLF A., u. GARDINER C. MEANS, The Modern Corporation and Private Property. New York 1968.

BHAGWATI, JAGDISH N., The Capital Myth, in: Foreign Affairs 77 (Mai/Juni 1998), S. 7–16.

BLACK, DAVID, The King of Fifth Avenue. The Fortunes of August Belmont. New York 1981.

BLISS, MICHAEL, Northern Enterprises. Five Centuries of Canadian Business. Toronto 1987.

BLOCH, MARC, Apologie der Geschichtswissenschaft oder der Beruf des Historikers, 2. Aufl., Stuttgart 2002 [Apologie pour l'histoire ou métier d'historien (1941/42), Paris 1949].

BLOOMFIELD, ARTHUR I., Postwar Control of International Capital Movements, in: American Economic Review 36 (1946), S. 687–709 (Papers and Proceedings Issue).

BLOOMFIELD, ARTHUR I., International Capital Movements and American Balance of Payments, 1929–1940. Diss., University of Chicago, 1942.

BOELCKE, WILLI A., Die deutsche Wirtschaft 1930–1945. Interna des Reichswirtschafts- ministeriums. Düsseldorf 1983.

BÖHME, HELMUT, Deutschlands Weg zur Großmacht. Berlin 1966.

BOISSEVAIN, GIDEON M., Money and Banking in the United States. Amsterdam 1909.

BONBRIGHT, JAMES C., Railroad Capitalization. A Study of the Principles of Regulation of Railroad Securities. New York 1920.

BONIN, HUBERT, The development of accounting machines in French banks from the

1920s to the 1960s, in: Accounting, Business & Financial History 14 (2004), S. 257–276.

BOOKER, JOHN, Temples of Mammon. The Architecture of Banking. Edinburgh 1990.

BORCHARD, EDWIN M., u. WILLIAM H. WYNNE, State Insolvency and Foreign Bondholders. 2 Bde., 1951. Reprint New York 1983.

BORCHARDT, KNUT, Wachstum, Krisen, Handlungsspielräume der Wirtschaftspolitik. Studien zur Wirtschaftsgeschichte des 19. und 20. Jahrhunderts. Göttingen 1982.

BORCHGRAVE, ALEXANDRA VILLARD DE, u. JOHN CULLEN, Villard. The Life and Times of an American Titan. New York 2001.

BORN, KARL ERICH, Vom Beginn des Ersten Weltkrieges bis zum Ende der Weimarer Republik (1918–1933), in: Deutsche Bankengeschichte. Hrsg. vom Wissenschaftlichen Beirat des Instituts für bankhistorische Forschung. Bd. 3. Frankfurt am Main 1983, S. 11–146.

BORN, KARL ERICH, International Banking in the 19th and 20th Centuries. New York 1983.

BORN, KARL ERICH, Die Deutsche Bank in der Inflation nach dem Ersten Weltkrieg, in: Beiträge zu Wirtschafts- und Währungsfragen und zur Bankgeschichte, Nr. 17 (1979), S. 11–27.

BORN, KARL ERICH, Die Hauptentwicklungslinien des mitteleuropäischen Universalbankensystems, in: Universalbankensystem als historisches und politisches Problem. Frankfurt am Main 1977, S. 13–18. (Bankhistorisches Archiv; Beiheft 2).

BORN, KARL ERICH, Die deutsche Bankenkrise 1931. Finanzen und Politik. München 1967.

BOUQUET, CYRIL, u.a., Foreign Expansion in Service Industries. Separability and Human Capital Intensity, in: Journal of Business Research 57 (2004), S. 35–46.

BOVYKIN, V. I. (Hrsg.), Transformation of Bank Structures in the Industrial Period. Budapest 1982.

BOWER, TOM, The Pledge Betrayed. America and Britain and the Denazification of Postwar Germany. Garden City, NY 1982.

BRACKMANN, MICHAEL, Vom totalen Krieg zum Wirtschaftswunder. Die Vorgeschichte der westdeutschen Währungsreform 1948. Essen 1993.

BROWN, JOHN CROSBY, A Hundred Years of Merchant Banking. New York 1909.

BUCHHEIM, CHRISTOPH, Marshall Plan and Currency Reform, in: Jeffery Diefendorf u.a. (Hrsg.), American Policy and the Reconstruction of West Germany 1945–1955. Cambridge 1993, S. 69–83.

BUCHHEIM, CHRISTOPH, Die Währungsreform in Westdeutschland im Jahre 1948. Einige ökonomische Aspekte, in: Wolfram Fischer (Hrsg.), Währungsreform und Soziale Marktwirtschaft. Erfahrungen und Perspektiven nach 40 Jahren. Berlin 1989, S. 391–402.

BUCHHEIM, CHRISTOPH, Die Währungsreform 1948 in Westdeutschland, in: Vierteljahrshefte für Zeitgeschichte 36 (1988), S. 189–231.

BUCKLEY, PETER J., u. MARK CASSON, The Economic Theory of the Multinational Enterprise. New York 1985.

BUCKLEY, PETER J., u. PERVEZ N. GHAURI, The Internationalization of the Firm. A Reader. London 1999.

BUCKLEY, PETER J., u. BRIAN R. ROBERTS, European Direct Investment in the U.S.A. before World War I. London 1982.

BUNSEN, GEORG VON, Friedrich Kapp. Gedächtnisrede. Berlin 1885.

BURCHARDT, LOTHAR, Wissenschaftspolitik im Wilhelminischen Deutschland. Vorge-schichte, Gründung und Aufbau der Kaiser-Wilhelm-Gesellschaft zur Förderung der Wissenschaften. Göttingen 1975.

BURK, KATHLEEN, Money and Power, in: Youssef Cassis (Hrsg.), Finance and Financiers in European History, 1880–1960. Cambridge 1992, S. 359–369.

BURK, KATHLEEN, Morgan Grenfell 1838–1988. The Biography of a Merchant Bank. Oxford 1989.

BURR, ANNA R., The Portrait of a Banker. James Stillman. New York 1927.

BURROUGH, BRYAN, u. JOHN HELYAR, Die Nabisco-Story. Ein Unternehmen wird geplün-dert. Berlin 1991.

BÜSCHGEN, HANS E., Die Deutsche Bank von 1957 bis zur Gegenwart. Aufstieg zum internationalen Finanzdienstleistungskonzern, in: Lothar Gall u.a., Die Deutsche Bank 1870–1995. München 1995, S. 579–877.

BÜSCHGEN, HANS E., Geld und Banken nach dem Zweiten Weltkrieg. Internationale Kapitalbewegungen, Bankensysteme, grenzüberschreitende Kooperation, in: Hans Pohl (Hrsg.), Europäische Bankengeschichte. Frankfurt am Main 1993, S. 455–485.

BÜSCHGEN, HANS E., Die Großbanken. Frankfurt am Main 1983.

BUSS, DIETRICH, Henry Villard. A Study of Transatlantic Investment and Interests, 1870–1895. New York 1978.

CAIRNCROSS, ALEC, Did Foreign Investment Pay?, in: Review of Economic Studies 3 (1953), S. 67–78.

CAIRNCROSS, ALEC, Home and Foreign Investment, 1870–1913. Studies in Capital Accu-mulation. Cambridge 1953.

CAREY, JOHN L., The Rise of the Accounting Profession. From Technician to Professio-nal, 1896–1936. New York 1969.

CARLSON, W. BERNARD, Innovation as a Social Process. Elihu Thomson and the Rise of General Electric, 1870–1900. Cambridge 1991.

CAROSSO, VINCENT P., The Morgans. Private International Bankers, 1854–1913. Cam-bridge, MA 1987.

CAROSSO, VINCENT P., Investment Banking in America. Cambridge, MA 1979.

CAROSSO, VINCENT P., More Than a Century of Investment Banking. The Kidder, Pea-body & Co. Story. New York 1979.

CAROSSO, VINCENT P., A Financial Elite. New York's German-Jewish Investment Ban-kers, in: American Jewish Historical Quarterly 56 (1976), S. 67–88.

CAROSSO, VINCENT P., The Wall Street Money Trust from Pujo through Medina, in: Busi-ness History Review 47 (1973), S. 421–437.

CARR, EDWARD HALLETT, Nationalism and After. London 1968.

CASSIS, YOUSSEF, Capitals of Capital. A History of International Financial Centres, 1780–2005. Cambridge 2006.

CASSIS, YOUSSEF, Introduction, in: ders. u. Éric Bussière (Hrsg.), London and Paris as International Financial Centres. Oxford 2005, S. 1–14.

CASSIS, YOUSSEF, New Literature on the Social Backgrounds and Social Attitudes of Bankers, in: Edwin Green u. Kostas Kostis (Hrsg.), The Human Factor in Banking (in Vorbereitung).

CASSIS, YOUSSEF, City Bankers, 1890–1914, Cambridge 1994.

CASSIS, YOUSSEF, Swiss International Banking, in: Geoffrey Jones (Hrsg.), Banks as Multinationals. London 1990, S. 160–172.

CASSIS, YOUSSEF, The Emergence of a New Financial Institution. Investment Trusts in Britain, 1870–1939, in: Jean Jacques van Helten u. Youssef Cassis (Hrsg.), Capitalism in a Mature Economy. Aldershot 1990, S. 139–158.

CASSIS, YOUSSEF, (Hrsg.), Finance and Financiers in European History, 1880–1960. Cambridge 1992.

CASSIS, YOUSSEF, u. ÉRIC BUSSIÈRE (Hrsg.), London and Paris as International Financial Centers in the Twentieth Century. Oxford 2005.

CASSON, MARK, The Organization of International Business. Bd. II. London 1995.

CASSON, MARK, The Evolution of Multinational Banks. A Theoretical Perspective, in: Geoffrey Jones (Hrsg.), Banks as Multinationals. London 1990, S. 14–29.

CASSON, MARK (Hrsg.), Multinationals and World Trade. London 1986.

CASSON, MARK (Hrsg.), The Growth of International Business. London 1983.

CASSON, MARK, Alternatives to the Multinational Enterprise. New York 1979.

CHAMBER OF COMMERCE OF THE UNITED STATES. Laws and Practices Affecting the Establishment of Foreign Branches of Banks. Washington, DC 1923.

CHANDLER, ALFRED D., JR., Scale and Scope. Cambridge, MA 1990.

CHANDLER, ALFRED D., JR., The Visible Hand. Cambridge, MA 1977.

CHANDLER, ALFRED D., JR., (Hrsg.), The Railroads. The Nation's First Big Business. New York 1965.

CHANDLER, ALFRED D., JR., (Hrsg.), Giant Enterprise. New York 1964.

CHANDLER, ALFRED D., JR., Strategy and Structure. Cambridge, MA 1962.

CHERNOW, RON, The Death of the Banker. The Decline and Fall of the Great Financial Dynasties and the Triumph of the Small Investor. New York 1999.

CHERNOW, RON, The Warburgs. New York 1993.

CHERNOW, RON, The House of Morgan. New York 1990.

CLEVELAND, HAROLD B. VAN, u. THOMAS F. HUERTAS, Citibank 1812–1970. Cambridge, MA 1985.

CLOUGH, SHEPARD B., u. CHARLES WOOLSEY COLE, Economic History of Europe. Boston 1941.

CLOUGH, SHEPARD B., u. RICHARD T. RAPP, European Economic History. 3. Aufl., New York 1978.

COATES, DAVID (Hrsg.), Varieties of Capitalism, Varieties of Approaches. London 2005.

COLLINS, THERESA M., Otto Kahn. Art, Money, and Modern Times. Chapel Hill 2002.

COTTRELL, PHILIP L., Industrial Finance, 1830–1914. London 1980.

CRICK, WILFRED F., u. JOHN E. WADSWORTH, A Hundred Years of Joint Stock Banking. London 1936.

DAEMS, HERMAN, u. HERMAN VAN DER WEE, The Rise of Managerial Capitalism. Louvain 1974.

DANIELS, JOSEPH, u. DAVID VAN HOOSE, International Monetary and Financial Economics. New York 1999.

DAVIS, LANCE E., u. ROBERT E. GALLMAN, Evolving Financial Markets and International Capital Flows. Britain, the Americas, and Australia, 1865–1914. Cambridge 2001.

DAVIS, LANCE E., u. ROBERT J. CULL, International Capital Markets and American Economic Growth, 1820–1914. Cambridge 1994.

DE LONG, J. BRADFORD, Did J. P. Morgan's Men Add Value? An Economist's Perspective on Financial Capitalism, in: Peter Temin (Hrsg.), Inside the Business Enterprise. Historical Perspectives on the Use of Information. Chicago 1991.

DESJARDINS, BERNARD, u.a., Le Crédit Lyonnais, 1863–1986. Paris 2003.

DEUTSCHE BUNDESBANK (Hrsg.), Deutsches Geld- und Bankwesen in Zahlen 1876–1975. Frankfurt am Main 1976.

DEWEY, DAVIS R., Financial History of the United States. 12. Aufl. 1934. Reprint New York 1968.

DICKENS, PAUL D., The Transition Period in American International Financing, 1897 to 1914. Ph.D. Diss., George Washington University, 1933.

Dictionnaire de Biographie Française, hrsg. von M. Prevost u.a., Bd. 18, Paris 1994.

DIEFENDORF, JEFFERY, u.a. (Hrsg.), American Policy and the Reconstruction of West Germany 1945–1955. Cambridge 1993.

Die Disconto-Gesellschaft 1851–1901. Denkschrift zum 50jährigen Jubiläum. Berlin 1901.

DONALDSON, JOHN, International Economic Relations. New York 1928.

DOREMUS, PAUL, u.a., The Myth of the Global Corporation. Princeton 1998.

DORMANNS, ALBERT, Die amerikanischen Banken – das System und die derzeitigen Reformbestrebungen, in: Bank-Betrieb 16 (1976), S. 191–196, 241–245.

DUNLAVY, COLLEEN A., Politics and Industrialization. Early Railroads in the United States and Prussia. Princeton 1994.

DUNNING, JOHN, u. JEAN-LOUIS MUCCHIELLI, Multinational Firms. The Global-Local Dilemma. London 2002.

DUNNING, JOHN, Governments, Globalization, and International Business. Oxford 1997.

DUNNING, JOHN, The Globalization of Business. London 1993.

EDWARDS, FRANKLIN R., u. STAV GAON, Hedge Funds: What do we Know?, in: Journal of Applied Corporate Finance 15 (2003), Nr. 4, S. 8–21.

EDWARDS, GEORGE W., The Evolution of Finance Capitalism. New York 1938.

EDWARDS, JAMES DON, History of Public Accounting in the United States. [Huntsville] 1978.

EDWARDS, JEREMY, u. KLAUS FISCHER, Banks, Finance and Investment in Germany. Cambridge 1994.

EICHENGREEN, BARRY, The European Economy since 1945. Coordinated Capitalism and Beyond. Princeton 2007.

EICHENGREEN, BARRY, U.S. Foreign Financial Relations in the Twentieth Century, in: Stanley Engerman u. Robert Gallman (Hrsg.), Cambridge Economic History. Cambridge 2000, S. 463–504.

EICHENGREEN, BARRY J., Vom Goldstandard zum Euro. Die Geschichte des internationalen Währungssystems. Berlin 2000.

EICHENGREEN, BARRY, Historical Research on International Lending and Debt, in: Journal of Economic Perspectives 5 (1991), S. 149–169.

EICHENGREEN, BARRY, Golden Fetters. The Gold Standard and the Great Depression 1919–1939. Oxford 1991.

EICHENGREEN, BARRY, u. MARC FLANDREAU (Hrsg.), The Gold Standard in Theory and History. London 1997.

EINZIG, PAUL, World Finance 1914–1935. New York 1935.

EKBLOM, H. E., European Direct Investments in the United States, in: Harvard Business Review, Juli-August 1973, S. 16–27.

EMDEN, PAUL H., Money Powers of Europe. London 1937. Reprint New York 1983.

EMDEN, PAUL H., Money Powers of Europe in the Nineteenth and Twentieth Centuries. New York 1938.

EMMINGER, OTMAR, D-Mark, Dollar, Währungskrisen. Erinnerungen eines ehemaligen Bundesbankpräsidenten. Stuttgart 1986.

EPSTEIN, GERALD, U. THOMAS FERGUSON, Monetary Policy, Loan Liquidation, and Industrial Conflict. The Federal Reserve and the Open Market Operations of 1932, in: Journal of Economic History 44 (1984), S. 957–983.

EUN, CHEOL S., u.a., International Financial Management. Canadian Perspectives. Toronto 2004.

FALLON, PADRAIC, The battle plans of Hilmar Kopper (Interview), in: Euromoney, Januar 1994, S. 28–44.

FEAR, JEFF, U. CHRISTOPHER KOBRAK, Diverging Paths. Accounting for Corporate Governance in America and Germany, in: Business History Review 80 (2006), S. 1–48.

FEDERAL RESERVE SYSTEM, BOARD OF GOVERNORS, Banking and Monetary Statistics, 1941–1970. Washington, DC 1976.

FEILER, ARTHUR, International Movements of Capital, in: American Economic Review 25 (1935), S. 63–74 (Supplement).

FEINSTEIN, CHARLES H. (Hrsg.), Banking, Currency, and Finance in Europe between the Wars. Oxford 1995.

FEINSTEIN, CHARLES H., U. PETER TEMIN U. GIANNI TONIOLO, International Economic Organization. Banking, Finance, and Trade in Europe between the Wars, in: Charles H. Feinstein (Hrsg.), Banking, Currency, and Finance in Europe Between the Wars. Oxford 1995, S. 9–50.

FEINSTEIN, CHARLES H., U. KATHERINE WATSON, Private International Capital Flows in Europe in the Inter-war Period, in: Charles H. Feinstein (Hrsg.), Banking, Currency, and Finance in Europe Between the Wars. Oxford 1995, S. 94–130.

FEINSTEIN, MARTIN (Hrsg.), International Capital Flows. Chicago 1999.

FEIS, HERBERT, Europe. The World's Banker 1870–1914. New York 1965.

FEIS, HERBERT, The Diplomacy of the Dollar 1919–1932. New York 1950.

FELDENKIRCHEN, WILFRIED, Siemens in the US, in: Geoffrey Jones u. Lina Gálvez-Muñoz (Hrsg.), Foreign Multinationals in the United States. Management and Performance. London 2002, S. 89–105.

FELDENKIRCHEN, WILFRIED, Die Anfänge des Siemensgeschäfts in Amerika, in: ders., u.a. (Hrsg.), Wirtschaft, Gesellschaft, Unternehmen. Festschrift für Hans Pohl zum 60. Geburtstag. Stuttgart 1995, S. 876–900 (Vierteljahrschrift für Sozial- und Wirtschaftsgeschichte; Beiheft 120).

FELDENKIRCHEN, WILFRIED, Siemens, 1918–1945. München 1995.

FELDENKIRCHEN, WILFRIED, Die Rolle der Banken bei der Sanierung von Industrieunternehmen (1850–1914), in: Die Rolle der Banken bei der Unternehmenssanierung. Frankfurt am Main 1993, S. 14–39. (Bankhistorisches Archiv; Beiheft 22).

FELDMAN, GERALD D., Foreign Penetration of German Enterprises after World War I. The Problem of Ueberfremdung, in: Alice Teichova, u.a. (Hrsg.), Historical Studies in International Corporate Business. Cambridge 2002, S. 87–110.

FELDMAN, GERALD D., u.a. (Hrsg.), The Treaty of Versailles. A Reassessment after 75 Years. Cambridge 1998.

FELDMAN, GERALD D., Hugo Stinnes. München 1998.

FELDMAN, GERALD D., Die Deutsche Bank vom Ersten Weltkrieg bis zur Weltwirtschafts-krise 1914–1933, in: Lothar Gall u.a., Die Deutsche Bank 1870–1995, München 1995, S. 138–314.

FELDMAN, GERALD D., Jakob Goldschmidt, the History of the Banking Crisis of 1931, and the Problem of Freedom of Manoeuvre in the Weimar Economy, in: Christoph Buchheim, u.a. (Hrsg.), Zerrissene Zwischenkriegszeit. Wirtschaftshistorische Bei-träge. Knut Borchardt zum 65. Geburtstag. Baden-Baden 1994, S. 307–327.

FELDMAN, GERALD D., The Great Disorder. Politics, Economics, and Society in the Ger-man Inflation 1914–1924. Oxford 1993.

FELDMAN, GERALD D., Armee, Industrie und Arbeiterschaft in Deutschland 1914–1918. Bonn 1985.

FELDMAN, GERALD D., Iron and Steel in the German Inflation, 1916–1923, Princeton 1977.

FERGUSON, NIALL, The City of London and British Imperialism. New Light on an Old Question, in: Youssef Cassis u. Éric Bussière (Hrsg.), London and Paris as Interna-tional Financial Centres in the Twentieth Century. Oxford 2005, S. 57–77.

FERGUSON, NIALL, Die Geschichte der Rothschilds. Propheten des Geldes. 2 Bde., Stutt-gart 2002.

FERGUSON, NIALL, Empire. The Rise and Demise of the British World Order and the Lessons for Global Power. London 2002.

FERGUSON, NIALL, Politik ohne Macht. Das fatale Vertrauen in die Wirtschaft. Stuttgart 2001.

FISHER, IRVING, The Stock Market Crash – and After. New York 1930.

FLANDREAU, MARC, u.a. (Hrsg.), International Financial History in the Twentieth Centu-ry. System and Anarchy. Cambridge 2003.

FLEISIG, HEYWOOD W., Long Term Capital Flows and the Great Depression. The Role of the United States 1927–1933. New York 1975.

FOGEL, ROBERT W., u. STANLEY L. ENGERMAN (Hrsg.), The Reinterpretation of American Economic History. New York 1971.

FOHLIN, CAROLINE, Universal Banking in Pre-World War I Germany. Model or Myth?, in: Explorations in Economic History 36 (1999), S. 305–343.

FORBES, NEIL, Doing Business with the Nazis. Britain's Economic and Financial Rela-tions with Germany 1931–1939. London 2000.

FORBES, NEIL, London banks, the German Standstill Agreements, and ‹economic appeasement› in the 1930s, in: Economic History Review 40 (1987), S. 571–587.

FOREMAN-PECK, JAMES, A History of the World Economy. International Economic Rela-tions since 1850. New York 1983.

FREYER, TONY, Regulating Big Business. Antitrust in Great Britain and America 1880–1990. Cambridge 1992.

FRIDENSON, PATRICK, Business Failure and the Agenda of Business History, in: Enter-prise & Society 5 (2004), S. 562–582.

FRIEDMAN, MILTON, Episodes in Monetary Mischief. New York 1992.

FRIEDMAN, MILTON, u. ANNA JACOBSON SCHWARTZ, A Monetary History of the United States. Princeton 1963.

FRIEDMAN, THOMAS, A Brief History of the Twenty-first Century. New York 2005.

FRIEDRICH, CARL J., American Experiences in Military Government in World War II. New York 1948.

FRYE, ALTON, Nazi Germany and the American Hemisphere 1933–1941. New Haven 1967.

FÜRSTENBERG, CARL, Die Lebensgeschichte eines deutschen Bankiers, 1870–1914. Hrsg. von Hans Fürstenberg. Berlin 1931.

GADDIS, JOHN LEWIS, The United States and the Origins of the Cold War 1941–1947. New York 1972.

GALBRAITH, JOHN KENNETH, The Great Crash 1929. Boston 1961.

GALL, LOTHAR, Der Bankier Hermann Josef Abs. Eine Biographie. München 2004.

GALL, LOTHAR, Die Deutsche Bank von ihrer Gründung bis zum Ersten Weltkrieg 1870–1914, in: ders., u.a., Die Deutsche Bank 1870–1995, München 1995, S. 1–135.

GALL, LOTHAR, u.a., Die Deutsche Bank 1870–1995, München 1995.

GARDNER, PAUL, JR., Foreign Investment in U.S. Banking, in: J. Eugene Marans u. Peter C. Williams (Hrsg.), Foreign Investment in the United States. Washington 1990.

GARDNER, RICHARD N., Sterling-Dollar Diplomacy in Current Perspective. Origins and Prospects of Our International Economic Order. New York 1980.

GARVAN, FRANCIS P., «Hot Money» vs. Frozen Funds. New York 1937.

GARVY, GEORGE, Rivals and Interlopers in the History of the New York Security Market, in: Journal of Political Economy 52 (1944), S. 128–143.

GAUGHAN, PATRICK A., Mergers, Acquisitions, and Corporate Restructurings. New York 1999.

GEISST, CHARLES R., Wall Street. A History. New York 1997.

GEISST, CHARLES R., Entrepôt Capitalism. Foreign Investment and the American Dream in the Twentieth Century. New York 1992.

GEIST, WALTER, Allis-Chalmers. A Brief History. New York 1950.

GELBER, HARRY G., Der Morgenthau-Plan, in: Vierteljahrshefte für Zeitgeschichte 13 (1965), S. 372–402.

GEMAN, HÉLYTETTE, u. CÉCILE KHAROUBI, Hedge Funds Revisited. Distributional Characteristics, Dependence Structure and Diversification, in: Journal of Risk 5 (2003), S. 55–74.

GIBBS (ANTONY) & SONS, Ltd., Merchants and Bankers. A brief record of Antony Gibbs & Sons and its associated houses' business during 150 years, 1808–1958. London 1958.

GIERSCH, HERBERT, mit KARL-HEINZ PAQUÉ u. HOLGER SCHMIEDING, The Fading Miracle. Four Decades of Market Economy in Germany. Cambridge 1992.

GILBERT, HEATHER, Awakening Continent. The Life of Lord Mount Stephen. Bd. 1: 1829–1891. Aberdeen 1977.

GILBERT, HEATHER, End of the Road. The Life of Lord Mount Stephen. Bd. 2: 1891–1921. Aberdeen 1977.

GILLE, BERTRAND, Bankwesen und Industrialisierung in Europa 1730–1914, in: Carlo M. Cipolla (Hrsg.), Europäische Wirtschaftsgeschichte. Bd. 3. Die Industrielle Revolution. Stuttgart 1976, S. 165–194.

GIMBEL, JOHN, Amerikanische Besatzungspolitik in Deutschland 1945–1949. Frankfurt am Main 1971.

GIMBEL, JOHN, The Origins of the Marshall Plan. Stanford 1976.

GLUM, FRIEDRICH, Zwischen Wissenschaft und Politik. Erlebtes und Erdachtes in vier Reichen. Bonn 1964.

GOMPERS, PAUL, u. JOSH LERNER, The Venture Capital Cycle. Cambridge, MA 1999.

GOTTLIEB, MANUEL, Failure of Quadripartite Monetary Reform 1945–1947, in: Finanz-archiv 17 (1956/57), S. 398–417.

GRAZIA, VICTORIA DE, Irresistible Empire. America's Advance through Twentieth Century Europe. Cambridge, MA 2005.

GRODINSKY, JULIUS, Transcontinental Railway Strategy, 1869–1893. A Study of Business. Philadelphia 1962.

GWINNER, ARTHUR VON, Lebenserinnerungen. Frankfurt am Main 1975.

GWINNER, ARTHUR VON, Who Were the War Criminals of 1914?, in: Current History 26 (1927), S. 241–244.

HABERLER, GOTTFRIED, The World Economy, Money, and the Great Depression 1919–1938. Washington, DC 1979.

HALL, PETER, u. SOSKICE, DAVID, Varieties of Capitalism. Oxford 2001.

HANSEN, PER H., Writing Business History Without an Archive. Newspapers as Sources for Business History, in: Carl-Johan Gadd u.a. (Hrsg.), Markets and Embeddedness. Essays in Honour of Ulf Olsson. Göteborg 2004, S. 99–120.

HARDACH, GERD, Banking in Germany, 1918–1939, in: Charles Feinstein (Hrsg.), Banking, Currency, and Finance in Europe Between the Wars, Oxford 1995, S. 269–295.

HARRIES, HEINRICH, Wiederaufbau, Welt und Wende. Die KfW – eine Bank mit öffentlichem Auftrag, 1948–1998. Frankfurt am Main 1998.

HARRIS, CHARLES WESLEY, International Relations and the Disposition of Alien Enemy Property Seized by the United States during World War II. A Case Study on German Properties, in: Journal of Politics 23 (1961), S. 641–666.

HARRIS, CHARLES. R. S., Germany's Foreign Indebtedness. London 1935.

HARTKOPF, CARSTEN, Die Geschäftspolitik amerikanischer Banken in Deutschland, 1960–1990. Frankfurt am Main 2000.

HAUSMAN, WILLIAM J., mit PETER HERTNER u. MIRA WILKINS, Global Electrification. Multinational Enterprise and International Finance in the History of Light and Power, 1878–2007. Cambridge 2008.

HAUSMAN, WILLIAM J., u. JOHN NEUFELD, U.S. Foreign Direct Investment in Electrical Utilities, in: Mira Wilkins u. Harm Schröter (Hrsg.), The Free-Standing Company in the World Economy, 1830–1996. Oxford 1998, S. 361–390.

HAYES, PETER, Die Degussa im Dritten Reich. Von der Zusammenarbeit zur Mittäterschaft. München 2004.

HEDGES, JAMES BLAINE, Henry Villard and the Railways of the Northwest. New Haven 1930.

HEFFERMAN, SHELAGH, Modern Banking in Theory and Practice. New York 1996.

HELFFERICH, KARL, Georg von Siemens. Ein Lebensbild aus Deutschlands großer Zeit, 3 Bde., Berlin 1921–1923.

HELFFERICH, KARL, Deutschlands Volkswohlstand, 1888–1913. Berlin 1913 [Englisch: Germany's economic progress and national wealth, 1888–1913, New York 1914].

HENNART, JEAN-FRANÇOIS, Transaction Costs Theory and the Multinational Enterprise, in: Christos N. Pitelis u. Roger Sugden (Hrsg.), The Nature of the Transnational Firm. London 1991, S. 72–118.

HENNING, FRIEDRICH-WILHELM, Industrialisierung in Deutschland, 1800–1914. 7. Aufl., Stuttgart 1989.

HEROLD, HERMANN, Die Neuordnung der Großbanken im Bundesgebiet, in: Neue Juristische Wochenschrift 5 (1952), S. 481–484, 566–568.

HERTNER, PETER, German Banks abroad before 1914, in: Geoffrey Jones (Hrsg.), Banks as Multinationals. London 1990, S. 99–119.

HERTNER, PETER, U. GEOFFREY JONES (Hrsg.), Multinationals. Theory and History. Aldershot 1986.

HIDY, RALPH W., The House of Baring in American Trade and Finance. English Merchant Bankers at Work, 1763–1861. Cambridge, MA 1949.

HIGHAM, CHARLES, Trading with the Enemy. An Exposé of the Nazi American Money Plot, 1933–1949. New York 1983.

HILFERDING, RUDOLF, Das Finanzkapital. Eine Studie über die jüngste Entwicklung des Kapitalismus. Frankfurt am Main 1968.

HILPERT, WERNER, U. MAX STAHLBERG, Wirtschaftsfreiheit und Bankpolitik, in: Frankfurter Hefte 4 (1951), S. 101–112.

HIMMELFARB, GERTRUDE, The New History and the Old. Cambridge, MA 1987.

HINNERS, WOLFGANG, Exil und Rückkehr. Friedrich Kapp in Amerika und Deutschland, 1824–1884. Stuttgart 1987.

HIRSCHMAN, ALBERT O., Abwanderung und Widerspruch. Reaktionen auf Leistungsabfall bei Unternehmungen, Organisationen und Staaten. Tübingen 1974.

HOBSBAWM, ERIC J., The Age of Capital. London 1977.

HOBSBAWM, ERIC J., The Age of Empire. London 1977.

HOBSON, JOHN A., Der Imperialismus. Köln 1968.

HOFFMAN, PAUL, The Dealmakers. Garden City, NY 1984.

HOFSTADTER, RICHARD, The Age of Reform. New York 1955.

HOLBORN, HAJO, American Military Government. Its Organization and Policies. Washington, DC 1947.

HOLTFRERICH, CARL-LUDWIG, Die Deutsche Bank vom Zweiten Weltkrieg über die Besatzungsherrschaft zur Rekonstruktion 1945–1957, in: Lothar Gall u.a., Die Deutsche Bank 1870–1995, München 1995, S. 409–578.

HOMER, SIDNEY, U. RICHARD SYLLA, A History of Interest Rates. New Brunswick 1996.

HOOK, WALTER, Die wirtschaftliche Entwicklung der ehemaligen Deutschen Bank im Spiegel ihrer Bilanzen. Heidelberg 1954.

HORSTMANN, THEO, Die Alliierten und die deutschen Großbanken. Bankenpolitik nach dem Zweiten Weltkrieg in Westdeutschland. Bonn 1991.

HORSTMANN, THEO, Die Entstehung der Bank deutscher Länder als geldpolitische Lenkungsinstanz in der Bundesrepublik Deutschland, in: Hajo Riese u. Heinz-Peter Spahn (Hrsg.), Geldpolitik und ökonomische Entwicklung. Ein Symposion. Regensburg 1990, S. 202–218.

HUGHES, JANE E., U. SCOTT B. MACDONALD, International Banking. Boston 2002.

HUGHES, THOMAS P., From Firm to Networked Systems, in: Business History Review 79 (2005), S. 587–593.

HUGHES, THOMAS P., Networks of Power. Electrification in Western Society, 1880–1930. Baltimore 1983.

Hundert Jahre Commerzbank, 1870–1970. Düsseldorf 1970.

HUNGERFORD, EDWARD, The Story of the Baltimore and Ohio Railroad, 1827–1927. 2 Bde., New York 1928.

HYMER, STEPHEN HERBERT, The International Operations of National Firms. A Study of Direct Foreign Investment. Cambridge, MA 1976.

ISRAEL, PAUL, Edison. A Life of Invention. New York 1998.

IVERSEN, CARL, Aspects of the Theory of International Capital Movements. 1935. Reprint New York 1967.

JAMES, HAROLD, Geschichte Europas im 20. Jahrhundert. Fall und Aufstieg 1914–2001. München 2004.

JAMES, HAROLD, Der Rückfall. Die neue Weltwirtschaftskrise. München 2003.

JAMES, HAROLD, Die Deutsche Bank im Dritten Reich. München 2003.

JAMES, HAROLD, Die Deutsche Bank und die «Arisierung». München 2001.

JAMES, HAROLD (Hrsg.), The Role of the Banks in the Interwar Economy. Cambridge 2002.

JAMES, HAROLD, International Monetary Cooperation since Bretton Woods. New York 1996.

JAMES, HAROLD, Banks and Bankers in the German Interwar Depression, in: Youssef Cassis (Hrsg.), Finance and Financiers in European History. Cambridge 1992, S. 263–281.

JAMES, HAROLD, Deutschland in der Weltwirtschaftskrise, 1924–1936. Stuttgart 1988.

JEIDELS, OTTO, Das Verhältnis der deutschen Großbanken zur Industrie, mit besonderer Berücksichtigung der Eisenindustrie, 2. Aufl., Leipzig 1913.

JENSEN, MICHAEL C., A Theory of the Firm. Governance, Residual Claims, and Organizational Forms. Cambridge, MA 2000.

JENSEN, MICHAEL C., The Modern Industrial Revolution. Exit and the Failure of Internal Control Systems, in: Journal of Finance 48 (1993), S. 831–880.

JONES, GEOFFREY, Multinationals and Global Capitalism from the Nineteenth to the Twenty-first Century. Oxford 2005.

JONES, GEOFFREY, The Evolution of International Business, London 1996.

JONES, GEOFFREY, British Multinational Banking, 1830–1990. Oxford 1993.

JONES, GEOFFREY (Hrsg.), Multinational and International Banking. Aldershot 1992.

JONES, GEOFFREY, u. LINA GÁLVEZ-MUÑOZ (Hrsg.), Foreign Multinationals in the United States. Management and Performance. London 2002.

JONES, GEOFFREY, u. HARM G. SCHRÖTER (Hrsg.), The Rise of Multinationals in Continental Europe. Aldershot 1993.

JUDT, TONY, Geschichte Europas von 1945 bis zur Gegenwart. München 2006.

KABISCH, THOMAS R., Deutsche Investitionen in den USA, 1871–1914, in: Jürgen Schneider (Hrsg.), Wirtschaftskräfte und Wirtschaftswege, Bd. 5. Festschrift für Hermann Kellenbenz. Stuttgart 1981 (Beiträge zur Wirtschaftsgeschichte; 8).

KATZ, IRVING, August Belmont. A Political Biography. New York 1968.

KEIM, JEANNETTE, Forty Years of German-American Political Relations. Philadelphia 1919.

KENWOOD, ALBERT G., u. ALAN L. LOUGHEED, The Growth of the International Economy 1820–2000. 4. Aufl., London 1999.

KEYNES, JOHN MAYNARD, Foreign Investment and National Advantage, in: The Nation and the Athenaeum 35 (1924), S. 584–587.

KEYNES, JOHN MAYNARD, The Economic Consequences of the Peace. New York 1920.

KINDLEBERGER, CHARLES P., Manien – Paniken – Crashs. Die Geschichte der Finanzkrisen dieser Welt. Kulmbach 2002.

KINDLEBERGER, CHARLES P., World Economic Primacy, 1500–1990. Oxford 1996.

KINDLEBERGER, CHARLES P., A Financial History of Western Europe. Oxford 1993.

KINDLEBERGER, CHARLES P., The World in Depression. Berkeley 1973.

KINDLEBERGER, CHARLES P., Multinational Excursions. Cambridge, MA 1970.

KINDLEBERGER, CHARLES P., American Business Abroad. New Haven 1969.

KINDLEBERGER, CHARLES P., u. DAVID B. AUDRETSCH (Hrsg.), The Multinational Corporation in the 1980s. Cambridge, MA 1983.

KLEIN, MAURY, The Life and Legend of E. H. Harriman. Chapel Hill 2000.

KLEIN, MAURY, Union Pacific. Rebirth, 1894–1969. New York 1989.

KLEIN, MAURY, The Life and Legend of Jay Gould. Baltimore 1986.

KLOPSTOCK, FRED H., Monetary Reform in Western Germany, in: Journal of Political Economy 57 (1949), S. 277–292.

KLUG, ADAM, The German Buybacks, 1932–1939. A Cure for Overhang. Princeton 1993 (Princeton Studies in International Finance; 75).

KLUMP, RAINER (Hrsg.), 40 Jahre Deutsche Mark. Die politische und ökonomische Bedeutung der westdeutschen Währungsreform von 1948. Wiesbaden 1989.

KNOX, JOHN JAY, A History of the Louisville and Nashville Railroad. New York 1969.

KOBRAK, CHRISTOPHER, The Foreign-Exchange Dimension of Corporate Control in the Third Reich. The Case of Schering AG, in: Contemporary European History 12 (2003), S. 33–47.

KOBRAK, CHRISTOPHER, National Cultures and International Competition. The Experience of Schering AG, 1851–1950. Cambridge 2002.

KOBRAK, CHRISTOPHER, Foreign-Currency Transactions and the Recovery of German Industry in the Aftermath of World War I. The case of Schering AG, in: Accounting, Business & Financial History 12 (2002), S. 25–42.

KOBRAK, CHRISTOPHER, u. PER HANSEN (Hrsg.), European Business, Dictatorship and Political Risk, 1920–1945. New York 2004.

KOBRAK, CHRISTOPHER, u. JANA WÜSTENHAGEN, International Investment and Nazi Politics. The Cloaking of German Assets Abroad, 1936–1945, in: Business History 48 (2006), S. 399–427.

KOCKA, JÜRGEN, Die Angestellten in der deutschen Geschichte 1850–1980. Vom Privatbeamten zum angestellten Arbeitnehmer. Göttingen 1981.

KOCKA, JÜRGEN, Unternehmensverwaltung und Angestelltenschaft am Beispiel Siemens 1847–1914. Zum Verhältnis zwischen Kapitalismus und Bürokratie in der deutschen Industrialisierung. Stuttgart 1969.

KOHN, MEIR, Financial Institutions and Markets. New York 1994.

KOPPER, CHRISTOPHER, Hjalmar Schacht. Aufstieg und Fall von Hitlers mächtigstem Bankier. München 2006.

KOPPER, CHRISTOPHER, Zwischen Marktwirtschaft und Dirigismus. Staat, Banken und Bankenpolitik im «Dritten Reich». Bonn 1995.

KOPPER, HILMAR, Neue Aufgaben und Ziel im Marketing einer internationalen Bank, in: Rosemarie Kolbeck (Hrsg.), Bankmarketing vor neuen Aufgaben. Frankfurt am Main 1992, S. 107–117.

KOPPER, HILMAR, Die Zeit ist reif. Neue Leitlinien und Ziele für die Deutsche Bank, in: Forum, Mitarbeiter-Zeitschrift der Deutschen Bank (1993), Nr. 1, S. 2f.

KREIKAMP, HANS-DIETER, Deutsches Vermögen in den Vereinigten Staaten. Die Auseinandersetzung um seine Rückführung als Aspekt der deutsch-amerikanischen Beziehungen 1952–1962. Stuttgart 1979.

KRIEGER, WOLFGANG, General Lucius D. Clay und die amerikanische Deutschlandpolitik 1945–1949. Stuttgart 1987.

KROOSS, HERMAN E., U. MARTIN R. BLYN, A History of Financial Intermediaries. New York 1971.

KRÜGER, PETER, Deutschland und die Reparationen 1918/19. Die Genesis des Reparationsproblems in Deutschland zwischen Waffenstillstand und Versailler Friedensschluss. Stuttgart 1973.

KUHN, LOEB & CO., Investment Banking through Four Generations. New York 1955.

KURGAN-VAN-HENTENRYK, GANETTE, The Social Origins of Managers, in: Edwin Green u. Kostas Kostis (Hrsg.), The Human Factor in Banking (in Vorbereitung).

KUZNETS, SIMON, Capital in the American Economy. Princeton 1961.

KUZNETS, SIMON, International Differences in Capital Formation and Financing, in: National Bureau of Economic Research, Capital Formation and Economic Growth, Princeton 1955, S. 19–106.

LAMONT, EDWARD M., The Ambassador from Wall Street. The Story of Thomas W. Lamont. Lanham 1994.

LAMONT, THOMAS W., Across World Frontiers. New York 1951.

LAMONT, THOMAS W., Henry P. Davison. New York 1933.

LAMOUREAUX, NAOMI, Insider Lending. Banks, Personal Connections, and Economic Development in Industrial New England. Cambridge 1994.

LANDES, DAVID S., Wohlstand und Armut der Nationen. Warum die einen reich und die anderen arm sind. Berlin 1999.

LANDES, DAVID S., Der entfesselte Prometheus. Technologischer Wandel und industrielle Entwicklung in Westeuropa von 1750 bis zur Gegenwart. Köln 1973.

LANEY, LEROY D., The Impact of U.S. Laws on Foreign Direct Investment, in: Annals of the American Academy of Political und Social Science, 516 (Juli 1991), S. 144–153.

LANGEN, CLAUDIA, Tradition, Expansion und Kooperation. Deutsch-amerikanische Bankenbeziehungen von 1900 bis 1917, Dissertation, Köln 1995.

LANIER, HENRY W., A Century of Banking in New York. New York 1922.

LAVES, WALTER HERMAN CARL, German Governmental Influence on Foreign Investments, 1871–1914. New York 1977.

LEE, SUSIE J., The Content of Character. The Role of Social Capital in the Expansion of Economic Capital. Dissertation, Cornell University, 2004.

LEES, FRANCIS A., Foreign Banking and Investment in the United States. New York 1976.

LENIN, WLADIMIR I., Der Imperialismus als höchstes Stadium des Kapitalismus. Gemeinverständlicher Abriß. 4. Aufl., Leipzig 1975.

LEWIS, CLEONA, America's Stake in International Investments. Washington, DC 1938.

LEWIS, CLEONA, Debtor and Creditor Countries, 1938, 1944. Washington, DC 1945.

LIEFMANN, ROBERT, Kartelle, Konzerne, Trusts. 7. Aufl., Stuttgart 1927.

LITTAUER, RUDOLF M., Die rechtliche Stellung ausländischer Banken in New York, in: Zeitschrift für das gesamte Kreditwesen 7 (1954), S. 253–255, 289–291.

LOEHR, RODNEY C., The West German Banking System. Hrsg. v. Office of the US High Commissioner for Germany, Office of the Executive Secretary, Historical Division. 1952.

LOWENSTEIN, ROGER, When Genius Failed. The Rise and Fall of Long-Term Capital Management. New York 2001.

LUTHER, HANS, Rede des Reichsbankpräsidenten Dr. Hans Luther auf dem Presseabend der Leipziger Frühjahrsmesse am 1. März 1931. Berlin 1931.

MADDEN, JOHN T., mit MARCUS NADLER u. HARRY C. SAUVAIN, America's Experience as a Creditor Nation. New York 1937.

MANDEVILLE, A. MORETON, The House of Speyer. A Candid Criticism of Speyer Flotations. London [1915].

MARANS, J. EUGENE, mit PETER C. WILLIAMS u. JOSEPH P. GRIFFIN (Hrsg.), Foreign Investment in the United States 1980. Legal Issues and Techniques. Washington, DC 1980.

MARTIN, ALBRO, James J. Hill and the Opening of the Northwest. New York 1976.

MASSIE, ROBERT K., Castles of Steel. Britain, Germany, and the Winning of the Great War at Sea. New York 2003.

MAZOWER, MARK, Der dunkle Kontinent. Europa im 20. Jahrhundert. Berlin 2000.

MCADOO, WILLIAM, Crowded Years. Boston 1931.

MCKENNA, CHRISTOPHER., The World's Newest Profession. Management Consulting in the Twentieth Century. Cambridge 2006.

MCNEIL, WILLIAM C., American Money and the Weimar Republic. Economics and Politics on the Eve of the Great Depression. New York 1986.

MEYER, ULRICH, Die Verwalter der Großbanken, in: Deutsche Rechts-Zeitschrift 4 (1949), Nr. 2, S. 25–39.

MICHIE, RANALD C., The London and New York Stock Exchange 1850–1914. London 1987.

MIRANTI, PAUL J., Accountancy Comes of Age. The Development of an American Profession, 1886–1946. Chapel Hill 1990.

MIRANTI, PAUL J., The Mind's Eye of Reform. The ICC's bureau of Statistics and Accounts and a Vision of Regulation, 1887–1940, in: Business History Review 63 (1989), S. 469–509.

MOHR, NICOLAUS, Ein Streifzug durch den Nordwesten Amerikas. Festfahrt zur Northern Pacific-Bahn im Herbste 1883. Berlin 1884.

MÖLLER, HANS, Die westdeutsche Währungsreform von 1948, in: Deutsche Bundesbank (Hrsg.), Währung und Wirtschaft in Deutschland 1876–1975. Frankfurt am Main 1976, S. 433–483.

MOLTMANN, GÜNTHER, Zur Formulierung der amerikanischen Besatzungspolitik in Deutschland am Ende des Zweiten Weltkrieges, in: Vierteljahrshefte für Zeitgeschichte 15 (1967), S. 299–322.

MONTGOMERY, ROBERT H., Fifty years of Accountancy. 1938. Reprint New York 1978.

MORGENTHAU, HENRY, JR., Germany Is Our Problem. New York 1945.

MOULTON, HAROLD G., u. CONSTANTINE E. MCGUIRE, Germany's Capacity to Pay. A Study of the Reparation Problem. New York 1923.

MUNDELL, ROBERT A., A Reconsideration of the Twentieth Century, in: American Economic Review 90 (2000), S. 327–340.

MYERS, MARGARET, The New York Money Market. New York 1931.

NELSON, RICHARD R. (Hrsg.), National Innovative Systems. Oxford 1993.

NEUBURGER, HUGH, The Industrial Politics of the Kreditbanken, 1880–1914, in: Business History Review 51 (1977), S. 190–207.

NEUBURGER, HUGH, German Banks and German Economic Growth from Unification to World War I. New York 1977.

NEUBURGER, HUGH, u. HOUSTON H. STOKES, German Banks and German Growth, 1883–1913. An Empirical View, in: Journal of Economic History 34 (1974), S. 710–731.

NIPPERDEY, THOMAS, Deutsche Geschichte 1866–1918. Bd. 1: Arbeitswelt und Bürgergeist. München 1990.

NIPPERDEY, THOMAS, Deutsche Geschichte 1866–1918. Bd. 2: Machtstaat vor der Demokratie. München 1992.

NOLAN, MARY, Visions of Modernity. American Business and the Modernization of Germany. Oxford 1994.

NORDYKE, JAMES W., International Finance and New York. New York 1976.

NOYES, ALEXANDER DANA, Thirty Years of American Finance. 1900. Reprint New York 1969.

NOYES, ALEXANDER DANA, The War Period of American Finance. New York 1926.

O'SULLIVAN, MARY A., Contests for Corporate Control. Corporate Governance and Economic Performance in the United States and Germany. Oxford 2000.

OBST, GEORG, Der Bankberuf. Stellungen im Bankwesen, Aussichten im Bankberuf, Fortbildung der Bankbeamten. Stuttgart 1921.

OBSTFELD, MAURICE, U. ALAN M. TAYLOR, Global Capital Markets. Integration, Crisis, and Growth. Cambridge 2004.

OMGUS. Ermittlungen gegen die Dresdner Bank 1946. Nördlingen 1986.

OMGUS. Ermittlungen gegen die Deutsche Bank 1946/47. Nördlingen 1985.

OSTHOFF, MICHAEL, Das Bankwesen in den USA, in: Die Bank (1980), Nr. 8, S. 371–375.

PANTEN, HANS-JOACHIM, The Growth and Activity of the West German Successor Banks, in: The Bankers' Magazine 177 (1954), S. 113–122.

PANTEN, HANS-JOACHIM, The Come-back of the German Big Three Banks, in: The Bankers' Magazine 184 (1957), S. 280–283.

PARRINI, CARL, Heir to Empire. United States Economic Diplomacy 1916–1923. Pittsburgh 1969.

PAULUHN, BURKHARDT, «Everything from one Source – a Strategy for the Future», in: Bank und Markt und Technik 20 (1991), Nr. 6, S. 21–23.

PEARCE, DAVID (Hrsg.), The MIT Dictionary of Modern Economics. Cambridge, MA 1992.

PENROSE, EDITH, The Theory of the Growth of the Firm. New York 1959.

PETERSON, WALTER F., An Industrial Heritage. Allis-Chalmers Corporation. Milwaukee 1978.

PHELPS, CLYDE W., Foreign Expansion of American Banks. 1927. Reprint New York 1976.

PINNER, FELIX, Emil Rathenau und das elektrische Zeitalter. Leipzig 1918.

PITELIS, CHRISTOS N., The Growth of the Firm. The Legacy of Edith Penrose. Oxford 2002.

POHL, MANFRED, Die Deutsche Bank in den Vereinigten Staaten 1870–1999, in: Manfred Pohl (Hrsg.), Zur deutschen und amerikanischen Identität. Die Deutsche Bank in den USA, 1870–1999. München 1999, S. 57–77.

POHL, MANFRED, Die Entwicklung des privaten Bankwesens nach 1945. Die Kreditgenossenschaften nach 1945, in: Deutsche Bankengeschichte. Hrsg. vom Wissenschaftlichen Beirat des Instituts für bankhistorische Forschung. Bd. 3. Frankfurt am Main 1985, S. 207–276.

POHL, MANFRED, Emil Rathenau und die AEG. Mainz 1988.

POHL, MANFRED, Konzentration im deutschen Bankwesen 1848–1980. Frankfurt am Main 1982.

POHL, MANFRED, Der Zusammenschluß der Deutschen Bank und der Disconto-Gesellschaft im Oktober 1929, in: Beiträge zu Wirtschafts- und Währungsfragen und zur Bankgeschichte, Nr. 18 (1980), S. 27–52.

POHL, MANFRED, Vom Bankier zum Manager, in: Hans Hubert Hofmann (Hrsg.), Bankherren und Bankiers. Limburg 1978, S. 145–159.

POHL, MANFRED, Einführung in die Deutsche Bankengeschichte. Frankfurt am Main 1976.

POHL, MANFRED, Zerschlagung und Wiederaufbau der deutschen Großbanken, 1945–1957, in: Beiträge zu Wirtschafts- und Währungsfragen und zur Bankgeschichte, Nr. 13 (1974), S. 18–27.

POHL, MANFRED, Wiederaufbau. Kunst und Technik der Finanzierung 1947–1953. Die ersten Jahre der Kreditanstalt für Wiederaufbau. Frankfurt am Main 1973.

POHL, MANFRED, Deutsche Bank in der Gründerkrise (1873 bis 1876), in: Beiträge zu Wirtschafts- und Währungsfragen und zur Bankgeschichte, Nr. 11 (1973), S. 19–33.

POHL, MANFRED, 100 Jahre Deutsche Bank London Agency, in: Beiträge zu Wirtschafts- und Währungsfragen und zur Bankgeschichte, Nr. 10 (1973), S. 17–35.

POLLARD, SIDNEY, Peaceful Conquest. The Industrialization of Europe, 1760–1970. Oxford 1995.

POLLARD, SIDNEY, Capital Exports, 1870–1914. Harmful or Beneficial?, in: Economic History Review 38 (1985), S. 489–514.

PORTER, MICHAEL, Nationale Wettbewerbsvorteile. Erfolgreich konkurrieren auf dem Weltmarkt. München 1991.

PUTH, ROBERT C., American Economic History. 3. Aufl., Chicago 1993.

RAJAN, RAGHURAM G., u. LUIGI ZINGALES, The Great Reversals. The Politics of Financial Development in the Twentieth Century, in: Journal of Financial Economics 69 (2003), S. 5–50.

REDLICH, FRITZ, The Molding of American Banking. Men and Ideas. 1951. Reprint New York 1968.

REIBNITZ, KURT V., Der internationale Effektenkapitalismus und Deutschlands Wiederaufbau, in: Der Wirtschaftsprüfer 1 (1932) Nr. 10.

RIEGEL, ROBERT EDGAR, The Story of Western Railroads. Lincoln 1926.

RIESSER, JACOB, Die deutschen Großbanken und ihre Konzentration im Zusammenhang mit der Gesamtwirtschaft in Deutschland. 4. Aufl., Jena 1912.

RIFKIN, JEREMY, Access. Das Verschwinden des Eigentums. Warum wir weniger besitzen und mehr ausgeben werden. Frankfurt am Main 2000.

RIPLEY, WILLIAM Z., Railroads. Finance and Organization. New York 1915.

RODGERS, DANIEL T., Atlantic Crossings. Social Politics in a Progressive Age. Cambridge, MA 1998.

ROE, MARK, Strong Managers, Weak Owners. The Political Roots of American Corporate Finance. Princeton 1994.

ROSS, DUNCAN M., Clubs and Consortia. European Banking Groups as Strategic Alliances, in: Stefano Battilossi u. Youssef Cassis (Hrsg.), European Banks and the American Challenge. Competition and Cooperation in International Banking under Bretton Woods. Oxford 2002, S. 135–160.

ROTTENBERG, DAN, The Man Who Made Wall Street. Anthony J. Drexel and the Rise of Modern Finance. Philadelphia 2001.

RUGMAN, ALAN, The End of Globalization. New York 2000.

SALSBURY, STEPHEN, The State, the Investor and the Railroad. Cambridge, MA 1967.

SBRACIA, MASSIMO, U. ANDREA ZAGHINI, The Role of the Banking System in the International Transmission of Shocks, in: World Economy 26 (2003), S. 727–754.

SCHMIDT, ERNST WILHELM, Männer der Deutschen Bank und der Disconto-Gesellschaft. Düsseldorf 1957.

SCHOLTYSECK, JOACHIM, Die USA vs. ‹The Big Six›. Der gescheiterte Bankenprozeß nach dem Zweiten Weltkrieg, in: Bankhistorisches Archiv 26 (2000), S. 27–53.

SCHRÖDER, HANS-JÜRGEN (Hrsg.), Marshallplan und westdeutscher Wiederaufstieg. Stuttgart 1990.

SCHUBERT, AUREL, The Credit-Anstalt Crisis of 1931. Cambridge 1991.

SCHWARTZ, THOMAS ALAN, America's Germany. John J. McCloy and the Federal Republic of Germany. Cambridge, MA 1991.

SEIDENZAHL, FRITZ, 100 Jahre Deutsche Bank, 1870–1970. Frankfurt am Main 1970.

SEIDENZAHL, FRITZ, Eine vergessene Streitschrift von Georg Siemens, in: Beiträge zu Wirtschafts- und Währungsfragen und zur Bankgeschichte, Nr. 8 (1969), S. 17–21.

SEIFERT, WERNER G., u.a., European Capital Markets. London 2000.

SERVAN-SCHREIBER, JEAN-JACQUES, Die amerikanische Herausforderung. Hamburg 1968.

SHAPIRO, ALAN C., Multinational Financial Management. 7. Aufl., Hoboken, NJ 2003.

SHARLIN, HAROLD, The First Niagara Falls Power Project, in: Business History Review 35 (1961), S. 59–74.

SHILLER, ROBERT J., Die neue Finanzordnung. Einkommensgebundene Kredite, Lebensstandard-Versicherung, weitere Instrumente für eine bessere Risikoverteilung. Frankfurt am Main 2003.

SHONFIELD, ANDREW, Modern Capitalism. The Changing Balance of Public and Private Power. London 1967.

SIMPSON, COLIN, Die Lusitania. Frankfurt am Main 1973.

SMALLEY, EUGENE V., History of the Northern Pacific Railroad. 1883. Reprint New York 1975.

SMITH, GEORGE DAVID, u. RICHARD SYLLA, The Transformation of Financial Capitalism. An Essay on the History of American Capital Markets, in: Financial Markets, Institutions and Instruments 2 (Mai 1993), S. 1–62.

SMITH, ROY, The Global Bankers. New York 1990.

SOBEL, ROBERT, The Life and Times of Dillon Read. New York 1991.

SOBEL, ROBERT, The Great Bull Market. Wall Street in the 1920s. New York 1968.

SOLOMON, ROBERT, Money on the Move. The Revolution in International Finance since 1980. Princeton 1999.

SOMBART, WERNER, Die deutsche Volkswirtschaft im neunzehnten Jahrhundert. Berlin 1903.

STEIL, BENN, u.a., The European Equity Markets. The State of the Union and an Agenda for the Millennium. Washington 1996.

STEINBERG, JONATHAN, Die Deutsche Bank und ihre Goldtransaktionen während des Zweiten Weltkrieges. München 1999.

STERN, FRITZ, Einstein's German World. Princeton 1999.

STERN, FRITZ, Gold und Eisen. Bismarck und sein Bankier Bleichröder. Frankfurt am Main 1978.

STEUBER, URSEL, Internationale Bankenkooperation. Deutsche Banken in internationalen Gruppen. Frankfurt am Main 1977.

STEVENS, MARK, The Big Eight. New York 1981.

STEVENSON, WILLIAM, A Man Called Intrepid. New York 1976.

STORCK, EKKEHARD, Euromarkt. Finanz-Drehscheibe der Welt. Stuttgart 1995.

STOVER, JOHN F., History of the Baltimore and Ohio Railroad. West Lafayette 1987.

STRASSER, KARL, Die deutschen Banken im Ausland. München 1924.

STROUSE, JEAN, Morgan. American Financier. New York 1999.

STRUNK, PETER, Die AEG. Aufstieg und Niedergang einer Industrielegende. Berlin 1999.

SYLLA, RICHARD, United States Banks and Europe, in: Stefano Battilossi u. Youssef Cassis (Hrsg.), European Banks and the American Challenge. Competition and Cooperation in International Banking under Bretton Woods. Oxford 2002, S. 53–73.

TALEB, NASSIM NICHOLAS, Fooled by Randomness. The Hidden Role of Chance in Life
and in the Markets. New York 2004.

TAUSSIG, FRANK W., The Tariff History of the United States. 8. Aufl., New York 1964.

TEICHOVA, ALICE, u.a., Historical Studies in International Corporate Business. Cambridge 1989.

TEICHOVA, ALICE, u.a., Multinational Enterprise in Historical Perspective. Cambridge
1986.

TILLY, RICHARD H., Los von England. Probleme des Nationalismus in der deutschen
Wirtschaftsgeschichte, in: Zeitschrift für die gesamte Staatswissenschaft 124
(1968), S. 179–196.

TILLY, RICHARD H., Vom Zollverein zum Industriestaat. Die wirtschaftlich-soziale Entwicklung Deutschlands 1834 bis 1914. München 1990.

TRIFFIN, ROBERT, Myth and realities of the Gold Standard, in: Barry Eichengreen u.
Marc Flandreau (Hrsg.), The Gold Standard in Theory and History, London 1997,
S. 140–160.

TSCHOEGL, ADRIAN E., Foreign Banks in the United States since World War II. A Useful
Fringe, in: Geoffrey Jones u. Lina Gálvez-Muñoz (Hrsg.), Foreign Multinationals in
the United States. Management and Performance. London 2002, S. 149–168.

TUFANO, PETER, Business Failure, Judicial Intervention, and Financial Innovation. Restructuring U.S. Railroads in the Nineteenth Century, in: Business History Review 71
(1997), S. 1–40.

United Nations, International Capital Movements During the Inter-war Period. Lake
Success 1949.

VAN CLEVELAND, HAROLD B., u. THOMAS F. HEURTAS, Citibank 1812–1970. Cambridge,
MA 1985.

VAN DER WEE, HERMAN, Prosperity and Upheaval. The World Economy 1945–1980.
Berkeley 1986.

VATTER, HAROLD G., The U.S. Economy in the World War II. New York 1985.

VERNON, RAYMOND, In the Hurricane's Eye. The Troubled Prospects of Multinational
Enterprises. Cambridge, MA 1998.

VERNON, RAYMOND, Where Are the Multinationals Headed?, in: Kenneth A. Froot
(Hrsg.), Foreign Direct Investment. Chicago 1992, S. 57–83.

VERNON, RAYMOND, Big Business and the State. Cambridge, MA 1974.

VERNON, RAYMOND, The Location of Economic Activity, in: John Dunning (Hrsg.), Economic Analysis and the Multinational Enterprise. London 1974, S. 89–114.

VILLARD, HENRY, Memoirs of Henry Villard, Journalist and Financier, 1835–1900. 2 Bde., Boston 1904.

WALLICH, HENRY C., Triebkräfte des deutschen Wiederaufstiegs. Frankfurt am Main 1955.

WALLICH, HERMANN, U. PAUL WALLICH, Zwei Generationen im deutschen Bankwesen, 1833–1914. Frankfurt am Main 1978.

WALTON, GARY, U. HUGH ROCKOFF, History of the American Economy. New Brunswick 1998.

WANDEL, ECKHARD, Die Entstehung der Bank deutscher Länder und die deutsche Währungsreform 1948. Frankfurt am Main 1980.

WARREN, CHARLES, Bankruptcy and American History. Cambridge, MA 1935.

WEHLER, HANS-ULRICH, Das Deutsche Kaiserreich, 1871–1918. Göttingen 1973.

WEISS, ULRICH, Menschen in der Bank, in: Zeitschrift für das gesamte Kreditwesen 43 (1990), S. 872–876.

WELLHÖNER, VOLKER, Großbanken und Großindustrie im Kaiserreich. Göttingen 1989.

WELLS, WYATT, Antitrust and the Formation of the Postwar World. New York 2002.

WHALE, P. BARRETT, Joint Stock Banking in Germany. A Study of the German Credit-banks Before and After the War. London 1930.

WHALEY, ROBERT, Derivatives, in: George M. Constantinides, u.a., (Hrsg.), Handbook of the Economics of Finance. Amsterdam 2003.

WHAPLES, ROBERT, U. DIANNE C. BETTS, Historical Perspectives on the American Economy. Cambridge 1995.

WHITE, EUGENE NELSON, Banking and Finance in the Twentieth Century, in: Stanley L. Engerman u. Robert E. Gallman (Hrsg.), Cambridge Economic History of the United States. Bd. 3. The Twentieth Century. Cambridge 2000, S. 743–802.

WHITE, EUGENE NELSON, The Regulation and Reform of the American Banking System, 1900–1929. Princeton 1983.

WHITE, HORACE G., Foreign Trading in American Stock Exchange Securities, in: Journal of Political Economy 48 (1940), S. 655–702.

WHITNEY, RICHARD, Divergent Capitalism. The Social Structure and Change of Business Systems. Oxford 2000.

WICKER, ELMUS, Banking Panics of the Gilded Age. Cambridge 2000.

WIEANDT, AXEL, U. RAFAEL MORAL Y SANTIAGO, Growing in the U.S. – Review of Deutsche Bank's M&A Strategy in North America, in: Kai Lucks (Hrsg.), Transatlantic Mergers and Acquisitions. Opportunities and Pitfalls in German-American Partnerships. Erlangen 2005, S. 85–97.

WIESEN, S. JONATHAN, West German Industry and the Challenge of the Nazi Past. Chapel Hill 2001.

WILKINS, MIRA, Dutch Multinational Enterprises in the United States, A Historical Summary, in: Business History Review 79 (2005), S. 193–273.

WILKINS, MIRA, The History of Foreign Investment in the United States, 1914–1945. Cambridge, MA 2004.

WILKINS, MIRA, Cosmopolitan Finance in the 1920s. New York's Emergence as an International Financial Centre, in: Richard Sylla (Hrsg.), The State, the Financial System, and Economic Modernization. Comparative Historical Perspectives. Cambridge 1999, S. 271–291.

WILKINS, MIRA, Hosts to Transnational Investments – A Comparative Analysis, in:

Transnational Investment from the 19th Century to the Present. Stuttgart 1994, S. 25–69 (Zeitschrift für Unternehmensgeschichte; Beiheft 81).

WILKINS, MIRA, Foreign Banks and Foreign Investment in the United States, in: Rondo Cameron (Hrsg.), International Banking, 1870–1914. New York 1991.

WILKINS, MIRA, Banks over Borders. Some Evidence from their pre-1914 History, in: Geoffrey Jones (Hrsg.), Banks as Multinationals. London 1990.

WILKINS, MIRA, The History of Foreign Investment in the United States to 1914. Cambridge, MA 1989.

WILKINS, MIRA, European Multinationals in the United States, 1875–1914, in: Alice Teichova, u.a., (Hrsg.), Multinational Enterprise in Historical Perspective. Cambridge 1989.

WILLIAMSON, OLIVER E., The Mechanisms of Governance. Oxford 1996.

WILLIAMSON, OLIVER E., The Economic Institutions of Capitalism. New York 1985.

WILLIAMSON, OLIVER E., Markets and Hierarchies. Analysis and Antitrust Implications. A Study in the Economics of Internal Organization. New York 1975.

WILLIAMSON, OLIVER E., Corporate Control and Business Behavior. An Inquiry into the Effects of Organization Form on Enterprise Behavior. Englewood Cliffs, NJ 1970.

WILSON, JOAN HOFF, American Business and Foreign Policy, 1921–1933. Lexington 1971.

WILSON, JOHN, u. ANDREW THOMSON, The Making of Modern Management. British Management in Historical Perspective. Oxford 2006.

WINKLER, DÖRTE, Die amerikanische Sozialisierungspolitik in Deutschland 1945–1948, in: Heinrich August Winkler (Hrsg.), Politische Weichenstellungen im Nachkriegsdeutschland 1945–1953. Göttingen 1979, S. 88–110.

WOLF, HERBERT, Geld und Banken nach dem Zweiten Weltkrieg. Internationale Kapitalbewegungen, Bankensysteme, grenzüberschreitende Kooperation. Länderkapitel Deutschland, in: Hans Pohl (Hrsg.), Europäische Bankengeschichte. Frankfurt am Main 1993, S. 517–550.

YASSEN, LEONARD C. (Hrsg.), Direktinvestitionen in den USA. Würzburg 1974.

ZEITLIN, JONATHAN, u. HERRIGEL, GARY, Americanization and its Limits. Reworking U.S. Technology and Management in Post-war Europe and Japan, Oxford 2004.

ZORN, WOLFGANG, Wirtschaft und Politik im deutschen Imperialismus, in: Wilhelm Abel u.a. (Hrsg.), Wirtschaft, Geschichte und Wirtschaftsgeschichte. Festschrift zum 65. Geburtstag von Friedrich Lütge. Stuttgart 1966, S. 340–354.

Register

Abs, Hermann J. 356, 368–378, 381, 383 f., 387 f., 390–393, 395, 398, 402, 406, 410, 414, 419–425, 427, 432 f., 437, 442, 497

Abs, Inez 372

Ackermann, Josef 483, 503

Adams, Edward D. 32 f., 85, 112 f., 115, 117–120, 128–133, 136–138, 141–143, 145 f., 151, 153, 156, 162–174, 176–183, 187 f., 190–206, 210, 212, 214–219, 222 f., 226–236, 245, 248–251, 254 f., 259, 263–270, 272–276, 280, 283, 287 f., 386, 456, 460 f., 502

Adams, Ernest K. 227 f.

Adams, Frances A. 230

Adams, Ruth 227

Adenauer, Konrad 375, 383 f.

Adlon Hotel 319

Alger, Horatio 142

Alien Property Custodian 281–283, 285, 292, 295–306, 309, 349, 354

Allgemeine Elektricitäts-Gesellschaft (AEG) 79 f., 82, 84, 88, 92, 98, 169 f., 179, 291

Allianz 476, 482

Alliierte Bankkommission 365, 370

Alliierte Hohe Kommission 366

Alliierter Kontrollrat 360

Allis-Chalmers 44, 168, 172 f., 177–183, 234, 250, 260, 283, 297, 306, 414

American & Continental Corporation 295

American Association of Commerce and Trade 225

American Bankers Association 360, 372

Amerikanische Handelskammer 222, 353

American Coal Products Company 190, 198

American Express Company 353

American Telephone & Telegraph (AT&T) 297, 372, 445

Amsterdam-Rotterdam Bank (Amro) 433, 447

Amsterdamsche Bank 433

Anaconda Copper 44

Antoni, Hacker & Co. 427

Assurance Générale 476

Astor, John Jacob 176

Atchison, Topeka and Santa Fe Railway 43 f.

Atlantic Asset Corporation 420

Atlantic Capital Corporation 419, 437, 444, 446, 457

Atlas Corporation 374

Ausfuhrkredit AG 379, 410, 433

Axhausen, Bruno 194, 196, 200, 202, 231, 233, 245, 254, 272, 274, 307

Axhausen, Paul 274

Bacon, Robert 141, 217

Baker, George F. 216

Ballman, Yves De 483

Baltimore & Ohio Railroad 43, 158–161, 163, 165, 222, 292, 297 f., 302

Baltzer & Lichtenstein (siehe Knoblauch & Lichtenstein)

Bamag (siehe Berlin-Anhaltische Maschinenbau-Aktiengesellschaft)

Banca d'America e d'Italia 427

Banco Alemán Transatlántico (siehe Deutsche Ueberseeische Bank)

Banco Comercial Transatlántico 427

Banco Germanico 302

Banco Mexicano 302

Bank deutscher Länder (siehe Deutsche Bundesbank)

Bank für Handel und Industrie (Darmstädter Bank) 55

Bank für Internationalen Zahlungsausgleich 329
Bank of America 400, 403, 427, 470
Bank of Credit and Commerce International (BCCI) 455
Bank of England 308, 407, 490
Bank of Manhattan 295, 330
Bank of New York 471
Bankers Trust Company 36, 141, 220, 233, 235f., 253, 283, 292, 296, 299, 313, 327f., 355, 434, 460–486, 488, 492, 494, 496, 499, 501, 505
Banque Belge pour l'Etranger 434
Banque de France 329
Banque de la Société Générale de Belgique 433f.
Banque de Paris et des Pays-Bas (Paribas) 462
Banque Européenne de Crédit (BEC) 433, 436, 440
Banque Nationale de Paris (BNP) 462
Barclays Bank 444
Bargen & Ebeling 285
Baring Brothers 73, 218
Barker, George 82
Bayer (Farbenfabriken Bayer) 296
Bayside National Bank of New York 465
Bear Stearns 470
Bechtolf, Erich 369
Becker, Alfred 281
Beit von Speyer, Eduard 330
Belgian-American Bank Corporation 434
Belmont & Co. 61, 65, 68, 214
Belmont, August 48, 63, 111, 125f., 176, 214
Bennett, Jack 364f., 369
Berenberg-Gossler, Heinrich von 390, 392
Bergmann & Co. 85
Bergmann, Carl 230–233, 236f., 248–250, 284, 299–301
Berlin-Anhaltische Maschinenbau-Aktiengesellschaft 186, 189–191, 193–208, 263f., 268, 273, 275f.
Berliner Börse 51, 68, 159f., 297
Berliner Handels-Gesellschaft 24, 44, 239, 305, 332

Berliner Kassenverein 314
Bernstein, Bernard 360
Bernstorff, Johann Heinrich von 270, 278f.
Berve, Emil 189f.
Bethlehem Steel Company 186–189, 191, 197f., 201, 203–208, 260, 264, 266f., 269, 271f., 275, 291
Bismarck, Otto von 156
Blair & Co. 164f., 199, 233, 296
Bleichröder, S. 214
Blessing, Karl 390
Blinzig, Alfred 159, 233, 236, 245f., 248, 250, 293, 301, 309, 314f., 317, 497
Blinzig, Johann 250
Börsig, Clemens 489
Bogart, Humphrey 17
Bolo Pascha 278f., 281
Bormann, Martin 359
Borsig, A. 179
Boston Illuminating Company 90
Brady, Nicholas F. 453
Breuer, Rolf-E. 460, 464, 474f., 477, 479, 482f., 489
Bridgeport Projectile Company 276
British and German Trust 326
Brown (Alex. Brown) 471
Brown Brothers 174
Bryan, William Jennings 222
Buhr, Hans J. 446, 448
Butler, Nicholas M. 287

California Petroleum Corporation 297
Canadian Pacific Railroad 114f., 117, 160
Capital Management International (CMI) 417f.
Caro, Nikodem 191, 193, 198, 200, 206f.
Carter, Jimmy 397
Cataract Construction Company 174, 176
Central Pacific Railroad 234
Centralverband des Deutschen Bank- und Bankiergewerbes 309
Chalmers, William J. 177
Charles, Heinrich 257
Chase Manhattan Bank 372, 403, 422, 436f., 484

Chase National Bank 217, 283, 326
Chemical Foundation 296
Chernow, Ron 19, 504
Chesapeake and Ohio Railroad 68
Chicago & Northern Pacific Railroad 111
Chicago, Burlington & Quincy Railroad 152
Chicago, Rock Island & Pacific Railway 44, 164
Childs, William H. 198
Christians, F. Wilhelm 425, 427, 447
Chrysler Corporation 412, 440, 463, 476, 482
Cirillo, Mary 483
Citibank (siehe National City Bank)
Clarke, Thomas 191, 198, 203
Clay, Lucius D. 364, 369, 374
Cleveland, Grover 82, 99, 102, 148
Coca-Cola 350
Coffin, Charles 97, 169–173
Colocotronis 439
Columbia-Universität 142, 287f., 372, 457
Commercial National Bank and Trust Company 465
Commerzbank 350, 361, 363, 432
Continental Can Company 445
Cooke, Jay 57
Coolidge, Calvin 303
Coster, Charles 85, 131, 134, 136, 138, 140–142, 144, 146
Council on Foreign Relations 372
Craven, John 455
Crédit Agricole 462
Crédit Lyonnais 46f., 228, 326, 400, 462, 476
Credit Suisse (siehe Schweizerische Kreditanstalt)
Crocker National Bank 454
Cromwell-Ausschuss 111

Daimler-Benz 23, 320, 326, 423, 443, 463, 476, 478, 482
Danat-Bank (Darmstädter und National-bank) 330, 343, 348
Davis Coal & Coke Company 337
Dawes, Charles G. 293, 303, 308–311, 315, 328

de Bary (H. Albert de Bary & Co.) 337, 347, 379, 427
Deere (John Deere) 445
Delbrück Schickler & Co. 368
Denver and Rio Grande Railroad 68
Detroit Bank & Trust Company 360
Deutsch-Amerikanische Handelskammer 257
Deutsch-Amerikanische Treuhand-Gesellschaft (siehe Deutsche Treuhand-Gesellschaft)
Deutsch-Asiatische Bank 291, 334
Deutsche Asset Management Gesell-schaft 418
Deutsche Bank Capital Corporation (siehe Atlantic Capital Corporation)
Deutsche Bundesbank 370f., 390f., 394, 402, 405f., 413–416, 444, 465
Deutsche Commerz Gesellschaft 374
Deutsche Credit Corporation 417f.
Deutsche Edison Gesellschaft 79
Deutsche Golddiskontbank 332
Deutsche Lufthansa 423
Deutsche Ozean-Reederei 260–262
Deutsche Telekom 463
Deutsche Treuhand-Gesellschaft 34, 95, 125, 149f., 176, 178, 275, 347
Deutsche Ueberseeische Bank 28, 54, 229, 281, 291, 347, 349, 352, 355, 363, 379, 427
Deutsche Versicherungsbank 261
Didier (siehe Stettiner Chamotte-Fabrik Aktiengesellschaft vorm. Didier)
Didier-March Company 207
Dillon, Clarence 318
Dillon, Read & Co. 295, 307, 314, 317–320, 323, 327, 333f., 336f.
Dirksen, Everett 376
Disconto-Gesellschaft 46, 214, 218, 226, 230, 318f., 323–325, 327, 338, 343, 349, 427
Dodge, Joseph M. 360f.
Dodge, Philip 287
Donovan, William 374
Dresdner Bank 199, 215f., 218, 291, 343, 347, 357–359, 361, 363, 432
Drexel, Anthony 212

Drexel, Morgan & Co. (siehe J. P. Morgan & Co.)

Dulles, John Foster 334, 340f., 375f.

Dunlavy, Colleen 147

DuPont 440

Durant, Will 287

Eastman Kodak Company 350

Eberstadt, Ferdinand 307, 317, 319

Edison Electric Illuminating Company 85f.

Edison Electric Light Company 85

Edison General Electric Company 43, 70, 72, 80, 84–99, 150, 449

Edison Machine Works 85

Edison, Thomas Alva 33, 66, 79–85, 88–90, 95, 97, 99, 113, 115, 142, 265, 287

Eisenhower, Dwight D. 371f., 376

Ekblom, Harry 437

Emminger, Otmar 421

Empire Engineering Corporation 216, 248

Engels, Friedrich 479, 504

Enron Corporation 164, 493

Equitable Trust Company 283, 291, 320

Erdmann, Arthur 315

Europäische Kommission 476

European American Bancorp (EAB) 406, 434–444, 446–449

European American Bank & Trust Corporation (siehe European American Bancorp)

European American Bank Corporation (siehe European American Bancorp)

European Banks' International Company (EBIC) 436, 441

Fall, Albert B. 302

Farmer's Loan & Trust Company 104

Federal Bureau of Investigation (FBI) 354f., 377

Federal Reserve Bank of New York 235, 280, 308, 329, 422, 465

Federal Reserve System 225, 253f., 308, 353, 360, 430f., 435, 457

Federal Trade Commission 350

Feldman, Gerald D. 241, 243, 321

First Boston Corporation 417, 456

First National Bank of New York 216

First National City Bank (siehe National City Bank)

Ford Motor Company 413f., 440, 445

Foreign Bondholders Protective Council 341

Franz Ferdinand von Österreich 235, 241, 255

Frankfurter Wertpapierbörse 68, 413, 415

Frankl, Ernest 383

Franklin National Bank 404, 439f., 442

Fraser & Chalmers 177

Fritz, John 287

Fullagar, Hugh Francis 181

Garvan, Francis P. 348

Gelsenkirchener Bergwerks-AG 319

General Aniline & Film Corporation 375

General Electric Company 43, 78, 80, 85, 98f., 103, 167–173, 179, 181–183, 185, 260, 461

General Motors Corporation 350, 440, 445

German American Coke and Gas Company 190

German Credit & Investment Corporation 318

Germanische Transatlantische Bank (Projekt) 54

Germanistic Society 287f.

Gibson Greetings 469

Gilbert, Parker 309

Gillette, Guy 376

Giuliani, Rudy 489

Goldman Sachs 258, 451, 463, 465, 504

Gould, George Jay 162–165, 219

Gould, Jay 59, 157, 162f.

Grasso, Richard A. 489

Great Northern Railway 59, 114–121, 127, 129–131, 135f., 138, 144, 152f.

Greenspan, Alan 464

Grumbacher, Fritz 194–197, 201, 276

Guaranty Trust Company of New York 220, 252, 259, 277, 279, 283, 296, 314, 329

Gulf & Western Industries 412
Guth, Wilfried 425, 447
Gutmann, Eugen 218
Gwinner, Anna von 212
Gwinner, Arthur von 32, 41, 199, 116,
    128–131, 133, 138f., 143–145, 147,
    152, 156, 164, 171–174, 178–180, 182,
    192, 199, 202, 210, 212, 214–219,
    222–233, 235f., 245, 285, 287f., 386,
    413, 424, 456, 492, 497, 499, 502

Hallgarten & Company 197
Hambrecht & Quist 465
Hambros Bank 374
Hamburg-Amerika Linie (Hapag) 280,
    312, 343–347
Hamilton, Alexander 285
Harding, Warren 298, 303
Harnack, Adolf von 25
Harriman, Edward H. 144–146, 157f.,
    162f., 217f., 222, 234, 311
Harriman, W. Averell 311f.
Harris Forbes Corporation 349
Harris, Robert 64, 111
Harrison, Pat 348
Harvard-Universität 142, 227, 318
Heidelbach, Ickelheimer & Co. 217
Helfferich, Karl 51, 56, 63, 69, 109
Herrhausen, Alfred 425–428, 443, 447
Herstatt (I. D. Herstatt) 404
Heuser, Frederick W. J. 287
Hilgard, Heinrich (siehe Villard, Henry)
Hill, James J. 100, 114–122, 127–139,
    143–146, 151–153, 157f., 217, 222,
    257
Himmelfarb, Gertrude 37
Hitler, Adolf 35, 270, 338f., 352, 354f.,
    357, 368, 376, 421
Hoechst 23, 443, 478
Hoffmann, Gustav 190
Hohmann, Edmund 194–197, 199, 205,
    276
Holzmann (Philipp Holzmann) 482
Honeywell 440
Hongkong and Shanghai Banking
    Corporation (HSBC) 451
Hoover, Herbert 329, 331f.

Hoover, J. Edgar 355, 377
Hughes, Charles Evans 303

IG Farbenindustrie 326f., 369, 375
Institute of International Finance 315
International Acceptance Bank 294f.,
    313, 329f., 343f.
International Banking Corporation 229
International Business Machines Corpo-
    ration (IBM) 350, 413, 448
International Harvester Company 445
International Telephone and Telegraph
    Corporation (ITT) 445, 461
Internationale Handelskammer 375
Internationaler Währungsfonds 387, 422
Interstate Commerce Commission 148,
    159, 222
Ives, Brayton 111, 117, 130f., 154

Jacobs, Klaus 435–437
James, Harold 36, 242
Jeidels, Otto 24, 239, 243, 332
Johnson, Lyndon B. 394
Johnston, Olin 376

Kahn, Albert 228
Kahn, Otto H. 217, 250, 281
Kapp, Friedrich 52f., 66
Kellogg, Vernon 287
Kennedy, John F. 383, 394
Kerbaugh Empire Company 234, 283
Keynes, John Maynard 243
Klasen, Karl 435, 437
Klein, Julius 376, 378
Knoblauch & Lichtenstein 52–55, 57, 66,
    230
Knoblauch, Charles 53
Koehn, Adolf 349
Kokswerke (siehe Oberschlesische Koks-
    werke & Chemische Fabriken)
Kopper, Hilmar 428f., 452, 455–457,
    464, 483
Koppers (H. Koppers Co.) 267
Kreditanstalt für Wiederaufbau 373,
    410, 420
Krupp (Fried. Krupp) 83, 260, 291, 368
Krupp, Alfried 368

Kuhn, Loeb & Co. 46, 48, 72, 93, 116,
  118, 176, 199, 205, 214, 216–218,
  230, 250, 275, 281, 296, 308, 323

Ladenburg, Thalmann & Co. 216, 374
Lafferty, Abraham Walter 285, 305
Lafrentz, Ferdinand W. 287
Lamont, Daniel 130
Lamont, Thomas W. 293
Lanier, Charles 63, 125f.
Lapowski, Clarence (siehe Dillon,
  Clarence)
Lawrence (C. J. Lawrence) 426, 455,
  457
Lawyers Trust Company 465
Lazard Speyer-Ellissen 213, 301, 330
Lehigh Coke Company 44, 185–209,
  231, 234, 249–252, 262–276
Lehigh-Universität 200
Lehman Brothers 504
Lichtenstein, Paul 52f., 55
Lichtenstein, Walter 351, 364
Lincoln, Abraham 58
Livingston, Johnston 125f.
Lohmann, Alfred 260
London & New York Investment Corpora-
  tion 150
Londoner Börse 41, 129, 160, 167, 256
Long-Term Capital Management
  (LTCM) 492
Luther, Hans 328

Mankiewitz, Paul 160, 189, 192, 195–197,
  199–201, 206–208, 216, 245, 263,
  267f., 270, 274, 276
Manufacturing Chemists Association
  381, 390
Marconi, Guglielmo 287
Marcus, Arnold 67, 71f., 85, 88, 93–98,
  103f., 108, 111f.
Marcuse, Herman 52f., 55
Marshall, George C. 372–375, 398, 423
Marston, Edgar L. 233, 245f., 248, 250
Martin, Peter 480
Marx, Karl 114, 479
Mattice, Asa M. 181
May, Karl 39

McClement, John H. 233, 248–250, 281,
  283, 291
McIlvain, Edward 198f., 203, 206, 264f.,
  269, 272–274
McKinley, William 145
MDM Sociedade de Investimento 427
Mellen, Charles S. 130f., 137f., 144, 146
Mellon Bank 471
Mercantile Trust Company 111
Merrill Lynch 437, 451, 456, 470
Metallgesellschaft 482
Metropolitan Museum of Art 234, 422
Midland Bank 433, 454
Missouri Pacific Railway 44, 163
Mitchell, Edson 464, 483
Mobil Oil 422, 445
Moody's Investors Service 153, 481
Morgan (J. P. Morgan & Co.) 33, 48, 61,
  72, 82, 84f., 91, 93, 95f., 98, 121f.,
  124, 126, 136, 138, 141, 146, 149,
  167, 174, 212f., 215–218, 221, 234,
  258, 293, 299–301, 310, 312f., 318,
  329, 347, 418, 426, 465, 470, 491
Morgan Grenfell 72, 418f., 425–427,
  429, 450, 452, 455, 457, 460, 462,
  474, 478–480, 482f.
Morgan Guaranty Trust Company 426
Morgan Stanley 451, 470, 504
Morgan, J. Pierpont 33, 63, 65, 79, 84,
  96–100, 113, 116, 119–121, 125f.,
  128–146, 152, 176, 212, 216, 218,
  224, 503
Morgan, Junius 212
Morgenthau jr., Henry 351, 360f.
Morris (Philip Morris) 449

Nasser, Gamal Abdel 376
National City Bank of New York 130,
  216f., 252, 258f., 279, 283, 296, 313f.,
  326, 329, 403, 436, 451, 462, 464, 470
National Foreign Trade Council 375
NationsBank 464
Natzmer, Helmut von 448
New York Central Railroad 158, 163
New York Clearing House Association
  439
New York Illuminating Company 90

New York, New Haven & Hartford Railroad 131
New Yorker Börse 64, 88 f., 195, 213, 254 f., 258, 290, 304, 306, 312–314, 318–320, 323, 328, 334, 336, 429, 473, 476, 483, 489
Newman, Frank 470–472, 475, 482–484
Niagara Falls Power Company 44, 80, 170, 174, 176, 227, 283, 288
Nietzsche, Friedrich 145, 506
Nixon, Richard M. 371 f., 401
Nobel (Familie) 185
Norddeutsche Bank 343
Norddeutscher Lloyd 260, 277
Nordegg, Martin 274
Norman, Montagu 308
North American Company 70–74, 102 f., 154, 492
Northern Pacific Railroad (Railway) 43, 57, 59–77, 82, 85, 88 f., 95, 100–146, 148, 150–160, 183, 216, 287, 297, 299, 301, 487
Northern Pacific Terminal Company 113
Northern Securities Company 144–147

Oakes, Thomas 107, 110 f., 117
Oberschlesische Kokswerke & Chemische Fabriken 189–191, 198 f.
Opel 350
Oregon and California Railroad 59
Oregon & Transcontinental Company 61, 65, 68, 70, 72
Oregon Railway & Navigation Company 59, 61, 70, 77, 80, 105, 115, 127, 144, 154
Oregon University 142
Organization for European Economic Cooperation (OEEC) 373
Österreichische Credit-Anstalt für Handel und Gewerbe 329
Otto, Carlos 190

Papen, Franz von 270–272
Paribas (siehe Banque de Paris et des Pays-Bas)
Payne, Henry 107
Pearson, Drew 376

Pennsylvania Iron Works 169, 178
Pennsylvania Railroad 144, 163
Philipp, Michael 483
Pierce, Winslow 199
Plassmann, Clemens 369
Polfers, Gerhard 383
Price Waterhouse 202
Prittwitz und Gaffron, Friedrich von 347
Probst, John D. 111
Probst, Wetzlar & Co. 217
Procter & Gamble 469
Public National Bank & Trust Company 465
Putsch, August 194, 197, 203, 206

Radio Corporation of America (RCA) 412
Rassmann, Michael 437 f., 448, 497
Rathenau, Emil 80, 88, 91, 96, 179
Read (William A. Read & Co.) 318
Reichsbank 253, 261, 308, 311, 319, 321, 328 f., 332–334, 336 f., 339–346, 348, 350, 353, 355, 360, 420
Reliance Works of Edward P. Allis & Co. 177
Reuters 334
Ribbentrop, Barthold von 444
Rockefeller (Familie) 33, 107, 162, 216, 233, 337
Rockefeller, John D. 72, 76, 111, 130, 164 f., 226, 235, 256
Rockefeller, Laurance S. 372
Rockefeller, William 72, 130, 137, 144
Rockwell International 440
Rocky-Fork Railroad 68
Roland-Lücke, Ludwig 107 f., 110–112
Rolls, John 457 f.
Roosa, Robert V. 402
Roosevelt, Franklin D. 330
Roosevelt, Theodore 147, 221 f., 224
Rösler, Oswald 362
Ross, John 445, 459, 484
Rothschild 48, 61, 111, 149, 176 f., 185, 213 f.
Rouse, Henry 107
Ruetten, August 111
Russische Finanzierungs- und Baugesellschaft 354

Salomon Brothers 417

Sanders, Wilbur S. 111

Sanford jr., Charles S. 466–471

Schacht, Hjalmar 307–309, 311, 319–321, 323, 328, 339–341

Schiff, Jacob H. 116–118, 212, 216–218

Schlesischer Bankverein 189, 199

Schlieper, Gustaf 307, 332

Schmidt, Hugo 235–237, 246, 249–251, 255, 259, 266f., 273–281, 283, 290–292, 296, 298f., 302, 305f., 318, 349, 355

Schmidt, Wilhelm 292

Schneider-Lenné, Ellen Ruth 438

Schoendke, Willi 315

Schroder (J. Henry Schroder Banking Corporation) 368, 434f.

Schurz, Carl 57

Schuster, Johann Jacob 218

Schwab, Charles M. 188, 197, 199, 201, 287, 291

Schweizerische Bankgesellschaft 419, 437, 451, 462, 472

Schweizerische Kreditanstalt 199, 252, 255, 352, 456, 483

Schweizerischer Bankverein 462

Seaboard Air Line Railway 283

Securities and Exchange Commission 340, 354, 414, 417

Seebeck, Georg von 279

Seefeld, Friedrich 227

Seefeld, Margarethe 227

Seidlitz, Baron 175

Shattuck III, Mayo 483

Shearson Lehman Hutton 449

Shearson, Hammel & Company 283

Siemens & Halske 23, 31, 79f., 82, 84f., 87f., 92f., 98, 167–173, 178f., 291, 318f., 327

Siemens, Elise von 50, 63, 231

Siemens, Georg von 17, 23, 25, 31f., 50f., 54f., 57, 63, 66–69, 71, 74, 76f., 79f., 88, 93, 95, 100, 104, 106–111, 116f., 119f., 125f., 130, 139, 142–144, 149, 151, 153, 174, 227, 231, 243, 326, 413, 424, 456, 492, 497, 499, 502

Siemens, Werner von 23

Siemens, Wilhelm von 169, 171f.

Simon, Hans-Alfons 307

Singer Company 350

Smathers, George 376

Smith, Donald A. (Lord Strathcona) 114, 117

Société Financière des Valeurs Américaines 234

Society for Worldwide Interbank Financial Telecommunication 410

South Shore Bank of Staten Island 465

Southern Pacific Railroad 68

Speyer & Co. 33, 72, 111, 159f., 164, 182, 212–218, 228, 251f., 258, 283f., 290, 294, 296, 302, 313f., 319, 323, 330, 351, 491

Speyer Brothers 89, 213

Speyer, Edgar 212f.

Speyer, James 164, 176, 212, 214–216, 218, 250, 314

Speyer, Philip 213

Sprague Company 89f.

St. Paul and Northern Pacific Railway 70

St. Paul, Minneapolis & Manitoba Railway 69f., 114, 137

Staecker, Detlev 443–446, 448

Standard Mercantile Agency 281

Standard Oil Company of California 412

Standard Oil Company of New Jersey 222, 226, 315

State Street Corporation 471

Stauß, Emil Georg von 239, 243

Steiner, Frederick George 307

Stephen, George (Lord Mount Stephen) 114, 116f., 119–121, 127, 129–133, 136, 139, 167, 235, 294

Sterling Products 296

Stern (Jacob S. H. Stern) 59, 61, 64, 67f., 72, 84, 89, 91, 93, 104, 111, 158

Stern, Fritz 25

Stetson, Francis Lynde 174

Stettiner Chamotte-Fabrik Aktiengesellschaft vorm. Didier 186, 189–191, 193–208, 263f., 268, 273, 275f.

Stettinius, Edward 374

Still (Carl Still) 270

Stillman, James 130, 216, 218f., 222

Stinnes (Hugo Stinnes Corporation) 295, 419 f.
Stinnes, Hugo 295, 419
Stresemann, Gustav 328
Strong, Benjamin 33, 210, 235–237, 308 f., 311, 460 f., 465
Stumpf, Johannes 179
Sullivan & Cromwell 334
Sylla, Richard 400

Taunus Corporation 499
Thierbach, Hans-Otto 444
Thomson, Elihu 96, 287
Thomson-Houston Electric Company 78, 85, 90, 92, 96–98, 168
Timmerscheidt, Richard Adam 277
Title Guarantee and Trust Company 465
Transamerican Corporation 374
Travelers Group 462
Tron, Walter 373
Truman, Harry S. 354 f.

UBS (siehe Schweizerische Bankgesellschaft)
U.S. & Overseas Investment Corporation 349
Ulrich, Franz Heinrich 424 f., 427, 433, 435, 437
Union Pacific Railroad 59, 68, 74, 117, 127, 139, 146, 217, 222, 234
United States & Foreign Securities Corporation 318
United States Steel Corporation 153, 189, 198, 215, 226
Universität Sankt Gallen 483
Universum Film (Ufa) 320

Vanderbilt, William K. 91, 144, 158, 176, 218
Vereinigte Stahlwerke 295, 319, 327
Verhagen, Paul 436 f.
Victoria, Königin 116
Villard, Fanny 58 f., 67, 142
Villard, Henry 32 f., 50, 57–82, 84 f., 87–99, 102–113, 115 f., 128, 135, 142–144, 148, 150, 154 f., 183, 456, 502

Villard, Oswald Garrison 142
Volkswagenwerk 396

Waldorf Astoria Hotel 287
Waller, Herbert 349 f., 355
Wallich, Hermann 27
Warburg (M. M. Warburg & Co.) 33, 46, 214, 218, 275, 294, 308, 344
Warburg, Felix 330
Warburg, Max 308, 312, 330
Warburg, Paul M. 294, 308, 330
Washington University 142
Wassermann, Oscar 319
Waugh, Seth 486
Wells Fargo Bank 470
Wernher, Beit & Co. 177
Western Maryland Railroad 161–166, 199 f., 222, 233, 235, 246, 248–251, 283, 297, 302, 305
Western Pacific Railroad 164, 305
Westinghouse Electric & Manufacturing Company 97, 168, 170–172, 179, 181 f.
Westinghouse, George 33, 90, 170–173, 179
Westinghouse, Herman H. 287
Wheeling & Lake Erie Railway 121, 163
Wilbur, Warren A. 200, 265
Wilkins, Mira 90, 241, 282, 294
Williams, John Bell 378
Wilmington Chemical Company 355
Wilson, Leroy 372
Wilson, Woodrow 298
Winslow, Lanier & Co. 112, 174
Winter, Edwin 130
Wintermantel, Fritz 369
Wisconsin Central Railway 59, 69, 108, 117
Wolff, Abraham 217
Woolworth, F. W. 350, 445
World Commerce Corporation 374

Yale-Universität 227
Young, Owen D. 328 f.

Zoelly, Heinrich 179, 181
Zurich American Trust 234
Zwilgmeyer, Georg 175

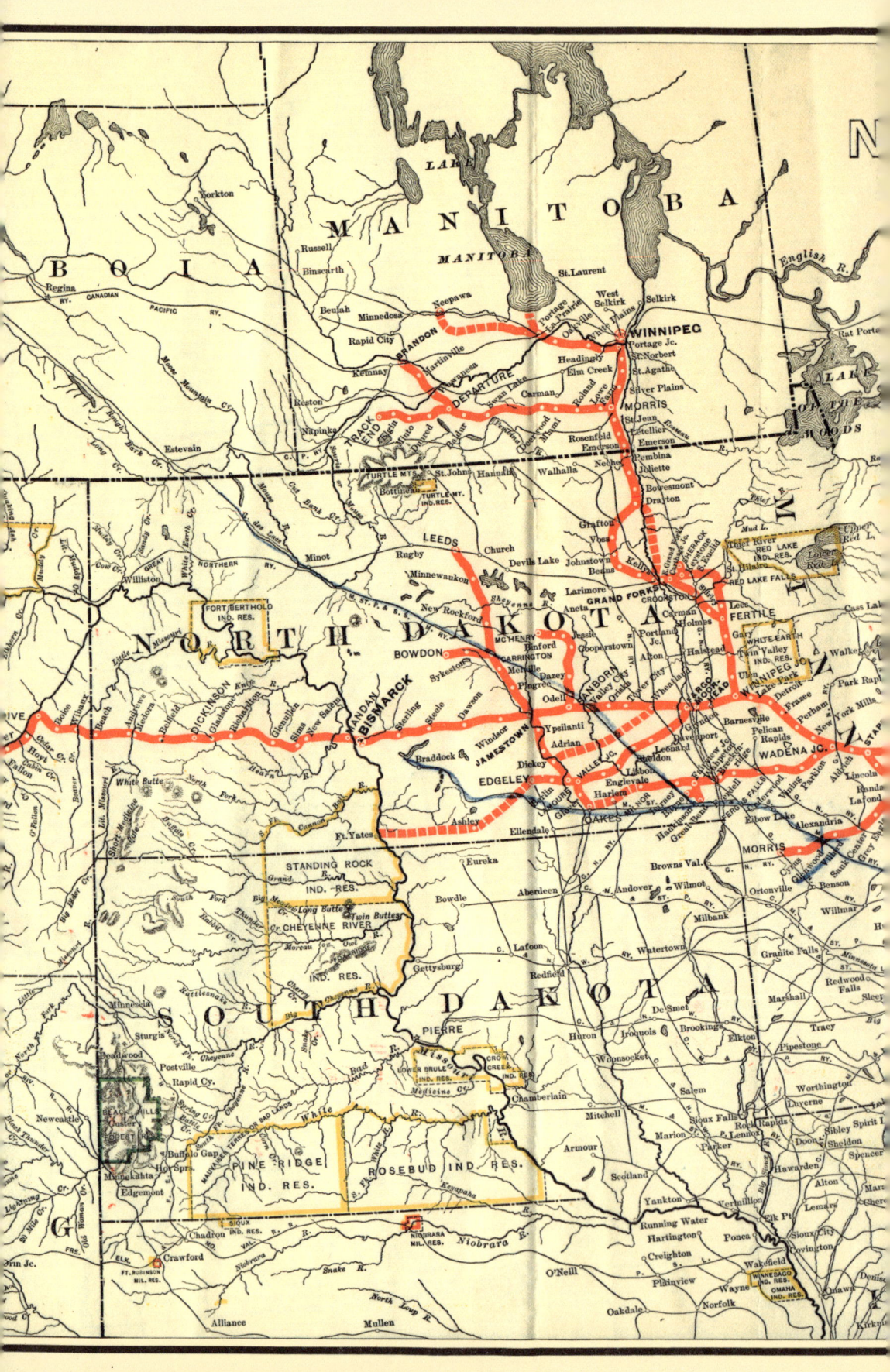